Zu diesem Buch

Zu »Lebzeiten« der DDR waren genauere Einblicke in das dort vorhandene Geflecht der Organisationen und Institutionen Mangelware. Auch über die Personen, die Staat, Parteien, Wirtschaft, Wissenschaft und Kultur maßgeblich trugen, war meist nur wenig bekannt. Im vereinten Deutschland hat sich daran noch nicht viel geändert. Verfügbare Spezialhandbücher und Nachschlagewerke sind schwer zugänglich und reichen vielfach auch nicht aus, um Struktur und Funktionsweise des Machtapparates der DDR zu verstehen oder um Instrumente der Herrschaftssicherung, der Kontrolle und Befriedung des Staatsvolks wie auch solche der Selbstverständigung und -darstellung im Rahmen einer »sozialistischen Kultur« plausibel zu erklären. Eine auf Enthüllungen fixierte Presse ist zwar nicht schreibfaul, aber an der Aufklärung von Zusammenhängen meist nur interessiert, um einen passenden Hintergrund zur jeweiligen »Affäre« auszumalen.

Diesem Mangel, der eine Auseinandersetzung mit der Geschichte der DDR – und somit der deutschen Geschichte! – behindert, hilft dieses Lexikon ab. In den ersten beiden Bänden ist zusammengestellt, welche Staatsorgane, Behörden, Parteien, Massenorganisationen, Vereinigungen und kulturellen Einrichtungen über vier Jahrzehnte gewährleisteten, daß Staat und Gesellschaft außen- wie innenpolitisch funktionierten. Dadurch werden nicht nur Einflußbereiche, Machtpositionen und Ohnmächtigkeiten sichtbar gemacht, es werden auch Karrierewege erkennbar, über die der dritte Band dann nähere Auskunft gibt. Er ist den Funktionseliten der DDR gewidmet und teilt mit, über welche Stationen sich Aufstieg und eventueller Niedergang von Karrieren vollzogen und wer an welcher maßgeblichen Stelle jeweils funktionierte.

Hinweise auf die Autoren finden sich in Band 3, Seite 415.

Andreas Herbst, Winfried Ranke,
Jürgen Winkler

So funktionierte die DDR

Band 1 Lexikon der Organisationen und Institutionen

Abteilungsgewerkschaftsleitung (AGL) –
Liga für Völkerfreundschaft der DDR

rororo
Rowohlt

Redaktion Wolfgang Müller
Umschlaggestaltung Ÿps Art

Originalausgabe
Veröffentlicht im Rowohlt Taschenbuch Verlag GmbH,
Reinbek bei Hamburg, November 1994

Satz Times und Futura, Ventura Publisher (Dolev 800)
Gesamtherstellung Clausen & Bosse, Leck
Printed in Germany
2990-ISBN 3 499 16348 9

Vorwort

»So funktionierte die DDR« – sollte und kann man das jetzt schon wissen, nahezu vier Jahre nach dem vertraglich besiegelten Ende jenes »ersten sozialistischen deutschen Staates«? Denen, die hinter der knapp konstatierenden Ankündigung des Titels selbstsichere Gewißheit wittern, mag er anmaßend erscheinen. Und darunter werden viele sein, die eine Belehrung über längst Durchschautes (und Abgehaktes?) als verspätet überflüssige Nachrede abweisen. Aber mindestens ebenso groß wird die Gruppe derer sein, die Anmaßendes darin sehen, daß überhaupt Leute daherkommen und behaupten, man könne die über 40 Jahre hinweg wirkenden Motivationen, hoffnungsvollen Ansätze, Entbehrungen, Erfolge, Selbstfeiern, nutzlosen Anstrengungen, Repressionen, Täuschungen und Entwürdigungen, die in komplexem Zusammenspiel den »real existierenden Sozialismus« ausmachten, nach dem Muster technischer Betriebsanleitungen beschreiben.
Inzwischen scheinen Wahlausgänge und Regierungsbildungen die Einsicht zu fördern, daß 40 Jahre Deutsche Demokratische Republik und deren Folgen sich mittels Währungsunion, Einigungsvertrag und Wirtschaftsförderungsmaßnahmen allein nicht erledigen lassen. Offenkundig wird, daß mancher eilfertig als vergangen deklarierte Zustand sich dem vorschnellen Verdikt nicht fügen will, sondern sperrig in die Gegenwart hineinragt. Und die vielfach geschmähten, der Verantwortungsscheu und Larmoyanz bezichtigten »Ossis« entwickeln ein zähes Beharren auf Ehemaligem, das mit »Ostalgie« wohl kaum zutreffend umschrieben ist. Die Zwei-Kulturen-Theorie wird um ein neues Exemplum bereichert, und forsche Wahlstrategen müssen sich fragen lassen, ob Slogans, die auf westdeutsche Erwartungshaltungen zielen, in Ostdeutschland nicht »kontraproduktiv« wirken könnten.
Es zeigt sich allenthalben, daß doch noch nicht genug nachgefragt und -gedacht wurde. Alles Bemühen, den »Unrechtsstaat DDR« zu entlarven, seine Machthaber und Handlanger zu verurteilen, erweist sich zwar nicht als falsch oder gar unnötig, wohl aber als unzureichend. Gleich ob zornige

Leidenserfahrung, Selbstgerechtigkeit oder Unwissenheit den Blickwinkel verengten, es kann schwerlich bestritten werden, daß forschende Neugier bisher zu selektiv vorging und daß sich selbst kritische Rücksicht zu sehr auf die Schandtaten und Unzulänglichkeiten des »überwundenen Systems« beschränkte.

Der komplexen Vielfalt des »real existierenden Sozialismus« ist mit solcher Beschränktheit nicht beizukommen. Die Rede von der »Nischengesellschaft« bleibt phrasenhaft, wenn man nicht weiß, wo denn die Nischen lagen und wie man sich mit Hilfe des ›Verbandes der Kleingärtner, Siedler und Kleintierzüchter der DDR‹ oder der ›Pirckheimer-Gesellschaft‹ im ›Kulturbund der DDR‹ Zugang dazu verschaffen konnte. Das Lamentieren über eine aus sozialer Absicherung resultierende Unselbständigkeit und Entscheidungsschwäche der ehemaligen DDR-Bürger macht wenig Sinn, wenn man keine Ahnung vom dortigen System der Sozialversicherung, vom Leistungsumfang der ›Volkssolidarität‹ und von der ›Kasse der gegenseitigen Hilfe‹ hat. Und auch die »unbefangene« Verwendung von Begriffen wie »Denunziation«, »Spitzeldienst«, »Verrat« u. ä. würde etwas schwerer fallen, wenn man mehr wüßte über die gesellschaftliche Einbindung der Bürger in ›Hausgemeinschaften‹, ›Klassenelternaktive‹, ›Konfliktkommissionen‹, ›Kontrollposten der FDJ‹ und andere Institutionen der sozialistischen Partizipation am gesellschaftlichen Ganzen.

Aber nicht nur den »Besserwessis«, den selbstsicheren Kolonisatoren aus dem Westen und den von Resignation zermürbten »Aufbauhelfern« sind solche Ergänzungen und Vertiefungen ihrer lückenhaften Kenntnisse zu empfehlen; die Wort- und Wehrlosigkeit der ehemaligen DDR-Bürger, ihre merkwürdige Unlust, sich der generellen Entwertung ihrer Biographien zu widersetzen, deuten doch darauf hin, daß auch sie über Vielfalt und Vernetzung der Organisationen und Institutionen im »real existierenden Sozialismus« nicht sehr viel besser informiert sind. Zu den Besonderheiten jenes obsolet gewordenen Gesellschaftssystems gehörte offensichtlich auch, daß dessen Angehörige nur so viel darüber wissen sollten, wie die Partei- und Staatsführung jeweils für angemessen hielt. »Das umfassende System der sozialistischen Erziehung« erzeugte seine eigenen Beschränktheiten, und die bleiben auch dann beschränkt, wenn man sie zerknirscht als Folge von staatlich verordneter Indoktrination und gesteuertem Informationsmangel interpretiert.

Im vierten Jahr nach der Vereinigung gibt es also Gründe genug, um sich diesseits und jenseits aller Demarkationslinien fundierte Gedanken zu machen über die Zeitläufte und das, was darin als deutsche Geschichte verstanden werden muß. Gleichviel ob einer wiedervereinigt werden wollte oder nicht, heute kann er die Geschichte der BRD und die der

DDR nicht mehr auseinanderhalten und als getrennte Vorgänge verbuchen. In den Schwierigkeiten, zu einer inneren Einheit zu finden, wird immer deutlicher, wie sehr das Widersprechende und vermeintlich Unvereinbare nur Teil und Gegenteil von ein und derselben Sache sind – Geschichte der Deutschen und deutsche Geschichte. Das war schon immer so, aber Blockkonfrontation und Kalter Krieg ließen uns manchen Ausweg, das eine von anderen zu trennen und gegeneinander auszuspielen. Heute müssen wir das eine und das andere mit in die historische Verantwortung hineinnehmen, die schon mit der Ereignisfolge 1806 – 1848 – 1871 – 1918 – 1933 – 1945 überfordert scheint.
Aber es hilft nichts, hier stehen Angelegenheiten zur Debatte, die zuallererst die Deutschen angehen. Und da diese schon seit Jahrzehnten von »unbewältigter Vergangenheit« gepeinigt werden, sollten sie wissen, daß der Rückzug in großherziges Vergessen und dumpfe Ignoranz wenig Sicherheit verspricht. So lassen sich auf Dauer weder die bösen Geister noch die ungestillten Sehnsüchte bannen. Folglich tun wir gut daran, uns mit dem, was überwunden ist, aber nicht vergehen will, auseinanderzusetzen. Um sich fundierte Gedanken machen zu können, bedarf es grundlegender Kenntnisse und Basisinformationen, wie sie in diesen drei Lexikonbänden zusammengetragen sind. Was nunmehr jedermann zugänglich ist, sind Daten und Fakten, die trotz »Weite und Vielfalt« nicht als vollständig angesehen werden dürfen, die aber gewiß ausreichen, um über das Funktionieren, die Funktionäre und die Funktionsstörungen der DDR etwas umfänglicher als bisher nachzudenken.
Die drei Bearbeiter der lexikalischen Denkhilfe hatten natürlich von Anfang an ihre Skrupel, ob sich denn die Komplexität eines immerhin 40 Jahre lang lebensfähigen Staatswesens mit so geringen Kräften erfassen und beschreiben ließe. Und solche Bedenken sind auch nach erfolgter Drucklegung noch vorhanden, denn außer ihnen können jetzt nur noch wenige beurteilen, wieviel Wissenswertes noch nachzutragen wäre. Obwohl sie sich dem möglichen Vorwurf der Anmaßung nicht leichtfertig aussetzen wollten, nahmen sie den im Titel suggerierten Anschein von Überheblichkeit in Kauf, weil ihnen der Hinweis auf vielteiliges Räderwerk und komplizierten Zusammenhang, der in dem »So funktionierte...« ebenfalls enthalten ist, letztlich wichtiger war. So erinnerns- und bedenkenswert Ulbrichts Vision von der »sozialistischen Menschengemeinschaft« und Honeckers Unterschrift unter dem KSZE-Vertrag, der 17. Juni 1953, der Mauerbau und die Leipziger Montagsdemonstrationen auch sein mögen, diese und viele andere Höhe- und Tiefpunkte jener deutschen Geschichte ereigneten sich in einem Kontext, der durch viele Faktoren und Bedingungen bestimmt war. Um diesen Kontext wenigstens in Um-

rissen erkennbar zu machen, riskierten die Autoren den Versuch, ein Lexikon der Organisationen und Institutionen der DDR zu verfassen – ja, sie sahen und sehen darin einen richtigen und vielversprechenden Zugang zum Problem.

Im Dialog der Vorurteile und Schuldsprüche hat man die DDR als Ausgeburt des Kalten Krieges und politisch gewolltes Spaltprodukt bezeichnet; andere erkennen in ihr nur den »Unrechtsstaat«, eine grausige Provinz in jenem von Ronald Reagan an die Wand gemalten »Reich des Bösen«. Derlei Metaphern dämonisieren das Unverstandene, und sie entschuldigen zugleich – gewollt oder ungewollt – diejenigen, die das Unglück hatten, solch einer Monstrosität in die Hände gefallen zu sein. Doch so viel Unrecht auch zu beklagen und zu verurteilen ist, die DDR war weder dämonische Ausgeburt irgendeines säkularen Unheils, noch war sie ein Komplott, das eine machtgierige Bonzen-Clique mit Unterstützung von Grenzschützern, Stasi-Spitzeln, Gefängniswärtern, Zensoren, Kunstwächtern und Schulungsleitern gegen eine hilflos unwissende Bevölkerung inszenierte. Sie war vieles mehr, das von vielen gewollt, geglaubt, erlebt, verbessert, verteidigt, bekämpft und verschludert wurde.

Sofern der »erste sozialistische Staat in Deutschland« bzw. seine Machtorgane und Ausführungsgehilfen repressiv, willkürlich, gewalttätig und menschenverachtend waren und handelten, wird man sich darüber in diesen Bänden unter den einschlägigen Schlagwörtern informieren können. Aber man kann und soll darin auch nachlesen, was den Alltag der DDR-Bürger bestimmte, was ihnen Sicherheit, Selbstachtung und gelegentlich auch Zufriedenheit ermöglichte, was die Jugend aufbegehren ließ und die Alten in achselzuckende Resignation trieb. Die Lexikonartikel handeln von dem, was im Leben von Schülern, Lehrlingen, FDJlern, Studenten, Arbeitern, Bauern, Frauen, Wissenschaftlern, Parteisekretären, Polizisten, Soldaten, Sportlern, Dissidenten und/oder Opfern eine Rolle spielte. Über die Erläuterung von Organisationen und Institutionen erschließt sich, was als das Gewöhnliche, alternativlos Unumgängliche, als das aus dem Einerlei pompös Herausragende oder als das durch banale Gegebenheit Wirkungsvolle die realen Existenzen der in die DDR hineingeborenen Menschen formte.

Auch darin erweist sich der gewählte Zugang als richtig, denn an Status und Arbeitsweise von Einrichtungen der »Volksbildung«, Parteischulung und kulturpolitischen Beeinflussung wie auch an denen der sozialen Betreuung und der sportlich-militärischen »Körperkultur« wird erkennbar, wie Individuum und Kollektiv in bestimmte Denk- und Verhaltensweisen gezwängt wurden. Auskünfte über die »bewaffneten Organe«, die der Landes- und ›Zivilverteidigung‹, dem militärischen Blockinteresse, der

Grenzsicherung, der inneren Ordnung und der Förderung des Wehrwillens verpflichtet waren, stecken erst die Dimensionen ab, in denen eine »Militarisierung der Gesellschaft« betrieben wurde. Aus Artikeln, die Partei- und Gewerkschaftsorganisationen in ihren Untergliederungen darstellen, oder jenen, die dem »sozialistischen Mehrparteiensystem« untergeordnete staatliche Leitungs- und Wirtschaftsstrukturen erhellen, ergibt sich im Zusammenhang erst eine Vorstellung davon, wie Disziplin und Bevormundung, Planungsoptimismus und bürokratische Überorganisation, Versorgungsmängel und propagandistische Beschwichtigungen sich zu jener brisanten Mischung aus Überdruß, Verachtung und angstfreiem Protest verdichten konnten, die 1989 alle Strategien des Machterhalts über den Haufen warf.

Zum Funktionieren der Gesellschaft im »sozialistischen Staat der Arbeiter und Bauern« gehörte eben mehr als der Überwachungs- und Repressionsapparat der »Staatssicherheit«, eine weitgehende Militarisierung der Bürger und die mit mürrischer Bereitwilligkeit bediente Konvention demonstrativ fortschrittsgläubiger Kundgebungen. Ebenso gehörten dazu reglementierte Ausbildungsgänge und die kontrollierte Verteilung von Bildungschancen; die Ausbeutung von jugendlichem Enthusiasmus durch Pionier-Manöver und ›Jugendobjekte‹; die Verpflichtungen aller Werktätigen im Rahmen des ›Sozialistischen Wettbewerbs‹; der Dienst in den ›Kampfgruppen der Arbeiterklasse‹ oder den Einheiten der ›Zivilverteidigung‹; »gesellschaftliche Arbeit« in ›Betriebsgewerkschaftsleitungen‹, ›Elternbeiräten‹ oder ›Schiedskommissionen‹; Körperertüchtigung in ›Betriebssportgemeinschaften‹ und angeheizter »Sportpatriotismus«; kulturelle Angebote der ›Singebewegung‹ oder kultur- und bildungspolitische »Selbstverwaltung« im ›Verband der Komponisten und Musikwissenschaftler der DDR‹ oder in Medizinisch-wissenschaftlichen Gesellschaften sowie schließlich auch die Organisation von Freizeit durch den ›Feriendienst des FDGB‹ und das FDJ-Reisebüro ›Jugendtourist‹, durch den ›Deutschen Turn- und Sportbund‹ oder durch Jagdgesellschaften.

Die Artikel der ersten beiden Bände informieren über Parteien, Organisationen, Behörden, Betriebe, Einrichtungen und Vereinigungen, indem sie Daten zur jeweiligen Geschichte und Organisation liefern, Funktionen und Wirkungen erläutern sowie in vielen Fällen Auskunft über deren Auflösung oder Umwandlung geben. Dabei werden durch die Erläuterung von Zwecksetzungen und Funktionsweisen auch Einblicke möglich in Wirkungszusammenhänge und Interrelationen, die zumindest partiell ein »Funktionieren« von Staat und Gesellschaft sichtbar machen. Um das Zusammenspiel der meist nur in begrenzten Wirkungsfeldern operierenden Organisationen und Institutionen weiter zu verdeutlichen, befassen

sich eine Reihe von Artikeln zudem mit den übergreifenden Konzeptionen, Einflüssen und Folgen von Agrar-, Bildungs-, Frauen-, Gesundheits-, Kultur- oder Wirtschaftspolitik und auch mit so spezifischen Erscheinungen wie der Blockpolitik, dem demokratischen Zentralismus und der politischen Opposition in der DDR.
Zur Darstellung von Komplexität und Beziehungsvielfalt gehörten für die Bearbeiter selbstverständlich auch Angaben über Personen, die in einer Organisation/Institution eine nach den Statuten vorgesehene, i. d. R. auch öffentlich bekanntgemachte Funktion ausgeübt hatten. Sie sind am Schluß der Artikel jeweils in institutionsbezogenen Datenkatalogen zusammengestellt. Da in vielen verschiedenen Datenkatalogen häufig dieselben Namen vorkamen, ergab es sich von selbst, daß unter dem Haupttitel ›So funktionierte die DDR‹ den beiden Bänden über Organisationen/Institutionen ein dritter zugesellt wurde, worin viele der im jeweils bestimmten Funktionszusammenhang ermittelten Funktionäre mit knapp gefaßten biographischen Notizen – nach dem Namensalphabet geordnet – vorgestellt werden. Unsere eingeschränkte Forschungskapazität und verlagstechnische Umfangsbegrenzungen bewirkten, daß in diesem dritten Band keineswegs alle in irgendeinem Zusammenhang aufgeführten Funktionsträger und Amtsinhaber mit einer Kurzbiographie wieder erscheinen. Vielfach waren die ermittelten Daten für eine Publikation nicht ausreichend; in anderen Fällen hielten wir eine subjektive Auswahl für angebracht, indem wir den Begriff »Funktionäre« im Sinne von »Funktionseliten« weit auslegten und uns für Lebensläufe entschieden, die uns besonders interessant und typisch erschienen.
Bei allem, was wir über Organisationen/Institutionen wie über Personen ermittelt und niedergeschrieben haben, lagen uns irgendwelche denunziatorischen Absichten gänzlich fern. Um auch die in der ehemaligen DDR wirksamen personalen und personalpolitischen Funktionszusammenhänge erkennbar zu machen, war es für unser Vorhaben völlig ausreichend, uns auf die Ermittlung solcher Daten zu beschränken, die auch während des Bestehens der DDR mehr oder weniger öffentlichen Charakter hatten. Insofern haben wir nicht viel mehr getan, als allgemein zugängliche, wenn auch zuweilen schwierig aufzufindende Informationen zu sammeln und jeweils in einem Institutionenalphabet und einem Namensalphabet systematisch zu ordnen. Vollständigkeit und absolute Verläßlichkeit der Angaben konnten wir dabei nicht erreichen. Wir nahmen diesen bedauerlichen Mangel aber in Kauf, weil es uns nicht um die Publikation von – wie immer »verwertbaren« – Dossiers ging, sondern um die Einsicht in ein multifunktionales, aber unter der »Führung der Partei der Arbeiterklasse« auch wieder sehr einheitlich strukturiertes Beziehungsgeflecht.

Der Entschluß, sich an ein solches Unternehmen zu wagen, sich die Zumutung einer lexikalischen Rekonstruktion der DDR selbst aufzubürden, war waghalsig und ist im nachhinein kaum noch plausibel zu machen. Zweifellos ist auch er ein Ergebnis des Vereinigungsprozesses, obwohl er von zwei Ostberlinern und einem Westberliner gefaßt wurde, die jener damals auf verschiedene Weise laut werdenden Vereinigungseuphorie durchaus skeptisch gegenüberstanden. Die Hoffnung, daß nun zusammenwüchse, was zusammengehört, teilten wir nicht, und gerade deshalb hielten wir es für nötig, Eigenart und Bedingtheit dessen, was es bald schon nicht mehr geben sollte, selbst zu verstehen und anderen zu überliefern. Der Versuch, all das aufzuschreiben, was wir damals noch gar nicht übersehen und durchschauen konnten, hat allen Betroffenen, nicht zuletzt auch dem Verlag, viel Geduld und manchmal blinde Zuversicht abgefordert. Wir hoffen, daß das Resultat der Mühen wert war.

Es war nicht leicht, für die Vielfalt des Bedenkenswerten eine Form zu finden; den Umfang des bevorstehenden Arbeitsaufwandes wie den des erst schemenhaft begriffenen Werkes abzuschätzen; ein Maß zu finden für gebotene Knappheit und unvermeidliche Ausführlichkeit des Mitzuteilenden. Am schwersten war es, sich über die zu fordernde Eindringlichkeit der Untersuchung und über die wünschbare Offenheit der Darlegung zu einigen; dabei gerieten sich verschiedentlich ungezügelte Wißbegier, höchst menschliche Entlastungsbedürfnisse, trotziges Genugseinlassen und die Abneigung gegen beschwichtigende Unverbindlichkeit arg ins Gehege. Die Spuren der expliziten und impliziten Auseinandersetzungen, die deshalb stattfanden, haben sich den Texten eingeprägt; sie werden dem aufmerksamen Leser nicht verborgen bleiben.

Die Artikel in den Lexikonbänden unterscheiden sich in Umfang, Vollständigkeit der Daten, Genauigkeit der Begründungen und wohl auch des öfteren im sprachlichen Ausdruck von Betroffenheit und Urteilsfindung. Das muß und soll so sein! »Ausgewogenheit« hat uns nicht sonderlich interessiert; sie hätte uns auch wenig genutzt, denn wir mußten ständig auswählen und Prioritäten setzen. Die Nähe zum Gegenstand und das gegenseitige Verwickeltsein in dessen unterschiedliche und wechselnde Bestimmungen zwischen Beginn und Ende des Kalten Krieges mochten wir nicht verleugnen; wo der vormals bornierte Blick in die Gegenrichtung, spät erkannte Selbsttäuschung, erlittene Beschädigung oder beschämendes Fehlverhalten sich in engagierter Rede niederschlugen, war uns das wichtiger als die unberührte Abgeklärtheit des Lexikographen.

Am Ende zeigte sich, daß wir mehr riskiert hatten, als wir uns ursprünglich zutrauen mochten. Nun können wir nur noch beteuern, ebendas getan zu haben, was wir in begrenzter Zeit tun konnten. Das gleichermaßen aus

Selbsterkundungs- und Mitteilungsabsichten entstandene Produkt ist vorerst abgeschlossen. Dieses Faktum registrieren wir einstweilen eher mit Erleichterung als mit Befriedigung, denn wir wissen nur eines genau: Während unserer Zusammenarbeit hat jeder von uns über sich und die anderen, über BRD und DDR, über Kapitalismus und Sozialismus, über »Motzkis« und »Trotzkis« und über noch einiges andere sehr viel gelernt. Wenn dieses Buch vielen eine Möglichkeit eröffnete, etwas mehr über Deutschland und die Deutschen zu lernen, sollte es uns recht sein.

Bei unseren Nachforschungen über Institutionen und Personen wurden wir vielfach durch Auskünfte oder durch Ergänzungen und Korrekturen unserer Textentwürfe unterstützt. Unser Dank für wohlwollendes Interesse und nützliche Mitteilungen gilt allen, die uns behilflich waren, insbesondere Joachim Balzke, Berlin; Dr. Gerhard Banse, Berlin; Frau Christa Barthel, Berlin; Günther Buch, Berlin; Dr. Gerald Christopheit, Magdeburg; Dr. Andreas Damm, Berlin; Prof. Dr. Heinz David, Berlin; Prof Dr. Arno Donda, Berlin; Prof. Dr. Georg Ebert, Mühlenbeck; Dr. Wolfram Fiedler, Leipzig; Frau Brigitte Fischer, Berlin; Roland Foitzik, Potsdam; Dr. Günter Frank, Ilmenau; Walter Garrandt, Schwerin; Gottfried Hamacher, Berlin; Dr. Paul Heider, Potsdam; Hans Hofmann, Freiberg; Frau Monika Hoppe, Berlin; Frau Waltraud Hoppe, Berlin; Werner Kirchhoff, Berlin; Gerhard Körbel, Berlin; Prof. Dr. Herbert Kreibich, Schulzendorf; Dr. Karl-Heinz Kuba, Berlin; Jochen Lamprecht, Berlin; Frau Barbara Lange, Berlin; Dres. Marina und Matthias Lienert, Leipzig; Eckhard Linsel, Berlin; Erhard Lonscher, Berlin; Prof. Dr. Bernhard Meyer, Berlin; Prof. Dr. Lutz Maier, Berlin; Frau Bärbel Murach, Berlin; Carl Ordnung, Berlin; Wilhelm Orth, Berlin; Dr. Norbert Podewin, Berlin; Dr. Reinhold Röder, Berlin; Dr. Lothar Rohland, Berlin; Dieter Sandler, Gummersbach; Hansjürgen Schäfer, Birkenwerder; Frau Barbara Scheibe, Berlin; Prof. Dr. Max Schmidt, Berlin; Dr. Rainer Scholz, Eichwalde; Prof. Dr. Hans-Jürgen Schulz, Berlin; Frau Rosa Schuster, Berlin; Gustav Siemon, Cottbus; Gerd-Rüdiger Stephan, Berlin; Frau Dagmar Szöllössi, Chemnitz; Willi Tielert, Berlin; Dr. Peter Ullrich, Berlin; Frau Krimhild Wagner, Berlin; Dr. Georg Wiecisk, Berlin; Dr. Friedrich Wolff, Berlin; Dr. Günther Wonneberger, Borthen. Weiterhin danken wir den Mitarbeiterinnen und Mitarbeitern von Archiven und Bibliotheken, die uns unsere Recherchen erleichterten, darunter vor allem denen des Archivs der ›Berlin-Brandenburgischen Akademie der Wissenschaften‹, der Außenstelle des Bundesarchivs am Fehrbelliner Platz in Berlin, der Berliner Stadtbibliothek und der ›Stiftung Archive der Parteien und Massenorganisationen der DDR im Bundesarchiv‹ (SAPMO).

Schließlich gibt es da auch noch unsere Frauen, Freundinnen und Freunde, die häufige Abwesenheiten, lästiges Telefongeklingel und auch unwirsches Gebrumm hinnehmen mußten. Sie waren nicht immer hingerissen von unserer Geschäftigkeit, aber sie ertrugen diese nicht nur mit Fassung, sie trugen auch viel dazu bei, das unser Vorhaben nicht zwischen Selbstüberschätzung und Niedergeschlagenheit zerrieben wurde.

Berlin, im Juli 1994 *Andreas Herbst, Winfried Ranke, Jürgen Winkler*

Hinweise für den Benutzer

Die *Schlagwörter* in den Bänden 1 und 2 sind in alphabetischer Reihenfolge nach der mechanischen Wortfolge angeordnet; demnach folgt auf **Hochschule des MfS** die **Hochschule für Architektur und Bauwesen** oder auf das **Ministerium der Justiz** das **Ministerium für Allgemeinen Maschinen-, Landmaschinen- und Fahrzeugbau**.
In Fällen, in denen für eine *Organisation/Institution (O/I)* im Lauf der Zeit unterschiedliche Bezeichnungen gebräuchlich waren, in denen eine Organisation in einer anderen aufging oder in denen ein Sachverhalt unter einem anderen Schlagwort erläutert wird, ist diesbezüglichen Schlagwörtern ein *Pfeilverweis* nachgestellt, der auf die Stelle(n) verweist, wo die gewünschte Auskunft erhältlich ist. Entsprechendes gilt für Pfeilverweise innerhalb der Schlagwortartikel: Sie verweisen auf *Schlagwörter* mit ergänzenden Informationen zum jeweiligen Sachverhalt.
In bestimmten Fällen, etwa bei **Gewerkschaften**, beim **›Ministerrat der DDR‹**, bei **Staatssekretariaten** oder bei **Universitäten** sind die einzelnen Gewerkschaften, Ministerien etc. unter den jeweiligen Oberbegriff gestellt, und zwar derart, daß nach einem zusammenfassenden Vorspannartikel zum Hauptschlagwort jeweils eine Reihe von *Unterschlagwörtern* folgt; diese sind durch Einrückung und kleinere Schrift als solche gekennzeichnet. *Pfeilverweise* auf solche *Unterschlagwörter* sind dann, wenn auf eine *O/I* mit ungleicher Bezeichnung verwiesen wird, nach folgendem Schema aufgebaut: **Komitee für Körperkultur und Sport** → Staatssekretariate, darin: Staatssekretariat für Körperkultur und Sport.
Innerhalb der Schlagwortartikel sind die in der DDR gebräuchlichen Namen von *O/I*, sofern sie nicht allgemein übliche Funktionsbezeichnungen waren (Minsterium der Finanzen), in einfache An- und Abführung gesetzt (›Kampfgruppen der Arbeiterklasse‹, ›Singebewegung‹, ›Zivilverteidigung‹). Dies geschah nicht, um dem »sogenannten Staatsgebilde« postum noch ein paar Gänsefüßchen mehr aufs Grab zu streuen, sondern um Ei-

genart und offizielle Geltung von in der DDR verwendeten Bezeichnungen deutlich zu machen.
Ein Schlagwortartikel ist i. d. R. wie folgt gegliedert: Die im Druck hervorgehobene Kopfzeile enthält die Bezeichnung der jeweiligen *Organisation/Institution* und eine Zeitangabe über die Dauer von deren Tätigkeit oder Existenz; wenn eine *O/I* bis zum Ende der DDR vorhanden war, ist als Schlußjahr stets 1990 angegeben; existierte diese im Zustand der »Abwicklung« oder Umwandlung über das Vereinigungsdatum hinaus, sind nähere Angaben dazu dem Artikel zu entnehmen.
Ausführlichere Schlagwortartikel sind untergliedert in die Abschnitte *Geschichte und Organisation, Funktionen und Wirkungen* und *Auflösung / Ende* oder *Umwandlung.* Darauf folgt ein zuweilen recht umfangreicher Datenkatalog mit Angaben zu *Kongressen* oder *Zentralen Delegiertenkonferenzen* u. dgl.; zu *Präsidenten, Vorsitzenden, Sekretären* und/oder weiteren Amtsträgern in den verschiedenen Leitungsgremien einer *O/I*; weiterhin ggf. zu *Unterorganisationen / angeschlossenen Institutionen*, zu *Auszeichnungen* und zu *Publikationen / Archiven.* Von den in diesen Rubriken mitgeteilten Angaben ist keine Vollständigkeit zu erwarten! Die Auflistung der verschiedenen *Amtsträger/Funktionäre* ist i. d. R. nach der Ämterfolge geordnet; dort, wo sich jedoch die Dauer der jeweiligen Gremienzugehörigkeit überschnitt und folglich keine deutliche Ämterfolge darstellbar war, sind die Namen alphabetisch angeordnet; auf die Angabe von Titeln und Amtsbezeichnungen wurde verzichtet; lediglich bei Militärs wurde, soweit für uns ermittelbar, ein Dienstrang angegeben, i. d. R. der bei Antritt der jeweiligen Funktion gegebene. Daten über die jeweilige Amts- oder Funktionsdauer waren nicht immer zu ermitteln; steht in der Klammer hinter einem Namen »ab 1953« oder »bis 1971«, so besagt das, daß uns nur Anfangs- bzw. Enddatum einer Amtsperiode bekannt wurde; entsprechendes gilt für das Erscheinen von Periodika.
Abkürzungen der Bezeichnungen von *O/I* werden bei erster Erwähnung innerhalb eines Schlagwortartikels meist der ausgeschriebenen Bezeichnung in Klammern nachgestellt. In Fällen, wo sich die Bearbeiter sicher waren, daß eine Bezeichnung nebst Abkürzung nur an dieser einen Stelle vorkommt, wurden sie nicht in das am Schluß beider Bände angefügte *Abkürzungsverzeichnis der O/I* aufgenommen; alle häufig oder möglicherweise mehrfach vorkommenden *Abkürzungen* sind in dem genannten Verzeichnis aufgeschlüsselt. Ist die dort gegebene Aufschlüsselung einer Abkürzung nicht mit einem erläuterten Schlagwort identisch, so ist ihr in Klammern ein Verweis zugefügt, der auf eine Stelle verweist, an der Näheres über die betreffende *O/I* nachzulesen ist. Insofern besitzt das *Abkürzungsverzeichnis der O/I* eine zusätzliche Registerfunktion.

A

Abteilungsgewerkschaftsleitung (AGL)
→ Betriebsgewerkschaftsorganisation

Abteilungsparteiorganisation (APO)
→ Grundorganisation der SED

ADN-Zentralbild
→ Allgemeiner Deutscher Nachrichtendienst

Aeroklub der DDR, 1956–1987
Dachorganisation für alle Flugsportorganisationen und -disziplinen in der DDR

Am 23.9.1953 wurde die 1951 gebildete ›Volkspolizei-Luft‹ in ›Verwaltung der Aeroklubs‹ umbenannt (→›Deutsche Volkspolizei‹). In den A. wurde die fliegerische und technische Ausbildung an sowjetischen Übungsflugzeugen vom Typ Jak-11 und Jak-18 aufgenommen. Die ›Verwaltung der Aeroklubs‹ war zwischen 1953 und 1956 die zentrale militärische Führung für die ersten Verbände der Luftstreitkräfte der →›Kasernierten Volkspolizei‹, die im Januar 1956 offiziell in die →›Nationale Volksarmee‹ eingegliedert wurden. Chef der Verwaltung war Generalmajor Heinz Keßler. Mit dem 1.6.1956 wurde der A. zur Dachorganisation für alle Flugsportsektionen, -diziplinen, -arbeitsgemeinschaften u. ä., die in der →Armeesportvereinigung ›Vorwärts‹, der →Sportvereinigung ›Dynamo‹, der →Pionierorganisation ›Ernst Thälmann‹ und vor allem der →GST bestanden. Im Oktober 1960 wurde der A. von der 53. Generalversammlung der ›Internationalen Flugsport-Föderation‹ (FAI) in Barcelona als assoziiertes Mitglied aufgenommen. Nach dem VIII. Kongreß der GST im Mai 1987 wurde der A. aufgelöst und der ›Flug- und Fallschirmsportverband der DDR‹ gegründet. Am 27.6.1990 griff die →INTERFLUG den Namen wieder auf, als sie einen

›Aeroclub der INTERFLUG‹ gründete; dieser bildete unter dem Vorsitz von Wolf Glaeser für folgende Luftsportarten Sektionen: Motorflug, Segelflug, Drachenflug und Modellflug.

Vorsitzende: Heinz Schubert (1962–1986); Hans-Peter Otto (1986–1987)
Generalsekretäre: Degenhard Lück (1972–1976); Horst Brändel (1976–1987)
Publikationen: ›Sport und Technik‹, Ausgabe B, Jg.1/1951 – Jg. 3/1954; ›Flügel der Heimat‹, Jg. 4/1955 – Jg. 8/1959; ›Aero-Sport‹, Jg. 9/1960 – Jg. 18/1969; ›Flieger-revue‹, Jg. 19/1970, wird fortgesetzt.

Afro-Asiatisches Solidaritätskomitee

→ Solidaritätskomitee der DDR

agra – Landwirtschaftsausstellung der DDR, 1950–1989

Regelmäßige, vierwöchige Lehr- und Leistungsschau der DDR-Landwirtschaft in Markkleeberg bei Leipzig

Geschichte und Organisation: Schon seit 1950 fand in Leipzig-Markkleeberg eine ›Landwirtschafts- und Gartenbauausstellung der DDR‹ (LuG) statt. Es handelte sich um eine jährlich veranstaltete, vierwöchige Lehr- und Leistungsschau, die zugleich agrarpolitischen und propagandistischen Zwecken diente. 1958 wurde der gärtnerisch-gartenbauliche Bereich abgetrennt und der seitdem in Erfurt stattfindenden ›Internationalen Gartenbauausstellung der DDR‹ (iga) übertragen. Die weiterhin in Markkleeberg veranstaltete Landwirtschaftsausstellung fand seit 1967 unter der Bezeichnung ›agra‹ statt. Sie war eine Einrichtung des →Ministeriums für Land-, Forst- und Nahrungsgüterwirtschaft, die alljährlich, seit 1979 nur noch alle zwei Jahre, in den Monaten Juni/Juli auf einem ca. 100 ha großen Gelände mit 90 Hallen neue landwirtschaftliche Maschinen, Geräte, Stallanlagen, Verfahrenstechniken etc. vorstellte; fester Bestandteil des Programms waren zudem Tierleistungsschauen. Im Bereich Tierproduktion entwickelte sich seit 1976 auch eine zunehmende Beteiligung aus Mitgliedstaaten des RGW.

Funktionen und Wirkungen: Die ›agra‹ war ein Treffpunkt für die Genossenschaftsbauern und die landwirtschaftlich interessierte Bevölkerung; sie wurde nahezu regelmäßig durch den Besuch des 1. Sekretärs bzw. Generalsekretärs des ZK der SED aufgewertet. Hochstilisiert zur »Universität im Grünen«, diente sie vornehmlich der Weiterbildung und der politischen Präsention von »Höchstleistungen«. Auf dem Gelände der ›agra‹ fanden während der ausstellungsfreien Zeit regelmäßig Fortbildungsveranstaltungen und Beratungen statt; außerdem war ganzjährig eine Ausstellung über die Agrarpolitik der SED zu besichtigen. Ein Teil des Geländes diente, wenn es von der großen Landwirtschaftsausstellung nicht beansprucht wurde, als Erholungspark.

Umwandlung: Die letzte a. nach altem Konzept fand vom 9.6.–3.7.1989 statt. 1990 bildete sich aus dem Mitarbeiterkreis der a. die ›Messepark Gesellschaft Markkleeberg‹. Am 8.6.1991 eröffnete Ministerpräsident Biedenkopf auf dem Messegelände die einwöchige ›DLG-agra '91‹ (1350 Aussteller aus 23 Ländern), die gemeinsam mit der ›Deutschen Landwirtschafts-Gesellschaft‹ (DLG) durchgeführt wurde. Im Mai 1992 fand in Markkleeberg die ›agra Spezial '92‹ (440 Aussteller aus 8 europäischen Ländern) statt, die zum Schaufenster der Landwirtschaft der neuen Bundesländer werden sollte, vor allem moderne Landtechnik für jede Feldgröße ausstellte und Informationsprogramme zur Umstrukturierung der Betriebe, zur Existenzgründung, zu geeigneten Rechtsformen, zur Sanierung etc. anbot. Es ist vorgesehen, auch künftig in Markkleeberg internationale Agraraustellungen mit Fachveranstaltungen zu organisieren.

Agrarflug, 1957–1990

Betriebsgesellschaft der → INTERFLUG zum Einsatz von Fluggerät in der Land- und Forstwirtschaft

Agrarflüge zur Ausbringung von Düngemitteln und Insektiziden über landwirtschaftlichen Nutzflächen wurden im März 1957 aufgenommen. Träger und Organisator des landwirtschaftlichen Flugzeugeinsatzes war der zur INTERFLUG gehörende ›Betrieb Agrarflug‹, der ab Juni 1956 unter Leitung von Willi Gorzel aufgebaut wurde. Sein Einsatzgebiet gliederte sich in fünf regionale Produktionsbereiche: Anklam für die Bezirke Neubrandenburg und Rostock; Kyritz für die Bezirke Potsdam und Schwerin; Magdeburg für die Bezirke Magdeburg und Halle; Fürstenwalde für die Bezirke Cottbus und Frankfurt (Oder); Leipzig-Mockau für die Bezirke Dresden, Erfurt, Gera, Karl-Marx-Stadt, Leipzig und Suhl. Zwischen den Jahren 1957 und 1963 wurde A. als anschauliches Propagandainstrument benutzt, um die Vorzüge sozialistischer Großbetriebe in der Landwirtschaft zu verdeutlichen. So fand 1960 in Berlin/DDR die erste Konferenz der Agrarflugunternehmen der sozialistischen Länder statt. Die mit Düngung und Pflanzenschutz aus der Luft erzielten Vorteile waren gegenüber konventionellen Arbeitstechniken allerdings gering und zudem umweltbelastend. Nachdem 1975 fast 3 Mio. ha landwirtschaftlicher Nutzfläche beflogen wurden (im Verhältnis zur insgesamt vorhandenen Nutzfläche ein absoluter Spitzenwert in Europa), betrug der Subventionsanteil an den Betriebskosten ca. 50 Prozent. Deshalb verringerten sich in den folgenden Jahren die Agrarflugleistungen zunächst

deutlich, um dann in den 80er Jahren – synchron mit der »sozialistischen Intensivierung der landwirtschaftlichen Produktion« – wieder anzusteigen.
Die aviochemische Behandlung landwirtschaftlicher Nutzflächen wurde nun auf das gesamte Gebiet der DDR ausgedehnt. 1986 wurden 4,8 Mio. ha beflogen, vornehmlich für die Getreide- und die Forstdüngung sowie zur Schädlingsbekämpfung bei den Kartoffelbeständen, auf den Gemüseplantagen im Oderbruch und im havelländischen Obstbaugebiet. Die leistungsintensivsten Agrarflugzeuge (Gesamtbestand 1989 etwa 350 Maschinen) waren die Luftfahrzeuge ›M 18 A‹ und ›Z-37‹; für die Obst- und Gemüseplantagen wurde das Agraflugzeug ›Ka-26‹ eingesetzt. Zur Bekämpfung von Waldbränden stand das Agrarflugzeug ›PZL-106‹ bereit. Die A.-Piloten wurden an der INTERFLUG-Betriebsakademie ›Arthur Pieck‹ in Leipzig ausgebildet (→›Betriebsakademie‹).

Auflösung/Ende: Der ›Betrieb Agrarflug‹ wurde mit Wirkung vom 17.9.1990 aus dem Bestand der INTERFLUG ausgegründet. Das neue Unternehmen firmierte unter dem Namen ›Flugservice & Development GmbH Berlin‹ (Geschäftsführer Bernd Unger). Die Einsätze in der Landwirtschaft wurden der Marktlage entsprechend drastisch eingeschränkt; etwa 250 Flugzeuge wurden zum Verkauf angeboten; aus den Agrarflugplätzen wurden Verkehrslandeplätze für die allgemeine Luftfahrt. Die neue Gesellschaft konzentrierte sich nun auf Personen- und Güterbeförderung im Regionalflugverkehr (Geschäftsflüge, Eiltransporte, Rund-, Touristik- und Werbeflüge usw.), begann mit der dafür erforderlichen Pilotenausbildung und baute einen Fallschirmsprung-Service auf. Neben den traditionellen aviochemischen Einsätzen wurden neue Aufgabengebiete erschlossen, so die wirkungsvolle Wildtollwutbekämpfung durch den Abwurf von Schluckimpfungsködern.

Agrarpolitik

Ziel einer sozialistischen Agrarpolitik in der DDR war – schon zu Zeiten der Besatzungsherrschaft – die Schaffung sozialistischer Produktionsverhältnisse auf dem Lande. Darunter verstand die →SED das »notwendige« Herbeiführen von sowohl gesellschaftlichen wie wirtschaftlichen Veränderungen. Gesellschaftspolitisch sollte durch die Überwindung der einzelbäuerlichen Wirtschaftsweise und der daraus hervorgehenden Denk- und Verhaltensmuster das politische Bündnis der Arbeiterklasse und der werktätigen Bauern (später Genossenschaftsbauern) ermöglicht werden, um so die Bauern an die Leitung und Planung von Staat und Gesellschaft heranzuführen und ihre Lebensbedingungen schrittweise zu verbessern.

Wirtschaftspolitisch ging es um die Zerschlagung der überkommenen Besitzstrukturen auf dem Lande, um auf der Grundlage kollektiven Eigentums von der genossenschaftlichen zur industriemäßigen Produktion überzugehen und die Angleichung der Lebensverhältnisse von Stadt und Land zu erreichen.

1945–1948, als zunächst die Aufrichtung einer antifaschistisch-demokratischen Ordnung in Deutschland auf der Tagesordnung stand, schienen Hunger und Flüchtlingselend die politischen Notwendigkeiten zu bestimmen. Gleichwohl drängte die KPD/SED im Einvernehmen mit der →SMAD schon im Sommer 1945 darauf, in den Ländern der SBZ eine Bodenreform durchzuführen. Da sie im zentralen »Antifa-Block« der Parteien mit Widerständen rechnete, legte sie dem Blockausschuß in Sachsen-Anhalt am 1. September einen Resolution vor, in der eine entschädigungslose Enteignung des Besitzes der »Naziaktivisten und Kriegsverbrecher« und des Großgrundbesitzes über 100 ha »zum Zwecke der Landzuteilung an landarme Bauern und Landarbeiter« gefordert wurde. Nachdem der Landesausschuß zugestimmt hatte, erließ die Provinzialverwaltung schon am 3.9.1945 eine Bodenreformverordnung, die nur Staatsbesitz, Kirchengüter und öffentliche Versuchanstalten von der Enteignung ausnahm. Entsprechende Verordnungen der anderen Landesverwaltungen lagen bis zum 10. September vor.

Trotz des Drängens der Kommunisten war diese Bodenreform zwar »eine radikale, aber keine kommunistische Maßnahme« (H. Weber). Unter der Parole »Junkerland in Bauernhand« wurde der Landbesitz derer enteignet, die vielen als »Feinde jeder freiheitlichen Entwicklung in Deutschland« galten. Kritisiert wurden – insbesondere von CDU und LDPD – nur die entschädigungslose Enteignung und die zu kleinteilige Parzellierung des verteilten Landes. Viele der zugeteilten Neubauernstellen und zahlreichen Nebenerwerbsstellen erwiesen sich schon bald als nicht überlebensfähig. Von den insgesamt rd. 3,3 Mio. ha, die 1945/46 in einem Bodenfonds zusammenkamen, wurden 2,19 Mio. ha (66,4%) an 500000 Personen verteilt; 1,1 Mio ha (33,6 %) wurden in →›Volkseigene Güter‹ (VEG) umgewandelt.

Daß mit dieser Bodenreform ein erster Schritt in Richtung auf eine Kollektivierung der Landwirtschaft nach sowjetischem Vorbild getan sei, wurde von der SED zunächst bestritten. Die Verfassung von 1949 garantierte den Alt- wie Neubauern ihren Besitz an Grund und Boden. Im Interesse einer schnellen Verbesserung der Versorgungslage waren im November 1945 auch die traditionellen ländlichen Genossenschaften wieder zugelassen worden, die allerdings mit der aus den Bodenreformausschüssen hervorgegangenen →›Vereinigung der gegenseitigen Bauernhilfe‹ (VdGB) bald Konkurrenz bekamen. Während den Raiffeisen-Genossenschaften die traditionellen Handels- und Kreditgeschäfte zunächst überlassen blieben, gelang es der VdGB mit Hilfe der im Herbst 1946 gegründeten →›Maschinen-Ausleihstationen‹ (MAS, später →›Maschinen-Traktoren-Stationen‹ [MTS]), den Bauern dringend benötigte technische Unterstützung anzubieten und so die bäuerlichen Betriebe von der Produktionsseite her in Abhängigkeit zu bringen. Seit 1948 wurde der VdGB dann schrittweise Einfluß auf die Kreditvergabe und den Handel mit landwirtschaftlichen Bedarfsgütern und Erzeugnissen eingeräumt. Als sie sich Ende 1950 mit den landwirtschaftlichen Dorf-, Molkerei- und Winzergenossenschaften vereinigte, war die »erste einheitliche demokratische Massenorganisation der werktätigen Bauern« entstanden, die künftig als »Transmissionsriemen« für die Agrarpolitik der SED eingesetzt werden konnte.

Der »Klassenkampf auf dem Lande« hatte schon vor der Staatsgründung begonnen, indem bei der technischen und finanziellen Unterstützung die »werktätigen Bauern« begünstigt und die deshalb schon benachteiligten alteingesessenen Groß- und Mittelbauern zudem noch mit höheren Ablieferungsnormen und Abgaben belastet wurden. Die wirtschaftliche und gesellschaftliche Diskriminierung der Agrarproduzenten, die für die Bündnispolitik der SED unzugänglich waren, hatte zur Folge, daß viele Bauern ihre Höfe aufgaben und sich nach Westdeutschland absetzten; 1953 waren auf diese Weise bereits rd. 24000 bäuerliche Betriebe aufgegeben und beschlagnahmt worden.

1952 beschloß die 2. Parteikonferenz der SED die »planmäßige Errichtung der Grundlagen des Sozialismus in der DDR«; das bedeutete zugleich die sozialistische Umgestaltung der Landwirtschaft durch den »freiwilligen Zusammenschluß von einzeln wirtschaftenden Bauern, Landarbeitern und anderen Werktätigen zu landwirtschaftlichen Produktionsgenossenschaften«. Um den Bauern die Preisgabe ihrer privaten Verfügungsgewalt über die landwirtschaftlichen Produktionsmittel zu erleichtern, wurden drei Typen von →›Landwirtschaftlichen Produktionsgenossenschaften‹ (LPG) konzipiert, von denen Typ III den höchsten Vergesellschaftungsgrad der eingebrachten Produktionsmittel vorsah. Typ I oder II wurden von den Eintrittswilligen deutlich vorgezogen, doch traten anfangs ohnehin fast nur Neubauern in die LPG ein, während sich die alteingesessene Landbevölkerung bis 1957 nur sehr zögernd beteiligte. Das trug mit dazu bei, daß die frühen LPG, in die bis dahin rd. 25 Prozent der landwirtschaftlichen Nutzfläche eingebracht waren, nicht sehr erfolgreich wirtschafteten.

Anlaufschwierigkeiten der LPG und die andauernde Zurückhaltung der

Privatbauern hielten die SED nicht davon ab, die Vergesellschaftung auf dem Lande weiter voranzutreiben. Nicht nur aus bündnispolitischen Erwägungen, sondern auch im Hinblick auf eine langfristig einheitliche Planbarkeit der Wirtschaftszusammenhänge sah sich die Parteiführung genötigt, sozialistische Großindustrie und genossenschaftlich organisierte Landwirtschaft zunehmend einander anzugleichen. Nur auf diesem Wege, so glaubte man, seien Ertragssteigerungen zu erreichen, die dem Staat schließlich einen hohen Selbstversorgungsgrad mit landwirtschaftlichen Erzeugnissen garantieren würden. Deshalb forderte der V. Parteitag der SED im Juli 1958 eine Beschleunigung der sozialistischen Entwicklung der Landwirtschaft. Zuvor hatten schon → FDGB und → FDJ beschlossen, ihr Engagement für eine sozialistischen Umgestaltung auf dem Lande zu verstärken.

In der Folgezeit wurden sowohl die Förderungen für die LPG wie die Agitation der Einzelbauern erheblich gesteigert. Bis Ende 1959 gaben ca. 117000 Bauern ihre Betriebe auf; davon gingen etwa 30000 zwischen 1957 und 1959 in den Westen; gleichwohl wurde immer noch gut die Hälfte der landwirtschaftlichen Nutzfläche von Privatbauern bewirtschaftet. Im Dezember 1959 forderte daher die 7. Tagung des ZK der SED weitere Anstrengungen, wodurch die bisher größte – und repressivste – Kollektivierungskampagne ausgelöst wurde. Angetrieben von Agitationstrupps, die von SED, → DBD, FDJ und anderen Organisationen auf die Dörfer geschickt wurden, kam der »freiwillige« Zusammenschluß der Bauern in ›Landwirtschaftlichen Produktionsgenossenschaften‹ schließlich im Bezirk Karl-Marx-Stadt zum Abschluß; mit dem 31. Mai 1960 bestanden 19345 LPG, die insgesamt 83,6 Prozent der landwirtschaftlich genutzten Flächen in der DDR bewirtschafteten.

Den Abschluß der Kollektivierung feierte die SED als einen »Sieg der sozialistischen Produktionsverhältnisse auf dem Lande«, und das ›Neue Deutschland‹ veröffentlichte im April 1960 eine ZK-Entschließung, worin als weiteres Ziel sozialistischer Agrarpolitk angegeben wurde: »... ab Ende 1963 unsere Bevölkerung bei wachsendem Verbrauch im wesentlichen mit Produkten aus der eigenen Viehwirtschaft voll zu versorgen und die westdeutsche Landwirtschaft in den Hektarerträgen und in der Produktion aus der Viehwirtschaft je Hektar landwirtschaftlicher Nutzfläche zu übertreffen«. Im Rahmen der auf dem V. Parteitag der SED formulierten »ökonomischen Hauptaufgabe« war damit auch der sozialistischen Landwirtschaft ihre Verpflichtung zugewiesen.

Die nächste, etwa von 1961 bis 1970 dauernde Entwicklungsphase stand im Zeichen der Kooperation und einer sich daraus ergebenden Konzentration der Betriebe. Die unter Polit- und Zeitdruck zusammengefügten

Produktionsgenossenschaften waren vielfach nur lose Agglomerationen von Einzelbetrieben; sie waren meist in LPG vom Typ I zusammengefaßt, in denen das eingebrachte Ackerland zwar gemeinschaftlich bewirtschaftet wurde, aber noch in Privateigentum verblieb. Es galt also, die Vollkollektivierung in LPG vom Typ III zu fördern und dabei Betriebsformen zu entwickeln, die von Nutzfläche, Gebäudeausstattung und Maschinenbesatz her ertragreich wirtschaften konnten. Folglich wurden die LPG Typ III in der Versorgung mit Saatgut, Zuchtvieh oder Baumaterial sowie in der Ausstattung mit Landtechnik bevorzugt, so daß es für LPG, die schon miteinander kooperierten, verlockend wurde, sich zu vollkollektivierten Großgenossenschaften zusammenzuschließen.

1952 waren die MAS in ›Maschinen-Traktoren-Stationen‹ (MTS) umgewandelt worden; 1959 hatten sie begonnen, ihre Technik vorzugsweise an LPG des Typs III auszuleihen. Anfang der 60er Jahre konnten diese den Maschinenpark der MTS kostenlos übernehmen, während den LPG vom Typ I oder II nur die Möglichkeit des Erwerbs zugestanden wurde. Zwischen 1960 und 1970 wuchs der Traktorenbestand um das Dreifache, der der Mähdrescher nahezu um das Fünffache. War um 1960 erst jeder dritte Betrieb voll kollektiviert, so waren es 1970 fast zwei von dreien. Um die aus Kooperation und Konzentration entstehenden Probleme im Sinne des 1963 eingeführten ›Neuen ökonomischen Systems der Planung und Leitung der Volkswirtschaft‹ (NÖS) besser bewältigen zu können, traten an die Stelle des unflexiblen Landwirtschaftministeriums seit 1963 → Landwirtschaftsräte und die bei den Parteileitungen eingerichteten ›Büros für Landwirtschaft‹. Sie ermöglichten eine stärkere Beteiligung der landwirtschaftlich Tätigen an Entscheidungsprozessen und förderten eine wirkungsvolle Zusammenarbeit zwischen Politik, Wissenschaft und Landarbeit, so daß diese Phase der landwirtschaftlichen Produktion wohl als die erfolgreichste anzusehen ist.

Im Zuge der landwirtschaftlichen Kooperation zeichnete sich schon in den späteren 60er Jahren ein Trend zu immer größeren Betriebseinheiten ab. So entstanden ›Kooperative Abteilungen Pflanzenproduktion‹ (KAP), die Flächen bis nahezu 5000 ha bewirtschafteten, oder erste industriemäßige Anlagen der Tierproduktion wie das ›VEB Kombinat Industrielle Mast‹ (KIM) in Königs Wusterhausen. Außerdem wurden ›Zwischengenossenschaftliche Einrichtungen‹ (ZGE) gebildet, die auf jeweils bestimmte Dienstleistungen spezialisiert waren: Bauorganisationen, Meliorations- und Entladegenossenschaften sowie schließlich die für Düngung und Pestizidaustrag zuständigen ›Agrochemischen Zentren‹ (ACZ). Der Übergang zur industriellen Großproduktion in der Landwirtschaft galt als letzte Stufe der »gesetzmäßigen Entwicklung« in diesem

Produktionssektor. Er erforderte eine weitere Konzentration von Nutzflächen und eine Spezialisierung der Betriebe auf bestimmte Produkte, damit Agrartechnik zunehmend rationeller eingesetzt werden konnte. Die fortschreitende Überführung der Nahrungsgütererzeugung in einen wissenschaftlichen Prozeß sollte überdies bewirken, daß die Abhängigkeit der Landwirtschaft von ihren natürlichen Produktionsbedingungen reduziert würde.

Die strikte Trennung der Pflanzenproduktion (LPG/VEG-P) von der Tierproduktion (LPG/VEG-T), die maschinengerechte Vergrößerung der Schläge und die Massentierhaltung, die gesteigerte Chemisierung brachten nicht die erwarteten Produktivitätszuwächse und Ertragssteigerungen und schufen langfristige Probleme der Gülleentsorgung. Allein der mit der Konzentration der Betriebe gestiegene Treibstoffverbrauch für zusätzliche Transportleistungen schluckte einen erheblichen Teil der erwirtschafteten Erträge. Bezog man überdies die systembedingten ökologischen Schäden und die Minderung der Bodenfruchtbarkeit in die Ertragsrechnung mit ein, dann erwies sich das Resultat einer auf wissenschaftlicher Basis industriemäßig betriebenen landwirtschaftlichen Großproduktion als wenig ermutigend.

Ein Produktivitätsvergleich mit der Bundesrepublik ergab für die Jahre um 1980, daß die sozialistische Landwirtschaft in der Flächenproduktivität von pflanzlicher und tierischer Erzeugerleistung zusammen etwa 72 Prozent, in der Arbeitsproduktivität jedoch nur 50 Prozent des bundesrepublikanischen Leistungsniveaus erreichte. Mit Beginn der 80er Jahre verbreitete sich denn auch die Einsicht, daß die forcierte Industrialisierung der Landwirtschaft zu wirtschaftlichen Fehlentwicklungen geführt hatte. Auf dem X. Parteitag der SED 1981 und auf dem XII. →Bauernkongreß 1982 wurde gefordert, die Betriebe räumlich besser zu organisieren, Ackerflächen und Stallkapazitäten wieder zu verkleinern und auf bessere Abstimmung zwischen Tier- und Pflanzenproduktion hinzuwirken. Seitdem bemühte man sich, fragwürdige Ergebnisse der in den 70er Jahren betriebenen Konzentration und Spezialisierung zu korrigieren.

In gesellschaftspolitischer Hinsicht verlief der von der SED geleitete Industrialisierungsprozeß zweifellos erfolgreicher. Neben der von den Arbeitern und Angestellten der MTS, der VEG, der ACZ und in zunehmendem Maße auch der LPG gebildeten »Arbeiterklasse auf dem Lande« hatte sich im Verlauf fortschreitender Sozialisierung die – nach DDR-Terminologie – »Klasse der Genossenschaftsbauern« herausgebildet, die als wichtigster Bündnispartner der Arbeiterklasse galt. Genossenschaftsbauern waren vornehmlich die am Grundvermögen einer LPG beteiligten

und tätig mitarbeitenden Werktätigen, die außer ihrem Arbeitsentgelt noch eine nach ihrem Genossenschaftsanteil bemessene jährliche Vergütung erhielten. Ihnen galt stets die besondere Aufmerksamkeit der Partei, was dieser Schicht u. a. eine außergewöhnlich hohe berufliche Qualifikation einbrachte. 1970 hatten schon 62,3 Prozent der Genossenschaftsbauern einen Hoch- oder Fachschulabschluß bzw. eine Meister- oder Facharbeiterqualifikation. Seitdem stieg das Qualifikationsniveau auf dem Lande weiter, so daß es in den 80er Jahren über dem Durchschnitt der Volkswirtschaft der DDR lag.
Schon für 1975 stellte die offizielle DDR-Geschichtsschreibung fest: »Zwischen den Werktätigen der Landwirtschaft und denen der Industrie gab es nunmehr, was Arbeitszeitregelung, Urlaub, Renten und soziale Betreuung betrifft, keine wesentlichen Unterschiede mehr. Im Gefolge dieser politischen, ökonomischen, sozialen und kulturellen Umwälzungen entwickelte sich die sozialistische Produktions- und Lebensweise auf dem Lande in historisch neuer Qualität. Der Anteil der Arbeiterklasse und der Intelligenz an der Landbevölkerung nahm zu, es vollzogen sich soziale Prozesse einer weiteren Annäherung der Klassen und Schichten, zugleich entstanden neue Voraussetzungen für die schrittweise Überwindung wesentlicher Unterschiede zwischen Stadt und Land.«

»Antifa-Block«, antifaschistisch-demokratische Ordnung → Blockpolitik • Büro für Landwirtschaft → Wirtschaftspolitik • KPD/SED → ›Sozialistische Einheitspartei Deutschlands‹ • Landwirtschaftsministerium → ›Landwirtschaftsrat‹, → ›Ministerrat der DDR‹ • ›Neues Deutschland‹ → ›Sozialistische Einheitspartei Deutschlands‹ • »ökonomische Hauptaufgabe« → Wirtschaftspolitik • ›Neues ökonomisches System der Planung und Leitung der Volkswirtschaft‹ (NÖSPL/NÖS) → Wirtschaftspolitik

Agrarwissenschaftliche Gesellschaft der DDR (awig)

→ Wissenschaftliche Gesellschaften

Akademie der Künste der DDR (AdK), 1950–1993

Kultur und Künste fördernde Körperschaft von Künstlern, nach Bedeutung und Ansehen die »höchste Institution der DDR im Bereich der Kunst«

Geschichte und Organisation: Die A. wurde unter Bezugnahme auf die ›Preußische Akademie der Künste‹ als eine kulturelle Fördergesellschaft für ganz Deutschland konzipiert und deshalb unter dem Namen ›Deutsche Akademie der Künste‹ am 24.3.1950 neu gegründet. Ein ›Vorbereitender Ausschuß‹ hatte seit dem Herbst 1949 auf die Neugründung hingearbeitet; ihm gehörten an: Johannes R. Becher, Bertolt Brecht, Hanns Eisler, Bernhard Kellermann, Wolfgang Langhoff, Ernst Legal,

Max Lingner, Ernst Hermann Meyer, Otto Nagel, Anna Seghers und Arnold Zweig; eingeladen waren außerdem Carl Hofer und Heinrich Tessenow.

Die A. betrachtete sich als Rechtsnachfolgerin der ›Preußischen Akademie der Künste‹. In deren Tradition und nach dem Selbstverständnis der Gründer wollten deutsche Künstler »eine Akademie gegen die Nazis aufbauen, eine Akademie, die dem Humanismus, dem gesellschaftlichen Fortschritt, dem Frieden und der Kunst verpflichtet ist« (Stephan Hermlin). Als der Druck einer stalinistisch geprägten Kulturpolitik, der insbesondere von Walter Ulbricht zusammen mit den Akademiemitgliedern Alexander Abusch, Alfred Kurella, Wilhelm Girnus und Otto Gotsche ausgeübt wurde, zunahm, sollte auch die A. in eine sozialistische Kulturinstitution dogmatischen Zuschnitts umgewandelt werden. In teilweise heftig geführten Auseinandersetzungen über »Formalismus« in den Künsten (1951), über die in den späteren 50er Jahren propagierte These vom »Zurückbleiben der Kunst« sowie über den in den 60er Jahren erhobenen Vorwurf einer »Verteidigung bürgerlicher Dekadenz« sollten die in der Akademie vereinigten Künstler auf die politisch vorgegebene Linie orientiert werden. Dafür wurden mit dem Ministerratsbeschluß vom 30.3.1962: »Über die neue Stellung und die nächsten Aufgaben der Deutschen Akademie der Künste als sozialistische Akademie der DDR« die administrativen Voraussetzungen geschaffen.

Die Akademiker selbst hatten nach nahezu zehnjähriger Diskussion über eine Satzung am 30.5.1961 das erste Statut angenommen. Danach sah die Akademie ihre entscheidenden Aufgaben darin, »das Entstehen neuer Kunstwerke zu fördern, in denen sozialistische Menschen und ihre gesellschaftlichen Beziehungen gestaltet werden, die Erziehung eines befähigten sozialistischen Nachwuchses in allen Künsten zu unterstützen, zu der ästhetischen Bildung und der Entwicklung der eigenen künstlerischen Betätigung des Volkes beizutragen sowie die Geschichte der deutschen humanistischen und besonders der sozialistischen Kunst zu erforschen«. Im April 1974 nahm sie ein neues Statut an und nannte sich daraufhin ›Akademie der Künste der DDR‹.

Die A. war in vier Sektionen gegliedert: Bildende Kunst, Darstellende Kunst, Literatur und Sprachpflege, Musik. Diese wurden jeweils von einem gewählten Sektionssekretär geleitet. Aus den Sektionen kamen die Vorschläge für die Kooptierung der ordentlichen wie der korrespondierenden Mitglieder. Die Zuwahl erfolgte in geheimer Abstimmung und erforderte die einfache Mehrheit aller Akademiemitglieder. Falls eine der Sektionen sich mehrheitlich gegen einen Kandidaten aussprach, war für dessen Zuwahl eine Zweidrittelmehrheit aller Akademiemitglieder erforderlich. Neugewählte Mitglieder der A. mußten vom Vorsitzenden des Ministerrats der DDR bestätigt werden. Oberstes Organ war die Plenartagung der ordentlichen Mitglieder, die zwei- bis viermal jährlich zusammentrat. Diese wählte in der Regel alle vier Jahre den Präsidenten und die Vizepräsidenten. Zwischen den Plenartagungen wurde die Arbeit von einem Präsidium geleitet, das sich zusammensetzte aus dem Präsidenten, den Vizepräsidenten, den Sekretären der vier Sektionen und dem Generaldirektor.

Funktionen und Wirkungen: Die A. konnte sich in den frühen 50er Jahren den Zwängen stalinistischer Kunstauffassungen widersetzen und dadurch einen wesentlichen Einfluß auf die Kunst- und Kulturentwicklung in der DDR ausüben. Dies gelang ihr vor allem durch das Wirken von B. Brecht, H. Eisler, P. Huchel, K. Langhoff, A. Zweig, aber auch von J. R. Becher, O. Nagel, A. Seghers u. a. Ab 1956/57, nach dem Tode Brechts, verstärkte die SED-Führung ihren Druck auf die A. und konnte mittels von ihr durchgesetzter Zuwahlen von dogmatischen Kulturfunktionären ihre Positionen in der A. ausbauen. Dennoch blieb die Akademie ein Ort, an dem einer völligen Gleichschaltung in teilweise unversöhnlichen Diskussionen entgegengewirkt wurde. Vor allem E. Busch, H. Carow, F. Cremer, P. Dessau, W. Felsenstein, S. Hermlin, Ch. Wolf und K. Wolf verteidigten ihre künstlerischen Standpunkte in öffentlichen Akademieveranstaltungen und erreichten damit ein großes Publikum. Interesse und Teilnahme an solchen Veranstaltungen waren von den 60ern bis zum Ende der 80er Jahre besonders unter der Jugend und bei Intellektuellen ungebrochen stark. Ebenso beharrlich blieb auch die Nachfrage nach künstlerischen Veranstaltungen und Podiumsdiskussionen mit namhaften Akademiemitgliedern aus aller Welt.

Auch die Ausbildung von Meisterschülern – sie bekamen ein AdK-Stipendium und wurden von Mitgliedern der A. betreut – trug dazu bei, daß ein künstlerisch qualifiziertes und politisch kritisches Nachwuchspotential in der DDR erhalten blieb. In die gleiche Richtung wirkte auch die Vergabe der Akademiepreise, von denen der ›Heinrich-Mann-Preis‹ unter Insidern höher als der ›Nationalpreis für Kunst und Literatur‹ bewertet wurde. Insgesamt aber gingen Anspruch und Selbstbewußtsein einer freien, nur vom Votum ihrer Mitglieder bestimmten Akademie verloren. Durch das nachhaltige Dominanzstreben der SED, den damit verbundenen Anpassungsdruck und die machtkonforme Nachgiebigkeit der meisten Akademiker wurde die A. zur Staatsakademie.

Von besonderem kulturhistorischem Wert sind die von der A. betreuten über 80 Archive und Nachlässe bedeutender Künstler. Für die Erforschung und Bewahrung des literarischen und künstlerischen Erbes gründete die A. mehrere Institute: die ›Nationalen Forschungs- und Gedenkstätten der klassischen deutschen Literatur‹ in Weimar (Leiter seit 1955: Helmut Holtzhauer, Karl-Heinz Hahn, seit 1990 Prof. Dieter Heinze); die ›Nationalen Forschungs- und Gedenkstätten für deutsche Kunst und Literatur des 20. Jahrhunderts‹ in Berlin/DDR (Leiter seit 1985: Prof. Dieter Heinze); und das ›Institut für darstellende Kunst‹, das erst 1990 unter der Leitung von Ludwig Hofmann eingerichtet wurde.

Umwandlung: Die Plenartagung der A. vom 16. Juli 1990 setzte das Statut von 1974 außer Kraft, legte den Entwurf einer neuen Satzung vor und benannte die A. in ›Akademie der Künste zu Berlin‹ um. Der Dramatiker Heiner Müller wurde zum Präsidenten, Heiner Carow, Stephan Hermlin, Werner Stötzer und Ruth Zechlin zu Vizepräsidenten gewählt. Als Direktor der Akademie berief man Ulrich Dietzel. Das neue Präsidium bestätigte die in den Sektionen erfolgte Neuwahl der Sekretäre: Harald Metzkes (Bildende Kunst); Gerhard Scheumann (Darstellende Kunst); Waltraut Lewin (Literatur und Sprachpflege); Paul-Heinz Dittrich (Musik).
Nachdem einige prominente Akademiemitglieder (Wieland Förster, Bernhard Heisig, Hermann Kant, Harry Kupfer, Ekkehard Schall) aus unterschiedlichen Gründen ihren Austritt erklärten, verkleinerte die A. nach limitierter Neuwahl ihre Mitgliedschaft am 9. Dezember 1991 erheblich; von den etwa 120 Akademiemitgliedern verblieben 60, von diesen wiederum waren 20 bereits gewählte Mitlieder der Akademie im Westen der Stadt. Im Februar 1992 entschied die Westberliner ›Akademie der Künste‹ mit einer Zweidrittelmehrheit, die neugewählten Mitglieder der A. bei sich aufzunehmen. Damit – und mit den nachfolgenden Austrittserklärungen einiger West-Akademiker – kam eine heftige Debatte zu vorläufigem Ende, worin vornehmlich Künstler, die die DDR hatten verlassen müssen, ihren Dissens mit denen, die geblieben waren, vor- und austrugen. Im September 1992 kamen der Senat von Berlin und die Landesregierung von Brandenburg überein, zum 1.1.1993 eine gemeinsame Akademie mit Sitz in Berlin-Tiergarten ins Leben zu rufen.

Präsidenten: Heinrich Mann (vorgeschlagen, jedoch vor dem beabsichtigten Amtsantritt am 12. März 1950 in Santa Monica verstorben); Arnold Zweig (1950–1953); Johannes R. Becher (1953–1956); Otto Nagel (1956–1962); Willi Bredel (1962–1964); Konrad Wolf (1965–1982); Manfred Wekwerth (1983–1990); Heiner Müller (1990–1992)

Direktoren/Generaldirektoren: Rudolf Engel (1950–1955); Helmut Holtzhauer (1956–1957) sowie – nach dem Interregnum eines jeweils aus den gewählten Sekretären der Sektionen gebildeten Direktoriums – Heinz Schnabel (1965–1990); Ulrich Dietzel (1990–1992)

Auszeichnungen/Preise: ›Heinrich-Mann-Preis‹ für Literatur, seit 1953; ›F.-C.-Weiskopf-Preis‹ für die Pflege der deutschen Sprache, seit 1954; ›Käthe-Kollwitz-Preis‹ für Graphik, seit 1960; ›Will-Lammert-Gedächtnis-Preis‹ für bildende Kunst, seit 1962; ›Hans-Marchwitza-Preis‹ für junge Schriftsteller, seit 1968; ›Alex-Wedding-Preis‹ für Kinder- und Jugendliteratur, seit 1968; ›Lion-Feuchtwanger-Preis‹ für historische Belletristik, seit 1971; ›Anna-Seghers-Stipendium‹ zur Förderung junger deutscher und lateinamerikanischer Künstler, seit 1986; ›Konrad-Wolf-Preis‹ für Filmregie, seit 1986

Publikationen/Archive: ›Sinn und Form. Beiträge zur Literatur‹, gegr. 1949; ›Kunst- und Literaturnachrichten aus der Sowjetunion und den Volksdemokratien‹, erschien 1952–1954; ›Mitteilungen der AdK der DDR‹, erschien seit 1963; ›Arbeitshefte der AdK‹, begonnen 1969.

Archiv der AdK mit Aktenbeständen des Präsidiums, der Plenartagungen und Sektionssitzungen. Nachlässe und Sammlungen von ca. 200 Künstlern, zu den bedeutendsten darunter gehören im Bereich der Literatur die Bestände zu Bettina v. Arnim, Johannes R. Becher, Bertolt Brecht, Hans Fallada, Leonhard Frank, Franz Fühmann, Heinrich Mann, Anna Seghers und Arnold Zweig. Zum 1.1.1991 wurde der AdK auch das Archiv des aufgelösten →Schriftstellerverbandes übereignet.

Die Kunstsammlungen mit etwa 21000 Arbeiten umfassen hauptsächlich Handzeichnungen, Aquarelle, Pastelle und Druckgraphiken, darunter Blätter von Daniel Chodowiecki, George Grosz, John Heartfield, Käthe Kollwitz, Otto Nagel, Max Schwimmer und Heinrich Zille. Eine Plakatsammlung umfaßt 15000 Stücke. Die herausragende Sammlung im Bereich der Musik ist das Hanns-Eisler-Archiv mit 26000 Autographen und 300 Notendrucken. Weiterhin befinden sich im Archiv der Nachlaß von Bühnenbildner Karl von Appen, die Arbeiterliedsammlung von Ernst Busch und auch die Nachlässe von A. Abusch, W. Girnus, O. Gotsche und A. Kurella, deren Erschließung wesentlich zu einem realistischen Bild der Verquickung von DDR-Kunst und SED-Diktatur beitragen kann.

Akademie der Landwirtschaftswissenschaften (AdL), 1951–1990

Zentrale Forschungseinrichtung für die Landwirtschafts- und Forstwissenschaften in der DDR

Geschichte und Organisation: Die Gründung der A. ging auf einen Vorschlag der SED zurück, den Walter Ulbricht auf dem III. Parteitag der SED vom 20.–24.7.1950 bekanntgemacht hatte. In seiner Rede »Der Fünfjahrplan und die Perspektiven der Volkswirtschaft« führte er u. a. aus: »Damit die wissenschaftliche Arbeit auf dem Gebiet der Agrarwissenschaften auf eine höhere Stufe gehoben wird, schlagen wir der Regierung vor, unverzüglich ein Zentralinstitut für Wissenschaft und Forschung in der Landwirtschaft zu schaffen. Diesem Zentralinstitut sollen alle Forschungs- und Versuchsanstalten unterstellt werden.... Das In-

stitut soll der Akademie der Wissenschaften angegliedert werden.« Ein halbes Jahr später beschloß der Ministerrat: »Die Deutsche Akademie der Landwirtschaftswissenschaften wird mit Wirkung vom 1. Januar 1951 als Körperschaft des öffentlichen Rechts mit dem Sitz in Berlin errichtet.«
Die Tatsache, daß zwischen dem Ministerratsbeschluß und der Eröffnung der A. am 17. 10. 1951 eine Zeitspanne von fast einem Jahr lag, läßt vermuten, daß Meinungsverschiedenheiten über die Etablierung der agrarwissenschaftlichen Arbeit auf höherer Stufe bestanden. Eine Gruppe der für die neue Akademie ausgewählten Gründungsmitglieder reiste im Frühjahr 1951 in die UdSSR, um sich als erste offizielle Wissenschaftler-Delegation dieses Fachgebietes über Aufbau, Arbeit und Struktur der sowjetischen Landwirtschaftsakademie zu informieren; darunter befand sich auch Hans Stubbe, ein international anerkannter Genetiker, der von allen Gründungsmitgliedern als Kandidat für das Amt des Präsidenten der neuen Akademie ausersehen war. Stubbe war als ein führender Vertreter der klassischen Genetik in der DDR mit dem sowjetischen Fachkollegen Wawilow befreundet, der als ein scharfer Kritiker jener Auffassungen bekannt war, die der damals gefeierte Lyssenko vertrat. Es kann deshalb der SED-Führung nicht leichtgefallen sein, einen Kandidaten zu akzeptieren, der offensichtlich im Widerspruch stand zu der von Lyssenko vertretenen, in der Sowjetunion staatlich anerkannten und geförderten Lehrmeinung.
Wahrscheinlich gab es zudem von seiten der →›Akademie der Wissenschaften‹ (AdW) Widerstände gegen die notwendige Abtretung von Kompetenzen an eine neue Einrichtung. Man einigte sich jedenfalls auf eine Kompromißlösung, die eine selbständige Institution und eine begrenzte Mitarbeit der AdW in der agrarwissenschaftlichen Forschung vorsah. So arbeiteten die beiden landwirtschaftlichen Institute für Kulturpflanzenforschung und für die Steigerung der Pflanzenerträge weiterhin im Forschungsverbund der AdW, während 10 andere Forschungsinstitute und 4 Forschungsstellen bei Eröffnung der A. im Oktober 1951 übergeben wurden. Die vordem unter Länderverwaltung stehenden landwirtschaftlichen Versuchs- und Untersuchungsanstalten wurden mit Wirkung vom 1. 1. 1953 ebenfalls der A. zugeordnet, so daß dieser im Oktober 1953 insgesamt 26 Forschungsinstitute, 5 Forschungsstellen und 23 Zweigstellen angehörten.
Entsprechend dieser schnellen Erweiterung wuchs auch der Personalbestand: Bei Gründung der A. waren in deren Sektionen 83 Personen beschäftigt; Mitte 1954 waren es schon 153, darunter 99 Wissenschaftler, 24 Praktiker und 30 Angestellte. Da das ihr ursprünglich zugewiesene Gebäude in der Krausenstraße 73/74 bereits nach wenigen Monaten nicht

mehr ausreichte, wurde von der Regierung das teilweise zerstörte Gebäude in der Krausenstraße 38 als neues Domizil zur Verfügung gestellt. Unter dem ersten Präsidenten Hans Stubbe wurden verschiedene Richtungen der agrarwissenschaftlichen Forschung erweitert und komplettiert, so z.B. in den Bereichen Landmaschinenbau, Agrarökonomik und Landbau. Unter seiner Präsidentschaft wirkten bis Mitte der sechziger Jahre auch führende Agrarwissenschaftler aus vielen kapitalistischen Ländern im Plenum der A. mit.

Die als ›Deutsche Akademie der Landwirtschaftswissenschaften zu Berlin‹ (DAL) gegründete Institution wurde 1972 in ›Akademie der Landwirtschaftswissenschaften der DDR‹ umbenannt. Organe der A. waren das Plenum (= Vollversammlung der Akademiemitglieder), das Präsidium und der Präsident. Der Präsident wurde vom Vorsitzenden des Ministerrates berufen; er leitete die A. nach dem Prinzip der Einzelleitung. Das Präsidium war folglich nur ein dem Präsidenten zur Verfügung stehendes kollektives Beratungsorgan. Die Funktion des Plenums bestand vor allem darin, grundsätzliche Probleme der Agrarforschung zu erörtern und den wissenschaftlichen Meinungsstreit über agrarpolitische Fragen zu führen. 1984 gehörten der A. 40 ordentliche Mitglieder, 43 korrespondierende Mitglieder, 20 emeritierte ordentliche Mitglieder und 48 auswärtige Mitglieder an. Die Wahl der neu aufzunehmenden Mitglieder durch das Plenum erfolgte in der Regel alle fünf Jahre. Nach Aufforderung durch den Präsidenten wurden die Kandidaten von Mitgliedern des Ministerrates, gesellschaftlichen Organisationen, wissenschaftlichen Akademien und natürlich von den ordentlichen Akademiemitgliedern vorgeschlagen. Die Mitgliedschaft in der A. konnte durch Beschluß des Plenums beendet werden.

1951 gab es an der A. 9 Sektionen, die sich als Beratungsgremien jeweils mit bestimmten Sachgebieten befaßten: mathematische Methoden und EDV, Technologie und Mechanisierung, Pflanzenphysiologie, Resistenzforschung und Züchtung, Tierphysiologie und Tierhygiene, Landeskultur und Naturschutz, Toxikologie. Als die A. ihre Arbeit aufnahm, arbeiteten diese Sektionen zunächst durchaus effektiv; gegen Ende der 60er Jahre wurden sie jedoch zeitweilig aufgelöst und schließlich in vermehrter Anzahl wieder eingerichtet, so daß 1989 dann 18 solcher Sektionen bestanden. Ein Rat für agrarökonomische Forschung konzipierte und diskutierte einschlägige Strategien und Resultate, und zahlreiche zur A. gehörende Forschungs- und Versuchseinrichtungen befaßten sich u. a. mit Pflanzenzüchtungsforschung und rationeller Energieanwendung. Für die Betreuung von Zentralbibliothek, Dokumentationswesen und Informationsvermittlung war das zur A. gehörende ›Institut für landwirtschaftliche Information und Dokumentation‹ (ILID) zuständig; es gab Schriftenreihen zur landwirtschaftlichen Produktion und Referatekarteien heraus und arbeitete im Rahmen des RGW mit dem internationalen Informationssystem AGROINFORM zusammen.

Funktionen und Wirkungen: Als zentrale agrarwissenschaftliche Einrichtung der DDR mit juristischer Selbständigkeit und Sitz in Berlin/DDR plante und koordinierte die A. nahezu vier Jahrzehnte die landwirtschafts- und forstwissenschaftliche Forschung in der DDR. Gemäß dem »gesellschaftlichen Auftrag« hatte die Forschungseinrichtung den wissenschaftlichen Vorlauf für die industriemäßige Produktion einer hochentwickelten, intensiven Landwirtschaft zu erarbeiten. Sie bereitete Entscheidungsgrundlagen für die Volkswirtschaftsplanung vor und koordinierte Forschungsaufgaben mit anderen Institutionen. Sie unterstand dem →Ministerium für Land-, Forst- und Nahrungsgüterwirtschaft; zugleich war sie aber auch dem jeweiligen Sekretär für Landwirtschaft im →›Zentralkomitee der SED‹ ausgeliefert und mußte sich des öfteren mit fachlich kaum fundierten und vielfach illusionären Vorstellungen von Landwirtschaft auseinandersetzen, die von den Sekretären Grüneberg und später Felfe vertreten wurden. Mit der 1968 erfolgten Wahl von Erich Rübensam zum Präsidenten der A. nahmen solche ineffizienten Abhängigkeiten noch zu, was sich auf die wissenschaftliche Arbeit belastend und hemmend auswirkte. Es kam in diesem Zusammenhang auch zu fragwürdigen Strukturentscheidungen, die z. B. eine zeitweilige Ausgliederung der zur A. gehörigen ökonomischen Institute bedingten oder auch die des forstwirtschaftlichen Instituts in Eberswalde, die nicht mehr rückgängig zu machen war.
Besonders in den 70er und 80er Jahren unternahm die A. große Anstrengungen, um die Wissenschaftskooperation mit anderen sozialistischen Ländern zu fördern. Sie nahm Einfluß auf die Aus- und Weiterbildung der wissenschaftlichen Kader und hielt engen Kontakt zu den wissenschaftlichen Gesellschaften und Gremien anderer Akademien und Universitäten. Die A. hatte das Promotionsrecht A und B für Agrarwissenschaften, Natur- und Forstwissenschaften sowie für Veterinärmedizin. Verdiente Wissenschaftler konnten durch den Präsidenten der Akademie zum Professor ernannt werden. In 3 Forschungszentren und 20 Instituten der A. waren ca. 10000 Personen beschäftigt, darunter 2000 Wissenschaftler. Zur Ergänzung und Erweiterung der eigenen Forschungen arbeitete die A. auf vertraglicher Basis mit zahlreichen landwirtschaftlichen Betrieben und Wirtschaftsorganisationen (VVB Saat-und Pflanzgut, VVB Tierzucht, später auch VVB Industrielle Mast) zusam-

men, um wissenschaftliche Forschungsergebnisse im Produktionsexperiment zu erproben. Außerdem besaß sie selbst Lehr- und Versuchsgüter mit rd. 35000 ha landwirtschaftlicher Nutzfläche, die allerdings Mitte der siebziger Jahre aus dem Bestand der A. ausgegliedert und als →VEG weitergeführt wurden.

Auflösung/Ende: Am 14.12.1989 trat das Plenum der A. in Berlin/DDR zusammen und nahm Streichungen am Statut vor; dabei ging es vor allem um die strikte Trennung der Akademie von Parteien und gesellschaftlichen Organisationen. Das Plenum beauftragte eine Kommission mit der Ausarbeitung eines neuen Statuts, welches Anfang 1990 vorgelegt wurde. Dem Präsidenten Dieter Spaar und den Vizepräsidenten wurde das Vertrauen ausgesprochen. Die A. wurde aufgrund des Einigungsvertrages bis zum 31.12.1991 abgewickelt; gemäß § 38 des Vertrages galt sie – ebenso wie die →AdW – mit diesem Datum als aufgelöst. Zur Abwicklung der Forschungsinstitute und zahlreichen anderen Einrichtungen, die bis zu diesem Zeitpunkt weiterbestanden, wurde für die A. und die →Bauakademie eine gemeinsame Abwicklungsstelle geschaffen. 8000 Beschäftigte beider Akademien erhielten entsprechend befristete Arbeitsverträge.

Präsidenten: Hans Stubbe (1951–1968); Erich Rübensam (1968–1987); Dieter Spaar (1987–1991)
Vizepräsidenten: Gustav Becker (1951–1961); Johannes Dobberstein (1957–1962); Ernst Ehwald (1961–1972); Alfred Hey (1961–1972); Erich Rübensam (1962–1968); Peter Rybka (1987–1990); Carl Arthur Scheunert (1951–1957); Helmut Schieck (1963–1990); Dieter Spaar (1977–1987); Eberhard Wojahn (1968–1977)
Direktoren: Erwin Plachy (1951–1969)
Auszeichnungen: ›Erwin-Baur-Medaille‹, ›Edwin Hoernle-Preis‹ (ab 1983)
Publikationen/Archive: ›Jahrbücher der AdL‹, hg. v. Präsidenten der A., ersch. von 1953–1969; • als Fortsetzung der von der ›Deutschen Verwaltung für Land- und Forstwirtschaft‹ herausgegebenen Zs. ›Die Deutsche Landwirtschaft‹, Jg. 1/1947–4/1950, ersch. ›Die deutsche Landwirtschaft‹, Jg. 1/1950 – Jg. 18/1967, ab Jg. 4 als Fachzs. der Akademie der Landwirtschaftswissenschaften zu Berlin für alle Fragen der Landwirtschaft und Landtechnik hg. v. Ministerium für Land-und Forstwirtschaft in Verbindung mit der Zentrale für Landtechnik; • das zur A. gehörende ›Institut für landwirtschaftliche Information und Dokumentation‹ (ILID) publizierte Informationsmaterial und gab von 1955–1984 das in vier Abteilungen erscheinende ›Landwirtschaftliche Zentralblatt‹ heraus (Abt. I: Landtechnik; Abt. II: Pflanzliche Produktion; Abt. III: Tierzucht, Tierernährung und Fischerei; Abt. IV: Veterinärmedizin); von 1985–1990 wurde diese Zeitschrift u. d. T. ›Agroselect‹ wiederum in vier Reihen fortgeführt. • Archivbestände der A. befinden sich heute in der Verwaltung des Bundesarchivs, Abt. V, in Potsdam.

Akademie der Pädagogischen Wissenschaften der DDR (APW), 1970–1991

Ausbildungs- und Leitzentrum für Wissenschaft und Forschung auf allen Gebieten der Pädagogik

Geschichte und Organisation: Vorläufer war das am 1.9.1949 gegründete ›Deutsche Pädagogische Zentralinstitut‹ (DPZI). Dieses wurde kraft Verordnung des MR über das Statut der A. vom 31.8.1970 am 15.9.1970 in eine Akademie umgewandelt, die zum Leitzentrum der pädagogischen Wissenschaft und Forschung in der DDR werden sollte. Sie war dem →Ministerium für Volksbildung unterstellt und untersuchte bildungspolitische und pädagogisch-theoretische Grundfragen des sozialistischen Erziehungswesens, analysierte und verallgemeinerte praktische Erfahrungen aus dem Schulalltag der DDR, erarbeitete und erprobte Lehrpläne, Methodiken und Lehrbücher. Einen wichtigen Platz nahm auch die Ausbildung von Schulfunktionären ein. Für die Bearbeitung von Forschungs- und Planungsaufgaben unterhielt sie über 20 Institute und Arbeitsstellen.
Die 40 ordentlichen wie die 30 korrespondierenden Mitglieder der A. wurden für 4 Jahre gewählt; deren Vollversammlung – das Plenum der Akademiemitglieder – fungierte als höchstes wissenschaftliches Entscheidungsgremium. Den Präsidenten berief der Vorsitzende des MR für die Dauer von 4 Jahren. Dem Präsidium der A. gehörten der Präsident, die Vizepräsidenten, der Generalsekretär sowie ausgewählte Institutsdirektoren an. Bei den Instituten bestanden →›Wissenschaftliche Räte‹, in die auch Wissenschaftler von Universitäten und Hochschulen sowie Pädagogen aus der Praxis berufen werden konnten. Die A. besaß das Promotionsrecht A und B für die pädagogischen Disziplinen.

Funktionen und Wirkungen: Die A. hatte als direktunterstellte Einrichtung des Ministeriums für Volksbildung den politisch-ideologischen Auftrag, eine marxistisch-leninistische Pädagogik als Disziplin der marxistisch-leninistischen Gesellschaftswissenschaften zu entwickeln. Die gesamte Tätigkeit der A. litt nach 1963 unter einer auch für DDR-Verhältnisse extremen Reglementierung durch die Ministerin für Volksbildung, Margot Honecker, die mit ihrem Weisungsrecht gegenüber der A. und subtileren Methoden der Meinungsbeeinflussung den Entscheidungsspielraum des Präsidenten der A. völlig einengte. Die Überschätzung der eigenen wissenschaftlichen Kompetenz und das traditionelle Mißtrauen stalinistischer Kommunisten gegenüber der Intelligenz – beide Haltungen waren unter SED-Funktionären weit verbreitet – führten dazu, daß von der SED- und Staatsführung vorgegebene ideolo-

gische Prämissen und schulpolitische Vorgaben lediglich »umzusetzen« waren.
Da auch die Planung der wissenschaftlichen Arbeit der A. von Margot Honecker bestätigt werden mußte, zudem bei für besonders wichtig erachteten Themen das → Politbüro dazu Beschlüsse faßte, gelang es häufig nur verdeckt, Forschungen aufzunehmen, die sich mit Konflikten und tatsächlichen Krisensymptomen befaßten. Als Forschungseinrichtung hatte die A. die enge Verbindung von Theorie und Praxis in der wissenschaftlich-pädagogischen Arbeit zu gewährleisten. Dafür verfügte sie über wissenschaftliche Institute für Theorie und Geschichte der Pädagogik, für Pädagogische Psychologie, für Erziehung, für Didaktik, für mathematischen und naturwissenschaftlichen Unterricht, für polytechnische Bildung, für Fremdsprachenunterricht und für Unterrichtsmittel. Außerdem gab es Arbeitsstellen für Unterstufen- und für Vorschulerziehung sowie die Zentralstelle für pädagogische Information und Dokumentation. Im → ›Haus des Lehrers‹ in Berlin/DDR befand sich die Pädagogische Zentralbibliothek. Für die Verbreitung und Umsetzung von Forschungsergebnissen und Planvorstellungen standen der A. eigene Publikationsmittel zur Verfügung.

Auflösung/Ende: Im Oktober 1989 führten die innerhalb der A. wachsenden Schulreform-Bestrebungen zu einem offenen Konflikt mit der bestehenden Akademie-Leitung, die sich daraufhin zum Rücktritt veranlaßt sah. Als Ergebnis der Auseinandersetzungen und der schrittweisen Herausbildung neuer inhaltlich-funktionaler Profile der meisten Wissenschaftsbereiche wurde dem Minister für Bildung im Juli 1990 ein Konzept der Föderalisierung unterbreitet. Zu diesem Zeitpunkt waren etwa 700 Mitarbeiter, darunter 70 Aspiranten, in der A. beschäftigt. Unter ihrem Dach wurden noch im September 1990 neue Institute und Forschungseinrichtungen gegründet. Gemäß § 38 des Einigungsvertrages wurde die A. jedoch am 31.12.1991 aufgelöst (→ a. AdW).

Direktoren des DPZI: Hans Siebert (1949–1950); Else Zaisser (1950–1951); Werner Dorst (1951–1958); Hans Berger (1958–1959); Hans Kaiser (1959–1961); Gerhard Neuner (1961–1970)

Präsidenten der APW (ab 1970): Gerhard Neuner (1970–1989); Hans-Jörg König (1989–1990)

Publikationen: Zs. ›Pädagogik‹, erschien von 1950–1990; Zs. ›Vergleichende Pädagogik‹; Zs. ›Pädagogische Forschung‹; ›Jahrbuch der Akademie der Pädagogischen Wissenschaften der DDR‹; ›Jahrbuch für deutsche Schul- und Erziehungsgeschichte‹; Informationsmaterial ›Ratschläge für Lehrer‹.

Die Bestände der Pädagogischen Zentralbibliothek unterstehen heute dem ›Deutschen Institut für Internationale Pädagogische Forschung (DIPF)‹, einer Stiftung des öffentlichen Rechts; sie befinden sich nach wie vor im ›Haus des Lehrers‹ in Berlin.

Akademie der Wissenschaften der DDR (AdW), 1946–1991

Gelehrtengesellschaft und zentrale wissenschaftliche Forschungseinrichtung der DDR

Geschichte und Organisation: Aufgrund des SMAD-Befehls Nr. 187 wurde die ›Deutsche Akademie der Wissenschaften‹ am 1.8.1946 eröffnet. Diese Gesellschaft für Wissenschaft und außeruniversitäre Forschung verstand sich als Nachfolgeeinrichtung der schon 1700 inaugurierten ›Kurfürstlich Brandenburgischen Societät der Wissenschaften‹; seit Oktober 1972 nannte sie sich offiziell ›Akademie der Wissenschaften der DDR‹. Unmittelbar nach der Gründung begannen Neueinrichtung und Ausbau wissenschaftlicher Institute und Arbeitsstellen. Dabei wurden auch Forschungseinrichtungen übernommen, die vormals zur ›Kaiser-Wilhelm-Gesellschaft‹ (KWG) gehört hatten. Aus diesen Anfängen entwickelten sich im Laufe von etwa 30 Jahren mehr als 50 Zentralinstitute, Institute, Forschungstellen und sonstige Einrichtungen, in denen 1986 rund 24 000 Beschäftigte arbeiteten. Außerdem waren der A. 8 → Wissenschaftliche Gesellschaften angeschlossen sowie darüber hinaus noch 23 Nationalkomitees, die mit der Repräsentation der Wissenschaften der DDR in internationalen Organisationen betraut waren.

Die A. unterstand dem → Ministerrat der DDR. Ihre Leitung oblag einem Präsidenten, dem ein Präsidium als Beratungsorgan zugeordnet war. Die Kandidaten für das Amt des Präsidenten, des Generalsekretärs und der Vizepräsidenten (für eine jeweils 4jährige Amtsperiode) wurden in Geschäftssitzungen des Plenums aus dem Kreis der ordentlichen Mitglieder gewählt und dem Vorsitzenden des Ministerrates zur Bestätigung und Berufung vorgeschlagen. Dem Plenum stand auch das Recht zu, neue Akademiemitglieder zu wählen und die wissenschaftlichen Auszeichnungen der A. zu verleihen. Mitte der 80er Jahre gehörten dem Plenum über 140 ordentliche und mehr als 80 korrespondierende Mitglieder an.

Die Mitgliedschaft der A. war zunächst in zwei, später in neun und mehr wissenschaftliche Klassen aufgeteilt: Physik, Mathematik, Chemie, Biowissenschaften, Medizin, Werkstofforschung, Umweltschutz- und Umweltgestaltung, Philosophie, Literatur. 1969 kam es zur Bildung von 11 problemgebundenen Klassen, die 1973 auf 10 verringert wurden. Die einzelnen Klassen wurden von Sekretären oder Vorsitzenden geleitet. Die A. hatte das Promotionsrecht A und B sowie das Recht, wissenschaftliche Mitarbeiter zum Professor zu ernennen. Für die Publikation von Forschungsergebnissen stand ihr der ›Akademieverlag‹ zur Verfügung. 1990 zählte die Gelehrtengesellschaft mehr als 300 Wissenschaftler des In- und Auslandes zu ihren ordentlichen und korrespondierenden Mitgliedern. Die A. vertrat die Wissenschaft der DDR in internationalen wissenschaftlichen Organisationen, wie z.B. im ›Internationalen Rat der Wissenschaftlichen Union‹ (ICSU).

Funktionen und Wirkungen: Im Juni 1957 beschloß das Präsidium der A., zur Verbesserung der zentralen Leitungstätigkeit anstelle des wissenschaftlichen Direktors das Amt eines Generalsekretärs einzurichten. Dieser war ordentliches Mitglied der A. und gleichzeitig Geschäftsführer des Präsidiums wie des Plenums der A. Seitens des →ZK der SED wurde in den 50er und 60er Jahren unmittelbar politisch-ideologischer Einfluß auf die A. ausgeübt durch einen innerhalb der Einrichtung tätigen →Parteiorganisator des ZK; später hatten die Akademieparteileitung und ab Mai 1969 eine eigenständige Kreisleitung der A. die Linientreue zu gewährleisten.
In der Organisation der wissenschaftlichen Forschungsvorhaben dominierte in den 50er und 60er Jahren eine auf Erkenntnisvorlauf gerichtete Grundlagenforschung. In den 70er und 80er Jahren wurden – unter zunehmender staatlicher Einflußnahme – Projekte einer industrienahen, anwendungsorientierten, auf möglichst rasch verwertbare ökonomische Ergebnisse abzielenden Forschung verstärkt gefördert, wodurch in einigen Bereichen die Grundlagenforschung verkümmerte. Strategie und Orientierung der Forschung auf naturwissenschaftlichen, mathematischen und technischen Gebieten wurden zwischen dem Präsidenten der A. und dem →Minister für Hoch- und Fachschulwesen in verbindlichen Konzeptionen festgelegt.
Das Forschungspotential der A. bildeten die Zentralinstitute, Institute und Forschungsstellen, die Mitte der 80er Jahre folgenden Forschungsbereichen zugeordnet waren: Forschungsbereich Physik, Kern- und Werkstoffwissenschaften (10 ZI bzw. Institute); Forschungsbereich Mathematik/Kybernetik (4 ZI bzw. Institute); Forschungsbereich Chemie (9 ZI bzw. Institute); Forschungsbereich Geo- und Kosmoswissenschaften (6 ZI bzw. Institute); Forschungszentrum für Molekularbiologie und Medizin (9 ZI bzw. Institute); Forschungsbereich Gesellschaftswissenschaften (13 ZI, Institute und Forschungsstellen).
Die Forschungen in den Instituten erfolgten auf der Grundlage von Staatsaufträgen, vereinbarten Forschungsprogrammen und Forschungsverträgen (Wirtschaftsverträgen), die zwischen der A. und dem Ministerium für Hoch- und Fachschulwesen, dem →Ministerium für Wis-

senschaft und Technik, den Fachministerien und seit den 70er Jahren verstärkt mit den →›Kombinaten‹ vereinbart bzw. abgeschlossen wurden. Die gesellschaftswissenschaftliche Forschung war an die Vorgaben des vom →Politbüro beschlossenen ›Zentralen Forschungsplans der marxistisch-leninistischen Gesellschaftswissenschaften‹ gebunden.
Im Statut aus dem Jahre 1969 definierte die A. ihre gesellschaftliche Aufgabe: »Als Forschungsakademie der sozialistischen Gesellschaft leistet sie ... einen großen Beitrag zur politischen, wirtschaftlichen, wissenschaftlich-technischen und geistig-kulturellen Stärkung der Deutschen Demokratischen Republik.« Die immer enger mit der Entwicklung des politischen Systems und Staatswesens der DDR verbundene Funktion und Struktur der A. bedingte eine immer stärker werdende materielle und ideologische Abhängigkeit der Institution und ihrer Mitglieder. Diese gaben immer mehr von der Unabhängigkeit des Geistes preis und verloren damit auch immer mehr Möglichkeiten und Fähigkeiten zu öffentlicher Wissenschafts- und Gesellschaftskritik. Mit der fortschreitenden Bindung der A. an die Volkswirtschaft bildeten sich überdies zentralistische Formen der Leitung und Verwaltung von Wissenschaft aus. Dirigistische, fachlich oft inkompetente Eingriffe der Partei- und Staatsorgane setzten bewährte Selbstregulationen im Forschungsprozeß außer Kraft.
Der A. waren eine Reihe von →Wissenschaftlichen Gesellschaften zugeordnet, darunter die →›Biologische Gesellschaft der DDR‹ (letzter Präsident: Lothar Kämpfe), die →›Chemische Gesellschaft der DDR‹ (letzter Präsident: Egon Fanghänel), →›Geographische Gesellschaft der DDR‹ (Sitz Leipzig, letzter Präsident: Heiner Barsch), die →›Gesellschaft für Geologische Wissenschaften der DDR‹ (Sitz Berlin/DDR, letzter Vorsitzender: Manfred Störr), die →›Gesellschaft für physikalische und mathematische Biologie der DDR‹ (Sitz Berlin/DDR, letzter Vorsitzender: Roland Glaser), die →›Gesellschaft für Weltraumforschung und Raumfahrt der DDR‹ Sitz Berlin/DDR, letzter Präsident: Ralf Joachim), die →›Historiker-Gesellschaft der DDR‹ (Sitz Berlin/DDR, letzter Präsident: Heinrich Scheel), die →›Mathematische Gesellschaft der DDR‹ (Sitz Berlin/DDR, letzter Präsident: Rolf Klötzler).

Auflösung/Ende: Nachdem es am 10.11.1989 zu öffentlichen Auseinandersetzungen zwischen Mitarbeitern der Institute und der Akademieleitung gekommen war, konstituierte sich am 18.12.1989 ein ›Rat der Institutsvertreter‹. Besonderes Anliegen dieses Gremiums war es, die Transparenz von Entscheidungsprozessen zu erreichen sowie paritätische Mitsprache bei der Planung der strukturellen und personellen Zukunft der A. und ihrer Glieder zu sichern. Durch eine Verordnung des Mini-

sterrats vom 27.6.1990 und den Regierungsbeschluß »über die weitere Tätigkeit der Akademie der Wissenschaften der DDR« wurde das seit 1984 gültige Statut außer Kraft gesetzt und die Leitung der A. von ihren Funktionen entbunden. Ein geschäftsführendes Präsidium wurde beauftragt, bis Oktober 1990 ein Grundkonzept für die Neustrukturierung der Akademie sowie für eine neue Satzung auszuarbeiten.
Gemäß § 38 des Einigungsvertrages wurde die A. als Dachorganisation von Forschungseinrichtungen zum 31.12.1991 aufgelöst. Eine Entscheidung, wie die Gelehrtengemeinschaft der A. fortzuführen sei, wurde in die Hoheit der neugebildeten Länder gegeben. Während der Abwicklung der Forschungsinstitute und zahlreichen anderen Einrichtungen, die bis zum 31.12.1991 unter Verwaltung der Länder weiterbestanden, erhielten etwa 19000 Mitarbeiter der Akademieinstitute und 8000 Beschäftigte von → AdL und → Bauakademie entsprechend befristete Arbeitsverträge. In Berlin/DDR, wo sich rund 40 Wissenschaftseinrichtungen der A. befanden, wurde eine ›Koordinierungs- und Aufbauinitiative für die Forschung in den neuen Ländern e. V.‹ (KAI) eingerichtet, die die Senatsverwaltung für Wissenschaft und Forschung bei der Auflösung der ehemaligen Akademieeinrichtungen unterstützte. Am 7.9.1993 beschloß der Senat von Berlin, die KAI zum 31.12.d.J. aufzulösen. Nach deren Liquidierung sollen andere Träger, z. B. die neue ›Berlin-Brandenburgische Akademie der Wissenschaften‹, die »nachwirkenden Aufgaben« der Abwicklung von ehemaligen DDR-Forschungseinrichtungen wahrnehmen.

Präsidenten: Johannes Stroux (1946–1951); Walter Friedrich (1951–1955); Max Vollmer (1955–1958); Werner Hartke (1958–1968); Hermann Klare (1968–1979); Werner Scheler (1979–1990); Horst Klinkmann (1990–1991)
Vizepräsidenten: Günter Albrecht (1988–1990); Werner Bahner (1980–1990); Hans-Heinz Emons (1988–1989); Hans Ertel (1951–1961); Walter Friedrich (1956–1968); Hans Frühauf (1957–1963); Werner Hartke (1968–1972); Herbert Hörz (1989–1990); Ulrich Hofmann (1972–1990); Werner Kalweit (1972–1990); Hermann Klare (1963–1968 u. 1979–1984); Siegfried Nowak (1990); Heinrich Scheel (1972–1984); Kurt Schwabe (1971–1980); Max Steenbeck (1962–1966); Wolfgang Steinitz (1954–1963); Leo Stern (1963–1968); Hans Stille (1946–1951); Heinz Stiller (1984–1988); Johannes Stroux (1951–1954); Max Vollmer (1958–1963)
Direktoren/Generalsekretäre: Josef Naas (1946–1953); Hans Wittbrodt (1953–1956); Günther Rienäker (1957–1968); Ernst August Lauter (1968–1972); Claus Grote (1972–1990)
Die Sekretäre der zwischen 1946 und 1968 bestehenden Klassen
1946–1949 (zwei Klassen): 1. Mathematisch-naturwissenschaftliche Klasse: Robert Rössler (1946–1947); Karl-Friedrich Bonhoeffer (1947–1949); Kurt Noack (1949); • 2. Philosophisch-historische Klasse: Fritz Hartung (1946–1949)
1949–1954 (sechs Klassen): 1. Klasse für Mathematik und allgemeine Naturwissen-

schaften: Kurt Noack (1949–1954); • 2. Klasse für medizinische Wissenschaften: Robert Rössle (1949); Karl Lohmann (1949–1954); • 3. Klasse für landwirtschaftliche Wissenschaften (wurde mit Gründung der DAL am 11.1.1951 aufgelöst): Eilhardt Mitscherlich (1949–1951); • 4. Klasse für technische Wissenschaften: Hans Nordmann (1949–1951); Ludwig Binder (1951–1954); • 5. Klasse für Sprachen, Literatur und Kunst: Diedrich Westermann (1949–1951); Theodor Frings (1951–1954); • 6. Klasse für Gesellschaftswissenschaften: Fritz Hartung (1949–1952); Theodor Frings (1952–1953 amt.); Artur Baumgarten (1953–1954 amt.)
1954–1968 (fünf bzw. sechs Klassen): 1. Klasse für Mathematik, Physik und Technik: Robert Rompe (1954–1963); Gustav Hertz (1963–1968); • 2. Klasse für Chemie, Geologie und Biologie: Kurt Noack (1954–1957); Heinrich Bertsch (1957–1963); Edgar Lehmann (1963–1968); • 3. Klasse für Medizin: Karl Lohmann (1954–1961); Helmut Kraatz (1961–1968); • 4. Klasse für Sprachen, Literatur und Kunst: Theodor Frings (1954–1961); Walter Ruben (1961–1968); • 5. Klasse für Philosophie, Geschichte, Staats-, Rechts- und Wirtschaftswissenschaften: Wilhelm Unverzagt (1954–1958); Alfred Meusel (1958–1960); Fred Oelßner (1961–1968); • 6. Klasse für Bergbau, Hüttenwesen und Montangeologie: Otto Meisser (1957–1963); Karl-Friedrich Lüdemann (1963–1967)
Die Vorsitzenden der Klassen seit 1969 (von 1969–1972 bestanden sog. problemgebundene Klassen an der A.): Klasse ›Mathematik‹: Heinrich Grell (1969–1970); Karl Schröter (1970–1977); Lothar Budach (1977–1990); • Klasse ›Physik‹: Robert Rompe (1969–1988); Karl Lanius (1988–1990); • Klasse ›Chemie‹: Gerhard Keil (1971–1980); Hermann Klare (1980–1988); Manfred Rätzsch (1988–1990); • Klasse ›Biowissenschaften‹: Helmut Böhme (1973–1984); Eberhard Hoffmann (1984–1990); • Klasse ›Medizin‹: Helmut Kraatz (1971–1975); Rudolf Baumann (1975–1988); Günter Pasternack (1988–1990); • Klasse ›Werkstoffwissenschaft‹ (bis 1981 ›Werkstofforschung‹): Werner Lange (1969–1988); Horst Blumenauer (1988–1990); • Klasse ›Umweltschutz und Umweltgestaltung‹: Edgar Lehmann (1971–1984); • Klasse ›Geo- und Kosmoswissenschaften‹: Wolfgang Böhme (1981–1990); • Klasse ›Kybernetik‹: Hans Drischel (1969–1972); • Klasse ›Informatik, Kybernetik und Automatisierung‹: Ulrich Hofmann (1984–1990); • Klasse ›Technische Wissenschaften‹: Günter Albrecht (1989–1990); • Klasse ›Gesellschaftswissenschaften I‹ (Philosophie, Ökonomie, Geschichte, Staats- und Rechtswissenschaften): Helmut Koziolek (1972–1990); Herbert Hörz (1990); • Klasse ›Gesellschaftswissenschaften II‹ (Literatur, Sprach- und Kunstwissenschaften): Werner Bahner (1969–1980); Joachim Herrmann (1980–1990)
Auszeichnungen/Preise: Höchste Auszeichnung der AdW war die schon 1907 gestiftete ›Leibniz-Medaille‹; außerdem wurden verliehen: die ›Helmholtz-Medaille‹ (1892 gestiftet); der ›Friedrich-Engels-Preis‹, seit 1956. 1980 wurden für hervorragende Verdienste um die A. die ›Ehrenspange der A.‹ sowie für wissenschaftliche Leistungen auf natur- und gesellschaftswissenschaftlichen Fachgebieten weitere Medaillen gestiftet, die die Namen bedeutender Wissenschaftler trugen: die ›Johannes-Stroux-Medaille‹; die ›Georg-Friedrich-Wilhelm-Hegel-Medaille‹; die ›Werner-Krauss-Medaille‹; die ›Max-von-der-Laue-Medaille‹; die ›Jacobus-Henricus-van't-Hoff-Medaille‹; die ›Leonhardt-Euler-Medaille‹; die

›Franz-Carl-Achàrd-Medaille‹; die ›Walter-Friedrich-Medaille‹; die ›Robert-Koch-Medaille‹

Publikationen/Archive: Zur A. gehörte der ›Akademie-Verlag‹, in dem u. a. die Monatszs. ›Spektrum‹; die ›Jahresberichte der Akademie der Wissenschaften› sowie zahlreiche Zeitschriften und Reihen der Forschungsinstitute erschienen.

Akademie für Ärztliche Fortbildung, 1961–1990

Dem →Ministerium für Gesundheitswesen nachgeordnete Einrichtung mit Hochschulcharakter zur Weiterbildung von Ärzten, Zahnärzten, Apothekern und nichtmedizinischen Hochschulabsolventen (z. B. Chemiker, Physiker, Biologen, Genetiker)

Geschichte und Organisation: Mit dem →SMAD-Befehl Nr. 78 vom 28.4.1948 wurde die Gründung eines ›Zentralinstituts für Sozial- und Gewerbehygiene‹ angeordnet. Dieses Institut war Teil des Betriebskrankenhauses des →SAG-Betriebes ›Knorr-Bremse‹ in Berlin-Lichtenberg. Daraus entwickelte sich die seit dem 24.9.1955 bestehende ›Akademie für Sozialhygiene, Arbeitshygiene und ärztliche Fortbildung‹. Zur Gründung der A. kam es erst am 24.6.1961; eine Verordnung des MR über ein Statut der A. wurde am 15.12.1971 erlassen. Geleitet wurde sie von einem Rektor, der von einem wissenschaftlichen Rat auf drei Jahre gewählt wurde; diesem stand beratend ein Senat zur Seite. Als Beratungsorgan fungierte auch die ›Hochschullehrerkonferenz‹, die zweimal jährlich tagte.

Funktionen und Wirkungen: Die A. war in 3 Sektionen gegliedert, in denen hauptamtliche Professoren und Dozenten lehrten. An über 30 Lehrstühlen und seit Mitte der 80er Jahre zudem noch an 15 Weiterbildungs-Krankenhäusern in allen Bezirken Berlins führten darüber hinaus nebenamtliche Professoren und Dozenten vielfältige Veranstaltungen zur medizinischen Fortbildung durch. Die A. leitete und organisierte die obligatorische Weiterbildung von Fachärzten und Fachzahnärzten, die berufsbegleitende Weiterbildung sowie die Subspezialisierung. Seit 1984 wurden auch Kreisärzte ausgebildet. Zu den Aufgaben der A. gehörte u. a. die Entwicklung und Fortschreibung von Bildungsprogrammen sowie die Erarbeitung von Lehrmitteln und Referentenmaterialien. Des weiteren plante und organisierte sie eine praxisbezogene Qualifizierung für Fachärzte, Fachzahnärzte, leitende Ärzte, Apotheker und führte selbst entsprechende Kurse und Veranstaltungen durch. Zur Erörterung und Klärung wissenschaftlicher Probleme veranstaltete die A. Konferenzen, Arbeitstagungen und einen Jahreskongreß.

Auflösung/Ende: Da vergleichbare Weiterbildungsleistungen in den alten

Bundesländern von ärztlichen, zahnärztlichen und pharmazeutischen Berufsverbänden erbracht werden, wurde die A. am 31.12.1990 aufgelöst.

Direktoren / Rektoren: Erwin Marcusson (1948–1955); Hermann Redetzky (1956–1961); Walter Friedeberger (1962–1964); Werner Schmincke (1964–1967); Kurt Winter (1967–1979); Gerhard Brüschke (1979–1982); Konstantin Spieß (1982–1989); Jürgen Grosser (1989–1990)

Publikationen / Archive: Die A. verfügte über eine Informationsstelle mit Bibliothek und war Herausgeber der ›Zeitschrift für ärztliche Fortbildung‹. • Archivbestände der A. befinden sich heute in der Verwaltung des Bundesarchivs, Abt. V, in Potsdam.

Akademie für Gesellschaftswissenschaften beim ZK der SED (AfG), 1976–1990

Gesellschaftswissenschaftliche Forschungs- und Ausbildungsinstitution des → ›Zentralkomitees der SED‹

Geschichte und Organisation: Vorläufer der A. war das ›Institut für Gesellschaftswissenschaften beim ZK der SED‹ (IfG, »GEWI-Institut«), das aufgrund eines ZK-Beschlusses vom 7.8.1951 am 21.12. dieses Jahres gegründet wurde. Zum 25. Jahrestag der Gründung wurde dann die Umwandlung in eine Akademie vollzogen. Das Institut wie die spätere Akademie gehörten in den Zuständigkeitsbereich des Sekretariats für Wissenschaft und Kultur beim ZK der SED und waren dem → Politbüro unmittelbar rechenschaftspflichtig. Die A. wurde von einem Rektor und zwei Prorektoren geleitet. Außerdem gab es dem Rektor unterstellte Direktorate, z. B. für Kader, Auslandsbeziehungen, Information/Dokumentation. Der Rektor wurde vom ZK der SED berufen.

An der A. bestanden acht Institute mit folgenden Arbeitsgebieten: marxistisch-leninistische Philosophie, politische Ökonomie, wissenschaftlicher Kommunismus, Geschichte, deutsche und internationale Arbeiterbewegung, Soziologie, marxistisch-leninistische Kultur und Kunstwissenschaft, Imperialismusforschung. Außerdem waren der A. sechs → ›Wissenschaftliche Räte‹ (WR) zugeordnet; diese waren im Bereich der Gesellschaftswissenschaften in der DDR forschungsleitende und koordinierende Gremien, deren Konstituierung auf einen Beschluß des Politbüros vom 22.10.1968 »über die Entwicklung der Gesellschaftswissenschaft in der DDR« zurückging. Sie waren im Rahmen des ›Zentralen Forschungsplans der marxistisch-leninistischen Gesellschaftswissenschaft‹ für die inhaltliche Ausgestaltung, Organisation und Koordinierung von Forschungsvorhaben verantwortlich. Ihre Aufgaben und Wirkungsfelder wurden durch Beschlüsse des Sekretariats des ZK der SED festgelegt.

An der A. bestanden WR für: marxistisch-leninistische Philosophie, für wissenschaftlichen Kommunismus, für politische Ökonomie des Sozialismus, für soziologische Forschung, für marxistisch-leninistische Kunst- und Kulturwissenschaften sowie für internationale Arbeiterbewegung. Weitere WR waren tätig an der →Parteihochschule beim ZK der SED, dem →›Institut für Marxismus-Leninismus‹, der →›Akademie der Wissenschaften‹ und anderen wissenschaftlichen Einrichtungen. Bei der Lösung der Forschungsaufgaben der marxistisch-leninistischen Gesellschaftswissenschaften spielten die WR der Fachdisziplinen eine wichtige Rolle. Sie entwickelten sich auf den Gebieten gesellschaftswissenschaftlicher Forschung immer mehr zu Zentren der wissenschaftlichen Aktivität, indem sie auf die Koordinierung der Forschungsthemen und -kapazitäten detailliert Einfluß nahmen. Mitglieder der A. waren auch in WR und Leitungsgremien vertreten, die an anderen Akademien und Instituten tätig waren.

Funktionen und Wirkungen: Die A. war vorrangig Forschungs- und Ausbildungsinstitution des ZK der SED. Sie beschäftigte Ende 1989 ca. 1000 Mitarbeiter. An den Instituten existierten mehrere Lehrstühle, zumindest jedoch ein Lehrstuhl oder eine Dozentur; außerdem waren dort Dozenten, Oberassistenten, Assistenten, Aspiranten, wissenschaftliche Mitarbeiter beschäftigt; dazu kamen Gastdozenten aus anderen Instituten wie z. B. dem →›Institut für Marxismus-Leninismus beim ZK der SED‹ oder dem →›Institut für Internationale Politik und Wirtschaft‹.
Ausgebildet wurden an der A. Nomenklaturkader der SED. Eine Aspirantur dauerte in der Regel 4 Jahre und schloß mit der Verteidigung der Dissertation ab. Entsprechend der Entwicklung zur A. veränderten sich die Aufnahmebedingungen. War es anfangs noch möglich, ohne Hochschulreife am »GEWI-Institut« zu studieren, so wurde in den 70er Jahren der erfolgreiche Abschluß eines Hochschulstudiums, Mitgliedschaft in der SED sowie mehrjährige Tätigkeit in Parteifunktionen Zugangsvoraussetzung. Aspiranten, die über einen Abschluß der →Parteihochschule ›Karl Marx‹ oder anderer Parteischulen verfügten, konnten ebenfalls zur Aspirantur zugelassen werden. 1963 wurde am Institut das Diplom als Abschlußexamen eingeführt. Absolventen des Instituts bzw. ab 1976 der A. erhielten den akademischen Grad eines Diplom-Gesellschaftswissenschaftlers. Über den Einsatz von Absolventen der A. in Staats- und Parteifunktionen entschied das Sekretariat des ZK der SED.
Die Forschung an der A. erfolgte auf der Grundlage des ›Zentralen Forschungsplans für die marxistisch-leninistischen Gesellschaftswissenschaften‹, der vom ›Politbüro des ZK der SED‹ bestätigt wurde, oder auch

nach besonderen, von der Parteiführung der SED vorgegebenen Schwerpunkten. Der Plan war das zentrale »Lenkungselement« der gesamten gesellschaftswissenschaftlichen Forschung. Als »Leiteinrichtung« für die Gesellschaftswissenschaften hatte die A. zudem Aus- und Weiterbildungsaufgaben wahrzunehmen. So hatte sie etwa in einer planmäßig vierjährigen Aspirantur Leitungskader für die ideologische und theoretische Arbeit sowie für die gesellschaftswissenschaftliche Forschung, Lehre und Propaganda heranzubilden. Die Weiterbildung leitender Kader, die auf politisch-ideologischem Gebiet tätig waren, erfolgte in mehrmonatigen, halb- oder auch einjährigen Lehrgängen. Außerdem führte die A. mehrwöchige Lehrgänge für Rektoren, Prorektoren und Sektionsdirektoren des Hochschulwesens sowie für Generaldirektoren, Direktoren und Parteisekretäre kultureller Einrichtungen durch. Die A. besaß seit 1953 das Promotionsrecht A und seit Ende der siebziger Jahre das Promotionsrecht B.

Das Interesse bundesrepublikanischer Medien erregte die A. seit Mitte der 80er Jahre, als eine dort zusammengestellte Arbeitsgruppe unter Leitung des Direktors und ZK-Mitglieds Otto Reinhold regelmäßige Gespräche aufnahm mit der vom SPD-Parteivorstand eingesetzten ›Grundwertekommission‹ unter Leitung von Erhard Eppler. Das erste Treffen fand im Februar 1984 statt; zur Diskussion standen Fragen der Ideologie und damit letztlich das Wahrheitsmonopol der SED, auf dem der Machtanspruch der Staatspartei gründete. Als am 27. 8. 1987, wenige Wochen vor dem spektakulären Besuch des SED-Generalsekretärs und Staatsratsvorsitzenden Honecker in der BRD, die Leiter der beiden Gesprächsgruppen in Bonn wie in Ostberlin ein gemeinsam erarbeitetes und von den jeweiligen Parteiführungen abgesegnetes Papier unter dem Titel »Der Streit der Ideologien und die gemeinsame Sicherheit« veröffentlichten, war das Erstaunen über dieses erste Resultat eines wieder aufgenommenen gesamtdeutschen Dialoges jedoch in der DDR größer als in der BRD.

Der im ›Neuen Deutschland‹ vollständig abgedruckte Text enthielt immerhin Feststellungen zu einer notwendigen politischen Streitkultur, deren Regeln u. a. forderten: »Keine Seite darf der anderen Existenzberechtigung absprechen«, und »beide Systeme müssen sich gegenseitig für friedensfähig halten«. Beunruhigte Parteimitglieder reagierten verstört und unzufriedene Dissidenten ermutigt, wenn sie im Zentralorgan der SED lasen: »Die offene Diskussion über den Wettbewerb der Systeme, ihre Erfolge und Mißerfolge, Vorzüge und Nachteile, muß innerhalb jedes Systems möglich sein. Wirklicher Wettbewerb setzt sogar voraus, daß diese Diskussion gefördert wird und praktische Ergebnisse hat.« Die

SED-Führung sah bald schon wieder das Gespenst des »Sozialdemokratismus« umhergeistern (→›Sozialistische Einheitspartei Deutschlands‹) und bemühte sich, die Aufregung zu dämpfen und eben die geforderte Diskussion wieder einzuschränken. Die ›Grundwertekommission‹ der SPD beschwerte sich im März 1989 entschieden, aber ergebnislos über alle Verstöße gegen Geist und Inhalt des Papiers, und Erhard Eppler stellte 1992 dazu fest: »Der Preis für den Dialog mit der SPD war der Dialog in der DDR, innerhalb der SED und zwischen SED und denen, die sich in den Kirchen oder unter dem Schutz der Kirchen eigene Positionen leisten konnten.«
Die gewaltigen Forschungskapazitäten der A. bewirkten eine weitgehende Konzentration gesellschaftswissenschaftlicher Forschung, was letztlich nur dazu führte, daß die Gesellschaftswissenschaft in der DDR immer tiefer in eine Sackgasse geriet. Die A. trug die Hauptverantwortung für eine Maßstäbe setzende, pseudowissenschaftliche Rechtfertigung der SED-Politik. Dennoch versuchten – sehr vorsichtig, fast konspirativ – seit Mitte der 80er Jahre namhafte Wissenschaftler, wie z. B. die Institutsdirektoren Rolf Reißig und Erich Hahn oder auch der A.-Chef Otto Reinhold, Reformkonzepte in die Diskussion zu bringen. Doch die ihnen zugrundeliegenden Analysen der tatsächlichen Lage und die daraus abzuleitenden Trendbestimmungen wurden von der Parteiführung als störend empfunden.
Solche Eingaben wurden deshalb häufig wie Staatsgeheimnisse behandelt und in Panzerschränken verschlossen; Änderungsvorschläge ließen sich dann um so besser ignorieren. Bezeichnenderweise erklärte Kurt Hager, dem die A. direkt unterstellt gewesen war, während seines Partei-Ausschlußverfahrens am 20.1.1990 vor der SED/PDS-Schiedskommission, »daß zahlreiche Gesellschaftswissenschaftler umfangreiche wissenschaftliche Materialien zu verschiedenen Bereichen erarbeitet hatten, die aber im Politbüro gänzlich unbeachtet blieben. Das Politbüro war unfähig, strategisch wichtige Entscheidungen auf der Grundlage der von Wissenschaftlern erarbeiteten Konzeptionen zu treffen.«

Auflösung/Ende: Im November 1989 versuchte die A. als »Stätte des Dialogs« auf die turbulenten Vorgänge der »gesellschaftlichen Wende« Einfluß zu nehmen, indem sie »Sonntagsgespräche« veranstaltete, in denen die politische Auseinandersetzung wieder von der Straße weg in eine ruhige und angemessene Atmosphäre verlagert werden sollte. Der Versuch, zu einer – im Sinne der SED-Führung – wohlabgewogenen Reform des politischen Systems beizutragen, ohne die Machtpositionen der Partei grundlegend zu erschüttern, scheiterte jedoch. Der Rektor der A. trat daraufhin zurück; sein Nachfolger wurde Rolf Reißig, ein Mitverfasser des SED/SPD-Papiers vom Sommer 1987. Auf einer Ende November stattfindenden Gesamtmitgliederversammlung wurden noch Überlegungen diskutiert, die A. umzuwandeln in ein »autonomes sozial- und politikwissenschaftliches Zentrum, das einer erneuerten SED« nur noch nahestehen sollte, doch machte der Gang der Ereignisse solche Pläne bald gegenstandslos.

Nachdem etliche Mitarbeiter schon in den vorzeitigen Ruhestand getreten waren, verließ im März 1990 eine Gruppe von Wissenschaftlern die A. und gründete das selbständige ›Berliner Institut für Sozialwissenschaftliche Studien GmbH‹ (BISS); Hauptgeschäftsführer wurde Rolf Reißig. Am 3.4.1990 wurde die A. dann in eine der PDS nahestehende Stiftung umgewandelt und als Nachfolgeeinrichtung der Verein ›Gesellschaftsanalyse und -theorie Berlin e. V.‹ gebildet, dessen Vorsitz Karl-Heinz Thieme übernahm. Aus dem zur A. gehörenden Bettenhaus für Studenten wurde ein Hotel.

Direktoren des ›Instituts für Gesellschaftswissenschaften‹: Helene Berg (1951–1961); Otto Reinhold (1961–1976)

Rektoren der Akademie: Otto Reinhold (1976–1989); Rolf Reißig (1989/90 amt.)

Publikationen/Archive: ›Thematische Information und Dokumentation‹, Reihe A: Analytisch-synthetische Informationen; Reihe B: Konferenzen und Tagungen; diese Periodika kamen nicht in den Handel, sondern waren nur über parteieigene Verteiler zugänglich. In unregelmäßiger Folge erschienen zudem Studien und Forschungsberichte von Mitarbeitern und Arbeitsgruppen der A. sowie die populärwissenschaftliche Reihe ›ABC des Marxismus‹.

Teile der Bibliotheksbestände der ehemaligen A. wurden 1990 dem Bibliotheks- und Informationszentrum im ›Haus am Köllnischen Park‹ zugeführt. Nach einem ›Treuhand‹-Beschluß vom Dezember 1991, der die Schließung dieses Zentrums zur Folge hatte, wurden wiederum Teile dieser Bestände dem ›Verbund Archiv/Bibliothek/Technische Werkstätten‹ beim Parteivorstand der PDS übergeben.

Akademie für Sozialhygiene, Arbeitshygiene und ärztliche Fortbildung

→ Akademie für Ärztliche Fortbildung der DDR

Akademie für Staats- und Rechtswissenschaft der DDR (ASR), 1953–1990

Institution des → ›Ministerrats der DDR‹ für die Aus- und Weiterbildung leitender Mitarbeiter im zentralen und regionalen Staatsapparat der DDR

Die A. entstand am 20.2.1953 unter der Bezeichnung Deutsche Akademie für Staats- und Rechtswissenschaft ›Walter Ulbricht‹ (DASR) in Potsdam-Babelsberg. Sie ging hervor aus der vom MR am 11.12.1952 beschlossenen Zusammenlegung der Deutschen Verwaltungsakademie

›Walter Ulbricht‹ in Forst Zinna (gegr. 12.10.1948) und der seit Mai 1952 in Potsdam-Babelsberg bestehenden ›Deutschen Hochschule der Justiz‹. Im Januar 1959 wurde ihr das ebenfalls 1952 gegründete ›Deutsche Institut für Rechtswissenschaft‹ als Prorektorat für Forschung eingegliedert; 1972 wurde sie umbenannt in ›Akademie für Staats- und Rechtswissenschaft der DDR‹.

Die dem Ministerrat unterstellte A. durchlief verschiedene Strukturreformen: Bis 1963 hatte sie eine Rektoratsverfassung; als dann die Akademie in drei selbständige Institute gegliedert wurde, gab man diese zeitweilig auf; gegen Ende ihres Bestehens wurde sie wiederum von einem Rektor geleitet. In jener Zeit war sie in drei Sektionen mit vier Instituten unterteilt, und zwar in die Sektionen Marxismus-Leninismus, Staatsrecht und staatliche Leitung sowie Straf-, Zivil-, Arbeits- und Agrarrecht; außerdem gab es die Institute für Internationale Beziehungen, für Staats- und Rechtstheorie, für Internationales Recht und Rechtsvergleichung sowie für Verwaltungsorganisation und Bürotechnik. 1989 hatte die A. etwa 1000 Studenten und beschäftigte 700 Hochschullehrer, Assistenten und technische Mitarbeiter.

Die A. hatte auf dem Gebiet der Lehre die Aus- und Weiterbildung von Staatsfunktionären und die Qualifizierung leitender Kader der Staatsorgane zu sichern. Dazu wurden verschiedene Möglichkeiten geboten: ein staats- und rechtswissenschaftliches Hochschulstudium, eine Hochschulweiterbildung, Kurzlehrgänge für leitende Kader der Staatsorgane sowie Anleitungen zum organisierten Selbststudium. Die A. verfügte über das Promotionsrecht A und B. Verlegerischer Hauptpartner der A. war der Staatsverlag der DDR.

Umwandlung: Laut MR-Beschluß vom 1.3.1990 wurde die A. in die ›Hochschule für Recht und Verwaltung‹ umgewandelt und deren spätere Eingliederung in eine Brandenburgische Landesuniversität vorgesehen; 1990/91 wurde sie von Rolf Steding geleitet.

Präsidenten: Arthur Baumgarten (1952–1960)

Rektoren: Hermann Kleyer (1952–1955); Herbert Kröger (1955–1966); Rainer Arlt (1966–1972); Gerhard Schüßler (1972–1984); Horst Steeger (1984–1990); Rolf Steding (1990/91)

Publikationen/Archive: Zs. ›Staat und Recht‹, erschien seit 1952; Zs. ›organisation›; Zs. ›Deutsche Außenpolitik‹; die A. war Mitherausgeber der Zs. ›Asien/Afrika/Lateinamerika‹. • Archivbestände der A. befinden sich heute in der Verwaltung des Bundesarchivs, Abt. V, in Potsdam.

Aktivistenbewegung, 1947/48–1989
Vom → FDGB organisierte Massenbewegung
zur Erhöhung der Arbeitsleistungen

Geschichte und Organisation: Ende 1946 hatten sich in Gestalt von Jugendaktivs, Jugendwettbewerben, Stoßbrigaden u.a. Anfänge einer Jungaktivistenbewegung herausgebildet, die dann propagandistisch aufgegriffen und vor allem von der → SED, vom → FDGB und von der → FDJ organisiert wurden. Der II. SED-Parteitag (1947) rief mit der Losung: »Mehr produzieren, gerechter verteilen, besser leben!« dazu auf, sich für einen wirtschaftlichen Aufschwung einzusetzen. Im Zusammenwirken mit der SED erließ die → SMAD am 9.10.1947 den Befehl Nr. 234: »Über Maßnahmen zur Erhöhung der Arbeitsproduktivität und zur weiteren Verbesserung der materiellen Lage der Arbeiter und Angestellten der Industrie und des Verkehrswesens«. Damit wurden Verwaltungsorgane wie Betriebsleitungen verpflichtet, sich für eine Steigerung der Arbeitsproduktivität einzusetzen, den »Kampf gegen das Bummelantentum« zu führen und für eine Verbesserung der Lebensverhältnisse zu sorgen.
Im ersten Halbjahr 1948 wurden 140 Aktivistentagungen mit 13000 Teilnehmern organisiert. Die große Mehrheit der Arbeiter verhielt sich jedoch abwartend. Auf Vorschlag der SED – von FDGB und FDJ organisiert – fand am 10./11.4.1948 in Zeitz der erste ›Kongreß junger Aktivisten‹ statt, an dem W. Ulbricht, O. Grotewohl, H. Jendretzky und E. Honecker teilnahmen. Im Juni 1948 faßte der Parteivorstand der SED den Beschluß über den ›Zweijahrplan zur Wiederherstellung und Entwicklung der Friedenswirtschaft 1949/50‹. Dieser Zweijahrplan sollte in der zweiten Hälfte 1948 durch einen Halbjahrplan vorbereitet werden, der schon einen hohen Produktionszuwachs vorsah.
Anfang Oktober 1948 berieten im Lugau-Oelsnitzer Steinkohlenrevier Partei- und Gewerkschaftsfunktionäre, wie die Kohleförderung zu steigern sei. Sie beschlossen, an die sowjetische Stachanow-Bewegung anzuknüpfen und den 1. Jahrestag des Befehls Nr. 234 zum Anlaß für eine spektakuläre Sonderschicht zu nehmen. Ein Bergmann sollte demonstrieren, daß durch gute Arbeitsorganisation und rationellen Einsatz vorhandener technischer Arbeitsmittel mehr Kohle zu fördern war. Dafür wurde das SED-Mitglied Adolf Hennecke ausgewählt.
Nach entsprechender Vorbereitung erfüllte Hennecke am 13.10.1948 im ›Karl-Liebknecht-Schacht‹ die Arbeitsnorm mit 387 Prozent. W. Pieck und O. Grotewohl bezeichneten in einem offenen Brief an Hennecke seine Tat als »revolutionierende Leistung«, als Ergebnis der »revolutionären Tradition der deutschen Arbeiterbewegung« und des »sozialen Verant-

wortungs- und höchsten Pflichtbewußtseins« gegenüber der Partei und dem Volk. Unmittelbar nach dem 13. Oktober wurden in zahlreichen Betrieben Aktivistenschichten durchgeführt. Im November wurde zentral eine ›Hennecke-Woche‹ organisiert und durch Presse und Rundfunk popularisiert.

Noch im selben Monat fand die Bitterfelder FDGB-Konferenz statt. Sie schwor die Gewerkschaften auf die Aktivisten- und Wettbewerbsbewegung ein und verabschiedete ein Aktionsprogramm für den »politisch-ideologischen und ökonomischen Kampf um die Verwirklichung des Zweijahrplanes«. Als am 25.8.1949 in Weimar – anläßlich des 200. Geburtstages J. W. v. Goethes – der Präsident des ›Deutschen Volksrates‹, Wilhelm Pieck, erstmals den Nationalpreis verlieh, waren unter den Ausgezeichneten Adolf Hennecke und Paul Sack, Initiator der A. im Bauwesen.

Funktionen und Wirkungen: Die A. nahm fortan einen zentralen Platz in der Wirtschafts- und Gewerkschaftspolitik der SED ein. Sie hatte positive Auswirkungen auf die Erhöhung der Arbeitsproduktivität und auf die Steigerung des Sozialprodukts. Damit wurde aber auch – und darin lag politische Absicht – die Gleichschaltung der Gewerkschaften weiter vorangetrieben; die sogenannten reformistischen Kräfte und der »Neutralitätsgedanke« wurden schon Ende der 40er Jahre entscheidend zurückgedrängt. Unter der Losung: »Von der Sowjetunion lernen, heißt siegen lernen!« wurden sowjetische Arbeitsmethoden in die A. integriert. In den 50er Jahren entstanden in der DDR Aktivistenschulen nach dem Muster der sowjetischen ›Stachanowschulen‹, in denen Arbeitern am Arbeitsplatz neue Arbeitsmethoden und Produktionsverfahren vorgeführt wurden.

Aus der A. heraus entwickelten sich weitere organisierte »Massenbewegungen«, wie die ›Neuerer-Bewegung‹ oder die ›Rationalisatoren- und Erfinderbewegung‹ (→Sozialistischer Wettbewerb). Die 1959 von der SED initiierten →›Brigaden der sozialistischen Arbeit‹ waren gleichsam die Fortsetzung der A. auf »höherer Stufe«. Das Arbeitsethos einzelner Aktivisten sollte auf die Brigaden und Kollektive übertragen und ihre Arbeitsleistungen somit zur Norm werden. Der Begriff »Aktivist« blieb aber bis 1989 im Sprachgebrauch erhalten. Das lag vor allem daran, daß zwei Drittel aller Beschäftigten mindestens einmal in ihrem Arbeitsleben die vom FDGB gestiftete Auszeichnung ›Aktivist der sozialistischen Arbeit‹ erhielten.

Allgemeiner Deutscher Motorsport-Verband der DDR (ADMV), 1957–1990

Dachorganisation aller Motorsportclubs im → ›Deutschen Turn- und Sportbund der DDR‹

Geschichte und Organisation: Vorläufer waren eine schon beim → ›Deutschen Sportausschuß‹ bestehende Motorsportkommission sowie eine 1951 daraus hervorgegangene ›Sektion Motorrennsport‹, die innerhalb des → ›Staatlichen Komitees für Körperkultur und Sport‹ bestand, dort schon völlig selbständig arbeitete und von einem Präsidium geleitet wurde. Das Komitee übte lediglich anleitende und kontrollierende Funktionen aus und vertrat die ›Sektion Motorrennsport‹ gegenüber den Regierungsstellen des Ministerrats. Mit der am 2.6.1957 erfolgten Gründung des A. wurde dessen (relative) Eigenständigkeit weiterhin bestätigt. Im A. konnte jeder Bürger der DDR Mitglied werden – 1984 waren es 76859. Der Verband vertrat die Interessen der Motorsportler in der DDR und war seinerseits Mitglied in einschlägigen internationalen Föderationen. Er war ein dem → DTSB korporativ angeschlossener Verband, in dem juristisch selbständige, lokale und betriebliche Motorsportclubs (MC) vereinigt waren. Mit den vom DTSB bereitgestellten finanziellen Mitteln unterstützte der A. die Motorsportclubs, organisierte Veranstaltungen und finanzierte die Einsätze der Nationalmannschaften. Höchstes Organ war der Verbandstag, der alle sechs Jahre stattfand und das Präsidium wählte; dieses wiederum wählte den Präsidenten, die Vizepräsidenten und den Generalsekretär; ein Büro des Präsidiums führte die während der Präsidiumstagungen festgelegten Geschäfte.

Funktionen und Wirkungen: Der A., in dem 620 Motorsportclubs mit ca. 80000 Mitgliedern organisiert waren, betreute 18 Disziplinen des Motorsports, darunter Motorrad- und Automobilsportarten, Motorbootsport und Wasserski. Dabei war er an sein Statut, die Motorsport-Ordnung und die einschlägigen Wettkampfbestimmungen gebunden. Nach einem 1972 vom DTSB gefaßten sportpolitischen Beschluß wurden jedoch dem A. künftig keine leistungssportlichen Kriterien mehr zugebilligt, was den Ausschluß der Motorsportler aus der DDR von Veranstaltungen und Meisterschaftswettkämpfen im nichtsozialistischen Ausland zur Folge hatte und sich negativ auf die Arbeit des A. auswirkte. Als oberste Instanz des Motorsports nahm der A. auch Einfluß auf alle Fragen, die zur ständigen Erhöhung der Verkehrssicherheit im Straßenverkehr und auf den Wasserstraßen beitrugen. Eine von ihm zusammen mit der → ›Staatlichen Versicherung der DDR‹ organisierte Aktion ›Unfallfreies Fahren‹ gewann große Bedeutung.

Auflösung/Ende: Während es bei allen anderen Sportverbänden des ehemaligen DTSB zu einem Anschluß an den jeweiligen Sportverband der BRD kam, blieb der ADMV selbständig und existiert weiter.

Präsidenten: Egbert von Frankenberg (1957–1978); Horst Schlimper (1978–1990); Wolfgang Uhlemann (1990–1991); Hartmut Pfeil (seit 1991)
Generalsekretäre: Willi Grallert (1957–1958); Herrmann Bewarder (1959–1972); Gerd Thom (1973–1990); Klaus Baade (seit 1990)
Auszeichnungen: Ehrennadel des ADMV in Gold, Silber und Bronze

Allgemeiner Deutscher Nachrichtendienst (ADN), 1946–1990
Staatliche Nachrichtenagentur der DDR

Aufgrund einer Genehmigung der →SMAD wurde am 10.10.1946 eine ADN-GmbH gegründet. Teilhaber dieser GmbH waren u. a. Lex Ende, Chefredakteur von ›Neues Deutschland‹ (→SED, Zeitungen u. Zeitschriften), Otto Nuschke vom ›Union-Verlag‹ (→CDU), Karl Mossner von ›Der Morgen‹ (→LDPD) sowie weitere 13 Verlage und Rundfunksender. Am 2.4.1953 löste die Regierung der DDR die ADN-GmbH auf; die Nachrichtenagentur wurde mit Wirkung vom 1.5.d. J. staatliche Einrichtung mit Sitz in Berlin/DDR. In bezug auf Materialversorgung und -beschaffung war sie von der Regierungskanzlei beim Ministerpräsidenten abhängig und unterlag deren Weisungsrecht; später wurde dieses durch das →›Presseamt beim Vorsitzenden des Ministerrats‹ ausgeübt. Der ›ADN-Fernschreib-Basisdienst‹ gliederte sich in die Bereiche Ausland, DDR, Berlin, Wirtschaft, Landwirtschaft, Kultur und Sport. Seit 1956 war dem Nachrichtendienst auch die im Januar 1952 gegründete ›Zentrale Bildstelle Berlin‹ als Fotoagentur ›ADN-Zentralbild‹ angeschlossen. Damit hielt A. das Monopol im Vertrieb von Nachrichten und Pressebildern aus der DDR. Als nachgeordnete Einrichtung des Presseamtes unterstand der Dienst dem →ZK der SED.

Umwandlung: Am 23.6.1990 wurde A. zur Gesellschaft mit beschränkter Haftung umgestaltet und erfüllte damit eine Forderung des Medienbeschlusses der →Volkskammer. Der Dienst erhielt damit jenen Status wieder, den er seit Gründung 1946 bis zur Verstaatlichung durch Enteignung 1953 innehatte. Der letzte Generaldirektor Günter Pötschke setzte Matthias Wirzberger als Chefredakteur und Günter Hundro als Geschäftsführer des A. ein. Die Nachrichtenagentur, die von 1990 bis Mai 1992 unter ›Treuhand‹-Verwaltung stand, wurde in den zwei Jahren strukturell neu gestaltet. Es wurden Landesdienste eingerichtet, die redaktionell unabhängig arbeiteten. Der Personalstand wurde durch Entlassungen und Übergang in den Vorruhestand erheblich reduziert: Von knapp

1400 Mitarbeitern (Stand Anfang 1990) blieben 254 Angestellte übrig. Im Mai 1992 verkaufte die →›Treuhandanstalt‹ den A. an den ›Deutschen Depeschen Dienst‹ (ddp).
Die schon vorher ausgegliederte Bildagentur ›ADN-Zentralbild‹ konnte sich allein auf dem Bildermarkt ebenfalls nicht behaupten. Da zu befürchten war, daß der Bestand von rd. 7 Mio. Fotografien ins Ausland verkauft würde, wurde dieser nach dem Gesetz zum Schutz des deutschen Kulturguts Ende 1991 reserviert und am 30.7.1992 mit Vermögenszuordnungsbescheid der →›Treuhandanstalt‹ in das Eigentum der Bundesrepublik Deutschland zu Händen des ›Bundesarchivs‹ überführt. Fortan bestand das Bildarchiv als Außenstelle des ›Bundesarchivs‹ in Berlin, doch war ein Umzug nach Koblenz vorgesehen, der bis Ende 1993 vollzogen sein sollte.

Leiter/Generaldirektoren: Georg Hansen (1946–1952); Deba Wieland (1953–1977); Günter Pötschke (1977–1990); Matthias Wirzberger (1990–1992 Chefredakteur); Günter Hundro (1990–1992 Geschäftsführer)

Archive: Archivbestände des A. befinden sich heute zum Teil in der Verwaltung des Bundesarchivs, Abt. V, in Potsdam.

Amt/Ämter

Ämter waren bis auf einige Ausnahmen (Einrichtungen von territorialen Staatsorganen) zentrale staatliche Einrichtungen. Infolge der bis Anfang der 70er Jahre anhaltenden ständigen Umstrukturierung des Staatsapparates kam es in der DDR zu einer kaum nachvollziehbaren Häufigkeit von Gründungen, Auflösungen und Zusammenlegungen von Ämtern sowie wechselnden Unterstellungsverhältnissen und Umbenennungen. Das hatte mehrere Gründe. Wärend der Aufbauphase nach dem Kriege und dem Umbau der Gesellschaft wurden vielfach alte Amtsbezeichnungen übernommen, gleichzeitig aber neue Ämter eingerichtet. Nach dem SED-Beschluß von 1952, in der DDR den Sozialismus aufzubauen, und nach der damit zusammenhängenden Zentralisierung aller Bereiche des gesellschaftlichen Lebens wurde eine Vielzahl von Ämtern, Staatssekretariaten und Ministerien neu geschaffen, umgebildet, anders strukturiert und unterstellt. Auch die sich wandelnden deutschlandpolitischen Vorstellungen der Sowjetunion und das sukzessive Übertragen von Souveränitätsrechten auf die DDR in den 50er Jahren führten wiederum zu Neubildungen und Umstrukturierungen im Staatsapparat.
Die in den 60er Jahren begonnene ökonomische Reformpolitik richtete sich auch gegen die entstandene »Überzentralisierung«; gleichzeitig verstärkte sich die Abgrenzungspolitik gegenüber der Bundesrepublik – beides hatte wiederum Folgen für die Struktur des Staatsapparates. Als nach dem Sturz Ulbrichts Anfang der 70er Jahre die Reformansätze wieder

rückgängig gemacht wurden, hatte auch das seine Auswirkungen. Während der Phase der weltweiten diplomatischen Anerkennung der DDR, nachdem die beiden deutschen Staaten in die UNO aufgenommen worden waren, wurde in den Bezeichnungen aller Ämter, Einrichtungen, Gesellschaften usw. – bis auf ganz wenige Ausnahmen – das Wort »deutsch« durch »DDR« ersetzt.
Die aus der Stellung der Leiter in der →protokollarischen Rangfolge ersichtliche Bedeutung der Ämter ergab folgendes Bild: Der Leiter des →›Amtes für Preise‹ hatte den Rang eines Ministers und gehörte dem Präsidium des →Ministerrats an; Mitglieder des Ministerrats waren der Leiter des →›Amtes für Jugendfragen‹ (im Range eines Staatssekretärs) und der Staatssekretär für Arbeit und Löhne (→›Staatssekretariat für Arbeit und Löhne‹), der die →›Ämter für Arbeit und Berufsberatung‹ kontrollierte.

Amt für Arbeit und Berufsberatung, 1961–1990
Einrichtung der Räte der Bezirke, Kreise und kreisfreien Städte zur Arbeitskräftelenkung und Berufsberatung

Mit der Verordnung des →Ministerrats zur Verbesserung der Arbeitskräftelenkung und der Berufsberatung vom 24.8.1961 wurden die örtlichen Ä. gegründet. Ihre Aufgabe bestand zunächst – nach dem Mauerbau – darin, die territorialen Möglichkeiten für die Behebung des teilweise erheblichen Arbeitskräftemangels zu nutzen und die Arbeitskräfte auf verwaiste Arbeitsplätze zu lenken. Danach trat die Ausarbeitung von »Arbeitskräfteplänen« in den Mittelpunkt der Tätigkeit, um den Arbeitskräfteeinsatz im jeweiligen Territorium entsprechend den Bedürfnissen der örtlichen Wirtschaft zu koordinieren. In Abstimmung mit den Volksbildungseinrichtungen und den Betriebsleitungen versuchten die Ä. für eine bedarfsgerechte Berufsorientierung, -aufklärung und -vorbereitung zu sorgen.

Amt für Außenwirtschaftsbeziehungen, 1970–1990
Dem →Ministerium für Außenhandel unterstellte Behörde zur Entwicklung und Pflege von Außenhandelsbeziehungen der DDR

Das A. wurde auf Beschluß des →Ministerrats im April 1970 mit Sitz in Berlin/DDR gebildet. Es unterstand dem Ministerium für Außenhandel und hatte während der andauernden diplomatischen Blockade der DDR die Aufgabe, den Außenhandel mit jenen westlichen Staaten zu entwickeln, die mit der DDR keine Handelsvereinbarungen auf Regierungsbasis abschließen wollten. Das Amt übernahm die Aufgaben, die vorher von der →›Kammer für Außenhandel‹ (KfA) wahrgenommen worden waren. Handelsvereinbarungen, die mit dem A. getroffen wurden, ersetzten die von der KfA geschlossenen Abkommen und hoben die Wirtschaftsbeziehungen zugleich auf eine höhere, offizielle Ebene, da die KfA nach außen immer als eine vom Staat unabhängige, »gesellschaftliche Organisation« deklariert worden war. Mit der internationalen Anerkennung der DDR ab Mitte der 70er Jahre änderten sich die Aufgabenbereiche des Amtes, das sich ab diesem Zeitpunkt u.a. mit Marktanalysen beschäftigte.

Umwandlung: Mit Wirkung vom 22.6.1990 wurde bei dem neu gebildeten →Ministerium für Wirtschaft der DDR ein ›Amt für Außenwirtschaft‹ eingerichtet, das für die notwendigen Genehmigungs- und Kontrollverfahren bei der Aus- und Einfuhr von Gütern und Technologien zuständig sein sollte. Die gesetzlichen Grundlagen dazu wurden mit einem Gesetz über den Außenwirtschafts-, Kapital- und Zahlungsverkehr geschaffen. Leiter des Amtes wurde Peter Grabley.

Generalsekretär/Leiter: Herbert Meyer (1970–1979); Degenhard Albrecht (1979–1990)

Amt für Erfindungs- und Patentwesen, 1950–1990
Dem →›Ministerrat der DDR‹ nachgeordnete Patentbehörde

Das seit 1877 in Berlin bestehende ›Deutsche Patentamt‹ wurde nach dem Zweiten Weltkrieg in München neu gegründet. Die entsprechende DDR-Behörde wurde auf der Grundlage eines gemeinsam mit dem »Patentgesetz für die DDR« am 6.9.1950 verabschiedeten Beschlusses der →Volkskammer in Berlin/DDR eingerichtet, wo sie als »zentrales Organ« des Ministerrats fungierte. Laut Statut in der Fassung vom 15.6.1978 war es zuständig für die Regelung des gesamten Patent-, Muster- und Zeichenwesens in der DDR sowie für die Kontrolle der Einhaltung einschlägiger gesetzlicher Bestimmungen. Das A. nahm Patent-, Geschmacksmuster- und Warenzeichenanmeldungen entgegen und erteilte die entsprechenden Schutzrechte, deren gesetzliche Grundlagen und Bestimmungen mehrfach modifiziert und dann im Patentgesetz der DDR vom 27.10.1983 fixiert wurden.
Für die sozialistische Wirtschaft der DDR war das »Wirtschaftspatent« das typische Schutzrecht. Die gesetzlichen Bestimmungen schrieben vor, daß für Erfindungen, die im Zusammenhang mit der Tätigkeit des Erfinders in einem →VEB oder einer staatlicher Einrichtung (»Ursprungsbetrieb«) bzw. mit staatlicher Unterstützung gemacht wurden, nur Wirtschaftspatente erteilt werden durften; diese sicherten den Erfindern eine »moralische und materielle« Anerkennung. Die Nutzung der einem Wirt-

schaftspatent zugrundeliegenden Erfindung stand jedem zu, dem durch das A. eine Erlaubnis zur Nutzung erteilt wurde. Die Nutzungserlaubnis wurde nur auf Antrag erteilt; der Patentinhaber hatte im Falle der Nutzung einen Anspruch auf Vergütung. Die Höhe des Betrages, mit dem die Verwertung einer Erfindung zu vergüten war, lag zwischen mindestens 75 und maximal 200000 Mark; dessen Auszahlung wurde über den »Ursprungsbetrieb« abgewickelt, der gesetzlich verpflichtet war, darauf zu achten, daß auch bei mehrfacher Nutzung des Patents durch verschiedene Betriebe die Höchstsumme nicht überschritten wurde; schon ausgezahlte Beträge, die den gesetzlich fixierten Höchstbetrag überstiegen, mußten dem Betrieb, der die Zahlung geleistet hatte, ggf. zurückerstattet werden.
Wurde ein »Ausschließungspatent« erteilt, dann war die Benutzung der so geschützten Erfindung von der Zustimmung des Patentinhabers abhängig. Innerhalb der sozialistischen Wirtschaft spielte diese Patent-Variante jedoch keine Rolle mehr; sie wurde überwiegend von ausländischen Anmeldern und von Inhabern privater Betriebe genutzt. Der Präsident des A. hatte zudem die Möglichkeit, die Wirksamkeit eines solchen Patentes gegen Zahlung einer Entschädigung einzuschränken oder aufzuheben. Rechtsmittel gegen solche Maßnahmen waren nicht vorgesehen. Lediglich wegen der Höhe der Entschädigung konnte das ausschließlich zuständige Bezirksgericht Leipzig angerufen werden. Aufgrund einer Anordnung des MR vom 9.9.1968 wurden »Geheimpatente« dann erteilt, wenn eine Erfindung für die Landesverteidigung der DDR von Bedeutung war.
Das Amt, welches auch eine wichtige Funktion bei der Förderung und Lenkung der ›Neuererbewegung‹ (→›Sozialistischer Wettbewerb‹) ausübte, gab an, statistisch hätte in der DDR »der schöpferische Gipfel im erfinderischen Schaffen zwischen dem 40. und 45. Lebensjahr« gelegen, und daß »im Durchschnitt mit etwa 32 bis 34 Jahren das erste Mal erfunden wurde«. Von Jugendlichen, so fand das Amt heraus, die ihre erste patentwürdige Erfindung schon vor dem 25. Lebensjahr gemacht hatten, seien im Abstand von 1 bis 2 Jahren weitere Erfindungen zu erwarten gewesen. Da das A. einen genauen Überblick über Qualität und Quantität der aus wissenschaftlichen Instituten, →›Kombinaten‹ und Hochschulen kommenden Erfindungen besaß, konnte es die »Rückstände« bei den betreffenden Einrichtungen konkret benennen. Daher forderte es in den 80er Jahren zunehmend, im Studium die Kreativitätsschulung zu verbessern, Barrieren abzubauen und die Verantwortung der staatlichen Leiter für die Forschung zu erhöhen; versierte Erfinder und Spezialisten sollten gewonnen werden, um die ›Erfinderwettbewerbe der Jugend‹, die ›Jugendforscherkollektive‹ oder die ›Erfinderschulen‹ der →KdT zu leiten und zu unterstützen.

In dem Zeitraum von 1981 bis 1985 wurden rd. 49800 Patente angemeldet, deren wirtschaftlicher Nutzen mit 5,2 Mrd. Mark angegeben wurde. Zu den bekanntesten Patentinhabern der DDR zählten Manfred von Ardenne, der Chef des →›Forschungsinstituts Manfred von Ardenne‹ in Dresden, der 600 Patente im In- und Ausland hielt; Karl Beker, Gruppenleiter im VEB Leuna-Werke ›Walter Ulbricht‹ (→›Kombinate‹), der an rd. 240 Patenten mit einem Gesamtnutzen von über 250 Mio. Mark beteiligt war; Horst Bendix, Chefkonstrukteur im ›VEB Kirow-Werke‹ in Leipzig, dem in der DDR 50 und in anderen Staaten 65 Patente zugesprochen worden waren; Werner Gilde, Direktor des →›Zentralinstituts für Schweißtechnik‹ (ZIS) in Dresden, mit 60 Patenten. Diese und noch zahlreiche andere Erfinder wurden hochgeehrt: Alle erhielten den ›Nationalpreis der DDR‹, und zudem wurden ihnen noch Ehrentitel wie ›Held der Arbeit‹, ›Hervorragender Wissenschaftler des Volkes‹, ›Verdienter Techniker des Volkes‹ oder ›Verdienter Erfinder des Volkes‹ verliehen.

Auflösung/Ende: Nachfolger des A. wurde das ebenfalls in Berlin/DDR ansässige ›Patentamt der DDR‹, dessen Neueinrichtung am 23.2.1990 im Gesetzblatt publiziert wurde. Für die Leitung dieses in verschiedene Hauptabteilungen und Abteilungen gegliederten Amtes waren ein Präsident, Vizepräsidenten sowie ein von Amtspräsidenten zu berufender Senat vorgesehen, doch im Oktober 1990 wurde es als Berliner Dienststelle des bundesdeutschen Patentamtes übernommen.

Führungspersonal des A. (im Mai 1989) – Präsident: Joachim Hemmerling (SED); • Vizepräsidenten: Erhard Beier, Lothar Jahne, Rolf Rosenthal (alle SED)
Präsidenten: Max Rüffle (1950–1959); Gerhard Rudolph (1959–1961); Joachim Hemmerling (1961–1990)
Publikationen/Archive: ›Handbuch Erfindertätigkeit‹, hg. v. Joachim Hemmerling, Berlin 1988; das A. besaß eine komplette Sammlung der Patentliteratur aus den Staaten des RGW. • Archivbestände des A. befinden sich heute in der Verwaltung des Bundesarchivs, Abt. V, in Potsdam.

Amt für industrielle Formgestaltung, 1972–1990
Staatliche Behörde für Planung, Leitung und Überwachung der industriellen Formgestaltung in der DDR

Relativ spät – erst mit der Forderung, daß die DDR-Erzeugnisse sich am »Weltniveau« zu messen hätten – wurde der industriellen Formgebung in der DDR größere Aufmerksamkeit gewidmet. Zu diesem Zweck wurde zunächst 1962 ein ›Rat für Industrieform‹ geschaffen und 1963 ein ›Zentralinstitut für Formgestaltung‹ gegründet, die beide dem →Ministerium für Kultur unterstanden. 1965 wurden beide Institutionen dem Bereich Gestaltung des ›Deutschen Amtes für Meßwesen und Warenprüfung‹

(→Amt/Ämter, darin: ›Amt für Standardisierung, Meßwesen und Warenprüfung‹) zugeordnet, das seit Februar 1964 in Berlin/DDR bestand. Mit Wirkung vom 1.2.1972 wurde dort der Bereich Gestaltung ausgegliedert und in das A. umgewandelt.
Es hatte ebenfalls seinen Sitz in Berlin/DDR, war dem MR direkt unterstellt und zuständig für die Vorbereitung von Entscheidungen, die dieser zur Erhöhung des gestalterischen Niveaus der industriellen Erzeugnisse zu treffen hatte; weiterhin hatte es in staatlichem Auftrag Qualitätskontrollen und -bewertungen (Prädikatisierung) gestalterischer Leistungen vorzunehmen sowie Aus- und Weiterbildungsprogramme für Formgestalter, Konstrukteure, Ingenieure etc. zu erarbeiten. Das A. trug maßgeblich dazu bei, daß die Designentwicklung in die Exportstrategien der →›Kombinate‹ einbezogen wurde. Diplom-Formgestalter bildete die →›Hochschule für industrielle Formgestaltung‹ in Halle aus. Am 30.4.1990 wurde das A. aufgelöst und ein ›Rat für Design‹ gebildet, der wiederum von Berlin aus als Nachfolger des A. tätig wurde.

Führungspersonal des S. (im Mai 1989) – Leiter, im Range eines Staatssekretärs: Martin Kelm (SED); • Stellvertreter: Ekkehard Barsch, Horst Schadock, Wolfgang Schmidt (alle SED)

Leiter: Staatssekretär Martin Kelm (1972–1990)

Auszeichnungen/Preise: ›Gutes Design DDR‹, verliehen für Messeexponate, erstmalig während der →Leipziger Messe am 13.4.1978; ›Design-Preis der DDR‹ und ›Förderpreis für gute Design-Leistungen‹, beide seit 1978 verliehen

Archive: Archivbestände des A. befinden sich heute in der Verwaltung des Bundesarchivs, Abt. V, in Potsdam.

Amt für Information (AfI)

→ Presseamt bei Vorsitzenden des Ministerrats der DDR

Amt für Jugendfragen beim Ministerat der DDR, 1950–1989

Behörde zur Planung und Kontrolle der Jugendpolitik sowie »wissenschaftsleitendes Organ« der Jugendforschung in der DDR

Geschichte und Organisation: Das A. ging 1950 aus dem seit Oktober 1949 bestehenden ›Amt für Jugendfragen und Leibesübungen‹ hervor. Als Regierungsbehörde war es zunächst dem Stellvertreter des Ministerpräsidenten, Walter Ulbricht, direkt unterstellt; von 1958–1962 war es eine Einrichtung des →Ministeriums für Volksbildung; seit 1962 ressortierte es wieder beim →Ministerrat; sein Leiter war Mitglied desselben. Das A. hatte Regierungsentscheidungen zur Jugendpolitik vorzubereiten und die Kontrolle über die Verwirklichung des Jugendgesetzes vom 28.1.1974 auszuüben.

Funktionen und Wirkungen: Mit dem Statut des A., am 1.12.1980 vom MR beschlossen, wurden dieser Institution erweiterte Kompetenzen übertragen. Danach richtete es »seine Tätigkeit auf das Hauptanliegen sozialistischer Jugendpolitik, die kommunistische Erziehung aller Jugendlichen. Dazu nimmt es Einfluß auf die politisch-ideologische Arbeit der Staats- und Wirtschaftsfunktionäre mit der Jugend, die Förderung und Entwicklung der volkswirtschaftlichen Aktivitäten der Jugend, ihrer sozialistischen Gemeinschaftsarbeit und ihres wissenschaftlich-technischen Schöpfertums, ihrer umfassenden Teilnahme an der Leitung und Planung, ihrer wehrpolitischen Bildung und Erziehung, der Wehrdienstvorbereitung einschließlich der langfristigen Sicherung des militärischen Berufsnachwuchses sowie ihrer geistig-kulturellen und sportlich-touristischen Aktivitäten.«
Rechtsvorschriften im Bereich der Jugendpolitik bedurften der Zustimmung des A. Es unterbreitete der →›Staatlichen Plankommission‹ Vorschläge für die Aufgaben der staatlichen Jugendpolitik in den jeweiligen Planungszeiträumen, insbesondere für die Werterhaltung und den Neubau von Jugendeinrichtungen. Dem A. war die Zentralstelle der →›Messe der Meister von Morgen‹ unterstellt; sein Leiter war auch zugleich Vorsitzender des ›Zentralen Ausschusses für Feriengestaltung beim Ministerrat‹, der bei den Trägerbetrieben und -organisationen die Einhaltung von Beschlüssen und Rechtsvorschriften für die Feriengestaltung kontrollierte. Darüber hinaus war das A. »wissenschaftsleitendes Organ« in der Jugendforschung und als solches gegenüber dem Leipziger →›Zentralinstitut für Jugendforschung‹ weisungsbefugt. Mit dem →Ministerium für Volksbildung war es dafür verantwortlich, daß Forschungen zur DDR-Jugend, die auf umfangreichen statistischen Erhebungen basierten, streng gehütet in den Safes verschwanden. Das A. arbeitete eng mit dem Zentralrat der →FDJ zusammen, der dem Vorsitzenden des MR auch den Leiter des Amtes zur Berufung vorschlug.

Auflösung/Ende: Bei Bildung der Regierung Modrow wurden das A. und das →›Staatssekretariat für Körperkultur und Sport‹ im November 1989 aufgelöst; ein neu eingerichtetes ›Amt für Jugend und Sport‹ wurde Rechtsnachfolger beider Einrichtungen; seine Leitung übernahm Staatssekretär Winfried Poßner, der ehemalige Vorsitzende der →Pionierorganisation ›Ernst Thälmann‹.

Führungspersonal des S. (im Mai 1989) – Leiter: Hans Sattler (SED); • 1. Stellvertreter: Norbert Stoschus (SED); Stellvertreter: Jürgen Zieger (SED)
Leiter: Hannes Keuch (1952–1955); Werner Zscheile (1955–1959); Horst-Joachim

Grenz (1959–1966); Helmut Oppermann (1966–1975); Hans Jagenow (1975–1981); Hans-Ulrich Sattler (1981–1989)
Archive: Archivbestände des A. befinden sich heute in der Verwaltung des Bundesarchivs, Abt. V, in Potsdam.

Amt für Jugendfragen und Leibesübungen
→ Amt für Jugendfragen beim Ministerat der DDR

Amt für Kontrolle des Warenverkehrs
→ Zollverwaltung der DDR

Amt für Literatur und Verlagswesen, 1951–1956
Lizenz- und Zensurbehörde auf dem Gebiet der Literatur und des Verlagswesens

Geschichte und Organisation: Gewissermaßen in Vorbereitung auf die »planmäßige Errichtung der Grundlagen des Sozialismus in der Deutschen Demokratischen Republik«, die Walter Ulbricht erst im Juli 1952 während der II. Parteikonferenz der SED ausrufen sollte, machten sich schon seit 1950 Tendenzen bemerkbar, Literatur und andere Künste stärker in den Dienst der sozialistischen Umgestaltung zu stellen. Im Juli 1950 erklärte Otto Grotewohl auf dem II. Schriftstellerkongreß, die Schriftsteller hätten »Kampfgenossen der Regierung« zu sein. Am 17.3.1951 faßte dann das →›Zentralkomitee der SED‹ auf seiner 5. Tagung den Beschluß »Der Kampf gegen den Formalismus in Kunst und Literatur, für eine fortschrittliche deutsche Kultur!«, mit dem eine »sozialistische Kulturrevolution« nach sowjetischen Muster eingeleitet wurde.
Noch im selben Jahr begann eine rasche Zentralisierung der Lenkung des gesamten kulturellen Lebens: Im Juli wurde eine →›Staatliche Kommission für Kunstangelegenheiten‹ gegründet; am 16.8.1951 beschloß der →Ministerrat, das A. zu errichten; im Jahr darauf folgten dann noch das →›Staatliche Komitee für Filmwesen‹ und das →›Staatliche Rundfunkkomitee‹. In den zur Gründung des A. abgegebenen Erklärungen hieß es, die neue Behörde des Ministerrates solle der »planmäßigen weiteren Entwicklung einer fortschrittlichen Literatur dienen«, doch eben dazu habe es sich als notwendig erwiesen, daß die »bisher bei verschiedenen Verwaltungsstellen liegenden Aufgaben zentral zusammengefaßt werden«.
Damit zentrale Lenkung auch wirkungsvoll angewandt werden konnte, wurden dem A. weitreichende Befugnisse eingeräumt. In einer »Durchführungsbestimmung« zur Verordnung des Ministerrates vom 16. August war festgelegt, daß verlegerische Tätigkeit in der DDR von nun an nur noch aufgrund einer vom A. erteilten Lizenz möglich sei, denn »die bisher von anderen Stellen erteilten Lizenzen verlieren ihre Gültigkeit

mit dem 31. Dezember 1951«. Aber auch ein vom A. lizenzierter Verlag hatte künftig die »alljährlich aufzustellenden Verlagspläne« termingerecht »zur Bestätigung vorzulegen«. Der Genehmigungsbehörde stand es frei, den Verlagen »die Herausgabe bestimmter Werke« zu empfehlen, und sie schrieb diesen darüber hinaus vor: »Die zur Veröffentlichung bestimmten Werke sind dem Amt für Literatur und Verlagswesen zur Begutachtung und Befürwortung vorzulegen.« Bei Zuwiderhandlung gegen solche Bestimmungen wurde »unbeschadet strafrechtlicher Verfolgung« mit Lizenzentzug gedroht, und um dieser Drohung Nachdruck zu verleihen, beschloß der Ministerrat am 13.12.1951 die »Verordnung über die Entwicklung fortschrittlicher Literatur – Lizenzen«, mit der für die Entscheidungen des A. eine gesetzliche Grundlage geschaffen wurde.

Funktionen und Wirkungen: Die Tätigkeit des A. beschränkte sich allerdings nicht auf die Prüfung von Lizenzanträgen und das Verhängen von Zensurentscheidungen; vielmehr versuchte man den Gang der Dinge schon zu beeinflussen, bevor es nötig wurde, Drohungen wahr zu machen. Das geschah z. B., indem man jährlich zu einer Verlegerkonferenz einlud oder zusammen mit dem →›Börsenverein der Deutschen Buchhändler zu Leipzig‹ Buchhändlertage veranstaltete. Dabei verfuhr man mit ideologischer Eilfertigkeit nach den Vorgaben, die Grotewohl den zentralistischen Lenkungsorganen mit auf den Weg gegeben hatte. Der hatte am 31. August zur Einsetzung der ›Staatlichen Kommission für Kunstangelegenheiten‹ erklärt: »Literatur und Bildende Künste sind der Politik untergeordnet, aber es ist klar, daß sie einen starken Einfluß auf die Politik ausüben. Die Idee der Kunst muß der Marschrichtung des politischen Kampfes folgen ... Was sich in der Politik als richtig erweist, ist es auch unbedingt in der Kunst.«
Die gesamte →Kulturpolitik in die Richtung der von der SED vorgegebenen »Marschrichtung« zu lenken war dann allerdings doch nur unter Zuhilfenahme von Kontrolle, Zensur und ideologischer Korrektur der Literaturentwicklung möglich. So wurden durch die von verantwortlichen Mitarbeitern des A. veranlaßte oder selbst geübte kunstferne Kritik auch Arbeiten anerkannter Schriftsteller, u. a. von B. Brecht, von A. Zweig, ja sogar von ›Kuba‹ (d. i. Kurt Barthel) behindert. Als eifernde Verfechter des »sozialistischen Realismus« leisteten die Kunstwächter einer platt naturalistischen Literatur ebenso Vorschub wie Tendenzen einer konfliktfrei verklärenden Wirklichkeitsdarstellung: Allenthalben sollten eben die »Erbauer des Sozialismus« als »positive Helden« gestaltet und gefeiert werden. Auftragsgemäß verstanden die Mitarbeiter des A. Lite-

ratur zuerst als ideologisches Hilfsmittel zur Durchsetzung sozialistischer Überzeugungen.

Auflösung/Ende: Nach dem 17. Juni 1953 klagten auch die Künstler den »Neuen Kurs« ein. So forderte die →›Akademie der Künste‹ am 30.6.1953, die Einflußnahme staatlicher Organe auf die materielle Förderung der Künste sei einzuschränken und die Eigenverantwortung des Künstlers vor der Öffentlichkeit wiederherzustellen. Wenige Tage später bestand auch der Präsidialrat des →Kulturbundes darauf: »Die administrative Einmischung staatlicher Stellen in die schöpferischen Fragen der Kunst und Literatur muß aufhören.« Zielscheibe solcher Kritik wurden nun insbesondere die Kunstkommission und das A. Darauf reagierte die Partei- und Staatsführung, indem sie durch Ministerratsbeschluß vom 7.1.1954 die Gründung eines →Ministeriums für Kultur veranlaßte und dazu das kulturpolitische Eingeständnis machte, daß »verständnisloses Administrieren« nicht länger »an die Stelle des Überzeugens und der Selbstverständigung der Künstler« treten dürfe.
Einige der 1951/52 geschaffenen zentralen Lenkungsorgane wurden nun aufgelöst, da man deren Zuständigkeiten dem Ministerium übertrug. Das A. bestand allerdings noch weiter, und dessen Leiter konnte die Kritik an seiner Amtsführung offenbar nichts anhaben: Karl Apelt wurde zum 1. Stellvertreter des Ministers im Range eines Staatssekretärs ernannt. Das parteiliche Geschäft der Lizenzvergabe und Verlagskontrolle wurde – bei nun stärker eingeschränkten Einwirkungsmöglichkeiten – unter Leitung von Karl Wloch zunächst noch weitergeführt. Erst am 28.6.1956 faßte der Ministerrat einen »Beschluß über Maßnahmen zur Verbesserung der Leitung des Verlagswesens«, worin angeordnet wurde, daß das A. zum 1. Juli d. J. aufzulösen und sein Aufgabenbereich vom MfK zu übernehmen sei.

Vorsitzende: Karl Apelt (1951–1954); Karl Wloch (1954–1956)

Amt für Nationale Sicherheit (AfNS)

→ Ministerium für Staatssicherheit

Amt für Preise beim Ministerrat (AfP), 1965–1989

Zentrale Preisbildungs- und Preisüberwachungsbehörde der DDR

Geschichte und Organisation: Von 1958–1965 lagen Planung und Überwachung der Preise in der Zuständigkeit einer ›Regierungskommission für Preise‹, die eine Einrichtung beim →Ministerrat war. Mit der Bildung des A. am 22.12.1965 wurden die Kommission und ihre Nebenstellen aufgelöst. Der Leiter des A. erhielt Ministerrang; Aufgaben und Kompetenzen der Behörde wurden in einem Statut von 1968 geregelt. Als Organ des

MR war das A. zuständig für Preisforschung, für die Ausarbeitung der Grundsätze der Preispolitik sowie für die Leitung der Preisplanung, -bildung und -kontrolle; außerdem oblag ihm die Sicherung der einheitlichen Arbeit aller mit der Durchsetzung der staatlichen Preispolitik befaßten Instanzen und die Organisation der Zusammenarbeit auf dem Gebiet der Preise im RGW.

Funktionen und Wirkungen: Ab Mitte 1976 bis Ende 1983 versuchte das A. die Preise für neue und weiterentwickelte Produkte entsprechend der Erhöhung des Gebrauchswertes festzulegen. Es zeigte sich aber, daß objektive Bewertungsmaßstäbe fehlten; nicht selten versuchten Betriebe, die Verbesserungen überzubewerten oder höhere Verbraucherpreise zu erzielen, indem begehrte Waren aus der Produktion genommen und durch neue ersetzt wurden, die keineswegs besser waren. Besonders stark wurden Deformierungen in der Preispolitik ab Beginn der 80er Jahre spürbar. Öffentliche Preisdiskussionen blieben jedoch tabuisiert und wurden selbst in den SED-Organisationen von der Führung rigoros unterbunden.
Während Grundnahrungsmittel, Dienstleistungen und Mieten unter allen Umständen stabil gehalten werden sollten und daher extrem subventioniert werden mußten, wurden die Preise für technische und textile Waren ständig erhöht. Mit sogenannten Abschöpfungspreisen für höherwertige Produkte aus der DDR-Produktion (ein Farbfernsehgerät ohne Videorecorder kostete z. B. 6000 Mark und mehr!) und »Höchstabschöpfungspreisen« für technische Erzeugnisse und Textilien aus dem Westen sollte der Kaufkraftüberhang abgebaut werden. Das alles mißlang jedoch. In Reaktion auf die Energiekrise, von der die von den Rohstofflieferungen der Sowjetunion abhängige DDR besonders stark getroffen wurde, versuchte das A. ab Ende 1983, die Preisbildung an den Produktionskosten zu orientieren. Dazu mußte der exakte Kostennachweis der Betriebe – besonders hinsichtlich der Einhaltung vorgeschriebener Energie- und Materialeinsparungen – laufend kontrolliert werden. Auch das erwies sich als unmöglich, so daß das A. die weiterhin zunehmenden Preisverzerrungen immer weniger unter Kontrolle halten konnte.
Die Außenstellen des A. waren für einzelne Wirtschaftszweige zuständig. Sie nahmen vor allem operative Aufgaben bei Preisbildung, -planung und -analyse sowie bei der Preiskontrolle und -revision wahr. Ihre Leiter bestätigten die Industriepreise für Produktionsmittel; Mitarbeiter der Außenstellen wirkten jedoch auch bei der Festlegung von Verbraucherpreisen mit. Ein Forschungsinstitut des A. beschäftigte sich hauptsächlich mit ökonomischen Forschungen auf dem Gebiet der Preise.

Auflösung/Ende: Die Auflösung des A. erfolgte 1989/90; soweit noch Bedarf an den vom A. erbrachten Leistungen bestand, wurden dessen Aufgaben vom Ministerium der Finanzen und Preise im Kabinett de Maizière wahrgenommen.

Führungspersonal des A. (im Mai 1989) – Leiter, im Range eines Ministers: Walter Halbritter (SED); • Staatssekretär: Manfred Domagk (SED)
Amtsleiter / Minister: Rudolf Lorenz (1958–1965); Walter Halbritter (Minister von 1965–1989)
Archive: Archivbestände des A. befinden sich heute in der Verwaltung des Bundesarchivs, Abt. V, in Potsdam.

Amt für Rechtsschutz des Vermögens der DDR

Das A. war eine dem →Ministerrat unmittelbar unterstellte →›Haushaltsorganisation‹ mit Sitz in Berlin/DDR, welches auf der Grundlage eines vom MR am 31.10.1974 beschlossenen Statutes arbeitete.

Führungspersonal des A. (im Mai 1989) – Leiter: Stephan Supranowitz (SED); • Stellvertreter: Hans Geschwandtner, Günter Teupel (beide SED)

Amt für Standardisierung (AfS)

→ Amt für Standardisierung, Meßwesen und Warenprüfung

Amt für Standardisierung, Meßwesen und Warenprüfung (ASMW), 1973–1990

Regierungsbehörde für Standardisierung und Meßwesen sowie für Qualitätssicherung und -kontrolle in allen Bereichen der Volkswirtschaft

Geschichte und Organisation: Das A. entstand erst spät aus der Zusammenlegung verschiedener Vorläufer-Institutionen. Ein schon 1946 geschaffenes ›Staatliches Warenprüfungsamt Thüringen‹ wurde aufgrund einer Verordnung über das Material- und Warenprüfungswesen vom 16.2.1950 zum ›Deutschen Amt für Material- und Warenprüfung‹ erweitert. Dieses konnte sich damals noch nicht in allen Zuständigkeitsbereichen auf schon bestehende Prüfinstitutionen stützen: So mußte z. B. für Holz- und Kulturwaren das Material- und Warenprüfungswesen völlig neu aufgebaut werden. Im September 1957 verfügte es jedoch über 57 Prüfdienststellen mit rund 1200 Mitarbeitern; es wurde zudem durch mehrere tausend ehrenamtliche Gutachter unterstützt.
1964 wurde das ›Deutsche Amt für Material- und Warenprüfung‹ mit dem seit 1961 bestehenden ›Deutschen Amt für Meßwesen‹ zum ›Deutschen Amt für Meßwesen und Warenprüfung‹ (DAMW) zusammengeschlossen. Durch Vereinigung dieser Behörde mit dem 1954 gegründeten ›Amt für Standardisierung‹ (AfS) entstand 1973 schließlich das A; es hatte seinen Sitz in Berlin/DDR und war als Organ des →Ministerrats verantwort-

lich für die einheitliche Leitung und Planung von Standardisierung und Qualitätssicherung. Bis zur Ausgliederung des →›Amts für industrielle Formgestaltung‹ gehörte zum A. auch ein schon seit 1963 bestehendes ›Zentralinstitut für Gestaltung‹, das für den gesamten Bereich von Gestaltung in der DDR als staatliches Leitorgan fungierte.

Funktionen und Wirkungen: Das A. war in Abstimmung mit dem →Ministerium für Wissenschaft und Technik und anderen Industrieministerien verantwortlich für die Durchsetzung der Standardisierungspolitik. Damit sollte es unter den Bedingungen des raschen wissenschaftlich-technischen Fortschritts eine Steigerung der volkswirtschaftlichen Effektivität erreichen, auf diesem Wege selbst zur schnelleren Ausbreitung des technischen Fortschritts beitragen und zugleich die technischen und wirtschaftlichen Auswirkungen von Standardisierung überprüfen. Das A. bewahrte die höchsten staatlichen Etalons (Normale) und war verantwortlich für den Zeitdienst (Zeitzeichen) der DDR; zudem arbeitete es in der Ständigen Kommission für Standardisierung des RGW mit.
Ein neues, vom MR am 1.12.1983 beschlossenes Statut übertrug dem A. umfassendere Kompetenzen zur Qualitätsentwicklung und -sicherung: »In den kommenden Jahren muß ›Qualitätsarbeit aus der DDR‹ zu einem weltweit anerkannten Markenzeichen unserer Leistungsfähigkeit werden«, betonte E. Honecker 1981 auf dem X. Parteitag der →SED. Zu diesem Zeitpunkt, so wiesen Untersuchungen der →Hochschule für Ökonomie ›Bruno Leuschner‹ nach, lagen die meisten Gebrauchswerteigenschaften von neuen Erzeugnissen, wie sie in den →›Pflichtenheften‹ der →›Kombinate‹ formuliert waren, unter dem jeweils vergleichbaren internationalen Niveau.
Da Maßnahmen zur Qualitätssicherung immer größere Bedeutung erhielten, befaßte sich das A. auch mit der Ausarbeitung und Propagierung von Methoden der »fehlerfreien Arbeit«; in diesem Zusammenhang erteilte es die i. d. R. für ein Jahr geltenden staatlichen Gütezeichen für Waren. Die mit dem höchsten Gütezeichen »Q« bedachten und gekennzeichneten Erzeugnisse mußten hinsichtlich der Gebrauchseigenschaften, der Gestaltung sowie unter Berücksichtigung der Gestehungskosten weltmarktfähig sein – was alles sich offensichtlich nur deklarieren ließ, wenn häufiger beide Augen zugedrückt wurden. Wenn in der diesbezüglichen Verordnung festgeschrieben war, die so markierten Produkte sollten »Spitzenerzeugnisse auf dem Weltmarkt darstellen«, so war bei Anwendung dieser Vorschrift in vielen Fällen der Wunsch Vater des Gedankens. Ein ›Gütezeichen 1‹ sollte ursprünglich Erzeugnissen verliehen werden,

die »in ihren Gebrauchseigenschaften und ihrer ästhetischen Wirkung anderen auf dem Weltmarkt angebotenen Erzeugnissen gleichwertig« waren. Daß in den 80er Jahren speziell bei technischen Konsumgütern die Mehrzahl der Erzeugnisse dieses Gütezeichen trug, erwies sich im konkreten Vergleich als stark übertrieben oder gar als völlig absurd. Das A. vergab schließlich noch ein ›Attestierungszeichen‹, das anstelle des bis Anfang der 70er Jahre vergebenen ›Gütezeichens 2‹ Waren kennzeichnete, die den Rechtsvorschriften und technischen Normen entsprachen.

Auflösung/Ende: Da diese Behörde, wie alle Regierungsdienstellen, zum 3.10.1990 ihre Tätigkeit einstellen mußte, hatte man Vorsorge getroffen, um für einen großen Teil der Mitarbeiter des vormaligen A. durch eine Zusammenarbeit mit dem ›Technischen Überwachungsverein Rheinland‹ Arbeitsplätze zu sichern. Zwischen dem Geschäftsführer des größten bundesdeutschen TÜV, Albert Kuhlmann, und dem ASMW-Präsidenten Volkhard Loeßner wurde am 19.9.1990 ein Kooperationsvertrag abgeschlossen und zugleich die Gründung einer ›TÜV Ostdeutschland Holding GmbH – Mitglied der TÜV Rheinland-Gruppe‹ bekanntgegeben. Außerdem wurden Mitarbeiter des A. von der ›Physikalisch-Technischen Bundesanstalt‹ in Braunschweig und dem ›Deutschen Institut für Normung‹ (DIN) übernommen.

Führungspersonal des A. (im Mai 1989) – Präsident, im Range eines Staatssekretärs: Helmut Lilie (SED); • 1. Stellvertreter des Präsidenten: Hans-Joachim Zipfel (SED)

Präsidenten: Max Rüffle (1950–1959); Helmut Lilie (DAMW: 1961–1965): Heinz Fritzsche (DAMW: 1965–1967); Otto Lindenhayn (DAMW: 1967–1972); Rolf Görbing (AfS: 1965–1972); Helmut Lilie (DAMW/ASMW: 1972–1989); Volkhard Loeßner (1990)

Archive: Archivbestände des A. befinden sich heute in der Verwaltung des Bundesarchivs, Abt. V, in Potsdam.

Amt für Technische Überwachung

→ Staatliches Amt für Technische Überwachung

Amt für Wasserwirtschaft, 1952–1971

Das 1952 gegründete A. war eine dem → MR der DDR direkt unterstellte Einrichtung mit Sitz in Berlin/DDR. Es war für die Wasserversorgung und Wasserwirtschaft, für den Ausbau wasserwirtschaftlicher Einrichtungen, für die staatliche Gewässeraufsicht sowie für die Anleitung und Kontrolle der 7 Wasserwirtschaftsdirektionen verantwortlich. Die Direktionen verwalteten jeweils ein Wassereinzugsgebiet: Küste-Warnow-Peene; Havel; Spree-Oder-Neiße; Obere Elbe-Mulde; Saale-Weiße Elster; Werra-Gera-

Unstrut; Mittlere Elbe-Elde. Zur Sicherung der Wasserversorgung und zur Verbesserung des Hochwasserschutzes wurden in der DDR weit über 100 Talsperren, Rückhaltebecken und andere Speicheranlagen gebaut. Die Gewinnung von Trink- und Brauchwasser, die Abwasserentsorgung sowie der Gewässer- und Hochwasserschutz wurden auf Bezirksebene durch ›VEB Wasserversorgung und Abwasserbehandlung‹ (WAB) betrieben; diese waren wiederum in einer →VVB-WAB zusammengefaßt, die dem A. unterstellt war. Seit 1972 wurden die Aufgaben des Amtes durch das neu eingerichtete →Ministerium für Umweltschutz und Wasserwirtschaft wahrgenommen. Nach der Wiedereinführung föderaler Strukturen gingen die wasserrechtlichen und -wirtschaftlichen Aufgaben an die neuen Bundesländer über; die VEB-WAB wurden aufgelöst und ihre Einrichtungen in kommunale Verwaltung überführt. Die damit verbundene Umstrukturierung bedingte erhebliche Kosten und hohen Investitionsaufwand, so daß an verschiedenen Orten begonnen wurde, über eine Privatisierung wasserwirtschaftlicher Betriebe nachzudenken.

Amtsleiter: Otto Möller (1952–1955); Theodor Musterle (1955–1959); Johannes Rochlitzer (1959–1971)

Archive: Archivbestände des A. befinden sich heute in der Verwaltung des Bundesarchivs, Abt. V, in Potsdam.

Amt für Wettbewerbsschutz (1990)

Nach 1989 gegründete Regierungsbehörde

Geschichte und Organisation: Als sich immer deutlicher abzeichnete, daß es zwischen den beiden deutschen Staaten zu einer Währungs-, Wirtschafts- und Sozialunion kommen würde, erkannte man in der Modrow-Regierung die Notwendigkeit, Rahmenbedingungen und Kontrollmöglichkeiten für einen Übergang zur Marktwirtschaft zu schaffen. Dafür hatte eine aus Leitern und Mitarbeitern des ehemaligen Amtes für Preise gebildete Arbeitsgruppe schon seit Dezember 1989 vorbereitende Überlegungen angestellt, die durch Ratschläge und tatkräftige Hilfestellungen aus dem Bonner Wirtschaftsministerium, dem Bundeskartellamt und dem in Westberlin ansässigen ›Deutschen Institut für Wirtschaftsforschung‹ ergänzt und konkretisiert wurden.
Am 23.3.1990 wurde Dr. Gunter Halm vom MR der DDR mit den Vorbereitungen der Bildung des A. beauftragt. Die Regierung de Maizière faßte dann am 30.5.1990 den offiziellen Beschluß zur Einrichtung des Amtes, als dessen Sitz Berlin/DDR, Unter den Linden 44–60, bestimmt und dessen Arbeitsbeginn rückwirkend auf den 1.5.1990 festgelegt wurde. Das A. gehörte bis zum 2.10.1990 zum Geschäftsbereich des Ministers für Wirtschaft, war jedoch selbst juristische Person und

→›Haushaltsorganisation‹. Durch den Wirtschaftsminister wurden Gunter Halm als Präsident und Reinhold Wutzke als Vizepräsident berufen. Die Tätigkeit des A. endete zum 3.10.1990.

Funktionen und Wirkungen: Als das A. im April 1990 seine volle Arbeitsfähigkeit erreichte, waren schon zahlreiche Fusions- und Übernahmebestrebungen im Gange, die in dessen Zuständigkeit fielen. So beschäftigte es sich z. B. mit Plänen der ›Deutschen Lufthansa‹, sich mit der DDR-Fluggesellschaft →›Interflug‹ zu verbinden, mit dem Vorhaben der ›Allianz-Versicherung‹, ein Bündnis mit der →›Staatlichen Versicherung der DDR‹ einzugehen, mit der beabsichtigten Verbindung der →›Handelsorganisation‹ (HO) mit der ›ASCO Deutsche Kaufhaus AG‹ sowie mit Fragen des unkontrollierten Pressevertriebs im Gebiet der DDR. Eine ›Arbeitsgruppe deutsch-deutscher Wettbewerb‹, die sich am 27.3.1990 in Berlin/DDR unter dem Dach der Expertenkommission zur Vorbereitung der Währungsunion konstituiert hatte, leistete beim Umgang mit schwierigen Wettbewerbs- und Kartellproblemen Hilfestellung.

Amt für Zoll und Kontrolle des Warenverkehr (AZKW)
→ Zollverwaltung der DDR

Deutsches Amt für Maß und Gewicht, 1946–1961

Nach 1945 wurde aus überkommenen Bestandteilen der ›Physikalisch-Technischen Reichsanstalt‹ das ›Deutsche Amt für Maß und Gewicht‹ durch Wilhelm Steinhaus aufgebaut, der auch dessen erster Präsident wurde. 1961 wurde das A. in ›Deutsches Amt für Meßwesen‹ (Präsident: Josef Stanek) umbenannt; dieses wurde 1964 mit dem 1950 gegründeten ›Deutschen Amt für Material- und Warenprüfung‹ (dessen Vorläufer war das 1946 geschaffene ›Staatliche Warenprüfungsamt Thüringen‹) zum ›Deutschen Amt für Meßwesen und Warenprüfung der DDR‹ (DAMW) vereinigt (→›Amt für Standardisierung, Meßwesen und Warenprüfung‹).

Präsident: Wilhelm Steinhaus (1946–1957); Josef Stanek (1957–1961)

Seefahrtsamt der DDR, 1953–1990
Staatliche Behörde für die Wahrnehmung der Schiffahrtsaufsicht

Das am 1.10.1953 gegründete S. hatte seinen Sitz in Rostock-Warnemünde, war als →›Haushaltsorganisation‹ dem →Ministerium für Verkehrswesen unterstellt und arbeitete auf der Grundlage eines vom →Ministerrat am 8.11.1967 beschlossenen Statuts, ergänzt durch eine Anordnung des MR vom 9.5.1980. Dem Amt war die Schiffahrtsaufsicht auf den Seewasserstraßen, in den Seehäfen, den inneren Seegewässern

und Territorialgewässern der DDR übertragen. Da es zugleich als Schiffsregisterbehörde fungierte, oblag ihm auch die Überprüfung der Seeschiffe auf Einhaltung nationaler und internationaler Sicherheitsvorschriften; die Zulassung von Schiffen und Sportbooten; das Führen des Seeschiffsregisters und Ausstellen von Schiffszertifikaten.
Auch für das An- und Abmustern von Seeleuten, die Anfertigung von Seefahrtsbüchern und Besatzungslisten sowie das Führen der zentralen Seemannskartei war das S. verantwortlich, was die Kontrolle der ›Schiffsbesetzungsordnung‹ zur Gewährleistung der international vereinbarten Schiffssicherheit einschloß. Nach dieser Ordnung wurden die Mindestanforderungen hinsichtlich Anzahl und Qualifikation der für bestimmte Schiffstypen und Fahrtrouten erforderlichen Besatzungsmitglieder festgelegt. Dem Leiter des S. unterstanden die Hafenämter in Rostock, Wismar, Stralsund, Saßnitz und Wolgast sowie die Seenotrettungs- und Verkehrsleitstelle in Rostock. Für die Untersuchung von Havarien auf See und in den Seehäfen bestanden beim S. eine ›Seekammer‹ und eine ›Große Seekammer‹. Das S. war für die Wrackbeseitigung verantwortlich und leitete die Eiskommission.

Leiter: Karl-Heinz Laudahn (bis 1968); Arthur Maul (1968–1975); Gerd Haußmann (1975–1990)

Staatliches Amt für Arbeit und Löhne
→ Staatsekretariat für Arbeit und Löhne

Staatliches Amt für Atomsicherheit und Strahlenschutz (SAAS), 1973–1990
Atomsicherheits- und Strahlenschutzbehörde der DDR

Geschichte und Organisation: Die Vorgänger des S. waren das 1957 geschaffene ›Institut für Staubforschung und radioaktive Schwebstoffe‹ sowie die 1959 gegründete ›Zentrale für radioaktive Rückstände und Abfälle‹. Aus diesen Instituten ging Anfang der 60er Jahre die ›Staatliche Zentrale für Strahlenschutz der DDR‹ hervor. Diese wurde dann 1973, nachdem die DDR den Vertrag über die Nichtweiterverbreitung von Kernwaffen unterzeichnet und mit der ›Internationalen Atomenergie-Organisation‹ einen Vertrag über nukleare Sicherheitskontrollen geschlossen hatte, in das S. umgewandelt. Es war Organ des →Ministerrats und hatte seinen Sitz in Berlin/DDR.

Funktionen und Wirkungen: Mit der Schaffung des S. wurde der Verbesserung der Reaktorsicherheit und des Strahlenschutzes große Aufmerksamkeit gewidmet, ohne jedoch westliche Standards erreichen zu können. Das S. war verantwortlich für den nuklearen Umweltschutz sowie für die

Kontrolle und Überwachung von Kernmaterial und dessen Verwendung. Die Beseitigung des Atommülls bereitete innerhalb der DDR weniger Probleme, da alles verbrauchte Brennmaterial in die UdSSR zurücktransportiert wurde.

Führungspersonal des S. (im Mai 1989) – Präsident, im Range eines Staatssekretärs: Georg Sitzlack (SED); • Vizepräsidenten: Volkhard Lößner, Helmut Rabold, Walter Rönsch (alle SED)

Präsident, im Range eines Staatssekretärs: Georg Sitzlack (1973–1990)

Archive: Archivbestände des S. befinden sich heute in der Verwaltung des Bundesarchivs, Abt. V, in Potsdam.

Staatliches Amt für Berufsbildung

→ Staatssekretariat für Berufsbildung

Staatliches Amt für Technische Überwachung der DDR, 1977–1990

Zentrale Behörde zur Sicherung des Arbeits- und Havarieschutzes

Das S. war eine dem → Ministerrat unmittelbar unterstellte → ›Haushaltsorganisation‹ mit Sitz in Berlin/DDR; es arbeitete auf der Grundlage eines am 23.12.1976 vom MR beschlossenen und zum 1.1.1977 in Kraft gesetzten Statuts.

In der Nachfolge der staatlichen ›Zentralinspektion der Technischen Überwachung der DDR‹ übernahm es in diesem Jahr die Sicherheitsprüfung und Überwachung technischer Geräte und Anlagen und die vorbeugende Sicherstellung des Arbeits- und Havarieschutzes. Zu seinen Aufgaben gehörte nicht nur die Aufsicht über den Betrieb überwachungspflichtiger Anlagen (z. B. Treibstofflager, Dampfkessel und Druckgefäße, Zentrifugen, Hebezeuge, Elektroanlagen), sondern auch die Zulassungsprüfung von importierter Technik sowie die Zulassungserteilung für Betriebe zur Herstellung, Aufstellung und Reparatur solcher Anlagen.

Dem S. stand ein zentrales Meß- und Prüflabor zur Verfügung; es begutachtete auch die Verwendung von Werkstoffen, prüfte Arbeitsverfahren und erteilte Industriebetrieben die Genehmigung zur Serienproduktion.

Das Amt war in mehrere wissenschaftlich-technische Abteilungen gegliedert und leitete Kontrollorgane mit territorialer Zuständigkeit. Seine Mitarbeiter waren mit besonderen Befugnissen ausgestattet und konnten staatlichen Leitern in sicherheitsrelevanten Belangen Auflagen erteilen. Das galt insbesondere für die Fälle, in denen die periodische Kontrolle überwachungspflichtiger Anlagen und die Prüfungen des Bedienungspersonals den → ›Kombinaten‹ zur teilweisen Eigenüberwachung übertragen wurden.

Führungspersonal des S. (im Mai 1989) – Leiter: Karl-Heinz Kuntsche (SED); • Stellvertreter: Helmut Geißler, Eckhard Klingeberg (beide SED)
Leiter: Heinz Fritzsche (1970–1976 Dir. der Zentralinspektion, 1977–1981 Leiter des S.); Karl-Heinz Kuntsche (1981–1990)
Archive: Archivbestände des A. befinden sich heute in der Verwaltung des Bundesarchivs, Abt. V, in Potsdam.

Anstalt zur Wahrung der Aufführungsrechte (AWA), 1951–1990
Staatliche Einrichtung zum Schutz des Urheberrechts auf dem Gebiet der Musik

Die A. entstand durch Verordnung des →›Ministerrats der DDR‹ vom 5.4.1951 als für das Gebiet der DDR zuständige Nachfolgeinstitution der bis dahin gesamtdeutsch tätigen GEMA. Als staatliche Einrichtung hatte sie laut Verordnung über die Wahrung der Aufführungs- und Vervielfältigungsrechte vom 17.3.1955 die Rechte von Komponisten, Textdichtern und Musikverlegern aus der DDR wahrzunehmen, und zwar – mit Ausnahme von musikalischen Bühnenwerken – für sämtliche Aufführungen ihrer Werke in der DDR und im Ausland. Die A. unterhielt Bezirksdirektionen, denen jede Aufführung eines musikalischen Werkes zu melden war; entsprechend waren dann Vergütungen nach staatlich genehmigten Tarifen zu zahlen, die an die Urheber übermittelt wurden. Mit »Großverbrauchern« wie z. B. der →FDJ, dem →FDGB oder der →›Nationalen Front‹ hatte die A. Verträge abgeschlossen, in denen die Abgeltung der Gebühren für organisationsbezogene Aufführungen von Musikwerken pauschal geregelt war.
Die A. war Mitglied der europäischen Urheberschutzeinrichtung ›Cisac‹ (Conféderation internationale des sociétés des auteurs et compositeurs) und vertrat in ihr die Belange der DDR. Sie war durch Gegenseitigkeitsverträge mit einer Vielzahl ähnlicher Einrichtungen in anderen Ländern verbunden und nahm auch die einschlägigen Rechte ausländischer Urheber wahr, deren Werke in der DDR aufgeführt wurden. 1990, mit dem Beitritt der ehemaligen DDR zur Bundesrepublik Deutschland, traten in den 5 neuen Bundesländern das Urheberrechtsgesetz und das Urheberrechtswahrnehmungsgesetz der BRD sowie die für das Verwaltungsgebiet Bundesrepublik geltende Tarifstruktur der GEMA in Geltung. Kurz zuvor hatten die Vorstände von AWA und GEMA in einem gemeinsamen Schreiben an die Klientel der A. mitgeteilt, daß die A. mit dem 3.10.1990 ihre Tätigkeit als Inkassogesellschaft beenden, jedoch als Abwicklungsgesellschaft noch mit der Verteilung der bis zu diesem Termin eingenommenen Beträge betraut sein werde. Zugleich wurde allen

bislang AWA-Berechtigten angeboten, künftig ihre Rechte durch die GEMA wahrnehmen zu lassen.

Direktoren/Generaldirektoren: Josef Morche (1954–1972); Klaus Eisenbarth (1978–1986); Willi Lange (1986–1990); Renate Schreyer (1990 amt.)

Arbeiterfestspiele (AF), 1959–1988

Regelmäßig in einem anderen Bezirk der DDR stattfindende Kulturfestspiele

Geschichte und Organisation: Am 24.7.1958 beschloß der Bundesvorstand des →FDGB die regelmäßige Durchführung von A., um »die Beziehungen der Arbeiterklasse zur Kunst zu festigen«. Darüber hinaus begründete H. Warnke den Beschluß auch mit der Absicht, den ›Ruhrfestspielen‹, die die westdeutsche Arbeiterklasse mit »dekadenter bürgerlicher Kunst« infiltrierten, etwas entgegenzusetzen. Nachdem kurz zuvor der V. Parteitag der SED beschlossen hatte, daß die »Arbeiterklasse die Höhen der Kultur erstürmen und von ihnen Besitz ergreifen« sollte (W. Ulbricht), wurde den geplanten A. die Aufgabe zugedacht, im Bereich der Kultur den »bürgerlichen Einfluß« zurückzudrängen.
Die organisatorische Vorbereitung der A. lag in den Händen des Bundesvorstandes des FDGB. Dieser ließ 1958/59 in Betrieben des Bezirkes Halle 1,2 Mio. Traktate verteilen, um die Werktätigen propagandistisch auf das Vorhaben einzustimmen. Die ersten A. fanden dann vom 13. bis 21.6.1959 in diesem Bezirk statt. Seitdem wurden sie offiziell als »Höhepunkt des sozialistischen Kulturlebens« gefeiert. Träger und Organisator der A. war weiterhin der FDGB gemeinsam mit den örtlichen Staatsorganen, den Leitungen der →FDJ, den Künstlerverbänden, dem →DTSB und der →›Nationalen Front‹. Von 1959 bis 1972 wurden die A. jährlich, dann nur noch alle zwei Jahre in wechselnden Bezirken veranstaltet. Die letzten fanden 1988 im Bezirk Frankfurt (Oder) statt.

Funktionen und Wirkungen: Bis Ende der 60er Jahre bestanden die kulturpolischen Intentionen vor allem darin, mit den A. ein gegenseitiges Durchdringen von Berufs- und Laienkunst zu fördern und die besten Laienkünstler an das Niveau der Berufskunst heranzuführen. In den 70er Jahren wurde dieser Kurs korrigiert. Die Festspiele wurden nun zu »Leistungsschauen der kulturschöpferischen Kräfte der Arbeiterklasse« und nahmen zunehmend Volksfestcharakter an. Bei den A. gab es jedoch immer wieder auch künstlerische Ereignisse von hohem Rang, und zahlreiche in der DDR populär gewordene Veranstaltungs- und Ausstellungsreihen fanden erstmals während der A. statt.

Die seit 1970 alljährlich stattfindenden ›Betriebsfestspiele‹ bzw. ›Dorffestspiele‹ erweiterten die Grundlage der A. beträchtlich und übertrugen deren Funktion auf die betriebliche Ebene. Zahlenangaben des FDGB zufolge beteiligten sich an diesen Festspielen in den 80er Jahren regelmäßig mehr als 8000 Betriebe; bereits 1977 wurde eine (wohl übertriebene) Teilnehmerzahl von 8,9 Mio. Besuchern angegeben. ›Betriebsfestspiele‹ fanden in ›Kombinaten‹ und Großbetrieben statt; im jeweiligen Einzugsbereich liegende Mittel- und Kleinbetriebe sowie kulturelle Einrichtungen wurden einbezogen. Auf dem Lande veranstalteten landwirtschaftliche Einrichtungen entsprechende ›Dorffestspiele‹. Für beider Organisation war die jeweilige → BGL verantwortlich, die auf diese Weise dazu beitragen sollte, daß in den Betrieben und Territorien die vermeintliche ideologische Qualität und Stabilität des kulturellen Geschehens gefördert sowie der Entfaltung volkskünstlerischer Talente Raum verschafft würden.
SED- und FDGB-Leitungen achteten besonders auf den »ideologischen Gehalt« der Veranstaltungen, der sich z. B. in regelmäßig stattfindenden Ausstellungen ›Freizeit, Kunst und Lebensfreude‹, in Treffen mit »hervorragenden Persönlichkeiten« des gesellschaftlichen Lebens oder in Wettbewerben um das beste → Brigadetagebuch oder um die beste Wandzeitung manifestierte. Die große Mehrheit der Festspielteilnehmer vergnügte sich hingegen an Hobbyausstellungen, Disco-Veranstaltungen, Betriebs-, Sport- und Kinderfesten.

Einzelne Arbeiterfestspiele und ihre Schwerpunkte:
1. A. vom 12.–21.6.1959 im Bezirk Halle:
6400 Laien- und 4900 Berufskünstler nahmen teil, darunter Künstler aus der UdSSR, Rumänien, Ungarn und Italien. Es fand neben den Musik- und Theaterveranstaltungen ein gemeinsames Forum von Schriftstellern und Brigadetagebuchführern statt.
2. A. vom 4.–12.6.1960 im Bezirk Karl-Marx-Stadt:
1200 Veranstaltungen mit 25 000 Laien- und 5000 Berufskünstlern; es fand die erste ›Konferenz schreibender Arbeiter‹ mit 300 Teilnehmern statt.
3. A. vom 10.–18.6.1961 im Bezirk Magdeburg:
20 000 Laien- und 5000 Berufskünstler nahmen teil, darunter das Gewandhausorchester Leipzig und die Staatsoper Dresden. Neben dem ›1. Festival des Amateurfilms‹ fand auch ein Erfahrungsaustausch von → Arbeitertheatern statt.
7. A. vom 18.–20.6.1965 im Bezirk Frankfurt (Oder):
5100 Laien- und 900 Berufskünstler nahmen teil. Neben der Leipziger ›Pfeffermühle‹ traten – zum Teil in Bezirksprogrammen – 16 Amateurkabaretts auf. An einem Leistungsvergleich der Blasorchester nahmen zehn Orchester teil.
8. A. vom 17.–19.6.1966 im Bezirk Potsdam:
4900 Laien- und 1100 Berufskünstler wirkten mit; der propagandistische Mittel-

punkt dieser A. war die Ausstellung: ›Aufbruch und Sieg. Die deutsche Arbeiterklasse in der Darstellung der bildenden Kunst 1890–1965‹.
9. A. vom 16.–18.6.1967 im Bezirk Dresden:
An diesen A. beteiligte sich die →NVA zum ersten Mal mit der ›Parade des Soldatenliedes‹ und den ›Musikparaden‹ der NVA-Blasorchester.
12. A. vom 12.–14.6.1970 im Bezirk Rostock:
Im Rahmen dieser A. wurden erstmals ›Kulturfestivals der sozialistischen Landwirtschaft‹ sowie Erfahrungsaustausche zum geistig-kulturellen Leben in den →VEG, →LPG und Gemeinden durchgeführt.
15. A. vom 21.–25.6.1974 im Bezirk Erfurt:
Seit diesen A. wurden regelmäßig ›Solidaritätszentren‹ sowie ›Konsultationszentren‹ zu Erfahrungen der gewerkschaftlichen Kulturarbeit in der UdSSR und den anderen sozialistischen Ländern eingerichtet.
22. und letzte A. 1988 im Bezirk Frankfurt (Oder):
702 Veranstaltungen, die von 20000 Berufs- und Laienkünstlern gestaltet wurden und 1,2 Mio. Besucher hatten.
Auszeichnungen: ›Goldmedaille der Arbeiterfestspiele‹, wurde ab 1964 während der A. verliehen.

Arbeitertheater, 1958–1989

Amateurtheater in Betrieben und staatlichen Einrichtungen

Geschichte und Organisation: Die Theatergruppe der ›Warnow-Werft‹ in Warnemünde war das erste A. der DDR. Sie bildete sich im April 1958 auf Beschluß der SED-Parteileitung der Werft, nachdem Hans-Anselm Perten, Generalintendant des ›Volkstheaters Rostock‹, in seiner Inszenierung von Friedrich Wolfs Drama ›Die Matrosen von Cattaro‹ die Rollen zum größten Teil mit Werftarbeitern besetzt hatte. Den Titel »A.« verlieh der Bezirksvorstand des →FDGB in Übereinstimmung mit dem →Rat des Bezirkes. Der ehrenamtliche oder nebenberufliche Leiter eines A. war meistens ein professioneller Regisseur oder Schauspieler. Zwischen 1959 und 1963 entstanden 135 Arbeitertheater, davon bestanden 1976 noch etwa 80. Anleitung und Beratung erhielten die A. durch eine zentrale Arbeitsgemeinschaft beim →›Zentralhaus für Kulturarbeit‹.
Aus einer →›Brigade der sozialistischen Arbeit‹ entwickelte sich das A. der →IG Wismut in Aue. Die Mitglieder der Brigade wollten ihren Frauen, die nicht viel von der Arbeit unter Tage wußten, ihre Arbeitsprobleme verständlich machen und kamen auf die Idee, diese auf der Bühne darzustellen. Der Schriftsteller Martin Viertel verarbeitete die Diskussionen und Aufzeichnungen der Brigademitglieder zu dem Stück ›Der Weg zum Wir‹, das 1959 anläßlich einer Feier zum 10. Jahrestag der Gründung der DDR im betrieblichen Kulturhaus aufgeführt wurde. Im A. des →›Kabelwerkes Oberspree‹ in Berlin/DDR wurde 1959 nach →Brigade-

tagebuch-Aufzeichnungen das Stück ›Bewährungsfrist‹ geschrieben. Ein Arbeiter, der wegen Krankenscheinfälschung bestraft worden war, spielte sich selbst.

Funktionen und Wirkungen: Die A. waren ein Produkt des → ›Bitterfelder Weges‹ und dienten als kulturpolitisches Instrument der Gewerkschaften dazu, die künstlerischen Interessen der Werktätigen zu entwickeln und zu lenken. Sie sollten unmittelbar auf Alltagsprobleme in Betrieben und Wohngebieten eingehen und gleichzeitig die »Gemeinschaftsarbeit« von Arbeitern und Künstlern fördern. Das Repertoire umfaßte vor allem Gegenwartsdramatik aus der DDR und der Sowjetunion. Die A. hatten, indem sie direkt an die Traditionen der KPD-Agitpropgruppen anknüpften, als »Waffe im Klassenkampf« vor allem ideologische Funktionen zu erfüllen. Dieses Konzept erwies sich jedoch in den 70er Jahren als nicht mehr tragfähig, weil das Publikum ausblieb.
Die Entwicklung der A. drohte sich zu verselbständigen: Die Inszenierungen wurden immer aufwendiger, die Ensembles immer größer und die Resonanz immer geringer. Deshalb wurde die Propagierung und vorrangige Förderung der A. aufgegeben. Daraufhin setzte bei vielen A. eine differenziertere Entwicklung ein. Einige von ihnen erreichten ein bemerkenswertes künstlerisches Niveau und wurden weithin bekannt (z. B. die A. des Grafischen Großbetriebes ›Völkerfreundschaft‹ in Dresden, des ›Karl-Marx-Werkes‹ in Magdeburg, des ›Kabelwerkes Oberspree‹ in Berlin/DDR sowie die Dorftheater Ebersbach, Seelow und Wartenberg). Andere entwickelten sich zu Laientheatern, die örtlich ihr Publikum fanden. Anfang der 80er Jahre bestanden in der DDR insgesamt rund 200 Amateurtheater, 3 Amateurmusiktheater, 12 Pantomimentheater und etwa 700 Amateurkabaretts.

Auflösung/Ende: Nach der »gesellschaftlichen Wende« in der DDR, dem Ausbleiben finanzieller Mittel und dem Zerbrechen der überkommenen Industriestruktur stellten die meisten A. ihre Arbeit 1989/90 ein.

Arbeiter-und-Bauern-Fakultät (ABF), 1949–1989

Studieneinrichtung zur Erlangung der Hochschulreife an den Universitäten der DDR

Die an den → Universitäten in Berlin/DDR, Leipzig, Halle, Jena, Rostock und Greifswald sowie an den → Technischen Hochschulen in Dresden, Freiberg und Zwickau sowie in Cottbus und Schwerin bestehenden ›Vorstudienanstalten‹ wurden am 1. 10. 1949 in A. umgewandelt und mit dem Status eigenständiger Fakultäten versehen. Diese waren in gesellschaftswissenschaftliche, mathematisch-naturwissenschaftliche und medizinisch-landwirtschaftliche Fachrichtungen gegliedert. Vor allem Kinder von Arbeitern und Bauern wurden durch Auswahlkommissionen, die unter Leitung des →FDGB in allen Kreisen der DDR bestanden, an die A. delegiert. Hier absolvierten sie in der Regel ein dreijähriges Studium, das mit dem Abitur abschloß; darauf folgte dann ein Fachstudium an einer Universität oder Hochschule.

Die systematische Förderung von Arbeiter- und Bauernkindern führte dazu, daß deren Anteil unter den Studierenden Ende der 50er Jahre annähernd der sozialen Zusammensetzung der Bevölkerung entsprach. Bis zur Schließung der A. im Jahre 1963 wurden auf diesem Weg 33729 Personen zum Hochschulstudium geführt. An der ›Martin-Luther-Universität‹ in Halle und an der ›Bergakademie Freiberg‹ blieben die A. jedoch bis zur politischen »Wende« 1989 bestehen. Freiberg nahm weiterhin Bewerber für Bergbau, Hüttenwesen und Naturwissenschaften auf. Die A. in Halle bildete weiterhin Bewerber für Naturwissenschaften, Maschinenwesen, Elektrotechnik, Land- und Forstwissenschaften, Medizin sowie Lehramtskandidaten für den polytechnischen Unterricht aus; dabei diente sie u. a. dem Zweck, die Absolventen auf ein zumeist in der Sowjetunion stattfindendes Auslandsstudium vorzubereiten. Erst im November 1989 legte die A. in Halle diese Bezeichnung ab und nannte sich seitdem ›Institut zur Vorbereitung auf das Auslandsstudium‹. Das einstige Delegierungsverfahren wurde zugunsten einer freien Bewerbung aufgehoben. Zu diesem Zeitpunkt studierten dort noch rd. 750 Studenten, die von rd. 100 Lehrkräften betreut wurden.

Arbeiter-und-Bauern-Inspektion (ABI), 1963–1990

Staatliche und gesellschaftliche Kontrollbehörde
zur Überwachung der Einhaltung von Gesetzen, Beschlüssen
und volkswirtschaftlichen Planvorgaben

Geschichte und Organisation: Vorläufer der A. waren die am 15.6.1948 eingerichtete ›Zentrale Kontrollkommission‹ der →DWK und die 1952 gebildete ›Zentrale Kommission für Staatliche Kontrolle‹ beim →Ministerrat. Die A. wurde am 13.5.1963 eingesetzt. Sie war gleichzeitig dem MR und dem →ZK der SED rechenschaftspflichtig und sollte als »wirksames Instrument« der →SED zunächst vor allem die Realisierung der volkswirtschaftlichen Planaufgaben überwachen. Mit dem gemeinsam vom ZK der SED und dem Ministerrat gefaßten »ABI-Beschluß« vom 6.8.1974 wurden Funktion und Aufgaben der A. wesentlich erweitert und diese mit weitgehenden Vollmachten ausgestattet.

Als zentrale Leitung der A. fungierte in Berlin/DDR ein Komitee, das zugleich Organ des ZK und des Ministerrats war; dessen Vorsitzender wurde auf Vorschlag des ZK vom MR ernannt; er erhielt Ministerrang und war Mitglied des MR. Nachgeordnete Organe waren hauptamtlich besetzte Bezirks-, Kreis-, Stadt- und Stadtbezirkskomitees der A. sowie gewählte Zweig- und Kombinatsinspektionen. In den Betrieben der Industrie, des öffentlichen Verkehrs, des Bauwesens, des Binnen- wie Außenhandels, in → VEG und → LPG sowie in größeren staatlichen Einrichtungen bestanden gewählte, ehrenamtlich tätige Kommissionen und Gruppen der A. In den Städten, Wohnbezirken und Gemeinden arbeiteten ›Volkskontrollausschüsse‹ (VKA) und Gruppen der ›Volkskontrolle‹. Die Mitglieder der A., die sich in den Kommissionen und Gruppen engagierten, wurden jeweils für die Dauer von 2 Jahren in Betriebs- bzw. Einwohnerversammlungen gewählt.

Funktionen und Wirkungen: Die A. hatte nach dem o. a. Beschluß vom 6.8.1974 die Aufgabe, »systematisch die tatsächliche Durchführung der Beschlüsse und Direktiven der Partei der Arbeiterklasse, der Gesetze und Beschlüsse der Volkskammer der DDR, der Beschlüsse des Staatsrates der DDR sowie der Verordnungen und Beschlüsse des Ministerrates der DDR zu kontrollieren, zur Vervollkommnung der Leitung und Planung beizutragen und die Staatsdisziplin sowie die sozialistische Gesetzlichkeit zu festigen«. Um dies leisten zu können, wurde den Komitees der A. das Recht eingeräumt, den Leitern von Staatsorganen und Wirtschaftseinrichtungen Weisungen zu erteilen und über deren Ausführung Rechenschaft zu verlangen. Wie das Zentrale Komitee waren auch die Kommissionen und Gruppen der A., die VKA und die Gruppen der ›Volkskontrolle‹ sowohl Organe der ABI wie auch der Leitungen von → Grundorganisationen der SED. Diese Doppelunterstellung führte zu der schlauen Konsequenz, daß die Gliederungen der SED von den ABI-Kontrollen de facto ausgenommen waren.
Die A. stützte sich auf eine umfassende ehrenamtliche Mitarbeit. Die von ihr durchzuführenden Kontrollen koordinierte sie mit den Einsätzen der ›Arbeiterkontrolleure‹ des → FDGB, mit den → ›Kontrollposten der → FDJ‹, mit den regionalen Ausschüssen der → ›Nationalen Front‹ sowie mit allen anderen gesellschaftlichen und staatlichen Organen, die Kontrollfunktionen ausübten. Bei zentral eingeleiteten, gezielt vorzunehmenden Sachkontrollen wurden auch die Medien zur Berichterstattung herangezogen, von denen dann Informationen, Kritiken und »positive Beispiele« veröffentlicht wurden. Obwohl durch solche Kontrollen des öfteren Mißstände aufgedeckt wurden, so blieben sie doch weitgehend »zahnlos« und dementsprechend ohne Folgen. Als »Volkskontrolle« ge-

dacht und so auch theoretisch begründet, sollte bei der Kontrolltätigkeit ausdrücklich die »Anwendung der erzieherischen Funktion« im Vordergrund stehen. In der Praxis erwies sich die A. jedoch meist als ein bürokratisches Instrument der SED.

Auflösung/Ende: Am 4.1.1990 beschloß das Präsidium der→›Volkskammer der DDR‹, das Zentrale Komitee der A. als ›Komitee für Volkskontrolle der DDR‹ mit sofortiger Wirkung der Volkskammer zu unterstellen; danach waren auch in den Bezirken, Kreisen, Städten und Stadtbezirken die bisherigen ABI-Inspektionen und -Kommissionen in ›Komitees für Volkskontrolle‹ umzubilden. Als diese Entscheidung fiel, ging man noch davon aus, »daß die DDR künftig eine auf breiter demokratischer Grundlage organisierte Volkskontrolle braucht«; mit dem Ende der 9. Legislaturperiode im März 1990 endete dann jedoch auch die Tätigkeit dieser Komitees.

Vorsitzende des Zentralen Komitees: Fritz Lange (1948–1958); Ernst Wabra (1958–1961); Hans Jendretzky (1961–1963); Heinz Matthes (1963–1977); Albert Stief (1977–1989)

Archive: Archivbestände der A. befinden sich heute in der Verwaltung des Bundesarchivs, Abt. V, in Potsdam.

Arbeiterwohnungsbaugenossenschaften (AWG), 1954–1990

Freiwilliger Zusammenschluß von Wohnungsinteressenten mit dem Ziel des genossenschaftlichen Wohnungsbaus, der Verteilung, Werterhaltung und Verwaltung der gebauten Wohnungen

Geschichte und Organisation: 1954 begannen sich Arbeiter, Angestellte und Angehörige der Intelligenz mit Unterstützung der Gewerkschaften, der Betriebe und staatlicher Einrichtungen zu A. zusammenzuschließen. 1954 wurde als »Jahr der großen Initiative« proklamiert. Der IV. SED-Parteitag hatte erhebliche Produktionssteigerungen gefordert. Gleichzeitig sollten die Produktionsmöglichkeiten des Handwerks voll ausgenutzt werden. Damit verband sich auch die Absicht, die Lebenslage der Bevölkerung, vor allem die Wohnverhältnisse, spürbar zu verbessern. Zunächst wurden die A. im Rahmen der staatlichen Perspektivplanung des Wohnungsbaus an volkswirtschaftlichen Schwerpunkten von Industrie und staatlichen Einrichtungen gebildet. Später entstanden A. in allen gesellschaftlichen Bereichen und Territorien der DDR.
Zur größten A. entwickelte sich die ›AWG Aufbau Dresden‹, zu der sich berufstätige Dresdener aus Betrieben, Einrichtungen und den Verwaltungen gesellschaftlicher Organisationen zusammengeschlossen hatten. Bis 1976 erbaute sie 10000 Wohnungen, hatte 11000 Mitglieder, und das ge-

nossenschaftliche Vermögen betrug 240 Mio. Mark. Da die Träger dieser Genossenschaften auch in der DDR zugleich deren Nutznießer waren, war die A. von der Funktion her eine »Hilfsgenossenschaft« und darin den alten gemeinnützigen Wohnungsbaugenossenschaften durchaus noch verwandt. Sie arbeitete auf der Grundlage eines Statuts, das die innergenossenschaftliche Demokratie regelte. Höchstes Organ war die Mitgliederversammlung, die den Vorstand wählte. Die Wohnungen wurden nach den Grundsätzen des Leistungsprinzips, nach Dringlichkeit, nach der Dauer der Mitgliedschaft und nach Erfüllung der Verpflichtungen des Mitgliedes gegenüber der A. verteilt. Gesetzliche Grundlage waren eine Verordnung über die AWG vom 21.11.1963 sowie deren Neufassung von 1973 und ein im selben Jahr vom → Ministerrat als Rechtsvorschrift erlassenes AWG-Musterstatut.

Funktionen und Wirkungen: Jeder Werktätige eines Betriebes, dem eine A. angeschlossen war, konnte dort Mitglied werden. Er benötigte dazu eine Befürwortung von der Betriebs- wie der → Betriebsgewerkschaftsleitung. In der Regel war jedoch allenfalls eine Aufnahme in Wartelisten möglich, was langjährige Anwartschaften auf die reguläre Aufnahme in die Genossenschaft zur Folge hatte. Von den Genossenschaftlern war durch Geldleistungen (Genossenschaftsanteile) und durch Arbeitsleistungen ein Teil der Baukosten (gemeinsam mit den Zuwendungen der Betriebe mindestens 15 Prozent) selbst zu tragen. Die Anzahl der von den Mitgliedern zu übernehmenden Genossenschaftsanteile (im Wert von je 300 Mark) war abhängig von der gewünschten Wohnungsgröße; für eine Drei-Raum-Wohnung waren Anteile im Wert von 2100 Mark zu erwerben.

1962 wurden 63 Prozent der Wohnungsneubauten durch den genossenschaftlichen Wohnungsbau erstellt; bis 1971 schrumpfte dieser Anteil auf 17 Prozent. In den 60er Jahren wurde der Wohnungsneubau in der DDR extrem vernachlässigt (46 Wohnungen je 10000 Einwohner wurden 1960, nur mehr 44 im Jahr 1970 gebaut). Damit stand die DDR im Vergleich zu den osteuropäischen RGW-Staaten abgeschlagen an letzter Stelle. 1971 beschloß der VIII. SED-Parteitag, den Wohnungsneubau drastisch auszuweiten. Die Bautätigkeit der A. wurde mit der Verordnung vom 23.2.1973 wesentlich gefördert, die Kredite aus dem Staatshaushalt beträchtlich erhöht. Das betraf u. a. auch die unbefristete und unentgeltliche Überlassung von »volkseigenem« Bauland. So stieg der Anteil des genossenschaftlichen Wohnungsneubaus ab 1976 auf durchschnittlich 45 Prozent im Jahr. Insgesamt befanden sich 1989 etwa 1 Mio. Wohnungen in der Hand von Genossenschaften und ihren Mietern, d. h., etwa jeder 6. DDR-Bürger wohnte in einer genossenschaftlichen Wohnung.

Umwandlung: Durch die Verordnung der DDR-Regierung vom 15.8.1990 wurden die Musterstatuten geändert und als Übergangsregelung bis zum 31.12.1990 weiterhin für verbindlich erklärt. Gleichzeitig wurden die Genossenschaften verpflichtet, ihre Statuten auf der Grundlage des Genossenschaftsgesetzes (in der Fassung der Bundesrepublik) zu überarbeiten. Die Genossenschaften waren dabei nicht aufzulösen oder neu zu gründen; es wurde lediglich ihre innere Struktur an die geänderten gesetzlichen Bestimmungen angepaßt.

Arbeitsgemeinschaft Christlicher Kirchen in der DDR (AGCK), (1970–1990)

Ökumenischer Zusammenschluß der im → BEK vereinten evangelischen Landeskirchen mit den nicht in der Tradition des Staatskirchentums stehenden Freikirchen und christlichen Gemeinschaften

Die A. konstituierte sich am 9.4.1970; sie sollte die auch zuvor schon unterhaltenen ökumenischen Beziehungen zwischen christlichen Kirchen und Gemeinschaften fördern, das theologische Gespräch ermöglichen, bei Meinungsverschiedenheiten vermitteln und die Gesamtheit ihrer Mitglieder in gemeinschaftlichen Belangen nach außen vertreten. In ihr arbeiteten neben den Kirchen der größere Teil der in der DDR zugelassenen Freikirchen und Glaubensgemeinschaften zusammen, wobei einige nur offizielle Beobachter zu den Sitzungen entsandten. Die A. lud zu der Ökumenischen Versammlung der Christen und Kirchen in der DDR ein, deren erste Session unter der Losung »Gerechtigkeit, Frieden und Bewahrung der Schöpfung« vom 12.–15.2.1988 in Dresden stattfand; daran beteiligte sich auch die → Römisch-katholische Kirche, die sich bislang mit einem Beobachterstatus begnügt hatte; sie gab jedoch erst am 10.5.1990 bekannt, daß sie der A. als Mitglied beitreten wolle. Wenig später, am 16. d. M., trafen sich Abgesandte der A. mit Vertretern der bundesdeutschen ›Arbeitsgemeinschaft Christlicher Kirchen‹ (ACK) zu gemeinsamer Sitzung in Wiesbaden und beschlossen die Vereinigung beider Verbände.

Mitglieder der A.: → ›Bund Evangelischer Kirchen in der DDR (BEK) • ›Evangelische Brüder-Unität‹, Distrikt Herrnhut • Evangelisch-methodistische Kirche in der DDR • Bund Evangelisch-Freikirchlicher Gemeinden in der DDR (Baptisten, Brüdergemeinden, Elim-Gemeinden) • Bund Freier evangelischer Gemeinden in der DDR • Evangelisch-lutherische (altlutherische) Kirche • Kirchenbund evangelisch-reformierter Gemeinden • Gemeindeverband der Altkatholischen Kirche • Mennonitengemeinde

Beobachter in der A.: Römisch-katholische Kirche • Mitteleuropäisches Exarchat der Russischen Orthodoxen Kirche • ›Gemeinschaft der Siebenten-Tags-Adventisten‹ • ›Religiöse Gemeinschaft der Freunde‹ (Quäker) • ›Apostelamt Jesu Christi‹ • Vereinigung Evangelischer Freikirchen in der DDR

Arbeitsgemeinschaft ehemaliger Offiziere (AeO), 1958–1971

Vereinigung von ehemaligen Wehrmachtsoffizieren und von Reserveoffizieren der NVA

Zwei Jahre nach Bildung der → ›Nationalen Volksarmee‹ wurde von ehemaligen Wehrmachtsoffizieren, die dem ›Nationalkomitee Freies Deutschland‹ (NKFD) bzw. dem ›Bund Deutscher Offiziere‹ (BDO) angehört hatten, am 11.1.1958 die A. gegründet. In die Vereinigung, die sich als »Kampfgemeinschaft patriotisch gesinnter ehemaliger Offiziere« verstand, wurden seit 1959 auch Reserveoffiziere der NVA aufgenommen. Im Rahmen der Deutschlandpolitik der SED war ihr die Aufgabe zugedacht, durch militärgeschichtliche und -theoretische Arbeiten propagandistisch auf die »Rüstungspolitik« der BRD einzuwirken. Zu diesem Zweck suchte die A. auch Kontakte zu NKFD-Mitgliedern in der Bundesrepublik sowie zu Bundeswehroffizieren. In der Innenpolitk der DDR spielte sie keine Rolle; der Mehrheit der DDR-Bevölkerung blieb sie unbekannt.

Als sich die Deutschlandpolitik der SED nach 1966 wandelte und sich Anfang der 70er Jahre eine »Normalisierung« der innerdeutschen Beziehungen abzeichnete, verlor die A. an Bedeutung. Für die ihr ursprünglich zugedachte Funktion bestand kein Bedarf mehr, und die dafür eingesetzte militärische »Autorität« wurde durch Alter und Tod zunehmend gemindert. Die Vereinigung beschränkte sich fortan auf militärische Traditionspflege zur Stärkung der sozialistischen Verteidigungsbereitschaft.

Vorsitzende: Generalmajor a. D. Otto Korfes (1958–1964); Generalmajor a. D. Arno von Lenski (1964–1971)

Publikationen: Ein Mitteilungsblatt der A. erschien monatlich von Juli 1958 bis Oktober 1971.

Arbeitsgruppen ›Christliche Kreise‹ in der ›Nationalen Front‹

→ Bund Evangelischer Pfarrer in der DDR, → Nationale Front

Archivwesen der DDR

→ Staatliche Archivverwaltung der DDR

Armeemuseum der DDR, 1961–1990
Zentrales militärhistorisches Museum zur militärischen Traditionspflege und Wehrerziehung

Geschichte und Organisation: Der Minister für Nationale Verteidigung erließ am 26.6.1957 den Befehl, eine ständige Ausstellung der ›Nationalen Volksarmee‹ einzurichten, die zu gegebener Zeit zu einer musealen Einrichtung erweitert werden sollte. Daraufhin wurde im → Ministerium für Nationale Verteidigung eine Abteilung ›Ständige Ausstellungen‹ gebildet, die 1958/59 eine Konzeption für militärhistorische Präsentationen erarbeitete; als Grundlage und Ausgangsbasis für die Errichtung eines Armeemuseums war jene überlieferte Sammlung ›Waffen und Uniformen in der Geschichte‹ vorgesehen, die damals im → ›Museum für Deutsche Geschichte‹ (MfDG) in Berlin/DDR aufbewahrt wurde.
Diese Sammlung bestand zu überwiegenden Teilen aus geretteten Beständen des alten Berliner Zeughauses sowie aus Waffen und Ausrüstungen des ehemaligen Dresdener Heeresmuseums, die 1945 in die UdSSR verbracht worden waren. Sie bildete mit anderen historischen Waffenbeständen und kriegsgeschichtlichen Sammlungen den musealen Grundstock für ein 1960 gegründetes und am 28.2.1961 im ›Marmorpalais‹ bei Potsdam eröffnetes ›Deutsches Armeemuseum‹. Dieses wurde im Dezember 1961 an das damalige ›Institut für Deutsche Militärgeschichte‹ (→ ›Militärgeschichtliches Institut der DDR‹) angegliedert, und mit dem MfDG wurde im Oktober 1962 ein Vertrag über Zusammenarbeit und gegenseitige Unterstützung abgeschlossen. 1968 begannen die Vorarbeiten für die Verlegung des A. nach Dresden. 1970 wurde es aus der Unterstellung unter das ›Institut für Deutsche Militärgeschichte‹ herausgelöst und direkt der ›Politischen Hauptverwaltung‹ der → NVA unterstellt.
Die Eröffnung des A. in Dresden erfolgte am 24.3.1972. Dort wurde auf einer Fläche von etwa 7000 Quadratmetern ein zusammenhängendes Bild der deutschen Militärgeschichte vom Spätmittelalter bis in die Gegenwart vermittelt. Im Vordergrund standen dabei die Darstellung »revolutionärer militärischer Traditionen, besonders der deutschen Arbeiterklasse, die Geschichte der NVA als Kern der Landesverteidigung der DDR« sowie die Entwicklung der miltärischen Zusammenarbeit im Rahmen des ›Warschauer Vertrages‹. Unter der Trägerschaft des Ministeriums für Nationale Verteidigung wurde das Dresdener Museum Hauptort der militärgeschichtlichen Präsentation; Sammlungen und Ausstellung im Potsdamer ›Marmorpalais‹ wurden als Außenstelle unter der Bezeichnung ›Armeemuseum‹ weitergeführt; eine weitere

Außenstelle des A. war das ›Museum Festung Königstein‹ bei Dresden. 1973 wurde das A. Mitglied der ›Internationalen Vereinigung militärhistorischer und Waffenmuseen‹.

Umwandlung: Die direkte Unterstellung des A. unter die ›Politische Hauptverwaltung‹ der NVA war mit deren Auflösung zum Jahresbeginn 1990 entfallen; zum 1. 3. 1990 erfolgte die Umbenennung in ›Militärhistorisches Museum Dresden‹ (MHM); die Außenstelle Potsdam des A. war bereits im April 1989 aufgelöst worden. Mit dem Beitritt der DDR zur BRD am 3. 10. 1990 wurde das MHM mit seinen außerordentlich reichen Beständen zur deutschen Militärgeschichte auf Dauer von der Bundeswehr übernommen. Seitdem arbeitet es an der Erfüllung des »Generalsammelauftrages NVA der DDR« und bereitet gegenwärtig eine Darstellung der gesamtdeutschen Nachkriegsgeschichte vor; außerdem berät und unterstützt es die Lehrsammlungen an Schulen und Einrichtungen der Bundeswehr. Heute verfügt das MHM über ca. 800000 Exponate militärhistorischer Bedeutung, die in den Fachgebieten ›Uniformen, Feldzeichen, Musikinstrumente‹; ›Orden, Varia, Memorabilia‹; ›Dokumente, Kunst, Foto, Bibliophilia‹; ›Militärtechnikgeschichte‹ und ›Handwaffen‹ aufbewahrt, ergänzt und katalogisiert werden.

Direktoren: Oberst Erwin Bartz (1957–1961); Oberst Otto Schwab (1961–1963); Oberst Ernst Haberland (1963–1966 Potsdam); Oberst Hans Bierschenk (1966–1971 Potsdam); Konteradmiral Johannes Streubel (1972–1981); Oberst Alfred Nikolaus (1981–1989); Oberst Wilfried Zumpe (1989–1990); Oberstlt. Manfred Kunz (1990–1991); Fregattenkapitän Hans-Joachim Heibei (seit 1991

Armeesportvereinigung ›Vorwärts‹ (ASV), 1956–1990

Vereinigung von Sportklubs, Sportgemeinschaften und Sporteinrichtungen im Zuständigkeitsbereich des →Ministeriums für Nationale Verteidigung

Geschichte und Organisation: Die am 1. 10. 1956 offiziell gegründete A. war Nachfolgerin einer bereits seit November 1950 als Sportvereinigung ›Vorwärts‹ in der ›Hauptverwaltung für Ausbildung‹ beim →MdI existierenden militärischen Sportorganisation der DDR. Sie hatte aktiv zur Entwicklung eines hohen physischen und psychischen Leistungsvermögens der Armeeangehörigen, der Angehörigen der →Grenztruppen und der →›Zivilverteidigung‹ beizutragen. Die A. war Mitglied des →DTSB und förderte die Weiterentwicklung von Körperkultur und Sport unter Soldaten und Zivilbeschäftigten in allen militärischen Bereichen der DDR. Der Organisationsaufbau der A. erfolgte auf der Grundlage des Statuts des DTSB unter besonderer Berücksichtigung der militärischen Struktur der →NVA. Höchstes Organ war die Sportkonferenz, die Präsidium und → Revisionskommission wählte. Zwischen den Sitzungen des Präsidiums besorgte das Komitee der A. die laufende Arbeit; dessen Leitung arbeitete mit den Rechten und Pflichten eines Bezirksvorstandes des DTSB. Sportbetrieb und sportpolitische Arbeit fanden in Sportgemeinschaften und Sportgruppen statt.

Funktionen und Wirkungen: Die A. organisierte einen vielseitigen, regelmäßigen und leistungsorientierten Sportbetrieb im Interesse einer hohen Verteidigungskraft der DDR. Dabei nahm sie vornehmlich Einfluß auf die Stärkung der militärischen Einheiten und Formationen innerhalb der Streitkräfte der DDR. In den Sportgemeinschaften der A. konnten Sektionen gebildet werden, die Trainingszentren und -stützpunkte unterhielten. In den Leistungszentren der Armeesportklubs (ASK) wurden auch sportlich begabte Kinder und Jugendliche gefördert.
Der militärsportlichen Leistungsprüfung dienten u. a. die ASV-Wettbewerbe und die → ›Bestenbewegung‹ (→ ›Sozialistischer Wettbewerb‹) mit jährlich stattfindenden Armeesportmeisterschaften. Viele der in solchen Wettkämpfen geprüften und ausgesuchten Leistungssportler wurden dann auch international bekannt. Die A. war Mitbegründerin des ›Sportkomitees der befreundeten Armeen‹ (SKDA), das im März 1958 in Moskau gegründet wurde. Sportler der A. erzielten bei den SKDA-Meisterschaften, vor allem aber bei bei Welt- und Europameisterschaften sowie den Olympischen Sommer- und Winterspielen, zahlreiche Erfolge für die DDR.

Umwandlung: Bis zur »Wende« wurden alle Wehrdienstleistenden automatisch Mitglieder der A.; danach wurde es jedoch für die in den NVA-Einheiten sportpolitisch verantwortlichen Offiziere immer schwieriger, Wehrdienstleistende von der Notwendigkeit einer individuellen ASV-Mitgliedschaft zu überzeugen. Nur diejenigen, die über eine bloß nominelle Mitgliedschaft hinausgehend in einer ›Armeesportgemeinschaft‹ (ASG) aktiv waren, wurden nun noch als Mitglieder gezählt, so daß es erstmals realistische Zahlen gab. In einem Pressegespräch Anfang 1990 teilte das Komitee der A. mit, daß von einst 523 ASG noch ca. 400 bestanden; die Gesamtmitgliederzahl war von 244300 auf 67630 gesunken, die Erwachsenen darunter hatten sich von 212100 auf 45290 reduziert, die Kinder und Jugendlichen von 32200 auf 22340.
In mehreren Gesprächen zwischen der Leitung der A. und der Bundeswehrführung bekundete diese ihr Interesse an wichtigen Sportpotentialen der Vereinigung. Da bis zu den nächsten Olympischen Spielen 1992 nicht mehr viel Zeit zur Verfügung stand, wurden ausgewählte Leistungssportler, Trainer und Sportmediziner in die Bundeswehr integriert. Es wurden

sog. Sportfördergruppen geschaffen und den bestehenden ›Olympiastützpunkten‹ zugeordnet. Die bisherigen Armeesportklubs wurden Bundeswehreinrichtungen zugeordnet: der ASK Frankfurt (O.) der Bundesluftwaffe, der ASK Oberhof der Gebirgsjägerdivision, der ASK Rostock der Bundesmarine; der ASK Potsdam wurde Außenstelle der Bundeswehrsportschule Warendorf; alle vier blieben Leistungszentren, die sich allerdings von der Bezeichnung »Armeesportklub« trennen mußten. Die Einrichtungen und Mitglieder von ASK, an denen die Bundeswehr kein Interesse hatte, wandelten sich z. T. in zivile Sportvereine um.

Sportkonferenzen: I. K. am 20./21.6.1958; II. K. vom 7.–9.5.1961; III. K. am 3.5.1966; IV. K. im Mai 1970; V. K. am 25.4.1974; VI. K. am 6.4.1978; VII. K. am 16.3.1984

Vorsitzende: 1. Stellvertreter des Ministers für Nationale Verteidigung Generalmajor Friedrich Dickel (1956–1958); Minister für Nationale Verteidigung Armeegeneral Heinz Hoffmann (1958–1960); Generalmajor Kurt Wagner (1960–1969); Oberst Arno Mücke (1969–1974); Stv. Minister Admiral Waldemar Verner (1974–1981); Stv. Minister Generaloberst Heinz Keßler (1981–1989); Generalmajor Heinz-Günther Wittek (1990)

Leiter des Sekretariats (Büros) des Präsidiums der A. bzw. Chef des Komitees: Oberstleutnant Rudolf Reimann (1956–1961); Oberstleuntnant Arno Mücke (1961–1972); Generalmajor Walter Herkner (1972–1989); Generalmajor Heinz-Günther Wittek (1989–1990)

Ausschuß für Deutsche Einheit (AfdE), 1954–1965
Institution der DDR-Regierung für die Deutschlandpolitik

Geschichte und Organisation: Die Bildung des A. wurde am 7.1.1954 vom →MR beschlossen. Wenige Wochen vor der Berliner Außenministerkonferenz der Vier Mächte sollte wieder einmal signalisiert werden, daß die SED einer drohenden Spaltung Deutschlands entgegenwirken wollte, indem sie Alternativen zu der absehbaren Einbeziehung beider deutschen Staaten in sich konfrontativ gegenüberstehende Paktsysteme propagierte. Nach erfolglosem Ausgang der Berliner Konferenz scheiterten auch die Bemühungen des A., Kontakte zu dem am 14.6.1954 in Bad Neuenahr gegründeten ›Kuratorium Unteilbares Deutschland‹ herzustellen, weil dieses Gremium eine strikt ablehnende Haltung bewahrte. Mit der Leitung des A. war der LDPD-Vorsitzende und stellvertretende Ministerpräsident Hans Loch betraut worden; Albert Norden (SED) wurde zum Sekretär des A. bestellt und amtierte im Range eines Staatssekretärs. Bis zur offiziell nicht mitgeteilten Auflösung des A. im Jahre 1965 blieb der Vorsitz einem LDPD-Politiker vorbehalten, während die Funktion des Sekretärs stets von einem SED-Mitglied wahrgenommen wurde.

Funktionen und Wirkungen: Der A. fungierte als offizielles Regierungsorgan für die Deutschlandpolitik. Seine Aufgabe war die Koordinierung und Bearbeitung aller Fragen, »die mit der Vorbereitung eines Friedensvertrages mit Deutschland und der Wiederherstellung der Einheit eines demokratischen, friedliebenden und unabhängigen Deutschland im Zusammenhang stehen«. In einer Vielzahl von Publikationen, die speziell für die Verbreitung in der Bundesrepublik bestimmt waren, wurde die Adenauer-Regierung für die Spaltung Deutschlands und deren fortwährende Vertiefung verantwortlich gemacht. Ein vierzehntäglich herausgegebenes Informationsblatt polemisierte regelmäßig in scharfer Form gegen nahezu alle Entwicklungen und Erscheinungen des gesellschaftlichen Lebens in der Bundesrepublik, wobei beständig versucht wurde, einen Widerspruch zwischen der Politik der Regierung und den Interessen der Mehrheit der Bevölkerung herzustellen. Mehrfach rief der A. die Westdeutschen dazu auf, der Politik der Adenauer-Regierung die Zustimmung zu verweigern.
Der A. unterhielt auf dem Gebiet der BRD mehrere Büros, und er lud zu Propagandaveranstaltungen in der DDR häufig prominente westdeutsche Oppositionelle ein. Nach dem 1956 ergangenen KPD-Verbot wurden Aktivitäten in der BRD jedoch eingestellt und die Büros geschlossen; Agitatoren des A. mußten nun mit strafrechtlicher Verfolgung rechnen. Offizielle Offerten zur Aufnahme von Verhandlungen wurden von der Bundesregierung und den führenden Parteien ignoriert, was die DDR-Führung wiederum dazu nutzte, der eigenen Bevölkerung eine antinationale Haltung der Adenauer-Regierung zu suggerieren.

Auflösung/Ende: Ab Juni 1962 setzte der A. seine Tätigkeit im Nationalrat der →›Nationalen Front‹ fort. Nachdem Anfang 1963 ein Teil seiner Aufgaben auf das ›Komitee zum Studium der gesellschaftlichen Verhältnisse und ihrer Veränderung in Westdeutschland‹ übertragen worden war, stellte er im Dezember 1965 mit der Bildung des →›Staatssekretariats für gesamtdeutsche Fragen‹ seine Tätigkeit ein.

Vorsitzende: Hans Loch (1954–1960); Max Suhrbier (1960–1965)
Sekretäre (im Range eines Staatssekretärs): Albert Norden (1954–1955); Wilhelm Girnus (1955–1958); Adolf Deter (1958–1965)

Ausschuß für Jugendweihe

→ Jugendweihe

Automodellsportklub der DDR

→ Gesellschaft für Sport und Technik

B

Bauakademie der DDR, 1951–1991
Gelehrtengesellschaft und zentrale Forschungseinrichtung für Architektur und Bauwesen

Geschichte und Organisation: Das Aufbaugesetz vom 6.9.1950, das zunächst den vordringlichen Wiederaufbau der Städte Berlin, Dresden, Leipzig, Magdeburg und Rostock vorsah, beinhaltete auch die Gründung einer ›Deutschen Bauakademie‹, die am 1.1.1951 durch Zusammenlegung des Instituts für Bauwesen der → AdW und des ›Instituts für Städte- und Hochbau‹ der → DWK gebildet und am 8.12. des Jahres mit Sitz in Berlin eröffnet wurde. Die B. unterstand dem → Ministerium für Bauwesen. Ihr gehörten zuerst 25, seit den 80er Jahren 30 ordentliche Mitglieder sowie 35 kandidierende und korrespondierende Mitglieder an. Zusammen bildeten diese das Plenum der Akademie, das wiederum in verschiedene Arbeitsgremien (12 Sektionen und zahlreiche Fachgruppen) untergliedert war. Die dem Plenum angehörenden Mitglieder und Kandidaten erhielten eine Dotation. Die B. wurde von einem Präsidenten geleitet, der auf Vorschlag des Ministers für Bauwesen vom Vorsitzenden des → Ministerrates ernannt wurde. Dem Präsidenten standen ein 1. Stellvertreter sowie mehrere Vizepräsidenten zur Seite. Der 1. Stellvertreter übte zugleich das Amt des wissenschaftlichen Direktors aus, die Vizepräsidenten waren in der Regel zugleich Institutsdirektoren.

Funktionen und Wirkungen: Die B. wurde geschaffen, um den Aufbau der kriegszerstörten Städte zu fördern. Durch ökonomisch orientierte Forschung sollte sie einen ausreichenden wissenschaftlichen Vorlauf für das Bauwesen erreichen und damit den Nutzeffekt der Investitionen erhöhen. Sie geriet jedoch schon in den 50er und 60er Jahren unter erheblichen ideologischen Druck. Während des Festakts zur Eröffnung der Akademie hielt W. Ulbricht eine »programmatische«, auf die Architektur konzentrierte Rede. Nachdem er erklärt hatte, daß der »Formalismus des sogenannten Bauhausstils die Architektur völlig in die Sackgasse geführt«

habe, forderte er dazu auf, an Schinkel anzuknüpfen und vor allem die »wegweisende Rolle der Sowjetarchitektur« auf den DDR-Städtebau zu übertragen. Unmißverständlich sagte er den Akademikern: »Die Baukunst kann sich in Deutschland nur entwickeln im schärfsten Kampf gegen den Formalismus, der der Ausdruck der Seelenlosigkeit, der Ideenlosigkeit des verfaulenden Kapitalismus ist.«
Solchen Vorgaben konnte sich die B. in den 50er Jahren kaum entziehen. Folglich entstanden in den 60er Jahren in Berlin, Leipzig, Halle, Magdeburg, Karl-Marx-Stadt, Potsdam, Gera und anderen Großstädten der DDR Stadtzentren, deren Architektur W. Ulbricht wesentlich beeinflußte. Die Zentren wurden nach politischen Intentionen gestaltet, und dabei wurde wenig Rücksicht auf überkommene, häufig wertvolle Bausubstanz genommen. Es entstanden Aufmarschplätze von uniformer Repräsentanz, zu denen überbreite Straßen führten, und symbolträchtige Bauwerke, z.B. das ›Haus der Schiffahrt‹ in Rostock als stilisiertes Segel, das Gebäude der →›Karl-Marx-Universität‹ Leipzig als aufgeschlagenes Buch oder der Berliner Alexanderplatz als Zentrum eines spiralförmig aufsteigenden Gebäude-Ensembles, bestehend aus →›Haus des Lehrers‹, Hotel ›Stadt Berlin‹ und Fernsehturm.
In den überwiegend in Berlin/DDR angesiedelten Instituten der B. wurde fortlaufend Forschungsarbeit geleistet, deren Resultate in angegliederten Werkstätten auch praktisch erprobt und beispielhaft demonstriert werden konnten. Dazu gehörten: das ›Zentralinstitut Einheitssystem Bau‹, die Institute für Städtebau und Architektur, für Ingenieur- und Tiefbau (in Leipzig), für Wohn- und Gesellschaftsbau, für landwirtschaftliche Bauten, für Industriebau, für Militärbau, für Technologie und Mechanisierung, für Projektierung und Standardisierung, für Baustoffe (in Weimar) sowie für Heizung, Lüftung und Grundlagen der Bautechnik. In Klausdorf bei Berlin gab es zudem den ›VEB Bauelektronik Klausdorf‹, einen zur B. gehörenden mikroelektronischen Spezialbetrieb.
Als zentrale und übergeordnete Forschungseinrichtung besorgte die B. den wissenschaftlichen und technologischen Vorlauf für den Ingenieur- und Industriebau sowie für den Übergang zur Plattenbauweise im Wohnungsbau, der in den 70er Jahren enorm forciert wurde. Mit der ›Bauinformation‹ in Berlin unterhielt sie die zentrale Informationseinrichtung für Wissenschaft und Technik im Bauwesen; diese stellte umfangreiche Dokumentationen und Recherchesysteme für Fachliteratur, Bauvorschriften, Normen und Patente zur Verfügung; zudem gab sie regelmäßig Informationsschriften heraus.

Auflösung/Ende: Wie alle anderen wissenschaftlichen Akademien fiel auch die B. unter Art. 38 des Einigungsvertrages, der die Trennung von Gelehrtensozietät und Forschungseinrichtungen bis zum 31.12.1991 vorsah und für letztere eine Übergangsfinanzierung bis zu diesem Zeitpunkt zusicherte. Schon vor Vertragsabschluß hatte das Plenum der B. einige ihrer ordentlichen Mitglieder ausgeschlossen. Die verbliebenen wählten Prof. Dr. Erhard Hampe aus Weimar zum neuen Vorsitzenden. Unter seiner Leitung wurde die Gelehrtensozietät der B. zum 1.9.1991 geschlossen.

Für die Verwaltung der wissenschaftlichen Einrichtungen der B. konstituierte sich im Sommer 1990 aus Vertretern des Präsidiums und des Gewerkschaftsrates ein geschäftsführender Arbeitsausschuß unter Leitung des Direktors des ›Instituts für Heizung, Lüftung und Grundlagen der Bautechnik‹, Prof. Dr. Peter Schulz. Dieser Arbeitsausschuß wurde von Bauminister Axel Viehweger bestätigt. Das seit 1973 bestehende Statut wurde außer Kraft gesetzt. In der Zeit bis zum 31.12.1990 gelang es der neuen Leitung der B., den ca. 4000 Mitarbeiter umfassenden Personalbestand drastisch zu reduzieren, so daß Ende 1990 noch ca. 1800 Mitarbeiter in Einrichtungen der B. beschäftigt waren.

Die Forschungsstätten wurden den Ländern übergeben; alle noch bestehenden Arbeitsverhältnisse wurden in die Zuständigkeit der Landesregierungen überführt und befristet. Zur Koordinierung der »Abwicklung« wurde ab 1.1.1991 eine vom Land Berlin und der BRD getragende ›Überleitungsstelle Bauakademie‹ eingerichtet, der ein ›Lenkungsausschuß‹ aus Vertretern der Länder als Beratungsorgan zur Seite stand. Eine Arbeitsgruppe des ›Wissenschaftsrates‹ der BRD evaluierte im Frühjahr 1991 alle Institute und wissenschaftlichen Einrichtungen der B. und empfahl im Sommer die Auflösung aller Einrichtungen sowie die Neugründung einzelner Institute.

Die in Länderhoheit befindlichen Institute wurden schließlich bis zum 31.12.1991 abgewickelt. Im Land Berlin wurde mit Wirkung vom 1.1.1992 eine ›Bauwissenschaftliche Beschäftigungs- und Qualifizierungsgesellschaft ehemaliger Mitarbeiter der Bauakademie‹ mit anfangs 400 ABM-Beschäftigten gebildet. Im Zusammenhang mit der »Abwicklung« wurden auch fünf neue Einrichtungen geplant, über deren künftige Standorte teilweise noch diskutiert wurde: ›Institut zur Erhaltung und Modernisierung von Bauwerken‹ (IEMB), ›Institut für Regionalentwicklung und Strukturplanung‹ (IRS), beide in Berlin; ›Institut für ökologische Raumentwicklung‹ (IÖR) in Dresden; ›Materialforschungs- und Prüfanstalt Thüringen‹ in Weimar; ›Materialforschungs- und Prüfanstalt für Bauwesen‹ in Leipzig; ›Institut für Industrie- und Gewerbeplanung‹ (IIG) in Halle.

Präsidenten: Kurt Liebknecht (1951–1961); Gerhard Kosel (1961–1965); Werner Heynisch (1965–1977); Hans Fritsche (1977–1990); Erhard Hampe (1990–1991); Peter Schulz (1990 Leiter des geschäftsführenden Arbeitsausschusses)

Auszeichnungen / Ehrungen: Die B. hatte Promotionsrecht und verlieh den Dr. Ing. Im Einvernehmen mit dem Minister für Bauwesen und dem Minister für Hoch- und Fachschulwesen konnte sie auch verdiente Wissenschaftler zum »Professor bei der B.« ernennen. Sie verlieh Ehrenmitgliedschaften und die Ehrenplakette ›Für hervorragende Leistungen in der Bauforschung‹.

Publikationen / Archive: Die B. gab gemeinsam mit dem → BdA die Zs. ›Architektur der DDR‹ heraus; von der ›Bauinformation‹ wurden Architektur-Monographien, wissenschaftliche Schriftenreihen, Kataloge, Bibliographien u. ä. herausgebracht. • Als permanente Informationseinrichtung bestand bei der B. in Berlin/DDR eine ›Ständige Bauaustellung‹, in der fortlaufend neue Bautechnologien, architektonische Lösungen, neue Baustoffe u. ä. ausgestellt wurden; außerdem gab es ein ›Baufilmstudio‹ eine ›Baufotodokumentation‹, einen ›Dateninformationsdienst‹ und das internationale Dokumenten-Recherche-System ›bauelectronic‹. • Die rd. 140000 Bände umfassende Bibliothek der ›Bauinformation‹ mit zugehöriger Sammlung von Fachzeitschriften, die bis auf das Jahr 1840 zurückgeht, sowie das Zentralarchiv der B. sollen in Berlin bleiben; über Trägerschaft und künftigen Standort waren Verhandlungen im Gange. Die Bibliothek stand im Sommer 1993 unter der Obhut der ›Bauwissenschaftlichen Beschäftigungs- und Qualifizierungsgesellschaft ehemaliger Mitarbeiter der Bauakademie‹ und soll in Perspektive an eines der neu zu gründenden Institute angeschlossen werden. • Archivbestände der B. befinden sich heute in der Verwaltung des Bundesarchivs, Abt. V, in Potsdam.

Bauernkongreß der DDR, 1947–1990

Zentrale Konferenz von Delegierten aus landwirtschaftlichen Betrieben, auf denen die Agrarpolitik der DDR vorgestellt, diskutiert und legitimiert wurde.

Die ersten 5 dieser Kongresse fanden von 1947–1959 unter der Bezeichnung ›Deutscher Bauerntag‹ statt; sie wurden von der → ›Vereinigung der gegenseitigen Bauernhilfe‹ (VdgB) veranstaltet, als deren höchstes Organ sie fungierten. Seit 1960 fanden dann ›Deutsche Bauernkongresse‹, von 1972–1987 ›Bauernkongresse der DDR‹ statt. Sie wurden vom → ›Ministerrat der DDR‹, dem → ZK der SED, der → ›Demokratischen Bauernpartei Deutschlands‹, der → VdgB und dem Nationalrat der → ›Nationalen Front‹ einberufen. Während der Periode der Kollektivierung der Landwirtschaft (1952–1960) hatte die SED-Führung schon 6 Konferenzen mit den Vorsitzenden und Aktivisten der → LPG veranstaltet (LPG-Konferenzen); nun zeigte die Tatsache, daß die Bauernkongresse der alleinigen Zuständigkeit der VdgB entzogen und auf sehr viel breiterer Basis organisiert wurden, wieviel Wert man auf die Legitimierung agrarpolitischer Entscheidungen durch solche »Landwirtschaftsparlamente« legte. Die im Grunde repräsentativen Kongresse wurden meist als Abschluß von bestimmten Mobilisierungskampagnen veranstaltet; die seit 1960 auf Kreisbauernkonferenzen gewählten Delegierten enschieden dann über Musterstatuten und Betriebsordnungen der LPG und billigten 1982 auch den Entwurf eines neuen LPG-Gesetzes. Solche Entscheidungen der B. wurden seit 1962 wiederholt als Beschlüsse des Ministerrats im Gesetzblatt der DDR publiziert.

Bauerntage / Bauernkongresse: 1947 in Berlin; 1949 in Berlin; 1951 in Leipzig; 1954 in Görlitz; 1957 in Güstrow; Bauernkongresse: 1960 in Rostock; 1962 in Magdeburg; 1964 in Schwerin; 1966 in Berlin/DDR; 1968 in Leipzig; 1972 in Leipzig; 1982 in Berlin/DDR; 1987 in Schwerin

Bauinformation

→ Bauakademie der DDR

Bergakademie Freiberg (BAF)

→ Technische und landwirtschaftliche Hochschulen und Universitäten

Berliner Bischofskonferenz (BBK)

→ Römisch-katholische Kirche in der DDR

Berliner Festtage, 1957–1990

International besetzte Herbstfestspiele für Theater- und Musikaufführungen in Berlin/DDR

Geschichte und Organisation: Die Anregung zu den alljährlich im Herbst stattfindenden B. gab Wolfgang Langhoff. Sie wurden erstmals vom 2.–15. 10. 1957 in Ostberlin veranstaltet und entwickelten sich nach 1971 zu einer angesehenen Entsprechung der ›Berliner Festwochen‹, die seit 1951 ebenfalls jedes Jahr nahezu zeitgleich in Westberlin stattfanden. Den Programmschwerpunkt bildeten stets Theatervorstellungen und Konzerte.

Funktionen und Wirkungen: Zunächst bestanden die Intentionen der Veranstalter darin, in Berlin, »Hauptstadt der DDR« einen kulturellen Schwerpunkt von internationaler Bedeutung zu schaffen. Wie die Gastspiele des ›Berliner Ensembles‹, des ›Deutschen Theaters‹ und der ›Komischen Oper‹ bei internationalen Festspielen, so sollten auch die in Ostberlin gastierenden internationalen Ensembles und Orchester das Ansehen der DDR-Kunst in der Bundesrepublik und im Ausland mehren. Zwischen 1958 und 1963 wurden allerdings auch Bestrebungen deutlich, die B. zu einer Lehr- und Musterschau klassenkämpferischen Volks-

kunstschaffens und sozialistischer Gegenwartsdramatik (einschließlich biederer »leichter Muse«) zu machen. So fanden 1958 in 28 Berliner Großbetrieben von den SED- und FDGB-Betriebsleitungen organisierte Diskussionsrunden von Künstlern und Arbeitern statt. Operetten wie ›Messeschlager Gisela‹ (1960) von Gerd Natschinski und Jo Schulz (Textbuch) wurden uraufgeführt und in den Medien gefeiert. Aufführungen von →›Arbeitertheatern‹ wurden in den Mittelpunkt des Festspielprogramms gerückt; 1962 fand während der B. sogar ein »Republikswettstreit« der Laienkabaretts statt.
Nach 1971 verlagerte sich der Schwerpunkt der B. deutlich; sie blieben weiterhin ein traditioneller Ort der Begegnung mit osteuropäischer Kunst, doch das vorrangige Anliegen war, den Festtagen einen weltoffenen, repräsentativen Anstrich zu geben. Die Begünstigung einer »gehobenen« Theater- und Musikkultur wurde vom Publikum geschätzt, denn den Ostberlinern boten diese Festtage in der Regel die einzige Möglichkeit, namhafte Künstler und Ensembles aus dem Westen »live« zu erleben. Deshalb war die Kartennachfrage sehr groß, und es bildeten sich oft schon an den Abenden vor Beginn des Kartenverkaufs lange Warteschlangen vor den Vorverkaufsstellen. Ein beträchtlicher Anteil der Karten wurde für die »gesellschaftliche Führungsspitze« und für das diplomatische Korps zurückgehalten. Auch Berliner Großbetriebe und »staatstragende« Organisationen und Einrichtungen (→FDJ, →FDGB etc.) erhielten Kartenkontingente – vor allem für Veranstaltungen, deren politische Wirkung nicht genau abgeschätzt werden konnte. Besonders groß war auch die Kartennachfrage für regelmäßig stattfindende Premieren von Neuinszenierungen der DDR-Theater, da diese zum Teil nach den Festtagen in der gezeigten Fassung nicht mehr auf den Spielplänen zu finden waren.

Auflösung/Ende: Die B. wurden 1990 vom Senat von Berlin rigoros geschlossen, ohne bei den Erfahrungen und Planungen des Personals die geringsten Anleihen zu machen. Die für die 34. B. schon zugesagten und verplanten Unterstützungsgelder wurden erheblich gekürzt, so daß viele für Herbst 1990 eingegangene Engagements wieder abgesagt werden mußten. Den Mitarbeitern des Büros der B. wurden Löhne und Gehälter bis zum 31.12.1990 gezahlt.

Berliner Konferenz Katholischer Christen aus europäischen Staaten (BK), 1964–1990

Internationales Gesprächsforum zur Unterstützung der Außen- und Friedenspolitik des sozialistischen Lagers

Die B. wurde während eines internationalen Treffens am 17./18.11.1964

in Berlin/DDR von katholischen Funktionären der →CDU gegründet. Analog zur →›Christlichen Friedenskonferenz‹ (CFK) sollte sie der Friedenspropaganda des Ostblocks als Plattform dienen und während ihrer alle 2–3 Jahre stattfindenden Zusammenkünfte auf eine bessere Kooperation katholischer »Friedenskräfte« aus den Ländern des Warschauer Paktes mit »fortschrittlichen« Kreisen im westlichen Ausland hinwirken. Nach eigenem Selbstverständnis, das sich u. a. auf die päpstlichen Sozialenzykliken »Pacem in terris« und »Populorum progressio« stützte, bezeichnete sie sich später als »Forum katholischer Friedenskräfte aus ganz Europa zur Beratung und Aktivierung des Friedensdienstes auf der Grundlage der Lehre unserer Kirche«. Die internationale Ausrichtung und die angestrebte Vermittlungsfunktion zwischen Katholiken aus sozialistischen und kapitalistischen Gesellschaftssystemen stieß im Osten auf stärkere Resonanz in der ČSSR, in Litauen, Polen und Ungarn sowie im Westen in Frankreich, Italien, den Niederlanden und Spanien. Die ›Berliner Bischofskonferenz‹ wie auch katholische Priester und Laien in der DDR beteiligten sich jedoch nicht an Veranstaltungen der B., und auch der ›Osservatore Romano‹ distanzierte sich von ihr in offiziöser Stellungnahme vom 16.3.1966.
Die Arbeit der B. wurde von einem Präsidium geleitet, dessen Vorsitz zeitweilig Otto-Hartmut Fuchs, einer ihrer Initiatoren und Redakteur des CDU-Organs ›Neue Zeit‹, übernahm; im Sinne der →SED gelenkt wurde sie jedoch von einer beim Nationalrat der →›Nationalen Front‹ eingerichteten Beratergruppe; über den Nationalrat erhielt die B. auch finanzielle Unterstützung. Sie gab bis 1990 eine eigene Zeitschrift heraus und veranstaltete Tagungen internationaler Arbeitsgruppen zu politischen und theologischen Fragen. Ihr zehnjähriges Bestehen feierte sie im November 1974 im Beisein des →Staatssekretärs für Kirchenfragen Seigewasser und des Leiters der Arbeitsgruppe Kirchenfragen im →›Zentralkomitee der SED‹, Willi Barth. Während dieser V. Plenartagung wurde bedauert, daß sich die katholischen Bischöfe in der DDR weiterhin schroff ablehnend gegenüber der B. verhielten, und es wurde eine Neuordnung der Jurisdiktionsbezirke gefordert mit der Begründung: »Einen bedeutsamen Beitrag zur Festigung der Sicherheit in Europa kann die Kirche durch die Angleichung der Diözesangrenzen an die staatlichen Grenzen, besonders der DDR und der BRD, leisten; wo dies nicht geschieht, könnte dem politischen Revanchismus Vorschub geleistet werden« (→Römisch-katholische Kirche in der DDR).

Umwandlung: Als 1990 die finanzielle Unterstützung der B. ausblieb, wurde deren Fortbestand fraglich. Im Frühjahr wurde ein interimistisches

Präsidium eingesetzt, das einen Vorschlag zur Umwandlung in ein »Ökumenisches Friedensforum europäischer Katholiken« erarbeitete. Nachdem nationale Sektionen der B. u. a. in Dänemark, Deutschland, Italien, den Niederlanden und Polen diesem Projekt zugestimmt hatten, konstituierte sich ein solches Forum im Oktober 1993 in Utrecht; zu seinem Vorsitzenden wurde der niederländische Dominikanerpater Karl Derksen gewählt.

Plenartagungen der B.: I. P. vom 17.–18.11.1964 in Berlin/DDR; II. P. vom 22.–24.3.1966 in Berlin/DDR; III. P. vom 5.–7.6.1968 in Berlin/DDR; IV. P. vom 19.–21.11.1971 in Berlin/DDR; V. P. vom 20.–23.11.1974 in Berlin/DDR; VI. P. vom 23.–25.11.1977 in Berlin/DDR; VII. P. vom 18.–21.6.1980 in Dresden; VIII. P. vom 17.–19.11.1982 in Berlin/DDR; IX. P. vom 15.–17.11.1985 in Erfurt; X. P. vom 2.–4.6.1988 in Berlin/DDR
Vorsitzende des Berliner Büros bzw. des Präsidiums der B.: Karl Grobbel (1964–1970); Otto-Hartmut Fuchs (1970–1987); Franco Leonori (1987–1990)
Sekretäre für Organisation bzw. Generalsekretär/Geschäftsführer: Hugo Ardelt (1964–1969); Georg Wipler (1969–1980); Norbert Kraja (1980–1987); Hubertus Guske (1987–1991)
Publikationen: ›begegnung‹, ersch. von 1961 bis 1967 als »monatsschrift deutscher katholiken«; von 1968 als »Zeitschrift progressiver Katholiken«, danach bis Anfang 1990 als »Zeitschrift für Katholiken in Kirche und Gesellschaft«; Chefredakteure: Hubertus Guske (1961–1964); Alfons Malik (1964–1966); Hubertus Guske (1966–1969); Otto-Hartmut Fuchs (1969–1977); Hubertus Guske (1977–1987); Horst Waligora (1987–1990)

Berliner Ordinarienkonferenz (BOK)
→ Römisch-katholische Kirche in der DDR

Bestenbewegung
→ Sozialistischer Wettbewerb

Betriebsakademie, 1959–1990
Staatliche Bildungseinrichtung zur Qualifizierung von Erwachsenen in Betrieben und Behörden

Geschichte und Organisation: Um für die →›Brigaden der sozialistischen Arbeit‹ innerbetriebliche Bildungseinrichtungen zu schaffen, wurden im Laufe des Jahres 1959 in 772 Betrieben B. gegründet; die erste entstand im ›Elektrochemischen Kombinat Bitterfeld‹. In den 60er Jahren erlangten die in allen Großbetrieben und in vergleichbaren Einrichtungen des Staatsapparates bestehenden B. eine große Bedeutung für die Erwachsenenqualifizierung. Seit 1975 hatten auch die ehemaligen Kreislandwirtschaftsschulen und die ›Dorfakademien‹ den Status einer B. Sie übernahmen die Aufgaben der beruflichen Aus- und Weiterbildung für Angehörige von Genossenschaften, kleineren Betrieben sowie in einigen Fällen auch von Einheiten der bewaffneten Organe. Die Arbeitsgrundlage einer B. war der Qualifizierungsplan des jeweiligen Betriebes, der i. d. R. Bestandteil des →›Betriebskollektivvertrages‹ war; geleitet wurde sie von einem Direktor, der vom jeweiligen Betriebs- oder Behördenleiter eingesetzt wurde.

Funktionen und Wirkungen: Das Lehrprogramm der B. umfaßte die berufliche Aus- und Weiterbildung der Werktätigen durch die Vermittlung von technischem Wissen, vor allem bezogen auf die Produktion des jeweiligen Betriebes, sowie eine – nach Umfang und Qualität recht unterschiedliche – Einführung in gesellschaftswissenschaftliche Zusammenhänge; darin eingeschlossen war auch die Vorbereitung von Frauen auf eine berufliche Tätigkeit und die Weiterbildung derjenigen, die vorübergehend aus dem Berufsleben ausschieden. In den 60er Jahren wurden – entsprechend der gesellschaftspolitischen Strategie der SED – in beträchtlichem Umfang Mathematik sowie Gesellschafts- und Kulturwissenschaften an den B. gelehrt.

Auflösung/Ende: Mit der Privatisierung der Betriebe bzw. mit deren Übernahme durch die →›Treuhandanstalt‹ und der Abwicklung und Umwandlung der staatlichen und gesellschaftlichen Einrichtungen stellten die B. ihre Arbeit ein.

Betriebsberufsschule (BBS), 1946/47–1990

Staatliche Bildungseinrichtung in den Betrieben für den berufspraktischen und theoretischen Unterricht von Auszubildenden

Geschichte und Organisation: Als 1946 in der SBZ der berufsbildende Unterricht in kommunalen Berufsschulen wiederaufgenommen wurde, begann man gleichzeitig damit, B. in den Großbetrieben einzurichten; 1950 waren davon bereits rd. 700 vorhanden. Sie waren Teil des einheitlichen sozialistischen Bildungssystems (→Bildungspolitik) und unterstanden jeweils dem Betriebsdirektor oder dem Leiter einer staatlichen Einrichtung. Zu einer B. gehörten meist eine Lehrwerkstatt für die berufspraktische Ausbildung, Unterrichtskabinette für den theoretischen Unterricht und eine Turnhalle; häufig war den Schulen auch ein Lehrlingswohnheim angegliedert. Der Unterricht erfolgte nach Richtlinien und Rahmenausbildungsunterlagen, die von Berufsfachkommissionen unter Anleitung des →›Staatssekretariats für Berufsbildung‹ und des

→›Zentralinstituts für Berufsbildung‹ in Berlin ausgearbeitet wurden. Neben den B. bestanden weiterhin auch Kommunale Berufsschulen und Zentralberufsschulen, an denen in den 80er Jahren ein knappes Drittel der Lehrlinge ausgebildet wurden.

Funktionen und Wirkungen: Die B. bildeten Lehrlinge zu Facharbeitern bzw. – unter besonderen Voraussetzungen – zu Teilfacharbeitern aus. Die Lehrzeit war je nach Ausbildungsberuf und Schulbildung des Lehrlings unterschiedlich lang: Für diejenigen mit einem Abschluß der 10. Klasse der POS (→Bildungspolitik) dauerte die Berufsausbildung in der Regel 2 Jahre, für die mit dem Abschluß der 8. Klasse 3 Jahre. Nachdem in den 60er Jahren die Zahl der Ausbildungsberufe bis auf nahezu 1000 angewachsen war, wurden diese im folgenden Jahrzehnt schrittweise wieder reduziert; Mitte der 80er Jahre gab es noch 318 Ausbildungsberufe. Nun wurde jeder dritte Lehrling in einem von 28 »Grundberufen« ausgebildet. Diese waren besonders breit profiliert, und die Ausbildungszeit gliederte sich entsprechend in Grundlagenausbildung und Spezialausbildung. »Grundberufe« waren z.B. Baufacharbeiter, Zerspanungsfacharbeiter, Elektrofacharbeiter. Zur beruflichen Spezialisierung boten sich etwa dem Baufacharbeiterlehrling Spezialausbildungen für Montagebau, Stahlbetonbau, Bewehrungsbau, Tiefbau, Mauerwerksbau u. a. Alle Lehrlinge erhielten allgemeinbildenden Unterricht (Deutsche Sprache und Literatur, Staatsbürgerkunde und Sport), zudem wurden sie in den Fächern Betriebsökonomie, Sozialistisches Recht, Grundlagen der Betriebs-, Meß-, Steuerungs- und Regelungstechnik, Grundlagen der Datenverarbeitung und Grundlagen der Elektronik unterrichtet. Für die Berufsausbildung standen um 1984 mehr als 1000 B. und 600 Lehrwerkstätten zur Verfügung. Für Lehrlinge, die nicht am Ausbildungsort wohnten, gab es 1340 Lehrlingswohnheime, in denen um 1984 jeder vierte Lehrling untergebracht war.

Betriebsfestspiele

→ Arbeiterfestspiele

Betriebsgewerkschaftsleitung (BGL), 1948–1989/90

Leitung einer →›Betriebsgewerkschaftsorganisation‹ (BGO), die von den darin erfaßten FDGB-Mitgliedern gewählt wurde

Geschichte und Organisation: Die B. wurden Ende 1948 aufgrund eines im November d. J. von einer Gewerkschaftskonferenz in Bitterfeld gefaßten Beschlusses gebildet; sie lösten die bis dahin in den Betrieben bestehenden, gewählten Betriebsräte ab (→FDGB). Die für die Dauer von

zweieinhalb Jahren gewählte B. arbeitete auf der Grundlage der DDR-Verfassung, des ›Gesetzbuches der Arbeit‹ und der Satzungen des FDGB. Die Kandidatenaufstellung für die Wahlen zur BGL sowie zu den Kreisdelegiertenkonferenzen erfolgte auf Mitglieder- bzw. Vertrauensleutevollversammlungen. Die Anzahl der zu wählenden BGL-Mitglieder entsprach der zahlenmäßigen Stärke der BGO; eine etwa 200 Mitglieder zählende BGO konnte z. B. eine B. von 9 bis 11 Personen wählen. Der BGL-Vorsitzende und sein Stellvertreter wurden jeweils in der konstituierenden Sitzung einer B. von ihren Mitgliedern mit einfacher Mehrheit gewählt. Die Funktionsverteilung wurde danach en bloc beschlossen.
Die Kandidatenauswahl wurde von der amtierenden B. mit der ›Betriebsparteileitung‹ (BPL) abgesprochen, der der BGL-Vorsitzende i. d. R. angehörte. Um die Auswahl des Kandidaten für den BGL-Vorsitz kümmerten sich in größeren Betrieben und Einrichtungen auch die zuständigen übergeordneten Gewerkschaftsleitungen. Vorgeschlagene Kandidaten konnten von der Mitglieder- bzw. Vertrauensleutevollversammlung abgelehnt werden; über die Reihenfolge der Kandidaten und den Abschluß der Kandidatenliste wurde offen abgestimmt. Der Wahlakt erfolgte geheim; Streichungen und Hinzufügungen waren möglich. Gewählt waren die Kandidaten (in der festgelegten Reihenfolge des Wahlvorschlages), die mehr als 50 Prozent der Stimmen erhalten hatten.

Funktionen und Wirkungen: Die B. bildete Kommissionen, in denen jeweils ein BGL-Mitglied den Vorsitz führte und deren Mitglieder von der B. berufen wurden: K. Arbeit und Löhne, Arbeitsschutz-K., Feriendienst-K. (→›Feriendienst des FDGB‹), Finanz-K., Küchen-K. (verantwortlich für Bereitstellung und Qualitätskontrolle der Betriebsspeisung), K. Kultur und Bildung, Rechts-K., Wettbewerbs-K., ein ›Neuereraktiv‹ und den ›Rat für Sozialversicherung‹. In größeren Betrieben und Einrichtungen wurden häufig noch weitere Kommissionen gebildet: eine K. für Agitation und Propaganda, in Betrieben mit geringerem Frauenanteil der Belegschaft eine Frauen-K., eine Jugend-K., eine K. für sozialistische Erziehung der Kinder, eine K. für Sozialpolitik, eine Kur-K. oder eine Wohnungs-K. (→›Arbeiterwohnungsbaugenossenschaften‹). Die Kommissionen halfen der B. bei der Vorbereitung, Durchführung und Kontrolle der BGL-Beschlüsse auf dem betreffenden Gebiet.
Im Mittelpunkt der Arbeit der B. standen der »Kampf« um die Erfüllung und Übererfüllung der Betriebspläne und die Organisierung des →›Sozialistischen Wettbewerbs‹. Damit kollidierte jedoch die alte gewerkschaftliche Pflicht, sich um die sozialen Belange der Werktätigen und eine stetige Verbesserung der Arbeitsbedingungen zu bemühen. In diesem Dauer-

konflikt wurde den von Partei- und Gewerkschaftsführungen vorgegebenen Produktionsplänen und Leistungsanforderungen stets Vorrang eingeräumt, wenn ein neuer →›Betriebskollektivvertrag‹ auszuhandeln war und es dabei um Leistungsbewertung, Normfestsetzung, Prämienvergabe, Arbeitsschutz, Arbeitsdisziplin und Konfliktregelungen ging. Auch die von einer B. veranlaßten Diskussions- und Entscheidungsprozesse waren dem Prinzip des →demokratischen Zentralismus unterworfen. Und dessen verläßliche Einhaltung ergab sich u.a. daraus, daß in vielen B. »Parteiaktivs« bestanden, die sich aus den im Gremium vertretenen SED-Mitgliedern bildeten und regelmäßig Leitungsfragen behandelten. Da Beschlüsse der B. mit einfacher Mehrheit gefaßt wurden, deren Mitglieder i. d. R. aber mehrheitlich der SED angehörten, konnte in einer B. folglich nicht am Willen der SED vorbei entschieden werden.

Betriebsgewerkschaftsorganisation (BGO), 1945–1989/90

Gewerkschaftliche Grundorganisation in Betrieben und Institutionen

Geschichte und Organisation: Nach dem Grundsatz »Ein Betrieb – eine Gewerkschaft«, den hauptsächlich führende KPD-Funktionäre schon in der Konstituierungsphase des →FDGB durchsetzten, wurde 1945/46 die Organisationsstruktur des Gewerkschaftsbundes eingerichtet. Alle FDGB-Mitglieder eines Betriebes wurden folglich Mitglied derselben →Industriegewerkschaft (IG) bzw. →Gewerkschaft. Wechselte ein Arbeiter oder Angestellter in einen anderen Betrieb, so wurde er/sie als FDGB-Mitglied automatisch – durch Vermerk im Mitgliedsbuch – Mitglied der dort zuständigen IG bzw. Gewerkschaft. Diese Organisationsstruktur entsprach völlig dem Prinzip des →demokratischen Zentralismus und förderte dessen Durchsetzung in den Gewerkschaften wie in der Gesellschaft.

Die B. entsprachen somit dem Produktionsprofil der jeweiligen Betriebe/Institutionen. Sie wurden gebildet, wenn mindestens 10 FDGB-Mitglieder im Betrieb beschäftigt waren; FDGB-Mitglieder, die in Kleinbetrieben ohne eigene B. arbeiteten, wurden in ›Ortsgewerkschaftsorganisationen‹ (OGO) mit eigener ›Ortsgewerkschaftsleitung‹ (OGL) erfaßt; FDGB-Mitglieder an allgemeinbildenden Schulen in ›Schulgewerkschaftsorganisationen‹ (SGO) mit eigener ›Schulgewerkschaftsleitung‹ (SGL) zusammengefaßt. Aufbau, Leitung und Aufgaben dieser Grundorganisationen entsprachen denen einer B.

Die B. untergliederte sich in Anlehnung an die Betriebsstruktur in Gewerkschaftsgruppen. An ihrer Spitze stand die →›Betriebsgewerkschaftsleitung‹, die in einem zweieinhalbjährigen Turnus von den Mitgliedern, in den Großbetrieben von der Vertrauensleutevollversammlung direkt und geheim gewählt wurde. In Betrieben mit mehr als 300 Gewerkschaftsmitgliedern wurde noch eine mittlere Leitungsebene geschaffen, indem in größeren Betriebsabteilungen ›Abteilungsgewerkschaftsleitungen‹ (AGL) gewählt wurden, die in ihrem Bereich die Gewerkschaftsarbeit auf der Grundlage der BGL-Beschlüsse organisierten.

Betriebskampfgruppen
→ Kampfgruppen der Arbeiterklasse

Betriebskollektivvertrag (BKV), 1951–1989
Vereinbarung zwischen Betriebsleitung und → ›Betriebsgewerkschaftsleitung‹ zur Sicherung von Planerfüllung, → ›Sozialistischem Wettbewerb‹, Arbeitsdisziplin und Arbeitsschutz

Der erste B. der DDR wurde am 1. Mai 1951 im ›VEB Stahl- und Walzwerk Riesa‹ abgeschlossen. Bis Ende des Jahres gab es bereits in 5000 → ›Volkseigenen Betrieben‹ solche Verträge. Sie wurden dann auch in den bis 1972 bestehenden Betrieben mit staatlicher Beteiligung vereinbart. Der Rahmen für die in einen B. aufzunehmenden Verpflichtungen wurde in zentralen Richtlinien, dem ›Rahmenkollektivvertrag‹ (RKV), seit 1978 im ›Arbeitsgesetzbuch der DDR‹ (AGB) vorgegeben. Zu Beginn der 80er Jahre kam es jährlich zum Abschluß von etwa 25000 B.
Der B. war ein zwischen Betriebsleiter und → ›Betriebsgewerkschaftsleitung‹ ausgehandelter Vertrag. Er war jeweils für ein Jahr gültig und sollte für diesen Zeitraum die Erfüllung des Betriebsplanes sichern und zugleich der planmäßigen Verbesserung von Arbeits- und Lebensbedingungen der Beschäftigten dienen. Bestandteil solcher Verträge waren daher auch Jugend- und Frauenförderungspläne sowie Vereinbarungen zum Gesundheits- und Arbeitsschutz. Ein neuer B. wurde auf einer Belegschaftsversammlung oder Vertrauensleutevollversammlung vom Betriebsleiter und vom BGL-Vorsitzenden unterzeichnet, und zwar jeweils unmittelbar nach der administrativen Bestätigung bzw. Korrektur des Betriebsplanes. Die inhaltlichen Festlegungen des Vertrages gingen stets von der für den Betrieb bindenden Staatsplanung aus und hatten vor allem auf Verpflichtungen zur Planübererfüllung im Rahmen des verfügbaren Rohstoffvolumens zu orientieren. Insofern diente der B. in erster Linie zur politischen Instrumentalisierung der Gewerkschaften und wirkte einer umfassenden gewerkschaftlichen Interessenvertretung der Arbeiter und Angestellten entgegen.

Betriebsparteiorganisation (BPO)
→ Grundorganisation der SED

Betriebsrat
→ Betriebsgewerkschaftsleitung

Betriebssportgemeinschaft (BSG), 1948–1990
Grundorganisationen des → DTSB in → ›Volkseigenen Betrieben‹ und staatlichen Einrichtungen

Geschichte und Organisation: Mit der Direktive des ›Alliierten Kontrollrats‹ vom 17.12.1945 wurde der ›Nationalsozialistische Reichsbund für Leibesübungen‹ vollständig liquidiert, womit auch die Auflösung aller Sport- und Turnvereine in Deutschland verfügt war. An deren Stelle ermöglichte diese Direktive die Zulassung »nicht-militärischer Sportorganisationen lokalen Charakters«. So erfolgte in der SBZ die Wiederbelebung sportlicher Betätigung zunächst unter der Aufsicht der kommunalen Organe, die den Zusammenschluß von Sportgemeinschaften (SG) förderten.
Nachdem im Oktober 1948 der → ›Deutsche Sportausschuß‹ (DS) gegründet worden war, orientierte dieser sogleich auf die Bildung von B., um die Arbeitersportbewegung schnell zu stärken. Das stieß jedoch bei älteren Arbeitersportlern auf starke Vorbehalte, weil sie doch früher gerade die »kapitalistischen« Werksportvereine bekämpft hatten. So beklagten die Funktionäre den schleppenden Verlauf der Gründung von B. In Sachsen gab es z. B. Mitte März 1949 schon 627 Sportgemeinschaften mit 72000 Mitgliedern, darunter aber nur 54 B. Den Durchbruch brachte dann im Dezember 1949 eine BSG-Konferenz im Schkopauer Buna-Werk (→ ›Kombinate‹, darin: ›VEB Chemische Werke Buna‹). Hier wurde eine möglichst enge Zusammenarbeit von → FDGB, → FDJ und DS zugunsten der B. vereinbart. Als »Bahnbrecher« wirkten aber zumeist die unter sowjetischer Verwaltung stehenden großen → SAG-Betriebe.
Von vornherein wurde der Sport nach sowjetischem Muster ideologisiert; da dies nun »auf Produktionsbasis« geschah, spielte der FDGB dabei eine bedeutende Rolle. In den Mittelpunkt öffentlicher Kampagnen wurde zunächst der »Kampf gegen das Nur-Sportlertum« gerückt und die Losung ausgegeben: »Jeder Sportler ein Aktivist!« Die B. wurden als »Keimzellen der demokratischen und sozialistischen Sportbewegung« nachhaltig gefördert. Um die materiellen Voraussetzungen für die Anschaffung von Sportkleidung und -geräten sowie für die Errichtung von Trainings- und Wettkampfstätten zu schaffen, investierte der FDGB Ende der 40er/An-

fang der 50er Jahre 10 Prozent seines Beitragsaufkommens in die B. Große B. waren in mehrere Sektionen untergliedert (z. B.: Fußball, Kegeln, Leichtathletik, Segeln usw.); diese wählten in der Sektionsversammlung die Sektionsleitung und die Delegierten für die Mitgliederversammlung der B.; die wiederum wählten den BSG-Vorstand und die Revisionskommission. Den ersten Landesmeistertitel für eine B. gewann am 14.3.1949 die ›BSG Neptunwerft Rostock‹ im Tischtennis, als sie im mecklenburgischen Finale die ›SG Stralsund‹ schlug.
Entsprechend der Organisationsstruktur des FDGB wurden 1951/52 die B. in Sportvereinigungen (SV) zusammengefaßt; in den meisten Fällen avancierten die Leiter der Abteilung Sport bei den →(›Industriegewerkschaften‹), zu Leitern der entsprechenden SV. »Auf Produktionsbasis« entstanden nun 18 SV: ›SV Aktivist‹ (Bergbau); ›SV Aufbau‹ (Bauindustrie); ›SV Chemie‹ (Chemische Industrie); →›SV Dynamo‹ (MdI, MfS); ›SV Einheit‹ (staatliche und kommunale Verwaltungen); ›SV Empor‹ (Handel und Versorgung); ›SV Fortschritt‹ (Textil- und Lederindustrie); ›SV Lokomotive‹ (→›Deutsche Reichsbahn‹); ›SV Medizin‹ (Gesundheitswesen); ›SV Motor‹ (Metallverarbeitende Industrie); ›SV Post‹ (→›Deutsche Post‹); ›SV Rotation‹ (Presse, graphische Betriebe, Bühne, Film und Funk); ›SV Stahl‹ (Hüttenindustrie und Maschinenbau); ›SV Traktor‹ (Land- und Forstwirtschaft); ›SV Turbine‹ (Energiebetriebe); ›SV Vorwärts‹ (→›Kasernierte Volkspolizei‹; später →›ASV Vorwärts‹); ›SV Wismut‹ (Uranbergbau); ›SV Wissenschaft‹ (Universitäten und Hochschulen).
Nach der im April 1957 vollzogenen Umwandlung des DS in den DTSB gingen 14 der oben genannten SV in den Bezirksverbänden des Sportbundes auf; ihre Betriebssportgemeinschaften wurden zu Grundorganisationen des DTSB. Die ›SV Lokomotive‹ und die ›SV Wismut‹ blieben mit dem Status einer eigenen DTSB-Bezirksorganisation bis 1978, die ›SV Dynamo‹ und die ›ASV Vorwärts‹ bis 1989/90 bestehen. Als sich nach dem 9.11.1989 die gesellschaftlichen Verhältnisse grundlegend änderten und immer mehr Industriebetriebe geschlossen wurden oder in schwere Krisen gerieten, ging es mit den B. zu Ende; viele wurden 1989/90 aufgelöst, einige in Sportvereine umgewandelt.

Funktionen und Wirkungen: Mit der Gründung von B. wurde an Traditionen der ›Arbeiter-Turn- und Sportvereine‹ angeknüpft. Doch nun sollten möglichst viele Werktätige unmittelbar in den Produktionsstätten für eine Sportbewegung gewonnen werden, in der die Arbeiterschaft dominant sein sollte. Um den »Aufbau des Sozialismus«, die »historische Mission« der Arbeiterklasse, verwirklichen zu können, hatte diese solche

Eigenschaften wie Organisiertheit, Bewußtheit und Disziplin auszuprägen. Dazu schien eine straff organisierte sozialistische Sportbewegung, die vor allem auch die Jugend erfaßte, vorzüglich geeignet. Als Mitte der 50er Jahre die Systematisierung der Leistungsförderung im DDR-Sport einsetzte, bildeten die SV zur konzentrierten Förderung der besten Sportler →›Sportclubs‹ (seit 1954). Den B. verblieb nunmehr die Aufgabe, den Massensport zu entwickeln. Ausnahmen bildeten allerdings solche Sportdisziplinen, die damals nicht zum Programm der Olympischen Spiele gehörten. In diesen Disziplinen (Basketball, Faustball, Kegeln, Schach, Sportangeln, Tennis, Tischtennis u. a.) blieben die B. weiterhin Leistungszentren.

Walter Ulbricht – wie manch anderes Mitglied der SED-Führung ein ehemaliger Arbeitersportler – verkündete 1958 den Slogan: »Für jedermann an jedem Ort – jede Woche einmal Sport.« Diesen Leitsatz begriff die B. als Auftrag; sie wurde zum Träger für eine Fülle massenpolitischer Veranstaltungen. 1983 wurde die Zahl der Teilnehmer an den jährlich stattfindenden Betriebssportfesten mit 3,186 Mio. angegeben; im selben Jahr erfüllten über 4 Mio. DDR-Bürger die Prüfungsbedingungen für das Sportabzeichen ›Bereit zur Arbeit und zur Verteidigung der Heimat‹. BSG-Sportler beteiligten sich an den mit Nachdruck propagierten Aktionen des Massensports, so z.B. an den »Mach-mit-bleib-fit!«-Wettkämpfen, den »Lauf-dich-gesund«-Veranstaltungen, den ›Meilenläufen‹, am ›Cross der Jugend‹, am Familien-Fernwettkampf »Für Dich«, an den Urlauber-Olympiaden »Mein Urlaub – kein Urlaub vom Sport«, an den Kraftsportwettbewerben »Stärkster Lehrling der DDR«, dem »TTT – Tischtennis-Turnier der Tausende« u. v. m.

Die B. boten insgesamt gute Bedingungen für die sportliche Betätigung ihrer Mitglieder; die Mitgliedsbeiträge waren niedrig, Sportstätten und Sportgeräte ausreichend vorhanden. Laut ›Arbeitsgesetzbuch der DDR‹ waren die Betriebe verpflichtet, »die regelmäßige sportliche Betätigung der Werktätigen zu fördern« und »insbesondere die Betriebssportgemeinschaft bei der Erfüllung ihrer Aufgaben zu unterstützen«. Auch den Familien der Betriebsangehörigen sollte danach ermöglicht werden, am »sportlichen Leben des Betriebes teilzunehmen«. Die vorrangige Entwicklung des Hochleistungssports und dessen technische Ausstattung, die großzügige Förderung der Spitzensportler und des hochtalentierten Nachwuchses sowie deren sportmedizinische Betreuung (→›Sportmedizinischer Dienst‹) wurden von den BSG-Mitgliedern jedoch häufig mit Unbehagen registriert, weil daran gemessen die Möglichkeiten des BSG-Sports bescheiden blieben. Aber auch BSG-Sportler wurden i. d. R. für Wettkämpfe von der Arbeit freigestellt, und ehrenamtliche Übungsleiter

stießen auf viel Verständnis bei den →BGL, die deren Arbeit großzügig unterstützte.
Die Bereitschaft zur Förderung sportlicher Aktivitäten rührte zum guten Teil daher, daß mit dem vielfach gefeierten internationalen Renommee des DDR-Spitzensports ein entsprechendes gesellschaftliches Klima erzeugt worden war. Hinzu kam, daß innenpolitisch die Balance zwischen Leistungs- und Massensport gehalten werden mußte. Es soll auch nicht verkannt werden, daß mit der nachhaltigen Förderung des Massensports neben ideologischen auch gesundheitspolitische Ziele verfolgt wurden. Nicht zuletzt wurde der in der DDR praktizierte »Volkssport« als willkommenes Freizeitangebot gesehen und in Anspruch genommen.

Bezirk, 1952–1990
Größte Gebietseinheit in der Verwaltungsgliederung der DDR

Mit dem am 23.7.1952 von der → Volkskammer verabschiedeten »Gesetz über die weitere Demokratisierung des Aufbaus und der Arbeitsweise der staatlichen Organe in den Ländern der DDR« wurden anstelle der bisherigen 5 Länder 14 in Kreise untergliederte Bezirke gebildet: Chemnitz (seit 1953 Karl-Marx-Stadt), Cottbus, Dresden, Erfurt, Frankfurt (Oder), Gera, Halle, Leipzig, Magdeburg, Neubrandenburg, Potsdam, Rostock, Schwerin und Suhl. Die bestehenden Kreise wurden verkleinert und ihre Zahl von 132 auf 217 erhöht. Auch Ostberlin erhielt den Status eines B. und wurde – im Widerspruch zur westlichen Auffassung vom alliierten Sonderstatus der Viersektorenstadt – als 15. B. bezeichnet.
Die Aufhebung der Länder erfolgte in unmittelbarer Reaktion auf die II. Parteikonferenz der → SED, die vom 9.–12.7.1952 stattfand. Diese hatte beschlossen, »in allen Bereichen der Gesellschaft planmäßig die Grundlagen des Sozialismus zu schaffen«, und zur schnellen Annäherung an dieses Ziel wurden nun die in der Verfassung von 1949 festgeschriebenen föderalen Strukturen und Landestraditionen beseitigt. Mit einer sowjetischem Vorbild entsprechenden Zentralisierung der Verwaltungen glaubte die SED, die gesellschaftliche Umgestaltung besser lösen zu können. Sie schuf sich damit zumindest einen willkommenen Vorwand, die sog. bürgerlichen Kräfte in den Landesverwaltungen auszuhebeln. Vor allem aber wurde der Staatsaufbau entsprechend dem Sozialismusverständnis und den politischen Bedürfnissen der SED-Führung verändert und für eine zentrale Wirtschaftslenkung maßgeschneidert. Da alle großen Projekte des ersten Fünfjahrplans (1951–1955) zentral geleitet wurden, entstanden die neuen Bezirksgrenzen zum großen Teil aus wirtschaftlichen Überlegungen.

Während der politischen »Wende« tauchten schon bald Forderungen nach Wiedereinführung der Länder auf. Die Volkskammer verabschiedete daraufhin am 22.7.1990 das »Ländereinführungsgesetz«, aufgrund dessen am 14.10.1990 Landtagswahlen stattfinden konnten. Der damit eingeleitete Prozeß wurde schließlich durch die Konstituierung von Länderparlamenten und durch die Verabschiedung der Länderverfassungen vollendet.

Bezirkseinsatzleitungen

→ Einsatzleitungen der DDR

Bezirksplankommission (BPK), 1961–1989

Für die regionale Planung zuständiges Fachorgan der → Räte der Bezirke

Geschichte und Organisation: Die B. wurden im November 1961 gegründet; sie fungierten als jeweiliges Fachorgan eines Rates des Bezirkes, waren aber gleichzeitig der →›Staatlichen Plankommission‹ unterstellt. Eine B. wurde von einem Vorsitzenden geleitet, der gleichzeitig stellvertretender Vorsitzender des RdB war; sie war in mehrere Abteilungen aufgegliedert, die sich mit infrastrukturellen, demographischen und arbeitspolitischen Entwicklungen im Zuständigkeitsgebiet befaßten, die Investitionstätigkeit im Bezirk koordinierten, Flächennutzungen ermittelten, Standortgenehmigungen für Wirtschafts- und Versorgungseinrichtungen erteilten und dabei für Planabstimmung sorgten mit jenen Betrieben und Einrichtungen, die dem RdB nicht unterstanden.

Funktionen und Wirkungen: Im Unterschied zum →›Bezirkswirtschaftsrat‹ (BWR) wurden der B. hauptsächlich plankoordinierende Tätigkeiten übertragen: Sie hatte die bezirklichen Planentwürfe für die Fünfjahrpläne und die Jahresplanung auszuarbeiten, war aber auch für die Perspektivplanung der wirtschaftlichen, sozialen und kulturellen Entwicklung im → Bezirk verantwortlich. Dabei hatte sie sich auf regionaler Ebene mit wirtschaftsleitenden Organen, zentralgeleiteten ›Kombinaten‹, Betrieben und Einrichtungen abzustimmen, da die Festlegung von Flächennutzungen, die industrielle Standortverteilung innerhalb des Bezirkes und die damit zusammenhängenden Investitionsentscheidungen ja stets die Belange mehrerer Planungsbereiche und -zuständigkeiten berührten. Waren nach oft kompliziertem Meinungsaustausch schließlich Planentwürfe ausgearbeitet, so wurden diese zunächst im Sekretariat der SED-Bezirksleitung behandelt, dann der SED-Bezirksleitung zur Beschlußfassung vorgelegt und danach erst dem jeweiligen RdB zugeleitet. Dieser gab jedem Planentwurf dann die vorgeschriebene Fas-

sung, in der er dem → Bezirkstag zugeleitet wurde, wo er in aller Regel per Akklamation Gesetzeskraft erhielt.
Alle diese Pläne mußten mit den zentral erlassenen Gesetzen und staatlichen Auflagen, mit den von der SPK für die jeweiligen Bezirke detailliert festgelegten Planauflagen und Bilanzen sowie auch mit den die Bezirke berührenden Planungen der → ›Kombinate‹ in Übereinstimmung gebracht werden. Mit der im Jahre 1982 eingeführten neuen »Bilanznomenklatur« wurden 376 Staatsplanbilanzen durch den → Ministerrat, 674 Ministerratsbilanzen durch die SPK und 1086 Kombinatsbilanzen durch den jeweils zuständigen Fachminister bestätigt. Das bedeutete, daß mit diesen insgesamt 2136 Bilanzen über 76 Prozent der gesamten Produktion zentral entschieden wurde. Weitere rd. 2400 Bilanzen wurden durch bilanzbeauftragte ›Kombinate‹ erarbeitet und durch deren Generaldirektoren bestätigt. Damit blieb der Rahmen für eine konkrete regionale Mitsprache bei der Volkswirtschaftsplanung sehr eng gesteckt. Bei der Beschlußfassung des Bezirkstages zum Bezirksplan war auch jeweils ein Stellvertreter des Vorsitzenden der SPK anwesend.
Mit dem 1.1.1965 wurden ›Büros für Territorialplanung‹ eingerichtet und den B. unterstellt. Diese Büros waren für die Raum- und Infrastrukturplanung zuständig, sie schufen Entscheidungsgrundlagen für die Standortgenehmigungen und führten ein ›Planungs-Kataster‹, das den Generalverkehrs- und Generalbebauungsplänen eines Bezirks maßgeblich zugrunde lag; sie analysierten ferner, wie sich die Anwesenheit industrieller Großanlagen auf das Gebiet auswirkte, welcher betriebswirtschaftliche Nutzen von Investitionsvorhaben zu erwarten sei und wie die Siedlungsdichte in Ballungsgebieten das Verhältnis von Stadt und Land beeinflußte. Als nachgeordnete Organe der B. fungierten die ›Kreisplankommissionen‹ (KPK), die nach den Vorgaben der B. die örtliche Planung organisierten und koordinierten, indem sie auf Kreisebene entsprechende Aufgaben wahrnahmen und den vorgeordneten Planungsbehörden zuarbeiteten. Auch die KPK waren doppelt unterstellt, standen also in Rechenschaftspflicht gegenüber der B. und waren zugleich Fachorgan des Rates des Kreises.

Auflösung/Ende: Die Modrow-Regierung begann im Dezember 1989, die SPK in ein ›Wirtschaftskomitee‹ umzuwandeln, dem insbesondere die Aufgabe zugedacht war, durchgreifende Wirtschaftsreformen zu konzipieren und einzuführen. Damit verloren die B. einen großen Teil ihrer Funktionen. Nachdem am 25.1.1990 der Ministerrat die volle Gewerbefreiheit für die Handwerks-, Handels- und Dienstleistungsbetriebe beschlossen hatte und die Privatisierung der → ›Volkseigenen Betriebe‹ einsetzte, veränderte sich das bezirkliche Wirtschaftsleben grundlegend, und die Funktionen der B. wurden nach und nach obsolet.

Bezirkstag, 1952–1990
Volksvertretung und höchstes verfassungsmäßiges Organ eines →Bezirks

Geschichte und Organisation: Nach der administrativen Bildung der Bezirke im Juli 1952 traten die bei den Volkskammer- und Landtagswahlen vom 15. 10. 1950 auf Einheitslisten gewählten Abgeordneten der vormaligen Landtage entsprechend der jeweiligen Lage ihres damaligen Wahlkreises zu ›Bezirkstagen‹ zusammen. Die ersten der neuen B. traten am 29. 7. 1952 in Rostock und Schwerin, am 30. 7. der in Neubrandenburg zusammen. Diese neuen Volksvertretungen setzten sich aus jeweils 60 bis 90 Personen zusammen; sie wählten aus ihrer Mitte die →Räte der Bezirke (RdB), die Verwaltungsorgan und vollziehende Gewalt zugleich sein sollten. Bei den Volkskammer- und Bezirkstagswahlen vom 17. 10. 1954 wurden dann erstmals Abgeordnete für die Bezirkstage gewählt; jeweils 120 bis 160 Volksvertreter, die wiederum – wie in allen folgenden Jahren – auf Einheitslisten kandidierten. Auf Beschluß des →Staatsrates vom 16. 3. 1981 wurde die Zahl der B.-Abgeordneten im Verhältnis zur Einwohnerzahl eines Bezirkes auf 190 bis 250 festgelegt.

Funktionen und Wirkungen: Die B. wurden bis zum Wahlgesetz vom 24. 6. 1976 alle 4 Jahre, danach alle 5 Jahre von der Bevölkerung der Bezirke gewählt. Sie hatten – anders als zuvor die Landtage – gegenüber dem →Ministerrat kaum noch eigene politische Kompetenzen. Grundlage ihrer Tätigkeit waren die Gesetze und Beschlüsse der →Volkskammer, die Erlasse und Beschlüsse des →Staatsrates (seit 1960) und die Verordnungen und Beschlüsse des Ministerrates, für deren Verwirklichung auf Bezirksebene sie verantwortlich waren. Beschlüsse der B. konnten vom MR aufgehoben werden, wenn sie im Widerspruch zu Gesetzen oder Beschlüssen der Volkskammer standen.

Der B. wählte den →Rat des Bezirks, den Vorsitzenden des Rates, seine Stellvertreter und den Sekretär sowie ständige und zeitweilige Kommissionen. Außerdem hatte er das Recht zur Wahl der Direktoren, Richter und Schöffen des Bezirksgerichts und zur Bestätigung der Vorsitzenden und Mitglieder der →›Arbeiter-und-Bauern-Inspektion‹ des Bezirks. Er kontrollierte die Arbeit der staatlichen Organe im Bezirk, und zugleich oblag ihm die Anleitung und Kontrolle der Kreistage und Stadtverordnetenversammlungen (→›Örtliche Volksvertretungen‹); er konnte Beschlüsse der Kreistage im Bezirk aufheben. Auf der Grundlage zentraler staatlicher Kennziffern und auf Vorschlag des RdB beschloß der B. den Fünfjahrplan, den Jahresplan und den Haushaltsplan des Bezirks. Für die Arbeit in den wichtigsten Aufgabenbereichen bildete der B. die folgenden ›Ständigen Kommissionen‹, die immer von einem Abgeordneten geleitet wurden, deren Mitglieder aber nicht in jedem Fall Abgeordnete waren: Planung und Koordinierung; Haushalt und Finanzen; Örtliche Versorgungswirtschaft; Land-, Forst- und Nahrungsgüterwirtschaft; Handel und Versorgung; Bauwesen und Wohnungswirtschaft; Verkehr und Straßenwesen; Landeskultur und Wasserwirtschaft; Sozialistisches Bildungswesen; Gesundheits- und Sozialwesen; Kultur/kulturelle Massenarbeit; Jugendfragen/Körperkultur/Sport; Ordnung und Sicherheit; sozialistische Wehrerziehung. Seit den Wahlen von 1976 wurden in zunehmendem Maße Sekretäre bzw. Mitglieder der SED-Bezirksleitungen zu Vorsitzenden dieser Kommissionen gewählt.

Die Machtverteilung zwischen dem B. und der SED-Bezirksleitung (→SED), dem unumstrittenen obersten Machtorgan im Territorium, funktionierte reibungslos: Das Sekretariat der SED-Bezirksleitung, dem u. a. als ständige Mitglieder die →FDGB- und →FDJ-Chefs des Bezirks sowie der Vorsitzende des →Rates des Bezirks angehörten, behandelte generell alle gesellschaftspolitisch relevanten Fragen und faßte entsprechende Beschlüsse. Die wurden – je nach dem Willen des Sekretariats – der SED-Bezirksleitung zur Beratung empfohlen. Diese – zahlreiche ihrer Mitglieder waren zugleich Abgeordnete des B. – faßte nun ihrerseits entsprechende Beschlüsse, die die strategischen und häufig auch sehr detaillierten Sekretariatsbeschlüsse für die »öffentliche Diskussion« gebrauchsfähig machten. Es sollte ja auf alle Fälle so aussehen, als hätte primär der Bezirkstag Entscheidungsbefugnis; und außerdem galt die Devise: »Der Feind hört mit!«

Nachdem so die »Marschrichtung« festgelegt worden war, begannen die Mitglieder der SED im Bezirkstag aktiv zu werden. Der vorgegebenen Linie entsprechend stellte die SED-Fraktion nun Anträge zur Behandlung von Beschlußvorlagen. Aus taktischen und sachlichen Erwägungen heraus wurde das allerdings häufig auch den Fraktionen von FDGB, FDJ, DFD oder Kulturbund überlassen (→Blockpolitik). Da die SED-Mitglieder, die in den Fraktionen der Massenorganisationen mitgerechnet, in jedem Fall über eine Zweidrittel-Mehrheit verfügten, wäre eine mögliche Opposition immer unterlegen gewesen. Diese Überlegungen spielten jedoch bei den Mitgliedern der anderen Blockparteien kaum eine Rolle, hatten sie doch die führende Rolle der SED, die im übrigen in der DDR-Verfassung verankert war, längst schon in die eigene Parteiprogrammatik übernommen.

Auflösung/Ende: Die B. beendeten ihre Tätigkeit mit den Landtagswahlen vom 14.10.1990.

Bezirkswirtschaftsrat (BWR), 1963–1989

Staatliches Organ für die Planung und Leitung der bezirksgeleiteten Industrie

Die B. wurden auf Beschluß des VI. Parteitages der SED 1963 als »doppelt unterstellte« Fachorgane gebildet; sie wurden einerseits vom →Ministerium für Bezirksgeleitete Industrie und Lebensmittelindustrie angeleitet, andererseits waren sie dem →Bezirkstag rechenschaftspflichtig. Den B. waren wiederum alle →›Volkseigenen Betriebe‹ (VEB) direkt unterstellt, während die Privatbetriebe bis 1972 – und, soweit damals nicht verstaatlicht, auch weiterhin – sowie die industriell produzierenden →PGH ihnen lediglich zugeordnet waren. Allerdings standen einem B. auch diesen gegenüber ausreichende Steuerungsmöglichkeiten zur Verfügung, da er z. B. durch die Materialkontingentierung, durch die Bestätigung von Baubilanzen, die Umlenkung von Investitionsmitteln u. a. m. vielfältig Einfluß nehmen konnte. Als man begann, bezirksgeleitete →›Kombinate‹ zu bilden, von denen es 1981 bereits 93 gab, wurden diese ebenfalls den B. direkt unterstellt.

Der B. wurde von einem Vorsitzenden geleitet, der zugleich auch stellvertretender Vorsitzender des →Rates des Bezirks war; außerdem war er stets gewähltes Mitglied der SED-Bezirksleitung und deren Beschlüssen untergeordnet. Er wurde vom Bezirkstag gewählt, doch die Berufung in seine Funktion erfolgte stets durch den Minister für die Bezirksgeleitete Industrie und Lebensmittelindustrie. Neben Abteilungen für Querschnittsbereiche (z. B. Finanzen, Technik, Materialwirtschaft) verfügte ein B. immer über mehrere Industrieabteilungen, die nach dem Produktionsprinzip organisiert waren; diese waren jeweils der direkte, weisungsbefugte Partner aller zu einem Produktionszweig gehörenden Industriebetriebe im Bezirk. Über die Industrieabteilungen nahm der B. seine Hauptaufgabe wahr: die Ausarbeitung und Durchführung staatlicher Pläne sowie die Überwachung der Planerfüllung in der bezirksgeleiteten Industrie. Darin kam ihm eine ähnliche Stellung zu, wie sie im Bereich der zentralgeleiteten Industrie anfangs die →›Vereinigungen Volkseigener Betriebe‹ (VVB) und dann an deren Stelle die Kombinatsleitungen einnahmen.

Soweit der B. über die Anleitung und Kontrolle hinaus längerfristig wirksame Planungsaufgaben und Projektierungen übernahm, hatte er mit den jeweiligen →Bezirks- und Kreisplankommissionen bzw. mit anderen Ämtern und Fachorganen der ›Örtlichen Räte‹ zusammenzuarbeiten. Er selbst konnte bei der Bearbeitung solcher Aufgaben i. d. R. auf ein Organisations- und Rechenzentrum wie auch auf einen ihm unterstellten VEB für Rationalisierung oder auf ein entsprechend qualifiziertes Ingenieurbüro zurückgreifen.

Auflösung/Ende: Am 22.7.1990 verabschiedete die →Volkskammer das Ländereinführungsgesetz. Die fünf einstigen Länder der DDR sollten mit leichten Grenzkorrekturen am 14.10.1990 mit der Wahl der Landtage wiedererstehen. Mit diesem Datum stellten die B., die schon seit langem Funktionen und Befugnisse eingebüßt hatten, endgültig ihre Tätigkeit ein.

Bibliotheksverband der DDR, 1964–1990

Korporative Fachorganisation der Bibliotheken, der zentralen Institutionen des Buch-, Dokumentations- und Informationswesens sowie zugehöriger Aus- und Weiterbildungseinrichtungen

Geschichte und Organisation: Der B. wurde am 18. März 1964 als ›Deutscher Bibliotheksverband‹ gegründet und 1972 in B. umbenannt. Beitreten konnten ihm alle Einrichtungen und Institutionen des Bibliotheks- und Dokumentationswesens, die hauptberuflich geleitet wurden. Diese wurden jeweils durch den Leiter der Einrichtung oder dessen Beauftragte vertreten. Grundorganisationen des Verbandes waren die Bezirksgruppen, die meist einmal im Jahr zu Vollversammlungen zusammenkamen. Höchstes Organ war die Hauptversammlung, die i.d.R. alle 5 Jahre einberufen wurde und dann das Präsidium und den Revisionsausschuß wählte. Das Präsidium wählte aus seiner Mitte den Präsidenten, die Vizepräsidenten und den Schatzmeister; es unterhielt in Berlin/DDR ein Büro für die laufenden Arbeiten und bildete Sektionen, in denen jeweils Mitglieder gleicher Fachbereiche zusammenarbeiteten. So bestanden Sektionen für gesellschaftswissenschaftliche, technische, landwirtschaftliche und medizinische Bibliotheken. Außerdem berief das Präsidium Fachkommissionen für Publikationen und Öffentlichkeitsarbeit, für Katalogisierungsverfahren, für Rechts- und Berufsfragen sowie für die Bibliotheksarbeit mit Kindern.

Funktionen und Wirkungen: Die Bibliotheksverordnung vom 31.5.1968 übertrug dem B. die Aufgabe, sich für eine »hohe politisch-ideologische, wissenschaftliche und geistig-kulturelle Wirksamkeit aller Bibliotheken« einzusetzen. Entsprechend hatte er die Interessen der zugehörigen Institutionen bei der Entwicklung des Bibliothekssystems der DDR wahrzunehmen. Präsident und Vizepräsident waren ex officio Mitglieder

des Beirates für Bibliothekswesen beim Minister für Kultur. Der B. vertrat die Bibliotheken der DDR in internationalen Fachorganisationen.
Im Inland setzte er sich sehr für die Betreuung und berufliche Qualifizierung von Mitarbeitern der ihm angehörenden Einrichtungen ein und konnte auf diesem Gebiet auch einiges bewirken. Allen Forderungen nach Verbesserung der »wissenschaftlichen und geistig-kulturellen Wirksamkeit« konnte er jedoch nur bedingt genügen, denn Umfang und Beschaffenheit der Bibliotheksbestände waren sehr unterschiedlich und vielfach einseitig. Zwar waren Werke des Marxismus-Leninismus überall auszuleihen und ebenso die entsprechende apologetische Literatur. Moderne politikwissenschaftliche, philosophische, ökonomische, soziologische, pädagogische und ökologische Publikationen, wie sie im Westen für die Prägung des politischen Bewußtseins oder anderer Erscheinungsformen des Zeitgeistes wesentlich wurden, waren kaum zu bekommen. Auch das in wissenschaftlichen Bibliotheken Vorhandene war häufig nur mit »Giftschein« zugänglich, d. h. mit ausdrücklicher, schriftlicher Befürwortung des Leiters einer Einrichtung und nur mit nachgewiesenem Bezug auf ein bestimmtes Forschungsprojekt. Insofern waren wissenschaftliche Informations- und Kommunikationsmöglichkeiten vor allem für die gesellschaftswissenschaftliche Intelligenz und deren Nachwuchs äußerst beschränkt und oft gänzlich versperrt.
Hinsichtlich der materiellen Ausstattung der Bibliotheken und eines freizügigeren Umgangs mit den vorhandenen Beständen konnte der B. fast nichts erreichen. Zwar war er bemüht, durch eigene Ausarbeitungen und Vorschläge sowie durch Beratungen mit den zuständigen Ministerien auf eine Verbesserung des beschriebenen Zustandes hinzuwirken, aber das gelang nur partiell. So gab es – abgesehen von öffentlichen Büchereien in Neubaugebieten und der ›Berliner Stadtbibliothek‹ – nur einen Neubau einer großen wissenschaftlichen Bibliothek, den für die ›Bergakademie Freiberg‹ (→ Technische u. landw. Hochschulen). Allgemeinbibliotheken, Gewerkschaftsbibliotheken und insbesondere die Kinderbibliotheken verfügten jedoch z. T. über recht gut sortierte Bestände. Allerdings war auch dort der Zugang zu schöngeistiger Weltliteratur häufig leichter als der zu Büchern von kritischen DDR-Autoren.

Auflösung/Ende: Im Juni 1990 zählte der B. 2227 Mitglieder. Er nannte sich nun – schon in Annäherung an den westdeutschen Partnerverband – ›Deutscher Bibliotheksverband/DDR‹ (ab 3. 10. 1990 ›Deutscher Bibliotheksverband/Ost‹). Auf einer vom 12.–14. 6. 1990 in Magdeburg abgehaltenen ao. Hauptversammlung nahm er eine geänderte Satzung an und wählte einen neuen Vorstand mit Prof. Dr. Joachim Dietze als Vorsitzendem. Am 11. Juli d. J. begannen dann in Berlin Verhandlungen über eine Vereinigung mit dem ›Deutschen Bibliotheksverband‹ (DBV) in der BRD, die im Januar 1991 abgeschlossen wurden. Bis Dezember 1990 hatten sich in den neuen Bundesländern auch fünf Landesverbände des DBV/Ost gebildet.

Eine Mitgliederversammlung des DBV/Ost beschloß am 20.11.1990 in Berlin mit großer Mehrheit, die Tätigkeit des ehemaligen DDR-Verbandes durch Vereinigung mit dem DBV zu beenden. Dieser Beschluß wurde am 28.2.1991 während der DBV-Jahrestagung in Göttingen vollzogen; auf der Grundlage einer neuen Satzung und Wahlordnung schlossen sich 1086 Mitgliedsbibliotheken der alten mit rd. 1600 Einrichtungen der neuen Bundesländer zum ›Deutschen Bibliotheksverband e. V.‹ zusammen.

Bei dieser Gelegenheit wurde auf die Notlage aller Bibliotheken in den neuen Bundesländern verwiesen, die sich auch in dem starken Mitgliederschwund zeigte. Zwar konnten in der DDR auch Filialbibliotheken und kleine Werks- oder Patientenbüchereien Mitglied im B. sein, so daß die Menge der Mitgliedschaften nicht viel über die allgemeine Bibliotheksversorgung aussagte, gleichwohl wurde in Göttingen dazu mitgeteilt, daß nahezu 30 Prozent der 13500 öffentlichen Bibliotheken der ehemaligen DDR geschlossen seien oder vor der Auflösung stünden; besonders betroffen seien dabei die ehemaligen Gewerkschaftsbibliotheken.

Präsidenten: Horst Kunze (1964–1968); Helmut Rötzsch (1968–1974); Gotthard Rückl (1974–1987); Karl-Heinz Jügelt (1987–1990); Joachim Dietze (1990–1991)
Auszeichnungen: Ehrennadel des B.
Publikationen: Informationsblatt ›Bibliotheksverband aktuell‹; selbständige Publikationen, Tagungsberichte, fachliche und territoriale Bibliotheksführer u. a.

Bildungspolitik

In Sommer und Herbst 1945 begann in der SBZ eine grundlegende Umgestaltung des vordem vom Nationalsozialismus geprägten Schulwesens. Viele Schulen waren zerstört und beschädigt; zudem gab es zu diesem Zeitpunkt in der SBZ noch 4114 einklassige Schulen, in denen ein Lehrer alle Jahrgänge gemeinsam unterrichtete, so daß auch bei bestem Willen des Lehrers die Bildungschancen seiner Schüler gering waren. Schon im Juli 1945 wurde die ›Deutsche Zentralverwaltung für Volksbildung‹ (DVV) gebildet und Paul Wandel (KPD) zu ihrem Präsidenten ernannt. Unter deren Leitung und unter Aufsicht der →SMAD setzte ein Demokratisierungs- und Erneuerungsprozeß im Bildungswesen ein. Die wichtigsten Ziele der damaligen B., die in ihren Grundzügen zunächst von einer Mehrheit der politisch willensbildenden Kräfte in der SBZ getragen

wurde, bestanden in folgendem: Erziehung der Kinder in antifaschistischem Geist; Beseitigung aller Bildungsprivilegien; Aufbau eines einheitlichen Schulsystems; Trennung von Schule und Kirche; Abschaffung von Privatschulen; Bildung eines neuen Lehrkörpers; Ausarbeitung neuer Lehrpläne und Lehrbücher; Reform des Hochschulwesens.
Diese Zielsetzungen wurden in einem »Gesetz zur Demokratisierung der deutschen Schule« fixiert, das im Mai und Juni 1946 von den Länderparlamenten in der SBZ angenommen wurde. Danach sollten die Kinder und Jugendlichen »frei von nazistischen und militaristischen Auffassungen im Geiste des friedlichen und freundschaftlichen Zusammenlebens der Völker und einer echten Demokratie zu wahrer Humanität« erzogen werden. Auf dieser gesetzlichen Grundlage entstand nun ein Einheitsschulsystem staatlichen und weltlichen Charakters: Alle Kinder sollten für 8 Jahre die Grundschule besuchen; danach führten 4 Jahre Oberschule zur Hochschulreife (Abitur), oder es schloß sich eine zwei- bis dreijährige Berufsausbildung an; es wurde Schulgeldfreiheit an allen Schulen eingeführt, auch die Unterrichtsmittel waren kostenlos. Da 72 Prozent der Lehrer in der SBZ Mitglied der NSDAP gewesen waren, fehlten, nachdem man diese aus dem Schuldienst entlassen hatte, etwa 40000 Lehrer. Um diese Lücke zu füllen, wurden kurzfristig und im Schnellverfahren »Neulehrer« ausgebildet, die vielfach aus der Arbeiterschaft stammten und von örtlichen Auswahlkommissionen ausgesucht wurden.
Auch an den →Universitäten und Hochschulen leitete man eine weitgehende Entnazifizierung ein. Als erste der auf dem Gebiet der SBZ vorhandenen Universitäten wurde – nach direkter Einflußnahme Walter Ulbrichts – die ›Friedrich-Schiller-Universität‹ in Jena (→Universitäten) am 15.10.1945 wiedereröffnet; die Universitäten in Berlin, Greifswald, Halle-Wittenberg, Leipzig und Rostock folgten bis Februar 1946, die Technische Universität Dresden erst Anfang Oktober d. J. Im Zuge der Entnazifizierung wurden auch hier zahlreiche Professoren und andere Lehrkräfte aus dem Dienst entfernt; an der Leipziger Universität (später ›Karl-Marx-Universität‹) verblieben z. B. von vormals 222 Lehrkräften nur 52. Schon 1946 wurde auch damit begonnen, Institute für dialektischen Materialismus an den Universitäten und Hochschulen zu etablieren; das erste wurde am 12.10.1946 innerhalb der Sozialpädagogischen Fakultät der ›Friedrich-Schiller-Universität‹ eingerichtet.
Die →SED, die ab 1948 im frostiger werdenden Kalten Krieg zu einer stalinistischen Partei umgeformt wurde, sicherte sich auch im Bildungswesen zunehmend die politische Dominanz, indem auch dort alle wichtigen Funktionen mit Parteimitgliedern besetzt wurden. Die von der Einheitspartei vertretene B. orientierte die Erziehungswissenschaften stark

auf die sowjetische Pädagogik, die mit den Namen Krupskaja und Makarenko verbunden war. Nachdem Otto Grotewohl auf dem III. Parteitag der SED im Juli 1950 gefordert hatte, die Bildungs- und Erziehungsinhalte an Schulen und Hochschulen auf der Grundlage des dialektischen Materialismus zu fundieren, verabschiedete die 4. Tagung des →›Zentralkomitees der SED‹ am 19. 1. 1951 mehrere bildungspolitische Entschließungen: »Die nächsten Aufgaben der allgemeinbildenden Schule«; »Zur Verbesserung der Berufsausbildung«; »Die nächsten Aufgaben in den Universitäten und Hochschulen«. Hinter diesen beliebig klingenden Titelformulierungen verbarg sich die Entschlossenheit, den Marxismus-Leninismus als Grundlage für die Erziehung und Ausbildung der Jugend umfassend durchzusetzen.

Für die allgemeinbildenden Schulen wurde beschlossen: »Die Schule muß auf der Grundlage des Marxismus-Leninismus in allen Unterrichtsfächern die fortschrittlichen Ergebnisse der Wissenschaft, insbesondere der Sowjetwissenschaft, vermitteln, um die Jugend zu befähigen, den Kampf ... um die Erfüllung der im Fünfjahrplan gestellten Ziele erfolgreich führen zu können.« Im Herbst 1950 traten an den Schulen entsprechende neue Lehrpläne und Lehrbücher in Kraft. Das ZK der SED beauftragte das →Ministerium für Volksbildung (→›Ministerrat der DDR‹), die Ausbildung der Lehrer zu verbessern und Maßnahmen für ihre »politische Höherqualifizierung« einzuleiten. Für die zentrale Leitung der Universitäten und Hochschulen wurde ein ›Staatssekretariat für Hochschulwesen‹ (→Ministerium für Hoch- und Fachschulwesen) gegründet; dieses erließ umgehend eine Verordnung über die Neuorganisation des Hochschulwesens, mit der eine auf die Bedürfnisse des sozialistischen Aufbaus zugeschnittene umfassende Hochschulreform eingeleitet wurde; dazu gehörte u. a. die Einführung eines obligaten marxistisch-leninistischen Grundstudiums für die Studenten aller Fachrichtungen ab September 1951.

Die II. Parteikonferenz der SED beschloß im Juli 1952 den raschen Aufbau der Grundlagen des Sozialismus in der DDR: Für das Bildungswesen formulierte sie den Auftrag, »allseitig entwickelte Erbauer des Sozialismus heranzubilden, die zu hohen Leistungen in der Produktion und bei der Verteidigung der Heimat fähig und bereit sind, die sich bewußt in den Dienst des sozialistischen Aufbaus stellen«. Die Forderung löste an den Schulen und Universitäten heftige Auseinandersetzungen aus, weil viele Jugendliche sich dem verordneten Kurs und den sich vielfach radikal gebärdenden Bildungs- und FDJ-Funktionären widersetzten. Im Gegenzug wurden insbesondere Schüler und Studenten, die in der →›Jungen Gemeinde‹ engagiert waren, kriminalisiert und drangsaliert;

der Druck steigerte sich in Einzelfällen bis zu Relegationen und politischen Strafprozessen.
Nachdem im Juni 1953 die politische Krise der DDR offen ausgebrochen und der Arbeiteraufstand an sowjetischen Panzern gescheitert war, wurde diese rigorose Politik zurückgenommen, und die Lage an den Schulen und Hochschulen beruhigte sich. Gleichwohl bemühte sich die SED weiterhin, den kirchlichen und »bürgerlichen« Einfluß auf die Heranwachsenden zurückzudrängen. Dazu diente ihr u. a. die Gründung des ›Zentralen Ausschusses für Jugendweihe‹ im November 1954. Die von diesem vorbereiteten und im folgenden Frühjahr begonnene Einführung der →›Jugendweihe‹ wurde trotz heftiger Proteste von kirchlicher Seite zu einem partei- und bildungspolitischen Erfolg, denn dieses atheistische Ersatzritual wurde in der DDR-Bevölkerung zunehmend akzeptiert und übernahm fortan eine wichtige Funktion in der B.
Bereits am 1.9.1951 waren die ersten Zehnklassenschulen eröffnet worden, die man ab 1956 als Mittelschulen, ab 1959 als Oberschulen bezeichnete. Mit dem am 2.12.1959 von der →Volkskammer verabschiedeten »Gesetz über die sozialistische Entwicklung des Schulwesens in der DDR« wurde dann die zehnklassige allgemeinbildende ›Polytechnische Oberschule‹ (POS) zur Pflichtschule für alle Kinder erklärt. Für die Erlangung des Abiturs war ein vier-, später zweijähriger Besuch der ›Erweiterten Oberschule‹ (EOS) vorgesehen. Diese war zunächst in 3 Zweige untergliedert: ein neusprachlicher (erweiterter Unterricht in Russisch, Englisch, wahlweise Französisch oder Latein), ein naturwissenschaftlich-mathematischer (schwerpunktmäßig Mathematik, Physik und Chemie bei reduziertem Sprachunterricht) und ein nur an einigen EOS bestehender altsprachlicher Zweig mit relativ umfangreichem Latein- und Griechischunterricht. Dieses ursprüngliche Modell wurde allerdings im Verlauf der Einführung und weiteren Ausgestaltung eines sozialistischen Bildungssystems wieder aufgegeben.
Nach Auffassung der marxistisch-leninistischen Pädagogik war die Herausbildung eines sozialistischen Bewußtseins bei allen Kindern, Jugendlichen und Erwachsenen die entscheidende Vorraussetzung für den erfolgreichen Aufbau des Sozialismus/Kommunismus. Dementsprechend wurde in den 60er Jahren das gesamte Bildungswesen der DDR zu einem geschlossenen System formiert, indem seine einzelnen Bestandteile von der Vorschulerziehung bis zur Universität strukturell und inhaltlich so aufeinander abgestimmt wurden, daß die einzelnen Teile im ganzen ein »einheitliches sozialistisches Bildungssystem« darstellten. Ziel und Inhalt, Aufbau und Aufgaben eines solchen Bildungswesens fixierte das am 25.2.1965 von der Volkskammer verabschiedete »Gesetz über das ein-

heitliche sozialistische Bildungssystem«. Darin hieß es: »Das Ziel in allen Bereichen des Bildungssystems ist eine hohe Bildung des ganzen Volkes, seine allseitige Bildung und Erziehung, seine Befähigung, das gesellschaftliche Leben bewußt zu gestalten, die Natur zu verändern und ein erfülltes Leben zu führen. Dieses Ziel eint den sozialistischen Staat und alle gesellschaftlichen Kräfte in gemeinsamer Bildungs- und Erziehungsarbeit.«

Das Gesetz sicherte jedem Bürger gleiches Recht auf Bildung zu, doch das darin festgeschriebene systematische Aufeinanderbezogensein aller Einrichtungen des Bildungswesens und deren kalkuliertes Ineinandergreifen ließ eben dieses System zum Kernstück einer »Erziehungsdiktatur« in der DDR werden. Die wichtigsten der dicht gefügten Bildungsbausteine waren: die Einrichtungen der Vorschulerziehung, die POS, →›Betriebsberufsschulen‹ (BBS) und die zur Hochschulreife führenden Bildungseinrichtungen (EOS), die Sonderschulen für Kinder mit physischen oder psychischen Besonderheiten, zahlreiche Fachschulen, →Ingenieurhochschulen sowie →Pädagogische, →Technische und Landwirtschaftliche Hochschulen und →Universitäten.

Den »Mörtel« in diesem Gefüge lieferten eine Vielzahl von obligatorischen Zugangsvoraussetzungen, ein System der »Studienlenkung« sowie eine umfangreiche, aber differenziert gehandhabte Vergabe von Stipendien, deren Genuß allerdings wieder von Verpflichtungen abhängig gemacht wurde. Ergänzt wurde das Bildungssystem durch vielfältige Möglichkeiten der Fort- und Weiterbildung: An ›Volkshochschulen‹, staatlichen Bildungseinrichtungen, wurden neben Sprachkursen und einem allgemeinen Bildungsangebot auch Lehrgänge zum Erwerb der Hochschulreife angeboten; für Facharbeiter boten auch die IHS entsprechende Sonderlehrgänge an; für Frauen wurden →›Frauensonderklassen‹ eingerichtet, die ihnen ein Direkt- oder Abendstudium an Fachschulen erleichtern sollten; am industriellen Arbeitsplatz boten →›Betriebsakademien‹ und in der Landwirtschaft ›Dorfakademien‹ Weiterbildungs- und Qualifizierungsmöglichkeiten. Die nicht oder nicht ausschließlich berufsbezogene Weiterbildung wurde von vielen gesellschaftlichen Organisationen bedient, etwa von der →›Gesellschaft für Sport und Technik‹, von der →›Kammer der Technik‹, vom →›Kulturbund der DDR‹ oder der →URANIA.

Unter den Einrichtungen der Vorschulerziehung waren die Kinderkrippen (Tages- und Wochenkrippen) dem vom →Ministerium für Gesundheitswesen geleiteten Gesundheitswesen zugeordnet, Kindergärten und Kinderwochenheime hingegen unterstanden der Aufsicht der Volksbildungsorgane. Während in den Kinderkrippen, in denen die Kinder bis zum 3. Lebensjahr betreut wurden, die vorhandenen Plätze den Bedarf nicht deckten, standen für alle Kinder, deren Eltern es wünschten, Kindergartenplätze zur Verfügung. Von den jeweils in Frage kommenden Kindern wurden 1988 in den Kinderkrippen rd. 80 Prozent, in den Kindergärten rd. 93 Prozent betreut. Die Eltern zahlten für einen Tageskrippenplatz, der mit 177 Mark mtl. Unterhaltskosten belastet war, 27,50 Mark im Monat; die Differenz wurde aus staatlichen Subventionen beglichen. Die Betreuung im Kindergarten war unentgeltlich, die Eltern zahlten lediglich pro Tag 0,35 Mark Essensgeldzuschuß. Die Ausbildung zur Krippenerzieherin erfolgte nach Abschluß der POS in einem dreijährigen Studium an medizinischen Fachschulen; Kindergärtnerinnen hatten den gleichen Schulabschluß nachzuweisen, wurden aber an insgesamt 19 pädagogischen Schulen ausgebildet.

Als das »Kernstück« des Bildungswesens wurde die zehnklassige POS betrachtet, die »als staatliche, unentgeltliche, einheitliche Pflichtschule« definiert war und als solche der »kommunistischen Erziehung« dienen und »allen Kindern eine hohe Allgemeinbildung« vermitteln sollte. Die zehnjährige Oberschulbildung für alle Kinder wurde seit 1959 schrittweise eingeführt; seit 1980 besuchten rd. 94 Prozent aller Absolventen der 8. Klasse auch die 9. und 10. Klasse. Kinder, die aufgrund schwacher Leistungen nach der 8. Klasse abgingen (es gab Auflagen, die Zahl dieser Abgänger von Jahr zu Jahr zu senken), begannen danach eine zwei- bis dreijährige Berufsausbildung. »Schulanfang« war in der DDR einheitlich am 1. September, und das Schuljahr hatte 210 Unterrichtstage. Zweimal im Jahr erhielten die Schüler in allen Klassen Zeugnisse, und zwar ein Halbjahreszeugnis vor den im Februar beginnenden Winterferien und das Jahreszeugnis vor den großen Sommerferien im Juli. Schulische Leistungen wurden mit Zensuren von der Note 1 bis 5 gewertet. Auch hier wurde darauf geachtet, daß der Zensurendurchschnitt möglichst niedrig lag, was dazu führte, daß selbst Schüler mit einem Zensurendurchschnitt von 1,5 häufig nicht zur EOS und damit auf direktem Weg zum Abitur gelangen konnten, weil es in der Klasse andere Schüler gab, deren Leistungsstand noch besser war.

Die POS war in Unter-, Mittel- und Oberstufe gegliedert: In den Klassen 1 bis 4 unterrichteten »Unterstufenlehrer«, die ihre Unterrichtsbefähigung an einem der zahlreichen ›Institute für Lehrerbildung‹ erworben hatten, und Pionierleiter, die in den Fächern Musik bzw. Kunsterziehung eine Lehrbefähigung besaßen; in den Klassen 5 bis 7 sowie 8 bis 10 übernahmen »Oberstufenlehrer« den Unterricht: Diese hatten an einer → Pädagogischen Hochschule oder einer Universität studiert, besaßen ein Diplom und die staatlich anerkannte Lehrbefähigung für zwei Fächer in zahlreichen Fachkombinationen. Die Tatsache, daß in der Unterstufe fast ausschließlich Frauen unterrichteten und auch in der Oberstufe Männer nur eine kleine Minderheit stellten, bereitete pädagogische Probleme. Zu dieser »Rollenverteilung« war es u. a. gekommen, weil bis in die 70er Jahre Lehrer nach sowjetischem Muster relativ schlecht bezahlt wurden; ihr Gehalt lag damals unter dem Durchschnittslohn eines Arbeiters.

Nicht sehr umfangreich und nicht sehr effizient war die fremdsprachliche Ausbildung an den Schulen in der DDR. Zwar wurde amtlich darauf verwiesen, daß für den Fremdsprachenunterricht 7,3 Prozent der Unterrichtsstunden zur Verfügung standen, doch wurde ab der 5. Klasse als Fremdsprache ausschließlich Russisch unterrichtet; anfangs boten nur einige POS in den oberen Klassen fakultativ Englisch an. Die Anzahl der wöchentlichen Russischstunden betrug z. B. in der 5. Klasse 6, in der 6. Klasse 5 und in den Klassen 7 bis 10 je 3 Stunden; im Vergleich dazu wurde Deutsch in der 5. Klasse mit 7 und in der 10 mit 3 Wochenstunden unterrichtet; Mathematik stand in der 5. Klasse mit 6, in der 10. Klasse mit 4 Stunden auf dem Plan; für Biologie waren in der 5. und 6. Klasse je 2, in der 7. nur eine, in der 8. bis 10. Klasse dann wieder 2 vorgesehen; Staatsbürgerkunde wurde von der 7. bis zur 9. Klasse jeweils 1 und in der 10. Klasse 2 Stunden unterrichtet. Die Russischkenntnisse blieben trotz beträchtlichen Aufwandes sehr bescheiden; kaum ein Abgänger der 10. Klasse beherrschte diese Sprache aktiv.

Die Ausbildung in den naturwissenschaftlich-technischen Fächern rangierte auch im internationalen Vergleich auf hohem Niveau; ebenso war der produktionsbezogene polytechnische Unterricht beachtlich. In der 10. Klasse wurde Unterricht in folgenden Fächern erteilt: Deutsch (3 Wochenstunden), Russisch (3), Mathematik (4), Physik (3), Astronomie (1), Chemie, Biologie, Geographie (je 2); Geschichte, Staatsbürgerkunde, Sport (je 2); der polytechnische Unterricht war untergliedert in »Einführung in die sozialistische Produktion« (2) und »Produktive Arbeit« (3); Musik (1), Zeichnen wurde nur bis zur 9. Klasse mit 1 Wochenstunde unterrichtet.

Die Elternvertretungen (→›Elternbeirat‹, →›Klassenelternaktiv‹) wirkten bei der Schulerziehung ihrer Kinder mit und erfüllten eine wichtige schulpolitische Funktion. Zum einen wurden die gewählten Elternvertreter durch die enge Zusammenarbeit mit der Schule in deren Erziehungs- und Bildungsziele eingebunden und agierten entsprechend gegenüber Kindern und anderen Eltern; zum anderen übernahmen die Elternvertretungen in einem beachtlichen Umfang auch die Organisation von Klassen- und Schulveranstaltungen; je nach ihrer beruflichen Ausbildung und Stellung halfen Eltern auch mit, die materiell-technischen Bedingungen an der Schule zu verbessern. Bei alledem hatten SED-Mitglieder stets dafür zu sorgen, daß ihnen die Zügel nicht aus der Hand genommen wurden. Ging es um die Vorbereitung zentral vorgegebener politischer Aktionen oder um die Auswertung brisanter schulischer Vorkommnisse, so wurden zur Vorklärung oder Vorbereitung »Genossenelternversammlungen« einberufen, in denen ein »einheitliches und geschlossenes« Vorgehen festgelegt wurde, was i. d. R. auch funktionierte.

Sonderschulen waren z. B. zehnklassige Gehörlosenschulen, Schwerhörigenschulen, Blindenschulen, Sehschwachenschulen, Körperbehindertenschulen und Sprachheilschulen sowie Hilfsschulen für nur bedingt lernfähige Kinder. An allen diesen Schulen bestanden sog. Vorschulteile, die eine vorschulpädagogische Betreuung anboten; außerdem gab es selbständige Sprachheilkindergärten. Sonderschulabsolventen konnten in speziellen Aussbildungsstätten bzw. auf der Grundlage allgemeiner oder spezieller Ausbildungsbedingungen auch eine Facharbeiterausbildung erhalten oder auf das Abitur vorbereitet werden.

Einrichtungen der Berufsausbildung waren die →›Betriebsberufsschulen‹ (BBS), die den →VEB und den →›Kombinaten‹ angeschlossen waren, sowie kommunale Berufsschulen. Als 1946 in der SBZ der berufsbildende Unterricht in kommunalen Berufsschulen wiederaufgenommen wurde, begann man gleichzeitig damit, BBS in den Großbetrieben einzurichten; 1950 waren davon bereits rd. 700 vorhanden; an einigen davon gab es besondere Abiturklassen, so daß mit dem Facharbeiterabschluß zugleich die Hochschulreife erworben werden konnte. Die Zahl der Lehrlinge, die an den BBS ausgebildet wurden, stieg bis zum Ende der DDR kontinuierlich an. Für den wissenschaftlichen Vorlauf der Berufsausbildung sowie der Weiterbildung von Facharbeitern und Meistern sorgte ein →›Zentralinstitut für Berufsbildung‹.

Die Aufnahme in die EOS erfolgte nach der 10. Klasse, war aber, da die Mengen der zur EOS zuzulassenden Schüler wie die der Studenten geplant waren, limitiert. Aufgenommen wurden aus einer POS-Klasse durchschnittlich zwei bis drei Kinder, was bei einer Klassenfrequenz von etwa 22 Schülern einen enormen Leistungsdruck erzeugte. Im Zusammenhang mit dem Übergang von der POS auf die EOS entstanden viele Probleme, die manche Willkürakte der Volksbildungsorgane veranlaßten. Zeitweilig wurden Jungen bevorzugt, weil deren Anteil unter den Studierenden besorgniserregend sank; die häufig fleißigeren und disziplinierteren Mädchen, denen gerade während der 9. und 10. Klasse ein physischer Entwicklungsvorsprung zugute kam, gruben den Jungen durch bessere Leistungen einfach das Wasser ab. So gab es dann zeitweilig ganze Berufsgruppen, z. B. Zahnärzte und Lehrer, in denen kaum männlicher

Nachwuchs vorhanden war. Zudem mußte »die Volksbildung« regulierend vorbeugen, weil die geplanten Zahlen durcheinandergerieten, wenn Studentinnen oder weibliche Hochschulabsolventen auch noch – wie nach 1970 offiziell gewünscht – Kinder bekamen. Wurde da nicht voraussehend eingegriffen, so konnten durch akademische Schwangerschaften erhebliche Versorgungslücken entstehen. Die Chancen für einen Übergang zur EOS ließen sich aber auch verbessern, wenn Kinder – auf Geheiß der Eltern – Studienwünsche und Berufsinteressen vorgaben für Berufe, in denen gerade Mangel herrschte; Mitte der 60er Jahre waren das z.B. Diplomchemiker oder Mathematiklehrer.

Noch erheblicher waren die Eingriffe, wenn jemand als Berufswunsch »Berufsoffizier« angegeben hatte: Damit konnten sich auch leistungsschwächere Jungen den Weg zur EOS ebnen, weil in dieser »Branche« permanenter Mangel herrschte. In solchen Fällen hielten die Eltern benachteiligter Kinder ihren Protest meist zurück, weil sie hier eine Grenze sahen, die nicht ungestraft überschritten werden konnte. Ohne Zweifel war die vorzeigbar »positive« staatliche Gesinnung eine wichtige Voraussetzung, um die EOS zu erreichen. Gab es in dieser Hinsicht bei Kindern oder Eltern Anzeichen von renitentem Verhalten, so war der Besuch einer EOS nahezu ausgeschlossen. Kinder von Pfarrern oder gar Dissidenten hatten deshalb so gut wie keine Chance. Nur dann, wenn sich das →MfS die Förderung des Kindes als besondere Strategie gegen das von den Eltern verkörperte »feindlich-negative Element« ausgedacht hatte, wurde auch Kindern aus solchen Elternhäusern der Besuch einer EOS gestattet.

Bei Bewerbung und Zulassung zum Studium ging es an den Universitäten und Hochschulen ähnlich zu wie beim Übergang von der POS auf die EOS. Auch hier konnte man mit Verpflichtungen für den Dienst bei den »Bewaffneten Kräften« Vergünstigungen erreichen, und auch das MfS nahm ggf. wieder Einfluß auf Zulassungsentscheidungen. Gewisse Planunsicherheiten ergaben sich auf dieser Ebene allerdings daraus, daß die Hochschulkräfte den Beurteilungen und Benotungen der EOS oft mißtrauten. Sie tendierten bei den Aufnahmeprüfungen gelegentlich dazu, sich über die Nachweise von »positiver« Gesinnung und erwiesener gesellschaftlicher Aktivität hinwegzusetzen, weil sie Bewerbern, die Kreativität und gedankliche Eigenständigkeit vermuten ließen, den Vorzug gaben.

Der Besuch der EOS war ebenfalls kostenlos; seit 1981 erhielten die Schüler sogar eine Ausbildungshilfe von mtl. 110 Mark in der 11. und von mtl. 150 Mark in der 12. Klasse. Für die Erlangung der Hochschulreife war auch eine Berufsausbildung mit Abitur möglich: Jugendliche, die diesen

Bildungsweg absolviert hatten, konnten, sofern sie die Eignungsprüfungen bestanden, ein beliebiges Studium aufnehmen; in der Mehrheit gingen sie allerdings zu den IHS, da sie einen Hochschulabschluß bevorzugten, der in Beziehung zum erlernten Beruf stand. In Relation zueinander gesetzt hatten zwei Drittel der Hochschulbewerber von den beiden zum Abitur führenden Ausbildungswegen den über die EOS gewählt, ein Drittel die Berufsausbildung mit Abitur; auf einem dritten Weg konnte man das Abitur schließlich auch im »Abendstudium« an den Volkshochschulen erreichen.

In den 60er Jahren wurde damit begonnen, ein Netz von Spezialschulen aufzubauen. Dazu zählten die →›Kinder- und Jugendsportschulen‹, Musikschulen (→Kunsthochschulen) sowie Schulen mit erweitertem Russisch- bzw. Mathematikunterricht u. a. Diese Schulen besaßen nach der 10. Klasse Abiturstufen, die von der Mehrheit der Schüler absolviert wurden. Die Aufnahme an diesen Schulen wurde unterschiedlich gehandhabt; in Schulen mit erweitertem Russischunterricht wurden die Kinder schon nach der 2. Klasse aufgenommen, an den ›Kinder- und Jugendsportschulen‹ erfolgte sie noch bis zur 8. Klasse. Beim Umgang mit der Früherkennung außergewöhnlicher Begabungen und deren angemessener Förderung wurde nicht an Reformschulkonzepte der 20er Jahre angeknüpft; Informationen und öffentliche Diskussionen über diesen problematischen Bereich des Bildungswesens wurden verschwiegen und vermieden.

Nachdem mit Beginn des Schuljahrs 1978/79 der Wehrkundeunterricht an Oberschulen Pflichtfach geworden war, wurde die von der →›Gesellschaft für Sport und Technik‹ (GST) betreute vormilitärische Ausbildung fester Bestandteil der Lehrpläne an den EOS; entsprechend wurden vormilitärische Übungen und militärpolitische Instruktionen in die Studiengänge der Studenten an Universitäten, Hoch- und Fachschulen integriert; ebenso wurden sie Bestandteil der Ausbildungspläne für Lehrlinge in Betrieben und Verwaltungen. An den Oberschulen fand die Ausbildung sowohl während des Unterrichts wie auch in der Freizeit statt, häufig an einem Tag im Monat; außerdem gab es länger dauernde Lehrgänge in speziellen Ausbildungslagern der GST. Mädchen wurden i. d. R. für Aufgaben der →›Zivilverteidigung‹ (Sanitätsdienste) ausgebildet (→Frauenpolitik); sie konnten auf Wunsch jedoch auch an Ausbildungsprogrammen für Jungen teilnehmen. Die physische Ertüchtigung der Jungen bestätigte sich im Bestehen des »Achtertests«, einer Leistungsnorm, die den Anforderungen während der Grundausbildung in der NVA immer stärker angeglichen wurde.

Die Volksbildungsorgane wurden vom →Ministerium für Volksbildung geleitet; in den →Räten der Bezirke und Kreise waren von den Volksvertretungen gewählte Bezirks- bzw. und Kreisschulräte tätig, die den örtlichen Volksbildungseinrichtungen vorgesetzt waren. Den Schulräten standen zur Unterstützung ihrer Führungsaufgaben hauptamtliche Schulinspektoren zur Seite; außerdem konnten sie sich auf fachlich und methodisch versierte Fachberater stützen, die für jeweils eines der Unterrichtsfächer zuständig waren; in den Kreisen wurden für diese Funktion i. d. R. Lehrer benannt, denen für die Beratungstätigkeit eine Verringerung des Kontingents der vorgeschriebenen 23 wöchentlichen Unterrichtsstunden gewährt wurde. Für die Leitung und Koordinierung der pädagogischen Forschung in der DDR war die →›Akademie der Pädagogischen Wissenschaften‹ zuständig.

Die positiven Ergebnisse der B. bestanden vor allem darin, daß Ende der 80er Jahre 90 Prozent aller Berufstätigen über eine abgeschlossene berufliche Ausbildung verfügten; rd. 1,7 Mio. Werktätige, das waren immerhin 22 Prozent, konnten auf eine abgeschlossene Hoch- oder Fachschulausbildung verweisen. Andrerseits ist unbestreitbar, daß sich das proklamierte Recht auf Bildung in eines der wirksamsten Disziplinierungsinstrumente des Staates verwandelte. Für den Besuch der EOS bzw. die Aufnahme eines Studiums waren Kinder, Jugendliche und Eltern zu umfassender politischer Anpassung gezwungen, denn es gab keine Möglichkeit, dieses Recht einzuklagen oder anders mit Rechtsmitteln durchzusetzen. Zwar ergaben sich aufgrund wechselnder Amtsinhaber und unterschiedlicher persönlicher Einstellungen gelegentlich geringe Freiräume und Auslegungsvarianten: Nicht jeder Direktor und jeder Parteisekretär war ein stets willfähriger Vollzugsbeamter des Volksbildungsregimes. Das änderte jedoch grundsätzlich nichts daran, daß politische Renitenz oder gar eine offen oppositionelle Haltung für die leitenden Funktionäre der Volksbildung Grund genug waren, um individuelle Bildungs- und Entfaltungsmöglichkeiten einzuschränken. In der vom MfV herausgegebenen »Aufnahmeordnung« für die Abiturstufe hieß es: »In die erweiterte Oberschule werden Schüler aufgenommen, die sich durch Leistungsfähigkeit und Bereitschaft sowie politisch-moralische und charakterliche Reife auszeichnen, ihre Verbundenheit mit der DDR durch ihre Haltung und gesellschaftliche Aktivität bewiesen haben.«

Mit welcher Konsequenz diese Auffassung durchgesetzt wurde, zeigte sich an der Behandlung eines Schulkonflikts, der im September 1988 an der EOS ›Carl von Ossietzky‹ in Berlin-Pankow für Aufregung sorgte. Dort lösten ein Wandzeitungsartikel, eine Unterschriftensammlung und verbale Äußerungen, in denen u. a. Militärparaden der →NVA als unzeitgemäß abgelehnt wurden, Repressionen der Volksbildungsorgane, der

SED und der FDJ gegen die beteiligten Schüler aus. Diesen war in Aussprachen zunächst ans Herz gelegt worden, daß sie ihre politischen Haltungen »offen« darlegen sollten; als sie das aber mutig taten, indem sie auf ihrem Standpunkt beharrten, in der DDR seien politische Reformen notwendig, und es würde nicht genug gegen neofaschistische Tendenzen getan, wurden sie hart bestraft. Obwohl es von Stephan Hermlin, Christoph Hein u. a. Proteste gab, wurden 4 »Unverbesserliche« relegiert und weitere Schüler in andere Schulen versetzt oder mit Schulstrafen belegt.

Hermlin forderte die Volksbildungsministerin Margot Honecker daraufhin auf, die Relegationen zurückzunehmen, weil »Jugendliche von inquisitorischen Maßnahmen getroffen werden, die im Gegensatz zu vielen ihrer Altersgenossen weder Duckmäuser noch Aussteiger sind, sondern junge Menschen mit einem wachen Interesse für politische Dinge und einem deutlichen antifaschistischen Standpunkt«. Mit der Affäre waren schließlich Erich Honecker, Egon Krenz sowie FDJ-Chef Eberhard Aurich befaßt; Margot Honecker beharrte jedoch auf den Strafmaßnahmen, deren Notwendigkeit sie vor allem mit der Illoyalität der Schüler gegenüber der DDR begründete. Sie vertrat unbeirrt die Meinung: »Eine Vorbereitung auf ein Hochschulstudium kann jetzt ohne Bewährung in einem Beruf noch nicht erfolgen.«

Auch in der DDR waren die meisten Pädagogen bemüht, den ihnen anvertrauten Schülern neben der – didaktisch häufig stark formalisierten – Vermittlung von Fachwissen humanistische Ideale und Werte zu vermitteln. Daraus ergaben sich an vielen Schulen und Klassen durchaus stimmige Lehrer-Schüler-Verhältnisse und zuweilen auch freundschaftliche Bindungen. Dem stand jedoch stets eine erzwungene ideologische Indoktrination gegenüber, die besonders in den oberen Klassen der POS und an den EOS oft als penetrant und unglaubwürdig empfunden wurde. Wenn aber selbstbewußte und zu gesellschaftlicher Aktivität durchaus bereite Schüler begannen, die ideologischen Phrasen zu hinterfragen, dann stießen sie schnell an politisch gesetzte Grenzen, und i. d. R. wagten es weder Lehrer noch Schüler, sich über diese einfach hinwegzusetzen.

Es entstand folglich ein schwer zu durchschauendes, instabiles Gemisch von Auflehnung gegen Heuchelei und Bevormundung, von ironischer Verachtung, aber auch von erzwungener und demütigender Anpassung an unausweichliche Zustände und vorgeschriebene Bildungsgänge. Aus dieser brisant-bedrückenden Atmosphäre konnte sich die DDR-Schule nicht befreien, denn auch die B. war letztlich ausgerichtet auf den fortschreitenden Ausbau des Sozialismus in der DDR und den Machterhalt der SED. Insofern hatte die Erziehung der Jugend zu »staatsbürgerlicher

Disziplin« stets Vorrang, und man hielt sich, um diesen nicht zu gefährden, durchaus an das deutsche Sprichwort: »Was Hänschen nicht lernt, lernt Hans nimmermehr!«

Biologische Gesellschaft der DDR (BG)
→ Wissenschaftliche Gesellschaften

Bitterfelder Weg, 1959–1970/71
Kulturpolitische Strategie der → SED

Der B., so genannt nach zwei Kulturkonferenzen in Bitterfeld, war ein Synonym für die Propagierung sozialistischer Kulturpolitik, insbesondere für die Übertragung der ideologischen Vorhaben des V. und VI. Parteitages der SED (1958 und 1963) auf alle Bereiche der Kunst. Die Bezeichnung »Bitterfelder Weg« wurde in den 60er Jahren verwandt, um Grundorientierung und Praxis einer → Kulturpolitik zu benennen, die auf die »Vereinigung von Kunst und Leben, von Künstler und Volk« drängte. Die SED-Führung, die den V. Parteitag beschließen ließ, der Sozialismus sei nun zum Siege zu führen, und es sei seine Überlegenheit auf allen Gebieten des gesellschaftlichen Lebens gegenüber dem Kapitalismus zu beweisen, setzte auf den Arbeitsenthusiasmus der Werktätigen und glaubte, ihn mit Hilfe der Kunst nachhaltig fördern zu können.
Die Entscheidung, zweimal eine Kulturkonferenz im ›Elektrochemischen Kombinat Bitterfeld‹ (EKB) (→ ›Kombinate‹, darin: VEB Chemiekombinat Bitterfeld) zu veranstalten, verwies nachdrücklich auf die Intentionen der SED-Führung. Ausgehend von diesem Kombinat, einer Säule des → ›Chemieprogramms‹, wurde der Wettbewerb um den Titel → ›Brigade der sozialistischen Arbeit‹ initiiert. Die 1. ›Bitterfelder Konferenz‹ am 24.4.1959, organisiert als Autorenkonferenz des Mitteldeutschen Verlages Halle, stand unter der Losung: »Greif zur Feder, Kumpel, die sozialistische Nationalkultur braucht dich!« Die 2. wurde von der ›Ideologischen Kommission beim Politbüro des ZK der SED‹ und dem → Ministerium für Kultur veranstaltet und fand am 24./25.4.1964 statt. Auf beiden Konferenzen gab W. Ulbricht den Ton an.
Das von den beiden ›Bitterfelder Konferenzen‹ propagierte kulturpolitische Programm forderte, daß eine »sozialistische Nationalkultur« zu schaffen sei, die sich als direkter Ausdruck der gesellschaftlichen Veränderungen verstehen sollte. Als Mittel dazu wurden die Veränderung der Lebensweise der Künstler, ihre enge Verbindung mit den Arbeitskollektiven in Industrie und Landwirtschaft, die weitgehende Aufhebung der Trennung von Berufs- und Laienkunst, in erster Linie aber die Hebung des allgemeinen Kultur- und Bildungsniveaus propagiert. »Triebkräfte

des Kunstfortschritts« in der sozialistischen Gesellschaft sollten durch »permanente Übereinstimmung der persönlichen Interessen, schöpferischen Neigungen und spezifischen Talente der Künstler mit den wachsenden künstlerisch-ästhetischen Bedürfnissen der Werktätigen« mobilisiert werden.
Um diese Theorie in die Tat umzusetzen, wurde ein System von Maßnahmen verfügt: Auftragswesen, Betriebsverträge, →›Arbeiterfestspiele‹, →›Arbeitertheater‹, →›Zirkel schreibender Arbeiter‹, Förderung des »bildnerischen Volksschaffens« u. v. m. Schriftsteller wie Franz Fühmann, Heiner Müller, Brigitte Reimann, Christa Wolf gingen zeitweilig »in die Produktion« und verarbeiteten ihre Eindrücke in Reportagen, Erzählungen und Romanen. Dem absurden Literaturverständnis von Alfred Kurella, Alexander Abusch und Otto Gotsche freilich, den eifrigsten Verfechtern des B., wurde jedoch nur vorübergehend Genugtuung zuteil. Da viele kleine Kulturfunktionäre der SED, des →FDGB und der →FDJ nun mit unsinnigen, von keinerlei Sachkenntnis getrübten Kunsturteilen hervortraten, kam es häufig gar nicht erst zu einer produktiven Reibung mit den erwartungsfrohen Künstlern. Wo eine linientreue Kunstauffassung auf die Formel »Kunst als Waffe« reduziert wurde, gab sie immer schon den Anstoß zu ihrer Demontage.

Blinden- und Sehschwachenverband der DDR (BSV), 1957–1990
Entstanden aus den Blindenausschüssen beim →Ministerium für Arbeit, konstituierte sich im Mai 1957 der ›Allgemeine Deutsche Blindenverband‹, der seit 1969 als B. fortbestand. Mitglied des Verbandes konnten alle blinden und sehschwachen Bürger nach Vollendung des 14. Lebensjahres werden. Von 1968 an konnten auch Nichtbehinderte Mitglied werden: Lehrer, Ärzte und Fürsorger, die aktiv in der Betreuung von Blinden und Sehschwachen arbeiteten, sowie Eltern und Angehörige von Sehgeschädigten. Je nach den örtlichen Gegebenheiten bildeten 25–40 Mitglieder eine Betreuungsgruppe, die von Vertrauensleuten geleitet wurde. Regional waren die Mitglieder des B. in Kreis- und Bezirksorganisationen organisiert; höchstes Organ war der Kongreß, der alle 5 Jahre zusammentrat und den Zentralvorstand sowie die Zentrale →Revisionskommission wählte. Der ZV wählte aus seiner Mitte den Präsidenten und die Mitglieder des Präsidiums.
Ein Sekretariat des ZV hatte seinen Sitz in Berlin/DDR; es wurde vom jeweiligen Präsidenten geleitet und erledigte die zwischen den ZV-Tagungen anfallenden Arbeiten. Der Präsident des Verbandes war ex officio Mitglied des Nationalrates der →›Nationalen Front‹ der DDR. Der B. setzte sich für eine kulturelle und soziale Betreuung seiner Mitglieder ein

und nahm Einfluß auf deren berufliche Tätigkeit und gesellschaftliche Arbeit, um so die gesellschaftliche Integration der Blinden und Sehschwachen zu fördern. Dabei arbeitete er mit staatlichen Einrichtungen, insbesondere mit der ›Deutschen Zentralbücherei für Blinde‹ in Leipzig, zusammen, mit der er seit 1972 jährlich fünf Titel in Großdruck herausbrachte.

Auflösung/Ende: Im November 1990 fand der 11. und letzte Kongreß des inzwischen als Verein registrierten ›Blinden- und Sehschwachenverbandes der DDR e. V.‹ in Berlin statt. Die Delegierten der rund 29000 Mitglieder beschlossen die Auflösung des V. und die Bildung von 5 Landesverbänden, denen die Eingliederung in den ›Deutschen Blindenverband e. V.‹ empfohlen wurde. Um die Bildung von Landesverbänden in der ehemaligen DDR zu unterstützen, wurde in Ostberlin eine Geschäftsstelle ›BSV – Förderverein für die ostdeutschen Mitglieder des DBV‹ gebildet. Der Fortbestand der ›Deutschen Zentralbücherei für Blinde‹ in Leipzig konnte gesichert werden; sie untersteht jetzt dem Land Sachsen.

Präsidenten: Helmut Pilasch (1967–1987); Gerhard Polzin (1987–1990)
Publikationen/Archive: ›Die Gegenwart – Zeitschrift des Deutschen Blinden- und Sehschwachenverbandes‹, Jg.1/1947ff, erscheint weiter als Organ des ›Deutschen Blinden-Verbandes e. V.‹

Blockpolitik

In ihrem Gründungsaufruf vom 11. Juni 1945 forderte die KPD »die feste Einheit aller antifaschistischen, demokratischen und fortschrittlichen Volkskräfte« und vertrat zugleich die Auffassung, »daß das vorstehende Aktionsprogramm als Grundlage zur Schaffung eines Blocks der antifaschistischen demokratischen Parteien … dienen kann«. Damit wurde ein politisches Konzept vorgestellt, das von der deutschen KP-Führung im Moskauer Exil schon seit 1944 diskutiert worden war: Die neu zu gründenden Parteien waren einzubinden in eine parteiübergreifende nationale Bewegung der demokratischen Erneuerung und des gemeinsamen Wiederaufbaus. In diesem Sinne kam es dann auch am 14. 7. 1945 in Berlin zur Bildung einer »Einheitsfront antifaschistisch-demokratischer Parteien«, in der KPD, → SPD, → CDU und → LDPD zusammengeschlossen waren. Dieser sog. Antifa-Block gab sich schon zwei Wochen später eine Geschäftsordnung, worin auch die bald zur Fessel werdende Bestimmung enthalten war, daß Beschlüsse nur einstimmig zu fassen seien.
Der Entschluß zu gemeinsamem Handeln in einer Einheitsfront entsprach den Wünschen der → SMAD, er war aber auch Ausdruck einer von allen vier Parteien geteilten antifaschistisch-demokratischen Über-

einstimmung. Da auch die KPD die Dringlichkeit einer demokratischen Erneuerung hervorhob und es ausdrücklich für falsch erklärt hatte, »Deutschland das Sowjetsystem aufzuzwingen«, hoffte man auf Möglichkeiten einer gemeinsamen Politik. Als Blockpolitik bot diese zudem einen Ersatz für noch nicht vorhandene parlamentarische Institutionen. Der zentrale Blockausschuß und seine auf den verschiedenen Ebenen eingerichteten Unterausschüsse waren zunächst die einzigen Foren, in denen die Parteien sich begegneten und Gelegenheit zur Auseinandersetzung fanden.

Für die zu Ostern 1946 aus der Vereinigung von KPD und SPD hervorgegangene →›Sozialistische Einheitspartei Deutschlands‹ (SED) war die Zusammenarbeit mit anderen Parteien in einer Einheitsfront eine Frage sozialistischer Bündnispolitik, die langfristig darauf abzielte, den Führungsanspruch der »Partei der Arbeiterklasse« durchzusetzen. In der unmittelbaren Nachkriegssituation ging es jedoch zunächst einmal um Entlastung, Verteilung von Verantwortung und die Zusammenfassung »aller fortschrittlichen Kräfte« für Neubeginn und Wiederaufbau. Den Widerständen, die sich unter Altkommunisten gegen eine Zusammenarbeit mit bürgerlichen Gruppierungen und Funktionären regte, wurde entgegengehalten: »Warum wollt ihr immer allein die Verantwortung übernehmen, den Buckel hinhalten, wenn die allgemeine große Not und Schwere des Aufbaus das Volk unzufrieden, mürrisch und müde macht?« Andere Genossen wurden belehrt, sie sähen nicht klar genug, »daß der Sinn unserer Blockpolitik darin besteht, die Mitglieder und Organisationen der bürgerlich-demokratischen Parteien für die aktive Teilnahme am demokratischen Neuaufbau zu gewinnen und sie damit von reaktionären Kreisen zu lösen«.

Bis 1948 kam es innerhalb der Einheitsfront u. a. wegen Behinderungen im Wahlkampf, der Bodenreform, der Enteignung der Industrie und später wegen der Volkskongreßbewegung zu Auseinandersetzungen. Hinsichtlich einer allgemein befürworteten Bodenreform wurde über künftige Betriebsgrößen und die Frage einer Entschädigung kontrovers diskutiert; die Parteivorsitzenden der CDU, Andreas Hermes und Walter Schreiber, entschiedene Kritiker einer entschädigungslosen Enteignung, wurden durch die SMAD gezwungen, ihre Parteifunktionen aufzugeben. Ihren Nachfolgern, Jakob Kaiser und Ernst Lemmer, die sich gegen Wahlkampfbehinderungen auflehnten und 1947 nicht bereit waren, die von der SED initiierte Volkskongreßbewegung mitzutragen, erging es zwei Jahre später nicht anders. In der LDPD kam es aufgrund einer gegenüber SED und SMAD konzilianteren Politik zu innerparteilichen Streitigkeiten; gleichwohl konnte auch die Liberaldemokratische Partei, die

1946 im Wahlkampf von der SED als »Vorkämpfer des kapitalistischen Privateigentums« bezeichnet wurde, eine gewisse Eigenständigkeit behaupten. Die Opposition gegen den deutlicher werdenden Vormachtanspruch der SED kam beiden bürgerlichen Parteien zugute: 1948 erreichte die CDU mit 231000 und die LDPD mit 197000 Anhängern ihre einstweilen größte Mitgliedschaft.
Eigenständigkeit und Erfolg der bürgerlichen Parteien, aber auch die Entscheidung für eine stärker am sowjetischen Vorbild orientierte Entwicklung der eigenen Parteiorganisation veranlaßten die SED zu einer deutlicheren Akzentuierung ihrer Bündnispolitik. Mit der Gründung von →DBD und →NDPD wurden im Sommer 1948 zwei neue Parteien geschaffen, die von vornherein den Führungsanspruch der SED anerkannten und sich an bislang der CDU und LDPD nahestehende Wählerschichten richteten. Sie wurden umgehend mit vollem Stimmrecht in die Einheitsfront aufgenommen, in der zudem der →FDGB mit zunächst nur beratender Stimme zugelassen wurde. Diese Veränderung im Parteiensystem schwächte die bürgerlichen Parteien, die dann noch mehr an Einfluß verloren, als im Zuge der Volkskongreßbewegung weitere Massenorganisationen dem Block als Mandatsträger assoziiert wurden. Wegen der zahlreichen Doppelmitgliedschaften war der Anteil sicherer SED-Stimmen im →›Deutschen Volkskongreß‹ und im →›Deutschen Volksrat‹ nun erheblich höher als der Anteil ausgewiesener Parteimitglieder.
Das Verfahren der indirekten Mehrheitssicherung wurde dauerhaft eingeführt, als es der SED gelang, für die im Mai 1949 anstehenden Wahlen zum ›III. Deutschen Volkskongreß‹ eine Wahl nach Einheitsliste und eine Mandatsverteilung nach vorher ausgehandelten Quoten durchzusetzen. Aufgrund des »nationalen Notstandes«, den der Volksrat im März 1949 wegen der absehbaren Gründung eines separaten deutschen Weststaates ausrief, willigten CDU und LDPD in das Wahlverfahren ein und akzeptierten zugleich die Beteiligung von sechs Massenorganisation an der Einheitsliste (FDGB, →FDJ, →DFD, →KB, →VdgB, →VVN). Sie ermöglichten damit eine Prozedur, die sie niemals wieder beeinflussen konnten; es blieb fortan bei Einheitslisten und vorab festgelegten Quotierungen der Mandate.
Die inzwischen um zwei Parteien und den FDGB erweiterte Einheitsfront wurde am 17.6.1949 umbenannt in ›Demokratischer Block der Parteien und Massenorganisationen‹. In den zwei Monate später verabschiedeten »Grundsätzen des Demokratischen Blocks« war der Führungsanspruch der SED noch nicht ausdrücklich festgeschrieben, doch wurde er durch das Prinzip der Gleichberechtigung aller beteiligten Parteien und Massenorganisationen schon praktisch gesichert. Weitere Bekräftigung erhielt er

am 7. Oktober d. J., als sich der ›Deutsche Volksrat‹ zur provisorischen Volkskammer der DDR erklärte und ein vom Parteivorstand der SED ausgearbeitetes Manifest »Die Nationale Front des demokratischen Deutschland« einstimmig annahm. Mit der →›Nationalen Front‹ (NF), die Anfang 1950 ein eigenes Sekretariat einrichtete und einen ›Nationalrat der NF‹ bildete, war ein weiteres Organ sozialistischer Bündnispolitik entstanden.

Parallel zu diesen Vorgängen, die vom Prozeß der doppelten Staatsgründung geprägt und von einer stark national getönten Rhetorik begleitet wurden, vollzog sich die Umwandlung der SED in eine marxistisch-leninistische Kaderpartei. Unter dem Eindruck des »Verrats« der jugoslawischen Kommunisten beschloß der Parteivorstand im Juli 1948 die Umformung in eine »Partei neuen Typus«; das bedeutete die Neustrukturierung der Parteiorganisation nach dem Prinzip des →demokratischen Zentralismus und hatte eine »Säuberung der Partei von feindlichen und entarteten Elementen« zur Folge. Im Verlauf dieser nach stalinistischem Vorbild betriebenen Überprüfung aller Mitglieder gelang es der SED, einen Blockbeschluß durchzusetzen, der auch andere Parteien, insbesondere CDU und LDPD, zu ähnlichen »Säuberungen« verpflichtete. Das führte zu einer deutlichen Reduktion der Mitgliederzahlen, zu Einschüchterungen und fortschreitender Verhaltensangleichung der Parteiführungen innerhalb des Demokratischen Blocks.

Als die II. Parteikonferenz der SED im Juli 1952 die »planmäßige Errichtung der Grundlagen des Sozialismus« in der DDR beschloß, war damit zugleich für die Phase der antifaschistisch-demokratischen Revolution ein offizieller Abschluß markiert. Die Vorstände der nichtsozialistischen Blockparteien nahmen zu den Beschlüssen der Parteikonferenz Stellung, begrüßten sie – mit unterschiedlich geäußerter Begeisterung – und erklärten sich bereit, nicht nur am Aufbau des Sozialismus tätig mitzuwirken, sondern dabei auch die führende Rolle der »Partei der Arbeiterklasse« anzuerkennen. Ein stabiles Bündnissystem zwischen sozialistischen und nichtsozialistischen Parteien und Massenorganisationen war nunmehr etabliert; eine neue Etappe sozialistischer Bündnispolitik konnte beginnen.

Den Blockparteien kamen nun verstärkt Funktionen zu, die schon von Lenin mit dem Transmissionsmechanismus in einer Maschinenhalle verglichen worden waren: Sie hatten die ihnen jeweils zugewiesenen Zielgruppen für den von der SED geführten Aufbau des Sozialismus zu gewinnen, um Verständnis für die zunehmende Zentralisierung der Entscheidungsprozesse zu werben, Bauern, Handwerker, private Einzelhändler und Gewerbetreibende auf die Einführung sozialistischer

Wirtschaftsformen vorzubereiten, Angehörige beider christlichen Konfessionen vom friedliebenden Charakter sozialistischer Politik zu überzeugen und insgesamt erzieherisch für den gesellschaftlichen Fortschritt einzutreten. Darüber hinaus kam gerade den Parteien, die sich auf mehr oder weniger entfremdete Schwesterparteien in der Bundesrepublik beziehen konnten, eine deutschlandpolitische Vermittlerrolle zu. Und letztlich hatten die Blockparteien auch außenpolitisch dafür einzustehen, daß es in der DDR ein funktionierendes Mehrparteiensystem gab. Es dürfte kaum Zufall sein, daß die ersten beiden Außenminister der DDR von CDU und NDPD gestellt wurden.

Das Kalkül, gesellschaftliche Schichten und Zielgruppen, die der SED distanziert gegenüberstanden, anderen Parteien zur Betreuung zu überstellen, war schon bei der Gründung von DBD und NDPD erkennbar geworden. So sollte die ›Demokratische Bauernpartei Deutschlands‹ vornehmlich Mittel- und Kleinbauern organisieren; die ›National-Demokratische Partei Deutschlands‹ hatte sich hingegen um ehemalige NSDAP-Mitglieder und um konservativ eingestellte städtische Mittelschichten zu bemühen. Entsprechend blieb die LDPD stets die Partei von Handwerkern, Einzelhändlern, Gewerbetreibenden, kleinen und mittleren Unternehmern sowie Angehörigen der Intelligenz. Aufgrund der Veränderungen in der Sozialstruktur der DDR wurde die Klientel dieser Parteien somit immer mehr auf Randgruppen eingeschränkt. Einzig die CDU konnte sich in Grenzen als bürgerliche Volkspartei behaupten, da ihr die Aufgabe zufiel, die Angehörigen beider christlichen Konfessionen zu organisieren und in den sozialistischen Gang der Geschichte zu integrieren. Sie konnte insofern auch christlich eingestellte Arbeiter und Genossenschaftsbauern aufnehmen, während ansonsten die Organisation der Arbeiter der SED, die der Genossenschaftsbauern SED und DBD vorbehalten blieb.

Der Sonderstatus der SED im Parteiengefüge der DDR war vielfältig abgesichert. Da die Blockparteien nur territorial organisiert waren, die SED hingegen auch im Produktionsbereich eigene Parteigruppen bilden und ihren jeweiligen Parteileitungen unterstellen konnte, hatte sie in Betrieben, Behörden, Wissenschaftseinrichtungen und Massenorganisationen eine viel größere und vor allem wirksamere Präsenz. Folglich waren die Blockparteien innerhalb der Massenorganisationen zwar mit unterschiedlichen Kontingenten, doch stets wesentlich schwächer repräsentiert als die SED; im Offizierskorps von →NVA, →MfS und anderen Sicherheitskräften waren sie überhaupt nicht vertreten.

Die Zuweisung von Regierungs- und Verwaltungsämtern auf der zentralen wie den regionalen und lokalen Ebenen blieb der SED ebenso vorbe-

halten wie die Beteiligung der Blockparteien an der Wirtschaftsplanung und -verwaltung; mit der Abteilung ›Befreundete Parteien‹ beim →ZK der SED war jede wichtige Sach- oder Personalentscheidung einer Blockpartei abzustimmen. Entsprechendes vollzog sich auch im Zuständigkeitsbereich von Bezirks- und Kreisleitungen, wo die SED sogar eine Kontrolle des Mitgliederzugangs der Blockparteien beanspruchte. Selbst in der Veranstaltung von Parteitagen manifestierte sich der Vorrang der »Partei der Arbeiterklasse«: Es wurde üblich, daß die Blockparteien zusammentraten, nachdem die SED ihren Parteitag in Berlin, »Hauptstadt der DDR« abgehalten hatte; deren Parteitage fanden jedoch stets außerhalb Berlins statt, häufig in Dresden (CDU), in Weimar (LDPD), in Leipzig (NDPD) oder in Rostock, Schwerin und Suhl (DBD).
Die beschriebenen Zuweisungen und Verhältnisse verfestigten sich im Lauf der 50er und 60er Jahre. 1967 konnte Ulbricht auf dem VII. Parteitag der SED feststellen, das »sozialistische Mehrparteiensystem« habe sich gut bewährt. Ein Jahr später faßte die CDU auf ihrem Parteitag eine Entschließung, die den Aufbau des Sozialismus in Kenntnis und Anwendung »der objektiven Entwicklungsgesetze der Gesellschaft« befürwortete: »Folgerichtig schlossen sich alle Kräfte, die den Sozialismus erstreben, unter Führung der Arbeiterklasse und ihrer Partei, der Sozialistischen Einheitspartei Deutschlands, in der Nationalen Front zusammen und lernten die Gesetzmäßigkeiten der gesellschaftlichen Entwicklung selbst verstehen und anwenden.«
Da es in der DDR nie ein Parteiengesetz gab, erhielt das mehrfach geänderte und präzisierte Parteistatut der SED zunehmend normativen Charakter auch für die anderen Parteien. Spätestens als der dort als grundlegend für den Parteiaufbau erklärte →demokratische Zentralismus in der Verfassung von 1968/74 auch zum »tragenden Prinzip des Staatsaufbaus« (§ 47, 2) erhoben wurde, bekam die dadurch bedingte Organisationsstruktur und Handlungsdisziplin für alle Blockparteien Verbindlichkeit. Die Funktionsteilung zwischen der unangefochten politikbestimmenden SED und den ihren Transmissionspflichten willig nachkommenden Blockparteien wurde bis zuletzt beibehalten, und ihre eingespielte Mechanik bewegte sich für einen Zweck, den Hermann Matern schon 1959 vorgegeben hatte: »Solange die Aufgabe der Umerziehung der ganzen Bevölkerung im Geiste des Sozialismus nicht gelöst ist, werden die Bedingungen für das Mehrparteiensystem weiter bestehen.«
Für das reibungslose Funkionieren blieben die ›Nationale Front‹ und – bei abnehmender Wichtigkeit – der Demokratische Block zuständig. Der Block, der zuweilen als »Kern der Nationalen Front« ausgegeben wurde, trat vornehmlich im Zusammenhang mit der Arbeit der Volksvertretun-

gen in Erscheinung; als eine Art interfraktionelle Vermittlungsinstanz war er hauptsächlich mit tagespolitischen Regierungsgeschäften im Bereich der Innen- und Wirtschaftspolitik der DDR und der Abstimmung differierender Parteistandpunkte befaßt. Die ›Nationale Front‹ war hingegen auf breiterer Basis als demokratische (später: sozialistische) Volksbewegung konzipiert, in der unter starker, meist ehrenamtlicher Bürgerbeteiligung vielfältige politische und soziale Aufgaben angegangen wurden. In den territorial gegliederten Ausschüssen der NF arbeiteten neben Amtsträgern auch viele nichtorganisierte Einzelpersonen mit.
Innerhalb des »sozialistischen Mehrparteiensystems« war die NF für Vorbereitung und Ausrichtung der Wahlen zuständig. Das Recht zur Aufstellung von Kandidaten für die Wahl einer Volksvertretung stand den Vorständen der fünf Parteien und vier »mandatstragenden« Massenorganisationen zu (FDGB, FDJ, DFD und KB; zu den →örtlichen Volksvertretungen vom Kreistag abwärts stellten →VdgB und die Konsumgenossenschaften ebenfalls Kandidaten auf). Das Wahlgesetz von 1976 räumte allerdings auch ein: »Die demokratischen Parteien und Massenorganisationen haben das Recht, ihre Vorschläge zu dem gemeinsamen Wahlvorschlag der Nationalen Front der Deutschen Demokratischen Republik zu vereinigen.« Die Blockparteien hatten jedoch, bevor sie von solchem Recht regelmäßig Gebrauch machten, ihre intern festgestellten Wahlvorschläge zunächst der Abteilung ›Befreundete Parteien‹ beim ZK der SED zur Prüfung vorzulegen.
Die Möglichkeit zur Aufstellung einer Einheitsliste war seit 1949/50 unveränderte Praxis, und daraus folgte, daß die Kandidaten zunächst von den Parteien ausgewählt und aufgestellt wurden, dann aber von einem Ausschuß der NF in öffentlicher Versammlung vorgestellt und bestätigt werden mußten, bevor der Wahlvorschlag in die festgelegte Reihenfolge der Einheitsliste eingefügt wurde. In Gang gesetzt wurde das Nominierungsverfahren durch einen Wahlaufruf der NF, der zugleich das allgemeine Wahlprogramm war; er schloß stets mit der Aufforderung: »Wählt die Kandidaten der Nationalen Front!« Da es bei Wahlen in der DDR nicht um die Ermöglichung politischer Alternativen ging, diente der gesamte Wahlvorgang nur dazu, die ideologisch-politische Einheit der Volksmassen zu demonstrieren und somit die herrschenden Verhältnisse plebiszitär zu legitimieren.

Bodenreform →Agrarpolitik • Enteignung der Industrie →Wirtschaftspolitik • Kommunistische Partei Deutschlands (KPD) →›Sozialistische Einheitspartei Deutschlands‹ • Konsumgenossenschaften →›Verband der Konsumgenossenschaften‹ • »Säuberungen« →›Sozialistische Einheitspartei Deutschlands‹ • Volkskongreßbewegung →›Deutscher Volkskongreß‹

Börsenverein der Deutschen Buchhändler zu Leipzig – Verband der Verleger und Buchhändler der DDR (BdDB), 1946–1990

Gesellschaftliche Organisation der Verleger und Buchhändler der DDR

Geschichte und Organisation: Dem 1825 in Leipzig gegründeten ›Börsenverein der Deutschen Buchhändler‹ erteilte die →SMAD am 15. 6. 1946 eine Lizenz. Daraufhin nahm er am 6. August d. J. seine Tätigkeit wieder auf. Mitglieder in diesem traditionsreichen Verband der Verleger und Buchhändler wurden nun sowohl »volkseigene« und diesen gleichgestellte Verlage und Buchhandelsbetriebe als auch private Verlagsunternehmen und Buchhandlungen; sie wurden jeweils durch ihre Leiter vertreten. Außerdem konnten auch Mitarbeiter aus den genannten Betrieben und Einrichtungen als Einzelmitglieder aufgenommen werden. Mit einem im November 1967 angenommenen Statut wurde der B. juristische Person und damit uneingeschränkt zum Instrument der →Kulturpolitik der →SED. Höchstes Organ des B. war die jährlich einmal tagende Mitgliederversammlung. Sie wählte alle 3 Jahre den Vorstand und die →Revisionskommission. Der aus 13 Mitgliedern bestehende Vorstand wählte aus seiner Mitte den Vorsteher des B. und die Vorsitzenden der Ausschüsse. Von diesen bestanden als wichtigste ein Verlegerausschuß, ein Sortimentsausschuß und eine Historische Kommission zur Erforschung der Geschichte des Buchwesens; außerdem gab es eine ›Kommission Buchkunst‹ und eine Arbeitsgruppe für Kunstliteratur und Antiquariat.

Funktionen und Wirkungen: Der B. fühlte sich mitverantwortlich für die Entwicklung, Herausgabe, Propagierung und Verbreitung der Literatur, die zur »geistig-kulturellen Erziehung aller Werktätigen« beitrug. Er repräsentierte das Buchschaffen der DDR auf internationaler Ebene und war regelmäßig auf der Frankfurter Buchmesse in der Bundesrepublik vertreten. Kontaktpflege zu und Erfahrungsaustausch mit entsprechenden Verbänden in anderen Ländern gehörte zu den Aufgaben des B., doch die Beziehungen zu dem in Frankfurt a. M. residierenden ›Börsenverein des Deutschen Buchhandels e. V.‹ waren zunächst nicht besonders intensiv; 1982 wurden sie durch eine mit je 3 Vertretern der beiden Verbände besetzte »Gesprächskommission« etwas lebhafter.
Als vorrangige Aufgabe sah der B. die Pflege und Entwicklung der Buchkunst an. Zusammen mit der Stadt Leipzig organisierte er alle 5 bis 6 Jahre die ›Internationale Buchkunst-Ausstellung‹ (iba) und veranstaltete jährlich während der Leipziger Buchmesse einen internationalen Buchgestaltungswettbewerb, der im Zusammenhang mit der regelmäßigen Sonderausstellung ›Schönste Bücher aus aller Welt‹ stattfand. Eine gemeinsam

mit dem →Ministerium für Kultur eingesetzte Jury zeichnete alljährlich auch die »schönsten Bücher der DDR« aus.

Umwandlung: Anfang November 1989 beschloß der B. gemeinsam mit dem Frankfurter Börsenverein ein Aktionsprogramm, daß dem ostdeutschen Lesepublikum den Zugang zur westdeutschen Literatur erleichtern sollte. Nachdem im November 1990 ein eindeutiges Mitgliedervotum für eine Vereinigung vorlag, wurde Anfang 1991 die Fusion zum ›Börsenverein des Deutschen Buchhandels e. V.‹ vollzogen.

Vorsteher: Ernst Reclam (1945–1948); Heinrich Becker (1948–1961); Klaus Gysi (1961–1966); Heinz Köhler (1966–1971); Siegfried Hoffmann (1971–1983); Jürgen Gruner (1983–1990); Hans-Otto Lecht (1990)
Auszeichnungen: ›Wilhelm-Bracke-Medaille‹ (in 3 Stufen), wurde seit dem 10.5.1968 jährlich am ›Tag des Buches‹ verliehen an Personen und Kollektive aus Verlagen, Buchhandel, Bibliotheken, der Polygraphie sowie an Graphiker u. a.
Publikationen/Archive: ›Börsenblatt für den Deutschen Buchhandel‹ (1835 begründet), erschien wöchentlich; außerdem gab der B. seit 1960 den Pressedienst ›DDR-Buch‹ heraus.

Brigade, 1945/46–1989/90

Ein aus mehreren Werktätigen bestehendes sozialistisches Arbeitskollektiv in Betrieben der Industrie und Landwirtschaft

Geschichte und Organisation: Bereits 1946 entstanden nach sowjetischem Muster die ersten FDJ-Stoßbrigaden; die forcierte Bildung von B. setzte jedoch erst ein, nachdem vom II. SED-Parteitag im September 1947 eine Wettbewerbsinitiative unter der Losung »Mehr produzieren, gerechter verteilen, besser leben!« in Gang gesetzt worden war. Der →SMAD-Befehl Nr. 234 vom 9.10.1947 verlieh der politischen Forderung gesetzlichen Nachdruck. Dieser als ›Aufbauplan 234‹ in die DDR-Geschichtsschreibung eingegangene Befehl verpflichtete Länderregierungen, Verwaltungsorgane und Betriebsleitungen, umgehend Maßnahmen zur Steigerung der Arbeitsproduktivität, zum Kampf gegen das »Bummelantentum« sowie zur Verbesserung der materiellen Lage der Arbeiter und Angestellten festzulegen.
Im Zusammenhang mit der ebenfalls nach sowjetischem Vorbild entwickelten →›Aktivistenbewegung‹ entstanden B. nun vor allem im Steinkohle- und Kupferbergbau, in der Bauwirtschaft und in der Textilindustrie. Die erste »Brigade der ausgezeichneten Qualität« entstand im Sommer 1949 im ›VEB Hallische Kleiderwerke‹. Das Jugendkollektiv ›Otto Buchwitz‹ im Bahnbetriebswerk Dresden-Friedrichstadt rief am 3.2.1950 dazu auf, den Zweijahrplan bis zum Beginn des III. SED-Par-

teitages (20.6.1950) zu erfüllen. Zu diesem Zweck schlossen sich 6 Jugend-Qualitätsbrigaden in der ›Maschinenfabrik Buckau-Wolf‹ in Magdeburg (dem späteren VEB Schwermaschinenbau ›Georgi Dimitroff‹) zur ersten Komplexbrigade der DDR zusammen.
Von diesem Zeitpunkt an wurden in allen volkswirtschaftlichen Bereichen entsprechend den jeweiligen Gegebenheiten des Arbeitsablaufs B. als »kleinste planende und abrechnende Betriebseinheiten« gebildet. Das vollzog sich zumeist unter Leitung des →FDGB, denn eine B. war i.d.R. auch gleichzeitig die Gewerkschaftsgruppe (→›Betriebsgewerkschaftsorganisation‹). Die Mitgliederzahl einer B. wurde nach Gesichtspunkten der Wirtschaftlichkeit und Übersichtlichkeit in Grenzen zwischen 5 und 25 Arbeitern gehalten. Geleitet wurden die B. jeweils von einem Brigadier, der unmittelbar im Kollektiv mitarbeitete, für seine Funktion aber eine besondere Vergütung erhielt. Zu dessen Aufgaben zählten: Verteilung und Organisation der Arbeit, Leistungserfassung, Führung des Wettbewerbs, Erziehung und Qualifizierung der Brigademitglieder.
In vielen Fällen, besonders bei Transport- und Montagebrigaden, bei Brigaden im Bergbau, in der Stahlindustrie, in der Bauindustrie, im Maschinen- und Anlagenbau und auch bei Feldbaubrigaden auf dem Lande wurde ein Brigadeleistungslohn gezahlt. Auf der Grundlage eines für einen bestimmten Arbeitsauftrag vorgegebenen Zeitvolumens wurde – unter Berücksichtigung der nach unterschiedlichen Qualifikationen differenzierten Lohngruppen der Arbeiter – eine Lohnsumme errechnet und der betreffenden B. gutgeschrieben. Die individuellen Lohnanteile, in die dieser Betrag dann aufzuteilen war, wurden im Kollektiv festgelegt.

Funktionen und Wirkungen: Bereitschaft und Fähigkeit zur bewußten Einordnung in das Kollektiv galten im Prozeß der »Formung sozialistischer Persönlichkeiten« als Verhaltensqualitäten hohen Ranges. Denn in erster Linie das Arbeitskollektiv – die sozialistische B. mit ihren propagierten Gruppennormen – sollte als Impulsgeber und Träger oder auch als Filter und Vermittler gesellschaftlicher Forderungen dienen. Die daraus abgeleiteten Normsetzungen und Verhaltensregeln erwiesen sich jedoch als fiktive Denkmuster; in der Praxis des betrieblichen Alltags klafften Wunschvorstellungen und Realität weit auseinander.
Die erstrebte höhere Arbeitsmoral und die dadurch gesteigerte Arbeitsproduktivität wurden häufig nur mit dem »spitzen Bleistift« des Brigadiers auf dem Papier erzielt. Diese Methode wurde in vielen Varianten erprobt und wuchs sich mit der Zeit zu einem flächendeckenden Selbstbetrug aus, an den man sich aber gern gewöhnte. Die Bildung von →›Briga-

den der sozialistischen Arbeit‹ begünstigte in vielen Fällen diese Entwicklung noch. Mit einem Augenzwinkern nahm man die allgemeine Devise zur Kenntnis: »Arbeiten wie im Sozialismus und konsumieren wie im Kapitalismus!«

Der →›Sozialistische Wettbewerb‹ verkümmerte so zum Selbstzweck; Leistungskriterien wurden geringgeachtet und nachlässig gehandhabt; sie effektiv durchzusetzen konnte auch durch wiederholte Anstrengungen nicht erreicht werden. Es wurde nicht nur hingenommen, daß im Produktionsprozeß Ingenieure, Technologen und Meister häufig weniger verdienten als die ihnen unterstellten Arbeiter, auch in den Arbeitskollektiven selbst wurde eine wirklich leistungsgerechte Entlohnung kaum akzeptiert. Unter den gegebenen gesellschaftlichen Bedingungen war es illusionär, von einer »sozialistischen Brigade« zu erwarten, sie solle als Erziehungs- und Lebensgemeinschaft imstande sein, eine die westlichen Leistungsstandards übertreffende Arbeitsproduktivität zu erreichen.

Beredtes Zeugnis dafür war der Umgang mit dem Film ›Spur der Steine‹ von Frank Beyer, gedreht nach dem gleichnamigen Roman von Erik Neutsch. Die Geschichte spielte auf einer »Großbaustelle des Sozialismus« und befaßte sich mit Fragen nach Zusammenhang und Widersprüchen zwischen vorgegebenen gesellschaftlichen Zielen und den persönlichen Bedürfnissen und Entwicklungen der geschilderten Personen. Darüber war auch in B. heiß diskutiert worden, und an die Verfilmung wurden entsprechend große Erwartungen geknüpft, zumal die Hauptrolle des Brigadiers Balla mit Manfred Krug besetzt worden war. Aber der Film wurde 1966, wenige Tage nach seiner Uraufführung, abgesetzt – aufgrund einer von der SED-Führung inszenierten Kampagne.

Dieser auch heute noch sehr lebendig und dynamisch wirkende Film, der erregende, nachvollziehbare Konflikte vorführte, war nach Meinung der Parteioberen der Bevölkerung nicht zuzumuten. Der dort auftretende Parteisekretär, dargestellt von Eberhard Esche, war kein »Alleswissender«, sondern erschien oft unsicher und zögernd in seinen Entscheidungen; Brigadier Balla, sein Kontrahent, verhöhnte einen Volkspolizisten und warf ihn auch noch in den Dorfteich. Derartiger Realismus erschien der SED-Führung destabilisierend und widersprach gehörig dem Konzept von Konfliktregelung, das man der Bevölkerung verordnet hatte. Die offizelle Reaktion auf eine filmische Widerspiegelung gesellschaftlicher Verhältnisse verdeutlichte erneut die Herrschaft des Täuschungsprinzips: Man gab vor, schon zu besitzen, was noch gar nicht hinreichend erprobt worden war. So mußte die idealistische – vielleicht utopische – Idee von der Erziehung und Selbsterziehung im sozialistischen Arbeitskollektiv der B. zur Phrase verkommen, bevor sie sich in aller Widersprüchlichkeit unter denen entfalten konnte, für die sie gedacht war.

Auflösung/Ende: Angesichts der Entwicklung, die den B. seit 1946 widerfahren war, konnte es nach der »Wende« weder im unternehmerischen noch im gewerkschaftlichen Interesse liegen, sich für ihr Fortbestehen einzusetzen. Nachdem der FDGB sich aufgelöst hatte und neue Betriebsleitungen begonnen hatten, nach und nach neue Arbeitsorganisationen und Leistungskriterien einzuführen, wurden B. zum überflüssigen Relikt.

Brigade der Freundschaft, 1964–1991
Kollektiv der → FDJ für Entwicklungshilfeprojekte
1963 beschloß der Zentralrat der FDJ, junge afrikanische Nationalstaaten bei der Überwindung des kolonialen Erbes zu unterstützen. Zu diesem Zweck wurde die erste B. am 17.6.1964 nach Mali entsandt, um im staatlichen Produktions- und Beratungszentrum von Somo bei der Entwicklung einer intensiven Feld- und Viehwirtschaft zu helfen. Ebenfalls im Sommer 1964 erfolgte entsprechend einem Aufruf des WBDJ der Einsatz einer B. in Algerien.
Die B. setzten sich aus FDJ-Mitgliedern zusammen, die neben staatstreuer Gesinnung auch über eine gute fachliche Ausbildung verfügten. Schwerpunkt ihrer Tätigkeit waren die Einrichtung von Berufsausbildungsstätten und die Schaffung neuer Produktionskapazitäten sowie die Unterstützung bei kommunalpolitischen Aufgaben. So waren z. B. 1984 insgesamt 16 B. mit rd. 300 Mitgliedern in 9 Staaten Afrikas, Asiens und Lateinamerikas tätig. 1991 wurden die B. weitgehend abgewickelt; in den Entwicklungsländern blieben einige Ausbildungsstätten und Betriebe – bei weitgehender Auswechslung des Personals – erhalten, die von deutscher Seite weiter finanziert werden.

Brigade der sozialistischen Arbeit, 1959–1990
Organisationsform und Ehrentitel im → Sozialistischen Wettbewerb
Erste B. war die Jugendbrigade ›Nikolai Mamai‹ aus dem ›Elektrochemischen Kombinat Bitterfeld‹ (→ ›Kombinate‹, darin: VEB Chemiekombinat Bitterfeld), die am 3.1.1959 – zu Beginn des Siebenjahrplanes – die Losung ausgab: »Auf sozialistische Weise arbeiten, lernen und leben!«; zugleich rief sie dazu auf, in einen Wettbewerb um den Titel ›Brigade der sozialistischen Arbeit‹ einzutreten. Bereits Ende 1959 waren 61,4 Prozent aller Produktionsarbeiter im Bezirk Halle Mitglieder von B. Der SED-Führung ging es Ende der 50er Jahre um den raschen »Sieg der sozialistischen Produktionsverhältnisse«. Grundvoraussetzungen dazu

sah sie in der Steigerung der Arbeitsproduktivität und der Entwicklung der »sozialistischen Gemeinschaftsarbeit«. Nach dem Vorbild der ›Brigaden der kommunistischen Arbeit‹ in der Sowjetunion waren schon vorher – besonders auf den »Großbaustellen des Sozialismus« – ›Rote Brigaden‹, ›Brigaden junger Sozialisten‹, ›Brigaden der ausgezeichneten Qualität‹ u. ä. entstanden. Das → Politbüro glaubte nun, mit den B. ein langfristig brauchbares Konzept gefunden zu haben, mit dem sich die »Einheit von ökonomischen, politischen und kulturellen Aufgaben bei der sozialistischen Umwälzung« am besten verwirklichen ließe.

Mit der Organisation dieser Bewegung wurden → FDGB und → FDJ beauftragt. Daraufhin begann eine Kampagne nach dem gemeinsamen Plan des BuV des FDGB und des Sekretariats des ZR der FDJ zur Organisierung einer Bewegung zur Erringung des Titels ›Brigaden der sozialistischen Arbeit‹, der am 2.1.1959 verabschiedet wurde. Der Wettbewerb der B. beschränkte sich nicht auf Betriebe in Industrie, Baugewerbe und Landwirtschaft, auch in Verwaltungen und wissenschaftlichen Einrichtungen wurden ›Kollektive der sozialistischen Arbeit‹ gebildet, die in Wettstreit miteinander traten. Besonderer Wert wurde dabei auf die Selbstverpflichtungen der Wettbewerber gelegt, die von sich aus geloben sollten, die Arbeitsproduktivität oder Forschungsleistung beträchtlich zu steigern und sich das dazu notwendige fachliche Wissen anzueignen. Demgemäß hatten die in den Wettstreit eingetretenen → Brigaden ein Wettbewerbsprogramm sowie Bildungs- und Kulturpläne aufzustellen, deren Erfüllung in öffentlichen Rechenschaftslegungen verteidigt werden mußte.

Ohne Zweifel trugen die B. zunächst dazu bei, das fachliche Wissen der Arbeiter zu erweitern und in gewissem Maße kulturelle Bedürfnisse zu wecken; für Angestellte traf das jedoch nicht in gleichem Umfang zu. In den 70er Jahren wirkten diese Bildungsfaktoren allerdings kaum noch, da die neu ins Berufsleben eintretende junge Generation schon einen guten Ausbildungsstand hatte. Insofern warf nun die Erfüllung der Kultur- und Bildungspläne neue Probleme auf, denn nicht selten wurden diese so ausgebaut, daß sie sich nur durch Inanspruchnahme von Arbeitszeit realisieren ließen: Eine Buchbesprechung oder ein Austellungsbesuch waren als Unterbrechung des täglichen Arbeitstrottes immer willkommen. Auch aus diesem Grunde wurde dann von SED und FDGB praktisch an jede Betriebswandzeitung die Losung geheftet: »Arbeitszeit ist Leistungszeit!«

Welche Auswirkungen die von den B. aufgestellten Wettbewerbsverpflichtungen auf den realen Produktivitätszuwachs hatten, ist für den Anfang der 60er Jahre schwer abzuschätzen; aber schon Anfang der 70er

Jahre hatten sich die organisatorischen Abläufe von der Brigade über die Vielzahl der betrieblichen und gewerkschaftlichen Leitungsebenen und zurück so ausgeweitet und gleichzeitig formalisiert, daß erkennbar gesellschaftliches Arbeitsvermögen zur Speisung einer sich immer mehr aufblähenden Gewerkschaftsbürokratie verschleudert wurde. In betrieblichen Arbeitszeitanalysen wurde mitunter nachgewiesen, daß einzelne ehrenamtliche Mitglieder von Wettbewerbskommissionen u. ä. in »Spitzenzeiten« bis zur Hälfte der monatlich verfügbaren Arbeitszeit für Sitzungen verbrauchten. Doch von der inzwischen zum »Besitzstand« gerechneten Einrichtung der B. mochte man nicht mehr abgehen. Immerhin wurden die Erringung des Titels und die jährlich zu wiederholende erfolgreiche Verteidigung mit finanziellen Zuwendungen »belohnt«. Die Einbindung in das Prämiensystem der DDR bewirkte, daß B. in vielen Betrieben und Einrichtungen bis zur »Wende« fortbestanden.

Brigadetagebuch, 1959–1989

Während der Kampagne zur Gründung von →›Brigaden der sozialistischen Arbeit‹, die im Januar 1959 einsetzte, wurde immer wieder auf die Führung eines B. verwiesen. Darin sollten alle für die Brigade wichtigen Ereignisse festgehalten werden. Bei den Gruppen-Gewerkschaftswahlen wurde i. d. R. ein Tagebuchführer per Akklamation bestimmt. Die B. mußten bei der Verleihung und der öffentlichen Verteidigung des Titels ›Brigade der sozialistischen Arbeit‹ vorgegelegt werden und wurden bewertet. In den frühen 60er Jahren galten sie als eine wichtige Quelle für schriftstellerische Arbeit im Sinne des →›Bitterfelder Weges‹, da sie detailliert Auskunft gaben über das Alltagsleben der Arbeiter und Angestellten im Betrieb und in dessen Umfeld. Tagebuchführer wurden deshalb häufig von der Gewerkschaft als Mitglieder der →›Zirkel schreibender Arbeiter‹ gewonnen. Enthusiasten führten bis zur politischen »Wende« ein B.

Buchhandel

Wie alle Wirtschafts- und Handelsbetriebe in der DDR wurden auch die des Buchhandels frühzeitig in eine neue Eigentumsordnung eingegliedert. Da dem Vertrieb von Belletristik, Sachbüchern und politischen Aufklärungsschriften hohe Bedeutung zugemessen wurde, wollte die KPD/SED von Anfang an das Buchangebot kontrollieren, indem sie die Gründung von ›Volksbuchhandlungen‹ förderte. Durch eine von der ›Deutschen Verwaltung für Volksbildung‹ am 25.5.1947 erlassene »Richtlinie für die Neuzulassung, Führung und Übernahme buchhändlerischer Betriebe« wurde der gesamte Buchhandel dann noch stärker in den beginnenden »Aufbau des Sozialismus« einbezogen. Die in gesellschaftlichem Eigentum befindlichen ›Volksbuchhandlungen‹ verkauften Mitte der 70er Jahre schon etwa 85 Prozent der in der DDR vertriebenen Bücher, und sie konnten ihren Anteil am gesamten Buchumsatz dann noch auf rd. 90 Prozent steigern.

Neben den ›Volksbuchhandlungen‹ gab es eine Reihe privater Buchhandelsbetriebe, die mit dem zentralen Buchvertrieb des ›Volksbuchhandels‹ bzw. mit einzelnen ›Volksbuchhandlungen‹ Kommissionsverträge geschlossen hatten oder als Firmen mit staatlicher Beteiligung geführt wurden; außerdem existierten noch kirchliche und privat geführte Buchhandlungen, die jedoch einen schweren Stand hatten, da sie bei der Belieferung benachteiligt wurden und z. B. vom Schulbuchvertrieb ausgeschlossen waren. Der ›Volksbuchhandel‹ entwickelte seit Beginn der 50er Jahre neue Vertriebsformen, um die Literaturversorgung von Industriearbeitern und Landbevölkerung zu verbessern. In den Betrieben wurden Bücher in Verkaufsausstellungen oder über einen von Mitarbeitern der Gewerkschaftsbibliotheken eingerichteten Buchverkauf angeboten; überdies wurden Werktätige als ehrenamtliche Vertriebsmitarbeiter angeworben, die am Erlös der direkt am Arbeitsplatz verkauften Bücher mit 10 Prozent beteiligt waren.

Auf dem Lande wurden in Läden des staatlichen oder genossenschaftlichen Handels oder in Kiosken Buchverkaufsstellen eingerichtet, die dem ›Volksbuchhandel‹ durch Agenturverträge verbunden waren und meist von der nächst gelegenen ›Volksbuchhandlung‹ mit Büchern zu rabattierten Preisen beliefert wurden. Auch dort waren zudem ehrenamtliche Vertriebsmitarbeiter tätig. Literaturfestivals und Kulturwettbewerbe ergänzten diese Form einer möglichst dicht am Arbeitsplatz stattfindenden Literaturvermittlung, auf die in den 80er Jahren rd. 25 Prozent des gesamten Buchhandelsumsatzes entfielen. Daran beteiligt waren rd. 1500 Gewerkschaftsbibliotheken (→Bibliotheksverband), etwa 36000 in den →Grundorganisationen der SED tätige gewählte Literaturobleute und ca. 12500 ehrenamtliche Vertriebsmitarbeiter. Literaturvermittler der Partei und der Gewerkschaften boten allerdings nicht nur Belletristik an; sie verkauften vor allem Drucksachen zum →›Parteilehrjahr‹, Tagungsberichte des →ZK der SED, Gewerkschaftsbroschüren zur Produktionssteigerung u. a. m.

Wichtigster Partner der Sortimentsbetriebe war der ›Leipziger Kommissions- und Großbuchhandel GmbH‹ (LKG), über den 1952 schon etwa 75 Prozent der gesamten Verlagsproduktion ausgeliefert wurden. Waren die ›Volksbuchhandlungen‹ zunächst noch in Buchhandelsgesellschaften der Länder organisiert, so wurden sie zum 1.9.1952 direkt dem LKG unter-

stellt. 1954 nahm dann in Leipzig eine ›Zentrale Verwaltung des Volksbuchhandels‹ die Arbeit auf. Als weitere Zentraleinrichtungen gab es das ›Buchhaus Leipzig‹, das schon im Oktober 1949 als Buchversand des ›Volksbuchhandels‹ eingerichtet wurde, das ›Zentralantiquariat Leipzig‹ sowie den ebenfalls in Leipzig ansässigen volkseigenen Außenhandelsbetrieb ›Deutscher Buchexport und -import GmbH‹. Für Literaturpropaganda und -vertrieb wichtig waren auch die jedes Frühjahr im Rahmen der →›Leipziger Messe‹ stattfindende Buchmesse, eine alljährliche ›Woche des Buches‹, ein ›Tag der Kinder- und Jugendliteratur‹ sowie regionale und lokale Buchausstellungen. Zu diesen Anlässen trat der seit 1946 wieder zugelassene →›Börsenverein der Deutschen Buchhändler zu Leipzig‹ als Förderer und Organisator in Erscheinung.
Die staatliche Lenkung und Kontrolle des Buchhandels in der DDR wurde zunächst durch das →›Amt für Literatur und Verlagswesen‹ wahrgenommen; seit Anfang 1963 erfolgte sie durch die ›Hauptverwaltung Verlage und Buchhandel‹ im →Ministerium für Kultur. Diese erließ 1964 ein Statut des ›Volksbuchhandels‹, worin dieser als VEB definiert war. Ihr unterstand zugleich das Verlagswesen, für das die ministerielle Leitfunktion ebenso in einem Statut festgeschrieben war: »Der Minister gewährleistet eine einheitliche politisch-ideologische Arbeit des gesamten Verlagswesens und die ökonomische Leitung der Verlage, eine bedarfsgerechte Buch- und Broschürenproduktion in hoher ideologischer und künstlerischer Qualität bei gleichzeitiger Entfaltung einer zielstrebigen vielseitigen Literaturpropaganda, bestätigt die thematischen Perspektiv- und Jahrespläne der Verlage und die Verteilung der Kontingente polygraphischer Erzeugnisse auf der Grundlage einer langfristig orientierten Kulturpolitik, entscheidet über die Lizenzpolitik und erteilt die Druckgenehmigung für nicht lizenzpflichtige Druckerzeugnisse.«
Die als permanentes Planziel erstrebte »bedarfsgerechte Buch- und Broschürenproduktion« konnte nicht erreicht werden, weil die Partei- und Staatsführung andere Vorstellungen vom Bedarf des Lesepublikums hatte als dieses selbst. Demzufolge blieben die Buchhandlungen trotz aller Maßnahmen zur Verbesserung der Literaturversorgung »Stätten des zufälligen Glücks und der Routineenttäuschung«. Für begehrte Titel der Belletristik wie der Sachbuchliteratur erreichten die beim Buchhandel eingehenden Vorbestellungen häufig Überzeichnungsquoten von bis zu 100 Prozent. Deshalb tauchten z. B. bestimmte Neuerscheinungen von beliebten Gegenwartsautoren gar nicht mehr in der jedermann zugänglichen Auslage auf; die häufig in nur geringer Auflage gedruckten Bücher gelangten als unterm Ladentisch deponierte »Bückware« in die Hände ausgewählter Kunden.

Buchklub 65 – Buch des Monats, 1965–1990
Organisierter Buchvertrieb für Jugendliche

Der 1965 von der →FDJ initierte B. sollte Jugendlichen die Möglichkeit eröffnen, preisgünstig Werke der DDR-Literatur wie der Weltliteratur zu erwerben. Mitglieder des B. konnten aus einem Angebot an Büchern, die führende DDR-Verlage für den B. herausgaben, auswählen; eine kostenlose Zeitschrift informierte sie vierteljährlich über das neueste Buchangebot. Für einen Band waren 3,80 bzw. 4,80 Mark zu bezahlen, und nach dem Erwerb von 12 Monatsbänden erhielt man zusätzlich einen Geschenkband. Auf diese Weise kam eine Vielzahl von Jugendlichen zu einem Grundstock für eine eigene Bibliothek. Der B. förderte die literarisch-ästhetische Bildung der jungen Leser, aber er lenkte auch deren Lesebedürfnisse auf eine Literatur, die dem Regime genehm war und die mit zuweilen ideologisch befrachteten Werken das Weltbild der Jugendlichen auch wieder verzerrte und einengte. 1990 mußten die Verlage die Herausgabe der hochsubventionierten Bücher einstellen.

Bund der Architekten der DDR (BdA), 1952–1990
Fachverband der Architekten, Städtebauer, Landschaftsarchitekten, Territorialplaner, Ingenieure, Form- und Farbgestalter sowie der Wissenschaftler, die sich mit Fragen der Architektur und des Städtebaus befaßten

Geschichte und Organisation: Der Fachverband wurde am 31.10.1952 in Berlin als ›Bund Deutscher Architekten‹ gegründet; seit April 1971 nannte er sich ›Bund der Architekten der DDR‹ (BdA). Die zu diesem Zeitpunkt etwa 3500 Mitglieder des B. waren in Betriebs-, Kreis- und Bezirksgruppen organisiert. Die größten Betriebsgruppen bestanden an der →›Bauakademie der DDR‹ in Berlin, beim Magistrat von Berlin, im ›VEB Industriehochbau Berlin‹, im ›VEB Wohnungsbaukombinat Erfurt‹ und an der →TU Dresden. Oberstes Organ des B. war der Bundeskongreß; dieser wählte einen Bundesvorstand und der wiederum ein Präsidium mit einem Präsidenten und mehreren Vizepräsidenten. Beim Bundesvorstand bestanden folgende zentrale Fachgruppen, deren Mitglieder vom Präsidenten berufen und vom Präsidium bestätigt wurden: Städtebau, Wohn- und gesellschaftliche Bauten, Industriebau, ländliches Bauen, Rekonstruktion, Landschaftsarchitektur, Innengestaltung/Ausbau, Architektur und bildende Kunst, Architekturtheorie.

Funktionen und Wirkungen: Bereits in seinem Gründungsbeschluß bekannte sich der B. zu der Aufgabe, die Entwicklung einer »Architektur sozialistischen Inhalts und nationaler Form« zu fördern sowie die sowjetische Architektur und die Erfahrungen der UdSSR beim Aufbau des So-

zialismus auszuwerten. Insbesondere trug der B. zur Durchsetzung folgenreicher Beschlüsse im Bauwesen bei: so das »Programm der Industrialisierung und Typisierung« der 1. Baukonferenz 1955; der Beschluß des MR zum Aufbau der Stadtzentren 1968; der Beschluß der 10. Tagung des →ZK der SED vom 2.10.1973 zum »Wohnungsbauprogramm bis 1990«. In den 80er Jahren orientierte der B. seine Mitglieder hauptsächlich auf die Verkürzung der Bauzeiten, auf die Senkung des Bauaufwandes sowie auf Fragen der Energie- und Materialökonomie. Daraus ergab sich eine Überprüfung der vorhandenen Bebauungskonzeptionen mit dem Ziel, den Aufwand für den komplexen Wohnungsbau um 15 Prozent zu senken und höhere Einwohnerdichten von mindestens 250 Ew./ha zu erreichen. Der B. unterstützte die staatlichen Organe durch Teilnahme an der Ausarbeitung grundsätzlicher Dokumente zu Städtebau und Architektur und erarbeitete Stellungnahmen, Studien und Gutachten zu Bebauungskonzeptionen und Rekonstruktionsvorhaben.
Als Fachverband hatte er – in Zusammenarbeit mit der Bauakademie – den Ausbildungsstand seiner Mitglieder zu fördern sowie technische Probleme der Bauplanung und -normierung zu begutachten; überdies hatte er die Aufgabe, Auffassungen und Anordnungen der Partei- und Staatsführung sowie insbesondere auch solche des →Ministeriums für Bauwesen und der Bauakademie bei seinen Mitgliedern zu propagieren und sich für deren Umsetzung und Ausführung zu engagieren. Seit 1955 gehörte der B. der ›Union Internationale des Architectes‹ (UIA) an und war seit 1958 Mitglied des ›Internationalen Verbandes für Wohnungswesen, Städtebau und Raumordnung‹ (IFHP).

Auflösung/Ende: Aufgrund der Beschlüsse einer Bundesvorstandssitzung vom 17. November 1989 trat das amtierende Präsidium des B. am 21.12.d. J. zurück. Ein geschäftsführender Vorstand wurde mit der Vorbereitung eines ao. Bundeskongresses betraut, der am 30.3.1990 in Berlin zusammentrat. Dort wurde anstelle eines Präsidiums ein Arbeitsausschuß unter dem Vorsitz von Wolf R. Eisentraut eingesetzt, der die laufenden Geschäfte zu führen hatte und zudem eine Umbildung des Verbandes vorbereiten sollte. Auf eine Meinungsumfrage unter den rund 7000 Mitgliedern des Verbandes gingen im Sommer 1990 insgesamt 1520 Antworten ein, aus denen sich folgendes Bild ergab: Für eine Auflösung des B. sprachen sich 521 aus; 388 plädierten für selbständige Landesgruppen; 295 wünschten ein Fortbestehen des Verbandes und 233 den Anschluß an einen der bundesdeutschen Verbände. Daraufhin entschied eine Bundesdelegiertenversammlung, den B. zum 30. November 1990 aufzulösen.

Kongresse: 1952 in Berlin/DDR, 1955 in Berlin/DDR, 1957 in Leipzig-Markkleeberg, 1961 in Berlin/DDR, 1966 in Halle, 1971, 1975, 1982, 1987 und 1990 in Berlin/DDR
Präsidenten: Hanns Hopp (1952–1965); Edmund Collein (1965–1975); Wolfgang Urbanski (1975–1982); Ewald Henn (1982–1989)
Auszeichnungen/Preise: Ehrenpräsidentschaft und Ehrenmitgliedschaft; ›Karl-Friedrich-Schinkel-Medaille‹ in 3 Stufen
Publikationen: Der B. gab zusammen mit der Bauakademie die Fachzeitschrift ›Architektur der DDR‹ (VEB Verlag für Bauwesen, Berlin) heraus, die seit dem Sommer 1990 unter dem Titel ›Architektur‹ (Verlag Bauwesen GmbH, Berlin) fortgesetzt wird; er war Mitherausgeber der Zs. ›Landschaftsarchitektur‹ und der Zs. ›Farbe und Raum‹.

Bund Evangelischer Kirchen in der DDR (BEK), 1969–1990
Zusammenschluß der evangelischen Landeskirchen auf dem Gebiet der DDR

Geschichte und Organisation: 1945 bestanden auf dem Gebiet der SBZ 8 evangelische Landeskirchen, die sich mit den westdeutschen Landes- und Provinzialkirchen in dem neugegründeten Kirchenbund der ›Evangelischen Kirche in Deutschland‹ (EKD) zusammenschlossen. Diese Vereinigung von lutherischen, reformierten und unierten Gliedkirchen hatte sich schon am 31.8.1945 auf einer Kirchenversammlung in Treysa konstituiert und aufgrund einer »vorläufigen Ordnung« einen ›Rat der EKD‹ gebildet; die verfassunggebende Versammlung des Kirchenbundes fand dann vom 9.–13.6.1948 in Eisenach statt.
Zuvor hatten sich schon die evangelisch-lutherischen Landeskirchen in Bayern, Braunschweig, Hamburg, Hannover, Lübeck (seit Juni 1949), Mecklenburg, Sachsen, Schaumburg-Lippe, Schleswig-Holstein und Thüringen zur ›Vereinigten Evangelisch-Lutherischen Kirche Deutschlands‹ (VELKD) zusammengeschlossen. 1951 gaben sich dann auch jene Kirchen, die vormals in der ›Evangelischen Kirche der altpreußischen Union‹ (APU) vereint waren, eine neue Ordnung; ab Dezember 1953 bezeichnete sich dieser föderative Zusammenschluß als ›Evangelische Kirche der Union‹ (EKU), da die DDR unter Hinweis auf den 1945 untergegangenen und 1947 aufgelösten Staat Preußen Verhandlungen mit einer fortbestehenden APU verweigerte.
Unbeschadet der jeweiligen Zugehörigkeit zu einem dieser Kirchenbünde waren alle Kirchen jedoch zugleich Mitglieder der EKD. Allerdings behielten sich die strengen Lutheraner Synodalrechte und Lehrbefugnisse vor, die folglich von der EKD nicht in vollem Umfang wahrgenommen werden konnten. Das führte dazu, daß die EKD sich vornehmlich für die

alle Landeskirchen betreffenden Gemeinschaftsaufgaben zuständig sah und insbesondere evangelische Anliegen »gegenüber allen Inhabern öffentlicher Gewalt« und in der Ökumene vertrat. Und daraus resultierte wiederum, daß die EKD im öffentlichen Bewußtsein deutlicher als »politische Kirche« wahrgenommen wurde.

Sie sah sich von Anfang an »gesamtdeutsch« verpflichtet, und der ›Rat der EKD‹ beschloß deshalb nach der zweifachen Staatsgründung in Deutschland, im Dezember 1949, bei beiden deutschen Regierungen Bevollmächtigte zu ernennen: den Herforder Superintendenten Hermann Kunst bei der Bundesregierung in Bonn und den Berliner Propst Heinrich Grüber bei der Regierung der DDR in Berlin. Für letzteren war die zuständige Regierungsbehörde zunächst die vom Stellvertretenden Ministerpräsidenten Otto Nuschke (CDU) geleitete ›Hauptabteilung Nowak Verbindung zu den Kirchen‹, seit 1957 dann der →›Staatssekretär für Kirchenfragen‹, der mit seiner Dienststelle ebenfalls dem Vorsitzenden des →Ministerrats zugeordnet war. Nachdem Bundeskanzler Adenauer und Bischof Dibelius, der erste Ratsvorsitzende der EKD, im Februar 1957 einen ›Militärseelsorgevertrag‹ unterzeichnet hatten, dem die vom 3.– 8.3.1957 in Berlin-Spandau tagende EKD-Synode mit Zweidrittelmehrheit zustimmte, mochte die DDR-Regierung eine gesamtdeutsche Kirchenvertretung nicht länger akzeptieren. Sie bezeichnete die EKD fortan als »Militär-« oder »NATO-Kirche« und teilte dem EKD-Bevollmächtigten Grüber am 17.5.1958 mit, daß seine Tätigkeit als beendet anzusehen sei.

Fortan nahm die Partei- und Staatsführung der DDR die angeblich den Militarismus und Imperialismus unterstützende EKD zum Vorwand um auf eine größere Eigenständigkeit der Kirchen in der DDR zu drängen. Sie bestand darauf, nur noch mit Kirchenvertretern zu verhandeln, die in der DDR oder in Ostberlin wohnhaft waren. Schon im Juni 1958 folgten mehrere Gespräche mit so ausgewählten Kirchenvertretern bei Ministerpräsident Grotewohl, die zu einem gemeinsamen Kommuniqué führten, worin u. a. stand: »Die Vertreter der evangelischen Kirchen in der DDR erklärten, daß die Kirche mit den ihr gegebenen Mitteln dem Frieden zwischen den Völkern dient und daher auch grundsätzlich mit den Friedensbestrebungen der DDR und ihrer Regierung übereinstimmt. Ihrem Glauben entsprechend erfüllen die Christen ihre staatsbürgerlichen Pflichten auf der Grundlage der Gesetzlichkeit. Sie respektieren die Entwicklung zum Sozialismus und tragen zum Aufbau des Volkslebens bei.« Dieser ersten Loyalitätserklärung der Kirche folgten weitere Gespräche und Erklärungen, mit denen die Kirchenpolitik der DDR-Führung nun schrittweise das Ziel ansteuerte, die Evangelische Kirche immer stärker in die sozialistische Gesellschaft einzubinden.

Auf kirchlicher Seite war man allerdings nur zu einer kritischen Loyalität nach eigenem Verständnis bereit und bemühte sich deshalb, die Einheit der EKD so lange wie möglich zu bewahren. Nach dem Mauerbau wurde jedoch eine kontinuierliche Zusammenarbeit der ost- und westdeutschen Landeskirchen weitgehend unmöglich, so daß man nach pragmatischen Lösungen für Koordination und Vertretung kirchlicher Belange in der DDR suchen mußte. Pläne, die DDR-Kirchen in einer eigenen Organisation zusammenzuschließen, wie sie wohl spätestens seit 1958 in der Kirchenabteilung des →MfS erwogen wurden und wie sie der →›Bund Evangelischer Pfarrer in der DDR‹ im Oktober 1961 den Bischöfen vorschlug, wiesen diese damals noch zurück. Um die seit langem üblichen Beratungen der Bischöfe bzw. Kirchenleitungen jedoch formell aufzuwerten, wurde dafür im Februar 1962 eine Geschäftsordnung beschlossen, worin auch eine offizielle Bezeichnung für diese Arbeitsgemeinschaft festgelegt war: ›Konferenz der evangelischen Bischöfe der DDR‹ bzw. →›Konferenz der evangelischen Kirchenleitungen der DDR‹ (KKL).

Nach Abriegelung der DDR konzentrierte sich die staatliche Kirchenpolitik darauf, den immer noch gesamtdeutsch wirksamen Faktor Protestantismus zu entkräften. Folglich wurde die westliche, »NATO-hörige« EKD zum äußeren Feind, dessen Einflüssen sich die Kirchen in der DDR entziehen müßten. Der CDU-Vorsitzende und Stellvertretende Staatsratsvorsitzende Gerald Götting trug diese Forderung in einer Rede vom 9. 2. 1967 in drastischer Verknappung vor: »Die freien und unabhängigen evangelischen Kirchen in der Deutschen Demokratischen Republik können mit der durch den Militärseelsorgevertrag der NATO verhafteten und verpflichteten evangelischen Kirche in Westdeutschland nicht in einem Atemzug genannt werden. Zwischen diesen Extremen gibt es keine institutionelle Einheit.« Entsprechend zielte auch die →SED darauf ab, innenpolitisch den gesellschaftlichen Einfluß der Kirchen auf die Funktionen einer reinen »Kultkirche« zu reduzieren und deutschlandpolitisch die Loslösung der 8 Landeskirchen in der DDR von der EKD zu erreichen; allerdings sollte auch deren Zusammenschluß verhindert werden, da man sich von der bisher geübten Praxis, einzelne Landeskirchen differenziert zu behandeln und gegeneinander auszuspielen, auch weiterhin einiges versprach.

Auf der EKD-Synode, die im April 1967 getrennt in Fürstenwalde und Berlin-Spandau tagte, entschlossen sich die Kirchenvertreter aus der DDR noch einmal, an der Einheit der EKD festzuhalten. In der »Fürstenwalder Erklärung« findet sich jedoch auch schon der Satz: »Wir werden uns gegenseitig so weit freizugeben haben, daß wir unserem Auftrag in dem Teil Deutschlands, in dem wir leben, gerecht werden.« Dem mußte man sich Anfang 1968 stellen, als in der Diskussion um den Entwurf einer neuen DDR-Verfassung deutlich wurde, daß eine gesamtdeutsche Kirchengemeinschaft nicht nur politisch, sondern auch staatsrechtlich bedroht war. Die im Artikel 39 dann endgültig festgeschriebene Beschränkung lautete: »Die Kirchen und andere Religionsgemeinschaften ordnen ihre Angelegenheiten und üben ihre Tätigkeit aus in Übereinstimmung mit der Verfassung und den gesetzlichen Bestimmungen der DDR. Näheres kann durch Vereinbarungen geregelt werden.« Das bedeutete gegenüber der Verfassung von 1949 einen erheblichen Verlust an staatsrechtlich klarer Standortbestimmung für die Kirchen, und in politischer Konsequenz lief es auf eine von Bischof Mitzenheim geprägte Formel hinaus, die dann auch in den offiziellen Verfassungskommentar einging: »Die Grenzen der DDR bilden auch die Grenzen der kirchlichen Organisationsmöglichkeiten.«

Die neue Verfassung der DDR trat am 8.4.1968 in Kraft. Die evangelischen Kirchenleitungen beriefen daraufhin im Juni eine Strukturkommission ein, die Möglichkeiten der Entwicklung für die »in der DDR bestehende Arbeits- und Zeugnisgemeinschaft der Kirchen« prüfen und definieren sollte. Als sie zu arbeiten begann, war noch keineswegs entschieden, daß sich die Landeskirchen in der DDR aus der EKD lösen würden, doch man stand unter Zeitdruck. Da der →›Staatssekretär für Kirchenfragen‹ bisher die KKL nie als offiziellen Verhandlungspartner anerkannt hatte, bestand die Möglichkeit, daß nun Abmachungen mit einzelnen Kirchen getroffen würden, um so die kirchliche Einheit zu zersplittern. Das Verhältnis der Kirchen zum Staat sollte jedoch gemeinsam geregelt werden, weshalb eine Ordnung für einen ›Bund Evangelischer Kirchen in der DDR‹ am 10.6.1969 durch Vertreter aller 8 evangelischen Landeskirchen angenommen wurde. Daraus folgte dann in Konsequenz die Feststellung, daß eine Mitgliedschaft der Gliedkirchen des neuen Bundes in der EKD nicht mehr bestehe; die Verfassungen der einzelnen Landeskirchen wurden 1970 entsprechend interpretiert oder geändert.

Laut Satzung verstand sich der B. »als ein Zusammenschluß von bekenntnisbestimmten und rechtlich selbständigen Gliedkirchen«. Von diesen gehörten 5 zugleich der EKU und 3 der VELK/DDR an, die ›Evangelische Brüder-Unität‹ Herrnhut war mit Sonderstatus assoziiert. Organe des B. waren die für 4 Jahre gewählte Synode, deren 60 Mitglieder i. d. R. einmal im Jahr zusammentraten, und die ›Konferenz der Evangelischen Kirchenleitungen in der DDR‹, die 26 Mitglieder hatte und mindestens sechsmal im Jahr tagte; außerdem bestanden ein Bischofskonvent sowie wechselnde Kommissionen, die von der Synode berufen und aufgelöst wurden. Die erste Synode des B. fand vom 10.–14.9.1969 in Potsdam statt; unmittelbar anschließend wählte die KKL Bischof Schönherr zum Vorsitzenden und Oberkirchenrat Stolpe zum Leiter des Sekretariats des B. Am 25.9.69 stellten sich die leitenden Amtsträger – Schönherr, Braecklein und Stolpe – dem ›Staatssekretär für Kirchenfragen‹ vor.

Funktionen und Wirkungen: Obwohl sich das Zentralsekretariat der SED in einer Erklärung vom August 1946 gegen eine Kampfstellung zwischen Christentum und Marxismus aussprach, machten sich innerhalb der →FDJ um die gleiche Zeit bereits Spannungen zwischen kommunistisch orientierten und kirchlich gebundenen Jugendvertretern bemerkbar. Im Frühjahr 1949 beklagte dann Bischof Dibelius in einem Brief an die Kirchengemeinden in Berlin-Brandenburg: »Gegenwärtig bedrückt uns mehr als alles andere die Sorge, daß das Staatsgebilde, das um uns herum entsteht, so viel von den Zügen zeigt, denen in der nationalsozialistischen Zeit unser Widerstand um Gottes Willen gegolten hat: Gewalt, die über alles Recht hinweggeht, innere Unwahrhaftigkeit und Feindschaft gegen das Evangelium.« Die bald darauf verabschiedete »Verfassung der Deutschen Demokratischen Republik« räumte den Kirchen zwar weitgehende Freiheiten ein und gestand ihnen den Status von Körperschaften des öffentlichen Rechts zu, doch die Praxis hatte inzwischen schon erwiesen, daß der »planmäßige Aufbau der Grundlagen des Sozialismus« Vorrang hatte gegenüber der Beachtung von Verfassungsgarantien.
Die SED beobachtete die auf verstärkte Westbindung hinauslaufende Politik der Bundesregierung mit Argwohn und befürchtete, die Kirchen könnten zu »Hilfstruppen des Klassenfeindes« werden; sie verlangte deshalb: »Die Kirche in der Deutschen Demokratischen Republik muß sich entschieden lossagen von allen amerikanischen und englischen Agenturen, gleichgültig, ob deren Verbindungsmann Herr Kaiser oder auch Adenauer ist.« Da die Kirche auf derlei Forderungen nicht willfährig reagierte, wurde sie in ihrer täglichen Arbeit häufig behindert. Besondere Schärfe prägte vor allem die Auseinandersetzungen um Fragen des Schulwesens, der religiösen Unterweisung und der kirchlichen Jugendarbeit (→Bildungspolitik, →›Junge Gemeinde‹). 1953 spitzte sich der von der SED mit Hilfe der FDJ geschürte »Kirchenkampf« zu, da nun offensichtlich versucht wurde, in der ›Jungen Gemeinde‹ und den Studentengemeinden engagierte Jugendliche, aber auch im →›Diakonischen Werk‹ der Kirche beschäftigte Mitarbeiter zu kriminalisieren.
Der von der FDJ geführte Kampf gegen »Seuchenherde religiösen Aberglaubens« wurde nach den Juni-Unruhen 1953 eingestellt; bis dahin

angerichtete Schäden und persönliche Benachteiligungen wurden z. T. wieder behoben bzw. zurückgenommen. Im Zusammenhang mit der Politik des »Neuen Kurses« hatte schon unmittelbar vor dem 13.6.1953 ein Gespräch zwischen Regierungsvertretern der DDR und führenden Vertretern der EKD über das Verhältnis von Staat und Kirche stattgefunden und zu einer Vereinbarung geführt, die ein kirchliches Eigenleben gemäß den Bestimmungen der Verfassung der DDR ermöglichen sollte. Aber um die Jahreswende 1954/55 kam es wegen der Vorbereitungen zur ersten →›Jugendweihe‹ schon wieder zu heftigen und lang anhaltenden Auseinandersetzungen, in die sich auch das →MfS einschaltete, das schon 1951 eine Sonderabteilung für Kirchenfragen eingerichtet hatte.

Seit Beginn des Koreakrieges wurde in allen Teilen Deutschlands wieder verstärkt über einen deutschen Wehrbeitrag im Rahmen einer ›Europäischen Verteidigungsgemeinschaft‹ (EVG) diskutiert. Je deutlicher sich abzeichnete, daß die Bundesrepublik in ein westliches Militärbündnis integriert werden würde, desto mehr nutzte die SED diese angeblich »einseitige« Militarisierung dazu, die Kirchen in der DDR unter Druck zu setzen. Ihre Propaganda hielt diesen vor, sie wollten mit den ewiggestrigen deutschen Militaristen und den aggressiven amerikanischen Imperialisten gemeinsame Sache machen, und forderte statt dessen ein eindeutiges Bekenntnis zur Friedenspolitik des sozialistischen Lagers. In dieser Auseinandersetzung wurde den Kirchen letztlich abverlangt, gegenüber der Partei- und Staatsführung der DDR eine Loyalitätserklärung abzugeben, wozu staatlicherseits nicht nur Vorwürfe und Diffamierungen, sondern zunehmend auch wieder Repressalien eingesetzt wurden. Die vielfältigen Behinderungen steigerten sich noch, als die EKD-Synode im März 1957 dem mit der Bundesregierung ausgehandelten Militärseelsorgevertrag zustimmte.

Die Landeskirchen versuchten dem Druck standzuhalten, indem sie auf ihrem verfassungsmäßigen Recht bestanden, Glaubens- und Gewissensfreiheit für alle Lebenssituationen zu fordern und ihre Mitglieder gegen Repressalien und die Minderung von Bildungschancen in Schutz zu nehmen. Im übergreifenden Verband der EKD hielten sie trotz aller Anwürfe an gesamtdeutschen Traditionen und Zielen fest und versuchten gegenüber den drängenden Loyalitätsforderungen des Staates möglichst viel Eigenständigkeit zu bewahren. Kirchlicherseits wurde das Verhältnis zum Staat geprägt von einer »Überwinterungsstrategie«, wie sie insbesondere von dem Berlin-Brandenburgischen Landesbischof und Ratsvorsitzenden der EKD, Otto Dibelius, verfochten wurde. Eine solche Politik des Ausharrens und Aushaltens gründete letzlich auf der Erwartung, daß das von sowjetischer Besatzungsmacht und SED etablierte Herrschaftssystem nur

von begrenzter Dauer sein könne. Daß eine Kirche, die sich von solchen Hoffnungen leiten ließ, seitens des MfS als »konterrevolutionäre Organisation« eingeschätzt wurde, kann nicht verwundern.
Die Frage, wie lange es mit dem SED-Regime denn noch dauern könne, stellte sich allerdings neu und dringlicher, als die praktische Zusammenarbeit der Kirchen innerhalb der EKD immer schwieriger wurde. Im Mai 1958 kündigte Ministerpräsident Grotewohl die Anerkennung des Bevollmächtigten des ›Rates der EKD‹ und erklärte, nur noch mit Vertretern der Kirchen in der DDR verhandeln zu wollen. Für solche Verhandlungen war im Jahr zuvor schon das Amt eines →›Staatssekretärs für Kirchenfragen‹ geschaffen worden. Den Bischöfen Dibelius und Döpfner sowie anderen Kirchenvertretern wurde nun die Einreise verweigert, und die zum 13.8.1961 verhängte Abriegelung der DDR und Westberlins machte regelmäßigen Informationsaustausch und gemeinsame Gremienarbeit weitgehend unmöglich. Seit 1958 legten sich verändernde Umstände es also nahe, sich von der bislang praktizierten »Überwinterungsstrategie« schrittweise abzusetzen und über eine Strategie des längerfristigen Überlebens der Kirchen und ihrer Einrichtungen nachzudenken.
Die SED war bestrebt, diesen Prozeß des Umdenkens nach Kräften für ihre Zwecke zu nutzen. Sie förderte Gespräche mit Geistlichen, die größere Loyalitätsneigung bekundet hatten, und sie erweiterte das Korps ihrer »Hilfstruppen«, mit denen sie Einfluß auf innerkirchliche Haltungen und Diskussionen nehmen wollte. Hatten sich bisher schon die →CDU, ein ›Christlicher Arbeitskreis‹ beim →›Friedensrat der DDR‹ und die 1955 innerhalb der →›Nationalen Front‹ gebildeten Arbeitsgruppen ›Christliche Kreise‹ bemüht, kirchenpolitisch im Sinne der SED zur wirken, so erhielten diese 1958 Verstärkung durch den →›Bund Evangelischer Pfarrer in der DDR‹ und die →›Christliche Friedenskonferenz‹ (CFK). In jenem Jahr kam es auch zu mehreren Gesprächen zwischen Kirchen- und Regierungsvertretern, deren Ergebnisse am 21.7.1958 in dem o. a. Kommuniqué veröffentlicht wurden. Eine damit erreichte Entspannung im Verhältnis von Staat und Kirche wirkte sich besonders spürbar im Bereich der kirchlichen Sozialarbeit aus; für die vom →›Diakonischen Werk‹ betreuten kirchlichen Einrichtungen begann nun eine Phase der Konsolidierung und pragmatischen Arbeitsteilung.
Soweit Kirchenpolitiker wie -kritiker in der gemeinsamen Erklärung von 1958 eine erste Loyalitätserklärung gegenüber dem sozialistischen Staat sahen, war diese allerdings unter großen Vorbehalten seitens der Kirche gegeben worden. Sie bedeutete keineswegs ein Einverständnis mit den gleichzeitig vom V. Parteitag der SED gefaßten Beschlüssen. Dort waren die von Ulbricht proklamierten »10 Gebote der sozialistischen Moral und

Ethik« verabschiedet worden, mit denen die Partei für sich den ideologisch-moralischen Vorrang vor den Kirchen beanspruchte. Zur stets strittigen Frage der verfassungsmäßigen Religionsfreiheit beschloß der Parteitag zudem: »Die Verbreitung religiöser Lehren ist nicht Sache des Staates und seiner Einrichtungen. Die Ausübung religiöser Kulte und das Studium der damit verbundenen Lehren ist eine private Angelegenheit kirchlich gebundener Menschen, die sich ausschließlich im Rahmen der Kirche vollzieht.« Damit war ein weiteres kirchenpolitisches Ziel vorgegeben, das die Kirchen schwerlich akzeptieren konnten: Die Beschränkung von Glaubensbekenntnis und kirchlicher Verantwortung auf den nichtöffentlichen Bereich der kultischen Feiern.

Nachdem der oben beschriebene Prozeß der Ablösung von der EKD und der Gründung des B. mit Annahme der Bundesordnung durch die Vertreter der 8 Landeskirchen zum Abschluß gekommen war, war die von Partei- und Staatsführung erhobene Forderung, daß Kirchengrenzen mit den Staatsgrenzen übereinstimmen müßten, für die im B. vereinten evangelischen Landeskirchen erfüllt. In welcher Weise das mit dem Staatsgebiet deckungsgleich gemachte Kirchengebiet aber nun mit kirchlichem Leben ausgefüllt werden sollte, bedurfte für die Kirche neuer Bestimmungen und Zielsetzungen. Im Juni 1970, auf der 2. Tagung der BEK-Synode in Potsdam, definierte sich der Bund als eine »Zeugnis- und Dienstgemeinschaft von Kirchen in der sozialistischen Gesellschaft der DDR«. Diese Bestimmung wurde im Juli 1971 auf der 3. Synodaltagung in Eisenach ergänzt durch den Entschluß, »Kirche in der sozialistischen Gesellschaft, nicht neben ihr, nicht gegen sie« zu sein.

Zur Kennzeichnung dieser bedeutungsvollen Selbstbestimmung bürgerte sich später die mißverständlich verkürzende Formel »Kirche im Sozialismus« ein, die eher auf Kompromißbereitschaft verweist und somit von dem darin auch enthaltenen offensiven Moment kirchlicher Handlungsanweisung ablenkt. Es wurde damit durchaus auch Konfliktbereitschaft signalisiert, indem die »Zeugnis- und Dienstgemeinschaft« des B. den Anspruch erhob, sich nicht nur für die Interessen und Rechte der Kirchenmitglieder einzusetzen, sondern auch Verantwortung für das Wohl des Ganzen der Gesellschaft zu übernehmen. In diesem Sinne wies Bischof Schönherr dann auch die von der Partei- und Staatsführung gewünschte Selbstbeschränkung auf das Kultische zurück, als er beim ersten offiziellen Empfang des Bundesvorstands beim ›Staatssekretär für Kirchenfragen‹ am 24. 2. 1971 erklärte: »Der einzelne Christ und die christliche Gemeinde können ihren Gottesdienst nur als Gottesdienst des ganzen Lebens, nicht lediglich als Abwicklung eines gewiß ehrwürdigen, aber – da vom weltlichen Leben isoliert – sterilen Kultus verstehen.«

Wie sehr das Verhältnis Staat–Kirche weiterhin von Mißtrauen und skeptischer Zurückhaltung geprägt blieb, zeigte sich auch darin, daß die offizielle Anerkennung des B. lange nach seiner Gründung erfolgte, eben mit dem im Februar 1971 vom ›Staatssekretär für Kirchenfragen‹ gegebenen Empfang für den Bundesvorstand. Die danach von der Bundessynode beschlossene Standortbestimmung signalisierte daraufhin jedoch nicht opportunistische Anpassung, zumal der Erfurter Propst Heino Falke im Sommer 1972 auf der Synode in Dresden über eine »Kirche für andere« referierte, in dem Zusammenhang auch den Sozialismus als prinzipiell »verbesserlich« bezeichnete und die Frage aufwarf: »Müßten in der Kirche die Fragen des gesellschaftlichen Engagements nicht viel unbefangener diskutiert werden können ohne die Verdächtigungen, die sich dabei so schnell einstellen?«

Solche Reden lösten auf der Gegenseite schrillen Alarm aus, und das →MfS teilte seitdem die »feindlich-negativen Kräfte« innerhalb der Kirchen in »Sozialismusüberwinterer« und »Sozialismusverbesserer«. Für die Kirche blieb, wenn sie künftig vor die Entscheidung im konkreten Fall gestellt war, auch weiterhin nur wenig Bewegungsmöglichkeit zwischen Opportunismus und Opposition, und sie mußte auch dann, wenn sie von Dissidenten bedrängt wurde, zwischen ihrem kirchlichen Auftrag und der Rolle einer Oppositionspartei unterscheiden. So wechselte auch die Kirchenpolitik weiterhin zwischen Annäherung und Abweisung, staatlichen Zugeständnissen und erneuten Restriktionen. Nach Abschluß der Ostverträge und der KSZE-Konferenz von Helsinki kam es am 6.3.1978 in einem Grundsatzgespräch zwischen dem Staatsratsvorsitzenden Honecker und dem Vorstand des B. zur Begründung einer Art von friedlicher Koexistenz zwischen Staat und Kirche. Die der Kirche zugestandenen erweiterten Spielräume wurden aber nach Ausbruch der Gewerkschaftsunruhen in Polen sogleich wieder eingeschränkt und gegen Ende der 80er Jahre zunehmend verengt.

Als einzige legale gesellschaftliche Organisationen in der DDR, die weder dem Prinzip des →demokratischen Zentralismus noch den Organisationsstrukturen der sozialistischen Gesellschaft unterworfen waren, bemühten sich die Kirchen, ihre Eigenständigkeit zu behaupten, indem sie versuchten, ihrem je eigenen Glaubensbekenntnis, ihren sozialen Verpflichtungen, der Not der Unterdrückten und vom Unrecht Gepeinigten wie auch den wachsenden Ansprüchen der in Bürgerrechtsfragen und Umweltschutz engagierten Sozialismusgegner nach Kräften gerecht zu werden. Daß das kaum je zur Zufriedenheit aller gelingen konnte, lag auf der Hand, aber die im B. vereinten Kirchen und Christen wagten sich immerhin an eine beachtliche Vielfalt von Aufgaben und Hilfestellungen.

Da gemäß der strikten Trennung staatlicher und kirchlicher Belange Religionsunterricht und christliche Unterweisung aus den Schulen verbannt waren, mußte in den Gemeinden ein eigenes System der »Christenlehre« eingerichtet und unterhalten werden. Für die Ausbildung der dazu benötigten Katecheten wie für die der in Anstalts- und Gemeindediakonie tätigen Mitarbeiter mußten Schulen und andere Ausbildungsstätten bereitgestellt werden (→›Diakonisches Werk‹). Das umfangreiche Programm der Jugendveranstaltungen, Rüstzeiten und Regionaltreffen bedurfte der Organisation und Betreuung (→›Junge Gemeinde‹). Darüber hinaus ergaben sich im Bereich der seelsorgerlichen Betreuung von Strafgefangenen, Suchtkranken, Wehrdienstverweigerern oder gesellschaftlich isolierten Ausreisewilligen Sonderaufgaben, deren Wahrnehmung staatlicherseits eher behindert als gefördert wurde. Nicht zuletzt war dafür zu sorgen, daß Nachwuchs für Pfarramt und Verkündigungsdienst vorhanden war und in geeigneter Weise herangebildet wurde.
Ein Studium der evangelischen Theologie war an allen 6 staatlichen →Universitäten möglich. Zwar hatte man in den Anfangsjahren der DDR seitens der Partei- und Staatsführung mehrfach erwogen, die Theologischen Fakultäten – wie es in den meisten sozialistischen Staaten üblich war – aus den Universitäten auszugliedern, doch war man vor der administrativen Durchsetzung einer solchen Entscheidung letztlich doch zurückgeschreckt und hatte sich mit einer weitgehenden Gleichstellung (Gleichschaltung!?) begnügt. Die 6 Theologischen Fakultäten bzw. Sektionen, für die im →Ministerium für Hoch- und Fachschulwesen ein eigener Referent zuständig war, arbeiteten nach einem ministeriell bestätigten Studienplan auf Examina hin, die kirchlichen Anforderungen genügen sollten. Der Plan beinhaltete allerdings auch die allgemein vorgeschriebenen Marxismus-Leninismus-Kurse, die von entsprechend qualifizierten Dozenten gehalten wurden.
Auf die staatlich kontrollierte Theologenausbildung an den Universitäten konnte der B. keinen mitbestimmenden Einfluß nehmen, die in ihm vereinten Kirchen betrieben jedoch eigenverantwortlich weitere Ausbildungsstätten, für die sie die Auswahl des Lehrpersonals wie die Lehrpläne selbst bestimmen konnten. Für die vortheologische Ausbildung bestanden Proseminare in Moritzburg und Naumburg sowie das Kirchliche Oberseminar in Potsdam-Hermannswerder; die evangelische Predigerschule Erfurt und die Predigerschule ›Paulinum‹ in Berlin/DDR bildeten ebenso für das Pfarramt aus wie die als kirchliche Hochschulen geführten Einrichtungen des Theologischen Seminars in Leipzig, des Evangelischen Sprachenkonvikts in Berlin/DDR und des Katechetischen Oberseminars Naumburg. Einzelne Gliedkirchen des B. unterhielten zudem Vorberei-

tungsanstalten für das Theologiestudium, Predigerseminare, in denen Pfarramtskandidaten auf den Gemeindedienst vorbereitet wurden, sowie Pastoralkollegs und andere Weiterbildungseinrichtungen.
Zu den Problemfeldern, in denen sich das Verhältnis Staat–Kirche nie konfliktfrei gestalten ließ, gehörte neben dem Streitfall ›Jugendweihe‹/Konfirmation und den Widersprüchen im Bereich des Schulwesens, der christlichen Unterweisung und Gewissensfreiheit auch der ideologisch stark besetzte Komplex Militärpolitik/Wehrbereitschaft/sozialistische Friedenspropaganda. Zwar fand sich der B. bereit, außenpolitische Initiativen der DDR für Abrüstung, Entspannung und friedliche Koexistenz befürwortend zu unterstützen, doch sah er sich auch immer wieder genötigt, kritisch auf innenpolitische Widersprüche zu verweisen, die sich dazu aus einer staatlich geförderten, fortschreitenden Militarisierung des gesellschaftlichen Lebens ergaben. Als im Januar 1962 das Gesetz über die allgemeine Wehrpflicht in der DDR erlassen wurde, setzten sich der B. und die in ihm vereinigten Kirchen für eine ungestörte Religionsausübung der Christen in Uniform und für das Recht auf Wehrdienstverweigerung aus Gewissensgründen ein; es war dann auch kirchlicher Einflußnahme zu verdanken, daß der →›Nationale Verteidigungsrat‹ am 7.9.1964 eine Anordnung über den waffenlosen Wehrersatzdienst in Baueinheiten der NVA erließ (→›Nationale Volksarmee‹).
Einer kirchlichen Positionsbestimmung »Zum Friedensdienst der Kirche – Handreichung für Seelsorge an Wehrpflichtigen« vom 11.11.1965 begegneten Partei und Staat dann aber wieder mit so entschiedener Ablehnung, daß sie deren Rücknahme verlangten. Ebenso blockierten sie kirchliche Einsprüche, als diese gegen die 1978/79 angeordnete Einführung des obligatorischen Unterrichtsfaches »Wehrkunde« für die 9. und 10. Klassen der Allgemeinbildenden Oberschulen protestierten (→GST). Obwohl die Kirchen hier zu einer ihrer wirksamsten Einspruchsmöglichkeiten griffen, indem sie ihren gegensätzlichen Standpunkt von allen Kanzeln verkünden ließen, konnten sie gegen diese Entscheidung nichts ausrichten. Daraufhin beschloß jedoch die →›Konferenz der evangelischen Kirchenleitungen‹ im September 1978 ein eigenes Studien- und Aktionsprogramm »Erziehung zum Frieden«.
Das friedenspolitische Engagement breitete sich innerhalb der Kirchen besonders unter der Jugend (→›Junge Gemeinde‹) schnell aus: 1981 hatte eine Initiative in Sachsen in Ergänzung des bestehenden Wehrersatzdienstes einen »Sozialen Friedensdienst« gefordert; im November des Jahres veranstalteten die evangelischen Kirchen in der DDR eine ›Friedensdekade‹ unter dem Leitwort »Gerechtigkeit – Abrüstung – Frieden«, während der das als Aufnäher angebotene Sinnbild »Schwerter zu

Pflugscharen« insbesondere unter Jugendlichen verbreitet wurde. Obwohl als Vorbild für dieses Zeichen eine von einem sowjetischen Bildhauer geschaffene und 1957 der UNO geschenkte Plastik gedient hatte, sah sich die von den Vorgängen in Polen ohnehin beunruhigte SED durch dessen ungeplante Verwendung provoziert und zu einer Gegenoffensive veranlaßt; auf Weisung des →›Zentralkomitees der SED‹ wurde die FDJ mit dem Slogan ins Feld geschickt: »Der Frieden muß verteidigt werden – der Frieden muß bewaffnet sein!«

Da sich mit üblichem Propagandaaufwand gegen die spontan entstandene Friedensbewegung jedoch kaum etwas ausrichten ließ, bahnte sich – z. T. gegen den erklärten Willen der Kirchenleitungen – eine neue innenpolitische Konfrontation an, von der dann auch andere Protestbewegungen wie die ebenfalls im Schutz der Kirchen entstandenen Gruppen eines Grünen Netzwerks ›Arche‹ oder die bei der Zions-Kirche in Berlin / DDR eingerichtete ›Umweltbibliothek‹ betroffen wurden. Als der von der Basis ausgehende Druck auf die Kirchenleitungen zunahm und absehbar wurde, daß die SED von ihrer Politik einer vorsichtigen, kontrollierten Öffnung gegenüber den Kirchen abrückte und die Repressalien wieder deutlich verstärkte, sahen diese sich zu einer grundlegenden Neuorientierung veranlaßt.

Im Februar 1988 fand in Dresden eine ›Ökumenische Versammlung‹ der Kirchen in der DDR unter der Losung »Gerechtigkeit, Frieden und Bewahrung der Schöpfung« statt, auf der offen über die im eigenen Lande herrschenden Verhältnisse diskutiert wurde; vier Monate später veröffentlichten Wittenberger Kirchengemeinden »Zwanzig Thesen aus Wittenberg zur Erneuerung und Umgestaltung der DDR«; bald darauf beriet auch die Bundessynode in Dessau grundsätzliche Forderungen nach einer demokratischen Reform der DDR-Gesellschaft. Nachdem W. Jarowinsky, der für die Kirchenpolitik der SED zuständige ZK-Sekretär, im Gespräch mit dem BEK-Vorsitzenden Leich schon im Februar d. J. geargwöhnt hatte, die Kirche habe die gemeinsame Plattform vom 6. März 1978 verlassen, signalisierte nun der B. in deutlichen Verlautbarungen eine Kursänderung.

Daß eine in den sozialistischen Gesellschaftsaufbau nicht integrierte Organisation, die einer spontaneistisch und unkontrolliert sich ausbreitenden Protestbewegung mehr oder weniger bereitwillig Schutz und Entfaltungsmöglichkeiten gewährte, zum bevorzugten Objekt der Ausspähung, Unterwanderung und Drangsalierung durch den Staatssicherheitsdienst wurde, kann um so weniger verwundern, als das MfS ja schon seit Jahrzehnten eine eigens für die Kontrolle der Kirchen zuständige Abteilung unterhielt. Als jedoch nach 1989 bekannt wurde, daß es auf seiten der im

B. vereinten Kirchen zahlreiche Mitarbeiter gegeben hatte, die eine Zusammenarbeit mit dem →MfS für unausweichlich oder gar für im kirchlichen Interesse nützlich hielten, lösten diese Nachrichten allgemeines Befremden aus: Was Dissidentenlogik kurzerhand als »Verrat« brandmarkte, erschien vielen anderen zumindest als zu weit getriebene Kompromiß- und Anpassungsbereitschaft; die Formel »Kirche im Sozilismus« erfuhr nun neue, nicht immer sachlich fundierte Interpretationen.

Bezichtigern wie Beschwichtigern käme hier ruhige Nachdenklichkeit sicher zugute, und zu bedenken wäre, was der Berliner Theologe Richard Schröder im November 1992 zur Eröffnung der ersten wieder vereinigten EKD-Synode in Suhl über die Kirche in der DDR sagte: »Erst als Mutter der Revolution gefeiert, was zu viel der Ehre war, wird sie nun als Stütze des Systems verdächtigt, was zu viel der Schande ist. ... Die Kirche selbst konnte, durfte jedenfalls nicht auswandern. Wenn sie weiterwirken wollte, mußte sie auch etwas für ihre Selbsterhaltung tun, also für die Erhaltung ihrer Handlungsmöglichkeiten.«

Umwandlung: Im Prozeß der »Wende« wurde vielen Mitgliedern der im B. vereinten evangelischen Kirchen bewußt, daß in den vergangenen Jahrzehnten viele besondere Erfahrungen das kirchliche Leben geprägt hatten und manche Sonderform kirchlicher Arbeit entwickelt worden war. Anders als für die Gliedkirchen der EKD war es für konfessionell unterschiedlich ausgerichtete (lutherische, reformierte und unierte) Kirchen in der DDR wegen des stets angespannten Verhältnisses zwischen Staat und Kirche notwendig gewesen, enger zusammenzurücken, sich stärker auf Gemeinsamkeiten zu besinnen und darauf die Zusammenarbeit zu gründen.

In der kirchlichen Unterweisung hatten sie mit der »Christenlehre« ein vom schulischen Religionsunterricht abweichendes Verfahren praktiziert; in der Vorbereitung auf Verkündigungsdienst und Seelsorge wurden andere Ausbildungsgänge entwickelt; in Fragen der Militärseelsorge und der gesetzlichen Regelungen zum Schutz des ungeborenen Lebens wurden teilweise von westdeutschen Positionen stark abweichende Haltungen eingenommen; schließlich gab es auch in der nicht durch staatlichen Kirchensteuereinzug erleichterten Finanzierung der Kirchen und in den landeskirchlichen Organisationsstrukturen schwerwiegende Unterschiede. In Erwägung solcher Verschiedenheiten war es daher verständlich, daß sich die Synode des B. im Februar 1990 darauf verständigte, sich mit der Wiedervereinigung der Kirchen Zeit zu lassen.

Der Vorsatz, sich durch den politischen Einigungsprozeß nicht unter

Druck setzen zu lassen, ließ sich allerdings nicht lange aufrechterhalten; nicht nur weil sich eben dieser Prozeß unvermutet beschleunigte, sondern auch weil die Finanzkraft der Kirchen in der DDR viel zu schwach war, um allein der andrängenden Probleme Herr zu werden. Die seit den 50er Jahren bestehende finanzielle Abhängigkeit von der EKD erlaubte es nicht, lange und eigensinnig auf Minderheitspositionen zu beharren, andernfalls hätte man in den neuen Bundesländern große Bereiche der kirchlichen Sozialarbeit und die damit verbundenen Arbeitsplätze zur Disposition stellen müssen. So wurde also aus Vertretern des B. und der EKD eine gemeinsame Kommission gebildet, die ihre Beratungen über Modalitäten und Zeitplan einer Vereinigung der Kirchenbünde am 27.5.1990 in Iserlohn begann.

Kurz vor dem Vollzug der deutschen Einheit veröffentlichte die gemeinsame Kommission ein Kommuniqué, demzufolge die Vereinigung der 8 Landeskirchen in der DDR mit den 25 Gliedkirchen der EKD für November 1991 vorgesehen war; der Einigungsprozeß kam jedoch früher zum Abschluß. Nachdem die vom 21.–25.9.1990 in Dresden tagende BEK-Synode einer Vereinigungsprozedur zugestimmt hatte, die die Auflösung des B. und die Konstiuierung einer gesamtdeutschen Synode der EKD vorsah, trat die Bundessynode der evangelischen Landeskirchen in der DDR am 23.2.1991 in Berlin-Weißensee ein letztes Mal zusammen; tags darauf beschlossen dann die Synodalen von BEK und EKD in Berlin-Spandau gemeinsam die Vereinigung, die im Juni d. J. während der 8. Synode der EKD in Coburg vollzogen wurde.

Ganz ohne Widerspruch und Selbstbehauptung mochten sich die Kirchenvertreter aus der ehemaligen DDR die von westlicher Gesellschaftsverfassung geprägten Organisationsstrukturen der EKD aber doch nicht überstülpen lassen. Die Widerstände konzentrierten sich schließlich auf 3 Punkte: Am Kirchensteuereinzugsverfahren wurde kritisiert, daß es an die Stelle einer lebendigen, in persönlicher Verantwortung für Verkündigungsauftrag und Gemeindearbeit wahrgenommenen Beziehung zur Kirche einen staatlichen Verwaltungsakt treten lasse. Obwohl das kalkulierbare Steueraufkommen sehr gering geschätzt wurde und eine Zunahme der Kirchenaustritte (richtig!) vorausgesehen wurde, half kein Sträuben; die in Finanzangelegeneheiten tonangebenden Westkirchen bestanden auf Verfahrensgleichheit und setzten die in Westdeutschland übliche Steuerpraxis durch. In der Frage des staatlich garantierten Religionsunterrichts wurde teilweise sehr entschieden zugunsten der ebenso vom persönlichen Engagement getragenen »Christenlehre« argumentiert, doch werden auch hier inzwischen vornehmlich Rückzugsgefechte ausgetragen.

Einzig in der Auseinandersetzung um die traditionell umstrittene Militärseelsorge und die vermeintliche, im Militärseelsorgevertrag von 1957 so festgeschriebene Interessengleichheit von Staat und Kirche beharrten die Kirchenvertreter aus den neuen Bundesländern ausdauernd auf ihren Vorbehalten. Zwar forderten auch sie ein Recht auf »Seelsorge an den Soldaten«, sahen diese aber in grundlegendem Unterschied zur »Militärseelsorge«, weil kirchlicher Dienst dann nicht mehr der Institution Militär, sondern nur noch bedürftigen Personen zukomme. In Konsequenz wurde die Herauslösung der Militärpfarrer aus dem staatlichen Dienstverhältnis und die Übergabe aller seelsorgerlichen Aufgaben in die alleinige Verantwortung der Kirchen gefordert. Mit solchen Argumenten begründete z. B. die Frühjahrssynode der Berlin-Brandenburgischen Kirche im April 1994 ihren Beschluß, sich für eine Änderung des zwischen der Bundesregierung und der EKD bestehenden Militärseelsorgevertrages einzusetzen.

Vorsitzende der ›Konferenz der Kirchenleitungen‹: Bischof Albrecht Schönherr, Berlin/DDR (1969–1981); Bischof Werner Krusche, Magdeburg (1981–1982); Bischof Johannes Hempel, Dresden (1982–1986); Bischof Werner Leich, Eisenach (1986–1990); Bischof Christoph Demke, Magdeburg (1990–1991)
Sekretäre des B.: Manfred Stolpe, Berlin/DDR (1969–1981); Christoph Demke (1981–1983); Martin Ziegler (1983–1991)
Vorsitzende des Rates der EKU: Kurt Scharf (1957–1960); Hans-Joachim Fränkel (1972–1973); Horst Gienke (1973–1976); Werner Krusche (1976–1979); Eberhard Natho (1979–1982); Hanns-Joachim Wollstadt (1982–1984); Gottfried Forck (1984–1987); Horst Gienke (1987–1989); Joachim Rogge (1990)
Leitende Bischöfe der VELK/DDR: Niklot Beste (1968–1971); Ingo Braecklein (1971–1977); Heinrich Rathke (1977–1981); Johannes Hempel (1981–1984); Werner Leich (1984–1986); Christoph Stier (1986–1990)

Die Gliedkirchen des ›Bundes Evangelischer Kirchen in der DDR‹ und ihre leitenden Geistlichen
Evangelische Landeskirche Anhalts (EKU): Sitz der Kirchenleitung in Dessau; 1987 ca. 160000 Kirchenmitglieder; Kirchenpräsidenten: Martin Müller (1961–1970); Eberhard Natho (seit 1970)
Evangelische Kirche in Berlin-Brandenburg/Region DDR (EKU): Sitz der Kirchenleitung in Berlin/DDR; 1987 ca. 1,2 Mio. Kirchenmitglieder; Landesbischöfe: Otto Dibelius (1945–1966); Kurt Scharf (1961–1963 und 1966–1972); Günter Jacob (1963–1966); Albrecht Schönherr (1972–1981); Gottfried Forck (1981–1990)
Evangelische Kirche des Görlitzer Kirchengebiets (EKU): Sitz der Kirchenleitung in Görlitz; 1987 ca. 105000 Kirchenmitglieder; Bischöfe: Ernst Hornig (1947–1963); Hans-Joachim Fränkel (1964–1979); Hans-Joachim Wollstadt (1979–1985); Joachim Rogge (seit 1986)

Evangelische Landeskirche Greifswald (EKU): Sitz der Kirchenleitung in Greifswald; 1987 ca. 450000 Kirchenmitglieder; Bischöfe: Friedrich Wilhelm Krummacher (1954–1972); Horst Gienke (1972–1989); Eduard Berger (seit 1990)
Evangelisch-Lutherische Landeskirche Mecklenburg (VELK/DDR): Sitz der Kirchenleitung in Schwerin; 1987 ca. 520000 Kirchenmitglieder; Landesbischöfe: Niklot Beste (1946–1970); Heinrich Rathke (1970–1983); Christoph Stier (seit 1984)
Evangelische Kirche der Kirchenprovinz Sachsen (EKU): Sitz der Kirchenleitung in Magdeburg; 1987 ca. 1,2 Mio. Kirchenmitglieder; Bischöfe: Ludolf Müller (1947–1955); Johannes Jänicke (1955–1968); Werner Krusche (1968–1983); Christoph Demke (seit 1983)
Evangelisch-Lutherische Landeskirche Sachsens (VELK/DDR): Sitz der Kirchenleitung in Dresden; 1987 ca. 1,8 Mio. Kirchenmitglieder; Landesbischöfe: Hugo Hahn (1947–1953); Gottfried Noth (1953–1971); Johannes Hempel (1971–1994)
Evangelisch-Lutherische Kirche in Thüringen (VELK/DDR): Sitz der Kirchenleitung in Eisenach; 1987 ca. 1 Mio. Kirchenmitglieder; Landesbischöfe: Moritz Mitzenheim (1947–1970); Ingo Braecklein (1971–1977); Werner Leich (1978–1992)

Bund Evangelischer Pfarrer in der DDR, 1958–1974
Von der SED geförderte, staatlich subventionierte Vereinigung evangelischer Pfarrer in der DDR

Geschichte und Organisation: 1957 schätzte die SED die Situation innerhalb der evangelischen Kirchen so ein, daß sie einen günstigen Zeitpunkt für die Gründung einer innerkirchlich oppositionellen Gruppierung von Pfarrern gekommen sah. Schon unterm 27. 11. 1956 hatte das → Politbüro befürwortet, »eine evangelische Pfarrervereinigung zu bilden, die die sozialen und beruflichen Interessen ihrer Mitglieder wahrnimmt«; dabei sollte offenbar eine unter den Pfarrern angetroffene Unzufriedenheit »über ihre soziale Rechtlosigkeit und über die staatsfeindliche Politik der Kirchenleitungen« ausgenutzt werden, um »Voraussetzungen für eine politische Sammlung fortschrittlicher Geistlicher gegen die reaktionären Kirchenleitungen« zu schaffen. Ein in Auftrag gegebener Statutenentwurf für eine solche Pfarrervereinigung wurde am 1. 4. 1958 im PB bestätigt. Die Vorlage war »unter aktiver Teilnahme von 12 Geistlichen« erarbeitet worden: »Diese Geistlichen haben ein gutes Verhältnis zu unseren örtlichen staatlichen Organen und arbeiten aktiv in den Friedensräten und in den Ausschüssen der Nationalen Front mit.«
Die so vorbereitete Gründung des Pfarrerbundes fand am 1. 7. 1958 statt; zum ersten Vorsitzenden wurde einer der Initiatoren der Vereinigung, der in Weixdorf bei Dresden amtierende Pfarrer Wolfgang Caffier, gewählt; als Sitz des B. wurde Leipzig bestimmt. In dem »freiwilligen Zusammenschluß evangelischer Pfarrer« konnten Theologen oder Prediger (Pfarrdiakone und Pfarrverweser) Mitglied werden, sofern sie ihren ständigen

Wohnsitz in der DDR hatten; über die Aufnahme entschied ein 19köpfiger Vorstand. Die Geschäfte, die satzungsgemäß darin bestanden, den »Mitgliedern bei der Wahrnehmung ihrer beruflichen, sozialen und rechtlichen Interessen« zu helfen, führte ein vom Vorstand gewählter geschäftsführender Ausschuß; für die einzelnen Kirchengebiete in der DDR bestimmte der Vorstand Vertrauensleute.

Funktionen und Wirkungen: Über die Vertretung berufsständischer Interessen hinausgehend trat der B. laut Satzung »für die Wiedervereinigung unseres deutschen Volkes ein. Er unterstützt die Bemühungen der Regierung der Deutschen Demokratischen Republik, die diesen Zielen dienen. Er weiß sich zugleich verpflichtet, in seiner besonderen Weise an der Erneuerung unserer Gesellschaftsordnung mitzuwirken, wie sie sich in der Deutschen Demokratischen Republik vollzieht.« Der B. gehörte also, neben der Arbeitsgruppe ›Christliche Kreise‹ in der →›Nationalen Front‹, der DDR-Regionalkonferenz der →›Christlichen Friedenskonferenz‹ und der →CDU der DDR, zu den kirchenpolitischen Hilfstruppen der SED. Zusammen mit den genannten Organisationen setzte er sich seit 1961 auch dafür ein, innerhalb der DDR eigenständige gesamtkirchliche Organe zu schaffen (→›Bund Evangelischer Kirchen‹).
In der SED war man von Anfang an entschlossen, die Lenkung des B. nicht aus der Hand zu geben. Die Arbeitsgruppe ›Kirchenfragen‹ beim →›Zentralkomitee der SED‹ hatte schon in der Politbüro-Vorlage empfohlen, »daß die politische Anleitung und Kontrolle des Bundes Evangelischer Pfarrer durch die verantwortlichen Genossen im Büro des Nationalrates der Nationalen Front über die Arbeitsgruppe für christliche Kreise … gewährleistet wird. Die verantwortlichen Genossen des Nationalrates arbeiten in dieser Frage engstens mit dem Staatssekretär Eggerath zusammen.« Alle sorgfältig geplanten Unterstützungs- und Kontrollmaßnahmen brachten der Partei- und Staatsführung aber nicht den erhofften Erfolg. In einer Einschätzung oppositioneller Gruppierungen innerhalb der evangelischen Kirchen, die das →MfS unterm 12. 8. 1960 vorlegte, wurde festgestellt: Der B. »wird von allen Kirchenleitungen, von den bestehenden Oppositionsgruppen – außer dem ›Weimarer Arbeitskreis‹ – ignoriert. Innerkirchliche Aktionen mit sichtbarer oder spürbarer Wirkung hat diese Organisation bisher kaum zu verzeichnen gehabt.« Als Ursache für das schlechte Funktionieren der finanziell vom Staat unterstützten Gruppierung wurde im selben Bericht u. a. genannt: »Es zeigte sich, daß zwar ein gutes Programm vorhanden ist, jedoch wenig Anstrengungen gemacht werden, es zu erfüllen.«
Weitere Bemühungen der Instrumentalisierung, etwa eine Satzung von

1967, worin sich der B. verpflichtete, an der »inneren und äußeren Stärkung der sozialistischen Gesellschaft der DDR« mitzuwirken, zeigten keinen nachhaltigen Erfolg. Innerkirchlich blieb der B. bedeutungslos, und für die Kirchenpolitik der SED erwies sich die Pfarrervereinigung, der vermutlich niemals mehr als 200 Mitglieder angehörten, als unnütz. Überraschend – aber nicht auf eigenes Betreiben – löste der B. sich am 13.11.1974 selbst auf.

Vorsitzende: Wolfgang Caffier (1958–1961); Götz Bikelhaupt (1962–1966); Georg Schäfer (1967–1974)
Publikationen: ›Evangelisches Pfarrblatt‹, Mitteilungsblatt des B., erschien mtl. von 1958–1974.

C

Caritas
→ Deutscher Caritasverband

Centrum Judaicum
→ Verband der Jüdischen Gemeinden in der DDR

Chemieprogramm, 1958
Am 3./4.11.1958 führten das → ZK der SED und die → ›Staatliche Plankommission‹ in Leuna eine zentrale Chemiekonferenz durch, die unter der bis Ende der 60er Jahre propagierten Losung stand: »Chemie gibt Brot, Wohlstand und Schönheit«. Die Konferenz verabschiedete das C., welches vorsah, die Produktion der chemischen Industrie bis 1965 zu verdoppeln, mit sowjetischer Hilfe die Petrolchemie zu entwickeln und die Erzeugung von Plasten und synthetischen Fasern zu beschleunigen. Zu den als vorrangig ausgewählten Bauvorhaben zählten das ›Petrolchemische Kombinat Schwedt‹, VEB Leuna-Werke ›Walter Ulbricht‹ und die PVC-Fabrik im ›Elektrochemischen Kombinat Bitterfeld‹ (→ ›Kombinate‹). Das C. war im RGW abgestimmt; Forschung, Entwicklung und Produktion sowie der Bau der von der UdSSR in die DDR führenden Erdölleitung ›Freundschaft‹ wurden koordiniert.

Chemische Gesellschaft der DDR (CG)
→ Wissenschaftliche Gesellschaften

Chopin-Gesellschaft der DDR, 1962–1990
Vereinigung zur Pflege und Erforschung des Werkes von Frédéric Chopin

Die C. wurde am 17.10.1962 gegründet. Ihr höchstes Organ, die Mitgliederversammlung, tagte mindestens einmal in zwei Jahren und wählte alle vier Jahre den Präsidenten und einen Vorstand, der aus Präsident, Vizepräsidenten, Schatzmeister, Sekretär und den Leitern der Sektionen bestand. Die C. stellte sich die Aufgabe, das Werk Chopins zu erforschen und durch die Aufführung seiner Werke zu pflegen. Sie organisierte Konzerte und Konzertreihen, veranstaltete die ›Chopin-Tage‹ – eine jährlich in Leipzig stattfindende Konzertreihe mit 8 bis 10 Konzerten – und förderte die Teilnahme junger Künstler an Chopin-Wettbewerben. Die Tätigkeit der C. war vor allem an den Musikhochschulen in Berlin, Dresden, Leipzig und Weimar konzentriert. In diesen Städten bestanden Sektionen, die als regionale Arbeitskreise wirkten. Enge Beziehungen pflegte die C. zur Chopin-Gesellschaft in Warschau.

Umwandlung: Im Frühjahr 1990 wurde in Cottbus ein ›Rat Deutscher Chopin-Gesellschaften‹ gegründet. Die Präsidenten und Vorstandsmitglieder der C. (Sitz Leipzig), der ›Chopin-Gesellschaft‹ in der BRD (Sitz Darmstadt) sowie der ›Internationalen Chopin-Gesellschaft‹ in Westberlin wählten für ein Jahr den an der Leipziger Musikhochschule wirkenden Komponisten Karl-Heinz Pick zum Vorsitzenden des Rates.

Präsidenten: Werner Felix (1964–1986); Karl-Heinz Pick (1986–1990)
Auszeichnungen/Preise: ›Chopin-Medaille‹ und Ehrenmitgliedschaft, beide von der Mitgliederversammlung verliehen

Christlich-Demokratische Union Deutschlands (CDU), 1945–1990
Blockpartei, in der vorwiegend Bürger christlichen Glaubens organisiert waren

Geschichte und Organisation: Die CDU wurde am 26.6.1945 in Berlin als eigenständige gesamtdeutsche und christlich-soziale Partei gegründet. Im Gründungsaufruf sprachen sich u. a. Ferdinand Friedensburg, Andreas Hermes, Jakob Kaiser, Ernst Lemmer, Otto Nuschke und Ferdinand Sauerbruch für »geistige und religiöse Gewissensfreiheit«, für die Verstaatlichung bestimmter Wirtschaftszweige sowie für ein wahrhaft demokratisches Staatswesen aus. Zwar wollte man mit der KPD/SED in der »Einheitsfront antifaschistisch-demokratischer Parteien« zusammenarbeiten, verstand sich aber als unabhängige politische Kraft, in Konkurrenz auch zur SED (→Blockpolitik). Diese Position ließ sich aber unter den gegebenen Bedingungen nicht durchsetzen. Die →SMAD erzwang zweimal den Rücktritt von CDU-Spitzenpolitikern, wegen Widerstands zum einen gegen die Bodenreform (→Agrarpolitik), zum anderen gegen die Volkskongreßbewegung (→›Deutscher Volkskongreß‹).
Mit Hilfe der sowjetischen Besatzungsmacht verdrängte die SED bis 1948 nahezu alle CDU-Mitglieder, die ihre politische Selbständigkeit zu behaupten suchten, aus öffentlichen Ämtern. Nachdem der 3. Parteitag am 19.9.1948 Otto Nuschke zum Vorsitzenden gewählt hatte, war die Kraft zur politischen Gegenwehr in der Partei gebrochen. Die CDU, die im

Dezember 1947 ihren höchsten Mitgliederstand (218000) verzeichnete, verlor in der Folge fast die Hälfte ihrer Mitglieder; sie war dem ›Demokratischen Block‹ paßfähig gemacht worden und beschritt seit 1952 den von der SED nach sowjetischem Vorbild eingeschlagenen »Weg zum Sozialismus«.

In diesem Prozeß orientierte sich die CDU immer wieder an der SED und veränderte ihre Parteistruktur schrittweise nach dem Organisationsmodell der Einheitspartei. So beschloß man im Januar 1951 eine Neuorganisation der Hauptgeschäftsstelle, die nun in ein Generalsekretariat und drei Hauptabteilungen für Politik, Organisation und Verwaltung gegliedert wurde. Nach offizieller Lesart versprach man sich von dieser Umgestaltung einen effektiveren Einsatz im Bereich der Deutschland- und Kirchenpolitik. Im Oktober 1952 kam es auf dem 6. Parteitag nicht nur zur programmatischen Unterordnung der CDU unter die SED, sondern auch zur nahezu völligen Angleichung zentralistischer Organisationsstrukturen. Aufgrund einer neuen Satzung wurden dem → Zentralkomitee und → Politbüro der SED analoge Parteiorgane geschaffen: ein Hauptvorstand und ein Politischer Ausschuß.

Parallel zur Umstrukturierung der Hauptgeschäftsstelle fand auch in den Landes- und Kreisverbänden eine Neuorganisation statt. Von nun an wurde die Umsetzung politischer Aufgaben von Sekretären realisiert, die nicht mehr von der Parteibasis gewählt, sondern von der jeweils übergeordneten Parteiinstanz bestimmt und vom Hauptvorstand bestätigt worden waren. Unter Gerald Götting entwickelte sich die CDU zu einer kleinen, von Sekretären dirigierten Kaderpartei. Deren zentrales Leitungsorgan, anfangs ›Sekretariat der Parteileitung‹ genannt, existierte bis November 1989 und war das eigentliche Machtzentrum der Partei. Diesem Sekretariat gehörten der Parteivorsitzende, dessen hauptamtlicher Stellvertreter, bis 1966 der Generalsekretär und sein Stellvertreter sowie ab 1958 alle Sekretäre des Hauptvorstandes der CDU an; außerdem waren ab 1968 der Chefredakteur der ›Neuen Zeit‹ sowie der Generaldirektor des ›VOB Union‹ Mitglieder dieses Gremiums.

Im Zusammenhang mit der schrittweisen Zentralisierung der Partei war zum Jahresende 1950 auch eine ›Zentrale Vermögensverwaltung‹ (ZVW) geschaffen worden, die von nun an das gesamte Parteivermögen und alle Rechtsträgerschaften zu kontrollieren hatte. Damit wurden zugleich die Vermögensverwaltungen der Landesverbände aufgelöst und sämtliche Vermögenswerte der Partei in die Verfügungsgewalt der ZVW verlagert. Auf diese Weise konnte die CDU der DDR dann Betriebe übernehmen, die sich nicht oder nur teilweise in ihrem Besitz befanden, etwa den ›Union-Verlag-GmbH‹, dessen Stammkapital von nach Westberlin geflo-

henen CDU-Funktionären gehalten wurde. Der erste von der Parteileitung ernannte Leiter der ZVW, Wilhelm Bachem, setzte sich später unter Mitnahme eines Teils der Parteigelder ab. Der Bildung der ZVW folgte 1951 die Gründung einer ›Union-Verwaltungs-Gesellschaft‹, in deren Hände die Leitung der zur CDU gehörenden → VOB gelegt wurde; Werner Franke leitete die parteieigenen Wirtschaftsbetriebe nahezu 35 Jahre als Direktor, später als Generaldirektor.
Gemäß dem Prinzip des → demokratischen Zentralismus war also auch die CDU eine streng hierarchisierte Partei, in der die demokratische Willensbildung einer von oben durchgesetzten Parteidisziplin unterworfen war. Höchstes Organ war der alle 5 Jahre stattfindende Parteitag, der über Grundsätze und Ziele der Partei beschloß und den Hauptvorstand wählte. Dieser bestimmte aus seiner Mitte den Parteivorsitzenden und weitere 15 Mitglieder des Präsidiums, des offiziellen Leitungsgremiums der CDU. Der Hauptvorstand wählte ferner für die Leitung der laufenden Organisationsarbeit das neunköpfige Sekretariat, die → Revisionskommission sowie den ›Zentralen Untersuchungsausschuß‹, der ähnliche Aufgaben wahrzunehmen hatte wie die ›Zentrale Parteikontrollkommission‹ in der SED (→ Parteikontrollkommissionen der SED). Die Partei war entsprechend der staatlichen Verwaltungsstruktur in 15 Bezirks- und 239 Kreis- bzw. Stadt- und Stadtbezirksverbände gegliedert. 1987 hatte sie 140000 Mitglieder; davon waren etwa 35000 Abgeordnete in Volksvertretungen, etwa 30000 übten Funktionen in der → ›Nationalen Front‹ aus, und etwa 2000 bekleideten Leitungsfunktionen in Staat und Wirtschaft.

Funktionen und Wirkungen: In der 1982 vom 15. Parteitag beschlossenen Satzung hieß es: »Die unverrückbaren Ausgangspunkte des politischen Denkens und Handelns der christlichen Demokraten sind Treue zum Sozialismus, vertrauensvolle Zusammenarbeit mit der Partei der Arbeiterklasse als der führenden Kraft der sozialistischen Gesellschaft und Freundschaft zur Sowjetunion.«
Der spezifische Anteil der CDU an der gesellschaftlichen Entwicklung in der DDR lag vor allem auf dem Gebiet der geistig-politischen Beeinflussung von Menschen christlichen Glaubens. Die Partei wollte das gemeinschaftliche und einvernehmliche Handeln von Christen und Marxisten entwickeln und befand sich damit in scharfer Konfrontation zu führenden Kirchenkreisen, deren Standortbestimmung »Kirche im Sozialismus« sie umzudeuten versuchte in das Anpassungspostulat »Kirche für den Sozialismus«. Die CDU konzentrierte ihre politische Tätigkeit vor allem auf bisher parteilich noch nicht gebundene Christen – Bauern, Handwerker und Gewerbetreibende, christliche Wissenschaftler und

Künstler sowie andere mittelständische Kreise, die sie in die »Gestaltung der sozialistischen Gesellschaft« einbeziehen wollte. Mit Erfolg griff sie humanistische Traditionen christlicher Bewegungen und Persönlichkeiten auf und benutzte sie, um die historische und geistige Verwurzelung der sozialistischen Gesellschaft zu behaupten und zu befördern.

Im Verlauf der Geschichte der DDR verhielten sich die Funktionärseliten der CDU immer opportunistischer und bedienten sich schließlich auch der Sprache der SED: 1987 – auf dem 16. Parteitag – machte sich Gerald Götting z. B. die SED-Losung zu eigen: »Unser Arbeitsplatz ist unser Kampfplatz für den Frieden!« Mit solchem Verhalten stießen sie auf wachsendes Mißtrauen und z. T. auf Widerstand in den Grundeinheiten. Der überwiegende Teil der heterogenen Mitgliedschaft verstand die CDU zwar als Partei, die »nolens volens« mit der SED zusammenarbeiten mußte, nicht aber als sozialistische und schon gar nicht als marxistische Partei. Viele Menschen waren der CDU beigetreten, weil sie nach einer für sie hinnehmbaren und »komfortablen« Möglichkeit suchten, in einem sozialistischen Staat aktiv am gesellschaftlichen und politischen Leben teilzunehmen. Auch wenn sie sich mit der Friedenspolitik, wie die SED sie verkündete, in grundsätzlichem Einverständnis befanden, mochten sie doch nicht jeder Parole und jedem Kampfaufruf folgen.

1989/90, während der Veränderungen und politischen Neuorientierungen im Verlauf der »gesellschaftlichen Wende«, konnte sich die CDU – im Gegensatz zu der ganz neu beginnenden SPD – auf langjährig funktionierende Organisationsstrukturen stützen. Sie besaß eine Mitgliedschaft, die über verwaltungs- und kommunalpolitische Kompetenzen verfügte und sich auch deshalb ihrer »sozialistisch deformierten« Führung schnell zu entledigen wußte. Da die Partei zudem immer noch den denselben Namen führte wie die große christdemokratische Volkspartei in der Bundesrepublik, konnten beide sich bald schon auf gemeinsame Wurzeln besinnen. Somit war die CDU zur politischen Führung in Ostdeutschland prädestiniert, zumal ein großer Teil der DDR-Bevölkerung den von der Bundesregierung angestrebten Beitritt der DDR zur BRD als günstigste Wiedervereinigungsvariante unterstützte und innerhalb eines möglichst kurzen Zeitraums verwirklicht wissen wollte.

Umwandlung: Die CDU veröffentlichte am 28.10.1989 ein »Diskussionspapier«, in dem Rechtssicherheit und freie Wahlen gefordert wurden. Der seit mehr als 20 Jahren amtierende Parteivorsitzende Gerald Götting war jedoch dem System sozialistischer Herrschaft so eng verbunden, daß er eine Diskussion um solche Ziele schwerlich führen konnte; er

trat am 2.11.d.J. zurück. Die Wahl Lothar de Maizières zum Parteivorsitzenden am 10.11.1989 setzte dann ein deutliches Signal für einen nun die gesamte Partei erfassenden Umwandlungsprozeß. Auf einem Sonderparteitag am 15./16.12. d.J. beschloß diese dann einen grundlegenden politischen Kurswechsel und kündigte in einem ersten Schritt ihre Mitgliedschaft im ›Demokratischen Block‹ (→Blockpolitik). Sie definierte sich nun als »Volkspartei mit christlichem Profil«, sprach sich gegen »sozialistische Experimente« aus und trat für eine Marktwirtschaft sozialer und ökologischer Prägung ein. Der Sonderparteitag endete mit dem Bekenntnis zur deutschen Einheit in einem geeinten Europa.
Die CDU trat am 25.1.1990 aus der Regierung Modrow aus. Am 5.2.1990 schloß sie unter dem Motto »Allianz für Deutschland« ein Wahlbündnis mit dem ›Demokratischen Aufbruch‹ (DA) und der ›Deutschen Sozialen Union‹ (DSU), das bei den ersten freien Wahlen zur Volkskammer am 18.3.1990 fast die absolute Mehrheit erreichte (CDU 40,8 Prozent, Allianz 48,15 Prozent). Schon das im Monat vor der Wahl verabschiedete Parteiprogramm, in dem eine »von der Basis aus grundlegend gewandelte« CDU sich auf »ihren Ursprung« besann und als »Union der Mitte« einen Neuanfang ankündigte, ließ deutliche Tendenzen der Annäherung an die Schwesterpartei in der BRD erkennen. Im Juni 1990 hatte der Parteivorstand der →DBD den Beitritt zur CDU beschlossen und seinen Mitgliedern empfohlen; im August faßte ein Sonderparteitag des ›Demokratischen Aufbruchs‹ einen entsprechenden Beschluß.
Als letzte der Blockparteien trat dann diese erweiterte CDU auf einem gemeinsamen Parteitag in Hamburg am 1.10.1990 ihrer bundesrepublikanischen Schwesterpartei bei; Lothar de Maizière wurde zum einzigen Stellvertreter des Parteivorsitzenden Helmut Kohl gewählt. Bei den folgenden Landtagswahlen in Ostdeutschland wurde die CDU in 4 der 5 neuen Bundesländern stärkste Partei; bei der Bundestagswahl im Dezember 1990 erreichte sie einen Stimmenanteil von 44,1 Prozent in den alten und 43,4 Prozent in den neuen Bundesländern.

Parteitage: I. PT vom 15.–17.6.1946 in Berlin; II. PT vom 6.–8.9.1947 in Berlin; III. PT vom 18.–20.9.1948 in Erfurt; IV. PT vom 12.–13.11.1949 in Leipzig; V. PT vom 15.–17.9.1950 in Berlin/DDR; VI. PT vom 16.–18.10.1952 in Berlin/DDR; VII. PT vom 21.–25.9.1954 in Weimar; VIII. PT vom 12.–15.&09.1956 in Weimar; IX. PT vom 30.9.–3.10.1958 in Dresden; X. PT vom 22.–25.6.1960 in Erfurt; XI. PT vom 30.9.–3.10.1964 in Erfurt; XII. PT vom 2.–5.10.1968 in Erfurt; XIII. PT vom 11.–13.10.1972 in Erfurt; XIV. PT vom 12.–14.10.1977 in Dresden; XV. PT vom 13.–15.10.1982 in Dresden; XVI. PT vom 14.–16.10.1987 in Dresden; Sonderparteitag vom 15.–16.12.1989 in Berlin.
Vorsitzende: Andreas Hermes (1945); Jakob Kaiser (1946–1947); Otto Nuschke

(1948–1957); August Bach (1958–1966); Gerald Götting (1966–1989); Wolfgang Heyl (1989 amt.); Lothar de Maizière (1989–1990)
Stellvertretende Vorsitzende: Georg Dertinger (1952–1953); Gerald Götting (1948–1949); Karl Grobbel (1948–1953); Leo Herwegen (1946–1947); Wolfgang Heyl (1971–1989); Hugo Hickmann (1947–1950); Ernst Lemmer (1945–1947); Reinhold Lobedanz (1946–1950); Walther Schreiber (1945); Max Sefrin (1966–1989); Theodor Steltzer (1945); Heinrich Toeplitz (1966–1989)
Generalsekretäre: Georg Dertinger (1946–1949); Gerald Götting (1949–1966); Martin Kirchner (1989–1990)
Vorsitzende des Zentralen Untersuchungsausschusses: Reinhold Lobedenz (bis 1955); Heinrich Toeplitz (1955–1987); Siegfried Schulze (1987–1990)
Vorsitzende der Revisionskommission: Wilhelm Bachem (1950); Erich Wächter (1951–1971); Rudolf Uebel (1971–1986), Werner Franke (1986–1989)
Sekretariat des Hauptvorstandes: Dietmar Czok (1983–1989); Dieter Eberle (1977–1989); Ulrich Fahl (1971–1989); Gerhard Fischer (1971–1989); Werner Franke (1964–1987); Wolfgang Frommhold (1987–1989); Karl-Friedrich Fuchs (1971–1973); Manfred Gawlik (1989); Gerald Götting (1952–1989); Wolfgang Heyl (1966–1989); Kurt Höhn (1952–1982); Hermann Kalb (1971–1977); Willi Leisner (1952); Harald Naumann (1966–1977); Adolf Niggemeier (1977– 1989); Hansjürgen Rösner (1960–1961); Max Sefrin (1956–1958); Günter Wirth (1954–1958); Werner Wünschmann (1965–1989); Johannes Zillig (1973–1989);
Präsidium des Hauptvorstandes (bis 1954 Politischer Ausschuß): August Bach (1950–1966); Helmut Brandt (1948–1949); Gerhard Baumgärtel (1984–1989); Siegfried Berghaus (1989); Friedrich Burmeister (1954–1968); Dietmar Czok (1985–1989); Georg Dertinger (1948–1953); Gerhard Desczyk (1952–1983); Ulrich Fahl (1972–1989); Erich Fascher (1948–1950); Gerhard Fischer (1987–1989); Fritz Flint (1958–1977); Otto-Hartmut Fuchs (1972–1987); Hans-Paul Ganter-Gilmans (1952–1955); Manfred Gawlik (1989); Arnold Gohr (1949–1964); Gerald Götting (1950–1989); Günter Grewe (1960-1989); Karl Grobbel (1948–1953); Nelly Haalck (1958–1968); Charlotte Hallscheidt (1952–1968); Wolfgang Heyl (1966–1989); August Hillebrandt (1948–1953); Hermann Kalb (1960–1989); Werner Karwath (1964–1989); Friedrich Kind (1960–1977); Franz Kirchner (1970–1982); Jürgen Klingbeil (1989); Hans Koch (1974–1977); Ernst Krell (1953–1954); Harald-Dietrich Kühne (1972–1982); Reinhold Lobedanz (1950–1955); Harald Naumann (1972–1987); Adolf Niggemeier (1977–1989); Ursula Raurin-Kutzner (1960–1989); Hansjürgen Rösner (1958–1961); Victor Sandmann (1952–1953); Horst Schönfelder (1987–1989); Rudolph Schulze (1954–1989); Luitpold Steidle (1950–1984); Karin Strangfeld (1987–1989); Heinrich Toeplitz (1952–1989) Siegfried Trommsdorf (1948–1950); Dietrich Voigtberger (1982–1988); Erich Wächter (1952–1971); Hans Wiedemann (1953–1959); Christine Wieynk (1987–1989); Heinz Winkler (1954–1958); Günter Wirth (1972–1989); Eva-Maria Wolf (1987–1989); Klaus Wolf (1987–1989); Werner Wünschmann (1972–1989); Josef Wujciak (1952–1954); Johannes Zillig (1977–1989)
Vorsitzende der CDU-Landesverbände 1945–1952:
Berlin: Karl Brammer (1945–1946); Kurt Landsberg (1946–1948); seit Febr. 1948

Trennung des Landesverbandes Westberlin der CDU von der CDU der SBZ, es bestand aber weiterhin ein CDU-Arbeitskreis Groß-Berlin mit den Vorsitzenden Helmut Brandt (1948–1949), Arnold Gohr (1949–1952); • Brandenburg: Wilhelm Wolf (1945–1948); Ernst Zborowski (1948); Karl Grobbel (1948–1950); Hermann Gerigk (1950–1952); Hans-Paul Ganter-Gilmanns (1952 komm.); Heinz Sauer (1952); • Mecklenburg: Reinhold Lobedanz (1945–1952); • Sachsen: Hugo Hickmann (1945–1950); Otto Freitag (1950 komm.); Josef Rambo (1950); Magnus Dedek (1950–1952); • Sachsen-Anhalt: Leo Herwegen (1945–1948); Erich Fascher (1948–1950); Leopold Becker (1950 komm.); Josef Wujciak (1950–1952); • Thüringen: Max Kolter (1945); Walter Kröner (1946); Otto Schneider (1947); Siegfried Trommsdorff (1947–1950); August Bach (1950–1952)

Vorsitzende der Bezirksvorstände der CDU von 1952–1990

Berlin: Max Reutter (1952–1955); Hermann Dropmann (1956–1957); Albert Kotulla (1957–1958); Fritz Flint (1958–1960); Karl Burkert (1960–1961); Hansjürgen Rösner (1961–1965); Heinz-Rudolf Hoffmann (1965–1978); Ursula Raurin-Kutzner (1978–1981); Dietrich Voigtberger (1981–1988); Wolfgang Eckstein (1988/89 amt.); Siegfried Berghaus (1989–1990)

Cottbus: Adolf Maurer (1952–1957); Georg-Willi Hein (1954–1957); Fritz Flint (1957–1958); Karl Dölling; (1958–1986); Karl-Heinz Kretzschmar (1986–1990)

Dresden: Max Schmidt (1952–1953); Friedrich Mayer (1953–1958); Johannes Krätzig (1958–1984); Horst Korbella (1984–1989); Herbert Dressler (1989–1990)

Erfurt: Hermann Kalb (1952–1961); Franz Kirchner (1961–1970); Werner Behrend (1970–1984); Bernhard Schnieber (1984–1990)

Frankfurt (Oder): Günter Frölich (1952–1954); Günther Haase (1954–1961); Ernst Eckart (1961–1963); Hermann Mock (1963–1967); Heinz Hähne (1967–1979); Heinz Gulich (1979–1984); Werner Zachow (1984–1989); Herbert Schirmer (1989–1990)

Gera: Günter Neumann (1952–1954); Günter Grewe (1954–1960); Georg Wipler (1960–1968); Werner Behrend (1968–1970); Eberhard Sandberg (1970–1989); Michael Galley (1989–1990)

Halle: Josef Wujciak (1952–1957); Willy Winkelmann (1957–1964); Norbert Kraja (1964–1970); Paul Ullmann (1970–1974); Paul Konitzer (1974–1981); Michael Heinemann (1981–1990)

Karl-Marx-Stadt: Walter Wagner (1952–1956); Gotthard Graupner (1956–1963); Lothar Fischer (1963–1966); Joachim Gelfert (1966–1988); Klaus Reichenbach (1988–1990)

Leipzig: Heinz Kühn (1952–1954); Wolfgang Heyl (1954–1958); Fritz Karl Bartnig (1958–1982); Siegfried Berghaus (1982–1989); Rolf Rau (1989–1990)

Magdeburg: Karl Brossmann (1952–1960); Ulrich Fahl (1960–1971); Werner Biedermann (1971–1980); Manfred Gawlik (1980–1990)

Neubrandenburg: Emma Heinrich (1952–1960); Max Christiansen (1960–1966); Dieter Lehmann (1966–1981); Bernd Hillmann (1981–1987); Wolfgang Mäder (1987–1989); Winfried Vonholt (1990)

Potsdam: Friedrich Kind (1952–1989); Christian Seidel (1989–1990)

Rostock: Otto Sadler (1952–1982); Dieter Klemm (1982–1990)

Schwerin: Hansjürgen Rösner (1952–1958); Hans Koch (1958–1980); Bodo Kohagen (1980–1982); Lothar Moritz (1982–1989)
Suhl: Richard Götz (1952–1953); Hans Güth (1953–1956); Werner Behrend (1956–1968); Heinz Büttner (1968–1970); Bernhard Schnieber (1970–1984); Johannes Schimoneck (1984–1989)
Vorsitzende der CDU-Landesverbände in der DDR 1990: Brandenburg: Herbert Schirmer • Mecklenburg: Günther Krause • Sachsen-Anhalt: Gerd Gieß • Sachsen: Klaus Reichenbach • Thüringen: Uwe Ehrich

Auszeichnungen: ›Otto-Nuschke-Ehrenzeichen‹ in Gold, Silber und Bronze; ›Otto-Nuschke-Plakette‹
Publikationen/Archive: ›Neue Zeit‹ – Zentralorgan der CDU, erschien von Jg. 1/22.7.1945 – Jg. 45/9.12.1989; ab 11.12.1989 kam das Blatt unter demselben Titel als Tageszeitung der CDU heraus; ab Jg. 46/8.2.1990 erschien es als ›Neue Zeit – Zeitung für Deutschland – christlich, demokratisch, sozial‹. Chefredakteure: Emil Dovifat (1945); Rudolf Pechel (1945); Wilhelm Gries (1945–1947); Walter Klein-Reckard (1947–1950); Martin Preikschar (1950); Alwin Schaper (1950–1961); Hermann Kalb (1961–1971); Karl-Friedrich Fuchs (1971–1973); Hans Zillig (1973–1977); Dieter Eberle (1977–1989); Hans-Joachim Koppe (1989–1990); • ›Union teilt mit‹, Funktionärsorgan, Monatszs. hg. v. Präsidium der CDU, Jg. 1/Juli 1947 – Jg. 43/März 1990; Chefredakteure: Helmuth Brauer; Wolfgang Hasse (1954–1955); Gerhard Desczyk (1955–1956); Gerhard Fischer (1956–1960); Josef Ulrich (1961–1965); Karl Hanisch (1965–1968); Wolfgang Gudenschwager (1968 amt.); Joachim Koppe (1969–1973); Johannes Straubing (1973–1990); • ›Union Presse-Dienst‹ (UPD) Jg. 1/1950 - Jg. 21/1971, Informationsdienst des Hauptvorstandes der CDU; Chefredakteur: Otto-Hartmut Fuchs (1951–1969); • außerdem erschienen 5 Regionalzeitungen mit teilw. unterschiedlichen Bezirks- bzw. Gebietsausgaben sowie Schriftenreihen wie die ›Hefte aus Burgscheidungen‹ oder die ›Beiträge zur Geschichte‹ u. a. • Archivbestände der CDU befinden sich heute in der ›Stiftung Archive der Parteien und Massenorganisationen der DDR im Bundesarchiv‹ (SAPMO) sowie in der Verwaltung der ›Konrad-Adenauer-Stiftung‹ in St. Augustin.
Angeschlossene Institutionen und Betriebe: Zentrale Parteischule in Blankenburg/Harz, Leiter Josef Bock (1947–1949); • Zentrale Schulungsstätte ›Otto Nuschke‹, Schloß Burgscheidungen; Leiter: Karl Broßmann (1951–1952); Horst Rudolph (1953–1956); Günther Kühn (1956–1958); Gerhard Reintanz (1958–1961); Erwin Krubke (1961–1986); Otto Preu (1986–1990) • ›VOB UNION‹, in der parteieigene Zeitungs-, Buch- und Kunstverlage, Druckereien, Buch- und Kunsthandlungen sowie andere Betriebe zusammengeschlossen waren; Direktoren/Generaldirektoren der ›VOB UNION‹: Werner Franke (1951–1986); Wolfgang Frommhold (1987–1990); • ›Union-Verlag‹: Hubert Faensen (1961–1982); Klaus Peter Gerhard (1982–1990); • ›Koehler & Amelang‹: Hubert Faensen (1961–1990); • ›Verlag Neue Zeit‹: Alfons Malik (1958–1977); Günter Bündig (1977–1990)

Christliche Friedenskonferenz (CFK) in der DDR, 1958–1992
Regionale Gruppierung einer internationalen christlichen Friedensbewegung gegen atomare Massenvernichtungswaffen und zur Überwindung des Kalten Krieges

Geschichte und Organisation: Die C. entstand auf Initiative tschechoslowakischer Theologen 1958 in Prag. Mit deren Gründung griff man Gedanken Dietrich Bonhoeffers auf, der 1934 ein weltweites Friedenskonzil der christlichen Kirchen gefordert hatte. Das mit einer solchen ständigen Konferenz verbundene Anliegen machten sich bald und vielerorts Kirchen und christliche Vereinigungen zu eigen; auch in der DDR entstand ein Freundeskreis der C. An der 1. ›Allchristlichen Friedensversammlung‹, die 1961 in Prag stattfand, nahmen über 600 Christen aus allen Kontinenten teil. International bildeten die seitdem immer in Prag stattfindenden ›Allchristlichen Friedensversammlungen‹ (1961, 1964, 1968, 1971, 1976, 1981, 1986) das höchste Organ der C.; sie wählten den Arbeitsausschuß und das Internationale Sekretariat, das seinen ständigen Sitz in Prag hatte.
In der DDR formierte sich aus dem Freundeskreis der C. die Regionalkonferenz der CFK, zu der u. a. die evangelischen Bischöfe Moritz Mitzenheim und Albrecht Schönherr sowie Pfarrer, Universitätstheologen und Laienchristen gehörten. Diese Regionalkonferenz wählte alle vier Jahre einen 20köpfigen Regionalausschuß als Leitungsgremium. Der C. in der DDR gehörten zeitweilig etwa 600 Mitglieder evangelischer Landes- und Freikirchen und einige wenige katholische Laien an. Mit Leitungsaufgaben innerhalb der C. waren nahezu ausschließlich → CDU-Mitglieder betraut, und auch sonst waren Doppelmitgliedschaften häufig. Die Arbeit im Lande wurde durch freiwillige Spenden der Mitglieder finanziert, für die internationale Arbeit erhielt sie Zuschüsse vom → ›Staatssekretär für Kirchenfragen‹, dessen Amt stets versuchte, die C. im Sinne sozialistischer Friedenspolitik zu instrumentalisieren.

Funktionen und Wirkungen: Die CFK wollte Christen und Kirchen für eine christlich begründete Absage an atomare Massenvernichtungswaffen gewinnen und diese veranlassen, selbst Beiträge zur Überwindung des Kalten Krieges zu leisten. Darin stimmte sie weitestgehend mit den außenpolitischen Interessen sozialistischer Staaten überein; auf deren Zustimmung und auf Zusammenarbeit mit deren Staatsorganen und Organisationen legte sie auch stets Wert, zumal sie in organisatorischen Fragen (Aus- und Einreisegenehmigungen u. a.) auch auf deren Wohlwollen angewiesen war. Während in Westeuropa und in den anderen Kontinenten zumeist Einzelpersönlichkeiten und christliche Gruppen mitarbeiteten, wurden in den osteuropäischen Ländern sehr schnell die meisten nichtkatholischen Kirchen als Körperschaften Mitglied der CFK, was den Wünschen ihrer jeweiligen Regierungen entsprach, ihnen aber auch gewisse Freiräume verschaffte. Der →BEK und die darin vereinigten evangelischen Landeskirchen in der DDR bildeten jedoch eine Ausnahme; obwohl sie vom ›Staatssekretär für Kirchenfragen‹ mehrfach öffentlich zum Beitritt aufgefordert wurden, blieben sie bis zum Schluß auf Distanz.

Das Eintreten für friedliche Koexistenz, die Absage an jeden Antikommunismus, Solidarität mit den Befreiungsbewegungen in der Dritten Welt und ein weitgehender Verzicht auf Kritik an den inneren Verhältnissen in den sozialistischen Staaten kennzeichneten die C. als »staatsnahe« Organisation. CFK-Mitglieder traten innerhalb der evangelischen Kirchen als Anwälte der SED-Politik auf, und vom →MfS gelenkte IM versuchten in den 80er Jahren auch auf die im Schutz der Kirchen agierenden Friedens- und Menschenrechtsinitiativen einzuwirken. Aus Verlautbarungen der C. geht deutlich hervor, daß man dort die »Vermischung« sozialistischer Abrüstungsstrategien mit der Menschenrechts- und Umweltschutzproblematik ablehnte: »Dabei dürfen wir die Tagesordnung unserer Friedensarbeit nicht durch eigene Bedürfnisse von Eigenständigkeit und Unverwechselbarkeit bestimmen. Denn wir können uns jetzt nicht erlauben, über uns bewegende persönliche oder globale Probleme so zu diskutieren, als sei die Bedrohung durch Pershing II und Cruise Missiles eine Nebensache. ... Diese Identifizierung der Gerechtigkeitsfrage mit Aufgaben im humanitären Bereich ist sachlich falsch und führt zur Desorientierung in der Friedensfrage.«

Die C. verstand sich als internationale Bewegung und sah Frieden primär als eine Aufgabe der Gestaltung internationaler Beziehungen und der Förderung weltweiter Abrüstung. Das brachte sie in Gegensatz zu den kirchlichen oder kirchlich betreuten Friedensinitiativen, die bei einer Befriedung zwischenmenschlicher und innergesellschaftlicher Beziehungen ansetzten und daher vordringlich für Friedenserziehung (gegen Wehrkundeunterricht), Wehrdienstverweigerung, »Sozialen Friedensdienst« sowie die Achtung der Schöpfung und der Menschenrechte im eigenen Lande eintraten. Insofern nahmen Mitglieder der C. in der DDR an der Entwicklung der kirchlichen Friedensbewegung seit Ende der 70er Jahre eher störend und behindernd Anteil. Durch CFK-Mitgliedschaft getarnte IM versuchten Diskussionsverläufe auf »Friedensseminaren« zu beeinflussen und Abstimmungen über mißliebige Anträge zu verhindern; dafür sah eine »Planorientierung« des MfS von 1989 vor: »Mit dem Ziel der Zersetzung und Zurückdrängung antisozialistischer und oppositioneller Kräfte

und ihrer Konzeptionen ist der Einsatz ... darauf zu konzentrieren, die innere Zerstrittenheit unter feindlich-negativen Personenkreisen zu forcieren.«
Direkte Einflußnahme staatlicher Stellen war allerdings nicht umumschränkt möglich, da in der C. auch einige Persönlichkeiten mitarbeiteten, die in den Kirchen angesehen waren und sich solcher Einflußnahme zu entziehen suchten. Seitdem Truppen sozialistischer Staaten 1968 in die ČSSR einmarschiert waren, hatte die C. zudem international viel Ansehen eingebüßt und mußte sich auch intern zunehmend mit Kritik auseinandersetzen. In den 80er Jahren blieb auch deren Regionalkonferenz in der DDR von internen Auseinandersetzungen nicht gänzlich verschont. Laut Statut von 1965 waren für die Wahl des Regionalausschusses demokratische Prozeduren vorgesehen, die es immerhin ermöglichten, daß 1984 die gesamte Leitung von einer unzufrieden gewordenen Basis abgewählt wurde.
Die seit 1972 verstärkt praktizierte Arbeit in Basisgruppen, zu denen auch einige Kirchengemeinden zählten, die korporativ beigetreten waren, führte gelegentlich auch zu Spannungen mit staatlichen Behörden, weil die Tätigkeit der C. durch eine »Ausweitung nach unten« unübersichtlicher wurde und nicht mehr so leicht zu kontrollieren war. Zu einer kritischen Überprüfung der eigenen Positionen kam es deshalb aber noch nicht; erst am 28./29.10.1989 forderte auch die C. die Einführung eines zivilen Ersatzdienstes für Wehrdienstverweigerer, und nun gestand sie mit milder Selbstkritik ein, »daß wir unseren marxistischen Freunden mitunter keine genügend kritischen und eigenständigen Gesprächspartner gewesen sind« und daß zu oft versucht wurde, »die Fehler des Sozialismus zu interpretieren, anstatt als mündige Bürger Veränderungen zu bewirken«.

Umwandlung: Am 7.3.1992 trat der Regionalausschuß der C. in der DDR zu seiner letzten Tagung zusammen. Er wählte einen Koordinierungsausschuß für die Zusammenführung der ostdeutschen CFK-Mitglieder und -Basisgruppen mit denen der westdeutschen Regionalkonferenz und stellte dann seine Arbeit ein.

Vorsitzende: Werner Schmauch (1958–1964); Albrecht Schönherr (1964–1965); Karl-Heinz Bernhardt (1965–1984); Heinrich Fink (1984–1990); kollektives Leitungsgremium (1990–1992)
Sekretär des Regionalausschusses: Carl Ordnung (1961–1992)
Publikationen: ›CFK-Mitteilungen‹, ersch. von 1962–1975; ›Rundbrief‹, ersch. von 1975–1992; in beiden Publikationsreihen kamen Einzelhefte in unregelmäßiger Folge, meistens viermal im Jahr heraus; die Auflagenhöhe schwankte je nach Bedarf zwischen 300 und 600 Exemplaren.

Club der Filmschaffenden
→ Verband der Film- und Fernsehschaffenden der DDR

Club der Kulturschaffenden ›Johannes R. Becher‹
→ Kulturbund der DDR

D

DDR-Komitee für Europäische Sicherheit und Zusammenarbeit,
1970–1990
Zusammenschluß prominenter Persönlichkeiten der DDR zur Förderung von Sicherheit und Zusammenarbeit in Europa

Das am 24. 3. 1970 in Berlin gegründete Komitee stellte sich die Aufgabe, zur Vorbereitung und Einberufung einer ›Konferenz über Sicherheit und Zusammenarbeit in Europa‹ (KSZE) beizutragen, wie sie dann 1975 auch in Helsinki abgehalten wurde. Diese Intention kam zum Ausdruck in Beiträgen des Komitees auf den beiden ›Foren der europäischen Öffentlichkeit‹, die – vom D. mitinitiiert – 1972 und 1975 stattfanden. Im weiteren Verlauf des KSZE-Prozesses versuchte das D. zur Ausgestaltung der Zusammenarbeit in Europa beizutragen, indem es auf politischem, ökonomischem, wissenschaftlichem und kulturellem Gebiet analytische Untersuchungen und eigene Vorschläge erarbeitete und durch Veröffentlichungen und Erklärungen verbreitete.
Das Komitee setzte sich aus führenden Vertretern von Parteien, Massenorganisationen und bedeutenden Institutionen sowie aus bekannten Wissenschaftlern und Künstlern zusammen. Es arbeitete nur auf zentraler Ebene und wurde von einem Präsidium geleitet. Erster Präsident war der Vorsitzende des →›Forschungsrates der DDR‹, Max Steenbeck, unter dessen Leitung auch die beabsichtigte außenpolitische Wirksamkeit erzielt wurde. Entsprechend den auf der KSZE-Schlußkonferenz in Helsinki 1975 vereinbarten »Körben« – 1. Maßnahmen im militärischen Bereich, 2. Zusammenarbeit in Fragen von Wirtschaft, Wissenschaft, Technik und Umweltpolitik, 3. Sicherheitsfragen und humanitäre Probleme – bildete das D. Kommissionen, die die Arbeit der Delegationen der DDR auf den Nachfolgekonferenzen vorbereiteten und unterstützten. Überdies war das D. selber Mitglied in verschiedenen internationalen Gremien, z. B. im ›Internationalen Rat für Ost-West-Wirtschafts-Zusammenarbeit‹. In den 80er Jahren, als immer deutlicher wurde, wie sehr alle außenpolitischen Fragen auf die Intentionen und persönlichen

Aktionen E. Honeckers abgestimmt wurden, verlor das D. deutlich an Einfluß.

Auflösung/Ende: Im Frühjahr 1990 wurde das D. erweitert; im zeitweilig auch ›Helsinki-Komitee der DDR‹ genannten Gremium saßen je ein Vertreter von CDU, FDP, PDS und SPD. Das D. beendete seine Tätigkeit im Oktober 1990; Nachfolgeeinrichtung wurde das ›Deutsche Komitee für Europäische Sicherheit und Zusammenarbeit e. V.‹.

Präsidenten: Max Steenbeck (1970–1981); Fritz Liebscher (1981–1987); Stefan Doernberg (1987–1990)

Generalsekretäre: Stefan Doernberg (1970–1978); Klaus Gysi (1978–1979); Waldemar Verner (1979–1982); Christa Großmann (1982–1990)

DDR-Komitee für Menschenrechte, 1969–1989

Zunächst ausschließlich gegen die Bundesrepublik gerichteter Zusammenschluß von Juristen und Politikern in der DDR

Geschichte und Organisation: Vorläufer des D. war das am 21. Mai 1959 von Rechtsanwalt Friedrich Karl Kaul u. a. führenden DDR-Juristen gegründete ›Komitee zum Schutz der Menschenrechte, gegen militaristische Willkür und Klassenjustiz in Westdeutschland‹. Anlaß für diese Gründung waren u. a. das vom Bundesverfassungsgericht 1956 verhängte KPD-Verbot und dessen strafrechtliche Auswirkungen (z. B. Berufsverbote) in der Bundesrepublik. Das Komitee organisierte zahlreiche propagandistische Veranstaltungen, Vortrags- und Diskussionsabende und veröffentlichte Analysen und Dokumentationen, womit es auf bundesdeutsche Rechtsverletzungen aufmerksam machen wollte. Es leistete auch Rechtsschutz und andere Hilfen für die in der Bundesrepublik von politischer Repression betroffenen Kommunisten oder deren Familien.

Im Frühjahr 1969 sondierte Willy Brandt, der von der sowjetischen Führung schon als möglicher Sieger der bevorstehenden Bundestagswahlen gesehen wurde, in intensiven Gesprächen mit sowjetischen Diplomaten die Chancen einer neuen Ostpolitik. Damit zeichnete sich eine Normalisierung der innerdeutschen Beziehungen ab, die auch das Komitee nicht durch fortgesetzte Militanz stören wollte. Es änderte am 21. 5. 1969 seinen Namen in ›DDR-Komitee für Menschenrechte‹ und setzte in seiner Tätigkeit andere Schwerpunkte. Dem D. gehörten Mitglieder aller in der →›Nationalen Front‹ vertretenen Parteien und Organisationen sowie Mitarbeiter von staatlichen Organen und wissenschaftlichen Einrichtungen an. Es arbeitete nur auf zentraler Ebene und wurde von einem gewählten Präsidium geleitet, dem ein Präsident vorstand.

Funktionen und Wirkungen: Nachdem die beiden deutschen Staaten 1973 in die UNO aufgenommen worden waren und beide 1975 an der KSZE-Konferenz von Helsinki teilgenommen hatten, organisierte das D. vor allem Aktionen gegen Rassismus und Menschenrechtsverletzungen – u. a. Kampagnen für die Freilassung von Angela Davis und Luis Corvalan. Verstärkt propagierte es aber im Rahmen seiner Auslandsinformation auch die offizielle Haltung der DDR zu Fragen der Menschenrechte und ihrer praktischen Handhabung. Dabei wurden Menschenrechtsverletzungen in der DDR bestritten, Fragen danach als »Einmischung in die inneren Angelegenheiten« strikt zurückgewiesen. Entsprechend unternahm es nichts dagegen, daß das Wirken von »Menschenrechtsgruppen« in der DDR kriminalisiert und der DDR-Öffentlichkeit nach Möglichkeit verschwiegen wurde.

Auflösung/Ende: Zur Jahreswende 1989/90 stellte das D. seine Tätigkeit ein. Als unabhängige und überparteiliche Nachfolgeorganisation wurde im Januar 1990 eine ›Deutsche Liga für Menschenrechte e. V.‹ (DLM) gegründet, die am 1. März d. J. zu ihrer ersten Mitgliederversammlung zusammentrat.

Vorsitzender: Friedel Malter (1969–1989)

Publikationen: ›Bulletin of the GDR-Committee for Human Rights‹, 1975–1989; zahlreiche, in unregelmäßiger Folge erschienene Informationsschriften, Dokumentationen u. a.

DEFA – ›Deutsche Film-Aktiengesellschaft‹, 1946–1990
Staatliche Filmbetriebe der DDR

Geschichte und Organisation: Auf Veranlassung der ›Deutschen Verwaltung für Volksbildung‹ bildete sich am 17. 11. 1945 ein »Filmaktiv«, das den Plan verfolgte, eine Filmgeselschaft zu gründen.; ihm gehörten u. a. die Schauspieler Gustav von Wangenheim, Hans Klering, Adolf Fischer, der Regisseur Kurt Maetzig, die Filmarchitekten Carl Haacker und Willy Schiller sowie der Beleuchter Alfred Lindemann an. Aufgrund dieser Initiative wurde schon am am 17. 5. 1945 die ›Deutsche Film-Aktiengesellschaft‹ (DEFA) ins Leben gerufen; sie erhielt noch am selben Tag von der SMAD eine Lizenz für die Produktion von Spiel- und Dokumentarfilmen, Wochenschauen und populärwissenschaftlichen Filmen. Im November 1947 wurde die D. in eine →›Sowjetische Aktiengesellschaft‹ (SAG) umgewandelt, die 1953 als → VEB in deutschen Besitz überging. Der Verleih aller in- und ausländischen Filme lag bis zur Gründung von ›VEB → Progress-Film-Vertrieb‹ und dem ›VEB DEFA-Außenhandel‹ im Jahre 1950 in den Händen des sowjetischen Unternehmens ›Sovexport‹.

In den 50er und 60er Jahren entwickelte sich die D. zu einem weitverzweigten Unternehmen mit zahlreichen Betrieben und Betriebsteilen. Spielfilme wurden im ›VEB DEFA-Studio für Spielfilme‹ produziert, das mit den Betriebsteilen Potsdam-Babelsberg und Berlin-Johannisthal der größte DEFA-Betrieb war. Mit dem 461000 Quadratmeter großen ehemaligen Babelsberger Ufa-Gelände, auf dem 127 Gebäude standen, besaß die DEFA das größte Studiogelände Europas. Neben den 12 Aufnahme- und 2 Trickateliers standen ihr noch 3 Synchronateliers, 2 Mischateliers und umfangreiche Magazine zur Verfügung, in denen u.a. rd. 600000 Kleinrequisiten, 50000 Möbel, 50000 Uniformen und 150000 Kostüme aufbewahrt wurden, von denen ein großer Teil dem Ufa-Bestand entstammte. 1989 waren in den Babelsberger und Berliner Studioeinrichtungen insgesamt 2450 Mitarbeiter beschäftigt, darunter 44 festangestellte Regisseure. Bis 1990 hatte die DEFA 680 Kinospielfilme und 620 Fernsehfilme produziert. Bei Subventionen von rd. 35 Mio. Mark pro Jahr betrug die Jahresproduktion Ende der 80er Jahre durchschnittlich 16 bis 18 Kinospielfilme und 32 bis 35 Fernsehfilme.

Der ›VEB DEFA-Studio für Dokumentarfilme‹ mit Betriebsteilen in Berlin, Potsdam-Babelsberg und Kleinmachnow beschäftigte rd. 880 Mitarbeiter und war das größte Dokumentarfilmstudio Europas mit einer Jahreskapazität von etwa 170 Filmen für Kino und Fernsehen einschließlich Auftrags- und Werbefilmen. Viele der dort produzierten Dokumentarfilme zeichneten sich durch hohe Professionalität aus und wurden oft auf internationalen Festivals mit Preisen bedacht. Die Produktionspalette umfaßte auch Industrie- und Lehrfilme, kulturhistorische Streifen, Tier- und Expeditionsfilme sowie Serien für das DDR-Fernsehen, z.B. der ›Verkehrskompaß‹ und das ›Sandmännchen‹.

Das ›VEB DEFA-Studio für Trickfilme Dresden‹ war mit rd. 250 Mitarbeitern das größte Trickfilmstudio Deutschlands mit einer Jahreproduktion von etwa 65 Filmen. Die klassische Trickfilmproduktion, besonders Puppen- und Scherenschnittfilme, begründete den Ruhm dieses Betriebes, der aber u.a. auch die Werbefilmreihe »Tausend Tele Tips« für das DDR-Fernsehen produzierte. Weitere der D. zugeordnete Betriebe waren der ›VEB DEFA-Studio für Synchronisation Berlin‹, der ›VEB DEFA-Kopierwerk Berlin‹, die ›DEFA-Zentralstelle für Filmtechnik Berlin‹ sowie der ›VEB DEFA-Außenhandel Berlin‹. Das ›Studio H & S‹, das unter Leitung der Filmdokumentaristen W. Heynowski und G. Scheumann arbeitete, und der Betrieb ›Gruppe 67‹ produzierten selbständig. Sie waren 1967 durch Ausgliederung aus dem ›VEB DEFA-Studio für Dokumentarfilme‹ entstanden und gehörten, auch wenn sie nicht mehr deren Namen führten, ebenfalls zur D.

Die Unterstellungsverhältnisse der D. wechselten mehrfach. War diese in den 40er Jahren offiziell der ›Deutschen Verwaltung für Volksbildung‹ zugeordnet, so stand sie damals doch vor allem unter sowjetischem Einfluß. Auf Beschluß des →›Zentralkomitees der SED‹ wurde am 1. 10. 1952 das →›Staatliche Komitee für Filmwesen‹ gebildet, dem die DEFA-Betriebe unterstellt wurden. Der dogmatisch restriktive Kurs dieser Behörde wurde nach dem 17. Juni 1953 geändert; zum Jahreswechel 1953/54 übernahm eine Abteilung des neuen →Ministeriums für Kultur deren Aufgaben und Befugnisse. Das MfK stand zunächst für liberalere Tendenzen bei der Filmförderung ein, aber diese wurden nur wenige Jahre später schon wieder zurückgedrängt. Mit der am 1. 8. 1962 vom Präsidium des →›Ministerrats der DDR‹ gebildeten ›Hauptverwaltung Film‹ im MfK wurde eine staatliche Stelle geschaffen, der bis 1989 die unmittelbare Leitung des Filmwesens oblag. Beratende Funktion hatte ein 1973 gebildetes ›Komitee für Filmkunst‹, dem neben Kulturfunktionären, staatlichen Leitern und Studiodirektoren auch Regisseure, Autoren, der Rektor der →Hochschule für Film und Fernsehen ›Konrad Wolf‹ (→Kunsthochschulen) sowie Vertreter des FDGB-Bundesvorstandes und des FDJ-Zentralrates angehörten.

Den Filmvertrieb im Inland besorgte der →›Progress-Film-Verleih‹; Export und Import von Filmlizenzen und -kopien erfolgte durch den ›VEB DEFA-Außenhandel‹, der auch die Weltvertriebsrechte für alle DEFA-Produktionen besaß. 1980 unterhielt dieser Betrieb mit 850 Filmverleihgesellschaften aus 106 Ländern Geschäftsbeziehungen und verkaufte bis zu diesem Zeitpunkt 4371 Spiel- und 6437 Kurzfilmlizenzen. Der florierende Außenhandel mit DEFA-Produktionen führte dazu, daß bei stetiger Devisenknappheit die Aufführungsrechte vieler DEFA-Filme über viele Jahre, gelegentlich sogar über das Jahr 2000 hinaus, gegen harte Währung ins Ausland, vor allem aber an private Filmverleiher in der Bundesrepublik veräußert wurden. Solche Lizenzverträge wurden mit Vorkasse abgeschlossen und sind auch weiterhin gültig. So können z. B. gefragte DEFA-Kinderfilme in den alten Bundesländern nur mit Zustimmung dortiger Verleiher oder Zwischenhändler aufgeführt werden.

Der hohe Rang, der der Filmproduktion der D. und dem Kinobesuch zugestanden wurde, zeigte sich auch darin, daß die DDR als drittes Land nach den USA und der Sowjetunion die Aufnahme- und Produktionstechnik für den 70-mm-Film entwickelte. Die 1967 aufgenommene Produktion solcher Filme wurde allerdings 1973 als unrentabel wieder eingestellt. Der Kinobesuch stieg bis 1957 stark an, um dann bis Ende der 60er Jahre ebenso rasch zurückzugehen; entsprechend verringerte sich die Anzahl der Filmtheater: 1951 besuchten 189 Mio. Besucher 1494 Filmtheater (Höchststand); 1957 waren es 316 Mio. Besucher (Höchststand) und 1391 Filmtheater; 1971: 83 Mio. Besucher und 849 Filmtheater; 1977: 84 Mio. Besucher und 837 Filmtheater; 1987: 69 Mio. Besucher und 821 Filmtheater.

Funktionen und Wirkungen: Die Filmproduktion lag ausschließlich in den Händen der D. Da es in der DDR untersagt war, freiberuflich Filme zu drehen, mußten die Filmemacher sich um eine Anstellung in einem DEFA-Filmbetrieb bemühen, der ihrer Produktionsvorstellung und ihrem Sujet möglichst entsprach. Die D. sollte – gemäß ihrem »gesellschaftlichen Auftrag« – Filme produzieren, die auf Intellekt wie Emotionalität der Menschen Einfluß nahmen und auf diese Weise sowohl die »neue sozialistische Denk- und Lebensweise« durchzusetzen halfen wie auch zur Humanisierung der zwischenmenschlichen Beziehungen beitrugen. Für die SED-Führung stand fest, daß dieses Ergebnis nur mit der den »bürgerlichen Kunstspielereien« überlegenen »künstlerischen Schaffensmethode des sozialistischen Realismus« zu erreichen sei. In einer am 27. 7. 1952 beschlossenen Resolution des →Politbüros und des ZK der SED »Für den Aufschwung der fortschrittlichen deutschen Filmkunst« wurde die Auffassung vertreten, daß die DEFA-Filme vorerst »nur sehr ungenügend die Aufgabe der Erziehung der arbeitenden Massen im Geiste des Sozialismus« erfüllten. Folglich erklärte H. Axen als Referent auf einer 1952 einberufenen Filmkonferenz die verbindlichen Richtlinien für den sozialistischen Film: Er »muß optimistisch und zukunftsfroh sein« und habe »sein Hauptaugenmerk auf das Neue, das Wachsende, auf die positiven Erscheinungen des Lebens« zu richten.

In den 40er Jahren hatten DEFA-Filme einen wichtigen Beitrag zur Aufklärung der NS-Vergangenheit geleistet. Einige davon wurden weltbekannt, so z. B. der erste deutsche Nachkriegsfilm ›Die Mörder sind unter uns‹ (Regie: Wolfgang Staudte, u. a. mit Hildegard Knef, Premiere am 15. 10. 1946); ›Ehe im Schatten‹ (Regie: Kurt Maetzig, Premiere am 3. 10. 1947); ›Affaire Blum‹ (Regie: Erich Engel, u. a. mit Hans Christian Blech, Premiere am 3. 12. 1948). Dem Anspruch dieser Filme entsprechend plädierte auch die DEFA-Wochenschau ›Der Augenzeuge‹ für einen mündigen Zuschauer. Bereits 1945 war deren Produktion von Kurt Maetzig organisiert worden unter dem Motto: »Sie sehen selbst, Sie hören selbst – urteilen Sie selbst«!

Aufgrund der administrativen Maßnahmen, die nach der Filmkonferenz von 1952 verordnet wurden, war es jedoch mit solchen Erwartungen vorbei, und das Niveau der DEFA-Filme ging zurück. Eindrucksvolle Beispiele dafür liefern insbesondere die beiden Filme ›Ernst Thälmann – Sohn seiner Klasse‹ (1954) und ›Ernst Thälmann – Führer seiner Klasse‹

(1955), die unter Maetzigs Regie abgedreht wurden. Nicht zuletzt dank der bis ins Detail reichenden Anweisungen von hohen SED-Funktionären bezeugen sie exemplarisch das hohle Pathos solcher Filme des sozialistischen Realismus. Aber von filmischen Spruchbändern wollten sich die Menschen weder unterhalten noch überzeugen lassen.

In der zweiten Hälfte der 50er Jahre gelang es dann vor allem jüngeren Regisseuren, Filme durchzusetzen, die sich dem Alltag und Jugendproblemen zuwandten. Produktionen wie ›Berlin-Ecke Schönhauser‹ (1957, Regie: Gerhard Klein), ›Lissy‹ (1957, Regie: Konrad Wolf); ›Sie nannten ihn Amigo‹ (1959, Regie: Heiner Carow); ›Sterne‹ (1957, Regie: Konrad Wolf, u. a. mit Annekatrin Bürger und Armin Mueller-Stahl) zogen wieder ein Millionenpublikum an, weil sie differenzierter auf Vergangenheit und Gegenwart blickten. Diese von den besten DEFA-Regisseuren begründete Tradition des »Gegenwartsfilms«, der den DDR-Alltag beleuchtete, förderte allerdings bei den meist jüngeren Zuschauern Ansprüche und Ansichten, die sich nicht mehr in den staatlich vorgegebenen Lebensrahmen einfügten. Heftig umstritten und – besonders von dogmatischen Parteifunktionären – mit dem Vorwurf der Dekadenz bedacht, waren die Erzählung ›Der geteilte Himmel‹ von Christa Wolf sowie der danach von Konrad Wolf gedrehte gleichnamige Film, der durch eine ungewöhnliche Montagetechnik auffiel.

Zwar konnten sich die Angegriffenen noch einmal behaupten, aber dann stellte die im Dezember 1965 stattfindende 11. ZK-Tagung für die DDR-Kinematographie wie für alle anderen künstlerischen Tätigkeiten einen tiefen Einschnitt dar. Eine Reihe von DEFA-Filmen, darunter ›Das Kaninchen bin ich‹ (Regie: K. Maetzig), ›Denk bloß nicht, ich heule‹ (Regie: Frank Vogel) oder ›Spur der Steine‹ (Regie: Frank Beyer), wurden nun auf Geheiß der SED-Führung verboten, weil sie in ihrem Bemühen, die sozialistische Gesellschaft zu reformieren, zugleich stalinistische Strukturen kritisierten. Regisseure wie Frank Beyer wurden für viele Jahre kaltgestellt, eine hoffnungsvolle Entwicklungstendenz abgewürgt. Erläuterungen des Staatseingriffs lieferte u. a. der für das Filmwesen verantwortliche Stv. Kulturminister Günter Witt, der auf eben diesem 11. Plenum wegen »Führungsschwäche« kritisiert und danach aus seiner Funktion entfernt wurde. Er verstieg sich in seiner »Selbstkritik« zu der paradoxen These: »Die richtige Auffassung von dem gewachsenen Reifegrad der Bevölkerung, also unseres Publikums, führte zu dem Fehlschluß, man könne deshalb dem Publikum das Denken über die Lösung der im Film gezeigten Widersprüche und Konflikte überlassen. Die Folge dieser Auffassung ist die Aufgabe der erzieherischen Funktion des Films.« Dazu H. Axen: »Erst das Volk vergiften und dann das Gift wieder rausziehen?«.

Dieser intellektuell plumpe und die Filmkunst strangulierende Kurs wurde Anfang der 70er Jahre aufgegeben, da man sich inzwischen subtilerer Herrschaftsmethoden zu bedienen wußte. Geächtete Autoren und Regisseure erhielten nun wieder Angebote. In der Zusammenarbeit mit den eigenwilligen Künstlern wurden nun – wenn möglich – Kompromisse angestrebt: Eingereichte Drehbücher wurden nicht mehr einfach abgelehnt, sondern diskutiert und aufgeschoben. Die neue Verfahrensweise war oft langwierig und frustrierend, aber letztlich doch im Sinne der in der DDR beheimateten Regisseure, die ja ihre Filme auf die Leinwand bringen wollten.
Besonders begabter Regisseure nahm sich die »Staatssicherheit« an. So gingen etwa Rainer Simon, dessen Film ›Die Frau und der Fremde‹ mit einem goldenen ›Berlinale‹-Bären ausgezeichnet worden war, ungebeten inoffizielle und offizielle MfS-Mitarbeiter von der Stoffentwicklung bis zur Filmpremiere zur Hand. In seiner Stasi-Akte konnte Simon lesen: »Mit dem Ziel, den S. arbeitsmäßig zu binden, wurde ihm 1979 das Buch ›Jadup und Boel‹ angeboten.« Der 1981 abgedrehte und von der Studioleitung abgenommene Film erhielt dann jedoch nicht die Freigabe der ›Hauptverwaltung Film‹. 1983 blieb eine Eingabe bei E. Honecker unbeantwortet; erst 1988 wurde dann gestattet, den Film in einigen Studiokinos vor Cineasten aufzuführen.
Für die Freigabe eines Films war offiziell die ›Hauptverwaltung Film‹ zuständig. Ihr Leiter – ein Stellvertreter des Ministers für Kultur – hatte als »Filmminister« das letzte Wort bei der Abnahme jeder DEFA-Produktion. Diese Instanz verfügte auch die Einstufung des Films nach ideologischen und qualitativen Kriterien, wovon die Höhe der auszuzahlenden Prämie abhing. Solche Prämien, die neben dem jeweiligen Festgehalt bezogen wurden, standen – nach Berufssparten gestaffelt – denjenigen zu, die für eine Produktion künstlerisch verantwortlich waren.
Bei problematisch erscheinenden Filmen wurde natürlich die ZK-Abt. Kultur konsultiert, und recht häufig sahen sich Politbüro-Mitglieder vorab einen Film an, um dann sofort ihre Entscheidung zu treffen. Das geschah auch dann, wenn andere Institutionen am Inhalt des Filmes etwas monierten, etwa wenn seitens des →Ministeriums für Volksbildung, des →Ministeriums für Nationale Verteidigung oder des →Ministeriums des Innern festgestellt wurde, Vertreter einer in ihre jeweilige Zuständigkeit fallenden öffentlichen Funktion seien nicht im gewünschten Licht dargestellt, oder wenn sie warnten, die in einem Film behandelten Probleme seien doch besser nicht öffentlich bekanntzumachen. In solchen Fällen mußten die Filme zumindest in der gewünschten Richtung überarbeitet werden, bevor sie in die Kinos kamen. Eine Filmproduktion wurde eben

nicht primär nach kommerziellen Gesichtspunkten bewertet, sie hatte sich vielmehr nach strengen ideologischen Kriterien auszurichten. Demzufolge kamen viele schlechte Filme, platte Propaganda und entsprechende Langeweile ins Kino. Wo es aber begabten Autoren und Regisseuren gelang, dennoch mutig und gewitzt ihre Vorstellungen auf die Leinwand zu bringen und trotz Zensur und Beschneidung ihr Kino durchzusetzen, da fand sich dann auch viel Publikum ein.
Zu einem Kultfilm avancierte z. B. die ›Legende von Paul und Paula‹ (1973, Regie: Heiner Carow, Buch: Ulrich Plenzdorf, u. a. mit Angelica Domröse und Winfried Glatzeder). Zu den zahlreichen DEFA-Filmen, mit denen auch aus den Babelsberger Studios beachtliche Beiträge zur deutschen Filmgeschichte geliefert wurden, gehörten außerdem Filme wie ›Der Dritte‹ (1972, Regie: Egon Günther, u. a. mit Angelica Domröse und Rolf Ludwig); der international vielleicht bekannteste DEFA-Film ›Jacob der Lügner‹ (1975), Regie: Frank Beyer, Buch: Jurek Becker, u. a. mit Erwin Geschonnek); ›Solo Sunny‹ (1982, Regie: Konrad Wolf, Buch Wolfgang Kohlhaase, u. a. mit Renate Krößner); der heftig attackierte und dann verbotene Film ›Insel der Schwäne‹ (1983, Regie: Hermann Zschoche); ›Der Aufenthalt‹ (1986, Regie: Frank Beyer); ›Einer trage des anderen Last‹ (1987, Regie: Lothar Warneke); ›Coming out‹ (1989, Regie: Heiner Carow).

Umwandlung: Die »Filmstadt« Babelsberg, aufgrund der von Ufa und DEFA begründeten Traditionen sicher die bedeutendste Produktionsstätte deutscher Filmgeschichte, kam 1990 in eine bedrohliche Situation: Der D. kamen nicht nur Auftraggeber und Filmsubventionen abhanden, sondern auch das Publikum. Die DEFA-Betriebe standen seit Juli 1990 unter ›Treuhand‹-Verwaltung und wurden in 6 GmbH umgewandelt. Dieser Übergang war besonders für die betroffenen Künstler sehr schwierig. Während ein großer Teil der Verwaltung weiterbeschäftigt wurde, zwang man die Filmemacher in einen freiberuflichen Status: Die letzten der jeweils etwa 40 bis 50 festangestellten DEFA-Regisseure wurden bis zum 30. 6. 1991 »abgewickelt«. Für Ihre Selbstvermarktung als Freiberufler mangelte es ihnen jedoch nicht nur an Erfahrungen, es fehlten ihnen auch die materiellen Voraussetzungen, denn die erforderliche Filmtechnik – Kameras, Schneidetische, Beleuchtung usw. – war ja in den Besitz der ›Treuhandanstalt‹ übergegangen. Zur Abhilfe entwickelte Konzepte, den Produktionsbetrieb unter dem Dach einer Holdinggesellschaft fortzusetzen oder eine der DEFA angehörende Produktionsgruppe für Spielfilm zu gründen, blieben ergebnislos.
Im April 1992 wurden die ›DEFA-Synchron GmbH‹ in Berlin-Johan-

nisthal sowie das ›DEFA-Studio für Dokumentarfilme‹ an die Kirch-Gruppe verkauft, die Investitionen in Höhe von 225 Mio. DM zusagte, um durch Umstrukturierung der beiden ehemaligen DEFA-Betriebe ein dezentrales Dienstleistungszentrum für Film und Fernsehen mit rd. 1200 Arbeitsplätzen zu errichten. Am 21.8.1992 verkaufte die →›Treuhandanstalt‹ das über 46 Hektar große Areal in Babelsberg an die ›Compagnie Immobilière Phénix Deutschland GmbH‹ (CIP), eine Tochtergesellschaft des französischen Mischkonzerns ›Compagnie Général des Eaux‹ (CGE). Mit dem Kauf wurde auch das Recht erworben, den Namen DEFA weiterzuführen. In den Kaufverträgen verpflichtete sich die CIP, durch die neu gegründete ›Babelsberg Studio GmbH‹ über 400 Mio. DM in die Erschließung des Geländes und zudem 60 Mio. DM in den ersten 4 Jahren als Anschubfinanzierung für neue Film- und Fernsehproduktionen zu investieren. Nachdem Anfang 1993 bekannt wurde, daß sich die Eigentumsverhältnisse der deutschen Tochter der CGE geändert hatten, wurden Zweifel an der Erfüllung der Absprachen laut. Die aus dem VEB Trickfilmstudio Dresden hervorgegangene ›DREFA Filmatelier GmbH‹ wurde im November 1992 an den ›Mitteldeutschen Rundfunk‹ (MDR) verkauft.

Direktoren/Hauptdirektoren/Generaldirektoren: Hans Klering, Alfred Lindemann, Hans Maetzig (Direktorium, 1945); Hans Klering (1946–1949); Sepp Schwab (1949–1952); Hans Rodenberg (1952–1957); Albert Wilkening (1957–1961); Joachim Mückenberger (1961–1966); Franz Bruk (1966–1973); Albert Wilkening (1973–1976); Hans-Dieter Mäde (1976–1989); Bernhard Nowak u. Gerd Golde (Geschäftsführer der DEFA GmbH, 1990–1992); Volker Schlöndorff u. Pierre Couveinhes (seit 1992 Geschäftsführer der ›Babelsberg Studio GmbH‹ des CGE-Konzerns)
Chefdramaturgen: Georg C. Klaren (1946–1948); Wolff von Gordon (1948–1950); Hans-Robert Bortfeld (1950–1953); Karl-Georg Egel (1953–1956); Rudolf Böhm (1956–1958); Konrad Schwalbe (1958–1961); Klaus Wischnewski (1961–1965); Günter Schröder (1966–1976); Rudolf Jürschik (1977–1990)
Publikationen/Archive: ›Defa-Blende‹, Betriebsztg., hg. v. der BGL, später von der SED-Parteiorganisation der DEFA, ersch. von 1949 bis Ende 1990; • Das Betriebsarchiv untersteht der ›Treuhandanstalt‹; es soll – mit Ausnahme der Akten der Lohnbuchhaltung – in die zu gründende DEFA-Stiftung aufgenommen werden; vorgesehen ist, daß die Stiftung die Archivbestände dem Bundesarchiv zur Verwaltung und öffentlichen Nutzung überläßt.

DEFA-Außenhandel

→ DEFA – ›Deutsche Film-Aktiengesellschaft‹

DEFA-Studio für Dokumentarfilme

→ DEFA – ›Deutsche Film-Aktiengesellschaft‹

DEFA-Studio für Spielfilme
→ DEFA – ›Deutsche Film-Aktiengesellschaft‹

DEFA-Studio für Trickfilme, Dresden
→ DEFA – ›Deutsche Film-Aktiengesellschaft‹

›Delikat‹-Läden
→ Handelsorganisation (HO), → Intershop

Demokratische Bauernpartei Deutschlands (DBD), 1948–1990
Blockpartei für Personen, die mit der landwirtschaftlichen Produktion verbundene Berufe ausübten

Geschichte und Organisation: Die Gründung der D. erfolgte – wie die der →NDPD – in einer Phase, als die damalige →Blockpolitik zu scheitern drohte. Die seit Juli 1945 bestehenden Parteien →CDU und →LDPD weigerten sich, die Führungsrolle der →SED anzuerkennen. Auch in der →›Vereinigung der gegenseitigen Bauernhilfe‹ (VdgB) verlor die SED 1947 rapide an Einfluß; die darin zunächst stark vertretenen Neubauern büßten vielfach ihre Stimmenmehrheit ein gegenüber den Altbauern, für deren Interessen insbesondere die bürgerlichen Parteien eintraten. Im Zusammenhang mit dem seit 1947 geplanten und 1948 eingeleiteten Übergang zur längerfristigen Wirtschaftsplanung war aber eine im Sinne der SED handlungsfähige Bauernorganisation notwendig. Gemäß der zwischen SED und →SMAD abgestimmten Strategie übernahmen Besatzungsmacht und Staatspartei also die Gründungsfinanzierung der D. und zogen, um der neuen Blockpartei eine ausreichende Mitgliederbasis zu sichern, die VdgB zur Etablierung der D. heran. Am 25. 4. 1948 veröffentlichte das VdgB-Organ ›Der Freie Bauer‹ in Mecklenburg einen Aufruf, der zur Bildung einer »selbständigen demokratischen Bauernpartei« aufforderte. Am 29. April wurde in Schwerin unter Leitung von E. Goldenbaum der Landesverband Mecklenburg als erste DBD-Organisation gegründet. Am 28. Mai konstituierte sich die D. auf Zonenebene und bildete einen 12köpfigen Zonengründungsausschuß; am 16. Juni d. J. erhielt sie von der SMAD ihre Lizenz. Zu den Gründern der neuen Partei gehörten auf der Zentral- und Landesebene überwiegend Kommunisten: Ernst Goldenbaum, Rudolf Albrecht, Paul Scholz, Leonhard Helmschrott und Friedrich Mertin in Sachsen, Herbert Hoffmann in Thüringen und Richard Richter in Sachsen-Anhalt.
Für den Parteiaufbau wie für die politischen Entscheidungsprozesse übernahm die D. das Prinzip des →demokratischen Zentralismus. Territorial

war sie in Ortsgruppen, Kreis- und Bezirksverbände (bis 1952 Landesverbände) gegliedert. Höchstes Organ war der Parteitag, der den Parteivorstand wählte. Dieser wiederum wählte ein Präsidium, das für die Leitung der Partei zwischen den Sitzungen des PV verantwortlich war. Die Aufnahme eines Parteimitglieds erfolgte durch den Ortsvorstand und mußte vom Kreisvorstand, der auch das Mitgliedsbuch ausstellte, bestätigt werden. Jeder, der das 16. Lebensjahr vollendet hatte und zur »werktätigen bäuerlichen Bevölkerung« gehörte oder mit ihr »verbunden« war, konnte Mitglied der Partei werden. Nach eigenen Angaben zählte die DBD 1948 etwa 12000 Mitglieder, 1950 waren es etwa 50000 und Ende der 80er Jahre rd. 117000

Funktionen und Wirkungen: In dem 1948 beschlossenen vorläufigen Parteiprogramm wie in dem endgültig auf dem I. Parteitag 1949 verabschiedeten bekundete die D. ihre besondere Verbundenheit mit den »fortschrittlichen« und »werktätigen« Bauern, den »Neu-, Klein- und Mittelbauern« sowie den Landarbeitern. Schon wenige Monate nach ihrer Gründung räumte die →SMAD ihr Sitz und Stimme in den politischen Organisationen auf zentraler Ebene ein. Am 3.8.1948 wurde sie in den ›Deutschen Volksrat‹ kooptiert; am 5.8.1948 erfolgte ihre Aufnahme in den ›Demokratischen Block‹. Mit der Etablierung der D. als Blockpartei wurde das Kräfteverhältnis gegenüber CDU und LDPD erheblich zugunsten der SED verändert (→Blockpolitik).
Mit 15 Abgeordneten zog die DBD im Oktober 1949 in die Provisorische →Volkskammer ein und stellte mit E. Goldenbaum den ersten Landwirtschaftsminister der DDR. Auf ihrem III. Parteitag erklärte sie 1953 ihre Bereitschaft, sich aktiv am »Aufbau des Sozialismus« zu beteiligen. 1963 gab sie eine eigenständige Programmatik vollständig auf und deklarierte das SED-Programm zur programmatischen Grundlage ihrer künftigen Politik. Im Frühjahr 1960 nahm die Partei aktiv an der Kollektivierungskampagne teil, in den 70er Jahren setzte sie sich dafür ein, daß die →LPG auf dem Wege der Kooperation zu industriemäßigen Produktionsmethoden übergingen.
Die DBD führte die von der SED konzipierte und vorgegebene →Agrarpolitik bereitwillig aus und propagierte nachhaltig das »Bündnis der Arbeiterklasse mit der Klasse der Genossenschaftsbauern«. Dazu schuf sie sich mit Hilfe der SED auch die notwendigen Voraussetzungen: ca. 22000 Mitglieder übten um 1989 Leitungsfunktionen in der Land-, Forst- und Nahrungsgüterwirtschaft aus, und 12000 Mitglieder gehörten Vorständen der VdgB an.

Auflösung/Ende: Nachdem sich der seit 1987 amtierende DBD-Vorsitzende Günther Maleuda am 13.11.1989 bei der Wahl des neuen Präsidenten der →Volkskammer in einer Stichwahl gegen den LDPD-Vorsitzenden Gerlach durchgesetzt hatte, faßte der Parteivorstand am 14.11. Beschlüsse zur Wiederherstellung der Selbständigkeit der Partei. Am 5.12. wurde der Austritt der Partei aus dem ›Demokratischen Block‹ erklärt (→Blockpolitik); auf einem Sonderparteitag am 27./28.1.1990 in Berlin übernahm die DBD als ehemals staatstragende Partei eine Mitverantwortung für die in der DDR entstandene gesellschaftliche Krise; sie distanzierte sich vom Begriff »Sozialismus« und seiner doktrinären Auslegung und sprach sich für einen »demokratischen und humanistischen Staat« auf der Basis einer »ökologieorientierten und gerechten Marktwirtschaft« aus. Bei den Volkskammerwahlen vom 18.3.1990 konnte die Partei nur noch 2,18 Prozent der Wählerstimmen auf sich vereinen. So beschloß der Parteivorstand am 25.6. d.J., den Mitgliedern einen Zusammenschluß mit der CDU vorzuschlagen. Dieser Vorschlag wurde am 15.9.1990 von einer Zentralen Delegiertenversammlung der Partei in Borkheide angenommen und daraufhin vollzogen.

Parteitage / Parteikonferenzen: I. PK im Juli 1948 in Schwerin; I. PT im Juli 1949 in Mühlhausen; II. PT im Juli 1951 in Eisenach; III. PT im September 1953 in Güstrow; IV. PT im August/Sept. 1955 in Halle; V. PT im Juli 1957 in Leipzig; VI. PT im Mai 1960 In Güstrow; VII. PT im Mai 1963 in Schwerin; VIII. PT im Mai 1968 in Magdeburg; XI. PT im Mai 1972 in Schwerin; X. PT im Mai 1977 in Schwerin; XI. PT im Mai 1982 in Suhl; XII. PT im April 1987 in Rostock; ao. PT am 27./28.1.1990 in Berlin; ZDK am 15.9.1990 in Borkheide (Bez. Potsdam)

Vorsitzende: Ernst Goldenbaum (1948–1982); Ernst Mecklenburg (1982–1987); Günther Maleuda (1987–1990); Ulrich Junghanns (amt. von Juni–Sept. 1990)

Stellvertretende Vorsitzende: Manfred Anke (1990); Rudolf Albrecht (1948–1949); Manfred Hachelberger (Juni 1990, 1. Stv. des amt. Vors.); Ulrich Junghanns (1990, 1. stv. Vors.); Michael Koplanski (1989–1990); Günter Maleuda (1984–1987); Ernst Mecklenburg (1972–1982); Werner Meyer-Bodemann (1990); Hans Rietz (1963–1982); Paul Scholz (1950–1989); Hans Reichelt (1982–1990)

Hauptgeschäftsführer/Generalsekretäre: Paul Scholz (1948–1950); Berthold Rose (1950–1960); Hans Rietz (1960–1963)

Vorsitzende des Parteischiedsgerichts: Hans Rietz (1951–1957); Stephan Zagrodnik (1972–1977); Hans Rietz (1977–1982); Wilhelm Weißgärber (1982–1987); Herbert Eichhorn (1987–1990)

Vorsitzende der Revisionskommission: Erwin Körber (1951–1955); Reinhold Franz (1963–1982); Hans-Joachim Friedländer (1982–1990); Hans-Georg Kaufhold (1990)

Sekretäre des PV der DBD: Erwin Binder (1982–1989); Georg Böhm (1955–1960 u. 1976–1989); Claus Howitz (1974–1976); Wolfgang Kochan (1989–1990); Michael Koplanski (1976–1989); Joachim Krebs (1987–1989); Günther Maleuda (1982–

1987); Ernst Mecklenburg (1967–1974); Wolfgang Meißner (1989–1990); Rudi Rothe (1982–1987); Hans Schnitzler (1950–1963); Wilhelm Weissgärber (1968–1990); Stephan Zagrodnik (1960–1976)

Leiter der Zentralen Parteischule ›Thomas Münzer‹ der DBD in Borkheide, Bez. Potsdam: Hans Rietz (1949–1951); Alois Melz (1951–1968); Eberhard Mack (1968–1975); Wilfried Schimmank (1975–1990)

Landes- bzw. Bezirksverbände der DBD

Vorsitzende der DBD-Landesverbände 1948–1952: Brandenburg: Rudolf Albrecht (1948–1951); • Mecklenburg: Ernst Goldenbaum (1948); Franz Pilarski (1948–1949); Ernst-Walter Beer (1949–1951); • Sachsen: Friedrich Martin (1948–1951); Fritz Petersohn (1951–1952); • Sachsen-Anhalt: Richard Richter (1948–1951); Hermann Gräfe (1951–1952); • Thüringen: Herbert Hoffmann (1948–1951)

Vorsitzende der Bezirksvorstände der DBD von 1952–1990 (Das Sekretariat des PV der DBD beschloß am 2.8.1952, ab dem 15. d. M. Bezirksverbände zu bilden):

Berlin: Erich Göritz (1953–1956); Gerhard Mattner (1956–1960); Fritz Thiemes (1960–1963); Erwin Körber (1963–1971); Wilhelm Weißgärber (1971–1988); Ulrich Junghanns (1988–1990); Roland Drews (1990)

Cottbus: Heinrich Schmidt (1953–1968); Michael Koplanski (1968–1971); Karl-Heinz Eschebach (1971–1989); Horst Flemming (1989–1990)

Dresden: Gerhard Götz (1957–1963); Wilhelm Schröder (1963–1969); Werner Mitzscherling (1969–1989); Manfred Hachelberger (1989–1990)

Erfurt: Albert Rödiger (1952–1965); Willi Grandetzka (1965–1979); Erich Hollmann (1979–1989)

Frankfurt (Oder): Heinz Siebert (1952–1953); Arthur Pech (1953–1963); Werner Titel (1963–1967); Erich Kowal (1967–1989)

Gera: Werner Klütsch (1954–1955); Otto Werner (195–1968); Manfred Stübchen (1968–1989); Manfred Steiner (1989–1990)

Halle: Kurt Burkhardt (1952–1960); Paul Anderson (1960–1966); Kurt Burkhardt (1966–1971); Georg Böhm (1971–1976); Günther Maleuda (1976–1982); Klaus Dechant (1982–1990); Armin Rothe (1990)

Karl-Marx-Stadt: Rudi Werner (1952–1965); Werner Seifert (1965–1987); Gerhard Dietrich (1987–1989); Wolfgang Schneider (1989–1990)

Leipzig: Otto Bäjen (1955–1961); Helmut Merke (1961–1972); Gerhard Gaude (1972–1990); Horst Packmohr (1990)

Magdeburg: Hermann Gräfe (1952–1960); Herbert Born (1960–1962); Fritz Weißhaupt (1962–1975); Fritz Müller (1975–1983); Alfred Hermann (1983–1989)

Neubrandenburg: Alfred Peper (1955–1963); Georg Böhm (1963–1967); Richard Schmidt (1967–1971); Michael Koplanski (1971–1976); Horst Finner (1976–1989)

Potsdam: Walter Hehmüller (1952–1953); Bruno Curth (1953–1959); Heinz Voss (1960–1963); Herbert Hoffmann (1963–1970); Willi Beer (1970–1972); Bruno Müller (1972–1990); Hans-Joachim Müller (1990)

Rostock: Hans Dabrunz (1952–1960); Erich Spiering (1960–1963); Ernst Mecklenburg (1963–1967); Otto Lange (1967–1969); Erwin Binder (1969–1982); Gerhard Senkpiel (1982–1989); Günther Edler (1989–1990)

Schwerin: Heinz Heinrich (1952–1955); Paul-Friedrich Zerck (1955–1962); Heinz

Heinrich (1962–1964); Hans Joachim Friedländer (1964–1971); Hermut Müller (1971–1979); Wolfgang Kochan (1979–1989); Jürgen Czurgel (1989/90)
Suhl: Karl Amthor (1953–1955); Johann Hindelang (1955–1957); Fritz Brix (1957–1960); Ewald Roßbach (1960–1968); Willi Ullrich (1968–1989); Heinz Müller (1989–1990)
Vorsitzende der DBD-Landesverände 1990: Berlin: Roland Drews (1990) • Brandenburg: Jürgen Meißner (1990) • Mecklenburg-Vorpommern: Helmut Nieter (1990) • Sachsen: Horst Packmohr (1990) • Sachsen-Anhalt: Otto Mintus (1990) • Thüringen: Reinhard Klein (1990).
Publikationen/Archive: ›Bauern-Echo‹, Organ der DBD, erschien vom 18.7.1948 – Jg. 42/1989 (Ausg. vom 21.12.1989); mit Ausg. vom 22.12.1989 – Jg. 43 (Ausg. vom 10/11.2.1990) erschien das Blatt als Tageszeitung der DBD; ab Jg. 43/1990 (Ausg. vom 12.2.1990) mit dem Untertitel ›Die grüne Tageszeitung für Stadt und Land‹; danach, noch im Jg. 43/1990, erschien sie bis Jg. 45/1992 (Ausg. vom 31.7.1992) als ›Deutsches Landblatt‹. Chefredakteure: Leonhard Helmschrott (1948–1989); Uwe Creutzmann (1989–1992); • ›Der Pflüger‹, Zs. für Funktionäre, erschien seit April 1948; Chefredakteure: Johanna Adelberger (1949–1960); Hermut Müller (1960–1971); Wilhelm Nix (1971–1978); Hermut Müller (1979–1990); • Archivbestände der DBD befinden sich heute in der ›Stiftung Archive der Parteien und Massenorganisationen der DDR im Bundesarchiv‹ (SAPMO) sowie in der Verwaltung der ›Konrad-Adenauer-Stiftung‹ in St. Augustin.

Demokratischer Block der Parteien und Massenorganisationen

→ Blockpolitik, → Nationale Front

Demokratischer Frauenbund Deutschlands (DFD), 1947–1990

Massenorganisation der Frauen in der DDR

Geschichte und Organisation: Seit dem Sommer 1945 bestanden in der SBZ und in Berlin zahlreiche antifaschistische Frauenausschüsse. Diese sollten zu Trägern einer einheitlichen Frauenbewegung gemacht werden, was jedoch nicht unumstritten war, da die Frauen ja auch als Mitglieder der Parteien am politischen Leben teilnehmen konnten. In Berlin waren deshalb die Frauenausschüsse nach den Wahlen im Oktober 1946 aufgelöst worden. Die → SED mochte aber auch bei den Frauen nicht auf den »Transmissionsriemen« einer Massenorganisationen verzichten. Zum ›Internationalen Frauentag‹ veranstaltete man vom 7.– 9.3.1947 einen ›Deutschen Frauenkongreß für den Frieden‹ in Berlin. Dort wurde am 8. März der D. als überparteiliche, überkonfessionelle, demokratische Frauenorganisation gegründet. Zur ersten Vorsitzenden wurde die parteilose Dr. Annemarie Durant-Wewer gewählt; von den Stellvertreterinnen gehörten zwei der SED, eine der CDU und eine der LDPD an. Das Kriterium der Überparteilichkeit erfüllte der D. allerdings nicht

lange; bald schon entwickelte er sich zu einer Massenorganisation im Gefolge der →SED. Deren Einfluß auf den Verband war von Anfang an nicht gering gewesen, hatten doch die Parteimitglieder Emmy Damerius Koenen und Käthe Kern als stellvertretende Vorsitzende und Maria Rentmeister als hauptamtlich tätige Generalsekretärin von vornherein Schaltstellen in der Leitung des D. besetzt. Vermutlich bat die gerade ein Jahr amtierende parteilose Ärztin Durand-Wever nicht zuletzt deshalb am 7.4.1948 um Entbindung von ihrem Vorstandsamt.
Der Aufbau des D. wurde nach dem Territorialprinzip organisiert. Leitungsorgane waren der Bundesvorstand, die Bezirks- und Kreisvorstände sowie die Stadtbezirks- und Ortsleitungen. Höchstes Organ war der Bundeskongreß, der laut Statut alle vier Jahre tagen sollte. Er wählte den Bundesvorstand, die Vorsitzende und deren Stellvertreterinnen; aus seiner Mitte wählte der BuV dann das Präsidium und ein Sekretariat. Seit 1948 war der D. Mitglied der ›Internationalen Demokratischen Frauenföderation‹ (IDFF), deren Sitz seit 1951 Berlin/DDR war. Im D. hatten sich 1970 etwa 1,3 Mio. Frauen zusammengeschlossen; 1989 waren es rd. 1,5 Mio. Dabei betrug der Anteil derer, die das 50. Lebensjahr schon überschritten hatten, knapp die Hälfte.

Funktionen und Wirkungen: Der D. war als eine der sechs mandatstragenden Massenorganisationen von 1949 bis 1990 in der →Volkskammer, ab 1952 auch in den →Bezirks- und →Kreistagen vertreten (→Blockpolitik). In den Volksvertretungen setzte er sich für die Realisierung des Verfassungsgrundsatzes der Gleichberechtigung der Frau ein. So wirkte er an der Ausarbeitung des von der Volkskammer am 27.9.1950 verabschiedeten ›Gesetzes zum Schutz von Mutter und Kind und über die Rechte der Frau‹ mit. In der politischen Massenarbeit vertrat der D. – wie alle Massenorganisationen der DDR – die Politik der SED. In der sozialen und kulturellen Arbeit widmete er sich in Veranstaltungsreihen, Vorträgen, Foren u. a. verstärkt den Problemen der Gesundheits- und Schwangerschaftsberatung. Zudem vermittelte er seinen Mitgliedern, in Zusammenarbeit mit anderen Organisationen der →›Nationalen Front‹, ein vielfältiges Kulturangebot.
Seit dem 1. Frauenkongreß im Juni 1964 gingen Aktivitäten des D. weit über den Rahmen der Organisation hinaus, insofern sie sich besonders an die nichtorganisierten und nichtberufstätigen bzw. teilzeitbeschäftigten Frauen richteten. Ausgewählte Zielgruppe des vornehmlich in Wohngebieten tätigen D. waren jüngere Frauen und Frauen aus den mittelständischen und christlichen Bevölkerungsschichten, die für eine berufliche Tätigkeit, zumeist im sozialen und Dienstleistungsbereich, gewonnen

werden sollten. Mit dieser Aktion gelang es, berufstätige Mütter zu entlasten und deren berufliche Aufstiegschancen zu verbessern. Seit 1967 entstand auf lokaler Ebene ein Netz von ›Frauenakademien‹; an vielen Bildungseinrichtungen wurden zudem →›Frauensonderklassen‹ eingerichtet. Seit Ende 1971 schuf der D. zur beratenden Unterstützung berufstätiger Mütter sowie zur Vorbereitung junger Menschen auf Ehe und Familie in den Bezirks- und Kreisstädten über 200 ›Beratungszentren für Haushalt und Familie‹, die sich rasch zu Einrichtungen praxisorientierter Haushalts-, Säuglingspflege- und Eheberatung entwickelten.
Trotz der vielfältigen Aktivitäten des Bundes und des sozialpolitischen Engagements seiner Mitglieder hat sich der D. daran hindern lassen, eine unabhängige Politik für Frauen zu betreiben. Verzweifelte Suche nach Wohnungen, Gewalt gegen Frauen und Kinder in und außerhalb der Familie, hohe Scheidungsraten, Alkoholismus und andere Suchtkrankheiten, Schwierigkeiten der Alten mit einer Sozialpolitik, die junge Menschen bevorzugte – solcher Alltagsprobleme nahm sich der D. im Einzelfall häufig sehr engagiert an, sorgte aber nicht dafür, daß deren Ursachen und Ausmaße ins Bewußtsein der Öffentlichkeit vordrangen. So unterstützte auch er das allgemein vorherrschende Täuschungsprinzip und zementierte die Illusion vom »unaufhaltsamen Sieg des Sozialismus«.

Umwandlung: Am 16. 11. 1989 trat Ilse Thiele als Vorsitzende des Bundesvorstandes zurück, als Nachfolgerin wurde Eva Rohmann gewählt. Auf einem ao. Kongreß im März 1990 wandelte sich der D. zum ›Demokratischen Frauenbund e. V.‹ (df) um; im nachfolgenden Sommer kam es zur Bildung vom Landesverbänden, in denen sich etwa 60000 Frauen organisierten. Im August 1990 gründete der df das Umschulungsunternehmen ›ED-Frau GmbH‹ mit 8 Filialen, um die Chancen von Frauen auf dem Arbeitsmarkt zu verbessern. Des weiteren setzt er sich vor allem für das Recht der Frau auf selbstbestimmte Schwangerschaft ein und kämpft gegen ein die Seniorinnen diskriminierendes Rentenrecht.

Bundeskongresse: Gründungskongr. im März 1947 in Berlin; II. Bk. im Mai 1948; III. Bk. im April 1950; IV. Bk. im Mai 1952; V. Bk. im Juli 1954; VI. Bk. im Dez. 1957 in Weimar; VII. Bk. im Nov. 1960; die Bundeskongresse VIII/Juni 1964 u. IX/Juni 1969 fanden in erweiterter Form jeweils als 1. u. 2. Frauenkongr. der DDR statt; X. Bk. im Febr./März 1975; XI. Bk. im März 1982; XII. Bk. im März 1987; ao. Kongr. im März 1990; XIII. im Okt. 1990 (bis auf den VI. Bk. alle in Berlin/DDR)
Vorsitzende: Annemarie Durand-Wever (1947–1948); Emmy Damerius-Koenen (1948–1949); Elli Schmidt (1949–1953); Ilse Thiele (1953–1989); Eva Rohmann (1989–1990); Gisela Steineckert (seit 1990); Eva Rohmann (seit 1990 Geschäftsführerin)
Generalsekretärinen: Maria Weiterer (1947–1948); Maria Rentmeister (1948–1950)

Stellvertreterinnen der Vorsitzenden: Marga Baganz (1948–1950); Helene Beer (1947–1949); Emmy Damerius-Koenen (1947–1948); Therese Florin (1957–1962); Ursula Friedrich (1957–1982); Elfriede Funke (1960–1969); Hertha Jung (1979–1990); Käthe Kern (1947–1951); Else Lüders (1947–1948); Else Merke (1964–1990); Gisela Queck (1969–1990); Erna Schäfer (1948–1959); Wilhelmine Schirmer-Pröscher (1948–1990); Maria Torhorst (1957–1960); Rosemarie Walther (1960–1990); Hildegard Wachsmuth (1960–1975)
Vorsitzende der Revisionskommission beim Bundesvorstand: Irmgard Dittmann (1962–1982); Roswitha Hädrich (1982–1990)
Sekretärinnen bzw. Mitglieder des Sekretariats des Bundesvorstands: Elli Bergner (1951–1960); Ursula Blech (1974–1982); Johanna Blecha (1960–1977); Burghild Brunzel (1977–1989); Erna Donth (1955–1964); Luise Dornemann (1948–1951); Lucie Eggebrecht (1951–1953); Margot Feist-Altenkirch (1959–1964); Hannelore Hauschild (1977–1989); Bärbel Jung (1989–1990); Hertha Jung (1964–1982); Merka Kosel (1982–1987); Maria Krelowetz (1960–1964); Monika Lang (1984–1989); Ingeborg Leubner (1952–1953); Friedl Lewin (1951–1953); Elfriede Marschall-Krellwitz (1950–1952); Heide-Linde Mehlitz (1982–1988); Inge Meyer (1955–1960); Olga Meyer (1962–1969); Hilde Naumann (1953–1954); Martha Pätzke (1969–1977); Dora Pape (1953–1959); Doris Pasloer (1987–1990); Regina Penske (1987–1990); Waltraud Pinnow (1982–1987); Margot Reuter (1952–1960); Eva Rohmann (1982–1989); Dorit Roth (1953–1954); Erna Schäfer (1949–1953); Hildegard Schikowski (1947–1948); Wilhelmine Schirmer-Pröscher (1953–1954); Hilde Schwarz (1954–1958); Adelheid Siebach (1989–1990); Gisela Straub (1964–1974); Ilse Thiele (1953); Maria Weiterer (1947–1950); Rosel Winkler (1952–1953); Ursula Wohlenberg (1954–1956)
Präsidium des Bundesvorstandes: Marlis Allendorf (1982–1990); Lilly Becher (1957–1969); Bärbel Behrens (1987–1990); Hilde Benjamin (1957–1964); Monika Berckholtz (1987–1990); Hilde Berth (1969–1975); Ursula Blech (1975–1982); Johanna Blecha (1960–1982); Liselotte Blohm (1982–1987); Käthe Brinkmann (1960–1964); Burghild Brunzel (1982–1990); Erna Donth (1957–1964); Ursula Dutzky (1975–1990); Sigrid Ebert (1982–1990); Waltraud Eicke (1987–1990); Margot Feist-Altenkirch (1960–1964); Brigitte Finsterbusch (1969–1987); Dora Fischer (1960–1964); Therese Florin (1957–1964); Yvonne Freyer (1964–1969); Ursula Friedrich (1957–1982); Elfriede Funke (1957–1969); Gerta Fürst (1960–1964); Charlotte Geißler (1957–1990); Annelis Glaner (1964–1982); Elli Glöckner (1964–1990); Gertrud Gottwald (1969–1990); Paula Gürth (1964–1975); Emmy Handke (1964–1969); Hannelore Hauschild (1982–1990); Elli Heilmann (1964–1990); Gertrud Heuckrodt (1975–1987); Hildegard Hirt (1975–1987); Monika Hörnig (1964–1990); Ingeborg Hornbogen (1969–1975); Helga Isenberg (1975–1990); Agnes Jannack (1957–1964); Bärbel Jung (1989–1990); Herta Jung (1960–1990); Gerda Kallmann (1957–1960); Gundula Kaluza (1987–1990); Gisela Karl (1964–1969); Käthe Kern (1957–1985); Helene Klück (1957–1969); Alma Kobi (1957–1964); Merka Kosel (1982–1987); Maria Krelowetz (1960–1964); Adelheid Kubisch (1957–1969); Monika Lang (1987–1990); Erika Lenz (1964–1969); Lotte Leßig (1964–1969); Gerda Liebers (1982–1990); Friedel Malter (1957–1960); Jenny Matern

(1857–1960); Waltraud Mehlig (1975–1982); Heide-Linde Mehlitz (1982–1988); Christa Melcher; (1982–1987); Else Merke (1964–1990); Inge Meyer (1957–1960); Olga Meyer (1962–1969); Ursula Mößlinger (1987–1990); Helga Mudra (1987–1990); Ilse Neumann (1957–1960); Irmgard Neumann (1960–1975); Margot Neye (1964–1975); Karin Noack (1982–1987); Dora Pape (1957–1960); Doris Paloer (1987–1990); Martha Pätzke (1969–1982); Regina Penske (1987–1990); Hedwig Pelz (1957–1960); Waltraud Pinnow (1982–1987); Gisela Queck (1969–1990); Margot Ramming (1969–1982); Eva Rohmann (1982–1990); Marianne Roß (1975–1987); Wilhelmine Schirmer-Pröscher (1957–1990); Gisela Schmidt (1964–1969); Renate Seifert (1969–1975); Erna Sirch (1964–1969); Dagmar Sonnenkalb (1987–1990); Brigitte Spillecke (1987–1990); Alice Stern (1964–1969); Gisela Straub (1964–1975); Rosa Thälmann (1957–1962); Ilse Thiele (1957–1990); Lieselotte Thoms-Heinrich (1969–1982); Ruth Toeplitz (1957–1987); Marie Torhorst (1957–1960); Christa Uhlig (1964–1975); Anna Ullmann (1957–1960); Renate Völkel (1975–1982); Sigrid Voß (1969–1975); Hildegard Wachsmuth (1960–1975); Elfriede Walter (1969–1975); Rosemarie Walther (1960–1990); Alice Weißbach (1960–1964); Erika Wien (1960–1964); Ursula Wohlenberg (1957–1964); Hanna Zimmermann (1975–1982)

Vorsitzende der Landesverbände des DFD: Berlin: Barbara von Renthe (1947–1949); Elli Schmidt (1947–1949); Wilhelmine Schirmer-Pröscher (1947–1949); Roberta Gropper (1949–1952); Ilse Thiele (1952) • Brandeburg: Frida Radel (1947–1949); Elfriede Marschall (1950); Gertrud Nolte (1951 komm.); Hilde Pank-Schmidt (1951–1952); • Mecklenburg: Anne-Marie Hugues (1947); Luise Nierste (1947–1949); Luise Ernst (1949–1952); Ingeborg Pautsch (1952); • Sachsen-Anhalt: Paula Hertwig (1947–1948); Rose Gerisch (1948–1950); Frida Brock-Oley (1948–1952); Edith Kurzer (1952); • Sachsen: Gertrud Thürmer (1947–1948); Mizi Karschner (1948–1949); Irene Heller (1949–1952); Dora Pape (1951–1952) • Thüringen: Marga Taut (1947–1948); Margot Hoffmann (1947–1948); Martha Gäbler (1948–1949); Elfriede Marschall (1949–1950); Irmgard Thomas (1950–1952); Käthe Hartmann (1952)

Vorsitzende der Bezirksvorstände des DFD von 1952–1990:

Berlin: Ilse Thiele (1952–1953); Roberta Gropper (1953–1957); Frieda Müller (1957–1964); Annelies Glaner (1964–1979); Waltraud Pinnow (1979–1984); Monika Lang (1984–1988)

Cottbus: Gertrud Nolte (1952–1955); Alma Maey (1955–1960); Gertrud Grauer (1960–1967); Ilse Kieper (1967–1987); Anni Mattigk (1987–1989); Monika Meißner (1989–1990)

Dresden: Gerda Darmstädt (1952–1967); Hertha Mierczowski (1967–1977); Annemarie Blochmann (1977–1989); Helga Augst (1989–1990)

Erfurt: Erna Gumbert (1952–1953); Gertrud Vogler (1954–1957); Helga Sietzky (1957–1960); Ingeborg Kirtzeck (1960–1964); Christa Münch (1964–1975); Waltraud Eicke (1975–1990)

Frankfurt (Oder): Gertrud Kieselbach (1952–1953); Charlotte Fenske (1953–1954); Erika Seefeldt (1954–1957); Elli Borchert (1958–1963); Gertrud Heuckrodt (1964–1987); Karin Karras (1987–1990)

Gera: Käthe Hartmann (1952–1953); Else Wunderlich (1954–1959); Gertrud Falke

(1959–1960); Margarete Zinnecker (1960–1964); Inge Keuser (1964–1983); Ruth Kunze (1983–1989); Bärbel Saimer (1990)
Halle: Hedwig Feyerabend (1952–1954); Hildegard Wunder (1954–1958); Rosel Lettner (1958–1964); Ingeborg Hornbogen (1964–1973); Ruth Haller (1973–1990); Sabine Deckert (1990)
Karl-Marx-Stadt: Dora Pape (1952–1953); Else Winkler (1954–1961); Liesbeth Windisch (1961–1968); Erika Böhm (1969–1973); Elfriede Roth (1973–1982); Elise Eichler (1982–1990)
Leipzig: Anna Langner (1952–1962); Aloysia Gruner (1962–1975); Gertraude Schulze (1975–1988); Sigrid Linke (1988–1990)
Magdeburg: Edith Kurzer (1952–1955); Elsbeth Thiele (1955–1960); Annelise Marcus (1960–1967); Irmgard Wiele (1967–1974); Liesl Gregoraschuk (1974–1985); Edeltraud Lammert (1985–1990)
Neubrandenburg: Edith Böttcher (1952–1969); Erika Wiek (1969–1982); Sieglinde Scheel (1982–1990)
Potsdam: Hilde Schmidt (1952–1953); Paula Gürth (1953–1967); Erika Hauptmann (1967–1970); Elma Poredda (1970–1984); Eva Preuss (1984–1990)
Rostock: Ingelore Pautsch (1952–1954); Agnes Bobka (1954–1962); Hannelore Hauschild (1962–1977); Gertrud Düwel (1977–1988); Monika Lange (1988–1990)
Schwerin: Erna Donth (1952–1953); Inge Dummer (1953–1954); Gisela Mallwitz (1954–1960); Elisabeth Langanke (1960–1963); Gisela Bernitt (1963–1966); Margarete Mahn (1966–1968); Luise Hasse (1968–1969); Hanna Hübner (1969–1985); Karin Thiede (1985–1990)
Suhl: Ida Grau (1952–1954); Ursula Keucher (1955–1957); Gertrud Bauer (1957–1984); Helga Schaumann (1984–1990)
Auszeichnungen: Ehrennadel des DFD in Gold, Silber und Bronze
Publikationen/Archive: ›Frau von Heute‹, erschien zunächst als Organ des ›Zentralen Frauenausschusses‹; 1947, nach Gründung des D., als Organ des DFD; Jg. 1/1946 – Jg. 17/1962 (bis April 1950 vierzehntäglich, dann wöchentl.); Chefredakteurinnen: Charlotte Hohmann (1946–1957); Majoll Charlotte Büttner (1948–1951); Ilse Reinecke (1951–1952 amt.); Ursula Wohlenberg (1952–1962); • Weitere vom D. mitherausgegebene Zeitschriften waren: ›Lernen und Handeln‹, Funktionärsorgan, Jg. 1/1950, stellte Erscheinen 1990 mit Heft 2 ein; • ›Für Dich‹ Jg. 1/1946 – Jg. 5/1950; erschien erneut von 1963–1991; Chefredakteurinnen: Yvonne Freyer (1962–1968); Lieselotte Thoms-Heinrich (1968–1981); Marlis Allendorf (1981–1988); Frieda Jätzschmann (1988–1991); • Archivbestände des D. befinden sich heute in der ›Stiftung Archive der Parteien und Massenorganisationen der DDR im Bundesarchiv‹ (SAPMO).

Demokratischer Zentralismus

»Die der Kommunistischen Internationale angehörenden Parteien müssen auf der Grundlage des demokratischen Zentralismus aufgebaut werden. In der gegenwärtigen Epoche des verschärften Bürgerkrieges wird die kommunistische Partei nur dann imstande sein, ihrer Pflicht zu genügen, wenn sie auf möglichst zentralistische Weise organisiert ist, wenn eiserne Disziplin in ihr herrscht und wenn ihr Parteizentrum, getragen von dem Vertrauen der Parteimitgliedschaft, mit der Fülle der Macht, Autorität und den weitestgehenden Befugnissen ausgestattet wird.« So lautete die 12. von 21 »Bedingungen der Zugehörigkeit zur Kommunistischen Internationale«, die von Lenin und dem ›Komintern‹-Sekretär Sinowjew formuliert und im Juli/August 1920 auf der 2. Tagung der ›Komintern‹ verabschiedet wurden. Sie wurden damit verbindlich für alle in der III. Kommunistischen Internationale vereinten Parteien.

In dem Zitat wird viel von den Auffassungen deutlich, die Lenin schon seit 1905 über die Avantgarde der kommunistischen Bewegung vertreten hatte. Er sah die Notwendigkeit, daß dem Arbeiter politisches Klassenbewußtsein von außen vermittelt werden müsse, und daß es dazu einer Elite-Partei bedürfe, die in ihrem Kern aus disziplinierten Berufsrevolutionären bestehen müsse; diese hätten den Anordnungen einer zentralen Leitung mit quasi militärischer Disziplin zu folgen, was insbesondere dann vonnöten sei, wenn die Partei in der Illegalität arbeiten müsse. Die Vorstellung von einer Partei, die sich als politischer Kampfbund verstehen sollte, läßt zugleich etwas von der Wagenburgmentalität ahnen, die kommunistisches Organisationsdenken von Anfang an prägte. Nicht ohne Grund ging man davon aus, daß revolutionärer Klassenkampf immer und überall mit Widerständen und kriegerischen Gegenreaktionen zu rechnen hätte.

Rosa Luxemburg sah die Konsequenzen, die in einem solchen Organisationsmodell verborgen waren; sie sagte voraus, wohin eine vom d. Z. bestimmte Parteiarbeit führen könne: »... einige Dutzend Parteiführer von unerschöpflicher Energie und grenzenlosem Idealismus dirigieren und regieren, unter ihnen leitet in Wirklichkeit ein Dutzend hervorragender Köpfe, und eine Elite der Arbeiterschaft wird von Zeit zu Zeit zu Versammlungen aufgeboten, um den Reden der Führer Beifall zu klatschen ... im Grunde also eine Cliquenwirtschaft – eine Diktatur allerdings, aber nicht die Diktatur des Proletariats, sondern die Diktatur einer Handvoll Politiker.«

Ungeachtet dessen gab sich die KPD 1925 auf ihrem X. Parteitag ein Statut, mit dem sie die Bedingungen der Zugehörigkeit zur ›Komintern‹ erfüllte: Es enthielt ein Bekenntnis zum d. Z., forderte »strengste Parteidisziplin« und sah die Einrichtung eines Zentralkomitees vor, womit zugleich die Kontrollmöglichkeiten der Bezirke über die Parteispitze reduziert wurden. In der Handhabung des Leninschen Organisationsprinzips durch die Thälmann-KPD ergab sich gegen Ende der Weimarer Republik, daß die darin enthaltenen demokratischen Komponenten – Wähl-

barkeit der Leitungen und Rechenschaftspflicht der Gewählten vor den Wählern – zunehmend verdrängt und ausgehöhlt wurden.
Nach 1945 knüpften die KPD und die seit 1946 bestehende →SED zunächst nicht an diese Traditionslinie an. In dem mit Moskau abgestimmten Gründungsaufruf der KPD wurde ein antifaschistisch-demokratisches Regime gefordert, das »die Sache der bürgerlich-demokratischen Umbildung, die 1848 begonnen wurde, zu Ende zu führen« habe. Gegen Widerstände in den eigenen Reihen wurde auch bewußt darauf verzichtet, diesem Regime nur einen Übergangscharakter zuzugestehen und als dessen politische Perspektive den Sozialismus zu proklamieren. Erst 1948, als sich die Frontstellung im Kalten Krieg verhärtete, die auf ihrem eigenen Weg zum Sozialismus beharrenden Jugoslawen Unruhe im Ostblock stifteten und große Streiks in Frankreich und Italien einen Kurswechsel in der kommunistischen Weltbewegung ankündigten, beschloß der Parteivorstand der →SED die Umformung in eine »Partei neuen Typus«.
Diese Entscheidung hatte zur Folge, daß die bei Gründung der SED veröffentlichte Konzeption eines besonderen deutschen Weges zum Sozialismus verworfen, die zwischen SPD und KPD vereinbarte Parität in der Besetzung von Parteifunktionen aufgehoben, eine Überprüfung aller Parteimitglieder angeordnet und speziell dem »Sozialdemokratismus« der Kampf angesagt wurde. Im Januar 1949 veranstaltete die SED ihre 1. Parteikonferenz, die beschloß, den d. Z. zum Organisationsprinzip der Partei zu erklären und die daraus abgeleiteten Grundsätze der Wählbarkeit der Leitungen, der Parteidisziplin, der Pflicht zu Kritik und Selbstkritik und der Unzulässigkeit von Fraktionsbildung fest in der innerparteilichen Organisation zu verankern. Auf dem III. Parteitag im Juli 1950 wurde dann ein neues Statut angenommen, in dem die SED sich definierte als »die Partei der deutschen Arbeiterklasse, ihr bewußter und organisierter Vortrupp, die höchste Form ihrer Klassenorganisation«; der d. Z. wurde darin als bestimmendes Strukturprinzip der Partei anerkannt und festgeschrieben. Die Stalinisierung der SED, ihre Umformung zu einer zentralistisch geführten Kaderpartei nach sowjetischem Vorbild, war damit irreversibel geworden.
Im fünften Parteistatut, das 1976 zusammen mit einem neuen Parteiprogramm vom IX. Parteitag beschlossen wurde, ist das grundlegende Strukturprinzip der Partei wie folgt formuliert: »Der Organisationsaufbau der Partei beruht auf dem Prinzip des demokratischen Zentralismus. Dieser Grundsatz besagt: a) daß alle Parteiorgane von unten bis oben demokratisch gewählt werden; b) daß die gewählten Parteiorgane zur regelmäßigen Berichterstattung über ihre Tätigkeit vor den Organisationen verpflichtet sind, durch die sie gewählt wurden; c) daß alle Beschlüsse der

höheren Parteiorgane für die nachgeordneten Organe verbindlich sind, straffe Parteidisziplin zu üben ist und die Minderheit sowie der einzelne sich den Beschlüssen der Mehrheit diszipliniert unterordnet.«
Eine weitere Vorschrift des Statuts verpflichtete jede Parteiorganisation sowie alle Mitglieder und Kandidaten, die Partei gegen feindliche Einflüsse zu schützen, Fraktionsmacherei zu unterbinden und darüber zu wachen, daß die »Einheit und Reinheit der Partei« nicht durch Unterwanderung, ideologische Diversion oder Spaltungsversuche beeinträchtigt werde. Mit Fraktionsverbot und Wachsamkeitsgebot wurden die demokratischen Komponenten des d. Z. – Wählbarkeit und Rechenschaftspflicht – entkräftet und der Leitungsanspruch von oben zusätzlich gesichert. Denn wenn sich jemand erkühnt hätte, bei Parteiwahlen neben die mit der je übergeordneten Leitung abgestimmten Vorschlagslisten eigene Wahlvorschläge zu stellen, so hätte er die Verbindlichkeit der Beschlüsse höherer Parteiorgane mißachtet und wäre zudem, wegen mutmaßlicher Wahlabsprachen, auch noch in den Verdacht der Fraktionsbildung geraten. Ähnlich verhielt es sich in der Praxis mit der Rechenschaftspflicht der Gewählten vor ihren Wählern; sie verkümmerte bald zum Ritual oder wurde gar in ihr Gegenteil verkehrt, indem Mitglieder höherer Leitungen die Arbeit der ihnen Unterstellten kritisierten und die Gelegenheit nutzten, um die jeweilige Parteilinie zu propagieren.
Durch das Prinzip des d. Z. fiel den zentralen Parteiorganen der SED, dem →›Zentralkomitee der Sozialistischen Einheitspartei Deutschlands‹ und dem→›Politbüro des ZK der SED‹, eine praktisch uneingeschränkte Weisungsbefugnis zu. Diese bezog sich nicht allein auf die Untergliederungen der eigenen Partei, sondern erstreckte sich ebenso auf die Blockparteien und Massenorganisationen (→Blockpolitk). Deren Organisationen waren ja nach demselben Prinzip aufgebaut, sie hatten nur oberhalb ihrer jeweils höchsten Entscheidungs- und Leitungsorgane noch die »führende Rolle der Partei der Arbeiterklasse« zu beachten. Da diese Vormachtstellung der SED in der Verfassung der DDR von 1968/74 ausdrücklich festgeschrieben war und zudem der d. Z. dort zum »tragenden Prinzip des Staatsaufbaues« erklärt wurde, galt deren Führungsanspruch auch für die staatlichen Organe, die Regierungsgeschäfte und die Leitung der Wirtschaft.
In diesem Sinne stellte das 1976 in Kraft gesetzte Parteiprogramm der SED fest: »Die Politik der Sozialistischen Einheitspartei Deutschlands ist auf die weitere allseitige Stärkung des sozialistischen Staates der Arbeiter und Bauern als einer Form der Diktatur des Proletariats gerichtet, die die Interessen des ganzen Volkes der Deutschen Demokratischen Republik vertritt. Es ist das Hauptinstrument der von der Arbeiterklasse geführten Werktätigen bei der Gestaltung der entwickelten sozialistischen Gesell-

schaft und auf dem Wege zum Kommunismus. Das Leninsche Prinzip des demokratischen Zentralismus ist die bewährte Grundlage für den Aufbau, das Zusammenwirken und die Tätigkeit aller Organe der sozialistischen Staatsmacht.«

Blockparteien und Massenorganisationen →Blockpolitik, →›Nationale Front‹; →CDU, →DBD, →DFD, →FDGB, →FDJ, →›Kulturbund der DDR‹, →LDPD, →NDPD

Deutrans
→ Kombinate, darin: VEB Kombinat ›Deutrans‹

Deutsche Akademie der Landwirtschaftswissenschaften zu Berlin
→ Akademie der Landwirtschaftswissenschaften

Deutsche Akademie der Naturforscher Leopoldina, 1652–1990
Internationale Gelehrtengesellschaft in der DDR

Geschichte und Organisation: Die D. wurde 1652 in Schweinfurt als private Gesellschaft zur Förderung der Heilkunde und der Naturwissenschaft gegründet, seit 1687 ist sie Akademie, seit 1878 hat sie ihren Sitz in Halle. Nach 1945 war ihr Status zunächst ungeklärt, doch existierte sie in der überkommenen Form unter Leitung des Vizepräsidenten Otto Schlüter fort. 1952, zum 300. Gründungstag, wurde die D. als selbständige internationale wissenschaftliche Vereinigung von der DDR-Regierung anerkannt. Die länderübergreifende deutschsprachige Akademie von internationalem Zuschnitt regelte ihre Tätigkeit intern nach einer Satzung aus dem Jahre 1942. Von seiten der Regierung wurde wiederholt versucht, ein neues Statut auszuhandeln, doch die Leitung der D. wußte dies zu umgehen, weil sie dem Staat keine erweiterten Möglichkeiten für dirigistische Eingriffe in die Programmplanung und die Mitgliederzuwahl einräumen wollte. Es gelang auch, die Umwandlung in eine staatliche Einrichtung zu vermeiden und sich dennoch finanzielle Unterstützung aus dem Haushalt des →Ministeriums für Hoch- und Fachschulwesen zu sichern.
Der D. gehörten zu Beginn der 80er Jahre nahezu 1000 Mitglieder aus der DDR, der Bundesrepublik und weiteren 33 Ländern an. Die Mitglieder aus den deutschsprachigen »Stammlanden« waren 15 Adjunkten-Kreisen zugeordnet, regionalen Untergliederungen auf dem Gebiet der DDR, der Bundesrepublik, Österreichs und der Schweiz. Die in diesen Kreisen tätigen Akademiemitglieder wurden jeweils durch einen gewählten Adjunkten im Senat der D. vertreten. Die Leitung der Akademie lag bei einem Präsidium, an dessen Spitze ein Prä-

sident und zwei Vizepräsidenten standen. Fachlich gliederte sich die D. in 3 Abteilungen, eine medizinische mit 21 Sektionen, eine naturwissenschaftliche mit 15 Sektionen sowie eine Abteilung für Geschichte der Naturwissenschaften und der Medizin. Auf Beschluß des →Ministerrates war die Akademie – wie andere →wissenschaftliche Gesellschaften in der DDR – der →›Akademie der Wissenschaften‹ zugeordnet, um eine möglichst enge wissenschaftliche Zusammenarbeit zu erreichen.

Funktionen und Wirkungen: Nach den Worten ihres Präsidenten Heinz Bethge existierte die D. »quasi standesgemäß in diesem Land als Anomalie«. Den mit der behaupteten Selbständigkeit und Internationalität gewonnenen Freiraum suchte sie zu nutzen, indem sie länderübergreifend den wissenschaftlichen Gedankenaustausch pflegte und sich bemühte, grundlegende naturwissenschaftliche Erkenntnisse zu verbreiten und interdisziplinäre Zusammenhänge darzustellen. Dazu dienten ihr wissenschaftliche Veranstaltungen wie die meist unter ein Gesamtthema gestellten Jahresversammlungen, aber auch fachlich speziellere Symposien und Meetings. Mit Unterstützung aus der BRD gelang es sogar, für diese Veranstaltungen anstelle alter Baulichkeiten ein neues Vortragsgebäude zu errichten.

Die D. betrieb die kritische Edition einer auf 24 Bände konzipierten Ausgabe von Goethes ›Schriften zur Naturwissenschaft‹ und gab im eigenen Verlag Berichte von den Jahresversammlungen und Meetings sowie halbjährliche Informationsblätter heraus. Eine umfangreiche Bibliothek stellte Erkenntnisse aus der internationalen Forschung relativ schnell und umfassend zu Verfügung, da die internationale Mitgliedschaft einen regelmäßigen Zugang von jeweils selbst verfaßten Publikationen sowie einen umfangreichen Schriftentausch ermöglichte. So konnte einerseits jüngeren Wissenschaftlern, die noch keine Reiseerlaubnis erhielten, ein gewisser Zugang zum internationalen Forschungsstand offengehalten werden, andererseits verschafften das grenzüberschreitende Interesse an Veranstaltungen der D. und die Pflege wissenschaftlicher Kontakte den Naturwissenschaftlern in der DDR internationale Beachtung und Austauschmöglichkeiten.

Umwandlung: Nach 1989 war die D. ein wichtiger Ansprechpartner für Institutionen aus der Bundesrepublik, die mit der Neuorganisation von Wissenschaft und Forschung in den neuen Bundesländern befaßt waren. Am 30. 6. 1990 übernahm Benno Parthier aus Halle als Nachfolger des in den Ruhestand tretenden Heinz Bethge die Präsidentschaft; zugleich wurden weitere Präsidiumsämter neu besetzt. Nachdem sich die D. beim Amtsgericht Halle als eingetragener Verein hatte registrieren lassen, verabschiedete der Senat am 5.4.1991 einstimmig eine neue Satzung. Darin ist festgelegt, daß die ›Deutsche Akademie der Naturforscher Leopoldina e. V.‹ fortbesteht als »eine naturwissenschaftlich-medizinische Gelehrtengesellschaft, die ihre Basis in den deutschsprachigen Stammlanden Deutschland, Österreich und der Schweiz hat, aber mit etwa einem Drittel ihrer Mitglieder außerhalb dieses Gebietes international verankert ist. Ihre Aufgabe ist die Förderung der Forschung in internationaler Zusammenarbeit, ihrer Tradition nach zum Wohle des Menschen und der Natur ...«

Präsidenten: Otto Schlüter (als Vizepräs. zunächst amt., 1952 zum Präs. gewählt); Kurt Mothes (1954–1974); Heinz Bethge (1974–1990); Benno Parthier (seit 1990)
Auszeichnungen/Preise: ›Cothenius-Medaille›, verliehen an Forscher für ihr bedeutendes Lebenswerk; ›Carus-Medaille‹ für bedeutende Forschungsleistungen auf dem Gebiet der Naturwissenschaft und der Medizin; ›Schleiden-Medaille‹ für hervorragende Leistungen auf dem Gebiet der Zellforschung; ›Mendel-Medaille‹ für größere Verdienste um die allgemeine Biologie; ›Dienst-Medaille‹ für große Verdienste um die Idee und das Wohl der Akademie.
Publikationen/Archive: ›Leopoldina-Mitteilungen der Deutschen Akademie der Naturforscher Leopoldina‹; ›Nova acta Leopoldina‹; ›Acta historica Leopoldina‹. Die D. verfügte über eine Bibliothek mit etwa 200000 Bänden.

Deutsche Arbeiterkonferenz, 1954–1971
Regelmäßig in der DDR stattfindende Konferenzen
mit Teilnehmern aus beiden deutschen Staaten

Geschichte und Organisation: Die meist während der →›Leipziger Messe‹ veranstalteten Konferenzen – die erste wurde zum 10.9.1954 nach Leipzig einberufen – fanden zunächst unter der Bezeichnung ›Gesamtdeutsche Arbeiterkonferenz‹, seit 1961 als D. statt. Als einberufende Instanz fungierte seit 1956 ein Ständiger Ausschuß, dem Funktionäre von Arbeiterorganisationen aus beiden deutschen Staaten angehörten. Er diente zwischen den D. als operatives Organ und beriet auch Beschlüsse und Dokumente, die dann von den Konferenzen verabschiedet wurden. Tatsächlich lagen Vorbereitung und Leitung in den Händen des FDGB-Bundesvorstandes; die politische Linie bestimmte die SED-Führung.

Funktionen und Wirkungen: Vorrangige Aufgabe der D. war es, die westdeutsche Arbeiterschaft im Sinne der SED-Politik zu beeinflussen. Mit dem Dokument »Weg und Ziel der deutschen Arbeiterklasse« (1957) wurde der Versuch unternommen, auf klassenkämpferischer Grundlage ein breites Bündnis gegen die Adenauer-Regierung zu erreichen. Das konnte jedoch nicht glücken, weil SPD und DGB diese Konferenzen ignorierten, Kontaktangebote abschlugen und in diesem Sinne auch auf ihre

Mitglieder einwirkten. Im Zuge der Abgrenzungspolitik, wie sie die DDR-Führung nach 1961 betrieb, wurden die Aktivitäten der D. geringer. Zwar blieben sie als deutschlandpolitisches Instrument der SED erhalten (W. Ulbricht: »Der deutsche Imperialismus hat Deutschland gespalten, die deutsche Arbeiterklasse wird es wieder vereinen«), aber man tagte nun weitgehend unter sich. Die Delegierten aus der Bundesrepublik waren zum überwiegenden Teil Mitglieder der DKP und der SDAJ. Auf der letzten, der 32. D. im März 1971 wandte sich Albert Norden gegen die »Fiktion« einer »Einheit der Nation«.

Deutsche Außenhandelsbank (DABA), 1966–1990

Spezialbank für den Zahlungsverkehr mit dem Ausland
und zur Finanzierung der DDR-Außenhandelsbetriebe

Geschichte und Organisation: Die D. wurde am 1. 7. 1966 durch Ausgliederung aus der →›Deutschen Notenbank‹ als Aktiengesellschaft mit Sitz in Berlin gegründet; das Grundkapital betrug 1,5 Mrd. Mark der DDR. Organe der D. waren die Hauptversammlung der Aktionäre, der Aufsichtsrat und der Vorstand. Sie unterhielt Filialen in Berlin, Dresden, Erfurt, Gera, Halle, Karl-Marx-Stadt, Leipzig, Magdeburg, Rostock und Suhl sowie 15 Außenstellen und verfügte über 4 Repräsentanzen im kapitalistischen Ausland.

Funktionen und Wirkungen: Die D. war für die Durchführung des kommerziellen und nichtkommerziellen Zahlungsverkehrs mit dem Ausland und die Abwicklung aller international üblichen Bankoperationen zuständig. Außerdem hatte sie die Finanzierung der Außenhandelsbetriebe zu leisten, die unter Aufsicht des →Ministeriums für Außenhandel das staatliche Außenhandelsmonopol realisierten und an den Kooperationsvorhaben des ›Rates für gegenseitige Wirtschaftshilfe‹ (RGW) mitwirkten. Die Bank förderte die internationalen Wirtschaftsbeziehungen der DDR, trieb Werbung und Marktforschung auf den Exportmärkten und beteiligte sich finanziell an Unternehmen im In- und Ausland.

Präsidenten: Helmuth Dietrich (1966–1978); Werner Polze (1978–1990)

Deutsche Bücherei, 1912–1990

Zentrale Sammelstätte und bibliographisches Zentrum
für das gesamte deutschsprachige Schrifttum

Geschichte und Organisation: Die D. wurde am 3. 10. 1912 als Einrichtung des →›Börsenvereins der Deutschen Buchhändler‹ in Leipzig gegründet.

Seit dem 1. 1. 1913 begann mit dem Erwerb der deutschen Verlagsproduktion die umfassende Sammeltätigkeit der Bibliothek, die dadurch zur Archivbibliothek für das gesamte deutschsprachige Schrifttum wurde, weil sie im selben Jahr auch begann, im Ausland erscheinende deutschsprachige Schriften sowie fremdsprachige Werke über Deutschland zu sammeln. 1940 wurde die D. eine Anstalt des öffentlichen Rechts. Aufgrund einer Anordnung der →SMAD vom 18. 9. 1945 wurde sie als erste wissenschaftliche Bibliothek Deutschlands am 24. 11. 1945 wieder den Benutzern zugänglich gemacht. Sie begann ihre Arbeit im Sinne ihres historischen Sammelauftrags und zeigte sich bemüht, diesen auch während der Zeit der deutschen Teilung zu erfüllen. Möglich wurde dies, indem alle deutschen Verlage weiterhin freiwillig Belegexemplare nach Leipzig lieferten. Die D. war bis 1989 eine dem Staatssekretariat bzw. dem →Ministerium für Hoch- und Fachschulwesen der DDR direkt unterstellte Einrichtung.

Funktionen und Wirkungen: Die D., die 1962 einen Erweiterungsbau und 1980 einen Magazinturm mit Stellflächen für 5 Mio. Bände erhalten hatte, verfügte über einen Gesamtbestand von 9,2 Mio. Bänden, darunter Bücher, Zeitschriften- und Zeitungsbände, Atlanten, Musikalien und Hochschulschriften. Als wissenschaftliche Allgemeinbibliothek diente sie der Forschung und Lehre, dem Studium und der Praxis. Die Zahl der Ausleihen (einschl. Fernleihen) lag in manchen Jahren bei mehr als 600000 Leihvorgängen. Die D. war auch Depotbibliothek der in englischer Sprache erscheinenden Publikationen von UNO, UNESCO und anderen internationalen Organisationen, und sie verwahrte auch etwa 2 Mio. Patentschriften aus Deutschland, Österreich und der Schweiz. Neben der Sammlung des deutschen Schrifttums befaßte sie sich auch mit dessen bibliographischer Erfassung; seit dem 1. 9. 1970 nahm sie die Funktion einer ›Zentralen Leit- und Koordinierungseinrichtung für Bibliographie und bibliographische Arbeit‹ in der DDR ein.

Umwandlung: 1990 erhielt die D. den Status einer Anstalt des öffentlichen Rechts. Mit der 1947 gegründeten ›Deutschen Bibliothek‹ in Frankfurt am Main, die seitdem in der BRD die Funktion einer Archivbibliothek wahrnahm, gibt es nun eine genau abgestimmte Zusammenarbeit.

Hauptdirektoren/Generaldirektoren: Heinrich Uhlendahl (1947–1954); Kurt Fleischhack (1955–1961); Helmut Rötsch (1961–1990); Irmgard Spenker (1990–1993)

Publikationen/Archive: ›Deutsche Nationalbiographie und Bibliographie des im Ausland erschienenen deutschsprachigen Schrifttums‹, Reihe A (Neuerscheinungen des Buchhandels), Reihe B (Neuerscheinungen außerhalb des Buchhandels), Reihe C (Dissertationen und Habilitationsschriften). Das Titelmaterial der laufenden Bibliographien wurde zusammengefaßt im ›Jahresverzeichnis des deutschen Schrifttums‹, im ›Deutschen Bücherverzeichnis‹, im ›Jahresverzeichnis der deutschen Hochschulschriften‹ u. a.; als bedeutendste Sondersammlung der D. gilt das ›Deutsche Buch- und Schriftmuseum‹.

Deutsche Film-Aktiengesellschaft
→ DEFA – ›Deutsche Film-Aktiengesellschaft‹

Deutsche Grenzpolizei
→ Grenztruppen der NVA

Deutsche Hochschule der Justiz
→ Akademie für Staats- und Rechtswissenschaft der DDR

Deutsche Hochschule für Filmkunst
→ Kunsthochschulen, darin: Hochschule für Filmkunst ›Konrad Wolf‹

Deutsche Hochschule für Körperkultur (DHfK), 1950–1990
Zentrale Lehr- und Forschungsstätte für den Bereich des Sports in der DDR

Geschichte und Organisation: Im Februar 1950 beschloß der →Ministerrat im ersten Jugendgesetz der DDR die Errichtung einer Sporthochschule. Daraufhin wurde in Leipzig die D. eingerichtet und am 22. 10. 1950 eröffnet. Der Lehrbetrieb begann zunächst mit 10 Lehrkräften und 96 Studenten; im September 1953 wurden die ersten Fernstudenten für ein fünfjähriges Sportlehrerstudium immatrikuliert. Mit der Grundsteinlegung durch W. Ulbricht begann am 17. 5. 1952 ein großzügiger Neubau: Es entstanden u. a. Spezialhallen für Turnen, Boxen, Judo, Gymnastik, Kinderturnen sowie eine große Mehrzweckhalle für Leichtathletik und Ballspiele. Mitte der 80er Jahre umfaßte das Hochschulgelände nahe beim Leipziger Zentralstadion eine Fläche von 14 ha; davon waren etwa 6 ha mit Sporthallen, einer Schwimmhalle, Gebäuden für Hörsäle und 18 zur D. gehörende Institute, für eine Bibliothek mit etwa 75000 Bänden sowie für Internatseinrichtungen bebaut.
Die dem →›Staatssekretariat für Körperkultur und Sport‹ unterstellte D. entwickelte sich in den folgenden Jahren zur zentralen und maßgeblichen Forschungsstelle auf dem Gebiet der Sportwissenschaft sowie zu der wichtigsten Aus- und Weiterbildungsstätte der DDR für die verschiedenen Bereiche von Körperkultur und Sport. Das Hochschulstudium – die Regelstudienzeit betrug 8 Semester – wurde mit dem akademischen Grad

»Diplomsportlehrer« abgeschlossen. Die Studienpläne unterlagen im Lauf der Jahre gewissen Veränderungen; in den 80er Jahren waren sie schließlich so organisiert, daß an das für alle Studiengänge einheitliche viersemestrige Grundstudium ein Hauptstudium anschloß, für das folgende Spezialisierungen angeboten wurden: Leistungssport, Breiten- und Freizeit-, Rehabilitations- und Behinderten-, Schul- und Dienstsport sowie Verwaltung und Organisation des Sports. Zu dieser Zeit waren insgesamt etwa 2000 Studenten eingeschrieben, davon 1000 Direktstudenten; rd. 1000 Hochschulmitarbeiter waren in Lehre, Forschung und Verwaltung tätig. Die D. erhielt 1955 das Promotionsrecht und verlieh die akademischen Grade Dr. paed. und Dr. sc. paed.

Funktionen und Wirkungen: An der D. wurden ebenso wie an anderen Hochschulen und Universitäten Sportlehrer ausgebildet. Besonderes Ansehen erwarb die Hochschule jedoch durch die geleistete Aus- und Fortbildung hochqualifizierter Sportwissenschaftler, Trainer und Spitzenfunktionäre sowie durch die Erarbeitung wissenschaftlich fundierter, strenger Geheimhaltung unterliegender Methoden der technischen, psychischen und physischen Leistungssteigerung von Spitzensportlern. Unter den Absolventen der D. befand sich etwa eine Hundertschaft von Olympiasiegern. Die dort ansässige Hochschulsportgemeinschaft ›Wissenschaft‹ war mit 28 Sektionen und rd. 3000 Mitgliedern eine der stärksten HSG im →DTSB. Außerdem gab es den ›SC DHfK Leipzig‹, der als einer der erfolgsreichsten →Sportclubs der DDR zahlreiche Olympiasieger hervorbrachte.
Wesentlichen, aber offiziell geheimgehaltenen Anteil an der internationalen Erfolgsserie des DDR-Spitzensports hatte das auf dem Gelände der D. angesiedelte, jedoch dem ›Staatssekretariat für Körperkultur und Sport‹ direkt unterstellte ›Forschungsinstitut für Körperkultur und Sport‹ (FKS). Es ging aus einer seit September 1956 bestehenden Forschungsstelle der D. hervor, die seitdem systematisch ausgebaut und 1969 schließlich in eine selbständige wissenschaftliche Einrichtung umgewandelt wurde. Dort wurden sportmethodische Untersuchungen zu grundlegenden Voraussetzungen von Sportdisziplinen wie Ausdauer oder Schnellkraft angestellt, indem Biomechaniker, Meßtechniker, Kybernetiker und Computerspezialisten Gliedmaße studierten, Kraftpotentiale kalkulierten, Bewegungsabläufe fotografierten und analysierten oder im Wasserbecken Strömungsverhältnisse an Athletenkörpern beobachteten. Zugehörig war das ›Institut für technische Weiterentwicklungen‹, in dem aufwendige Forschungen zur Verbesserung von Sportgeräten betrieben wurden; Handwerker bauten die von Wissenschaftlern erdachten Geräte,

die dann in einer besonderen Testhalle von Spitzensportlern erprobt und erlitten wurden. Zu den besonders erfolgreichen Entwicklungen gehörten Ruderboote, Kajaks und Canadier.
In dieser sportmethodischen Analyse, ihrer anwendungsorientierten Effektivierung und den daraus abgeleiteten Kriterien für die Talentsuche lag eines der »Geheimnisse« des DDR-Leistungssports. Ein weiteres lag sicherlich auf sportmedizinischem Gebiet. Dafür war das zum FKS gehörende ›Sportmedizinische Zentrum‹ mit seinen Speziallabors zuständig, wo die Neuheiten des weltweiten Pharmaangebots darauf getestet wurden, ob sie vielleicht zu irgendeiner leistungssteigernden Stimulation im Spitzensport taugten. Die immer wieder bestrittenen Forschungen zum Einsatz von Dopingmitteln fanden in dieser Forschungseinrichtung statt, und die für nützlich befundenen Resultate und Anwendungsvorschläge wurden dann den etwa 1800 Ärzten, Physiotherapeuten und anderen Fachkräften des →›Sportmedizinischen Dienstes‹ als Handlungsanweisungen übermittelt.
Bekannter waren sportmedizinische Erkenntnisse anderer Art, die viel beachtet und nachvollzogen wurden: etwa die in Leipzig entwickelten Kriterien anthropometrischer Vermessung zur sportspezifischen Talentfindung unter besonderer Berücksichtigung paramaskuliner Typen für die Dauerleistungs- und Kraftdisziplinen des Frauensports oder Spezialmethoden wie die physiotherapeutische Prophylaxe zur Stabilisierung des Hochleistungszustandes und zur Maximierung der Muskelfaserdicke, zur Erhöhung der Sauerstoff-Aufnahmefähigkeit durch Vermehrung des roten Blutfarbstoffes u. a. m.
Seit 1958 studierten an der D. zahlreiche Sportler, Sportfunktionäre und Trainer aus Ländern der Dritten Welt. Speziallehrgänge für Sportler, Trainer, Kampf- und Schiedsrichter, die besonders für die Disziplinen Leichtathletik, Schwimmen, Rudern, Boxen, Handball, Fußball, Radsport und Volleyball angeboten wurden, leisteten einen erheblichen Beitrag zur Entwicklung des Leistungssports in afrikanischen, lateinamerikanischen (seit 1964/65 vor allem Kuba) und ostasiatischen Ländern. Zahlreiche Fachkräfte aus verschiedenen Ländern konnten in einer mehrjährigen wissenschaftlichen Aspirantur Dissertationen vorbereiten und wurden nach erfolgreichen Abschluß zum Dr. päd. promoviert. Insgesamt hatte die D. etwa 17000 Absolventen.

Umwandlung: Am 31. 12. 1990 wurde die D. geschlossen. Auf dem Hochschulgelände befindliche Kernbereiche der D. sind seit dem 1. 1. 1991 zur ›Fakultät für Sportwissenschaften der Universität Leipzig‹ umgestaltet worden. Unter dem Gründungsdekan Helmut Kirchgässner wurden Forschung und Lehre umprofiliert. Der Studienbetrieb konnte zunächst mit 90 Mitarbeitern, darunter 45 Wissenschaftlern, fortgesetzt werden; 1992 nahmen daran 1100 Studenten teil. Die internationalen Trainerkurse wurden beibehalten, haben heute jedoch viel von ihrer geheimnisumwitterten Attraktivität verloren: 1992/93 registrierte man 52 Teilnehmer aus 29 Ländern.

An die Stelle des ehemaligen FKS trat ein am 16. 3. 1992 gegründetes ›Institut für Angewandte Trainingswissenschaften‹ (IAT); zum Direktor wurde Harold Tünnemann berufen, der schon seit Mai 1990 die Leitung des FKS übernommen hatte. Das Institut hat sich zur Hauptaufgabe gemacht, das Training im deutschen Sport wissenschaftlich zu begleiten, um damit eine Brückenfunktion zwischen Trainingswissenschaft und -praxis zu erfüllen. Für Unterhalt und Kontrolle dieser Wissenschaftseinrichtung wurde ein Trägerverein gebildet, zu dessen Mitgliedern der DSB, das NOK, die Landessportbünde und die Spitzenverbände des Sports in der BRD zählen.

Rektoren: Joachim Lohmann (1950–1953); Günter Stieler (1953–1955); Willi Nitschke (1956 amt.); Günther Erbach (1956–1963); Heinz Schwidtmann (1963–1965); Hans Schuster (1965–1967); Günther Wonneberger (1967–1972); Günter Stieler (1972–1978); Hans-Georg Herrmann (1978–1987); Gerhard Lehmann (1987–1990); Helmut Kirchgäßner (1990)

Deutsche Investitionsbank (DIB), 1948–1968
Spezialbank zur Finanzierung von vornehmlich in Staatsbetrieben geplanten Investitionen

Die D. wurde 1948 gegründet, um eine zentrale Finanzierung der Investitionen für die →›Volkseigenen Betriebe‹ (VEB) durchzusetzen. Entsprechend den staatlichen Investitionsplänen hatte sie Gelder, die für planmäßig beantragte Investitionsvorhaben aus Haushaltsmitteln zinslos und nicht rückzahlbar zur Verfügung gestellt wurden, an volkseigene Betriebe zu verteilen und die plangerechte Durchführung der Investitionsvorhaben zu kontrollieren. Außerdem vergab sie langfristige Kredite, übernahm die Einziehung der sog. Altforderungen, gab Schuldverschreibungen heraus und stellte bei Betrieben mit staatlicher Beteiligung (→›Volkseigene Betriebe‹) den staatlichen Kommanditisten. Mit der Gründung der ›Industrie- und Handelsbank‹ (IHB) wurde die D. 1968 aufgelöst bzw. in die IHB eingegliedert.

Präsidenten: Charles Dewy (1956–1963); Karl Kayser (1963–1968)
Archive: Archivbestände der D. befinden sich heute in der Verwaltung des Bundesarchivs, Abt. V, in Potsdam.

Deutsche Konzert- und Gastspieldirektion
→ Konzert- und Gastspielorganisation

Deutsche Post (DP), 1945–1990
Zentrale Staatliche Einrichtung, Träger des Post- und Fernmeldewesens in der DDR

Geschichte und Organisation: Mit ihrem Befehl Nr. 17 ordnete die →SMAD schon am 27. 7. 1945 an, in der SBZ eine ›Deutsche Zentralverwaltung für das Post- und Fernmeldewesen‹ zu bilden. Anfang 1948 wurde diese in die →›Deutsche Wirtschaftskommission‹ eingegliedert, und bei der Gründung der DDR am 7. 10. 1949 wurde daraus das →Ministerium für Post- und Fernmeldewesen (MPF), das als ein Organ des →›Ministerrats der DDR‹ zuständig war für die einheitliche Planung und Leitung des Wirtschaftsbereiches Post- und Fernmeldewesen; die ›Deutsche Post‹ (DP) war ihm direkt unterstellt. Die selbständige Tätigkeit der D. endete laut Einigungsvertrag mit dem Beitritt der DDR zum Geltungsbereich des Grundgesetzes.
Die D. besaß das Monopol zur alleinigen Nachrichtenbeförderung durch Postanlagen, zur Nachrichtenübermittlung durch Fernmeldeanlagen sowie seit dem 1. 4. 1949 auch zum Vertrieb sämtlicher Presseerzeugnisse. Wichtige Bereiche und Zweige der D. waren das Post- und Zeitungswesen (Postverkehr, Postscheck-, Postsparkassen- und Postgirodienst, Postzeitungsvertrieb), das Fernsprech- und Fernschreibwesen sowie das Funkwesen (studiotechnische Produktion, Übertragung und Abstrahlung von Programmen des Hör- und Fernsehfunks). Zudem erfüllte die D. wichtige Funktionen in Bankverkehr (Geldeinzahlung, Überweisung, Barauszahlung und Auszahlungen im Freizügigkeitsverkehr); insbesondere das Postscheckamt mit Postsparkassenamt in Berlin sowie die Postscheckämter in Dresden, Erfurt, Leipzig und Magdeburg fungierten als umsatzstarke Geldinstitute im Wirtschaftskreislauf der DDR.
Die D. war eine zentrale staatliche Einrichtung, die dem MPF unterstand und vom Minister nach dem Prinzip der »Einzelleitung« geleitet wurde. Ende der 80er Jahre war sie in 15 Bezirksdirektionen (BDP) gegliedert (Berlin/DDR, Cottbus, Dresden, Erfurt, Frankfurt (Oder), Gera, Halle, Karl-Marx-Stadt, Leipzig, Magdeburg, Neubrandenburg, Potsdam, Rostock, Schwerin, Suhl). Den Leitern der BDP unterstanden, entsprechend ihrer territorialen Zuordnung in den Bezirksstädten, jeweils getrennte Hauptpost- und Fernmeldeämter, außerdem 79 kombinierte Post- und Fernmeldeämter, 7 Bahnpostämter sowie die Betriebsschulen der D. Den Leitern der Hauptpostämter bzw. der Fernmeldeämter unterstanden im

Jahre 1987 insgesamt 2325 Postämter und 9793 Poststellen sowie 65 Fernamtsvermittlungsstellen, 2615 Ortsvermittlungsstellen und 151 Telexvermittlungsstellen. Ferner befanden sich in der Verwaltung der D. noch folgende Einrichtungen und Betriebe: das Fernmeldeamt der Regierung, die Funkdirektion, der Funkkontroll- und Meßdienst ›Radiocon‹, das Hauptpostscheckamt, das Kombinat Fernmeldebau mit 15 Fernmeldebauämtern, das Rundfunk- und fernsehtechnische Zentralamt, die Studiotechnik Fernsehen, die Studiotechnik Rundfunk, das Zeitungsvertriebsamt sowie die Zentralämter für Materialwirtschaft, für Post- und Fernmeldeverkehr und für Berufsbildung, außerdem noch das posteigene Organisations- und Rechenzentrum, die Hauptwerkstatt Kfz-Instandsetzung und das Postmuseum der DDR.

Weiterhin unterstanden der D. die Ingenieurschule ›Rosa Luxemburg‹ in Leipzig sowie das ›Institut für Post- und Fernmeldewesen‹ (IPF) und das ›Institut für sozialistische Wirtschaftsführung des Post- und Fernmeldewesens‹ (ISW). Das IPF war gemäß Statut vom 7. 7. 1964 das wissenschaftlich-technische Zentrum der D. für das Post- und Zeitungswesen sowie für das Fernsprech- und Fernschreibwesen. Das ISW war eine wissenschaftliche Einrichtung für die Weiterbildung von Führungskräften der D., die dort Lehrgänge zu absolvieren hatten. Dort betriebene Forschung befaßte sich u. a. mit der Organisation der Leitung im Post- und Fernmeldewesen, der Entwicklung des Post- und Fernmelderechts und der »sozialistischen Menschenführung«. Inhaltlich wurde das ISW vom MPF und vom → ›Institut für sozialistische Wirtschaftsführung beim ZK der SED‹ angeleitet.

Nach dem Stand von 1982 waren bei der D. rd. 133 000 Arbeitskräfte, davon 94 000 Frauen, beschäftigt. Diese waren gemäß geltender Dienstrangordnung in 5 Ranggruppen unterteilt, die gemäß Uniformordnung durch an der Uniform anzubringende Dienstrangabzeichen kenntlich gemacht wurden. Das durchschnittliche monatliche Brutto-Arbeitseinkommen von vollbeschäftigten Arbeitern und Angestellten der D. lag 1987 bei mtl. 1 136 Mark. Dieser Betrag lag um 32 Mark höher als das durchschnittliche Einkommen von Beschäftigten im Handel; in der Einkommenshierarchie aller Wirtschaftsbereiche wurde damit aber nur der vorletzte Rang belegt.

Funktionen und Wirkungen: 1949 erhielt die D. durch die Übernahme des gesamten Zeitungs- und Zeitschriftenvertriebs eine Funktion, die politisch weitreichende Konsequenzen hatte. So mußten alle Zeitungs- und Zeitschriftenabonnements bei der D. bestellt werden, was einerseits manche Ablehnung oder Verschleppung von Anträgen ermöglichte, andererseits aber auch mehrjährige Wartezeiten und sorgfältig gepflegte Kon-

takte zum Postboten erforderte, wenn es um den Bezug begehrter Publikumszeitschriften ging. Die politische Kontrolle und die Verhinderung des Bezuges wurden vornehmlich gegenüber Interessenten und Abonnenten ausländischer Presseerzeugnisse und Fachperiodika angewandt. Wie das ›Sputnik‹-Verbot vom November 1988 zeigt, konnte durch Streichung von der Postzeitungsliste auch die Auslieferung mißliebiger Zeitschriften generell gestoppt werden.
Bei inländischen Zeitungen und Zeitschriften erwies sich etwa eine Bestellung von ›Das Magazin‹, der ›Wochenpost‹ oder der Funk- und Fernsehzeitschrift ›FF-Dabei‹ häufig als ein fast aussichtsloses Unterfangen. Da die SED-Führung die aus Gründen des Mangels oder der ideologischen Lenkung gehandhabte Papierkontingentierung auch solchen Druckerzeugnissen auferlegte, konnten die Herausgeber dieser Zeitschriften die Auflagen nicht entsprechend der Nachfrage erhöhen. Folglich mußten erst Abonnenten sterben oder Abonnements gekündigt werden, bevor neue Interessenten als Bezieher in die Vertriebslisten aufgenommen werden konnten.
Ein Dauerärgernis für alle Benutzer war das desolate Telefonnetz, das sowohl wegen seiner geringen Dichte wie wegen der oft miserablen und immer unzuverlässigen Übermittlungsqualität unzureichend war. Bis 1966 wurden keine Angaben über die Anzahl privater Telefonanschlüsse veröffentlicht; in diesem Stichjahr gab es nach offiziellen Angaben in der gesamten DDR 794400 Fernsprechhauptanschlüsse, von denen 308100 in Privatwohnungen verlegt waren; bis 1987 war die Gesamtmenge der Anschlüsse auf 1695100 angewachsen und davon befanden sich 1021400 in Wohnungen. Das hoffnungslos überlastete Netz und die veraltete Technik machten das Telefonieren zu einem unberechenbaren Ereignis und damit zur Qual.
Dessenungeachtet beteiligte sich die D. durchaus an technisch anspruchsvollen, zukunftsorientierten Projekten. So war sie Mitglied in der im Dezember 1957 für die RWG-Staaten gegründeten ›Organisation für die Zusammenarbeit der sozialistischen Länder auf dem Gebiet des Post- und Fernmeldewesens‹ (OSS) und hatte wesentlichen Anteil an Entwicklung und Aufbau eines einheitlichen Fernsprechnetzes im RGW-Bereich. Bei Fürstenwalde betrieb die D. seit dem 1.5.1976 eine Erdfunkstelle, über die sie im Rahmen der internationalen Organisation ›Intersputnik‹ am Weltraumfunk beteiligt war. Da die DDR keine eigenen Nachrichtensatelliten besaß, war sie über eine große Parabolantenne mit sowjetischen Nachrichtensatelliten verbunden, was ihr sowohl Sendung wie Empfang von Fernseh- und Rundfunkprogrammen, Telefongesprächen und anderen Formen der Datenübertragung ermöglichte. Im terrestrischen

Bereich gab es Ende der 80er Jahre Versuche mit Glasfaserkabeln (1989 waren ca. 2000 Aderkilometer verlegt) und dem Einsatz digitaler Telefonvermittlungen; auch an der Vorbereitung automatisierter Datenübertragungen wurde gearbeitet.
Die Beteiligung an solchen High-Tech-Projekten brachte allerdings für den Alltag des Postkunden nur wenig Erleichterung. In dem zentralistisch organisierten Staat mit seinen Behördenhierarchien und einer entsprechend angelegten Wirtschaftsorganisation hätten die Dienststellen der Verwaltung wie der Wirtschaftslenkung das Telefon als ein unersetzliches Arbeitsmittel benötigt. Da es aber so schlecht funktionierte und insbesondere Ferngespräche einem Lotteriespiel gleichkamen, waren gerade die auf schnelle Kommunikation angewiesenen Entscheidungsträger in allem, was sie nicht dem trägen Schriftverkehr überlassen mochten, auf zeit- und ernergieaufwendige persönliche Kontaktpflege angewiesen. Auch diese Art der Verschwendung von Ressourcen trug mit zum Niedergang der DDR-Wirtschaft bei. Die Vernachlässigung der fernmeldetechnischen Infrastruktur begann auf höchster Entscheidungsebene: Die D. genoß bei der zentralen Verteilung der Investitionsmittel keinerlei Priorität, und etwa 80 Prozent der im eigenen Lande produzierten Nachrichtentechnik wurde exportiert, zumeist in die UdSSR.
Um privat einen Telefonanschluß zu bekommen, war stets ein Dringlichkeitsantrag nötig. Der »normale Rentner«, auch wenn er alleinstehend und möglicherweise behindert war und überdies vielleicht auch noch fern von seinen Angehörigen lebte, hatte keine Chance. Man mußte möglichst Leiter einer wichtigen Einrichtung, Angehöriger »bewaffneter Organe« oder hauptamtlicher SED-Funktionär sein, um einen Privatanschluß zu erhalten. Da dieser bei Eintritt in das Rentenalter bestehen blieb, und die beruflichen Nachrücker nun ihrerseits einen privaten Telefonanschluß erhielten, blieben die anderen außen vor. Aber natürlich ließ sich auch in dieser Mangelsituation mit Geld und Beziehungen einiges ausrichten. Außerdem gab es extreme Unterschiede im jeweiligen Ausbaustadium der regionalen Fernsprechnetze; in privilegierten Regionen – insbesondere in der Hauptstadt Berlin/DDR und ihrem Umfeld – gab es wesentlich mehr Privatanschlüsse als anderswo.
Alle Leiter innerhalb der Post waren verpflichtet, die Beschlüsse der SED zu erfüllen und in ihrem Verantwortungsbereich das Prinzip des → demokratischen Zentralismus zu verwirklichen. Das machte es relativ leicht, die Einrichtungen der D. auch für Aufgaben in Dienst zu nehmen, die den postalischen und fermeldetechnischen Pflichten eindeutig zuwiderliefen (vgl. Art. 31 der Verfassung der DDR). Als staatliche Einrichtung war sie zur Unterstützung des → MfS verpflichtet, das seit seinem Bestehen Post-

und Telefonkontrollen durchführte. Zuletzt ordnete eine 1985 in Kraft gesetzte Dienstanweisung für Mitarbeiter der Abteilung M des Staatssicherheitsdienstes an, daß »mit speziellen politisch-operativen und wissenschaftlich-technischen Mitteln und Methoden Postsendungen, die im internationalen und nationalen Verkehr der Deutschen Post befördert werden, zu kontrollieren und auszuwerten« seien. Entsprechend wurde beim Abhören von Telefongesprächen und bei der Überwachung des Telexverkehrs verfahren.

Auflösung/Ende: Ab Anfang 1990 wurde im Bereich der D. damit begonnen, eine Fusion mit der ›Deutschen Bundespost‹ vorzubereiten. Formell wurde die Vereinigung am 4. 10. 1990 vollzogen, und zwar jeweils gesondert für die Unternehmensbereiche ›Postbank‹, ›Postdienst‹ und ›Telekom‹.

Stellvertretende Minister für Post und Fernmeldewesen mit unterschiedlichen Verantwortungsbereichen für die DP: Joachim Arnold (1975–1982); Heinz Aull (1963–1987); Manfred Calov (1981–1989); Bruno Czerwinski (ab 1971); Martin Franke (1965–1975); Kurt Gebhardt (1956–1962); Wolfgang Gerhardt (1988–1990); Hans Grützmacher (1954–1958); Hans-Jürgen Hammer (1981–1990); Gerhard Probst (1956–1975); Richard Serinek (1956–1981); Heinz Uhlig (1988–1990)
Archive: Archivbestände der D. befinden sich heute zum Teil in der Verwaltung des Bundesarchivs, Abt. V, in Potsdam.

Deutsche Reichsbahn (DR), 1945–1990
Staatliches Verkehrsunternehmen des öffentlichen Eisenbahnverkehrs in der DDR

Geschichte und Organisation: Die D. wurde am 1. 4. 1920 als staatliches Eisenbahnunternehmen gegründet, in dem die bis dahin bestehenden Staatsbahnen in den Ländern Baden, Bayern, Hessen, Mecklenburg, Oldenburg, Preußen, Sachsen und Württemberg einheitlicher Verwaltung unterstellt wurden. Das eben erst gebildete Staatsunternehmen wurde im Zusammenhang mit den deutschen Reparationsverpflichtungen 1924 auf Drängen der Siegermächte des Ersten Weltkrieges in eine Betriebsgesellschaft öffentlich-rechtlicher Natur, die ›Deutsche Reichsbahn-Gesellschaft‹ (DRG), umgewandelt. Die 1937 wieder in Staatsbesitz überführte Bahngesellschaft wurde 1945 dem Sondervermögen des Deutschen Reiches zugerechnet, das in den vier Besatzungszonen getrennt verwaltet wurde.
In der BRD wurde am 11. 10. 1949 die ›Deutsche Bundesbahn‹ (DB) gegründet. In der SBZ war zunächst eine ›Deutsche Zentralverwaltung des Verkehrs‹ für die überkommenen Anlagen und Transportmittel zuständig; nach Gründung der DDR wurden diese dann unter der alten

Bezeichnung ›Deutsche Reichsbahn‹ als ein vom →Ministerium für Verkehrswesen zentral geleitetes staatliches Verkehrsunternehmen weiter betrieben. Dessen Generaldirektor war seit den 50er Jahren in Personalunion auch Minister für Verkehrswesen. Die D. hatte als wichtigster Bestandteil des »einheitlichen sozialistischen Transportwesens« die Beförderungsansprüche von Wirtschaft und Bevölkerung zu befriedigen sowie die Verteidigungsbereitschaft der DDR zu sichern.
Diesen Aufgaben entsprechend, gliederte sie sich in 3 Bereiche: Eisenbahnbau, Eisenbahntransport und Fahrzeugausbesserung mit 19 Reichsbahnausbesserungswerken. Der Bereich Eisenbahntransport war in 8 Reichsbahndirektionen (Berlin, Cottbus, Dresden, Erfurt, Greifswald, Halle, Magdeburg und Schwerin) untergliedert; diesen waren 23 Reichsbahnämter nachgeordnet. Die D. hatte ein Streckennetz von rd. 14300 km. Damit war es nur halb so lang wie das Schienennetz der Bundesbahn, doch für die wesentlich kleinere DDR war es mit 13,1 km Schienenstrang auf 100 qkm – auch im europäischen Vergleich – als sehr engmaschig zu bezeichnen. Mit über 300000 Beschäftigten war die D. der größte Betrieb in der DDR. Das Bahnpersonal gliederte sich in 20 verschiedene Dienstränge (vom Reichsbahnassistenten bis zum Generaldirektor), die zum großen Teil – auch in der Bezeichnung – den Dienstrangen vom unteren zum höheren Dienst bei der ›Deutschen Bundesbahn‹ entsprachen, allerdings mit dem Unterschied, daß die »Reichsbahner« nicht mehr den Sonderstatus des »Bahnbeamten« beanspruchen konnten.

Funktionen und Wirkungen: Obwohl die Eisenbahn immer ein Investitionsschwerpunkt war und ihr Anteil an den Gesamtinvestitionen im Transportwesen jeweils zwischen 40 und 50 Prozent pro Fünfjahrplanperiode betrug, entsprach die technische Ausstattung nie den Erfordernissen. Gründe dafür lagen zunächst in dem besonders hohen Zerstörungsgrad von Streckennetz und Brückenbauten am Ende des Zweiten Weltkrieges. Hinzu kamen die nachfolgenden Reparationsverpflichtungen, die zunächst zur Beseitigung der zweiten Gleise bei einigen Strecken führten, so daß anfangs immer nur ausgebessert und improvisiert wurde, um bei wachsender Industrieproduktion und neuer Standortverteilung den Transportanforderungen genügen zu können. Ein anderer, wesentlicher Grund lag aber auch in der Vernachlässigung der Infrastruktur, deren Bedeutung für die moderne Gesellschaft die SED-Führung erst sehr spät erkannte, so daß entscheidende technische Entwicklungen auf diesem Gebiet verpaßt wurden.
Die erste umfangreiche investive Maßnahme war der Bau des Eisenbahn-

außenrings um Berlin (1953–1956), der hauptsächlich aus politischen und militärischen Gründen erfolgte. Die Überalterung des Lokomotiven- und Waggonbestandes zwang die DDR auch dazu, eine eigene Lokomotivproduktion aufzunehmen. Im Vertrauen auf die Stabilität der damals niedrigen Ölpreise, aber auch, weil die technologischen und industriellen Voraussetzungen für eine umfassende Elekrifizierung fehlten, wurde zu Beginn der 60er Jahre die verkehrspolitische Grundsatzentscheidung getroffen, eine Traktionsumstellung auf Dieselantrieb vorzunehmen. Nach dem rapiden Anstieg der Ölpreise und der Verschärfung der internationalen Energie- und Rohstoffkrise sah sich die SED-Führung gezwungen, nun die Elektrifizierung zu forcieren. Dazu wurde auch die FDJ mobilisiert, die das Projekt »Streckenelektrifizierung« als zentrales →›Jugendobjekt‹ übernahm. Der Rückstand war aber nicht mehr aufzuholen: Hinsichtlich einer Beförderung mit elektrischem Antrieb lag die D. noch 1985 in Europa an letzter Stelle.
Auch der Containerverkehr war zunächst stark vernachlässigt worden; er erreichte 1985 erst 1 Prozent Anteil am Gesamtverkehr. Gleichwohl waren die erbrachten Beförderungsleistungen beachtlich: 1982 beförderte die D. rd. 323 Mio. t Güter und 623 Mio. Fahrgäste; die DB transportierte im selben Jahr 307 Mio. t Frachtgut und rd. 1 Mrd. Fahrgäste. Dieses Transportvolumen konnte nur erreicht werden mit sehr viel Personal, das zu einem beträchtlichen Teil schwere körperliche Arbeit verrichten mußte. Auf der »Strecke« blieben dabei die Fahrgäste: Der Zustand der Bahnhöfe war trostlos, die allgemeine Verschmutzung katastrophal, die Reisezeiten waren in vielen Fällen länger als vor 50 Jahren, und Pünktlichkeit im Reiseverkehr wurde zu einer überraschenden Ausnahme.

Generaldirektoren (zugleich bis 1989 Minister für Verkehrswesen): Willi Besener (1948–1949); Willy Kreikemeyer (1949–1950); Erwin Kramer (1950–1970); Otto Arndt (1970–1989); Heinrich Scholz (1989–1990); Horst Gibtner (1990); Hans Klemm (1990–1991)

Staatssekretäre und 1. Stv. des Generaldirektors: Heino Weiprecht (1954–1977); Volkmar Winkler (1977–1980); Heinz Schmidt (1980–1989)

Deutsche Seereederei (DSR)

→ VEB-Deutfracht/Seereederei, Rostock

Deutsche Shakespeare-Gesellschaft, 1963–1990

Die älteste literarische Gesellschaft in Deutschland war am 23. 4. 1864 in Weimar gegründet worden und setzte sich für Pflege und Verbreitung der Werke Shakespeares und die Förderung von Kenntnissen der englischen Sprache und Kultur ein. Nach dem Zweiten Weltkrieg nahm sie ihr tradi-

tionsreiches Wirken in Weimar wieder auf und bestand dort zunächst als gesamtdeutsche Institution. 1963 führten jedoch ideologische Differenzen auf der Weimarer Jahreshauptversammlung zur Spaltung. Die D. bestand weiterhin in Weimar, aber für die BRD, Österreich und die Schweiz wurde die ›Deutsche Skakespeare-Gesellschaft West‹ mit Sitz in Bochum gegründet. In der DDR wurde die Gesellschaft von einem Vorstand und einem geschäftsführenden Ausschuß geleitet; von den 15 Mitgliedern des Vorstands mußten jeweils mindestens 5 ihren ständigen Wohnsitz in Weimar haben, wo i. d. R. auch die Jahreshauptversammlung stattfand.
Erste Annäherungen zwischen den beiden deutschen Gesellschaften gab es schon vor 1989, doch erst 1992/93 beriet eine zehnköpfige, paritätisch besetzte Kommission über die akademisch-wissenschaftlichen wie juristischen und wirtschaftlichen Aspekte einer Wiedervereinigung. Diese sollte, sofern getrennte Mitgliederversammlungen beider Gesellschaften dem erzielten Verhandlungsergebnis zustimmten, während der 1993 in Weimar geplanten ›Shakespeare-Tage‹ vollzogen werden.

Präsidenten: Martin Lehnert (1963–1985); Robert Weimann (1985–1993)

Deutsche Staatsbibliothek, 1659–1990
Zentrale wissenschaftliche Bibliothek der DDR

Die 1659 gegründete und 1661 eröffnete ›Churfürstliche Bibliothek zu Cölln an der Spree‹ entwickelte sich bis zum Ende des 19. Jh. zur führenden deutschen Bibliothek; 1939 bewahrte sie über 3 Mio. Bände. Während des Zweiten Weltkrieges waren große Teile der Bestände in die verschiedensten Gegenden Deutschlands ausgelagert. Die Frage der Rückführung jener Auslagerungsbestände, die in den westlichen Besatzungszonen geborgen wurden, führte dann zu innerdeutschen Belastungen, insbesondere im Verhältnis zu der in Westberlin errichteten Staatsbibliothek, die zur ›Stiftung Preußischer Kulturbesitz‹ (SPK) gehörte.
Am 1. 10. 1946 wurde die Bibliothek als Öffentliche Wissenschaftliche Bibliothek wiedereröffnet. Seit 1954 bezeichnete sie sich als ›Deutsche Staatsbibliothek‹ und war eine zuerst dem ›Staatsekretariat für Hoch- und Fachschulwesen‹, später dem →Ministerium für Hoch- und Fachschulwesen direkt unterstellte Einrichtung. Im Gegensatz zur →›Deutschen Bücherei‹ sammelte die D. Schrifttum ohne Beschränkung auf bestimmte Länder und Sprachen; sie unterhielt ständige Tauschbeziehungen zu Einrichtungen in über 100 Ländern und war bis 1990 das Zentrum des nationalen und internationalen Leihverkehrs in der DDR.
Als Leitstelle für alle Katalogunternehmungen der wissenschaftlichen Bibliotheken der DDR führte die D. wichtige Zentralkataloge, z. B. den

›Zentralkatalog der Auslandsliteratur‹, das ›Gesamtverzeichnis ausländischer Zeitschriften‹ und den über den in der DDR vorhandenen Bestand hinausreichenden ›Gesamtkatalog der Wiegendrucke‹. Gemeinsam mit der ›Deutschen Bücherei‹ bearbeitete sie den ›Zentralkatalog zur Geschichte des Sozialismus und der deutschen und internationalen Arbeiterbewegung‹. Außerdem waren der D. die ›Zentralstelle für wissenschaftliche Altbestände der DDR‹ sowie die ›Deutsche Fotothek‹ in Dresden angeschlossen.

Umwandlung: Gemäß dem Einigungsvertrag ist die D. mit dem 3. 10. 1990 in die Trägerschaft der ›Stiftung Preußischer Kulturbesitz‹ übergegangen; nach Beschluß des Stiftungsrates wurden die D. und die ›Staatsbibliothek Preußischer Kulturbesitz‹ mit Wirkung vom 1. 1. 1992 zur ›Staatsbibliothek zu Berlin – Preußischer Kulturbesitz‹ administrativ vereinigt. Künftig sollen sämtliche Bestände nach einem auf das Jahr 1955 festgesetzten Zeitschnitt aufgeteilt und auf beide Häuser verteilt werden: Der wilhelminische Bau an der Straße ›Unter den Linden‹ wird den gesamten Altbestand an Büchern, Karten, Handschriften und Notenblättern aufnehmen und als Präsenz- und Forschungsbibliothek geführt werden; der von Hans Scharoun an der Potsdamer Straße geschaffene und 1978 eröffnete Bibliotheksbau soll die nach 1955 erschienene Literatur aufnehmen und als Ausleih- und Gebrauchsbibliothek benutzt werden.

Hauptdirektoren/Generaldirektoren: Rudolf Hoecker (1945–1950); Horst Kunze (1950–1977); Friedhilde Krause (1977–1988); Dieter Schmidmaier (1989–1991)

Deutsche Verwaltungsakademie ›Walter Ulbricht‹, Forst Zinna

→ Akademie für Staats- und Rechtswissenschaft der DDR

Deutsche Volkspolizei (DVP), 1945–1990

Geschichte und Organisation: Am 17. 5. 1945 schrieb Walter Ulbricht an den noch in Moskau weilenden Wilhelm Pieck: »Dadurch, daß wir am Anfang unsere Kraft auf die Verwaltungsbezirke konzentrierten, hatten wir genügend Kader kennengelernt, so daß wir Vorschläge für den zentralen Verwaltungsapparat der Polizei und alles, was notwendig ist, machen können.« Entsprechend erteilten führende KPD-Funktionäre – Karl Maron und Arthur Pieck (für Berlin und Brandenburg), Hermann Matern (für Sachsen) und Hans Warnke (für Mecklenburg) – schon im Mai 1945 mit Zustimmung der →SMAD erste Anweisungen für den Aufbau von Polizeikräften.

Da die Orientierung ausgegeben war, daß alte Polizeibeamte in der neuen Polizei nicht mehr zu verwenden seien, wurden vor allem Antifaschisten,

und darunter bevorzugt Kommunisten, in leitende Funktionen der Polizeidienststellen eingesetzt – aus den Konzentrationslagern, Zuchthäusern und Gefängnissen befreite Widerstandskämpfer oder Schüler der Frontschulen des ›Nationalkomitees Freies Deutschland‹ (NKFD). In den Städten und Gemeinden veranlaßten die von den jeweiligen sowjetischen Kommandanten eingesetzten Bürgermeister, daß aus NS-Zeiten noch vorhandene Polizeikräfte entlassen und die Polizeireviere mit anerkannten Antifaschisten besetzt wurden.
Obgleich der Aufbau neuer Polizeikräfte Ende Juni 1945 schon weit fortgeschritten war, galt in der offiziellen DDR-Version der 1.7.1945 als Gründungsdatum der D., zu dem dann auch jedes Jahr der ›Tag der Deutschen Volkspolizei‹ feierlich begangen wurde. Diese administrative Festlegung basierte auf einer Weisung des Präsidenten der ›Deutschen Verwaltung des Innern‹ (DVdI) vom 12.5.1949, die später durch eine Verordnung des →›Ministerrats der DDR‹ vom 28.5.1954 bestätigt wurde. Die nachträglich durch Verwaltungsakt definierte Entstehung der D. verweist auf einen politisch wie juristisch gleichermaßen bedeutsamen Sachverhalt: Aufbau und Tätigkeit der D. vollzogen sich über Jahre hin auf ungewisser Rechtsgrundlage; zwar gab es verschiedene SMAD-Befehle und Direktiven des ›Alliierten Kontrollrats‹ zur Aufrechterhaltung der inneren Sicherheit, doch zur Regelung der polizeilichen Belange stützte man sich weitgehend auf das preußische Polizeiverwaltungsgesetz vom 1.6.1931; ein »Gesetz über die Aufgaben und Befugnisse der Deutschen Volkspolizei« wurde erst am 11.6.1968 erlassen. Überdies wurden in der Zeit von 1945 bis zu der mit Gesetz vom 18.1.1956 erfolgten Bildung der →›Nationalen Volksarmee‹ und des →Ministeriums für Nationale Verteidigung alle waffentragenden Verbände und Einheiten in der SBZ/DDR unter den Begriff »Deutsche Volkspolizei« subsumiert.
Verbände, die unter dem Dach der D. bestanden, deren Ausbildung und Ausrüstung jedoch eher militärischen als polizeilichen Zwecken genügen sollte, wurden von der ›Hauptverwaltung Ausbildung‹ (HVA) im →Ministerium des Innern (MdI) zentral betreut; dazu gehörten kasernierte Bereitschaften sowie die ›Deutsche Grenzpolizei‹ (→›Grenztruppen der DDR‹). Die HVA entstand im Zuge des Aufbaus staatlicher Machtorgane der DDR seit Oktober 1949; zum 1.7.1952 wurde sie in →›Kasernierte Volkspolizei‹ (KVP) umbenannt. Sie war – neben der ›Hauptverwaltung für die Deutsche Volkspolizei‹ (HVDVP) und der ›Hauptverwaltung für den Schutz der Volkswirtschaft‹, aus der im Februar 1950 das →Ministerium für Staatssicherheit (MfS) entstand – eine der drei im MdI eingerichteten Fachabteilungen, denen in den Anfangsjahren alle »bewaffneten Organe« der DDR unterstanden.

In der seit 1948 im Aufbau befindlichen KVP sollte längerfristig ein militärisch qualifiziertes Unterführer- und Offizierskorps für künftige nationale Streitkräfte herangebildet werden. Unter der Leitung der HVA wurden diese kasernierten »Polizisten« auf 35 Bereitschaften für die Ausbildung von Unterführern und 12 Schulen (VPS) für die Offiziersausbildung verteilt. Der besonderen Aufgabenstellung gemäß wurde die KVP nach militärischen Gesichtspunkten strukturiert und nach Waffengattungen gegliedert: Es entstanden 24 Infanterie-, 8 Artillerie- und 3 Panzer-Bereitschaften sowie Sonderkommandos für Nachrichtendienste und Kfz-Ausbildung. Eine ähnliche Struktur erhielten die Schulen. Die personelle Stärke dieser Einheiten sollte zwischen 754 Mann (Artillerie) und 1105 Mann (Panzertruppe) liegen, doch wurden diese Vorgaben 1950 kaum erreicht.
Zu Beginn dieses Jahres verfügte die HVA insgesamt über 48921 Volkspolizisten, die in blaue Uniformen gekleidet waren und Polizeidienstgrade führten. Ausgerüstet waren die Einheiten der HVA vorwiegend mit Schützenwaffen aus verschiedenen Herstellerländern, die aus Zeiten des Zweiten Weltkrieges stammten; »zu Ausbildungszwecken« verfügten sie auch über eine größere Anzahl Artilleriewaffen und rd. 60 Panzer bzw. Schützenpanzerwagen sowjetischer Bauart. Leiter der HVA war zunächst Generalinspekteur Wilhelm Zaisser; im Frühjahr 1950 übernahm Generalinspekteur Heinz Hoffmann, der spätere Minister für Nationale Verteidigung, diese Aufgabe. Ende 1950 kam es zu einer umfassenden Reorganisation der HVA-Bereiche. Die Aufbauphase war abgeschlossen; da nun für eine künftige Ausbildung von Offizieren und Unterführern genügend Ausbilder zur Verfügung standen, wurden aus den bisherigen Bereitschaften 24 gemischte, weitgehend der Regimentsstruktur der Sowjetarmee angeglichene Einheiten gebildet, die eine Sollstärke von jeweils 1800 Mann hatten. Die Offiziersausbildung erfolgte weiterhin an 14 VPS, die Qualifizierung für höhere Dienststellungen an der VPS Kochstedt oder in der UdSSR.
Einheiten der Schutz-, Kriminal- und Ordnungspolizei unterstanden bis 1948 den Landes- und Provinzialbehörden in der SBZ. Ab Juli 1948 wurde die polizeiliche Organisationsstruktur jedoch zentralisiert, indem die Landespolizeibehörden der im Juni 1946 gebildeten ›Deutschen Verwaltung des Innern‹ unterstellt wurden (→›Deutsche Wirtschaftskommission‹). Mit Gründung der DDR kam die D. in die Zuständigkeit des Innenministeriums, dessen Minister zugleich Chef aller Verbände wurde, die unter der Sammelbezeichnung »Deutsche Volkspolizei« existierten. Für die Leitung der eigentlichen Polizeikräfte wurde innerhalb des Ministeriums nun eine ›Hauptverwaltung der Deutschen Volkspolizei‹

(HVDVP) eingerichtet, deren Chef Stellvertreter des Ministers war und der selber wiederum 3 Stellvertreter hatte.
In der Zeit von 1950–1962 gliederte sich die HVDVP in folgende Hauptabteilungen/Abteilungen, die z. T. im Lauf der Jahre anders organisiert bzw. umbenannt wurden: HA ›Polit-Kultur‹ (am 22. 6. 1952 auf Beschluß des ZK der SED in ›Politische Verwaltung‹ umbenannt); HA Personal; HA Schutzpolizei (hier ressortierte zunächst auch der ›Betriebsschutz‹, der aufgrund der verstärkten Entwicklung → ›Volkseigener Betriebe‹ von 1951–1960 als selbständige Hauptabteilung bestand); HA Kriminalpolizei; HA ›Kraftfahrzeuginspektion‹ (später umbenannt in HA Verkehrspolizei); HA Verwaltungspolizei (später umbenannt in HA ›Paß- und Meldewesen‹); HA Feuerwehr; HA Transportpolizei; HA Bereitschaften; HA Grenze (mit einer besonderen Abt. ›Ring um Berlin‹); HA Intendantur (daraus wurden später die Bereiche Waffen und Munition, Transport und Nachrichtenwesen herausgelöst und in einer Abteilung Technische Dienste zusammengefaßt); HA ›Haftsachen‹ (später umbenannt in HA Strafvollzug) und eine HA Gesundheitswesen; außerdem gab es für die innere Verwaltung eine Allgemeine Abteilung und ein Sekretariat. Die für die Grenz- und die Transportpolizei zuständigen Hauptabteilungen wurden 1952 aus der HVDVP herausgelöst und zeitweilig dem → Ministerium für Staatssicherheit unterstellt. Unmittelbar nach den Unruhen des 17. 6. 1953 erfolgte »zur Erhöhung der Schlagkraft der Volkspolizei« die Einrichtung der ›VP-Bereitschaften‹.
Bis 1952 unterstanden der HVDVP die Landespolizeibehörden, die ihren Dienstsitz in Potsdam (Brandenburg), Schwerin (Mecklenburg), Dresden (Sachsen), Halle (Sachsen-Anhalt) und Weimar (Thüringen) hatten. Mit Auflösung der Länder und Einrichtung der → Bezirke wurde im Juli 1952 auch die Polizei umorganisiert. Nun wurden 14 Bezirksbehörden (BdVP) gebildet, denen in den Kreisen die VP-Kreisämter (VPKA) unterstanden; diese wiederum waren die vorgesetzten Dienststellen für die VP-Reviere. In Berlin/DDR entsprach das Präsidium der D. einer Bezirksbehörde und je eine VP-Inspektion in den 11 Stadtbezirken den sonst üblichen VPKA. Die für die → ›Wismut SDAG‹ zuständige Bezirksbehörde des Betriebsschutzes Siegmar-Schönau entstand ebenfalls zu dieser Zeit.
Infolge der im Januar 1956 beschlossenen Bildung von → ›Nationaler Volksarmee‹ und → Ministerium für Nationale Verteidigung änderte sich die Organisationsstruktur innerhalb der »Bewaffneten Organe« der DDR. Die in der ›Kasernierten Volkspolizei‹ zusammengefaßten Einheiten wurden in die neuen Streitkräfte übernommen; die Organisation galt mit dem 1. 12. 1956 als aufgelöst. Ebenso wurde es nun möglich, die bislang noch pro forma als polizeiliche Aufgabe deklarierte Grenzsicherung offen

auf eine militärisch organisierte Grenztruppe zu übertragen, was auch durch Beschluß des →›Nationalen Verteidigungsrates‹ zum 15.9.1961 vollzogen wurde (→›Grenztruppen der DDR‹). Beim Ministerium des Innern verblieben nun nur noch die Kompetenzen für rein polizeiliche Aufgaben, und entsprechend konzentrierte sich die D. fortan auf die Sicherung der öffentlichen Ordnung. Dafür bestanden inzwischen effiziente Strukturen und auch hinreichend eigene Erfahrungen, so daß man schon im Oktober 1958 die sowjetischen Berater der D. feierlich verabschieden konnte.

Bewerber für den Dienst in der D. mußten den Abschluß der zehnklassigen ›Polytechnischen Oberschule‹ (POS) und eine Berufsausbildung nachweisen. Die Vorbereitung für den Polizeidienst erfolgte an besonderen DVP-Schulen in den Bezirken, von denen z. B. die in Potsdam oder Halle (Wolfen) ›Abschnittsbevollmächtigte‹ (ABV) ausbildeten, andere in Berlin und Leipzig auf den Dienst in der Feuerwehr vorbereiteten. Die Ausbildung zum Offizier erfolgte an Fachschulen des MdI, an denen auch die von Lehrkräften der D. vermittelte Ausbildung von Führungskräften der →›Kampfgruppen der Arbeiterklasse‹ stattfand.

Die Fachschulen des MdI für die Offiziersausbildung waren jeweils auf besondere Einsatzgebiete (Fachrichtungen) innerhalb des Polizeidienstes spezialisiert. In Aschersleben konnten Angehörige der Schutz- und Kriminalpolizei nach zweijährigem Studium einen Fachschulabschluß erwerben. In Heyrothsberge bei Magdeburg wurden an der Zentralen Fachschule ›Hermann Matern‹ zunächst Verkehrspolizisten ausgebildet, später dann Feuerwehroffiziere, die dort nach 3 Jahren den Fachschulabschluß als Brandschutzingenieur erhielten; eine weitere Ausbildungsstätte der Feuerwehr gab es in Nardt im Bezirk Cottbus. Die Ausbildung von Verkehrspolizisten übernahm die Zentrale Fachschule ›Hans Beimler‹ in Magdeburg. Mitarbeiter des Strafvollzugs erhielten ebenfalls eine zweijährige Ausbildung mit Fachschulabschluß zunächst in Radebeul, dann in Karl-Marx-Stadt. Für die zeitweilig bestehende ›Deutsche Grenzpolizei‹ (DGP) bestand eine Offiziersschule in Sondershausen, für die Transportpolizei eine in Lützow im Bezirk Schwerin, die später nach Nordhausen verlegt wurde; eine Schule für das Diensthundewesen gab es in Pretzsch im Bezirk Halle. Polit- und Parteikader der DVP wurden anfangs in Bad Freienwalde, dann in Biesenthal und von 1952–1959 in Weimar ausgebildet.

Für höhere Dienstränge der Polizei bestand schon seit dem 1.10.1948 eine Ausbildungsstätte in Berlin-Niederschönhausen. Deren Aufgaben übernahm mit dem 1.6.1955 die auf ministerielle Anordnung gegründete ›Höhere Polizeischule‹ in Berlin-Kaulsdorf. Am 1.12.1962 wurde ebd. die

Hochschule der Deutschen Volkspolizei ›Karl Liebknecht‹ eröffnet; sie war aufgrund eines Beschlusses des → Ministerrats vom 13. 9. 1962 gegründet worden, erhielt 1965 das Promotionsrecht und besaß seit Mitte der 80er Jahre auch das Habilitationsrecht. Dort absolvierten zwischen 1962 und 1987 mehr als 2300 Offiziere ein Direkt- und 1200 ein Fernstudium. In Dresden gab es für Angehörige der ›VP-Bereitschaften‹ außerdem noch die Offiziershochschule ›Artur Becker‹.

Die D. hatte 1989 eine Gesamtstärke von ca. 80000 Personen; hinzu kamen noch rd. 8000 Transportpolizisten und rd. 15000 Angehörige des Betriebsschutzes. Die Rangfolge der bis zuletzt innerhalb der D. üblichen Dienstgrade erinnerte noch an die zwiespältig paramilitärischen Anfänge dieser Polizeitruppe: VP-Anwärter, Unterwachtmeister, Wachtmeister, Oberwachtmeister, Hauptwachtmeister, Meister, Obermeister, Offiziersschüler, Unterleutnant, Leutnant, Oberleutnant, Hauptmann, Major, Oberstleutnant, Oberst, Generalmajor, Generalleutnant, Generaloberst, Armeegeneral.

Funktionen und Wirkungen: Wie jeder Polizei in anderen Staaten oblag der D. im Rahmen ihrer territorialen und rechtlichen Zuständigkeit allgemein die »Gewährleistung der öffentlichen Ordnung und Sicherheit« in der DDR. Insbesondere war ihr aufgetragen, durch ihre verschiedenen Dienstzweige möglichen Straftaten, Verfehlungen und Ordnungswidrigkeiten vorzubeugen, begangene Straftaten aufzudecken, zu untersuchen und aufzuklären, Verfehlungen und Ordnungswidrigkeiten zu ahnden sowie helfend beizutragen, daß die Ursachen und Bedingungen der Straftaten, Verfehlungen und Ordnungswidrigkeiten erkannt und beseitigt würden. Der politische Auftrag, den die D. zu erfüllen hatte, verlangte jedoch darüber hinaus, daß die Angehörigen der D. ihren Dienst versahen »zur allseitigen Stärkung und zum zuverlässigen Schutz der Arbeiter-und-Bauern-Macht«. Damit wurde der D. neben den traditionellen polizeilichen Aufgaben auch eine Verantwortung für die weitere Entwicklung der sozialistischen Gesellschaft zugewiesen: Sie hatte darauf hinzuwirken, daß die angestrebten sozialistischen Gesellschaftsverhältnisse sich ungestört entfalten konnten.

In den ersten Jahren wurden vor allem die Offiziersränge von SED-Mitgliedern besetzt; in den 80er Jahren besaß die große Mehrheit der DVP-Angehörigen Mitgliedsbücher der Staatspartei. Eine 1948 geschaffene ›Hauptabteilung Polit-Kultur‹ (ab 1954 ›Politische Verwaltung‹ in der HVDVP des MdI) leitete die ideologische Arbeit und politische Schulung innerhalb der D. Auf diese bezogen bestanden bis 1952 spezielle Abteilungen für ›Polit-Kultur‹, die faktisch die Funktion einer SED-Kreislei-

tung wahrnahmen und mit deren Hilfe die SED organisatorisch ihre »führende Rolle« innerhalb der Landespolizeibehörden absicherte. 1960 wurde in der D. eine eigenständige SED-Kreisleitung gebildet, die direkt dem →›Zentralkomitee der SED‹ unterstellt war.
SED und DVP-Führung waren von Anfang an bestrebt, die Polizei als »Polizei des Volkes« erscheinen zu lassen. Deshalb kam es beiden darauf an, die Mitarbeit der Polizeiangehörigen in Volksvertretungen und gesellschaftlichen Kommissionen zu fördern sowie andererseits möglichst viele DDR-Bürger zum aktiven Mitwirken für »Ordnung, Sicherheit und Disziplin« zu bewegen. So waren 1989 rd. 5600 Polizisten Abgeordnete in den verschiedenen Volksvertretungen, rd. 29 000 Polizeiangehörige arbeiteten in →Hausgemeinschaftsleitungen, Wohnbezirksausschüssen der →›Nationalen Front‹ und anderen »gesellschaftlichen Aktivs« mit.
Eine Schlüsselrolle im Verhältnis der Polizei zur Bevölkerung spielten die ›Abschnittsbevollmächtigten‹ (ABV), die 1952/53 nach sowjetischem Vorbild eingeführt wurden. Die ABV bekleideten i. d. R. einen unteren Offiziersrang der Schutzpolizei (Unterleutnant, Leutnant, seltener Oberleutnant); sie waren eigentlich ständig im Dienst, kannten durch die regelmäßige Kontrolle der →›Hausbücher‹ die Einwohner in ihrem Kontrollbereich recht gut und waren ebenso in der Bevölkerung gut bekannt. Sie waren die ersten Ansprechpartner, wenn in einem Wohngebiet »Störungen der öffentlichen Ordnung« anzuzeigen waren oder ein Verdacht auf kriminelle Handlungen weitergegeben werden sollte.
Seit 1952 gab es ›Freiwillige Helfer der Deutschen Volkspolizei‹, deren Status durch Verordnungen des Ministerrats geregelt war. Für 1989 wurde angegeben, daß der D. insgesamt 177 500 solcher Helfer zur Verfügung standen. Zum selben Zeitpunkt wies die DDR-Statistik 467 000 Kameraden der Freiwilligen Feuerwehr, 284 000 Mitglieder gesellschaftlicher ›Kollektive für Verkehrssicherheit‹ in Betrieben, Einrichtungen und Wohngebieten, 64 000 Mitglieder der ›Ordnungsgruppen der →FDJ‹, 39 110 ›Junge Brandschutzhelfer‹, 9288 Schülerlotsen sowie 44 783 Mitglieder von Arbeitsgemeinschaften ›Junger Verkehrshelfer‹ aus. Zudem fungierten noch insgesamt 2 061 900 DDR-Bürger als Beauftragte der D. zur Führung des ›Hausbuches‹.
Mögen auch nicht alle diese Personen besonders eifrige Helfer der D. gewesen sein, so war doch die Unterstützung polizeilicher Tätigkeit durch den »normalen DDR-Bürger« und dessen aktive Beteiligung an der Wahrnehmung von im weiteren Sinne polizeilichen Aufgaben weit verbreitet. Auch hier operierte die SED mit der vielerorts und immer wieder propagierten »Interessenübereinstimmung«, die sich im Sozialismus zwischen den Bürgern und den Funktionären staatlicher Gewalt gewisser-

maßen von selbst einstelle. Daß auch im Bereich polizeilicher Aufsicht und Kontrolle die behauptete Übereinstimmung für viele offensichtlich glaubhaft war, ist einerseits einem in den Regionen der DDR historisch gewachsenen Gefühl der Zusammengehörigkeit und des solidarischen Aufeinanderangewiesenseins gutzuschreiben, andererseits verdankt es sich tradierter deutscher Ordnungsliebe und dem Glauben an eine propagandistisch vernebelte staatliche Autorität.

Die behauptete »Interessenübereinstimmung« begünstigte vor allem die Machtinteressen der Partei- und Staatsführung: Diese konnte jederzeit alle Dienstzweige der D. für die Machtsicherung in Anspruch zu nehmen, auch wenn dabei offensichtlich Bürgerinteressen und Bürgerrechte mißachtet wurden. Enge, für die Öffentlichkeit kaum durchschaubare Verbindungen bestanden zwischen D. und dem Staatssicherheitsdienst. Schon 1952 hatte die SED-Führung geplant, die D. dem MfS zuzuordnen. Wegen des vermeintlichen Versagens der Stasi vor und während des 17. Juni 1953 wurde dieser Plan jedoch aufgegeben. Statt dessen entwickelte man die Idee einer mit weitgehenden Befugnissen ausgestatteten polizeilichen Sondereinheit. Im Mai 1959 bildete das MdI eine »Operativ-Abteilung«, die 1964 in die Struktur der Kriminalpolizei eingeordnet wurde. Diese Spezialabteilung, die als »Arbeitsgebiet I« der Kripo zugewiesen war und deshalb kurz als »KI« bezeichnet wurde, besaß einen Sonderstatus und wirkte als nach außen abgeschirmte Hauptabteilung im MdI sowie in den Bezirks- und Kreisbehörden der D.

Anfangs beschäftigte sich die KI hauptsächlich mit der Aufklärung solcher Kriminalität, die es offiziell in der DDR gar nicht zu geben hatte, z. B. Spekulationen mit Autos, Grundstücken und Antiquitäten, in die häufig auch prominente Bürger bzw. Funktionäre verwickelt waren. Dann rückte aber auch besonders schwerwiegende Gewaltkriminalität ins Visier der Sondertruppe. Da die KI kein Untersuchungsorgan war, ermittelte sie fast ausschließlich im rechtlich trüben »Latenzbereich«. Mit geheimdienstlichen Methoden wie dem Einsatz von Spitzeln, verdeckter Observierung und »Lauschangriffen« wurden Informationen zusammengetragen über Personen, die man dem kriminellen Umfeld zurechnete. Schienen die so erworbenen Erkenntnisse einen »hinreichenden Verdacht« zu begründen, dann wurde eine offizielle Untersuchung durch die D. oder die Stasi eingeleitet.

Mit der seit Beginn der 70er Jahre immer stärker ausgebauten flächendeckenden Überwachung der DDR-Bürger nahm die Bedeutung der KI im Bereich der politisch motivierten Observation und Strafverfolgung zu. Im Vordergrund stand jetzt die Bekämpfung von »Verbrechen gegen die DDR sowie Straftaten gegen die staatliche und öffentliche Ordnung«. Zu diesem Zweck wurden in der KI sechs Arbeitsgebiete gebildet: Kirche und Vereinigungen; Staatsgrenze; Jugend; Ausländer; organisierte Wirtschaftskriminalität; Straftaten gegen Leben und Gesundheit. In der Arbeit dieser Sondereinheit wurde die enge Verquickung von Stasi und D. besonders deutlich, doch bestanden darüber hinaus noch vielfältige Verbindungen: In den 80er Jahren waren alle wichtigen Stellen des MdI bzw. der DVP mit Personen besetzt, die das volle Vertrauen des MfS besaßen oder als OibE direkt dem MfS zugeordnet waren. Dementsprechend stellt das Stasi-Unterlagengesetz vom 20. 12. 1991 die KI-Akten den Stasi-Unterlagen gleich und unterwirft die hauptamtlichen und inoffiziellen Mitarbeiter von Stasi und KI denselben Beschränkungen.

Fahndungs- und Überwachungstechniken der D. basierten in den 80er Jahren auf hochentwickelten Technologien. Mit dem elektronischen Fahndungssystem »Dora« (Kürzel für »Dialogorientiertes Recherche- und Auskunftsystem über Personen und Sachen«) sammelte sie seit 1984 die vollständigen meldepolizeilichen Daten von rd. 500000 Bürgern sowie Informationen über alle begangenen Straftaten mit Nachweis von Ermittlungsakten und gerichtlichen Entscheidungen sowie ebenfalls seit 1984 alle Daten über Inhaftierungen und Strafvollzug. Zu 200000 Straftätern existierten detaillierte Angaben über »Fertigkeiten, Spezialkenntnisse, Motivationen«. Die Personenbeschreibungen waren in 36 Gruppen für »anthropologische Merkmale und Tätowierungen« untergliedert, die Vorgehensweisen der Straftäter in mehr als 120 »Merkmalsgruppen« verschlüsselt. Von 150000 Bürgern wurden Fingerabdrücke aufbewahrt.

Über »Dora« hatte die D. auch Zugriff auf Daten in der →›Zentralen Personendatenbank des Ministeriums des Innern‹, die in den 70er Jahren in Berlin-Biesdorf aufgebaut worden war. Die vorher auf etwa 2 Mio. Karteikarten notierten Informationen über DDR-Bürger waren dort elektronisch gespeichert und wurden ständig um immer neue Daten über die verschiedensten Lebensbereiche ergänzt. Nachdem auf Beschluß des Präsidiums des Ministerrats zum 1. 1. 1970 eine zwölfstellige Personenkennzahl (PKZ) eingeführt worden war, die fortan jeden Bürger von der Wiege bis zur Bahre begleitete und in den Personalausweis eingetragen wurde, besaßen alle Untersuchungsorgane einen »Generaldietrich« zu sämtlichen Datenschätzen der DDR. Die PKZ wurde von den Standesämtern bei der Geburt eines Kindes vergeben; man hatte sie sowohl bei allen an staatliche Stellen gerichteten Anträgen anzugeben wie auch gegenüber den Personalabteilungen von Betrieben und Einrichtungen, der Versicherung, einem Reisebüro etc. Der Personalausweis, so wurde allenthalben betont, sei das wichtigste Dokument des Bürgers, welches sicher zu verwahren, aber ständig bei sich zu tragen und bei Verlangen,

Angehörigen der D. oder Mitarbeitern des MfS vorzuweisen sei. Diese Forderung stieß vor allem bei Jugendlichen auf wenig Verständnis, was zu manch unliebsamer Konfrontation mit den »Bullen« führte.
Der Strafvollzug lag in den Händen der HA Strafvollzug bzw. später der ›Verwaltung Strafvollzug‹ des MdI, die unter dem langjährigen Kommando von Generalleutnant Wilfried Lustik stand und eng mit der Hauptverwaltung VII im MfS zusammenarbeitete. Das zuletzt geltende Strafvollzugsgesetz (StVG) wurde durch eine von Lustik unterzeichnete Weisung an die Leiter der Strafvollzugseinrichtungen vom 30.11.1982 teilweise außer Kraft gesetzt. Sie besagte, daß Strafgefangene im »Gesonderten Kommando« – Politische, Schwerkriminelle, Skinheads – ständig unter Verschluß zu halten seien, in Isolierhaft oder mit Arbeitsmöglichkeiten nur in der Zelle. Im Zuchthaus Bautzen wurde innerhalb des »Gesonderten Kommandos« noch eine besondere Abteilung eingerichtet (»B-Abteilung« oder »Stasi-Trakt« genannt), wo menschenverachtende Praktiken an der Tagesordnung waren. Als das Polizeiregime der DDR zusammenbrach, sandte Kommandeur Lustik am 11.11.1989 einen Blitzbefehl an die Leitung des Bautzener Strafvollzugs, der anordnete, daß alle belastenden Akten zu vernichten seien. Aber nicht alles konnte vertuscht werden; im Land Sachsen wurden inzwischen rd. 1500 Ermittlungsverfahren wegen Mißhandlung von Strafgefangenen eingeleitet.

Auflösung/Ende: Als die unter Ministerpräsident Willi Stoph amtierende Regierung am 7.11.1989 zurücktrat, schied auch Armeegeneral Friedrich Dickel, seit 1963 Innenminister und Chef der DVP, aus dem Amt. In dem neuen, unter Hans Modrow gebildeten Ministerrat, den die → Volkskammer am 18.11.1989 bestätigte, hatte dessen vormaliger Stellvertreter, Generalleutnant Lothar Ahrendt, die Leitung des neuen Ministeriums für Innere Angelegenheiten (MfIA) übernommen. Die im alten → Ministerium des Innern bestehende ›Politische Verwaltung‹ wie auch die Kreisleitung der SED hatte man damals schon vollständig aufgelöst. Auf Anordnung des neuen Ministers vom 31.12.1989 wurden Generalleutnant Egon Gröning zum Stellvertreter des Ministers und Chef des Stabes und Generalmajor Klaus Zimmermann zum Personalchef ernannt; Stellvertretender Minister und und Chef der DVP wurde am 11.1.1990 Generalmajor Dieter Winderlich.
Im Zuge der nachfolgenden Ablösung der alten Polizeiführung mußten 14 leitende Kader aus der Nomenklatur des Ministers den Dienst quittieren, sie wurden durch jüngere Mitarbeiter ersetzt; ebenso wurden fast alle Hauptabteilungsleiter und Leiter von Verwaltungen ausgewechselt. Bis zum 30.4.1990 waren 4295 Mitarbeiter des ehemaligen MdI, darunter 20

Generäle, entlassen worden. Allerdings waren, als aufgrund eines Beschlusses des »Runden Tisches« das aus Teilen des MfS gebildete ›Amt für Nationale Sicherheit‹ aufgelöst wurde, auch wieder 2350 Mitarbeiter in den Polizeidienst übernommen worden. Laut Angaben des Statistischen Bundesamtes hatte das Innenministerium am 30. 6. 1990 noch insgesamt 124640 Mitarbeiter, von denen im Bereich MdI-VP 88058, bei der Feuerwehr 5614, im Strafvollzug 8328 tätig waren; 22637 waren Zivilbeschäftigte.

Nach den Wahlen vom 18. 3. 1990 wurde Peter-Michael Diestel, der Generalsekretär der DSU, Innenminister in der von Lothar de Maizière gebildeten Regierung. Er geriet bald ins Visier der Medien, die insbesondere seine Personalentscheidungen kritisierten, da er hochrangige Angehörige der alten DVP-Führung in ihren Ämtern beließ oder einzelne sogar auf zentrale Stabsstellen berief. So griff er auch bei der zum 1. 7. 1990 vorgenommenen Neugliederung des Ministeriums noch auf hochrangige Offiziere der ehemaligen Führungsspitze zurück; Leiter der neugeschaffenen Zentralabteilung des MdI wurde Generalinspekteur Karl-Heinz Schmalfuss, ein vormals Stellvertretender Minister im Rang eines Generalleutnants.

Beim Aufbau einer demokratischen Polizei in der DDR leisteten Bundes- und Landesbehörden der BRD durch Beratung, Fortbildungsveranstaltungen für leitendes Personal sowie durch Verwaltungshilfe Unterstützung. Daß man sich im Zuge des beginnenden Demokratisierungsprozesses bemühte, der neuen Polizei den Charakter einer zivilen Einrichtung zu geben, wurde deutlich, als mit dem 1. 5. 1990 die in den Länderpolizeien der Bundesrepublik üblichen Dienstgrade (Wachtmeister, Kommissare, Räte und Direktoren) eingeführt wurden. Weitere Änderungen brachte das am 13. 9. 1990 von der Volkskammer verabschiedete »Gesetz über die Aufgaben der Polizei«, das so lange gelten sollte, bis die neu zu bildenden Länder auf der Grundlage entsprechender Landesgesetze eigene Polizeibehörden eingerichtet hatten. Als Nachfolgeeinrichtung der einstigen Hauptabteilung Kriminalpolizei im MdI wurde ein ›Zentrales Kriminalamt‹ (ZKA) gebildet, an dessen Stelle dann ein ›Gemeinsames Landeskriminalpolizeiamt‹ (GLKA) der fünf neuen Länder trat, auf das sich die Mehrheit der von Ministerpräsident de Maizière berufenen Bezirksbevollmächtigten noch vor dem 3. 10. 1990 geeinigt hatte; diese Behörde wurde 1991 wieder aufgelöst.

Schon am 1. 10. 1990, um 13.00 Uhr, hatte der Polizeipräsident von Westberlin die Hoheit über die Polizei im Ostteil der Stadt übernommen. Mit dem zwei Tage später erfolgten Beitritt der DDR zum Geltungsbereich des Grundgesetzes der Bundesrepublik Deutschland ging die Polizeihoheit auf die neuen Bundesländer bzw. auf die bis zur Wahl der Landesregierungen amtierenden Landesbeauftragten über. Aufgrund der komplizierten Übergänge ist schwierig zu ermitteln, wie viele Polizisten, Vollzugsbeamte, Feuerwehrleute und Verwaltungsangestellte in neue Dienstverhältnisse überwechseln konnten. Schätzungen besagen, daß etwa 40 Prozent der am 30. 6. 1990 noch im Zuständigkeitsbereich des Innenministeriums tätigen Mitarbeiter durch den Beitritt ihre Beschäftigung verloren.

Präsidenten der DVdI und Chefs der ›Deutschen Volkspolizei‹: Erich Reschke (1946–1948); Generalinspekteur Kurt Fischer (1948–1949)

Minister des Innern und ab 1964 zugleich Chefs der DVP: Karl Steinhoff (1949–1952); Willi Stoph (1952–1955); Generalinspekteur Karl Maron (1955–1963); Generaloberst Friedrich Dickel (1963–1989); ab November 1989 wurden die Funktionen von Innenminister und Chef der DVP personell getrennt: Minister für Innere Angelegenheiten waren Generalleutnant Lothar Ahrendt (1989–1990); Peter-Michael Diestel (1990); Chef der DVP war Generalmajor Dieter Winderlich (1989–1990)

Chefs der HVDVP, 1950–1963: Generalinspekteur Kurt Fischer (1949–1950); Generalinspekteur Karl Maron (1950–1955); Chefinspekteur Richard Dombrowsky (1955–1959); Generalmajor Hans-Hugo Winkelmann (1959–1963)

Chefs des Stabes / Leiter des Hauptstabes: Oberst Horst Ende (bis 1964); Generalleutnant Willi Seifert (1965–1971); Generalmajor Rudolf Riss (1971–1977); Generalmajor Karl-Heinz Wagner (1977–1989); Generalleutnant Egon Gröning (1990)

Leiter der HA ›Polit-Kultur‹, später Stv. Minister und Chefs der ›Politischen Verwaltung‹ des MdI: Generalinspekteur Robert Bialek (1948); Generalinspekteur Heinz Hoffmann (1949–1950); Hans Klein (1950); Chefinspekteur Herbert Grünstein (ab 1950); Chefinspekteur Hans Beyermann; Chefinspekteur Anton Switalla; Oberstleutnant Erhard Hentschel (bis 1962); Oberst Willi Knöpke (1962–1965); Generalmajor Erhard Helbig (1965–1971); Generalmajor Ewald Eichhorn (1971–1974; Generalmajor Gerd Uhlig (1974); Generalleutnant Werner Reuther (1974–1989)

1. Sekretäre der SED-Kreisleitung im MdI: Hermann Barrakling (1960–1968); Erwin Primke (1968–1989)

Leiter der Hauptabteilung Innere Angelegenheiten: Georg Bergmann (1962–1976); Gotthard Hubrich (1976–1989)

Leiter der Verwaltung Ausbildung: VP-Inspekteur Karl Mellmann, Alfred Winkler, Heinrich Franke

Leiter der Hauptabteilung Schutzpolizei (zeitw. zusammengelegt zu Schutz- und Verkehrspolizei): VP-Chefinspekteur Konrad Strieder (bis 1962); Oberst Willi Knöpke (1962–1970); Generalmajor Heinz Münchow (1970–1974); Generalmajor Alfred Heydel (1974–1983); Generalmajor Helmut Ferner (1983–1989)

Leiter der Hauptabteilung Kriminalpolizei: Richard Dombrowsky; Chefinspekteur Paul Odpadlik; Herbert Weidlich (bis 1964); Oberst Fritz Hoppe (1964–1972); Helmut Nedwig (1972–1990)

Chef Paß- und Meldewesen: Generalmajor Viktor Dick (1952–1956); Oberst Werner Reuther (1962–1971); Oberst Günter Giel (ab 1971); Günther Fischer

Leiter der Hauptabteilung Verkehrspolizei: VP-Chefinspekteur Josef Anstett (bis 1964); Oberst Heinz Trebstein (1964–1967); Oberst Heribert Mally (1967–1969); Oberst Alfred Heydel (1967–1970); Oberst Heribert Mally (1971–1990)
Leiter der Transportpolizei: Otto Auerswald (1950–1956); Oberst Hans Beyermann (1957–1960); Paul Ludwig (1960–1967); Oberst Helmut Nedwig (1967–1972); Oberst Manfred Simon (1972–1985); Oberst Manfred Zeuner (1985–1990)
Leiter der Verw. Strafvollzug: Generalinspekteur August Mayer; Hans Kohoutek; Oberst Hans Tunnat (1975–1980); Generalltn. Wilfried Lustik (1980–1990)
Leiter der Verw. Kampfgruppen: Oberst Karl Mellmann (1961–1972); Oberstleutnant Wolfgang Krapp (1972–1989)
Leiter der Hauptabteilung Feuerwehr: VP-Inspekteur Wurbs; Oberst Heinz Ziegler (ab 1962); Oberst Georg Steiger (bis 1969); Oberst Karl Glässel (1969–1977); Oberst Herbert Pohl (1977–1990)
Leiter der HA Gesundheitswesen / des Medizinischen Dienstes der HVDVP des MdI: Chefinspektor Dr. Josef Rubens; Oberst Friedrich Oberdoerster; Oberstleutnant Fritz Schlabitz; Oberst Karl-Heinz Kelch
Chefs der DVP-Landesbehörden 1945–1952: Berlin: Paul Markgraf (1945–1950); Waldemar Schmidt (1950–1953); • Brandenburg: Artur Dorf (1945–1947); Richard Staimer (1947–1949); Chefinspekteur Fritz Eickemeyer (1949–1953) • Mecklenburg: Gustav Hase (1945–1946); Hans Kahle (1946–1947); Chefinspekteur Horst Jonas (1947–1949); Chefinspekteur Paul Ludwig (1949–1952); • Sachsen: Arthur Hofmann (1945–1949); Chefinspekteur Viktor Johannes Dick (1949–1952); • Sachsen-Anhalt: Georg König (1945–1947), Chefinspekteur Wilhelm Zaisser (1947–1948); Chefinspekteur Johannes Hegen (1948–1950); Chefinspekteur Herbert Paulsen (1950–1952); • Thüringen: Erich Reschke (1945–1946); Max Rausch (1946–1948); Chefinspekteur Leander Kröber (1948–1950); Chefinspekteur Erhard König (1950–1952)

Chefs der Bezirksbehörden der DVP bzw. Polizeipräsidenten in Berlin/DDR von 1952–1989

Berlin/DDR: Paul Markgraf (1945–1950); Waldemar Schmidt (1950–1953); Fritz Eickemeyer (1953–1964); Horst Ende (1964–1975); Werner Gröning (1975–1986); Friedhelm Rausch (1986–1989); Dirk Bachmann (1989–1990)
Cottbus: Heinz Schiffel (1952–1962); Paul Bartöck (1962–1971; Gerhard Schneider (1971–1976); Horst Selent (1976–1990)
Dresden: Gerd Uhlig (1959–1967); Werner Niemann (1967–1971); Willy Nyffenegger (1971–1989); Gerd Wülfing (1990)
Erfurt: Erhard König (1952–1959); Heinrich Hertel (1959–1960); Helmut Opelt (1960–1961); Heinrich Hertel (1961–1967); Gerhard Wittig (1968–1990)
Frankfurt (Oder): Rudolf Kotulan (1952–1959); Kurt Krüger (1959–1972); Günther Zirkenbach (1972–1982); Klaus Prüfer (1982–1990)
Gera: Willi Engelmann (1952–1955); Karl Schweizer (1955–1964); Heinz Schiffel (1964–1973); Günter Oriwol (1978–1983); Kurt Rohrbeck (1983–1990)
Halle: Max Zaspel (1952–1955); Willi Engelmann (1955–1980); Hubert Schröter (1980–1990)

Karl-Marx-Stadt: Paul Schwager (1952–1964); Erwin Rudnick (1965–1985); Peter Müller (1986–1990)
Leipzig: Hans-Hugo Winkelmann (1952–1955); Hans Kohutek (1955–1960); Fritz Hoppe (1960–1962); Alfred Dahl (1962–1972); Helmut Michalski (1972–1980); Siegfried Richter (1980–1982); Helmut Michalski (1982–1989); Gerhard Straßenburg (1989–1990)
Magdeburg: Herbert Paulsen (1952–1953); Alfred Dahl (1954–1960); Richard Weidemann (1960–1962); Kurt Wendt (1962–1974); Albin Schneider (1974–1990); Hans-Joachim Stephan (1990)
Neubrandenburg: Heinz Münchow (1952–1955); Heinz Lattek (1955–1960); Wolfgang Hahn (1960–1961); Heinz Lattek (1961–1971); Gerhard Kühl (1971–1983); Harry Kahmann (1983–1990)
Potsdam: Fritz Eickemeier (1952–1953); Heinz Münchow (1955–1970); Erich Griebsch (1970–1990)
Rostock: Paul Ludwig (1952–1957); Ernst Fuchs (1958–1976); Siegfried Hadler (1976–1990)
Schwerin: Erich Ortmund (1952–1955); Willi Knöpke (1955–1960); Erwin Rudnick (1960–1965); Erhardt Hentschel (1965–1985); Klaus Richter (1986–1990)
Suhl: Alfred Dahl (1952–1954); Rudolf Ockernahl (1959–1963); Johannes Börner (1963–1978); Klaus Thieme (1978–1990)
Wismut (Gebietskommando): Erich Sälzer (1952–1965); Walter Arnold (1965–1990)

Auszeichnungen/Preise: Medaille ›Für treue Dienste‹; Medaille ›Für ausgezeichnete Leistungen in den bewaffneten Organen des MdI‹; ›Verdienter Volkspolizist der DDR‹; Verdienstmedaille der Organe des MdI; Ehrenzeichen der DVP
Publikationen/Archive: ›Die Volkspolizei‹, ersch. zunächst von 1948–1952; wurde 1952 durch Einbeziehung von ›Unser Signal – Organ der Parteiorganisation der SED in der Volkspolizei‹ erweitert zu ›Die Volkspolizei – Zeitschrift für das gesamte Polizeiwesen‹, die bis 1990 erschien; Chefredakteure: Hermann Dünow (1948–1955); Hans Drohla (1955–1960); Manfred Strutz (1960–1970); Gerhard Fredrich (1970–1986); Karl Damaschke (1986–1987); Michael Tischendorf (1987–1989)
Die Archive des MdI und der ehem. HVDVP befinden sich heute im Bundesarchiv, Außenstelle Berlin.

Deutsche Werbe- und Anzeigengesellschaft (DEWAG), 1945–1990
SED-eigener Monopolbetrieb für die Werbung in der DDR

Geschichte und Organisation: Die D. wurde nach Erteilung der → SMAD-Lizenz am 1. 10. 1945 von der KPD in Dresden gegründet. Da die → SED auch auf dem Gebiet der Werbung eine Monopolstellung beanspruchte, wurde der Hauptsitz der D. 1949 nach Berlin verlegt und eine ›Zentrale Leitung der DEWAG-Betriebe‹ geschaffen. Diese baute ein Netz von 8 DEWAG-Betrieben auf: ›DEWAG WERBUNG Berlin‹ mit Bezirksstel-

len in Frankfurt (Oder) und Potsdam; ›DEWAG WERBUNG Dresden‹ mit einer Bezirksstelle in Cottbus; ›DEWAG WERBUBG Erfurt‹ mit einer Bezirksstelle in Suhl; ›DEWAG WERBUNG Halle‹; ›DEWAG WERBUNG Karl-Marx-Stadt‹ mit einer Bezirksstelle in Gera; ›DEWAG WERBUNG Leipzig‹; ›DEWAG WERBUNG Magdeburg‹; ›DEWAG WERBUNG Rostock‹ mit Bezirksstellen in Neubrandenburg und Schwerin.
Zu den Aufgaben dieser Betriebe, die entsprechend der Wirtschaftsstruktur des jeweiligen Bezirkes spezialisiert waren, gehörten Werbeberatung, Regie, Gestaltung und Herstellung von Werbemitteln sowohl für die Wirtschaftswerbung wie für die politische, ökonomische und kulturelle Agitation und Propaganda. Weitere 3 DEWAG-Betriebe wurden für Projektierung und Werbebau in Berlin, Dresden und Leipzig geschaffen; sie waren auf Aufgaben des Messe- und Austellungsbaus, der Sichtagitation und des Modellbaus spezialisiert. Die D. war ein organisationseigener Betrieb der →SED und verfügte Ende 1989 – laut ›Neues Deutschland‹ vom 14.6.1990 – über ein Bilanzvermögen von 307 Mio. Mark; politisch unterstand sie unmittelbar der Abteilung Agitation des →ZK der SED, die auch über Inhalt und Prioritäten bei der politischen Werbung befand; zugleich war sie dem →Ministerrat insofern unterstellt, als dieser bei der Verwirklichung von Regierungsbeschlüssen – in Abstimmung mit dem ZK – auch über durchzuführende Werbemaßnahmen verfügte.

Funktionen und Wirkungen: Aufgrund der administrativ vorgenommenen Verteilung der produzierten Waren hatte die Wirtschaftswerbung in der DDR bis Ende der 70er Jahre nur eine sehr geringe Bedeutung. Statt dessen erteilten Parteiführung und SED-Bezirksleitungen riesige Aufträge für komplexe Stadtausgestaltungen, die zu politischen Großveranstaltungen, bei Massendemonstrationen, zur Ausgestaltung von Protokollstrecken, zu Parteitagen aller Parteien sowie zu Kongressen und Veranstaltungen der Massenorganisationen u. v. m. benötigt wurden. Auch die gigantischen Aufträge für »Sichtagitation« – von der →›Aktivistenbewegung‹ bis zum →›Parteilehrjahr‹ – beschäftigten die landesweit mehr als 5000 DEWAG-Mitarbeiter. Tonnenweise wurden druckfrische, stereotyp gestaltete Plakate, »Bildwandzeitungen«, Ausschnittbögen, die Embleme und die jeweils aktuellen politischen Losungen enthielten, hinterher von den Pionieren wieder zu den Altstoffhandlungen geschleppt.
Dem Führungsanspruch der SED in Angelegenheiten von Gestaltung und Werbung entsprach es, daß für Ideen und Ziele, mit denen die Partei

nicht übereinstimmte, nicht geworben wurde. Aber auch in der zugelassenen Werbung war für Provokatives und Freches überhaupt kein Platz. Stets redete ein kleiner, sich personell kaum erneuernder Kreis – sogenannte Abnahmekommissionen – mit fachlicher Ahnungslosigkeit bis in die Details der Gestaltung hinein und trieb die Mehrheit der Graphiker in die achselzuckende Resignation. Daraus folgte die zunehmende Verflachung der künstlerischen Qualität von politischen Plakaten und Werbemitteln. Objektiv gesehen war diese Art von Werbung eine von der SED verfügte Sekundärrohstoffproduktion.

Ähnliches war auf dem Gebiet der Ausstellungen zu verzeichnen, von denen die größeren – auch die in Museen stattfindenden – sämtlich von DEWAG-Betrieben projektiert und produziert wurden. Auch hier entstanden häufig messemonotone Gestaltungen, die – gleich welche Thematik zu behandeln war – sich immer wiederholten und der Phantasie wenig Spielraum ließen. Der deprimierende Umstand, daß die Materiallage bei Glas, qualitativ hochwertigen Farben, Fotopapier, Edelholzfurnieren usw. immer angespannt blieb, leistete der Tendenz zur stereotypen Lösung Vorschub.

Zu kuriosen, aber für betroffene Mitarbeiter strapaziösen, sie auf Dauer verschleißenden Szenen kam es, wenn mehrere politische Großveranstaltungen und zentrale Ausstellungen zeitlich dicht aufeinanderfolgten. Da diese Unternehmungen jeweils vom → Politbüro bzw. vom Sekretariat des ZK der SED in ahnungslosem Propagandaeifer beschlossen worden waren, winkten die nach der Beschlußlage Verantwortlichen bei der Zentralen DEWAG-Leitung stets mit diesen »bedeutenden Beschlüssen«. Mit ebendiesen Papieren winkten jedoch immer auch schon andere, die allerdings andere Zeitvorstellungen und Materialanforderungen hatten. Bald war man allgemein ratlos und erbat in aller Bescheidenheit von der Parteiführung eine Prioritätenliste zu den gefaßten Beschlüssen; nun war die Parteiführung überrascht und ratlos, und das konnte Monate anhalten. Entgehen konnte dem Chaos keiner der Betroffenen; man konnte nur versuchen, es einigermaßen unversehrt zu überstehen. Ehe alles wiederum auf höchster Ebene entschieden wurde, war niemand gewillt, vorentscheidende Maßnahmen einzuleiten – und das verstand jeder Beteiligte. Am Ende wurden außerordentliche Maßnahmen beschlossen, die allerdings die Material-, Personal- und Zeitplanungen anderer Betriebe und Einrichtungen wieder über den Haufen warfen. Und ganz zum Schluß, nach endlich vollbrachter Tat, wurden Orden verliehen und Prämien ausgeschüttet: Unter Führung der Parteispitze hatte der Sozialismus wieder einen neuen Sieg errungen.

Auflösung/Ende: 1990 wurde die D. in eine ›DEWAG-Holding‹ umgewandelt; die in Berlin-Mitte gelegene DEWAG-Immobilie (9000 qm Bürofläche und 5000 qm angrenzendes Bauland) wurde der Liegenschaftsgesellschaft der →›Treuhandanstalt‹ zur Privatisierung übergeben. Mitarbeiter der D. versuchten, durch Ausgründungen spezialisierte Werbebetriebe zu schaffen; einige dieser Betriebe wurden von westdeutschen Firmen übernommen, andere, personell überfrachtete Agenturen ringen um das Überleben. Zu den bisher erfolgreichen Neugründungen gehören die ›IDEA‹, eine Firma für Handelswerbung und Dekorationsmittel, und das ›Farbfoto Center‹.

Direktoren/Generaldirektoren: Alfred Adolph (bis 1959); Ulrich Osche (1959–1974); Manfred Böttcher (1974–1990)

Deutsche Wirtschaftskommission (DWK), 1946–1949
Zentrale deutsche Verwaltungsinstanz zur Koordination der Wirtschaftspolitik in den Ländern der SBZ

Während die Potsdamer Konferenz noch tagte, veranlaßte die →SMAD mit Befehl Nr. 17 vom 27.7.1945 die Einrichtung von zunächst 11 (später 16) Zentralverwaltungen in der SBZ, die sich ab 1946 meist als »Deutsche Zentralverwaltungen« bezeichneten. Sie arbeiteten auch unter deutscher Leitung, waren jedoch den jeweiligen Fachabteilungen der SMAD unterstellt; sie hatten keine Verordnungsbefugnisse gegenüber den Länder- und Provinzialverwaltungen, so daß sie sich weitgehend auf die Koordination der Verwaltungsmaßnahmen der Länder beschränken mußten. Aufgrund einer am 10.2.1947 mit den Länderregierungen getroffenen Vereinbarung gingen bestimmte, vorwiegend wirtschaftspolitische Planungs- und Kontrollfunktionen an die Zentralverwaltungen über. Da die Länder aber an ihren gesetzgeberischen Befugnissen festhielten, kam es häufiger zu Kompetenzstreitigkeiten. Die nicht gewählten, sondern von der SMAD eingesetzten Verwaltungsbehörden tendierten frühzeitig dazu, sich als zentralstaatliche Leitungsinstanzen zu etablieren.
Dieser Tendenz leistete die SMAD Vorschub, indem sie mit Befehl Nr. 138 vom 4.6.1947 die Einrichtung der D. veranlaßte. Diese hatte Aufgaben und Tätigkeiten der wirtschaftlich relevanten Zentralverwaltungen zu koordinieren und damit den Übergang zu gesamtstaatlicher Wirtschaftsplanung zu beschleunigen. Die Länderregierungen waren der D. gegenüber zunächst nur rechenschaftspflichtig, doch als dieser im Februar 1948 auch gesetzgeberische Vollmachten eingeräumt wurden, wurde die föderale Eigenständigkeit der Länder stark eingeschränkt. Der Kompetenzzuwachs veranlaßte die D. schon am 9.3.1948, eine weitreichende Re-

organisation zu beschließen. Die ihr bisher nur angeschlossenen ›Deutschen Zentralverwaltungen‹ wurden als Hauptverwaltungen fest eingegliedert und waren nunmehr uneingeschränkt weisungsabhängig von einem zentralen Sekretariat.

Auf diese Weise wurde das Prinzip des →demokratischen Zentralismus in der Wirtschaftsführung durchgesetzt, die Machtposition der SED gestärkt und ein »entscheidender Schritt auf dem Wege zur Bildung eines zentralen Staatsorgans« vollzogen. Als die Provisorische Volkskammer (→Volkskammer) im Oktober 1949 den Akt der Staatsgründung vollzog, stand in der D. und ihren Hauptverwaltungen schon ein funktionsfähiger, nach Ressorts gegliederter Regierungsapparat zur Verfügung.

Archive: Archivbestände der D. befinden sich heute in der Verwaltung des Bundesarchivs, Abt. V, in Potsdam.

Deutsche Zentralverwaltungen in der SBZ

→ Deutsche Wirtschaftskommission

Deutscher Anglerverband der DDR (DAV)

→ Deutscher Turn- und Sportbund

Deutscher Caritasverband in der DDR (DCV)

Wohltätigkeitsorganisation der →Römisch-katholischen Kirche in der DDR

Geschichte und Organisation: Der schon 1897 in Köln gegründete, föderativ aufgebaute D. bemühte sich 1945 um die Fortsetzung seines Dienstes in überkommenen Einrichtungen und begann zugleich damit, Hilfsmaßnahmen für die notleidende Bevölkerung zu organisieren. Von der →SMAD erhielt er am 18.4.1946 die Genehmigung, im gesamten Gebiet der SBZ tätig zu werden. Transport und Verteilung von Hilfsgütern wurden jedoch immer wieder behindert, da die SED die Unterstützung notleidender Bevölkerungsgruppen zur politischen Einflußnahme nutzen wollte. Nach Gründung der DDR nahmen die Schwierigkeiten zu, als am 12.12.1950 der Minister des Innern anordnete, das Recht zu sozialen Hilfsdiensten solle künftig der →›Volkssolidarität‹ vorbehalten bleiben. Die Bischöfe legten dagegen Protest ein und bemühten sich um Ausnahmebewilligungen, doch wurde ihnen staatlicherseits mitgeteilt, zu Änderungen bestünde kein Anlaß, zumal die kirchliche Liebestätigkeit mit illegaler Propaganda verbunden worden sei. Die Kirchen könnten ja mit der ›Volkssolidarität‹, der einzigen Wohlfahrtsorganisation in der DDR, zusammenarbeiten.

Nachdem im Juli 1950 durch päpstliche Anordnung die Einrichtung einer regionalen Bischofskonferenz auf dem Gebiet der DDR veranlaßt worden war (→ Römisch-katholische Kirche, ›Berliner Bischofskonferenz‹), hatte das auch Umstrukturierungen der ›Caritas‹ zur Folge. Ihrer föderativen Struktur entsprechend wurde die kirchliche Liebestätigkeit ohnehin unter Leitung der Bischöfe und bischöflichen Kommissare auf Diözesanebene organisiert und in insgesamt 59 Dekanats- bzw. Kreissekretariaten verwaltet. Der D. bildete darüber die Dachorganisation der einzelnen Caritas-Verbände; er unterhielt eine ›Zentralstelle Berlin‹, die der Bischofskonferenz zugeordnet war. Zu deren Aufgaben gehörte die Anregung und Koordination aller karitativen Tätigkeiten innerhalb der DDR, die Geschäftsführung des Bischöflichen Werkes ›Not in der Welt‹ sowie die Vertretung der im D. zusammengeschlossenen Einrichtungen gegenüber staatlichen und gewerkschaftlichen Instanzen.

Funktionen und Wirkungen: Wie das → ›Diakonische Werk‹ der evangelischen Kirchen verfügte auch der D. über eine Reihe karitativer Einrichtungen, die schon 1945 bestanden und seitdem fortgeführt und ausgebaut wurden. In den 80er Jahren gehörten dazu 34 Krankenhäuser, 11 Pflegeheime, 107 Altenheime, 27 Einrichtungen für geistig behinderte Kinder und Jugendliche, zahlreiche Kinderheime, -gärten und -horte sowie Kur- und Erholungsheime und mehr als 100 Gemeindeschwestern-Stationen. Etwa 7300 Personen arbeiteten damals hauptberuflich in karitativen Einrichtungen, darunter 1400 Ordensschwestern; zudem waren in der Pfarr- und Dekanatscaritas noch rund 80 Fürsorger tätig, die von mehr als 7000 ehrenamtlichen Helfern unterstützt wurden. Für die Ausbildung von Pflegepersonal bestanden an neun katholischen Krankenhäusern eigene Krankenpflegeschulen.
Hinsichtlich der Ausbildung, Besoldung und Finanzierung galten beim D. entsprechende Bestimmungen wie beim ›Diakonischen Werk‹: eine 1967 mit der ›Gewerkschaft Gesundheitswesen‹ (→ Gewerkschaften) getroffene Vereinbarung über die tarifliche Gleichstellung der Beschäftigten in Gesundheits- und Sozialeinrichtungen sowie das am 11. 7. 1975 unterzeichnete Abkommen zur Regelung einer religiös geprägten, gleichwohl aber der staatlichen Anerkennung werten Ausbildung in Pflegeberufen. In Krankenhäusern und Pflegeeinrichtungen übernahm die Staatliche Krankenversicherung die laufenden Kosten entsprechend den üblichen Pflegesätzen; darüber hinaus waren investive Kosten und Aufwendungen für die Seelsorge von den Trägern selbst aufzubringen. Finanzielle Unterstützung erhielten diese aus Kollekten, dem Spendenaufkommen der jährlichen Haus- und Straßensammlungen sowie aus den Finanzmitteln, die von Bistümern in der BRD bereitgestellt wurden.

Einen Sonderbereich des karitativen Engagements stellte das Bischöfliche Werk ›Not in der Welt‹ dar, für das – in Entsprechung zu der Aktion ›Misereor› in der BRD – seit 1968 Sonderkollekten veranstaltet wurden. Mit den dadurch gesammelten Geldern wurde Katastrophenhilfe und in bescheidenem Ausmaß auch Projektunterstützung in Ländern der Dritten Welt geleistet.

Umwandlung: Zum 1.1.1992 wurden die Ost- und die Westberliner Dienststelle des ›Deutschen Caritasverbandes‹ zu einer Hauptvertretung mit Sitz in Berlin-Charlottenburg zusammgeführt.

Leitung des D. / Zentralstelle Berlin: Johannes Zinke (1946–1968); Theodor Hubrich (1968–1972); Roland Steinke (1972–1982); Hellmut Puschmann (1982–1991); Dieter Stolte (1991)

Deutscher Friedensrat

→ Friedensrat der DDR

Deutscher Kulturbund

→ Kulturbund der DDR

Deutscher Modelleisenbahnverband

→ Gesellschaft für Sport und Technik

Deutscher Schützenverband der DDR (DSV)

→ Gesellschaft für Sport und Technik

Deutscher Sportausschuß (DS), 1948–1957

Leitungs- und Koordinierungsgremium für den Sportbetrieb in der frühen DDR

Geschichte und Organisation: Jede sportliche Betätigung wurde in der SBZ gemäß den Anordnungen des ›Alliierten Kontrollrats‹ zunächst von den Kommunen organisiert. Im Sommer 1948 begann eine offensichtlich mit der →SMAD abgestimmte Kampagne für die Neuorganisation des Sports in einer »antifaschistisch-demokratischen Sportbewegung«. Am 1.8.1948 riefen →FDGB und →FDJ gemeinsam zur Gründung eines ›Deutschen Sportausschusses‹ (DS) auf, der die künftig stärker in den Betrieben zu organisierende Sportbewegung zentral leiten sollte. Dieser Ausschuß wurde dann am 1.10.1948 in Ostberlin gegründet. Er förderte von Anfang an die Tendenz, den Sportbetrieb »auf Produktionsbasis« zu entwickeln, indem viele der bisher bestehenden kommunalen Sportgemeinschaften durch neu eingerichtete →›Betriebssportgemeinschaften‹ (BSG) ersetzt wurden.

Funktionen und Wirkungen: Die unter Leitung des D. in Gang gebrachte Neuorganisation des Sports in der SBZ/DDR wurde durch einen ZK-Beschluß zu »Aufgaben auf dem Gebiet von Körperkultur und Sport« vom 17.3.1951 forciert; darin wurde gefordert, die »demokratische Sportbewegung« planmäßig auszuweiten und sie hinsichtlich der Leitungsaufgaben zugleich der bisherigen Zuständigkeit von FDGB und FDJ weitgehend zu entziehen. Der D. sollte fortan als höchstes Leitungsorgan des Sports in der DDR gelten. Entsprechend der Untergliederung des FDGB in →Industriegewerkschaften und →Gewerkschaften wurden daraufhin die BSG in 18 jeweils branchenbezogenen Sportvereinigungen (SV) zusammengefaßt (→›Betriebssportgemeinschaften‹).
Innerhalb der BSG bestanden für die einzelnen Sportarten Sektionen; entsprechend bildeten sich bald nach Gründung des D. übergreifende Fach-Sektionen, die Vorläufer der späteren Sportverbände in der DDR (eine Sektion für Leichtathlethik entstand z. B. im Januar 1951, eine für Fußball im Januar 1952). Der D. führte diese Sektionen zusammen und koordinierte deren Arbeit. Die ihm zugedachte oberste Leitungsfunktion im Sportgeschehen der DDR nahm er allerdings nur bis 1952 uneingeschränkt wahr; nachdem am 24.7.1952 das ›Staatliche Komitee für Körperkultur und Sport‹ eingerichtet worden war, übernahm dieses Gremium die Hauptverantwortung für die Leitung des Sports (→›Staatssekretariat für Körperkultur und Sport‹). Dem D. blieb nun vornehmlich die Aufgabe, die ihm schon 1951 vom →›Zentralkomitee der SED‹ angewiesen worden war: »politische Westarbeit« im Rahmen der gesamtdeutschen Sportbeziehungen.

Auflösung/Ende: Nachdem das 1951 gegründete →›Nationale Olympische Komitee‹ der DDR 1955 die vorläufige Anerkennung durch das IOC erhalten hatte, konnten Sportler aus der DDR und der BRD in einer gesamtdeutschen Mannschaft 1956 zu den Winterspielen in Cortina und den Sommerspielen in Melbourne antreten und auch schon erste Medaillen gewinnen. Den ersten Olympiasieg errang damals der Berliner Boxer Wolfgang Behrendt. Daraufhin hielt es die Sportführung der DDR für angebracht, den Leistungssport stärker zu fördern, um dessen Erfolge politisch ausnutzen zu können. Zur schnellen Annäherung an die politische Zielstellung war der »auf Produktionsbasis« organisierte und vom D. geleitete Sportbetrieb wenig geeignet; wollte man im internationalen Sportverkehr repräsentativ vertreten sein, so bedurfte es nun einer Organisationsstruktur, die der anderer Länder besser entsprach. Deshalb wurde im

April 1957 der →›Deutsche Turn- und Sportbund‹ (DTSB) gegründet, dessen Bundesvorstand fortan die Aufgaben des D. wahrnahm.

Leiter des D.: Waldemar Borde (1948–1949); Ernst Horn (1949–1951); Fred Müller (1951–1952); Rudi Reichert (1952–1957)

Deutscher Städte- und Gemeindetag, 1957–1974

Ein ›Deutscher Städtetag‹ war bereits im Juni 1955 in Dresden gegründet worden; am 16. 3. 1957 konstituierte sich dann in Berlin der ›Deutsche Städte- und Gemeindetag‹, der sich – als Folge der Abgrenzungspolitik – seit Ende 1970 ›Städte-und Gemeindetag der DDR‹ nannte. Der Kommunalverband war eine auf freiwilliger Mitgliedschaft beruhende Vereinigung von Städten, Gemeinden und Landkreisen der DDR. Im Rahmen einer sozialistischen Kommunal- und Kulturpolitik, an der im System der zentralen Leitung und Planung insbesondere auch Massenorganisationen wie der →Kulturbund, →FDGB, →FDJ, →VdgB oder die →URANIA beteiligt waren, fiel dem D. die Aufgabe zu, die internationale kommunalpolitische Zusammenarbeit zu entwickeln und durch Erfahrungsaustausch mit entsprechenden kommunalen Verbänden zu vertiefen. Dabei pflegte er freundschaftliche Beziehungen zu anderen Städten und Gemeinden – nicht nur in der Sowjetunion und anderen sozialistischen Ländern. Organe des Verbandes waren die Vollversammlung, der Hauptausschuß, das Präsidium und die →Revisionskommission. Beim Hauptausschuß bestanden verschiedene Fach- und Bezirksgruppen; dem Präsidium unterstand das Institut für Kommunalpolitik; ein ständiges Sekretariat hatte seinen Sitz in Berlin/DDR.

Auflösung/Ende: Der D. wurde 1974 stillschweigend aufgelöst. Vermutlich wegen der Betreuung zahlreicher Städtepartnerschaften, die inzwischen von Städten in der DDR mit vielen Partnerstädten im sozialistischen wie kapitalistischen Ausland vereinbart worden waren, bestand jedoch weiterhin ein ›Komitee Städte- und Gemeindetag‹ unter dem Dach der →›Liga für Völkerfreundschaft der DDR‹. Dieses Komitee besaß jedoch nicht einmal jene geringe Selbständigkeit und demokratische Legitimation, auf die sich der D. noch berufen konnte.
Am 16. 2. 1990 beschlossen Bürgermeister aus 18 Städten der DDR im Rathaus von Jüterbog die Bildung eines Initiativkomitees zur Gründung eines reformierten Städte- und Gemeindetages der DDR. Die vielerorts sich erneuernden kommunalen Selbstverwaltungen wollten sich so ein übergreifendes Organ schaffen, und zu diesem Zweck bemühte sich das Komitee bis zu den Kommunalwahlen im Mai d. J. um die geplante Neugründung. In Gesprächen mit Regierungsinstanzen, dem »Runden Tisch« und der

→Volkskammer wurde auch die Rückgabe des seinerzeit bei der Auflösung des D. einbehaltenen Vermögens gefordert. Die Städte und Gemeinden in den neuen Bundesländern zogen es dann jedoch vor, sich den in der BRD bestehenden kommunalen Spitzenverbänden anzuschließen.

Präsidenten: Friedrich Ebert (1957–1964); Walter Kresse (1964–1974)
Publikationen/Archive: Zeitschrift ›Stadt und Gemeinde‹, erschien seit dem 1.9.1957

Deutscher Turn- und Sportbund (DTSB), 1957–1990
Einheitliche sozialistische Sportorganisation der DDR

Geschichte und Organisation: Der D. wurde am 27./28.4.1957 gegründet; dessen Bundesvorstand übernahm mit seiner Konstituierung die Aufgaben des im Oktober 1948 gebildeten →›Deutschen Sportausschusses‹ (DS) sowie einige wichtige Funktionen des ›Staatlichen Komitees für Körperkultur und Sport‹, das durch eine VO des Ministerrats der DDR vom 6.6.1957 eine neue Stellung erhielt (→›Staatssekretariat für Körperkultur und Sport‹). Nach Gründung des D. wandelten sich die beim DS bestehenden Fach-Sektionen in Sportverbände um; die Mehrzahl der Neukonstituierungen erfolgte im Frühjahr 1958. 1989 gehörten dem D. insgesamt 33 Mitgliedsverbände an; 2 weitere waren ihm korporativ angeschlossen: der →›Allgemeine Deutsche Motorsportverband der DDR‹ (ADMV) und der ›Deutsche Anglerverband der DDR‹ (DAV). Die nach ihrem Mitgliederbestand stärksten Verbände waren der Fußball-, der Angler- und der Turn-Verband.
Der D. gliederte sich in 15 Bezirksorganisationen, in denen jeweils Stadt-, Kreis-, Stadtbezirksorganisationen, Sportgemeinschaften und die Bezirksfachausschüsse der Sportverbände erfaßt waren. Die →Armeesportvereinigung ›Vorwärts‹ der NVA (gegr. 1.10.1956) und die →Sportvereinigung ›Dynamo‹ des →MdI bzw. des →MfS (gegr. 27.3.1953) gehörten ebenfalls dem Sportbund an und hatten den Status von Bezirksorganisationen. Bezirksdelegiertenkonferenzen wählten deren Exekutivorgane und die jeweiligen Delegierten zum ›Turn- und Sporttag der DDR‹ (zunächst: ›Deutscher Turn- und Sporttag‹). Das höchste Organ des D. wurde alle 4–6 Jahre einberufen und wählte den Bundesvorstand, der wiederum das Präsidium, den Präsidenten und die Vizepräsidenten wählte und zur Erledigung laufender Arbeiten ein Sekretariat einrichtete, das seinen ständigen Sitz in Berlin/DDR hatte.

Funktionen und Wirkungen: Coubertins Forderung nach einem »Sport für alle« deckte sich mit staatspolitischem Interesse, weshalb beträchtliche Mittel aufgewendet wurden, um die DDR-Bevölkerung auch sport-

lich zu organisieren. Die Interessierten nahmen das gerne an. Schon 1949 waren in der vom ›Deutschen Sportausschuß‹ geleiteten »Demokratischen Sportbewegung« rd. 500000 Mitglieder organisiert; 1971 gehörten dem D. 2,2 Mio., 1989 rd. 3,7 Mio. Mitglieder an. Diese konnten für Monatsbeiträge zwischen 0,20 Mark (Kinder) und 1,30 Mark (Erwachsene) in 10674 Sportgemeinschaften Sport treiben. Die gleichen Beiträge erhoben der DAV mit 6534 Betriebs- und Ortsgruppen und der ADMV mit 661 Motorsportclubs. Für einen regelmäßigen, auch leistungsbezogenen Sportbetrieb standen dem D. 1989 – laut DDR-Statistik – 264689 Übungsleiter sowie 159066 Kampf- und Schiedsrichter zur Verfügung.
Vor allem Kinder und Jugendliche wurden dazu angehalten, Sport zu treiben, und die dafür in der Breite gebotenen Bedingungen waren vielfach recht gut; ausgenommen waren allerdings solche Sportarten wie Pferdesport, Tennis, Fechten u. ä., denen man mit ideologischen Vorbehalten begegnete. Außerdem wog man stets Kosten und Nutzen gegeneinander ab und argumentierte dann gern damit, daß etwa für ein sportlich vielversprechendes Reitpferd soviel aufzuwenden sei, wie der Neubau einer Turnhalle koste. 1988 betätigten sich etwa 80 Prozent der Schüler in den vom →Ministerium für Volksbildung betreuten Schulsportgemeinschaften, und viele davon waren zudem Mitglied im D. Doch auch wenn sie das nicht waren, konnten sie sich an den vom D. bzw. von den jeweiligen Sportverbänden veranstalteten Wettkämpfen beteiligen: Ein Mitglied einer Schulsportgemeinschaft, die es i. d. R. an allen POS und EOS gab, war in allen Sportarten startberechtigt.
Im Zusammenhang mit der Entsendung der ersten selbständigen DDR-Olympiamannschaft nach Mexiko 1968 und mit der Vorbereitung auf die Olympischen Sommerspiele in München 1972 setzte die SED-Spitze ihre »Diplomaten im Trainingsanzug« dafür ein, die Überlegenheit des DDR-Sports und damit des DDR-Sozialismus in der Welt zu demonstrieren. Der Spitzensport gehörte zu den Bereichen, die mit außergewöhnlich großem ökonomischem, wissenschaftlich-technischem und personellem Aufwand gefördert wurden. Allerdings kam dieses staatliche Interesse nur solchen Sportarten zugute, von denen sich etwas erwarten ließ. So bedeuteten gerade die Olympischen Sommerspiele in Mexiko, die der DDR-Mannschaft 9 Gold-, 9 Silber- und 7 Bronzemedaillen einbrachten, für Sportarten wie Reiten, Wasserball, Hockey und Modernen Fünfkampf den Entzug des »Leistungsauftrags«. Da sie die Erwartungen nicht erfüllt hatten, die aufgrund der stets Aufwand und Nutzen in Relation setzenden Effektivitätsüberlegungen der Sportführung in sie gesetzt worden waren, wurde ihnen – wie später auch Basketball, Tischtennis und anderen Sportarten – die staatliche Förderung weitgehend gestrichen.

Im Breitensport organisierte der D. gemeinsam mit dem ›Staatssekretariat für Körperkultur und Sport‹, der →FDJ und dem →FDGB die alljährliche Kampagne zum Erwerb des DDR-Sportabzeichens unter der Losung »Bereit zur Arbeit und zur Verteidigung der DDR«. Noch 1988 beteiligte sich nahezu jeder vierte DDR-Bürger an den Wettkämpfen zum Erwerb dieses in den Stufen Gold, Silber oder Bronze verliehenen Abzeichens. Die Sportabzeichenprüfungen, die oft im Rahmen von Betriebssportfesten stattfanden, demonstrierten allerdings relativ selten entschlossene Verteidigungsbereitschaft, häufig gerieten sie zu einer Massengaudi. In diesem Zusammenhang ist jedoch auch auf Bemühungen im Versehrten- und Alterssport hinzuweisen, wo es vordringlich um sportliche Hilfestellung ging, da militante Losungen oder Selbstverpflichtungen praktisch keine Rolle spielten.
Breiten- oder Massensport diente aber auch der Suche nach jungen Talenten und der leistungsorientierten Auslese. Dazu veranstaltete der D. nicht nur überregionale Turn- und Sportfeste, sondern – im Abstand von zwei Jahren – auch die →›Kinder- und Jugendspartakiaden‹. Wer sich dabei auszeichnete und somit vermuten ließ, daß er/sie noch über unerschlossene Leistungsreserven verfügen könnte, der durfte mit gezielter Förderung rechnen. Sie wurde im Auftrag und unter Kontrolle des D. durch leistungsfördernde Einrichtungen wie Trainingszentren oder die →›Kinder- und Jugendsportschulen‹ vermittelt. An der leistungsorientierten Sportförderung waren auf Bezirks- und Kreisebene die Fachausschüsse der einzelnen Sportverbände der DDR beteiligt; außerdem bestanden die →›Sportclubs‹, die als Zentren des Leistungssports mit überregionaler Zuständigkeit fungierten. Dort wurden Topatlethen, talentierte Nachwuchssportler und »vielversprechende« Kinder betreut. Zu den international angesehenen Ausbildungsstätten für Sportler und Sportlehrer, Funktionäre und Führungskader gehörte neben der →›Deutschen Hochschule für Körperkultur‹ (DHfK) in Leipzig auch die zentrale Ausbildungsstätte des D., die Zentralschule ›Artur Becker‹ in Bad Blankenburg.
Der D., der den Sport der DDR auch auf internationaler Ebene zu vertreten hatte, unterhielt zahlreiche Kontakte zu den Sportorganisationen »junger Nationalstaaten« der Dritten Welt. Diese entsandten viele ihrer Nachwuchskräfte in die DDR, um sie an den Schulen und Leistungszentren des D. ausbilden zu lassen. Für seine vielfältigen Leistungen wurden dem Sportbund hohe Auszeichnungen verliehen: Im Oktober 1963 erhielt er vom Staatsratsvorsitzenden Walter Ulbricht den ›Vaterländischen Verdienstorden‹ in Gold; im September 1978 überreichte in derselben Funktion Erich Honecker den ›Karl-Marx-Orden‹.

Die im Leistungssport erzielten internationalen Erfolge mehrten das Ansehen der DDR und des D., sie machten aber vielen DDR-Bürgern auch die Unterschiede bewußt, die zwischen leistungsorientierter Sportförderung und einer den Bedürfnissen des Breitensports angemessenen Grundversorgung bestanden. Wo »Otto-Normal-Sportler« seine sportlichen Möglichkeiten mit denen von Spitzensportlern verglich, wurde er immer unzufriedener mit den Bedingungen, die doch der Staat – nach verbreitetem Verständnis – auch für den Breiten- und Freizeitsport zu garantieren hatte. Es gelang jedoch der DDR-Führung immer wieder, mittels ausufernder Medienpropanda für die in internationalen Wettkämpfen errungenen DDR-Siege sportpatriotische Begeisterung zu wecken und dadurch eine latent vorhandene Unzufriedenheit in Grenzen zu halten.

Auflösung/Ende: Ein am 8.11.1989 veröffentlichtes »Positionspapier« des D. stellte einen späten Beschwichtigungsversuch dar, der in der Öffentlichkeit auf heftige Gegenreaktionen stieß. Als sich daraufhin die Einsicht verbreitete, daß wohl nichts mehr zu retten sei, traten am 12.12.1989 Präsidum und Sekretariat des Bundesvorstands zurück. Nun wurde ein Arbeitsausschuß gebildet aus 15 Personen, die bisher schon dem BuV angehört hatten, sowie zusätzlich 25 Personen, die von den neu entstandenen gesellschaftlichen Bewegungen und Parteien nominiert wurden. Dieser richtete ein Arbeitssekretariat mit Hans-Georg Hermann und Jochen Grünwald als Vorsitzenden ein.
Während der Vorbereitungen für einen ao. ›Turn- und Sporttag‹ wurden am 27.1.1990 auf der 17. Tagung des BuV die ehemals führenden Sportfunktionäre Manfred Ewald, Klaus Eichler, Günter Erbach, Rudi Hellmann und Volker Ränke aus dem BuV ausgeschlossen; Siegfried Geilsdorf, Thomas Köhler, Bernhard Orzechowski, Horst Röder, Michael Krohn, Karl Peters und Heinz Pommer wurden von ihren Vorstandsfunktionen entbunden. Am 4.3.1990 fand dann der ao. Sporttag statt, auf dem Martin Kilian, Präsident des ›Bob- und Schlittensportverbandes der DDR‹, zum neuen Präsidenten des D. gewählt wurde.
Seit dem Sommer 1990 konstituierten sich Landessportbünde, denen der BuV des D. am 22.9.1990 empfahl, die Aufnahme in den bundesrepublikanischen ›Deutschen Sportbund‹ (DSB) zu beantragen; gleichzeitig beschloß er die Auflösung des D. zum 5.12.1990. An jenem Tage trat im Gebäude des ›Berliner Rundfunks‹ der BuV in Anwesenheit von DSB-Präsident Hans Hansen zu seiner letzten Sitzung zusammen und bestätigte mit 127 Stimmen, bei vier Gegenstimmen und drei Enthaltungen den Auflösungsbeschluß. Unter Leitung von Martin Kilian wurden 5 Liquidatoren bestellt, die bis zum Jahresende alle Finanzgeschäfte abwik-

keln sollten. Zu diesem Zeitpunkt hatte der D. noch 2,6 Mio. Mitglieder, die in 16830 Grundorganisationen erfaßt waren.
Die ostdeutschen Landessportbünde traten am 15.12.1990 in Hannover dem DSB bei. Die Vereinigung der olympischen Fachverbände hatte schon vorher Anschluß gesucht; den Anfang machten am 1.9.1990 die Modernen Fünfkämpfer, als letzte schlossen sich am 20.4.1991 die Kanusportler zusammen. Zwei Verbände, die auch in der DDR eine gewisse Sonderrolle spielten, haben sich bis heute noch nicht mit entsprechenden Sportorganisationen in der alten Bundesrepublik vereinigt: der ›Allgemeine Deutsche Motorsport-Verband‹ (ADMV) und der ›Deutsche Anglerverband‹ (DAV).

Turn- und Sporttage (alle in Berlin/DDR): I. T. am 28.4.1957; II. T. vom 26.–27.5.1961; III. T. im Juni 1966; IV. T. vom 30.–31.5.1970; V. T. vom 24.–26.5.1974; VI. T. vom 26.–28.5.1978; VII. T. vom 18.–20.5.1984; ao. T. vom 3.–4.3.1990
Turn- und Sportfeste (alle in Leipzig): I. T. vom 19.– 22.8.1954; II. T. vom 2.–5.8.1956; III. T. vom 13.– 16.8.1959; IV. T. vom 1.– 4.8.1963; V. T. vom 24.–27.7.1969; VI. T. vom 25.– 31.7.1977; VII. T. vom 25.– 31.7.1983; VIII. T. vom 27.7.–2.8.1987
Präsidenten: Rudi Reichert (1957–1961); Manfred Ewald (1961–1988); Klaus Eichler (1988–1989); Martin Kilian (1990)
1. Vizepräsidenten/Generalsekretäre: Horst Röder (1988–1989); Jochen Grünwald (1990)
Vizepräsidenten: Paul Becker (1957–1961); Rolf Beilschmidt (1990); Werner Berg (1970–1989); Edelfried Buggel (1966–1974); Klaus Eichler (1984–1988); Uda Ernst (1990); Manfred Ewald (1960/61); Siegfried Geilsdorf (1975–1989); Jochen Grünwald (1988–1989); Margitta Gummel (1990); Alfred Heil (1966–1973); Günther Heinze (1957–1989); Thomas Köhler (1980–1989); Hanns Mikinn (1957–1959); Bernhard Orzechowski (1966–1989); Volker Ränke (1987–1989); Rudi Reichert (1961–1967); Johannes Resch (1974–1985); Erich Riedeberger (1957–1969); Horst Röder (1974–1989); Franz Rydz (1966–1989); Volker Voigt (1989); Roland Weißig (1957–1961 u. 1966–1968); Karl Zimmermann (1983–1987)
Vorsitzende der ZRK: Paul Becker (1961–1973); Herbert Vollstädt (1973–1987); Werner Berg (1987–1989)
Präsidenten der 1990 entstandenen Landessportbünde: Brandenburg: Gerhard Junghänel; • Mecklenburg-Vorpommern: Wolfgang Remer; • Sachsen: Andreas Deckert; • Sachsen-Anhalt: Klaus-Dieter Malzahn; • Thüringen: Manfred Thieß
Auszeichnungen: ›Ernst-Grube-Medaille‹, ›Friedrich-Ludwig-Jahn-Medaille‹; für das ›Ehrenzeichen für Körperkultur und Sport‹ war der DTSB vorschlagsberechtigt; Sportler die gemäß der allgemeingültigen Sportklassifizierung die Leistungsklasse I (Erfolge im DDR-Leistungsvergleich, Nachweis der Normerfüllung entsprechend festgesetzter Punktzahl, Sportabzeichen in Gold) erreichten, wurden als ›Meister des Sports‹ ausgezeichnet; solche die darüber hinaus international erfolgreich waren, erhielten den Ehrentitel ›Verdienter Meister des Sports‹. Vielen Sport-

lern und Sportfunktionären wurden zudem hohe staatliche Auszeichnungen verliehen.

Sportverbände im DTSB (mit dem jeweiligen Beitrittstermin zu einem Sportverband im DSB):

→›**Allgemeiner Deutscher Motorsport-Verband der DDR**‹ (ADMV) mit seinen Motorsportclubs, gegr. am 2.6.1957 in Berlin, war dem DTSB nur korporativ angeschlossen und blieb selbständig; Mitgliederzahl (1984): 76859. Innerhalb des ADMV wurde 1990 der ›Deutsche Wasserski-Verband‹ gegründet; Präsident: Hans Otte (1990)

›**Deutscher Angler-Verband der DDR**‹ (DAV)); gegr. am 13.5.1958 in Berlin, war dem DTSB nur korporativ angeschlossen und blieb selbständig; Mitgliederzahl (1984): 493241; Präsidenten: W. Wermuth (1958–1959); Helmut Stein (1959–1984); Horst Herold (1984–1990); Bernd Mikulin (seit 1990). Publikationen: ›Deutscher Angelsport‹, Organ des DAV; Verband besteht weiterhin.

›**Deutscher Basketball-Verband der DDR**‹ (DBV), gegr. am 20.5.1958 in Leipzig; Mitgliederzahl (1984): 12918; Präsidenten: Hans-Joachim Otto (1958–1972); Gert Hofmann (1978–1990); Volkhard Uhlig (1990); Beitrittstermin: 4.11.1990 in Hannover

›**Deutscher Billard-Sportverband der DDR**‹ (DBSV), gegr. am 13.4.1958 in Leipzig; Mitgliederzahl (1984): 9405; Präsidenten: Ernst Ströhla (1958–1961); Hans Exner (1961–1978); Dieter Henschel (1978–1984); Rolf Weiß (1984–1990); Beitrittstermin: 8.12.1990

›**Deutscher Bogenschützen-Verband der DDR**‹ (DBSV), gegr. am 23.10.1959 in Zittau; Mitgliederzahl (1984): 4483; Präsidenten: Karl-Heinz Lehmann (1959–1970); Roland Nestler (1970–1984); Klaus Schreer (1984–1990); Günther Kohl (1990). Ein Beitritt zum BRD-Schützenbund war nicht erwünscht, der DBSV wollte vielmehr versuchen, seine Eigenständigkeit zu erhalten.

›**Deutscher Box-Verband der DDR**‹ (DBV), gegr. am 4.5.1958 in Berlin/DDR; Mitgliederzahl (1984): 23709; Präsidenten: Bernd Musiolek (1958–1969); Oswald Bärwinkel (1969–1970); Willy Langheinrich (1970–1974); Karl-Heinz Schwidtmann (1974–1990); Manfred Bergs (1990); Publikationen: ›Boxring‹, Organ des DBV, Auflage: 4400; Beitrittstermin: 8.12.1990 in Bochum

›**Deutscher Eislauf-Verband der DDR**‹ (DELV), gegr. am 31.8.1958 in Berlin/DDR; Mitgliederzahl (1984): 8536; Präsidenten: Heinz Dragunsky (1958–1982); Heinz Beier (1983–1990); Generalsekretäre: Hans-Joachim Grünwald, Horst Briesemeister. Innerhalb des Verbandes wurden im Frühjahr 1990 gegründet: ›Deutscher Eishockey-Verband der DDR‹; Präsident: Peter Kolbe (1990). Die beiden Eishockey-Clubs ›Dynamo Berlin‹ und ›Dynamo Weißwasser‹ wurden in die 1. Eishockey-Bundesliga aufgenommen. • ›Deutscher Eisstock-Verband der DDR‹; Präsident: Heinz Illing (1990); Beitrittstermin: 1.12.1990 • ›Deutscher Eiskunstläufer-Verband der DDR‹; Präsident: Reinhard Mirmseker (1990); • ›Deutscher Eisschnellläufer-Verband der DDR‹; Präsident: Hans Scheunemann

›**Deutscher Faustball-Verband der DDR**‹ (DFV), gegr. am 27.4.1958 in Leipzig; Mitgliederzahl (1984): 9588; Präsidenten: Edgar Wünsche (1958–1978); Heinz Frankiewicz (1978–1990); Beitritt zum ›Deutschen Turnerbund‹ (DTB) während des ›Deutschen Turntages‹ vom 8.–9.10.1990 in Hannover vollzogen; da es in der BRD keinen Fachverband für Faustball gibt, besteht der DFV nunmehr als Sektion des DTB fort.

›Deutscher Fecht-Verband der DDR‹ (DFV), gegr. am 20.7.1958 in Leipzig; Mitgliederzahl (1984): 7789; Präsidenten: A. Röll (1958–1961); Rudolf Hansen (1961–1984); Rolf Borrmann (1984–1990); Beitrittstermin: 8.12.1990 in Bonn

›Deutscher Federball-Verband‹ (DFV), gegr. am 11.1.1958 in Berlin/DDR; Mitgliederzahl (1984): 23173; Präsidenten: Günther Röblitz (1958–1961); Werner Seufzer (1961–1990); 1990 erfolgte die Umbenennung in ›Deutscher Badminton-Sportverband der DDR‹ (DBSV); Präsident: Gerd Pigola (1990); Beitrittstermin: 13./14.10.1990 in Düsseldorf

›Deutscher Fußball-Verband der DDR‹ (DFV), hervorgegangen aus der seit dem 10.1.1952 bestehenden Sektion Fußball des ›Deutschen Sportausschusses‹, gegr. am 17.5.1958 in Berlin/DDR; Mitgliederzahl (1984): 548486; Präsidenten: Fritz Gödicke (1952–1953); Heinz Schöbel (1953–1958); Kurt Stoph (1958–1961); Helmut Riedel (1961–1976); Günter Schneider (1976–1983); Günter Erbach (1983–1990); Hans-Georg Moldenhauer (1990); Generalsekretäre: Erich Jahnsmüller (1952–1957); Josef Kamm (1957–1961); Kurt Michalski (1961–1968); Günter Schneider (1968–1973); Werner Lempert (1974–1983); Karl Zimmermann (1983–1987); Wolfgang Spitzner (1988–1990); Klaus Petersdorf (1990); Publikationen: ›Die neue Fußball-Woche‹, erschien erstmals im August 1949; Beitrittstermin: 21.11.1990 in Leipzig

›Deutscher Gehörlosen-Sportverband‹ (DGSV), gegr. 3.2.1990; Präsident: Heinz Meurer (1990); Beitritt der inzwischen gebildeten 5 neuen Landesverbände am 17.11.1990 in Braunschweig

›Deutscher Gewichtheber-Verband der DDR‹ (DGV), gegr. am 26.4.1958 in Leipzig; Mitgliederzahl (1984): 16785; Präsidenten: Hermann Tempel (1958–1962); Gerhard Carl (1962–1974); Siegfried Geilsdorf (1974–1978); Edgar Weidner (1978–1989); Siegfried Schmücking (1990); Beitrittstermin: 30.9.1990 in Leimen

›Deutscher Handball-Verband der DDR‹ (DHV), gegr. am 21.6.1958 in Halle; Mitgliederzahl (1984): 152637; Präsidenten: Hermann Milius (1958–1970); Roland Weißig (1970–1984); Hans-Georg Herrmann (1984–1990); Publikationen: ›Handball‹, amtl. Mitteilungsblatt des DHV, Auflage: 8000; Beitrittstermin: 1.1.1991

›Deutscher Hockey-Sportverband der DDR‹ (DHSV), gegr. am 19.4.1958 in Halle; Mitgliederzahl (1984): 6052; Präsidenten: Fritz Staake (1958–1966); Wilhelm Henkel (1966–1990); Günther Conradi (1990); Beitrittstermin: 3.11.1990 in Hürth bei Köln

›Verband für Hoch- und Fachschulsport‹ (VHFS), gegr. 1990; Präsident Hans-Joachim Bartmus (1990)

›Deutscher Judo-Verband der DDR‹ (DJV), gegr. am 19.4.1958 in Leipzig; Mitgliederzahl (1984): 51644; Präsidenten: Lothar Skorning (1958–1961); Horst Wolf (1961–1974); Gerhard Grafe (1974–1990); Erhard Buchholz (1990); Beitrittstermin: 2.2.1991 in Passau

›Deutscher Kanu-Sport-Verband der DDR‹ (DKSV), gegr. am 19.4.1958 in Berlin/DDR; Mitgliederzahl (1984): 26233; Präsidenten: Walter Heinicke (1958–1961);

Hannes Degebrodt (1961–1970); Joachim Weiskopf (1970–1990); Helmut Zänsler (1990); Beitrittstermin: 21.4.1991 in Norden

›**Deutscher Kegler-Verband der DDR**‹ (DKV), gegr. am 30.3.1958 in Leipzig; Mitgliederzahl (1984): 188588; Präsidenten: Herbert Mähnert (1958–1976); Hermann Spengler (1976–1983); Werner Forselen (1983–1990); Gerhard Rostalski (1990); Beitrittstermin: 8.12.1990 in Dresden

›**Deutscher Kraftsport- und Bodybuilding-Verband**‹ (DKBV), gegr. 1990; Präsident: Karsten Bär (1990)

›**Deutscher Verband für Leichtathletik der DDR**‹ (DVfL), gegr. am 17.5.1958 in Leipzig; Mitgliederzahl (1984): 174043; Präsidenten: Erhard Schoeber (1958–1959); Georg Wieczisk (1959–1990); Gerd Schröter (1990); Publikationen: ›Der Leichtathlet‹, Verbandsorgan des DVfL der DDR; Beitrittstermin: 24.11.1990 in Magdeburg und Salzgitter

›**Läuferbund im DVfL der DDR**‹, wurde im Frühjahr 1990 innerhalb des DVfL gegründet; Vorsitzender: Waldemar Cierpinski (1990)

›**Musik- und Spielleiterverband des DTSB der DDR**‹ (MSV), gegr. 1990; Präsident: Peter Ahlborn; Beitritt zum ›Deutschen Turnerbund‹ (DTB) während des ›Deutschen Turntages‹ vom 8.–9.10.1990 in Hannover vollzogen

›**Deutscher Orientierungsläufer-Verband**‹ (DOV), gegr. 1990; Präsident: Rolf Heinemann; Beitritt zum ›Deutschen Turnerbund‹ (DTB) während des ›Deutschen Turntages‹ vom 8.–9.10.1990 in Hannover vollzogen

›**Deutscher Pferdesport-Verband der DDR**‹ (DPV), gegr. am 27.4.1961 in Halle; der zunächst von der GST betriebene Pferdesport wurde bei Verbandsgründung in den DTSB eingeliedert; der DPV wurde am 9.12.1965 als letzter Fachverband der DDR in den zuständigen internationalen Sportverband aufgenommen; Mitgliederzahl (1984): 46904; Präsidenten: Arno von Lenski (1961–1970); Dietrich Flade (1970–1990); Rudolf Fuchs (1990); Beitrittstermin: 5.12.1990

›**Deutscher Radsport-Verband der DDR**‹ (DRSV), gegr. am 18.5.1958 in Leipzig; Mitgliederzahl (1984): 26434; Präsidenten: Werner Scharch (1958–1960); Heinz Przybyl (1960–1970); Gerhard Voß (1970–1986); Wolfgang Schoppe (1990); Publikationen: ›Der Radsportler‹, Organ des DRSV, Auflage: 7200; Beitrittstermin: 1.1.1991

›**Deutscher Ringer-Verband der DDR**‹ (DRV), gegr. am 26.4.1958 in Leipzig; Mitgliederzahl (1984): 23660; Präsidenten: Horst Kogel (1958–1975); Horst Künnemann (1976–1982); Alfred Borde (1982–1990); Heinz Weinhold (1990); Beitrittstermin: 8.12.1990 in Regensburg

›**Deutscher Rollsport-Verband der DDR**‹ (DRV), gegr. am 12.10.1958 in Weißenfels; Mitgliederzahl (1984): 4429; Präsidenten: Willi Hennicke (1958–1978); Horst Leonhardt (1978–1990); Beitrittstermin für die 5 neu gebildeten Landesverbände: März 1991

›**Deutscher Ruder-Sport-Verband der DDR**‹ (DRSV), gegr. am 12.4.1958 in Berlin/DDR; Mitgliederzahl (1984): 14221; Präsidenten: Heinz Dose (1958–1960); Karl Nagel (1960–1964); Alfred Bruno Neumann (1964–1974); Wilfried Hofmann (1974–1990); Alfred Bruno Neumann (1990); Publikationen: ›Rudersport‹, Organ des DRSV; Beitrittstermin: 8.12.1990 in Kienbaum, Bezirk Frankfurt (Oder).

›**Deutscher Rugby-Sportverband der DDR**‹ (DRSV), gegr. am 20.4.1958 in Berlin/DDR; Mitgliederzahl (1984): 1080; Präsidenten: Heinz Hofmann (1958–1961); Walter Herz (1961–1966); Gerhard Glienke (1966–1978); Gert Scharn (1978–1990); Dieter Schmidt (1990); Beitrittstermin: 7.12.1990

›**Deutscher Schachverband der DDR**‹ (DSV), gegr. am 27.4.1958 in Leipzig; Mitgliederzahl (1984): 40949; Präsidenten: Arno Becher (1958–1966); Armin Heintze (1966–1978); Werner Barthel (1978–1990); Michael Schmidt (1990); Publikationen: ›Schach‹; Organ des DSV; Beitrittstermin: 29.9.1990 in Hannover

›**Deutscher Schlitten- und Bobsportverband der DDR**‹ (DSBV), gegr. am 28.9.1958 in Ilsenburg; Mitgliederzahl (1984): 3262; Präsidenten: Erhardt Feuereiß (1958–1966); Johannes Friedrich (1966–1978); Martin Kilian (1978–1990); Karl-Heinz Anschütz (1990); Beitrittstermin: 29.9.1990 in Berchtesgaden

›**Deutscher Schwimmsport-Verband der DDR**‹ (DSSV), gegr. am 4.5.1958 in Zeitz; Mitgliederzahl (1984): 82035; Präsidenten: Heinz Deinninger (1958–1966); Georg Zorowka (1966–1990); Wilfried Windolf (1990); Publikationen: ›Schwimmsport‹, Organ des DSSV; Beitrittstermin: 19.10.1990 in Hannover

›**Bund Deutscher Segler der DDR**‹ (BDS), gegr. am 20.4.1958 in Berlin/DDR; Mitgliederzahl (1984): 27514; Präsidenten: Günter Kley (1958–1961); Herbert Fechner (1961–1990); Walter Kaczmarek (1990); Publikationen: ›Segelsport‹, Organ des BDS, Auflage: 10000; Beitrittstermin: 12.1.1991

›**Deutscher Skiläufer-Verband der DDR**‹ (DSLV), gegr. am 12.10.1958 in Leipzig; Mitgliederzahl (1984): 41167; Präsidenten: Adolf Gsell (1958–1970); Gerhard Hochmuth (1970–1974); Lothar Köhler (1978–1990); Ulrich Wehling (1990); Publikationen: ›Skisport‹, Mitteilungsblatt des DSLV; Beitrittstermin: 20.10.1990

›**Deutscher Sportverband Moderner Fünfkampf**‹ (DSMF), gegr. im Sommer 1959 in Leipzig; der DSMF bestand zunächst bis 1961 innerhalb der GST und kam dann erst zum DTSB; 1969 wurde er durch Beschluß des Präsidiums des BuV aufgelöst; Präsidenten: Fred Müller (1959–1967); Kurt Wagner (1967–1969)

›**Deutscher Tennis-Verband der DDR**‹ (DTV), gegr. am 26.4.1958 in Halle; Mitgliederzahl (1984): 40840; Präsidenten: Alfred Heil (1958–1960); Heinz Liebetanz (1960–1966); Werner Richter (1966–1974); Karl-Heinz Sturm (1974–1987); Gerhard Waldhausen (1988–1990); Publikationen: ›Tennis‹, Organ des DTV; Beitrittstermin: 9.2.1991 in Berlin

›**Deutscher Tischtennis-Verband der DDR**‹ (DTTV), gegr. am 4.4.1958 in Berlin/DDR; Mitgliederzahl (1984): 110990; Präsidenten: Günther Görlitz (1958–1970); Edgar Atzig (1970–1974); Werner Lüderitz (1974–1990); Publikationen: ›Tischtennis‹, Mitteilungsblatt des DTTV, Auflage: 3500; Auflösung des DTTV zum 2.12.1990 und Aufnahme der neu gebildeten Landesverbände am 19.10.1990 in Frankfurt a. M.

›**Deutscher Triathlon-Verband**‹; gegr. 1990; Präsident: Peter Schlotte (1990); Beitrittstermin: 28.10.1990

›**Deutscher Turn-Verband der DDR**‹ (DTV), gegr. am 3.5.1958 in Berlin/DDR; Mitgliederzahl (1984): 367165; Präsidenten: Erich Riedeberger (1958–1969); Günter Borrmann (1970–1990); Publikationen: ›Turnen‹, Organ des DTV; Beitritt am 8./9.10.1990 in Hannover

›Deutscher Verband für Versehrtensport der DDR‹ (DVfV), gegr. am 4/5.7.1959 in Halle; Mitgliederzahl (1984): 11199; Präsidenten: Willi Linnecke (1959–1975); Hans-Wolfgang Presber (1975–1987); Dieter Kabisch (1987–1990); Detlef Eckert (1990); Auflösung zum 31.12.1990 (Beschluß vom 1.12.1990); Beitritt der fünf inzwischen gegründeten Landessportverbände im März 1991

›Deutscher Sportverband Volleyball der DDR‹ (DSVB), gegr. am 20.4.1958 in Leipzig; Mitgliederzahl (1984): 112694; Präsidenten: Werner Sellin (1958–1963); Günter Trötschel (1963–1990); Klaus Helbig (1990); Beitrittstermin: 8.12.1990

›Deutscher Verband für Wandern, Bergsteigen und Orientierungslauf der DDR‹ (DWBO), gegr. am 15.6.1958 in Dresden; Mitgliederzahl (1984): 67238; Präsidenten: Heinz Schlosser (1958–1963); Hannes Hänsel (1963–1966); Erich Glaser (1966–1970); Percy Stulz (1970–1974); Rudolf Schille (1974–1983); Erich Krauß (1984–1990); Werner Harder (1990); der DWBO wurde aufgelöst; den Mitgliedern wurde empfohlen, dem ›Deutschen Turnerbund‹ oder dem ›Deutschen Gebirgs- und Wanderverein‹ beizutreten.

Deutscher Veranstaltungsdienst

→ Konzert- und Gastspieldirektion, → Staatliche Kommission für Kunstangelegenheiten

Deutscher Volkskongreß, 1947–1949

Plebiszitäres Organ einer von der SED konzipierten Massenbewegung »für Einheit und gerechten Frieden«

Geschichte und Organisation: Nachdem es 1947 eine Reihe von Vorschlägen und Initiativen zur Bewahrung der Einheit Deutschlands gegeben hatte, beschloß der SED-Parteivorstand am 26.11.1947 einen »Aufruf zu einem deutschen Volkskongreß für Einheit und gerechten Frieden«. Parteien, Massenorganisationen, kulturelle Vereinigungen, Betriebsbelegschaften und Einzelpersonen in allen Teilen Deutschlands wurden aufgefordert, Delegierte zu einem Kongreß nach Berlin zu entsenden, um den Willen zur Einheit zu demonstrieren. Dieser Kongreß – mit 1551 Teilnehmern aus der SBZ und 664 aus den Westzonen – trat Anfang Dezember in Berlin zusammen, wählte einen ›Ständigen Ausschuß‹ und verabschiedete eine Resolution zur Wiederherstellung der deutschen Einheit, die von einer Delegation der in London tagenden Außenministerkonferenz überbracht werden sollte. Obwohl der sowjetische Außenminister Molotow dieses Vorhaben unterstützte, scheiterte es schon an nicht erteilten Einreisegenehmigungen.

Im März 1948 versammelte sich ein ›2. Deutscher Volkskongreß‹ wieder in Berlin; dessen Delegierte aus der SBZ waren diesmal auf Landes- und Kreisvolkskongressen bestimmt worden; die westdeutschen Teilnehmer waren nicht einmal dadurch legitimiert. Dennoch wurde die Ausarbei-

tung einer Verfassung für ganz Deutschland gefordert sowie die Bildung eines ›Deutschen Volksrats‹ und ein – auf die Weimarer Verfassung gestütztes – ›Volksbegehren für die Einheit Deutschlands‹ beschlossen. Als im Mai 1949 der ›3. Deutsche Volkskongreß‹ zusammentrat, lag ein Verfassungsentwurf schon vor. Diesmal waren die 1441 Kongreßteilnehmer aus der SBZ nach Einheitslisten gewählt worden, zu ihnen stießen rd. 600 Abgesandte aus den Westzonen (→ Blockpolitik). Zusammen wählten sie einen ›Deutschen Volksrat‹; dieser hatte nun 330 ausschließlich in der SBZ wohnhafte Mitglieder, von denen 120 den Blockparteien, 90 der SED und 80 den SED-nahen Massenorganisationen angehörten.
Die legitimatorischen Bemühungen machten Sinn: Am 30. 5. 1949 – eine Woche nach Verkündung des Grundgesetzes der Bundesrepublik Deutschland – bestätigte der Volksrat den »Entwurf einer Verfassung für die Deutsche Demokratische Republik«. Nachdem am 15. September in Bonn der erste Bundeskanzler gewählt worden war, sah die SED eine »Gefahr der nationalen Vernichtung« heraufziehen und appellierte an alle Deutschen, sich dieser in einer ›Nationalen Front des demokratischen Deutschland‹ entgegenzustellen. Der ›Deutsche Volksrat‹ trat am 7. 10. 1949 in Berlin zusammen, erklärte sich zur Provisorischen Volkskammer und setzte die Verfassung der Deutschen Demokratischen Republik in Kraft. Die Volkskongreßbewegung ging danach in der Anfang 1950 fest etablierten → ›Nationalen Front‹ auf.

Funktionen und Wirkungen: Die Volkskongreßbewegung diente der SED als deutschlandpolitisches Forum und hatte insofern weitgehend deklamatorischen Charakter. Sie sollte aber auch dazu dienen, bürgerliche Kreise für eine außerparlamentarisch-plebiszitäre »Volksvertretung« zu gewinnen, um durch diese Einfluß auf das Parteiensystem nehmen zu können. Hier verfolgte die SED eine Politik der indirekten Mehrheitssicherung, indem sie ihren relativ geringen Stimmenanteil durch die Stimmpotentiale der Delegationen aus den Betrieben und von den Massenorganisationen zu vergrößern und als Mehrheit zu stabilisieren suchte. Erst als deutlich wurde, daß der Kongreß als deutschlandpolitisches Forum bedeutungslos bleiben würde, bemühte sich die SED, die Delegierten demokratisch stärker zu legitimieren, so daß ihr schließlich ein Gremium zur Verfügung stand, das als verfassunggebende Versammlung den Gründungsakt der ›Deutschen Demokratischen Republik‹ mit einiger Glaubwürdigkeit vollziehen konnte.
Schon während der Vorbereitungen zum ›1. Deutschen Volkskongreß‹ regten sich Kritik und Widerstände gegen die SED-Initiative. Insbesondere die CDU wollte sich ihre im parlamentarischen Raum erstrittenen

Einflußmöglichkeiten nicht beschneiden lassen. Erst eine »Disziplinarmaßnahme« der →SMAD, die kurzerhand die zur Mitarbeit in der Volkskongreßbewegung nicht bereiten CDU-Vorsitzenden Kaiser und Lemmer absetzte, brachte die Blockpartei wieder auf Kurs. Solche Eingriffe in das durch Wahlen legitimierte Parteiensystem wie die aus anderen Gründen zu vermutende Instrumentalisierung der Massenbewegung veranlaßten die drei westlichen Besatzungsmächte, alle Aktivitäten der Volkskongreßbewegung – auch das im Mai/Juni 1948 veranstaltete Volksbegehren – in ihrem Machtbereich zu untersagen. Das hatte unausweichlich zur Folge, das alle Legitimationsbemühungen nur in der SBZ erfolgreich sein konnten.

Kongresse: 1. D. am 6. / 7. 12. 1947 in Berlin; 2. D. am 17. / 18. 3. 1948 in Berlin; Wahlen zum 3. D am 15. / 16. 5. 1949; 3. D. vom 29. / 30. 5. 1949 in Berlin

Deutscher Volksrat
→ Deutscher Volkskongreß, → Volkskammer der DDR

Deutsches Amt für Maß und Gewicht
→ Amt/Ämter

Deutsches Amt für Material- und Warenprüfung
→ Amt/Ämter, darin: Deutsches Amt für Maß und Gewicht, Amt für Standardisierung, Meßwesen und Warenprüfung

Deutsches Amt für Meßwesen
→ Amt/Ämter, darin: Deutsches Amt für Maß und Gewicht, Amt für Standardisierung, Meßwesen und Warenprüfung

Deutsches Amt für Meßwesen und Warenprüfung
→ Amt/Ämter, darin: Amt für Standardisierung, Meßwesen und Warenprüfung

Deutsches Hygiene-Museum, (1911–1990)
Zentrales Museum zum Gesundheits- und Sozialwesen

Geschichte und Organisation: Als die ›I. Internationale Hygiene-Ausstellung‹ in Dresden, die unter dem Protektorat des sächsischen Königs stand, Ende Oktober 1911 ihre Pforten schloß, ging ein volksaufklärerisches Unternehmen zu Ende, wie es zuvor noch keines gegeben hatte. Der weltweite Erfolg dieser Ausstellung, die bei 5,5 Mio. Besuchern einen Reingewinn von über 1 Mio. Reichsmark verbuchen konnte, bestärkte den

Industriellen Karl-August Lingner – Fabrikant des antiseptischen Mundwassers ›Odol‹ – in seinem langgehegten Wunsch, ein Hygiene-Museum zu gründen. Jedoch erst 1927/30 wurde der symmetrische Monumentalbau des D. am Dresdener Lingnerplatz nach einem Entwurf von W. Kreis errichtet und anläßlich der ›II. Internationalen Hygiene-Ausstellung‹ 1930 eingeweiht.
Das im Zweiten Weltkrieg zu 80 Prozent zerstörte D. wurde am 9. 3. 1946 wiedereröffnet und nach 1947 in mehreren Etappen wieder aufgebaut. Das Museum war seit dem 1. 9. 1945 eine nachgeordnete Einrichtung der ›Deutschen Zentralverwaltung für Gesundheitswesen‹ und wurde 1951 offiziell dem → Ministerium für Gesundheitswesen direkt unterstellt. Ihm angeschlossen waren ein ›Institut für Gesundheitserziehung‹ mit wissenschaftlicher Zielsetzung und ein ›Institut für biologisch-anatomische Unterrichtsmittel und Anschauungsmaterialien‹, dessen Aufgabe die Herstellung und der Absatz dieser Materialien war.

Funktionen und Wirkungen: Das D. war Bestandteil des »sozialistischen Gesundheitswesens« in der DDR und propagierte dessen Erfolge; vor allem befaßte es sich jedoch mit Gesundheitserziehung und -vorsorge. Seine wichtigsten Arbeitsbereiche waren: Ausstellungen im eigenen Haus sowie vielbeachtete Wanderaustellungen, die sowohl in der DDR wie im Ausland gezeigt wurden. Hinzu kamen Produktion und Vertrieb von biologisch-anatomischen Lehrmitteln und Modellen, die in über 60 Länder exportiert wurden; Forschung, Aus- und Weiterbildung im Bereich der Gesundheitserziehung; populärwissenschaftliche Arztvorträge sowie die Herausgabe von Kleinausstellungen, Lichtbildreihen, Lehrtafeln, Broschüren, Merkblättern, Kinderschriften und -kalendern.
Die Hausausstellungen belegten etwa 6000 qm Austellungsfläche und behandelten folgende Themen: Erfolge des Gesundheits- und Sozialwesens in der DDR; Fragen der Arbeitshygiene und des Arbeitsschutzes; Wasser- und Abwasserhygiene; Medizintechnik. Im Obergeschoß des Hauses wurden die Entwicklungsgeschichte des Menschen; Bau und Funktionen der einzelnen Körperorgane (mit zahlreichen Modellen und Apparaten); Ernährung; Gefahren des Genußmittelmißbrauchs; Sexualbiologie und Sexualerziehung präsentiert. Weltberühmte Exponate waren u. a. durchsichtige Schaumodelle einer ›gläsernen Frau‹, eines ›gläsernen Pferdes‹ und einer ›gläsernen Kuh‹. Zum D. gehört auch ein zwischen 1952 und 1961 angelegter Heilpflanzen- und Küchengewürzgarten sowie eine etwa 50000 Bände umfassende Fachbibliothek.

Umwandlung: Seit 1991 ist das D. dem Land Sachsen unterstellt, das etwa 2 Drittel des Etats von 5,2 Mio. DM trägt, für den Rest kommt der Bund auf. Das Fachmuseum soll seine internationale Sonderstellung auch weiterhin behalten, doch wurde es inzwischen umstrukturiert. Man verkaufte die gewinnbringende Lehrmittelproduktion an ein Hamburger Unternehmen, das von den zuletzt dort tätigen 273 Angestellten 49 übernahm. Am D. verblieben 70 Mitarbeiter; die Leitung des Hauses wurde Martin Roth übertragen.

Präsidenten / Direktoren/Generaldirektoren: Rudolf Neubert (1946); Georg Seiring (1946–1947); Helmut Sickel (1947–1951); Walter Friedeberger (1951–1959); Gottfried Schrödel (1959–1965); Franz Görres (1965–1980); Werner Schmidt (1980–1983); Jochen Neumann (1983–1990); Volkhardt Netz (1990–1991); Martin Roth (seit 1991)

Deutsches Institut für Marktforschung

→ Deutsches Wirtschaftsinstitut

Deutsches Institut für Rechtswissenschaft

→ Akademie für Staats- und Rechtswissenschaft der DDR

Deutsches Institut für Zeitgeschichte (DIZ), 1949–1971

Zentralstelle für politische Dokumentation, die später zunehmend zeitgeschichtliche Forschungsaufgaben übernahm

Am 1.3.1946 wurde zunächst eine ›Zentralstelle für Zeitgeschichte‹ gegründet, die im Juli 1947 mit dem ›Institut für Zeitungskunde‹ vereinigt und im Oktober 1949 in ›Deutsches Institut für Zeitgeschichte‹ umbenannt wurde. Dieses hatte seinen Sitz in Berlin-Mitte und wurde, nachdem das ›Amt für Information‹ 1952 aufgelöst worden war, dem ›Presseamt beim Ministerpräsidenten der DDR‹ unterstellt (→›Presseamt beim Vorsitzenden des Ministerrats der DDR‹); zeitweilig unterstand es auch dem →›Staatssekretariat für Hoch-und Fachschulwesen‹. Die haushaltsrechtliche Unterstellung war jedoch zweitrangig, denn die politische Aufgabenstellung erfolgte durch das → ZK der SED und die fachliche Anleitung durch das ›Institut für Gesellschaftswissenschaften‹ (→›Akademie für Gesellschaftswissenschaften beim ZK der SED‹).
Das D. war zunächst eine Zentrale der politischen Dokumentation und spezialisierte sich auf die Herausgabe von Quellenpublikationen und Chroniken zur jüngsten Geschichte; später übernahm es auch Forschungsaufgaben im Bereich der deutschen und internationalen Politik. Anfang der 50er Jahre bestanden am Institut Lektorate für die Gebiete Politik, Kultur, Wirtschaft, Biographien mit jeweils einer zugehörigen Studiengemeinschaft; außerdem gab es folgende Abteilungen: Bibliothek, Zeitschriftenverwaltung, ein Archiv für Zeitungsausschnitte und

eines für Plakate, Filme, Fotos und Flugschriften, ein Fotolabor einschließlich Kopieranstalt sowie eine Redaktion für Informationsdienste. Es wurden täglich 7 Informationsdienste herausgegeben, die über folgende Sachgebiete berichteten: a) Länder der Bundesrepublik; b) Kriegsvorbereitungen des Westens; c) Parlamente der BRD; d) Einheit und Frieden; e) Wirtschaft; f) ausländische Pressestimmen in bezug auf die westlichen Länder; g) sonstige Berichte. Diese Dienste waren ausschließlich Nomenklaturkadern des ZK der SED sowie leitenden Funktionären an den SED-Parteischulen, beim Ministerrat, beim Bundesvorstand des →FDGB und in einigen Zeitungsredaktionen wie der des ›Neuen Deutschland‹, der ›Täglichen Rundschau‹ und der ›Berliner Zeitung‹ vorbehalten. Zur Auswertung ausländischer Zeitungen und Zeitschriften bestand ein eigenes Auslandslektorat, das für Übersetzungen aus der amerikanischen, englischen, französischen und italienischen Presse zuständig war; die Übersetzung der skandinavischen Presse erfolgte zeitweilig im Verlag ›Die Wirtschaft‹.
Den Druck der seit 1949 herausgegebenen Zeitschrift ›Dokumentation der Zeit‹ besorgte ebenfalls der Verlag ›Die Wirtschaft‹. Dieser Digest erschien 14täglich in einer Auflage von über 10000 Exemplaren und enthielt zunächst vor allem Auszüge aus Zeitschriften der BRD; ab Februar 1953 erschienen dann zunehmend häufiger auch kommentierende Beiträge, u. a. verfaßt von Karl Bittel, dem Leiter der Einrichtung. Der überwiegende Teil der Auflage dieser Zeitschrift wurde in die BRD versandt; innerhalb der DDR diente sie vorrangig als Informationsquelle für Archive, Bibliotheken, wissenschaftliche Einrichtungen und Verlage. Zahlreiche Bücher und Broschüren, die zur propagandistischen »Aufklärung« gedacht waren und sich nahezu ausschließlich mit politischen, wirtschaftlichen und militärischen Problemen befaßten, wurden am D. im Auftrage des ZK der SED, des →Außenministeriums oder auch des FGDB erarbeitet und dann von den Verlagen ›Die Wirtschaft‹, ›Die Nation‹ oder dem ›Kongreß-Verlag‹ herausgebracht. Nennenswerte Veröffentlichungen waren u. a. die ›Geschichtlichen Zeittafeln der DDR‹ in den Ausgaben für 1945–1953, 1945–1954 und 1949–1959. Auch die ersten Handbücher der →Volkskammer, von denen 1957 das erste erschien, wurden mit Unterstützung des D. erstellt.
Das D. war eines der wichtigsten und effizientesten Informationszentren für die politisch-ideologische Auseinandersetzung mit dem kapitalistischen Ausland, insbesondere mit der BRD. Ende der 60er Jahre gliederte es sich in drei Abteilungen, in denen zu den Schwerpunkten DDR, BRD und internationalen Fragen geforscht wurde. Von 1968–1971 fungierte das D. sogar als sog. Leitinstitut für die gesamte Imperialismusforschung in

der DDR. 1971 wurde es mit dem →›Deutschen Wirtschaftsinstitut‹ und dem →›Staatssekretariat für westdeutsche Fragen‹ zusammengelegt; aus dem Zusammenschluß entstand das →›Institut für Internationale Politik und Wirtschaft‹ (IPW).

Direktoren: Karl Bittel (1949–1957); Walter Bartel (1957–1962); Stefan Doernberg (1963–1971)

Publikationen und Archive: ›Dokumentation der Zeit‹, erschien halbmtl. von Jg. 1/1949 – Jg. 25/1972; ›Unsere Zeit‹, Vierteljahresschr., erschien von Jg. 1/1958 – Jg. 5/1962; • Archivbestände des D. befinden sich heute in der Verwaltung des Bundesarchivs, Abt. V, in Potsdam.

Deutsches Komitee der Kämpfer für den Frieden

→ Friedensrat der DDR

Deutsches Pädagogisches Zentralinstitut

→ Akademie der Pädagogischen Wissenschaften der DDR

Deutsches Rotes Kreuz der DDR (DRK), 1952–1990

Massenorganisation für den sozialistischen Gesundheitsschutz, für Rettungsdienste sowie Katastrophen- und Bevölkerungsschutz im Rahmen der ›Zivilverteidigung‹

Geschichte und Organisation: Das D. wurde durch Verordnung des MR am 23. 10. 1952 gegründet; Zentralausschuß und Präsidium hatten ihren Sitz in Dresden. Es wurde im November 1954 in die Liga der Rotkreuzgesellschaften aufgenommen, hatte die Genfer Konventionen anerkannt und beteiligte sich an internationalen Hilfsaktionen des IRK. Wegen der Aufgaben, die dem D. für den Bevölkerungsschutz im Rahmen der →›Zivilverteidigung‹ zugewiesen waren, war es dem →Ministerium des Innern unterstellt. Es unterhielt rd. 14000 Grundorganisationen in Betrieben, in →LPG und in Wohngebieten. Oberhalb der GO bestanden Stadtbezirks-, Kreis- und Bezirkskomitees sowie die jeweiligen Delegiertenkonferenzen als Wahlgremien. Die Komitees waren mit Funktionären besetzt, deren Wahl jeweils der Zustimmung der zuständigen SED-Leitungen bedurfte; sie bildeten auf Bezirks-, Kreis- und Stadtbezirksebene Sekretariate bzw. Büros, in denen die Verwaltungs- und Organisationsarbeit geleistet wurde. Höchstes Organ war der Kongreß und ein von diesem gewähltes Präsidium.

Funktionen und Wirkungen: Zu den Aufgaben des D. zählten anfangs vornehmlich Hilfsdienste im Gesundheits- und Sozialwesen, die sich nach und nach aufgliederten in Sanitätsdienst bei politischen und sportlichen

Veranstaltungen, Hauspflege und Altenversorgung, Blutspenderdienst, Seuchenschutz (hygienische Aufklärung, Impfaktionen u. ä.), Krankentransporte und ›Dringliche Medizinische Hilfe‹ (DMH, später SMH = ›Schnelle Medizinische Hilfe‹). Daneben bestanden für besondere Einsatzgebiete, in denen das D. z. T. eng mit dem → ›Feriendienst des FDGB‹ zusammenarbeitete, ein Wasserrettungs- und ein Bergunfalldienst sowie Bahnhofs- und Grubenrettungsdienste.
Die allmähliche Erweiterung und Differenzierung der Aufgaben des D. vollzog sich in einzelnen Schritten: So übernahm es z. B. Anfang 1953 den gesamten zivilen Krankentransport und bildete einen Grubenrettungsdienst; am 1. März d. J. wurde die Zentralschule des DRK in Wilthen, Kreis Bautzen, eröffnet; 1954 richtete man einen Hauskrankenpflegedienst ein; Anfang 1955 folgte ein Seenotdienst und mit dem 1.3. die Übernahme der Aufgaben des Zentralen Suchdienstes für vermißte Deutsche; Mitte 1956 wurde eine einheitliche DRK-Präsenz auf den Bahnhöfen organisiert. Schließlich wurde, als man 1957 mit den Vorbereitungen für einen Luftschutz in der DDR begann, das D. zunehmend mehr in die Aufgaben von Luft-, Katastrophen- und zivilem Bevölkerungsschutz einbezogen (→ Katastrophenschutz, → ›Zivilverteidigung‹).
Die Finanzierung des D. erfolgte nahezu vollständig aus Mitteln des Staatshaushaltes; eine gewisse Unterstützung kam zudem aus einem Kreis von ›Freunden des D.‹ Praktische Hilfsdienste in den Grundorganisationen wurden weitgehend ehrenamtlich geleistet; in Spezialdiensten und in den Sekretariaten der Komitees waren Angestellte und hauptamtliche Funktionäre tätig. Für die Ausbildung höherer DRK-Funktionäre stand bei Waren in Mecklenburg das DRK-Lager ›Otto Buchwitz‹ zur Verfügung (später Zentralschule des DRK). Lehrgänge für Helfer und eine Breitenausbildung in ›Erster Hilfe‹ und ›Häuslicher Krankenpflege‹ wurden vom D. selbst organisiert. Alle aktiven Mitglieder des D. – 1972 gab es rd. 520000, zehn Jahre später rd. 650000 erwachsene Mitglieder – waren verpflichtet, sich einer Ausbildung zum ›Gesundheitshelfer‹ zu unterziehen. In Jugendgruppen der Grundorganisationen wurden ›Junge Sanitäter‹ (Schüler im Alter von 10–14 Jahren) und die ›Rotkreuzjugend‹ (Jugendliche DRK-Mitglieder im Alter von 14–25 Jahren) ausgebildet und betreut.

Auflösung/Ende: Im November 1989 trat Präsident G. Rehwaldt zurück; der Rücktritt des Präsidiums folgte im Februar 1990. Daraufhin wurde unter der Leitung des amtierenden Präsidenten Karl-Heinz Borgwardt ein Arbeitssekretariat gebildet, das einen ao. Kongreß vorbereitete. Der fand im April 1990 statt und leitete u. a. die Bildung von Landesverbänden und die Vereinigung mit dem DRK der Bundesrepublik Deutschland in die Wege. Auf einer Hauptversammlung des DRK in Dresden beschlossen die Delegierten der nun in den neuen Bundesländern bestehenden fünf Landesverbände am 6.10.1990, das DRK der DDR e. V. zum 31.12.1990 aufzulösen. In dem Beschluß wurde gleichzeitig den neuen Landesverbänden empfohlen, zum 1.1.1991 die Aufnahme in das DRK der Bundesrepublik Deutschland zu beantragen. Diese Entscheidungen wurden am 9.11.1990 auf der Bundesversammlung des DRK anerkannt und vollzogen.

Hauptversammlungen / Kongresse: I. H. vom 21.–22.5.1953 in Dresden; II. H. am 22.1.1954 in Dresden; III. H. vom 23.–24.1.1957 in Dresden; IV. H. vom 28.–30.5.1958 in Dresden; V. H. vom 29.–31.10.1962 in Leipzig; VI. K. vom 10.–11.11.1966 in Berlin/DDR; VII. K. von 23.–24.10.1970 in Dresden; VIII. K. vom 12.–13.11.1976 in Karl-Marx-Stadt; IX. K. vom 23.–24.10.1981 in Dresden; X. K. vom 10.–11.4.1987 in Dresden
Präsidenten: Otto Buchwitz (1953–1964 Ehrenpräsident); Werner Ludwig (1957–1981); Siegfried Akkermann (1981–1987); Gerhard Rehwald (1987–1989); Karl-Heinz Borgwardt (amt. Nov. 1989–April 1990); Christoph Brückner (1990)
Vizepräsidenten: Siegfried Akkermann (1980–1981); Ulrich Bergmann (1990); Karl-Heinz Borgwardt (1988–1989); Walter Breitfeld (1962–1981); Ernst Hagemoser (1974–1987); Ortrun Landmann (1990); Werner Ludwig (1981–1990); Hans Paul (1957–1958); Emil Rische (1957–1962); Werner Stöcker (1987–1990); Wilfried van Treek (1965–1988); Wolfgang Weitbrecht (1958–1974)
Vorsitzende des Zentralausschusses: Werner Ludwig (1953–1957)
Stv. Vorsitzende des Zentralausschusses: Ludwig Mecklinger (1953–1956); Charlotte Eppinger (1953–1956); Hans Paul (1956–1957); Emil Rische (1956–1957)
Leiter des Zentralbüros / Generalsekretäre: Mehlmack (1953–1954); Hans Schwöbel (1954–1960); Waldemar Röhricht (1961–1966); Johannes Hengst (1966–1989); Karl-Heinz Borgwardt (1990)
Vorsitzende der Revisionskommission: Paul Neddermeyer (1957–1990)
Auszeichnungen: Ehrenzeichen in Gold mit Ehrenspange; Ehrenzeichen, Leistungsabzeichen, Wasserrettungsdienst-Ehrennadel, Bergunfalldienst-Ehrennadel und Treueabzeichen – alle jeweils in Gold, Silber und Bronze. Außerdem wurden leistungsbezogene Auszeichnungen für hervorragende Blutspender sowie für besondere Verdienste im Plege- und Sozialdienst oder in der Jugendarbeit verliehen.
Publikationen: ›Deutsches Rotes Kreuz‹ (zeitweilig ›Deutsches Rotes Kreuz der DDR‹), Zentralorgan des D. erschien von Jg. 1/1954 – Jg. 37/1990 (Heft 7); danach wurde es unter dem Titel ›Rotkreuz‹ noch bis Ende 1990 fortgesetzt. ›Unser Standpunkt‹, Funktionärszs., hg. v. Präsidium des D.

Deutsches Wirtschaftsinstitut (DWI), 1949–1971

Wissenschaftliches Institut zur Erforschung von Ökonomie und Politik der BRD sowie Zentrum der Imperialismusforschung

Geschichte und Organisation: Das D. wurde am 1.6.1949 durch einen Beschluß des Sekretariats der →›Deutschen Wirtschaftskommission‹ gebildet; die feierliche Eröffnung und die Übergabe eines nahe dem Reichstag in Berlin/DDR gelegenen Institutsgebäudes erfolgte am 10.6.1950 durch W. Ulbricht. Dieser sagte in seiner Eröffnungsrede zu den Aufgaben des D.: »Das Deutsche Wirtschaftsinstitut darf kein neutrales Institut sein. Das Interesse der Forschung erfordert, parteilich vom Standpunkt der fortschrittlichen Wissenschaft die Probleme anzupacken, parteilich von den Interessen des Volkes auszugehen und einen unversöhnlichen Kampf gegen das Lager der Volksfeinde und Kriegshetzer zu führen.« Der erste wissenschaftliche Bericht des D. handelte von »Abwertung und westdeutscher Außenhandel – ein Kapitel aus der Marshall-Kolonisierung in Westdeutschland«; er wurde der SED-Führung im Februar 1950 übergeben und lag schon auf der gewünschten Linie.
Das D. wurde dem Präsidium des →›Ministerrats der DDR‹ unterstellt; seine Direktion wurde durch beratende Funktionalorgane unterstützt, durch einen →›Wissenschaftlichen Rat‹ und ein Redaktionskollegium für die DWI-Berichte; es war in häufig wechselnde Forschungsabteilungen gegliedert. Die Forschungsarbeiten konzentrierten sich von Anfang an auf Westdeutschland, weshalb auch schon 1952 eine Abteilung ›Sozialistische Länder‹ ausgegliedert und einem neugegründeten ›Deutschen Institut für Marktforschung‹ zugeordnet wurde. Aufgrund eines →Politbüro-Beschlusses vom 22.10.1968 fungierte das D. fortan als eines der Leitinstitute der Imperialismusforschung in der DDR.

Funktionen und Wirkungen: Seit seiner Gründung hatte das D. eine propagandistische Funktion: Es sollte – vornehmlich am Beispiel der BRD – den »Niedergang des Kapitalismus« nachweisen sowie über die verstärkte Ausbeutung der Arbeiter in den kapitalistischen Ländern berichten. Dazu hatte es der SED-Führung Argumentationshilfen zu liefern. In seiner wirtschaftswissenschaftlichen Forschung konzentrierte es sich auf die Analyse und »parteiliche Bewertung« ökonomischer Prozesse in diesen Ländern. Insofern war auch die Forschungsarbeit vorrangig auf aktuelle Probleme der »Klassenauseinandersetzung« gerichtet.
In den 60er Jahren wurde dem D. aufgetragen, den »staatsmonopolistischen Kapitalismus« in der BRD komplexer, also unter gleichzeitiger Beachtung »seiner ökonomischen, politischen und ideologischen Grundlagen und Erscheinungen« zu untersuchen und dessen weitere Entwick-

lungstendenzen zu prognostizieren. Nun rückten auch Untersuchungen zur EWG und zu den Beziehungen zwischen den USA und Westeuropa bzw. der Bundesrepublik immer mehr ins Zentrum der DWI-Forschungen. Das erforderte eine beträchtliche Erweiterung des wissenschaftlichen Profils und des Personalbestandes. Neben Ökonomen wurden ab Mitte der 60er Jahre immer mehr Historiker, Philosophen, Staatstheoretiker und Wirtschaftsrechtler Mitarbeiter des Instituts. Gestützt auf diesen Mitarbeiterstab, erstellte das D. umfassende »Gutachten« und Dokumentationen, die u. a. vom Nationalrat der → ›Nationalen Front‹ und vom → ›Staatssekretariat für westdeutsche Fragen‹ mit großem propagandistischem Aufwand der »Weltöffentlichkeit« zugänglich gemacht wurden. Eine solche Dokumentation war z. B. das »Graubuch« über Expansionspolitik und Neonazismus in der BRD.

Auflösung: Auf Beschluß des Politbüros wurde das D. 1971 aufgelöst; die meisten seiner Mitarbeiter wurden in das neugegründete → ›Institut für internationale Politik und Wirtschaft‹ (IPW) übernommen.

Direktoren: Jürgen Kuczynski (1949–1951); Siegbert Kahn (1951–1965); Lutz Maier (1965–1971)

Publikationen/Archive: ›DWI-Berichte‹, ersch. von 1950–1971; als Neue Folge dann mit Jg. 1/1972 weitergeführt als ›IPW-Berichte‹; • ›DWI-Forschungshefte‹, ersch. vierteljährlich von 1966–1971; als Neue Folge dann mit Jg. 7/1972 weitergeführt als ›IPW-Forschungshefte‹; Chefredakteur: Martin Weckwerth (1966–1971); • Am DWI bestand eine Spezialbibliothek, die 1952 die Bibliothek des ehemaligen ›Statistischen Reichsamtes‹ mit rd. 90000 Bänden übernehmen konnte; außerdem wurde eine Ausschnittarchiv mit etwa 5,5 Mio. Artikeln geführt; beide Abteilungen wurden 1971 vom IPW übernommen. • Archivbestände des D. befinden sich heute in der Verwaltung des Bundesarchivs, Abt. V, in Potsdam.

Deutsches Zentralarchiv

→ Zentrales Staatsarchiv der DDR

Deutschlandtreffen der Jugend, 1950–1964

Von der → FDJ organisierte gesamtdeutsche Jugendtreffen

1950, als die FDJ auch in der BRD noch zugelassen war, sollte ein zu Pfingsten angesetztes ›Deutschlandtreffen der Jugend‹, Jugendliche aus BRD und DDR für die Deutschlandpolitik der SED und gegen den Fortbestand von Westberlin mobilisieren. Gerüchte um einen geplanten »Marsch auf Westberlin« erzeugten damals viel Aufregung und gaben Anlaß zu westlichen Schutz- und Propagandamaßnahmen. Teilnehmer aus der BRD wurden bei der Einreise in die DDR wie bei der Rückreise in die BRD

durch aufwendige Polizeikontrollen behindert. In Berlin/DDR blieb es aber bei »machtvollen« Kundgebungen und einem achtstündigen Vorbeimarsch von rd. 700000 Jugendlichen an einer Ehrentribüne im Lustgarten. Im August 1951 ging es bei den vom WBDJ in Berlin/DDR veranstalteten ›III. Weltfestspielen der Jugend und Studenten‹ ähnlich zu. Diesmal hatte man in Westberlin allerdings aufwendige Gegenveranstaltungen und Lockattraktionen vorbereitet, von denen sich auch viele Festspielteilnehmer zu Besuchen in den Westsektoren der Stadt verleiten ließen. Die FDJ reagierte auf die daran offenbar werdende Schwäche ihrer Organisation mit einer »Säuberung«: Etwa 3600 Funktionäre wurden wegen Versagens bei den Festspielen ausgeschlossen.
Die Jugendtreffen waren in der Hauptsache Propagandaveranstaltungen des Kalten Kriegs: Den Jugendlichen wurden politische Gelöbnisse und Bekundungen abverlangt, die sie als Delegierte an ihre Gruppen und Verbände weitergeben sollten. In Westdeutschland kam jedoch wenig davon an, denn nach DDR-Angaben nahmen an diesen Treffen jeweils zwischen 500000 und 700000 Jugendliche aus der DDR und etwa 25000 Jugendliche aus der BRD teil. Beim letzten, 1964 veranstalteten D. dürfte die Zahl der westdeutschen Teilnehmer noch geringer gewesen sein. Nach dem Mauerbau machten gesamtdeutsche Jugendveranstaltungen kaum mehr Sinn, und die FDJ zog daraus die Konsequenz, indem sie in den 70er und 80er Jahren ›Nationale Jugendfestivals‹ ausrichtete. Begegnungen mit Delegationen westdeutscher Jugendverbände (besonders der SDAJ) fanden nun vornehmlich während der Weltjugendfestspiele statt, von denen die X. wiederum 1973 in Berlin/DDR veranstaltet wurden.

Deutschlandtreffen und Weltjugendfestspiele in Berlin/DDR: I. D. vom 27.–30.5.1950; III. W. vom 5.–19.8.1951; II. D. vom 5.–7.6.1954; III. D. vom 16.–18.5.1964; X. W. vom 27.7.–5.8.1973

Deutsch-Olympiade

→ Mathematik-Olympiade

DEWAG – Deutsche Werbe- und Anzeigen GmbH

→ Deutsche Werbe- und Anzeigengesellschaft (DEWAG)

Diakonisches Werk – Innere Mission und Hilfswerk der Evangelischen Kirchen in der DDR, 1957–1990

Dachverband der diakonischen Dienste und Einrichtungen der evangelischen Landeskirchen in der DDR

Geschichte und Organisation: Die Tätigkeitsbereiche der schon im 19. Jh. begründeten ›Inneren Mission‹ und des 1945 zur Linderung der all-

gemeinen Notlage in der Nachkriegszeit geschaffenen ›Hilfswerks der Evangelischen Kirchen‹ wurden 1957 vereinigt und danach zusammenfassend als ›Diakonisches Werk‹ bezeichnet. Auf dem Gebiet der SBZ hatten zahlreiche Einrichtungen der ›Inneren Mission‹ den Krieg überdauert. Da ihr Widerstand gegen das NS-Euthanasieprogramm den sowjetischen Besatzern bekannt war, wurden sie als antifaschistisch eingestuft und gleich nach der Kapitulation aufgefordert, ihre Tätigkeiten wieder aufzunehmen. Die überkommenen Eigentumsverhältnisse wurden weitgehend anerkannt, so daß Vereine, Stiftungen und freikirchliche Gemeinschaften ihre Selbständigkeit als Träger diakonischer Einrichtungen weitgehend behielten. Die Landeskirchen bzw. das jeweils innerhalb einer Kirche bestehende D. besaßen nur in wenigen Fällen selbst eine Trägerschaft; das D. fungierte vielmehr als Dachorganisation, die entsprechend der kirchlich-geographischen Gliederung in der DDR die einzelnen Einrichtungen und Werke organisatorisch zusammenfaßte.
Als Dachverband aller landeskirchlichen Regionalverbände war das D. in der DDR eine rechtlich selbständige Vereinigung. Gleichwohl sahen die Kirchen in der Diakonie eine ihnen wesensmäßig zugehörige Aufgabe. Nachdem 1969 der →›Bund Evangelischer Kirchen in der DDR‹ (BEK) gegründet worden war, verabschiedete dieser 1970 ein Diakonie-Gesetz, in dem es hieß: »Das Werk Innere Mission und Hilfswerk der Evangelischen Kirchen in der DDR wird als Diakonisches Werk der Kirchen anerkannt und vom Bund der Evangelischen Kirchen in der DDR gefördert.« Höchstes Organ des D. war die i. d. R. zweimal im Jahr zusammentretende Hauptversammlung, die als ihr Exekutivorgan einen Hauptausschuß wählte; die laufenden Geschäfte wurden von einem Direktor des D. geführt, der die zentrale Geschäftsstelle in Berlin/DDR leitete.

Funktionen und Wirkungen: Die Einrichtungen und Leistungen des D. waren fest in das Gesundheits- und Sozialwesen der DDR eingebunden, und sie erhielten – zumindest seit den 60er Jahren – auch volle Anerkennung und Unterstützung von seiten der Partei- und Staatsführung (→›Deutscher Caritasverband‹). Bald nach der Gründung der DDR hatte es gelegentlich Behinderungen, schikanöse Kontrollen und sogar Zwangsübernahmen bzw. Enteignungen einzelner Einrichtungen gegeben, u. a. wurde die ›Bahnhofsmission‹ 1956 gezielt in den Verdacht der Spionage gebracht, so daß sie schließlich ihre Tätigkeit einstellen mußte. Nachdem jedoch in Gesprächen zwischen Regierungs- und Kirchenvertretern im Juni 1958 das Verhältnis Staat–Kirche entspannt werden konnte, setzte eine Phase der Konsolidierung und pragmatischen Arbeitsteilung ein.

Die SED wollte das Monopol auf die Erziehung gesunder Kinder und Jugendlicher keinesfalls aus der Hand geben, aber auf dem Gebiet der Pflege und therapeutischen Versorgung von körperlich wie geistig Behinderten sah sie z. B. im D. eine respektable und auch förderungswürdige Hilfsorganisation. So konnten seit 1967 im Rahmen eines sog. Psychiatrie-Bauprogramms eine Reihe von Pflegeheimen neu errichtet oder renoviert werden und zudem Wohnquartiere für kirchlich-diakonische Mitarbeiter gebaut werden. Zu Beginn der 80er Jahre wurden nahezu 50 Prozent aller in der DDR vorhandenen Plätze zur Rehabilitation von Schwerstbehinderten in konfessionell gebundenen Einrichtungen bereitgestellt. Im Anschluß an die Fördermaßnahmen in der Behindertenpflege wurde in den 80er Jahren ein entsprechendes Geriatrie-Bauprogramm in Angriff genommen, denn in der Altenpflege lag ein weiterer Schwerpunkt des D.
Das gesamte Aufgabengebiet des D. war jedoch wesentlich breiter. Nach dem Stand von Januar 1983 unterhielt es in der DDR insgesamt 863 Einrichtungen mit 39744 Plätzen; darunter befanden sich u. a. 44 Krankenhäuser und Heilstätten, 105 Heime für geistig und körperlich Behinderte, 276 Feierabend- und Altenpflegeheime, 120 Erholungs- und Freizeitheime, 279 Kindergärten und -horte sowie 22 Sondertagesstätten für geistig behinderte Kinder; außerdem gab es mehr als 400 Gemeindepflegestationen, in denen rd. 520 Schwestern tätig waren. Zum gleichen Zeitpunkt waren in allen Bereichen der Diakonie etwa 15000 hauptberufliche Mitarbeiter und viele ehrenamtliche Helfer beschäftigt. Das D. unterhielt eigene Ausbildungstätten für Pflegepersonal sowie 39 Diakonissenhäuser und 6 Diakonenanstalten. 1975 schlossen Staat und Kirchen eine Vereinbarung, in der für die Ausbildung von mittlerem medizinischem Fachpersonal erstmals eine Zusammenarbeit staatlicher und kirchlicher Einrichtungen geregelt wurde; seitdem war auch die vorwiegend konfessionell geprägte Ausbildung in Pflegeberufen staatlich anerkannt. Aufgrund eines schon 1961 vereinbarten, mehrfach erweiterten Abkommens mit der ›Gewerkschaft Gesundheitswesen‹ (→Gewerkschaften) wurden zudem die in konfessionellen Einrichtungen des Gesundheitswesens tätigen Mitarbeiter in der Besoldung denen gleichgestellt, die in staatlichen Einrichtungen arbeiteten.
Innerhalb des D. wurde zwischen Anstaltsdiakonie und Gemeindediakonie unterschieden: Erstere war gesamtgesellschaftlich orientiert, da sie allen, die Hilfe brauchten, zugute kommen sollte; die in den Ortsgemeinden betriebene Diakonie sorgte sich hingegen besonders darum, jeweiligen Mitgliedern der Kirchengemeinde zu helfen. Die Finanzierung der Leistungen, die in Einrichtungen der Anstaltsdiakonie erbracht wur-

den, übernahm zum Teil der Staat, indem die ›Staatliche Krankenversicherung‹ die üblichen Pflegesätze zahlte. Damit waren allerdings nur die laufenden Kosten abgedeckt, während für Investitionen, für den Kultur- und Sozialfonds sowie für die seelsorgerliche Betreuung in den Anstalten das D. bzw. einzelne Träger selbst aufzukommen hatten. Die erforderlichen Mittel wurden aus Kollektengeldern, Spenden von Freundeskreisen, den Einnahmen aus einer einmal jährlich genehmigten Straßensammlung sowie aus Unterstützungszahlungen der Kirchen in der Bundesrepublik aufgebracht.
Ein besonderes Aufgabengebiet des D. war die seit 1959 auch in der DDR organisierte Hilfsaktion ›Brot für die Welt‹. Die stets in der Weihnachtszeit gesammelten Spendengelder waren insbesondere für Notsituationen in Ländern der Dritten Welt gedacht und sollten ohne Beachtung politischer, rassischer oder weltanschaulicher Grenzen verteilt werden. Dafür stellten die Gemeinden der evangelischen Landes- und Freikirchen schon in den ersten 20 Jahren der Aktion 48 Mio. Mark zur Verfügung. Die Hilfsgelder wurden zum großen Teil für akute Katastrophenhilfe verbraucht, doch versuchte man auch, gelegentlich Projekte der »Hilfe zur Selbsthilfe« damit zu fördern. Bei der Verteilung der Mittel und dem Transport der davon erworbenen Güter arbeitete ›Brot für die Welt‹ mit dem→›Deutschen Roten Kreuz der DDR‹ und gelegentlich auch mit dem →›Solidaritätskomitee der DDR‹ zusammen.

Direktoren des D.: Gerhard Laudin (1957–1968); Gerhard Bosinski (1968–1975); Ernst Petzold (1976–1990)

Diplomatische Vertretungen der DDR, 1949–1989

Nach ihrer Gründung war die DDR zunächst international isoliert; lediglich die UdSSR und die mit ihr verbündeten Staaten nahmen 1949 mit ihr diplomatische Beziehungen auf. Lange Zeit war ihre Außenpolitik behindert durch die nach dem ehemaligen Staatssekretär im Bundesministerium des Auswärtigen, Walter Hallstein, benannte »Hallstein-Doktrin«, die seit September 1955 besagte, daß die Bundesrepublik keine diplomatischen Beziehungen mit Staaten unterhalten könnte, die auch die DDR anerkannten oder anerkennen wollten. Erst gegen Ende der 60er Jahre gelang es, dieses Hemmnis zu überwinden. 1969/70 nahm eine Reihe von arabischen, afrikanischen und asiatischen Staaten, z.B. Kambodscha, Irak, Sudan, Syrien, Ägypten, Kongo, Somalia, Algerien, Guinea u. a., mit der DDR diplomatische Beziehungen auf.
Solange sich diplomatische Beziehungen noch nicht herstellen ließen, unterhielt die DDR in 28 Ländern Handelsvertretungen, die sich um Auf-

nahme und Pflege außenwirtschaftlicher Kontakte bemühten und dabei zugleich versuchten, für die internationale Anerkennung der DDR zu werben. Eine »außenpolitische Wende« ergab sich für die DDR allerdings erst, nachdem die vier Siegermächte des Zweiten Weltkrieges am 3. 9. 1971 ein vierseitiges Abkommen über Berlin (West) vereinbart hatten und nachdem am 21. 12 1972 ein Vertrag über die Grundlagen der Beziehungen zwischen der BRD und der DDR (»Grundlagenvertrag«) abgeschlossen war, worin der seitens der Bundesrepublik erhobene »Alleinvertretungsanspruch« ausdrücklich aufgegeben wurde. Noch an dem Tag, an dem der Grundlagenvertrag unterzeichnet wurde, nahmen Österreich und Schweden diplomatische Beziehungen mit der DDR auf; die Schweiz hatte sich dazu sogar noch einen Tag früher entschieden.
1973 wurden die DDR und die BRD am 18. September in die UNO aufgenommen; kurz zuvor hatte die ›Konferenz für Sicherheit und Zusammenarbeit in Europa‹ (KSZE) in Helsinki begonnen, an der Vertretungen aus beiden deutschen Staaten teilnahmen (→ ›Liga für die Vereinten Nationen in der DDR‹, → ›Liga für Völkerfreundschaft der DDR‹, → ›Gesellschaft für kulturelle Verbindungen mit dem Ausland‹). Damit war der Bann endgültig gebrochen: Die internationale Blockade der DDR wurde aufgehoben – im Interesse eines weltweiten Entspannungsprozesses, der schließlich zur Erosion des sozialistischen Lagers führen sollte. Als am 14. 3. 1974 die Ständigen Vertretungen beider deutscher Staaten in Bonn bzw. Berlin/DDR eröffnet wurden, hatten bereits 101 Staaten diplomatische Beziehungen mit der DDR aufgenommen.
Der außenpolitische Erfolg war neben der neuen, sich erst später als illusionär herausstellenden Sozialpolitik die prächtigste Feder, die den Hut Honeckers schmückte. Der größere Teil der DDR-Bevölkerung empfand in jener Zeit – auch wenn viele in Ost und West das heute anders sehen mögen – das starrsinnige Festhalten der Bundesdeutschen an dieser »Gänsefüßchen-DDR«, an Begriffen wie »Sowjetzone« oder »Pankow« als lächerlich, aber auch als demütigend. Honecker war sich dessen bewußt und widmete sich deshalb leidenschaftlich der Außenpolitik – dieses Feld war sein liebstes Jagdrevier. Von Faszination geblendet, erkannte er jedoch nicht, wie sich die Sehnsüchte der in »Wohnhaft« genommenen Ostdeutschen unterdessen entwickelten: Schien denen nun die Welt sicherer, transparenter und gewiß auch verlockender, so erlebten sie ihr eigenes Land um so mehr als ein langweiliges Reservat.
Honeckers Reisen wurden für die Daheimbleibenden »zum Ruhme des sozialistischen Vaterlandes« operettenhaft inszeniert. Dort wußte man um die existentiellen Weltprobleme, wollte raus, erleben, frei sein, nicht aber als kommandierter Kleindarsteller in einer lebenslangen General-

probe auftreten. Mit der wachsenden Anerkennung der DDR erwarteten zunehmend mehr DDR-Bürger auch ihre Anerkennung als Weltbürger, doch diese Hoffnung erwies sich als trügerisch. Immerhin gab es inzwischen internationale Verträge, auf deren Einhaltung man pochen konnte, und so forderten vor allem die Jungen nun die Respektierung der Menschenrechte und eine weitgehende Freizügigkeit, die ihnen eine mißtrauisch feige, gleichwohl sich stets fürsorglich gebende SED-Führung und deren willfährige Administration verweigerte.
Alle außenpolitisch wichtigen Entscheidungen der DDR wurden seit 1949 vom →›Politbüro des ZK der SED‹ getroffen, nachdem sie zunächst von den ZK-Abteilungen ›Internationale Verbindungen‹ bzw. ›West/IPW‹ vorbereitet worden waren. Das →Ministerium für Auswärtige Angelegenheiten wurde zwar in die Prozedur der Entscheidungsfindung mit einbezogen, hatte jedoch vorrangig die Aufgabe, die von der SED-Führung oder häufig auch nur von Honecker konzipierte Außenpolitik »durchzuführen« und die von anderen Ministerien angebahnten außenpolitischen Kontakte zu koordinieren. Neben den zahlreichen Institutionen, die in außenwirtschaftlichen Belangen tätig waren (→Ministerium für Außenhandel), kamen wichtige Funktionen in der Außenpolitik der ›Liga für die Vereinten Nationen in der DDR‹, den Freundschaftsgesellschaften bzw. -komitees in der →›Liga für Völkerfreundschaft der DDR‹ und den →›Brigaden der Freundschaft‹ zu. Auch internationale Veranstaltungen wie die →Leipziger Messe, die →›Ostseewoche‹ u.a. dienten ebenso außenpolitischen Zwecken.
Das Hauptziel der Außenpolitik bestand für die SED darin, »gemeinsam mit der Sowjetunion und den anderen sozialistischen Staaten die günstigsten internationalen Bedingungen für den sozialistischen und kommunistischen Aufbau zu sichern«. Deshalb standen auch die Beziehungen der SED zu ihren sozialistischen und kommunistischen »Bruderparteien« stets im Zentrum aller außenpolitischen Aktivitäten. Seit 1955 wurden mit der Sowjetunion, Bulgarien, Polen, Rumänien, der Tschechoslowakei und Ungarn Verträge über Freundschaft, Zusammenarbeit und gegenseitigen Beistand abgeschlossen, die regelmäßig erneuert wurden. Die DDR-Diplomaten wurden an der →›Akademie für Staats- und Rechtswissenschaft der DDR‹ sowie an sowjetischen Einrichtungen ausgebildet. Diejenigen darunter, die als offizielle Vertreter der DDR bei den Staatsoberhäuptern anderer Staaten akkreditiert waren, hatte der Vorsitzende des →›Staatsrates der DDR‹ ernannt, der auch die Abberufung von einem Botschafter- oder Gesandtschaftsposten verfügte. Entsprechend nahm der Staatsratsvorsitzende die Beglaubigungs- bzw. Abberufungsschreiben der diploma-

tischen Vertreter entgegen, die von anderen Staaten in die DDR entsandt wurden. Über die diplomatischen Ränge und andere spezielle Titel und Auszeichnungen entschied ebenfalls der Staatsrat.

Diplomatische Beziehungen der DDR mit anderen Staaten
(nach dem Stand von Mai 1989)

Land:	Aufnahme dipl. Bez.:	DDR-Botschafter:
Ägypten	11. 7. 1969	Wolfgang Schüssler
Äquatorialguinea	14. 4. 1971	
Äthopien	1. 2. 1973	Wolfgang Bayerlacher
Afghanistan	17. 1. 1973	Kraft Bumbel
Albanien	2. 12. 1949	Dieter Kulitzka
Algerien	20. 5. 1970	Gerhard Haida
Angola	11. 11. 1975	Gotthelf Schulze
Argentinien	25. 6. 1973	Walter Neumann
Australien	22. 12. 1972	Joachim Elm
Bangladesch	15. 1. 1972	Klaus Mäser
Belgien	27. 12. 1972	Ernst Walkowski
Benin	14. 9. 1973	Manfred Seiferth
Bolivien	18. 9. 1973	Klaus Hartmann
Botswana	13. 5. 1977	Günther Donath
Brasilien	22. 10. 1973	Werner Hänold
Bulgarien	17. 10. 1949	Egon Rommel
Burkina Faso	13. 4. 1973	Karl-Heinz Witzke
Burma	23. 2. 1973	Wolfgang Seyfarth
Burundi	7. 12. 1972	Manfred Schubarth
Chile	16. 3. 1971	(bis Sept. 1973)
China	25. 10. 1949	Rolf Berthold
Costa Rica	9. 1. 1973	Gerhard Korth
Dänemark	12. 1. 1973	Werner Krause
Dschibuti	30. 6. 1977	
Ecuador	23. 7. 1973	Gerald Möckel
Elfenbeinküste	5. 10. 1984	
Fidschi	11. 1. 1974	Joachim Elm
Finnland	7. 1. 1973	Rolf Böttcher
Frankreich	9. 2. 1973	Alfred Marter
Gabun	4. 4. 1974	Manfred Voss
Gambia	15. 1. 1973	Erich Meske
Ghana	13. 12. 1972	Gottfried Bühring
Grenada	9. 10. 1979	Richard W. Jacobs
Griechenland	25. 5. 1973	Horst Brie
Großbritannien	2. 2. 1973	Joachim Mitdank
Guinea	9. 9. 1970	Wolfgang Kubisch
Guinea-Bissau	17. 4. 1974	Erich Meske

Guyana	14. 4. 1973	Werner Hänold
Indien	8. 10. 1972	Wolfgang Grabowski
Indonesien	21. 12. 1972	Siegfried Kühnel
Irak	10. 5. 1969	Otto Becker
Iran	7. 12. 1972	Wolfgang Bator
Irland	21. 11. 1980	Gerhard Lindner
Island	12. 1. 1973	Gerhard Waschewski
Italien	18. 1. 1973	Wolfgang Kiesewetter
Jamaika	21. 3. 1977	Karl-Heinz Möbus
Japan	15. 5. 1973	Manfred Schmidt
Nordjemen	21. 12. 1972	Walter Schmidt
Südjemen	10. 7. 1969	Freimut Seidel
Jordanien	8. 10. 1973	Karl-Heinz Lugenheim
Jugoslawien	10. 10. 1957	Siegfried Bock
Kamerun	21. 7. 1973	Horstmar Kohl
Kambodscha	8. 5. 1969	Rolf Dach
Kanada	1. 8. 1975	Heinz Birch
Kap Verde	5. 8. 1975	Elenora Schmidt
Kenia	19. 5. 1975	
Kolumbien	23. 3. 1973	Heinz Löhn
Komoren	14. 2. 1976	Dieter Klinkert
Kongo	8. 1. 1970	Ronald Weidemann
Nordkorea	7. 11. 1949	Hans Maretzki
Kuba	12. 1. 1963	Karl-Heinz Möbus
Kuwait	18. 12. 1972	Kurt Merkel
Laos	27. 5. 1974	Dietrich Jarck
Lesotho	23. 3. 1976	Helmut Matthes
Libanon	24. 12. 1972	Siegfried Loewe
Liberia	28. 9. 1973	Franz Everhartz
Libyen	11. 6. 1973	Heinz Knobbe
Liechtenstein	28. 6. 1973	
Luxemburg	5. 1. 1973	Ernst Walkowski
Madagaskar	29. 11. 1973	Klaus Ernst
Malaysia	4. 4. 1973	Wolfgang Seyfarth
Malediven	22. 5. 1970	Helmut Holig
Mali	19. 4. 1973	Karl-Heinz Witzke
Malta	6. 2. 1973	Wolfgang Kiesewetter
Marokko	29. 12. 1972	Manfred Richter
Mauretanien	22. 1. 1973	Karl-Heinz Witzke
Mauritius	29. 10. 1974	Dieter Klinkert
Mexiko	5. 6. 1973	Gerhard Korth
Mosambik	25. 6. 1975	Günther Fritsch
Mongolei	13. 10. 1950	Lothar Zöllner
Nauru	15. 4. 1979	
Nepal	20. 12. 1972	Lothar Strauß

Neuseeland	31. 5. 1974	Joachim Elm
Nikaragua	20. 7. 1979	
Niederlande	5. 1. 1973	Karl Wildau
Niger	4. 3. 1975	Karl-Heinz Witzke
Nigeria	10. 2. 1973	Manfred Seiferth
Norwegen	17. 1. 1973	Gerhard Waschewski
Österreich	21. 12. 1972	Klaus Wolf
Pakistan	15. 11. 1972	Karl Fischer
PLO	10. 3. 1982	
Panama	28. 1. 1974	Joachim Naumann
Papua-Neuguinea	1. 12. 1978	
Peru	28. 12. 1972	Klaus Hartmann
Philippinen	21. 9. 1973	Eberhard Kunz
Polen	18. 10. 1949	Jürgen von Zwoll
Portugal	19. 6. 1974	Julian Hollender
Rumänien	22. 10. 1949	Herbert Plaschke
Rwanda	14. 2. 1973	Gerhard Feldbauer
Sambia	21. 2. 1973	Günther Donath
San Marino	26. 11. 1973	(Konsulat)
São Tomé/Principe	13. 7. 1975	Gotthelf Schulz
Schweden	21. 12. 1972	Erich Wetzel
Schweiz	20. 12. 1972	Eckhard Bibow
Senegal	20. 8. 1973	Wolfgang Kubisch
Seychellen	3. 7. 1976	Dieter Klinkert
Sierra Leone	21. 12. 1972	Wolfgang Kubisch
Simbabwe	1. 11. 1980	Uwe Zeise
Singapur	10. 8. 1973	Siegfried Kühnel
Somalia	8. 4. 1970	Gerhard Launicke
Spanien	11. 1. 1973	Harry Spindler
Sri Lanka (Ceylon)	16. 6. 1970	Helmut Hohlig
Sudan	3. 6. 1969	Horst Melcher
Surinam	3. 8. 1978	Werner Hänold
Syrien	5. 6. 1969	
Tansania	21. 12. 1972	Dieter Klinkert
Thailand	3. 9. 1974	Wolfgang Seyfarth
Togo	18. 4. 1973	Franz Everhartz
Trinidad/Tobago	16. 10. 1987	
Tschad	6. 6. 1971	Wolfgang Hückel
Tschechoslowakai	18. 10. 1949	Helmut Ziebart
Türkei	1. 6. 1974	Norbert Jaeschke
Tunesien	17. 12. 1972	Manfred Stantke
UdSSR	15. 10. 1949	Gerd König
Uganda	5. 1. 1973	Bruno May
Ungarn	19. 10. 1949	Gerd Vehres
Uruguay	24. 12. 1972	Alfred Patzak

USA	4. 9.1974	Gerhard Herder
Vanatu	3. 10.1986	Joachim Elm
Venezuela	24. 7.1973	Günter Severin
Vietnam	3. 2.1950	Joachim Löschner
Zaire	18. 12.1972	Manfred Schubarth
Zentralafrikan. Rep.	18. 4.1970	
Zypern	21. 12.1972	Kurt Meyer

Domowina – Bund Lausitzer Sorben (1945–1993)

Organisation der nationalen Minderheit der Sorben in der DDR

Geschichte und Organisation: Die D. wurde am 13.10.1912 in Hoyerswerda von 43 sorbischen Vereinen als Dachorganisation gegründet und am 18.3.1937 von den Nationalsozialisten verboten. Die Neugründung als »antifaschistisch-demokratische« Organisation erfolgte schon am 10.5. 1945 in Crostwitz (Kreis Kamenz). Bis in das Jahr 1948 gab es innerhalb der D. Überlegungen, die Lausitz an die ČSR anzuschließen bzw. einen eigenen, selbständigen sorbischen Staat zu gründen. Gleichzeitig wirkte die D. jedoch auch an der Ausarbeitung des ›Gesetzes zur Wahrung der Rechte der sorbischen Bevölkerung‹ mit, das am 23.3.1948 vom Sächsischen Landtag einstimmig verabschiedet wurde.

Die D. vertrat in der DDR die verfassungsmäßigen Rechte der etwa 100000 Bürger sorbischer Nationalität, die in 12 Kreisen der ehemaligen Bezirke Dresden und Cottbus lebten. Sie unterhielt 280 Ortsgruppen in Städten, Gemeinden und Ortsteilen des zweisprachigen Gebietes in der Ober- und Niederlausitz die in 11 Kreisverbänden zusammengefaßt waren (Bautzen, Kamenz, Niesky, Hoyerswerda, Weißwasser, Spremberg, Cottbus, Calau, Lübben, Guben und Forst). Höchstes Organ der D. war der Bundeskongreß, der alle 5 Jahre tagte und den Bundesvorstand sowie die Zentrale → Revisionskommission wählte. Zur Erledigung laufender Arbeiten hatte der Bundesvorstand ein Sekretariat mit einem Büro in Bautzen.

Funktionen und Wirkungen: Eine politische Vertretung der Sorben durch eine Partei wurde nach 1945 nicht mehr zugelassen. Die Verfassung der DDR von 1968/74 sicherte der nationalen Minderheit jedoch zu: »Bürger der DDR sorbischer Nationalität haben das Recht auf Pflege ihrer Muttersprache und Kultur. Die Ausübung dieses Rechts wird vom Staat gefördert.« Die Förderung von Sprache und sprachgebundener Kultur änderte jedoch nichts daran, daß für alle Sorben die deutsche Sprache das Hauptkommunikationsmittel blieb; nur etwa die Hälfte der Lausitzer Sorben sprachen Nieder- oder Oberlausitzer Sorbisch fließend. Gleich-

wohl wurde in den von Sorben bewohnten Ortschaften die Zweisprachigkeit in der öffenlichen Beschilderung und bei amtlichen Bekanntmachungen stets beachtet. In den 80er Jahren erschienen neben sorbischer Literatur und Schulbüchern auch 8 Zeitungen und Zeitschriften im organisationseigenen ›VEB Domowina-Verlag‹ mit eigener Druckerei, 3 davon in niedersorbischer und 5 in obersorbischer Sprache; je eine der Zeitschriften wandte sich an die konfessionellen Gruppen der niedersorbischen Protestanten und obersorbischen Katholiken.
An der Leipziger → KMU bestand zudem ein Institut für Sorabistik, das im Zweijahresturnus, meist in Bautzen, internationale Sorabistik-Kongresse veranstaltete. Für sorbische Lehrer gab es ein besonderes Institut für Lehrerbildung, und an 109 Grundschulen und 70 POS in der Lausitz wurde sorbischer Sprachunterricht erteilt. Schon 1951 wurde in Bautzen ein Institut für sorbische Volksforschung gegründet, das der → AdW unterstellt war. Ein Staatliches Ensemble für sorbische Volkskultur bestand seit 1952. Das bereits 1948 gegründete Sorbische Volkstheater mußte allerdings auf Beschluß des Ministerrates 1963 mit dem Bautzener Stadttheater fusionieren; es spielte fortan unter deutscher Intendanz als Deutsch-Sorbisches Volkstheater. Außer jährlich veranstalteten ›Olympiaden der sorbischen Sprache‹ war auch ein alle 5 Jahre stattfindendes Festival der sorbischen Kultur Bestandteil der staatlichen Kulturförderung.
Mit dem 7. Bundeskongreß im Februar 1969 verstand sich die D. als »sozialistische nationale Organisation in der DDR«; spätestens seitdem bestand ihre Hauptaufgabe darin, »Entwicklung und Verbreitung der sorbischen Kultur als fester Bestandteil der sozialistischen Nationalkultur der DDR« zu fördern. Als der SED eng verbündete Einheitsorganisation hatte sie also vornehmlich Politik und Ideologie der Partei- und Staatsführung zu vermitteln und durchzusetzen. Demgegenüber sahen jedoch viele Mitglieder ihre vordringliche Aufgabe weiterhin in der Bewahrung von Sprache und Brauchtum. Dieser Zwiespalt rückte die D. häufiger in Gegensatz zu jenen Sorben, die ihre Traditionen höher achteten als staatliche Bevormundung, und insbesondere zu denen, die – wie die im Sächsischen lebenden katholischen Sorben – ihre religiös fundierte Lebensweise nicht aufgeben wollten.

Umwandlung: Am 28. 11. 1989 trat das Sekretariat des Bundesvorstandes zurück. Die Amtsgeschäfte des damals aus 17 Mitgliedern bestehenden Sekretariats wurden fortan von einem Ausschuß wahrgenommen, der am 12. 1. 1990 seine Arbeit aufnahm. Im Frühjahr 1990 wurden auf einem außerordentlichen Bundeskongreß erste Schritte zu einer Demokratisierung eingeleitet. Aus den Diskussionen in Ortsgruppen und Vereinen ergab sich, daß ein Dachverband auch künftig notwendig und wünschbar sei. Am 12. 1. 1991 fand in Cottbus eine 1. Hauptversammlung statt, auf der sich die D. erneut als Dachverband der Sorben und sorbischen Vereinigungen konstituierte. Die neue Satzung verpflichtet diesen auf die vorrangige Aufgabe, die eigene Nationalsprache zu erhalten, zu entwikkeln und durch eigene Zeitungen und Rundfunkprogramme zu verbreiten. Die Bundesregierung sicherte der D. ihre Unterstützung zu.

Bundeskongresse: I. K. im März 1951 in Bautzen; II. K. im April 1952 in Bautzen; III. K. im März 1955 in Bautzen; IV. K. im März 1957 in Cottbus; V. K. im April 1961 in Bautzen; VI. K. im März 1965 in Hoyerswerda; VII. K. im Februar 1969 in Bautzen; VIII. K. im März 1973 in Bautzen; IX. K. im März 1977 in Cottbus; X. K. im März 1982 in Cottbus; XI. K. im März 1987 in Cottbus; ao. K. im März 1990
Vorsitzende: Pawol Nedo (1945–1950); Kurt Krenz (1951–1973); Juri Gros (1973–1989); Bjarnat Cyz (1990)
Auszeichnungen: Ehrennadel und Medaille für verdienstvolle Förderung der sorbischen Volkskunst; ein Literaturpreis und ein Journalistenpreis, die alljährlich verliehen wurden
Publikationen/Archive: ›Nowa doba‹ (obersorbisch: Neue Zeit), in Bautzen erscheinende Tageszeitung; ›Nowy Casnik‹ (niedersorbisch: Neue Zeit), in Cottbus erscheinende Wochenzeitung; ›Rozhlad‹ (Umschau), kulturpolitische Monatszeitschrift

Dorfakademie
→ Betriebsakademie

Dorffestspiele
→ Arbeiterfestspiele

E

Einkaufs- und Liefergenossenschaft des Handwerks
→ Genossenschaften

Einsatzleitungen der DDR, um 1960–1989
Planungs-, Koordinierungs- und Befehlsorgane für den Verteidigungs- oder Notstandsfall

E. waren der Kommandostruktur des →›Nationalen Verteidigungsrates der DDR‹ zugeordnet: Einer Zentralen E. beim NVR unterstanden ›Bezirkseinsatzleitungen‹ (BEL) und ›Kreiseinsatzleitungen‹ (KEL). Sie wurden nach 1960, jedoch nicht überall zur gleichen Zeit gebildet. Da ihr Bestehen und ihre Tätigkeit strenger Geheimhaltung unterlagen, ist über die Einrichtung und die praktische Tätigkeit der E. bis heute wenig bekanntgeworden. Publiziert wurde jedoch 1993 das letztgültige »Statut der Einsatzleitungen«, das am 27.10.1981 vom Vorsitzenden des NVR, Erich Honecker, erlassen worden war und das ein Statut aus dem Jahre 1972 abgelöst hatte.
Laut Statut war in den Bezirken, »der Hauptstadt der DDR, Berlin« und den Kreisen der DDR »die Planung, Realisierung und Kontrolle der Maßnahmen der Landesverteidigung durch Einsatzleitungen zu koordinieren und einheitlich durchzusetzen«. Dafür waren in jedem Bezirk einschließlich Berlin/DDR Bezirkseinsatzleitungen und in jedem Kreis sowie in den Stadtbezirken von Berlin/DDR Kreiseinsatzleitungen zu bilden; außerdem konnten »bei Notwendigkeit für die einheitliche Durchsetzung von Aufgaben der Landesverteidigung« in bestimmten ›Kombinaten‹ und Stadtbezirken noch Koordinierungsgruppen eingerichtet werden. Die E. hatten vor allem für die Durchsetzung solcher Anordnungen und Beschlüsse zu sorgen, »die einer Koordinierung bedürfen«. Folglich befaßten sie sich kaum mit Fragen des direkten operativ-militärischen oder sicherheitspolitischen Handelns, konzentrierten sich vielmehr darauf, wie die im jeweiligen Territorium vorhandenen ökonomischen, verkehrs- und

nachrichtentechnischen, gesellschaftlichen und personellen Potenzen im Verteidigungsfall zu nutzen seien.
Den Vorsitz von BEL und KEL hatten in jedem Fall die 1. Sekretäre der Bezirks- bzw. Kreisleitungen der SED, und deren 2. Sekretäre fungierten jeweils als Stellvertreter. Einer BEL gehörten weiterhin an: der Chef des Wehrbezirkskommandos der →NVA, der Leiter der Bezirksverwaltung für Staatssicherheit, der Chef der Bezirksbehörde der →DVP, der Vorsitzende des →Rates des Bezirks und Leiter der →›Zivilverteidigung‹ sowie der als Sekretär der E. fungierende Leiter der Abteilung für Sicherheitsfragen der SED-Bezirksleitung. Entsprechend gehörten zu einer KEL neben dem Vorsitzenden und seinem Stellvertreter der Leiter des Wehrkreiskommandos der NVA, der Leiter der Kreisdienststelle für Staatssicherheit, der Leiter des Kreisamtes bzw. einer Inspektion der DVP, der Vorsitzende des Rates des Kreises bzw. Oberbürgermeister oder Bürgermeister in ihrer Eigenschaft als Leiter der ›Zivilverteidigung‹ und – wiederum als Sekretär der E. – der Mitarbeiter für Sicherheitsfragen der SED-Kreisleitung. Die Vorsitzenden der KEL unterstanden jeweils dem Vorsitzenden der territorial übergeordneten BEL.
»In Vorbereitung auf den Verteidigungszustand« hatten die E. ihre Koordinierungsaufgaben auch dahingehend wahrzunehmen, daß ein »enges Zusammenwirken mit den Generaldirektoren, Direktoren oder Leitern von zentralgeleiteten ›Kombinaten‹, wirtschaftsleitenden Organen, Betrieben und Einrichtungen« organisiert wurde. Dabei hatten sie eine »ständige Führungsbereitschaft« aufrechtzuerhalten und nach Arbeitsplänen vorzugehen, die jeweils auf Bezirksebene für ein Kalenderjahr, auf Kreisebene für ein Kalenderhalbjahr zu beschließen waren. Routinemäßig war vorgesehen, daß eine BEL mindestens einmal, eine KEL mindestens zweimal im Quartal zur Beratung und Beschlußfassung zusammentraten. Für die Vor- und Nachbereitungen der Sitzungen waren die Sekretäre der E. verantwortlich.
Im Krisen- und Mobilmachungsfall war die Führungsbereitschaft der E. kurzfristig zu erhöhen; dann hatten die Vorsitzenden der E. aus eigens vorbereiteten Führungsstellen, i. d. R. die jeweiligen Wehrkommandos der NVA, ihre Führungsaufgaben zu verwirklichen. Um diesen Aufgaben genügen zu können, waren die Mitglieder der E. zur Weiterbildung und zur Verbesserung der Informationstätigkeit verpflichtet; dazu dienten Schulungskurse, Übungen und Überprüfungen, über deren Resultate Berichte zu verfassen und Meldungen zu erstatten waren, die beim Vorsitzenden des NVR zusammenliefen. Erst wenn Auswertungen solcher Berichte und Meldungen zugänglich sind, werden Aussagen über das tatsächliche Wirken von E. in der DDR möglich sein.

Auflösung / Ende: Am 30.11.1989 erließ Egon Krenz, der damalige Vorsitzende des ›Nationalen Verteidigungsrates‹, den Befehl 16/89, in dem angeordnet wurde, daß die E. ihre Tätigkeit einzustellen hätten.

Elternbeirat, 1951–1990
Von den Eltern der Schüler an allgemeinbildenden Schulen gewählte Elternvertretung

Geschichte und Organisation: Die Verfassung der DDR von 1949 bestimmte in Art. 37: »Die Eltern wirken bei der Schulerziehung ihrer Kinder durch Elternbeiräte mit.« Gemäß dieser Bestimmung sollten der E. wie das →›Klassenelternaktiv‹ als gewählte Elternvertretungen Mitverantwortung für die schulische Bildung und Erziehung übernehmen. Durch beide Gremien wurden somit Bereitschaft und Befähigung der Eltern zur »sozialistischen Erziehung« ihrer Kinder und zur Zusammenarbeit mit der Schule gefördert. Die ersten Wahlen zu ›Elternbeiräten‹ an Grund- und Oberschulen fanden im Herbst 1951 statt und wurden seitdem in zweijährigem Turnus wiederholt.
In einen E. wurden i. d. R. 15 bis 20 Eltern gewählt, wobei man darauf achtete, daß in diesem Gremium möglichst viele Klassen, zumindest aber jede Klassenstufe durch Eltern vertreten waren. Der E., an dessen Sitzungen der Direktor der Schule teilnahm, leitete die ›Klassenelternaktive‹ an; sein Vorsitzender wirkte als Mitglied des ›Pädagogischen Rates‹ der Schule beratend in der Schulleitung mit. In den E. waren SED-Mitglieder in der Überzahl; diese beriefen, wenn es um die Vorbereitung politischer Aktionen oder um die Auswertung brisanter gesellschaftlicher oder schulischer Vorkommnisse ging, zur Vorklärung oder Vorbereitung »Genossenelternversammlungen« ein (→Bildungspolitik).

Funktionen und Wirkungen: Die Mitwirkungsrechte der E. waren in zentral erlassenen, verschiedentlich novellierten »Schulordnungen« und »Elternbeiratsverordnungen« festgelegt; in der vom 15.11.1966 hieß es: »Die Gemeinsamkeit von Familie und Schule ist Voraussetzung für die harmonische, kontinuierliche Entwicklung der Kinder zu sozialistischen Persönlichkeiten.« Die Mitarbeit der Eltern erfolgte ehrenamtlich, galt aber als »gesellschaftlicher Auftrag«, für dessen Erfüllung die Betriebe bezahlte Freizeit zu gewähren hatten. Richtlinien für deren Tätigkeit in einem E. ergaben sich aus den allgemeinen schulpolitischen Aufgaben und dem speziellen ›Schularbeitsplan‹. Allgemein galt es, das Interesse der Eltern für schulische Belange zu wecken, sich um die Lernatmosphäre an der Schule zu kümmern und über die Auseinandersetzung mit Schulproblemen auch auf die Familienerziehung Einfluß zu nehmen. Der E.

schlug deshalb auch vor, welche schulpolitischen, pädagogischen, medizinischen und psychologischen Kenntnisse den Eltern vermittelt werden sollten.
Um die polytechnische Ausbildung der Schüler und deren Berufsorientierung zu unterstützen, förderte er zudem »Patenschaftsbeziehungen« der Schule mit Betrieben und öffentlichen Einrichtungen. Das Interesse an solchen Beziehungen war durchaus beidseitig und wurde meistens über solche Eltern organisiert, die in den betreffenden Betrieben leitende Funktionen bekleideten. In der jeweiligen Schule arbeitete der E. mit dem ›Freundschaftspionierleiter‹ (→Pionierorganisation) sowie mit der FDJ-Leitung zusammen und half bei der ideellen und materiellen Vorbereitung von politischen und kulturellen Veranstaltungen; so kümmerte er sich auch um die Vorbereitung der →›Jugendweihe‹, um die Tätigkeit der →›Zirkel junger Sozialisten‹, in denen viele Eltern als Zirkelleiter fungierten, um den Schulsport sowie um die Arbeits- und Interessengemeinschaften der Schüler. In den 80er Jahren arbeiteten an den Oberschulen der DDR etwa 600000 Elternvertreter; davon waren rd. 100000 Mitglied eines E. und rd. 500000 eines ›Klassenelternaktivs‹; hinzu kamen weitere rd. 50000 Eltern, die in den Elternvertretungen von Kindergärten tätig waren. Aus jeder 3. Familie mit Schul- und Vorschulkindern arbeitete eine Mutter oder ein Vater als gewählter Elternvertreter.

Publikationen: Für die Elternvertretungen wurde die monatlich erscheinende Zs. ›Elternhaus und Schule‹ vom →Ministerium für Volksbildung herausgegeben. Auch regelmäßige Rundfunk- und Fernsehsendungen widmeten sich dieser Thematik.

Elternvertretung

→ Elternbeirat, → Klassenelternaktiv

Erfinderschulen

→ Kammer der Technik, → Sozialistischer Wettbewerb

Erneuerungspaß

Im Prozeß von Planung und Wettbewerb vorgeschriebenes »Führungsdokument«, in dem wissenschaftlich-technische Projekte von →›Kombinaten‹ und Betrieben unter Gesichtspunkten der Projektierung, Leitung, Innovationserwartung und technischer wie ökonomischer Verwertbarkeit festgeschrieben wurden

Als der E. Ende der 70er Jahre in den →›Kombinaten‹ eingeführt wurde, versprach man sich davon, die Erneuerung der Erzeugnisse wie der dafür eingesetzten Technologien im gesamten Produktionsprozeß von In-

dustriebetrieben voranzutreiben. Erwartet wurde, daß die Entwicklung technologischer und technischer Spitzenleistungen nun beschleunigt würde, so daß künftig auch DDR-Erzeugnisse das für jeweilige Produktbereiche international gegebene technisch-ökonomische Niveau erreichen und sich auf dem Weltmarkt behaupten könnten. Die im bestimmten Projektzusammenhang zu erreichenden ökonomischen Ziele hatte der Fachdirektor für Ökonomie zu definieren; die wissenschaftlich-technischen Zielvorgaben einschließlich des geforderten »Weltstandsvergleichs« waren vom Fachdirektor für Forschung und Entwicklung vorzubereiten und dem Generaldirektor zur Entscheidung vorzulegen. Die entsprechenden Eintragungen in den E. hatte dieser dann mit dem für das ›Kombinat‹ zuständigen Ministerium abzustimmen.
Da man in der SED-Führung der Meinung war, die Fähigkeit leitender »Wirtschaftskader« zu einem ergebnisorientierten, auf höchste ökonomische Effektivität bezogenen Denken sei nur unzureichend entwickelt, sollte eben diesen mit einem verpflichtenden und jederzeit überprüfbaren »Führungsdokument« auf die Sprünge geholfen werden. Durch die vorgeschriebene Pflicht, Planungsziele, Effektivitätssteigerungen, Produktinnovationen und verbesserte Absatzmöglichkeiten regelmäßig zu dokumentieren, sollte den verantwortlichen Leitern ständig bewußtgemacht werden, was SED-Größen als ökonomische Fundamentaleinsicht verkündeten. So sagte etwa Günter Mittag im März 1986 auf einem vom → ZK der SED organisierten Seminar den Generaldirektoren der ›Kombinate‹ und den dort eingesetzten → ›Parteiorganisatoren des ZK‹, daß es bei »allen Fragen der Anwendung von Mikroelektronik, moderner Rechentechnik, CAD/CAM-Technik, automatisierter Fertigungsabschnitte, moderner Technologien, der Biotechnologie usw. stets um steigende Produktivität der Arbeit, größere Einsparung von Energie und Material, bessere Ausnutzung der Fonds bei gleichzeitiger Verbesserung der Arbeits- und Lebensbedingungen« zu gehen habe.
Mit solchen Binsenwahrheiten war der wirtschaftliche Niedergang aber nicht mehr aufzuhalten, auch dann nicht, wenn man Bekundungen des guten Willens in »Erneuerungspässe« eintrug. Die Schwächen einer Kommandowirtschaft, in deren starren Strukturen und illusionären Planvorgaben sich selbst die Kommandeure ständig verfingen, konnten auch durch den Chefideologen Kurt Hager nicht mehr übertüncht werden, der beschwörend dazu aufforderte, »den Persönlichkeitstyp des modernen Rationalisierungsmittelbauers näher [zu] betrachten, um zu begreifen, welche entscheidende Bedeutung schöpferisches Verhalten und schöpferische Leistung der Arbeiterklasse heutzutage haben«.
Von Untergangsvisionen einstweilen noch unbeirrt, arbeiteten Minister,

Staatssekretäre und hohe Staatsangestellte ebenso wie General-, Forschungs-, Personal- und andere Direktoren im Sinne eines preußisch-deutschen Paß- und Meldewesens am »Erneuerungspaß«. Unverdrossen wurde erklärt, »daß die Arbeit im Rationalisierungsmittelbau eine ehrenvolle Auszeichnung« sei, und Partei- wie Gewerkschaftsfunktionäre sicherten den dort Beschäftigten einen Platz auf der »Straße der Besten« zu (→›Sozialistischer Wettbewerb‹). Während derlei deklamiert wurde, waren in den ›Kombinaten‹ andere damit beschäftigt, den unrationellen Eigenbau von Transportkisten zu organisieren und die Produktion von Verpackungsmaterialien zu erweitern, damit die geplanten Spitzenprodukte auch schön verpackt auf den Weltmarkt gelangen könnten.

Ernst-Moritz-Arndt-Universität Greifswald (EMAU)
→ Universitäten der DDR

Esperanto-Verband
→ Kulturbund der DDR

Evangelische Kirche in Deutschland (EKD)
→ Bund Evangelischer Kirchen in der DDR

Evangelische Kirche der Union‹ (EKU)
→ Bund Evangelischer Kirchen in der DDR

›Exquisit‹-Läden
→ Handelsorganisation (HO), → Intershop

F

Fachschule für Journalistik in Leipzig
→ Verband der Journalisten der DDR

FDGB-Feriendienst
→ Feriendienst des FDGB

FDGB-Hochschule
→ Gewerkschaftshochschule ›Fritz Heckert‹, Bernau

Feriendienst des FDGB, 1947–1990
Gewerkschaftliche Sozialeinrichtung zur Vermittlung von Urlaubsreisen und -plätzen

Geschichte und Organisation: Der F. wurde am 20. 3. 1947 auf Beschluß des Bundesvorstandes des →FDGB gegründet. Durch die Vergabe gewerkschaftlicher Erholungsreisen sollten die Urlaubsmöglichkeiten der Werktätigen schrittweise verbessert und die Attraktivität der Gewerkschaften gesteigert werden. Nach einem festgelegten Verteilerschlüssel, der sich auch an der wirtschaftlichen und gesellschaftlichen Bedeutung der Betriebe und Einrichtungen orientierte, erhielten die jeweiligen Grundorganisationen von den FDGB-Kreisvorständen die Reisen zugeteilt. 1947 konnten so nur 17500 Urlaubsreisen vermittelt werden, doch bis 1950 stieg das Kontingent schon auf 305000, bis 1956 auf 600000. Nach dem 17. Juni 1953 versuchte die SED bei den Arbeitern verlorenes Ansehen zurückzugewinnen und steigerte deshalb die staatlichen Zuwendungen erheblich, um den FDGB zu einer sozialpolitischen Verteilungsagentur aufzuwerten. Zur Subventionierung der Urlaubsreisen wurden 1952 immerhin 13,8 Mio. Mark aufgewandt; 1955 waren es dann schon 33 Mio. Mark.
1988 verfügte der F. über 695 Erholungsheime und 428 vom FDGB vertraglich genutzte Einrichtungen, darunter auch →›Interhotels‹, sowie

über das FDGB-Urlauberschiff ›Arkona‹. Die Zahl der gewerkschaftlich organisierten Reisen stieg von 210000 (1949) über 2,2 Mio. (1970) bis auf rund 5,17 Mio. (1988) an. Schiffsreisen – und i. d. R. auch die meisten ›Interhotel‹-Plätze – wurden allerdings nur als Auszeichnung an besonders verdiente FDGB-Mitglieder vergeben; dazu gehörte – offensichlich überrepräsentiert – die gewerkschaftliche Führungsschicht. Über die Belegung der etwa 76000 betrieblichen Erholungseinrichtungen (einschließl. der Bungalows, Wohnwagen und Zelte) entschieden ebenfalls die zuständigen gewerkschaftlichen Leitungen.

Funktionen und Wirkungen: Die im jeweiligen Betrieb zu vergebenden FDGB-Urlaubsreisen wurden den Gewerkschaftsgruppen mitgeteilt. Die FDGB-Mitglieder konnten sich dann für einen Urlaubsplatz bei der ›Ferienkommission‹ der →BGL bewerben, die – nach häufig aufreibenden Diskussionen mit den Betroffenen – über die Vergabe der Urlaubsplätze entschied. Vor allem die Ostseeplätze waren immer besonders umstritten. Lagen mehr Bewerbungen als zu vergebende Plätze vor, versuchte die BGL, soziale Gesichtspunkte, die Anzahl schon früher gewährter FDGB-Urlaubsreisen, die Arbeitsleistungen und »gesellschaftliche Aktivität« bei ihren Entscheidungen zu berücksichtigen. Die Gewerkschaftsleitungen waren angehalten, Urlaubsanträge von Schichtarbeitern, Familien mit mehreren Kindern sowie Werktätigen, die körperlich schwere und gesundheitsgefährdende Arbeit verichteten, vorrangig zu behandeln. Doch schon diese Vorzugsregelung ließ sich wegen des häufig zu geringen Platzangebots nicht immer einhalten; z. B. waren Urlaubsreisen für Familien mit 3 oder mehr Kindern nur sehr schwer zu bekommen.
Denjenigen, deren Anträge positiv beschieden wurden, boten sich zumindest Urlaubsmöglichkeiten zu sehr preisgünstigen Bedingungen. Der FDGB-Urlauber mußte einen ›Ferienscheck‹ erwerben, der für einen bestimmten Zeitraum (i. d. R. 13 oder 20 Tage) auf eine bestimmte Erholungseinrichtung ausgestellt und nicht übertragbar war; dafür zahlte er einen an der Höhe seines monatlichen Durchschnittseinkommens orientierten Preis. Zumindest die Angehörigen niedriger Einkommensgruppen hatten somit nur zwischen 25 und 33 Prozent der tatsächlichen Kosten für Unterbringung und Versorgung selbst aufzubringen. Für Kinder bis zum Abschluß der 10. Klasse (etwa jeder dritte Urlaubsplatz wurde von einem Kind genutzt) kostete der 13tägige Aufenthalt 30 Mark. Außerdem erhielt jedes Gewerkschaftsmitglied einmal im Jahr für die Reise mit der Eisenbahn zum Urlaubsort und zurück eine Fahrpreisermäßigung von 33 Prozent.
Doch nicht allein deshalb waren Gewerkschaftsmitglieder auf die Dienste

des F. angewiesen. Da der Urlaubs- und Ferientourismus durch die »Reisebüros« von FDGB und FDJ (→›Jugendtourist‹) weitgehend monopolisiert war, hatte das auch zur Folge, daß in den Urlaubsgebieten der DDR einst vorhandene Einrichtungen für einen privaten Fremdenverkehr nahezu vollständig verdrängt wurden und verkümmerten. Auch für den gewerkschaftlich gelenkten und verteilten Urlaub ergaben sich daraus insofern Einschränkungen, als nahezu ausschließlich solche Annehmlichkeiten genossen werden konnten, die in der Buchung enthalten waren. Aber am ›Feriendienst‹-Angebot zu mäkeln, machte wenig Sinn: Für Familien mit Kindern und vor allem auch für gesundheitlich beeinträchtigte Personen gab es kaum andere Erholungsmöglichkeiten – und die über den FDGB verteilten reichten bei weitem nicht aus. Nach Angaben aus dem Oktober 1989 kam damals im Jahresdurchschnitt auf etwa 13 Gewerkschaftsmitglieder ein ›Ferienscheck‹ für eine Familie, und für gesundheitlich Geschädigte standen pro Jahr rd. 25000 Erholungsreisen bzw. Plätze in besonderen Einrichtungen zur Verfügung.

Auflösung / Ende: Ende 1989 war nach der üblichen Vergabepraxis des F. die Verteilung der ›Ferienschecks‹ für das Jahr 1990 an die Grundorganisationen des FDGB abgeschlossen; 1,9 Mio. Schecks für rd. 5,2 Mio. Gewerkschaftsmitglieder und deren Angehörige waren ausgegeben worden. Zum gleichen Zeitpunkt kreuzte die ›Arkona‹ mit 540 Passagieren an Bord in der Karibik. Die so weit fortgeschrittenen Planungen und Vorbereitungen für das Urlaubsjahr 1990 sollten zu einem guten Ende geführt werden, weshalb im März der F. aus dem Organisationszusammenhang ausgegliedert wurde. Künftig sollte unter der Bezeichnung ›Feriendienst‹ ein Reisebüro des FDGB als juristisch selbständiger Gewerkschaftsbetrieb Aufgaben der Planung und Verteilung von Urlaubsreisen und -plätzen übernehmen. Offenbar ging man damals noch davon aus, daß man weiterhin mit Unterstützungen aus dem Staatshaushalt rechnen könne, die zuletzt rund 70 Prozent der Kosten abdeckten.

Für 1990 sicherten die Regierung de Maizière sowie Bundesregierung und →›Treuhandanstalt‹ auch zu, für die Einlösung der ausgegebenen Ferienschecks und die daraus entstehenden Kosten einstehen zu wollen. Doch mit der Währungsunion und der Auflösung des FDGB zum 30. 9. 1990 änderte sich die Situation grundlegend: Der größere Teil der staatlichen, gewerkschaftlichen und betrieblichen Ferienheime ging in ›Treuhand‹-Verwaltung über; für die Bewirtschaftung der aus Gewerkschaftsmitteln finanzierten Urlaubseinrichtungen wurde eine ›FEDI GmbH‹ gegründet, die aber mit Jahresende vor dem Aus stand, da weitere Subventionen von keiner Seite mehr zu erwarten waren. FEDI-Geschäftsführer Kühnel mußte in der zweiten Januarwoche 1991 beim Amtsgericht Charlottenburg in Berlin Konkurs anmelden. Die noch verbliebenen rd. 1200 Mitarbeiter erhielten Kündigungsschreiben.

Leiter, Direktoren und Geschäftsführer: Herbert Beige (1957–1965); Heinz Querengässer (1965–1969); Erhard Sonntag (1969–1986); Klaus Perrin (1986–1989); Anton Filler (1989–1990 amt.); Hans-Peter Kühnl (1990/91 Geschäftsführer der ›FEDI GmbH‹)

Feste der jungen Talente und Künstler, 1959–1990

Zentrale Veranstaltungen der volkskünstlerischen Massenbewegung in der FDJ

Geschichte und Organisation: Auf dem VI. Parlament der → FDJ im Mai 1959 wurden F. erstmals als eine »ständige Form der kulturellen Massenarbeit« der FDJ bezeichnet. Sie waren Bestandteil einer »Bewegung« von künstlerischen Wettbewerben, die in den Grundorganisationen der FDJ und in den Wohngebieten beginnen und auf Kreis- und Bezirksebene weitergeführt werden sollte. Als Höhepunkt und jeweiliger Abschluß waren Zentrale F. gedacht, die seit 1960 immer auf Beschluß des FDJ-Zentralrates stattfanden. Um einen kulturellen Aufschwung in den FDJ-Kollektiven zu erreichen und die Ausstrahlung der FDJ in den Wohngebieten zu erhöhen, wurden seit 1967 ehrenamtliche ›Räte der jungen Talente‹ bei den Kreisleitungen der FDJ gebildet.

Funktionen und Wirkungen: Die F. sollten die künstlerische Selbstbetätigung der Jugendlichen anregen und der Talentförderung dienen. Zur Popularisierung dieser Zwecksetzung entwickelten Rundfunk und Fernsehen Sendereihen, u. a. die 1958 entstandene, von Heinz Quermann moderierte Fernsehshow ›Herzklopfen kostenlos‹, die von Teilnehmern der F. gestaltet wurde. Die F. nahmen – nach einer anfänglichen Demonstrationsphase – den Charakter von Leistungsvergleichen und künstlerischen Werkstattveranstaltungen an. Insofern förderten sie die Auswahl begabter Jugendlicher, die zur Ausbildung an Musik- und Kunstschulen delegiert oder zur Mitarbeit in Volkskunstgruppen, Arbeitsgemeinschaften und Ensembles gewonnen wurden. Verbreitet war auch die Vergabe von Auftragsarbeiten an junge Maler und Grafiker.

Umwandlung: Das letzte ›Zentrale F.‹ war ausschließlich jungen Musikern und Sängern vorbehalten; es fand im Mai 1991 in Cottbus mit 51 Musikschülern statt und wurde vom ›Deutschen Musikrat‹ der Bundesrepublik betreut. Ab 1992 beteiligt sich der musikalische Nachwuchs aus den neuen Bundesländern an dem bundesweiten Wettbewerb ›Jugend musiziert‹.

Zentrale Feste der jungen Talente: 1960 in Berlin/DDR; 1961 in Leipzig; 1963 in Cottbus; 1965 in Frankfurt (Oder); 1967 in Karl-Marx-Stadt; 1969 in Berlin/DDR; 1971 gleichzeitig in Dresden, Magdeburg, Neubrandenburg und Schwerin; 1973 in Magdeburg; 1975 in Dresden; 1977 in Dresden und Karl-Marx-Stadt; 1987 in Dresden; 1991 in Cottbus
Auszeichnungen / Preise: Goldmedaillen und Sonderpreise für Instrumentalfächer und Gesang

Festival der Freundschaft zwischen der Jugend der UdSSR und der DDR, 1970–1983

Freundschaftstreffen zwischen Delegierten des sowjetischen ›Komsomol‹ und der →›Freien Deutschen Jugend‹

Geschichte und Organisation: In den jeweils für mehrere Jahre geltenden Programmen der Zusammenarbeit beider Jugendverbände – das erste wurde im Mai 1969 in Moskau von J. Tjashelnikow und G. Jahn unterzeichnet – waren die F. als Höhepunkte vorgesehen. Das erste F. wurde am 3. 10. 1970 in Dresden eröffnet und sollte den glanzvollen Abschluß des ›Leninjahres‹ bilden, das aus Anlaß des 100. Geburtstages von Lenin proklamiert worden war. Dem an den Festlichkeiten teilnehmenden W. Ulbricht wurden die Ergebnisse des ›Leninaufgebots der FDJ‹ überreicht (u. a. hatte die FDJ 30000 Jugendliche für die Aufnahme in die SED gewonnen, und in einer Aktion ›Materialökonomie 70‹ konnte ein Nutzen von 500 Mio. Mark abgerechnet werden).
Auch die weiteren F. fanden jeweils als krönende Abschlüsse von breit angelegten Kampagnen statt: 1972 feierte man in Leningrad aus Anlaß des 50. Jahrestages der Gründung der UdSSR; 1975 in Halle aus Anlaß des 30. Jahrestages der Befreiung des deutschen Volkes vom Faschismus; 1977 in Wolgograd aus Anlaß des 60. Jahrestages der Oktoberrevolution usw. Die F. wurden jeweils von Organisationsbüros (›Orgbüros‹) vorbereitet und durchgeführt, in denen leitende Funktionen von Mitarbeitern des FDJ-Zentralrates wahrgenommen wurden; außerdem kamen in diesen ›Orgbüros‹ nahezu die gesamten örtlichen FDJ-Leitungen sowie Studenten der →Jugendhochschule ›Wilhelm Pieck‹ zum Einsatz. An den Veranstaltungen der Festivals nahmen Tausende von delegierten Jugendlichen des Gastgeberverbandes und jeweils einige hundert besonders ausgewählte Mitglieder der »Bruderorganisation« teil.

Funktionen und Wirkungen: Die F. dienten der weiteren Festigung der Beziehungen zwischen beiden Jugendverbänden; sie sollten deshalb die

Gemeinsamkeiten des »Kampfes« beider Organisationen hervorheben. Für einen nachhaltigen emotionalen Eindruck sollten die festlichen Eröffnungsveranstaltungen und die großen »Demonstrationen der Freundschaft« sorgen, während die gemeinsamen wissenschaftlich-propagandistischen Konferenzen, Seminare und Erfahrungsaustausche sich um die Lösung von politischen und vordringlich auch ökonomischen Aufgaben beider Verbände bemühten. Durch eine sorgfältige und geschickte Organisation vorbereitet und den jeweiligen politischen Anlaß propagandistisch nutzend, sollte aber vor allem das marxistisch-leninistische Weltbild verfestigt und der gerade aktuelle, von den Parteiführungen beider Länder jeweils gewünschte politische Sichtzwang durchgesetzt, d. h. auf die aktiven Kerne in den Jugendorganisationen übertragen werden.

Festivals: I. F. vom 3.–7. 10. 1970 in Dresden; II. F. vom 24.–29. 6. 1972 in Leningrad; III. F. vom 14.–19. 5. 1975 in Halle; IV. F. vom 24.–30. 6. 1977 in Wolgograd; V. F. vom 23.–26. 5. 1980 in Karl-Marx-Stadt; VI. F. vom 12. 10.–16. 10. 1983 in Kiew; VII. F. vom 5.–8. 6. 1987 in Gera

Festival des politischen Liedes, 1970–1989

Jährlich in Berlin/DDR stattfindendes Treffen von Autoren und Interpreten politischer Lieder

Geschichte und Organisation: Das F. entstand im Rahmen der sich seit Mitte der 60er Jahre entwickelnden Singebewegung der →FDJ. Internationale Musikströmungen wie Jazz, Beat und Folksong sowie Berichte über das ›Civil-Rights-Movement‹ und die ›Anti-Vietnamkriegs-Bewegung‹ in den USA lieferten auch Impulse für die politisch-kulturelle Stimmung der Jugend in der DDR. Diese wurden besonders durch Auftritte Wolf Biermanns wie des kanadischen Folksängers Perry Friedman, der seit 1959 in der DDR lebte, verstärkt, von den »Verantwortlichen« in →SED und FDJ jedoch mit wachsender Skepsis beobachtet.

Die FDJ war bemüht, die unter Jugendlichen verbreiteten Stimmungen und politisch-kulturellen Tendenzen für die eigenen Ziele nutzbar zu machen. Nach dem am 1. 11. 1965 vom Zentralrat der FDJ gegen Biermann verhängten Auftrittsverbot und dem kulturellen Kahlschlag, den das 11. ZK-Plenum im Dezember 1965 auslöste, beschloß das Sekretariat des ZK am 6. 9. 1966, »das politische Niveau des pazifistischen Protestsongs zu überwinden« und die »Entwicklung des Massensingens in den FDJ-Grundorganisationen« durchzusetzen. So entstanden bis 1967 ca. 500 Singeklubs; 1973, auf dem Höhepunkt der von der FDJ gesteuerten Singebewegung, waren es 4000. Zur Popularisierung der dort vorgetragenen und

geprobten Lieder trug vor allem der seit dem ›Deutschlandtreffen der Jugend‹ im Mai 1964 bestehende Jugendsender ›DT 64‹ bei.
Das F. entwickelte sich aus den Jahrestagen des Berliner ›Oktoberklubs‹, der Ende der 60er Jahre zum bekanntesten FDJ-Singeklub geworden war; er veranstaltete es zum ersten Mal 1970 zusammen mit der FDJ-Bezirksleitung Berlin und dem ›Klub International‹. Seitdem wurden die F. unter Leitung der Abteilung Kultur des FDJ-Zentralrates vorbereitet und durchgeführt; bis 1989 fanden sie immer im Februar in Berlin/DDR statt. Bei diesen Treffen von Interpreten und Autoren politischer Lieder ging es vordringlich um die vom ZR der FDJ gewünschte Repräsentanz des politischen Liedes. Sie fanden mit stets wachsender internationaler Beteiligung statt; waren 1970 neben 18 Gruppen aus der DDR nur fünf ausländische vertreten, so kamen 1976 schon 44 Gruppen und Solisten aus 30 Ländern zum 6. F. in Berlin/DDR zusammen. In der erstmals 1967 in Halle und seitdem ebenfalls jährlich stattfindenden Werkstattwoche der Singeklubs dominierten hingegen – wie beim → ›Poetenseminar‹ – Fachfragen und Werkstattgespräche.

Funktionen und Wirkungen: Die 1980 erschienene ›Musikgeschichte der DDR‹ gibt folgende Definition: »Die Festivals waren politische Kundgebungen. In ihrer Thematik nahmen sie stets Stellung zu aktuellen weltpolitischen Ereignissen: Sie bezogen Position für das vietnamesische Volk gegen den amerikanischen Aggressor, sie unterstützten und besangen in ihren Liedern die Politik der Unidad Popular, sie erhoben nach dem gewaltsamen Sturz der Regierung Salvador Allendes flammenden Protest gegen den faschistischen Terror der Militärjunta und bekundeten internationalistische Solidarität mit dem chilenischen Volk, sie griffen ein mit ihren Liedern in den Kampf um nationale Unabhängigkeit, um Befreiung von Ausbeutung und Unterdrückung, sie setzten sich kritisch auseinander mit der politischen und sozialen Lage der Arbeitenden in der kapitalistischen Welt und bezogen Position für den realen Sozialismus, besonders auf dem 6. Festival unter dem Motto ›DDR-konkret‹.«
Die DDR-Führung hatte ein zwiespältiges Verhältnis zur Singebewegung. Einerseits fürchtete sie engagierte Lieder, wie sie Wolf Biermann, Bettina Wegner oder Stephan Krawczyk vortrugen; andererseits vergab sie 1979 einen ›Nationalpreis‹ an Förderer der FDJ-Singebewegung. Typisch war sowohl das latente Mißtrauen hartleibiger Ideologen als auch die leidenschaftliche Treue junger Menschen zu Liedern von Wolf Biermann, Perry Friedman, Reiner Schöne, dem ganz jungen Hartmut König, Bettina Wegner, Reinhold Andert, Barbara Thalheim, Hans-Eckardt Wenzel, Steffen Mensching, Gerhard Gundermann und vielen anderen. In deren Liedern

drückten sich Liebe und Ängste, Fragen und Widersprüche, Ratlosigkeit und Trauer aus, die Jugendliche in der DDR auf andere Weise kaum so artikulieren konnten. Den Dogmatikern gelang es daher nie, die Singebewegung insgesamt oder das F. zum ausschließlichen Instrument ihrer Politik zu machen. Gerade die F. waren ja auch ein Fenster zur Welt, das – einmal aufgestoßen – auch von Kulturfunktionären genutzt wurde, um frische Luft ins Land zu lassen – so z. B. von Lutz Kirchenwitz, einem der Gründer des ›Oktoberklubs‹.

Auflösung / Ende: Als 1989/90 Organisation und Vermögensverhältnisse der FDJ zusammenbrachen, waren damit auch dem F. die finanziellen Grundlagen entzogen. Seit 1992 treffen sich Liedermacher zum ›ZwischenWelt-Festival‹, das viele als eine Fortsetzung des F. sehen.

Archiv: Vom Verein ›Lied und soziale Bewegungen e. V.‹ wurde in das Archiv des ›Instituts für zeitgeschichtliche Jugendforschung e. V.‹ ein Sonderbestand zum politischen Lied der DDR (u. a. mehr als 2000 Tonbänder) eingebracht.

Festival des sowjetischen Kino- und Fernsehfilms in der DDR, 1972–1989

Jährlich veranstaltetes Filmfestival zur Information über neue Produktionen aus der UdSSR

Erstmals fand das F. vom 1.–10. 11. 1972 statt. Die seitdem jährlich in diesem Zeitraum organisierten F. sollten dem DDR-Publikum die neueste sowjetische Filmproduktion vermitteln. Darunter waren häufig Filme mit hohem künstlerischen Anspruch, u. a. ›Der weiße Vogel mit dem schwarzen Fleck‹ (1972, Regie: Juri Iljenko); ›Kalina Krasnaja‹ (1974, Regie: W. Schukschin); ›Bahnhof für zwei‹ (1984, Regie: Eldar Rjsanow); ›Abschied von Matjora‹ (1979/83, Regie: Larissa Schepitko/E. Klimow); ›Die Kommissarin‹ (1966/1988, Regie: Alexander Askoldow). Diese Filme brachten Informationen über die Sowjetunion und Denkanstöße zu weltanschaulichen Fragen, die in der üblichen Propaganda nicht zu finden waren. Deshalb war die Zuschauerresonanz bei den jeweils 8 bis 12 Filmen, die in Berlin und in Bezirksstädten gezeigt wurden, stets hoch, des öfteren stieg sie auf über 2 Mio. Kinobesucher an.
Als im November 1988 die sowjetische Zeitschrift ›Sputnik‹ von der Postzeitungsliste gestrichen wurde, ließ man aus gleichem Grund auch fünf sowjetische Filme, darunter den schon 1966/67 in der UdSSR gedrehten, aber dann verbotenen Film ›Die Kommissarin‹, aus den Spielplänen der Kinos herausnehmen. Diese von der Furcht vor »Glasnost« und »Perestroika« diktierte administrative Maßnahme der Kulturabteilung des →ZK der SED bewirkte das genaue Gegenteil des Intendierten. Nun

waren diese Filme in aller Munde, ja, ihr Verbot rief Unverständnis und lautstarken Widerspruch hervor. Doch erst nachdem auch Mitglieder und Funktionäre der Künstlerverbände, vor allem des →›Verbandes der Film- und Fernsehschaffenden‹, in die Proteste einstimmten, mußten die Filme nach und nach wieder ins Programm genommen werden. Allerdings wurden sie dann vorwiegend in Studiokinos aufgeführt.

Filmtheater
→ DEFA – ›Deutsche Film-Aktiengesellschaft‹

Fischereiproduktionsgenossenschaft werktätiger See- und Küstenfischer (FPG), 1955–1990

Die Küstenfischerei der DDR lag – im Gegensatz zur Hochseefischerei, die von →›Kombinaten‹ in Rostock und Saßnitz betrieben wurde – ausschließlich in den Händen von F., die an der gesamten Küste der DDR tätig waren. Ihre landseitigen Schwerunkte lagen in Wismar, Rostock-Warnemünde und in den Küstenorten auf Rügen und Usedom. Mit dem ersten Musterstatut für F. von 1955 war auch die Einrichtung von ›Volkseigenen Fischerei-, Fahrzeug- und Gerätestationen‹ (FGS) verfügt worden. Diese stellten den F. die neuesten Fischereifahrzeuge und Fanggeräte zur Verfügung, wodurch diese im Ausrüstungsstand den privaten Einzelfischern überlegen wurden. Solch ein »Anreiz« konnte jedoch keineswegs alle Fischer bewegen, ihre Privatexistenz aufzugeben, so daß 1957 noch ein zweiter FPG-Typ mit niedrigerem Vergesellschaftungsgrad eingerichtet wurde. Ähnlich wie bei den →LPG konnten die See- und Küstenfischer seitdem zwischen dem FGP Typ I und dem stärker vergesellschafteten FGP Typ II wählen. 1977 wurde ein neues, einheitliches Statut für die F. erlassen.
Die F. hatten limitierte Fangquoten, auf deren Einhaltung strikt geachtet wurde. Der größere Teil ihrer Fänge wurde vertraglich von Fischverarbeitungswerken (in Saßnitz war das größte) abgenommen; ein kleiner Teil gelangte in den sofortigen Verkauf. Durch mangelnde Kühltransportkapazitäten gelangte Frischfisch jedoch nur in einige Ballungsgebiete. Küstenbesuche waren daher für den Fischliebhaber auch immer verbunden mit Erwerb und Verzehr von Aal, Flundern und frischem Räucherfisch. Nicht zuletzt durch den freien Verkauf dieser Fische – Aal wurde mitunter an Kontrollen vorbei in Fischerstiefeln an Land gebracht – gehörten die Mitglieder der F. zu den wohlhabendsten Schichten in der DDR.

Flug- und Fallschirm-Sportverband der DDR (FFSV)
→ Gesellschaft für Sport und Technik, darin: Flug- und Fallschirm-Sportverband

Forschungsinstitut für Körperkultur und Sport (FKS)
→ Deutsche Hochschule für Körperkultur

Forschungsinstitut Manfred von Ardenne, Dresden, 1955–1990
Als Privatunternehmen geführte naturwissenschaftliche Forschungseinrichtung

Der Physiker Manfred von Ardenne hatte schon mit 16 Jahren sein erstes Patent angemeldet. Nachdem er durch Erfindungen im Bereich der Funk- und Fernsehtechnik zu wissenschaftlichem Ansehen und beträchtlichen Einkünften gekommen war, unterhielt er von 1928–1945 in Berlin-Lichterfelde ein privates Forschungslabor für Elektronenphysik. Unmittelbar nach Kriegsende wurde er in die UdSSR verbracht, wo er sich an Forschungsarbeiten zum Bau sowjetischer Nuklearwaffen beteiligte; in einem eigens für ihn eingerichteten Labor bei Suchumi am Schwarzen Meer entwickelte er ein Verfahren zur Isotopentrennung. Für seine Tätigkeit wurde er mit dem hochdotierten ›Stalinpreis‹ ausgezeichnet und konnte 1955 wieder in die DDR zurückkehren.
Dort wurde der Heimkehrer ebenfalls mit einem ›Nationalpreis‹ geehrt, so daß Ardenne nun – als Preisträger privilegiert und mit ausreichenden Mitteln versehen – auf dem Weißen Hirsch in Dresden einige Villen erwerben konnte, in denen er 1955 wiederum ein privates Forschungsinstitut einrichtete. Das F. arbeitete als Privatunternehmen unter der Leitung von Ardenne, der zugleich eine Professur an der →Technischen Universität Dresden, ein Volkskammermandat für den →Kulturbund und zahlreiche Vorstandsämter wahrnahm. Es konnte diesen Sonderstatus auch gegen alle Verstaatlichungsversuche behaupten: In zähen Verhandlungen erreichte der wissenschaftliche Unternehmer, daß der private Status des Instituts zunächst für die Dauer seines Lebens, später sogar auf Lebenszeit seiner ebenfalls wissenschaftlich tätigen Kinder garantiert wurde. Das F. beschäftigte zeitweilig bis zu 500 Mitarbeiter, die auf den Gebieten der Elektronen- und Ionenphysik forschten und wissenschaftliche Geräte konstruierten.
Seit Anfang der 60er Jahre verlagerte sich das Schwergewicht der Forschung immer mehr in medizinische Bereiche: Ardenne entwickelte die »systemische Krebs-Mehrschritt-Therapie« und als ein Derivat davon eine »Sauerstoff-Mehrschritt-Therapie«. Nach 1989 bestand das F. als Privatunternehmen fort. Da jedoch liquidierte DDR-Firmen bestehende

Verpflichtungen gegenüber dem Institut nicht mehr einlösten und staatliche Fördermittel ausblieben, mußten die Forschungstätigkeit eingeschränkt und die Zahl der beschäftigten Mitarbeiter stark reduziert werden. Im August 1993 berichtete die Zeitung ›Die Welt‹, das F. sei mit 4,3 Mio. DM verschuldet und beschäftige noch 80 Personen.

Forschungsrat der DDR, 1957–1990

Dem → ›Ministerrat der DDR‹ nachgeordnetes, höchstes beratendes Gremium für die Planung und Koordinierung der naturwissenschaftlichen und technischen Forschung

Geschichte und Organisation: Der F. wurde am 6. 6. 1957 gebildet; er trat an die Stelle des im selben Jahr aufgelösten ›Zentralamtes für Forschung und Technik‹ bei der → ›Staatlichen Plankommission‹. Die Mitglieder des F., deren Anzahl auf 45 begrenzt war, wurden vom Vorsitzenden des Ministerrates jeweils für drei Jahre in ihre Funktionen berufen. Sie arbeiteten i. d. R. in Gruppen und Kommissionen, deren Arbeitsprogramme in Plenartagungen beraten und festgelegt wurden. Erst am 7. 1. 1965 erhielt der F. ein Statut; die darin festgeschriebenen umfangreichen Aufgaben des Rates wurden jedoch 1972 wieder wesentlich eingeschränkt, weil nun die → AdW beauftragt wurde, die Entscheidungsgrundlagen über die Hauptrichtungen und Schwerpunkte der naturwissenschaftlichen Forschung für die Partei- und Staatsführung vorzubereiten.

Funktionen und Wirkungen: Der F. sollte, ausgehend von international erkennbaren Entwicklungstrends, zunächst den wissenschaftlich-technischen Forschungsvorlauf für die »sozialistische Rationalisierung« und Intensivierung der Produktion fördern und organisieren. Dazu bildete er – in der Zeit vor 1972 – verschiedene Beratungsgremien, darunter auch die ›Zentralen Arbeitskreise für Forschung und Technik‹ (ZAK), die dafür zu sorgen hatten, daß in den Planvorgaben alle einschlägigen Entwicklungen von der Grundlagenforschung bis zur Produktion berücksichtigt würden. Unter den Bedingungen der wissenschaftlich-technischen Revolution, die spätestens seit Mitte der 60er Jahre auch in der DDR die Forschungs- und Wirtschaftsentscheidungen beeinflußte, war der F. mit der Lösung solch komplexer Fragen überfordert. Nachdem sein Gründungsauftrag Anfang der 70er Jahre von der AdW übernommen worden war, konzentrierte er seine Tätigkeit auf ausgewählte Forschungsvorhaben und wandelte sich nun zum beratenden Gremium des → Ministeriums für Wissenschaft und Technik.

Aufgrund der Analyse zukunftsträchtiger Aufgabengebiete initiierte der F. wissenschaftlich-technische Konzeptionen für Erzeugnisse, Technologien und Verfahren. Für die Wissenschaftsgebiete Biologie, Elektrotechnik, Maschinenbau u. a. wurden Gruppen des F. gebildet, die vor allem herausragende wissenschaftlich-technische Leistungen auf diesen Gebieten förderten. Kommissionen des F. hatten zudem die Aufgabe, Lösungswege für »Querschnittsaufgaben« zu erarbeiten, z. B. für die Reinerhaltung der Luft. Ende der 70er und Anfang der 80er Jahre bildete der F. ›Zentrale Arbeitskreise‹ für die Gebiete Mikrobiologie, Industrieroboter und elektronische Bauelemente, die analytisch-prognostische Untersuchungen, Studien und Beratungen durchführten.

Auflösung / Ende: Art. 38, Abs. 7 des Einigungsvertrages legte die Auflösung des F. mit dem Wirksamwerden des Beitritts der DDR zur Bundesrepublik fest.

Vorsitzende: Peter Adolf Thießen (1957–1965); Max Steenbeck (1965–1978); Herbert Weiz (ab 1982–1989 als Minister für Wissenschaft und Technik de facto auch Vors. des F.)
Archive: Archivbestände des F. befinden sich heute in der Verwaltung des Bundesarchivs, Abt. V, in Potsdam.

Frauenausschuß, 1952–1989

Ehrenamtlicher Ausschuß bei den →›Betriebsgewerkschaftsleitungen‹ oder bei den Vorständen der →›Landwirtschaftlichen Produktionsgenossenschaften‹ zur Wahrnehmung der Interessen von berufstätigen Frauen

Die F. wurden auf Beschluß des →Politbüros der SED vom 8. 1. 1952 als Interessenvertretungen der Frauen gebildet und standen zunächst unter unmittelbarer politisch-organisatorischer Verantwortung der SED. Mit dem PB-Beschluß vom 15. 12. 1965 wurden sie Teil der betrieblichen Gewerkschaftsorganisation. Sie nahmen über die BGL bzw. die LPG-Vorstände Einfluß auf die berufliche Qualifizierung der Frauen, sorgten dafür, daß auch Frauen bei der Besetzung politischer, gewerkschaftlicher und betrieblicher Funktionen berücksichtigt wurden, und kümmerten sich um die Arbeits- und Lebensbedingungen von Frauen. Die F. hatten das Recht, inhaltliche Vorschläge zur Konzeption des →BKV einzubringen sowie die Einhaltung der gesetzlichen Bestimmungen zur Frauenförderung zu kontrollieren.
Durch die politische Arbeit der F. sollte das Selbstbewußtsein der Frauen gestärkt und ihre Rolle im gesellschaftlichen wie beruflichen Leben anerkannt werden. 1966 gab es in den Betrieben 13500 F., in denen 96000 Frauen tätig waren. Um möglichst viele Frauen für die aktive Teilnahme am »Aufbau des Sozialismus« zu gewinnen, wurde besonderer Wert darauf gelegt, auch diejenigen für die Mitarbeit in den F. zu werben, die nicht

in Parteien oder Massenorganisationen organisiert waren. Am 23.9.1981 beschloß der BuV des FDGB auf seiner 14. Tagung, die Bezeichnung ›Frauenausschuß‹ durch ›Frauenkommission‹ zu ersetzen, um eine Angleichung an die Benennung der bei den BGL üblichen Untergliederungen zu erreichen.

Frauenkommission
→ Frauenausschuß

Frauenkommission der SED, 1952–1989
Bei den Bezirks-, Kreis-, Stadtbezirks- und Stadtleitungen der SED bestehende ehrenamtliche Organe

Die F. wurden jeweils nach der Bezirks- bzw. Kreisdelegiertenkonferenz der SED durch das Sekretariat berufen. Den Vorsitz übernahm i. d. R. ein Mitglied der entsprechenden Parteileitung. Die F. hatten beratenden Charakter und sollten bei der Durchsetzung der frauenpolitischen Beschlüsse der SED mitwirken. Sie kontrollierten und unterstützten auch die Arbeit der Frauenausschüsse bzw. -kommissionen bei den Bezirks- und Kreisleitungen des →FDGB, die Tätigkeit der jeweiligen Leitung des →DFD sowie die des ›Aktivs Frauen‹ der Land-, Forst- und Nahrungsgüterwirtschaft bei den Räten der Bezirke und Kreise.

Frauenpolitik
Die F. der →SED ging von der marxistischen These aus, daß der Emanzipationsprozeß der Frauen integriert sei im Kampf der Arbeiterbewegung gegen die Abhängigkeit vom Kapital. Als dieser Kampf mit Unterstützung der →SMAD gewonnen schien, war man überzeugt, daß die Gleichberechtigung der Frauen den Aufbau des Sozialismus als unerläßliche Voraussetzung bedinge. 1945 forderten die Nachkriegsverhältnisse in der SBZ insbesondere von den Frauen einen kreatürlich-zähen Überlebens-, Friedens- und Aufbauwillen, hatten sie doch die Arbeit der im Krieg gefallenen, versehrten und in Gefangenschaft geratenen Männer zu übernehmen. In dieser Situation verkündete Wilhelm Pieck in einer Rede am 19.9.1945: »Wichtig ist die Einreihung der Frauen unseres Volkes in die antifaschistisch-demokratische Einheitsfront ... Die von den kommunalen Selbstverwaltungen zu schaffenden Frauenausschüsse und Frauenheime sollen Mittelpunkte für die gemeinsamen Interessen der Frauen, für ihre Schulung und ihren Einsatz im Kampfe für eine bessere Zukunft sein.«
Die erste zentrale Delegiertenkonferenz der Frauenausschüsse, die am 13/14.7.1946 in Berlin stattfand und bei der Oberst Sergej Tulpanow für

die SMAD und Otto Grotewohl für die SED zu den Frauen sprachen, hatte die Aufgabe, nach dem Muster von → FDGB und → FDJ die Bildung einer einheitlichen Frauenorganisation im Gefolge der SED vorzubereiten. Als solche entstand am 8.3.1947 der → ›Demokratische Frauenbund Deutschlands‹ (DFD). Mit dessen Gründung hatte die stalinistisch geprägte SED-Führung um Walter Ulbricht ein wichtiges strategisches Kampfziel erreicht: Eine selbstbestimmte und differenzierte Emanzipationsbewegung der Frauen war von vornherein verhindert worden; mit Hilfe einer gleichgeschalteten, weltanschaulich auf den Marxismus-Leninismus verpflichteten Frauenorganisation war es eher möglich, Machtanspruch und Massenformierung durchzusetzen; in die Konstruktion der angestrebten proletarischen Diktatur schien damit wieder ein wichtiges Teil eingefügt zu sein.
In einer Zeit des Neubeginns nach der Niederlage der faschistischen Diktatur und in der Besorgnis über den sich ankündigenden Kalten Krieg war es für viele Frauen, die sich damals für eine Frauenpolitik und -bewegung engagierten, sicher nicht möglich, diese Entwicklung so zu sehen. Dennoch wurde auf diese Weise ein Mechanismus in Gang gesetzt, der letztendlich von denen gesteuert wurde, die meinten, sie könnten auch den Frauen auf der Grundlage ihres allmächtigen, marxistisch-leninistisch-stalinistischen Wissens erläutern, wie diese ihre Befreiung zu bewerkstelligen hätten. In Konsequenz waren selbstbewußte und politisch sensible Frauen, denen die politischen Anliegen und ihre Formulierung Erfahrungs- und Herzenssache waren, in den Augen dieser Funktionäre schulungsunwillig, widerspenstig und politisch unzuverlässig, also für eine sozialistische F. nicht brauchbar.
Auf ihrem II. Parteitag im September 1947 bekundete die SED in einer »Resolution zur Frauenfrage«, daß sie »vorbehaltlos für die wirtschaftliche und politische Gleichberechtigung der Frau auf allen Gebieten des Lebens« kämpfen werde. Daß die Partei nach ihrem Verständnis damit auch Ernst machte, hatte neben politisch-ideologischen Gründen weitere Ursachen in einem permanenten Arbeitskräftemangel und der demographisch ungünstigen Bevölkerungsstruktur (erheblicher Frauenüberschuß und hoher Rentneranteil). Die geplanten wirtschaftlichen Wachstumsraten und der strukturelle Umbau der Industrie bei weiterhin hohem Reparationsaufkommen machte den Einsatz aller verfügbaren Arbeitskräfte notwendig. Dafür wurden die Frauen mobilisiert, indem man deren eigene Emanzipationsbedürfnisse mit dem Aufbau des Sozialismus verkettete.
In der von der SED betriebenen F. war natürlich auch ein erzieherischer Aspekt enthalten, dessen Kerngedanke davon ausging, daß sich die

Selbstverwirklichung des Menschen wesentlich im Prozeß und durch den Prozeß der Arbeit entfalten würde. Erst wenn die stärksten, in »Ausbeutergesellschaften« geschmiedeten ökonomischen und politischen Fesseln gesprengt und die kapitalistische Entfremdung der Arbeit überwunden seien, könne sich eine optimale Persönlichkeitsentwicklung der Menschen vor allem im Berufsleben, insbesondere in der »sozialistischen Gemeinschaftsarbeit«, vollziehen (→›Sozialistischer Wettbewerb‹).
In der bei Gründung der DDR verkündeten Verfassung hieß es in Artikel 7: »Mann und Frau sind gleichberechtigt. Alle Gesetze und Bestimmungen, die der Gleichberechtigung der Frau entgegenstehen, sind aufgehoben.« Am 27.9.1950 beschloß die →Volkskammer erstmals ein »Gesetz zum Schutz von Mutter und Kind und über die Rechte der Frau«. In den folgenden Jahren wurden diese gesetzlichen Gleichstellungsbestimmungen weiter ausgebaut; markante Beispiele dafür waren das von der Volkskammer am 20.12.1965 verabschiedete ›Familiengesetzbuch‹ sowie das am 16.6.1977 verabschiedete ›Arbeitsgesetzbuch‹.
Darin wurden die Rechte der werktätigen Frauen und Mütter erweitert. Die Bestimmungen im ›Arbeitsgesetzbuch‹ bezogen sich u.a. auf die Schaffung der äußeren Voraussetzungen für die Berufstätigkeit der Frauen, etwa die Einrichtung von Kinderkrippen und -gärten (→›Bildungspolitik‹), von Betriebsverkaufsstellen und anderen Dienstleistungseinrichtungen; weiterhin betrafen sie arbeitszeitliche Sonderregelungen und Kündigungsschutz für Schwangere und stillende Mütter, u.a. die Verlängerung des Schwangerschaftsurlaubs von 6 auf 20 bzw. 22 Wochen (bei Mehrlingsgeburten oder komplizierten Entbindungen); Arbeitsfreistellung und Zahlung von Mütterunterstützung bis zum Ende des 1. oder – bei Nichtbereitstellung eines Krippenplatzes – bis zum 3. Lebensjahr des Kindes; Kündigungsverbote von mindestens einem bis zu drei Jahren. Alleinerziehenden Müttern wurden zudem eine Reihe von Vorzugsbedingungen gewährt.
Zur praktischen Durchsetzung der Gleichberechtigung der Frauen im Berufsleben hatte das →Politbüro am 8.1.1952 einen Beschluß über die Bildung von →›Frauenausschüssen‹ gefaßt. Danach waren diese zunächst direkt den Leitungen der →›Grundorganisationen der SED‹ in den Betrieben und Einrichtungen unterstellt; Ende 1964 wurden sie dann den →›Betriebsgewerkschaftsleitungen‹ (BGL) zugeordnet. Mit den Frauenausschüssen festigte die SED ihren politischen Einfluß unter den Frauen, weil die Ausschüsse dafür sorgten, daß Frauenfragen im Arbeitsprozeß eine größere Aufmerksamkeit gewidmet wurde, daß die Bedingungen für die berufliche Qualifizierung der Frauen sich verbesserten, daß auch Frauen bei der Besetzung politischer, gewerkschaftlicher und betrieb-

licher Funktionen berücksichtigt und zugleich die Arbeits- und Lebensbedingungen von Frauen mehr beachtet wurden. Zweifellos wurde durch solche Maßnahmen das Selbstbewußtsein der Frauen im Berufsleben gestärkt. Aber das änderte wenig daran, daß Frauen vielfach bis zur politischen »Wende« auf die geringer entlohnten Arbeitsplätze verwiesen waren. Dies rechtfertigend hieß es dann oft: »Einen Arbeitsplatz mit so niedrigem Lohn kann man doch einem Mann nicht anbieten«! Das war auch ein Grund dafür, daß Frauen häufig nur zu »Chefchen« aufstiegen, deren Gehalt dann sehr oft unter der Entlohnung der unterstellten Arbeiter lag (keine Überstundenzuschläge usw.).

Im Rahmen wirtschaftlicher Reformversuche, die zu mehr wirtschaftlicher Effizienz führen und die Belange des wissenschaftlich-technischen Fortschritts stärker in Rechnung stellen sollten (→›Wirtschaftspolitik), begann die SED in den 60er Jahren, sich den Fragen der beruflichen Qualifikation interessierter zuzuwenden. Als Bestandteil der →›Betriebskollektivverträge‹ (BKV) wurden nun auch ›Frauenförderungspläne‹ aufgestellt, in denen gezielte Qualifizierungmaßnahmen und berufliche Perspektiven für Frauen festgelegt wurden. An den →›Betriebsakademien‹ wie an den ›Dorfakademien‹ wurden spezielle Lehrgänge eingerichtet, in denen Frauen auf eine berufliche Tätigkeit im jeweiligen Betrieb vorbereitet wurden, bzw. Weiterbildungslehrgänge für diejenigen abgehaten, die vorübergehend aus dem Berufsleben ausgeschieden waren. Zu diesem Zweck entstand seit 1967 auf lokaler Ebene auch ein Netz von ›Frauenakademien‹. Im selben Jahr wurden an Bildungseinrichtungen →›Frauensonderklassen‹ geschaffen, um insbesondere das Direkt- oder Abendstudium an Fachschulen für berufstätige Frauen und Mütter zu erleichtern.

Die SED hatte 1964 dem FDGB mit der Übertragung der Verantwortung für die ›Frauenausschüsse‹ eine aktivere frauenpolitische Tätigkeit angetragen, und sie forderte zugleich den DFD auf, weiterreichende Aktivitäten zu entwickeln. Nach einem im Juni d. J. mit großem Pomp abgehaltenen 1. Frauenkongreß wurden vor allem die nichtorganisierten und nichtberufstätigen bzw. teilzeitbeschäftigten Frauen ins Visier genommen. Unterstützt von den ›Wohnbezirksausschüssen‹ der →›Nationalen Front‹ und »generalstabsmäßig« geführt von den kampferprobten Parteiveteranen der ›Wohnparteiorganisationen‹ (→›Grundorganisation der SED‹), wurden in den Wohngebieten die jüngeren Frauen sowie Frauen aus den mittelständischen und christlichen Bevölkerungsschichten als Zielgruppe ausgemacht, die für eine berufliche Tätigkeit, zumeist im sozialen und Dienstleistungsbereich, gewonnen werden sollte. Eine beabsichtigte Wirkung dieser Aktion war auch, berufstätige Mütter zu entlasten und deren berufliche Aufstiegschancen zu verbessern.

Seit Ende 1971 wurden zur beratenden Unterstützung berufstätiger Mütter sowie zur Vorbereitung auf Ehe und Familie über 200 ›Beratungszentren für Haushalt und Familie‹ geschaffen, die sich unter der Regie des DFD in den Bezirks- und Kreisstädten rasch zu Einrichtungen praxisorientierter Haushalts- und Säuglingspflege sowie zu Eheberatungsstellen entwickelten. Dennoch gab es in der DDR – außer in einer stark aufkommenden, aber höchst mißtrauisch zur Kenntnis genommenen Lesbenbewegung – eigentlich keine Orte, an denen Frauen über ihr Frausein nachdenken und sich aussprechen konnten. Der SED schien die Frauenfrage prinzipiell gelöst; Diskussionen, die sich mit der Gewalt gegen Frauen auseinandersetzten oder Benachteiligung, Mehrbelastung, Diskriminierungen der Frauen zum Gegenstand hatten, waren unerwünscht. Verbanden sich damit auch noch politische Aktivitäten, die, wie in der von Ulrike Poppe u. a. initiierten oppositionellen Bewegung »Frauen für den Frieden«, auch eine von den Frauen selbst entworfene unabhängige F. im Auge hatten, dann trat das MfS in Aktion.

Innenpolitisch weithin ungestört gelang es auf diese Weise, den Beschäftigungsgrad der Frauen stetig zu steigern und deren berufliche Ausbildung den gesellschaftlichen Bedürfnissen entsprechend zu verbessern. Hatte der Beschäftigungsgrad der Frauen 1950 rd. 54 Prozent betragen, so waren es 1970 schon 82 und 1988 rd. 91 Prozent. 1966 besaßen lediglich 20 Prozent der Arbeiterinnen einen Facharbeiterabschluß und nur 19 Prozent der in der Landwirtschaft beschäftigten Frauen eine abgeschlossene Berufsausbildung. 1988 ergab dann die Qualifikationsstruktur in der sozialistischen Wirtschaft folgendes Bild: 25 Prozent der Frauen besaßen einen Hoch- oder Fachschulabschluß (Männer: 19 Prozent); 62 Prozent der Frauen besaßen einen Facharbeiter-, Teilfacharbeiter- oder Meisterabschluß (Männer: 74 Prozent). Der Anteil der Frauen an den Berufstätigen betrug 1988 insgesamt 49 Prozent; im Handel waren es 72 und im Bildungs- und Gesundheitswesen sowie in weiteren nichtproduzierenden Bereichen 73 Prozent. Der Frauenanteil unter den Schullehrern wurde in der DDR statistisch nicht ausgewiesen, betrug aber sicherlich über 80 Prozent; mit Stolz wurde hingegen darauf verwiesen, daß 51 Prozent der Richter und 35 Prozent der Bürgermeister Frauen waren.

»Der Frauen Herz, Wissen und Tat für unseren sozialistischen Friedensstaat!« – mit diesem eindrucksvollen Reim aus der für die Massenagitation zuständigen Abteilung Agitation des → ZK der SED zogen im Frühjahr 1968 die Redner und Rednerinnen von Frauenversammlung zu Frauenversammlung, um die Umworbenen zu einem »Ja« für die Annahme einer neuen, nunmehr »sozialistischen« Verfassung zu bewegen. Diese wurde am 6. 4. 1968 mit großer Mehrheit (amtliche Angabe: 94,5 Prozent) durch Volksentscheid angenommen; Artikel 20, Absatz 2 lautete: »Mann und Frau sind gleichberechtigt und haben die gleiche Rechtsstellung in allen Bereichen des gesellschaftlichen, staatlichen und persönlichen Lebens. Die Förderung der Frau, besonders in der beruflichen Qualifizierung, ist eine gesellschaftliche und staatliche Aufgabe.« Das »Gesetz über die Unterbrechung der Schwangerschaft (Fristenregelung)« vom 9. 3. 1972 ermöglichte den Frauen, über Zeitpunkt und Anzahl von Geburten frei zu entscheiden (→›Gesundheitspolitik‹). Dieses Gesetz wurde von zahlreichen sozialen Maßnahmen begleitet, die später des öfteren noch erweitert wurden.

Zum Schutz des Staates waren auch die Frauen aufgefordert. Viele waren bei der →›Deutschen Volkspolizei‹ beschäftigt, vor allem in den Meldestellen und als »weiße Mäuse« bei der Verkehrspolizei. Frauen waren auch als Zivilbeschäftigte der →›Nationalen Volksarmee‹ tätig oder dienten als Soldatinnen auf Zeit im Sanitäts- und Nachrichtenwesen; bei den →›Kampfgruppen der Arbeiterklasse‹ war ebenfalls eine kleinere Anzahl von Frauen als Funkerinnen und im Sanitätsdienst eingesetzt. In der →›Zivilverteidigung‹ (ZV) galten Frauen zwischen dem 16. und 60. Lebensjahr als dienstpflichtig. So wurden im gesamten Hoch- und Fachschulbereich Studentinnen für 5 bis 6 Wochen in »ZV-Lagern« zusammengefaßt, i. d. R. zu Beginn des 2. Studienjahres im September/Oktober. Dort wurden sie uniformiert, übten sich in militärischer Disziplin und im Marschieren, erhielten eine Sanitäts- und Katastrophenschutzausbildung und wurden einer Polit-Schulung unterzogen. Als Gruppenführerinnen wurden unter »kaderpolitischen« Gesichtspunkten Studentinnen ausgewählt, die in einem Dreitagekurs unmittelbar vor Beginn des »ZV-Lagers« ihre Ausbildung erhielten; die höheren Ausbilder waren meistens Männer aus dem Lehrkörper der jeweiligen Hoch- oder Fachschule. Verstöße gegen die während dieser Ausbildung geforderte Disziplin wurden streng geahndet; das vorzeitige unerlaubte Verlassen eines »ZV-Lagers« konnte zur sofortigen Exmatrikulation führen.

Wäre der politischen Führung der DDR noch mehr Zeit beschieden gewesen, so hätte sie im »Vorwärtsschreiten« durchaus auf den Gedanken kommen können, die DDR als »Arbeiter-, Bauern- und Frauenstaat« auszurufen. Die mit über 50jährigen, schwergeprüften Nachwuchskadern durchsetzte SED-Führung hatte allerdings ein Problem, das sich in der Hofberichterstattung nicht vertuschen ließ. In der Partei betrug der Frauenanteil 36,5 Prozent (Mai 1989), doch in der Altherren-Führungsspitze saßen die Frauen am Katzentisch. Dem Politbüro gehörten während seiner 40jährigen Geschichte insgesamt 68 Mitglieder an; darunter waren nur 5 Frauen; 1989 waren es gerade 2: Inge Lange und Magarethe

Müller, die dort als »lebenslange« Kandidatinnen geduldet wurden. In dem bis zur politischen »Wende« 1989 amtierenden Zentralkomitee der SED, das im April 1986 vom XI. Parteitag gewählt worden war, befanden sich 165 Mitglieder und 57 Kandidaten; davon waren lediglich 17 bzw. 10 Frauen. Zu den mächtigsten Frauen in der DDR-Geschichte, die allesamt bei der großen Mehrheit der Frauen und Männer sehr unbeliebt waren, gehörten Lotte Ulbricht, Margot Honecker, Hilde Benjamin (Ministerin für Justiz von 1953–1967), Hanna Wolf (Rektorin der →Parteihochschule ›Karl Marx‹) und Inge Lange (Leiterin der Kommission für Frauenfragen beim Politbüro).

In den Ansprachen der Funktionäre und Funktionärinnen, in den Medien, während der Tagungen der Volksvertretungen und anderswo wurde die ebenso floskel- wie onkelhafte Rede von »unseren jungen Muttis« zu einem DDR-Idiom; keine Bezeichnung, die auf das weibliche Geschlecht hinwies, war so gebräuchlich wie diese. Dazu paßte auf vertrackte Weise, daß es bei der übergroßen Mehrheit der Frauen als übertrieben »emanzenhaft« galt, wenn für ihre beruliche Tätigkeit die weibliche Form der jeweiligen Berufsbezeichnungen gewählt wurde: »Ingenieurin« war undenkbar; selbst Lehrerinnen bezeichneten sich fast durchweg als »Lehrer«, obwohl an den Schulen »männliche Lehrer« kaum zu sehen waren (→Bildungspolitik). Alljährlich zum ›Internationalen Frauentag‹ am 8. März, der den unerwünschten »Muttertag« an Popularität übertraf, veranstalteten die Männer der Arbeitsbrigaden und -kollektive für ihre Kolleginnen die allseits beliebten »Frauentagsfeiern«, die aus der Brigadekasse, mit gewerkschaftlichen Zuwendungen und durch »Umlage« unter den Männern finanziert wurden. Die Festivitäten, die meistens mittags begannen, konnten sich durchaus bis in die Abendstunden hinziehen, während mitunter zu Hause die eigene Frau wartete. Natürlich wurden die Frauen an diesem Tag auch vielfach während der Arbeitszeit in Belegschaftsversammlungen von den staatlichen Leitern, →Parteisekretären und BGL-Vorsitzenden offiziell »begrüßt und beglückwünscht«; einige wurden bei dieser Gelegenheit auch mit staatlichen und gesellschaftlichen Auszeichnungen bedacht.

»Doppelbelastung der Frau« und »Haushaltshilfe Mann« bildeten ein in der DDR geläufiges Begriffspaar. Überkommene Denkmuster erschwerten in den 50er und 60er Jahren vielen Frauen die Entscheidung, sich neben der Kindererziehung auch eine berufliche Laufbahn zu sichern. Kinderwagen schiebende Männer waren zu jener Zeit eine Ausnahme. Seit den 70er Jahren änderte sich das, wobei die »Doppelbelastung« häufiger bei den Arbeiterinnen verblieb, weniger bei Hochschulabsolventinnen. Die prinzipielle Koedukation an den Schulen der DDR führte zu ei-

nem relativ vorbehaltlosen Umgang der Geschlechter miteinander. »Typische« Frauenbilder, die weder von Medien noch von der Unterhaltungs- oder Spielwarenindustrie herausgefordert wurden, existierten in der DDR nur in relativ abgeschwächter Form. Für das Verhalten von Frauen und Männern zueinander, das Nachdenken über die gesellschaftliche Stellung der Frau und die Thematisierung diesbezüglicher Konflikte leisteten die Künste in der DDR Beträchtliches.
Im »Reich der Kunst« und in der dort verteilten Gunst der Öffentlichkeit standen die Frauen den Männern keineswegs nach; einige der im folgenden genannten Künstlerinnen trafen den Nerv der Zeit kritischer, schmerzvoller und poetischer als ihre männlichen Kollegen und wurden deshalb verehrt und geliebt: Als Beispiele mögen hier von der älteren Generation die Malerin Lea Grundig, die Tanzpädagogin Gret Palucca, die Schriftstellerin Anna Seghers, die Schauspielerin Helene Weigel genannt sein; unter den Jüngeren sei auf die Schriftstellerinnen Christa Wolf, Sarah Kirsch, Irmtraud Morgner, Brigitte Reimann, Eva Strittmatter, Maxie Wander, die Theaterregisseurin Ruth Berghaus, die Schauspielerinnen Angelica Domröse und Jutta Hoffmann, die Liedermacherin Bettina Wegner und die Rocksängerin Tamara Danz verwiesen.

Frauensonderklassen, 1967–1989

F. wurden aufgrund einer ministeriellen Anordnung vom 19. 7. 1967 gebildet, um insbesondere das Direkt- oder Abendstudium an Fachschulen für berufstätige Frauen und Mütter zu erleichtern. In ihnen waren meistens Frauen mit gleichartigen Berufsabschlüssen zusammengefaßt, die eine höhere Qualifizierung erreichen wollten. Sehr häufig wurden so z. B. Facharbeiterinnen zur Fachschulingenieurin oder -ökonomin qualifiziert. Sie wurden dafür an zwei Tagen in der Woche bei voller Weiterzahlung des Lohnes von der Arbeit freigestellt. Bei einem Direktstudium, das für sie besonders organisiert wurde, erhielten die Teilnehmer einer F. bis zu 80 Prozent ihres Nettoverdienstes weiter ausgezahlt. Im Bereich der postgradualen Weiterbildung gab es die entsprechende Möglichkeit, eine »Frauen-Sonder-Aspiratur« in Anspruch zu nehmen.

Freie Deutsche Jugend (FDJ), 1946–1990

Sozialistische Massenorganisation der Jugendlichen der DDR

Geschichte und Organisation: Auf der 1. Funktionärskonferenz der KPD am 25. 6. 1945 erklärte W. Ulbricht, daß es keine kommunistische Jugendorganisation, sondern eine »einheitliche, freie Jugendbewegung« geben werde. Die →SMAD gestattete am 31. 7. 1945 »die Schaffung von antifaschistischen Jugendkomitees bei den Bürgermeistereien«; gleichzeitig wurde die Bildung anderer Jugendorganisationen verboten. Im September 1945 konstituierte sich unter der Leitung von E. Honecker ein Zentraler Jugendausschuß bei der ›Deutschen Zentralverwaltung für Volksbildung‹ (DVV), dem u. a. angehörten: E. Baumann, H. Keßler, E. Müller, P. Nelken, P. Verner, T. Wichert. Im Oktober und November 1945 entstanden in allen Ländern und Kreisen der SBZ Jugendausschüsse, die den jeweiligen Verwaltungen für Volksbildung unterstellt waren. Zu deren Leitern wurden z. B. in Sachsen H. Axen, in Brandenburg O. Wiesner, in Mecklenburg E. Eutin berufen. Am 7.3.1946 wurde dann der Antrag auf Gründung einer »überparteilichen, einigen, demokratischen Jugendorganisation« von der SMAD für die SBZ genehmigt; dieses Datum galt als Gründungstag des Verbandes der ›Freien Deutschen Jugend‹, dessen erster Vorsitzender Erich Honecker wurde.

Das I. ›Parlament der FDJ‹, die zentrale Delegiertenkonferenz, fand 1946 in Brandenburg/Havel statt; es schloß den Gründungsvorgang mit der Verabschiedung von ›Grundsätzen und Zielen‹ und von Statuten der F. ab; außerdem proklamierte das Parlament »Grundrechte der jungen Generation«, in denen ein Bekenntnis zur Erhaltung der Einheit Deutschlands abgelegt und eine Reihe allgemeiner demokratischer Forderungen erhoben wurden, so die nach einer stärkeren Berücksichtigung der Jugend im politischen Leben, der Herabsetzung des Wahlalters auf 18 Jahre, dem Recht auf Arbeit, Erholung und Bildung. Den 633 Delegierten versprach der vom Parlament gewählte Vorsitzende E. Honecker unter großem Beifall, den »überparteilichen Charakter unserer Organisation wie unseren eigenen Augapfel zu hüten«. Der neu konstituierte Zentralrat (ZR) setzte sich aus 46 SED-, 8 CDU-, 4 LDP-Mitgliedern und 4 Parteilosen zusammen; in dessen Sekretariat wurden 8 SED-Mitglieder, 4 Christdemokraten, 1 Liberaler und 2 Kirchenvertreter gewählt.

Unter den sich verschärfenden Bedingungen des Kalten Krieges sowie den ab Herbst 1947 zur Eskalation beitragenden innerkommunistischen Auseinandersetzungen zwischen Stalin und Tito hatte das Konzept eines überparteilichen Jugendverbandes keine Chance. Das 1947 nach Meißen einberufene II. Parlament beschloß – noch unter Mitwirkung nichtkommunistischer FDJ-Funktionäre – die Uniformierung der F. (blaue Fahne mit aufgehender Sonne, Blauhemd) und die Gründung einer ›Kindervereinigung der FDJ‹. Danach führte jedoch der von der sowjetischen Besatzungsmacht vorgegebene und von den Kommunisten energisch beschrittene Weg zur kommunistischen Dominanz in der SBZ zu schweren politischen Auseinandersetzungen in den bürgerlichen Parteien. Auf der 11. Zentralratstagung, am 28. 1. 1948, traten je 2 der CDU bzw.

der LDPD angehörende Ratsmitglieder unter Abgabe gleichlautender Erklärungen aus der F. aus. Versuche von CDU, LDP und den Kirchen, nun eigene Jugendorganisationen aufzubauen, wurden von den sowjetischen Besatzungsorganen z. T. mit Terrormaßnahmen verhindert; es kam zu willkürlichen Verhaftungen, ja sogar zu einigen durch sowjetische Militärtribunale ausgesprochenen Todesurteilen. Somit war der Kampf um die Jugend in Ostdeutschland vorerst entschieden.

1949 wurde auf dem III. Parlament in Leipzig eine neue Verfassung verabschiedet, in der sich die F. für die »Entwicklung der neuen demokratischen Ordnung im Osten Deutschlands« aussprach und sich als »aktiver Helfer und Reserve« der politisch fortschrittlichen Kräfte bezeichnete. Das 1952 wieder in Leipzig veranstaltete IV. Parlament erkannte die »führende Rolle« der →SED ausdrücklich an und übernahm zugleich das Organisationsprinzip des →demokratischen Zentralismus. Damals trat W. Ulbricht mit der Kampfparole »Junge Garde vorwärts im Kampf für Frieden, Einheit, Demokratie und Sozialismus!« vor die Delegierten und forderte von den organisierten Jugendlichen, sie sollten wehrhaft werden, »um unser Vaterland mit der Waffe zu verteidigen«. Während eines Aufmarsches paradierten in Leipzig auch Gruppen bewaffneter Jungen und Mädchen in FDJ-Uniform, und die F. übernahm durch Beschluß der Delegierten die Patenschaft über die →›Deutsche Volkspolizei‹. Die 16. Zentralratstagung am 25.4.1957 erklärte die F. zur »sozialistischen Jugendorganisation der DDR«, die fortan »zuverlässiger Helfer und Kampfreserve der Partei der Arbeiterklasse« sein sollte. Damit war der politische Formierungsprozeß des Jugendverbandes abgeschlossen; de facto war die F. nun die Jugendorganisation der SED. Organisationsstruktur und Wahlmodalitäten sowie Kompetenzverteilung und Art der Leitung entsprachen weitestgehend denen der staatstragenden Partei.

Die Jugendarbeit in der DDR wurde vornehmlich von 2 Organisationen wahrgenommen: Für die 6- bis 14jährigen Kinder (1.–7. Klasse) war die →Pionierorganisation ›Ernst Thälmann‹ zuständig; Jugendliche konnten ab dem 14. Lebensjahr (8. Klasse) der F. beitreten und ihr i. d. R. bis zur Vollendung des 25. Lebensjahres angehören. An den Schulen wurde der Übertritt von den »Pionieren« zur F. häufig im Klassenverband vollzogen. Die Mitgliedschaft in beiden Jugendorganisationen war – den Statuten gemäß – freiwillig, doch mußten nichtorganisierte Jugendliche mit verschiedenen Benachteiligungen rechnen, weshalb der Organisationsgrad innerhalb der jeweiligen Altersgruppen ziemlich hoch war; 1981/82 betrug er z. B. bei den »Pionieren« 86,6 Prozent (1,605 Mio. Mitglieder) und bei der F. 77,2 Prozent (2,3 Mio. Mitglieder).

FDJ-Mitglieder waren in Grundorganisationen (GO) erfaßt, die in Dörfern, Genossenschaften, Betrieben und Bildungseinrichtungen bestanden und von denen es Mitte der 80er Jahre ca. 28500 gab. Die GO untergliederten sich in FDJ-Gruppen, von denen zur selben Zeit etwas mehr als 99000 gezählt wurden; waren die GO besonders groß, konnten zudem für bestimmte Abteilungen, Arbeitsbereiche, Fachrichtungen oder Studienjahre besondere FDJ-Organisationen eingerichtet werden. Die geistig-kulturelle, politische, sportliche und wehrsportliche Tätigkeit der »FDJler« fand in der Hauptsache in den FDJ-Gruppen statt, in denen Jugendliche vereint waren, die zusammen in einer Brigade, einer Schicht, einer Arbeitsgruppe, eine Schulklasse oder einem Seminar arbeiteten oder studierten. Diese Gruppen hatten die Funktionen von Grundorganisationen, waren den GO bzw. deren Leitungen jedoch unterstellt.
Oberhalb der GO bestand eine nach dem Prinzip des demokratischen Zentralismus aufgebaute Organisations- und Leitungshierarchie: Die GO waren in Orts- und Stadtbezirksorganisationen zusammengefaßt, diese wiederum in Stadt- und Kreisorganisationen, die nicht nur in Stadt- und Landkreisen, sondern auch in Großbetrieben, an →Universitäten und Hochschulen sowie an der →AdW gebildet wurden; darüber gab es 15 Bezirksorganisationen, die Gebietsorganisation Wismut sowie die FDJ-Organisationen in den »Bewaffneten Kräften«. An der Basis fanden die Wahlen der Gruppenleiter bzw. der GO-Leitungen in jährlichem Turnus in Mitgliederversammlungen statt; auf den höheren Ebenen wurden alle zwei bis zweieinhalb Jahre Delegiertenversammlungen abgehalten, von denen die Kreis- und Bezirksleitungen gewählt wurden. Da die F. sich in ihren Statuten darauf festgelegt hatte, möglichst viele Mitglieder in die aktive Verbandsarbeit einzubeziehen, ließ sie vielfach umfangreiche Leitungen wählen, die bis zu 21 Mitglieder umfassen konnten. Insgesamt wurden bei den jährlichen Verbandswahlen schließlich mehr als 650000 ehrenamtliche Funktionäre in FDJ-Leitungen gewählt, was annähernd 30 Prozent der Gesamtmitgliedschaft entsprach. Hauptamtlich tätig waren die Sekretäre und Sekretariatsmitglieder von den Kreisleitungen aufwärts, die 1. Sekretäre wichtiger GO und eine Reihe der mit Schulungsaufgaben beauftragten Funktionäre.
Laut Statut war das seit den 70er Jahren alle 5 Jahre (jeweils nach dem SED-Parteitag) zusammentretende ›Parlament der FDJ‹ das nominell höchste Verbandsorgan. Die Delegierten zum jeweiligen Parlament wurden anhand eines sog. Delegiertenschlüssels in Verantwortung der FDJ-Bezirksleitungen ausgewählt. Dabei wurde peinlich darauf geachtet, daß die für junge Arbeiter, Studenten, Schüler, Frauen, Leistungssportler, Künstler, Soldaten usw. vorher festgelegten Anteile eingehalten wurden.

Nicht die von der GO beurteilte Befähigung eines Kandidaten gab den Ausschlag für die Delegierung, vielmehr konnte es passieren, daß die Abt. Verbandsorgane des Zentralrats hektisch Order gab, nach einem männlichen, noch nicht 18jährigen Fischerlehrling, nach einer möglichst 25jährigen Melkerin aus dem Bezirk Magdeburg, die auch noch Abgeordnete der CDU sein sollte, oder nach einem Unterstufenlehrer, der bereits freiwillig 3 Jahre an der Grenze »gedient« hatte und dem Kulturbund angehörte, zu fahnden.

Die FDJ-Parlamente selbst glichen Showveranstaltungen, auf denen die Bezirksdelegationen stets geschlossen auftraten. Überraschungseffekte waren ausgeschlossen, denn die »Diskussionsbeiträge« der Rednerinnen und Redner waren – wenn die jeweils verantwortlichen Funktionäre sie nicht gleich selbst geschrieben hatten – Satz für Satz vorher abgesprochen worden. Das Parlament wählte den ›Zentralrat der FDJ‹, der aus rd. 120 bis 130 Mitgliedern und 25 bis 30 Kandidaten bestand. Dieses Gremium galt zwischen den Parlamenten als Verbandsleitung und trat i. d. R. dreimal jährlich zusammen. Ebenfalls vom Parlament wurde die →Revisionskommission (20–30 Mitglieder und Kandidaten) gewählt. Der Zentralrat wählte ein insgesamt etwa 30 Mitglieder umfassendes Büro, das als das eigentliche politische Führungsorgan des ZR galt, die F. allerdings keineswegs so dominierte wie das →Politbüro die SED. Das ebenfalls vom ZR gewählte Sekretariat leitete die ständigen politischen und organisatorischen Arbeiten der F.; ihm gehörten in den 80er Jahren 13 Sekretäre an, darunter der Chefredakteur der ›Jungen Welt‹. Dem ZR war es außerdem möglich, Mitglieder zu kooptieren, so daß etliche FDJ-Funktionäre auch auf diesem Wege in Führungspositionen gelangten.

Die operative Schaltzentrale der F. war der Apparat des ZR, dem etwa 400 hauptamtliche politische Mitarbeiter angehörten. Er war in Abteilungen untergliedert, die u. a. für die Ressorts Arbeiterjugend, Landjugend, Schuljugend, Berufsausbildung, Studenten, Bewaffnete Kräfte, Agitation, Propaganda, Kultur, Sport, Jugendforschung, Sekretariat des Büros, Kader, Finanzen zuständig waren; die beiden größten Abteilungen kümmerten sich um die eigenen Verbandsorgane und um internationale Verbindungen, eine weitere für ›Staat und Recht‹ betreute die Abgeordneten der F., insbesondere die Volkskammerfraktion des Verbandes.

Die Mitarbeiter dieser Abteilungen waren für die Ausarbeitung und Kontrolle von Beschlüssen im Verfügungsbereich der entsprechenden Ressorts verantwortlich. Auch wenn sie dabei strikt an die Beschlüsse der SED zur Jugendpolitik gebunden waren, so hatten sie doch einen verhältnismäßig großen Gestaltungsspielraum. Sie erarbeiteten die einschlägigen Beschlußvorlagen für das Sekretariat und konnten sich dabei

vielfältig beraten lassen, denn einem Mitarbeiter des FDJ-ZR wurde in der DDR selten die Tür gewiesen. In den ZR-Abteilungen wurden im Laufe der Jahre zahlreiche Politkarrieren geschmiedet; viele der dort tätigen Funktionäre gelangten später in zentrale Partei- und Staatsfunktionen. Da fast alle sich lange kannten, entstand so eine gereingte, »homogene« Kaderreserve, in der jeder Zugehörige das, was ihm abverlangt wurde, vor sich selbst schließlich mit der Devise rechtfertigte: »Ich kämpfe dort, wo die Partei mich hinstellt!«
Die Leitungsstränge zwischen →ZK der SED und dem ZR verliefen auf zwei Ebenen: Dem Büro des ZR gehörten stets der Leiter des →›Amtes für Jugendfragen‹, der für Jugendfragen verantwortliche Sekretär des FDGB-Bundesvorstandes, ein Mitglied der Politischen Hauptverwaltung der NVA sowie – last but not least – der Leiter der Abt. Jugend im ZK der SED an. Dieser war in der Parteiführung für die F. direkt verantwortlich. Die zweite Ebene lag noch darüber: Sie ergab sich aus der politischen Gewohnheit, daß der jeweilige FDJ-Chef in direkter Verbindung stand mit dem für die Jugend besonders verantwortlichen SED-Sekretär, der jeweils – wie Erich Honecker und Egon Krenz – aus der FDJ-Leitung gekommen war und vom amtierenden Generalsekretär zum »Kronprinzen« ausersehen wurde.

Funktionen und Wirkungen: Die Verquickung von SED und F. wurde im besonderen Maße dadurch erreicht, daß alle 1. Sekretäre der FDJ-Bezirks- und Kreisleitungen jeweils auch gewähltes Sekretariatsmitglied der entsprechenden SED-Leitung waren und deren Beschlußpflicht unterlagen. Daraus wuchs den 1. Sekretären der F. eine politische Autorität zu, die sie deutlich über die anderen FDJ-Sekretäre stellte; zugleich stattete dieser Umstand aber auch die FDJ-Leitungen im ganzen mit gehöriger Autorität gegenüber anderen gesellschaftlichen Kräften aus, da doch aus dem Munde der 1. Sekretäre der F. auch immer die jeweilige regionale SED-Spitze, also das oberste territoriale Machtorgan sprach.
Im Mittelpunkt aller Leitungstätigkeit in der F. stand stets das Bemühen, wirkungsvolle und tragfähige ökonomische Masseninitiativen zu entwikkeln. Das geschah unter zwei Gesichtspunkten: Zum einen sollten zusätzliche, möglichst große ökonomische Effekte erzielt werden, zum anderen sollten durch dieses Bemühen aber auch »vorwärtsdrängende« junge Sozialisten erzogen werden. Unter den zahlreich erdachten Initiativen und häufig erprobten Methoden erwiesen sich als besonders wirksam die →›Jugendobjekte‹ und die Bewegung der →›Messen der Meister von morgen‹ (MMM). Darüber hinaus wurden noch viele mehr oder weniger originell ausgetüftelte Aktionen gestartet, in denen sich die Jugend als

»Schrittmacher« (nicht »Mitmacher«!) gesellschaftlicher Prozesse exponieren sollte.

Zu den frühesten Mobilisierungsversuchen gehörte z. B. eine noch in den 40er Jahren unter der Parole »Jugend auf die Traktoren!« ausgerufene Aktion; Margarete Müller, eine der ersten FDJ-Traktoristinnen, verdankte ihr die spätere Stellung als Dauerkandidatin des Politbüros der SED. 1959 lief die gemeinsam mit der →DVP vorbereitete Aktion »Hugo Leichtsinn« an, die Tausende mobilisierte, nach fahrlässig handelnden Verkehrsteilnehmern zu »fahnden«. Während der in den 60er Jahren verbissen geführten »Aktion Ochsenkopf« stiegen FDJ-Trupps auf die Dächer und richteten dort die Fernsehantennen ohne Einwilligung der Betroffenen so aus, daß nur noch das DDR-Fernsehen empfangen werden konnte; da das jedoch schon aus technischen Gründen ein ziemlich aussichtsloses Unterfangen war, bewirkte der gelenkte Aktionismus diesmal eher das Gegenteil. Hingegen stieß die seit den 70er Jahren sportlich betriebene Ermittlung des »stärksten Lehrlings« bei den jungen Männern – wie bei zuschauenden Mädchen – auf große Resonanz.

Nicht nur an solchen Präferenzen, mehr noch an den Aktivitäten von →›Kinder- und Jugendspartakiaden‹, →FDJ-Singeklubs, →Jugendklubs u. v. a. erwies sich, daß die F. zumindest im Sport- und Freizeitbereich interessante Angebote machen und dauerhaft tragfähige Strukturen entwickeln konnte. Sie war ja in Schulen, Hochschulen und Betrieben überall präsent und verwaltete meist auch den größten Teil der Ferien- und Urlaubszeit von Schülern und Lehrlingen. Ferienlager, Ernteeinsätze und Wanderfahrten wurden von der F. organisiert; ihre Mitglieder übernahmen vielfach auch die Betreuung von Kindern und Jugendlichen, die ihre Ferien in betriebseigenen Erholungseinrichtungen verbrachten; außerdem wurde →›Jugendtourist‹, das einzige Jugendreisebüro der DDR für In- und Auslandsreisen, von der F. betrieben.

Die F. verfügte zusammen mit der Pionierorganisation ›Ernst Thälmann‹ über 3 Verlage, in denen eine Vielzahl von Zeitschriften und anderen Publikationen erschienen, die sich z. T. großer Beliebtheit erfreuten. Die unter dem Titel ›Mosaik‹ zwischen 1955 und 1975 herausgebrachten 223 Comic-Hefte avancierten in den 60er Jahren zur Kultzeitschrift; andere Zeitschriften wie ›Junge Kunst‹ oder die Studentenzeitschrift ›Forum‹ zeigten doch so viel kritische Haltung, daß ihr Erscheinen wieder eingestellt wurde. Auch die von der F. herausgegebene Tageszeitung ›Junge Welt‹ war bei jungen und älteren Lesern beliebter als das ›Neue Deutschland‹ und erreichte in den 80er Jahren eine höhere Auflage als das SED-Zentralorgan.

Die Schulungsarbeit der F. galt einerseits der Rekrutierung und Ausbildung eigener Funktionärskader, andererseits der sozialistischen Erziehung der Mitglieder. Höchste Bildungsstätte der FDJ war die in der Nähe Berlins befindliche →Jugendhochschule ›Wilhelm Pieck‹, an der Mitarbeiter des Zentralrats, der Bezirks- und Kreisleitungen sowie hauptberufliche FDJ-Sekretäre der GO ein einjähriges Studium absolvierten. Weitere hauptberufliche Mitarbeiter von Kreisleitungen sowie GO-Sekretäre konnten an den vom ZR unterhaltenen Schulen in Buckow, Grambow, Weimar und Zschorna dreimonatige Lehrgänge besuchen. Außerdem wurden im Rahmen vereinbarter Kooperation mit dem sowjetischen ›Komsomol‹ von 1950 bis 1989 rd. 750 leitende FDJ-Funktionäre an der ›Komsomol‹-Hochschule in Moskau ausgebildet. Zu den ersten Studenten, die dort ein einjähriges Studium aufnahmen, gehörten Margot Feist (spätere Honecker), Joachim Herrmann, Werner Lamberz, Inge Lange, Hans Modrow, Konrad Naumann und Horst Schuhmann. Andere Spitzenfunktionäre der F. konnten an der Moskauer Parteihochschule der KPdSU studieren. In der DDR stellten zudem die →Parteihochschule ›Karl Marx‹ und die →Gewerkschaftshochschule ›Fritz Heckert‹ Studienplätze für die Ausbildung zum ›Diplom-Gesellschaftswissenschaftler‹ zur Verfügung.

Für die Massenschulung der FDJ-Mitglieder wurde 1950 vom ZR das ›Studienjahr der FDJ‹ beschlossen und im folgenden Jahr erstmals begonnen. Während einer jeweils einjährigen Verpflichtung sollte in solchen Studienjahren die marxistisch-leninistische Weltanschauung der Jugend in der DDR gefestigt werden; das geschah hauptsächlich bei den GO in den →›Zirkeln junger Sozialisten‹, in denen – differenziert nach tätigkeitsbedingtem Interesse und unterschiedlichem Bildungsstand der Jugendlichen – in mehreren »Zirkelreihen« studiert wurde. Stimuliert wurde die Teilnahme an den FDJ-Schulungen durch die Verleihung des ›Abzeichens für gutes Wissen‹, das in drei Stufen vergeben wurde, das silberne jedoch nur an den, der sich zuvor schon das bronzene erarbeitet hatte, und das prestigeträchtige goldene nur an diejenigen, die schon zwei Wissensprüfungen bestanden hatten. Jugendliche, die für den Funktionärsnachwuchs in Frage kamen, wurden zudem in Internatslehrgängen auf Jugendschulen darauf vorbereitet, demnächst höhere Funktionen zu übernehmen.

Die internationalen Beziehungen der F. waren vielfältig und außergewöhnlich umfangreich. Seit 1948 gehörte sie dem ›Weltbund der Demokratischen Jugend‹ (WBDJ) und seit 1949 dem ›Internationalen Studentenbund‹ (ISB) an; neben dem ›Komsomol‹ war die F. der zahlungskräftigste Träger der ›Weltfestspiele der Jugend und Studenten‹. In den 60er Jahren gelang es der F., Beziehungen zu linken und liberalen

Jugendorganisationen in den westlichen Ländern anzuknüpfen, wodurch sie dazu beitrug, daß günstigere Voraussetzungen für die diplomatische Anerkennung der DDR erreicht wurden. Seit 1973 wurden auch wieder Verbindungen zu Jugendorganisationen in der BRD gesucht; mit der ›Sozialistischen Deutschen Arbeiterjugend‹ (SDAJ) kam es zum Abschluß von »Arbeitsvereinbarungen« und im September 1989 auch zu Gesprächen mit dem ›Deutschen Jugendring‹ über Möglichkeiten des innerdeutschen Jugendaustauschs.
Besonderen Wert legte die FDJ-Führung auf die Beziehungen zum ›Komsomol‹; seit etwa 1970 führten die Organisation der aufwendigen →›Festivals der Freundschaft zwischen der Jugend der UdSSR und der DDR‹, ein regelmäßiger Austausch von ›Freundschaftszügen‹ und viele andere Aktivitäten zu festen Partnerschaftsbeziehungen zwischen den Organisationen. So besaßen alle FDJ-Bezirksorganisationen ihre Partnerorganisationen in der UdSSR, mit denen ein reger Delegationsaustausch betrieben wurde: zwischen denen von Berlin und Moskau; Cottbus und dem Gebiet Lipezk; Dresden und Leningrad; Erfurt und der Litauischen SSR; Frankfurt (Oder) und dem Gebiet Witebsk; Gera und dem Gebiet Pskow; Halle und der Baschkirischen ASSR; Karl-Marx-Stadt und den Gebieten Wolgograd und Irkutsk; Leipzig und Kiew; Magdeburg und dem Gebiet Donezk; Neubrandenburg und der Karelischen ASSR; Potsdam und dem Gebiet Minsk; Rostock und Riga; Schwerin und Tallinn; Suhl und Kaluga.
In enger Zusammenarbeit mit der →NVA, den Organen der →›Zivilverteidigung‹, der →GST und den →Ministerien für Volksbidung sowie Hoch- und Fachschulwesen wurden vielfältige Methoden zur »sozialistischen Wehrerziehung« praktiziert. Dabei fiel der F. vor allem die Aufgabe zu, für allgemeine Verteidigungsbereitschaft und militärische Berufe zu werben sowie die Jungen für die eigentliche vormilitärische Ausbildung durch die GST und die Mädchen für die Übernahme künftiger Zivilschutzaufgaben zu motivieren. Dazu wurden für die Schüler der POS-Klassen 8–10 die ›Hans-Beimler-Wettkämpfe‹ organisiert, die sich über ein ganzes Schuljahr hinzogen und den schulischen Wehrkundeunterricht unterstützen und intensivieren sollten; die Besten des Wettbewerbs wurden mit ›Hans-Beimler-Ehrenzeichen‹ und Ehrenurkunden ausgezeichnet; hatten sich ganze Schulklassen hervorgetan, konnte ihnen ein ›Hans-Beimler-Ehrenwimpel‹ als Kollektivauszeichnung verliehen werden.
Für die Absicherung von Jugendtreffen und Massenaufmärschen hatte sich die F. ›Ordnungsgruppen der FDJ‹ geschaffen. Diese waren 1959 auf Beschluß des VI. Parlaments gebildet worden; Mitglieder konnten

»FDJler« ab 16 Jahre werden, die von den Bezirks- und Kreisleitungen berufen und geführt wurden. 1980 wurde der ›Zentrale Ordnungsgruppenverband der FDJ‹ als ständige ehrenamtliche Formation gebildet. Zu den Aufgaben von Ordnungsgruppen, die Ende der 80er Jahre etwa 40000 Mitglieder hatten, gehörte es auch, lokale Veranstaltungen zu sichern, den Einlaß und die Überwachung von Veranstaltungen in →Jugendklubs zu übernehmen sowie im Auftrag von SED und F. für die »Erhöhung von öffentlicher Ordnung und Sicherheit« zu sorgen, wenn politische Großereignisse vor der Tür standen.
Der SED gelang es immer wieder, in kritischen Situationen die F. zu mobilisieren. Im Zusammenhang mit der Abriegelung der Grenzen am 13. 8. 1961 beschloß das Sekretariat des ZR schon wenige Tage später ein »Aufgebot der Freien Deutschen Jugend: Das Vaterland ruft! Schützt die sozialistische Republik!«; außerdem erging ein »Kampfauftrag an alle Mitglieder der FDJ«, mit dem alle männlichen Mitglieder der F. im Alter von 18 bis 23 Jahren aufgefordert wurden, bereit zu sein, ihren Dienst in der NVA aufzunehmen. Bis zum 1. 11. 1961 hatten sich daraufhin rd. 285000 Jugendliche zum Eintritt in die »Bewaffneten Kräfte« bereit erklärt. In allen Bezirken wurden »FDJ-Regimenter« zum NVA-Dienst verabschiedet. Zudem waren bis Ende Oktober d. J. auch 3900 Ordnungsgruppen entstanden, die gemeinsam mit Staats- und Sicherheitsorganen operierten.
»Aufgebote« waren eine besonders beliebte Methode, um die heranwachsenden FDJ-Generationen am sozialistischen Aubau zu beteiligen. Mit besonders großem Aufwand wurden das 1955 abgeschlossene ›Wilhelm-Pieck-Aufgebot‹ und das 1970 beendete ›Lenin-Aufgebot‹ betrieben. Am 24. 11. 1984 beschloß der ZR ein ›Thälmann-Aufgebot‹ und stellte es unter die Losung: «Meine Tat für die Stärkung und den Schutz unseres sozialistischen Vaterlandes – der DDR! Alles für die Sicherung des Friedens!« Dieses letzte organisierte und realisierte FDJ-Aufgebot traf nun auf die »Wende-Generation« – die Jugend in der DDR hat dessen Losung auf eigenwillige Weise beherzigt. Ein allerletztes Aufgebot wurde deshalb auch obsolet; es sollte unter das Motto gestellt werden: »FDJ-Aufgebot DDR 40 – Auf dem Weg zum XII. Parteitag der SED«.
Die FDJ-Führung hielt der SED-Spitze um E. Honecker die Treue bis zum Untergang. Vom 12.–15. 5. 1989 wurde nochmals mit großem Aufwand das traditonelle ›Pfingstreffen der FDJ‹ in Berlin gefeiert. Dazu wurden Hunderttausende von Jugendlichen aus allen Teilen des Landes herbeigeholt. »Höhepunkt« war wie immer der Vorbeimarsch der »FDJler« an der Partei- und Staatsführung, die unter Vorantritt Honeckers die Ehrentribüne besetzt hielt. Der Generalsekretär des ZK der SED und Vorsitzende

des Staatsrates hatte tags zuvor, am Pfingstsonnabend, ein Treffen mit ausgesuchten FDJ-Funktionären im Haus des ZK der SED arrangieren lassen, bei dem die vorbehaltslose Zustimmung der DDR-Jugend zum politischen Kurs der SED-Führung zum Ausdruck gebracht werden sollte und wurde.

Erst am 11. 9. 1989 – an dem Tage, als Ungarn die Grenze gen Westen für DDR-Bürger öffnete – behandelte und bestätigte das Sekretariat des ZR eine »Analyse der politisch-ideologischen Situation unter der Jugend und Schlußfolgerungen für die politisch-ideologische Arbeit der FDJ«. Damit wurde erstmals auf der Führungsebene der F. die Krisensituation in der DDR aus der Sicht der Jugend reflektiert und über einige umumgängliche Schlußfolgerungen nachgedacht. Ein tragfähiges Reformkonzept konnte die Führung jedoch nicht mehr anbieten. Die Mitglieder liefen der F. in Scharen davon, und der »Hans-Dampf-in-allen-Gassen-Typ« des FDJ-Funktionärs, der zwar nirgends kompetent, doch überall einsetzbar war, bedachte bereits neue Überlebensstrategien. Hilflos verkündete der 1. Sekretär des ZR, Eberhard Aurich, auf der 12. ZR-Tagung am 26. 10. 1989: »Junge DDR-Bürger wollen einen modernen, einen lebendigen und schöpferischen Sozialismus unter Führung der SED, in dem sie ihre Vorstellungen vom Leben verwirklichen können. Die FDJ unterstützt alle, die dafür eintreten.« – Das war das politische Ende des Millionenverbandes.

Auflösung / Ende: Mit der DDR scheiterte auch die F. Der aus den Erfahrungen mit der nationalsozialistischen Diktatur abgeleitete, antifaschistisch-demokratische Gründungsgedanke wurde unter realsozialistischen Bedingungen und Anforderungen bald korrumpiert. Die 1945 proklamierte »einheitliche, freie Jugendbewegung« pervertierte zu einer quasi auf Zwangsmitgliedschaft gegründeten, monolithisch erstarrten, doktrinär gegängelten Massenorganisation, die im Schlepptau der SED agierte und folgerichtig in den Turbulenzen der gesellschaftlichen »Wende« unterging.

Die 13. Tagung des Zentralrats besiegelte am 24/25. 11. 1989 zunächst das Schicksal der bisherigen, von E. Aurich geleiteten FDJ-Führung. Nach dem Brandenburger Kongreß (26/27. 1. 1990) wurde der Verband umorganisiert und ein neues Sekretariat unter der Leitung von F. Türkowsky eingerichtet; die Verbandsbezeichnung lautete fortan »fdj« – in Kleinschrift! Ein Umschwung konnte damit jedoch nicht mehr herbeigeführt werden. Der Jugendverband, der in der Bundesrepublik seit 1951 wegen Verfassungsfeindlichkeit mit einem nach wie vor gültigen Verbot belegt war, das allerdings nicht auf die neuen Bundesländer ausgedehnt wurde, geriet nach dem 3. 10. 1990 in die politische Bedeutungslosigkeit; 1992 gehörten ihm noch etwa 850 eingeschriebene Mitglieder an.

Parlamente: I. P. im Juni 1946 in Brandenburg/Havel; II. P. im Mai 1947 in Meißen; III. P. im Juni 1949 in Leipzig; IV. P. im Mai 1952 in Leipzig; V. P. im Mai 1955 in Erfurt; VI. P. im Mai 1959 in Rostock; VII. P. im Mai/Juni 1963 in Berlin/DDR; VIII. P. im Mai 1967 in Karl-Marx-Stadt; XI. P. im Mai 1971 in Berlin/DDR; X. P. im Juni 1976 in Berlin/DDR; XI. P. im Juni 1981 in Berlin/DDR; XII. P. im Mai 1985 in Berlin/DDR; FDJ-Kongreß im Januar 1990 in Brandenburg
Jugendtreffen: → ›Deutschlandtreffen der Jugend‹ fanden im Mai 1950, im Juni 1954 und im Mai 1964 jeweils in Berlin/DDR statt; außerdem gab es das → ›Festival der Freundschaft zwischen der Jugend der UdSSR und der DDR‹ sowie die zentral und auf Bezirksebene veranstalteten ›Pfingsttreffen der FDJ‹.
1. und 2. Sekretäre des Zentralrats: Erich Honecker (1946–1955); Karl Namokel (1955–1959); Horst Schumann (1959–1967); Günter Jahn (1967–1974); Egon Krenz (1974–1983); Eberhard Aurich (1983–1989); Frank Türkowsky (1989–1990); Birgit Schröder (1990–1991); Jens Rücker (1991); • 2. Sekretäre: Heinz Lippmann (1949–1953); Werner Felfe (1954–1957); Konrad Naumann (1957–1964); Günter Jahn (1966–1967); Dieter Itzeroth (1967–1971); Wolfgang Herger (1971–1976); Erich Postler (1976–1980); Eberhard Aurich (1980–1983); Volker Voigt (1983–1989); Gabriele Klembalski (1989/90)
Vorsitzende der Zentralen Revisionskommission: Rolf Weißbach (1959–1963); Jochen Birkner (1963–1967); Horst Lindner (1967–1969); Hans-Ulrich Sattler (1969–1976); Karl-Heinz Näcke (1976–1981); Alexandra Schmidt (1981–1989); Bernd von Zweydorf (1990)
Sekretäre des Zentralrats bzw. Mitglieder des Sekretariats von 1946–1989: Hermann Axen (1946–1949); Eberhard Aurich (1980–1989); Edith Baumann (1946–1949); Klaus Bernhardt (1979–1982); Frank Bochow (1965–1976); Rudolf Böhm (1946–1947); Günter Böhme (1973–1982); Günter Bohn (1983–1989); Karl-Heinz Borgwardt (ab 1977); Edith Brandt (1954–1957); Horst Brasch (1949–1950); Werner Engst (1964–1971); Werner Erben (1952–1954); Margot Feist (1949–1953); Werner Felfe (1954–1957); Herbert Geisler (1946–1948); Georg Gensel (1959–1961); Werner Gerbeth (ab 1955); Hanjo Gliemann (1985–1989); Arno Göde (1955–1957); Alfred Groß (1982–1989); Renate Gubbe (1985–1989); Günther Hahn (1946–1947); Oswald Hanisch (1946–1949); Gerhard Heidenreich (1949–1950); Peter Heilmann (1947–1951); Eva Hempel (1962–1971); Wolfgang Herger (1964–1976); Joachim Herrmann (1958–1959); Ernst Hoffmann (1946–1947); Harald Hohlin (1971–1975); Erich Honecker (1946–1955); Rainer Huhle (ab 1980); Dieter Itzeroth (1967–1971); Günter Jahn (1966–1974); Bodo Jansen (1947–1948); Werner Jentsch (1967–1971); Catrin Kabus (1983–1986); Heinz Keßler (1948–1949); Hannes Keuch (1955–1959); Heinz Kimmel (1957–1961); Fritz Kirchhof (1963–1967); Manfred Klein (1946–1947); Gabriele Klembalski (1987–1989); Hartmut König (1976–1988); Egon Krenz (1961–1964, 1967–1983); Norbert Kulik (1987–1989); Helga Labs (1974–1985); Werner Lamberz (1953–1963); Inge Lange (1952–1961); Robert Lange (1946–1949); Dieter Langguth (1977–1984); Friedel Lewin (1946–1949); Marga Lindner (1946–

1947); Heinz Lippmann (1949–1953); Rudolf Mießner (1947–1949); Hans Modrow (1959–1961); Karl Morgenstern (1949–1950); Dieter Müller (1971–1980); Helmut Müller (1955–1966); Karl Namokel (1955–1959); Konrad Naumann (1957–1964); Gerhard Neukranz (1952–1954); Heinz Plöger (1955–1957); Wilfried Poßner (1980–1989); Erich Rau (1963–1974); Johannes Rech (1966–1973); Heinz Reimann (1947–1949); Gunter Rettner (1975–1983); Erika Richter (1963–1967); Karl-Ernst Reuter (1947–1949); Wolfgang Rudolph (1976–1980); Werner Ruprecht (1946–1947); Hans-Ulrich Sattler (1977–1981); Hans Schmidt (1963–1967); Rolf Schnabel 1952–1955); Günter Schneider (1971–1979); Gerd Schulz (1980–1985); Matthias Schulz (1986–1989); Horst Schumann (1959–1967); Hans-Dieter Schütt (1985–1989); Irmgard Spillner (1949–1952); Wolfgang Steinke (1952–1960); Max Stoll (1955–1959); Anni Strauß (1947–1949); Manfred Tomuschat (ab 1952); Kurt Turba (ab 1952); Paul Verner (1946–1949); Volker Voigt (1983–1989); Heinz Weidemann (1959–1961); Jochen Willerding (1979–1989); Rita Wrusch (1946–1948); Kurt Zahn (1974–1977); Christel Zillmann (1971–1979)

1. Sekretäre der Bezirksleitungen von 1952–1989:

Berlin: Heinz Kimmel (1951–1952); Hans Modrow (1953–1961); Siegfried Lorenz (1961–1965); Lothar Witt (1965–1971); Uwe Tomczak (1971–1972) Harry Smettan (1972–1975); Ellen Brombacher (1975–1984); Helmut Meier (1985–1989)

Cottbus: Werner Slapke (1952–1957); Bruno Damian (1957–1959); Hubert Matros (1959–1961); Heinz Tauert (1961–1965); Roland Möbius (1965–1970); Werner Wendisch (1970–1974); Albrecht Schauerhammer (1974–1980); Volker Voigt (1980–1982); Lutz Godau (1982–1989)

Dresden: Manfred Weigand (1952–1953); Ernst Timm (1953); Manfred Tomuschat (1953–1954); Manfred Scheler (1954–1959); Werner Freitag (1959–1964); Johannes Resch (1964–1966); Werner Moke (1966–1973); Klaus Beuhne (1973–1978); Hans-Joachim Krusch (1978–1984); Christine Feiks (1984–1989); Frank Türkowsky (1989)

Erfurt: Gerhard Mendl (1952–1955); Heinz Butz (1955–1957); Erwin Lorenz (1958–1960); Paul Liedhoff (1960–1963); Heinz Sudek (1963–1966); Werner Menger 1966–1972); Klaus-Dieter Waschau (1972–1976); Hans-Joachim Danisch (1976–1979); Eberhard Hoche (1979–1982); Lothar Conrad (1982–1989)

Frankfurt (Oder): Brunhilde Anweiler (1952–1953); Konrad Naumann (1953–1957); Siegfried Schmidt (1957–1959); Heinz Lück (1959–1962); Joachim Handke (1962–1964); Klaus Eichler (1965–1974); Hartmut Friedrich (1974–1977); Hans Andreas (1977–1979); Bernd Meier (1979–1985); Axel Henschke (1985–1989); Ellen Neugebauer (1989)

Gera: Helmut Müller (1952–1955); Fred Fischer (1955–1960); Horst Machts (1960–1964); Kurt Rundnagel (1964–1965); Hans Ulrich Sattler (1965–1969); Kurt Zahn (1969–1974); Peter Michel (1974–1981); Helmut Kluh (1981–1988); Steffen Schneider (1988–1989)

Halle: Ernst Haak (1952–1954); Heinz Kimmel (1954–1957); Günter Bornschein (1957–1959); Dieter Itzeroth (1959–1965); Lothar Hilbert (1965–1972); Lothar Buttler (1972–1977); Klaus Bernhardt (1977–1979); Horst Dübner (1979–1983); Roland Claus (1983–1987); Petra Günther (1987–1989); Heike Lischke (1989)

Karl-Marx-Stadt: Horst Schröder (1952–1957); Helmut Kasputtis (1957–1963); Werner Jentsch (1963–1966); Dieter Müller (1966–1969); Helga Laabs (1969–1974); Uwe Tobies (1974–1977); Eberhard Aurich (1977–1980); Brunhilde Bonitz (1980–1987); Ralph Wolter (1987–1989); Andreas Wagner (1989)
Leipzig: Horst Schumann (1952–1953); Peter Franke (1953–1953); Günther Münch (1953–1953); Kurt Knobloch (1954–1962); Klaus Höpke (1962–1964); Harry Mahn (1964–1966); Friedbert Barthel (1966–1971); Joachim Prag (1971–1976); Rainer Huhle (1976–1978); Matthias Dietrich (1978–1983); Annemarie Pester (1983–1989)
Magdeburg: Otto Wallat (1952–1953); Herbert Bartoschek (1953–1954); Heinz Ziegner (1954–1956); Reiner Jeschley (1956–1957); Heinz Ziegner (1957–1960); Edmund Jung (1960–1963); Hans Hochmuth (1963–1971); Wolfgang Bonath (1971–1978); Horst Glaßl (1978–1985); Norbert Kulik (1985–1987); Delia Göttke (1987–1989)
Neubrandenburg: Christa Büchner/Raedtner (1952–1954); Martin Wilke (1954–1959); Alfred Schiller (1959–1960); Werner Breitsprecher (1960–1965); Horst Rusch (1965–1974); Gerd Rademacher (1974–1978); Helmut Timm (1978–1984); Jürgen Zelm (1984–1989); Andrea Schubert (1989)
Potsdam: Karl-Wilhelm Nuß (1952–1953); Heinz Pernack (1953–1957); Fred Müller (1957–1961); Ulrich Schlaak (1961–1965); Manfred Presch (1965–1969); Günter Böhme (1969–1973); Norbert Stochus (1973–1978); Heinz Vietze (1978–1984); Wieland Grünwald (1984–1989); Herbert Brauer (1989);
Rostock: Horst Klemm (1952–1954); Franz Franzen (1954–1955); Gerhard Mendl (1955–1960); Egon Krenz (1960–1961); Georg Blaschek (1962–1963); Hans Joachim Lüdecke (1963–1965); Horst Niedorff (1965–1971; Karl-Heinz Näcke (1971–1976); Harry Krahn (1976–1980); Norbert Rowohl (1980–1982); Ulrich Peck (1982–1988); Frank Bernig (1988–1989);
Schwerin: Fritz Puschmann (1952–1953); Gerhard Rossow (1953–1953); Georg Paczulla (1953–1960); Franz Schepanski (1960–1965); Erich Postler (1965–1969); Heide Hinz (1969–1977); Karl-Heinz Borgwardt (1975–1979); Reinhard Irmschler (1979–1983); Sabine Koch (1983–1984); Karl-Heinz Figas (1984–1989); Henry Marek (1989)
Suhl: Karl Vogel (1952–1958); Aribert Löhnert (1958–1961); Günther Neues (1961–1965); Helmut Weisleder (1965–1973); Hans-Dieter Fritschler (1973–1978); Rosita Kleinpeter (1978–1980); Jürgen Heinrich (1980–1983); Claus Kallmeyer (1983–1987); Holger Heinemann (1987–1989)
Wismut: Arno Göde (1952–1955); Hans Joachim Schmidt (1955–1958); Erich Rau (1958–1961); Werner Markus (1961–1965); Heinz Freitag (1965–1970); Fritz Fischer (1970–1973); Gotthard Stark (1973–1978); Rolf Lehmann (1978–1987); Franz Deker (1987–1989)

Auszeichnungen / Preise: ›Ernst-Thälmann-Medaille‹; ›Artur-Becker-Medaille‹ in Gold, Silber, Bronze; Medaille ›Für hervorragende Leistungen bei der sozialistischen Erziehung in der Pionierorganisation Ernst Thälmann‹; Medaille ›Für hervorragende propagandistische Leistungen im Jugendverband‹; Medaille ›Für die Festigung der brüderlichen Beziehung zwischen der FDJ und dem Komsomol‹; ›Erich-Weinert-Medaille‹ (Kunstpreis der FDJ); ›Wissenschaftspreis der FDJ‹ u. a.

Publikationen/Archive: Die F. verfügte über die Verlage ›Neues Leben‹ (gegr. 17.6.1946), ›Kinderbuchverlag‹ (gegr. 1.6.1947) und ›Junge Welt‹ (gegr. am 29.12.1951); dort erschienen u. a. die Zeitungen und Zeitschriften: ›Atze‹, Comiczeitschrift für Pioniere und Schüler, hg. v. ZR der F., erschien monatlich seit 1955; • ›Der junge Pionier‹, Wochenzeitung der Pionierorganisation ›Ernst Thälmann‹, erschien von 1949 bis 1958; • ›Die Schulpost‹, Schülerzeitschrift für die Elf- bis Vierzehnjährigen, erschien von 1946 bis 1957; als Nachfolgeblatt erschien anschl. ›Rakete‹; • ›Forum‹, Zeitung für Studenten und junge Wissenschaftler, erschien als Organ der FDJ 14täglich von 1947 bis 1983; Chefredakteure: Rudolf Böhm (1947–1948); Karl Obermann (1947–1949); Bruno Pioch (1949–1951); Günter Schlesinger (1951–1952); Rudolf Hochsieder (1953); Harry Milke (1953–1956); Kurt Turba (1956–1963); Heinz Nahke (1963–1965); Klaus Hilbig (1965–1972); Günther Baumgart (1972–1973); Brigitte Zimmermann (1973–1974 amt.); Martin Herzig (1974–1982); Ronald Keuch (1983); • ›Junge Generation‹, Organ des ZR der FDJ für das Verbandsaktiv, erschien monatlich ab 5.10.1947 bis Ende 1989; Chefredakteure: Gerhard Zadek (1948–1949); Reinhard Biehl (1950–1951); Heinz Zähle-Brandt (1951 amt.); Horst Birkner (1951–1954); Helmut Böhm (1955 amt.); Horst Birkner (1955–1960); Alfred Kobs (1960 amt.); Joachim Handtke (1960–1962); Roland Wunderlich (1962–1966); Günter Deichsel (1966–1979); Günter Beckmann (1979–1981); Hans Eggert (1981–1982); Steffen Körner (1982–1989); • ›Junge Kunst‹, erschien von Nov. 1957 bis Dez. 1962; • ›Junge Welt‹, Organ des Zentralrates der FDJ, erschien wöchentlich ab 12.2.1947 bis zum 31.12.1949, dann zweimal wöchentlich bis Februar 1950 und ab März 1950 wochentäglich; ab Jg. 44 vom 10.1.1990 erschien die Zeitung als ›Junge Welt – Linke Sozialistische Jugendzeitung‹; Chefredakteure: Adolf Buchholz (1947–1947); Horst Brasch (1947–1948); Rudolf Mießner (1948–1949); Heinz Stern (1949–1954); Joachim Herrmann (1954–1960); Dieter Kerschek (1960–1966); Horst Pehnert (1966–1971); Klaus Raddatz (1971–1977); Dieter Langguth (1977–1984); Hans Dieter Schütt (1984–1989); Jens König (1989-1993); • ›Mosaik‹, Comiczeitschrift für Kinder, hg. v. ZR der F., erschien im Verlag ›Neues Leben‹ ab 1956; • ›Neues Leben‹, hg. v. Leiter des Zentralen Jugendausschusses bei der ›Deutschen Zentralverwaltung für Volksbildung‹, Erich Honecker, erschien ab Nov. 1945 bis 1948; ab Dez. 1953 erschien ›Neues Leben‹ als illustrierte Monatszeitschrift des ZR der F., neuer Jg.1/1953 bis 1990; ab 1990 erschien das Blatt u. d. Titel ›Neu leben‹; Chefredakteure: Günter Hahn (1945); Paul Verner (1946); Peter Nelken (1946–1948); Helmut Zemke (bis 1957); Wolfgang Scheel (1957–1965); Roland Wunderlich (1966–1977); Wolfgang Rau (1978–1989); Ingeborg Dittmann; • ›Pionierleiter‹, Organ des ZR der F., erschien vom 1.7.1950 bis Jg. 41/1990, Heft 6 (2. Märznummer); ab Juni 1990 erschien als Nachfolgeblatt ›Kinderwelt‹, Magazin für Kinderfreunde; Chefredakteure waren Dieter Kerschek, Hermann Asch, Gerhard Kirner, Heino Remke; • ›Rakete‹, Schülermagazin für Dreizehn- bis Sechzehnjährige, hg. v. ZR der F., erschien von Jan. 1958 bis 1962; • ›START‹, illustrierte Zeitschrift der jungen Generation, erschien von Juni 1946 bis zum 4.12.1949; • ›Trommel‹, Organ des ZR der F. für ›Thälmannpioniere‹ und Schüler, erschien seit dem 1.5.1958

Das Archiv des Zentralrats der FDJ mit etwa 1500 lfd. Meter Akten, darunter die Personalakten des Zentralrats, Sekretariatsprotokolle, Schriftgut der Abteilungen des Zentralrats (rd. 300 lfd. Meter), Akten der FDJ-Bezirks- und Kreisleitungen (rd. 500 lfd. Meter) u. a. m. befindet sich heute im ›Institut für zeitgeschichtliche Jugendforschung Berlin e. V.‹ in Berlin-Pankow; zur Zeit scheint noch nicht endgültig geklärt, ob und wie die Bestände des Archivs in die ›Stiftung Archive der Parteien und Massenorganisationen der DDR im Bundesarchiv‹ (SAPMO) eingebracht werden.

Freier Deutscher Gewerkschaftsbund (FDGB), 1946–1990

Gesellschaftliche Massenorganisation der Arbeiter, Angestellten und Angehörigen der Intelligenz mit gesetzlich verankertem Sonderstatus; Einheitsorganisation von zuletzt 16 → Industriegewerkschaften und → Gewerkschaften

Geschichte und Organisation: Die Gründungsvorbereitungen für eine neue Einheitsgewerkschaft begannen im Mai 1945 und führten zu dem am 15. 6. d. J. veröffentlichten Aufruf zur Bildung freier Gewerkschaften. Unterzeichnet hatten ihn Gewerkschafter aller Richtungen aus der Zeit der Weimarer Republik. Bereits im Gründungsprozeß war die KPD-Führung – insbesondere Walter Ulbricht, Hermann Matern und Hans Jendretzky – bemüht, die traditionelle Minderheitenrolle zu überwinden, die den Kommunisten in der deutschen Gewerkschaftsbewegung bisher zugefallen war. Das Konzept der Einheitsgewerkschaft schien ihnen dafür die besten Möglichkeiten zu bieten, auch deshalb, weil nach den bösen Erfahrungen, die man aufgrund organisatorischer Zersplitterung und lähmender Politkonkurrenz in der Auseinandersetzung mit dem Nationalsozialismus gemacht hatte, nun auch viele Nichtkommunisten für eine straffere, zentralistische Organisationsform eintraten.
Nachdem in Berlin schon am 15. 6. 1945 ein paritätisch besetzter ›Vorbereitender Gewerkschaftsausschuß‹ gegründet worden war, konstituierte sich der F. auf einem Gründungskongreß, der vom 9. – 11. 2. 1946 in Berlin stattfand. Im ersten Bundesvorstand waren gemäß allgemeinem Entschluß zur Einheitsgewerkschaft 19 Kommunisten, 18 Sozialdemokraten, 5 Christdemokraten und 3 Parteilose vertreten. Es entsprach wohl dem Kalkül sowjetischer Besatzungspolitik, daß eine in der vormaligen Hauptstadt Deutschlands gegründete, parteiübergreifende Gewerkschaftsorganisation beispielgebend in alle vier Besatzungszonen hineinwirken sollte. Deshalb war der Bundesvorstand des F. (BuV) anfangs bemüht, maßgeblichen Einfluß auf die Gewerkschaftsentwicklung in allen vier Besatzungszonen zu nehmen. Zwischen 1946 und 1948 wurden neun gewerkschaftliche Interzonenkonferenzen veranstaltet, die jedoch dem von

FDGB-Vertretern angestrebten Ziel, einen gesamtdeutschen Gewerkschaftsrat zu gründen, nicht näher kamen.
Nach dem Vereinigungsparteitag von KPD und SPD setzten sich auch im F. Tendenzen zum Aufbau einer sozialistischen Gesellschafts- und Gewerkschaftsordnung immer stärker durch. Mit der beginnenden Verstaatlichung der Industrie, der Einführung der Planwirtschaft und dem Ausrichten von Gewerkschaftsarbeit am Organisationsprinzip des → demokratischen Zentralismus entwickelte sich der F. immer mehr zu einem Instrument staatlicher Planerfüllung und Herrschaftssicherung. Früh wurde von kommunistischer Seite mit einer »Interessenübereinstimmung« argumentiert, durch die sich der Charakter von Arbeit und die Arbeiterinteressen grundlegend verändert hätten: »Man kann sagen, daß zum ersten Mal in Deutschland in den Großbetrieben, die volkseigen geworden sind, die Arbeiter, der Angestellte und Ingenieur für das Volk, das heißt für sich selbst arbeiten.«
Im November 1946 beschloß der FDGB-Bundesvorstand eine Streikordnung, nach der das Streikrecht »im Kampf gegen das kapitalistische Unternehmertum« anzuwenden war; Streiks in verstaatlichten oder → SAG-Betrieben wurden durch dieses Recht allerdings nicht gedeckt; für Ausstände in »lebenswichtigen Betrieben« war zudem vorher die Zustimmung des BuV einzuholen. Die am 25/26. November 1948 auf einer FDGB-Konferenz in Bitterfeld gefaßten Beschlüsse markierten den endgültigen Bruch mit überkommenen Gewerkschaftstraditionen: Man entschied sich für eine Förderung der → ›Aktivistenbewegung‹; für die Ablösung der von den Gesamtbelegschaften gewählten Betriebsräte und deren Ersatz durch nur noch von Gewerkschaftsmitgliedern gewählte → ›Betriebsgewerkschaftsleitungen‹ (BGL) sowie für die seitdem propagierte Ablehnung eines »Nurgewerkschaftertums«. (Nach dem Stand vom 31. 12. 1949 waren 77 Prozent der in Industriebetrieben Beschäftigten Mitglieder im F.) Mit der fiktiven, gleichwohl immer wieder behaupteten »Übereinstimmung der gesellschaftlichen und der persönlichen Interessen« rechtfertigte der F. seine Bereitwilligkeit, sich von Partei- und Staatsführung die Steigerung der Arbeitsproduktivität als Hauptaufgabe zuweisen zu lassen. Im September 1950 beschloß der 3. FDGB-Kongreß eine neue Satzung, worin die »führende Rolle« der SED und das Organisationsprinzip des demokratischen Zentralismus anerkannt wurden.
Der F. war die einheitliche Gewerkschaftsorganisation in der DDR, die sich nach der Präambel seiner vom 9. Kongreß im Juni 1977 beschlossenen Satzung als die »Klassenorganisation der in der DDR herrschenden Arbeiterklasse« verstand. Als Massenorganisation war er in der → ›Nationalen Front‹ vertreten, beteiligte sich an den Wahlen und entsandte eigene

Mandatsträger in die →›Volkskammer der DDR‹, in Bezirks- und Kreistage sowie in Stadtverordnetenversammlungen und Gemeindevertretungen (→›Örtliche Volksvertretungen‹). Ihm stand das verfassungsmäßig garantierte Recht zu, auf allen Ebenen Gesetzesinitiativen einzubringen. In dem am 16. 10. 1972 verabschiedeten Gesetz über den →›Ministerrat der DDR‹ hieß es: »Der Ministerrat erarbeitet mit dem Bundesvorstand des Freien Deutschen Gewerkschaftsbundes die Grundlinie der Sozial-, Lohn- und Einkommenspolitik und sichert ihre praktische Verwirklichung.«

Die in zwei Strängen angelegte, verzweigte Organisationsstruktur des F. ist zunächst etwas verwirrend, da dieser »Gewerkschaftsbund« nicht – wie etwa der ›Deutsche Gewerkschaftsbund‹ in der BRD – ein von selbständigen Einzelgewerkschaften gebildeter, relativ machtloser Dachverband war. Vielmehr war er eine mit politischer wie finanzieller Macht ausgestattete Einheitsorganisation, in der die →Industriegewerkschaften und →Gewerkschaften (IG/Gew.) nur als zentral gelenkte Fachabteilungen fungierten, die in ihren jeweiligen Organisationsbereichen für die »Verwirklichung der Beschlüsse des FDGB-Kongresses und des Bundesvorstandes« zuständig waren. In der dualen Struktur des Gesamtverbandes war der eine Strang nach dem Territorialprinzip, der andere nach dem Produktionsprinzip organisiert.

Der F. als Gesamtverband und mandatstragende Massenorganisation unterhielt eine nach dem Territorialprinzip gegliederte Verwaltungshierarchie, die vornehmlich in Kreisvorständen, gelegentlich auch in Ortsvorständen, ihre Basis hatte; darüber amtierten Bezirksvorstände und der Bundesvorstand; alle Vorstände wurden auf Delegiertenkonferenzen für eine Amtsdauer von zweieinhalb Jahren gewählt; nur der BuV wurde vom Bundeskongreß für jeweils 5 Jahre gewählt. Ortsgewerkschaftsorganisationen (OGO) waren relativ selten, da sie nur dort eingerichtet wurden, wo Gewerkschaftsmitglieder von betrieblichen Grundorganisationen (GO) nicht erfaßt wurden.

In der Regel galt für die Organisation der Mitglieder an der Basis das Produktionsprinzip. Nach dem Grundsatz »Ein Betrieb, eine Gewerkschaft« gehörten demnach das Kantinenpersonal einer Werkzeugmaschinenfabrik zur ›IG Metall‹ und die Kfz-Mechaniker in der Reparaturbrigade einer →LPG zur ›Gewerkschaft Land, Nahrungsgüter und Forst‹; wechselte ein Gewerkschaftsmitglied den Betrieb, so wurde es automatisch in die dort zuständige Branchengewerkschaft übernommen. Jede IG/Gew. vereinigte also alle in einem Wirtschaftsbereich jeweils tätigen Arbeiter und Angestellten. Diese bildeten auf betrieblicher Ebene Gewerkschaftsgruppen und →›Betriebsgewerkschaftsorganisationen‹ (BGO), die ihre

Leitungen für einzelne Abteilungen (AGL) oder den Gesamtbetrieb (→BGL) wählten; außerdem wurden auf Mitgliederversammlungen in den Betrieben Delegierte bestimmt, die wiederum die Kreisvorstände der jeweiligen IG/Gew. wählten.
Darüber war die Gremienhierarchie der einzelnen IG/Gew. wieder mit Bezirks- und Zentralvorständen nach dem Territorialprinzip aufgebaut. Delegierte für den Bundeskongreß wurden sowohl von den Bezirksdelegiertenkonferenzen des F. wie von den Zentralen Delegiertenkonferenzen der IG/Gew. nominiert. Die satzungsgemäßen Wahlvorgänge auf den verschiedenen Delegationsstufen machten es erforderlich, daß bei den turnusmäßigen Gewerkschaftswahlen zwischen 400000 und 500000 Versammlungen abgehalten wurden, Gelegenheiten, die sich für vielfältige Agitation nutzen ließen. Auf höchster Stufe wurden die Teilnehmer am Bundeskongreß bestimmt, der wiederum den aus rd. 200 Vollmitgliedern und 40 Kandidaten bestehenden Bundesvorstand wählte. Dieser war höchstes Organ zwischen den Kongressen, trat jedoch selten zusammen; er wählte – laut Beschluß der 10. BuV-Tagung von 1952 – für die eigentliche Leitungstätigkeit auf zentraler Ebene das Präsidium und ein Sekretariat.
Für die unterschiedlichen Aufgabenbereiche der Gewerkschaftsarbeit waren zuletzt 13 Abteilungen des BuV bzw. 9 Sekretariatsbereiche eingerichtet. Außerdem bestanden wechselnde Kommissionen und Ausschüsse sowie in den 60er Jahren Sonderbüros für ›Industrie und Bauwesen‹ und für ›Landwirtschaft‹. Wegen der seltenen Tagungen des BuV war – wie bei anderen Massenorganisationen auch – das Sekretariat die eigentliche Führungsinstanz des F. Nach den Verfahrensregeln des demokratischen Zentralismus war der gewerkschaftliche Mittelbau, die Bezirks-, Kreis- und Ortsvorstände, weisungsabhängig von der zentralen bzw. der nächst höheren Leitung. Die Zusammenarbeit mit den jeweiligen Leitungsorganen der →SED war auf allen Ebenen sehr eng, da FDGB-Funktionäre in der großen Mehrzahl zugleich Mitglieder der SED waren (unter den Delegierten zum 11. Bundeskongreß 1987 waren nahezu 70 Prozent SED-Mitglieder); außerdem waren die Vorsitzenden der FDGB-Leitungen auf allen Ebenen immer auch gewählte Mitglieder des jeweils entsprechenden SED-Führungsgremiums.
Die Zentralvorstände der IG/Gew. kamen auf ähnliche Weise zustande wie der BuV des F.; sie amtierten i. d. R. ebenfalls für 5 Jahre und delegierten die eigentliche Leitungstätigkeit jeweils an ein Präsidium und ein Sekretariat. Grundlegender Unterschied blieb allerdings, daß sie den Anordnungen, die vom BuV bzw. Präsidium des F. ergingen, unterworfen waren und daß ihnen die erforderlichen Haushaltsmittel im Rahmen der

umfassenden Finanzplanung des F. zugeteilt wurden. In gleicher Weise waren auf Bezirks- und Kreisebene die jeweiligen Vorstände der IG/Gew. den Leitungen des F. unterstellt.
Die Mitgliedschaft des F. wurde für 1986 mit 9,6 Mio. Werktätigen angegeben; das entsprach einem Organisationsgrad aller gewerkschaftlich organisierbaren Personen in der DDR von mehr als 98 Prozent. Von diesen Mitgliedern waren 51,5 Prozent Arbeiter, 19,4 Prozent Angestellte, 11,4 Prozent Angehörige der Intelligenz und 17,7 Prozent Rentner oder vorübergehend nicht berufstätige Personen. Die Beitragshoheit lag beim F., und entsprechend bestand die individuelle Mitgliedschaft jedes Gewerkschafters nur beim F.; sie wurde von der jeweiligen IG/Gew. nur verwaltet. Sie war grundsätzlich freiwillig, doch galt sie als Voraussetzung für berufliches Weiterkommen und bot zudem zahlreiche Vergünstigungen, in deren Genuß man ohne gewerkschaftliche Unterstützung kaum gelangen konnte.

Funktionen und Wirkungen: Die im F. vereinigten »freien Gewerkschaften ... nehmen die Interessen der Arbeiter, Angestellten und Angehörigen der Intelligenz durch umfassende Mitbestimmung in Staat, Wirtschaft und Gesellschaft wahr. Die Gewerkschaften sind unabhängig. Niemand darf sie in ihrer Tätigkeit einschränken oder behindern.« So stand es in der Verfassung der DDR von 1968/74. Wenn sich der F. gleichwohl für die Zwecke von Partei- und Staatsführung instrumentalisieren ließ und dabei erhebliche Entlastungsfunktionen übernahm, dann ergab sich daraus für die überwiegende Mehrheit der führenden Gewerkschafter kein Widerspruch. Die stets parate »Übereinstimmung der gesellschaftlichen und der persönlichen Interessen« im sozialistischen Staat half anscheinend über jede Irritation hinweg. 1982, auf dem 10. Bundeskongreß, applaudierte man Präsidiumsmitglied Albert Wappler für die Feststellung: »Staatsgewerkschafter im Sozialismus, das ist für uns keine Beleidigung. Es ist für uns Ehre, Bekenntnis und Pflicht, mit all unserem Einsatz den sozialistischen Staat zu stärken – denn es ist unser Staat, es ist unsere Macht!«
Zwischen den Anforderungen, einerseits zur Durchsetzung des Führungsanspruchs der SED und zur Sicherung staatlicher Macht beizutragen, andererseits aber die Interessen aller Werktätigen in der DDR wahrzunehmen, verlief die Geschichte des F. in wechselvollem, oft widersprüchlichem Schwanken. Unterm Strich kam letztlich heraus, daß ein harmonischer Ausgleich von Arbeitgeber- und Arbeitnehmerinteressen, wie ihn sozialistische Wirtschaftsdoktrin unter kapitalistischen Verhältnissen für ausgeschlossen erklärt hatte, auch unter den Voraussetzungen

des real existierenden Sozialismus nicht zu erreichen war. Betrachtet man die fünf Tätigkeitsfelder, auf die sich gewerkschaftliches Handeln in der DDR hauptsächlich auswirkte, so diente der F. in der Ideologievermittlung, der Mobilisierung von Arbeitskraft und -moral sowie der Funktionärsausbildung und -schulung vornehmlich dem Partei- und Staatsinteresse; in der innerbetrieblichen Mitwirkung konnten Arbeitnehmerinteressen am konkretesten zur Sprache und auch zur Geltung gebracht werden, im Bereich der sozial- und kulturpolitischen Dienstleistungen trug der F. zwar viel zur Entlastung des Staates bei, verschaffte aber auch den Werktätigen Erleichterung und Vergnügen.

Schon 1947, als der → SMAD-Befehl Nr. 234 eine Steigerung der Arbeitsproduktivität und den »Kampf gegen das Bummelantentum« forderte, ließ sich der F. bereitwillig zum Organisator der → ›Aktivistenbewegung‹ und zum Fürsprecher der Einführung von Leistungslöhnen machen. Als es im Jahr darauf im Interesse von Besatzungsregime und SED lag, die basisdemokratisch gewählten Betriebsräte gegen besser zu kontrollierende → ›Betriebsgewerkschaftsleitungen‹ auszuwechseln, waren die IG/Gew. des F. wiederum zu Diensten. Zugleich wurde aber seit 1947 der → ›Feriendienst des FDGB‹ ausgebaut, der 1950 schon mehr als 300000 Reisen vermitteln konnte. 1951 ließ sich der F. in die Verwaltung der → Sozialversicherung einbeziehen, die er 1956 dann völlig in eigene Regie nahm. Darüber hinaus entwickelte er ein aus gewerkschaftseigenen Mitteln und aus den gesetzlich vorgeschriebenen ›Kultur- und Sozialfonds‹ der Betriebe gespeistes System von Unterstützungen und Beihilfen (→ ›Kassen der gegenseitigen Hilfe‹). Seit 1954 unterstützte der F. auch die → ›Arbeiterwohungsbaugenossenschaften‹ und bekam somit Einfluß auf die Wohnungsvergabe.

Mit Einführung des ›Neuen Ökonomischen Systems der Planung und Leitung‹ (NÖSPL) 1963 erweiterten sich vorübergehend gewerkschaftliche Spielräume zur Wahrnehmung von Arbeitnehmerinteressen. Nach dem Machtwechsel in der Führungsspitze der SED erklärte der VIII. Parteitag es 1971 zur neuen »Hauptaufgabe«, durch die »Einheit von Wirtschafts- und Sozialpolitik« eine schnelle Hebung des Lebensstandards auf »Weltniveau« zu erreichen (→ Wirtschaftspolitik). Die Übernahme dieser »Hauptaufgabe« durch den F. ließ der gewerkschaftlichen Mitwirkung in Wirtschaft und Gesellschaft erneut mehr Gewicht, aber auch mehr Verantwortung für immer wieder gefordete Leistungssteigerungen zukommen. So mußte er sich 1978 für die Umstellung auf Mehrschichtarbeit starkmachen und sie gegen Belegschaftsproteste als durchaus mit dem Sozialismus vereinbar rechtfertigen. Die DDR-Verfassung von 1974 und das von der Fraktion des F. in der Volkskammer eingebrachte, 1977 verabschiedete ›Arbeitsgesetzbuch der DDR‹ (AGB) legten den Gewerkschaftsbund erneut auf seine Doppelrolle fest: Als »Schule des Sozialismus« hatte er den Willen der Partei in die Arbeiterklasse zu tragen; als Interessenvertretung aller Werktätigen hatte er für die Hebung des Lebensstandards der Bevölkerung zu sorgen.

Mitwirkung in Gesellschaft und Betrieb war dem F. und den IG/Gew. in verschiedener Form möglich. In den Volksvertretungen der DDR waren mehr als 30000 Abgeordnete Mandatsträger des FDGB. Damit stellte der F. nach der SED das größte Kontingent an Volksvertretern, und die meisten darunter waren zudem SED-Mitglieder, die die Parteidisziplin noch über die Fraktionstreue zu stellen hatten. Gewerkschaftsfunktionäre wirkten auf allen Ebenen an der Wirtschaftsplanung und der Erstellung von →›Rahmenkollektivverträgen‹ mit. Im Bereich der Justiz stand es dem F. zu, mit arbeitsrechtlichen Fragen befaßte Richter und Schöffen bei den Kreis- und Bezirksgerichten vorzuschlagen. Außerdem waren Gewerkschaftsmitglieder an der Rechtsprechung von ›Gesellschaftlichen Gerichten‹ unmittelbar beteiligt: Die in den Betrieben tätigen →›Konfliktkommissionen‹ wurden unter Aufsicht der BGL gewählt und durch diese verpflichtet.

Innerbetrieblich waren die Mitwirkungsmöglichkeiten der BGL dreifach gestaffelt: Eine Mitwirkung ohne Entscheidungsträgerschaft konnten sie durch Vorschläge, Beratungen, Stellungnahmen oder Rechenschaftsforderungen ausüben; wo ihnen – etwa bei der Verabschiedung von Betriebsplänen und →›Betriebskollektivverträgen‹ – Vereinbarungs- oder Zustimmungsrechte eingeräumt waren, traten sie mit der Betriebsleitung zusammen als gemeinsame Entscheidungsträger auf; eine alleinige Entscheidungsbefugnis der BGL war hinsichtlich aller Fragen, die Produktion, Arbeitsabläufe und produktionsbedingte Personalentscheidungen betrafen, praktisch nicht gegeben, hinsichtlich sozial-, kultur- oder sportpolitischer Belange konnte sie jedoch meist ohne Einschränkung wahrgenommen werden. Worauf sich die Mitwirkungsmöglichkeiten jeweils beziehen konnten, ergab sich aus den Sachgebieten, für die eine BGL erforderlichenfalls Kommissionen bilden konnte: Agitation und Propaganda, Arbeit und Löhne, Arbeitsschutz, Feriendienst, Finanzen, Frauen, Jugend, Küche/Kantine, Kultur und Bildung, Kuren, ›Neuererbewegung‹, Recht, sozialistische Erziehung der Kinder, Sozialversicherung, Wohnungen u. a. m.

»Schule des Sozialismus« wurde der F. in vieler Hinsicht. Für die Ausbildung der eigenen Führungskader und Funktionäre unterhielt er eigene Schulen, darunter die →Gewerkschaftshochschule ›Fritz Heckert‹ in Bernau, eine Spezialschule für Sozialversicherung in Potsdam und eine

Spezialschule für Arbeitsschutz in Jena-Lobeda. Außerdem wurden jährlich Hunderttausende von Funktionären der Grundorganisationen, der Gewerkschaftsleitungen und Gewerkschaftsvorstände in unterschiedlich langen Lehrgängen an den Zentralschulen des F. und an Bezirksgewerkschaftsschulen, in Kursen und Wochenendseminaren oder in innerbetrieblichen Schulungsveranstaltungen unterrichtet und qualifiziert. Darüber hinaus fand ständig Mitgliederschulung statt; dafür wurden z. B. 1972 ›Schulen der sozialistischen Arbeit‹ für jeweils 20 Teilnehmer eingerichtet; von solchen nach sowjetischem Vorbild gebildeten »Schulen« gab es 1982 fast 163000 mit rd. 3,2 Mio. Teilnehmern. Auch zur Beteiligung an der sozialistischen Wehrerziehung sah sich der F. verpflichtet, nachdem er Anfang 1972 eine erste Vereinbarung zur Zusammenarbeit mit dem → Ministerium für Nationale Verteidigung unterzeichnet hatte. Den vielfältigen Schulungszwecken diente schließlich eine umfangreiche Gewerkschaftspublizistik, die hauptsächlich vom FDGB-Verlag ›Tribüne‹ betreut wurde.

Kultur- und Bildungsarbeit des F. im Rahmen einzelner Betriebe konnte sich beziehen auf Anleitung und Prüfung der kulturellen Aktivitäten von → ›Brigaden der sozialistischen Arbeit‹, Aufbau und Pflege von Gewerkschaftsbibliotheken, die Betreuung von → ›Arbeitertheatern‹, anderen betrieblichen Laienkunstensembles oder den → ›Zirkeln schreibender Arbeiter‹ sowie auf die Organisation von ›Betriebsfestspielen‹ oder von diversen betrieblichen Kulturveranstaltungen. Zu erwähnen sind in diesem Zusammenhang auch die Bemühungen zur sinnvollen Freizeitgestaltung der Betriebsangehörigen, z. B. die Unterstützung der → ›Betriebssportgemeinschaften‹ (BSG), die Organisation von Betriebsferienlagern für Kinder und die Schulung der von der BGL zu stellenden Lagerbetreuer. Überregional trat der F. als Veranstalter der → ›Arbeiterfestspiele‹ in Erscheinung, organisierte Kulturkonferenzen (→ ›Bitterfelder Weg‹) und förderte die Arbeit der ›Kulturhäuser‹.

Die ausgedehnten Tätigkeitsfelder des F. und der tiefgestaffelte Einsatz von Funktionären, Vertrauensmännern und Obleuten erforderte eine umfangreiche Mitarbeit von Gewerkschaftsmitgliedern. So waren neben einer Vielzahl hauptamtlicher Funktionäre auch Tausende von Mitgliedern in die Gewerkschaftsarbeit eingespannt. Zu Beginn der 80er Jahre waren etwa 2,4 Mio. als ehrenamtliche Funktionsträger in den Grundorganisationen tätig; in den AGL und BGL gehörten neben den Vorsitzenden etwa 600000 Personen den BGL-Kommissionen an; unter den wählbaren Funktionsträgern in rd. 300000 Gewerkschaftsgruppen gab es ebenso viele mit der Leitung einer Gruppe betraute Vertrauensmänner, dazu jeweils dieselbe Anzahl Kulturobleute und Bevollmächtigte für die Sozialversicherung und außerdem noch etwa 250000 Sportorganisatoren. Die mehr als 26000 ›Konfliktkommissionen‹ hatten rd. 230000 Mitglieder, von denen ein großer Teil ebenfalls dem F. angehörte. Diese hohe Dichte von Mitarbeitern war sicher nicht allein deshalb nötig, um die zahlreichen Aufgaben gewerkschaftlicher Arbeit zu bewältigen, vielmehr diente sie auch dem »höheren« Zweck, möglichst viele DDR-Bürger in das Staatswesen zu integrieren und für dessen Ziele zu aktivieren.

Auflösung / Ende: Im September 1989 hatte eine FDGB-Delegation unter Führung des selbstbewußt auftretenden Harry Tisch noch auf Einladung des DGB die Bundesrepublik bereist. Als bald darauf die Herrschaftsstrukturen der DDR ins Wanken gerieten, brauchte der FDGB-Chef lange Zeit, um den unaufhaltsamen Gang der Dinge zu begreifen. Erst am 20. Oktober, zwei Tage nach der Wahl von Egon Krenz zum neuen Generalsekretär des ZK der SED, forderte er im Präsidium des Bundesvorstandes einen Kurswechsel in der Gewerkschaftsarbeit. Doch dem seit 1975 amtierenden Vorsitzenden, der zugleich Mitglied des Politbüros war, sich aber bislang nicht eben als Reformer hervorgetan hatte, gelang es persönlich nicht mehr, Veränderungen in die Wege zu leiten. Schnell anberaumte Besuche auf einer Werft in Boizenburg und im Berliner ›VEB Bergmann-Borsig‹ wie auch ein Fernsehauftritt in dem am 28. 10. 1989 ausgestrahlten Jugendmagazin ›Elf 99‹ brachten ihm nur harsche Kritik und den Vorwurf der Heuchelei ein. Auch im BuV wurde nun an der Amtsführung Tischs Kritik geübt, die sich bis zu Rücktrittsforderungen vorwagte.
Am 1. November war in der ›Berliner Zeitung‹ ein erster Bericht über Amtsmißbrauch und Korruption bei den Gewerkschaften erschienen. Tags darauf kam es in der BuV-Sitzung endlich zum Rücktrittsangebot von Tisch, das angenommen wurde. Als seine Nachfolgerin wählte man umgehend Annelis Kimmel, langjährige Vorsitzende des FDGB-Bezirksvorstandes von Berlin/DDR. Schon die am Monatsende stattfindende 11. BuV-Sitzung hatte sich mit den inzwischen regelmäßig gewordenen Enthüllungen über Zweckentfremdung von Haushaltsmitteln, Amtsanmaßung und Korruption auseinanderzusetzen. Man reagierte mit Ausschluß der Spitzenfunktionäre Tisch und Nennstiel (›IG Metall‹) und beschloß die Einsetzung eines Untersuchungsausschusses. Die Erosion der zentralistisch beim F. konzentrierten Macht war jedoch nicht mehr aufzuhalten: Der neue Vorsitzende der ›IG Metall‹ forderte nun Tarifautonomie und ein neues Statut für die Branchengewerkschaften sowie die Einberufung eines ao. FDGB-Kongresses. Die Sitzung endete mit dem Rücktritt von Präsidium und Sekretariat des BuV. Danach wurde ein Ar-

beitssekretariat unter Leitung von Annelis Kimmel eingerichtet, an dessen Stelle schon wenige Tage später ein Komitee zur Vorbereitung des ao. Kongresses trat, dem Werner Peplowski vorstand.
Der geforderte Kongreß fand vom 31.1.–1.2.1990 in Berlin statt. Nach heftiger Debatte über Legitimation und Stimmrecht der Teilnehmer setzte man sich mit dem Untersuchungsbericht über Amtsmißbrauch und Korruption im ehemaligen BuV auseinander und beschloß gegen eine Reihe von Vorstandsmitgliedern Ausschlußverfahren einzuleiten. Dann nahm der ao. Kongreß eine neue Satzung an und wählte Helga Mausch, eine der → NDPD angehörende »Nichtgenossin«, zur neuen Vorsitzenden des F. Da es aber dem neuen Vorstand nicht gelang, die Verwaltungsstrukturen im F. grundlegend zu verändern und Klarheit in dessen Vermögensverhältnisse zu bringen, verstärkte sich die auf Unabhängigkeit drängende Kritik in den Einzelgewerkschaften. So verlangten die Vorsitzenden der einzelnen Industriegewerkschaften und Gewerkschaften in der DDR schließlich am 9.5.1990 gegenüber dem geschäftsführenden Zentralvorstand, den F. aufzulösen.
Auf dem FDGB-Kongreß am 14.9.1990 beschlossen die Delegierten daraufhin mit 112 Stimmen bei 2 Enthaltungen die Auflösung des F. zum 30.9.1990. Inzwischen hatten die Vorstände der Einzelgewerkschaften in der DDR schon Kontakte mit den jeweils entsprechenden DGB-Gewerkschaften aufgenommen und begonnen, Modalitäten des Übertritts und der organisatorischen Vereinigung auszuhandeln. Das führte zu unterschiedlichen Vereinbarungen, lief aber im Ergebnis darauf hinaus, daß bis zum Jahresende 1990 die Mitglieder der DDR-Gewerkschaften ihren persönlichen oder korporativen Übertritt in eine der DGB-Gewerkschaften vollziehen konnten.
Im Zusammenhang mit diesen Aus-, Bei-, Über- und Neueintritten bereiteten vermögensrechtliche Fragen wohl die meisten Schwierigkeiten. Schon der auf dem »Auflösungskongreß« erhobenen Forderung, das FDGB-Vermögen unter den Einzelgewerkschaften aufzuteilen, konnte nicht nachgegeben werden, so lange unklar war, welche Vermögensanteile aus Mitgliedsbeiträgen erworben wurden und welche unter Verwendung der vom Staat angewiesenen Haushaltsmittel in Gewerkschaftsbesitz gelangt waren. Sofern nämlich Gewerkschaftseigentum vom Staat finanziert wurde, hatte es als »Volkseigentum« zu gelten und war entsprechend zu behandeln. Diese Komplikation betraf sowohl das Barvermögen, über dessen Höhe seither höchst unterschiedliche Angaben gemacht wurden, wie auch die zahlreichen Immobilien, die als Gewerkschaftshäuser oder Ferienheime aus FDGB-Mitteln errichtet und unterhalten wurden, zum Teil aber enteignet waren oder auf »volkseigenem Grund« standen.

Ursprünglich war solcher Gewerkschaftsbesitz von einer schon 1946 gegründeten ›Vermögensverwaltung des FDGB GmbH‹ verwaltet worden, deren Geschäftstätigkeit jedoch 1956 endete. Diese Gesellschaft wurde nun am 4. 4. 1990 unter der Bezeichnung »Gewerkschaftliche Vermögensverwaltungsgesellschaft ›Märkisches Ufer‹ mbH« (GVVG) reaktiviert, um die beim Dachverband registrierten Vermögenswerte zu verwalten und zu bewirtschaften. Als am 14. 9. 1990 der Beschluß zur Auflösung des F. gefaßt wurde, verfügte der ao. Kongreß ebenfalls, daß das Liquidationsvermögen des F. im Auftrage der vom Kongreß bestellten 3 Liquidatoren von der GVVG treuhänderisch verwaltet und verwertet werden sollte. Die nun wieder als ›Vermögensverwaltung des FDGB GmbH‹ tätig werdende Gesellschaft hatte jedoch wegen rechtlicher Unklarheiten und aufgrund von Entscheidungen der ›Unabhängigen Kommission zur Überprüfung des Vermögens der Parteien und Massenorganisationen der DDR‹ nur wenig Handlungsspielraum. Nachdem die → ›Treuhandanstalt‹ für das Gewerkschaftsvermögen den Sondervermögensstatus erklärt und dessen Verwaltung in eigene Regie genommen hatte, wurde die GVVG zum 31. 12. 1991 aufgelöst.

Kongresse: 1. K. vom 9.– 11. 2. 1946; 2. K. vom 17.– 19. 4. 1947; 3. K. vom 30. 8.– 3. 9. 1950; 4. K. vom 15.–20. 6. 1955; 5. K. vom 26.–31. 10. 1959; 6. K. vom 19.–23. 11. 1963; 7. K. vom 6.– 10. 5. 1968; 8. K. vom 26.– 30. 6. 1972; 9. K. vom 16.– 19. 5. 1977; 10. K. vom 21.– 25. 4. 1982; 11. K. vom 22.– 25. 4. 1987; ao. K. vom 31. 1.– 1. 2. 1990; K. zur Auflösung des FDGB am 14. 9. 1990 in Berlin

Vorsitzende des Bundesvorstandes des FDGB: Hans Jendretzky (1946–1948); Bernhard Göring (1946–1949); Ernst Lemmer (1946–1948); Herbert Warnke (1948–1975); Harry Tisch (1975–1989); Annelis Kimmel (1989–1989); Helga Mausch (1990)

Vorsitzende der Zentralen Revisionskommission: Fritz Buchwald (1947–1950); August Reitz (1950–1955); Hans Hünich (1955–1975); Alfred Wilke (1975–1986); Charlotte Bombal (1986–1989/90); Wolfgang Müller (1990)

Mitglieder des Sekretariats des Bundesvorstands (1948–1989): Erika Bergemann (1962–1963); Rolf Berger (1961–1971, stv. Vors.); Hermann Bewarder (1955–1957); Wolfgang Beyreuther (1959–1971, stv. Vors.); Frank Bochow (1982–1989); Käthe Bombach (1957–1961); Siegfried Bowens (1959–1960); Walter Buchheim (1959–1961, stv. Vors.); Harald Bühl (1971–1989); Erwin Bunzel (1949–1952); Adolf Deter (1950–1954); Christina Emmrich (1986–1989); Günter Erxleben (1950–1953); Karl Fugger (1949–1950); Paul Geisler (1953–1955); Bernhard Göring (1946–1949, 2. Vors.); Grete Groh-Kummerlöw (1950–1957); Hans Jendretzky (1946–1948, 1. Vors.; 1963–1965); Adolf Kaufmann (1948–1950); Max Kiefer (1946–1949); Rudolf Kirchner (1950–1952, stv. Vors.; 1950–1958; 1963–1968); Wilhelm Knigge (1959–1963); Ernst Krüger (1948–1949, Generalsekr.); Kurt Kühn (1952–1953); Willi Kuhn (1951–1952); Otto Lehmann (1950–1963; 1957–1959, stv. Vors.); Ernst

Lemmer (1946–1949, 3. Vors.); Friedel Malter (1946–1952); Karl Mann (1946–1948); Walter Maschke (1948–1950); Kurt Meier (1952–1963); Ernst Müller (1950–1952); Fritz Müller (1963–1964); Margarete Müller (1964–1981); Werner Naß (1961–1963); Alfred Nave (1955–1957); Heinz Neukrantz (1965–1982); Josef Orlopp (1957–1960); Willi Perk (1959–1963); Lotte Pfeiffer (1952–1955); August Reitz (1947–1950); Egon Rentzsch (1955–1959); Bärbel Ritter (1981–1986); Fritz Rösel (1962–1989); Alexander Starck (1950–1951, stv. Vors.); Helmut Thiele (1963–1977); Walter Tille (1958–1962); Harry Tisch (1975–1989); Johanna Töpfer (1968–1989, stv. Vors.); Gustav Ulfert (1950–1951); Herbert Warnke (1946–1975); Alfred Wilke (1968–1972); Kurt Zahn (1977–1989); Ernst Zöllner (1949–1959);

Vorsitzende der FDGB-Landesvorstände 1945–1952:

Brandenburg: Franz Moericke (1945–1948); Rudi Jahn (1948–1949); Erich Bombach (1949–1952); • Mecklenburg: Hans Pollok (1945); Kurt Herholz (1945–1946); Herbert Warnke (1946); Friedrich Hell (1946–1947); Emil Otto (1947–1950); Willi Kuhn (1950–1951); Rudi Speckin (1951–1952); • Sachsen: Paul Gruner (1946–1947); Rudolf Eckert (1947–1948); Kurt Kühn (1948–1950); Artur Baumann (1950–1952); • Sachsen-Anhalt: Georg Otten (1945–1947); Rudolph Maisel (1947–1950); Herbert Ketscher (1950–1952); • Thüringen: Willy Albrecht (1945–1948); Paul Woytkowski (1948–1952)

Vorsitzende der FDGB-Bezirksvorstände 1952–1989/90

Berlin: Roman Chwalek (1945–1949); Adolf Deter (1949–1951); Willy Kuhn (1951–1956); Heinz Neukrantz (1956–1965); Waldemar Sukale (1966–1968); Rudolf Höppner (1968–1979); Annelis Scheel/Kimmel (1979–1989); Peter Straßenberger (1989–1990)

Cottbus: Erich Bombach (1952–1958); Albert Enke (1958–1988); Sabine Fischer (1988–1989)

Dresden: Max Tschirner (1953); Gerhard Georgi (1954); Manfred Boden (1954–1962); Werner Heilemann (1962–1968); Rudolph Springer (1968–1973); Gerhard Gruhl (1973-1988); Hans-Joachim Krusch (1988–1990)

Erfurt: Otto Lang (1952–1953); Karl Kuron (1953–1981); Gerhard Nennstiel (1981–1988); Gerhard Zickenrott (1988–1989)

Frankfurt (Oder): Harry Mönch (1953–1960); Otto Schmidt (1960–1979); Friedrich Beuel (1979–1988); Günter Kallweit (1988–1989)

Gera: Felix Kontzky (1952–1953); Manfred Müller (1953); Herbert Ohlig (1953–1954); Gerhard Mürx (1954–1955); Emil Otto (1955–1961); Hugo Höfer (1961–1962); Georg Bogk (1962–1966); Günter Müller (1966–1989); Klaus Fischer (1989–1990, Geschäftsführer des Arbeitssekretariats)

Halle: Siegfried Michl (1952); Paul Müller (1952); Paul Niebuhr (1952–1953); Paul Teck (1953–1955); Helmut Kriegel (1955–1962); Max Dankner (1963–1967); Hans-Joachim Winkler (1967–1971); Richard Pieper (1971–1980); Werner Oertelt (1980–1989); Heino Ernst (1989–1990, Geschäftsführer des Arbeitssekretariats)

Karl-Marx-Stadt: Fritz Danke (1953–1961); Herbert Kroker (1961–1963); Helmut Geyer (1964–1966); Heinz Müller (1966–1967); Willi Seepe (1967); Albert Wappler (1967–1989); Siegfried Hessel (1990)

Leipzig: Fritz Stein (1952–1954); Erich Grützner (1954–1959); Rudolph Vogel

1959–1960); Fritz Beier (1960–1963); Willi Hugler (1963–1977); Fritz Seiffert (1977–1986); Dietmar Krist (1986–1989); Günter Blume (1989–1990)
Magdeburg: Paul Fiedler (1952–1953); Albert Enke (1953–1954); Hans Carstens (1954–1973); Heinz Kühnau (1973–1982); Ernst Schladitz (1982–1989); Gerhard Schulz (1989–1990 Geschäftsstellenleiter)
Neubrandenburg: Otto Taschenhofer (1952–1953); Bruno Frahm (1953–1955); Martin Berger (1955–1957); Gerhard Glorius (1957–1958); Bruno Frahm (1958–1972); Kurt Scherau (1972–1977); Horst Rusch (1977–1990); Rainer Knop (1990)
Potsdam: Erich Bombach (1952–1953); Kurt Thiele (1953–1960); Arthur Czadzeck (1960–1989); Dieter Steffen (1989–1990)
Rostock: Rudi Speckin (1952–1963); Heinz Weck (1963–1967); Heinz Hanns (1967–1989)
Schwerin: Hedi Haschke (1952–1955); Bodo Schulz (1955–1961); Gerhard Völkner (1961–1965); Kurt Meier (1965–1977); Walter Resch (1977–1989); Volkmar Böhme (1990)
Suhl: Franz Strubbe (1952–1953); Gerhard Knabe (1953–1954); Georg Limburg (1954–1958); Alwin Günther (1958–1968); Horst Brandt (1968–1989); Anita Thees (1989–1990); Michael Laue (1990 Geschäftsführer)
Auszeichnungen/Preise: Der F. und seine Leitungsgremien hatten für Auszeichnungen, mit denen Leistungen in der Produktion und in Wettbewerben honoriert wurden, ein Vorschlags- und Mitspracherecht. Solche überwiegend staatlichen Auszeichnungen wurden sowohl an Einzelpersonen wie an Kollektive vergeben, u. a. der ›Vaterländische Verdienstorden‹ und der Orden ›Banner der Arbeit‹ sowie die ›Medaille für ausgezeichnete Leistungen‹, die ›Medaille für ausgezeichnete Leistungen im Wettbewerb‹, die ›Verdienstmedaille der Deutschen Demokratischen Republik‹ und (für Frauen) die ›Clara-Zetkin-Medaille‹. Weiterhin gab es zahlreiche Medaillen, die nur an Angehörige bestimmter Berufszweige vergeben wurden. Entsprechend wurden auch Ehrentitel verliehen wie ›Aktivist‹, ›Verdienter Aktivist‹, ›Held der Arbeit‹ oder ›Verdienter Meister‹, ›Verdienter Bergmann‹, ›Verdienter Lehrer‹. Zur Anerkennung von verdienstvoller Gewerkschaftsarbeit gab es außerdem eine Ehrenmedaille ›Für hervorragende und verdienstvolle Gewerkschaftsarbeit in der DDR‹, eine ›Hermann-Duncker-Medaille‹ und eine ›Fritz-Heckert-Medaille‹. Im Bereich der gewerkschaftlich betreuten Kulturarbeit wurde der 1959 gestiftete ›Kunstpreis des FDGB‹ anläßlich der periodisch veranstalteten → ›Arbeiterfestspiele‹ vergeben; zeitweilig gab es überdies noch einen Kunst- und Literaturpreis des FDGB.
Publikationen/Archive: Der F. besaß den ›Tribüne Verlag‹ mit eigenen Druckereien, der seit 1945 bestand und u. a. folgende Zeitungen und Zeitschriften herausbrachte: ›Die Freie Gewerkschaft‹, erschien als Ztg. des FDGB vom 9. 10. 1945 bis zum 31. 12. 1946; als Forts. ersch. die ›Tribüne‹, Ausg. A: Tagesztg. des FDGB, Jg. 3/1947 bis 7/1951; zugleich ersch. ›Tribüne‹, Ausg. B: Wochenztg. des FDGB für die Länder, Jg. 1/1947 bis 5/1951; die Tagesztg. ›Tribüne‹ ersch. ab Jg. 8/1952 bis zum 1. 12. 1989 als Organ des BuV des FDGB einheitlich fünfmal pro Woche in 2 unterschiedl. Ausgaben (Ausg. A und B); seitdem bis zur Ausg. des Jg. 47 vom 23. 9. 1991 ersch. nur noch eine Ausg., die ab dem 4. 12. 1989 herauskam als ›Zeitung der Ge-

werkschaften‹ bzw. ›Zeitung des Gewerkschafters‹; ab dem 2.7.1990 nannte sich die Zeitung ›Tribüne – Soziales, Wirtschaft und Politk‹ und ab dem 8.4.1991 ›Tribüne – Tageszeitung für Wirtschaft, Soziales und Politik‹; Chefredakteure: Fritz Apelt (1945–1946 von ›Die Freie Gewerkschaft‹, 1947–1951 von der ›Tribüne‹); Jakob Walcher (1946–1951); Günter Erxleben (1951–1953); Waldemar Pose (1953–1975); Claus Friedrich (1975–1981); Günter Simon (1981–1989); Frank Käßner (1989–1990); Michael Bolz (1990–1991); Hubert von Brunn (1991); • ›Die Arbeit. Zeitschrift für Theorie und Praxis der Gewerkschaften‹, Monatszs., erschien von Jg. 1/1947 bis Jg. 34/1980; • ›Gewerkschaftsaktiv‹, ersch. von 1952–1956; • ›Kulturelle Massenarbeit‹, ersch. von 1952–1953; fortges. als ›Kulturelles Leben‹, Monatszs. für die kulturelle Massenarbeit, ersch. von 1954–1980; aus der Zusammenlegung der Zss. ›Die Arbeit‹ und ›Kulturelles Leben‹ entstand ›Gewerkschaftsleben‹, Funktionärszs., ersch. von 1980–1989; • ›FDGB-Rundschau‹, später ›Rundschau des FDGB‹, Zs. zur Außendarstellung des FDGB in verschiedenen fremdsprachigen Ausgaben, ersch. von 1956–1989; • ›Die Sozialversicherung‹ (später ›Sozialversicherung – Arbeitsschutz‹), Monatszs. für Mitarbeiter der SV sowie für Fragen des Gesundheits- und Arbeitsschutzes, ersch. von 1955/56 bis 1980; • ›WIR‹, Zs. für jüngere Leser, ersch. von 1967 bis 1972; ›Weltgewerkschaftsbewegung‹, deutschsprachige Ausg. der internat. Gewerkschaftszs., ersch. seit 1952;

Außerdem erschienen im FDGB-Verlag ›Tribüne‹ Fachpublikationen und Schulungsliteratur, Zeitschriften der Einzelgewerkschaften sowie zeitweilig auch belletristische Werke; Betriebszeitungen wurden überall in der DDR von den jeweiligen SED-Parteiorganisationen in Zusammenarbeit mit den BGL herausgegeben. Um die in der FDGB-Zentrale vorhandenen reichhaltigen Bibliotheks- und Archivbestände zur deutschen Gewerkschaftsbewegung zusammenzuhalten, wurde die ›Johannes-Sassenbach-Stiftung Bibliothek und Archiv der Gewerkschaftsbewegung, Berlin‹ auf dem Auflösungskongreß am 14.9.1990 beschlossen und am 1.10. d. J. in das Stiftungsregister der DDR eingetragen. Dem Kuratorium der Stiftung gehörten an: die Historikerin und DGB-Bevollmächtigte Helga Grebing, der Mannheimer Historiker Hermann Weber sowie ein Vertreter der DAG und Vertreter der Einzelgewerkschaften. Zum 1.1.1993 wurden die von der ›Johannes-Sassenbach-Stiftung‹ verwalteten Bestände aufgrund eines Einbringungsvertrags in die ›Stiftung Archive der Parteien und Massenorganisationen der DDR im Bundesarchiv‹ (SAPMO) überführt.

Freikirchen in der DDR

→ Arbeitsgemeinschaft Christlicher Kirchen in der DDR

Freiwillige Helfer

→ Deutsche Volkspolizei, → Freie Deutsche Jugend, → Grenztruppen der DDR, → Volkssolidarität

Freundschaftsgesellschaften
→ Liga für Völkerfreundschaft der DDR

Friedensfahrt, 1948–1993
Größtes internationales Etappen-Straßenrennen für Amateurradsportler

Geschichte und Organisation: Die Organisation des Rennens lag in den Händen der Zeitungen ›Trybuna Ludu‹, ›Rudé Právo‹ und ›Neues Deutschland‹ (seit 1952). Die F. wurde erstmals 1948 gestartet und fand bis 1951 zunächst zwischen Prag und Warschau statt; eine Mannschaft der DDR hatte im Mai 1950 erstmalig an der ›Radfernfahrt für den Frieden Warschau–Prag‹ teilgenommen. Seit 1952 wurde auch das Gebiet der DDR in die Streckenführung einbezogen, so daß die F. seitdem als Dreiländerfahrt ausgerichtet wurde. Die Finanzierung des Rennens übernahmen die kommunistischen Parteien der 3 Länder.

Funktionen und Wirkungen: Der F. waren von Anfang an propagandistische Funktionen zugedacht. Die von Pablo Picasso 1947 geschaffene Taube, als »Friedenstaube« zum Symbol geworden, schmückte alle Trikots der in den verschiedenen Wertungen jeweils führenden Fahrer: das gelbe Trikot des besten Einzelfahrers, die blauen Trikots der besten Mannschaft, das grüne Trikot des besten Bergfahrers, das weiße Trikot des besten Nachwuchsfahrers, das violette Trikot des aktivsten Fahrers usw. Im Reglement der F. versuchte man ebenfalls, neue Wege zu beschreiten; in § 18 hieß es z. B.: »Um die Idee der Freundschaft auch während des Rennens zu bekunden, wird die gegenseitige Hilfe der Mannschaften untereinander durch besondere Anerkennung gewürdigt.«
Jährlich nahmen an dieser Rundfahrt etwa 20 Nationalteams teil, darunter regelmäßig auch die Amateure der großen Radsportnationen Italien, Frankreich und Belgien. Die sportliche Überlegenheit der Fahrer aus der DDR und der UdSSR gegenüber den Amateuren aus westlichen Ländern führte zu vielen Diskussionen u. a. auch zu dem Begriff »Staatsamateure«. Es wurde zugegeben, daß sportliche Höchstleistungen nur durch maximales Training zu erreichen seien und insofern die DDR-Sportler wie Profis trainierten; aber Profis im Kapitalismus mühten sich für Geld, und andere verdienten an deren Mühen noch mehr Geld, die DDR-Sportler kämpften hingegen um den Sieg, indem sie sich für Frieden und Sozialismus einsetzten.
»Friedensfahrt«-Geschichte für die DDR schrieben vor allem Gustav-Adolf (»Täve«) Schur und Olaf Ludwig, die den Radsport in der DDR populär machten. Wenn die »Friedensfahrer« vorbeikamen, fiel für die Schulkinder der Unterricht aus, und Millionen Zuschauer säumten die

Strecke. Anläßlich des Rennens wurden von der → FDJ und dem → DTSB für Kinder und Jugendliche sog. kleine Friedensfahrten organisiert, die der Talentsuche und der Hebung der allgemeinen Sportbegeisterung dienten.

Umwandlung: Die F. wurde auch nach 1989 – nunmehr unter dem französischen Titel ›Course de la Paix‹ – weitergeführt; Veranstalter waren nicht mehr die ehemaligen »Zentralorgane« der kommunistischen Parteien, sondern die Radsportverbände der Länder, finanziell unterstützt von der Weltföderation der Radsportler (UCI) und dem von G.-A. Schur gegründeten ›Kuratorium Course de la Paix‹, das sich für die Fortsetzung der Friedensfahrt auf privatwirtschaftlicher Basis einsetzt. Das 1993er Rennen geriet allerdings nur zu einer Mini-Variante, die in der Tschechischen Republik stattfand.

Friedensrat der DDR, 1949–1990

Offizielles Organ der partei- und regierungsnahen Friedensbewegung in der DDR

Aus dem Organisationskomitee für den ›Weltfriedenskongreß‹ bzw. aus dem Kreis der Teilnehmer an dessen Tagungen in Paris und Prag ging am 10. 5. 1949 das ›Deutsche Komitee der Kämpfer für den Frieden‹ hervor. Es wurde in den 50er Jahren mehrfach umbenannt: im Dezember 1950 in ›Deutsches Friedenskomitee‹, im Januar 1953 in ›Deutscher Friedensrat‹; im Juni 1963 erfolgte dann die letzte Umbenennung in ›Friedensrat der DDR‹. Dem F. gehörten ca. 300 Personen aus allen politischen Parteien und gesellschaftlichen Organisationen sowie Vertreter des öffentlichen Lebens in der DDR an. Das proklamierte Ziel des Rates war die Durchsetzung der Politik der friedlichen Koexistenz und die weltweite Abrüstung.

Höchstes Gremium war das Plenum des F., das den Präsidenten, die Vizepräsidenten und das Präsidium wählte. Ein Sekretariat organisierte die laufende Arbeit zwischen den Plenartagungen und konnte sich dabei auf einen Apparat von rd. 50 festangestellten Mitarbeitern stützen. Der F. war Mitglied des ›Weltfriedensrates‹ und unterstützte dessen Initiativen und Programme. Er nahm für sich in Anspruch, die ganze, »einheitliche« Friedensbewegung in der DDR zu repräsentieren; da innerhalb des Rates auch ein ›Christlicher Arbeitskreis‹ bestand, sah er keinen Anlaß, jene Friedensinitiativen, die sich nach der 1975 erfolgten Unterzeichnung der KSZE-Schlußakte regten und sich teilweise im Schutz der evangelischen Kirchen entwickelten, anzuerkennen oder gar zu fördern (→ ›Bund

Evangelischer Kirchen in der DDR‹, → ›Christliche Friedenskonferenz in der DDR‹).

Auflösung / Ende: Am 3. 1. 1990 trat das Präsidium des F. zurück; an seiner Stelle bildete sich ein geschäftsführender Ausschuß, der mit der Neukonstituierung der Organisation beauftragt wurde. Am 24. / 25. 2. 1990 kam es zur Gründung eines ›Deutschen Friedensrates e. V.‹, der künftig als eine für jedermann offene Vereinigung agieren will; zur Vorsitzenden wurde die Berliner Lehrerin Bärbel Schindler-Saefkow gewählt. 1993 hatte dieser Friedensrat noch etwa 200 eingeschriebene Mitglieder, vor allem in Berlin und Dresden. Er engagierte sich nun besonders bei der Unterstützung der jährlichen Ostermärsche und des Hiroshima-Gedenkens; er gibt die Zeitschrift ›Pax Report‹ heraus.

Präsidenten: Johannes R. Becher, Anna Seghers, Arnold Zweig (1949–1950); Walter Friedrich (1950–1969); Günther Drefahl (1969–1990)
Vizepräsidenten: Frank Bochow (1984–1990); Georg Böhm (1982–1990); Hartmut König (1982–1988); Horst Kreter (1982–1990); Greta Kuckhoff (1958–1981); Gerhard Lindner (1982–1990); Gerhard Lotz (1965–1981); Heide-Linde Mehlitz (1982–1988); Margarete Müller (1977–1984); Josef Orlopp (1958–1960); Max Schmidt (1982–1990); Johanna Töpfer (1973–1977); Gert Wendelborn (1982–1990); Deba Wieland (1977–1990); Alfred Wilke (1965–1973); Hans-Joachim Willerding (1988–1990); Benito Wogatzki (1984–1990)
Generalsekretäre: Heinz Willmann (1953–1966); Werner Rümpel (1966–1990)
Auszeichnungen: ›Deutsche Friedensmedaille‹; ›Carl-von-Ossietzky-Medaille‹; ›Friedensplakette‹
Publikationen: Bulletin ›international‹, erschien mtl. in fünf Sprachen

Friedrich-Schiller-Universität Jena (FSU)

→ Universitäten

G

Galerie der Freundschaft, 1968–1989

Ausstellungszyklus und volkskünstlerische Bewegung der Jugend auf dem Gebiet der bildenden Kunst und der Fotografie

Die von der FDJ und der → Pionierorganisation ›Ernst Thälmann‹ initiierte Bewegung verfolgte das Ziel, Kinder und Jugendliche für eine bildkünstlerische Tätigkeit zu gewinnen. In Abständen von 2 Jahren wurden von den FDJ-Organisationen ausgewählte Arbeiten zu den G. in den Kreisen und Bezirken sowie zur zentralen G. gesandt und dort ausgestellt. Diese Ausstellungen präsentierten insgesamt bis zu 400000 Arbeiten. Bei den zentralen G. – die erste fand im November 1968 in Berlin/DDR statt – wurden die besten Exponate mit Gold-, Silber- und Bronzemedaillen ausgezeichnet. Seit 1973 wurden G. auch in den Schulen organisiert; die Schuljugend stellte seitdem die zahlenmäßig größte Gruppe derer, die sich an den G. beteiligten.

Gärtnerische Produktionsgenossenschaften (GPG)

→ Genossenschaften

Gehörlosen- und Schwerhörigenverband der DDR (GSV), 1957–1990

Gesellschaftliche Vereinigung zur Interessenvertretung und Betreuung von Hörgeschädigten

Geschichte und Organisation: 1956 richteten Gehörlose eine Denkschrift an die Regierung der DDR, in der sie die Bildung einer eigenen Organisation forderten. Daraufhin fand vom 31. 5. – 1. 6. 1957 in Halle ein Gründungskongreß des ›Allgemeinen Deutschen Gehörlosen-Verbandes‹ (ADGV) statt. Auf staatliches Drängen beschloß 1961 der II. Kongreß des ADGV, daß neben den Gehörlosen auch schwerhörige Bürger in den Verband aufgenommen werden könnten. Auf dem V. Kongreß 1973 wurde der Verband umbenannt und firmierte fortan als G.
Sein höchstes Organ war der Kongreß, der mindestens einmal in fünf Jah-

ren stattfand und den Zentralvorstand wählte. Dieser leitete den G. zwischen den Kongressen, wählte das Präsidium, den Präsidenten sowie die Vizepräsidenten und berief den Sekretär des ZV. Das Präsidium koordinierte und leitete die Tätigkeit des G. zwischen den Tagungen des ZV. Bezirksdelegiertenkonferenzen, die die Bezirksvorstände wählten, wurden ebenfalls in fünfjährigem Turnus einberufen. In den Kreisen bestanden Gehörlosen- und Schwerhörigengruppen, die vor allem sozial, rehabilitierend und kulturell tätig waren; deren Gruppenleitungen wurden auf Gruppenversammlungen gewählt, die i. d. R. alle 2–3 Jahre stattfanden.

Funktionen und Wirkungen: Der G., dem gleichberechtigt auch nicht hörgeschädigte Bürger angehörten, richtete seine Aktivitäten vor allem darauf, seinen Mitgliedern und allen hörgeschädigten Bürgern die Integration in die Gesellschaft und eine Teilhabe am gesellschaftlichen Leben zu ermöglichen bzw. zu erleichtern. Er wirkte mit bei der Rehabilitation, insbesondere bei der Einbeziehung Gehörloser und Schwerhöriger in den Arbeitsprozeß, beim Erschließen neuer Berufe und Arbeitsplätze, bei der Berufsausbildung und bei der Weiterbildung Erwachsener. Vor allem durch seine Gruppenarbeit trug er zur Aufklärung über die Probleme der Hörgeschädigten bei und förderte das gegenseitige Verständnis zwischen Betroffenen und Nichtbetroffenen. Für seine Öffenlichkeitsarbeit verfügte er zudem über ein Zentrales Pantomimenensemble und mehrere Volkstanzgruppen; in 6 Bezirksstädten unterhielt er Kulturhäuser. Seit 1963 war der G. Mitglied der Weltföderation der Gehörlosen (›World Federation of the Deaf‹ – WFD).

Umwandlung: An der Basis des G. wurde Ende 1989 heftige Kritik an der bisherigen Verbandspolitik geübt: Die Mehrheit der Bezirksverbände forderte den Rücktritt des ZV sowie die Einberufung eines ao. Kongresses. Daraufhin traten im Verlauf der 9. Arbeitstagung des ZV am 13. 12. 1989 in Magdeburg Präsidium, ZV und ZRK zurück. Ein zeitweiliger Arbeitsausschuß übernahm die Weiterführung der Geschäfte und die Vorbereitung des geforderten Kongresses; dieser tagte zunächst unter dem Vorsitz von Wolfgang Buchholz, dem vormaligen Vizepräsidenten des G., dann unter der Leitung von Karlheinz Kunze, dem damaligen Sekretär des Bezirksvorstands Berlin.

Am 7. 6. 1990 wurde der G. beim Stadtbezirksgericht Berlin-Mitte ins Vereinsregister aufgenommen; am 15. / 16. d. M. fand in Berlin der ao. Kongreß statt, auf dem über die Frage der künftigen Struktur des Verbandes abgestimmt wurde. Mit 55 zu 53 Stimmen entschieden sich die Delegierten dafür, einen ›Bund der Gehörlosen e. V.‹ und einen ›Bund der Schwerhörigen e. V.‹ unter dem Dach eines ›Gehörlosen- und Schwerhörigen-Verbandes der DDR e. V.‹ zu bilden. Die neugewählten Präsidenten Karlheinz Kunze (BdG) und Gudrun Richter (BdS) vereinbarten Zusammenarbeit im Dachverband bis zum Zeitpunkt der Vereinigung ihrer Organisationen mit den jeweils entsprechenden in der BRD.

Frau Sabine Bergmann-Pohl, die als Präsidentin der → Volkskammer die Schirmherrschaft über die Behindertenverbände der DDR ausübte, versprach den Präsidenten beider Bünde im August 1990 finanzielle Hilfe bis zum Jahresende. Diese Unterstützung blieb aus, so daß der G. sich gezwungen sah, hauptamtlich tätige Mitarbeiter zu entlassen. Gleichwohl konnte er teilweise schon bestehende Kontakte zu den bundesdeutschen Gehörlosen- und Schwerhörigenverbänden ausbauen und intensivieren. Am 2.5.1991 kam es im Rahmen eines Internationalen Schwerhörigenkongresses im Berliner ICC zur organisatorischen Vereinigung des BdS mit dem ›Deutschen Schwerhörigenbund e. V.‹.; im Oktober 1991 vereinigte sich dann der BdG mit dem ›Deutschen Gehörlosen-Bund e. V.‹.

Kongresse: I. K. am 23. 6. 1957 in Halle; II. K. von 14. – 15. 10. 1961 in Meißen; III. K. 1965 in Halle; IV. K. vom 26.–27. 6. 1969 in Karl-Marx-Stadt; V. K. vom 18.– 20. 10. 1973 in Leipzig; VI. K. vom 29. 9. – 1. 10. 1977 in Karl-Marx-Stadt; VII. K. vom 1. – 2. 10. 1982 in Erfurt; VIII. K. vom 19. – 21. 11. 1987 in Berlin/DDR; ao. Kongreß vom 15. – 16. 6. 1990 in Berlin/DDR

Präsidenten: Günter Wöller (1957–1960); Bruno Schliebenow (1960–1966); Emil Friedberger (1966–1977); Ernst Liehr (1977–1982); Karl Reschke (1982–1989)

Auszeichnungen/Preise: Ehrennadel des G. in Gold, Silber und Bronze; Ehrenurkunde des G.; Verdienstmedaille; ›Samuel-Heinicke-Preis‹

Publikationen/Archive: ›Deutsche Gehörlosenzeitschrift‹, erschien mtl. als Zeitschrift für Gehörlose und Schwerhörige von 1957–1990; ab 1974 war sie Organ des G. und enthielt die Kinderbeilage ›Sternchen‹. Jährlich erschienen Informationsmaterialien in Form eines Kalenders und zudem in periodischen Abständen Broschüren über Probleme Hörgeschädigter. Seit 1983 produzierte das ›Fernsehen der DDR‹ eine Sendung für Hörgeschädigte u. d. T. ›Im Bilde‹, auf die der G. beratend Einfluß nehmen konnte.

Gemeinnützige Wohnungsbaugenossenschaften (GWG)

→ Genossenschaften

Generalstaatsanwaltschaft der DDR, 1949–1990

Oberste Strafverfolgungs-, Anklage- und Strafvollzugsüberwachungsbehörde

Geschichte und Organisation: Am 8. 12. 1949 beschloß die ›Provisorische → Volkskammer der DDR‹ die Errichtung eines ›Obersten Gerichtsho-

fes‹ und einer Obersten Staatsanwaltschaft. Artikel 131 der ersten Verfassung der DDR besagte dazu, daß der ›Oberste Staatsanwalt der Republik‹ wie die Richter des →›Obersten Gerichts der DDR‹ auf Vorschlag der Regierung durch die Volkskammer zu wählen sei. Im ersten Gesetz über die Staatsanwaltschaft der DDR vom 23. 5. 1952 wurde diese definiert als ein von anderen Organen unabhängiges Organ der Staatsgewalt, das jedoch dem →›Ministerrat der DDR‹ unterstellt war. Nach dem zweiten Staatsanwaltschaftsgesetz vom 17. 4. 1963 war der Generalstaatsanwalt der →Volkskammer verantwortlich bzw. in den Zeiten zwischen deren Tagungsperioden dem →›Staatsrat der DDR‹. Er war berechtigt, an den Sitzungen des MR teilzunehmen und diesem bei Bedarf Vorschläge zu unterbreiten; ggf. konnte er einzelne Minister direkt auf Rechtsverstöße aufmerksam machen.
Der ›Oberste Staatsanwalt der Republik‹, seit April 1963 offiziell als ›Generalstaatsanwalt der DDR‹ bezeichnet, wurde anfangs auf Vorschlag des MR, dann des Staatsrates von der Volkskammer gewählt – zuerst ohne Festlegung der Amtszeit, später auf 5 Jahre. Die Volkskammer konnte ihn auch jederzeit abberufen, der Staatsrat seine vorläufige Abberufung anordnen. Der G. war Leiter der gesamten Staatsanwaltschaft und besaß Weisungsbefugnis gegenüber den Staatsanwälten der Länder bzw. seit 1952 gegenüber den Bezirks- und Kreisstaatsanwälten. Seine Stellvertreter wurden ebenfalls von der Volkskammer gewählt und vom Staatsrat der DDR bestätigt; einer dieser Stellvertreter war stets der Militäroberstaatsanwalt, dem die am 17. 11. 1956 gebildete Militärstaatsanwaltschaft unterstand (→Militärjustiz). Alle anderen Staatsanwälte in der DDR wurden durch den G. berufen und abberufen.

Funktionen und Wirkungen: In der Rechtspflege der DDR wurde vermeintlichen Kollektivinteressen Vorrang eingeräumt; die Verfassung der DDR nannte daher die Aufgaben der Rechtspflege in einer dafür bezeichnenden Reihenfolge: Durchsetzung der sozialistischen Gesetzlichkeit sowie Schutz und Entwicklung der Staats- und Gesellschaftsordnung der DDR rangierten danach vor der dem Individualinteresse verpflichteten Aufgabe, »die Freiheit, das friedliche Leben, die Rechte und die Würde der Menschen« zu schützen. Demgemäß hatte auch die Staatsanwaltschaft vor allem als »Hüter der sozialistischen Gesetzlichkeit« zu fungieren. Die gesetzlich festgeschriebene »Allgemeine Gesetzlichkeitsaufsicht« beschränkte sich nicht nur auf vorbeugende und ermittelnde Bekämpfung der Kriminalität, Anklagevertretung und Überwachung des Strafvollzugs, sie schloß ebenso ein, »das sozialistische Staats- und Rechtsbewußtsein der Bürger zu festigen und ihre gesellschaftliche Akti-

vität, Wachsamkeit und Unduldsamkeit gegen jegliche Rechtsverletzungen zu entwickeln sowie Rechtsverletzungen vorzubeugen«.
Unter dem vorherrschenden Prinzip der Gewalteneinheit, das eine Möglichkeit der unabhängigen Überprüfung von Ermittlungs- und Gerichtsverfahren sowie der Klage gegen Grundrechtsverletzungen nicht vorsah, beschreibt der Aufgabenkatalog der »Allgemeinen Gesetzlichkeitsaufsicht« ein weites Feld staatsanwaltlicher Einflußnahme. Daran wird deutlich, daß auch die Rechtspflege als Instrument politischer Leitung verstanden und eingesetzt wurde. Entsprechend eng war die Zusammenarbeit von Staatsanwaltschaft und →SED – alle Staatsanwälte hatten Mitglied dieser Partei zu sein. Eine Anleitung erfolgte über die Abt. Staats- und Rechtsfragen des →›Zentralkomitees der SED‹, und der G. oblag es, diese nach dem Prinzip des →demokratischen Zentralismus an die unteren Ebenen der Rechtspflege zu vermitteln.
Die G. war überdies laut Staatsanwaltschaftsgesetz vom 7.4.1977 verpflichtet, mit den Sicherheitsorganen, dem →Ministerium des Innern und dem Obersten Gericht zusammenzuarbeiten. Insbesondere im Ermittlungsverfahren, in dem der Statsanwaltschaft die Leitung der Untersuchungsorgane übertragen war, stützte sie sich auf Untersuchungen der Kriminalpolizei (→›Deutsche Volkspolizei‹), des Staatssicherheitsdienstes (→Ministerium für Staatssicherheit) und bestimmter Dienststellen der →Zollverwaltung. Von der ihr zustehenden Weisungsbefugnis in Ermittlungsfragen machte sie in der Praxis gegenüber den Organen des MfS so gut wie keinen Gebrauch; die abschließende Entscheidung über Einstellung des Verfahrens, Übergabe an ein ›Gesellschaftliches Gericht‹ (→›Schiedskommission‹), Anklageerhebung oder Beantragung eines Strafbefehls hatte sie jedoch in jedem Falle zu treffen. Bei der G. wurden auch das Zentrale Strafregister und die Statistik über die Kriminalität in der DDR geführt. Zu ihren Aufgaben gehörte außerdem die Aufsicht über die »Wahrung der Gesetzlichkeit« beim Strafvollzug und bei der Vorbereitung auf eine Wiedereingliederung in das gesellschaftliche Leben.

Generalstaatsanwälte: Ernst Melsheimer (1949–1960); Werner Funk (amt. von 1960–1962); Josef Streit (1962–1986); Günter Wendland (1986–1989); Hans Jürgen Joseph (1990–1990)
Stellvertretende Generalstaatsanwälte: Hans Bauer (1990); Karl-Heinz Borchert (1968–1989); Werner Funk (1959–1960); Harry Harrland (1973–1990); Bruno Haid (1955–1958); Alfred Leibner (1971–1990); Lothar Reuter (1990); Günter Seidel (1990); Günter Wendland (1965–1986)
Archive: Archivbestände der G. befinden sich heute zum Teil in der Verfügung des Bundesjustizministers, der Generalbundesanwaltschaft bzw. des Bundesbeauf-

tragten für die Unterlagen des Staatssicherheitsdienstes der DDR (»Gauck-Behörde«) sowie in der Verwaltung des Bundesarchivs, Abt. V, in Potsdam.

GENEX Geschenkdienst GmbH, 1957–1990
Als ›Geschenkdienst- und Kleinexport GmbH‹ im Jahre 1957 von der DDR-Regierung offiziell gegründet, war dieses Unternehmen in Wahrheit ein organisationseigener Betrieb der → SED. Der G. lieferte an in der DDR lebende Empfänger Westwaren und gehobene Produkte aus der DDR-Produktion, die von in der Bundesrepublik oder im Ausland wohnhaften Auftraggebern in konvertierbaren Währungen bezahlt werden mußten. Geliefert wurde dafür – ohne Wartezeiten –, was des Ostdeutschen Herz begehrte: Autos, Fertighäuser, Unterhaltungselektronik, Möbel, Kühlschränke, aber auch z. B. Genußmittel und Kosmetik. Dem Beschenkten enstanden keine Kosten. Ein Grund dafür, daß der G. in der DDR mit publizistischer Zurückhaltung behandelt wurde, lag in der Preispolitik des Unternehmens, aber auch in der Tatsache, daß nur einige DDR-Bürger mit begüterten Westverwandten in den Genuß dieser Leistungen kamen. Während z. B. ein PKW Typ ›Wartburg‹ Anfang der 80er Jahre rd. 20000 Mark kostete und für dessen Erwerb Wartezeiten von mehr als zehn Jahren in Kauf genommen werden mußten, war der gleiche Wagen über den G. für rd. 9000 DM (einschließlich einer Pauschale für Steuer und Haftpflicht) und überdies noch ohne Lieferfristen zu erhalten. Laut ›Neues Deutschland‹ vom 14. 6. 1990 belief sich das Bilanzvermögen von G. am 31. 12. 1989 auf 44,1 Mio. DM. 1990 wurde der Geschenkdienst in die Verwaltung der → ›Treuhandanstalt‹ überführt.

Genossenschaften
Die in der zweiten Hälfte des 19. Jahrhunderts in Deutschland entstandenen Selbsthilfe- und Verbrauchergenossenschaften waren unter NS-Herrschaft weitgehend gleichgeschaltet, die Konsumgenossenschaften sogar enteignet worden. 1945 waren im Gebiet der SBZ aber noch hinreichend ausgebaute Strukturen und genügend Fachkräfte vorhanden, so daß die G. wichtige Funktionen bei der Bewältigung der schwierigen Versorgungslage übernehmen konnten. Im November 1945 ließ die → SMAD die ›Raiffeisen-Genossenschaften‹ auf dem Lande wieder zu und genehmigte ihnen auch die Wiederaufnahme ihrer hergebrachten Handels- und Kreditgeschäfte. Die Einkaufs- und Absatzgenossenschaften des Handwerks wurden mit SMAD-Befehl vom Mai 1946 auf ein Statut verpflichtet, das weitgehend auf dem alten Genossenschaftsgesetz basierte; gewerbliche Kreditgenossenschaften waren schon im Januar 1946 als ›Banken für Handwerk und Gewerbe‹ (BHuG) wieder zugelassen worden. Der

SMAD-Befehl 176 vom 18.12.1945 ermöglichte die Vermögensrückerstattung und Reorganisation vom Konsumgenossenschaften; die Wohnungsbaugenossenschaften konnten ihre Tätigkeit zunächst nach den überkommenen Satzungen fortsetzen.

In der jungen Sowjetunion waren bestehende Genossenschaften zunächst rigoros liquidiert worden. Als sich jedoch 1921 abzeichnete, daß die eingeschlagene Wirtschaftspolitik katastrophale Folgen zeitigen würde, sah sich Lenin gezwungen, im Rahmen der ›Neuen Ökonomischen Politik‹ auch vorher verketzerte marktwirtschaftliche Elemente wieder zuzulassen. In diesem Zusammenhang entstand der »Leninsche Genossenschaftsplan«, der zwar den Genossenschaften voraussagte, daß sie im entwickelten Sozialismus an Bedeutung verlieren würden, zugleich aber feststellte, daß sie zunächst wichtige Funktionen bei der Bildung gesamtgesellschaftlichen Eigentums zu erfüllen hätten. Bei der Umwandlung von privatem in sozialistisches Eigentum werde das genossenschaftliche Eigentum vielfach eine unerläßliche Übergangsform sein.

Diesem Schema folgte auch die Genossenschaftspolitik, die von der → SED mit Unterstützung der SMAD nach 1945 betrieben wurde. Um die kleinen Warenproduzenten in Stadt und Land nicht zu verschrecken, wurde anfangs betont, daß keine Sozialisierungspläne bestünden und daß der Beitritt zu einer Genossenschaft nur zum eigenen Vorteil und immer freiwillig geschehen solle. Die Perspektive einer Veränderung der Eigentumsordnung und der Herstellung rationaler Planbarkeit der Wirtschaftsprozesse wurde zwar nie aus den Augen gelassen, doch vorerst wurde die Reorganisation der traditionellen Genossenschaften gefördert und ihre Tätigkeit im Rahmen des Wiederaufbaus unterstützt. Später als in anderen Ostblockstaaten gab die SED ihre Zurückhaltung in der Kollektivierungsfrage auf, als sie auf der II. Parteikonferenz im Januar 1952 den Beschluß zum »planmäßigen Aufbau des Sozialismus« faßte. Nun wurde auch eine neue Genossenschaftspolitik eingeleitet.

Besondere Aufmerksamkeit widmete man von jetzt an den Produktionsgenossenschaften, insbesondere denen, die in der Land-, Forst- und Fischwirtschaft gegründet wurden. Für die → ›Landwirtschaftlichen Produktionsgenossenschaften‹ (LPG) lagen schon Ende 1952 Musterstatuten und eine Musterbetriebsordnung vor. 1958 begann man mit der Einrichtung von → ›Gärtnerischen Produktionsgenossenschaften‹ (GPG), in denen vornehmlich Obst und Gemüse, aber auch Zierpflanzen produziert wurden. Sie waren ähnlich wie die LPG verfaßt, allerdings gab es für sie von vornherein nur einen Organisationstyp. Ihre Zahl wuchs von 61 (1958) auf 217 (1978); die bewirtschaftete Fläche betrug 1978 rd. 17 000 ha. Erste Produktionsgenossenschaften der Binnenfischer (PGB) bildeten sich be-

reits 1952, während für die See- und Küstenfischerei 1955 das erste Musterstatut erlassen wurde (→›Fischereiproduktionsgenossenschaften werktätiger See- und Küstenfischer‹).
Auf dem Lande gab es noch eine Reihe weiterer Produktionsgenossenschaften für spezielle Berufsgruppen, so die Winzergenossenschaften, die ›Produktionsgenossenschaft werktätiger Pelztierzüchter‹ (PwP), die ›Produktionsgenossenschaft werktätiger Zierfischzüchter‹ (PwZ) und die ›Handwerkliche Berufsgenossenschaft der Schafscherer‹. Im Dienstleistungsbereich waren die traditionellen ›Raiffeisen-Genossenschaften‹ vor wie nach 1945 für den landwirtschaftlichen Handel, die Lagerhaltung und das Kreditwesen zuständig, außerdem gab es noch spezialisierte Molkerei- und Meliorationsgenossenschaften. Bei den vielfältigen landwirtschaftlichen Dienstleistungen setzte die SED dann auch an, um das ländliche Genossenschaftswesen nach und nach unter ihre Kontrolle zu nehmen. Der parteinahen →‹Vereinigung der gegenseitigen Bauernhilfe‹ (VdgB) wurde schon im Mai 1948 ein Mitspracherecht bei der genossenschaftlichen Kreditvergabe eingeräumt, und zu Beginn des Jahres 1949 wurden für den Aufkauf landwirtschaftlicher Erzeugnisse ›Volkseigene Erfassungs- und Aufkaufbetriebe‹ (VEAB) eingerichtet.
Mit dem 1948 eingeleiteten Übergang zu langfristiger Wirtschaftsplanung hing zusammen, daß auf einem 1949 von der SED organisierten Genossenschaftskongreß in Berlin die Umstrukturierung der ›Raiffeisen-Genossenschaften‹ in universelle Dorf- und Kreisgenossenschaften veranlaßt wurde. Diese vereinten sich in einem neuen ›Zentralverband der landwirtschaftlichen Genossenschaften‹, in dessen Führung Vertreter der VdgB dominierten. Ein weiterer Schritt zur Zentralisierung fand schon am 20. 11. 1950 statt, als sich Zentralverband und VdgB zusammenschlossen zur ›Vereinigung der gegenseitigen Bauernhilfe / Bäuerliche Handelsgenossenschaften‹ (VdgB/BHG). Damit unterlagen auch die genossenschaftlichen Dienstleistungen der Kontrolle des VdgB. Diese sollten ab 1952, also mit Beginn der Kollektivierungen, nur noch für die privat bewirtschafteten bäuerlichen Betriebe erbracht werden, während die neuen LPG von ›Staatlichen Kontoren für landwirtschaftlichen Bedarf‹ zu versorgen waren. So ließ sich die Arbeitsteilung allerdings nicht durchsetzen, da die BHG – die u. a. Planungsaufgaben und Buchführungsarbeiten übernahmen – auch von den LPG zunehmend in Anspruch genommen wurden. Zwar war deren Auflösung nach Abschluß der Kollektivierung vorgesehen, doch fand sie nicht statt.
Im Bereich des Handwerks hatten vor dem Kriege schon Bezugs- und Absatzgenossenschaften bestanden. Diese konnten seit Mai 1946 reorgani-

siert oder neu gegründet werden; laut Musterstatut hatten die neuen ›Einkaufs- und Liefergenossenschaften des Handwerks‹ (ELG) auch zur »Hebung der Kulturstufe der Genossenschaftsmitglieder im wahren demokratischen Geiste« beizutragen. Ihre praktische Funktion hatten sie als Verteiler von Material und Aufträgen wahrzunehmen, weshalb – im Interesse umfassender Lenkung – möglichst alle selbständigen Handwerker einer ELG beitreten sollten; 1949 waren 57 Prozent der Handwerksbetriebe dort Mitglied. Das zunächst von den ELG geprägte Genossenschaftswesen des Handwerks änderte sich ab 1952, als die Gründung von →›Produktionsgenossenschaften des Handwerks‹ (PGH) propagiert wurde. Sie kam nur zögernd in Gang und sollte 1955 mit dem Erlaß von Musterstatuten beschleunigt werden; danach bestanden auch hier zwei Typen von PGH mit unterschiedlichem Vergesellschaftungsgrad.
Die politische Einflußnahme auf die handwerkliche Produktion und den Dienstleistungsbereich war sehr wechselhaft, und entsprechend schwankend verlief die Entwicklung von PGH und ELG. Je nach erreichtem Leistungsstand in der »örtlichen Versorgungswirtschaft« wurden mal die Genossenschaften mit Materialzuteilungen und Steuererleichterungen begünstigt, mal wurde ihnen Einstellungsstop verordnet und den Privatbetrieben »Anreize« geboten. 1982 betrug der Anteil von 2736 PGH an der handwerklichen Gesamtleistung 41,2 Prozent; den verbleibenden Rest erbrachten 82709 Privatbetriebe mit 253800 Beschäftigten. Das Handwerk war der einzige Bereich in der sozialistischen Volkswirtschaft der DDR, in dem eine überwiegend private Verfügungsgewalt über die Produktionsmittel bis zuletzt erhalten blieb.
In der Tradition der ehemaligen ›Volksbanken‹ wurden die sozialistischen Genossenschaften wieder zu einem Bestandteil des Bankensystems der DDR. Auf dem Lande wurden die Geld- und Kreditgeschäfte seit Ende 1950 von der VdgB/BGH wahrgenommen. Die zu Landesgenossenschaftsbanken zusammengeschlossenen Geldinstitute der Handelsgenossenschaften wurden aber schon ein Jahr später in ein strafferes System staatlicher Reglementierung eingebunden, indem sie in Landesfilialen der staatlichen ›Deutschen Bauernbank‹ (DBB) umgewandelt wurden. Aus der DBB wurde 1965 die ›Landwirtschaftsbank‹ und aus dieser schließlich 1968 die ›Bank für Landwirtschaft und Nahrungsgüterwirtschaft‹ (BLN), die seitdem als kontoführende Geschäftsbank der LPG und VEG wie der zugehörigen Dienstleistungs- und Verarbeitungsbetriebe fungierte. Bezüglich der Bankgeschäfte waren ihr die BHG unterstellt, die in ca. 2600 ländlichen Zahlstellen private Spar- und Spargirokonten führten und den bargeldlosen Zahlungsverkehr der Landbevölkerung erledigten. Die BLN mit ihren Bezirksdirektionen war auch

das zuständige »Revisionsorgan für die sozialistischen Produktionsgenossenschaften der Landwirtschaft«.
Die im Bereich des Handwerks bestehenden gewerblichen Kreditgenossenschaften waren durch SMAD-Befehl im Januar 1946 in nahezu unveränderter Form wieder zugelassen worden, nunmehr unter der Bezeichnung ›Banken für Handel und Gewerbe‹ (BHuG). Da diesen Instituten zunächst eine zentrale Verrechnungsstelle fehlte, wurden sie Anfang 1952 – wie die Kreditabteilungen der VdgB/BHG – in die ›Deutsche Bauernbank‹ eingegliedert. Weitere unter Aufsicht des Finanzministeriums vorgenommene Zentralisierungsmaßnahmen bereiteten die BHuG darauf vor, die Kollektivierung der kleingewerblichen Warenproduzenten und Dienstleistungsbetriebe anzuregen und zu beschleunigen. Als ihre genossenschaftliche Organisationsstruktur – bei fortgeschrittener Kollektivierung des Handwerks – den Erfordernissen staatlicher Lenkung nicht mehr genügte, wurden 1970 die BHuG in Genossenschaftsbanken umbenannt, die für deren Geschäftsbereich noch geltenden Bestimmungen des Genossenschaftsgesetzes jedoch außer Kraft gesetzt.
Seit 1974 firmierten diese Banken als ›Genossenschaftskassen für Handwerk und Gewerbe‹, und ihre Geldgeschäfte dienten vor allem der »Leistungserhöhung des genossenschaftlichen und privaten Handwerks im Dientleistungs- und Reparaturwesen sowie der Versorgung der Bevölkerung«. Sie waren im ›Verband der Genossenschaftskassen für Handwerk und Gewerbe‹, zusammengeschlossen. Die Mitgliedschaft in den Einzelgenossenschaften konnten PGH, FPG, ELG, deren Einrichtungen und Mitglieder, Organisationen und Einrichtungen des Handwerks, private Handwerker und sonstige Personen durch freiwilligen Beitritt erwerben.
Einen ähnlichen Weg der Eingliederung in die sozialistische Volkswirtschaft gingen schließlich die Konsum- und Wohnungsbaugenossenschaften. Die Reorganisation der alten Verbrauchergenossenschaften kam seit Anfang 1946 in Gang und wurde zunächst auch sehr gefördert; im August 1949 schlossen sie sich im →›Verband Deutscher Konsumgenossenschaften‹ (VDK) zusammen. Auch diese Genossenschaften wurden in die Kollektivierungspolitik eingespannt, indem auf Beschluß der SED-Führung 1953 angeordnet wurde, daß sie künftig schwerpunktmäßig auf dem Lande tätig werden sollten, um dort ein Beispiel für die Vorteile genossenschaftlicher Zusammenschlüsse zu geben. Die politische Funktion kam auch in der Mandatsträgerschaft des VdK zum Ausdruck, weshalb es nur folgerichtig war, daß alle Konsumgenossenschaften im neugefaßten Statut von 1963 als »sozialistische Genossenschaften« bezeichnet wurden.

Der Wohnungsbau hatte sich nach 1945 zunächst auf das Wiederbewohnbarmachen von Ruinen zu konzentrieren. In diesem Bereich konnten die überkommenen Wohnungsbaugenossenschaften anfangs recht unbehelligt ihre Tätigkeit fortsetzen. Ab 1948 setzten jedoch – im Zusammenhang mit der Währungsreform – wirtschaftliche Pressionen ein; die verweigerte Abwertung von Verbindlichkeiten und zunehmende Steuerbelastungen führten zu Konkursen und staatlichen Übernahmen. Die fortbestehenden Genossenschaften wurden 1952 als »kapitalistische Unternehmungen« diffamiert; 1957 schuf man ihnen mit einen Musterstatut für ›Gemeinnützige Wohnungsbaugenossenschaften‹ (GWG) eine »sozialistische Perspektive«. Daraufhin entschloß sich der größte Teil der traditionellen Wohnungsbaugenossenschaften bis 1958 zur »freiwilligen« Umwandlung in GWG. Während dieser Umwandlungsphase wurden die 1954 neu gegründeten → ›Arbeiterwohungsbaugenossenschaften‹ (AWG) stark gefördert. Durch mehrere Statutenänderungen und modifizierte Regelungen der Kreditvergabe wurden GWG und AWG dann weitgehend einander angepaßt, so daß beide in den 70er Jahren als »sozialistische Wohungsbaugenossenschaften« galten. Die Bedeutung der GWG im Bau- und Wohnungswesen verringerte sich jedoch zunehmend; waren ihr 1961 noch 29 Prozent der erwirtschafteten Bauleistungen gutzuschreiben, so waren es 1975 nur noch 2 Prozent.

Geographische Gesellschaft der DDR (GG)
→ Wissenschaftliche Gesellschaften

Georg-Friedrich-Händel-Gesellschaft, 1953–1990
Musikgesellschaft zur Pflege und Förderung des Werkes von Georg Friedrich Händel

Geschichte und Organisation: Die G. wurde am 23.4.1955 mit Sitz in Halle gegründet. Mitglied konnte jeder am Werk Händels interessierte Bürger des In- und Auslandes werden. Die Organe der G. waren die Mitgliederversammlung, der Vorstand und ein geschäftsführender Vorstand. Die Mitgliederversammlung, die in der Regel alljährlich in Halle während der ›Händel-Festspiele‹ abgehalten wurde, wählte im Turnus von 4 Jahren den Vorstand, der 29 Mitglieder nicht überschreiten durfte. Dieser wählte einen geschäftsführenden Vorstand, der sich aus dem Präsidenten, den Vizepräsidenten, dem Wissenschaftlichen Sekretär und weiteren 5 Mitgliedern zusammensetzte. Dem Vorstand gehörten auch Persönlichkeiten aus der Bundesrepublik, der ČSSR, Dänemarks, Großbritanniens, der UdSSR und den USA an.

Funktionen und Wirkungen: Die G., die eng mit dem → Ministerium für Kultur, dem Rat des Bezirkes Halle und dem Rat der Stadt Halle zusammenarbeitete, widmete sich der Erforschung des Lebens und des Werkes von Händel. Sie unterstützte die vom Rat der Stadt Halle seit 1952 jährlich in Händels Geburtsstadt veranstalteten ›Händel-Festspiele‹, deren Anfänge in das 19. Jahrhundert zurückreichten. Diese Festspiele trugen wesentlich zur Entwicklung eines eindrucksvollen Musiklebens bei. Zwar wurde das prestigeträchtige Unternehmen vom Staat als kulturpolitisches Aushängeschild benutzt, doch blieben die Festspiele immer ein Treffpunkt internationaler Interpreten, die sich mit dem musiktheatralischen und oratorischen Schaffen des Kosmopoliten Händel auseinandersetzten, und sie waren somit auch Stätte grenzüberschreitender Begegnungen. Die G. förderte die Aufführung der Musik Händels durch Berufs- und Laienkünstler; sie betrieb zudem eine rege Vortragstätigkeit und trug so in erheblichem Maße zur Händel-Renaissance in der DDR bei. Sie edierte das ›Händel-Jahrbuch‹, dessen Schriftleitung der jeweilige Wissenschaftliche Sekretär ausübte, und die ›Hallische Händel-Ausgabe‹.

Präsidenten: Max Schneider (1955–1965); Ernst Hermann Meyer (1967–1988); Walther Siegmund-Schultze (1989–1991); Bernd Baselt (seit 1991)

Wissenschaftliche Sekretäre: Walter Siegmund-Schultze (1955–1988); Bernd Baselt (1989–1991); Karin Zauft (1992)

Publikationen: ›Händel-Jahrbuch‹, erschien seit 1955; wissenschaftliche Beiträge und Konferenzberichte wurden auch in der ›Wissenschaftlichen Zeitschrift‹ der → ›Martin-Luther-Universität Halle‹ veröffentlicht; als Verlag der G. fungierte der ›VEB Deutscher Verlag für Musik‹, Leipzig; er veröffentlichte, gemeinsam mit dem ›Bärenreiter-Verlag‹ in Kassel, die ›Hallische Händel-Ausgabe‹.

Gesellschaft für Chemie der DDR

→ Chemische Gesellschaft der DDR

Gesellschaft für Denkmalpflege

→ Kulturbund der DDR

Gesellschaft für Deutsch-Sowjetische Freundschaft (DSF), 1947–1990

Größte Freundschaftsgesellschaft der DDR, die als sozialistische Massenorganisation anerkannt war, jedoch nicht dem ›Demokratischen Block der Parteien und Massenorganisationen‹ angehörte

Geschichte und Organisation: Die G. wurde im Juni 1947 in Berlin zunächst als ›Gesellschaft zum Studium der Kultur der Sowjetunion‹ gegründet. Die Initiative dazu ging vor allem von Kommunisten und Intellektuellen aus, die in der Weimarer Republik Mitglieder der ›Gesellschaft der Freunde des neuen Rußland‹ oder des ›Bundes der Freunde der Sowjetunion‹ gewesen waren. Für → SMAD und → SED war es von großer Bedeutung, eine antisowjetische Haltung, die – als Nachklang faschistischer Ideologie, aber auch aufgrund jüngster Besatzungserfahrungen – in der Bevölkerung bestand, zu überwinden, da diese die Umgestaltung des gesellschaftspolitischen Systems in der SBZ/DDR nach sowjetischem Modell behindert hätte. 1946/47 bildeten sich in den Ländern der SBZ zunächst innerhalb des → Kulturbundes Zirkel, Klubs und Arbeitsgemeinschaften, die sich mit dem Studium der Sowjetunion beschäftigten; 1947 organisierten sich diese zu Landesgesellschaften.

Während einer Zusammenkunft von Vertretern dieser Landesgesellschaften und Mitgliedern eines Berliner Initiativ-Ausschusses, zu der die SMAD am 30. 6. 1947 in das ›Haus der Kultur der Sowjetunion‹ in Berlin eingeladen hatte, wurde dann die Gründung der ›Gesellschaft zum Studium der Kultur der Sowjetunion‹ vollzogen; sie wurde noch am selben Tag von der SMAD lizenziert. Zu ihrem Vorsitzenden wählte man den Wirtschaftshistoriker Prof. Dr. Jürgen Kuczynski (KPD/SED); außer ihm gehörten zu den Initiatoren der Gesellschaft in Thüringen Stefan Heymann und der Theaterregisseur Maxim Vallentin, in Mecklenburg der Volksbildungsminister Gottfried Grünberg und der Schriftsteller Willi Bredel, in Brandenburg der Schriftsteller Bernhard Kellermann und der Maler Otto Nagel sowie in Sachsen-Anhalt der Philosoph Georg Mende (alle KPD/SED); der Impuls zur Gründung des sächsischen Landesverbandes kam von Herbert Gute (KPD/SED) und Johannes Dieckmann (LDP). In der Gesellschaft organisierten sich vor allem Wissenschaftler und Künstler.

Auf dem 2. Kongreß der Gesellschaft im Juli 1949 wurde diese in ›Gesellschaft für Deutsch-Sowjetische Freundschaft‹ (DSF) umbenannt. Die Mitgliedschaft der G. gliederte sich in Grundeinheiten, die gebildet wurden, wenn mindestens 10 Mitglieder beisammen waren. Nach dem → FDGB war die G. in den 80er Jahren zur zweitgrößten politischen Massenorganisation der DDR geworden; 1989 hatte sie 6,3 Mio. Mitglieder. Ihr höchstes Organ war der Kongreß, der alle 5 Jahre einberufen wurde. Er wählte den Präsidenten, den Zentralvorstand und die Zentrale Revisionskommission. Die politische Arbeit wurde durch das Präsidium des ZV geleitet. Vor der Gründung eigener Schulen wurden die Kader der G. auf der SMAD-Schule in Königs Wusterhausen ausgebildet; im Juni 1949 gründete man dann eine Zentralschule der DSF in Schönwalde bei Berlin, und ab März 1950 entstanden weitere Landesschulen.

Zentren der politischen wie kulturellen Arbeit der G. waren die Häuser der DSF, die zunächst im weitesten Sinne als Kulturhäuser eingerichtet

und betrieben wurden. Aufgrund eines Beschlusses des Ministerrats der UdSSR vom 17.11.1946 wurde – noch vor der Gründung der G. – am 28.2.1947 in Berlin das ›Zentrale Haus der Kultur der Sowjetunion‹ eröffnet. Dieses diente dann als Vorbild für weitere von der G. einzurichtende Kulturhäuser in den Ländern der SBZ. Solche Häuser enthielten meist eine Bibliothek, einen großen Saal für Vorträge und Filmvorführungen, kleinere Räume für Gespräche und Studiengruppenarbeit, eine Gaststätte sowie Büroräume für die seit 1952 eingerichteten Bezirksgeschäftstellen. Die Zahl der DSF-Häuser stieg zunächst sehr schnell an, von 26 im März 1948 bis auf 76 im März 1949.
Das Berliner ›Haus der Kultur der Sowjetunion‹ wurde 1950 durch die SMAD der G. übereignet und bestand dann weiter als ›Zentrales Haus der Deutsch-Sowjetischen Freundschaft‹. Dieses Zentrum der »kulturellen Massenarbeit« der G. bot Vortragsveranstaltungen, Konzerte von deutschen wie sowjetischen Musikern, Literaturabende, Filmvorführungen, Ausstellungen, Märchennachmittage, Tanzveranstaltungen u. dgl.; Arbeitsgruppen und Zirkel beschäftigten sich u. a. mit der russischen Sprache, mit Malerei und Graphik, plastischem Gestalten, Volkskunst, Chorgesang und folkloristischen Tänzen, außerdem bestand dort ein Arbeiter- und ein Puppentheater sowie eine Bibliothek. Die Arbeit des Hauses blieb vorbildlich für die anderen Häuser der DSF, die von Berlin/DDR aus ständige Unterstützung erhielten. 1989 gab es in allen Bezirksstädten und andernorts insgesamt noch 25 solcher Häuser; neben diesen bestanden in Betrieben und anderen Einrichtungen noch rd. 1600 ›Kabinette der Freundschaft‹.

Funktionen und Wirkungen: Nach der 1949 erfolgten Umbenennung wandelte sich die G. bald von einer Studiengesellschaft zu einer politischen Massenorganisation. Von ihr angeregt, entstanden Anfang der 50er Jahre die ersten ›Zirkel zur Auswertung sowjetischer Erfahrungen‹. Daraus wurde in der Folgezeit eine Massenbewegung entwickelt, die sich dem Studium sowjetischer Erfahrungen in allen Bereichen des gesellschaftlichen Lebens widmete. 1989 bestanden schließlich in der G. 42650 Grundeinheiten, die zum weitaus überwiegenden Teil – wie die → Grundorganisationen von → SED, → FDGB und → FDJ – in den Betrieben organisiert waren. Die Mitgliedschaft in der G. bedeutete einen Mindestnachweis von »gesellschaftlicher Aktivität«, und sie war außerdem billig zu haben, für Monatsbeiträge, die sich – je nach Einkommen von 10 Pfennig für Schüler und Studenten bis zu 1,50 Mark staffelten.
Für die politische Führung der G. galt als oberstes Gebot, die Beschlüsse der SED auf zentraler wie regionaler Ebene bedingungslos zu verwirk-

lichen. Die Mitgliedschaft in den Betrieben und Einrichtungen war dagegen kaum oder gar nicht bereit, sich mit besonderem Eifer zur führenden Rolle der SED und zur verordneten Freundschaft mit der »ruhmreichen Sowjetunion« zu bekennen. Die Aktivität konzentrierte sich in den Grundeinheiten vielmehr auf Erlebnisberichte und Dia-Vorträge von Reisen in die UdSSR, auf Buchbesprechungen sowjetischer Autoren, gemeinsame Besuche von sowjetischen Filmen oder Ausstellungen usw. Regelmäßig wurden Wissenswettbewerbe über die UdSSR durchgeführt, wobei teilweise recht kuriose Fragen viel zur allgemeinen Belustigung beitrugen. Konnte man sowjetische Gäste begrüßen, so wurde nach den unvermeidlichen Ansprachen bei russischem Tee und Konfekt mit ihnen gefeiert. Das alles zusammengezählt, weitergemeldet und auf dem Weg nach oben auf wundersame Weise vermehrt, erbrachte stolze Erfolgsbilanzen für die DSF-Führung und verleitete viele Funktionäre zu der Ansicht: »Die Freundschaft zur Sowjetunion ist Herzenssache aller DDR-Bürger.«
Man war sich natürlich der routinierten Oberflächlichkeit vieler Freundschaftsbekundungen und der illusionären Betrachtungsweise bewußt, aber deshalb ist noch nicht zu folgern, daß die Arbeit der G. wirkungslos war oder sich gar kontraproduktiv ausgewirkt hätte. Die Vermittlung von Informationen und die stetige Zunahme von Kenntnissen über die Sowjetunion und deren tatsächliche innere Verfassung förderten durchaus verständnisvolle Haltungen, bewirkten den Abbau von Ressentiments und führten zu freundlicherem Umgang miteinander. Insbesondere der – aufgrund der isolierten Lage – gesteigerte Begegnungshunger der nachwachsenden Generationen, der noch zunahm, seit die Politik Gorbatschows neue Hoffnungen weckte, konnte durch Vermittlung der G. zwar nicht gestillt, aber zeitweilig doch gedämpft und teilweise befriedigt werden.

Umwandlung: Während einer Präsidiumstagung des ZV erklärte Präsident Erich Mückenberger am 15. 11. 1989 seinen Rücktritt. Nachdem daraufhin das gesamte Präsidium zurückgetreten war, wurde ein Arbeitssekretariat gebildet, dem Heinz Kuhrig vorstand. Im Januar 1990 bekannte sich ein ao. DSF-Kongreß zur Überparteilichkeit. Die Betriebsgruppen der DSF lösten sich auf, interessierte Mitglieder schlossen sich nun in Basisgruppen zusammen, die sich im jeweiligen Wohngebiet organisierten. Die G. wurde von einer Massenorganisation zur Dachorganisation eines föderativen, in Landesverbände untergliederten Zusammenschlusses umgewandelt. Künftig sollte sich die Arbeit der G. auf die Vermittlung sowjetischer Kultur und auf humanitäre Hilfsangebote konzentrieren. Zum Vorsitzenden wurde Cyrill Pech, Gemeindepfarrer in Berlin-Marzahn, gewählt. Durch Vorstandsbeschluß vom 9. 3. 1991 wurden 25 in Rechtsträgerschaft der G. stehende Häuser aus Geldmangel aufgegeben; die alten Funktionäre wurden fast vollständig entlassen. Im September 1991 hatte die G. noch etwa 26 000 Mitglieder; diesen Stand konnte sie bis 1993 stabil halten.

Kongresse (die ordentlichen Kongresse der DSF fanden stets in Berlin/DDR statt): I. K. vom 22.–23. 5. 1948; II. K. vom 1.–4. 7. 1949; III. K. vom 20.–22. 1. 1951; IV. K. vom 15.–17. 5. 1953; V. K. vom 8.–10. 12. 1955; VI. K. vom 28.–30. 3. 1958; VII. K. vom 9.–11. 2. 1962; VIII. K. vom 11.–13. 6. 1966; IX. K. im Mai 1970; X. K. vom 11.–12. 5. 1974; XI. K. vom 19.–20. 5. 1978; XII. K. vom 12.–13. 5. 1983; XIII. K. vom 14.–15. 5. 1988; ao. K. am 27. 1. 1990 in Schwerin
Präsidenten der ›Gesellschaft zum Studium der Kultur der Sowjetunion‹ bzw. Vorsitzende des Zentralvorstandes der G.: Jürgen Kuczynski (1947–1950); Friedrich Ebert (1950–1958); Georg Handke (1958–1963); Johannes Dieckmann (1963–1968); Lothar Bolz (1968–1978); Erich Mückenberger (1978–1989); Cyrill Pech (seit 1990)
Generalsekretäre bzw. 1. Sekretäre oder Vorsitzende des Sekretariats: Hans Mark (1947–1950); Gottfried Grünberg (1950–1956); Rudolf Mießner (1956–1958); Fritz Beyling (1958–1963); Kurt Heutehaus (1963–1963); Franz Fischer (1963–1967); Kurt Thieme (1967–1982); Heinz Kuhrig (1982–1990)
Sekretäre des Zentralvorstands (einschl. der Mitgl. des Sekretariats): Ditmar Danelius (1966–1969); Rolof Elias (1953–1961); Valery Fischmann (1970–1990); Jona Frei (1978–1990); Dietrich Freitag (1987–1990); Selma Gabelin (1952–1953); Horst Garzini (1974–1979); Wolfgang Grabowski (1968–1973); Herbert Grünstein (1974–1983); Gottfried Heckel (1963–1964); Manfred Hennig (1978–1983); Kurt Heutehaus (1956–1965); Herbert Hummitzsch (1951–1955); Gerhard Körbel (1958–1966); Peter Krüger (1983–1989); Klaus Kurz (1979–1989); Walter Leukardt (1965–1988); Gerhard Loose; Rolf Lützkendorf (1966–1969); Hartmut Moreike (1983–1990); Josef Myskiewicz (1965–1978); Günther Nitzschke (1965–1988); Heinrich Pittermann (1954–1957); Heinz Plagemann (1972–1980); Gerhard Rolack (1956–1974); Barbara Schablinski (1988–1990); Helmut Schaefer (1966–1988); Heinz Schiffer (bis 1951); Jutta Schneider (1988–1989); Horst Schuhknecht (1988–1989); Gerhard Siebernik (1987–1989); Klaus Willerding (1950–1958); Leopold Wohlert (1983–1990); Georg Wollgast (1949–1954)
Vorsitzende der ZRK: Kurt Hildenstein (1955–1956); Lothar Keßlau (1956–1963); Erwin Heidenreich (1963–1990)
Leiter der Zentralschule der DSF (in Schönwalde b. Berlin bzw. Dresden-Hosterwitz; zum 31. 5. 1962 aufgelöst): Rolf Elias (1952–1953); Max Hahn (ab 1951); Dießner (bis 1956); Heinz Breinlinger (bis 1961); Karl Creutzburg (1961–1962)
›Haus der Kultur der Sowjetunion‹ bzw. ›Zentrales Haus der DSF‹ in Berlin/DDR – Direktoren: Georgi Nasarowitsch Golikow (1947); Waleri Alexandrowitsch Poltawzew (1947); Alexander Beburow (1948); Joachim Wolter (1950–1951); Gerhard Körbel (1951–1958); Helene Berner (1959–1968) Gerhard Körbel (1968–1973);

Fritz Stude (1973–1979); Leopold Wohlert (1979–1990); • Von 1966–1979 an gab es die Funktion eines Generaldirektors der Häuser der DSF (später umbenannt in ›Beauftragter des Sekretärs für Agitation und Propaganda für die Häuser der DSF‹): Gerhard Körbel (1966–1968); Walter Borning (1969–1979)

Vorsitzende der DSF-Landesverbände 1947–1952: Berlin: Wolfgang Steinitz (1947–1949); Paul Wengels (1949–1952); • Brandenburg: Bernhard Kellermann (1947–1951); Otto Meier (1951–1952); • Mecklenburg: Gotthilf Strasser (1947); Gottfried Grünberg (1948–1950); Johanna Blecha (1950–1952); • Sachsen: Herbert Gute (1947–1948); Max Seydewitz (1948–1952); • Sachsen-Anhalt: Georg Mende (1947–1950); Eduard Winter (1950–1951); Johannes Schubert (1951–1952); • Thüringen: Hermann Haak (ab 1947); Fritz Heilmann (bis 1952)

Sekretäre der DSF-Landesverbände 1947–1952: Berlin: Paul Wengels (1949–1952); • Brandenburg: Willi Pätzold (1947–1952); • Mecklenburg: Gottfried Hamacher (1947–1949); Klaus Willerding (1949–1950); Ewald Schubeis (1950); Marie-Luise Henning (1950–1951); Heinrich Schwartze (1951–1952); • Sachsen: Selma Gabelin (1947–1951); • Sachsen-Anhalt: Karl Wagert; • Thüringen: Georg Putze (1947–1949); Paula Hochkeppler (1949–1951); Fritz Heilmann (1951–1952); Rolf Elias (1952)

Vorsitzende und 1. Sekretäre der Bezirksvorstände (1952–1990)

Berlin: Heinz Neukirchen (1952–1953); Herbert Becher (1953–1980); Günter Feudel (1980–1985); Helmut Steiner (1985–1989); • 1. Sekretäre: Paul Wengels (1949–1954); Karl Reiss (1954–1956); Rolf Elias (1956–1960); Ditmar Danelius (1960–1969); Josef Myskiewicz (1969–1978); Manfred Hennig (1978–1983); Hartmut Moreike (1984–1990)

Cottbus: Werner Manneberg (1952–1959); Karl-Heinz Krug (1959–1961); Joachim Schulze (1961–1972); Heinz Prässler (1972–1989); • 1. Sekretäre: H. Querl; Otto Riedel (1955–1962); Erich Wagner (1961–1962); Erwin Pervöltz (1962–1972); Ingetraud Daniels (1972–1978); Hans Streller (1978–1990); Heinz Währisch (1986–1990)

Dresden: Max Zimmering (1952–1954); Hans Siebert (1954–1979); Gerhard Musiol (1979–1990); • 1. Sekretäre: Otto Kasper (1954–1974); Heinz Zeidler (komm., 1964–1965); Otto Kasper (1965–1974); Gerd Kinne (1974–1977); Gottfried Richter (1977–1985); Kurt Kranke (1985–1990)

Erfurt: August Bach (1952–1954); Annemarie Grevenrath (1954–1955); Karl Hossinger (1955–1961); Willi Gebhardt (1961–1973); Karl-Albert Fuchs (1973–1989); • 1. Sekretäre: Fritz Heilmann (1952–1953); Hans Hellmich (1954–1955); Ferdinand Schindler (1962–1968); Josef Protze (1972–1985); Gerhard Mendl (1986–1990)

Frankfurt (Oder): Erwin Hinze (1952–1955); Paul Czernicki (1955–1958); Max Richter (1958–1961); Hans-Wolf Wachsmann (1961–1974); Immo Lieberoth (1974–1989); • 1. Sekretäre: Emil Cech (1953–1955); Rudolf Zajac (1955–1963); Werner Fritz (1963–1966); Werner Wolf (1966–1968); Hans-Joachim Schmidt (1968–1987); Eberhard Damme (1987–1990)

Gera: Georg Schneider (1952–1960); Otto Stamfort (1960–1974); Johannes Geßner (1974–1989); • 1. Sekretäre: Werner Mattheis (1952–1954); Willibald Müller (1954–1955); Wilhelm Martin (1955–1957); Gerhard Renschin (1958–1961); Horst Strohmeyer (1961–1974); Werner Bonk (1974–1982); Alfred Seipelt (1982–1986); Bernd Schmidt (1986–1990)

Halle: Hans Schubert (1952–1963); Karl-Heinz Jentsch (1963–1989); • 1. Sekretäre: Heinrich Pittermann (1952–1954); Helmut Böttcher (1954–1957); Karl Schweers (1957–1974); Oswald Bindrich (1975–1984); Karl-Heinz Schirmer (1984–1990)

Chemnitz/Karl-Marx-Stadt: Wagner; Walter Leopold (1955–1966); Wolfdietrich Tosch (1966–1972); Dietrich Rotter (1972–1978); Klaus Beer (1978–1989); • 1. Sekretäre: Rudi Wickmann (1952–1956); Rudi Rau (1956–1957); Günther Nitzschke (1962–1965); Walter Leukhardt (1965–1976); Johannes Kaiser (1976–1990)

Leipzig: Karl Adolphs (1952–1968); Gerhard Näther (1968–1970); Heinrich Bruhn (1970–1985); Peter Hoffmann (1985–1989); • 1. Sekretäre: Eberhard Gniostko (1952–1960); Wilhelm Ambach (1960–1989); Rolf Müller (1989–1990)

Magdeburg: Karl Broßmann (1952–1962); Kurt Ranke (1962–1972); Ernst Karsten (1972–1976); Ernst Hoberg (1976–1985); Horst Schmidt (1985–1989); • 1. Sekretäre: Fritz Gelf (1952–1955); Erwin Haak (1958–1965); Gerhard Loose (1965–1970); Karl Demmert (1970–1989); Wolfgang Lenz (1989–1990)

Neubrandenburg: Otto Teuscher (1952–1959); Manfred Barthel (1961–1985); Friedrich-Wilhelm Koch (1985–1989); • 1. Sekretäre: Werner Zingelmann (1952–1954); Willi Rehmer (1954–1956); Otto Teuscher (1959–1961); Erhard Frindt (1961–1977); Horst Helmiak (1977–1990)

Potsdam: Friedrich Kind (1955–1989); • 1. Sekretäre: Max Malecki (1952–1959); Paul Schoedon (1960–1974); Walter Bade (1974–1980); Heinz Pernack (1980–1985); Klaus Stoof (1985–1990)

Rostock: Georg Pietruschka (1961–1973); Eckard Moeck (1973–1989); • 1. Sekretäre: Gerda Hartmann (1953–1954); Rudi Solms (1954–1956); Ulrich Brurein (1957–1965); Heinz Plagemann (1965–1980); Günter Siegler (1980–1989); Gerhard Kirchhoff (1989–1990)

Schwerin: Johanna Blecha (1952–1953); Wilhelm Höcker (1953–1955); Franz Höppner (1956–1978); Nils Schummer (1978–1989); • 1. Sekretäre: Heinrich Schwartze (1952–1954); Horst Brie (1954–1958); Ernst Russow (1958–1960); Walter Bühring (1962–1966); Otto Grotewohl (1966–1973); Werner Schlechtendahl (1973–1985); Peter Schöne (1985–1990)

Suhl: Konrad von Unruh (1952–1954); Paul Scheffler (1955–1961); Alwin Günther (1961–1970); Ulrich Knothe (1970–1978); Johannes Börner (1978–1981); Walter Weiss (1981–1989); Helmut Becker (1989); • 1. Sekretäre: Heinz Rudolph (1952–1954); Heinz Franze (1954–1961); August Franz (1961–1985); Gerhard Meusel (1985–1990)

Wismut: Fritz Kroll; Werner Richter (1966–1983); Horst Bellmann (1983–1989); • 1. Sekretäre: Kurt Schädlich (1952–1953); Max Dinter (1954–1974); Fritz Fischer (1974–1989)

Auszeichnungen/Preise: Ehrennadel der DSF in Gold und Silber; Ehrenbanner des Zentralvorstandes; Eintragungen in die Ehrenbücher des Zentralvorstandes und der Bezirksvorstände; Ehrenurkunden des Zentralvorstandes; Ehrenname ›Kollektiv der Deutsch-Sowjetischen Freundschaft‹; Kunstpreis der ›Gesellschaft für Deutsch-Sowjetische Freundschaft‹; ›Johann-Gottfried-Herder-Medaille‹ in Gold, Silber und Bronze

Publikationen/Archive: Die G. betrieb den gesellschaftseigenen Verlag ›Kultur und Fortschritt‹, der am 1. 11. 1947 in Berlin gegründet wurde; darin erschienen u. a. ›Die Neue Gesellschaft‹, ill. Monatszs., ersch. von 1947–1953; verantw. Redakteure: Bernward Gabelin (1947–1948); Hans Mark (1948–1949); Stefan Heymann und Harald Hauser (1949–1953); • ›Freie Welt‹, ill. Wochenztg., hg. v. ZV der G.; sie erschien vom 1. 1. 1954–1990; Chefredakteure: Friedrich Heilmann (1954–1957); Karl-Heinz Wegner (1957–1967); Sepp Horlamus (1967–1971); Joachim Umann (1971–1987); Barbara Schablinski (1987–1990); Günter Wolfram (1990); • ›Friedenspost‹, ill. Wochenztg., erschien von 1949–1953; Chefredakteure: Lex Ende (1949–1950); Franz Wenzel (1950–1953); Rudolf Wetzel (1953); • ›Sowjetwissenschaft‹, erschien ab Juni 1948 zunächst als Viterteljahresschrift; ab 1950 zweimtl. in zwei Ausgaben: Gesellschaftswissenschaftliche Beiträge und Naturwissenschaftliche Beiträge; Hg. Jürgen Kuczynski und Wolfgang Steinitz; • ›Freundschaft in Aktion‹, hg. v. ZV der G., erschien von Jg. 1/1953 – 10/1962; • ›Informationen des Sekretariats des Zentralvorstands der Gesellschaft für Deutsch-Sowjetische Freundschaft‹, hg. v. ZV der G., ersch. mtl. von 1966–1970; • ›Kunst und Literatur‹, Monatsschrift; • ›Für den Literaturpropagandisten‹, ersch. von 1963–1972; • ›DSF-Buchbesprechungen‹, ersch. von 1975–1983; • ›Presse der Sowjetunion‹, Zs., hg. v. Amt für Information bei der Regierung der DDR, später v. Presseamt beim MR der DDR in Zusammenarbeit mit der G.; erschien zunächst hektographiert von 1950–1951, ab Sept. 1951 wöchentlich in gedruckter Form, ab Oktober 1977 nur noch zweimal im Monat; ab Heft 5/1990 wurde die Zs. unter dem Titel ›Akzente‹ fortgesetzt; Chefredakteure: Leon Nebenzahl (1950–1959), Jona Frei (1959–1989)
Im gesellschaftseigenen Verlag erschienen weiterhin eine ›Kleine Bücherei‹ zur Verbreitung wissenschaftlicher Kenntnisse aus der UdSSR sowie eine Fülle von Informations- und Schulungsschriften. Außerdem gaben auch die Kreisvorstände der G. noch eigene Zeitungen und Zeitschriften heraus.
Archivalien, Plakate, Bildmaterial, Nachlässe, Autographen und die o. a. Zeitungen und Druckschriften wurden im Archiv beim ZV der G. in Berlin/DDR verwaltet; das Archiv der G. ist heute Bestandteil der ›Stiftung Archive der Parteien und Massenorganisationen der DDR im Bundesarchiv‹ (SAPMO) in Berlin.

Gesellschaft für die gesamte Hygiene der DDR (GH)

→ Medizinisch-wissenschaftliche Gesellschaften

Gesellschaft für experimentelle Medizin der DDR

→ Medizinisch-wissenschaftliche Gesellschaften

Gesellschaft für Fotografie

→ Kulturbund der DDR

Gesellschaft für Geologische Wissenschaften der DDR (GGW)
→ Wissenschaftliche Gesellschaften

Gesellschaft für Heimatgeschichte
→ Kulturbund der DDR

Gesellschaft für Klinische Medizin der DDR
→ Medizinisch-wissenschaftliche Gesellschaften

Gesellschaft für kulturelle Verbindungen mit dem Ausland, gegr. 1952
Kulturpolitische Vereinigung zur Pflege des Kulturaustausches

Die am 7. 6. 1952 entstandene G. hatte ursprünglich die Aufgabe, Kulturpolitik gegenüber befreundeten sozialistischen Staaten zu betreiben. Nachdem 1954 ein →Ministerium für Kultur eingerichtet worden war, verlagerte sie ihre Tätigkeit stärker darauf, sich im Kontakt zu Staaten des nichtsozialistischen Auslands der »Pflege und Erhaltung einer humanistischen deutschen Kultur« zu widmen. Sie wurde nun zur Dachorganisation für die in den 50er Jahren entstehenden Freundschaftsgesellschaften in der DDR. Solche Vereinigungen zur Pflege und Vertiefung freundschaftlicher Beziehungen zu anderen Staaten waren zunächst so organisiert, daß jeder interessierte Bürger darin Mitglied werden konnte, daß regelmäßige Jahrestagungen abgehalten und Mitgliedsbeiträge erhoben wurden. Diese noch deutlich am bürgerlichen Vereinsrecht orientierten Strukturen und Verfahrensweisen änderten sich jedoch grundlegend, nachdem die im Dezember 1961 gegründete →›Liga für Völkerfreundschaft‹ die Funktion eines Dachverbandes der Freundschaftsgesellschaften und -komitees übernommen hatte.
Die ›Liga für Völkerfreundschaft‹ war »in einer Situation zugespitzten Klassenkampfes auf deutschem Boden« gegründet worden, um den die DDR einschnürenden »Sperrgürtel der diplomatischen Isolierung von den nichtsozialistischen Ländern« zu durchbrechen. Indem sie es nun übernahm, über die Freundschaftsgesellschaften der DDR Kontakte zu entsprechenden Partner- und Anerkennungsgesellschaften im Ausland zu pflegen, wechselseitige Theater- und Orchestergastspiele oder Kunstausstellungen zu organisieren, minderte sich die kulturpolitische Bedeutung der G. Diese beschränkte ihre Tätigkeit nun zunehmend auf propagandistische Aufgaben und konzentrierte sich auf die Herausgabe von Zeitschriften und Broschüren, die – häufig in mehrsprachigen Versionen – für das Ausland produziert wurden. Als die DDR seit 1972 von nahezu allen Mitgliedsstaaten der Vereinten Nationen völkerrechtlich anerkannt wur-

de, verstärkte sich der Bedeutungsverlust der G. noch mehr, so daß man sie schließlich eingehen ließ.

Präsident: Robert Alt (1954–1978)

Generalsekretäre: Karl-Friedrich Wiese (1954–1958); Kurt Heiss (1957–1959 1. Stellvertr. u. Generalsekr.); Herbert Meyer (1959–1961)

Publikationen: ›Von Peking bis Tirana. Blick in die volksdemokratischen Länder‹, ersch. von April 1953 bis Juli 1955; ›DDR-Revue‹, illustrierte Zs., ersch. seit Juni 1956

Gesellschaft für Militärmedizin

→ Medizinisch-wissenschaftliche Gesellschaften

Gesellschaft für musikalische Aufführungs- und mechanische Vervielfältigungsrechte

→ Anstalt zur Wahrung der Aufführungsrechte

Gesellschaft für Natur und Umwelt (GNU)

→ Kulturbund der DDR

Gesellschaft für physikalische und mathematische Biologie der DDR

→ Wissenschaftliche Gesellschaften

Gesellschaft für Psychologie der DDR

→ Wissenschaftliche Gesellschaften

Gesellschaft für Seerecht der DDR, 1972–1990

Vereinigung zur Förderung des internationalen und nationalen See- und Fischereirechts

Geschichte und Organisation: Die G. wurde am 22. 6. 1972 mit Sitz in Rostock gegründet. Höchstes Organ war die Mitgliederversammlung, die jährlich mindestens einmal einberufen wurde; sie hatte die Aufgaben der G. festzulegen und die Jahresarbeitspläne zu bestätigen, und sie wählte für jeweils 3 Jahre den Vorstand und die Revisionskommission. Der Vorstand, der seinerseits einen Präsidenten wählte, war das Leitungsgremium der G.; er setzte sich zusammen aus dem Präsidenten, 3 Vizepräsidenten, 10 Mitgliedern und dem Sekretär. Mitglied der G. konnten sowohl Einzelpersonen wie juristische Personen (→›Kombinate‹, Betriebe, wissenschaftliche Einrichtungen und gesellschaftliche Organisationen) werden. Über die Aufnahme eines Mitglieds entschied der Vorstand.

Funktionen und Wirkungen: Arbeitsgegenstände der G. waren sowohl Gebiete des DDR-Rechts (Staats-, Verwaltungs-, Wirtschafts-, Arbeits- und Strafrecht) wie auch des Völkerrechts und des internationalen Wirtschaftsrechts. Allgemein befaßte sie sich mit Fragen der Gewährleistung und weiteren Entwicklung der Schiffahrt, der Nachrichtenverbindungen über See und des internationalen Seehandels, doch sah sie ihr vordringliches Ziel darin, für die Einhaltung und Entwicklung der internationalen See- und Fischereirechtsordnung zu wirken. Dabei setzte sie sich besonders ein für die Schaffung und Einhaltung verbindlicher Rechtsgrundlagen zur Nutzung der lebenden und mineralischen Ressourcen des Meeres und des Meeresbodens; sie war bestrebt, zur Erforschung und zum Schutz der Meere beizutragen sowie zur friedlichen Beilegung von Streitfällen, wie sie bei der Nutzung der Seegebiete entstehen können. Die G. beteiligte sich an der Vorbereitung von Vorschlägen zur Vervollkommnung internationaler Konventionen und förderte die einschlägige rechtswissenschaftliche Forschung sowie die Aus- und Weiterbildung.

Präsidenten: Jürgen Haalck (1972–1976); Ralf Richter (1976–1990)

Gesellschaft für Sportmedizin

→ Sportmedizinischer Dienst

Gesellschaft für Sport und Technik (GST), 1952–1990

Sozialistische Massenorganisation für sportlich und technisch Interessierte mit besonderen Aufgaben für die wehrsportliche Erziehung und vormilitärische Ausbildung von Jugendlichen

Geschichte und Organisation: Die G. wurde am 7. 8. 1952 auf Vorschlag des → ZK der SED durch Regierungsbeschluß gegründet. Bei dieser Entscheidung bezog man sich auf ein sowjetisches Vorbild, die ›Freiwillige Unionsgesellschaft zur Förderung der Land-, Luft- und Seestreitkräfte‹ (DOSAAF), entsprach damit aber auch einem Antrag des IV. Parlaments der → FDJ vom Mai 1952. Bereits bestehende wehrsportliche Interessengemeinschaften der FDJ wurden nunmehr in die G. überführt. Die FDJ delegierte Tausende ehren- und hauptamtliche Funktionäre in die Leitungen der Grundeinheiten sowie der Kreis- und Bezirksleitungen der G. Mit der Leitung der neuen Massenorganisation wurde Arno Berthold beauftragt; ihr Sitz war zunächst Halle, später Neuenhagen bei Berlin. Die G. war eine formal selbständige Organisation. Hinsichtlich der Aufgabenstellung für die vormilitärische Ausbildung übernahm jedoch das → Ministerium des Innern zunächst Anleitung und Koordination. Als 1956, mit

der Bildung der →›Nationalen Volksarmee‹, die Gewinnung und Vorbereitung von Jugendlichen für den freiwilligen Dienst in der NVA zur vordringlichen Aufgabe der G. wurden, gingen diese Befugnisse an das →Ministerium für Nationale Verteidigung über.
Mitglied in der G. konnte jeder Bürger der DDR werden, der das 14. Lebensjahr erreicht hatte. Jüngere Schüler, die am Wehrsport in der G. teilnehmen wollten, konnten eintreten, sofern sie die Zustimmung der Erziehungsberechtigten vorlegten. 1988 hatte die Massenorganisation rd. 670000 Mitglieder, gehörte jedoch nicht zum ›Demokratischen Block der Parteien und Massenorganisationen‹ in der →›Nationalen Front‹ (→Blockpolitik). Sie war in Bezirks- und Kreis- bzw. Stadtbezirksorganisationen gegliedert und unterhielt in Betrieben, Verwaltungseinrichtungen, Hochschulen, Schulen und Wohngebieten Grundorganisationen; für die verschiedenen Sportarten bestanden jeweils Sektionen; zudem gab es eine Vielzahl von örtlichen und zentralen Ausbildungslagern.
Höchstes Organ der G. war der Kongreß. Dieser wählte die Mitglieder und Kandidaten des Zentralvorstandes und der Zentralen Revisionskommission. Der ZV, der zwischen den Kongressen als höchstes Organ amtierte, wählte einen Vorsitzenden, dessen Stellvertreter und das Sekretariat. Beim ZV der G. existierten – in unterschiedlicher Form und Struktur – beratendende Gremien für einzelne Sportarten. Diese waren zunächst keine juristisch selbständigen Einrichtungen; erst nach dem letzten GST-Kongreß 1987 wurden sie zu »Sportverbänden der GST« mit erweiterter Eigenverantwortung umgewandelt (s. u.). Ende der 80er Jahre waren ca. 400000 Mitglieder in diesen sportlich ausgerichteten Verbänden organisiert.

Funktionen und Wirkungen: Die G. betrachtete die vormilitärische Ausbildung der männlichen Jugendlichen im Alter von 16 bis 18 Jahren als Hauptaufgabe, gleichwohl verstand sie sich als die zweite neben dem →DTSB existierende Sportorganisation in der DDR. Folgende Sportarten – im DDR-Sprachgebrauch als »Wehrsportarten« bezeichnet – konnten in ihren Grundorganisationen bzw. Sektionen betrieben werden: Militärischer Mehrkampf, Wehrkampfsport, Sportschießen, Motorsport, Nachrichtensport, Seesport, Tauchsport, Flugsport, Fallschirmsport, Flug-, Schiffs- und Automodellsport. Diese Auswahl entsprach den Erfordernissen der zweijährigen vormilitärischen Laufbahnausbildung, die von der G. seit 1982/83 durchgeführt wurde, und zwar für die NVA-Laufbahnen Mot.-Schütze, Militärkraftfahrer, Funker, Fernschreiber, Matrose, Militärflieger, Fallschirmspringer und Taucher.
Auch für diejenigen, die ihrer Wehrdienstpflicht schon genügt hatten, bot

die G. Möglichkeiten, sich entsprechend der jeweiligen militärischen Spezialisierung weiterhin wehrsportlich zu betätigen. Reservisten waren angehalten, sich der G. als ehrenamtliche Ausbilder zur Verfügung zu stellen oder sich doch zumindest selber weiterzubilden und zu trainieren, um die Wehrfähigkeit auf hohem Stand zu halten. Dem Leistungsanreiz und -vergleich dienten die 1970 eingeführten ›Wehrspartakiaden‹, die jedes Jahr auf Kreisebene, alle 2 Jahre auf Bezirksebene und alle 5 Jahre für die gesamte DDR durchgeführt wurden.
Nachdem mit Beginn des Schuljahrs 1978/79 der Wehrkundeunterricht an Oberschulen Pflichtfach geworden war, wurde die vormilitärische Ausbildung durch die G. fester Bestandteil der Lehrpläne an den Erweiterten Oberschulen (→Bildungspolitik) sowie an Universitäten, Hoch- und Fachschulen und ebenso der Ausbildungspläne für Lehrlinge in Betrieben und Verwaltungen. Die Ausbildung fand sowohl während des Unterrichts wie auch in der Freizeit statt, häufig an einem Tag im Monat; außerdem gab es länger dauernde Lehrgänge in speziellen Ausbildungslagern der G. Mädchen wurden i. d. R. für Aufgaben der →›Zivilverteidigung‹ (Sanitätsdienste) ausgebildet; sie konnten auf Wunsch jedoch auch an Ausbildungsprogrammen für Jungen teilnehmen. Diese umfaßten: wehrpolitsche Bildung, Gelände- und Schießausbildung, Körperertüchtigung, Exerzier-, Schutz- und Sanitätsausbildung, Dienstvorschriften und die Abschlußübung. Die physische Ertüchtigung der Jungen bestätigte sich im Bestehen des »Achtertests«, einer Leistungsnorm, die den Anforderungen während der Grundausbildung in der NVA immer stärker angeglichen wurde.
Die von der G. betriebene Wehrerziehung an Jugendlichen setzte fort, was zuvor von der FDJ organisiert und betrieben worden war; sie begann i. d. R., nachdem Schüler und Lehrlinge das 17. Lebensjahr erreicht hatten. Das Ausbildungsprogramm umfaßte neben Wehrsportdisziplinen und Übungen im »Geländedienst« auch schon Teile der militärischen Formalausbildung. Es wurde für viele während des 11. und 12. Schuljahres – den Abiturklassen der Erweiterten Oberschule (EOS) – oder während der Berufsausbildung sicher zur lästigen Pflicht. Allerdings waren alle Schüler und Jugendlichen bis dahin schon vielfältig mit Theorie und Praxis von Militärpolitik und Militärdienst in der DDR bekannt gemacht worden. Die →Pionierorganisation, die →FDJ und die G. verwirklichten in allen Bereichen der Volksbildung und des Hochschulstudiums ein fein abgestimmtes, variables Programm, in dessen Rahmen unterschiedliche Veranstaltungen stattfanden und jahrgangsbezogene Methoden angewandt wurden.
So gab es bei den ›Thälmann-Pionieren‹ u. a. die Manöver ›Schneeflocke‹

und ›Freundschaft‹ sowie die Aktion ›Soldatengrüße‹; Pioniere und FDJler pflegten zusammen die rd. 4800 Gedenkstätten der revolutionären Traditionen; die FDJ veranstaltete seit 1967 für Schüler der 8. bis 10. Klassen regelmäßig die ›Hans-Beimler-Wettkämpfe‹. Wehrkundeunterricht und vormilitärische Ausbildung für die 16- bis 18jährigen Schüler boten neben dem fakultativen Lehrgang über »Grundlagen der Militärpolitik und des militärischen Schutzes der DDR« militärpolitische Rundtischgespräche, Truppenbesuche, militärische Geländeläufe, ›Märsche der Bewährung‹, Schießwettkämpfe und Zivilschutzübungen. Diejenigen Jugendlichen, die eine militärische Berufslaufbahn für sich erwogen, wurden in FDJ-Bewerberkollektiven für militärische Berufe besonders betreut.

Mag auch die verordnete Pflicht zu vormilitärischen Übungen oft als lästig empfunden worden sein, die Angebote der G. besaßen gleichwohl eine ziemlich hohe Attraktivität für Jugendliche in der DDR. Dies nicht nur, weil Kampfsportarten und Übungen mit kriegstechnischem Gerät immer den Reiz des Abenteuers vermitteln, sondern viel praktischer, weil die G. auch die Möglichkeit bot, kostenlos und ohne lange Wartefristen Berechtigungsnachweise wie Kfz-Führerscheine, Segel- und Flugscheine zu erwerben. Die in Lastkraftwagen, Booten, Flugzeugen oder am Fallschirm, am Funkgerät und auf dem Schießstand verbrachten Lehr- und Trainingsstunden vermittelten aber zugleich auch immer bestimmte waffentechnische Kenntnisse, auf denen die weitere Ausbildung in den Streitkräften dann aufbauen konnte.

Durch geschickte Mischung von Pflichten und Verlockungen konnte die G. somit der →NVA gezielt zuarbeiten: Mehr als 90 Prozent der Jugendlichen begannen ihren Wehrdienst mit einer abgeschlossenen vormilitärischen Ausbildung. Auf die Weise wurde den Streitkräften Ausbildungszeit erspart, so daß diese ihre Rekruten schneller zu einsatzbereiten Soldaten schulen konnten. Die sorgsam abgestimmte und erfolgreich betriebene Aufgaben- und Arbeitsteilung der Organisationen, die an der vormilitärischen Erziehung und Ausbildung beteiligt waren, bewirkte zudem, daß bei vielen Jugendlichen die Schwelle der Abneigung gegenüber militärischen Übungen und kriegerischem Denken abgesenkt wurde. Was offiziell und öffentlich als »Verteidigungsbereitschaft der Heimat gegen den Klassenfeind« deklariert und hingenommen wurde, schloß die Gewöhnung an ein überzeichnetes Feindbild und eine unterbewußte Militanz mit ein.

Die direkte Einflußnahme des Ministeriums für Nationale Verteidigung auf die Ausrichtung der G. als sozialistischer Wehrsportorganisation und die Dominanz der wehrsportlichen Aktivitäten waren in dem vom IV.

Kongreß 1968 angenommenen Statut festgeschrieben; sie wurden auf dem V. Kongreß 1972 noch erweitert und ergänzt. Demgemäß dominierten Generale und Offiziere der NVA den Zentralvorstand der G. und führten die unter deren Dach zusammengeschlossenen, juristisch nicht selbständigen Sportverbände. Dem entsprach auch, daß die Mitglieder der G. Dienstuniformen oder Arbeits- bzw. Kampfanzüge trugen und mit Kleinkalibergewehren bewaffnet waren.

Auflösung/Ende: Nachdem am 14.11.1989 die 7. Tagung des ZV der G. Maßnahmen zur demokratischen Erneuerung der G. und die Ausarbeitung eines neuen Statuts beschlossen hatte, traten der Vorsitzende des ZV und dessen gesamtes Sekretariat am 27.1.1990 unter dramatischen Umständen zurück. Als daraufhin auch der verbliebene ZV zurücktrat, bildete sich unter der Leitung von Dieter Sommer, einem bisherigen Mitarbeiter im ZV, der seit 1987 zudem Präsident des ›Radiosportverbandes‹ war, ein Arbeitsausschuß zur Vorbereitung eines ›Sporttages‹ einer G., die nun mit dem Zusatz ›Vereinigung Technischer Sportverbände‹ (VTSV) firmierte. In der Zeit von Januar bis April 1990 fanden in allen Sportverbänden der G. Wahlen statt mit dem Ergebnis, daß nun demokratisch gewählte Präsidien die Leitung übernahmen.
Mit der Zweiten Verordnung des MR der DDR über die G. vom 14.2.1990 wurde die Präambel sowie der § 2 der VO vom 10.9.1968 über die G. außer Kraft gesetzt. Auf der Grundlage der neuen Verordnung wurden nun die praktischen Fragen einer völligen Trennung von der NVA mit dem Minister für Nationale Verteidigung geregelt. Die ausschließlich für die vormilitärische Ausbildung bestimmten Grundmittel der G. wurden der NVA übergeben. Mit Wirkung vom 9.4.1990 wurde die ›GST – VTSV‹ als eingetragener Verein beim Stadtbezirksgericht Berlin-Mitte registriert. Der ›Sporttag‹, der am 28.4.1990 in Berlin stattfand und an dem – mit Ausnahme des ›Radiosportverbandes‹ – Delegierte von 8 Sportverbänden der ehemaligen G. teilnahmen, endete mit der Bildung eines ›Bundes Technischer Sportverbände‹ (BTSV e. V.) und der Verabschiedung eines neuen Statuts.
Praktisch wurde damit eine neue Organisation gegründet. Von den ehemals unter dem Dach der G. tätigen Sportverbänden (s. u.) schlossen sich 7 dem BTSV an; hinzu kam noch ein ›Verband der Computerclubs‹, der aus dem ›Radiosportverband‹ hervorgegangen war. Der neugewählte Bundesvorstand wählte zum Präsidenten Karl-Heinz Hunneshagen, zum 1. Vizepräsidenten Gernod Badtke, zum 2. Vizepräsidenten Lothar Kassuhn und zum Schatzmeister Horst Müll; Generalsekretär wurde Dieter Sommer. Am 6.5.1990 wurde der BTSV als eingetragener Verein regi-

striert, doch schon im Sommer/Herbst 1990 schlossen sich 6 Verbände des Bundes Sportverbänden aus der alten Bundesrepublik an: Schützenverband, Motorsportverband, Flug- und Fallschirmsportverband, Tauchsportverband, Modellsportverband und Sommerbiathlon-Verband. Daraufhin beschloß ein ›Sporttag‹ des BTSV am 3. 11. 1990 die Auflösung des Bundes per 31. 12. d. J. Eigenständig blieben bis heute der ›Deutsche Seesportverband‹ und der ›Verband der Computerclubs‹.

Kongresse: I. K. im Sept. 1956 in Karl-Marx-Stadt; II. K. im Juni 1960 in Magdeburg; III. K. im April 1964 in Görlitz; IV. K. im Sept. 1968 in Berlin; V. K. im Sept. 1972 in Dresden; VI. K. im Juni 1977 in Karl-Marx-Stadt; VII. K. im Juni 1982 in Cottbus; VIII. K. im Mai 1987 in Karl-Marx-Stadt

Vorsitzende des Zentralvorstandes: Oberst Arno Berthold (1952–1955 L. der GST); Generalmajor Richard Staimer (1955/56 L. der G., 1956–1963 Vors. des ZV der G.); Generalmajor Kurt Lohberger (1963–1968); Generalleutnant Günter Teller (1968–1982); Vizeadmiral Günter Kutzschebauch (1982–1990); Dieter Sommer (1990 Vors. des Arbeitsaussch., später Generalsekretär des BTSV)

Auszeichnungen/Preise: Die GST verlieh folgende Auszeichnungen an Einzelpersonen oder Kollektive: ›Ernst-Schneller-Medaille‹ in Gold, Silber oder Bronze; ›Ernst-Schneller-Preis für hervorragende wissenschaftliche, journalistische und künstlerische Leistungen im Dienste der sozialistischen Wehrerziehung‹; die Abzeichen ›Für aktive Arbeit‹ und ›Hervorragender Übungsleiter der GST‹. Für das Erreichen bestimmter Qualifizierungsgrade der vormilitärischen Ausbildung wurde Jugendlichen das Abzeichen ›Für gute vormilitärische und technische Kenntnisse‹ in drei Stufen verliehen.

Publikationen: Der ZV der G. gab durch die ›Hauptredaktion GST-Presse beim Militärverlag der DDR‹ u. a. folgende Zeitschriften heraus: ›Sport und Technik‹ (S+T), wehrpolitisches Jugendmagazin der GST, erschien mtl. seit dem 13. 10. 1952; • ›Flieger-Revue‹, Monatszs. der GST für Segelflug, Motorflug und Fallschirmsport, für Luftverkehr, Flugzeugtechnik und -bau, für Militärluftfahrt, Luftkriegsgeschichte u. Raumfahrt; • ›Funkamateur‹, Monatszs. der GST für die Themengebiete Amateurfunktechnik und -praxis, Funkpeil-, Sprechfunk- und Telegraphiemehrkampf sowie Computersport; • ›modellbau heute‹, Monatszs. der GST für Flugzeug-, Schiffs- und Automodellbau und -modellsport; • ›Poseidon – die maritime Zeitschrift der GST‹, Zweimonatszs. für See- und Tauchsport, Seeverkehr, Schiffsgeschichte, die Seestreitkräfte und ihre Entwicklung sowie für Meereskunde und -forschung; • ›Visier‹, Monatszs. der GST für Sportschießen und Waffenkunde

Der GST gehörten folgende Verbände an:

Deutscher Schützenverband der DDR (DSV), 1958–1990

Der am 8. 10. 1958 in Leipzig gegründete und zunächst eigenständige D. wurde 1987 den anderen Sportverbänden innerhalb der GST gleichgestellt. 1989 waren in ihm 247000 Schießsportler der GST sowie weitere Mitglieder der → ASV ›Vorwärts‹ und der → SV ›Dynamo‹ organisiert. Betrieben wurden alle Schießsportarten und

Wettkampfdisziplinen, für die zahlreiche Meisterschafts- und Pokalwettkämpfe innerhalb der DDR veranstaltet wurden; bei den Olympischen Spielen sowie bei Welt- und Europameisterschaften errangen Mitglieder des D. viele Medaillen und Titel. 1990 wurde auf einer Präsidiumstagung am 2. Februar ein Arbeitsausschuß unter Leitung von Ewald Haelke gebildet, der einen außerordentlichen Verbandstag des DSV für den 31. 3. 1990 vorbereitete. Auf diesem Verbandstag in Leipzig wurde dann Lothar Kassuhn zum neuen Vorsitzenden des ›Deutschen Schützenverbandes e.V.‹ der DDR gewählt.
Präsidenten: Herbert Paulsen (1958–1963); Bernhard Fischer (1964–1978); Kurt Krämer (1978–1987); Heinz Wittek (1987–1990); Lothar Kassuhn (1990); Generalsekretäre: Bernhard Fischer (1961–1964); Günter Klink (1965–1966); Ewald Haelke (1966–1969); Günter Steinich (1969–1973); Siegfried Büttner (1973–1980); Jürgen Frehse (1980–1990)

Flug- und Fallschirmsportverband der DDR (FFSV), 1987–1990
Die Nachfolgeorganisation des → ›Aeroklubs der DDR‹, gegründet nach dem VIII. GST-Kongreß am 4. 9. 1987, wurde zur Dachorganisation für alle Flug- und Fallschirmsportaufgaben in der DDR. Die rd. 5300 Mitglieder betrieben außer dem Fallschirmsport in der Abteilung Segelfliegen die Wettkampfdiziplinen Streckenflug, Kunstflug und Segelflugmehrkampf; in der Abteilung Motorflug den Präzisionsflug und den Motorkunstflug. Es konnten Erlaubnisscheine erworben werden für Motor-, Segelflieger und Fallschirmspringer. Nachdem bereits im Februar 1990 eine außerordentliche Hauptversammlung des F. beschlossen hatte, keine vormilitärischen Aufgaben mehr zu übernehmen, wurden auf dem Verbandstag im März 1990 Landesverbände und Vereine des F. gebildet und eine Neuverteilung des vorhandenen Fluggeräts vorgenommen. Im September 1990 wurde ein Vertrag zwischen dem F. und dem ›Deutschen Aero-Club‹ (DAeC) unterzeichnet, der den Anschluß der neugebildeten Landesverbände des F. an diesen Sportverband bis zum 1. 1. 1991 vorsah. Präsidenten waren Oberst Eberhard Köllner (1987–1990), Fritz Fliegauf (1990); Generalsekretär war Horst Brändel (1987–1990).

Militärischer Mehrkampfverband der DDR (MMKV), 1987–1990
Der M. wurde am 10. 9. 1987 in Neuenhagen gegründet. Seine rd. 102000 Mitglieder konnten sich an folgenden Wettkampfdisziplinen beteiligen: Geländelauf u.Geländestaffellauf, Crossläufe, Hindernisstafette im Gelände, Schützenduell in Gelände u. Halle, Winterzweikämpfe, Handicapläufe, Staffelwettkämpfe in wintersportlichen Disziplinen. Präsident war Oberst Manfred Kindt (1987–1990), Generalsekretär Kurt Goetze (1987–1990).

Modellsportverband der DDR (MSV), 1987–1990
Als Vorgänger des M. bestanden innerhalb der GST: ein ›Automodellsportklub der DDR‹; dessen Präsidenten waren Günter Haberecht, Walter Zander; ein aus der Fachkommission Schiffsmodellbau hervorgegangener ›Schiffsmodellsportklub der DDR‹; dessen Präsident war Paul Schäfer, Generalsekretär war Hans Möser. Der M. wurde am 4. 9. 1987 in Neuenhagen gegründet. Seine rd. 18200 Mitglieder befaßten sich mit Flug- und Raketenmodellsport, Schiffsmodellsport, Automodellsport und Plastmodellbau. Präsident war Eberhard Zenker (1987–1990).

Motorsportverband der GST (MOSV), 1987–1990
Der M. wurde am 16.9.1987 in Ballenstedt gergründet und hatte 1989 annähernd 134000 Mitglieder, die folgende in der GST anerkannte Wettkampfdisziplinen in Einzel- oder Mannschaftswettkämpfen bestreiten konnten: Motorradpatrouille, Motorradmehrkampf, Motorradkunst- und -geschicklichkeitsfahren, Vielseitigkeitswettbewerbe und Motorradtouristik. Im Verband konnten auch Führerscheine der Klassen A und M erworben werden. Präsident war Karl-Heinz Förderung (1987–1990).

Radiosportverband der DDR (RSV), 1987–1990
Der R. wurde am 21.9.1987 in Berlin als Nachfolgeorganisation des seit 1964 bestehenden ›Radioklubs der DDR‹ gegründet. Seine rd. 25200 Mitglieder konnten sich in folgenden Sportarten betätigen, in denen auch Wettkämpfe ausgetragen wurden: Funksport, Funkpeilsport, Fernschreibsport, Amateurfunksport, Computersport und Sprechfunkmehrkampf. Man konnte im R. Berechtigungsscheine und Genehmigungen als Funkempfangs- und Funksendeamateur erwerben. Präsidenten waren Herbert Götze (1964–1975); Georg Reymann (1975–1987); Dieter Sommer (1987–1990); Lothar Wilke (1990).

Seesportverband der DDR (SSV), 1987–1990
Der S. wurde am 15.9.1987 in Strausberg gegründet. Seine rd. 10700 Mitglieder konnten im Verband Befähigungsnachweise zum Führen verschiedener Sportbootarten und Klassen erwerben; sie bestritten als Wettkampfdisziplinen stark wehrsportlich ausgerichtete, z. T. besonders für Reservisten und Funktionäre konzipierte Einzel- und Mannschafts-Mehrkämpfe; Seesporttouristik wurde als Interessengebiet gepflegt. Präsident war Kapitän zu See Günter Poller (1987–1990).

Tauchsportverband der DDR (TSV), 1987–1990
Der T. wurde am am 25.9.1987 in Berlin gegründet; er ging aus einem innerhalb der GST bestehenden Tauchsportclub hervor und hatte 1989 rd. 7900 Mitglieder. Diese konnte die Tauchsportprüfungen A und B ablegen sowie die Berechtigung als Taucherausbilder erwerben. Betriebene Wettkampfdisziplinen waren: Flossenschwimmen und Streckentauchen, Orientierungstauchen, Langstreckenschwimmen, Unterwasser-Rugby; außerdem wurden als Interessengebiete Unterwasserfilm und -fotografie, Schnorcheln und Höhlentauchen gepflegt. Präsidenten waren Helmut Wolff; Generalleutnant a. D. Arthur Franke (1975–1987); Rolf Pitschel (1987–1990); Generalsekretäre waren Werner Menzel, Wolfgang Borth.

Wehrkampfsportverband der DDR (WKSV), 1987–1990
Der W. ging hervor aus der ›Zentralen Kommission Wehrkampfsport‹ der GST und wurde am 18.9.1987 in Neuenhagen gegründet. Die Aufgaben dieses Verbandes bestanden vordringlich in der Wehrdienstvorbereitung von Jugendlichen und in der Wehrkrafterhaltung von Reservisten. Dazu wurde Sport in folgenden Wettkampf- und Meisterschaftsdisziplinen betrieben: militärischer Geländelauf, Schützenduell, militärische Handicapstaffel, Reservistendreikämpfe. Die rd. 112300 Mitglieder konnten sich an DDR- und Studentenmeisterschaften im Wehrkampfsport sowie an Wettkämpfen um den Wanderpokal des BuV des →FDGB und vielen anderen Pokalwettkämpfen beteiligen. 1990 wurden Zweck und Namen geändert: Innerhalb

des BTSV bestand nun ein ›Sommerbiathlon-Verband‹. Präsidenten waren Generalmajor a. D. Kurt Krämer (1987–1990); Michael Stolz (1990); Generalsekretär war Günter Fritsche (1987–1989).

Gesellschaft für Stenografie und Maschinenschreiben der DDR (GSM), 1960–1990

Vereinigung zur Pflege, Weiterentwicklung und Verbreitung von Schnellschreibtechniken

Geschichte und Organisation: Die G. wurde am 28. 5. 1960 in Leipzig als ›Deutsche Gesellschaft für Stenografie und Maschinenschreiben‹ gegründet. Sie war in einem längeren Prozeß entstanden aus einer seit 1957 wirkenden ›Landesgruppe DDR‹ – einer Vereinigung, die keinen offiziellen Status hatte – und aus den ›Fachausschüssen für Stenografie und Maschinenschreiben‹, die nach 1945 regional gebildet worden waren. Erster Präsident wurde der Leiter des Stenografischen Amtes bei der → Volkskammer der DDR, Helmut Hähnel.
Höchstes Organ der G. war die Zentrale Delegiertenversammlung, die alle 4 Jahre zusammentrat. Die dorthin Delegierten wurden in Versammlungen der Bezirksverbände gewählt, zu denen wiederum Delegierte zusammentraten, die in Mitgliederversammlungen der 125 Kreisverbände bestimmt worden waren. Der von der höchsten Delegiertenversammlung gewählte Zentralvorstand bestand aus 20 bis 25 Mitgliedern, die aus ihrer Mitte Präsident und Präsidium bestimmten. Beim ZV bestanden ständige Ausschüsse für Stenografie und für Maschinenschreiben, ein Wettbewerbsausschuß, ein Jugendausschuß sowie eine Geschichtskommission. Die gesamte Leitungstätigkeit der G. erfolgte ehrenamtlich. Mitglieder konnten neben Einzelpersonen auch juristische Personen der DDR werden; die Aufnahme wurde durch den zuständigen Kreisverband vollzogen.

Funktionen und Wirkungen: Die G. unterhielt Übungsgemeinschaften, führte Lehrgänge und Schülerkurse durch, veranstaltete Leistungsprüfungen und beteiligte sich an der Ausbildung von Lehrkräften. Sie war Mitglied der ›Internationalen Föderation für Kurzschrift und Maschinenschreiben‹ (INTERSTENO) und beteiligte sich an deren Kongressen, die alle 2 Jahre stattfanden und mit den Weltmeisterschaften im Maschinenschreiben sowie internationalen Wettbewerben in Stenografie verbunden waren. Bei solchen Wettkämpfen konnten DDR-Teilnehmer sich stets sehr gut plazieren. Das internationale Ansehen der DDR-Stenografen innerhalb der INTERSTENO zeigte sich darin, daß Hans Störel 1987 auf der Generalversammlung in Florenz zum Präsidenten gewählt wurde. Mit dieser Präsidentschaft war die Ausrichtung des 38. INTERSTENO-Kongresses im Juli 1989 in Dresden verbunden. In der DDR arbeitete die G. vor allem mit dem → Ministerium für Volksbildung und dem → ›Staatssekretariat für Berufsbildung‹ zusammen. Sie unterhielt vielfältige Beziehungen zu allen Institutionen, an denen Stenografie und Maschinenschreiben unterrichtet wurden: Volkshochschulen, → ›Betriebsakademien‹ sowie kommunale und → ›Betriebsberufsschulen‹.

Auflösung/Ende: Der ZV der G. tagte am 29. 3. 1990 in Berlin und beschloß, die Registrierung im Vereinsregister zu beantragen. Am 15. 6. 1990 trafen Präsident Hans Störel und der Präsident des ›Deutschen Stenografenbundes e. V.‹, Gregor Keller, zu einem ersten Gespräch im Sekretariat des neuen Vereins in Berlin zusammen. Als sich mit Bildung der Länder im Oktober 1990 die Strukturen der Gesellschaft veränderten, erörterte der erweiterte ZV am 13. 10. 1990 die Lage und berief für den 24. 11. 1990 eine ao. Delegiertenversammlung nach Leipzig ein. Die aus knapp 100 Delegierten bestehende Versammlung änderte das bisherige Statut in eine Satzung; nachdem sich eine Mehrheit für einen einheitlichen ostdeutschen Verband ausgesprochen hatte, wurde dieser unter der Bezeichnung ›Ostdeutscher Stenografenverband e. V.‹ (OStV) gegründet; lediglich die Mehrzahl der Thüringer Delegierten beharrte auf dem Fortbestand des am 29. 9. 1990 gegründeten ›Thüringer Stenografen-Verbandes‹, so daß es nun in den neuen Bundesländern zwei Verbände gab. Die im April 1991 tagende erste Jahreshauptversammlung des OStV wurde zugleich dessen letzte, da der unter Hans Störel amtierende geschäftsführende Vorstand schon im November des Vorjahres ermächtigt worden war, den Beitritt zum ›Deutschen Stenografenbund E. V.‹ in die Wege zu leiten; dieser wurde nun – rückwirkend ab 1. 1. 1991 – sowohl vom OStV wie vom ›Thüringer Stenografen-Verband‹ vollzogen.

Präsidenten: Helmut Hähnel (1960–1962); Heinz Helmholtz (1962–1987); Hans Störel (1987–1990)

Auszeichnungen/Preise: Höchste Auszeichnung war die Ehrenmitgliedschaft der G.; weiterhin gab es Ehrenzeichen in Gold und Ehrenzeichen der G. für verdienstvolle Funktionäre; die ›Gabelsberger-Medaille‹ für herausragende wissenschaftliche Arbeiten; für hervorragende Leistungen in Wettbewerben verlieh die G. Leistungsabzeichen in 3 Stufen.

Publikationen: ›Der Stenopraktiker‹, Verbandszs., erschien von 1952–1990; sie wurde zunächst vom Stenografischen Amt bei der Volkskammer, ab 1961 von der G. herausgegeben; • ›Theorie und Praxis‹, Fachzs.

Gesellschaft für Stomatologie der DDR

→ Medizinisch-wissenschaftliche Gesellschaften

Gesellschaft für Völkerrecht in der DDR, 1965–1990
Wissenschaftliche Vereinigung von DDR-Bürgern, die auf den Gebieten des Völkerrechts und des internationalen Privatrechts in Lehre, Forschung oder Praxis tätig waren

Geschichte und Organisation: Die G. wurde am 13. 1. 1965 in Berlin/DDR gegründet. Ihr höchstes Organ war die Plenarversammlung, die den Präsidenten, die Vizepräsidenten, den Generalsekretär, den Schatzmeister sowie die Mitglieder des Exekutivrates und der Revisionskommission wählte. Der Exekutivrat bildete ein Büro, das die Arbeit der G. in der täglichen Praxis leitete. Mitglied der G. konnten DDR-Bürger werden, die an Akademien, Universitäten, Hochschulen und anderen wissenschaftlichen Einrichtungen oder in der Praxis auf den Gebieten der Außenpolitik, des Völkerrechts und des internationalen Privatrechts tätig waren. Über die Aufnahme eines Mitglieds entschied der Exekutivrat. Ausländern konnte die Ehrenmitgliedschaft verliehen werden.

Funktionen und Wirkungen: Ziel der G. war, wissenschaftliche Grundlagen und praktische Vorschläge für die Gestaltung der Beziehungen zwischen den sozialistischen Staaten zu erarbeiten und sich für die Vervollkommnung der Rechtsgrundlagen der sozialistischen ökonomischen Integration einzusetzen. Sie unterhielt enge Kontakte zu entsprechenden Gesellschaften und Völkerrechtlern anderer, insbesondere sozialistischer Länder und arbeitete eng mit der DDR-Sektion der ›International Law Association‹ zusammen. Sie organisierte wissenschaftliche Tagungen und Vortragsveranstaltungen, auf denen über Entwicklungen im Völkerrecht sowie im internationalen Wirtschafts- und Privatrecht informiert und diskutiert wurde; Ergebnisse solcher Veranstaltungen wurden jeweils in geeigneter Form publiziert.

Präsidenten: Rudolf Arzinger (1965–1970); Harry Wünsche (1970–1990)
Generalsekretäre: Harry Wünsche (1965–1970); Peter Morgenstern (1973–1990)

Gesellschaft für Weltraumforschung und Raumfahrt der DDR (GWR)
→ Wissenschaftliche Gesellschaften

Gesellschaft ›Neue Heimat‹ – Vereinigung in der DDR für die Verbindung mit Bürgern deutscher Herkunft im Ausland (GNH), 1964–1989
Gesellschaft zur Pflege von Beziehungen zu deutschsprachigen Minderheiten im Ausland

Die im Dezember 1964 gegründete G. war eine nachgeordnete Einrichtung des →ZK der SED und diente vor allem der Auslandsinformation und -propaganda. Die G. und der ihr angeschlossene, seit 1960 bestehende

›Arbeitskreis zur Pflege der deutschen Sprache und Kultur‹ hatten die vorrangige Aufgabe, die DDR in den Staaten mit deutschen Minderheiten als den »wahren deutschen Kulturstaat« zu propagieren. So war die G. auch der →›Liga für Völkerfreundschaft‹ angegliedert, jener Organisation für auswärtige Kulturpolitik der DDR, unter deren Dach die Freundschaftsgesellschaften und -komitees operierten.
Unter Einsatz enormer Mittel für Öffentlichkeitsarbeit wurde der Versuch unternommen, eine Gegeninstitution zu den von der BRD unterhaltenen ›Goethe-Instituten‹ aufzubauen. Dabei wandte sich die G. vor allem an deutschstämmige Volksgruppen in Ungarn und Rumänien, aber auch an Auswanderer in Nord- und Lateinamerika oder in Australien. So wurden z.B. in den 60er Jahren von ihr große Mengen von DDR-Schulbüchern an Auslandsdeutsche verteilt. Wie auch die →›Gesellschaft für kulturelle Verbindungen mit dem Ausland‹ verlor die G. seit 1973, als die DDR international zunehmend anerkannt wurde, an Bedeutung und Einfluß. Ihre Aufgaben wurden nunmehr verstärkt von den Freundschaftsgesellschaften und den Kulturabteilungen der DDR-Botschaften übernommen.

Präsidenten: Ludwig Renn (1964–1975); Hans-Peter Minetti (1975–1989)
Vizepräsidenten: Adolf Deter (1964–1969)
Publikationen/Archive: ›Neue Heimat. Journal aus der Deutschen Demokratischen Republik‹, Zs. der G., die im Ausland kostenlos verteilt wurde

Gesellschaft zum Studium der Kultur der Sowjetunion

→ Gesellschaft für Deutsch-Sowjetische Freundschaft

Gesellschaft zur Förderung des olympischen Gedankens in der DDR, 1960–1990

Vereinigung zur Wahrung und Verbreitung der »olympischen Idee« und Nationale Fördergesellschaft für die Ausrüstung der Olympiamannschaften der DDR

Geschichte und Organisation: Neun Jahre nachdem in der BRD eine ›Deutsche Olympische Gesellschaft‹ (DOG) gegründet worden war, konstituierte sich am 1. 2. 1960 in Berlin/DDR die ›Gesellschaft zur Förderung des olympischen Gedankens‹. Deren Mitgliedschaft setzte sich aus Persönlichkeiten des öffentlichen und kulturellen Lebens zusammen, die auf Beschluß des Präsidiums als persönliche Mitglieder oder Ehrenmitglieder aufgenommen wurden. Höchstes Organ der G. war ein Präsidium, das den Präsidenten, die Vizepräsidenten und den Generalsekretär wählte. Zwischen den Tagungen der G., die in der Regel

zweimal jährlich stattfanden, wurden ständig anfallende Arbeiten durch ein Büro erledigt.
Zum Präsidenten wurde – nicht von ungefähr – der frühere deutsche Rennfahrer Manfred von Brauchitsch gewählt. Er war Präsident der westdeutschen Vorbereitungskomitees für die ›Weltjugendfestspiele‹ von Berlin und Bukarest gewesen und hatte in der BRD ein ›Komitee für Einheit und Freiheit im deutschen Sport‹ gegründet. Deshalb geriet er Anfang der 50er Jahre in den Verdacht der Verfassungsfeindlichkeit und wurde zu einer achtmonatigen Haftstrafe verurteilt. Einer zweiten, drohenden Inhaftierung entzog er sich im Dezember 1954 durch Übersiedlung in die DDR. Hier war er von 1957–1960 Präsident des →›Allgemeinen Deutschen Motorsport-Verbandes‹ und danach 30 Jahre lang Präsident der G. Als die Ost-West-Konfrontation sich entspannte und die Kontakte im deutsch-deutschen Sport wieder intensiviert wurden, erhielt v. Brauchitsch in Anerkennung seines Einsatzes für die Wahrung der »olympischen Idee« vom IOC anläßlich der Olympiade von Seoul 1988 den ›Olympischen Orden‹ verliehen.

Funktionen und Wirkungen: Durch die Gründung der G. hoffte man die Eigenständigkeit des DDR-Sports und seiner nationalen Sportverbände zu stärken und der internationalen Reputation des seit 1951 bestehenden →NOK zu nützen. Entsprechend hieß es im Gründungsaufruf, die G. habe in »allen Ländern Kenntnis über den Stand und die Perspektive von Körperkultur und Sport in der DDR« zu vermitteln und »für die Erhöhung des internationalen Ansehens des nationalen Olympischen Komitees und der Sportverbände der DDR zu wirken«.
In den ersten Jahren waren die Teilnahme einer Nationalmannschaft der DDR an den Olympischen Spielen, die Aufnahme der nationalen Sportverbände in die internationalen Gremien und die uneingeschränkte Teilnahme von DDR-Sportlern an internationalen Wettkämpfen vorrangige Ziele der G.
In jenen Zeiten, als die DDR unter den Bedingungen des Kalten Krieges ihren Anspruch auf staatliche Eigenständigkeit und internationale Anerkennung gegen die »Hallstein-Doktrin« durchzusetzen suchte, konnten auch sportliche Ereignisse nur als sportpolitische Auseinandersetzungen im Rahmen der Systemkonkurrenz stattfinden. Um das NOK der DDR weitgehend aus den Verwicklungen des innerdeutschen wie internationalen Sportverkehrs herauszuhalten und es nicht als Urheber ideologischer Kampfansagen und publizistischer Pamphlete in Verruf zu bringen, hatte die Partei- und Staatsführung der DDR der G. die Rolle des ideologischen Vorkämpfers zugewiesen. In zahl-

reichen Veröffentlichungen wandte diese sich gegen gesamtdeutsche Sportillusionen und bediente sich dazu häufig bewährter Propagandamittel aus den Rüstkammern des Kalten Krieges. Immerhin gehörte der Mann vom ›Schwarzen Kanal‹, Fernsehkommentator Karl-Eduard von Schnitzler, zu den Gründungsvätern der G.
Nachdem das IOC 1968 für die Olympischen Winterspiele in Grenoble und für die Sommerspiele in Mexiko eigene DDR-Mannschaften zugelassen hatte, und seit die DDR von 1972 an in den Genuß weltweiter diplomatischer Anerkennung gekommnen war, erübrigten sich solche propagandistischen Kampfeinsätze. Die G. konnte sich nun voll auf Aufgaben der Sportförderung konzentrieren, wofür sie sich immer schon mit Ausstellungen, Vorträgen, intensiver Öffentlichkeitsarbeit, aber auch mit Lotterien, Spendensammlungen und dem Anwerben persönlicher Förderer eingesetzt hatte. Zuletzt hatte sie 6800 Förderer gewonnen, erhielt breite Unterstützung durch Betriebe und Einrichtungen und erzielte mit Werbe- und Verkaufsaktionen Jahresumsätze zwischen 2,5 und 3 Mio. Mark.
Schon um 1960, also noch zu einer Zeit, als es um die Entsendung gesamtdeutscher Olympiamannschaften nach Rom und Squaw Valley ging, verkaufte die G. eine halbe Million Abzeichen mit den fünf olympischen Ringen. Um die Olympioniken der DDR angemessen ausrüsten zu können, wurden über die Sparkassen Erinnerungsmedaillen aus Neusilber vertrieben; mit Hilfe des staatlichen Mineralölbetriebes ›Minol‹ wurden an Tankstellen Sportartikel, Wimpel und spezielle Parkscheiben mit olympischen Symbolen verkauft und in Kooperation mit einem erzgebirgischen Spielzeughersteller »Sportpuzzles« entwickelt. Nicht unbeträchtliche Mittel flossen zudem aus Lotterien und Schützenwettbewerben (›Goldene Fahrkarte‹) sowie aus Preisaufschlägen für Standardwerke der Sportverlage oder aus Zusatzgebühren für philatelistische Olympia-Emmissionen der Deutschen Post auf die Spendenkonten der G. Fördererbeiträge, Spenden und Verkaufserlöse brachten schließlich so viel zusammen, daß ab 1980 die gesamte Ausrüstung und die Kosten der Entsendung von Olympiamannschaften allein aus diesen Mitteln finanziert wurden.
Die G. leistete aber auch ihren Beitrag zur Breitensportbewegung in der DDR. In Kooperation mit dem →DTSB und mit Sportjournalisten bemühte sie sich, den »Sport für alle« anzukurbeln, und bediente sich dazu populärer Wettbewerbe, die unter Bezeichnungen wie »Eile mit Meile«, »Dein Herz dem Sport«, »Stark wie ein Baum« und »Ich kämpfe um den olympischen Fackelträger« veranstaltet wurden. Außerdem übernahm sie auch Patenschaften für massensportliche Ereignisse

wie den traditionellen Schülerstaffellauf der ›BZ am Abend‹ und stellte dafür Preise zur Verfügung.

Auflösung/Ende: Im Januar 1990 trat M. v. Brauchitsch als Präsident der G. zurück. Daraufhin nahm Vizepräsident Gerhard Lindner zunächst kommissarisch die Präsidialfunktionen wahr; auf einer Präsidiumstagung am 19. 4. 1990, die auch eine neues Statut verabschiedete, wurde er zum letzten Präsidenten der G. gewählt. Diese ließ sich am 21. 6. 1990 als »e. V.« beim Stadtbezirksgericht Berlin-Mitte eintragen, löste sich dann aber zum 31. 12. d. J. auf. Mit dem 1. 1. 1991 übernahm die ›Deutsche Olympische Gesellschaft‹ (DOG) in den fünf neuen Bundesländern die vormals von der G. wahrgenommenen Aufgaben. Seitdem unterhält die DOG eine Geschäftsstelle in Berlin, die den Aufbau adäquater Strukturen in den neuen Bundesländern fördern soll.

Präsidenten: Manfred von Brauchitsch (1960–1990); Gerhard Lindner (1990)
Vizepräsidenten: Wolfgang Eichel (1960–1990); Alfred Heil (1969–1989); Gerhard Lindner (1960–1990); Helmut Westphal (1990)
Generalsekretäre: Kurt Edel (1960–1970); Heinz Dietrich (1970–1989)
Schatzmeister: Edgar Atzig (1969–1990)
Auszeichnungen: Verdienstplakette, Ehrennadel in Gold und Silber, Freundschaftsplaketten, Ehrengaben und Anerkennungsgeschenke
Publikationen: Die G. gab zweimal im Jahr eine Informationsbroschüre heraus.

Gesellschaft zur Verbreitung wissenschaftlicher Kenntnisse

→ URANIA

Gesellschaftliche Gerichte

→ Konfliktkommission, → Schiedskommission

Gesellschaftlicher Rat

→ Universitäten

Gesundheitspolitik

Wiederaufbau bzw. Neuordnung des Gesundheitswesens in der SBZ erfolgten auf der Grundlage des von der →SMAD ausgeübten Besatzungsrechts und des parteipolitischen Führungsanspruchs der →SED. Durch den SMAD-Befehl Nr. 17 vom 27. 7. 1945 wurde die Bildung einer ›Deutschen Zentralverwaltung für Gesundheitswesen‹ (DVZG) veranlaßt. Diese erließ bereits am 18. 9. 1945 eine »Verordnung über den Neuaufbau des öffentlichen Gesundheitswesens«, auf deren Grundlage die Kommunalisierung der Gesundheitsämter sowie die Bildung von Landes- und Provinzialgesundheitsämtern eingeleitet wurden. Die gesundheitspolitischen Maßnahmen konzentrierten sich zunächst auf die Bekämpfung von Seuchen, Infektionen, Tuberkulose und Geschlechtskrankheiten. Bis 1947 wurden in der SBZ insgesamt 39 Hygienestationen eröffnet; das → ›Deutsche Hygienemuseum‹ in Dresden nahm seine Arbeit wieder auf und wurde 1947 der DZVG unterstellt. Ein weiterer Schwerpunkt der G. waren die Bemühungen, die erhebliche Säuglingssterblichkeit zu senken. Während 1945 von je 1000 Lebendgeborenen noch 263 Säuglinge sterben mußten, konnte die Sterbequote bis 1949 auf 78 gesenkt werden. Bereits 1946 wurde mit der landesweiten Einrichtung von Polikliniken begonnen, und der SMAD-Befehl Nr. 272 vom 11. 12. 1947 beschleunigte diese Entwicklung. Ende 1948 existierten 269 Polikliniken und öffentliche Behandlungsstellen, die vorwiegend aufgrund nebenamtlicher Arbeit von niedergelassenen Ärzten betrieben werden konnnten. Der Ausbau eines Betriebsgesundheitswesens wurde durch den SMAD-Befehl Nr. 234 entscheidend beeinflußt, da dieser vor allem auf die Steigerung der Arbeitsproduktivität ausgerichtet war und deshalb Maßnahmen zur Verbesserung der materiellen Lage der Arbeiter und Angestellten befahl. Ende 1949 existierten 30 Betriebspolikliniken und 738 betriebsärztliche Sanitätsstellen. Für die betriebsärztliche Weiterbildung wurde ein ›Zentralinstitut für Sozial- und Gewerbehygiene‹ gegründet. Große Probleme bereitete von Anfang an die Versorgung mit Arzneimitteln und medizinischen Geräten. Nach Vorkriegsstand lagen 95 Prozent der pharmazeutischen und 80 Prozent der medizintechnischen Produktionskapazität auf dem Gebiet der drei Westzonen. Man begann daher, ehemalige Rüstungsbetriebe entsprechend umzuprofilieren; lediglich für die Antibiotika-Produktion wurde in Jena ein neuer Betrieb geschaffen (›VEB Jenapharm‹).

Nachdem im Juni 1947 die → ›Deutschen Wirtschaftskommission‹ (DWK) eingerichtet worden war, wurde die DVZG dort eingegliedert, und damit begann auch im Bereich der G. eine stärkere Zentralisierung. Um die bei Ärzten und anderen Angehörigen der Intelligenz ansteigende Tendenz zur Übersiedlung in die Westzonen einzudämmen und die Ärzte längerfristig in der SBZ zu halten, ordnete die DWK im März 1949 an, daß künftig Einzelverträge abzuschließen seien. Solche Verträge garantierten eine über den tariflich vorgesehenen Sätzen liegende Vergütung und räumten weitere Privilegien ein, etwa Sonderregelungen für die Altersversorgung. Als weiterer Anreiz zum Bleiben wurde gleichzeitig der Ehrentitel ›Verdienter Arzt des Volkes‹ eingeführt.

Im Rahmen der Strategie vom beschleunigten Aufbau des Sozialismus beschloß das → ›Politbüro des ZK der SED‹ am 17. 2. 1953 restriktive Maßnahmen auf dem Gebiet des Gesundheitswesens, weil die Parteiführung

glaubte, die Entwicklung der Schwerindustrie und der Landesverteidigung könnte durch Einsparungen im konsumtiven Bereich vorangetrieben werden. Diese Maßnahmen, die wegen des drohenden Ausbruchs einer gesellschaftlichen Krise vom Politbüro am 9. 6. 1953 wieder zurückgenommen werden mußten, betrafen die Einschränkung von Kuren, Limitierung der Arzneimittel, geringere Anerkennung der Bereitschaftsdienste, Wegfall von Fahrtkostenrückerstattungen bei medizinischer Betreuung, pauschale Überprüfung ärztlicher Gutachten bei Rentenbezug u. a. m.
Im selben Zeitraum setzte eine Kampagne ein, die auf die Aneignung und Anwendung der Sowjetwissenschaft abzielte. Für die Mediziner bedeutete das in erster Linie, daß ihnen nun das Studium der Lehre Pawlows aufgebürdet wurde; deren Propagierung wie zugleich auch der Zurückdrängung von Vorbehalten diente eine am 16./17. 1. 1953 in Leipzig durchgeführte ›Pawlow-Konferenz‹. Am 17. 2. 1953 beschloß das Sekretariat des ZK der SED sogar die Bildung einer staatlichen Pawlow-Kommission unter Leitung von M. Zetkin. Eine Folge dieser Entwicklungen war, daß die Flucht der Ärzte in die Bundesrepublik stark zunahm: Von 1956 bis 1961 verließen etwa 6000 Ärzte und Zahnärzte die DDR. Darunter befanden sich viele Enttäuschte und sicher auch etliche, die in der BRD in den Genuß der für DDR-Verhältnisse traumhaften Verdienstmöglichkeiten kommen wollten, doch ungeachtet der Fluchtmotive bedeutete dieser massenhafte Abgang für das Gesundheitswesen der DDR einen kaum auszugleichenden Verlust, zumal auch ein großer Teil der niedergelassenen Ärzte ihre Praxis aufgegeben hatten. Trotz beträchtlicher Erweiterung der Ausbildungskapazitäten konnte im Zeitraum von 1951 bis 1955 die Zahl der Ärzte lediglich um rd. 500 erhöht werden.
Um die Nachwuchssorgen zu lindern, wurden deshalb in Dresden, Erfurt und Magdeburg → ›Medizinische Akademien‹ gegründet, die am 1. 9. 1954 den Lehrbetrieb aufnahmen. Durch den Ärztemangel, der sich aufgrund der andauernden Abwanderung (1958 ca. 1200) zeitweilig noch verschärfte, vergrößerten sich die Disproportionen, die sowohl in der regionalen Dichte der ärzlichen Versorgungsleistungen wie hinsichtlich des Verhältnisses von stationärer und ambulanter Behandlung bestanden. Mit der stetigen Verringerung der niedergelassenen Ärzte ging auch der Anteil der Allgemeinpraktiker innerhalb der gesamten Ärzteschaft immer mehr zurück, von ca. 50 Prozent 1948 auf ca. 30 Prozent 1958.
Dieser Mangelsituation wie auch allen späteren Mißständen versuchte die SED-Führung vornehmlich mit ideologischen Mitteln beizukommen. Im Politbüro war von 1958 bis 1989 der »Chefideologe« Kurt Hager auch für

das Gesundheitswesen der DDR verantwortlich. Nicht zuletzt seinem Einfluß war es zu verdanken, daß das Politbüro und das Sekretariat des ZK der SED eine Vielzahl von Beschlüssen faßten, die bis 1989 darauf gerichtet waren, den Marxismus-Leninismus und mit ihm den Einfluß der Partei unter Ärzten wie Medizinstudenten durchzusetzen. Viel Erfolg hatten sie dabei nicht! Mit Stand vom 31. 12. 1957 war der Anteil von SED-Mitgliedern innerhalb der Ärzteschaft noch äußerst gering: bei den Ärzten 7, bei den Zahnärzten 3 und bei den Apothekern 2 Prozent; der bis 1989 erreichte Höchstanteil betrug: bei den Ärzten 16, bei den Zahnärzten 8,6 und bei den Apothekern 3,6 Prozent. Damit konnte sich die SED-Führung schwerlich zufriedengeben, zumal der Anteil von SED-Mitgliedern unter 25 Jahren in dieser Personengruppe von 17 Prozent (1981) auf 12,6 Prozent (1988) zurückgegangen war.

Obwohl sie sich bemühte, mit beschwichtigenden Erklärungen unter den Ärzten Vertrauen zu schaffen, betrieb die SED Ende der 50er Jahre eine G., die den privaten Arztpraxen die Zukunft verbaute. So beschloß das Politbüro im September 1958, die »planmäßige Einführung staatlicher Arztpraxen« zu forcieren; vorhandene Privatpraxen sollten weitergeführt, jedoch keine neuen mehr zugelassen werden. Da die SED-Führung – sicher nicht zu unrecht – meinte, daß diese gesundheitspolitische Strategie von dem dafür zuständigen →Ministerium für Gesundheitswesen allein nicht durchzusetzen sei, wurde am 23. 9. 1958 eine ›Ständige Kommission für medizinische Wissenschaft und Gesundheitswesen beim Politbüro‹ unter Leitung von K. Hager gebildet; außerdem wurde daraufhin im Apparat des ZK eine eigenständige Abteilung Gesundheitspolitik geschaffen; im Juli 1959 wurde beschlossen, eine spezielle Gewerkschaft für die Mitarbeiter des Gesundheitswesens (→Gewerkschaften, darin: ›Gewerkschaft Gesundheitswesen‹) sowie eine →›Akademie für Ärztliche Fortbildung‹ zu gründen.

Nachdem vom 11.–13. 2. 1960 in Weimar eine von der SED einberufene Gesundheitskonferenz stattgefunden hatte, wurde ein von der Konferenz vorgeschlagener ›Rat für Planung und Koordinierung der medizinischen Wissenschaft beim Ministerium für Gesundheitswesen‹ gebildet; (→›Rat für medizinische Wissenschaft‹); am 17. 9. 1960 kam es dann zur Gründung der ersten von 6 medizinischen Dachgesellschaften, der ›Gesellschaft für experimentelle Medizin der DDR‹, zu der sich 1962 weitere hinzugesellten (→Medizinisch-wissenschaftliche Gesellschaften). Auf Drängen der sowjetischen Seite mußte sich das Politbüro am 6. und 16. 12. 1969 erneut mit der Lage im Gesundheitswesen beschäftigen und veröffentlichte darüber am 20. 12. d. J. ein Kommuniqué, in dem nun statt der Teilnahme an Versammlungen die gesundheitliche Betreuung der Bevölkerung zur wichtigsten gesellschaftlichen Verpflichtung der medizinischen Intelligenz erklärt wurde.

Viele dieser Maßnahmen standen im Zusammenhang mit dem Ende der 50er Jahre wieder bedrohlich anschwellenden Flüchtlingsstrom. Der stetige Verlust von qualifizierten Facharbeitern, Wissenschaftlern, Ingenieuren und Ärzten bedrohte den ökonomischen und politischen Fortbestand der DDR, so daß sich die SED entschloß, ihre Herrschaft durch totale Abriegelung der Fluchtwege zu stabilisieren. Doch neben der nach innen gerichteten Verbarrikadierung der Grenzen mußte sich die Staats- und Parteiführung auch einiges einfallen lassen, um dem Dasein innerhalb der Barrikaden den Anschein vor Erträglichkeit zu geben. So beschloß das Politbüro u.a., althergebrachte Titel wie Medizinalrat, Sanitätsrat oder Pharmazierat wieder einzuführen, eine ›Hufeland-Medaille‹ zu verleihen und den Geburtstag Robert Kochs zum ›Tag des Gesundheitswesens‹ auszurufen. Ebenfalls bekundete Absichten, einen ›Bund deutscher Ärzte, Zahnärzte und Apotheker‹ zuzulassen, die Neueröffnung privater Praxen wieder zu gestatten und den Kindern von Praxisinhabern deren Fortführung zu ermöglichen, wurden nach dem Mauerbau allerdings nicht mehr realisiert.

Durch die Schließung der Grenze war 1961 eine sichere Barriere gegen die Massenflucht der Ärzte errichtet worden, so daß sich die angespannte Personalsituation im Gesundheitswesen auf den höheren Ebenen allmählich stabilisierte. Doch nun trat ein anderes Personalproblem in den Vordergrund, die unaufhaltsame Fluktation von Schwestern und Pflegern: 1966 fehlten in der DDR ca. 7000 Krankenschwestern, 1980 ca. 30000. Die Ursachen dafür lagen sowohl in den extrem schwierigen Arbeitsbedingungen wie in einer Entlohnung, die im Vergleich zu anderen Berufsgruppen viel zu gering war. Erst 1988 wurden angesichts der katastrophalen Personallage für die 400000 Mitarbeiter des Gesundheits- und Sozialwesens leistungsorientierte Lohnerhöhungen vorgenommen. Damit wurden in einer ökonomischen Gesamtsituation, die schon von übermächtig gewordenen Schwierigkeiten bestimmt war, im Gesundheitswesen die umfassendsten lohnpolitischen Maßnahmen seit Bestehen der DDR wirksam.

Da die Mitte der 60er Jahre vorhandenen Krankenhäuser zu über 60 Prozent vor 1900 erbaut worden waren, stiegen die für die Aufrechterhaltung der Betriebsfähigkeit notwendigen Aufwendungen immer mehr, so daß deren einfache Reproduktion bis 1970 nicht mehr gewährleistet werden konnte. Die Einsicht in derlei Zuspitzungen wurde jedoch in bewährter Manier verdrängt. Während einer aus Anlaß des VII. Parteitages der SED 1967 veranstalteten Ausstellung zur Grundfondsentwicklung – in der allerdings das Gesundheitswesen gar nicht berücksichtigt war – wurde W. Ulbricht auf einem Rundgang auf die bedrohliche Lage hingewiesen; aber er reagierte nur mit der Bemerkung: Die Menschen sollten Sport treiben, dann brauchten sie kein Krankenhaus. Ärzten und Schwestern, die sich zum Dienst am Patienten bekannten, blieb schließlich nichts anderes übrig, als die unumgänglichen Renovierungsarbeiten auf ihren Stationen selbst zu erledigen. Auch auf dem Gebiet der Medizintechnik und der Arzneimittelproduktion wurde in den 60er Jahren der Rückstand zum internationalen Niveau immer größer.

Durch die Ablösung W. Ulbrichts durch E. Honecker wurden 1971 die Probleme der medizinischen Betreuung wieder stärker in den Vordergrund gerückt. Eine kritische Bestandsaufnahme, vor allem eine realistische Beurteilung der materiell-technischen Basis, entsprach den Intentionen der neuen Führung, in deren politischem Kalkül die Abrechnung mit den Versäumnissen der Vergangenheit einen hohen Stellenwert hatte. So ergab die Analyse der Gesundheitsbauten, daß in den zurückliegenden 25 Jahren von 620 Krankenhäusern 16, von 460 Polikliniken 35 und von 96 Betriebspolikliniken 25 neu errichtet worden waren. Daraufhin wurde beschlossen, den Neubau von Polikliniken im Rahmen des Neubauprogramms verstärkt zu fördern. Zugleich wurde der Ausbau des Gesundheitswesens in Berlin/DDR als besonders vordringlich erklärt, was sich dann zum Nachteil der anderen Bezirke auswirkte. Während der Neubau der Berliner ›Charité‹ als größtes gesundheitspolitisches Investitionsobjekt gesichert wurde und auch ein neues Regierungskrankenhaus in Betrieb genommen wurde, verzögerte sich die Fertigstellung der Bezirkskrankenhäuser in Frankfurt (Oder), Karl-Marx-Stadt, Potsdam und Schwerin um Fristen bis zu 3 Jahren; andere geplante Objekte wurden gänzlich gestrichen, und in den Neubaugebieten wurden anstelle der geplanten Polikliniken »ärztliche Arbeitsplätze« in Neubauwohnungen eingerichtet.

Die Versorgung mit Arzneimitteln und Medizintechnik verbesserte sich etwas; seit 1970 wurde die Arzneimittelproduktion bis auf 170 Prozent gesteigert, und bei der Medizin- und Labortechnik betrug die Steigerungsrate 150 Prozent. Doch dieses Wachstum beruhte vor allem auf quantitativen Zuwächsen, während an den für neue Behandlungsmöglichkeiten (Dialyse, Herzschrittmacher u. a.) erforderlichen Technologien in den Entwicklungsabteilungen der einheimischen Industrie kaum gearbeitet wurde. Dadurch entstandene Lücken konnten durch verstärkte Westimporte teilweise noch geschlossen werden, doch mit der Auflösung der halbstaatlichen Betriebe und deren Einbindung in die →›Kombinate‹ brach die Versorgung mit Verbrauchsmaterial und Stan-

dardinstrumentarium weitgehend zusammen. Es bedurfte folglich mehrerer Sonderprogramme und vieler administrativer Maßnahmen, um sicherzustellen, daß die notwendigste Medizintechnik, Arzneimittel und Verbrauchsmaterial in Mindestmengen verfügbar blieben.
Als 1974 von insgesamt 30800 Ärzten immerhin 15890 ambulant tätig waren, ergab sich erstmals ein vertretbares Verhältnis zwischen ambulanter und stationärer Versorgung, wobei allerdings die →Bezirke Karl-Marx-Stadt, Halle, Cottbus und Neubrandenburg weiterhin unterversorgt blieben. In der Zahnmedizin konnten die langen Wartezeiten und Anmeldefristen erst in der zweiten Hälfte der 70er Jahre spürbar verringert werden. Für die zahnmedizinische Ausbildung stellten andere sozialistische Länder Plätze zur Verfügung; am 17.12.1975 erfolgte in Anwesenheit von 1000 Zahnärzten die feierliche Übergabe der neugegründeten Sektion Stomatologie an der ›Medizinischen Akademie Erfurt‹, an der es nun auch den ersten Lehrstuhl für präventive Stomatologie gab. Trotz solcher Anstrengungen ließen sich bei spezialisierter und hochspezialisierter stationärer Behandlung die Wartezeiten bis zum Ende der DDR nicht verringern; sie nahmen eher noch zu. Bei herz- und gefäßchirurgischen Eingriffen und Implantationen künstlicher Gelenke betrugen sie z. B. 2 Jahre und länger.
In den 80er Jahren versuchte man die negativen Auswirkungen der ökonomischen Misere auf das Gesundheitswesen zu mildern, indem gesundheitspolitisch neue Schwerpunkte gesetzt wurden. Man besann sich wieder auf das Hausarztprinzip, das im Zuge der Verstaatlichung der Arztpraxen fast völlig vernachlässigt worden war. Am 10.11.1987 faßte das Politbüro einen Beschluß, der darauf orientierte, die ambulante Grundbetreuung durch den Hausarzt vornehmen zu lassen, dem dabei eine möglichst hohe Eigenleistung in Diagnostik und Therapie abgefordert wurde. Die dazu notwendigen materiellen Voraussetzungen wurden darin jedoch nur insoweit berücksichtigt, als sie von den Räten der Kreise erbracht werden sollten. Mit dem Ziel, »Reserven« zu erschließen, hatte man 1982 auch Verhandlungen mit den Kirchenleitungen über die Kapazitätsentwicklung und das Leistungsprofil kirchlicher Einrichtungen mit sozialen Betreuungsaufgaben begonnen. Man war sich staatlicherseits durchaus bewußt, wie sehr die vom →›Deutschen Caritasverband‹ und vom →›Diakonischen Werk‹ erbrachten Sozialleistungen das staatliche Gesundheitswesen entlasteten.
Wurde auch die Unterstützung durch die in kirchlicher Trägerschaft erbrachten Heil- und Pflegedienste mehr oder weniger anerkennend angenommen, so beharrte doch das von der SED reglementierte System von Gesundheitsvorsorge und Krankenbetreuung auf seinem grundlegend

staatlichen Charakter: Letztlich sollte allein der Staat als Träger einer institutionalisierten Medizin auftreten. Ein unter der Dominanz des Staates organisiertes Gesundheitswesen entsprach grundsätzlich den Intentionen vieler Mediziner in der DDR, die der Meinung waren, nur ein solches könne einem profitorientierten Medizinbetrieb überlegen sein. Aber gesundheitspolitische Konzepte, die sich aus solcher Grundeinstellung theoretisch ableiten ließen, stießen sich – gleich manch anderer sozialistischer Idee – an der Realität. So erwies sich z. B. als besonders gravierend, daß sich die Kluft zwischen wissenschaftlichem Potential und engagierter Leistungsbereitschaft einerseits und den hinter der wissenschaftlich-technologischen Entwicklung immer mehr zurückbleibenden Arbeitsbedingungen andererseits immer weiter öffnete.

Eine Partei- und Staatsführung, in der eine tiefersitzende Intelligenzfeindlichkeit in unaufhebbarem Widerspruch zu einem stets abrufbereiten Fortschrittsglauben stand, konnte jedoch die Ursachen und Bedingungen des gesundheitspolitischen Scheiterns nie begreifen. Und die aus blinder Gewöhnung auch gegenüber den Ärzten praktizierte Arroganz der Macht führte dann um so sicherer zu schwerwiegenden Fehlern. Offensichtliche Mängel wurden bagatellisiert oder gar auf unzureichende ideologische Standfestigkeit zurückgeführt; gesundheitspolitisch wichtige und allgemein interessierende Informationen, wie die über hohe Selbstmordraten, Alkoholismus, Kindesmißhandlungen, Fehlernährung oder die weit über allen Erträglichkeitsnormen liegenden Meßdaten zur Umweltbelastung wurden strikt zurückgehalten, weil eine Veröffentlichung nach Meinung der SED-Führung nur »dem Klassengegner« Nutzen bringen könnte. So wurde das Gesundheitswesen ständig durch eine törichte, inhumane Ideologisierung behindert, und daraus resultierte häufig eine bedrükende Arbeitsatmosphäre und die fortschreitende Demotivierung von Hilfsbereitschaft.

Trotz alledem – das Gesundheitswesen der DDR hatte auch anerkennenswerte Leistungen aufzuweisen, z. B. in der medizinischen Forschung; in der theoretischen wie praktischen Entwicklung der Poliklinik, mit der man einer Gefahr der Zersplitterung, wie sie mit der fortschreitenden Spezialisierung in der Medizin verbundenen ist, begegnete; im Infektionsschutz der Bevölkerung wie auch in den für Kinder und Jugendliche oder für Schwangere und Mütter aufgelegten Vorsorgeprogrammen. Von großer gesundheitspolitischer Bedeutung war zweifellos das »Gesetz über die Unterbrechung der Schwangerschaft (Fristenregelung)« vom 9.3.1972, das es den Frauen ermöglichte, über Zeitpunkt und Anzahl von Geburten frei zu entscheiden. Die Schwangerschaftsunterbrechung wurde versicherungsrechtlich dem Erkrankungsfall gleichgestellt; die Abgabe von schwangerschaftsverhütenden Mitteln erfolgte auf ärztliche Verordnung unentgeltlich; das Gesetz wurde zudem durch zahlreiche soziale Maßnahmen unterstützt, die später des öfteren noch erweitert wurden. Folge war, daß 1972 die legalen Aborte auf 115623 anstiegen, dann aber 1976 auf 83207 zurückgingen, was etwa der Zahl der vor der Freigabe vorgenommenen legalen (rd. 19000) und illegalen (etwa 60000 bis 70000) Unterbrechungen entsprach.

Gewerkschaften

In der DDR existierten → Industriegewerkschaften und Gewerkschaften (IG/Gew.) nicht als selbständige Gewerkschaftsverbände mit eigener Finanzhoheit, sondern als Fachabteilungen des →›Freien Deutschen Gewerkschaftsbundes‹ (FDGB). Sie waren dieser Einheitsorganisation zwar organisatorisch ausgegliedert, doch blieben deren Kreis-, Bezirks- und Zentralvorstände den jeweils auf gleicher Ebene bestehenden Leitungen des FDGB unterstellt. In der nach dem Prinzip des → demokratischen Zentralismus von oben nach unten durchgesetzten Planung und Leitung hatten sie die Beschlüsse von Bundeskongreß, Bundesvorstand und Präsidium des FDGB zu verwirklichen. An der Gewerkschaftsbasis traten die IG/Gew. als Branchen- und Fachgewerkschaften auf, die die FDGB-Mitglieder nach dem Prinzip »ein Betrieb, eine Gewerkschaft« in den jeweiligen →›Betriebsgewerkschaftsorganisationen‹ (BGO) oder ›Schulgewerkschaftsorganisationen‹ (SGO) organisierten.

Die Vorstandshierarchie der IG/Gew. war parallel zu der des FDGB nach dem Territorialprinzip aufgebaut. Kreis-, Bezirks- und Zentralvorstände wurden durch Delegierte für jeweils gleiche Amtsperioden gewählt, doch waren die Gremien kleiner als die der ihnen jeweils übergeordneten FDGB-Leitungen. Wo diese sich mit der ganzen Palette arbeits- und tarifrechtlicher, sozial-, jugend- und kulturpolitischer Probleme auseinanderzusetzen hatten, wurden die Vorstände der IG/Gew. nur mit Fragen befaßt, die besonders den jeweils durch sie vertretenen Industriezweig betrafen. In der Regelung der in ihre Zuständigkeit fallenden Angelegenheiten wurden sie durch die auf gleicher Ebene tätigen FDGB-Organe angeleitet, und sie hatten dabei mit den Fachorganen der Räte der Bezirke oder Kreise zusammenzuarbeiten. Die Mittel für Verwaltung und gewerkschaftliche Arbeit der IG/Gew. wurden im Rahmen der Finanzplanung des FDGB zentral festgesetzt und zugewiesen.

In der Beitrags- und Finanzhoheit des FDGB zeigte sich dessen übergeordnete Stellung ebenso wie in dem Recht, über Auflösung oder Umbildung einer IG/Gew. durch BuV-Beschluß zu verfügen. Anfang 1950 wurden z. B. einige Umgruppierungen unter den seit 1946 bestehenden

Fachgewerkschaften verordnet, mit denen man zweierlei erreichen wollte: eine bessere Angleichung an die geplante Wirtschaftsstruktur und eine Eingliederung der Angestellten in die nach dem Produktionsprinzip vereinheitliche gewerkschaftliche Organisation am Arbeitsplatz. So entstanden die ›IG Bau – Holz‹ und die ›IG Textil – Bekleidung – Leder‹ durch Zusammenlegung von Einzelverbänden; die in der ›Gewerkschaft 16 – Angestellte‹ oder der ›IG Öffentliche Betriebe und Verwaltungen‹ organisierten Angestellten wurden auf die jeweils an ihrem Arbeitsplatz zuständigen IG/Gew. bzw. auf die neue ›Gewerkschaft Verwaltung – Banken – Versicherungen‹ verteilt; die Künstler unter den Mitgliedern der ›Gewerkschaft 17 – Kunst und Schrifttum‹ wurden mit anderen Künstlern zunächst in einer ›Gewerkschaft Bühne – Film – Musik – Artistik‹ zusammengefaßt, aus der 1951 dann die ›Gewerkschaft Kunst‹ gebildet wurde. Die Umstrukturierung wurde gleichzeitig zum Anlaß genommen, den →demokratischen Zentralismus in den Satzungen festzuschreiben und die Kader zu überprüfen.
In den 80er Jahren war die Mitgliedschaft des FDGB in 16 IG/Gew. organisiert, darunter befanden sich 8 Gewerkschaften, die hier in der Reihenfolge ihrer Größe (Mitgliederstand 1982) aufgezählt sind: ›Gewerkschaft Handel, Nahrung und Genuß‹, ›Gewerkschaft Land, Nahrungsgüter und Forst‹, ›Gewerkschaft Mitarbeiter der Staatsorgane und der Kommunalwirtschaft‹, ›Gewerkschaft Gesundheitswesen‹, ›Gewerkschaft Unterricht und Erziehung‹, ›Gewerkschaft Wissenschaft‹, ›Gewerkschaft Kunst‹, ›Gewerkschaft der Zivilangestellten der NVA‹.

Gewerkschaft Gesundheitswesen, gegr. 1949

Von 1958–1961 war die G. eingegliedert in eine ›Gew. Staatliche Verwaltungen-Gesundheitswesen-Finanzen‹ (→›Gew. Mitarbeiter der Staatsorgane und der Kommunalwirtschaft‹); 1961 erfolgte die Neugründung. Ende Februar 1990 beschloß eine ao. Delegiertenkonferenz die Umbenennung in ›Gew. Gesundheits- und Sozialwesen‹; als Vors. amtierte Dr. Sigmar Treitmann bis zur 2. a.o. Delegiertenkonferenz am 2./3.5.1990; diese wählte Dr. Richard Klatt zum Vors. Auf einer weiteren ZDK am 21./22.9.1990 wurde die Auflösung zum 1.11.1990 beschlossen.

Vorsitzende: Hugo Gräf (1949–1951); Gertrud Grothe (1951–1954); Eva Gatzek (1954–1955); Robert Ganse (1955–1958); Robert Großmann (1961–1968); Elfriede Gerboth (1969–1989); Richard Klatt (1990)
Mitgliederstand: rd. 550000 (1982) und 648144 (1989)

Gewerkschaft Handel, Nahrung und Genuß, gegr. 1958

Die G. entstand 1958 durch Zusammenschluß der ›Gewerkschaft Handel‹

(1949–1958) und der ›IG Nahrung – Genuß – Gaststätten‹ (1946–1958, bis 1951 ›IG Nahrung und Genuß‹). Im Februar 1990 wurde Dieter Behn neuer Vors.; am 25.6.1990 erfolgte der Beschluß zur Auflösung dieser Gew. An ihrer Stelle bildeten sich eine ›Gew. Handel, Banken, Verkehr der DDR‹ (HBV – Vors. Joachim Wegrad) und eine ›Gew. Nahrung, Genuß und Gaststätten der DDR‹ (NGG – Vors. Rainer Kuschewski). Auf einem ao. Gewerkschaftstag der HBV wurde deren Auflösung zum 1.11.1990 beschlossen; laut Beschluß des Gewerkschaftsrates der NGG wurde diese zum 30.11.1990 aufgelöst.

Vorsitzende: Rudolf Richter (1946–1949, ›IG Nahrung und Genuß‹); Ernst Schilling (1949–1953, ›IG Nahrung – Genuß – Gaststätten‹); Charlotte Welm (1954–1958, ›IG Nahrung – Genuß – Gaststätten‹); Bruno Sommerer (1949–1952, ›Gew. Handel‹); Siegfried Michl (1952–1954, ›Gew. Handel‹); Margarete Götzelt (1955–1958, ›Gew. Handel‹); Charlotte Welm (1958–1984); Hannelore Schulz (1984–1990); Dieter Behn (1990)
Mitgliederstand: rd. 1070000 (1982) und 1153780 (1989)

Gewerkschaft Kunst, gegr. 1951

Von 1946–1950 bestand die ›Gewerkschaft 17 – Kunst und Schrifttum‹; 1949 erfolgte die Herauslösung der im engeren Sinne künstlerischen Tätigkeitsbereiche und die Bildung einer ›Gewerkschaft Bühne – Film – Musik – Artistik‹; diese wurde 1951 in ›Gewerkschaft Kunst‹ umbenannt. Am 20.3.1990 konstituierte sich die G. als neue ›Gewerkschaft Kunst, Kultur und Medien‹ (Vorsitzende: Ruth Martin); ein ao. Gewerkschaftstag beschloß deren Auflösung zum 31.10.1990.

Vorsitzende: Amandus Prietzel (1946–1949, ›Gew. Kunst u. Schrifttum‹); Kurt Pfannschmidt (1950–1953); Heinrich Allmeroth (1953–1959); Konrad Wolf (1959–1966); Hans-Peter Minetti (1966–1974); Herbert Bischoff (1975–1989); Walfriede Schmitt (1989–1990); Ruth Martin (1990)
Mitgliederstand: rd. 70000 (1982) und 82557 (1989)

Gewerkschaft Land, Nahrungsgüter und Forst, gegr. 1968

Zunächst bestand von 1946–1950 eine ›IG Land- und Forstwirtschaft‹, dann eine ›Gewerkschaft Land und Forst‹; 1968 wurde diese erweitert zur ›Gewerkschaft Land, Nahrungsgüter und Forst‹. Nach 1989 faßte eine Delegiertenkonferenz den Beschluß zur Auflösung zum 22.9.1990.

Vorsitzende: Willi Hübner (1946–1947); Willi Wolf (1947–1948); Willi Beuster (1948–1949); Anton Jaddasch (1949–1950); Florian Schenk (1950–1953); Karl Svihalek (1953–1961); Fritz Müller (1962–1984); Horst Zimmermann (1984–1989); Marianne Sandig (1989–1990)
Mitgliederstand: rd. 640000 (1982) und 654815 (1989)

Gewerkschaft Mitarbeiter der Staatsorgane und der Kommunalwirtschaft, gegr. 1963

Von 1946–1949 bestand zunächst eine ›IG Öffentliche Betriebe und Verwaltungen‹, danach eine ›Gewerkschaft Verwaltungen – Banken – Versicherungen‹ (VBV), von 1958–1961 ›Gewerkschaft Staatliche Verwaltung – Gesundheitswesen – Finanzen‹ (Sta-Ge-Fi). 1961 wurde die ›Gewerkschaft Staatliche Verwaltungen‹ gebildet, die 1963 umbenannt wurde in ›Gewerkschaft der Mitarbeiter der Staatsorgane und der Kommunalwirtschaft‹ (MSK). Für Angestellte aller Wirtschaftsbereiche gab es außerdem von 1946–1949 die ›Gewerkschaft der Angestellten‹. Gemäß dem Prinzip »ein Betrieb, eine Gewerkschaft« wurden ab 1948 die Angestellten in die jeweiligen IG/Gew. überführt, ein verbleibender Rest wurde 1949 in der neu gebildeten ›IG Handel‹ bzw. der ›Gewerkschaft Verwaltung – Banken – Versicherungen‹ organisiert. Auf der 15. Tagung des ZV der G. wurde am 15. 3. 1990 die Umbenennung in ›Gewerkschaft Öffentliche Dienste‹ beschlossen; Vors. wurde zunächst Joachim Wegrad, im Juni 1990 Jürgen Kaiser; eine a.o. Delegiertenkonferenz vom 2. 10. 1990 faßte den Beschluß zu deren Auflösung.

Vorsitzende: Herbert Ueberfeld (1946–1949, ›Gew. der Angestellten‹); Willy Albrecht (1951–1958, VBV); Willy Albrecht (1958–1960, Sta-Ge-Fi); Arndt Helfer (1962–1963, ›Gew. Staatl. Verw.‹); Arndt Helfer (1963–1966); Heinz Bartsch (1966–1976); Helmut Thiele (1976–1980); Rolf Hößelbarth (1980–1989); Joachim Wegrad (1989–1990); Jürgen Kaiser (1990)
Mitgliederstand: rd. 610000 (1982) und 865505 (1989)

Gewerkschaft Unterricht und Erziehung, gegr. 1950

Von 1946–1950 bestand zunächst eine ›Gewerkschaft Lehrer und Erzieher‹. Auf einer a.o. ZDK wurde Ende Februar 1990 Friedhelm Busse zum Vorsitzenden gewählt; ein Beschluß zur Auflösung der G. zum 31. 10. 1990 wurde Ende September wiederum von einer ZDK gefaßt.

Vorsitzende: Richard Schallock (1946–1949); Karl Ellrich (1949–1953); Alfred Wilke (1955–1962); Paul Ruhig (1964–1985); Helga Labs (1985–1989); Friedhelm Busse (1990)
Mitgliederstand: rd. 510000 (1982) und 574913 (1989)

Gewerkschaft Wissenschaft, gegr. 1953

Die Gründungskonferenz der G. fand vom 15.– 17. 5. 1953 in Halle statt; damals wurden die Gewerkschaftsorganisationen der → AdW, der → Universitäten und anderer wissenschaftlicher Einrichtungen des Hoch- und Fachschulwesens der DDR in einer Gewerkschaft zusammengefaßt. Auf einer Zentralen Delegiertenkonferenz am 26. /27. 1. 1990 wurde Günter

Eiselt, wiss. Oberassistent der TU Dresden, zum neuen Vorsitzenden gewählt; eine weitere ZDK faßte Ende September 1990 den Beschluß, die G. zum 31. 10. 1990 aufzulösen.

Vorsitzende: Günther Rienäcker (1953–1959); Alfred Wende (1959–1963); Günther Ehmke (1963–1968); Gerhard Junghänel (1968–1972); Horst Sander (1972–1982); Rolf Rinke (1982–1989); Günter Eiselt (1990)
Mitgliederstand: rd. 160000 (1982) und 184222 (1989)

Gewerkschaft der Zivilbeschäftigten der NVA, gegr. 1973
Die G. wurde 1973 durch Ausgliederung aus der ›Gewerkschaft Mitarbeiter der Staatsorgane und der Kommunalwirtschaft‹ gegründet; Ihre Auflösung erfolgte zum 1. 11. 1990

Vorsitzende: Horst Glaeser (1973–1981); Helmut Klabunde (1981–1990); Bernd Nickel (1990, Leiter des Arbeitssekretariats)
Mitgliederstand: 72504 (1989)

Neugründungen von Gewerkschaften nach 1989

Gewerkschaft der Armeeangehörigen, gegr. 1990
Die Neugründung für Angehörige der NVA hatte keinen Vorläufer und bedeutete den Versuch, in letzter Minute eine Schutzgemeinschaft für Angehörige der aufzulösenden Streitkräfte der DDR zu gründen. Einziger Vorsitzender wurde Martin Reißmann. Ein Gewerkschaftstag in Berlin faßte am 2. 10. 1990 den Beschluß zur Auflösung.

Gewerkschaft der Volkspolizei, gegr. 1990
Ein Vorläufer der G. bestand von 1945–1949 in der Sektion Polizei der ›IG Öffentliche Betriebe und Verwaltungen‹. Einziger Vorsitzender wurde Guido Grützmann; ein ao. Kongreß beschloß im September 1990 eine Vereinigung mit der ›Gewerkschaft der Polizei‹ im DGB.

Gewerkschaft der Zöllner, gegr. 1990
Für die Neugründung der G. von 1990 gab es keine Vorläufer; Vorsitzender wurde Wolfgang Fischer.

Gewerkschaftshochschule ›Fritz Heckert‹, Bernau, 1946–1990
Zentrale Bildungs- und Forschungsstätte des → ›Freien Deutschen Gewerkschaftsbundes

Geschichte und Organisation: Die G. wurde als Bundesschule des FDGB ›Theodor Leipart‹ am 20. 5. 1946 mit provisorischem Sitz in Berlin-Köpenick gegründet. Am 2. 5. 1947 wurde sie dann als Gewerkschaftsschule des

FDGB in die ehemalige Bundesschule des ADGB nach Bernau bei Berlin verlegt, womit auch angeknüpft werden sollte an die Traditionen jener früheren Gewerkschaftsschule, die schon bald nach ihrer Eröffnung am 4. 5. 1930 den Nazis in die Hände gefallen war. Im Januar 1952 erhielt die G. den Status einer Hochschule und den Namen ›Fritz Heckert‹ verliehen.

Funktionen und Wirkungen: Die G. hatte vor allem die Aufgabe, leitende Gewerkschaftsfunktionäre auszubilden. In- und ausländische Direkt- und Fernstudenten konnten dort den wissenschaftlichen Grad eines ›Diplom-Gesellschaftswissenschaftlers‹ erwerben. An der G. ausgebildete Kader galten auch als hinreichend qualifiziert für den Einsatz in staatlichen Verwaltungen, kulturellen Einrichtungen u. a. m. Im Rahmen der vom FDGB-Bundesvorstand vereinbarten Abkommen mit Gewerkschaftsverbänden aus den Staaten der Dritten Welt wurden insbesondere ausländische Direktstudenten ausgebildet. Außerdem bot die G. Aus- und Fortbildungsmöglichkeiten in kurz- und mittelfristigen Lehrgängen für haupt- und ehrenamtliche Gewerkschaftsfunktionäre.

Auflösung/Ende: Die im September 1989 angereisten Studenten der H. beendeten ihre Lehrgänge im Frühsommer 1990 ohne Abschluß; die ausländischen Studenten schlossen ihre Ausbildung ebenfalls im Sommer 1990 ab. Die Auflösung der Hochschule erfolgte daraufhin zum 30. 8. 1990; Hochschullehrer und andere Mitarbeiter wurden entlassen. Die Ausbildungsstätte unterstand bis zur Übernahme durch das Land Brandenburg der Gewerkschaftlichen Vermögensverwaltung GmbH und wurde zunächst als ›Bildungszentrum Bernau‹ weitergeführt. Heute befindet sich auf dem Gelände der H. eine Fachhochschule des Landes Brandenburg.

Schulleiter / Direktoren / Rektoren: Emil Kortmann (1946–1947); Heinrich Evers (1947–1949); Hermann Duncker (1949–1960); Karl Fugger (1951–1955); Karl Kampfert (1960–1969); Heinz Öhler (1969–1973); Herbert Felgentreu (1974–1978); Horst Schneider (1978–1989); Erich Geier (1990)

Publikationen: ›Kämpfer und Erzieher‹, Organ der Hochschule der Deutschen Gewerkschaften ›Fritz Heckert‹, ersch. v. Jg. 1/1954 – Jg.7/1960 (Oktoberheft)

Goethe-Gesellschaft, 1949–1990

Eine ›Gesellschaft zur Förderung des Goethe-Studiums‹ wurde im Jahre 1885 gegründet und hatte ihren Sitz in Weimar; dort nahm sie nach dem Kriege als G. ihre Arbeit wieder auf. Sie verstand sich als gesamtdeutsche Vereinigung von Goethe-Forschern und -Liebhabern, hatte jedoch um diesen Status zeitweilig zu kämpfen. Als sie zu Beginn der 80er Jahre rd. 4700 Mitglieder aus 36 Ländern vereinte, hatte jedoch die Frage, in welchem Sinne die G. als »deutsch« zu bezeichnen sei, ihre Bedeutung verloren.

Schon die aus Anlaß von Goethes 200. Todestage veranstalteten Feiern waren nicht frei von politischen Querelen, die vor allem daraus entstanden, daß der am 25. 7. 1949 in Frankfurt a. M. mit einem Goethe-Preis geehrte Thomas Mann anschließend nach Weimar reiste, um dort ebenfalls einen Goethe-Preis entgegenzunehmen. Auf westdeutsche Polemiken reagierte der skeptische Emigrant mit dem Bekenntnis: »Ich kenne keine Zonen. Mein Besuch gilt Deutschland selbst, Deutschland als Ganzem, und keinem Besatzungsgebiet. Wer sollte die Einheit Deutschlands gewährleisten und darstellen, wenn nicht ein unabhängiger Schriftsteller, dessen wahre Heimat, wie ich sage, die freie, von Besatzungen unberührte deutsche Sprache ist?«

Als der → Kulturbund zu der für 1950 geplanten Jahresversammlung – der ersten nach dem Kriege – einen Sitz im Vorstand für seinen Präsidenten, Johannes R. Becher, verlangte, lehnten die westlichen Vorstandsmitglieder dies wegen zu befürchtender Politisierung der G. ab. Die Hauptversammlung mußte deshalb vertagt werden und konnte erst 1954 in Weimar stattfinden. Zum Ärger von Kulturfunktionären aus der DDR sagte damals Andreas Wachsmuth, der aus Westberlin stammende Präsident der G., in seiner Eröffnungsrede, der Gesellschaft sei eine neue Aufgabe zugefallen: »Es ist die Aufgabe, das Bewußtsein der Einheit Deutschlands wachzuhalten und zu pflegen mit dem Mittel der geistigen Kraft und Verbundenheit, die von Goethes Leben und Werk ausgehen«; und er forderte, die G. solle sich als eine gesamtdeutsche Vereinigung verstehen – bis zu der Stunde, »da unser Vaterland wieder ein Ganzes zu sein vermag«.

Wegen dieser Ausrichtung geriet die G., die nun wieder alle zwei Jahre Hauptversammlungen in Weimar abhielt, während der 50er Jahre politisch unter Druck. Vor dem ZK der SED nannte Kurt Hager sie im Juni 1957 eine »Agentur der westlichen Ideologie«. Diesem Vorwurf begegnete Präsident Wachsmuth auf der Hauptversammlung im Jahre 1958 mit der Feststellung, es könne in der G. nicht um Einfluß oder gar Vorherrschaft von einer Seite gehen, »sondern ganz schlicht um Dienst an Goethe«. Die seit 1971 in der Nachfolge Wachsmuths amtierenden Präsidenten Holtzhauer und Hahn hatten es leichter, sich in diesem Sinne verdient zu machen; sie kamen aus der DDR und förderten eine zunehmend stärkere Internationalisierung der G., zu der in den 80er Jahren nicht nur Ortsvereinigungen in Prag und Moskau gehörten, sondern auch Mitglieder aus Japan und Südamerika. Die Präsidialämter wurden nun paritätisch besetzt: Neben den aus der DDR stammenden Präsidenten amtierten jeweils Vizepräsidenten aus der BRD.

Als Karl-Heinz Hahn, der langjährige Präsident der G., im Februar 1990 starb, führte Vizepräsident Jörn Göres (BRD) die Amtsgeschäfte weiter. Im Sommer des Jahres entschied der Vorstand der G., daß der nächsten Mitgliederversammlung eine neue Satzung zur Beschlußfassung vorgelegt werden sollte. Die auf der Grundlage der Satzung von 1928 erarbeiteten Entwürfe wurden den Mitgliedern eines Arbeitsausschusses der G. im August 1990 zugestellt und dann auf mehreren Vorstandstagungen beraten. Im Februar 1991 einigte man sich auf eine Fassung, die allen Mitgliedern als Entwurf zur Stellungnahme zugesandt wurde. Als am 22. 5. 1991 in Weimar im Zusammenhang mit der 72. Hauptversammlung eine außerordentliche Mitgliederversammlung stattfand, stimmten von 347 anwesenden Mitgliedern 345 dem geringfügig abgeänderten Satzungsentwurf zu. Daraufhin wurden Werner Keller zum Präsidenten und Lothar Ehrlich zum Vizepräsidenten gewählt.

Präsidenten: Andreas Wachsmuth (1954–1971); Helmut Holtzhauer (1971–1973); Karl-Heinz Hahn (1974–1990); Jörn Göres (1990 amt.); Werner Keller (seit 1991)
Vizepräsidenten: Helmut Holtzhauer (1958–1971); Jörn Göres (1975–1990); Lothar Ehrlich (seit 1991)
Publikationen/Archive: Die G. gab ein eigenes Jahrbuch und Schriften der Goethe-Gesellschaft heraus; das Goethe- und das Schiller-Archiv waren seit 1954 Bestandteil der → ›Nationalen Forschungs- und Gedenkstätten der klassischen deutschen Literatur‹ in Weimar.

Grenztruppen der DDR, 1976–1990

Aus der → ›Deutschen Volkspolizei‹ hervorgegangene militärische Einheit zur Sicherung der Staatsgrenze der DDR

Geschichte und Organisation: Die Landgrenzen der SBZ/DDR hatten eine Länge von insgesamt 2236 km; davon entfielen 1378 km auf die innerdeutsche Demarkationslinie. Zur Bewachung dieser ausgedehnten Grenzen wurde auf Anordnung der → SMAD am 18. 11. 1946 unter der Leitung der ›Deutschen Verwaltung des Innern‹ (DVdI) in der SBZ mit dem Aufbau einer Grenzpolizei (GP) begonnen. Sie wurde zunächst als ein Teil der → ›Deutschen Volkspolizei‹ gebildet, die genehmigte Personalstärke betrug 2543 Mann. Als offizielles Gründungsdatum galt der 1. 12. 1946, doch wurde dieses erst ab 1976 als Jahrestag der Grenztruppen besonders gefeiert.
In der Anfangszeit leisteten die Grenzpolizisten neben den zum Grenzschutz eingesetzten Einheiten der Roten Armee nur »Grenzhilfsdienst«. Nachdem die GP im April 1948 einen Personalstand von rd. 10000 Mann erreicht hatte, wurde am 3. 6. 1948 eine ›Hauptabteilung Grenzpolizei/Bereitschaften‹ eingerichtet, der neben der GP auch die kasernierten Polizeibereitschaften unterstanden (→ ›Kasernierte Volkspolizei‹). Seit

dem Sommer 1949 bestand dann eine gesonderte ›HA Grenzpolizei‹, die jedoch im Dezember d. J. in die ›Hauptverwaltung Ausbildung‹ beim neu eingerichteten → Ministerium des Innern der DDR eingegliedert wurde. Die offizielle Bezeichnung ›Deutsche Grenzpolizei‹ (DGP) wurde im Mai 1952 eingeführt. Nach wechselnden Unterstellungen unter das → MfS, das MdI und das zeitweilig bestehende ›Staatssekretariat für Staatssicherheit‹ wurde zum 1. 3. 1957 wieder beim MdI ein ›Kommando der Deutschen Grenzpolizei‹ in Pätz, Bez. Potsdam, gebildet.

Seit 1952 wuchs der Einfluß der DDR-Regierung auf die Ordnung und Sicherung ihrer Grenzen: Am 26. 5. d. J., einen Tag vor Unterzeichnung des EVG-Vertrages durch die Bundesregierung, verfügte sie die Abriegelung der Westgrenze durch eine Verordnung über eine 5 km breite Sperrzone entlang der Demarkationslinie; dadurch wurden nicht nur Land- und Wasserstraßen gesperrt, es wurden auch rd. 8000 im Grenzgebiet wohnende Personen ausgewiesen und zwangsweise umgesiedelt, sofern ihnen nicht die Flucht nach Westen gelang. Seitdem folgten eine Reihe von Gesetzen und Anordnungen über die Grenzsicherung und die Bedingungen des Grenzverkehrs. Nachdem am 29. 9. 1955 in Moskau der Vertrag über die Beziehungen zwischen der DDR und der UdSSR unterzeichnet worden war und die nun souveräne DDR auch »die volle Verantwortung für ihren militärischen Schutz« zu tragen hatte, übernahm im folgenden Dezember die DGP die alleinige Bewachung der Staatsgrenzen, mit Ausnahme der Kontrolle des Verkehrs der alliierten Truppen von und nach Westberlin.

Am 18. 1. 1956 verabschiedete die → Volkskammer das Gesetz über die Schaffung der → ›Nationalen Volksarmee‹ (NVA) und des → Ministeriums für Nationale Verteidigung. Damit war die Voraussetzung zur Bildung einer militärisch organisierten Grenztruppe geschaffen, die dann am 15. 9. 1961 mit einem Beschluß des → ›Nationalen Verteidigungsrates‹ vollzogen wurde: Die DGP wurde dem MfNV unterstellt. Das neue ›Kommando Grenze‹ bildete nunmehr eine Teilstreitkraft der NVA, der 1962 auch eine ›Grenzbrigade Küste‹ und die dem neu eingesetzten NVA-Stadtkommandanten von Berlin unterstehenden Grenzsicherungskräfte an der 161 km langen Grenze um Westberlin eingegliedert wurden; sie verfügte im Herbst 1962 über eine Personalstärke von rd. 52000 Mann. Eine im März 1964 erlassene Verordnung zum Schutz der Staatsgrenze der DDR und eine darauf basierende Grenzordnung faßten erstmals alle Bestimmungen über Sicherung und Ordnung in den Grenzgebieten der DDR zusammen.

Seit 1966 waren die Grenzen zur Bundesrepublik und nach Westberlin »mit wirksameren Pionieranlagen« ausgebaut worden; dazu gehörten elektrische Warnsysteme und auch automatische Selbstschußanlagen. Für den militärischen Einsatz an der Staatsgrenze ergab sich daraus eine stärkere Verschiebung von der Grenzsicherung zur Grenzüberwachung. Um den Jahreswechsel 1973/74 wurde das ›Kommando Grenze‹ aufgelöst und eine immer noch dem MfNV unterstellte, jedoch eigenständige Streitkraft unter der Bezeichnung ›Grenztruppen der DDR‹ gebildet. Am 25.3.1982 beschloß die Volkskammer eine neues Gesetz über die Staatsgrenze der DDR (Grenzgesetz), in dem zusammen mit entsprechenden Durchführungsbestimmungen die bis zuletzt geltende Grenzordnung festgeschrieben wurde.

Funktionen und Wirkungen: Durch Verordnung der DDR-Regierung vom 26.5.1952 wurde an der innerdeutschen Grenze ein Grenzsicherungssystem nach sowjetischem Modell eingeführt: eine 5 km tiefe Sperrzone, ein Schutzstreifen von 500 m Breite und noch ein 10 m breiter, gepflügter Kontrollstreifen vor dem Grenzzaun. Nachdem am 13.8.1961 die Grenzen der DDR vollständig abgeriegelt worden waren, richtete der damalige Oberkommandierende der →›Gruppe der sowjetischen Streitkräfte in Deutschland‹ (GSSD) am 14.9.1961 ein Schreiben an DDR-Verteidigungsminister Heinz Hoffmann, in dem er »die Errichtung eines strengen Grenzregimes« einschließlich der Verminung befahl. Daraufhin wurden ab Oktober 1961 die ersten Minensperren an der Grenze zur Bundesrepublik verlegt; benutzt wurden dazu sowjetische Infanterieminen aus Produktionsserien des 2. Weltkrieges. Ab 1966 wurden die innerdeutschen Grenzen mit technischen Sicherungsanlagen zur »modernen Grenze« ausgebaut: Je nach Lage und Beschaffenheit des Grenzabschnitts gehörten zu den tief gestaffelten Sperranlagen nun Stacheldrahtsicherungen, Metallgitterzäune, die über weite Strecken elektrisch gesichert waren, Mauern aus Stahlbetonsegmenten, Kfz-Sperrgräben, Stolperdrähte, Minenfelder, Selbstschußanlagen sowie akustische, optische und elektrische Warnsysteme; hinzu kamen Bunker, Beobachtungstürme, Hundelaufanlagen, ein »Kolonnenweg« für Transport- und Kontrollfahrten und ein ausgedehntes Meldenetz. Nach Mitteilung des Bundeswehr-Kommandeurs Schönbohm waren zur Sicherung der 1378 km deutsch-deutscher und der 161 km Westberlin einschließender Grenzen verbaut worden: »1476 km Vorderes Sperrelement, 1410 km Hinteres Sperrelement (Grenzzäune und Hinterlandmauern), 845 km Kfz-Sperrgraben, 715 Beobachtungstürme, 4507 km Kabeltrasse, 6637 km Fernmeldekabel und 19930 Grenzmeldesprechstellen«.

Zur Sicherung der Grenze und ständigen Überwachung der Sicherungsanlagen wurden die DGP und später die G. eingesetzt, und zwar so-

wohl zur Fluchtverhinderung und Unterbindung illegaler Grenzübertritte in die DDR wie zum militärischen Schutz der Grenzen bei Kriegsgefahr. Seit die Grenzschützer dem MfNV als selbständige Streitkraft unterstellt waren, gliederte sich die etwa 50000 starke Truppe in die Grenzkommandos Nord, Mitte und Süd; die jeweils in den Kommandos Nord und Süd zusammengefaßten Regimenter wurden an der innerdeutschen Grenze eingesetzt, die des Kommandos Mitte an den Grenzen um Westberlin; sie verfügten über eigene Pionier- und Instandsetzungskompanien. Außerdem gab es noch die der ›Volksmarine‹ eingegliederte ›Grenzbrigade Küste‹ und je ein Grenzregiment, das an den Grenzen zu Polen und der ČSSR Dienst tat.
Im Vorfeld der Grenze wurden die Einheiten der G. von der DVP und den ›Grenztruppenhelfern‹ unterstützt. Diese meist unter FDJ-Angehörigen und ehemaligen Grenzsoldaten geworbenen, 2000–3000 im Grenzgebiet ansässigen Freiwilligen wurden seit 1958 eingesetzt und waren den örtlichen Grenzkompanien unterstellt. Sie hatten monatlich mindestens 12 Stunden Dienst zu tun und überwachten dabei den Grenzraum, halfen bei der Kontrolle des Verkehrs auf Zufahrtsstraßen zum Sperrgebiet sowie bei der Suche und Festnahme von Grenzverletzern. Sie traten in Zivilkleidung auf, waren aber durch eine Armbinde mit der Aufschrift »Freiwillige Helfer der Grenztruppen« gekennzeichnet.
Anfangs rekrutierten sich Grenzpolizei und Grenztruppen aus Freiwilligen, doch nach Einführung der Wehrpflicht 1962 setzte sich dann immer mehr die sorgfältige Auswahl unter den zum Grundwehrdienst Einberufenen durch. Man wollte vermeiden, daß Freiwillige sich nur deshalb zum Grenzdienst bewarben, weil sie auf eine passende Gelegenheit zur Flucht in die BRD hofften. Aber auch die Wehrpflichtigen, die in den G. – wie in der NVA – einen 18monatigen Wehrdienst ableisteten, wurden streng überprüft, weil nur Soldaten, die als politisch zuverlässig galten, als »Grenzer« eingesetzt werden sollten. Wegen der Überprüfungen, der verschärften politischen Indoktrination und der belastenden Eintönigkeit des Dienstes im Sperrgebiet waren die meisten Wehrpflichtigen erleichtert, wenn sie nicht zu den G. einberufen wurden.
Eine Sonderstellung innerhalb der Grenztruppen nahm das für die Kontrolle des grenzüberschreitenden Personenverkehrs eingesetzte Personal ein. Obwohl die Offiziere und Mannschaften der ›Paßkontrolleinheiten‹ (PKE) die Uniform der Grenztruppen trugen, waren sie nicht dem MfNV, sondern dem MfS unterstellt. Sie wurden besser besoldet, nach anderem Reglement (meist schneller) befördert und führten in definierten Bereichen der Grenzübergangsstellen das Kommando. Ein ehemaliger Grenztruppenoffizier berichtete: »Alle Aktivitäten auf den

Grenzübergangsstellen liefen zwar formell unter der Verantwortung des Kommandanten, und der gehörte den Grenztruppen an, aber was zu tun und zu lassen war, hat der Leiter der Paßkontroll-Einheiten bestimmt. Nach außen wurde alles im Zusammenwirken beschlossen, aber die jeweilige Priorität wurde durch den Leiter der PKE festgelegt.« Der Sonderstatus der PKE-Angehörigen bewirkte, daß das Verhältnis zwischen ihnen und dem regulären Grenztruppen-Personal meist gespannt war; letztere sahen sich geringschätzig behandelt und überdies noch der internationalen Entrüstung über die notorisch unfreundlichen Kontrollen konfrontiert.

Der Grenzdienst war psychisch und physisch eine große Belastung, und die Angehörigen von Grenzsoldaten lebten in ständiger Sorge. Die häufig knapp 20jährigen Männer hatten die »Unverletzlichkeit« einer Grenze zu sichern, die zweifellos dadurch ihren besonderen Charakter erhielt, daß sie nicht nur innerdeutsche Grenze war, sondern zugleich die Nahtstelle, an der sich die beiden mächtigsten Militärblöcke – NATO und Warschauer Pakt – unmittelbar gegenüberstanden. Im allgemeinen Interesse sollte es an dieser Grenze möglichst ruhig bleiben: Eingedenk der 1962 gerade noch entschärften Kuba-Krise wollte man das Risiko atomarer Konfrontation stets gering und unter Kontrolle halten. Doch wie wirkungsvoll die von der Staats- und Parteiführung ständig geschürten Bedrohungsängste und die ständigen Warnungen vor »Grenzprovokationen« auch gegenüber der eigenen Bevölkerung und insbesondere den Soldaten und Offizieren der Grenztruppen gewesen sein mögen, letztlich sollte die Rede von der »Friedenssicherung am antifaschistischen Schutzwall« nur verdecken, daß sich hier ein unmenschliches Herrschaftssystem gegen den fortschreitenden Verlust von Ansehen, Wirtschaftskraft und Macht absichern wollte.

Für das Funktionieren des sog. Grenzregimes der DDR war der einkalkulierte Tod von Menschen eine Grundvoraussetzung. Im Grenzdienst war der Soldat der befohlenen Alternative ausgeliefert: Festnehmen oder »Vernichten«. Trat der Ernstfall ein, sahen sich die Grenzsoldaten in Sekundenschnelle einer Situation ausgesetzt, der sie nicht gewachsen waren, zumal es die SED-Propaganda verstanden hatte, ihnen ein simples, aber durchaus wirkungsvolles Feindbild einzuprägen: Jeder »Grenzverletzer« war als Klassenfeind und Krimineller anzusehen und zu behandeln. Kam es bei Fluchtversuchen und Grenzzwischenfällen zum Schußwaffengebrauch mit tödlichen Folgen, so wurden die Vorgänge stets von der für das Militär zuständigen ›Abteilung 2000‹ des → MfS untersucht; dabei wurde die Identität des Getöteten gelegentlich verheimlicht und selbst die nächsten Angehörigen in einigen Fällen nicht unterrichtet. Die

Todesschützen wurden belobigt und ausgezeichnet, aber dann vom Grenzdienst abgelöst.

Für Soldaten im Grenzdienst entstanden besondere Belastungen auch dadurch, daß 25 Angehörige der Grenztruppen in Ausübung ihres Dienstes ums Leben kamen, 11 davon durch Fahnenflüchtige. Den Tod dieser Soldaten nahm die Propaganda zum Anlaß, ein Gefühl der Bedrohung zu schüren und immer wieder verschärfte Wachsamkeit zu fordern. Da Grenzsoldaten tatsächlich in vielen Fällen hinterrücks erschossen worden waren, blieben die mit großem Aufwand verbreitenden Schilderungen dieser »Meuchelmorde« und der ständige Verweis auf die Skrupellosigkeit von »Grenzverletzern« nicht ohne Wirkung; die jungen Grenzsoldaten wurden dadurch systematisch verunsichert und unterwarfen sich desto williger den vermeintlichen Befehlszwängen des an der »Friedensgrenze« praktizierten »Grenzregimes«.

Daß dieses menschenverachtend und gewalttätig war, steht außer Frage. Es muß deshalb an dieser Stelle nicht erörtert werden, was in dem Berliner Gerichtsverfahren gegen Hans Albrecht, Heinz Keßler und Fritz Streletz gegenwärtig noch strittig verhandelt wird: wieweit das »Grenzregime« von Moskau veranlaßt und der DDR-Führung oktroyiert war; ob es für die G. einen über die polizei- und armeeüblichen Schußwaffengebrauchsbestimmungen hinausgehenden speziellen »Schießbefehl« gegeben hat; wer diesen erteilen konnte und ggf. erteilt hat. Daß der Einsatz der G. aus Gründen politischer Opportunität gelenkt wurde und daß dies den Befehlshabern auch bewußt war, liegt ohnehin auf der Hand. Bezeugt wird das u. a. durch die Tatsache, daß dann, wenn politische Ereignisse bevorstanden, die als besonders bedeutsam für die DDR eingeschätzt wurden, an die G. der Befehl erging, bei versuchten Grenzdurchbrüchen von der Schußwaffe keinen Gebrauch zu machen.

Nachdem BRD und DDR 1975 in Helsinki die KSZE-Schlußakte mit unterzeichnet hatten, wurde eine Entschärfung des »Grenzregimes« ständiger Tagesordnungspunkt der innerdeutschen Verhandlungen. In bezug auf die automatischen Tötungsapparate wurden dabei auch Fortschritte erzielt: Honecker gab am 5. 10. 1983 in einer Fernsehsendung bekannt, die an der Grenze installierten Selbstschußanlagen sollten abgebaut werden; dies geschah dann auch im Verlauf der nächsten 13 Monate. Anfang November 1985 meldete die Regierung der DDR, daß die Räumung von Bodenminen im Grenzbereich abgeschlossen sei; bei dieser Aktion wurden allerdings viele dieser heimtückischen Sprengkörper nicht beseitigt, so daß nach 1989 noch umfangreiche Minenräumungen notwendig waren. Trotz der lebensbedrohenden Sicherungsmaßnahmen konnten seit dem 13. 8. 1961 rd. 40 100 Menschen die Grenzsperren überwinden und in die

BRD fliehen. In der ›Zentralen Meldestelle Salzgitter‹ wurde bis zum November 1989 aber auch die häufige Anwendung von Waffengewalt gegenüber Flüchtlingen registriert: An der Grenze zur Bundesrepublik endeten 121 Fluchtversuche tödlich, 80 an der Grenze um Westberlin.

Auflösung/Ende: Nachdem am 9.11.1989 überraschend die Grenzübergänge nach Westberlin und in die Bundesrepublik geöffnet und bis zum Ende des Monats schon 50 neue Übergänge eingerichtet worden waren, wurde die Überwachung der G. zunehmend überflüssig. Die Sperrzonen entlang der innerdeutschen Grenze und in küstennahen Gewässern wurden am 13.11. aufgehoben, und zwei Wochen später begannen Soldaten der G. im nördlichen Grenzbezirk mit dem Abbau von Sperranlagen. Kontrollen des grenzüberschreitenden Personenverkehrs wurden jedoch beibehalten. Die dem MfS unterstellten ›Paßkontrolleinheiten‹ (PKE) hatten zum 9.11.1989 eine Stärke von rd. 7800 Mann. Da sich wegen des ständig zunehmenden Grenzverkehrs auch ein Mehrbedarf an Kontrollpersonal einstellte, wurden sie im November/Dezember 1989 auf rd. 11000 Mann verstärkt. Am 1.2.1990 trat schließlich das neue Reisegesetz der DDR in Kraft.

Schon vorher, am 3.1.1990, hatte Ministerpräsident Modrow angeordnet, die G. seien bis zum Jahresende um 50 Prozent zu reduzieren und etappenweise umzubilden in ein »Grenzschutzorgan der DDR«, das dem Innenministerium zu unterstellen sei. Noch vor der Vereidigung der ersten frei gewählten Regierung der DDR unterschrieb der geschäftsführende Verteidigungsminister Theodor Hoffmann am 2.4.1990 den Befehl 46/90 zur Formierung eines »Grenzschutzes« und zur Unterstellung dieser Einheit unter das MdI. Inzwischen waren bis Mitte März bereits mehr als 1000 Berufsoffiziere und rd. 12000 Soldaten auf Zeit oder Grundwehrdienstleistende aus den G. entlassen worden.

Die Regierung de Maizière versuchte dann, den Aufbau eines »Grenzschutzes« zu beschleunigen; ein Arbeitsstab unter der Leitung des vormaligen Innenministers Lothar Ahrendt sollte darauf hinarbeiten, daß die operative Führung der an den östlichen Außengrenzen der DDR zur Grenzüberwachung und -sicherung eingesetzten Kräfte schon mit dem 1. Juli d. J. durch das MdI erfolgen könnte. Da der – in etwa dem ›Bundesgrenzschutz‹ nachzubildende – »Grenzschutz« vornehmlich polizeiliche Funktionen ausüben sollte, schienen Angehörige der G., die bisher schon polizeiliche Kontrollaufgaben an den Übergangsstellen wahrgenommen hatten, für den Dienst in den neuen Einheiten besonders geeignet. Jedenfalls drängten sich PKE-Angehörige dazu, vom MdI übernommen zu werden; und sie hatten dabei auch so viel Erfolg, daß es zu heftigen Protesten

kam. Dennoch schafften es nicht wenige, schließlich auch in den ›Bundesgrenzschutz‹ aufgenommen zu werden.
Rainer Eppelmann, als Minister für Abrüstung und Verteidigung letzter Dienstherr der G., befahl am 26. 6. 1990, unmittelbar vor der »Währungsunion«, daß die Grenzüberwachung an den zwischen DDR und BRD bzw. zwischen DDR und Westberlin bestehenden Grenzen mit Wirkung vom 30. 6. 1990, 24 Uhr aufzuheben sei; zum gleichen Zeitpunkt werde die operative Führung der an den Grenzen zur ČSFR und zu Polen eingesetzten Kräfte der Grenztruppen dem Stellverteter des Ministerpräsidenten und Innenminister übertragen. Am 21. 9. d. J. erließ er dann den Befehl zur Auflösung der G., der an erster Stelle anordnete: »Die Führungsorgane, Verbände, Truppenteile und Einrichtungen der Grenztruppen der DDR sind aufzulösen. Die Übernahme von Angehörigen und Zivilbeschäftigten der Grenztruppen erfolgt nach den Regeln des Einigungsvertrages.«
Als die NVA am 3. 10. 1990 dem ›Bundeswehr-Kommando Ost‹ unterstellt wurde, gab es noch einen zentralen Auflösungsstab und ein etwa 4900 Mann starkes Arbeitskommando der Grenztruppen. Die verbliebenen Soldaten der ungeliebten Truppe standen in einem besonderen, jederzeit beiderseitig kündbaren Arbeitsverhältnis und räumten – in Verantwortung der ›Bundeswehr‹ – die Sperranlagen und Minenfelder.

Chefs der Grenzpolizei: Hermann Rentzsch (1948/49); Chefinspekteur Josef Schütz (1949–1952); Chefinspekteur Richard Smolorz (1952–1953); Chefinspekteur Heinrich Garthmann (1953–1956); Oberst Paul Ludwig (1957–1960)
Chefs des ›Kommandos Grenze‹ bzw. der Grenztruppen: Oberst Erich Peter (1960–1979); Generalmajor Klaus-Dieter Baumgarten (1979–1990); Generalmajor Dieter Teichmann (1990)

Grundorganisation der SED (GO), 1946–1989
Basis-Organisationseinheit der → SED

Geschichte und Organisation: Seit ihrer Gründung zur Jahreswende 1918/19 hatte sich die KPD um eine von der SPD deutlich unterschiedene Organisationsstruktur bemüht. Waren die Sozialdemokraten – entsprechend ihrer Konzentration auf parlamentarische Auseinandersetzung – hauptsächlich in den Wohngebieten organisiert, so konzentrierte sich nun die KPD darauf, organisatorisch in den Betrieben Fuß zu fassen. Das gelang mit nennenswertem Erfolg aber erst seit 1925, als nach Überwindung der erbitterten Fraktionskämpfe die »Bolschewisierung« der Partei einsetzte. Zu einem der wichtigsten Gefolgsmänner der stalinistischen Linie in der KPD profilierte sich damals schon Walter Ulbricht, der die großen Konzernbetriebe zu revolutionären Hochburgen des Proletariats ausbauen wollte. Wegen seiner kompromißlosen Umtriebigkeit, massenhaft

kommunistische »Betriebszellen« schaffen zu wollen, erhielt er in der KPD den Spitznamen »Genosse Zelle«.
Mit der Wiederzulassung der KPD im Juni 1945 durch die →SMAD knüpften die aus der Moskauer Emigration heimgekehrten Spitzenfunktionäre an die Organisationsstruktur der KPD vor 1933 an. Angesichts der zerstörten Betriebe, der desolaten Infrastruktur und der beginnenden Revitalisierung der SPD in den Wohngebieten, bemühten sie sich zwar auch, in den Wohngebieten KPD-Organisationen zu schaffen; die größten Anstrengungen ihrer Organisationsarbeit richteten sie jedoch auf die Betriebe und Verwaltungen; hier wollte die KPD gegenüber den Sozialdemokraten und anderen politischen Kräften ein entscheidendes Übergewicht erzielen.
Nachdem die KPD im September 1945 ihre großangelegte Vereinigungsoffensive eröffnet hatte, machte sie gegenüber der SPD in Organisationsfragen Zugeständnisse. Als sich die KPD mit großen Teilen der SPD zur ›Sozialistischen Einheitspartei Deutschlands‹ (SED) zusammengeschlossen hatte, gab es zunächst auch eine Parität in der Organisationsfrage. Ehemalige Sozialdemokraten reklamierten sogar für sich, daß sie in der Frage der Basisorganisationen eigene Positionen durchgesetzt hätten. Im ersten Statut der SED, das auf dem Vereinigungsparteitag am 21.–22.4.1946 beschlossen worden war, wurde den Wohngebietsorganisationen tatsächlich ein Übergewicht zugebilligt: SED-Mitglieder, die in einem Betrieb beschäftigt waren, gehörten sowohl der jeweiligen Betriebsgruppe als auch einer Wohnbezirks- bzw. Ortsgruppe an, wobei das Aufnahmerecht bei letzteren lag. Das hatte Vorteile, denn aufgrund dieser Regelung gelang es der SED, in den Städten und Gemeinden schnell politisch Fuß zu fassen.
Zugleich wurde jedoch auch der Aufbau von Betriebsgruppen unbeirrt fortgesetzt. In den Betrieben richtete man schon 1946 eigene Parteisekretariate ein, die dem jeweiligen SED-Kreisvorstand direkt unterstellt waren. Auf der 5. und der 8. Tagung des SED-Parteivorstands (September 1946 und Januar 1947) wurde das Gründungsstatut dahingehend verändert, daß nun die Betriebsgruppe zur entscheidenden Organisationseinheit deklariert wurde. Für eine vom PV einberufene, vom 27.1.–6.2.1948 tagende Organisations-Schulungskonferenz gab dieser Direktiven heraus, nach denen die Betriebsgruppen »die führende Kraft innerhalb des Betriebes in allen politischen, wirtschaftlichen, sozialen und kulturellen Fragen« zu sein hatten. Mit dem Beschluß vom Juli 1948, die SED zur »Partei neuen Typus« umzuwandeln, und dem nun innerhalb der Partei offen propagierten Feldzug gegen den »Sozialdemokratismus« setzte sich das stalinistische Organisationsmodell endgültig durch. Die G. in den Be-

trieben, staatlichen Einrichtungen und Verwaltungen sollten fortan das Fundament der SED bilden; dort baute die Einheitspartei ihr Monopol aus, denn keiner anderen Blockpartei war es während des Bestehens der DDR erlaubt, sich ebenfalls betriebsbezogene Parteiorganisationen zu schaffen. Die Wohnparteiorganisationen der SED bestanden weiterhin; sie verblieben als »Tummelplatz« für Veteranen und Hausfrauen.
Laut Statut der SED waren G. in Betrieben der Industrie, des Bauwesens, des Transport- und Nachrichtenwesens, der Land-, Forst- und Nahrungsgüterwirtschaft, des Handels, in staatlichen und wissenschaftlichen Einrichtungen und Institutionen als Betriebsparteiorganisationen (BPO), in städtischen und ländlichen Wohngebieten als Wohnparteiorganisation (WPO) sowie in allen bewaffneten Organen zu bilden, sofern an dieser Stelle mindestens 3 SED-Mitglieder vorhanden waren. Außerdem wurden G. auch in den hauptamtlichen Leitungsgremien der Massenorganisationen – →FDGB, →FDJ, →DFD, →Kulturbund, →DTSB, →GST u. a. – gebildet. Jedes SED-Mitglied und jeder Kandidat mußte dort, wo er tätig war, einer G. angehören, in der er aktiv mitzuarbeiten und monatlich seinen Parteibeitrag zu bezahlen hatte. Betriebswechsel bedeutete daher auch immer einen Wechsel der G. Aus dem Arbeitsprozeß ausgeschiedene SED-Mitglieder meldeten sich in die für ihr Wohngebiet zuständige WPO um.
Eine G. mit weniger als 150 Mitgliedern war in Parteigruppen untergliedert; eine G. mit mehr als 150 Mitgliedern bildete Abteilungsparteiorganisationen (APO), denen die gleichen Pflichten oblagen, und die wiederum in Parteigruppen untergliedert waren. Die Organisationsstruktur der G. entsprach also weitgehend der Struktur des jeweiligen Betriebes. Die Parteigruppen umfaßten i. d. R. nicht mehr als 15 bis 20 Mitglieder, häufig weniger; sie wurden von einem jährlich zu wählenden Parteigruppenorganisator und seinem Stellvertreter geleitet. Größere und in APO untergliederte G. bzw. entsprechend strukturierte Wohn- und Ortsparteiorganisationen wählten ihre Leitungen zweimal in 5 Jahren (→Parteiwahlen der SED). Die Anzahl der Mitglieder einer Parteileitung richtete sich nach der Größe der G.: Bei einer G. von 50–150 Mitgliedern gab es zwischen 7 und 11 Leitungsmitglieder, bei einer mit mehr als 150 Mitgliedern konnte die Leitung 15–20 Mitglieder haben.
An der Spitze der Parteileitung stand der →Parteisekretär; sein Stellvertreter war für das Kassieren und für Organisationsfragen zuständig. Weitere Leitungsmitglieder waren der Funktionär für Agitation und Propaganda, der u. a. für das →›Parteilehrjahr‹ verantwortlich war; der BGL-Vorsitzende, der in jedem Fall Leitungsmitglied war, und i. d. R. auch der FDJ-Sekretär; in den meisten Leitungen gab es zudem noch einen Verant-

wortlichen für Kultur und Sport sowie einen Schriftführer. Bei der Ressortverteilung innerhalb der Parteileitungen gab es jedoch viele Variationsmöglichkeiten, da Profil, Größe und Struktur eines Betriebes oder einer Einrichtung dabei zu berücksichtigen waren.
Höchstes Organ jeder G. bildete die Mitgliederversammlung, die regelmäßig monatlich durchgeführt wurde, und die beschlußfähig war, wenn mehr als die Hälfte der Mitglieder anwesend waren. Als Mitgliederversammlungen galten Parteigruppen-, APO- und GO-Versammlungen. Falls SED-Mitglieder einer nicht untergliederten G. angehörten, mußten sie einmal im Monat sowohl an einer Gruppen- und wie auch an einer GO-Versammlung teilnehmen; andere Parteimitglieder nahmen entsprechend an den monatlichen Parteigruppen- und den APO-Versammlungen teil. Diese wie auch das monatlich obligatorische ›Parteilehrjahr‹ fanden jeweils montags statt, und darauf war das institutionelle und gesellschaftliche Leben in der DDR eingestellt: Der Montag war »Parteitag«. Selbst das DDR-Fernsehen nahm auf die versammlungsgestreßten Genossen Rücksicht. Damit sie nichts verpaßten, was als wichtig erachtet wurde, und sich nach den Versammlungen entspannen konnten, verordneten die Agitationsgewaltigen dem Fernsehpublikum am Montagabend um 20 Uhr traditionell ein belangloses Ufa-Unterhaltungsfilmchen.

Funktionen und Wirkungen: Jede G. beschloß ein »Kampfprogramm«, welches der SED-Kreisleitung vorgelegt werden mußte. Dieses Arbeitsprogramm enthielt auch Festlegungen zur »Stärkung der Kampfkraft« der G. sowie zu deren »politisch-ideologischer Stählung«. Hinter solcher Rabulistik verbargen sich Aufgaben, die die Effizienz des Betriebes erhöhen bzw. den politischen Einfluß der SED im Betrieb zu sichern hatten. So waren wesentliche Punkte des »Kampfprogramms« auf den →›sozialistischen Wettbewerb‹, auf Hauptproduktionslinien, auf die Forschung und Entwicklung usw. gerichtet. Ebenfalls enthalten waren Festlegungen, die die Gewerkschaft, die Frauen, die Jugend, die Veteranen u. a. betrafen. Großen Raum nahm die sog. Untersetzung der jeweiligen politischen Linie und der damit zusammenhängenden Diktion ein. Zentral verkündete Thesen fanden sich allenthalben als Themen in den Mitgliederversammlungen, im ›Parteilehrjahr‹ und im pflichtgemäßen »persönlichen Gespräch am Arbeitsplatz« wieder. Die Parteigruppen einer G. sollten der »politische Kern« und »gesellschaftliche Motor« der Arbeitskollektive sein; sie galten zudem als das entscheidende Bindeglied zwischen Partei und Volk. Diesen Funktionen genügten sie in den verschiedenen gesellschaftlichen Bereichen jedoch in sehr unterschiedlichem Maße, am wenig-

sten zweifellos im Bereich der materiellen Produktion. Hier war (entgegen aller offiziellen SED-Statistik, die Partei- und Staatsfunktionäre ebenso wie die Angehörigen der Sicherheitsorgane und des Militärs zu Arbeitern deklarierte) der prozentuale Anteil der SED-Mitglieder am geringsten, und – was noch wichtiger war – hier hatten in den Diskussionen Fragen zu den konkreten Arbeits- und Lebensbedingungen einen weitaus höheren Stellenwert als politische und ideologische Debatten.
Die Haupttätigkeit der Parteigruppen bestand in der abgeschotteten Diskussion aller wesentlichen Arbeitsprobleme und brisanten politischen Themen mit dem Ziel, sich der Wunderwaffe »einheitliche Meinung« zu bemächtigen. Glaubte man das erreicht, dann wurde meist beschlossen, nun die Diskussion »von dem gemeinsam erarbeiteten Standpunkt« aus mit allen Arbeitskollegen offensiv zu führen. Aber gerade dadurch wurde die weitere Diskussion erschwert bzw. auf fruchtlosen Ausgang programmiert. Andererseits war es für Parteilose, die an Gesellschaft und Politik oder auch nur an beruflicher Perspektive interessiert waren, sehr schwer, ihren eigenen Standpunkt wirkungsvoll darzulegen bzw. über auch sie betreffende ungelöste Probleme im Arbeitsprozeß mehr zu erfahren. Sie fanden meist kein Forum und fühlten sich oft als Erziehungsobjekte behandelt, da viele Genossen dieses »Dich kriegen wir schon groß« parat hatten. Wollten sie daran etwas ändern, blieb ihnen nichts übrig, als Parteimitglied zu werden.
Auf unterster Ebene hatte die SED nichts Bedrohliches. Die Sitzungsflut wurde von vielen belächelt, und daß ein SED-Mitglied dafür stets verfügbar zu sein hatte, wurde von den Arbeitskollegen mehr oder weniger schadenfroh bedauert. Vorteile für einfache SED-Mitglieder waren kaum zu erkennen: Ein monatlicher Parteibeitrag von 50 Mark (das war die halbe Wohnungsmiete!) war durchaus die Regel, und der Kult um das Parteidokument – der Verlust zog in jedem Fall eine Parteistrafe nach sich – wirkte abschreckend. Seit sich herumgesprochen hatte, daß Gorbatschows Reformpolitik »Glasnost« und »Perestroika« als Grundvoraussetzungen forderte, wollten die SED-Mitglieder ebenso wie ihre parteilosen Arbeitskollegen Entsprechendes auch in ihrem Arbeitsbereich eingeführt sehen.

Auflösung/Ende: Ab September/Oktober 1989 wurden in fast allen G. Stimmen laut, die Unverständnis und Unwillen über die konzeptionslose Haltung der Parteiführung gegenüber den innenpolitischen Problemen der DDR äußerten. Von den G. wurden Tausende von Briefen mit Reformvorschlägen an das ZK abgeschickt, die alle ohne Resonanz blieben. Ende Oktober kam es wegen der halbherzigen Erneuerung der Parteiführung und der Zuwahl von einigen wenig Änderung verheißenden Bezirkssekretären ins →Politbüro zu einem regelrechten Aufstand der Parteibasis; diese forderte nun einen Parteitag, was vom neuen Generalsekretär Egon Krenz zunächst abgelehnt wurde. Dieser hatte jedoch mit seinem unsäglichen Fernsehauftritt vom 18. d. M. für viele seine Unfähigkeit unter Beweis gestellt, als Generalsekretär der Partei wie als Staatsratsvorsitzender mit der katastrophalen Situation fertig zu werden. Die SED war am Ende, die alten Strukturen fielen rascher als des Laub von den Bäumen.

Eine große Anzahl von SED-Mitgliedern war bis zu dem von der Parteibasis erzwungenen Sonderparteitag im Dezember 1989 zunächst für den Erhalt der G. in den Betrieben und Einrichtungen, aber es zeigte sich, daß insbesondere in den Industriebetrieben die Stellung der SED-Organisationen immer unhaltbarer wurde. In der kontroversen Diskussion über Auflösung der SED oder ihre Umwandlung in eine demokratische, sozialistische Partei zerbröckelte die Basis. Bis Ende Januar 1990 verlor die nun in ›Partei des Demokratischen Sozialismus‹ (PDS) umbenannte SED 1,5 Mio. ihrer Mitglieder. Infolgedessen schrumpften die G. in den Betrieben erheblich, während die WPO relativ stabil blieben. Dem Rechnung tragend änderte die PDS ihre Organisationsstrukturen und überließ den jeweiligen Mitgliedern die Entscheidung, wo sie sich organisieren wollten. Bereits im Frühjahr 1990 war daraufhin die große Mehrheit der PDS-Mitglieder in Wohngebietsorganisationen organisiert.

Gruppe Sowjetischer Streitkräfte in Deutschland (GSSD), 1945–1990

Offizielle Bezeichnung für die in der DDR stationierten sowjetischen Truppen

Geschichte und Organisation: Zur G. gehören jene Teile der Roten Armee, die nach dem Ende des Zweiten Weltkrieges nicht aus der SBZ abgezogen wurden und denen im Rahmen der sowjetischen Besatzungspolitik die Aufgabe zufiel, den gesellschaftlichen Umbau in der SBZ/DDR militärisch abzusichern. Die vollmotorisierte, mit taktischen Atomwaffen ausgerüstete Truppe von hoher operativer Beweglichkeit bildete zusammen mit der →›Nationalen Volksarmee‹ (NVA) und polnischen Verbänden die sog. 1. strategische Staffel der Streitkräfte des ›Warschauer Paktes‹. Innerhalb der DDR hielt sie an rd. 750 Standorten mehr als 4 Prozent des gesamten Staatsterritoriums besetzt.

Die G. gliederte sich in Land-, Luft- und Seestreitkräfte. Zu den Landstreitkräften gehörten 10 Panzer- und 10 motorisierte Schützendivisionen, zuzüglich logistischer Verbände, mit je einem Raketenbataillon, ausgerüstet mit Kurzstrecken-Raketen von 300 km Reichweite. Die Luftstreitkräfte waren zusammengefaßt in der 24. Taktischen Luftflotte, die als die am besten ausgerüstete Teilstreitkraft innerhalb der sowjetischen Luftstreitkräfte galt und ca. 1200 fliegende Einheiten sowie Flugabwehr- und Raketenverbände umfaßte. Die Seestreitkräfte bestanden aus Teilen der Baltischen Rotbanner-Flotte. Sitz des Kommando-Stabes war Wünsdorf bei Berlin.

Die in Einheiten der G. diensttuenden Soldaten wurden von der DDR-Bevölkerung streng abgeschirmt; es gab nur als »Freundschaftstreffen« organisierte Begegnungen mit NVA-Soldaten oder → FDJ-Gruppen. Mitunter kam es allerdings vor, daß Offiziersfamilien gemeinsam mit Deutschen im selben Neubaublock wohnten. Wo das der Fall war, bildeten sich häufig enge Kontakte: Es wurden gemeinsame Feste gefeiert, und der private Handel blühte.

Funktionen und Wirkungen: Einheiten der G. griffen verschiedentlich mit Androhung oder Anwendung von Waffengewalt in die sozialistische Entwicklung der DDR und ihrer Nachbarstaaten ein. Sie schlugen den Volksaufstand vom 17. 6. 1953 nieder, standen beim Bau der Mauer in Berlin im August 1961 in Bereitschaft und waren am Einmarsch der Truppen des ›Warschauer Paktes‹ am 21. 8. 1968 in die ČSSR beteiligt.

Seit 1957 wurde die Anwesenheit der G. in einem Truppenstationierungsvertrag zwischen der UdSSR und der DDR geregelt. Im Gegensatz zu anderen von der UdSSR abgeschlossenen Stationierungsverträgen sah dieser hinsichtlich Manöverbewegungen, Standortveränderungen und Stärke der GSSD lediglich »Beratungen« und »Vereinbarungen« mit der DDR-Regierung vor. »Im Falle der Bedrohung der Sicherheit« der G. konnte ihr Oberkommando alle geeigneten Maßnahmen ergreifen, die es für erforderlich hielt. Diese Generalklausel stellte eine Notstandsregelung ohne Mitspracherecht der DDR-Regierung dar und bedeutete eine wesentliche Einschränkung von deren Souveränität. Eine solche Auslegung des Vertrages war in der DDR-Öffentlichkeit jedoch tabuisiert; in den Medien und in Publikationen wurde vielmehr der Eindruck erweckt, daß die DDR auch auf diesem Gebiet ein völlig gleichberechtigter Partner sei. Daher vermied man in öffentlichen Verlautbarungen auch die Bezeichnung ›Gruppe Sowjetischer Streitkräfte in Deutschland‹ oder deren Abkürzung »GSSD«; es war immer die Rede von »zeitweilig auf dem Territorium der DDR stationierten sowjetischen Streitkräften«.

Auflösung/Ende: Im sog. Zwei-plus-Vier-Vertrag, der am 12. 9. 1990 in Moskau unterzeichnet wurde, wurde grundsätzlich festgelegt, daß der

Abzug der auf dem Gebiet der ehemaligen DDR stationierten sowjetischen Streitkräfte bis Ende 1994 abgeschlossen sein soll. Näheres über den Truppenabzug, eine Regulierung der Kosten und die künftige Militärpräsenz in den neuen Bundesländern wurde in zweiseitigen Verhandlungen zwischen der UdSSR und der BRD vereinbart und in einem Aufenthalts- und Abzugsvertrag fixiert, den der ›Deutsche Bundestag‹ am 30.10.1990 verabschiedete. Danach verringerte die G. ihren Personal- und Materialbestand kontinuierlich, die Bundesrepublik unterstützte die aufwendige Truppenverlagerung durch Finanzierung von Wohnungen für die an ihre Heimatstandorte zurückkehrenden Offiziere und Soldaten. Bisher hatte es den Anschein, als lägen die abrückenden Militärs besser im vereinbarten Zeitplan als die Bauunternehmungen der Bundesrepublik auf dem Gebiet der ehemaligen UdSSR. Von den im Januar 1991 in Deutschland stationierten 540000 Angehörigen der ›Westgruppe der ehemaligen sowjetischen Streitkräfte‹ waren 453000 im September 1993 in die Heimat zurückgekehrt.

Große Schwierigkeiten bereitet beiden Seiten offenbar die Ermittlung und Verrechnung der von der G. zurückgegebenen Werte. Die Abmachung, daß die G. die Kosten für die Sanierung der extrem verschmutzten, umweltbelastenden Kasernen-Areale und Übungsplätze zu tragen habe, die Bundesrepublik hingegen die zurückgegebenen Liegenschaften zu »Bedingungen des Marktes« übernehmen solle, führte zu kaum ausgleichbaren Forderungen und Gegenrechnungen. Im Mai 1993 diskutierte der Brandenburgische Landtag darüber, ob das Land ehemals militärisch genutzte Flächen aus Bundesbesitz kostenlos übernehmen könne; übereinstimmend wurde eine Übernahme nur dann für möglich gehalten, wenn sich der Bund in erheblichem Umfang an der unumgänglichen Altlastensanierung beteiligen würde.

Oberbefehlshaber der sowjetischen Streitkräfte in Deutschland und Chefs der SMAD von 1945–1949: Marschall Georgi K. Shukow (9.6.1945 – 10.4.1946); Armeegeneral Wassili D. Sokolowski (10.4.1946 – 29.3.1949); Armeegeneral Wassili J. Tschuikow (29.3.1949 – 10.10.1949, vom 7.11.1949 – 28.5.1953 Vors. der SKK)

Oberkommandierende der GSSD: Generaloberst A. A. Gretschko (1953–1957); Armeegeneral M. W. Sacharow (1957–1960); Generaloberst I. I. Jakubowski (1960–1961); Marschall I. S. Konew (1961–1962); Generaloberst I. I. Jakubowski (1962–1965); Armeegeneral P. K. Koschewoi (1965–1969); Armeegeneral W. G. Kulikow (1969–1971); Generaloberst S. K. Kurkotkin (1971–1972); Generaloberst J. F. Iwanowski (1972–1980); Armeegeneral M. M. Saizew (1980–1985); Armeegeneral P. G. Luschew (1985–1986); Armeegeneral W. A. Belikow (1986–1987); Armeegeneral B. W. Snetkow (1987–1990); Generaloberst Matwej Burlakow (seit 1990)

H

Händel-Festspiele in Halle
→ Georg-Friedrich-Händel-Gesellschaft

Handelshochschule Leipzig, 1969–1990
Handelsschulen im traditionellen Sinn gab es in der DDR nicht; die nach dem Kriege noch bestehenden wurden frühzeitig aufgelöst. Die Ausbildung in kaufmännischen Berufen erfolgte an kaufmännischen Berufs- bzw. →›Betriebsberufsschulen‹. »Erste Stätten sozialistischen handelswissenschaftlichen Studiums und Forschens« waren die wirtschaftswissenschaftlichen Fakultäten der →›Humboldt-Universität‹ Berlin und der →›Karl-Marx-Universität‹ Leipzig sowie die ehemalige Verwaltungsakademie ‹Walter Ulbricht‹ in Forst Zinna; später folgte noch die → Hochschule für Ökonomie ›Bruno Leuschner‹ in Berlin-Karlshorst. Der fortschreitende Aus- und Aufbau eines auf sozialistischem Eigentum beruhenden Sektors in der Volkswirtschaft, insbesondere die den Binnenhandel zunehmend dominierenden »volkseigenen« Einrichtungen wie die staatliche →›Handelsorganisation‹ (HO), der zunächst von der ›Deutschen Handelszentrale‹ (DHZ, gegr. 1949), dann seit 1953 von Großhandelskontoren (→Ministerium für Handel und Versorgung) organisierte volkseigene Großhandel und die Konsumgenossenschaften (→›Verband der Konsumgenossenschaften‹) steigerten den Bedarf an qualifizierten Fachkräften.
Dafür wurde in Leipzig, wo 1898 die erste Handelshochschule in Deutschland entstanden war, 1953 die ›Hochschule für Binnenhandel‹ gegründet, die bis Mitte der 60er Jahre die wichtigste Ausbildungsstätte für wissenschaftlich qualifizierte »Handelskader« und auch für die Entwicklung der »marxistisch-lenistischen Handelswissenschaft« war. Nach Schließung dieser Hochschule verlagerte man deren Funktionen an die wirtschaftswissenschaftliche Fakultät der KMU Leipzig, wo man die handelswissenschaftliche Ausbildung und Forschung konzentrieren wollte. Wenig später entschied man sich jedoch wieder für eine eigenständige Ausbil-

dungsstätte und gründete auf Beschluß des Präsidiums des →›Ministerrats der DDR‹ am 14.5.1969 die H. in Leipzig. An ihr wurden fortan Führungskräfte für Handel und Wirtschaft, für das Finanz-, Bank- und Versicherungswesen sowie für das Tourismus- und Gastgewerbe ausgebildet.

Auflösung/Ende: Zum 30.9.1992 wurde die H. gemäß Hochschulstrukturgesetz des Freistaates Sachsen aufgelöst; für die noch verbliebenen Studenten bot die Universität Leipzig mit dem WS 1992/93 ein Studienprogramm Handelshochschule an. Eine ›Gesellschaft der Freunde der Handelshochschule Leipzig‹ beabsichtigt die Gründung einer neuen Handelshochschule in freier Trägerschaft; das sächsische Staatsministerium für Wissenschaft und Kunst berief am 3.7.1992 ein Gründungskuratorium.

Rektoren: Klemens Hochkeppler (1953–1956); Walter Klitzsch (1956–1957 amt.) Curt Teichmann (1957–1963); Wolfgang Heinrichs (1969–1972); Werner Cramer (1973–1982); Walter Klitzsch (1982–1990); Gerd Goldammer (1990–1992)
Publikationen/Archive: ›Wissenschaftliche Zeitschrift‹ der HS für Binnenhandel, ersch. von Jg. 1/1955 – Jg. 8/1963 (Heft 1/2); • ›Wissenschaftliche Zeitschrift‹ der H., ersch. von Jg. 1/1974 – Jg. 19/1992; als wissenschaftliche Reihen erschienen außerdem ›Warenkundliche Berichte‹ und ›Tagungen und Thesen‹; Das Archiv der H. befindet sich heute als Depositum im Sächsischen Wirtschaftsarchiv e. V.

Handelsorganisation (HO), 1948–1990
Staatliche Organisation des Einzelhandels

Am 3.11.1948 gründete die →›Deutsche Wirtschaftskommission‹ unter der Bezeichnung »Handelsorganisation (HO)« ein staatliches Einzelhandelsunternehmen, das den »volkseigenen Sektor« in der Konsumgüterversorgung bewirtschaften und ausweiten sollte. Die Gründung stand im Zusammenhang mit der Vorbereitung des ersten Zweijahrplans für die Wirtschaft der SBZ. Zu dieser Zeit wurde schon fast die Hälfte der industriellen Produktion im »volkseigenen Sektor« erzeugt, während im Binnenhandel der Anteil der Konsumgenossenschaften noch sehr gering war (→›Verband der Konsumgenossenschaften‹) und der überwiegende Teil der Umsätze von privaten Einzelhandelsbetrieben erzielt wurde. Man hatte deshalb der H. die politisch-ökonomische Aufgabe zugedacht, den »volkseigenen Charakter« des Binnenhandels zu stärken, damit dieser sich besser in die beginnende Planwirtschaft einbauen ließe.
Im Zusammenhang mit der Währungsreform von 1948 und der bald danach erfolgten Neuordnung der Einzelhandelsverkaufspreise hatte die H. noch eine besondere Funktion zu übernehmen: Da für die rationierten Konsumgüter festgesetzte Preise galten, boten deren Geschäfte bewirt-

schaftete und anderswo oft gar nicht erhältliche Waren im freien Verkauf an, allerdings zu sog. HO-Preisen, die wesentlich über denen der anderen Verkaufsstellen lagen. Mit dieser Politik gespaltener Preise sollte der Schwarzhandel bekämpft und Kaufkraft abgeschöpft werden. Der erste Industrieminister der DDR erklärte 1949 dazu, die Preispolitik der H. sei »im wesentlichen« unter dem Gesichtspunk konzipiert, »die noch vorhandene überflüssige Kaufkraft, die ja nichts anderes ist als Geld, dem nicht genügend Waren gegenüberstehen, abzuschöpfen«.

Da auch später die Versorgungslage vielfach so war, daß dem vorhandenen Bedarf nicht genügend Waren gegenüberstanden, wurde aus der Kaufkraftabschöpfung auf die Dauer allerdings eine indirekte Besteuerung der Konsumenten. Trotz sukzessiver Preissenkungen blieb zwischen den Verkaufspreisen im regulären Einzelhandel und den für dieselbe Ware geforderten HO-Preisen stets eine erhebliche Differenz (1954 kostete 1 kg Butter 4,45 bzw. 20 Mark). Auf dem Wege der Gewinnabführung verhalf die H. dem Staat somit zu beträchtlichen Einnahmen. Durch diese Preispolitik wurden zugleich aber auch private Verkaufseinrichtungen behindert. Diese konnten weiterhin nur rationierte Waren zu verbilligten Preisen abgeben, durch deren Verkauf keine nennenswerten Umsatzsteigerungen zu erzielen waren, so daß die Rentabilitätsentwicklung im privaten Einzelhandel stagnierte oder rückläufig wurde. Viele Einzelhändler, deren Privatbetriebe ohnehin große Steuerlasten zu tragen hatten, wurden dadurch zur Geschäftsaufgabe gezwungen oder mußten zumindest eine staatliche Beteiligung zulassen.

Als im Mai 1958 die letzten Lebensmittelrationierungen aufgehoben wurden, ließ sich diese Preispolitik nicht länger fortführen. Nun konnte die H. zwar nicht mehr von Kaufkraftabschöpfungen profitieren, doch wurde sie in Besteuerung und Warenzuteilung weiterhin vom Staat begünstigt. Zwischen 1952 und 1982 sank der Anteil privat bewirtschafteter Verkaufsstellen vom 80 auf 25 Prozent; im gleichen Zeitraum verminderte sich der Warenumsatz privater Einzelhändler von mehr als 50 auf 6 Prozent. Die Einzelhandelsumsätze (einschl. der Hotel- und Gaststättenumsätze) verteilten sich 1982 wie folgt: Im »volkseigenen Sektor« des Binnenhandels erwirtschaftete die H. einen Anteil von 53,7 Prozent, im genossenschaftlichen Sektor verbuchten die Konsumgenossenschaften und PGH (→ Genossenschaften) insgesamt 34,7 Prozent, für den privaten Einzelhandel verblieben folglich noch 11,6 Prozent.

Zwischen der H. und dem ›Verband der Konsumgenossenschaften‹ war 1953 eine regionale Arbeitsteilung eingeführt worden, derzufolge künftig die H. überwiegend für die Konsumgüterverteilung in den Städten zuständig war, während die Konsum-Läden die Einzelhandelsversorgung

auf dem Lande übernahmen. Das schloß allerdings nicht aus, daß z. B. neben den etwa 30 von der H. betriebenen CENTRUM-Warenhäusern in den Städten auch Kaufhallen oder ›konsument‹-Warenhäuser der Konsumgenossenschaften bestanden. In den 80er Jahren ließen die Bevorzugungen der H. ohnehin nach; nun wurden zunehmend die Gemeinsamkeiten im »sozialistischen Einzelhandel« hervorgehoben und Übereinstimmungen zwischen den beiden Vetriebsformen gesucht.
Die Einzelverkaufsstellen der H. waren Bezirksdirektionen des »volkseigenen« Einzelhandels unterstellt, die jeweils von der ›Abt. Handel und Versorgung‹ beim →Rat des Bezirks angeleitet wurden. Über den Bezirksdirektionen wirkte zentral koordinierend die ›Hauptdirektion des volkseigenen Einzelhandels‹, die dem→Ministerium für Handel und Versorgung unterstellt war. Zum »volkseigenen Sektor« des Binnenhandels der DDR gehörten außer der H. noch eine Reihe anderer staatlicher Handelsorganisationen, z. B. der Wismut-Handel, ein Spezial- und Militärhandel zur Versorgung der →GSSD, der NVA und der →Grenztruppen, die ›Mitropa‹, der Postzeitungsvertrieb, der ›Volksbuchhandel‹, die Staatlichen Apotheken, die →›Intershops‹ sowie die ›Exquisit‹- und ›Delikat‹-Läden. Der Versorgungsbetrieb VERSINA für Angehörige des diplomatischen Corps war seit 1975 dem→Ministerium für Außenhandel unterstellt.

Handwerkliche Berufsgenossenschaft der Schafscherer
→ Genossenschaften

Handwerkskammern der Bezirke, 1952–1990
Koordinations- und Beratungsstellen des Handwerks in den →Bezirken

Geschichte und Organisation: In der SBZ bestanden traditionell strukturierte Handwerkskammern als regionale Selbstverwaltungsorgane zunächst bis 1946 weiter, mußten dann aber aufgrund →SMAD-Befehl Nr. 161 vom 27.5.1946 aufgelöst bzw. reorganisiert werden. Innungen sollte es künftig nicht mehr geben; an deren Stelle traten bei den neugebildeten Landeshandwerkskammern nun unselbständige Abteilungen, die für bestimmte Fachgebiete oder Berufsgruppen zuständig waren. Als 1952 die Bezirke gebildet wurden, löste man die Länderkammern auf und richtete 14 H. und die ›Handwerkskammer von Groß-Berlin‹ ein. Diese unterlagen der Aufsicht des jeweiligen →Rates des Bezirks und hatten anfangs 3 gewählte Organe: Vorstand, Präsidium und Delegiertenkonferenz; als ausführende Organe richteten sie Kreisgeschäftsstellen ein, die entsprechend strukturiert waren. Die relative Eigenständigkeit der H., die in einem Musterstatut von 1953 festgeschrieben war, endete mit dessen 1973 vorgenommener Novellierung; danach wurden die H. wie die Kreisgeschäftsstellen durch Vorstände geleitet, deren Vorsitzende und Mitglieder von den Bezirks- und Kreisräten berufen wurden.

Als Vertretung und Prüfungsinstanz der gewerblichen Handwerke waren die H. sowohl für die selbständig wirtschaftenden wie für die genossenschaftlich organisierten Handwerker und Gewerbetreibenden zuständig. Einen Privatbetrieb führende oder darin beschäftigte Handwerker mußten in die Handwerker- und Gewerberollen eingetragen sein; der Inhaber oder Betriebsführer mußte vor der H. eine Meisterprüfung abgelegt haben; der Betrieb durfte mit nicht mehr als 10 (bei der Beschäftigung eines Schwerbeschädigten 11) Mitarbeitern ein Arbeitsrechtsverhältnis abschließen, wobei zusätzlich ein Lehrling pro Lehrjahr eingestellt werden konnte. Für die Beschäftigten des privaten Handwerks waren die H. der Tarifpartner des →FDGB; sie betreuten aber auch die →›Produktionsgenossenschaften des Handwerks‹ (PGH) und die ›Einkaufs- und Liefergenossenschaften des Handwerks‹ (ELG) (→Genossenschaften) sowie die einzelnen Genossenschaftsmitglieder. Entsprechend führten sie neben den Handwerker- und Gewerberollen auch die Verzeichnisse der im Zuständigkeitsbereich tätigen PGH und ELG und eine Kartei der darin beschäftigten Genossenschaftsmitglieder.

Funktionen und Wirkungen: Den H. war die prinzipielle Aufgabe zugedacht, den Staat bei der Einbeziehung des Handwerks in den »Aufbau des Sozialismus« zu unterstützen; deshalb hatten sie sich nach dem Statut von 1973 auch darum zu bemühen, noch privat wirtschaftende Handwerker zum Eintritt in die PGH zu bewegen. Organisatorisch wurde ihre relative Selbständigkeit jedoch fortwährend eingeschränkt, und wichtige Kompetenzen wurden ihnen in zunehmendem Maße entzogen: Lehrlingsausbildung und Facharbeiterprüfung waren schon zu Beginn der 50er Jahre in die Verantwortung des →Ministeriums für Volksbildung übergegangen (→›Bildungspolitik‹); die Funktion einer eigenständigen Auftrags- und Materialplanung wurde ihnen 1958 entzogen; seit 1974 wurde ihnen auch bei der Ausbildung und Prüfung von Handwerksmeistern nur noch eine Beraterrolle zugestanden. Als ab Mitte der 70er Jahre die privat wie genossenschaftlich ausgeübten Handwerke und Gewerbe stärker gefördert wurden, wuchs auch den H. wieder mehr Bedeutung zu.

Die Handwerkspolitik der SED, insbesondere die gegenüber dem privaten Handwerk betriebene, schwankte im Verlauf der DDR-Geschichte häufig zwischen zuweilen schikanöser Restriktion und wohlwollender Duldung oder gar Förderung. Immer dann, wenn grundlegende Verände-

rungen der Wirtschaftsstruktur zu Produktionsengpässen und Versorgungsmängeln führten, besann man sich auf die traditionelle Funktion des Handwerks und betonte dessen »goldene Zukunft« im Sozialismus. So verzichtete man – anders als in der Landwirtschaft – darauf, die politisch-ideologisch gewünschte Kollektivierung unter Druck zu einem schnellen Abschluß zu bringen, weil man Störungen in der »örtlichen Versorgungswirtschaft« vermeiden wollte. Es blieben also weiterhin eine große Anzahl privater Handwerksbetriebe erhalten, die mit den PGH »konkurrierten«. Je nach dem am Ort erreichten Leistungsstand der Handwerksbetriebe wurden dann mal die Genossenschaften mit Materialzuteilungen und Steuererleichterungen begünstigt, mal wurde ihnen Einstellungsstop verordnet und den Privatbetrieben »Anreize« geboten.
Ein Beschluß von →Politbüro und →Ministerrat vom 12.2.1976: »Zur Förderung privater Einzelhandelsgeschäfte, Gaststätten und Handwerksbetriebe für Dienstleistungen im Interesse der weiteren Verbesserung der Versorgung der Bevölkerung«, leitete eine Kurskorrektur zugunsten der Privatbetriebe ein. Schlagartig wurden die Handwerker nun in den Medien freundlicher behandelt; Beispiele der Solidität handwerklichen Könnens wurden veröffentlicht, um vor allem bei der Jugend mehr Interesse für handwerkliche Berufe zu wecken; besondere Aufmerksamkeit galt dabei über 30 vom »Aussterben« bedrohten Handwerksberufen. Finanzielle Starthilfen zur Gründung von Handwerksbetrieben wurden gewährt, steuerliche Erleichterungen beschlossen und die Erteilung von Gewerbegenehmigungen erheblich ausgeweitet; zwischen 1976 und 1980 wurden rd. 30000 erteilt). Als Folge dieses politischen Kurswechsels ergab sich, daß 1981 erstmals der ständige (und bis dahin gewollte) Rückgang der Beschäftigten im privaten Handwerk gestoppt werden konnte. Auch wenn die H. an diesen Vorgängen i. d. R. nur beratend beteiligt waren, so gewannen sie doch in dieser Funktion wieder an Nützlichkeit und Bedeutung.
Die veränderte Handwerkspolitik bedeutete den Versuch, die strukturellen Verwerfungen und individuellen Motivationsverluste, die infolge der letzten Kollektivierungswelle von 1972 aufgetreten waren (→PGH), wieder auszubessern und vergessen zu machen. Gerade der Umgang mit dem Privathandwerk hatte sich nämlich als gänzlich verfehlt erwiesen, da sich eine Vielzahl von politisch-ideologischen Beschädigungen und ökonomischen Störungen eingestellt hatten. Handwerker waren kaum zu bekommen; erschienen sie dann doch zu einer dringenden Reparatur, wurde für die Arbeitsleistung häufig »Westgeld« verlangt. Viele Leute, die sich selbst helfen wollten, waren ständig mit Rennereien nach Ersatzteilen und Materialien beschäftigt, und während dieser ausdauernden Wettläufe

vergrößerte sich zu Hause der Schaden. Den Betrieben gingen derweil Millionen von Arbeitsstunden verloren, und der Staat konnte immer weniger auf Duldungsbereitschaft und Wohlverhalten seiner Bürger zählen. Der geläufige Spruch »Privat geht vor Katastrophe« übertraf an Wirkung alle Parteilosungen.
Da sich an diesen Zuständen kurzfristig nur wenig bessern ließ, versuchte man der sich ausbreitenden Verdrossenheit mit den alten, unbrauchbaren Rezepturen beizukommen. Das Allheilmittel sollte wiederum die Fiktion von der »sozialistischen Gemeinschaftsarbeit« sein. Nach den X. SED-Parteitag wurden 1981 Kampagnen organisiert, um die Betriebe des privaten und genossenschaftlichen Handwerks in sog. Versorgungsgruppen unter Leitung eines → VEB zusammenzufassen. Bis Ende des Jahres sollten bereits 45 Prozent der Betriebe sich in dieses Organisationsprinzip eingefügt haben.

Hauptverwaltung Ausbildung (HVA)
→ Deutsche Volkspolizei

Hauptverwaltung der Deutschen Volkspolizei (HVDVP)
→ Deutsche Volkspolizei

Hausbuch, 1965–1990
Von den Meldestellen der → ›Deutschen Volkspolizei‹ herausgegebenes Buch, in dem alle Hausbewohner und deren Besucher erfaßt werden mußten

Nach der »Verordnung über das Meldewesen« vom 15.7.1965 war das Führen eines H. in jedem Wohngebäude sowie in Gemeinschaftsunterkünften zwingend vorgeschrieben. Die H. wurden von den VP-Dienststellen herausgegeben und von den ›Abschnittsbevollmächtigten‹ (ABV) überwacht; auch Mitarbeitern des → MfS mußte das Hausbuch auf Verlangen vorgelegt werden. Der Vordruck eines H. umfaßte 64 Seiten, die nach einer feststehenden Systematik gegliedert waren; die Seiten 4 bis 43 waren den »Eintragungen beim Beziehen bzw. Ausziehen aus einer Wohnung« vorbehalten, auf den Seiten 44 bis 61 mußte der »besuchsweise Aufenthalt« von nicht dauerhaft im Hause wohnenden Personen erfaßt werden. Jede → ›Hausgemeinschaft‹ bestimmte den ›Hausbuchbeauftragten‹, der das H. führte und aufbewahrte. Von diesem hatten sich innerhalb der ersten 24 Stunden des Aufenthalts eintragen zu lassen: die Dauerbewohner eines Hauses, Besucher aus der DDR, die länger als 30 Tage bleiben wollten, sowie alle Besucher, die in die DDR eingereist waren. Am 20.9.1990 verfügte der letzte DDR-Innenminister, Peter-Michael

Diestel, die H. seien bei den Meldestellen abzugeben, von denen sie sukzessive zu vernichten seien.

Haus der Jungen Talente (HdJT), 1954–1990
Zentrales Klubhaus der →FDJ und Jugendkulturzentrum in Berlin/DDR

Geschichte und Organisation: Das H. wurde am 7.3.1954, anläßlich der Feier des Gründungstages der →FDJ, der Berliner Jugend zur Nutzung übergeben. Man hatte es in dem von 1701 bis 1704 erbauten Gebäude des ehemals ›Podewilschen Palais‹ in der Ostberliner Klosterstraße eingerichtet. Zwischen 1874 und 1945 hatte das Haus verschiedene Institutionen des Berliner Magistrats beherbergt. Als es nach seiner Zerstörung durch Fliegerbomben Anfang der 50er Jahre wiederaufgebaut wurde, war es nach wie vor Eigentum der Stadt Berlin; in seiner neuen Zweckbestimmung wurde es aus Mitteln der FDJ und mit Zuschüssen des Berliner Magistrats unterhalten; den Direktor des H. berief die Berliner FDJ-Bezirksleitung nach Abstimmung mit dem Zentralrat. Die Überlassung dieses historisch wertvollen Gebäudes an die FDJ war als symbolische Handlung konzipiert: Das ehemalige Adelspalais als ›Zentrales Klubhaus der FDJ‹ zu nutzen, war ein Akt der Aneignung, und dahinter verbarg sich die Absicht, den hier aufzubauenden und zu fördernden Kulturgruppen bewußtzumachen, daß sie Traditionen und Strukturen des Alten überwinden müßten, um im Sinne einer sozialistischen Kulturpolitik auf das Neue zu orientieren.

Funktionen und Wirkungen: War das H. in den 50er und 60er Jahren zunächst Musterstätte sozialistischen Kulturangebots und »frohen Jugendlebens«, so entwickelte es sich seit den 70er Jahren – dank des Engagements seiner Mitarbeiter – sowohl zu einer künstlerisch interessanten Ausbildungs- und Produktionsstätte wie auch zu einem Ort, an dem jungen Leuten ein auf ihre Erwartungen zugeschnittenes Kunst-, Kultur- und Diskussionsangebot gemacht wurde. Ab Mitte der 80er Jahre förderte es auch Formen alternativer und experimenteller Kunst und erwarb sich dadurch einen guten Ruf und eine feste Anhängerschaft. Im H. standen für Veranstaltungen ein Saal (450 Plätze), der Hof sowie 12 Probe- und Veranstaltungsräume zur Verfügung; dort fanden wöchentlich bis zu 20 Veranstaltungen statt; in den späteren Jahren wurde vorwiegend Rock, Jazz, Workshops, Kabarett und Diskussionsrunden mit Gästen aus Kunst, Wissenschaft und Politik geboten. Was sich unter dem einladenden Motto »Eintritt frei!« an manchem Abend dort abspielte, entsprach keineswegs immer den kulturpolitischen Erwartungen von →SED und FDJ (→Kulturpolitik).

Etwa 800 Mitglieder arbeiteten dort regelmäßig in über 40 Gruppen, Zirkeln und Kursen. Begehrt bei Kindern und Jugendlichen war besonders die Teilnahme an Kursen, die eine traditionell gute Ausbildung an verschiedenen Musikinstrumenten vermittelten. Für die an bildenden und angewandten Künsten Interessierten bestanden Zirkel für Malen/Zeichnen, Druckgraphik, Fotografie, Plastik, Kunsthandwerk, Keramik oder Textilgestaltung. Wer sich theatralisch oder musikalisch aufführen wollte, fand dazu ebenfalls in mehreren Zirkeln Gelegenheit: Es gab die Theatergruppe ›vis-à-vis‹, ein Kleines Theater, das Kabarett ›Die Reizzwecken‹, den Singeklub ›Pablo Neruda‹, das Pantomimenstudio Berlin, einen Zirkel für Artistik/Äquilibristik, den Pionier-Knabenchor ›Omnibus‹ und den Turniertanzkreis ›Berlin‹; außerdem fanden sich Zirkel zusammen für verschiedene Musikinstrumente, Kinder- und Jugendensembles, Musik und Bewegung, Sprecherziehung, Gesellschaftstanz und Schülertanz. Neben einem Boutique-Atelier befand sich im Foyer des Hauses auch eine ›Galerie junger Künstler‹.

Umwandlung: Mitarbeiter des H. gründeten im Oktober 1990 einen ›Verein für ein europäisches Jugendkulturzentrum‹ und bildeten gemeinsam mit Mitarbeitern anderer Ostberliner Kulturstätten einen ›Koordinierungsrat kultureller Einrichtungen‹. Daraufhin konnte im Oktober 1991 mit Unterstützung des Berliner Senats die landeseigene ›Berliner Kulturveranstaltungs- und -verwaltungs-GmbH‹ mit Sitz im ›Podewilschen Palais‹ gegründet werden. Diese Gesellschaft (Geschäftsführer: Hartmut Faustmann) fungierte nun als Träger des ehemaligen H., das am 3. 7. 1992 nach umfänglichen Rekonstruktionsarbeiten unter dem Namen ›Podewil‹ wiedereröffnet wurde. Als wichtiger Kulturstandort in der östlichen Berliner City soll es eine Stätte des internationalen, vor allem auf Osteuropa gerichteten Kultur- und Kunstaustausches sein, wobei Musikveranstaltungen und auch experimentelles Theater dominieren sollen.

Direktoren: Lothar Gierke (1986–1991); Hartmut Faustmann (Geschäftsführer, 1991–1993)

Haus des Lehrers (HdL), 1964–1990

Staatliche Einrichtung und Begegnungsstätte für Pädagogen

Das H. wurde als erstes Hochhaus am neugestalteten Berliner Alexanderplatz nach Entwürfen von Werner Henselmann erbaut; Grundsteinlegung war am 12. 12. 1962, am 9. 9. 1964 wurde es eröffnet. An der Stelle des Neubaus stand bis zur Zerstörung im Zweiten Weltkrieg das 1908 eingeweihte Berliner Lehrervereinshaus. Das H. war eine beliebte Begegnungsstätte von Pädagogen, wohl die bedeutendste in der DDR. Hier arbeiteten der ›Klub Berliner Pädagogen‹, die ›Lehrerakademie‹ und das ›Lehrerensemble‹ mit seinen 17 Zirkeln. Hinter dem von Walter Womacka geschaffenen Bilderfries – von den Ostberlinern »Bauchbinde« genannt – verbarg sich die ›Pädagogische Zentralbibliothek‹, die drittgrößte pädagogische Fachbibliothek Europas. Sie war aus der ›Deutschen Lehrerbücherei‹ und der ›Comenius-Stiftung‹ in Leipzig hevorgegangen und hatte einen Bestand von 650000 Schriften, darunter wertvolle historische Altbestände, eine in Europa einmalige Spezialbibliothek für Hör- und Sprachgeschädigte mit 42000 Schriftstücken sowie das ›Gesamtarchiv pädagogischer Schriften der DDR‹. Zum H. gehörte auch der seitlich etwas zurückgesetzte Kuppelbau einer Kongreßhalle mit 1000 Plätzen.

Umwandlung: Das H. wurde als staatliche pädagogische Einrichtung der DDR 1990/91 »abgewickelt«; die Gebäude und Einrichtungen einschließlich der Kongreßhalle gingen im September 1991 in den Besitz des Landes Berlin über. Seitdem waren Abteilungen der Berliner Senatsschulverwaltung dort untergebracht. Im August 1993 beschlossen der Hauptausschuß des Abgeordnetenhauses und der Senat von Berlin, H. und Kongreßhalle künftig nicht mehr selbst zu nutzen; die Liegenschaften sollen bis Mitte 1994 verkauft werden.

Hausgemeinschaft, 1953–1989/90

Gemeinschaft von Bewohnern eines Neubaublocks
oder eines größeren Mietshauses

Geschichte und Organisation: Die Bildung der ersten H. erfolgte im Mai 1953. Sie waren gedacht als Stützpunkte für die politisch-ideologische Arbeit der →›Nationalen Front‹ in Wohngebieten. Ihre Gründung wurde jeweils beschlossen von einer Hausversammlung, die mit Hilfe des Wohngebietsausschusses der ›Nationalen Front‹ und der Wohnparteiorganisation der SED (WPO) vorbereitet worden war. Diese Versammlungen wählten eine 3- bis 7köpfige Hausgemeinschaftsleitung (HGL), und sie verabschiedeten i. d. R. auch ein Arbeitsprogramm. Die HGL wählte den HGL-Vorsitzenden (»HGeller«), auf dessen Schultern die nicht geringen organisatorischen Arbeiten und Berichterstattungen lasteten. In vielen H. war auch einer der Hausbewohner ehrenamtlicher ›Brandschutzbeauftragter‹.

Funktionen und Wirkungen: Die H. galten als wichtigste Form des Gemeinschaftslebens im Wohngebiet. Ihre Funktion bestand in der Gestaltung »sozialistischer« Beziehungen zwischen den Hausbewohnern, im gemeinsamen Lösen von Aufgaben im Haus und in der Interessenvertretung der Hausbewohner gegenüber staatlichen Organen und Institutionen. Aktionsradius und Aktivität der H. waren sehr unterschiedlich entwickelt. Während in den Städten, besonders in den Neubauvierteln, viele H. gebildet wurden, die sich mehr oder weniger intensiv am öffentlichen Leben im Wohngebiet beteiligten, gab es sie in ländlichen Gegenden mit noch vielen Privathäusern nur selten.

Die HGL wurden von den Wohngebietsausschüssen der NF und den WPO ständig angehalten, das politische Gespräch mit den Hausbewohnern zu führen, eine gleichbleibend hohe Wahlbeteiligung zu sichern und für Ordnung und Sicherheit im Haus zu sorgen. Die Führung des →›Hausbuches‹ lag fast immer in den Händen eines HGL-Mitgliedes. Im DDR-Alltag lagen jedoch die Hauptinteressen der H. auf anderen Feldern: Sie hielten Verbindung zur →›Kommunalen Wohnungsverwaltung‹ (KWV), mit der sie »Mietermitwirkungsverträge« abschlossen; sie ergriffen häufig die Initiative zur Erhaltung der Bausubstanz und der Verbesserung der Wohnverhältnisse; sie organisierten auch Nachbarschaftshilfe für alleinstehende Mütter und ältere Bürger oder kümmerten sich um die Resozialisierung straffällig gewordener Mitbürger; sie beteiligten sich an der ›Mach-mit!-Bewegung‹ (→›Nationale Front‹) zur Pflege und Verschönerung des Wohngebietes und leisteten Erhebliches bei der Bepflanzung von Grünflächen und beim Anlegen von Kinderspielplätzen in Neubaugebieten.

Zahlreiche ›Hausgemeinschaften‹ richteten sich in Kellern Gemeinschaftsräume ein, die für gemeinsame Veranstaltungen und Feiern ausgiebig genutzt wurden. Dabei wurden meist auch die Prämien »auf den Kopf gehauen«, die regelmäßig von der ›Nationalen Front‹ in den Wettbewerben um den Titel ›Vorbildliche Hausgemeinschaft‹ oder um die Auszeichnung ›Goldene Hausnummer‹ ausgeschüttet wurden. In den 80er Jahren verstärkte die SED ihre Bemühungen, die H. politisch zu indoktrinieren und sie als Arbeitskräfteresevoir für kommunale Aufgaben zu nutzen. So wurde sie nun als »Hauptfeld der politischen Massenarbeit in den städtischen Wohngebieten« bezeichnet, wo es darauf ankäme, »die Politik der SED in jede Familie zu tragen«. 1986 wurde angegeben, daß bereits rd. 32000 H. bestünden; bis 1990 sollten weitere 20000 geschaffen werden.

Auflösung/Ende: Mit der Einführung marktwirtschaftlicher Wohnraumverwaltung stellten die H. ihre Tätigkeit ein. Besonders in den Neubaugebieten von Großstädten trat eine nicht unerhebliche Zahl von Mitgliedern der ehemaligen H. nun Mieterschutzvereinigungen bei.

Haushaltsbuch
→ Sozialistischer Wettbewerb

Haushaltsorganisation
Als H. galten staatliche Organe (Ministerien, Räte der Bezirke usw.) oder staatliche Einrichtungen (z. B. Krankenhäuser, Schulen, Bibliotheken), die aus dem Staatshaushalt finanziert wurden. In einer H. war das »Bruttoprinzip« Grundlage für die Planung, Bereitstellung und Abrechnung der finanziellen Mittel, was bedeutete, daß die Mittel für die voraussichtlich anfallenden Ausgaben ohne eine direkte Bindung an mögliche Einnahmen bereitgestellt wurden. Darin lag der wesentliche Unterschied zu Wirtschaftsbetrieben, für die die Eigenerwirtschaftung der Betriebsmittel weitgehend vorgeschrieben war (→Wirtschaftspolitik). Für die Leitung und Planung ihrer Haushaltswirtschaft war eine H. selbst verantwortlich; der von ihr aufgestellte Haushaltsplan mußte jedoch von der übergeordneten Behörde bestätigt werden.

Hennecke-Bewegung
→ Aktivistenbewegung

Hilfswerk der Evangelischen Kirchen
→ Diakonisches Werk

Historiker-Gesellschaft der DDR (HG)
→ Wissenschaftliche Gesellschaften

Hochschulen
→ Ingenieurhochschulen, → Kunsthochschulen, → medizinische Akademien, → Pädagogische Hochschulen, → Technische und landwirtschaftliche Hochschulen und Universitäten, → Universitäten sowie Einzelnachweise

Hochschule des MfS
→ Ministerrat der DDR, darin: Ministerium für Staatssicherheit

Hochschule für Architektur und Bauwesen, Weimar
→ Technische und landwirtschaftliche Hochschulen und Universitäten

Hochschule für Außenhandel, 1954–1958
Zentrale Aus- und Weiterbildungsstätte für Mitarbeiter des Außenhandels

Die am 14. 10. 1954 durch einen Beschluß des →Ministerrats gegründete

›Hochschule für Außenhandel‹ in Berlin-Staaken ging aus der ehemaligen Wirtschaftswissenschaftlichen Fakultät der ›Deutschen Verwaltungsakademie Forst Zinna‹ (DVA) hervor. Dort wurden schon 1949 Kurzlehrgänge zur Qualifizierung von Mitarbeitern des Außenhandels und dann zunächst zweijährige, ab 1953 dreijährige Lehrgänge zur Ausbildung von Außenhandelskadern durchgeführt. Diese Ausbildungsgänge wurden 1954 nach Staaken verlagert; das dortige Lehrpersonal bestand zum größeren Teil aus ehemaligen Mitarbeitern der DVA. Wegen der beträchtlichen Zeit, die für die Ausbildung in mehreren Fremdsprachen aufgewendet werden mußte, wurde die Studiendauer an der neuen Hochschule auf 9 Semester für das Direkt- und 5 Jahre für ein Fernstudium festgelegt. Neben der Ausbildung der Außenhandelskader veranstaltete die H. zudem Sonderlehrgänge für Ingenieure, die in Belangen des Außenhandels im Ausland eingesetzt werden sollten. Im Oktober 1958 wurde die H. aufgelöst bzw. in die → Hochschule für Ökonomie ›Bruno Leuschner‹ (HfÖ) integriert; bis zu diesem Zeitpunkt hatten etwa 400 Direkt- und Fernstudenten ein Studium an der H. absolviert.

Rektoren: Max Pfeifer (1954–1956); Erich Freund (1956–1958)

Hochschule für Bauwesen, Cottbus

→ Ingenieurhochschulen

Hochschule für Bildende Künste, Dresden

→ Kunsthochschulen

Hochschule für Binnenhandel

→ Handelshochschule Leipzig

Hochschule für Finanzwirtschaft, 1953–1955

Lehr- und Forschungsstätte für die Ausbildung von Finanzwirtschaftlern

Die H. wurde am 1. 9. 1953 durch Beschluß des → ›Ministerrats der DDR‹ in Potsdam errichtet. Sie hatte sich in Forschung und Lehre mit der Wert-, Geld-, Preis-, Haushalts-, Kredit- und Versicherungstheorie zu befassen und die Wirkungsweise des Systems der ökonomischen Gesetze zu ergründen; davon versprach man sich einen Beitrag zur ökonomischen Stimulierung der Volkswirtschaft und Fortschritte in der wirtschaftlichen Rechnungsführung (→ Wirtschaftspolitik). Zur Realisierung dieser Ansprüche bildete sie im Direkt- und Fernstudium »Finanzkader« für alle Einsatzbereiche des gesellschaftlichen Lebens aus. Als die H. nach nur kurzer Selbständigkeit zum 1. 8. 1956 mit der ›Hochschule für Planökonomie‹ zur →Hochschule für Ökonomie ›Bruno Leuschner‹ (HfÖ) vereint wurde, waren insgesamt 1306 Studierende (494 Direkt- und 812 Fernstudenten) eingeschrieben.

Rektoren: Werner Kalweit (1953–1955); Alfred Lemmnitz (1955–1956)

Hochschule für Grafik und Buchkunst, Leipzig

→ Kunsthochschulen

Hochschule für Film und Fernsehen ›Konrad Wolf‹, Potsdam-Babelsberg

→ Kunsthochschulen

Hochschule für industrielle Formgestaltung, Halle (Burg Giebichenstein)

→ Kunsthochschulen

Hochschule für Landwirtschaftliche Produktionsgenossenschaften, Meißen

→ Technische und landwirtschaftliche Hochschulen und Universitäten

Hochschule für Landwirtschaft und Nahrungsgüterwirtschaft ›Thomas Müntzer‹, Bernburg

→ Technische und landwirtschaftliche Hochschulen und Universitäten

Hochschule für Musik ›Carl Maria von Weber‹, Dresden

→ Kunsthochschulen

Hochschule für Musik ›Felix Mendelssohn-Bartholdy‹, Leipzig

→ Kunsthochschulen

Hochschule für Musik ›Franz Liszt‹, Weimar

→ Kunsthochschulen

Hochschule für Musik ›Hanns Eisler‹, Berlin

→ Kunsthochschulen

Hochschule für Ökonomie ›Bruno Leuschner‹ (HfÖ), 1956–1990

Am 4. 10. 1950 eröffnete der Minister für Planung Heinrich Rau in Berlin-Karlshorst eine ›Hochschule für Planökonomie‹, zu deren Leiterin Eva Altmann bestellt wurde. Diese Ausbildungsstätte wurde dann zum Kristallisationskern für eine größere Wirtschaftshochschule, die die Ausbildung von »Hochschulkadern« für Planung in der gesamten Wirtschaft wie

in einzelnen Industriezweigen, von Statistikern, Industrieökonomen, Finanzökonomen und anderen Fachkräften der Betriebs- und Volkswirtschaft übernehmen sollte. Der →›Ministerrat der DDR‹ erließ dazu am 28.6.1956 eine »Verordnung zur Gründung einer Hochschule für Ökonomie«. Daraufhin wurden zum 1.8.1956 die ›Hochschule für Planökonomie‹ mit der seit dem 1.9.1953 in Potsdam bestehenden →›Hochschule für Finanzwirtschaft‹ in Karlshorst zur H. vereinigt. Später wurde auch die seit 1954 bestehende →›Hochschule für Außenhandel‹ in Berlin-Staaken aufgelöst bzw. seit dem 1.9.1958 als Fakultät für Außenhandel in die H. eingegliedert.
Die einzige wirtschaftswissenschaftliche Hochschule in der DDR erhielt zu Zeiten des ›Neuen Ökonomischen Systems‹ (NÖS) besondere Bedeutung, da ihr damals die Aufgabe zufiel, im Rahmen von Schwerpunktprogrammen leitende Kader der Partei-, Staats- und Wirtschaftsführung auf die neuen Erfordernisse vorzubereiten und zu qualifizieren (→Wirtschaftspolitik). Als 1965 das »einheitliche sozialistische Bildungssystem« eingeführt wurde, hatte die H. den größeren Teil ihrer Qualifizierungsfunktionen an andere Bildungseinrichtungen abzutreten, vor allem an das →›Zentralinstitut für Sozialistische Wirtschaftsführung beim ZK der SED‹ (ZSW). Mit der 1967 eingeleiteten 3. Hochschulreform wurden der H. neue Aufgaben im Bereich der wirtschaftswissenschaftlichen Forschung übertragen; durch einen 1968 gefaßten Beschluß des Ministerrates erhielt sie Funktion und anleitende Zuständigkeit eines ökonomischen Forschungszentrums für die gesamte DDR. Der herausgehobenen Positon ging sie jedoch wieder verlustig, als nach dem VIII. Parteitag der SED (1971) die Wissenschaftsorganisation in der DDR neu geordnet wurde; die Leitfunktionen mußte sie nun weitgehend an den bei der →AdW eingerichteten ›Wissenschaftlichen Rat für wirtschaftswissenschaftliche Forschung‹ (→›Wissenschaftliche Räte‹) abtreten. Seitdem nahm sie vorwiegend Ausbildungsaufgaben wahr.
Die H. war in die 5 Sektionen Marxismus-Leninismus, Außenwirtschaft, sozialistische Volkswirtschaft, Leitung/Informationsverarbeitung/Statistik und sozialistische Betriebswirtschaft gegliedert; außerdem bestanden mehrere Institute. Die Ausbildung der Studenten erfolgte in 7 Fachrichtungen: politische Ökonomie, Außenwirtschaft, sozialistische Volkswirtschaft, Arbeitsökonomie, mathematische Methoden und Datenverarbeitung in der Wirtschaft, Rechnungsführung und Statistik, Finanzwesen industrieller Betriebe und Kombinate. Geforscht wurde schwerpunktmäßig zu Fragen der Wirtschaftsplanung und -leitung, der Außenwirtschaft sowie zu wirtschaftsrechtlichen und -historischen Themenstellungen. Wissenschaftliche Kontakte zu entsprechenden Einrich-

tungen des Auslands, vornehmlich solchen der UdSSR, waren in zahlreichen Arbeitsvereinbarungen und Freundschaftsverträgen festgeschrieben.

Auflösung/Ende: Bis zum Ende des Sommersemesters 1991 fand an der H. noch Lehr- und Studienbetrieb statt; intensive Bemühungen, die Selbständigkeit der Hochschule zu erhalten, blieben jedoch letztlich erfolglos. Zum 1. 10. 1991 wurde in Berlin eine ›Fachhochschule für Technik und Wirtschaft Berlin‹ (FHTW) gegründet, in die die vormaligen Berliner Ingenieurhochschulen IHS Lichtenberg und IHS Wartenberg sowie die H. eingegliedert wurden.

Rektoren: Eva Altmann (1950–1956 HS für Planökonomie) Erich Freund (1956–1958 HS f. Außenhandel); Alfred Lemnitz (1956–1958); Johannes Rößler (1958–1963); Alfred Lange (1963–1969); Günther Lingott (1969–1972); Walter Kupferschmidt (1972–1979); Rolf Sieber (1979–1988); Christa Luft (1988–1989); Rudolph Streich (1989–1991)

Publikationen/Archive: Die ›Wissenschaftliche Zeitschrift‹ der H., erschien viermal im Jahr von 1956–1990; ›Economic Quarterly‹, die Zeitschrift des ›Instituts für Ökonomik der Entwicklungsländer‹ an der H., erschien viermal jährlich in englischer Sprache und publizierte »Ergebnisse der marxistisch-leninistischen Forschung zur Förderung des wissenschaftlichen Gedankenaustausches mit fortschrittlichen Kräften in Entwicklungsländern«; eine ›Bibliographie Wirtschaftswissenschaften‹ informierte in 12 Ausgaben jährlich über aktuelle wirtschaftswissenschaftliche Literatur der DDR sowie des sozialistischen und nichtsozialistischen Auslands.

Konferenzmaterialien gab die H. in 10 Ausgaben pro Jahr heraus; sie enthielten Thesen und inhaltliche Beiträge zu den an und von der H. veranstalteten nationalen und internationalen wissenschaftlichen Konferenzen; außerdem wurden Forschungsinformationen zu aktuellen Ergebnissen der wissenschaftlichen Arbeit in den Sektionen sowie jährlich einmal Beiträge aus der wissenschaftlichen Arbeit von Nachwuchswissenschaftlern publiziert.

Hochschule für Planökonomie

→ Hochschule für Ökonomie ›Bruno Leuschner‹

Hochschule für Schauspielkunst ›Ernst Busch‹, Berlin

→ Kunsthochschulen

Hochschule für Seefahrt, Warnemünde-Wustrow

→ Technische und landwirtschaftliche Hochschulen und Universitäten

Hochschule für Verkehrswesen ›Friedrich List‹, Dresden

→ Technische und landwirtschaftliche Hochschulen und Universitäten

Hoch- und Fachschulrat der DDR
→ Ministerrat der DDR, darin: Ministerium für Hoch- und Fachschulwesen

Humboldt-Universität zu Berlin (HUB)
→ Universitäten

I

iga – Internationale Gartenbauausstellung der DDR in Erfurt
→ agra – Landwirtschaftsausstellung der DDR

Industriegewerkschaften
In der DDR existierten → Industriegewerkschaften und Gewerkschaften (IG/Gew.) nicht als selbständige Gewerkschaftsverbände mit eigener Finanzhoheit, sondern als Fachabteilungen des → ›Freien Deutschen Gewerkschaftsbundes‹ (FDGB). Sie waren dieser Einheitsorganisation zwar organisatorisch ausgegliedert, doch blieben deren Kreis-, Bezirks- und Zentralvorstände den jeweils auf gleicher Ebene bestehenden Leitungen des FDGB unterstellt. In der nach dem Prinzip des → demokratischen Zentralismus von oben nach unten durchgesetzten Planung und Leitung hatten sie die Beschlüsse von Bundeskongreß, Bundesvorstand und Präsidium des FDGB zu verwirklichen. An der Gewerkschaftsbasis traten die IG/Gew. als Branchen- und Fachgewerkschaften auf, die die FDGB-Mitglieder nach dem Prinzip »ein Betrieb, eine Gewerkschaft« in jeweiligen → ›Betriebsgewerkschaftsorganisationen‹ (BGO) oder ›Schulgewerkschaftsorganisationen‹ (SGO) organisierten.
Die Vorstandshierarchie der IG/Gew. war parallel zu der des FDGB nach dem Territorialprinzip aufgebaut. Kreis-, Bezirks- und Zentralvorstände wurden durch Delegierte für jeweils gleiche Amtsperioden gewählt, doch waren die Gremien kleiner als die der ihnen jeweils übergeordneten FDGB-Leitungen. Wo diese sich mit der ganzen Palette arbeits- und tarifrechtlicher, sozial-, jugend- und kulturpolitischer Probleme auseinanderzusetzen hatten, wurden die Vorstände der IG/Gew. nur mit Fragen befaßt, die besonders den jeweils durch sie vertretenen Industriezweig betrafen. In der Regelung der in ihre Zuständigkeit fallenden Angelegenheiten wurden sie durch die auf gleicher Ebene tätigen FDGB-Organe angeleitet, und sie hatten dabei mit den Fachorganen der Räte der Bezirke oder Kreise zusammenzuarbeiten. Die Mittel für Verwaltung und gewerk-

schaftliche Arbeit der IG/Gew. wurden im Rahmen der Finanzplanung des FDGB zentral festgesetzt und zugewiesen.
In der Beitrags- und Finanzhoheit des FDGB zeigte sich dessen übergeordnete Stellung ebenso wie in dem Recht, über Auflösung oder Umbildung einer IG/Gew. durch BuV-Beschluß zu verfügen. Anfang 1950 wurden z.B. einige Umgruppierungen unter den seit 1946 bestehenden Fachgewerkschaften verordnet, mit denen man zweierlei erreichen wollte: eine bessere Angleichung an die geplante Wirtschaftsstruktur und eine Eingliederung der Angestellten in die nach dem Produktionsprinzip vereinheitliche gewerkschaftliche Organisation am Arbeitsplatz. So entstanden die ›IG Bau – Holz‹ und die ›IG Textil – Bekleidung – Leder‹ durch Zusammenlegung von Einzelverbänden; die in der ›Gewerkschaft 16 – Angestellte‹ oder der ›IG Öffentliche Betriebe und Verwaltungen‹ organisierten Angestellten wurden auf die jeweils an ihrem Arbeitsplatz zuständigen IG/Gew. bzw. auf die neue ›Gewerkschaft Verwaltung – Banken – Versicherungen‹ verteilt; die Künstler unter den Mitgliedern der ›Gewerkschaft 17 – Kunst und Schrifttum‹ wurden mit anderen Künstlern zunächst in einer ›Gewerkschaft Bühne – Film – Musik – Artistik‹ zusammengefaßt, aus der 1951 dann die ›Gewerkschaft Kunst‹ gebildet wurde. Die Umstrukturierung wurde gleichzeitig zum Anlaß genommen, den →demokratischen Zentralismus in den Satzungen festzuschreiben und die Kader zu überprüfen.
In den 80er Jahren war die Mitgliedschaft des FDGB in 16 IG/Gew. organisiert, darunter befanden sich 8 Industriegewerkschaften, die hier in der Reihenfolge ihrer Größe aufgezählt sind: ›IG Metall‹, ›IG Bau – Holz‹, ›IG Transport und Nachrichtenwesen‹, ›IG Textil – Bekleidung – Leder‹, ›IG Chemie, Glas und Keramik‹, ›IG Bergbau – Energie‹, ›IG Druck und Papier‹ sowie die unter strenger Geheimhaltung stehende ›IG Wismut‹.

IG Bau – Holz, gegr. 1950

Die IG wurde 1950 als Zusammenschluß der bis dahin getrennt bestehenden ›IG Bau‹ und der ›IG Holz‹ gebildet. Am 22.9.1990 faßte eine Zentraldelegiertenkonferenz den Beschluß zur Auflösung per 31.10.1990.

Vorsitzende: Franz Jahn (1946–1950, ›IG Bau‹); Max Wachtel (1946–1950, ›IG Holz‹); Franz Jahn (1950–1953, ›IG Bau–Holz‹); Walter Tille (1953–1958); Lothar Lindner (1958–1989); Horst Schulz (1990)
Mitgliederstand: rd. 960000 (1982) und 935208 (1989)

IG Bergbau – Energie, gegr. 1963

Bis 1963 bestand je eine Industriegewerkschaft für Bergbau und eine für Energie bzw. für Energie, Post, Transport; dann wurden im Zuge einer

Umgruppierung die Industriebereiche Bergbau und Energie in einer IG zusammengefaßt; später kam auch noch der Bereich Wasserwirtschaft hinzu. Am 15. 9. 1990 wurde dann auf einem Kongreß der ›IG Bergbau – Energie – Wasserwirtschaft‹ der Beschluß gefaßt, die Gewerkschaft zum 31. 12. 1990 aufzulösen.

Vorsitzende: Paul Lähne (1946–1949, ›IG Bergbau‹); Rudolf Jäger (1949–1955, ›IG Energie‹); Max Fritsch (1949–1951, ›IG Bergbau‹); Karl Honisch (1951–1954, ›IG Bergbau‹); Werner Lucas (1955–1976, ›IG Bergbau‹ bzw. ›IG Bergbau – Energie‹); Gerhard Hauschild (1955–1958, ›IG Energie‹ u. 1959–1963, ›IG Energie – Post – Transport‹); Erhard Ullrich (1977–1982, ›IG Bergbau – Energie‹); Günter Wolf (1982–1989, ›IG Bergbau – Energie‹); Manfred Martin (1989–1990); Peter Witte (1990, Leiter des Arbeitssekretariats)
Mitgliederstand: rd. 450000 (1982) und 472038 (1989)

IG Chemie, Glas und Keramik, gegr. 1946

Zunächst bestand von 1946–1972 eine ›IG Chemie‹, dann erfolgte die Umbenennung in ›IG Chemie, Glas und Keramik‹. Auf einem Kongreß am 7./8. 5. 1990 in Halle wurde der Beschluß zur Auflösung per 31. 5. 1991 gefaßt.

Vorsitzende: Max Reitersleben (1946–1950, ›IG Chemie‹); Kurt Kühn (1950–1952, ›IG Chemie‹); Horst Willim (1953–1958, ›IG Chemie‹); Rudolf Höppner (1959–1967, ›IG Chemie‹); Werner Oertelt (1967–1980, ›IG Chemie‹ bzw. ›IG Chemie, Glas und Keramik‹); Edith Weber (1980–1989); Hartmut Löschner (1989–1990)
Mitgliederstand: rd. 510000 (1982) und 531301 (1989)

IG Druck und Papier, gegr. 1950

Von 1946–1950 gab es eine ›IG Graphisches Gewerbe und Papierverarbeitung‹. Die seitdem bestehende ›IG Druck und Papier‹ löste sich zum 30. 9. 1990 auf.

Vorsitzende: Otto Krautz (1946–1949); Willi Grapentin (1949–1951); Heinz Meier (1951–1961); Heinz Oehler (1961–1966); Heinz Deckert (1966–1985); Werner Peplowski (1985–1990);
Mitgliederstand: rd. 160000 (1982) und 152408 (1989)

IG Metall, gegr. 1946

1951 wurde der Industriebereich Schwerindustrie ausgegliedert und dafür eine selbständige ›IG Metallurgie‹ gebildet; nach der schon 1958 erfolgten Rückgliederung bestand zunächst von 1958–1959 eine ›IG Metall – Metallurgie‹, seit 1959 wieder die ›IG Metall‹. Am 5./6. 10. 1990 faßte eine Delegiertenkonferenz den Beschluß zur Auflösung per 31. 12. 1990.

Vorsitzende: Paul Peschke (1946–1949); Fritz Phillip (1949–1950); Emil Otto (1950–1952); Herbert Dönitz (1951–1953, ›IG Metallurgie‹); Alwin Günther (1953–1958,

›IG Metallurgie‹); Hans Schmidt (1952–1953); Rolf Berger (1953–1957); Herbert Dönitz (1957–1960); Horst Heintze (1960–1960 kommiss.); Rolf Berger (1960–1961); Reinhard Sommer (1961–1988); Gerhard Nennstiehl (1988–1989); Hartwig Bugiel (1989–1990);
Mitgliederstand: rd. 1770000 (1982) und 1819356 (1989)

IG Örtliche Wirtschaft, gegr. 1955

Die IG wurde 1955 gegründet und bestand bis 1958.

Vorsitzende: Hans Löhn (1955–1956); Rudolf Höppner (1956–1958)

IG Textil – Bekleidung – Leder, gegr. 1950

Die IG entstand 1950 durch Zusammenschluß der seit 1946 bestehenden ›IG Bekleidung‹, ›IG Leder‹ und ›IG Textil‹. Den Beschluß zur Auflösung per 31.12.1990 faßte eine außerordentliche Delegiertenkonferenz am 30.9.1990.

Vorsitzende: Kurt Schenk (1946–1949, ›IG Bekleidung‹); August Blume (1946–1949, ›IG Leder‹); Ludwig Küchel (1946–1949, ›IG Textil‹); Wilhelm Groß (1950–1952); Anna Posselt (1953–1975); Charlotte Bombal (1975–1986); Annelie Unger (1986–1989); Hans-Jürgen Nestmann (1990)
Mitgliederstand: rd. 610000 (1982) und 601747 (1989)

IG Transport- und Nachrichtenwesen, gegr. 1963

Die IG entstand durch Zusammenschluß der von 1946 bis 1963 bestehenden ›IG Eisenbahn‹ mit Teilen der aufgelösten ›IG Energie – Post – Transport‹. Vorläufer war die ›IG Handel und Transport‹ (1946–1949), aus der nach Ausgliederung des Handels (→ ›Gewerkschaft Handel, Nahrung und Genuß‹) die ›IG Transport‹ (1949–1958) gebildet wurde. Aus der ›IG Post und Fernmeldewesen‹ (1946–1958) ging die von 1958–1963 bestehende ›IG Energie – Post – Transport‹ hervor, in der die zuvor getrennt bestehenden Industriegewerkschaften für Transport, Post- und Fernmeldewesen soie Energiewirtschaft zusammengefaßt wurden (→ ›IG Bergbau – Energie‹). Auf der 11. Tagung des ZV wurde am 15.12.1989 die Aufteilung der IG in drei selbständige Verbände (›IG Transport‹, ›Gew. der Eisenbahner‹ und ›Deutsche Postgewerkschaft‹) beschlossen. Die Gründung einer ›IG Transport‹ erfolgte am 22.2.1990; bis dahin fungierte Günther Kuhn als Leiter des Arbeitssekretariats; seitdem amtierte Karl-Heinz Biesold als Vorsitzender. Auf dem 2. Gewerkschaftstag der ›IG Transport‹ wurde am 30.9.1990 die Auflösung zum 2.10. d. J. beschlossen.
Eine ›Gewerkschaft der Eisenbahner‹ (GdE) wurde während einer ao. Delegiertenkonferenz am 14./15.2.1990 gegründet; ein vorbereitendes Arbeitssekretariat bestand seit dem 15./16.12.1989 unter der Leitung von Franz Kling; mit der Neugründung wurde Peter Rothe Vorsitzender der

GdE. Auf ihrer ersten Gewerkschaftskonferenz in Kassel beschloß die GdE am 23. 10. 1990 ihre Auflösung zum 31. d. M. Für die Gründung einer Postgewerkschaft wurde am 15. /16. 11. 1989 ein Arbeitssekretariat unter Leitung von Uta Pech eingesetzt, das eine konstituierende Delegiertenkonferenz vorbereitete; diese tagte am 10. /11. 3. 1990 in Bernau und beschloß die Gründung einer ›Deutschen Postgewerkschaft‹ (DPG) im FDGB; Vorsitzender wurde Peter Preikow. Die Auflösung der DPG zum 31. 10. 1990 wurde am 13. /14. 10. 1990 beschlossen.

Vorsitzende der ›IG Eisenbahn‹: Theodor Kotzur (1946–1949); Roman Chwalek (1949–1951); Otto Seeger (1951–1955); Kurt Lucas (1954–1955); Karl Fritsche (1955–1959); Karl Iffländer (1959–1963)

Vorsitzende der ›IG Handel und Transport‹: Johannes Seiffert (1946–1947); August Haschke (1947–1947); Walter Grunewald (1947–1949); Walter Grunwald (1949–1950, ›IG Transport‹); Kurt Lucas (1950, ›IG Transport‹); Herbert Littke (1950–1958, ›IG Transport‹)

Vorsitzende der ›IG Energie – Post – Transport‹: Herbert Littke (1958–1959); Gerhard Hauschild (1959–1963)

Vorsitzende der ›IG Post- und Fernmeldewesen‹: Paul Koch (1946–1947); Karl Siebert (1947–1950); Leo Wanzke (1950–1952); Friedrich Macher (1952–1954); Karl Richardt (1954–1955); Rudolph Springer (1955–1958)

Vorsitzende der ›IG Transport- und Nachrichtenwesen‹: Karl Iffländer (1963–1977); Karl Kalauch (1977–1989)

Mitgliederstand: rd. 760000 (1982) und 799480 (1989)

IG Wismut, gegr. 1950

In dieser IG waren die im Uranerzabbau der → ›Wismut SDAG‹ Beschäftigten organisiert; sie entstand 1950 durch Ausgliederung aus der ›IG Bergbau‹. Die Bildung einer nur für diesen Produktionsbereich zuständigen IG wurde notwendig wegen der Sonderstellung der ›Sowjetisch-deutschen Aktiengesellschaft‹ und der Geheimhaltung, die für alle mit nuklearer Brennstoffproduktion zusammenhängenden Vorgänge galt. Eine ao. Konferenz der ›IG Wismut‹ faßte am 28. 9. 1990 in Crossen den Beschluß zur Auflösung per 31. 19. 1990

Vorsitzende: Richard Leppi (1950–1951); Werner Lucas (1952–1955); Heinz Schönfeld (1955–1966); Herbert Strienitz (1966–1985); Gotthard Stark (1985–1990); Dieter May (1990)

Mitgliederstand: 65081 (1989)

Ingenieurhochschulen (IHS), 1969–1990

Die von der → SED einberufene IV. Hochschulkonferenz konstatierte im Februar 1967 ein Zurückbleiben des Hochschulwesens hinter der wissenschaftlich-technischen Entwicklung; diskutiert wurde das »Prinzip, Forschung und Lehre so zu profilieren, daß sie praxisorientierte, hochgebildete und sozialistisch erzogene Kader hervorbringen und zur maximalen Steigerung des Nationaleinkommens beitragen« könne. Diese Forderungen wurden zum Ausgangspunkt für die daraufhin eingeleitete 3. Hochschulreform in der DDR. Ganz allgemein sollte dadurch das Hochschulwesen in Struktur und Wirkungsweise besser auf die Belange der Volkswirtschaft und auf die gestiegenen Ansprüche des wissenschaftlich-technischen Fortschritts ausgerichtet werden.

Um jedoch rasch etwas für die zeitgemäße Ausbildung und dringend notwendige Verstärkung des naturwissenschaftlich-technischen Personals zu erreichen, wurden 1969 insgesamt 10 Ingenieurhochschulen (IHS) gegründet bzw. schon bestehende Institutionen der Technikerausbildung mit Fachschulcharakter in den Rang von I. erhoben. In Berlin-Wartenberg, Cottbus, Dresden, Köthen, Leipzig, Mittweida, Warnemünde-Wustrow, Wismar, Zittau und Zwickau entstanden I., an denen in einem 4jährigen, stark produktionsbezogenen Studium Diplomingenieure bzw. Diplomingenieurökonomen ausgebildet wurden. Damit erweiterte man das Spektrum der Technischen Hochschulen um einen Typ, der speziell darauf ausgerichtet war, Studenten für Einsatzgebiete auszubilden, in denen es um die Überführung wissenschaftlich-technischer Erkenntnisse in die Produktion und um deren technologische Beherrschung im Produktionsprozeß ging (→ Technische und landwirtschaftliche Hochschulen und Universitäten). Folglich konzentrierten sich die I. in Lehre und Forschung vorrangig auf technologische und technisch-ökonomische Probleme und Aufgaben.

Voraussetzung zum Studium waren i. d. R. das Abitur (EOS oder BBS) und eine Facharbeiterausbildung (→ Bildungspolitik); das Abitur konnte aber auch in Sonderlehrgängen an den I. nachgeholt werden. Dabei nutzte man die Erkenntnisse der bis Anfang der 60er Jahre an den → Universitäten bestehenden → ›Arbeiter-und-Bauern-Fakultäten‹. Die I. bildeten vorwiegend Ingenieure in folgenden Grundrichtungen bzw. Fachgebieten aus: Maschinenbau, Elektrotechnik, Werkstoffkunde, Verfahrenstechnik, Bauwesen, Verkehrswesen und -technik, Verfahrenschemie und Betriebswirtschaft. Die Ausbildungsprogramme konzentrierten sich vor allem auf einen Einsatz im Bereich Technologie oder in produktionsvorbereitenden und -durchführenden Abteilungen.

Ingenieurhochschule Berlin-Lichtenberg, 1988–1990

Diese IHS gehört nicht zu denen, die 1969 im Zuge der 3. Hochschulreform errichtet wurden; sie entstand, indem der schon seit 1949 im Ostberliner Stadtbezirk Lichtenberg ansässigen ›Ingenieurschule für

Maschinenbau und Elektrotechnik‹ zum 1.1.1988 der Status einer IHS verliehen wurde. Als zum 1.10 1991 die ›Fachhochschule für Technik und Wirtschaft Berlin‹ errichtet wurde, bildete sie zusammen mit den Hinterlassenschaften der IHS Berlin-Wartenberg und der →Hochschule für Ökonomie ›Bruno Leuschner‹ den Grundstock dieser Neugründung.

Rektor: Gottfried Maronna (ab 1988)

Ingenieurhochschule für Landtechnik, Berlin-Wartenberg, 1969–1990

Die I., die am 1.9.1969 den Lehrbetrieb aufnahm, entstand durch die Zusammenführung von Ausbildungs- und Forschungskapazitäten der →›Humboldt-Universität‹, der ›Ingenieurschule für Landtechnik Berlin-Wartenberg‹ sowie des Instituts für Landtechnik der →›Akademie für Landwirtschaftswissenschaften‹. Im Anschluß an ein viersemestriges Grundstudium wurden dort Betriebsingenieure, Anlagenprojektanten, Konstrukteure, Automatisierungsingenieure oder Fertigungsingenieure für Arbeitsgebiete in der Land-, Forst- und Nahrungsgüterwirtschaft und in der Kommunaltechnik ausgebildet; nach erfolgreichem Abschluß verließen sie die I. als Diplomingenieure. Mit dem 1.9.1990 wurde die I. zunächst der ›Humboldt-Universität‹ zu Berlin eingegliedert. Als dann zum 1.10.1991 die ›Fachhochschule für Technik und Wirtschaft Berlin‹ entstand, wurden Anlagen und Einrichtungen dieser Neugründung zugeschlagen.

Rektoren: Herbert Mainz (1969–1987); Dietmar Rössel (1987–1990)

Ingenieurhochschule für Bauwesen, Cottbus, 1954–1990

Eine ›Landeshochbauschule Cottbus‹ wurde schon am 25.10.1948 gegründet. Diese wurde 1951 umbenannt in ›Fachschule für Bauwesen Cottbus‹ und firmierte von 1954 bis 1963 als ›Hochschule für Bauwesen Cottbus‹. Im Zuge der vom Ministerrat für 1969 angeordneten Gründung von Ingenieurhochschulen wandelte man im September d. J. auch die Cottbusser Lehranstalt in eine IHS um. Diese wurde dann am 4.10.1989 in den Rang einer ›Technischen Hochschule für Bauwesen‹ erhoben. Seit dem 2.5.1990 bezeichnet sie sich als ›Technische Hochschule Cottbus‹.

Umwandlung: Mit Gründungsakt vom 15.7.1991 wurde die T. auf der Grundlage des Brandenburgischen Hochschulgesetzes in die ›Technische Universität Cottbus‹ umgewandelt. Der ›Deutsche Wissenschaftsrat‹ nahm diese einzige TU des Landes Brandenburg im Juli 1993 in das Verzeichnis des Hochschulbauförderungsgesetzes auf, womit der weitere Ausbau der Hochschule gesichert scheint.

Rektoren: Theodor Musterle (1954–1961); Johannes Lehmann (1961–1963); Heinz Prässler (1969–1988); Horst Brix (1988–1990); Bernd Wagenbreth (ab 1990)

Ingenieurhochschule Dresden, 1969–1985

Die im Zuge der 3. Hochschulreform 1969 errichtete IHS Dresden bestand nur bis Ende 1985. Mit dem 1. 1. 1986 wurde sie in die Technische Universität Dresden integriert (→Technische und landwirtschaftliche Hochschulen und Universitäten).

Ingenieurhochschule Köthen, 1969–1990

Bereits 1891 wurde die ›Akademie für Handel, Landwirtschaft und Industrie Köthen‹ gegründet. Nach mehreren Umbenennungen nahm 1948 die ›Staatliche Ingenieurhochschule Köthen‹ ihre Tätigkeit auf. Dem Institut, ab 1953 nur noch als ›Ingenieurschule Köthen‹ bezeichnet, wurde 1959 der Ehrenname ›Frédéric Joliot-Curie‹ verliehen; 1969 erhielt es den Status einer IHS; zugleich wurden die Fachrichtungen Apparate- und Anlagenbau, Verfahrenstechnik und Betriebswirtschaft aufgebaut bzw. weiterentwickelt; 1972 kamen Ausbildungsmöglichkeiten in Lebensmitteltechnik, 1978 in Biotechnologie hinzu. Seit 1990 firmierte sie als ›Technische Hochschule Köthen‹; sie bestand bis zum 30. 9. 1993.

Rektoren: Rolf Schulze (1969–1986); Kurt Gramlich (1986–1990)

Ingenieurhochschule Leipzig

→ Technische und landwirtschaftliche Hochschulen und Universitäten,
darin: Technische Hochschule Leipzig

Ingenieurhochschule Mittweida, 1969–1990

Am 7. 5. 1867 wurde in Mittweida ein privates Technikum eröffnet, an dem seit 1884 Elektrotechnik gelehrt wurde. 1935 erfolgte die Umwandlung in eine staatliche Ingenieurschule. Nach dem Zweiten Weltkrieg wurde diese am 1. 10. 1945 wiedereröffnet; zum 15. 1. 1946 erfolgte dann jedoch auf Befehl der →SMAD deren erneute Schließung. Am 1. 11. 1947 wurde die Einrichtung als ›Ingenieurschule Mittweida‹ mit Fachrichtungen für Maschinenbau, Landmaschinenbau, Kraftfahrzeugbau und Elektrotechnik wiedereröffnet. Im Zeitraum von 1951–1954 profilierte sie sich zu einer Ingenieurschule für Elektrotechnik, der am 1. 9. 1969 der Hochschulstatus verliehen wurde. 1980 erhielt die I. das Promotionsrecht; 1983 wurde dort ein Zentrum für mikroelektronischen Gerätebau eingerichtet. Zuletzt war die I. in zwei Sektionen (Technologie und elektronischer Gerätebau) gegliedert, an denen jährlich jeweils rd. 200 Studenten immatrikuliert waren. 1992 wurde die I. zu einer ›Hochschule für Technik und Wirtschaft‹ (Fachhochschule) umgewandelt.

Rektoren: Reinhard Göttner (1969–1981); Gerhard Zscherpe (1981–1990); Reinhard Schmidt (seit 1990)

Ingenieurhochschule für Seefahrt, Warnemünde-Wustrow

→ Technische und landwirtschaftliche Hochschulen und Universitäten, darin: Hochschule für Seefahrt, Warnemünde-Wustrow

Ingenieurhochschule Wismar

→ Technische und landwirtschaftliche Hochschulen und Universitäten, darin: Technische Hochschule Wismar

Ingenieurhochschule Zittau

→ Technische und landwirtschaftliche Hochschulen und Universitäten, darin: Technische Hochschule Zittau

Ingenieurhochschule Zwickau

→ Technische und landwirtschaftliche Hochschulen und Universitäten, darin: Technische Hochschule Zwickau

Ingenieurpaß

→ Kammer der Technik

Innere Mission

→ Diakonisches Werk

Institut für Denkmalpflege, 1954–1990

Zentrale wissenschaftliche Einrichtung für die Belange des Denkmalschutzes in der DDR

Das im September 1954 gegründete I. war dem →Ministerium für Kultur (MfK) direkt unterstellt und in 5 Arbeitsstellen (Berlin/DDR, Dresden, Erfurt, Halle und Schwerin) gegliedert, denen die denkmalpflegerische Betreuung innerhalb der →Bezirke oblag. Die Verantwortung für Schutz und Pflege der Denkmäler trugen die →örtlichen Volksvertretungen und deren Räte sowie andere staatlichen Instanzen, die durch das I. wissenschaftlich beraten wurden. Das I. arbeitete auf der Grundlage des Denkmalpflegegesetzes vom 19. 6. 1975 (in Kraft getreten am 1. 7. 1976) und eines vom →Ministerrat beschlossenen Statuts vom 15. 12 1975. Dem Gesetz zufolge waren jeweilige Rechtsträger, Eigentümer oder Verfügungsberechtigte zum Erhalt von Denkmälern und unter Denkmalschutz gestellten Bauwerken verpflichtet, wozu ihnen staatliche Hilfe gewährt werden konnte. Nachdem in den 50er und 60er Jahren dem Erhalt von Denkmälern relativ wenig Aufmerksamkeit seitens staatlicher Stellen ge-

widmet worden war, erfuhr der Denkmalschutz in der DDR aufgrund dieser gesetzlichen Regelungen seit Mitte der 70er Jahre einen gewissen Aufschwung. Die zentrale Dienststelle des I. mit rd. 200 Mitarbeitern bestand bis Oktober 1990; mit Bildung der Länderstrukturen entstanden dann 5 Landesämter für Denkmalpflege.
Seit 1977 bestand beim MfK ein ›Rat für Denkmalpflege‹; innerhalb des →›Kulturbundes der DDR‹ wurde eine ›Gesellschaft für Denkmalpflege‹ gebildet, die großen Zuspruch fand und in der ca. 350 Interessengemeinschaften mit etwa 5000 Mitgliedern organisiert waren. Ihrem regen Einsatz sowie der Tätigkeit der Arbeitsstellen des I. war es zu verdanken, daß zahlreiche Kulturdenkmäler vor dem Verfall bewahrt werden konnten. Die anleitende und unterstützende Tätigkeit des I. bezog sich vor allem auf bauliche, gärtnerische und städtebauliche Maßnahmen sowie auf Grabungen, Konservierungen, Restaurierungs- und Rekonstruktionsarbeiten. Zur fachgerechten Erledigung der vielfgältigen Restaurierungsaufgaben waren Architekten, Spezialhandwerker, Projektierungsgruppen und Ateliers für Restaurierung von Werken der bildenden und angewandten Kunst in 5 →VEB Denkmalpflege zusammengefaßt, die entsprechend den Arbeitsstellen des I. in Berlin/DDR, Dresden, Erfurt, Halle und Schwerin lokalisiert waren. Für einige Spezialaufgaben, die zentral bearbeitet wurden, bestanden in Berlin/DDR Arbeitsgruppen, so das ›Preußische Meßbildarchiv‹, eine ›Arbeitsgruppe mittelalterliche Glasmalerei‹, eine zur Bearbeitung und Herausgabe eines ›Handbuchs der Kunstdenkmäler‹ u. a.
1989 gab es in der DDR nach offiziellen Angaben 48000 Objekte, die unter Denkmalschutz standen; dabei handelte es sich um Denkmäler der Geschichte, vor allem der Geschichte der Arbeiterbewegung, insbesondere der von KPD und SED, der Kulturgeschichte, der Kunst, Wissenschaft und Technik. 30000 davon waren Bau- und Kunstdenkmäler, darunter viele Kirchenbauten, aber auch 22 historische Stadtzentren und mehr als 25 Altstadtbereiche in Bautzen, Güstrow, Halberstadt, Quedlinburg, Stralsund, Wernigerode (u. a.). Aus dem Staatshaushalt 1989 wurden für den Erhalt dieser Denkmäler jedoch lediglich 94 Mio. Mark zur Verfügung gestellt.

Generalkonservatoren der DDR: Wolf Schubert (1954–1961); Ludwig Deiters (1961–1986); Peter Goralczyk (1986–1990)

Institut für Filmwissenschaft, 1963–1971

Die von der →SED einberufenen Filmkonferenzen von 1952 und 1958 verlangten von den Filmemachern der →DEFA, sich vorrangig der Gegenwartsthematik anzunehmen und sich dabei der Methode des »sozialistischen Realismus« zu bedienen. Mit gegenwärtig drückenden Problemen setzten sich engagierte Regisseure ohnehin auseinander; mit dem »sozialistischen Realismus«, der von Kulturfunktionären – des öfteren auch von W. Ulbricht selbst – definiert und i. d. R. dogmatisch ausgelegt wurde, hatten sie ihre Schwierigkeiten. Unklarheiten, Meinungsdifferenzen und gegenseitige Verständnislosigkeit zeigten gegen Ende der 50er Jahre an, daß es an richtungweisenden Vorgaben durch eine systematisch betriebene und geförderte Filmwissenschaft fehlte.

In filmwissenschaftlichen Arbeiten, die sich stets auf die sowjetische Filmwissenschaft bezogen, waren die Studien zur sowjetischen Filmästhetik und zu den Traditionen des proletarisch-revolutionären deutschen Films besonders herausgestellt worden. Da lag es nahe, im April 1959 in Berlin/DDR eine ›Eisenstein-Konferenz‹ zu veranstalten, die sich mit Ideen und Werken dieses großen russischen Regisseurs beschäftigte. Nach dieser Konferenz begann man in Berlin/DDR, eine ›Deutsche Zentralstelle für Filmforschung‹ aufzubauen, aus der dann am 1. 10. 1963 das ›Institut für Filmwissenschaft‹ an der ›Hochschule für Film und Fernsehen‹ (→ Kunsthochschulen) hervorging. Dort entstand auch eine zentrale Filmbibliothek, der u. a. der Bestand der ehemaligen Ufa-Bibliothek eingegliedert wurde. 1968 wurde das I. wieder aus der HFF herausgelöst und der ›Hauptverwaltung Film‹ beim → Ministerium für Kultur unterstellt; im Zuge der 3. Hochschulreform wurde es 1970 in die neugegründete ›Sektion Forschung‹ der HFF reintegriert. Ein Jahr später wurde das I. dann aufgelöst und seine Mitarbeiter 1972 an den Lehrstuhl für Film- und Fernsehwissenschaft der HFF überwiesen, wo sie in den Abteilungen für Filmtheorie und -geschichte weiterarbeiten konnten.

Die kurze, aber wechselvolle Geschichte des I. erklärt sich aus der restriktiven Filmpolitik, mit der die SED-Führung nach dem verfehlten »Kahlschlag-Plenum« vom Dezember 1965 versuchte, ihre Auffassung von einer »sauberen Leinwand« durchzusetzen (→ ›Kulturpolitik). In der Abrechnung mit den Künstlern war insbesondere der in Literatur und Film angeblich grassierende »Skeptizismus« angeprangert worden. E. Honecker hatte in seiner programmatischen Rede verkündet: »Es gibt eine einfache Rechnung: Wollen wir die Arbeitsproduktivität und damit den Lebensstandard weiter erhöhen, woran doch alle Bürger der DDR interessiert sind, dann kann man aber nicht nihilistische, ausweglose und moralzersetzende Philosophie in Literatur, Film, Theater, Fernsehen und Zeitschriften verbreiten.« Solche Grundeinsichten machten schwindenden Realitätssinn und wachsenden Dogmatismus in der SED-Führung gleichermaßen offenbar.

Unter diesen Voraussetzungen mochten sich die Kulturstrategen der DDR von Selbstreflexion und analytischer Schärfe der Filmemacher gewiß nicht viel versprechen, weshalb sie in einem mit relativer Selbständigkeit forschenden I. kaum eine förderungswürdige Einrichtung sehen konnten. Zudem konnten sie darauf verweisen, daß es mit dem seit 1955 bestehenden →›Staatlichen Filmarchiv der DDR‹ eine Institution gab, deren Bestände auch der an Hochschulen betriebenen filmwissenschaftlichen Forschung als Material verfügbar waren. Gefahren sah man offenbar in der theoretischen, weniger jedoch in der filmhistorisch-konservatorischen Beschäftigung mit dem Medium, so daß man es später riskierte, die bewahrende Funktion des Filmarchivs zu ergänzen, indem man 1981 in Potsdam ein ›Filmmuseum der DDR‹ gründete.

Direktoren: Heinz Baumert (1963); Konrad Schwalbe (1964–1965); Willi Adam (1965); Friedrich Karl Freyer (1967–1971); Witho Eichel (1971 kommiss.)
Publikationen/Archive: ›Materialien zur Filmwissenschaft‹, ersch. seit 1960 als Beilage zur Zs. ›Deutsche Filmkunst‹; ab Jg. 2/1961 fortges. als ›Filmwissenschaftliche Mitteilungen‹; ab Jg. 9/1968 fortges. als ›Filmwissenschaftliche Beiträge‹; ab Jg. 23/1982 ›Beiträge zur Film- und Fernsehwissenschaft‹; • ›Filmwissenschaftliche Information‹, ersch. seit 1964; ab 1965 fortges. u. d. T. ›Film-Information‹; ab 1979 vereinigt mit ›Filmwissenschaftliche Beiträge‹

Institut für Gesellschaftswissenschaften beim ZK der SED (IfG)
→ Akademie für Gesellschaftswissenschaften beim ZK der SED

Institut für Internationale Politik und Wirtschaft (IPW), 1971–1990
Dem →›Zentralkomitee der SED‹ zuarbeitende Einrichtung für marxistisch-leninistische Imperialismusforschung, insbesondere für die Analyse der Entwicklungen in der BRD

Geschichte und Organisation: Das I. entstand im Juli 1971, indem das →›Deutsche Institut für Zeitgeschichte‹ (DIZ), das →›Deutsche Wirtschaftsinstitut› (DWI) sowie der wissenschaftliche Bereich des 1971 aufgelösten →›Staatssekretariats für westdeutsche Fragen‹ zusammengelegt wurden. Aus diesen 3 Institutionen bildete sich auch die personelle Grundausstattung des I., das in die Hauptabteilungen für Politik, Ökonomie und Ideologie gegliedert war; später waren dort rd. 160 wissenschaftliche Mitarbeiter tätig.
Zur ›Hauptabteilung Politik‹, die sich vor allem aus Mitarbeitern des ehemaligen DIZ zusammensetzte, gehörten u. a. Abteilungen für Sicherheit und Entspannung; Rüstung, Rüstungspolitik und Abrüstung; innenpolitische und gesellschaftliche Entwicklung in Westeuropa. Die ›Hauptabteilung Ökonomie‹, in der vornehmlich Mitarbeiter des ehemaligen

DWI beschäftigt waren und die personell am stärksten besetzt war, bestand u. a. aus Abteilungen für Weltwirtschaft (mit den Arbeitsgruppen USA, Japan und Asien); Westeuropa; Reproduktion (d. h. Analyse von Prozessen der wissenschaftlich-technischen Revolution); Konjunktur und Krise; Monopolisierung (in der BRD und Westeuropa); Agrarfragen (einschl. der Probleme der Welternährung); Lage und Probleme der Arbeiterklasse; ökonomische Fragen der Rüstung; ökonomische Rolle der Entwicklungsländer. In der ›Hauptabteilung Ideologie‹ arbeiteten in der Mehrzahl Mitarbeiter, die vom ehemaligen ›Staatssekretariat für westdeutsche Fragen‹ (→Staatssekretariate) übernommen worden waren; dort befaßten sich die wichtigsten Abteilungen mit konzeptionellen Grundfragen der friedlichen Koexistenz, mit Beobachtung ideologischer Entwicklungen in der BRD und in Westeuropa und mit »Feindbeobachtung«, d. h. mit der systematischen Auswertung der Berichterstattung westdeutscher Massenmedien.
Das I. wurde dem Präsidium des →›Ministerrats der DDR‹ unterstellt, arbeitete aber vor allem dem ZK der SED in Fragen der internationalen Politik und Wirtschaftsbeziehungen sowie der Deutschlandpolitik zu. Von dort, aus den ZK-Abteilungen für Westarbeit bzw. für internationale Politik und Wirtschaft, die von den Politbüromitgliedern Albert Norden, später Herbert Häber und danach Hermann Axen geleitet wurden, erhielt das I. auch seine Aufträge und die politische Ausrichtung. Für die »marxistisch-leninistische Imperialismusforschung«, die auch an fast allen großen Hochschulen und →›Universitäten‹ der DDR betrieben wurde, war ihm die Funktion eines »Leitinstituts« übertragen worden, doch besaß es damit keine ausgesprochene Monopolstellung, weil auch an der →›Akademie für Gesellschaftswissenschaften beim ZK der SED‹ ein Institut für Imperialismusforschung bestand. Das I. verfügte seit 1975 über das Promotions- und seit 1981 über das Habilitationsrecht; seine gesamte Forschungs- und Publikationstätigkeit wurde von einem beim I. bestehenden →›Wissenschaftlichen Rat‹ koordiniert.

Funktionen und Wirkungen: Nach dem Amtsantritt Erich Honeckers betrieb die SED-Führung im Zusammenhang mit der Aufnahme beider deutscher Staaten in die UNO einerseits eine Politik der Normalisierung der Beziehungen zwischen den beiden deutschen Staaten, andererseits aber zugleich eine Politik der verstärkten Abgrenzung von der Bundesrepublik. Deshalb wurde die gesamte »Westarbeit« von SED, staatlichen Einrichtungen und wissenschaftlichen Institutionen einer Revision unterzogen, in deren Folge auch die vorhandenen institutionellen Strukturen reorganisiert wurden. Nunmehr bestand die wesentliche Aufgabe des I.

darin, die internationale Entwicklung der DDR durch wissenschaftliche Arbeiten zu befördern und zu einer Stabilisierung des Verhältnisses zur Bundesrepublik und den großen westlichen Industriestaaten beizutragen. Dabei spielte nach wie vor die Analyse der ökonomischen, politischen, militärischen und geistigen Entwicklungen in der BRD und der Ausbau der gegenseitigen Beziehungen eine entscheidende Rolle.
Obwohl seine Analysen und Berichte nur einem beschränkten Personenkreis zugänglich gemacht wurden, beeinflußte und unterstützte das I. – die Autorität des ZK der SED hinter sich wissend – auch die »Westarbeit« anderer Institutionen und Massenorganisationen, so z. B. die des →Ministeriums für Auswärtige Angelegenheiten, der →›Liga für Völkerfreundschaft‹ und der Freundschaftsgesellschaften, des →FDGB-Bundesvorstandes und des →FDJ-Zentralrats. Leiter von Staatsorganen, Generaldirektoren von →›Kombinaten‹ u.a. erhielten Informationen über westliche Partner, mit denen sie in Verhandlungen standen oder zu denen sie Geschäftsbeziehungen aufnehmen wollten. Auch zwischen dem I. und den entsprechenden Abteilungen des →Ministeriums für Staatssicherheit, vornehmlich der ›Hauptverwaltung Aufklärung‹, entwickelte sich ein reger Arbeits- und Gedankenaustausch.
Neben analytischen Untersuchungen – etwa von Problemen und Trends des Ost-West-Handels oder von Konzentrationsprozessen der Industrie in der BRD, in Westeuropa, den USA und Japan – hatte das I. auch propagandistisch-ideologische Aufgaben zu erfüllen. Insbesondere versuchte es, auf die linken Bewegungen in der Bundesrepublik Einfluß zu nehmen, und dabei bediente es sich auch der guten Kontakte zur DKP. Im Ergebnis all dieser Tätigkeiten wurde vor allem die laufende Beratung der SED-Führung in deutschlandpolitischen Fragen geleistet. Ohne die vom I. erarbeiteten Informationsmaterialien über die politische Lage in der BRD sowie über die dort wirkenden Parteien, Fraktionen und Personen wäre die SED-Führung wohl kaum in der Lage gewesen, mit der SPD über die Reduzierung der Mittelstreckenwaffen und über eine atomwaffenfreie Zone in Europa zu verhandeln oder das gemeinsame Dokument »Der Streit der Ideologien und die gemeinsame Sicherheit« im August 1987 zu veröffentlichen.
Eine besonders enge Zusammenarbeit und Abstimmung bestand zwischen dem I. und gleichartigen sowjetischen Instituten. So lag der Schwerpunkt der Analyse der USA in Moskauer Händen, während Analysen zur BRD hauptsächlich im Berliner Institut erarbeitet wurden. Was wissenschaftliche Veranstaltungen, Publikationsaustausch, gemeinsame Forschungsprojekte und gegenseitige Studienaufenthalte betraf, stand das I. in den 80er Jahren aber auch mit zahlreichen renommierten

wissenschaftlichen Institutionen in der BRD und dem westlichen Ausland in ständiger Verbindung, z. B. dem ›Deutschen Institut für Wirtschaftsforschung‹ in Westberlin, dem ›Institut für Weltwirtschaft‹ in Kiel, dem ›Institut für Friedensforschung‹ an der Universität Hamburg, dem ›Institut der deutschen Wirtschaft‹ in Köln und dem ›Institut für Wissenschaft und Politik‹ in Ebenhausen bei München. So war es schließlich auch eine Diskussions- und Begegnungsstätte von Wissenschaftlern und Politikern aus Ost und West. Deutsch-deutsche Gespräche fanden mit Egon Bahr, Walther Leisler-Kiep, Oskar Lafontaine, Eduard Lintner, Volker Rühe, Karsten Voigt u. a. statt. Das I. beteiligte sich zudem regelmäßig an der internationalen Direktorenkonferenz der Institute für internationale Beziehungen und stellte Mitarbeiter frei, die als Experten in Gremien der UNO arbeiteten.

Auflösung/Ende: Am 15.8.1990 beschloß die DDR-Regierung, das I. mit Wirkung vom 31.12.1990 aufzulösen. Ein gleichzeitig erwarteter Regierungsbeschluß über die Schaffung eines ›Instituts für europäische Studien‹, in dem einige Mitarbeiter die Arbeit des I. fortsetzen wollten, kam nicht zustande, da die Regierung de Maizière glaubte, sie dürfe eine künftige gesamtdeutsche Regierung nicht durch eine derartige Gründung binden. 1990/91 wurde versucht, juristisch selbständige Vereinigungen zu gründen: Die ›Wirtschaftsforschung Berlin e. V.‹ kam nicht zustande, weil ihr nicht der Status der Gemeinnützigkeit zugesprochen wurde; der Verein ›Sozialökonomische Strukturanalysen e. V. / SÖSTRA (i.G.)‹, dessen Mitglieder zum Teil Mitarbeiter des I. waren, erhielt diesen hingegen.

Direktoren: Herbert Häber (1971–1973); Max Schmidt (1973–1990)
Publikationen/Archive: ›IPW-Berichte‹ (hervorgegangen aus den 1950 gegründeten ›DWI-Berichten‹), ersch. monatl. von Jg. 1/1972 bis Jg. 19/1990 (Heft 9); im selben Jg. ab Heft 10 fortgesetzt als ›IPW-Berichte aus der internationalen Politik & Wirtschaft‹, ersch. bis Jg. 21/1992 (Heft 3/4); Chefredakteure: Martin Weckwerth (1972–1988); Gretchen Binus (1988–1990); Lothar Kruss (1990–1992); • ›IPW-Forschungshefte‹ (hervorgegangen aus den ›DWI-Forschungsheften‹), ersch. vierteljährlich von Jg. 7/1972 bis Jg. 25/1990 (Heft 3); Chefredakteure: Martin Weckwerth (1972–1988); Gretchen Binus (1988–1990); • ›Aktuelle Informationen aus Politik und Wirtschaft‹, wöchentl. ersch. interne Veröffentlichung.
Die Bibliothek des I. enthielt rd. 167000 Bände und war Depositbibliothek für alle wichtigen Publikationen der EG seit 1978; in einem seit 1973 geführten Zentralspeicher waren mehr als 200000 Literaturnachweise erfaßt; das Zeitungsausschnittarchiv enthielt rd. 13 Mio. Ausschnitte aus ca. 50 Tages- und Wochenzeitungen, Amtsblättern und Pressediensten (vorwiegend aus der Bundesrepublik); in einem Mikrofilmarchiv waren Geschäftsberichte von mehr als 900 Banken und Firmen aus

westlichen Industriestaaten abgelegt. Die Bestände der Bibliothek und des Pressearchivs des I. wurden nach dessen Auflösung 1991 zunächst von der → ›Humboldt-Universität‹ in Berlin übernommen, dann aber dem neu eingerichteten Potsdamer ›Zentrum für Zeithistorische Studien‹ zur Verfügung gestellt. • Archivbestände des I. befinden sich heute in der Verwaltung des Bundesarchivs, Abt. V, in Potsdam.

Institut für Literatur ›Johannes R. Becher‹, Leipzig
→ Kunsthochschulen

Institut für Marxismus-Leninismus beim ZK der SED (IML), 1949–1990
Mit der parteioffiziellen Quellenbearbeitung und Geschichtsschreibung befaßte Forschungsinstitution des → ›Zentralkomitees der SED‹

Geschichte und Organisation: Am 29.12.1947 beschloß das Zentralsekretariat der SED, ein Forschungsinstitut für den wissenschaftlichen Sozialismus zu gründen. Dieses nahm am 1.1.1949 seine Arbeit auf, wurde dann aufgrund eines Politbüro-Beschlusses vom 29.3.1949 in das ›Marx-Engels-Lenin-Institut‹ beim Parteivorstand der SED umgewandelt und wenige Wochen nach dem Tode Stalins am 15.4.1953 in ›Marx-Engels-Lenin-Stalin-Institut‹ umbenannt. Nach den Enthüllungen Chruschtschows über die Verbrechen Stalins auf dem XX. Parteitag der KPdSU entschloß man sich 1956 zu einer letzten Umbenennung: Von nun an hieß diese Einrichtung ›Institut für Marxismus-Leninismus beim ZK der SED‹. Sie unterstand direkt dem für Wissenschaft zuständigen ZK-Sekretär; seit 1957 war das Kurt Hager.
Als wissenschaftliche Einrichtung der SED war das I. hauptverantwortlich für die Marx-Engels-Forschung, für die Edition der Werke der »Klassiker des Marxismus-Leninismus« sowie für Forschungen zur Geschichte der deutschen und internationalen Arbeiterbewegung. Entsprechend ergaben sich als weitere Aufgaben die Verwaltung und wissenschaftliche Aufarbeitung des Schriftgutes von SPD, USPD, KPD und SED sowie die Archivierung von Nachlässen führender Persönlichkeiten der deutschen Arbeiterbewegung und von Spitzenfunktionären der SED zum Zwecke der Herausgabe von Biographien, Erinnerungsbüchern, Lexika und Chroniken. Dafür bestanden im I. folgende Abteilungen: eine Marx-Engels-Abt. und eine Lenin-Abt.; die Abt. Geschichte der Arbeiterbewegung und das als selbständige Abt. geführte ›Zentrale Parteiarchiv der SED‹ (ZPA), die Bibliothek, die Abt. Information/Dokumentation, die Publikationsabteilung sowie eine Abt. für Auslandsarbeit.
Unter diesen Abteilungen des I. kam dem ZPA besondere Bedeutung zu: Auf rd. 6000 laufenden Metern Regalfläche wurden dort ca. 60000 Akten

der SED aufbewahrt; weiterhin befandem sich dort etwa 250 Nachlässe, neben Originaldokumenten von Marx und Engels etwa die von August Bebel, Karl Liebknecht und Rosa Luxemburg; außerdem waren dort rd. 2500 Erinnerungsberichte von Parteimitgliedern über ihre illegale Tätigkeit während des Faschismus sowie Materialien aus dem spanischen Bürgerkrieg, Sammlungen von Fotos, Schallplatten, Filmen und vieles mehr archiviert.

Funktionen und Wirkungen: Die 1. Parteikonferenz der →SED legte im Januar 1949 das »Studium der Klassiker des Marxismus-Leninismus und der Geschichte der KPdSU« als Schwerpunkt der Parteischulung fest. Dabei wurde den Schriften Stalins eine besondere Bedeutung zugemessen, denn die Parteikonferenz verkündete, daß nunmehr der Platz der SED an der Seite der Sowjetunion und der KPdSU sei und daß deren Erfahrungen beim sozialistischen Aufbau maßgebend für die weitere Parteiarbeit sein sollten. Bereits 1950 erschienen die ersten beiden Bände einer auf 16 Bde. angelegten Gesamtausgabe der Schriften Stalins, die im wesentlichen eine deutsche Übersetzung der russischen Ausgabe war, die 1946 das Moskauer ›Marx-Engels-Lenin-Institut beim ZK der KPdSU‹ (das spätere ›Institut für Marxismus-Leninismus beim ZK der KPdSU‹) besorgt hatte. Damit begann eine enge Zusammenarbeit beider Einrichtungen, zu deren Ergebnissen auch die 40 Bde. umfassende Gesamtausgabe der Werke Lenins zählte, deren erste deutschsprachige Auflage 1961–63 erschien, und ebenso die gemeinsam edierte, bis heute noch nicht abgeschlossene ›Marx-Engels-Gesamtausgabe‹ (MEGA). Im Januar 1957 wurde der erste Band einer auf 30 Bände geplanten Werkausgabe unter dem Titel ›Marx-Engels-Werke‹ (MEW) veröffentlicht; bis 1968 waren davon jedoch schon 39 Bände erschienen und bis 1971 noch weitere vier Ergänzungsbände, die sich alle auf die sowjetische Gesamtausgabe stützten.
Innerhalb der DDR fungierte das ZPA zunächst als wichtiges Formierungs- und Ausrüstungsinstrument zur Verbreitung und Festigung der Ideologie des Stalinismus, nach deren Vorgaben die SED in der ersten Hälfte der 50er Jahre zu einer Partei neuen Typs geformt wurde. In der Folgezeit bildete die SED selbst eine darauf fußende Ideologie aus, zu deren wesentlichen Bestandteilen eine legitimierende Geschichtsschreibung gehörte. Diese konnte sich vor allen mit der Herausgabe einer achtbändigen, 1966 erstmals erschienenen ›Geschichte der deutschen Arbeiterbewegung‹ repräsentativ in Szene setzen: Als vielgerühmter Vorsitzender des Autorenkollektivs fungierte Walter Ulbricht, dessen Erfahrungen im politischen Kampf dem Werk Authentizität und Wahrheit garantieren sollten; gemäß dem darin festgeschriebenen Selbstver-

ständnis der SED führte eine gerade, aufwärtsstrebende Linie von Marx und Engels über Bebel, Liebknecht und Luxemburg zu Thälmann und schließlich zu Ulbricht.
Geschichtsschreibung hatte den »wissenschaftlichen Nachweis« zu erbringen, »daß die SED ... das gesetzmäßige, historisch-notwendige Ergebnis der geschichtlichen Entwicklung der letzten 120 Jahre ist«. Diese Forderung wurde insbesondere für das I. verpflichtend, das sich zum bedeutendsten »Geschichtskombinat« der DDR entwickelte und die jeweiligen Bedürfnisse der Parteiführung mit weiteren Großproduktionen dieser Art bediente. Auch wenn im Lauf der Jahre allmählich die ganz plumpen Geschichtsfälschungen vermieden wurden, so waren doch auch nachfolgende Werke von dogmatischem Rechtfertigungsgeist durchdrungen, z. B. die Biographien über Thälmann, Pieck, Grotewohl und zuletzt über Honecker, in denen viele weiße Flecken mit parteilicher Rabulistik zugedeckt wurden. Gleichwohl war im I. auch ein leistungsfähiges Wissenschaftspotential versammelt, wie andere dort herausgegebene Editionen belegen, etwa die ab 1972 erschienenen Schriften Rosa Luxemburgs und vor allem die auch international gewürdigte MEGA; beide Ausgaben waren 1990 nicht abgeschlossen.
Die Benutzung des ZPA war strengen Auflagen unterworfen. Um in Archivalien Einsicht nehmen zu können, war es notwendig, einen schriftlich formulierten Forschungsauftrag vorzulegen, der vom Leiter bzw. Parteisekretär der Einsicht beantragenden Einrichtung unterschrieben sein mußte. Wurde daraufhin eine Benutzungsgenehmigung erteilt, war es dem Forschenden dennoch nicht möglich, sich der vorhandenen Findmittel selbständig zu bedienen; vielmehr bekam er selektiertes Quellenmaterial vorgelegt. Auch wenn er dieses für unzureichend befand und erläuterte, hatte er sich in aller Regel damit zu begnügen. Insofern war ein ausreichendes, kritisch nachfragendes Quellenstudium für die meisten Wissenschaftler unmöglich. So wünschenswert und auszeichnend es auch gerade für jüngere Wissenschaftler sein mochte, im ZPA arbeiten zu dürfen, sofern sie nicht im Auftrag der SED-Führung Rechtfertigungsforschung betrieben, ging es ihnen wie allen anderen: Sie erfuhren dieses reichhaltige Archiv eher als Verlies denn als Schatzkammer.

Auflösung/Ende: Im Januar 1990 beschloß der Parteivorstand der PDS die Umwandlung des I. zum ›Institut für Geschichte der Arbeiterbewegung‹ (IfGA), dem auch das ZPA zugeordnet wurde. Unter der Leitung des neuen Direktors Günter Benser versuchten vor allem jüngere Wissenschaftler einen Neuanfang. Zu den Forschungslinien und Projekten gehörten u. a. Untersuchungen zur Oppositionsrolle der Sozialdemokratie im deutschen Kaiserreich, zur Geschichte der kommunistischen Bewegung, zu Ursachen und Erscheinungsformen des Stalinismus, zur SED-Geschichte und zu möglichen Alternativentwicklungen in der DDR-Geschichte. Am Institut wurde auch eine Arbeitsgruppe und Konsultationsstelle für die Opfer des Stalinismus eingerichtet. Auf editorischem Gebiet bemühte man sich, die Rosa-Luxemburg-Ausgabe abzuschließen und an der Weiterführung der August-Bebel-Ausgabe mitzuwirken. Aus diesen Ansätzen konnte sich jedoch kaum mehr Neues entwickeln, denn das IfGA wurde, ohne daß eine Bewertung wissenschaftlicher Möglichkeiten und Ergebnisse stattgefunden hätte, die den andernorts vorgenommenen Evaluierungen vergleichbar gewesen wäre, am 31.3.1992 durch die →›Treuhandanstalt‹ aufgelöst. Nach längeren Bemühungen wurde das ZPA mit Zustimmung der PDS der in Berlin eingerichteten ›Stiftung Archive der Parteien und Massenorganisationen der DDR im Bundesarchiv‹ (SAPMO) zugeführt und steht mit seinen reichlich vorhandenen Findbehelfen nun neuen Nutzern offen.

Direktoren: Joseph Winternitz (1949–1950); Bernhard Dohm (1951–1953); Anton Ackermann (1953–1953); Ludwig Einicke (1953–1962); Roland Bauer (1962–1964); Lothar Bertold (1964–1969); Günter Heyden (1969–1989); Günter Benser (amt. 1989–1990, 1990–1992 Direktor des ›Instituts für Geschichte der Arbeiterbewegung‹)

Publikationen: ›Beiträge zur Geschichte der Arbeiterbewegung‹, ein Dokumentationsdienst, ersch. seit 1959 sechsmal jährlich. Wichtige Publikationen waren u. a. eine Ausgabe der Werke von Marx und Engels, die ab 1956 fortlaufend erschien, die achtbändige ›Geschichte der deutschen Arbeiterbewegung‹ (1966), die ›Dokumente und Materialien zur Geschichte der deutschen Arbeiterbewegung‹ (1957–1975), die ›Chronik zur Geschichte der deutschen Arbeiterbewegung‹ (1965–1967), das ›Biografische Lexikon‹ (1970), der ›Abriß zur Geschichte der SED‹ (1978) und die ›Geschichte der SED‹, Bd. 1 (1988).

Institut für Meinungsforschung beim ZK der SED (IfM), 1964–1978

Eine dem →›Politbüro des ZK der SED‹ direkt zuarbeitende Einrichtung zur Erkundung politischer Stimmungen und Ansichten in der DDR-Bevölkerung

Geschichte und Organisation: Ein vom Sekretariat des →ZK der SED gefaßter Beschluß zur Gründung des I. datiert vom 21.4.1964; der daraufhin in Angriff genommene Aufbau dieses Instituts vollzog sich bis zum Herbst des Jahres unter strenger Geheimhaltung. Es stand unter der Leitung des ehemaligen, langjährigen DDR-Innenministers Karl Maron; über Aufgaben sowie über Organisation und Besetzung der Einrichtung wurde in der Öffentlichkeit zunächst nichts bekannt. Erst im Sommer 1966 gab es in der SED-Bezirkspresse die ersten Hinweise auf soziologische Datenerhebungen, die von Mitarbeitern des I. durchgeführt wurden. Die lapidaren, überall gleich lautenden Mitteilungen besagten, daß »in den nächsten Tagen das I. in unserem Kreis eine Umfrage zu einigen Problemen der aktuellen Politik« durchführen würde. Dazu hieß es weiter: »Die ehrenamtlichen Mitarbeiter des I. werden deshalb eine Anzahl Bürger unseres Kreises aufsuchen. Die Namen der Befragten sind durch eine Stichprobe aus der Einwohnermeldekartei ermittelt worden.« Diese Mitteilungen wiederholten sich mit demselben Wortlaut im Frühjahr und im Sommer 1967. Im Herbst des Jahres wurde dann als Befragungsgegenstand »einige Probleme des Handels und der Versorgung unserer Bevölkerung« angegeben.

Funktionen und Wirkungen: Die auf Betreiben Ulbrichts in den 60er Jahren unternommenen Reformversuche erstreckten sich auch auf Bemühungen, ein »wissenschaftliches Informationssystem« zu schaffen sowie Erkenntnisse der Soziologie für Leitungsentscheidungen zu nutzen. Ulbricht mißtraute den Informationen über die politische Stimmung der DDR-Bevölkerung, die auf dem Wege der Parteiorgane »heraufgereicht« wurden und in aller Regel geschönt waren. Deshalb wurde das I. geschaffen, das der Parteiführung auf direkterem Wege vermitteln sollte, wie die Bevölkerung tatsächlich über politische Ereignisse dachte und welche Maßnahmen der SED-Führung auf Akzeptanz bzw. Ablehnung stießen. Die Tatsache, daß mit Maron ein Generaloberst a. D. zum obersten »Meinungsforscher« bestellt wurde, spricht allerdings dafür, daß es auch hierbei vorrangig um die Sammlung von Herrschaftswissen ging, das der Öffentlichkeit vorzuenthalten war. Folgerichtig versah die SED-Führung die Berichte des I. auch mit der höchsten Geheimhaltungsstufe.
Der restriktive Umgang mit den Arbeitsergebnissen des I. macht es schwer zu beurteilen, wieweit Entscheidungen der Partei davon beeinflußt wurden. Die Verwertung vorgelegter Analysen endete i. d. R. damit, daß an die meinungsbildenden Instanzen Direktiven und Hinweise ergingen, um die »Wirksamkeit der politisch-ideologischen Arbeit« zu erhöhen. Bisher wurde nur in einem Fall bekannt, daß tatsächlich praktische Schlußfolgerungen gezogen wurden: Die extrem negativen Urteile befragter Soldaten der → ›Nationalen Volksarmee‹ über ihre Offiziere führten zu einem Beschluß, geeignete »Parteiarbeiter« in das Korps der Politoffiziere zu schicken.
Auch die nachträgliche Bewertung der Befragungsmethoden und der damit erzielten Ergebnisse ist schwierig, da Befragungen nur innerhalb eines komplizierten Beziehungsgeflechts von unzureichender oder einseitiger

Information, propagandistischer Beeinflussung und verinnerlichter Sprachregelung möglich waren, was – trotz methodisch sorgfältiger Ermittlungsverfahren – zweifellos die Antworten in bestimmter Weise einfärbte. Heinz Niemann, der neu aufgefundene Umfrageberichte analysierte, kommt zu dem Schluß, daß zwar die Ulbricht-These von einer entstehenden »sozialistischen Menschengemeinschaft« eine propagandistische Erfindung war, die Befragungsresultate jedoch darauf hinweisen, daß es keineswegs nur eine aktivistische Minderheit war, die gegen Ende der Ulbricht-Ära die DDR als ihren Staat angenommen hatte. In den folgenden Jahren untersuchte das I. vor allem die politische Stimmung der Bevölkerung und das Ansehen von Spitzenfunktionären; es beteiligte sich aber auch an Untersuchungen im Bereich der Industrie-, Betriebs- und Jugendsoziologie. Ab 1977 deuten die gewonnenen »Stimmungsbilder« darauf hin, daß der in der DDR-Bevölkerung akkumulierte Vertrauenskredit wieder zu schwinden begann.

Auflösung/Ende: Die aktuellen Gründe für die Auflösung des I. im Jahre 1978 sind noch nicht restlos aufgeklärt. Der vom Politbüro gefaßte Auflösungsbeschluß enthält die nichtssagende Feststellung, daß das I. seine Aufgaben »erfüllt« habe; gleichzeitig wurde aber angewiesen, daß die schriftliche Hinterlassenschaft des I. restlos zu vernichten sei. Obwohl damals die Erdölkrise die DDR vor riesige Probleme stellte, wollte Honecker an dem mit seinem Namen verbundenen sozialpolitischen Programm der »Einheit von Wirtschafts- und Sozialpolitik« keine Abstriche zulassen (→ Wirtschaftspolitik). Aber ein kostspieliges Institut, das, wenn nicht Mißerfolge, so doch ein aufgefächertes Bild unterschiedlich begeisterter Meinungen signalisierte, wollte sich die SED-Führung offensichtlich auch nicht länger leisten, zumal aus den differenzierten Umfrageergebnissen deutlich abzulesen war, daß es nicht mit rechten Dingen zugehen konnte, wenn der Staats- und Parteiführung bei jeder Wahl eine 99prozentige Zustimmung bescheinigt wurde.

Da eine so hohe Zustimmungsquote aber – offenbar systembedingt – unverzichtbar war, konnte die SED-Führung mit den Resultaten der Meinungsforschung letztlich nichts anfangen. Außerdem hatte sich seit Honeckers Machtübernahme insofern einiges geändert, als dem Minister für Staatssicherheit nun ein Sitz im Politbüro zugestanden worden war. Die enge Beziehung, die sich bald zwischen Mielke und Honecker entwickelte, trug sicher viel dazu bei, daß der SED-Generalsekretär sich nun auch ohne soziologische Analysen für ausreichend informiert hielt über die reale Lage im Lande. Wozu sollte also ein I., das ausschließlich für das Politbüro arbeitete, noch nützlich sein?

Die Auflösung des I. bedeutete jedoch keine generelle Abkehr der Partei von Soziologie und empirischer Sozialforschung, vielmehr wurde in Erkenntnis der komplexen Problematik gesamtgesellschaftlicher Entwicklungen seit Ende der 70er Jahre die Struktur der soziologischen Forschung in der DDR verändert und ausgebaut. So wurde neben dem schon seit 1965 bestehenden ›Institut für Soziologie‹ an der →›Akademie für Gesellschaftswissenschaften beim ZK der SED‹ (AfG) Anfang 1978 das ›Institut für Soziologie und Sozialpolitik‹ an der →›Akademie der Wissenschaften der DDR‹ (AdW) gegründet. Der →›Wissenschaftliche Rat‹ für Fragen der Sozialpolitik und Demographie an der AdW und der für soziologische Forschungen an der AfG planten und koordinierten auch weiterhin die soziologische Lehr- und Forschungstätigkeit.

Direktoren: Karl Maron (1964–1974); Helene Berg (1974–1978)

Institut für Schauspielregie, Berlin

→ Kunsthochschulen, darin : Hochschule für Schauspielkunst ›Ernst Busch‹, Berlin

Institut für Sozialhygiene

→ Akademie für Ärztliche Fortbildung

Institut für Staubforschung und radioaktive Schwebstoffe

→ Amt/Ämter, darin: Staatliches Amt für Atomsicherheit und Strahlenschutz der DDR

Institut für Weiterbildung

→ Ministerrat der DDR, darin: Ministerium für Hoch- und Fachschulwesen

Institut für Zivilverteidigung

→ Zivilverteidigung der DDR

INTERFLUG, 1958–1990

Staatliche Fluggesellschaft der DDR

Geschichte und Organisation: Durch ein am 28.4.1955 veröffentlichtes Kommuniqué des Präsidiums des Ministerrats erhielt die Öffentlichkeit erstmals Kenntnis von den seit Mai 1954 laufenden Vorarbeiten zur Aufnahme eines Luftfahrtbetriebes der DDR. Aufgrund eines Vertrages mit der UdSSR wurde der Flughafen Schönefeld bei Berlin der DDR überlassen. Dort nahmen am 11.5.1955 die ersten deutschen Mitarbeiter unter der Leitung von Werner Kiesling die Arbeit auf. Eine Betriebsparteiorganisation der SED wurde am 1.6.1955 gegründet, ihr erster Sekretär wurde Heinz Kulpa. Durch Regierungsbeschluß wurde am 1.7. des Jahres die erste Betriebsleitung berufen: Hauptdirektor wurde Arthur Pieck, Direktor für den Flugverkehr Fritz Horn, Direktor für Flugtechnik Ernst Wendt, Direktor für Kultur Karl Heiland. Der erste offizielle Flug im Luftverkehr der DDR fand am 16.9.1955 mit einer ›Iljuschin-14‹ statt. An Bord befand sich eine Regierungsdelegation unter der Leitung von Ministerpräsident Otto Grotewohl, die zur Unterzeichnung des Staatsvertrages zwischen der UdSSR und der DDR nach Moskau flog. Mit dem am 20.9.1955 besiegelten Abschluß dieses Vertrages waren die notwendigen rechtlichen Grundlagen für den Betrieb des zivilen Luftverkehrs unter der Hoheit der DDR gegeben.

Funktionen und Wirkungen: Die Luftfahrtgesellschaft nahm zunächst unter dem traditionellen Namen ›Deutsche Lufthansa‹ den Betrieb auf. Mit einem Flug auf der Strecke Berlin–Warschau, die dann zweimal wöchentlich bedient wurde, begann am 4.2.1956 der planmäßige Flugverkehr. Aufgrund von Gerichtsentscheidungen wurde es der DDR-Fluggesellschaft untersagt, Flughäfen in westlichen Staaten unter der Firmenbezeichnung ›Deutsche Lufthansa‹ anzufliegen. Deshalb wurde am 18.9.1958 die ›INTERFLUG – Gesellschaft für den internationalen Flugverkehr mbH‹ mit Sitz in Berlin gegründet. Bis 1957 war die Gesellschaft zunächst dem → Ministerium des Innern unterstellt, danach bis Ende 1960 dem → Ministerium für Nationale Verteidigung. Am 1. Januar 1961 wurde dann im → Ministerium für Verkehrswesen die ›Hauptverwaltung der zivilen Luftfahrt‹ gebildet. Als deren Leiter und zugleich stellvertretender Minister für Verkehrswesen wurde Arthur Pieck eingesetzt. Mit dem 1.9.1963 wurden alle Luftverkehrseinrichtungen in der DDR zusammengefaßt und unter der Firmenbezeichnung INTERFLUG als zentralistisch organisiertes Luftverkehrsunternehmen der DDR weitergeführt. Generaldirektor wurde Karl Heiland.

Seitdem gliederte sich die I. in fünf Betriebsbereiche: Verkehrsflug, Agrarflug, Bild- und Industrieflug, Ausbau und Verwaltung der Zivilflughäfen und Flugsicherung. Zu den Aufgaben der I. gehörten die Abfertigung und Beförderung von Passagieren, Fracht und Post auf nationalen und internationalen Flugrouten; Dienstleistungen in den Bereichen Agrar-, Forstwirtschafts-, Industrie- und Rettungsflüge, die Bereitstellung von Fluggerät für Luftbildaufnahmen sowie Betrieb, Unterhalt und Ausbau der Verkehrsflughäfen und die Flugüberwachung und -sicherung aller zivilen Flugmaschinen im Luftraum der DDR.

Auflösung/Ende: Am 8.2.1991 wurde der Geschäftsführung der I. von einem Mitglied des Vorstandes der →›Treuhandanstalt‹, mitgeteilt, sie habe den »Geschäftsbetrieb der INTERFLUG auslaufen zu lassen«. Die Auflösung des Unternehmens wurde einem Liquidator übertragen. Aus Teilen der Liquidationsmasse wurde die Firma ›Berliner Spezialflug AG‹ (BSF) gebildet, die sich vornehmlich auf Dienstleistungen wie Kran-, Foto- und Vermessungsflüge konzentrierte, aber auch im regionalen Liniendienst wieder Passagierflüge anbot. Mitte 1993 beschäftigte das Unternehmen 110 Mitarbeiter und plante zu diesem Zeitpunkt den Gang an die Berliner Börse.

Generaldirektoren: Arthur Pieck (1955–1961); Karl Heiland (1961–1970); Kurt Dietrich (1970–1978); Generalleutnant Klaus Henkes (1978–1990); Andreas Kramer (Hauptgeschäftsführer 1990–1991)

Publikationen: ›Nachrichten für die Zivile Luftfahrt der DDR‹, Zs. erschien erstmals am 10.3.1958 und wurde ab 22.5.1965 unter dem Titel ›Technisch-ökonomische Informationen der Zivilen Luftfahrt‹ weitergeführt; als Organ der Betriebsparteiorganisation erschien seit dem 1.5.1959 die Ztg. ›Interflug Start‹; sie wurde ab November 1989 als Betriebszeitung weitergeführt und erschien ab Januar 1991 unter dem Namen ›Luftfahrt Report‹ als Zeitung für die Mitarbeiter am und im Flughafen Schönefeld; die letzte Ausgabe datiert vom 13.3.1991.

Interhotel, 1965–1990
Staatliche Hotelkette

Am 1.1.1965 wurde die ›Vereinigung Interhotel‹ gegründet. Laut dem wenige Tage später erlassenen Statut war sie als ein zentrales wirtschaftsleitendes Organ dem →Ministerium für Handel- und Versorgung unterstellt; der Hauptdirektor und seine Stellvertreter wurden durch den Minister berufen; die Hauptdirektion hatte ihren Sitz in Berlin/DDR. Die Vereinigung fungierte als Dachorganisation für mehrere →›Volkseigene Betriebe‹ (VEB), die jeweils ein oder auch mehrere I. bewirtschafteten. Diese Hotels waren in ihren Serviceangebot am internationalen gehobenen Standard orientiert; viele davon waren Neubauten, zum Teil wurden aber auch bestehende Häuser – etwa das traditionsreiche ›Hotel Elephant‹ in Weimar – der Vereinigung unterstellt; mit dem erst 1990 eröffneten ›Domhotel‹ am Berliner Gendarmenmarkt verwaltete die Vereinigung insgesamt 35 Häuser.

Nach Größe, Ausstattung und Service fand der Gast in den ›Interhotels‹ i. d. R. das Beste, was die Hotellerie der DDR zu bieten hatte. Dieses Angebot war Bürgern der DDR allerdings nur in beschränktem Umfang zugänglich. Nur in wenigen Häusern – etwa im ›Hotel Panorama‹ im thüringischen Oberhof – standen über den →FDGB vermittelte Betten für

Urlauber aus der DDR zur Verfügung (→›Feriendienst des FDGB‹). In der großen Mehrzahl übernachteten in den I. Reisende aus dem sozialistischen wie nichtsozialistischen Ausland. Entspannung und diplomatische Anerkennung bewirkten seit 1972 eine Zunahme sowohl des geschäftlichen wie des touristischen Reiseverkehrs, so daß die Häuser Auslastungen bis zu 90 Prozent verzeichnen konnten. Das Erwirtschaften von Devisen wurde ihnen deshalb auch als Planziel vorgegeben. Einige I. wurden ausschließlich als »Valutahotels« geführt, die nur solchen Übernachtungsgästen zugänglich waren, die ihre Rechnungen in harter Währung beglichen; in Berlin gehörten dazu ›Grand Hotel‹, ›Palast Hotel‹, ›Domhotel‹ und ›Hotel Metropol‹; in Dresden ›Hotel Bellevue‹ und ›Hotel Dresdener Hof‹ sowie in Leipzig ›Hotel Merkur‹.
Seit 1975 wurden alle Hotels in der DDR nach einheitlichen Leistungskriterien bewertet. Danach waren die Hotels der höchsten Leistungsstufe mit 5 Sternen gekennzeichnet, alle I. waren mindestens Vier-Sterne-Hotels, während von allen übrigen Hotels nur selten eines die Kategorie 4 erreichte. Jeder Hotelkategorie entsprach eine eigene Preisklasse, wobei für Besucher aus dem kapitalistischen wie dem sozialistischen Ausland jeweils besondere Übernachtungspreise galten. In den meisten I. gab es auch →›Intershops‹, und in einigen davon konnte man seit Mitte der 70er Jahre sogar ausgesuchte, als liberal eingestufte westliche Zeitungen kaufen. Ein wesentlicher Umsatzträger in der gastronomischen Öde der DDR waren auch die hoteleigenen Restaurants, Cafés und Bars, die jedermann zugänglich waren und von DDR-Bürgern gern frequentiert wurden.

Umwandlung: Die ›Vereinigung Interhotel‹ wurde im April 1990 in eine ›Deutsche Interhotel AG‹ umgewandelt, eine Holdinggesellschaft, in die 26 Bewirtschaftungsgesellschaften (Hotel-GmbH) und die rd. 14500 Beschäftigen des »Hotel-Kombinats« eingebracht wurden. Der neue Vorstandsvorsitzende H. Fröhlich, bis 1987 Chef des Berliner ›Grand Hotel‹, bemühte sich, das einträgliche Unternehmen zusammenzuhalten, und vereinbarte mit der westdeutschen ›Steigenberger Hotels AG‹ eine Zusammenarbeit, die am 19. 7. 1990 durch Gründung einer ›Steigenberger Interhotel GmbH‹ besiegelt wurde. Gegen diese Vereinbarung erhob jedoch die →›Treuhandanstalt‹ Einspruch, so daß die Verträge schließlich annulliert werden mußten. Ein neuer Vorstandsvorsitzender machte bei Amtsantritt im Oktober 1990 Bestandsaufnahme: Damals besaß die ›Deutsche Interhotel AG‹ 35 Hotels mit etwa 10500 Zimmern, für deren Bewirtschaftung sie rd. 12000 Mitarbeiter beschäftigte.
Die ›Treuhand‹ beschloß, diesen Komplex, der einen beträchtlichen Teil

der Beherbergungskapazitäten in den neuen Bundesländern darstellte, gegen Höchstgebot zu verkaufen. Einige Häuser wurden herausgelöst und anderweitig veräußert, doch für insgesamt 29 ›Interhotels‹ erhielt am 22.11.1991 die Berliner Immobilienfirma ›Groenke und Guttmann GmbH‹ (›Klingbeil-Gruppe‹) den Zuschlag; der Kaufpreis betrug 2,168 Milliarden Mark und schloß überdies die Verpflichtung ein, nochmals mehr als eine Milliarde für Modernisierung und Werterhaltung zu investieren. Die neuen Besitzer schlossen dann mit verschiedenen internationalen Hotelkonzernen für 23 im Besitz der ›Interhotel GmbH‹ befindliche Häuser langfristige Pachtverträge ab.

Generaldirektoren: Herbert Altnickel (1969–1970); Kurt Niering (1970–1973); Heinz Siegert (1973–1982); Egon Wendorf (1982–1990)

Vorstandsvorsitzende der ›Deutschen Interhotel AG‹: Helmut Fröhlich (1990); Ralf Corsten (1991–1993)

Zur VE ›Interhotel‹ gehörige Häuser (nachgestellt ist das Jahr der Eröffnung bzw. der Übernahme in die Vereinigung): Berlin/DDR: ›Berolina‹ (1965); ›Domhotel‹ (1990); ›Grand Hotel‹ (1987); ›Metropol‹ (1977); ›Palasthotel‹ (1979); ›Stadt Berlin‹ (1970); ›Unter den Linden‹ (1966); • Dresden: ›Astoria‹ (1965); ›Bastei‹ (1969); ›Bellevue‹ (1985); ›Dresdener Hof‹ (1989); ›Königstein‹ (1969); ›Lilienstein‹ (1969); ›Motel‹ (1967); ›Newa‹ (1970); • Erfurt: ›Erfurter Hof‹ (1965); ›Kosmos‹ (1980); • Gera: ›Gera‹ (1967); • Halle: ›Stadt Halle‹ (1966); • Jena: ›International‹ (1965); • Karl-Marx-Stadt: ›Chemnitzer Hof‹ (1965); ›Kongreß‹ (1974); ›Moskau‹ (1965); • Leipzig: ›Astoria‹ (1965); ›Deutschland‹ (1965); ›International‹ (1972); ›Merkur‹ (1981); ›Stadt Leipzig‹ (1965); • Magdeburg: ›International‹ (1965); • Neubrandenburg: ›Vier Tore‹ (1972); • Oberhof: ›Panorama‹ (1969); • Potsdam: ›Potsdam‹ (1965); • Rostock: ›Warnow‹ (1967); • Suhl: ›Thüringen Tourist‹ (1965) • Weimar: ›Elephant‹ (1966)

Internationale Gartenbauausstellung der DDR (iga)

→ agra – Landwirtschaftsausstellung der DDR

Internationale Leipziger Dokumentar- und Kurzfilmwoche für Kino und Fernsehen, 1955–1990

Alljährlich im November in Leipzig stattfindendes internationales Dokumentarfilmfestival

Geschichte und Organisation: Vom 11.–17.9.1955 fand die ›1. Gesamtdeutsche Kultur- und Dokumentarfilmwoche Leipzig‹ statt, während der 28 ost- und 30 westdeutsche Filme aufgeführt wurden. Dieses erste Filmfestival der DDR wurde vom ›Club der Filmschaffenden‹ und dem Rat der Stadt Leipzig veranstaltet. 1956 folgte eine weitere gesamtdeutsche Veranstaltung mit internationaler Beteiligung. Vom 13.–19.11.1960 fand dann die III. Dokumentarfilmwoche erstmals als internationaler Wettbewerb statt: 90 Filme aus 24 Ländern wurden aufgeführt; als Veranstalter traten nun wiederum der ›Club der Filmschaffenden‹ und der →›VEB Progress-Film-Verleih‹ auf. Festivalkino war seit 1955 das Leipziger Filmtheater ›Capitol‹, das für die Dokumentarfilmwoche verschiedentlich umgebaut und auf den technisch neuesten Stand gebracht wurde. So erhielt es 1970 Sprecherkabinen für Simultanübersetzungen; 1988 war es das zweite Kino in der DDR, das mit einer Dolby-Stereo-Tonanlage ausgerüstet wurde.

1961 wurde das Festival von einem Organisationskomitee vorbereitet, und seitdem fand es bis 1989 unter der Bezeichnung ›Internationale Leipziger Dokumentar- und Kurzfilmwoche‹ und unter dem Motto »Filme der Welt – für den Frieden der Welt« statt. Bis 1972 waren das →Ministerium für Kultur, das →›Staatliche Komitee für Fernsehen‹ sowie der →›Verband der Film- und Fernsehschaffenden‹ offizielle Veranstalter der I.; ab 1973 bestand ein eigens für die Vorbereitung und Durchführung der I. gebildetes ›Komitee Internationale Leipziger Dokumentar- und Kurzfilmwochen für Kino und Fernsehen‹, als dessen Präsidentin Annelie Thorndike fungierte; als Vizepräsident amtierte bis 1983 der Chefkommentator des DDR-Fernsehens, Karl-Eduard von Schnitzler.

Auf dem Festival wurden Dokumentar- und Animationsfilme mit der ›Goldenen‹ bzw. ›Silbernen Taube‹ ausgezeichnet. Die Präsidenten der Jury kamen zwischen 1960 und 1988 ausnahmslos aus der DDR; einige international bekannte Dokumentarfilmer wurden mit dem Richteramt betraut: Karl Gass (1960, 1962, 1963, 1980); Heinz Grote (1973); Hermann Herlinghaus (1982); Günter Klein (1967); Ulrich Makosch (1978, 1979, 1983, 1988); Günter Nerlich (1969); Gitta Nickel (1984, 1985); Gerhard Scheumann (1981); Karl-Eduard von Schnitzler (1970, 1971, 1972); Annelie Thorndike (1961); Andrew Thorndike (1964, 1965, 1966); Peter Ulbrich (1968, 1974, 1975, 1976, 1977, 1986, 1987).

Funktionen und Wirkungen: Die I. war als internationales Aushängeschild der DDR-Filmkunst in das kulturpolitische Konzept der SED eingebunden. So wurden z. B. 1963 erstmals internationale Organisationen wie der ›Weltfriedensrat‹ und der ›Weltgewerkschaftsbund‹ offiziell zu Teilnahme am Festival eingeladen. Da die Veranstaltung inzwischen zu einigem Ansehen gekommen war, wurde sie als großzügig ausgestaltete Tribüne der internationalen Solidarität benutzt, weshalb Reflexionen über Konflikte in der DDR-Gesellschaft nur in kleinen Dosierungen gestattet waren. Anläßlich des 25. Festivals wurde die I. 1982 vom Vorsitzenden des →Staatsrates mit dem Orden ›Stern der Völkerfreundschaft‹ ausgezeichnet.

Die I. hatte so bestenfalls die Funktion eines halboffenen Fensters zur Welt, und die Ambivalenz der Veranstaltung wurde 1989 im ›Sonntag‹ von der Publizistin Jutta Voigt treffend beschrieben: »Wir haben Kameras an vietnamesische Filmleute verschenkt, haben chilenische Regisseure umarmt und angolanische Kameramänner für ihren Mut bewundert. Wir haben Revolutionen vergöttert, Befreiungsbewegungen, Protestaktionen. Die ›Hoch-die-internationale-Solidarität‹-Rufe im Kino ›Capitol‹ kompensierten das Schweigen über die Konflikte draußen vor der Tür. Das Blut der anderen schien uns wichtiger als der Dreck zu Hause. Wir hoben die Fäuste als Zeichen revolutionärer Gesinnung, Gesten, die zur Allüre wurden, stimmungsvoller Ersatz. In den letzten Jahren hoben sich keine Fäuste mehr, sie ballten sich, heimlich oder ganz offen. Die Droge internationale Solidarität verlor an Wirkung, nüchterner sah man das eigene Land. Aus der Sowjetunion drangen Filme durch, die aufstörten, uns zur Besinnung und Bilanz brachten. In den Blütentraum vom Sozialismus brach der Alptraum des Stalinismus. Wir gewöhnten uns, zögernd und erleichtert, den Schreken, das immer Geahnte, immer Verdrängte, als Realität anzuerkennen. Filme, denen es gelang, auch nur einen Fetzen sozialistischer Wirklichkeit zu zeigen, wurden zu Ereignissen.«
Die 30. I. ging 1987 als sogenanntes Perestroika-Festival in die Annalen ein. Kritische Dokumentarfilme aus der UdSSR, aus Polen, Ungarn, Bulgarien und der ČSSR kamen ins Programm und wurden von einem sensiblen Publikum mit großer Sympathie und Aufgeschlossenheit aufgenommen. Die traditionellen öffentlichen Diskussionen im Anschluß an die Filme waren wie immer stark besucht, doch diesmal gerieten sie teilweise »außer Kontrolle«, indem Kritik an den gesellschaftlichen Zuständen in der DDR laut wurde. Die Fernsehanstalten von ARD und ZDF, die 1987 erstmals als offizielle Programmteilnehmer dabeiwaren, verschafften den Filmen wie den anschließenden Debatten eine große Publizität. Das → ›Zentralkomitee der SED‹ reagierte prompt und restriktiv: Das Ministerium für Kultur hatte die für 1988 gemeldeten sowjetischen Dokumentarfilme zu zensieren, die traditionellen öffentlichen Diskussionen wurden abgesetzt, und ein stellvertretender Festivaldirektor für Fernsehangelegenheiten wurde berufen, um unerwünschten Filmbeiträgen den Zugang zum Fernsehen zu verwehren.

Umwandlung: Im Gegensatz zu 1988 hatte das schon in Agonie gefallene ZK der SED im November 1989 keinen Einfluß mehr auf das Programm der I. Zum Auftakt der 32. Dokumentarfilmwoche wurde der Film ›Leipzig im Herbst‹ uraufgeführt, der die Ereignisse in der Zeit vom 16. 10.–7. 11. 1989 in Leipzig protokollierte. Erstmals wurde nun auch ein Auslän-

der als Präsident der Jury gewählt: der französische Dokumentarist Jean-Daniel Simon. Zahlreiche Festivalteilnehmer kritisierten die Leitung der I. für ihre politische Haltung, die sie währen vorhergehender Dokumentarfilmwochen eingenommen hatte, und sie forderten nun einen glaubwürdigen Neuanfang.
Nach Abschluß dieser Veranstaltung trat daraufhin die gesamte Festival-Leitung zurück. In den folgenden Auseinandersetzungen wurden pauschalisierende Forderungen nach Einstellung der I. erhoben, die sich aber nicht durchsetzen konnten; im Einigungsvertrag wurde die Dokumentarfilmwoche vielmehr für förderungswürdig erklärt. Unter dem neuen Motto »Filme der Welt – für die Würde des Menschen« bereitete ein neugebildetes Komitee der 33. ›Internationalen Leipziger Filmwochen für Dokumentar- und Animationsfilm‹ vor, die im November 1990 stattfanden und die Tradition der I. fortsetzten. Zur Intendantin des Festivals wurde im selben Jahr Christiane Mückenberger berufen, eine vormals mit zehn Jahren Berufsverbot belegte Dozentin der →Hochschule für Film und Fernsehen ›Konrad Wolf‹; der ehemalige DEFA-Chefdramaturg und Filmpublizist Klaus Wischnewski übernahm die Funktionen des Programmdirektors.
Das 1990 zunächst von einer ›Leipziger Dokfilmwochen GmbH‹ organisierte Festival ging zum 31. 12. 1991 in die Trägerschaft der Stadt Leipzig über. Die Stadt, der Freistaat Sachsen und der Bund sichern seitdem gemeinsam die Finanzierung der Filmwochen, deren Veranstalter mit den jährlichen Präsentationen auch »für gerechtere Lebensmöglichkeiten in der Dritten Welt« eintreten wollen. Sie organisierten einen Filmmarkt, schufen eine Publikums- und Kinderjury und nahmen – als wichtigste Neuerung – einen Video-Wettbewerb um den ›Egon-Erwin-Kisch-Preis‹ des OIRT in das Programm auf. Damit hoffen sie Filmemachern aus Entwicklungsländern den Zugang zum Festival zu erleichtern, da diese die relativ niedrigen Produktionskosten für Videos möglicherweise eher aufbringen können.

Präsidenten: Günter Klein (1955–1960); Annelie Thorndike (1973–1989)

Direktoren: Wolfgang Kernicke (1962–1963); Wolfgang Harkenthal (1964–1972); Ronald Trisch (1973–1989)

Intendanten (seit 1990): Christiane Mückenberger (1990–1993); Fred Gehler (seit 1993).

Auszeichnungen/Preise: ›Goldene Taube‹ und ›Silberne Taube‹ für Dokumentar-, Animations- und Trickfilme; ›Egon-Erwin-Kisch-Preis‹ für Videofilme.

›Internationale Musikbibliothek‹ (IMB)

→ Verband der Komponisten und Musikwissenschaftler der DDR

Intershop, 1962–1990
Verkaufsstellen, die westliche Produkte gegen Barzahlung in frei konvertierbarer Währung verkauften

Die ›Intershops‹ gehörten mit den ›Exquisit‹- und ›Delikat‹-Läden zu einem Sonderbereich des »volkseigenen Handels«, der dem → Ministerium für Handel und Versorgung unterstellt war. 1962 wurde eine staatliche Handelsorganisation I. gegründet, die vor allem den Zweck hatte, die Devisenbestände der DDR aufzubessern. Dazu wurden vornehmlich an Reisende aus dem »kapitalistischen Ausland« Waren aus ausländischer, meist westlicher Produktion gegen Bezahlung in frei konventierbarer Währung verkauft. I.-Verkaufsstellen gab es an Grenzübergangsstellen, Bahnhöfen und auf Transitstrecken, später aber auch in größeren Städten, Touristenzentren und in den meisten → ›Interhotels‹.
Am 19. 12. 1973 faßte der → Ministerrat einen Beschluß zur Neuregelung der Devisenbestimmungen, aufgrund dessen am 1. 2. 1974 ein Devisengesetz in Kraft trat, daß es auch DDR-Bürgern erlaubte, im Besitz von Zahlungsmitteln westlicher Währungen zu sein und damit in den I. einzukaufen. Daraufhin stieg der Umsatz der I. rasch an: 1978 betrug er rund 700 Mio. DM. Mit Wirkung vom 16. 4. 1979 verordnete die Regierung allerdings – um der wachsenden Auslandsverschuldung der DDR und der Devisenverknappung entgegenzuwirken –, daß DDR-Bürger ihre Einkäufe in I. nicht mehr mit »Westgeld« bezahlen dürften. Sie mußten fortan ihr »hartes Geld« bei Banken im Verhältnis 1:1 umtauschen in »Mark-Schecks« der ›Forum-Außenhandels-GmbH‹, mit denen sie dann in den I. einkaufen konnten. Die anfangs streng gehandhabte Regelung wurde aber mit der Zeit unterlaufen; ab Mitte der 80er Jahre verzichtete das Verkaufspersonal der I. bei der Bezahlung mit westlichen Währungen gänzlich auf die Feststellung der Staatsbürgerschaft des Käufers.
Die I. hatten vor allem Nahrungs- und Genußmittel, Toilettenartikel und Kosmetika, Oberbekleidung, Schmuck, Heimelektronik, Spielwaren sowie Autozubehör und Blumen im Angebot, alles Waren, die im regulären Warenangebot des DDR-Binnenhandels selten bzw. nicht in der gewünschten »West-Qualität« auftauchten. Folglich waren Waren aus dem I. sehr begehrt, und wer dazu Zugang hatte, erregte vielfach den Neid der weniger Begünstigten. So kam es anfangs nicht nur zu erregten Debatten über die jeweilige Herkunft des »Westgeldes«, es wurden – besonders in der Arbeiterschaft – auch Stimmen laut, die verlangten, es müsse allen die Möglichkeit gegeben werden, »Westgeld« zu verdienen bzw. in einem vernünftigen Verhältnis gegen DDR-Geld einzutauschen. Besonders aus

dem Dresdener Raum wurde bekannt, daß Arbeiter verschiedentlich die Fenster der I. einwarfen, um gegen eine »Zweiklassengesellschaft« zu protestieren.
Der »Durchmarsch« der DM ließ sich allerdings von keiner Seite mehr verhindern. Das »Westgeld« wurde im privaten Zahlungsverkehr der DDR zur Leitwährung: mit ihr bekam man begehrte Waren und Dienstleistungen; hatte man sie nicht, so war man »D[er] D[ämliche] R[est]«. Auf die von Anfang an rumorende Unzufriedenheit versuchte die DDR-Führung schon 1962 mit der Einrichtung von ›Exquisit‹-Läden zu reagieren. Dort wurden vornehmlich – meist importierte – Qualitätswaren der Textil-, Leder- und Pelzindustrie zu stark überhöhten Preisen angeboten, die jedoch in Mark der DDR bezahlt werden konnten. Diese Spezialgeschäfte waren als Entsprechung zu den im selben Jahr eingerichteten I. gedacht; 1976 wurde dieses Ersatzangebot ergänzt, indem für den Nahrungs- und Genußmittelbereich ›Delikat‹-Läden eingerichtet wurden. In den 80er Jahren gab es etwa 300 ›Exquisit‹- und rund 550 ›Delikat‹-Läden. Für besonders hochwertige Produkte der Textil- und Lederwarenbranche wurde das spezielle Gütesiegel ›Exquisitqualität‹ eingeführt.

Interwerbung GmbH, Gesellschaft für Werbung und Auslandsmessen der DDR
→ Deutsche Werbe- und Anzeigengesellschaft (DEWAG)

Interzonenkonferenzen der deutschen Gewerkschaften
→ Freier Deutscher Gewerkschaftsbund

J

Jagdgesellschaften

Die Jagd war in der DDR durch ein Jagdgesetz geregelt; darin war das Wild als »Volkseigentum« definiert, dessen Jagd jedoch nur den Mitgliedern von J. gestattet war. Davon gab es 1978 in der DDR 922; sie hatten insgesamt 39000 Mitglieder, darunter 1500 Frauen. In den J. gab es verschiedene Interessengruppen: neben den Jägern u. a. Jagdhundzüchter, Falkner, Frettierer und Raubwildfänger. Die Mitglieder der J. beschäftigten sich auch mit der Hege und Pflege des Wildes; u. a. legten sie Wildäcker an und richteten Futterstellen ein. Für die wissenschaftliche Arbeit auf dem Gebiet des Jagdwesens war das ›Institut für Forstwissenschaften‹ in Eberswalde zuständig, das besonders mit der Sektion Forstwissenschaft der → Technischen Universität Dresden zusammenarbeitete.

Den J. standen 8,7 Mio. ha jagdwirtschaftliche Fläche zur Verfügung. Der Wildbestand darauf wurde 1978 mit 27600 Stück Rotwild, 16200 Stück Damwild, 308000 Stück Rehwild, 4300 Stück Muffelwild, 66800 Stück Schwarzwild, 235000 Hasen und 62000 Fasanen angegeben. Diese Bestände konzentierten sich hauptsächlich in den ausgedehnten land- und forstwirtschaftlichen Gebieten der Bezirke Schwerin, Magdeburg und Potsdam. Dort besaßen auch die hochbetagten, aber immer noch jagdversessenen Mitglieder der SED-Führung (E. Honecker, W. Stoph, E. Mielke) ihre eingezäunten und bewachten Jagdreviere. 1978 betrug das Wildbretaufkommen über 8000 t.: Erlegt wurden in diesem Jahr z. B. 25000 Stück Rotwild, 187000 Stück Rehwild und 120000 Wildschweine; außerdem 50000 Füchse, 43100 Marder und 2300 Wiesel. Diese Ausbeute hatte über die Fleischverwertung hinaus eine gewisse wirtschaftliche Bedeutung, weil durch die Verwertung der Felle Devisen für Importe eingespart werden konnten.

Jüdische Gemeinden in der DDR

→ Verband der Jüdischen Gemeinden in der DDR

Jugendarbeit der Evangelischen Kirchen
→ Junge Gemeinde

Jugendbrigaden
→ Brigade

Jugendherberge
Staatliche Einrichtung für den Jugendtourismus

Unter den Jugenderholungseinrichtungen der DDR nahm das Jugendherbergswesen einen vorrangigen Platz ein; dazu gehörten die meist den Räten der Städte und Gemeinden unterstellten J. sowie eigens dafür eingerichtete Bezirksvermittlungsstellen; außerdem gab es noch Jugenderholungszentren, Jugendcampingplätze und ›Jugendtouristhotels‹. Für die Leitung des Jugendherbergswesens waren das →Amt für Jugendfragen bzw. ein dort eingesetzter ›Zentraler Jugendherbergsbeirat‹ sowie die bei den Räten der Bezirke wiederum bestehenden Jugendherbergsbeiräte zuständig. Die jeweiligen Räte der Kreise, Städte und Gemeinden waren für Erhaltung und Erweiterung der J., für die politische und fachliche Anleitung der darin beschäftigten Mitarbeiter sowie für die Bereitstellung der erforderlichen Haushaltsmittel verantwortlich.
Die J. wurden von Jugendherbergsleitern geleitet, die eine Fachschulausbildung und praktische Erfahrungen in der Jugendarbeit besitzen mußten. Neben der Hausverwaltung halfen sie den einquartierten Jugendgruppen bei der Gestaltung ihrer touristischen Unternehmungen in der Umgebung, organisierten Heimabende und waren überdies angehalten, auf eine »sinnvolle Freizeitgestaltung« zu achten und politische Diskussionen zu führen. Vor allem für die beliebten Klassenfahrten von Schülern ab 10/11 Jahren, an denen auch Eltern als zusätzliche Betreuer teilnahmen, waren die billigen und ordentlichen Herbergsunterkünfte unverzichtbar. 1988 gab es in der DDR 246 J.; Kinder, Schüler, Lehrlinge und Studenten hatten dort für die Übernachtung 25 Pfennig zu zahlen; jugendlichen Einzeltouristen kostete das Quartier 50 Pfennig. Die Anmeldung von Wander- und Freizeitgruppen hatte jeweils in deren Heimatbezirk bei der Jugendherbergsvermittlungsstelle zu erfolgen.

Jugendhilfe
Dem Zuständigkeitsbereich des →Ministeriums für Volksbildung zugeordnete staatliche Organe der Jugendfürsorge

Die J. wurde tätig, um sozialen Fehlentwicklungen vorzubeugen, um Folgen der Vernachlässigung von Kindern und Jugendlichen zu beseitigen

sowie Versorgungs- und Umerziehungsmaßnahmen zu organisieren. Zu ihren Organen gehörten der ›Zentrale Jugendhilfeausschuß‹ und die Abteilung ›Jugendhilfe und Sonderschulwesen‹ beim Ministerium für Volksbildung sowie auf örtlicher Ebene die Jugendhilfekommissionen bei den Räten der Städte und Gemeinden; bei den Räten der Bezirke, Kreise, Städte und Gemeinden bestand zudem in der Abteilung Volksbildung jeweils ein Referat ›Jugendhilfe‹, dem wiederum ›Jugendhilfeausschüsse‹ und ›Vormundschaftsräte‹ zugeordnet waren.
Nach den staatlichen Richtlinien konzentrierten sich diese Gremien und Einrichtungen auf die »Herstellung günstiger Bedingungen für die sozialistische Persönlichkeitsentwicklung von Kindern und Jugendlichen, deren Erziehung, Entwicklung oder Gesundheit unter der Verantwortung der Erziehungsberechtigten nicht gewährleistet« waren; außerdem wurden sie tätig, wenn »in gesetzlich besonders bestimmten Fällen die Interessen Minderjähriger« wahrzunehmen waren. Von den hauptamtlichen Mitarbeitern der J. war die Mehrzahl als Erzieher oder technisches Personal in den J.-Heimen tätig; darüber hinaus arbeiteten weit über 30000 Personen in den Kommissionen, Ausschüssen und Vormundschaftsräten der J. ehrenamtlich mit. Für die Aus- und Weiterbildung des hauptberuflich mit Fürsorgeaufgaben betrauten Personals gab es in Falkensee (Kr. Nauen) ein Institut für J.
In der Praxis kümmerte sich die J. um die Probleme verhaltensgestörter und schwererziehbarer Jugendlicher und besonders um die Betreuung elternloser oder aus ihren Familien gelöster Minderjähriger; sie bemühte sich, Unterhalt und Versorgung solcher Minderjährigen zu sichern und diejenigen zu beraten, die für oder über Minderjährige Entscheidungen treffen mußten. Sie unterhielt enge Kontakte zu den Direktoren der Schulen und zu betroffenen Eltern. Fiel in der Schule auf, daß Schüler in besonderem Maße haltlos schienen, oder wurden bei schulärztlichen Untersuchungen Spuren körperlicher Züchtigung festgestellt, so war stets die J. einzuschalten.

Jugendhochschule ›Wilhelm Pieck‹, Bogensee, 1946–1989

Höchste Bildungsstätte der → FDJ

Geschichte und Organisation: Die auf einem von Wäldern umschlossenen, sorgfältig abgeschirmten und zuverlässig bewachten Gelände am Bogensee bei Wandlitz liegende J. wurde am 22. 5. 1946 gegründet; am 14. 9. 1950 erhielt sie den Namen ›Wilhelm Pieck‹. Sie war die höchste Bildungsstätte der FDJ und deren Zentralrat direkt unterstellt. Am 16. 10. 1951 wurde der Grundstein für einen Neubau der J. gelegt, der – in

Anlehnung an den sowjetischen Architekturstil – als geschlossenes Rechteck mit großem zentralem Platz angelegt und bis Mitte der 50er Jahre errichtet wurde. Zu dem Schulneubau gehörten: ein Lektionsgebäude mit großem Saal und mehreren Dutzend Seminarräumen, drei ebenfalls großzügig eingerichtete Internatsgebäude mit etwa 500 Plätzen und ein imposantes Kulturhaus, das auch als Mensa genutzt wurde und in dem sich mehrere Klubräume befanden. Die abseits davon liegenden älteren Gebäude wurden von der Verwaltung genutzt; dort war zudem ein Kindergarten für die Kinder der ebenfalls auf dem Gelände wohnenden Lehrkräfte eingerichtet.

Die J. wurde von einem Direktor geleitet, der vom Sekretariat des FDJ-Zentralrats berufen wurde. Die Ausbildung der Studenten erfolgte in den Bereichen marxistisch-leninistische Philosophie, politische Ökonomie, wissenschaftlicher Sozialismus/Kommunismus und wissenschaftliche Führungstätigkeit. Die Leiter der entsprechenden Lehrstühle wurden ebenfalls vom FDJ-Zentralrat eingesetzt. Neben dem jeweils einjährigen Direktstudium für künftige Spitzenfunktionäre von FDJ und SED veranstaltete die J. ab 1958 auch mehrmonatige oder einjährige Kurse für Funktionäre kommunistischer und linksgerichteter Jugendorganisationen aus anderen Ländern, die auf der Grundlage von Verträgen und Vereinbarungen an den Bogensee delegiert worden waren. Bis Ende der 80er Jahre hatten etwa 15000 FDJ-Funktionäre und rund 3000 Jugendfunktionäre aus mehr als 60 Ländern die J. durchlaufen.

Funktionen und Wirkungen: In der als »Kaderschmiede der FDJ« bezeichneten Hochschule absolvierten die Studenten einen einjährigen Lehrgang. Die Möglichkeit dazu erhielten nur »in der Praxis bewährte Funktionäre«, die aufgrund ihres bisherigen Engagements in der FDJ-Arbeit von den Kreis- und Bezirksleitungen delegiert worden waren und eine Aufnahmeprüfung bestanden hatten. Ab Mitte der 60er Jahre wurden nach dem ersten Vierteljahr die leistungsstärksten Studenten in einer gesonderten Seminargruppe zusammengefaßt und nach einem erweiterten Studienplan unterrichtet. Diese Absolventen wurden dann bevorzugt im Zentralrat eingesetzt.

An der J. wurde Leitungstätigkeit regelrecht trainiert. Außer den zentralen SED- und FDJ-Leitungen für den gesamten Einjahreslehrgang wurden in jeder Seminargruppe nochmals SED- und FDJ-Leitungen gewählt; für jede Gruppe wurde außerdem noch ein »Seminarsekretär« eingesetzt, der gegenüber dem Lehrkörper für Studienorganisation und -disziplin verantwortlich war. Einzelne Gruppen hatten Praktika in FDJ-Kreisleitungen zu absolvieren; ausgewählte Studenten entsandte man

mitunter zum Sondereinsatz in SED-Kreisleitungen oder setzte sie bei der Organisation zentraler FDJ-Veranstaltungen ein. Die Ergebnisse solcher Einsätze wurden in jedem Falle anschließend sehr sorgfältig ausgewertet. Obligatorisch war neben dem Fach Sport auch eine Kampfgruppenausbildung. Dafür wurden die Studenten jeweils in drei Hundertschaften zusammengefaßt: in einer die Männer, in einer zweiten die Frauen und in einer dritten diejenigen, die bei der ärztlichen Untersuchung zurückgestellt wurden und nur noch mit Aufgaben des »rückwärtigen Dienstes« zu betrauen waren.
Die Zusammensetzung der 12 Seminargruppen wurde streng nach kaderpolitischen Gesichtspunkten vorgenommen: Unterschiedliche Erfahrungen, Schulabschlüsse und »Kaderperspektiven« der Lehrgangsteilnehmer wurden gemischt und die informellen Mitarbeiter (IM) des → MfS entsprechend auf die Gruppen verteilt. In der Abgeschiedenheit der J. – Urlaube waren genehmigungspflichtig und ein Fußmarsch in die nächst liegenden Dorfkneipen währte Stunden – entwickelte sich immer wieder ein besonderes Klima. Im »roten Kloster«, wie es im Studentenjargon hieß, entstand aus einer Mischung von elitärer Selbsteinschätzung und revolutionärer Romantik ein kollektives Bewußtsein, das in den späteren Funktionärskarrieren noch lange nachwirkte.
Eine Außenstelle der J. befand sich in Bärenklau (Bezirk Potsdam). Dort fanden häufig Kurzlehrgänge mit Erfahrungsaustausch für haupt- wie ehrenamtliche Funktionäre aller Leitungsebenen statt; zudem wurde sie von der Verbandsführung gern zu Klausurtagungen genutzt. Seit 1964 hielt man hier Vorbereitungslehrgänge ab für die Mitglieder der → ›Brigaden der Freundschaft‹, in denen die Teilnehmer mit den natürlichen, historischen und gesellschaftlichen Bedingungen der Einsatzländer vertraut gemacht, für spezielle berufliche Aufgaben vorbereitet und in den jeweiligen Fremdsprachen unterrichtet wurden.

Auflösung/Ende: 1990 wurde die J. in das ›Internationale Jugend-Centrum Bogensee‹ umgewandelt; daraus wurde 1991 ein ›Internationales Bildungszentrum Bogensee‹; Träger dieser Einrichtung ist der ›Internationale Bund für Sozialarbeit und Jugendsozialwerke e. V.‹

Direktoren: Werner Goetze (1946); Hans Jäschke (1946); Heinz Tropitz (1947); Hermann Günthert (1947–1948); Hans Gossens (1948–1949); Heinz Schirmag (1950–1953); Karl-Heinz Heiliger (1953–1956); Kurt Bürger (1957–1958); Theo Naumann (1958–1960); Fred Fischer (1961–1964); Otto Gebhardt (1964/65 amt.); Werner Haltinner (1965–1974); Erhard Krüger (1974–1978); Klaus Böttcher (1974–1988); Gertrude Ratajczak, verehel. Hünke (1988–1990)

Jugendklubs
Einrichtungen der → FDJ zur Freizeitgestaltung für Jugendliche
Die J. bildeten eine Sonderform der in Klubs organisierten Geselligkeit in der DDR, die seit anfang der 50er Jahre vom Staat und der → FDJ besonders gefördert wurde. Für die Freizeitgestaltung der Jugendlichen wurden sie in Städten und Gemeinden, bei → ›Örtlichen Räten‹, Betrieben, → Genossenschaften, an Schulen, → Universitäten und bei anderen Rechtsträgern gebildet; diese hatten auch die finanziellen Mittel bereitzustellen. Von den J. wurden nur die größeren hauptberuflich, die meisten jedoch ehrenamtlich geleitet. Allen Leitern stand jeweils ein ehrenamtlicher Klubbeirat zur Seite. Politisch wurden die J. von den Kreisleitungen der FDJ wie GO geführt. Ende der 80er Jahre bestanden rd. 9000 solcher J., die für die Jugendlichen häufig der wichtigste Kommunikationsort in ihrer Wohnumgebung waren. Als nach der »Wende« die meisten J. aus finanziellen Gründen geschlossen wurden, wirkte sich das bei wachsender Arbeitslosigkeit besonders in kleineren Ortschaften verheerend aus.

Jugendobjekt, 1949–1989
Zeitlich begrenzte volkswirtschaftliche Aufgabe, deren Bewältigung einem FDJ-Kollektiv übertragen wurde
»Baumeister einer neuen Welt« sollte die ostdeutsche Jugend werden, und Hunderttausende, vielleicht Millionen, wollten das gegen Ende der 40er Jahre auch sein. Die SED-Führung rechnete mit dem unbekümmerten Enthusiasmus der Jugend und mit ihrer Bereitschaft, sich anzustrengen für eine neue Gesellschaft, in der nicht mehr Profitmaximierung, sondern Chancengleichheit im Einverständnis aller Antrieb für den einzelnen sein würde. Grundlegende Voraussetzung dazu sei, so glaubte man, eine von kapitalistischer Ausbeutung befreite Volkswirtschaft, die Eigentum aller zu sein hatte und die es zu schaffen galt. Erfahrungen über die Verfügbarkeit dieses »Volkseigentums« und über dessen wirtschaftliche Effizienz lagen damals noch nicht vor, weshalb auch die → FDJ fest darauf vertraute, bei der Lösung entscheidender wirtschaftlicher Aufgaben auf den vollen Einsatz der Jugendlichen setzen zu können. Dieses hoffnungsvolle Vertrauen bestätigte sich dann auch bei der Bildung der ersten → Brigaden, bei der Formierung der → ›Aktivistenbewegung‹ und nicht zuletzt bei der Schaffung von ›Jugendobjekten‹.
»Max braucht Wasser!« – so lautete eine der populärsten Losungen, mit der – noch vor der DDR-Gründung – Tausende von Jugendlichen gewonnen wurden, um mit Hacke, Schaufel und Spaten ausgerüstet den Bau einer 5 km langen Kühlwasserleitung von der Saale zur ›Maxhütte Unterwellenborn‹ in Angriff zu nehmen. Nach 90 Tagen, am 1.4.1949, hatte

»Max«, das damals einzige Hochofenwerk in der SBZ, Wasser. Aus diesem Ergebnis zog der FDJ-Zentralrat den Schluß, der wirtschaftliche Aufbau ließe sich mit der Schaffung zentral wie regional geleiteter ›Jugendobjekte‹ forcieren. Zum ersten zentralen J. wurde der Bau der ›Talsperre des Friedens‹ in Sosa, Bez. Karl-Marx-Stadt (1949–1951); damit sollte die Trinkwasserversorgung von rd. 100000 Menschen gesichert und die ständige Hochwassergefahr in diesem Gebiet beseitigt werden. Geleitet wurde das Unternehmen von Siegfried Graupner, der viele Jahre später als fast 60jähriger wieder für das zentrale J. ›Kernkraftwerk Nord‹ (1967–1975) in der Nähe von Greifswald verantwortlich war.
Die Wohnsiedlung, in der die Erbauer der Sosaer Talsperre untergebracht waren, hieß ›Jugendstadt Komsomol‹. Der Name verwies darauf, daß den J. nach sowjetischen Vorbild auch die Funktion zugedacht war, Stätte der Erziehung zur kommunistischen Arbeit zu sein. Anfangs wurden die Teilnehmer an J. auch gehörig geschult, denn die Jugendlichen sollten sich als Fortsetzer des Kampfes der Älteren verstehen und – nun an einer anderen Front – zur freiwilligen »Kampfreserve der Partei« heranwachsen. Später, als die Aufbruchzeiten vergangen waren und der Anfangselan sich durch Wiederholung formalisiert hatte, standen für Jugendliche, die sich an einem J. beteiligten, andere Motive im Vordergrund. So erhielten die nach erfolgreichem Einsatz vom J. ›Erdgastrasse Sowjetunion‹ Heimgekehrten vorfristige Zuweisungen für Autos bzw. Wohnungen; auch die Teilnehmer am J. ›FDJ-Initiative Berlin‹ verdienten gutes Geld, und ihr Einsatz war dem beruflichen Aufstieg durchaus förderlich.
Natürlich fanden sich in J. auch immer junge Leute zusammen, die es besser als die Alten machen wollten und nach neuen technologischen Lösungen suchten. Häufig wollten sie allerdings einfach nur unter sich sein, und noch häufiger war das J. zu einer Institution geworden, die man als unvermeidlich hinnahm. Als »Erbauer einer neuen Welt« fühlte sich jedenfalls kaum jemand mehr, denn der DDR-Sozialismus wurde von der SED-Führung schon allenthalben als der westlichen Ordnung überlegen gepriesen. Jene kannte man nicht, mit der sozialistischen aber hatte man seine abstumpfenden Erfahrungen gemacht: Ursprüngliche Neugier und unkonventionelles Engagement waren allzuoft auf Argwohn und verschleißende Gleichgültigkeit gestoßen.
Für ein J. wurden i. d. R. Kollektive eingesetzt, in denen mehr als die Hälfte der Mitglieder unter 25 Jahre alt war; sie wurden von einem staatlichen Leiter geführt und hatten genau fixierte, im Plan verankerte und zeitlich begrenzte Aufgaben zu erfüllen. Vorwiegend gab es die J. in Industrie und Landwirtschaft, seit den 70er Jahren zunehmend auch im Bereich von Forschung und Entwicklung. Je nach Umfang und wirtschaft-

licher Anbindung konnten sie sowohl in Betrieben und Einrichtungen wie auf regionaler oder zentraler Ebene angesiedelt sein. Nach Zahlenangaben der FDJ arbeiteten 1989 rd. 1186 Mio. FDJ-Mitglieder in 109000 J.

Bedeutende zentral- bzw. bezirksgeleitete J. waren in ihrer zeitlichen Reihenfolge u. a.: ›Talsperre des Friedens‹, Sosa (1949–1951) • →Eisenhüttenkombinat Ost, Stalinstadt (heute Eisenhüttenstadt; 1951–1954) • Kraftwerk Trattendorf (1954–1958) • Überseehafen Rostock (1957–1960) • Meliorationsvorhaben ›Altmärkische Wische‹ (1958–1960) und ›Friedländer Große Wiese‹ (1958–1962) • Flughafen Berlin-Schönefeld (1959–1962) • Erdölverarbeitungswerk Schwedt (→Kombinate, darin: ›Petrolchemisches Kombinat Schwedt‹; 1959–1964) • ›Zentrale Erntetechnik‹ (dafür waren 1966–1969 und 1973–1979 rd. 2500 FDJler aus landwirtschaftl. Betrieben jährlich auf mehreren 100 Mähdreschern und Lkw an Schwerpunkten der Getreideernte eingesetzt) • ›Kernkraftwerk Nord‹ (1967–1975) • Aufbau des Werkes ›VEB Robotron‹ in Dresden (1970–1973) • ›Hennebergporzellan‹, Ilmenau (1971–1973) • Wohnungsbau Neubrandenburg Ost (1971–1975) • Melioration des Thüringer Beckens (1971–1975) • ›Drushba‹-Trasse (1974–1978 verlegten 6000 FDJ-Delegierte 268 km Erdgasleitung in der UdSSR) • Industriemäßige Fleischproduktion Eberswalde (1975–1980 waren rd. 2000 FDJler für Projektierung, Bau und Betrieb der größten Anlage dieser Art in der DDR tätig) • ›FDJ-Initiative Berlin‹ (1976–1987; größtes J. in der Geschichte der DDR; zeitw. arbeiteten mehr als 15000 Jugendliche aus allen Bezirken der DDR im Berliner Wohnungsbau sowie beim Aufbau bzw. bei der Rekonstruktion von Kulturstätten und Industriebetrieben) • ›Jugendkraftwerk Boxberg‹ (1976–1989) • ›Havelobst‹ (1976–1989 arbeiteten rd. 2500 FDJler im größten Obstanbaugebiet der DDR und in den dazu gehörenden Verarbeitungsbetrieben) • Elektrifizierung von Eisenbahnstrecken (1981–1989) • DDR-Gasleitungsbau (1982–1983) • ›Erdgastrasse Sowjetunion‹ (1982–1986; 1984 arbeiten daran nahezu 9000 DDR-Bürger, darunter rd. 5000 FDJ-Mitglieder; die Delegierung für mindestens 2 Jahre wurde durch die jeweilige FDJ-Bezirksleitung ausgesprochen • Intensivierung der Produktion hochveredelter Chemiefaserstoffe (1983–1989).

Jugendtourist, 1975–1990

Von der →FDJ betriebenes Jugendreisebüro der DDR

Geschichte und Organisation: Das Jugendreisebüro J. wurde am 1.1.1975 als Einrichtung des Zentralrats der FDJ gegründet. Zuvor hatte die Vermittlung von Reisen und Ferienquartieren für Jugendliche zu den Aufgaben des →›Komitees für Touristik und Wandern‹ und des Direktionsbereichs ›Jugendtourist‹ beim →›Reisebüro der DDR‹ gehört. Zur Unterstützung der Tätigkeit von J. bestand beim Zentralrat der FDJ ein von diesem berufener Beirat aus Vertretern von Ministerien und gesellschaftlichen Organisationen. Als nachgeordnete Einrichtungen befanden sich in allen Bezirken der DDR Bezirksstellen; zudem arbeiteten in den Bezirken und Kreisen der DDR sowie in ausgewählten FDJ-Grundorganisationen ehrenamtliche ›Kommissionen für Jugendtourismus‹. Anmeldungen von FDJ-Gruppen für Angebote der In- und Auslandstouristik oder Reiseanträge einzelner Jugendlicher waren bei den Bezirkstellen oder den ehrenamtlichen Kommissionen einzureichen.

Funktionen und Wirkungen: Nachdem eine Welle diplomatischer Anerkennungen seit 1972 der DDR zu internationalem Ansehen verholfen hatte und zudem die Ostpolitik der BRD und die KSZE neue außenpolitische Bedingungen geschaffen hatten, entschloß sich die Führung von SED und FDJ, den internationalen Tourismus gelenkt zu entwickeln. So hoffte man, die »reichen Möglichkeiten für die patriotische und internationalistische Erziehung der Jugend«, die nach parteioffizieller Meinung der Tourismus bot, intensiver nutzen zu können. Da der stets drängenden Reiselust der Jugend und deren – infolge des KSZE-Prozesses noch gesteigerter – Erwartungshaltung entsprochen werden mußte, wurde eine Institution geschaffen, die möglichst kontrolliert zur Befriedigung solcher Grundbedürfnisse der Jugend beitragen sollte.
Jugendliche Reiselust sollte zunächst und vordringlich auf Reiseziele in den sozialistischen Ländern gerichtet werden, doch sollten dann auch Gruppenreisen mit sorgfältig ausgewählten Teilnehmern in gezielt ausgesuchte westliche Länder veranstaltet werden. Die durch J. vermittelten Reisen waren außerordentlich preisgünstig, so daß viele Jugendliche sich mit dessen Angeboten ihre Reisewünsche erfüllen konnten. 1988 unterhielt J. in der DDR 20 ›Jugendtouristhotels‹ mit insgesamt 24500 jährlich vergebenen Plätzen; im selben Jahr vermittelte J. 388000 Auslandsreisen, darunter 152000 in die Sowjetunion. Nachdem der ZR der FDJ und der ›Bundesjugendring‹ Verhandlungen aufgenommen hatten und am 20. September 1982 eine gemeinsame Presseerklärung zum Jugendtourismus veröffentlicht worden war, begann auch ein Jugendaustausch zwischen DDR und BRD, für dessen Organisation östlicherseits J. verantwortlich war.

Auflösung/Ende: Aus Gründen der Vermögens- und Existenzsicherung wurden 1990 von leitenden Funktionären der FDJ eine Reihe von Unternehmen gegründet, darunter auch eine ›Reisedienst & Touristikservice GmbH/Jugendtourist‹. Das Vorhaben, unter veränderten Wirtschafts- und Marktbedingungen weiterhin als Reiseveranstalter mit jugendgemäßen Angeboten und eigenen Vetriebsstrecken aufzutreten, erwies sich aus wirtschaftlichen Gründen als nicht durchführbar. Im Herbst 1991 ging die GmbH in eine langwierige Liquidation. Ein Teil der Vertriebsbüros wurde in eine neue GmbH übernommen, die als ›JT – Jugendtourist Reisebüro GmbH‹ firmierte. Das Abwicklungsverfahren erwies sich wegen ungeklärter Vermögensfragen als kompliziert; schon im September 1990 hatte die Berliner Staatsanwaltschaft an einigen Orten in der ehemaligen DDR Durchsuchungen von Büros veranlaßt, um einer vermuteten Veruntreuung von Millionenbeträgen auf die Spur zu kommen; im Sommer 1993 mußten sich drei Geschäftsführer der Firma JT deswegen vor dem Berliner Landgericht verantworten.

Generaldirektoren: Klaus Eichler (1974–1984); Jürgen Heinrich (1984–1990)

Jugendweihe, 1955–1990

Gesellschaftliche Einrichtung zur politisch-ideologischen Erziehung der Jugend im 8. Schuljahr

Geschichte und Organisation: Die J. entstand Mitte des 19. Jahrhunderts in freisinnigen Kreisen als Ersatzritual für die kirchliche Einsegnungsfeier. Gewerkschaften und Sozialdemokraten übernahmen die J. und machten sie zu ihrem Fest für junge Menschen. In der SBZ, vornehmlich in Sachsen und Thüringen, nahmen ehemalige Mitglieder freigeistiger Verbände im Frühjahr 1946 diese Tradition wieder auf und organisierten vereinzelte Feiern. Am 31. 3. 1950 veröffentlichte Stefan Heymann, Leiter der Abteilung Agitation im →›Zentralkomitee der SED‹, im ›Neuen Deutschland‹ eine prinzipielle Orientierung für künftige Schulentlassungsfeiern; daraufhin fanden Jugendweihen, wie sie aus der Zeit von vor 1933 bekannt waren, nicht mehr statt. Nach den Unruhen im Juni 1953 mußte die SED-Führung ihren gegen die Kirchen, insbesondere gegen die →›Junge Gemeinde‹ gerichteten harten Konfrontationskurs aufgeben; nun besann sie sich auf das traditionell atheistisch-antikirchliche Ritual der J. Das Politbüro beschloß am 14. 3. 1954 eine Vorlage über »Die Politik der Partei in Kirchenfragen«; darin wurde festgestellt: »Vor der Partei, den Massenorganisationen und dem Staatsapparat steht deshalb die Aufgabe, eine systematische Aufklärungsarbeit unter der gesamten christlichen Bevölkerung zu leisten.«

Im Rahmen dieser Aufgabenstellung sollte auch die →FDJ den »ideologischen Kampf unter der Jugend« verstärken; dazu wurde folgende Maßnahme geplant: »Gegenwärtig werden von vielen Eltern, die keine innere Bindung zur Kirche haben, Kinder in die Kurse zur Vorbereitung der Konfirmation und der Kommunion geschickt, da keine andere Einrichtung zur feierlichen Einführung der Kinder in den neuen Abschnitt ihres Lebens nach dem Verlassen der Grundschule vorhanden ist. Um diesen Zustand zu beenden, wird im Interesse der staatsbürgerlichen Erziehung schon in diesem Jahr mit der Vorbereitung und Durchführung von Jugendweihen ab 1955 begonnen.« In einem Schreiben des ZK der SED an alle Sekretäre

der Bezirks- und Kreisleitungen der Partei vom 2.11.1954 wurde mitgeteilt, daß ein ›Zentraler Ausschuß für Jugendweihe‹ demnächst einen Aufruf veröffentlichen werde, »entsprechend einem allgemeinen Bedürfnis von Eltern und Schülern, alljährlich in der DDR die in ganz Deutschland beliebten Jugendweihen durchzuführen, an denen junge Menschen ungeachtet ihrer Weltanschauung teilnehmen können«.
Sofort nach Erscheinen dieses Aufrufs hatten die Kreisleitungen dafür zu sorgen, daß regionale Ausschüsse gebildet würden, in denen »einflußreiche und fachkundige Genossen« mitwirken sollten; sie sollten die »lebenskundliche Vorbereitung der Jugendweihe« organisieren, und die Parteiorganisationen sollten dabei helfen, »daß die Vorbereitung und Durchführung der Jugendweihe interessant, inhaltsreich und anziehend gestaltet werden«. ... »In allen Grundorganisationen muß nach Erscheinen des Aufrufes des Zentralen Ausschusses der Sinn und die Bedeutung der Jugendweihe anhand dieses Aufrufes und der in der Presse erscheinenden Materialien behandelt werden, wobei die Diskussion so zu führen ist, daß die Genossen überzeugt werden, daß ihre Kinder, soweit sie dem Alter nach in Frage kommen, an der Jugendweihe teilnehmen.«
Der ›Zentrale Ausschuß für Jugendweihe in der DDR‹ wurde am 12.11.1954 in Berlin offiziell konstituiert und der angekündigte Aufruf am folgenden Tag veröffentlicht; die ersten J. fanden im Frühjahr 1955 statt. Dieser dem → ›Ministerrat der DDR‹ unterstellte Ausschuß war das höchste Leitungsgremium für die J., das die Tätigkeit aller in den Bezirken, Kreisen, Städten und Stadtbezirken gebildeten örtlichen Ausschüsse koordinierte. Er beschloß die grundlegenden Dokumente für die gesamte Ausschußarbeit, insbesondere das Gelöbnis zur Jugendweihe und das Jugendstundenprogramm; er berief auch den Vorsitzenden und die Mitglieder des Sekretariats sowie den Vorsitzenden und die Mitglieder der Zentralen Revisionskommission. Die Arbeit des Ausschusses wurde aus dem Staatshaushalt mit rd. 20 Mio. Mark finanziert.

Funktionen und Wirkungen: Mit der energisch betriebenen Einführung der J. und ihrer Kopplung an die Schule sollte den Kirchen schnell die Möglichkeit beschnitten werden, junge Menschen für ein christliches Leben zu gewinnen. Als wichtiger Bestandteil der → Bildungspolitik bestand das Ziel der J. vor allem darin, weltanschauliche Positionen des Marxismus-Leninismus zu vermitteln. Das war hauptsächlicher Inhalt der – i. d. R. 10 – Jugend- oder Vorbereitungsstunden, die vor der Teilnahme an der öffentlichen Jugendweihefeier besucht werden mußten. Ein am 3.1.1955 veröffentlichtes Vorbereitungsschema listete 10 Themen auf: die Welt im All; die Enstehung des Lebens auf der Erde; vom Werden des

Menschen; von der Beherrschung der Natur durch den Menschen; die Entwicklung der menschlichen Gesellschaft; die schöpferischen Kräfte der Volksmassen und ihr Kampf um den gesellschaftlichen Fortschritt; die neue Ära in der Geschichte der Gesellschaft; die Beziehungen der Menschen untereinander, insbesondere die Stellung der Frau in der Gesellschaft; die Bedeutung der Kunst im Leben unseres Volkes; Zusammenfassung und Vorbereitung auf die Jugendweihe.

Im Mittelpunkt der auf die Vorbereitung folgenden Feier der J. stand das Gelöbnis. Es ähnelte einem Fahneneid; es wurde von den 14jährigen Mädchen und Jungen im Chor gesprochen und beinhaltete die Verpflichtung, alle Kräfte für die »allseitige Stärkung und das Wohl des sozialistischen Vaterlandes« einzusetzen und »im Geiste des proletarischen Internationalismus zu leben, zu arbeiten und zu kämpfen«. Den Teilnehmern des Weiheaktes wurde daraufhin versichert, daß sie nunmehr in die »Gemeinschaft aller Werktätigen in unserer Deutschen Demokratischen Republik« aufgenommen seien und »Unterstützung, Schutz und Hilfe« erwarten könnten. Die Festrede hielt häufig ein antifaschistischer Widerstandskämpfer, der seine Lebens- und Leidenserfahrungen als Mahnung und Verpflichtung an die Mädchen und Jungen weitergeben konnte. Diesen wurden zur Erinnerung Bücher überreicht, zunächst eines mit dem Titel ›Weltall – Erde – Mensch‹, seit 1975 dann ›Der Sozialismus – Deine Welt‹ mit einem Vorwort von E. Honecker.

Um eine offene Konfrontation mit der Kirche und konfessionell gebundenen Eltern zu vermeiden, wurde von Anfang an die Möglichkeit eingeräumt, sowohl an der J. wie an Konfirmation oder Kommunion teilzunehmen. Die Kirchen sahen jedoch in der Einführung eines »sozialistischen Ersatzritus« einen Affront und reagierten schroff ablehnend. Noch im November 1954 ermahnte das Evangelische Konsistorium Berlin-Brandenburg die Eltern, daß »Kinder, die sich einer Handlung unterziehen, die im Gegensatz zur Konfirmation steht, nicht konfirmiert werden können«. In einem Hirtenwort der katholischen Bischöfe vom 26. 12. 1954 hieß es: »›Jugendweihe‹ ist immer eine Sache jener gewesen, die den christlichen Glauben und die Kirche ablehnen.... Die jetzt geplanten ›Jugendweihen‹ können für eine katholischen Christen niemals in Frage kommen.«

Beide Kirchen beharrten lange auf prinzipiell ablehnenden Positionen, doch sie konnten nicht verhindern, daß sich die Strategie der SED, den überkonfessionellen, vom »Geist der Toleranz« getragenen Charakter der J. hervorzuheben, erfolgreich durchsetzte. Am 6. 10. 1959 teilte der ›Zentrale Ausschuß für Jugendweihe‹ Ministerpräsident Otto Grotewohl in einem Schreiben mit, die von den Ausschüssen für Jugendweihe über-

nommenen Verpflichtungen zum 10. Jahrestag der DDR seien erfüllt worden: 81,9 Prozent aller Pioniere und Schüler seien für eine Teilnahme an der J. gewonnen worden; 5000 Jugendstundenleiter seien auf ihre »sozialistische Erziehungstätigkeit« verpflichtet worden, für die Gestaltung »interessanter, erlebnisreicher Jugendstunden« hielten sich 25500 Persönlichkeiten bereit; 1600 Betriebsaktive für Jugendweihe, →›Brigaden der sozialistischen Arbeit‹ und andere sozialistische Gemeinschaften hätten die Betreuung von Jugenstundengruppen übernommen.
Die Teilnahme an der J. wurde offiziell immer als freiwillig ausgegeben, doch wurden – regional unterschiedlich – in der Anfangszeit auch Druckmittel eingesetzt, um Jugendliche zu »überzeugen«. Nichtteilnahme konnte zudem hinderlich sein für die Zulassung zur EOS und zum Studium. Aber allein deshalb, weil die J. sehr eng mit dem schulischen Leben verknüpft war, mochten die meisten Jugendlichen sich ihr nicht entziehen. In den 70er und 80er Jahren hatte sie sich längst einen festen Platz als Familienfest gesichert, das Anlaß gab, die Jugendlichen – wie zur Konfirmation – recht aufwendig zu beschenken. In den 80er Jahren nahmen regelmäßig etwa 97 Prozent der Schüler der 8. Klassen an den J. teil.

Umwandlung: Im November 1989 legte der ›Zentrale Ausschuß für Jugendweihe‹ den Entwurf für ein neues Gelöbnis vor, der jedoch nicht mehr verwendet wurde. Die im Frühjahr 1990 abgehaltene J., zu der sich rd. 80 Prozent der Schülerinnen und Schüler der 8. Klassen angemeldet hatten, fand ohne Gelöbnis statt. Im Juni 1990 bildete sich eine ›Interessengemeinschaft Jugendweihe e. V.‹, die die Vorbereitungs- und Koordinierungstätigkeit des Ausschusses übernahm; Leiter war Siegfried Jahn. Seit 1992 bezeichnet sich der Verein als ›Interessenvereinigung humanistische Jugendarbeit und Jugendweihe e. V.‹; er ist in 6 Landesverbände gegliedert und hat seinen Sitz in Berlin; Präsident ist der Ostberliner Werner Riedel (FDP). An Jugendweihefeiern beteiligten sich 1992 in den neuen Bundesländern etwa 50000 Jugendliche, d. h. jeder zweite 14jährige. Diesen wurde eine Festschrift überreicht, die der Bertelsmann-Konzern gesponsert hatte; das Vorwort schrieb Henning Voscherau.

Leiter bzw. Sekretäre des ›Zentralen Ausschusses für Jugendweihe‹: Rudolf Hartig (1954–1961); Gerhard Reinhardt (1961–1964); Erna Tippelt (1964–1972); Gerhard Allendorf (1971 amt.); Sonja Müller (1972–1983); Egon Freyer (1983–1990); Siegfried Jahn (1990–1992); Werner Riedel (seit 1992)

Publikationen: ›Jugendweihe‹, Zeitschrift für Mitarbeiter und Helfer, hg. v. ›Zentralen Ausschuß für Jugendweihe in der DDR‹, Jg. 1/1955 – Jg. 36/1990 (Heft 1)

Jugendwerkhof
Spezialheime der → ›Jugendhilfe‹ zur Umerziehung schwererziehbarer und straffällig gewordener Jugendlicher

J. waren Einrichtungen der Fürsorgeerziehung, für die es in jeder Gesellschaft Bedarf gibt. Da jedoch in der DDR die Anpassungsforderungen, denen insbesondere Jugendliche ausgesetzt waren, sehr viel verlangten und besonders rigide gehandhabt wurden, wurden J. vielfach dazu genutzt, um parteioffizielle Konformitätserwartungen unter Anwendung von Zwang durchzusetzen. Handhabe dazu gab die Anordnung über die ›Jugendhilfe‹ vom 22.4.1965, die es ermöglichte, »erzieherisch wirksamer« mit Jugendlichen umzugehen, die die »sozialistische Lebensweise« störten. Viele Erwachsene, die durch jugendlichen Nonkonformismus verunsichert waren, befürworteten die angedrohten Restriktionen.

Mitte der 60er Jahre, als vor allem in Großstädten und Dörfern im Süden der DDR ein Anwachsen der Beatszene registriert wurde, sah die SED-Führung ihren jugendpolitischen Kurs gefährdet. Beatmusik, wie sie vom Jugendsender ›DT 64‹, der zum → ›Deutschlandtreffen‹ der FDJ 1964 in Berlin eingerichtet worden war, mit ausdauernder Beharrlichkeit gesendet wurde, galt als imperialistische Subversion, und die ihr leidenschaftlich anhängenden Jugendlichen wurden pauschal als dekadent, asozial und kriminell verunglimpft. In dem immer ungemütlicher werdenden innenpolitischen Klima mußte auch der FDJ-Zentralrat klein beigeben: Sein Beschluß, den Beat zur »Weiterentwicklung der DDR-Tanzmusik« zu nutzen, wurde scharf kritisiert und mußte korrigiert werden.

Junge Leute wurden, wenn sie langhaarig waren, in der offiziellen Propaganda als »Gammler« bezeichnet und wegen ihres Aussehens verstärkt polizeilich kontrolliert; in einigen Fällen wurden ihnen sogar von → ›Ordnungsgruppen der FDJ‹ gewaltsam die Köpfe geschoren. Versuchten Jugendliche, sich als Außenseiter zu behaupten, konnte ihre Umerziehung in J. angeordnet werden. Die dort Eingewiesenen waren zwischen 14 und 20 Jahre alt; Sie erhielten während des Erziehungsaufenthalts eine berufliche Teilausbildung, da der Aufenthalt in den J. in der Regel 6 Monate nicht übersteigen sollte.

Jugendliche, die sich der Heimordnung hartnäckig widersetzten, konnten in geschlossene J. eingewiesen werden. Eine solche Erziehungsanstalt war der J. in Torgau, in dem zwischen 1965 und 1989 etwa 5000 Jugendliche physisch und psychisch drangsaliert worden sind. Wegen der dort üblichen Repressalien wurde die Einrichtung gerichtsnotorisch: Aufgrund von Ermittlungen der vom Deutschen Bundestag eingesetzten ›Enquete-Kommission zur Aufarbeitung von Geschichte und Folgen der SED-Diktatur‹ wurde im Juni 1993 Strafantrag gegen die politisch Verantwortliche gestellt: Margot Honecker, Ministerin für Volksbildung in der ehemaligen DDR.

Als Anfang der 70er Jahre die SED ihre Jugendpolitik lockerte – nicht zuletzt wegen der Vorbereitung der ›Weltfestspiele‹ in Berlin – galten lange Haare nicht mehr als hinreichende Ursache, um Jugendliche in schwerste Lebenskonflikte zu bringen. Doch von denen, die staatliche oder parteiische Gewalt auf diese Weise erfahren hatten, versagten viele sich dem Regime auf Dauer. In den 80er Jahren schwankte die Zahl der Jugendlichen, die in J. eingewiesen wurden, zwischen 4000 und 6000. Die häufigsten Gründe dafür waren nun anhaltende Schulbummelei, Körperverletzung, Kraftfahrzeugdiebstahl und andere Eigentumsdelikte.

Junge Gemeinde, 1945–1990

Übergreifende Bezeichnung für unterschiedliche Formen der in Gruppen, Arbeitsgemeinschaften, Rüstzeiten u. dgl. innerhalb der Kirchengemeinden geleisteten evangelischen Jugendarbeit

Geschichte und Organisation: In der SBZ wurden neben der schon 1945 gegründeten →›Freien Deutschen Jugend‹ andere Jugendorganisationen nicht zugelassen. Die Kirchen verzichteten deshalb darauf, bündische Formen selbständiger christlicher Jugendarbeit – etwa den CVJM – wieder aufzugreifen. Sie beteiligten sich zunächst an der Jugendarbeit innerhalb der FDJ, die sich anfänglich als überparteilich und weltanschaulich tolerant verstand; Vertreter beider Kirchen waren an der Gründung der FDJ beteiligt und erhielten einen Siz im Zentralrat. 1949 bekannte sich die Leitung der staatlichen Jugendorganisation jedoch zu den Zielen der SED, und E. Honecker informierte die beiden Kirchenvertreter auf dem III. FDJ-Parlament in Leipzig, eine zu beschließende neue Satzung sehe die Präsenz von Kirchenvertretern im ZR nicht mehr vor.

Nachdem 1952 auf der 2. Parteikonferenz der SED der Beschluß zum »Aufbau des Sozialismus« gefaßt worden war, wandelten sich die seit langem gespannten Beziehungen zwischen FDJ und J. in offene Konfrontation: Die innerhalb der Kirchengemeinden inzwischen entwickelten Formen kirchlicher Jugendarbeit wurden nun als wesentliches Hindernis für die ideologische Erziehung der Jugend ausgemacht; dem erkannten Gegner wurde deshalb eine geschlossene Organisationsform unterstellt, so daß der J. pauschal »staatsfeindliche Tätigkeit« vorgeworfen werden konnte. Im ersten Halbjahr 1953 spielte sich dann eine aggressive Kampagne gegen Mitglieder der J. ab, die später gelegentlich als »Kirchenkampf« bezeichnet wurde.

In den evangelischen Kirchengemeinden in der SBZ wurde mit der Jugendarbeit zunächst auf verschiedene Weise und häufig in überkommenen Formen und unter traditionellen Bezeichnungen begonnen. Es entstanden Kreise und Gruppen, die sich »Gemeindejugend«, »Evangelischer Jugendkreis«, »Jungschar« oder »Mädchengruppe« nannten. Erst im Lauf der 50er Jahre setzte sich für alle Zusammenschlüsse von Jugendlichen und die für diese besonders entwickelten Veranstaltungsformen allgemein die Bezeichnung ›Junge Gemeinde‹ durch. Damit wurde zum Ausdruck gebracht, daß die kirchlichen Bemühungen in der Jugendarbeit Teil der Gemeindearbeit seien und daß die Jugendlichen zwischen 14 und 24 Jahren innerhalb der Gesamtgemeinde die erwachsenen Christen in der Kirche von morgen seien. Jenseits der einzelnen Gemeinde bestanden also für die J. keine besonderen Organisationsstrukturen; übergreifende Beziehungen stellten sich nur her über die koordinierende Tätigkeit der von den Landeskirchen eingesetzten Stadt- bzw. Kreis- und Landesjugendpfarrer.

Die J. waren also in sich und zu verschiedenen Zeiten sehr unterschiedlich, da sie stark von der Sozialstruktur der Kirchengemeinde, dem Engagement der dortigen Pfarrer und den jahrgangsweise sich ändernden Neugierden und Interessen der Jugendlichen geprägt wurden. Die Möglichkeiten schwerpunktmäßigen Engagements von Jugendkreisen innerhalb einer J. konnten im musischen Bereich liegen, in Laienspiel und musikalischer Ausgestaltung von Gottesdiensten und kirchlichen Feiern, oder in diakonisch-sozialpflegerischer Tätigkeit innerhalb der Gemeinde, aber auch auf Gebieten der zeitgeschichtlich-gesellschaftskritischen Diskussion oder der Lebenshilfe durch Berufsberatung und Aussprachemöglichkeit. Der Anteil der Bibelarbeit an den jeweiligen Gruppenaktivitäten war entsprechend unterschiedlich gewichtet.

Seit Mitte der 70er Jahre nahmen Interessen und Aussprachebedürfnisse für Fragen der Friedenssicherung und/oder der Umweltbedrohung sowie über Möglichkeiten individuell gestalteter, nicht reglementierter Lebensformen immer mehr zu. Die Beteiligung von Jugendlichen an Veranstaltungen und Aktivitäten der J. blieb aber stets unregelmäßig und wurde kirchlicherseits auch kaum kontrolliert, so daß Mitglieder- oder Teilnehmerzahlen der J. für keinen Zeitraum ermittelbar sind. In den späteren Jahren, als die Kirche vielerorts eine »offene Jugendarbeit« betrieb, mit der sie sich verstärkt an Jugendliche ohne kirchliche Bindungen wandte, bildeten sich innerhalb der J. vielfach Gruppierungen von unübersichtlicher Zusammensetzung, »zum Teil sehr bunte Haufen, die nur deshalb zur Kirche kommen, weil sie keinen anderen Platz in der Gesellschaft finden«, wie der Berliner Generalsuperintendent Krusche 1985 feststellte.

Funktionen und Wirkungen: Am 14.9.1950 erklärte eine von der CDU veranstaltete Pfarrerkonferenz: »Das Verhältnis der Jungen Gemeinde zur FDJ verdient besondere Beachtung. Die Junge Gemeinde ist keine selbständige Jugendorganisation, sondern ihre Glieder sollen ihren politischen Dienst in der FDJ tun.« Diese Aussage entsprach dem Grundsatz der von der SED betriebenen Kirchenpolitik, daß sich die Kirchen und Religionsgemeinschaften auf kultische Angelegenheiten zu beschränken hätten, aber keinesfalls beanspruchen dürften, in die gesellschaftlichen Verhältnisse hineinzuwirken. Die J., zu der sich damals noch sehr viele Jugendliche zugehörig fühlten, hielt sich offenbar nicht an diese Vorgabe; sie drohte vielmehr zu einer Konkurrenz für die FDJ zu werden.
So wurde in einem an W. Ulbricht adressierten Bericht der ZK-Abteilung ›Leitende Organe der Partei- und Massenorganisationen‹ vom 19.12.1952 die Tätigkeit der J. an den Oberschulen heftig kritisiert. Danach gab es nicht wenige Schulen, an denen 50–70 Prozent der Schüler der J. angehörten. Diese würden FDJ-Leitungen unterwandern, pazifistische Losungen verbreiten, westliche Literatur verteilen und damit den Aufbau des Sozialismus empfindlich stören. Am 27.1.1953 befaßte sich das →Politbüro mit dem Problem und beschloß harte »Gegenmaßnahmen«: U. a. wurde der → Generalstaatsanwalt der DDR beauftragt, in einigen Städten kurzfristig drei bis vier öffentliche Prozesse durchzuführen, in denen »die kriegshetzerische Agenten- und Sabotagetätigkeit von Mitgliedern und Funktionären der Jungen Gemeinde« nachgewiesen werden sollte. Das →›Staatssekretariat für Hochschulwesen‹ erhielt den Auftrag, »ab sofort jede Zulassung von aktiven Mitgliedern und Funktionären der J. zu den Universitäten und Hochschulen zu unterbinden«. Zur Durchsetzung der beschlossenen Maßnahmen wurde eine siebenköpfige Kommission unter Leitung von E. Honecker eingesetzt.
Als das Politbüro am 17.3.1953 sein Vorgehen gegen die J. noch weiter verschärfte und allgemein auf die Kirchen ausdehnte, kam es zu einem regelrechten Kesseltreiben gegen Mitglieder der J. und ihnen nahestehende Personen. Das →MdI war beauftragt worden, »in jedem Fall von Verstößen gegen die Gesetze der DDR die notwendigen Maßnahmen zu erlassen«; damit bestand Handhabe gegen Schüler, Studenten, Eltern, Lehrer, Pfarrer und Kirchenangestellte. Diese Klassenkampfhysterie führte zur tiefsten Krise zwischen Staat und Kirche in der DDR. Am 9.4.1953 richteten die Bischhöfe aller 8 evangelischen Landeskirchen in der DDR einen Brief an den Chef der Sowjetischen Kontrollkommission, Armeegeneral Tschuikow, um bei dem »Chef der obersten Regierungsinstanz« eine Einstellung der Repressalien zu erwirken. Die katholischen Bischöfe betonten am 3. Mai in einem Hirtenbrief, daß Jugend-

liche »ein unzerstörbares Recht auf die Freiheit« des Gewissens und des Glaubens hätten.
Im Juni 1953, in einer ökonomisch wie politisch äußerst angespannten Situation, führten die Beschwerden offensichtlich zum Einlenken der SED-Spitze. Am 10.6.1953 kam es zu einem Gespräch zwischen Vertretern der evangelischen Kirche und der DDR-Regierung, an dem staatlicherseits Ministerpräsident Otto Grotewohl, dessen Stellvertreter und CDU-Vorsitzender Otto Nuschke sowie die Minister Paul Wandel und Wilhelm Zaisser teilnahmen. Nachdem die SED-Führung schon am 9.6.1953 eingestanden hatte, in ihrer Haltung gegenüber den Christen in der DDR Fehler begangen zu haben, versprach Grotewohl nun, alle Maßnahmen der letzten Monate rückgängig zu machen, von Oberschulen entfernte Schüler wieder zum Unterricht zuzulassen, Exmatrikulationen zu überprüfen, Einschränkungen des Religionsunterrichts zu beseitigen und beschlagnahmtes Kircheneigentum zurückzugeben.
Die danach einsetzenden Erleichterungen waren jedoch nicht von Dauer; bis Ende der 60er Jahre kam es immer wieder zu Diffamierungen und Benachteiligungen von Jugendlichen, die sich zur J. bekannten, da SED und FDJ nach wie vor bestrebt waren, einen von der kirchlichen Jugendarbeit möglicherweise ausgehenden gesellschaftlichen Einfluß nicht zuzulassen. Die J. ihrerseits mußte durch die bis 1961 anhaltende Massenflucht einen steten Schwund von Teilnehmern hinnehmen, den sie nur schwer verkraften konnte. Erst in den 70er und besonders den 80er Jahren entspannte sich das Verhältnis zwischen Kirche, Staat und Staatsjugend. Die FDJ duldete nun junge Christen durchaus als Mitglieder, und die Jugendlichen aus Generationen, die in die DDR hineingeboren wurden, konnten ihrerseits die für höhere Ausbildungsziele unvermeidliche Voraussetzung einer FDJ-Mitgliedschaft ohne Skrupel mit einer Beteiligung in der J. vereinbaren.
Nun entstand jedoch zunächst für die kirchliche Gemeindearbeit und dann auch für die Partei- und Staatsführung ein neues Problem. Die sozialistische Gesellschaft war für viele, auch nicht kirchlich gebundene Jugendliche unerträglich steril geworden, so daß sie begannen, nach neuen Lebensformen zu suchen; zudem hatte die vertraglich abgesicherte Entspannungspolitik sowie die Einbindung der DDR und anderer sozialistischer Staaten in den KSZE-Prozeß Hoffnungen geweckt, deren Einlösung nun mit wachsender Ungeduld erwartet und diskutiert wurde. Die Einforderung von Bürgerrechten, insbesondere der Reisefreiheit, die Fragwürdigkeiten sozialistischer Friedenspolitik und -propaganda sowie das wachsende Bewußtsein, in einer gefährdeten Umwelt zu leben, verlangten nach Auseinandersetzungsmöglichkeiten, die von den Schulen

wie den Massenorganisationen nicht bereitgestellt wurden. Nur die Kirchen, vor allem die evangelischen, boten Freiräume, in denen der von den Jugendlichen gesuchte Austausch ohne Anpassungszwänge geprobt und in gemeinsames Handeln oder Verhalten umgesetzt werden konnte.
Seit den 60er Jahren hatte sich die Jugendarbeit teilweise aus den Gemeinden heraus auf regionale und landeskirchliche Ebenen verlagert; übergemeindliche Zusammenkünfte in Gestalt von Rüstzeiten, Jugendtagen, Schülertreffen, ökumenischen Aufbaulagern u. a. gewannen zunehmend an Bedeutung, da sie vielbeanspruchte Austauschmöglichkeiten boten. Die Organisation solcher Veranstaltungen übernahmen nun z. T. die Landesjugendpfarrämter und übergreifende Einrichtungen wie das ›Evangelische Jungmännerwerk‹ oder der ›Ökumenische Jugenddienst‹; Gerade durch letzteren wurden Kontakte zu kirchlichen Jugendorganisationen in Ost- und Westeuropa sowie vor allem auch in Ländern der Dritten Welt hergestellt, Gäste aus dem Ausland eingeladen und die Tagungsthemen um Fragen des entwicklungspolitischen Engagements erweitert.
Die in den J. gebotenen Möglichkeiten und insbesondere die – weitgehend von den J. mitgetragene – »offene Jugendarbeit« mit ihren jugendgemäßen Themenstellungen, den freien Diskussionen und neuen Veranstaltungsformen (Jugendsonntage, Berliner »Bluesmessen«) übten vornehmlich auf Studenten und Schüler der EOS große Attraktion aus. Das gegenüber den Jugendlichen nachsichtig tolerante, gegenüber Partei und Staat phantasiereich couragierte Engagement von Jugendpfarrern und kirchlichen Mitarbeitern sicherte den jungen, an Kirche wenig interessierten Dissidenten Entfaltungsmöglichkeiten, die nicht selten auch gegen die Kirchenoberen verteidigt werden mußten. Diese sahen gelegentlich den evangelisch-kirchlichen Auftrag durch diejenigen gefährdet, die der Kirche im DDR-Staat nur die Rolle einer Oppositionspartei zubilligen mochten.
Friedens-, Bürgerrechts- und Umweltschutzbewegungen, die im Schutz der Kirche schnell anwuchsen, erregten aber auch das Mißtrauen und die Kampfbereitschaft der Partei- und Staatsführung. Die in der Mehrzahl aus Kreisen der J. stammenden »Bausoldaten« (→ NVA), die von der in den Armeen der Warschauer-Vertrags-Staaten einzigartigen Möglichkeit des waffenlosen Militärdienstes Gebrauch machten, waren allen Verteidigern sozialistischer Errungenschaften suspekt. Seit man auf kirchliche Forderungen nach einem zivilen Ersatzdienst 1964 mit diesem Zugeständnis reagiert hatte, war die kleine Gruppe von Verweigerern vielfachen Pressionen und Benachteiligungen ausgesetzt worden. Als im Mai 1981 von Friedensgruppen der J. wieder eine Initiative für einen »sozialen Frie-

densdienst« gestartet wurde, die ebensoviel Zuspruch fand wie das Bildsymbol »Schwerter zu Pflugscharen«, reagierte die SED mit Verboten und einer Gegenoffensive. 1982 wurde die FDJ mit der Parole »Der Frieden muß verteidigt werden – der Frieden muß bewaffnet sein!« gegen pazifistische »Friedensschwärmer« ins Feld geführt – sie konnte gegen die spontanen Aktivitäten kirchlicher und anderer Basisgruppen aber wenig ausrichten.

Das MfS war durch die seit 1975 zunehmenden Aktivitäten im Bereich kirchlicher Jugendarbeit alarmiert und verstärkte die Ausspähung und konspirative Störtätigkeit. Am 2. 7. 1982 sprach Staatssicherheitsminister Mielke sich und seinen Leitungskadern Mut zu: »Dem Gegner und feindlich negativen Kräften im Innern ist es nicht gelungen, in der DDR eine sogenannte staatlich unabhängige Friedensordnung unter Nutzung kirchlicher Freiräume und unter Einbeziehung operativ bedeutsamer Einzelpersonen und Personengruppen zu formieren.« Anlaß zur Selbstzufriedenheit bestünde allerdings nicht, vielmehr gehe es nun darum, »in geeigneter Weise den Einfluß auf die Kirchengemeinden, die Pfarrer, Laien und Synodalen zu verstärken, um den Mißbrauch der Kirchen für feindlich-negative Aktivitäten zu verhindern«. Wie sehr die J. und die von ihr mitgetragene kirchliche Jugend-, Friedens- und Umweltarbeit in den 80er Jahren Objekt der Beobachtung und perfiden Unterwanderung durch die »Stasi« war, wird z. B. in dem Erinnerungsbuch des Berliner Kreisjugendpfarrers Rainer Eppelmann anschaulich geschildert.

Junge Pioniere

→ Pionierorganisation ›Ernst Thälmann‹

Juristische Hochschule des MfS (JHS)

→ Ministerrat der DDR, darin: Ministerium für Staatssicherheit

K

Kammer der Technik (KDT), 1946–1990

Gesellschaftliche Organisation der technischen und ökonomischen Intelligenz in der DDR

Geschichte und Organisation: Im Sommer 1945 beschäftigte sich eine kleine Gruppe von Ingenieuren und Technikern mit Überlegungen, welche Organisationsform einer wissenschaftlich-technischen Zusammenarbeit den neuen politischen Umständen angemessen sein könnte. Man wollte mit den Traditionen des 1856 gegründeten ›Vereins Deutscher Ingenieure‹ (VDI) und anderer wissenschaftlich-technischer Vereinigungen brechen, da diese sich während der NS-Zeit diskreditiert hatten. Zudem erließ der Alliierte Kontrollrat am 29. 9. 1945 ein umfassendes Verbot nationalsozialistischer Organisationen und Vereinigungen, das auch die betraf, die vormals im ›Nationalsozialistischen Bund Deutscher Technik‹ (NSBDT) vereint waren. Im November 1945 übernahm daraufhin der Magistrat von Groß-Berlin auf Anweisung der → SMAD das Vermögen, die Facharchive und Fachbüchereien sowie die überlieferten Forschungsergebnisse des verbotenen VDI und anderer Technikervereine.
Die zur Gründung einer »Kammer der Technik« angestellten Überlegungen nahmen dann unter Leitung von Ingenieur Max Günther, dem Vorsitzenden des Verbandes der technischen Angestellten im → FDGB, konkrete Gestalt an. Im Februar 1946 beschloß der Magistrat die Errichtung einer K., die an die Stelle der vormaligen wissenschaftlich-technischen Vereine treten und unter weitgehender Beteiligung der Gewerkschaften vor allem für eine Anhebung des technischen Bildungsniveaus sorgen sollte. Am 8. 5. d. J. genehmigte die SMAD die Gründung der K. und erteilte auch eine Lizenz für die Herausgabe einer Zeitschrift unter dem Titel ›Die Technik‹. Daraufhin trat am 26. Juni erstmals ein Organisationskomitee zur Vorbereitung der Kammer-Gründung zusammen und setzte eine Geschäftsleitung ein, der Max Günther, Robert Havemann, Heinrich Franck, Hermann Henselmann und Hans Wittbrodt angehörten.

Eine für das Gebiet der SBZ zuständige K. wurde am 2. 7. 1946 in Berlin als eine zunächst dem →FDGB angeschlossene Vereinigung gegründet; der am 16. 7. d. J. beschlossene Gründungsaufruf forderte »alle aufbauwilligen und fortschrittlichen Techniker, Ingenieure, Architekten, Mathematiker, Physiker, Chemiker sowie Werkmeister, Arbeiter und Handwerker, die sich technisch-schöpferisch betätigen, in der sowjetischen Besatzungszone auf, an dieser großen und verantwortungsvollen Aufgabe mitzuarbeiten und sich der Kammer der Technik, Berlin NW 7, Unter den Linden 12, anzuschließen«. Die neue Institution sollte die Entwicklung der Technik fördern, zur Hebung des technischen Bildungsniveaus beitragen sowie an der Gesetzgebung auf technischem Gebiet und an Normung, Typisierung oder Rationalisierung mitwirken.
Die K. trat zunächst mit gesamtdeutschem Anspruch auf, was in der Begründung des Satzungsentwurfs von Max Günther ausdrücklich hervorgehoben wurde. Der vom 25.–27. 9. 1947 in Berlin veranstaltete 1. ›Deutsche Technikertag‹ wurde aber schon durch Tendenzen zu einer Spaltung der Gewerkschaften beeinträchtigt; er verabschiedete dennoch eine Entschließung, in der an die Gewerkschaftsführungen in allen Teilen Deutschlands appelliert wurde, daß »die wissenschaftliche Gemeinschaftsarbeit der technischen Intelligenz in engster Fühlung mit den werktätigen Schichten des Volkes organisiert wird, wie es in der Kammer der Technik der sowjetischen Besatzungszone bereits geschehen ist«. Unter den sich verschärfenden Konfrontationen des Kalten Krieges kam es jedoch nicht mehr zu einer Ausdehnung der K. in die westlichen Besatzungszonen. Dort wurden vielmehr Bestrebungen zur Gründung von ›Kammern der Technik‹ von den Besatzungsbehörden untersagt; der 1945 verbotene VDI konnte sich hingegen bald wieder reorganisieren. Die auf das Gebiet der SBZ beschränkte K. wurde nun schrittweise in die von der SED betriebene Umgestaltung der gesellschaftlichen Verhältnisse eingebunden; für den Sowjetischen Sektor Berlins wurde die bisher wegen alliierter Vorbehalte nicht erfolgte Kammergründung am 29. 3. 1949 nachgeholt.
Als die K. am 3. 12. 1955 in Berlin/DDR ihren 1. Kongreß veranstaltete, war deren Formierung zu einer eigenständigen Berufsorganisation weitgehend abgeschlossen. Wie alle anderen Berufs- und Massenorganisationen proklamierte auch sie, daß »die freiwillige Gemeinschaftsarbeit in der Kammer der Technik ein Beitrag zur Stärkung der Deutschen Demokratischen Republik« sei, daß ihre Organisation »fest an der Seite der Arbeiterklasse, der führenden Kraft unseres Staates, im Kampf für den Sieg des Sozialismus« stehe und daß sie damit »einen wesentlichen Beitrag im Kampf um die nationale Wiedergeburt Deutschlands als friedliebender demokratischer Staat« leiste.

Organisation und Leitungstätigkeit der K. gehorchten dem Prinzip des →demokratischen Zentralismus. Zentrale Leitungsorgane waren der ab 1978 alle 5 Jahre tagende Kongreß, das von diesem gewählte Präsidium, das Büro des Präsidiums sowie ein sechsköpfiges Sekretariat. Als eigentliches Führungsorgan wirkte das mit etwa 20 Mitgliedern besetzte Büro des Präsidiums. Auf allen Organisationsebenen bestanden →Revisionskommissionen. An der Basis der K. gab es als unterste Organisationseinheiten in den Betrieben, Verwaltungen und wissenschaftlichen Einrichtungen etwa 3300 Betriebs- und Institutssektionen. Diese waren auf mittlerer Ebene in Bezirksverbänden zusammengefaßt und wurden von deren Vorständen angeleitet. Die K. hatte 1988 rund 293000 Mitglieder, von denen etwa 30000 als ehrenamtliche Funktionäre innerhalb der Organisation tätig waren. Damit gehörten zur Mitgliedschaft der K. etwa 60 Prozent der gesamten technischen Intelligenz der DDR. Der Stab von hauptamtlich in der Kammer tätigen Funktionären war mit ca. 600 verhältnismäßig klein gegenüber den »Wasserköpfen« anderer gesellschaftlicher Organisationen.

Für die fachlich orientierte Tätigkeit wurden 12 Fachverbände (FV) und 6 ›Wissenschaftlich-technische Gesellschaften‹ (WTG) gebildet. FV gab es für folgende Bereiche: Bauwesen; Chemische Technik; Elektrotechnik; Fahrzeugbau und Verkehr; Holz/ Papier/Polygraphie; Land-, Forst- und Nahrungsgütertechnik; Lebensmittelindustrie; Maschinenbau; Nachrichtentechnik; Silikattechnik; Textil/Bekleidung/Leder sowie Wasserwirtschaft. Als WTG in der K. bestanden: ›Gesellschaft für Standardisierung‹, ›Wissenschaftlich-technische Gesellschaft für Geodäsie/Kartographie/Photogrammetrie‹, ›Montanwissenschaftliche Gesellschaft‹, ›Wissenschaftliche Gesellschaft für Meß- und Automatisierungstechnik‹, ›Wissenschaftlich-technische Gesellschaft Energiewirtschaft‹.

Für die Lösung von Querschnittsaufgaben bestanden beim Präsidium zudem Kommissionen, u. a. eine für die Arbeit mit der jungen Intelligenz, eine für Auszeichnungsfragen, eine für Neuerer bzw. für die ›Neuerer- und Rationalisatorenbewegung‹, eine für Umweltschutz, eine für Weiterbildung und eine für wissenschaftliche Arbeitsorganisation. Weiterhin gab es noch Zentrale Arbeitsgemeinschaften für Materialökonomie, Reinhaltung der Luft, Lärmschutz, Vorbereitung und Durchführung von Investitionen, Grundfondswirtschaft, Marktforschung, Technische Formgestaltung, Arbeitsschutz, Transportrationalisierung, Korrosionsschutz, Augenoptik, Betriebsorganisation und Rechentechnik, Information und Dokumentation sowie für Wertanalyse.

Politische Bedeutung erlangte die K. durch die Organisation des wissenschaftlichen Austausches und die Herstellung internationaler Kontakte.

Sie organisierte nationale wie internationale Kongresse und Symposien und war während der →Leipziger Messen für die wissenschaftlich-technische Öffentlichkeitsarbeit verantwortlich; sie knüpfte und pflegte auch die Beziehungen zu wissenschaftlich-technischen Vereinigungen anderer Staaten und zu UNESCO-Organisationen. Auf diese Weise diente sie der bis 1972 international nicht anerkannten Regierung der DDR als Sprungbrett in internationale Gremien und trug mit dazu bei, auf wissenschaftlich-technischem Gebiet die »Hallstein-Doktrin« auszuhebeln. Sie war schließlich in 16 internationalen Gremien als Mitglied vertreten, in einigen davon sogar als Gründungsmitglied.

Funktionen und Wirkungen: Die K. sollte sowohl dazu dienen, die »alte« technische Intelligenz für den antifaschistisch-demokratischen Aufbau zu gewinnen, wie gleichermaßen dazu, eine »neue« Intelligenz heranzubilden. Ihre Arbeit beschränkte sich zunächst fast ausschließlich auf Vortragsveranstaltungen, Lehrgänge, Tagungen und Erfahrungsaustausch. Als Beitrag zum Aufbau des Sozialismus sollte sie sich dann vor allem in den Betrieben stärker engagieren, wozu die Bildung eigener Betriebsaktive angeregt wurde. Doch gegenüber Forderungen, sich stärker am Aufbau der Wirtschaft zu beteiligen und Masseninitiativen für die Steigerung der Arbeitsproduktivität zu fördern, regten sich auch Widerstände innerhalb der Mitgliedschaft. Die Eingliederung der K. in die →›Aktivistenbewegung‹ vollzog sich daher nicht mit widerspruchsloser Selbstverständlichkeit. Viele Ingenieure sahen in der K. und ihren Untergliederungen aber auch eine Art Heimstatt, in deren Schutz man angesammelten Frust loswerden konnte und wo man auch dann, wenn der starre Plan es nicht zuließ oder erschwerte, noch über die bessere Lösung vieler wissenschaftlich-technischer Aufgaben nachdenken und sprechen konnte.
Später wurde die K. auch als »sozialistische Ingenieurorganisation« bezeichnet und arbeitete in diesem Sinn für die gesellschaftspolitische Integration der technisch-ökonomischen Intelligenz. Auf wirtschaftlichem Gebiet bestand ihre Hauptaufgabe in der Beförderung des wissenschaftlich-technischen Fortschritts. Die in den →›Sozialistischen Wettbewerb‹ einbezogenen Mitglieder konzentrierten sich vor allem darauf, die Überleitung von Forschungsergebnissen in die Produktion zu beschleunigen, Rationalisierungsvorhaben zu entwickeln, neue Methoden der Betriebs- und Arbeitsorganisation einzuführen, technische Standards auszuarbeiten, die ›Neuererbewegung‹ (→›Sozialistischer Wettbewerb›) zu unterstützen, Patenschaften über Objekte der →MMM zu übernehmen sowie staatliche Institutionen in wissenschaftlich-technischen Fragen zu

beraten. Überdies waren Mitglieder der K. auch zu einem wesentlichen Teil an der Lehrlingsausbildung und an den Kursen der →›Betriebsakademien‹ beteiligt.

Das einzelne Mitglied der K. wurde angehalten, individuelle Wettbewerbsverpflichtungen in Form persönlicher und »kollektiv-schöpferischer« Pläne einzugehen. Als spezielle Wettbewerbsform wurde seit 1974 der ›Ingenieurpaß‹ propagiert. Dabei handelte es sich um ein schriftliches, von der →Betriebsgewerkschaftsleitung, der KDT- und der Werkleitung bestätigtes Dokument, in dem zusätzliche Verpflichtungen im Bereich von Forschung und Entwicklung aufgelistet waren: zur vorfristigen Einführung neuer Techniken; zur eigenen Teilname an der betrieblichen ›Neuererbewegung‹; zur eigenen Weiterbildung und zur Unterstützung der Qualifizierung anderer Betriebsangehöriger; nicht zuletzt auch zur Beteilung an der gesellschaftlichen Tätigkeit und der sozialistischen Erziehung des eigenen Arbeitskollektivs. Seit 1981/82 wurde das →›Pflichtenheft‹ in den Mittelpunkt der Aktivitäten gerückt, die von der K. organisiert und betreut wurden. Darin wurden für einzelne oder Gruppen wissenschaftlich-technische Aufgaben nach Inhalt und Terminstellung rechtsverbindlich festgelegt. Das ›Pflichtenheft‹ galt als Grundlage für die Finanzierung und materielle Stimulierung wissenschaftlich-technischer Arbeiten sowie für die Leistungsbewertung.

Mitte der 80er Jahre entstanden in der K. ›Erfinderschulen‹, die »die politische Motivation zum bewußten Anstreben wissenschaftlich-technischer Spitzenleistungen entwickeln« sowie das Wissen um praktische Erfindungsmethoden vermitteln sollten. Solche »Schulen« bildeten sich aus 30 bis 40 meist jüngeren Ingenieuren und Wissenschaftlern, die aus →›Kombinaten‹ oder Instituten zusammengezogen wurden, um das Erfinden in Wochenlehrgängen regelrecht zu trainieren. Übungsgegenstände waren i. d. R. einige der im ›Pflichtenheft‹ erfaßten Forschungsaufträge; daraus wurde den in drei Gruppen aufgeteilten Lehrgangsteilnehmern jeweils ein bestimmtes technisches Problem vorgegeben, an dessen Lösung sie dann im Wettbewerb mit den anderen Gruppen arbeiteten. Ende der 80er Jahre bestanden innerhalb der K. rd. 300 ›Erfinderschulen‹, deren Innovationsleistungen angeblich einen jährlichen Nutzen von 20 Mio. Mark erbrachten.

Seit 1976 waren die Bezirksvorstände der K. in den ›Kommissionen Wissenschaft und Technik‹ vertreten, die bei den Bezirksleitungen der SED bestanden. Auch von den SED-Kreisleitungen wurden KDT-Mitglieder zur Beratung in Fragen der territorialen Rationalisierung und der Modernisierung der örtlichen Industrie herangezogen. Die K. unterhielt ein an die Plan- und Technikentwicklung angepaßtes Weiterbildungssystem, in dessen Rahmen praxisorientierte Vortragsreihen sowie wissenschaftliche Veranstaltungen über Grundsatzprobleme (Kongresse, Fachtagungen) veranstaltet wurden. In den 80er Jahren konzentrierte man sich auf Weiterbildungsmaßnahmen (Lehrgänge, Fernkurse, standardisiertes Selbststudium mit Konsultationen), die den Charakter eines kurzfristigen Spezialstudiums mit formalem Abschluß hatten. Inhaltliche Schwerpunkte solcher Aufbaustudien bildeten in den letzten Jahren die Mikroelektronik, die Robotertechnik, die Energieökonomie sowie die wissenschaftliche Arbeitsorganisation.

Umwandlung: Im November 1989 wandten sich Mitglieder und Gremien der K. in offenen Briefen und Resolutionen an die Präsidentin bzw. das Präsidium der K., in denen sie eine grundlegende Reform ihrer Organisation forderten. Sie verlangten u. a. eine Überarbeitung des Statuts von 1974, die Streichung aller Passagen, die wie »Planerfüllung« oder »führende Rolle der SED« einer Berufsorganisation von Ingenieuren wesensfremd seien, sowie die Abkehr vom Prinzip des demokratischen Zentralismus. Bei der Besetzung von Leitungsfunktionen sollte künftig ausschließlich die fachliche Kompetenz Kriterium sein.
In Auswertung dieser Kritik der Basis beschloß die 9. Tagung des Präsidiums der K. am 6.12.1989, ehemals führenden SED-Repräsentanten die von der K. verliehenen Auszeichnungen abzuerkennen, die Präambel und den § 2 des noch gültigen Statuts zu streichen sowie einen ao. Kongreß für März 1990 einzuberufen. Der seit dem letzten o. Kongreß (1987) amtierenden Präsidentin Prof. Dr. Ing. Dagmar Hülsenberg wurde – bei vier Gegenstimmen – das Vertrauen ausgesprochen. In einem Bericht über das Finanzverhalten der K. stellte die Revisionskommission fest, daß die Finanzen in Ordnung seien; die Bücher wiesen auch hinsichtlich des Umgangs mit Devisen keinerlei »dunkle Flecken« auf, und es sei auch kein Mitglied des Büros des Präsidiums in Affären von Korruption und Amtsmißbrauch verstrickt.
Nachdem vereinzelte Anträge auf Auflösung der K. bereits auf Delegiertenkonferenzen mit deutlicher Mehrheit abgelehnt worden waren, fand am 24. 3. 1990 in Berlin/DDR der ao. Kongreß statt. Er beschloß ein neues Statut, in dem die zu einem Verein umgewandelte ›Kammer der Technik e. V.‹ definiert war »als ein gemeinnütziger deutscher Ingenieurverband, der als unabhängige demokratische Berufsorganisation den Interessen seiner Mitglieder verpflichtet ist«. Daraufhin wurde versucht, die K. neu zu strukturieren, indem Landesverbände mit entsprechenden regionalen Unterorganisationen gebildet wurden.
Regionale Gliederungen der K. veranstalteten gemeinsam mit Bil-

dungsgesellschaften Kurse, deren Teilnehmer für Leitungsaufgaben in mittelständischen Unternehmen oder zur Gründung eigener Unternehmen befähigt werden sollten. Speziell für arbeitslose Ingenieure wurden Lehrprogramme für Volks- und Betriebswirtschaftslehre, Rechnungswesen und Controlling, Rechtskunde, Computereinsatz, Gesprächs- und Verhandlungsführung sowie Führungspraxis angeboten. Im Herbst 1991 gründete die K. gemeinsam mit einer ›Gesellschaft für System- und Kommunikationsplanung‹ (syskoplan) aus Gütersloh die ›Gesellschaft für Bildung und Umschulung‹ (GBU). Mit dieser Gesellschaft wurden die Traditionen der technischen Weiterbildung und berufsbegleitenden Qualifizierung der K. fortgesetzt, nunmehr verbunden mit Know-how und marktwirtschaftlicher Kompetenz des Unternehmens aus der BRD. Da sie erfolgreich arbeitete, wurden bald weitere Tochtergesellschaften gebildet: eine ›KDT-Gesellschaft für Weiterbildung und Technologie‹, eine ›Fortbildungs- und Umschulungsgesellschaft mbH‹, die KDT Immobilien und Sachwerte Verwaltung ›IVERSA GmbH‹ und die ›Ingeneur Digest Verlagsgesellschaft mbH‹.
Problematisch gestalteten sich die Beziehungen zum ›Verein Deutscher Ingenieure‹ (VDI). Forderungen nach einer Auflösung der K. und einem Beitritt der Mitglieder zum VDI wurden auf dem im März veranstalteten ao. Kongreß mit deutlicher Mehrheit zurückgewiesen. Die weiterbestehende K. hatte 1991 nach eigenen Angaben noch 120000 Mitglieder; unter den 115000 Mitgliedern des VDI befanden sich zu dieser Zeit 8000 Ingenieure aus den neuen Bundesländern. Die Leitung des VDI lehnte es aus mehreren Gründen ab, mit der KDT e. V. zu fusionieren: Es wurde der Vorwurf der »sträflichen Mißachtung der Interessen der Ingenieure« durch die K. erhoben, und es wurde die Rückgabe von Vermögenswerten (Immobilien) gefordert; insbesondere der ursprünglich dem VDI gehörende, in unmittelbarer Nähe des Reichstages gelegene Berliner Verwaltungssitz der K. wurde nun wieder beansprucht.
Seitens des VDI wurde aber auch die inhaltliche und personelle Erneuerung der K. in Zweifel gezogen und kritisiert, daß vor wie nach der »Wende« noch die gleichen Leute »am Ruder seien« und daß die K. überhaupt nicht als reine Ingenieurorganisation anzusehen sei, da ihr auch »Ökonomen und Neuerer« angehörten. Die Behauptung, daß folglich die Mitgliederstruktur nicht übereinstimme, diente dazu, Ansätze zu einer Kooperation oder gar einer Fusion abzublocken. Sie sollte überdies auch bewirken, daß der KDT e. V. auch die Mitgliedschaft im Dachverband der weit über 100 deutschen Ingeneurverbände verwehrt würde. Dem aus der K. hervorgegangenen Verein blieb also kaum anderes übrig, als sich trotz prekärer Finanzlage für ein selbständiges Fortbestehen zu entscheiden.

So wurde im März 1992 ein ›Ingenieurtechnischer Verband – KDT‹ mit neuer Satzung gebildet, der fortan die Interessen der immerhin noch 107000 Mitglieder in Ostdeutschland vertreten sollte. Neuer Präsident wurde der Chemnitzer Hochschullehrer Prof. Dr. Klaus-Peter Budig. Im November 1993 wurde dieser neue Verband in den ›Deutschen Verband Technisch-Wissenschaftlicher Vereine‹ aufgenommen.

Kongresse: I. K. vom 3.–4.12.1955; II. K. vom 9.–10.1.1959; III. K. vom 5.–7.6.1962 in Berlin/DDR; IV. K. vom 9.–11.12.1965 in Berlin/DDR; V. K. vom 6.–7.2.1970 in Berlin/DDR; VI. K. vom 16.–17.5.1974 in Berlin/DDR; VII. K. vom 16.–17.11.1978 in Berlin/DDR; VIII. K. vom 18.–19.11.1983 in Berlin/DDR; IX. K. vom 4.–5.12.1987 in Berlin/DDR; ao. K. am 24.3.1990 in Berlin/DDR

Präsidenten: Enno Heidebroek (1946–1949); Heinrich Franck (1949–1959); Horst Peschel (1959–1974); Manfred Schubert (1974–1987); Dagmar Hülsenberg (1987–1992); Peter-Klaus Budig (seit 1992)

1. Sekretäre bzw. 1. Vizepräsidenten: Herbert West (1953–1959); Herbert Strampfer (1960–1967); Rolf Werner (1967–1987); Wolfgang Graubner (1987–1990)

Vizepräsidenten: Willi Becker (1970–1974); Hubertus Bernicke (1959–1990); Klaus-Peter Budig (1978–1990); Uwe Fischer (seit 1990); Rudolf Geist (1970–1974); Max Günther (1955–1962); Berthold Knauer (1990–1992); Norbert Langhoff (1987–1990); Heinrich Lindemann (1962–1970); Heinrich Schmieder (1978–1983); Walter Singer (1962–1970); Kurt Singhuber (1978–1990); Josef Stanek (1956–1970); Jochen Steinwachs (1990–1992); Herbert Strampfer (1960–1967); Heinz Warzecha (1987–1990); Rolf Werner (1967–1987); Alfred Wunderlich (1955–1962)

Vorsitzende der Zentralen Revisionskommission: Horst Werner; Erhard Eckert (1970–1978); Gerhard Brückner (1978–1990); Alfred Pfeiffer (1990–1992)

Auszeichnungen: ›Ernst-Abbe-Medaille‹; Ehrennadel für Einzelpersonen und Ehrenplakette für Kollektive, verliehen jeweils in Gold, Silber, Bronze; für langjährige Verdienste vergab die K. Ehrenmitgliedschaften und verlieh den Titel ›Oberingenieur‹.

Publikationen / Archive: ›Technische Gemeinschaft‹, Organ des Präsidiums der K., erschien von Jg. 1/1953–Jg. 38/1990 (Heft 6); Chefredeakteure: Walter Rosenbaum (1953–1966); Roger Schlegel (1966–1976); Josef Kempf (1976/77 amt.); Fritz Döbel (1978–1990); • ›Umschau‹, Funktionärszs., erschien bis 1988; • ›ING – Das Ingenieurmagazin‹, Jg.1/ 1990; ab Jg. 2/1991 (Heft 4) fortgesetzt u. d. T. ›Ing – Digest‹, hg. v. Kammer der Technik e. V., Chefredakteur: Rainer Althaus (seit 1990); • Von den innerhalb der K. bestehenden Fachverbänden und ›Wissenschaftlich-technischen Gesellschaften‹ (WTG) wurden insges. etwa 30 Zs. herausgegeben. • Die ›Zentrale Bibliothek‹ der K. mit rd. 70000 Bänden befand sich in Berlin/DDR; sie wurde inzwischen an das ›Museum für Verkehr und Technik‹ in Berlin übergeben.

Kammer für Außenhandel (KfA), 1952–1990

Organisation der am Warenexport beteiligten Industrie-, Handels- und Transportbetriebe in der DDR

Geschichte und Organisation: Die K. wurde 1952 in Berlin mit der Absicht gegründet, Kontakte zu Wirtschaftspartnern westlicher Länder herzustellen, um den Abschluß von Handelsabkommen unterhalb der Regierungsebene zu ermöglichen. Mitglieder waren Außenhandelsbetriebe, →›Kombinate‹, Transport- und Versicherungsunternehmen sowie Banken der DDR und andere am Außenhandel beteiligte Einrichtungen. Höchstes Organ der K. war die Mitgliederversammlung, die das i. d. R. mit leitenden Direktoren von Außenhandels- und Industriebetrieben besetzte Präsidium, den Präsidenten, die Vizepräsidenten und die →Revisionskommission wählte. Als zentrale Einrichtungen unterhielt die K. zudem ein ständiges Außenhandels-Schiedsgericht und ein Dispatcherbüro; in den Bezirksstädten der DDR bestanden Bezirksdirektionen. In einigen Ländern des kapitalistischen Auslands gab es Kammervertretungen, die dort de facto die Funktion einer DDR-Handelsvertretung ausübten. Die allgemeine Aufsicht über die K. oblag dem Minister für Außenhandel.

Funktionen und Wirkungen: Bis zur 1972 einsetzenden »Anerkennungswelle« besaß die K. außenpolitisches Gewicht. Ende der 60er Jahre unterhielt sie in 12 westeuropäischen Staaten (einschl. der Türkei) eigene Vertretungen; einzig in Finnland gab es schon damals, bedingt durch dessen besonderes Verhältnis zur UdSSR, eine Handelsvertretung der DDR. Unterhalb der Schwelle diplomatischer Anerkennung konnte die K. durch Abschluß und Abwicklung von Handelsabkommen dazu beitragen, die »Hallstein-Doktrin« zu unterminieren. Als die Rolle einer quasidiplomatischen Vertretung nicht mehr besetzt werden mußte, orientierte sie sich außenwirtschaftlich stärker auf Osteuropa und bemühte sich, die »sozialistische ökonomische Integration« im RGW-Gebiet zu fördern. Bestehende Kontakte und Beziehungen nach Westen – an denen Mitarbeiter der K. schließlich auch persönlich interessiert waren – wurden jedoch weiter gepflegt.

Seit 1974 übte die K. – wie im damals neugefaßten Statut ausdrücklich festgehalten – selbst keine Handelstätigkeit mehr aus, sah vielmehr ihre Hauptaufgabe in der Förderung und Unterstützung des Außenhandels. Dazu führte sie gemeinsam mit dem →Ministerium für Wissenschaft und Technik und dem →Ministerium für Außenhandel in verschiedenen Ländern ›Technische Tage der DDR‹ durch, um neue Exportmöglichkeiten zu erschließen. Sie analysierte Entwicklungstendenzen auf den internationalen Märkten, unterstützte durch Gutachten die Entscheidungsprozesse in der DDR-Außenwirtschaft, übernahm z. T. die handelstechnische Betreuung der Exporteure und organisierte Delegationsreisen zur Markterschließung. Sie organisierte die Schulung der vom →MfS bestätigten außenwirtschaftlichen »Reisekader«, betreute ausländische Wirtschafts- und Studiendelegationen sowie Journalisten während der →Leipziger Messe und unterhielt auf internationalen Messen Informationsbüros.

Auflösung/Ende: Das Präsidium der K. faßte im Juni 1990 den Beschluß, die K. bis zum 31. 8. 1990 aufzulösen.

Präsidenten: Gottfried Lessing (1952–1957); Reinhold Fleschhut (1957–1958); Fritz Koch (1958–1962); Hans Bahr (1962–1968); Rudolf Mugott (1968–1981); Otto Weitkus (1981–1984); Hans Joachim Lemnitzer (1984–1989/90)

Publikationen/Archive: Für die eigenen Öffentlichkeitsarbeit publizierte die K. zahlreiche Schriften, z. B. ›DDR-Export‹, ›DDR-Wirtschaftsumschau‹, ›Handbuch der Außenwirtschaft‹, ›Handelspartner DDR‹. • Archivbestände der K. befinden sich heute in der Verwaltung des Bundesarchivs, Abt. V, in Potsdam.

Kampfgruppen der Arbeiterklasse, 1952–1990

In staatlichen Betrieben und Einrichtungen organisierte paramilitärische Verbände

Geschichte und Organisation: Der Aufbau von K., die als »Betriebskampfgruppen« zunächst eine rein innerbetriebliche Schutzfunktion wahrnehmen sollten, begann 1952 sporadisch in verschiedenen Industriezentren der DDR. Nach dem Arbeiteraufstand vom 17. Juni 1953 leitete die SED jedoch sehr schnell auf zentraler, regionaler und betrieblicher Ebene die forcierte, flächendeckende Aufstellung der K. ein. Die 14. ZK-Tagung hatte am 21. 6. 1953 angeregt, ›Arbeiterwehren‹ zu schaffen, die 15. ZK-Tagung beschloß dann im Juli 1953, in den →VEB und →VEG, den →MTS, den staatlichen Verwaltungen und Institutionen K. einzurichten und systematisch auszubilden.

Im Konzept ihrer politischen Väter verkörperten die K. die marxistisch-leninistische Vorstellung von der »Volksbewaffnung« und standen in der Tradition des ›Roten Frontkämpferbundes‹ (RFB) und der im spanischen Bürgerkrieg (1936–1939) kämpfenden ›Internationalen Brigaden‹. Um bewußt daran anzuknüpfen, wurden den meisten der K.-Einheiten die Namen von Kommunisten und antifaschistischen Widerstandskämpfern als »Ehrennamen« verliehen. Entsprechend verstand man sie zunächst auch als »Kampfgruppen der Partei« und besetzte sie ausschließlich mit SED-Mitgliedern. Seit Mai 1954 wurden dann jedoch auch zuverlässig erscheinende Parteilose in die K. aufgenommen.

Mit Beschluß des →Politbüros vom 31. 5. 1955 sollten die K. in ein »wirksames Instrument der Heimatverteidigung umgewandelt« werden. Daraufhin übertrug das ZK der SED im Juli 1955 der →›Deutschen Volkspolizei‹ die Ausbildung, die regional von den DVP-Kreisämtern geleitet wurde. Als Kommandeure der in den Kreisen gebildeten K.-Stäbe wurden DVP-Offiziere eingesetzt. Ebenso erfolgten Bewaffnung und Ausrüstung sowie die Verwahrung der Waffen durch die DVP. Nachdem die →Volkskammer am 18.1.1956 den Beschluß über den Aufbau einer →›Nationalen Volksarmee‹ (NVA) gefaßt hatte, wurden die K. im Herbst 1959 zum Bestandteil der DDR-Landesverteidigung. Die übergeordnete Leitung der Verbände lag bei der ›Abteilung Kampfgruppen‹ im →Ministerium des Innern, doch wurden alle Grundsatzentscheidungen stets vom →›Zentralkomitee der SED‹ getroffen. Die 1. Sekretäre der SED-Bezirks- bzw. Kreisleitungen waren als Vorsitzende der →›Einsatzleitungen der DDR‹ auch die Befehlshaber der K.-Einheiten; im Verteidigungsfall sollten diese allerdings der →NVA zugeordnet werden. 1955 wurde auch die Uniformierung der K. eingeführt; sie bestand zunächst aus blauer Skimütze, blauem Overall und roter Armbinde. 1970 waren K.-Einheiten erstmals an einem Manöver der Streitkräfte der Warschauer-Pakt-Staaten beteiligt: Zu der Feldübung ›Waffenbrüderschaft‹ traten sie nun in steingrauer Uniform an; auf dem linken Ärmel trugen sie ihr Emblem: einen hochgereckten Karabiner mit einer daran befestigten roten Fahne.

Personelle Basis der K. war jeweils der Betrieb; Grundeinheit die Hundertschaft, gegliedert in 3 Züge von je 3 Gruppen; 3 Hundertschaften bildeten ein leichtes Bataillon. Daneben bestanden schwere K.-Bataillone der Bezirksreserve, die in je 2 motorisierte Hundertschaften und 1 schwere Hundertschaft gegliedert waren. Deren Ausrüstung bestand aus Pak-Geschützen, Granatwerfern, schweren Maschinengewehren und leichter Flak. Eine kleinere Anzahl von Frauen waren in den K. als Funkerinnen und im Sanitätsdienst eingesetzt. Das Mindestalter der K.-Mitglieder betrug 26 Jahre; jeder »Kämpfer« mußte ein Gelöbnis ablegen. Die gesamte Ausbildung hatte außerhalb der Arbeitszeit zu erfolgen, wobei die 132stündige Grundausbildung i. d. R. an 16 Wochenenden innerhalb von 33 Wochen zu absolvieren war. Durch eine Mitgliedschaft in den K. galt die gesetzlich vorgeschriebene Reservistenpflicht zu wehrsportlicher Betätigung als abgegolten. Die »Kämpfer« wurden i. d. R. nach 25jähriger Dienstzeit aus dem aktiven Dienst verabschiedet und erhielten eine Ehrenurkunde des ZK der SED. Die langjährige Mitgliedschaft wurde mit einem Zuschlag von 100 Mark zur monatlichen Rente belohnt.

Für die Ausbildung der Führungskader der K. standen besondere Schulen zur Verfügung: Hundertschafts- und Zugführer absolvierten Lehrgänge an der 1957 eröffneten Zentralen Kampfgruppenschule ›Ernst Thälmann‹ in Schmerwitz, Bez. Potsdam; Bataillonskommandeure wurden an der

Lehranstalt ›Hans Beimler‹ in Wartin, Bez. Frankfurt (Oder) unterrichtet; weitere Kampfgruppenschulen gab es in Biesenthal, Dommitzsch und Weimar. Der Unterricht für die Führungskader wurde i. d. R. von Offizieren der NVA erteilt; andere Kampfgruppenlehrgänge wurden auch an den Bezirksschulen der DVP veranstaltet.

Funktionen und Wirkungen: Die größte »Bewährungsprobe« in ihrer Geschichte bestanden die K. vom 13. 8. – 23. 8. 1961 während der Abriegelung der Grenze zu Westberlin. Erich Honecker hatte angeordnet, »direkt an der Grenze die politische und militärische Kampfkraft der Arbeiterklasse einzusetzen«. Daran erinnerte sich die SED-Führung immer gern: Mit Kampfappellen anläßlich von Jahrestagen der »Errichtung des antifaschistischen Schutzwalls« sowie mit Massenaufmärschen zu anderen Gelegenheiten, bei denen paradierende Einheiten der K. stets den Abschluß bildeten, sollte die ständige »Gefechtsbereitschaft« der K. »eindrucksvoll« demonstriert werden.
In den Betrieben und Einrichtungen wurden die K. von den SED-Leitungen unmittelbar angeleitet und geführt. Eine Vernachlässigung der Ausbildung der »Kämpfer«, ein nicht ausreichender personeller Bestand oder schlechte Übungsergebnisse zogen in jedem Fall die harte und prinzipielle Kritik der übergeordneten SED-Leitung nach sich. Deshalb war es für männliche SED-Mitglieder zwischen 26 und 55 Jahren – wenn nicht ärztlich attestierte gesundheitliche Gründe dagegensprachen – kaum möglich, sich der Mitgliedschaft in der K. zu entziehen, ohne zugleich ihre Mitgliedschaft in der Partei aufs Spiel zu setzen. Da der Eintritt in die K. prinzipiell freiwillig war, hatten Männer, die nicht der SED angehörten, einen viel größeren Spielraum. Sofern sie sich aber zum Mittun bereit erklärten, galten sie als politisch zuverlässig und als »parteilose Stützen« innerhalb der Belegschaft. In zahlreichen kleineren und mittleren Betrieben und Einrichtungen gab es allerdings keine K. Ein solcher »Glücksfall« wurde von den meisten der betroffenen Parteileitungen hartnäckig und hinhaltend verteidigt, und immer wiederkehrende Versuche übergeordneter Leitungen, eine K.-Hundertschaft aus mehreren Betrieben zu rekrutieren, versickerten häufig im Organisationsgestrüpp.
Die etwa 400000 Mann starken K.-Verbände hatten die Aufgabe, innere Aufstände zu unterdrücken, im Verteidigungsfall die Operationsfreiheit der Streitkämpfe zu sichern sowie ihnen taktische Unterstützung zu gewähren, z. B. durch Sicherung der Logistik, Erschließung von Reserven, Bekämpfung von Luftlandetruppen, Schutz der Bevölkerung und wichtiger Objekte. Aufgrund vereinheitlichter Ausbildung, Ausrüstung und Bewaffnung waren die K.-Einheiten wie aktive Truppenverbände unter-

einander austauschbar, ihr Operationsgebiet konnte beliebig erweitert und das Zusammenwirken mit Truppenverbänden jederzeit hergestellt werden. Diese auch im sozialistischen Lager einmaligen Miliztruppen hatten strategische Bedeutung, obwohl sie in offiziellen west-östlichen Vereinbarungen über die Stärke der regulären Streitkräfte i. d. R. nicht berücksichtigt wurden.

Auflösung/Ende: Im Oktober sollten während der großen Montagsdemonstrationen in Leipzig auch K. eingesetzt werden, jedoch war die Stimmung unter den Angehörigen der K. überwiegend so, daß die SED-Führung davon ausgehen mußte, ein Befehl zum bewaffneten Einsatz würde nicht befolgt werden, da unübersehbare Zuspitzungen zu befürchten waren. Außerdem hatte sich in Leipzig ein Kreis von Persönlichkeiten gebildet, der zum gewaltfreien Dialog aufrief; dazu gehörten u. a. Kurt Masur und 3 Sekretäre der SED-Bezirksleitung. Es erwies sich nun, daß die Distanz zwischen SED-Führung und den K. weit größer war als der Abstand, den einzelne Angehörige einer K. zum protestierenden Arbeitskollegen oder zur Jugend empfanden; viele von ihnen schlossen sich dem Protest unter der Losung »Wir sind das Volk!« an.
Eine der Kernforderungen der sich friedfertig formierenden Opposition war die Auflösung der K.; Innenminister Ahrendt ordnete am 6. 12. 1989 zunächst deren Entwaffnung an. Als dann Gregor Gysi auf dem Sonderparteitag der SED am 8. 12. 1989 für die Auflösung der K. plädiert hatte, weil diese nicht mehr zeitgemäß seien, beschloß die Regierung laut einer ADN-Meldung von 14. Dezember, die K. bis zum 30. 6. 1990 aufzulösen.

Kommandeure der Kampfgruppen (Leiter der HA ›Kampfgruppen‹ im MdI): Generalmajor Willi Seifert (1957–1961); Oberst Karl Mellmann (1961–1972); Oberstleutnant Wolfgang Krapp (1972–1989)

Auszeichnungen/Preise: Die vom MR der DDR gestifteten Auszeichnungen für Angehörige der K. waren: ›Verdienstmedaille der K.‹ in Gold, Silber und Bronze; ›Medaille für treue Dienste‹; ›Medaille für ausgezeichnete Leistungen‹.

Publikationen/Archive: ›Der Kämpfer‹, Zs. für K.-Mitglieder, hg. v. ZK der SED, erschien von 1957 bis 1989

Karl-Marx-Universität Leipzig (KMU)

→ Universitäten

Kasernierte Volkspolizei (KVP), 1952–1956

Paramilitärische Verbände, die dem Ministerium des Innern unterstellt waren

Ein →SMAD-Befehl vom 3. 7. 1948 ordnete die Bildung ›Kasernierter Bereitschaften‹ der →›Deutschen Volkspolizei‹ (DVP) an. In den militä-

risch organisierten Einheiten wurden Freiwillige mit Zwei- oder Dreijahresverpflichtungen unter Anleitung sowjetischer Berater ausgebildet und politisch geschult. Die Leitung dieser nur nominell zur DVP gehörenden kasernierten Einheiten wurde im November d. J. mit der der paramilitärischen Grenzpolizei in der Hauptabteilung ›Grenzpolizei/Bereitschaften‹ der ›Deutschen Verwaltung des Innern‹ (DVdI) zusammengefaßt. Ende des Jahres 1948 dienten bereits 7500 Mann in diesen kasernierten Polizeibereitschaften.
Infolge des deutschlandpolitischen Taktierens der Sowjetunion wurde die K. häufig umstrukturiert; Bedeutung und Funktion lassen sich deshalb in den Jahren bis 1951 nicht eindeutig fixieren. Anfang 1951 wurden unter der Bezeichnung ›Volkspolizei-Dienststellen‹ 24 Einheiten nach dem Muster sowjetischer Schützenregimenter aufgestellt; die dafür konzipierte Sollstärke von 2004 Mann pro Einheit wurde jedoch nie annähernd erreicht. Daraufhin verstärkten → SED und → FDJ ihre Agitation zur Werbung von Freiwilligen; die FDJ verpflichtete sich 1952 auf ihrem IV. Parlament in Leipzig, »die besten Mitglieder in die Reihen der Deutschen Volkspolizei zu entsenden«.
Organisation und Ausrüstung der K. entwickelten sich im Zusammenhang mit der von der SED seit 1952 proklamierten Forderung, »Nationale Streitkräfte« zu schaffen. Zum 1. Juli d. J. wurden deshalb die Hauptverwaltungen der DVP auf Beschluß des Ministerrates umgebildet, aus der ›Hauptverwaltung Ausbildung‹ wurde nun die K., aus der ›Hauptverwaltung der Seepolizei die ›Volkspolizei-See‹; neu kam hinzu die ›Volkspolizei-Luft‹. Mit dieser Gliederung waren schon Grundstrukturen der künftigen Militärorganisation der DDR geschaffen. Das wurde noch deutlicher, als zum 1. 8. 1953 einheitliche Führungsorgane für die ›VP-See‹, ›VP-Luft‹ und die K. gebildet wurden; seitdem waren alle drei dem bisherigen Stellvertreter des Ministers des Innern und Chef der K., Generalleutnant Heinz Hoffmann, unterstellt, der von 1960 bis 1985 dann auch Minister für Nationale Verteidigung der DDR war.
Aus der Umorganisation folgte, daß anstelle der ›Volkspolizei-Dienststellen‹ vier Territorialverwaltungen der K. mit Sitz in Schwerin, Pasewalk, Leipzig und Dresden gebildet wurden. Die Einheiten erhielten nun sowjetische Waffen und wurden mit neuen Uniformen ausgestattet. Die Personalstärke stieg innerhalb weniger Monate auf ca. 80000 Mann; nach dem 17. Juni 1953 wurden jedoch einige tausend KVP-Angehörige als »unzuverlässig« wieder ausgesondert. Im September 1953 erfolgte eine erneute Umgruppierung der K.; die Territorialverwaltungen in Schwerin und Dresden wurden aufgelöst, eine neue, allerdings wesentlich kleinere Einheit wurde in Potsdam stationiert. 1954/55 wurden Ausrüstung und Aus-

bildung der K. noch stärker militärischen Belangen angepaßt, was begründet wurde mit der Bedrohung, die von der bevorstehenden Eingliederung der BRD in die NATO ausgehe.
Seit 1952 baute die SED auch die politische Durchdringung der K. zunehmend aus; in deren Einheiten bestanden starke Parteiorganisationen, denen 1955 etwa 80 Prozent der Offiziere und 40 Prozent der Unteroffiziere angehörten. Insgesamt erhielten etwa 100000 Angehörige der K. eine militärische und politisch-ideologische Ausbildung. Nachdem die Volkskammer am 1.3.1956 den Beschluß über die Bildung der →›Nationalen Volksarmee‹ (NVA) gefaßt hatte, wurde die K. aufgelöst bzw. in die neuen Streitkräfte integriert. Bei der →DVP bestanden jedoch auch später noch kasernierte VP-Bereitschaften; ihnen gehörten etwa 18000 Mann an, die in 21 Garnisonen – meist in Ballungsräumen und in der Nähe wichtiger Industriestandorte – lagen und mit mittelschweren Waffen ausgerüstet waren.

Kommandeure der ›Kasernierten Volkspolizei‹: Wilhelm Zaisser, Generalinspekteur und Leiter der ›Hauptverwaltung Ausbildung‹ (HVA) im MdI (Okt. 1949–1950); Generalleutnant Heinz Hoffmann (1950–1955); Generaloberst Willi Stoph (1955–1956)

Kasse der gegenseitigen Hilfe (KdgH), 1951–1990
Gewerkschaftliche Unterstützungskasse auf freiwilliger Basis

Die K. war eine betriebliche Einrichtung des →FDGB, die zur finanziellen Unterstützung ihrer Mitglieder in Notfällen und bei unvorhergesehenen größeren Geldausgaben diente und die Solidarität unter den Werktätigen fördern sollte. Die nicht rechtsfähigen, seit 1951 jedoch statutenmäßig organisierten K. vergaben zinslose, zweckgebundene Darlehen an ihre Mitglieder. Der Kassenbestand ergab sich aus den Eintrittsgebühren, die jedes Mitglied zu zahlen hatte und die i.d.R. die Gründungsmitglieder auf Beträge zwischen 20 und 50 Mark festgelegt hatten, sowie aus Zuschüssen des von der →BGL verwalteten Kultur- und Sozialfonds und den Guthabenzinsen der kontoführenden Sparkasse. Es war allerdings auch zulässig, daß eine K. monatliche Mitgliedsbeiträge einforderte. Organe der K. waren die Mitgliederversammlung und eine von dieser gewählte Kassenleitung; deren Vorsitzender war Mitglied der Finanzkommission der jeweiligen →BGL oder OGL. In Streitfällen fungierten die Gewerkschaftsleitungen als Schiedsinstanzen.
Die K. fanden besonders in den 50er Jahren Zuspruch, blieben aber nicht selten bis 1990 bestehen. Auf Antrag wurden Darlehen gegeben, die in vereinbarten, häufig sehr geringen Raten zurückgezahlt werden mußten.

Vor allem Alleinerziehende, Kinderreiche und Alleinstehende mit geringem Einkommen nutzten diese Einrichtung, wenn z. B. bei einer überraschenden Wohnungszuweisung das Geld für die Umzugkosten oder den Möbelkauf knapp wurde oder wenn es für die Ausstattung von Jugendweihefeiern und Hochzeiten nicht reichte (→›Jugendweihe‹). In besonderen Härtefällen wurde auf Rückzahlung des Darlehens teilweise oder völlig verzichtet; allerdings hing das jeweils von der Höhe des Darlehens, vom Willen der Mitglieder der K. sowie von den finanziellen Zuwendungen der BGL ab.

Katastrophenschutz

Unter Katastrophen wurden i. d. R. Schadens- oder Unglücksfälle von überregionalen Ausmaßen verstanden, die aufgrund extremer Wetterlagen, anderer Naturvorgänge, aber auch infolge ziviler oder militärischer Ereignisse eingetreten sein konnten. Vorbeugende Maßnahmen dagegen, Alarmregelungen sowie Rettungs-, Bergungs- und Instandsetzungmaßnahmen wurden in der DDR zunächst durch Verordnungen geregelt. Die Vorbereitung und Koordinierung der darin festgelegten Maßnahmen war einer ›Zentralen Katastrophenkommission‹ (ZKK) beim →›Ministerrat der DDR‹ übertragen. Dieser waren Katastrophenkommissionen unterstellt, die unter Leitung der Vorsitzenden der Räte auf Bezirks- und Kreisebene eingerichtet wurden. Als Einsatzkräfte standen zunächst besondere Formationen bei den Feuerwehren zur Verfügung, die 1956 aus dem Organisationszusammenhang Feuerwehr herausgelöst, einer ›Verwaltung Aktiver Brandschutz‹ im →MdI unterstellt und zunehmend für Aufgaben des Luftschutzes ausgebildet wurden. Nach Gründung der →›Nationalen Volksarmee‹ vollzog sich mit dem Aufbau besonderer Einrichtungen zur Landesverteidigung eine Militarisierung des K.

Zunächst wurden die seit dem 11. 2. 1958 legalisierten Luftschutzmaßnahmen und -vorrichtungen mit dem K. verbunden, indem 1959 die Luftschutzstäbe in die operative Leitung der jeweiligen Katastrophenkommissionen integriert wurden. Als dann der Luftschutz seit 1966 zugunsten eines umfassenderen Systems der Territorial- und ›Zivilverteidigung‹ aufgelöst bzw. umgebildet wurde, verstand man offensichtlich auch Katastrophen zunehmend als Sonderfälle eines hauptsächlich unter militärischen Aspekten gesehenen Notstands. Mit dem am 16. 9. 1970 von der →Volkskammer beschlossenen Gesetz über die ›Zivilverteidigung‹ wurde das Luftschutzgesetz von 1958 aufgehoben und zugleich der K. in das System der →›Zivilverteidigung‹ integriert. Daraufhin änderten sich formell die Zuständigkeiten, da die ›Zivilverteidigung‹ seit Mitte 1976 zentral dem Ministerium für Nationale Verteidigung unterstand und auf den unteren Ebenen nun die Leiter der ›Zivilverteidigung‹ in Angelegenheiten des K. entscheidungsbefugt waren. Praktisch änderte sich dadurch wenig, da i. d. R. diese Leitungsfunktion von den Vorsitzenden der örtlichen Räte wahrgenommen wurde. Zur Koordinierung der Maßnahmen des K. bestanden zentral wie regional und örtlich auch weiterhin Katastrophenkommissionen. Im Katastrophenfall konnten die bestehenden Zivilschutzeinheiten, das →›Deutsche Rote Kreuz‹ sowie arbeitsfähige Bürger zu Hilfsdiensten und Arbeitsleistungen herangezogen werden.

Seit 1969 bestand in der DDR ein ›Operativstab Winterdienst‹, der insbesondere einem in den Wintermonaten häufig drohenden Zusammenbruch der Energieversorgung vorbeugen sollte. Da die in der DDR verfügbare Braunkohle mit hohem Wasseranteil gefördert wurde, bestand bei länger anhaltendem Frost die Gefahr, daß die Kohle in den Güterwaggons oder auf den Lagerplätzen vereiste und nicht mehr den Feuerungsanlagen der Kraftwerke zugeführt werden konnte. Um diesem und anderen Versorgungsproblemen auszuweichen oder wenigstens deren Folgen besser zu beherrschen, wurde ein zentraler Operativstab unter Leitung des →Ministers für Grundstoffindustrie gebildet, dem entsprechende Stäbe bei den →Räten der Bezirke und Kreise unterstellt waren. Deren Aufgaben und Befugnisse wurden in einer am 12. 11. 1972 erlassenen ›Winterordnung‹ festgeschrieben; danach waren sie in der Zeit vom 15. Oktober bis 15. März jeden Jahres zuständig für die Sicherstellung von Ernährung und Energieversorgung, für die Festlegung und Kontrolle erforderlicher Stromsperren und für die Aufrechterhaltung des Verkehrs. Um dies zu gewährleisten, konnten Notstandsmaßnahmen im Rahmen der ›Zivilverteidigung‹ angeordnet werden.

Kinder- und Jugendspartakiade, 1965–1987
Sportwettkämpfe im Bereich des Kinder- und Jugendsports

Geschichte und Organisation: Die nach sowjetischem Vorbild organisierten ›Spartakiaden‹ waren Auswahlwettkämpfe, die bis zur Kreisebene jährlich, auf Bezirksebene und zentral für die gesamte DDR alle zwei Jahre durchgeführt wurden. 1965 wurden sie zum ersten Mal ausgetragen, sowohl für Sommer- wie Wintersportarten. In Gemeinden, Städten, Kreisen und Bezirken wurden sie von Spartakiadekomitees organisiert; Leitung und Koordination lagen beim →›Deutschen Turn- und Sportbund‹ und bei der →FDJ, die auch zusammen die zentrale ›Spartakiade‹ ausrichteten.

Funktionen und Wirkungen: Das sportpolitische Ziel der K. bestand darin, »den Kinder- und Jugendsport in der DDR auf breiter Grundlage zu fördern, eine kontinuierliche Leistungsentwicklung eines immer größeren Teils von Kindern und Jugendlichen zu gewährleisten und sie an regelmäßiges sportliches Training und den sportlichen Wettkampf heranzuführen«. Zweifellos gelang es durch diese Veranstaltung auch, viele Kinder und Jugendliche für eine regelmäßige, organisierte sportliche Betätigung zu gewinnen. 1983 trugen sich 1,03 Mio. Teilnehmer in Startlisten für die K. ein; die Sieger erhielten Gold-, Silber- und Bronzemedaillen. Neben den Auswirkungen auf den Breitensport bot das Wettkampfsystem der K. auch die regelmäßige Möglichkeit zur Entdeckung und Förderung sportlicher Talente. Beginnend mit den ›Kreisspartakiaden‹ konnten sich alle Mädchen und Jungen beteiligen, sofern sie die in der betreffenden Sportart geforderte Qualifikation erfüllten. Fast alle Olympiasieger und Weltmeister der DDR gingen aus den K. hervor.

Kinder- und Jugendsportschule (KJS), 1952–1990

Spezialschule für sportlich besonders talentierte Kinder und Jugendliche

Die K. gehörten zu einer Gruppe von Spezialschulen, in denen Kinder – pro Jahrgang etwa 3 Prozent – mit außergewöhnlichen Begabungen eine darauf besonders zugeschnittene Ausbildung in Fremdsprachen, mathematisch-naturwissenschaftlichen Fächern oder auch musikalisch-künstlerischen und sportlichen Disziplinen erhielten. Die jeweils »profilierenden« Fächer wurden mit besonders hoher Stundenzahl unterrichtet, was zum Teil auf Kosten anderer Fächer, vornehmlich des polytechnischen Unterrichts, geschah. An den K., die zumeist einem →›Sportclub‹ angeschlossen waren und deren Hauptfunktion darin bestand, möglichst Spitzensportler heranzubilden, war der Sportunterricht jeweils auf nur einige, besonders intensiv betriebene Sportarten beschränkt, die politische Beanspruchung war folglich besonders zeitaufwendig. Den Schülern, die vorwiegend ab Klasse 8 in eine K. aufgenommen wurden, konnte deshalb meist nur eine allgemeine Oberschulbildung vermittelt werden; ein Teil wurde allerdings auch in einem verlängerten Bildungsgang (13. und 14. Schuljahr) zum Abitur geführt.

An den K. waren die Trainingsanforderungen und die daraus resultierenden Anpassungszwänge sehr hoch; Schüler, die die Leistungsnormen nicht erreichten, wurden wieder in allgemeinbildende Schulen eingegliedert; über andere, die sich erfolgreich einfügten, berichtete eine ehemalige Absolventin: »Wer über mehrere Jahre die KJS besucht hat, ist daran gewöhnt, alle wichtigen Entscheidungen vom Trainer abgenommen zu bekommen und nur noch das zu tun, was ihm aufgegeben wird.«

Das spezielle, auf Hochleistungen orientierte Training wurde meist von ›Sportclubs‹, den sportlichen Leistungszentren der Bezirke oder von den → Sportvereinigungen ›Dynamo‹ und ›Vorwärts‹ übernommen, wo Spitzensportler auch weiter betreut wurden, wenn sie die K. verlassen hatten. In bestimmten Disziplinen wie Schwimmen oder Turnen wurden jedoch Olympiasiege und Weltrekorde schon von Sportlern erreicht, die noch Schüler einer K. waren.

Klassenelternaktiv, 1952–1990
Teil der gewählten Elternvertretung einer Schule

Geschichte und Organisation: Als gewählte Elternvertretung sollte das K. Mitverantwortung für die schulische Bildung und Erziehung übernehmen. Es war jeweils für eine Klasse verantwortlich und wurde für ein Jahr aus dem Kreis jener Eltern gewählt, deren Kinder der entsprechenden Klasse angehörten; i. d. R. bestand es aus 5 Mitgliedern. Da die Leiter von → VEB und von staatlichen Institutionen angehalten waren, die ehrenamtliche Tätigkeit der Elternvertreter zu unterstützen und ihnen alle Möglichkeiten zur Ausübung ihrer diesbezüglichen Funktionen zu gewähren, trugen die K. erheblich zur materiellen Absicherung der außerunterrichtlichen Tätigkeit der Schule bei.

Funktionen und Wirkungen: Das K. vertrat einerseits die Interessen der Eltern und Kinder gegenüber der Schule, andererseits fühlte es sich aber auch für die Erfüllung schulpolitischer Aufgaben verantwortlich. Es traf sich in regelmäßigen Abständen mit dem Klassenlehrer (→ Bildungspolitik), bereitete jährlich ca. 3 bis 5 Klassenelternversammlungen vor und organisierte Elternsprechstunden; Vertreter des K. nahmen auch an Elternbesuchen teil. Ein engagiertes K. kümmerte sich zudem um die Ausgestaltung des Klassenraumes, beschaffte zusätzliche Unterrichts- und Anschauungsmittel und organisierte die sehr beliebten Klassenfahrten, an denen zur Schülerbetreuung i. d. R. auch Eltern teilnahmen, die zu diesem Zweck von ihrer Arbeitsstelle freigestellt wurden.
Zu politisch-ideologischen Konfrontationen zwischen K. und Schule kam es viel seltener, als neuerdings gerne angenommen wird. Sie passierten, wenn Eltern z. B. kompromißlos den Wehrunterricht ablehnten oder auf der Seite ihrer Kinder standen, wenn diese offen und hartnäckig gegen politische und gesellschaftliche Mißstände in der DDR protestiert hatten. Soweit dies vorkam, geschah es häufiger an den ›Erweiterten Oberschulen‹ (EOS) als an den ›Polytechnischen Oberschulen‹ (POS). An den EOS stand der Schulleitung als schärfste Disziplinarmaßnahme die Relegierung zur Verfügung, die in solchen Fällen auch zur Abschreckung ge-

legentlich angeordnet wurde. An den POS standen viel häufiger Disziplinverletzungen, rowdyhaftes Verhalten und vor allem unbefriedigende schulische Leistungen zur Debatte. Traten Konflikte und Meinungsdifferenzen auf, so wurde jedoch fast immer nach einer einvernehmlichen Lösung gesucht und vermieden, die Dinge zuzuspitzen. Das Verhältnis zwischen den Klassenlehrern und den K. war i.d.R. auf Konsens ausgerichtet und in vielen Fällen ausgesprochen kameradschaftlich: Man wollte nichts »an die große Glocke hängen«.

Klub der Kulturschaffenden
→ Kulturbund der DDR

Klub junger Techniker
→ Messe der Meister von morgen

Klubs der Intelligenz
→ Kulturbund der DDR

Kohle- und Energieprogramm, 1957–1960
Der Ausfall von Koks- und Kohleimporten durch westliche Embargobestimmungen, die Mitte der 50er Jahre mehrfach verschärft wurden, zwang dazu, die allzu optimistisch festgelegten Kennziffern des 2. Fünfjahrplanes auch für die Grundstoffindustrie zu korrigieren. Um die Dekkung des Energiebedarfs der Wirtschaft langfristig zu gewährleisten, beschloß der MR am 21. 3. 1957 ein ›Kohle- und Energieprogramm‹, das eine enorme Erhöhung der Kohleförderung und der Energieerzeugung bis 1960 vorsah. Strategisch ging es bei diesem ersten Industriezweigprogramm darum, das für andere Industriezweige beschlossene Entwicklungstempo durchzuhalten – insbesondere das für die energieintensive chemische Industrie (→ Chemieprogramm).
Dem K. entsprechend wurden für die Braunkohleförderung neue Tagebaue erschlossen, das Braunkohleveredelungskombinat Schwarze Pumpe auf- und ausgebaut (→ unter: ›Kombinate‹), die Kapazität der Kraftwerke Hirschfelde, Trattendorf und Vockerode erweitert sowie die Kraftwerke Berzdorf, Schwarze Pumpe und Lübbenau neu errichtet. Mehr als die Hälfte aller Investitionen, die der Industrie in diesem Zeitraum zur Verfügung standen, wurden für die Entwicklung der Braunkohlegewinnung und der Energieproduktion eingesetzt. Das führte zu neuen, erheblichen Disproportionen, die sich vor allem in der Vernachlässigung der Konsumgüterproduktion und des Wohnungsbaus zeigten. Auch die rigorose Erschließung neuer Braunkohlefelder und die extensive Nutzung der

verfügbaren, billigen Braunkohle als wichtigstem Energieträger führte in der Folge zu kaum beherrschbaren Belastungen für Mensch und Umwelt.

Kollegium der Rechtsanwälte, 1953–1990
Genossenschaftliche Organisation der Rechtsanwälte in der DDR

Rechtsanwälte galten in der DDR zunächst offiziell als Organe der Rechtspflege, die vordringlich Erziehungsfunktionen wahrzunehmen hatten. Dieser Status eines offiziellen staatlichen Organs war allerdings schon in den 50er Jahren umstritten und wurde insbesondere seitens des →Ministeriums der Justiz abgelehnt. So blieb in der juristischen Praxis von dem eigenständigen Status eines Rechtspflege-Organs wie von dem Erziehungsauftrag wenig erhalten. Gleichwohl definierte die Zeitschrift ›Neue Justiz‹ 1981: »Nur das ständige Bemühen des Rechtsanwalts, die persönlichen Interessen des Auftraggebers mit den gesellschaftlichen Erfordernissen in Übereinstimmung zu bringen, dient letztlich den Bürgern und der gesellschaftlichen Entwicklung.«
Einer unabhängigen, selbstverwalteten Rechtsanwaltschaft, wie sie formal bestand, wurde die selbstverantwortliche Wahrnehmung dieser gesellschaftlichen Aufgaben aber offenbar nicht zugetraut. Um die gegenseitige Kontrolle zu erhöhen, versuchte man schon in den Anfangsjahren der DDR, die Rechtsanwälte zu kollektiven, d. h. zu genossenschaftlichen Zusammenschlüssen zu bewegen. Eine Verordnung vom 15. 5. 1953 regelte die Vereinigung von Rechtsanwälten in Kollegien, von denen in den 14 Bezirken der DDR und in Berlin/DDR je eines gebildet wurde; diesen stand das Recht zu, selbst Zulassungen für die Ausübung anwaltlicher Tätigkeit im Rahmen der K. zu erteilen. Auch nach dieser Neuregelung gab es immer noch »Einzelanwälte«, die jedoch eine verschwindende Minderheit ausmachten, zumal die Neuzulassung als »Einzelanwalt« bis 1976 ausgeschlossen war und auch danach höchst selten blieb. Ein Gesetz über die K., das am 1. 3. 1981 in Kraft trat, stellte Zusammenschluß und Tätigkeit der Rechtanwälte auf eine genauer definierte Grundlage.
Die K. standen unter Anleitung und Kontrolle des Ministers der Justiz, dem dafür zeitweilig ein ›Beirat für Fragen der Rechtsanwaltschaft‹ zur Seite stand, der allerdings kaum Einfluß hatte. Das Ministerium kontrollierte auch die Aufnahme neuer Mitglieder in die Kollegien und konnte auf diese Weise Kaderpolitik innerhalb der Rechtsanwaltschaft betreiben. Das seit März 1981 geltende Gesetz über die K. ließ an die Stelle der bisherigen zentralen Gremien beim Ministerium einen ›Rat der Vorsitzenden‹ treten, dem alle Vorsitzenden der K. in den Bezirken angehörten; der Vorsitz im Rat fiel stets an den Vorsitzenden des Berliner Rechtsan-

waltkollegiums. Das Ministerium blieb jedoch weiterhin Aufsichtsorgan sowohl für die K. wie für die »Einzelanwälte«.
Höchstes Organ eines K. war die Mitgliederversammlung, die für jeweils 2 Jahre einen Vorstand und eine Revisionskommission wählte. Am jeweiligen Sitz eines Bezirksgerichts wurde eine zentrale Verwaltungsstelle eingerichtet; darunter gab es verschiedene Zweigstellen, die möglichst kollektiv besetzt sein sollten, um das sozialistische Bewußtsein unter Kollegen zu fördern. Eine inhaltliche Kontrolle von juristisch-prozessualen Vorgängen war interne Angelegenheit eines jeden K.; das Revisionswesen und die dazu vorgeschriebenen Auskunftspflichten bezogen sich sowohl auf eine Kontrolle der Einhaltung beruflicher Pflichten durch die Kollegiumsmitglieder wie auf die Prüfung von Abrechnungen; alle Mitglieder eines K. waren dem jeweiligen Vorstand disziplinarisch unterstellt; die Mitglieder des Vorstands und der Revisionskommission waren zur Verschwiegenheit verpflichtet.
Nachdem im Mai 1953 die K. gebildet worden waren, wurden als Offizialverteidiger und als beigeordnete Rechtsanwälte in Zivilprozessen nur noch Kollegiumsanwälte bestellt. Die Abrechnung von Auslagen und Gebühren regelte zunächst der jeweilige Anwalt mit seinem Mandanten. Zum Monatsende erteilte ein Kollegiumsmitglied der zentralen Verwaltungsstelle Auskunft über alle vereinnahmten Beträge und überwies die gesamten Zahlungseingänge auf deren Konto. Diese behielt ihre Verwaltungskosten, Sozialabgaben und Pflichtbeiträge ein und überwies den verbleibenden Anteil (abzügl. 20 Prozent Steuern) wieder auf das Konto des betreffenden Anwalts.
Freiberuflich tätige »Einzelanwälte« konnten zwar nach derselben Gebührenordnung abrechnen, waren aber hinsichtlich der Besteuerung und der Sozialabgaben anders gestellt als Kollegiumsanwälte. Sie wurden zur Einkommensteuer herangezogen und hatten größere Möglichkeiten, die mit ihrer anwaltlichen Tätigkeit verbundenen Auslagen steuerlich abzusetzen. Ihre Einkünfte bezogen sie zu einem guten Teil aus Notariaten, da sie – im Gegensatz zu den Kollegiumsanwälten – als Rechtsanwalt und Notar tätig sein konnten. Sofern »Einzelanwälte« wie Prof. Dr. Wolfgang Vogel im Auftrag der Staats- und Parteiführung tätig wurden und Fälle bearbeiteten, die außen- und deutschlandpolitische Interessen tangierten, galten für sie Sonderabsprachen.

Auflösung/Ende: Bis 1990 erhielten Rechtsanwälte, die nicht in einem Kollegium praktizieren wollten, nur in Ausnahmefällen eine Zulassung. Als diese Regelung den neuen Bedingungen und Notwendigkeiten des gesellschaftlichen Wandels nicht mehr entsprach, erließ der Ministerrat im Frühahr 1990 eine Verordnung, in der die Zulassung von Rechtsanwälten außerhalb bestehender Kollegien neu geregelt wurde. Die nun dringend erforderliche Vermehrung der Rechtsanwälte ließ sich über eine Erweiterung der Kollegien schon deshalb nicht erreichen, weil diese nur dann weitere Mitglieder aufnehmen konnten, wenn die Wirtschaftlichkeit unterhaltener Zweigstellen nachgewiesen war, und weil der ihnen in den Territorien zur Verfügung gestellte Büroraum beschränkt war. Außerdem wünschten nun viele, die sich neu um eine Zulassung bewarben, wie auch Studenten der Rechtswissenschaft, künftig privat praktizieren zu können. So organisierten sich die Rechtsanwälte, die bisher in Kollegien tätig waren, im Laufe des Jahres 1990 ebenfalls neu, indem sie die Kollegien formell auflösten und neue Kanzleien bildeten. Alle mit Kanzleisitz in der DDR bzw. in Berlin/DDR ansässigen Anwälte wurden aufgrund des Einigungsvertrages mit Wirkung vom 3.10.1990 denen in der vormaligen Bundesrepublik Deutschland gleichgestellt.

Vorsitzende des Rates der Kollegien der Rechtsanwälte: Friedrich Wolff (1954–1970, 1984–1988 u. 1990); Gerhard Häußler (1970–1984); Gregor Gysi (1988–1990)

Kombinate, 1946–1990

Große, die Struktur der DDR-Wirtschaft prägende Wirtschaftseinheiten

Geschichte und Organisation: Die als »Rückgrat der sozialistischen Planwirtschaft« bezeichneten K. bestanden jeweils aus mehreren →›Volkseigenen Betrieben‹ (VEB), in deren Zusammenschluß die für die Herstellung bestimmter Güter erforderlichen, sich technologisch und ökonomisch ergänzenden Produktionszweige vereint waren. Ein K. entstand i. d. R. durch einen fusionsartigen Verbund von Einzelbetrieben, von denen der qualifizierteste bzw. größte als »Stammbetrieb« zum Sitz des K. wurde. Die in einem K. zusammengefaßten Betriebe blieben jedoch juristisch und ökonomisch selbständig und produzierten weiterhin unter eigenem Namen.
Es gab sowohl zentralgeleitete wie bezirksgeleitete K., die jeweils von einem Generaldirektor – dem »General« – nach dem Prinzip der Einzelleitung geführt wurden. Der Apparat einer Kombinatsleitung war i. d. R. in einem Stammbetrieb konzentriert, dessen Direktor in Personalunion auch Generaldirektor des K. war. Einzelne Kombinatsbetriebe konnten als sog. Leitbetriebe mit der Wahrnehmung von Leitungsaufgaben für eine Gruppe untergeordneter Einzelbetriebe beauftragt werden. Sofern es keine zwischengeschalteten Leitungsebenen gab, unterstanden die jeweiligen Direktoren der Kombinatsbetriebe dem Generaldirektor und waren diesem rechenschaftspflichtig.

Die ersten K. entstanden 1946, als vorhandene Großbetriebe wieder in Gang gesetzt und als →›Sowjetische Aktiengesellschaften‹ (SAG) geführt und bewirtschaftet wurden; weitere kamen Anfang der 50er Jahre hinzu, als komplex angelegte industrielle Neugründungen vorgenommen wurden (→›Eisenhüttenkombinat Ost‹). In den 50er Jahren wurden K. insbesondere in der Grundstoffindustrie, der Metallurgie, der chemischen und der elektrotechnischen Industrie gebildet; sie waren zunächst den →›Vereinigungen Volkseigener Betriebe‹ (VVB), von 1961–1965 dem →›Volkswirtschaftsrat‹ und danach wieder den VVB bzw. den neu geschaffenen Industrieministerien (→›Ministerrat der DDR‹) unterstellt. Der zum ›Neuen Ökonomischen System‹ hinführende VI. Parteitag der SED forderte 1963 die Gründung zusätzlicher K. Daraufhin wurde die Kombinatsbildung zwischen 1968 und 1971 so forciert, daß am Ende dieses Zeitraums etwa 120 K. bestanden. Diese waren jedoch nicht mehr ausschließlich aus dem Zusammenschluß von Einzelbetrieben hervorgegangen, vielmehr erhielten nun auch bestehende Großbetriebe den Status eines ›Kombinats‹, indem sie aus alten Unterstellungsverhältnissen herausgelöst wurden.

Die beschleunigte Kombinatsbildung führte allerdings bald zu gravierenden Fehlentwicklungen. Dem von der SED-Führung vorgegebenen Kurs folgend wurde häufig versäumt, Produktionsbedingungen gründlich zu analysieren und wirtschaftsorganisatorische Fragen sorgfältig zu bedenken. Daher wurden in vielen Fällen übereilte Entscheidungen getroffen, die nicht selten die Liquidierung von wichtigen Betrieben und eingespielten Produktionsprozessen zur Folge hatten. Dringend erforderliche Neuorientierungen und Umstrukturierungen der Wirtschaft führten ab Mitte der 70er Jahre dazu, daß K. vorzugsweise dort gebildet wurden, wo ein Zusammenschluß in der Lage schien, alle erforderlichen Kapazitäten – von der angewandten Forschung bis zum Kundendienst – bereitzustellen und die Entwicklung, Erprobung und Verbreitung moderner Technologien selbst zu organisieren. Diese K. wurden nun konsequent den Industrieministerien unterstellt; die zunehmend belanglos gewordenen VVB wurden aufgelöst.

Im Planungsprozeß hatten sich die K. außer mit den jeweils vorgeordneten Industrieministerien noch mit anderen Instanzen auseinanderzusetzen: auf zentraler Ebene mit der →›Staatlichen Plankommission‹, auf regionaler mit den Territorialorganen, in deren Gebiet sich die Standorte eines K. und seiner Betriebe befanden. Da das häufig mehrere →Bezirke und Dutzende von Kreisen, Städten und Gemeinden waren, ergaben sich oft Probleme hinsichtlich der Abstimmung von Standortentwicklungen und der Anbindung an die territoriale Infrastruktur. Die Aufgaben und

Kompetenzen der K. ließen sich mit den langfristigen Entwicklungszielen der Territorien nur selten reibungslos vereinen, ging es doch um Arbeitskräftesicherung, um Bau- und Verkehrsplanung, um die Nutzung – und Verschmutzung – territorialer Ressourcen und deren sozialhygienische Folgen.

In solchen ebenso schwierigen wie schwerwiegenden Fragen blockierten sich auch die zuständigen Parteiorgane häufig gegenseitig. Jedem zentralgeleiteten K. stand ein → ›Parteiorganisator des ZK‹ zur Seite, der vom ZK eingesetzt war, aber auch von der SED-Organisation des K. zum → Parteisekretär gewählt wurde. Dieser war nun – dem Parteiaufbau der SED entsprechend – der jeweiligen Kreisleitung oder, falls die Partei in einem K. eine eigene Industriekreisleitung gebildet hatte, der Bezirksleitung unterstellt. Da er jedoch zugleich vom → ZK der SED angeleitet wurde und aus Berlin verbindliche Weisungen erhielt, waren Konflikte unausweichlich. Kameradschaftliche Charaktere lösten entstehende Probleme dann häufig zum beiderseitigen Vorteil; machtarrogante Typen spielten dagegen erbittert das »Schwarze-Peter-Spiel«.

Um die Versorgung der Bevölkerung spürbar zu verbessern, glaubte man, auch die bezirksgeleitete Wirtschaft stärker zentralisieren zu müssen. Deshalb wurden 1981 die bezirksgeleiteten K. gegründet, welche i. d. R. auch über einen Stammbetrieb dirigiert wurden. Sie waren dem jeweiligen → ›Bezirkswirtschaftsrat‹ unterstellt, dessen Vorsitzender gegenüber diesen K. die direkte Weisungsbefugnis besaß. In der regionalen Wirtschaft waren viele kleine und mittlere Betriebe tätig, deren Erzeugnisse – Lebensmittel, Konsumgüter und die »1000 kleinen Dinge« – hauptsächlich der örtlichen Bevölkerung zugedacht waren. Das ergab zwangsläufig eine vielseitige Erzeugnisstruktur und ein sehr unterschiedliches technisch-technologisches Niveau, weshalb man sich dafür entschied, die bezirksgeleiteten K. nach dem Territorialprinzip aufzubauen. Entsprechend war man schon verfahren, als man um 1970 begann, die bisherigen ›Bezirksdirektionen für den Kraftverkehr‹ in K. umzuwandeln; Ende 1981 wurden diese bezirksgeleiteten ›Kombinate Kraftverkehr‹ entscheidend vergrößert, indem ihnen neben den im jeweiligen Bezirk vorhandenen Kraftverkehrs- und Instandsetzungsbetrieben auch der gesamte öffentliche Nahverkehr (Straßenbahnen, Busse, Taxen) eingegliedert wurde.

Funktionen und Wirkungen: Die SED-Führung hoffte, in diesen »sozialistischen Konzernen« (E. Honecker) die Automatisierung der Produktionsprozesse sowie neuartige technologische Lösungen im großen Stil durchsetzen zu können. Schon 1982 lag der Anteil der zentral- und bezirksgeleiteten K. am Volumen der industriellen Warenproduktion und

am Export bei über 90 Prozent; damit waren die K. zur absolut dominierenden Wirtschaftsorganisation in der DDR geworden. Zweifellos gelang es, mit der Schaffung größerer Produktionseinheiten günstigere Produktionsstrukturen herzustellen. Die K. verfügten über Institute und Kapazitäten für Forschung und Entwicklung, wobei der Forschungsvorlauf vor allem über Verträge mit der → AdW und den → Universitäten und Hochschulen realisiert wurde. Weiterhin konnten sie eigene Projektierungseinrichtungen, einen eigenen »Rationalisierungsmittelbau« und eigene Bauabteilungen einsetzen, und schließlich standen ihnen auch Vertriebseinrichtungen und Verkaufsabteilungen für das In- und Ausland zur Verfügung. Im Exportgeschäft tätige »Absatzorgane« waren allerdings, um das Außenhandelsmonopol des Staates nicht in Frage zu stellen, nur teilunterstellt.
Vorteilhaft wirkte sich die Kombinatsbildung vor allem auf dem Gebiet der angewandten Forschung und der Technologie aus: bei der Beschleunigung und Kontinuität von Fertigungsprozessen; bei der Automatisierung der Produktion; bei der rationelleren Ausnutzung von Rohstoffen sowie bei der Einsparung von Energie-, Transport-, Verwaltungs- und Vertriebskosten. Diesen Vorzügen standen allerdings Nachteile gegenüber, die letztlich schwerer wogen. Die Einbettung der K. in die Arbeitsteilung des RGW hatte zur Folge, daß Erzeugnisentwicklung und Produktion für diesen Markt, vor allem für den sowjetischen, stets Vorrang hatten. Diese strategische Vorgabe, die nicht zuletzt durch die Interessen der für alle Warschauer-Vertrags-Staaten produzierenden Rüstungsindustrie bedingt war, hatte zur Konsequenz, daß die Mehrzahl der K. auf den westlichen Märkten nur unzureichend eingeführt war und sich auch nicht an deren Entwicklungs- und Rationalisierungsniveau anpassen konnte.
Die Produktion der K. wurde vom staatlichen Außenhandel abgenommen und in DDR-Mark bezahlt. Selbst jene K., die in den 80er Jahren über ein ausgedehntes Servicenetz verfügten, blieben weitgehend vom Markt getrennt, und deshalb flossen die erzielten Erlöse auch nicht bis zum Produzenten zurück. Erst ab 1987 war es z. B. möglich, wenigstens Ersatzteile auf eigene Rechnung zu verkaufen. Viele K. waren nach DDR-Maßstäben hochrentable Betriebe, die Gewinne in Milliardenhöhe erzielten. Da jedoch etwa 80 Prozent der Nettogewinne an den Staatshaushalt abgeführt werden mußten, gaben die K. – aufs Ganze gesehen – dem Staat wesentlich mehr, als sie von ihm zurückbekamen. Die letztlich verhängnisvollen Mängel und Behinderungen waren systembedingt, ergaben sich sowohl aus immanenten Schwächen der »sozialistischen Planwirtschaft« wie aus jener bornierten Überheblichkeit, die »unter Führung der Arbeiterklasse und ihrer Partei« zum Charakteristikum des Systems geworden war.

Schwierigkeiten resultierten häufig auch aus dem komplizierten Zusammenspiel von Planungskompetenz, wirtschaftlicher Rechnungsführung und der Pflicht zur Eigenerwirtschaftung der Mittel (→ Wirtschaftspolitik). Durch staatliche Planvorgaben konnte ein K. sich genötigt sehen, seine Produktionspalette entsprechend dem verordneten »Produktionsprofil« zu bereinigen. Daraufhin konnte es zu bedrohlichen Ausfällen in der Zulieferindustrie kommen, oder es sanken die Reparaturkapazitäten, das Angebot von Dienstleistungen für die Bevölkerung wurde eingeschränkt, und die Konsumgüterproduktion hinkte dem Bedarf in einem Maße hinterher, daß derlei Probleme zu einem Dauerthema von ZK-Tagungen wurden. Vor allem aber verdarben die dadurch verursachten Mißlichkeiten den Alltag der DDR-Bürger, zumal jede Hoffnung, irgend etwas würde sich schon von selbst regeln, vergeblich war. Hatte die häufig von nervösen Parteifunktionären als »Meckerei« abqualifizierte Unzufriedenheit sich schließlich republikweit ausgebreitet, dann befaßte sich das → Politbüro mit den »Engpässen« und beschloß z. B. die zusätzliche Produktion von Nuckeln (Babyschnullern), Damenunterwäsche oder Fahrradbereifung.
Andererseits verhinderten mangelnde Investitionskapazitäten oder auch sozialpolitische Erwägungen die unter Rentabilitätsgesichtspunkten angeratenen Produktionseinstellungen und Betriebsstillegungen. Die desolate Infrastruktur der DDR sorgte bei den weit verstreut liegenden Kombinatsbetrieben für weitere Funktionsstörungen: An schlechten Tagen wurde das Telefonieren zum Martyrium; die seit Mitte der 70er Jahre für Betriebe streng limitierte Benzinzuweisung brachte den frohlockenden Kraftfahrern mehr Stand- als Fahrtzeiten; Eisenbahnfahrten konnten in diesem hotelarmen Land aber zu einer Fahrt ins Ungewisse werden. Was für die »erste Garnitur« einer Kombinatsleitung noch kein unüberwindliches Hindernis sein mußte – diese verfügte über noble Gästehäuser –, erwies sich für rangniedere Mitarbeiter oft als höchst beschwerlich, wo nicht unüberwindlich. Die Folge war, daß Entscheidungsprozesse dauerten und dauerten – es ging eben alles »seinen sozialistischen Gang«.
Schließlich erwiesen sich die vertrackten Eigenheiten der sozialistischen Planwirtschaft gerade für die K. als schwerwiegende Behinderungen. Die strikte Fünfjahrplanung zirkelte den Zeithorizont für wirtschaftstrategisches Denken im Kombinat ab. Die innerhalb dieses kurzen Zeitraums wiederum geforderte »Jahresscheibenplanung« verschärfte dieses Handicap noch und band eine Unmenge von Arbeitskräften, die zudem über dieser Arbeit auch an Kreativität einbüßten. Zwar wurden die K. von der SED-Führung und von Wirtschaftstheoretikern öffentlich geradezu als Inkarnation sozialistischer Produktivkraftentfaltung gefeiert, und es

wurde ihnen auch gern das Gütesiegel »Eigenverantwortlichkeit« in den Paß gestempelt, aber die Wirklichkeit sah anders aus!
Dic »Hauptkennziffern«, die gegenüber den zentralen Organen jährlich abzurechnen waren, lauteten u.a. Nettoproduktion, abgesetzte industrielle Warenproduktion, der wertmäßig in sozialistisches Ausland und nichtsozialistisches Ausland untergliederte Export, die Konsumgüterproduktion im Umsatzwert sowie Nettogewinn. Solche zur Kontrolle der Planerfüllung geforderten Wertermittlungen verleiteten zu einer vorrangig quantitativen Bewertung, deren Recheneinheit die DDR-Mark war. Da der wirkliche Wert von Warenmengen oder Produktionsleistungen aber schwer abzuschätzen war, konnte man mit solchen Kalkulationen alles und nichts beweisen. Zudem wurden diese »Kennziffern« dann auch häufig noch willkürlich verändert bzw. ad absurdum geführt, weil im Politbüro der SED Beschlüsse gefaßt wurden, die erheblich in die Produktionsprozesse oder in Forschungs- und Entwicklungsvorhaben eines K. eingriffen, aber mit den betreffenden Generaldirektoren vorher nicht abgestimmt waren und deshalb Milliardenverluste verursachten.
Eingebunden in die wirtschaftliche Verflechtung mit den RGW-Ländern, wurde die rohstoffabhängige und exportintensive DDR-Wirtschaft von der internationalen Rohstoffverknappung schwer getroffen. So konnte sie bei dem mörderischen Tempo der sich international vollziehenden wissenschaftlich-technischen Entwicklung nicht mithalten und war dem damit verbundenen selektiven Behauptungskampf auf dem Weltmarkt chancenlos ausgeliefert. Wirtschaftlich konsequente Alternativen zu diesem desolaten Zustand sind jedoch niemals auch nur angedacht worden. Die SED-Führung lief statt dessen unbeirrt dem Wahn nach, eine kapitalistisch organisierte Wirtschaft mit deren eigenen Waffen schlagen zu können. Zugleich achtete sie jedoch eifersüchtig darauf, daß die »Partei der Arbeiterklasse« nicht zur Wirtschaftspartei »degenerierte«: Ideologisches Bewußtsein und das Wissen um den »unabänderlichen Gang der Geschichte« durften sich von ökonomischem Sachverstand nicht verunsichern lassen.
Also rechnete man sich mit zurechtgestutzten Statistiken reich, was den Kombinatsleitungen offensichtlich bekannt war, aber von ihnen nicht widerlegt wurde. Der seit 1971 amtierende SED-Generalsekretär – wirtschaftspolitisch völlig inkompetent – war nur darauf bedacht, an »seiner« Einheit von Wirtschafts- und Sozialpolitik nicht rütteln zu lassen. Er vertraute auf dem verwirrenden und ärgerlichen Gebiet der Wirtschaft nur einem Mann – Günter Mittag. Dem paßte die auf den K. basierende Organisation der DDR-Wirtschaft wie ein Maßanzug: Die »Generale« standen

vor ihm stramm, wenn sie zum Rapport befohlen wurden, und er posierte als »Marschall« – Kommandowirtschaft!

Auflösung/Ende: Nach der politischen »Wende« in der DDR hatten die K. mit einem Bündel von Problemen zu kämpfen. Eine große Mehrheit der DDR-Bevölkerung wollte die D-Mark und die deutsche Einheit unverzüglich und unvermittelt. Unter diesen Umständen gab es zur Privatisierung der K. prinzipiell keine Alternative. Unmittelbar nach ihrer Umwandlung in Kapitalgesellschaften, was i. d. R. Mitte 1990 geschah, wurden die K. sofort mit den harten Wettbewerbsbedingungen der Marktwirtschaft auf DM-Basis konfrontiert. Eben wegen der neuen Verrechnungskurse und einer daraus folgenden neuen Preisbildung brachen in den folgenden Wochen und Monaten darauf die Märkte im Osten, auf die die Produktion vorwiegend ausgerichtet gewesen war, zunehmend weg. Das führte zu Umsatzverlusten, die durch neu erschlossene Absatzmöglichkeiten nicht mehr wettgemacht werden konnten. Binnen kürzester Frist in Europa und Übersee so viele neue Kunden zu gewinnen, um mit deren Käufen die Verluste aus alten, zusammengebrochenen Geschäftsbeziehungen ausgleichen zu können, wäre angesichts des in schärfster Konkurrenz umkämpften Weltmarktes wohl selbst für Großunternehmen aus den fortgeschrittensten Industrieländern ein aussichtsloses Unterfangen gewesen.

Die neu entstandenen Kapitalgesellschaften, zu denen jeweils der größte Teil jener Betriebe gehörte, die zuvor in einem K. zusammengefaßt waren, wurden zunächst als Staatsbetriebe geführt, die der →›Treuhandanstalt‹ zum Zwecke einer möglichst schnellen Privatisierung unterstellt waren. Diese schien aber nur möglich, wenn vorab eine weitgehende Entflechtung der ehemaligen K. stattfand. Im Zuge der Privatisierungsvorgänge führten industrielle Überkapazitäten, Struktur- und Standortprobleme, erforderlicher Modernisierungsaufwand, Schwierigkeiten der Altlastenbeseitigung und ungeklärte Eigentumsfragen schon zu Kollisionen unterschiedlicher Interessen und erheblichen Auffassungsdifferenzen; als sich erwies, daß noch mehr im Spiele war – skrupelloses Glücksrittertum, Bodenspekulationen, Wirtschaftskriminalität oder die Absicht, mögliche Konkurrenten auf dem ostdeutschen Markt von vornherein auszuschalten –, wuchsen Verunsicherung, Unzufriedenheit und vielfach auch ohnmächtige Wut.

Manche der beklagten Mißstände und Unklarheiten verdankten sich mangelnder Sorgfalt, kurzsichtigem Vereinigungseifer oder politischer Voreingenommenheit derer, die die komplizierten Bedingungen der Vereinigung aushandelten. Ihnen wurde unzureichende Kenntnis der tatsächlichen Systemdifferenzen und ihrer Auswirkungen vorgehalten; Enttäuschung und Verärgerung steigerten sich vielfach sogar zu dem Vorwurf, die politische Führung habe ihre »Hausaufgaben« schludrig gemacht. Die unerwartete Chance der Zusammenführung von zwei Staatsgebilden und Wirtschaftsgebieten, die sich über 40 Jahre hinweg getrennt voneinander entwickelt hatten, veranlaßte wohl auch manchen Politiker, Wirtschaftsführer und Profitjäger aus der alten Bundesrepublik, das Wirtschaftspotential der DDR als bloßen »Zugewinn« zu betrachten und in selbstgefälliger »Siegermentalität« darauf zu vertrauen, daß unverkennbare Unterschiede durch »die freien Kräfte des Marktes« schon bald eingeebnet würden.

Als besonders destruktiv erwies sich – langfristig betrachtet – jener kalkulierte Optimismus, mit dem die »Allianz für Deutschland« im Frühjahr 1990 ihren Wahlsieg vorbereitete (→›Volkskammer der DDR‹). Dem Versprechen, daß sich die neuen Bundesländer bald schon in »blühende Landschaften« verwandeln würden, gesellte sich – offiziell unausgesprochen, aber wirkungsvoll – die Unterstellung bei, die DDR habe in 40 Jahren nur Schrott zustande gebracht. Beide Behauptungen sind als ideologisch verbrämte Grundtorheiten zu qualifizieren, die allerdings nachhaltige Wirkungen auf die Deutschen beiderseits der Elbe ausübten: Sie vernebelten ihnen den Blick in die Zukunft, verstärkten die gegenseitigen Vorurteile bis zu fragwürdigen Verdächtigungen, und sie führten schließlich zu einer sich ausweitenden »Politikverdrossenheit«.

Die ursprünglich von der Volkskammer zur Bewahrung und gerechten Verteilung des »volkseigenen Vermögens« gegründete →›Treuhandanstalt‹ geriet in diesem Klima verständlicherweise ins Zentrum der Kritik. Sie wurde korrupter Machenschaften verdächtigt und als Agentur der westlich-kapitalistischen »Kolonisierung« diffamiert. Sie konnte jedoch dagegenhalten, daß es ihr in historisch unvergleichlicher Situation und in verhältnismäßig kurzer Frist gelungen sei, trotz mancher Pannen und Fehlentscheidungen 12581 Betriebe zu privatisieren (Stand vom August 1993). Für die Übernahme der Betriebe wurden Interessenten und Käufer gefunden, die sich in der Mehrheit als unternehmerisch aktive Eigentümer erwiesen, für notwendige Investitionen sorgten und mit Unterstützung der ›Treuhandanstalt‹ viele Arbeitsplätze sicherten.

Allerdings hatten unumgängliche Umstrukturierungen, notwendige Modernisierungen und zukunftsorientierte Rationalisierungsmaßnahmen zur Folge, daß die – für DDR-Bürger bislang unbekannte – Arbeitslosigkeit binnen kürzester Frist Ausmaße erreichte, die sich auf soziale Lage und Selbstbewußtsein der Betroffenen verheerend auswirkten. Da aber fast alle ehemaligen Kombinatsbetriebe über qualifizierte und motivierte Belegschaften verfügten und in einigen Branchen auch ein durchaus wettbewerbsfähiges Know-how vorhanden war, sind die Möglichkeiten für das ökonomische und soziale Gelingen des Vereinigungsprozesses vielleicht noch nicht gänzlich verspielt.

Industrieministerien und ihnen unterstellte Kombinate
Die nach der Auflösung des → ›Volkswirtschaftsrates‹ seit 1966 wieder eingerichteten Industrieministerien (→ ›Ministerrat der DDR‹) verwalteten jeweils einen oder meist mehrere Industriezweige. Die im Zuständigkeitsbereich wirtschaftenden K. waren ihnen unterstellt. Nach einer am 14. 6. 1984 ergangenen »Anordnung über die Schlüsselsystematik der Staatsorgane, der den zentralen Staatsorganen unterstellten Kombinate, der wirtschaftsleitenden Organe, Versorgungsbereiche und Fondsträger« ergaben sich für zentralgeleitete K. die nachstehend aufgeführten Unterstellungsverhältnisse; in der Zusammenstellung wird meistens auch der jeweils im Jahre 1989 amtierende Generaldirektor (GD) eines K. angeführt.
Ministerium für Allgemeinen Maschinen-, Landmaschinen- und Fahrzeugbau (9 Kombinate): VEB IFA-Kombinat Nutzkraftwagen, Ludwigsfelde; GD: Lothar Heinzmann • VEB IFA-Kombinat Personenkraftwagen, Karl-Marx-Stadt; GD: Sigmar Müller • VEB Fahrzeug- und Jagdwaffenwerk ›Ernst Thälmann‹, IFA-Kombinat Zweiradfahrzeuge, Suhl • VEB Kombinat ›Fortschritt‹ Landmaschinen, Neustadt; GD: Hans Schneider • VEB Kombinat Haushaltgeräte, Karl-Marx-Stadt; GD: Wolf-Rainer Krannick • VEB Kombinat Medizin- und Labortechnik, Leipzig; GD: Joachim Semmelmann • VEB Kombinat ›Nagema‹ Verpackungsmaschinen, Schokoladenmaschinen und Wägetechnik, Dresden • → VEB Kombinat Spezialtechnik, Dresden; GD: Generalmajor Siegfried Eschke • VEB Kombinat Wälzlager und Normteile, Karl-Marx-Stadt; GD: Siegfried Porsche
Ministerium für Bauwesen (21 Kombinate): VEB Autobahnkombinat, Magdeburg; GD: Waldemar Gromzig • VEB Bauingenieurkombinat für Anlagenexport, Dessau • VEB Bau- und Montagekombinat Chemie, Halle; GD: Werner Doberitz • VEB Betonleichtbaukombinat, Dresden; GD: Günter Eisewicht • VEB Bau- und Montagekombinat, Erfurt; GD: Günter Körbel • VEB Bau- und Montagekombinat Industrie- und Hafenbau, Stralsund • VEB Bau- und Montagekombinat Kohle und Energie, Hoyerswerda; GD: Werner Wehrstedt • VEB Bau- und Montagekombinat Ost, Frankfurt (Oder); • VEB Bau- und Montagekombinat, Magdeburg; GD: Erhard Schmidt • VEB Bau- und Montagekombinat Süd, Leipzig; GD: Helmut Frost • VEB Kombinat Bauelemente und Faserbau-

stoffe, Leipzig; GD: Manfred Thomas • VEB Kombinat Baumechanisierung, Dresden • VEB Kombinat Baustoffversorgung, Berlin; GD: Gerhard Ertel • VEB Kombinat Bau- und Grobkeramik, Halle; GD: Karl-Heinz Karbe • VEB Kombinat Fliesen und Sanitärkeramik ›Kurt Bürger‹, Boizenburg; GD: Karl-Erich Gertz • VEB Kombinat für Technische Gebäudeausrüstung, Leipzig; GD: Heinz Kremonke • VEB Kombinat Zuschlagstoffe und Natursteine, Dresden; GD: Dieter Kaufmann • VEB Metalleichtbaukombinat, Leipzig; GD: Walter Mielsch • VEB Spezialbaukombinat für Wasserbau, Weimar; GD: Volkmar Lübeck • VEB Spezialbaukombinat, Magdeburg; GD: Siegfried Hempel • VEB Zementkombinat, Dessau; GD: Gerhard Cekoll

Ministerium für Bezirksgeleitete Industrie und Lebensmittelindustrie (19 Kombinate): VEB Fischkombinat, Rostock; GD: Günter Ubl • VEB Kombinat Haushaltwaren, Steinbach-Hallenberg; GD: Kurt Mittelsdorf • VEB Kombinat Holzhandel, Berlin • VEB Kombinat Holzwerkstoffe, Beschläge und Maschinen, Leipzig; GD: Lothar Wartenberg • VEB Kombinat Musikinstrumente, Markneukirchen/Klingenthal; GD: Siegfried Wolfram • VEB Kombinat Nahrungsmittel und Kaffee, Halle • VEB Kombinat Öl und Margarine, Magdeburg; GD: Hermann Hering • VEB Kombinat Spielwaren, Sonneberg; GD: Rudolf Stolze • VEB Kombinat Spirituosen, Wein und Sekt, Berlin • VEB Kombinat Sportgeräte, Schmalkalden; GD: Wolfgang Neupert • VEB Kombinat Süßwaren, Delitzsch • VEB Kombinat Tabak, Berlin • VEB Möbelkombinat, Berlin; GD: Henri Berger • VEB Möbelkombinat, Dessau • VEB Möbelkombinat, Dresden-Hellerau; GD: Klaus Rudel • VEB Möbelkombinat, Ribnitz-Damgarten; GD: Hermann Mecklenburg • VEB Möbelkombinat, Zeulenroda • VEB Polstermöbelkombinat, Oelsa-Rabenau • VEB Thüringer Möbelkombinat, Suhl; GD: Paul Leipold

Ministerium für Chemische Industrie (15 Kombinate): VEB Chemieanlagenbaukombinat, Leipzig-Grimma; GD: Gerd Wohllebe • VEB Chemiefaserkombinat ›Wilhelm Pieck‹, Schwarza; GD: Klaus Seydewitz • → VEB Chemiekombinat, Bitterfeld; GD: Adolf Eser; • VEB Chemische Werke Buna, Schkopau; GD: Dietrich Lisiecki • VEB Fotochemisches Kombinat, Wolfen; GD: Brunhild Jäger • → VEB Leuna-Werke ›Walter Ulbricht‹, Leuna; GD: Jürgen Daßler • VEB Kombinat Agrochemie, Piesteritz; GD: Otto König • VEB Kombinat Lacke und Farben, Berlin; GD: Manfred Zach • VEB Kombinat ›Minol‹, Berlin; GD: Johann Wittik • VEB Kombinat Plast- und Elastverarbeitung, Berlin; GD: Heinz Schulze • VEB Kombinat Synthesewerk, Schwarzheide; GD: Hans-Joachim Jeschke • VEB Kosmetik-Kombinat, Berlin; GD: Christa Berlag • VEB Pharmazeutisches Kombinat GERMED, Dresden; GD: Wilfried

Noack • →VEB Petrolchemisches Kombinat, Schwedt; GD: Werner Frohn • VEB Reifenkombinat, Fürstenwalde; GD: Siegfried Kipp

Ministerium für Elektrotechnik und Elektronik (16 Kombinate): Kombinat VEB Elektro-Apparate-Werke ›Friedrich Ebert‹, Berlin (EAW); GD: Wolfgang Puppe • Kombinat VEB Elektrogerätewerk, Suhl; GD: Lothar Zorn • Kombinat VEB Elektronische Bauelemente, Teltow; GD: Wolfgang Lungershausen • Kombinat VEB Fahrzeugelektrik, Ruhla; GD: Hans Schieck • →Kombinat VEB Kabelwerk Oberspree ›Wilhelm Pieck‹, Berlin (KWO); GD: Alfred Adolph • Kombinat VEB Keramische Werke, Hermsdorf; GD: Manfred Schneider • Kombinat VEB Lokomotivbau-Elektrotechnische-Werke ›Hans Beimler‹, Hennigsdorf (LEW); GD: Günter Hoffmann • Kombinat VEB NARVA ›Rosa Luxemburg‹, Berlin; GD: Uwe Wulf • →VEB Carl Zeiss, Jena; GD: Wolfgang Biermann • VEB Kombinat Automatisierungsanlagenbau, Berlin; GD: Heinz Brandt • VEB Kombinat Datenverarbeitung, Berlin; GD: Joachim Funke • VEB Kombinat Elektromaschinenbau, Dresden; GD: Heiner Rubarth • →VEB Kombinat Mikroelektronik, Erfurt; GD: Heinz Wedler • VEB Kombinat Nachrichtenelektronik, Berlin; GD: Jürgen Apitz • →VEB Kombinat Robotron; Dresden; GD: Friedrich Wokurka • VEB Kombinat Rundfunk und Fernsehen Staßfurt; GD: Uwe Boegelsack

Ministerium für Erzbergbau, Metallurgie und Kali (8 Kombinate): →VEB Bandstahlkombinat ›Hermann Matern‹, Eisenhüttenstadt (EKO); GD: Karl Döring • VEB Berg- und Hüttenkombinat ›Albert Funk‹, Freiberg; GD: Günter Graf • VEB Kombinat Kali, Sondershausen; GD: Heinrich Taubert • VEB Kombinat Metallaufbereitung, Halle; GD: Wolfgang Klitzsch • VEB Kombinat Zentraler Industrieanlagenbau der Metallurgie, Berlin; GD: Erich Schulze • → VEB Mansfeldkombinat ›Wilhelm Pieck‹, Eisleben; GD: Bernd Reichmann • VEB Qualitäts- und Edelstahlkombinat, Brandenburg; GD: Werner Scheer • VEB Rohrkombinat, Riesa; GD: Dieter Pfennig

Ministerium für Geologie (3 Kombinate): VEB Kombinat Erdöl und Erdgas, Gommern; GD: Andreas Hieckmann • VEB Kombinat Geologische Forschung und Erkundung, Halle • VEB Kombinat Geophysik, Leipzig

Ministerium für Glas- und Keramikindustrie (8 Kombinate): VEB Flachglaskombinat, Torgau; GD: Jürgen Mäder • VEB Kombinat Feinkeramik, Kahla; GD: Klaus-Dieter Schubert • VEB Kombinat Lausitzer Glas, Weißwasser; GD: Ulrich Matthes • VEB Kombinat Technisches Glas, Ilmenau; GD: Fritz Schmöker • VEB Kombinat Verpackung, Leipzig; GD: Harry Zimmermann • VEB Kombinat Zellstoff und Papier, Heidenau; GD: Ernst Wurdinger • VEB ›Thuringia‹ Kombinat für Glas- und

Keramikmaschinenbau, Sonneberg; GD: Fredy Kreutzer • VEB Staatliche Porzellanmanufaktur, Meißen
Ministerium für Handel und Versorgung (1 Kombinat): VEB Kombinat Handelstechnik Berlin
Ministerium für Kohle und Energie (23 Kombinate): VE Braunkohlenkombinat, Bitterfeld; GD: Helge Häger • VE Braunkohlenkombinat, Senftenberg; GD: Hans Waldmann • VE Kombinat Anlagenbau Braunkohle, Regis-Breitungen • VE Kombinat Braunkohlenkraftwerke, Jänschwalde; GD: Wilfried Retschke • VE Kombinat Kernkraftwerke ›Bruno Leuschner‹, Greifswald • VE Kombinat Verbundnetze Energie, Berlin; GD: Herbert Knaak • VEB Energiekombinat, Berlin; GD: Dieter Barth • VEB Energiekombinat, Cottbus; GD: Günther Reischmann • VEB Energiekombinat, Dresden GD: Klaus-Dieter Wegener • VEB Energiekombinat, Erfurt; GD: Elmar Kirchberg • VEB Energiekombinat, Frankfurt (Oder); GD: Günter Roller • VEB Energiekombinat, Gera • VEB Energiekombinat, Halle; GD: Karl-Heinz Baum • VEB Energiekombinat, Karl-Marx-Stadt; GD: Harald Klein • VEB Energiekombinat, Leipzig; GD: Lothar Klepzig • VEB Energiekombinat, Magdeburg • VEB Energiekombinat, Neubrandenburg; GD: Hartmut Rüchel • VEB Energiekombinat, Potsdam GD: Fritz Sumpf • VEB Energiekombinat, Rostock • VEB Energiekombinat, Schwerin; GD: Klaus-Dieter Frenzel • VEB Energiekombinat, Suhl • →VEB Gaskombinat ›Fritz Selbmann‹, Schwarze Pumpe; GD: Herbert Richter • VEB Kombinat Gasanlagen, Mittenwalde; GD: Klaus Giese
Ministerium für Land-, Forst- und Nahrungsgüterwirtschaft (13 Kombinate): VE Kombinat Industrielle Tierproduktion, Berlin; GD: Christian Frauk • VEB Ausrüstungskombinat für Rinder- und Schweineanlagen, Nauen; GD: Emil Löffelholz • VEB Kombinat Aufbereitung tierischer Rohstoffe und Pelztierproduktion, Leipzig; GD: Manfred Lutz • VEB Kombinat Forsttechnik, Waren • VEB Kombinat für Gartenbautechnik, Berlin; GD: Dieter John • VEB Kombinat für Veterinärimpfstoffe, Dessau; GD: Uwe Langwitz • VEB Kombinat Kühl- und Lagerwirtschaft, Berlin; GD: Manfred Wolf • VEB Kombinat Landtechnische Instandsetzung, Berlin; GD: Wilhelm Völzke • VEB Kombinat Rationalisierungsmittel Pflanzenproduktion, Sangerhausen; GD: Karl Joch • VEB Kombinat Stärke und Kartoffelveredelung, Halle; GD: Horst Könk • VEB Kombinat Tierzucht, Paretz; GD: Norbert Baum • VEB Kombinat Zukker, Halle; GD: Klaus-Peter Müller • VEB Schlacht- und Verarbeitungskombinat, Eberswalde-Britz; GD: Helmut Koch
Ministerium für Leichtindustrie (14 Kombinate): VEB Kombinat Baumwolle, Karl-Marx-Stadt; GD: Siegfried Reinhold • VEB Kombinat Deko,

Plauen; GD: Klaus Fehrmann • VEB Kombinat Kunstleder und Pelzverarbeitung, Leipzig; GD: Martin Giering • VEB Kombinat Lederwaren, Schwerin; GD: Helmut Hirth • VEB Kombinat Oberbekleidung, Berlin; GD: Herbert Kempf • VEB Kombinat Oberbekleidung, Erfurt; GD: Rudolf Zacher • VEB Kombinat Oberbekleidung, Lößnitz; GD: Peter Heyne • VEB Kombinat Schuhe, Weißenfels; GD: Joachim Lezoch • VEB Kombinat Solidor, Heiligenstadt; GD: Hartmut Scherf • VEB Kombinat Technische Textilien, Karl-Marx-Stadt • VEB Kombinat Trikotagen, Karl-Marx-Stadt; GD: Manfred Beier • VEB Kombinat Wolle und Seide, Meerane; GD: Jochen Werner • VEB Strumpfkombinat Esda, Thalheim; GD: Roland Ziegenhals • VEB Textilkombinat, Cottbus; GD: Peter Henschke

Ministerium für Materialwirtschaft (2 Kombinate): VE Kombinat Maschinenbauhandel, Berlin; GD: Heinz Thyrolf • →VE Kombinat Sekundärrohstofferfassung, Berlin; GD: Harry Strobel

Ministerium für Schwermaschinen- und Anlagenbau (13 Kombinate): VEB Kombinat ›Baukema‹ (Baumaschinen, komplette Anlagen und Erdbewegungsmaschinen), Leipzig • VEB Kombinat Getriebe und Kupplungen, Magdeburg; GD: Werner Schumann • VEB Kombinat Gießereianlagenbau und Gußerzeugnisse – GISAG, Leipzig • VEB Kombinat Kraftwerksanlagenbau, Berlin; GD: Manfred Dahms • VEB Kombinat Luft- und Kältetechnik (ILKA), Dresden; GD: Günter Kretschmer • VEB Kombinat Pumpen und Verdichter, Halle; GD: Günter Lehmann • VEB Kombinat Schienenfahrzeugbau, Berlin; GD: Gerald Garbe • →VEB Kombinat Schiffbau, Rostock; GD: Jürgen Begemann • VEB Magdeburger Armaturenwerke ›Karl Marx‹, Magdeburg; GD: Rolf Hoffmann • VEB ORSTA-Hydraulik, Leipzig (Kombinat für Hydraulik und Pneumatik); GD: Hans-Hermann Gercke • VEB Schwermaschinenbau ›Karl Liebknecht‹, Magdeburg (Kombinat für Dieselmotoren und Industrieanlagen); GD: Lutz Modes • →VEB Schwermaschinenbaukombinat ›Ernst Thälmann‹ (SKET), Magdeburg; GD: Martin Hesse • VEB Schwermaschinenbaukombinat TAKRAF, Leipzig; GD: Kurt Schoenefeldt

Ministerium für Umweltschutz und Wasserwirtschaft (1 Kombinat): VEB Kombinat Wassertechnik und Projektierung Wasserwirtschaft, Halle

Ministerium für Verkehr (3 Kombinate): VE Kombinat Binnenschiffahrt und Wasserstraßen, Berlin; GD: Wolfgang Hettler • →VE Kombinat ›Deutrans‹, Berlin • VEB Kombinat Seeverkehr und Hafenwirtschaft – ›Deutfracht‹/Seereederei, Rostock; GD: Arthur Maul

Ministerium für Werkzeug- und Verarbeitungsmaschinenbau (6 Kombinate): VEB Kombinat Polygraph ›Werner Lamberz‹, Leipzig; GD:

Eberhard Beschnert • VEB Kombinat ›Textima‹, Karl-Marx-Stadt; GD: Rudi Rosenkranz • →VEB Kombinat Umformtechnik ›Herbert Warnke‹, Erfurt; GD: Günter Rippin • VEB Werkzeugkombinat, Schmalkalden; GD: Gerhard Lesser • VEB Werkzeugmaschinenkombinat ›Fritz Heckert‹, Karl-Marx-Stadt; GD: Rudolf Winter • →VEB Werkzeugmaschinenkombinat ›7. Oktober‹, Berlin; GD: Heinz Warzecha

Ausgewählte Kombinate (in alphabetischer Reihenfolge)

VEB Bandstahlkombinat ›Hermann Matern‹, Eisenhüttenstadt, 1969–1990
Zum Stammbetrieb des V. wurde das ursprünglich als VEB Eisenhüttenkombinat ›J. W. Stalin‹ errichtete große Hüttenwerk, mit dessen Bau am 1. 1. 1951, dem ersten Tag des 1. Fünfjahrplanes der DDR, begonnen worden war. Zum Aufbau des Werkes, dem größten Investitionsvorhaben dieses Fünfjahrplanes, wurde damals die Losung ausgegeben: »Aus Stahl wird Brot«. In der Zeit zwischen 1951 und 1954 nahm man 6 Hochöfen in Betrieb, die mit sowjetischem Erz, polnischem Koks und einheimischen Zuschlagstoffen beschickt wurden. 1961 wurde das sozialistische Renommierprojekt im Zuge einer formalen Entstalinisierung umbenannt: Es hieß fortan ›Eisenhüttenkombinat Ost‹; entsprechend wurde aus ›Stalinstadt‹, der um das Hüttenwerk errichteten Wohnsiedlung, nun ›Eisenhüttenstadt‹. Als 1969 ein neues, größeres Stahlkombinat gebildet wurde, schloß man das ›Eisenhüttenkombinat Ost‹ (EKO) als Stammwerk mit mehreren, über die gesamte mittlere und südliche DDR verstreut liegenden Walzwerken zusammen, so dem Walzwerk Finow, den Kaltwalzwerken in Oranienburg, Bad Salzungen, Burg und Olbernhau sowie, als Betrieb für metallurgische Zuschlagstoffe, dem Magnesitwerk Aken.
Das Stammwerk litt von Anfang an unter einer gravierenden technologischen Lücke: Es fehlte ein Warmwalzwerk und damit ein entscheidendes Glied im metallurgischen Zyklus. Jene Verarbeitungsstufe ermöglicht es, das in den Hochöfen zu Stahl geschmolzene Roheisen noch rotglühend und damit energetisch effektiv in Blechtafeln und -bänder umzuformen, dem frisch produzierten Rohstahl also eine für die Weiterverarbeitung und Veredlung im Kaltwalzwerk geeignete und kostengünstige Form zu geben. Mit der Inbetriebnahme eines leistungsstarken Kaltwalzwerkes nahm diese Lücke 1968 internationale Dimensionen an: Von russischen Produzenten wurde nun warmgewalztes Vormaterial geliefert; dieses »Warmband« wurde im EKO-Kaltwalzwerk bis zu millimeterdünnen Blechen und Profilen ausgewalzt, die – teils verzinkt, teils als plastebeschichtes ›EKOTAL‹ – nicht nur Abnehmer in der DDR fanden, sondern in beträchtlichem Umfang in die UdSSR zurückgingen. Dieser »Halbzeugtourismus« verursachte hohe Transportkosten, die eine Renta-

bilität der EKO-Produkte auf dem heißumkämpften und problemüberladenen europäischen Stahlmarkt unmöglich machten.
Im Mai 1990 wandelte sich das ›Kombinat‹ mit allen seinen Betrieben zur ›EKO Stahl AG‹ und ging in das Eigentum der zur Umwandlung des »Volkseigentums« gegründeten →›Treuhandanstalt‹ über. Die Entflechtung des ›Kombinats‹ vollzog sich rasch und mit unterschiedlichem Erfolg. Das Kaltwalzwerk in Oranienburg wurde zunächst von der ›Krupp Stahl AG‹ übernommen, dann aber zum 1. 7. 1993 stillgelegt. Liquidiert wurden 1991 das Walzwerk im erzgebirgischen Olbernhau sowie ein EKO-Betrieb in Wittstock, der Teile für Industrieroboter herstellte. Die Übernahme des ehemaligen Stammwerks durch die italienische Riva-Gruppe wurde zum Gegenstand langwieriger Verhandlungen.

Generaldirektoren: Karl Döring (1985–1994)

VEB Chemiekombinat Bitterfeld (CKB), 1969–1990

Seit 1893 ist Bitterfeld Standort der chemischen Industrie. Gründerunternehmen waren die ›Chemische Fabrik Elektron AG Griesheim‹ und die ›Aktiengesellschaft für Anilinfabrikation‹ (AGFA) in Wolfen, zwei Firmen, die 1925 Mitglieder des ›I.G. Farben‹-Konzerns wurden; sowie außerdem die ›Elektrochemischen Werke Berlin GmbH‹, die zum AEG-Konzern gehörten. Die beiden der ›I.G. Farben‹ zugehörigen Werke wurden 1946 →SAG-Betriebe und 1952 als ›VEB Elektrochemisches Kombinat Bitterfeld‹ und ›VEB Filmfabrik Wolfen‹ der DDR zurückgegeben; sie wurden dann 1969 beide Stammbetriebe des neu gebildeten ›VEB Chemiekombinat Bitterfeld‹. Dazu gehörten weiterhin der ›VEB Elektrokohle Berlin-Lichtenberg‹, Alleinhersteller technischer Kohleerzeugnisse in der DDR (z. B. Kohleelektroden für Stahlschmelzöfen); der VEB Vereinigte Sodawerke ›Karl Marx‹ in Bernburg/Staßfurt, Alleinhersteller von Soda; der ›VEB Chemiewerk Nünchritz‹, Alleinhersteller von Silikon- und Fluorchemikalien und damit wichtigster Zulieferer der chemischen Industrie für die Mikroelektronik in der DDR; der ›VEB Fettchemie Karl-Marx-Stadt‹, Hersteller von Waschmitteln und Hilfsmitteln für die Textil-, Papier- und Lederherstellung, sowie 2 weitere Betriebe in Bad Köstritz und Stadtilm, die u. a. Fotochemikalien und haushaltschemische Produkte herstellten.
Das CKB hatte in Spitzenzeiten insgesamt 32 000 Beschäftigte und galt als »die Apotheke« der DDR und des RGW. Das →Ministerium für Chemische Industrie, dem das CKB unterstellt war, erließ noch 1989 eine Verordnung, in der es hieß: »Mit seinen Erzeugnissen beeinflußt der VEB Chemiekombinat Bitterfeld 80 Prozent aller Gebrauchswerte der in Industrie und Landwirtschaft hergestellten Produkte.« Das Produktionspro-

gramm umfaßte anorganische und organische Grundmaterialien, Pflanzenschutz- und Schädlingsbekämpfungsmittel, organische Farbstoffe und Hilfsmittel, Katalysatoren, Ionenaustauschharze, Molekularsiebe, Silikone, Fluorcarbone, Soda, Fotochemikalien, Wasch- und Reinigungsmittel, Pharmazeutika, Riechstoffe, PVC-Produkte, technische Kohle und Graphiterzeugnisse.

Die industrielle Warenproduktion des ›Kombinats‹, das in einigen Bereichen – wie z. B. in PVC-Verarbeitungsverfahren – technologisch eine Spitzenposition in der Welt erreicht hatte, erzielte 1989 knapp 4,7 Mrd. Mark Umsatz; damit wurde ein Nettogewinn von über 171 Mio. Mark erwirtschaftet. Die Exportquote der rd. 4000 Produkte lag zeitweilig bei 33 Prozent; etwa 62 Prozent der Gesamtausfuhr gingen in RGW-Länder. Das CKB war in einem Verbund von Produktions- und Dienstleistungsbetrieben auf einem ca. 6 qkm großen Industriegelände zwischen Bitterfeld und Wolfen angesiedelt; von den hauptsächlich dort betriebenen Anlagen des CKB waren 27,5 Prozent älter als 50 Jahre und 25 Prozent zwischen 20 und 50 Jahren alt. Die Ballung von teilweise maroden Chemiebetrieben verursachte extreme Umweltbelastungen, die Monika Maron 1981 in ihrem Roman ›Flugasche‹ beschrieben hat.

Daß der Name »Bitterfeld« in Sozial- und Kulturgeschichte der DDR geläufig wurde, hing mit Ereignissen zusammen, die in verschiedenen Betrieben dieses ›Kombinats‹ ihren Schauplatz fanden. Schon 1948 war hier auf einer Gewerkschaftskonferenz die Entscheidung gegen die Betriebsräte gefallen; 10 Jahre später fand im Kulturhaus des damaligen ›Elektrochemischen Kombinats Bitterfeld‹ (EKB) die erste jener beiden von W. Ulbricht präsidierten Kulturkonferenzen (1959 und 1964) statt, von der der vielzitierte → ›Bitterfelder Weg‹ seinen Ausgang nahm. Ein Aufruf der dortigen Jugendbrigade ›Nikolai Mamai‹ verbreitete im Januar 1959 die Losung: »Auf sozialistische Weise arbeiten, lernen und leben!« Als Auftakt zum ›Siebenjahrplan‹ wurde damit die Bewegung der → ›Brigaden der sozialistischen Arbeit‹ von Bitterfeld aus in Gang gesetzt. An diesen Initiativen wurden von der SED-Führung gehegte Hoffnungen und Wunschziele erkennbar: Groß gedachte Ansätze wie ›Siebenjahrplan‹, → ›Chemieprogramm‹, ›Brigaden der sozialistischen Arbeit‹, ›Bitterfelder Weg‹ bildeten ein verheißungsvolles Gemenge, aus dem heraus im »großen Wurf« der Beginn einer neuen Epoche erzwungen werden sollte. Von Begeisterung und Rührung ergriffen, sangen die Altkommunisten damals das alte Lied der Arbeiterbewegung: »Mit uns zieht die neue Zeit...«! – und viele, viel mehr Menschen, als sich heute noch daran erinnern mögen, stimmten damals mit ein.

Am 21. 6. 1990 wurde eine ›Chemie AG Bitterfeld-Wolfen‹ gegründet, die

die Vermögenswerte und Geschäfte der Stammwerke des ›Kombinats‹ übernahm. Die Kombinatsbetriebe wurden in selbständige GmbH bzw. AG überführt. Seitdem gelang es der →›Treuhandanstalt‹, 6 ehemalige Kombinatsbetriebe zu privatisieren, während die Chemie AG vor allem darauf hofft, durch industrielle Neuansiedlungen den Standort zu erhalten. Dafür könnte sprechen, daß die in der Region traditionell vorhandene Akzeptanz der Chemieindustrie aufgrund der bis heute erreichten, deutlichen Fortschritte in der Umweltsanierung erhalten blieb; daß nach wie vor gut ausgebildete Fachkräfte vorhanden sind; daß im dortigen Industriepark vielfältiges Ost-Know-how und beträchtliche Dienstleistungspotentiale verfügbar wären.

Generaldirektoren: Adolf Eser (1984–1990)

VEB Gaskombinat ›Fritz Selbmann‹, Schwarze Pumpe (GSP), 1970–1990

Die Legende berichtet, daß es zu dem Ortsnamen »Schwarze Pumpe« kam, weil ein findiger Einwohner gegen Ende des Dreißigjährigen Krieges die Wasserpumpe seines Anwesens schwarz anstrich, um mit diesem Zeichen der Pest marodierende Landsknechte abzuschrecken. Die danach unter Berufung auf die Legende errichtete Gaststätte gleichen Namens beherbergte 300 Jahre später die »Aufbauleitung«, die für eine der markantesten »Großbaustellen des Sozialismus« verantwortlich war. Ausgangspunkt für die Errichtung eines weiteren Industriegiganten war der 1954 gefaßte Beschluß des IV. Parteitages der →SED, alles zu tun, »daß das Zurückbleiben der Brennstoff- und Energiebasis der DDR hinter den Erfordernissen der Wirtschaft und der Bevölkerung beseitigt wird und daß sie [sic!] einen Entwicklungsvorsprung gegenüber den anderen Zweigen der Volkswirtschaft unserer Republik erhalten«.

Durch die Errichtung eines Braunkohleveredelungskombinats in Schwarze Pumpe sollte das von den Wissenschaftlern Georg Bilkenroth (Projektierungs- und Konstruktionsbüro Kohle, Berlin/DDR) und Erich Rammler (→›Bergakademie Freiberg‹) in der Großkokerei Lauchhammer erstmalig angewandte Verfahren zur Herstellung von Braunkohlehochtemperatur-Koks (BHT-Koks) industriemäßig zur Anwendung gebracht werden. Im 2. Fünfjahrplan der DDR (für 1956–1960 projektiert, aber 1958 abgebrochen) waren von den für Industrieinvestitionen insgesamt eingeplanten 22 Mrd. Mark allein 3,8 Mrd. für dieses größte Planobjekt vorgesehen; sein Bau war eines der wichtigsten Vorhaben des →›Kohle- und Energieprogramms‹ der DDR.

Nachdem das Präsidium des →Ministerrats den Aufbau des ›Kombinats‹ am 23. 6. 1955 verfügt hatte, tat der damalige Minister für Schwerindustrie, Fritz Selbmann, am 31. 8. 1955 den ersten Spatenstich. Am 1. 4. 1958 wurde dann der ›VEB Kombinat Schwarze Pumpe‹ gebildet, der am 30.4.1959 die Brikettproduktion aufnahm und etwa zur gleichen Zeit aus dem Kraftwerk West den ersten Strom ans Netz abgab; am 6.4.1964 wurde schließlich die Gasproduktion aufgenommen. Erst zum 1.1.1970 wurde das GSP gebildet, das auf Beschluß des → ›Zentralkomitees der SED‹ am 6.10.1986 den Namen ›Fritz Selbmann‹ erhielt.

Das ›Kombinat‹ wurde mehrfach umstrukturiert; zunächst gehörten die Tagebaue Welzow-Süd, Nochten und Burghammer als wichtigste Kohlebasis dazu; mit dem 1.1.1976 wurden jedoch alle Tagebaue aus dem GSP ausgegliedert. Zum 1.10.1980 veränderte sich die Kombinatsstruktur erneut, indem ihm nun wichtige Betriebe der Kohle- und Energiewirtschaft eingegliedert wurden; der VEB Jugendkraftwerk ›Artur Becker‹ in Trattendorf wurde Produktionsbereich des Stammbetriebes. 1987 gehörten zum GSP insgesamt rd. 33000 Beschäftigte und 7 Betriebe: der ›VEB Kombinat Schwarze Pumpe‹ als Stammwerk, VEB Braunkohleveredlung Espenhain, VEB Braunkohleveredlung Lauchhammer, VEB Steinkohlenkokereien ›August Bebel‹ Zwickau, VEB Verbundnetz Gas Böhlitz-Ehrenberg, VEB Projektierungs-, Konstruktions- und Montagebüro Anlagenbau in Leipzig und das Brennstoffinstitut in Freiberg.

Mitte der 80er Jahre überstieg das Produktionsvolumen 8 Mrd. Mark. Täglich wurden auf dem 900 Hektar großen Gelände des Stammbetriebes 120000 Tonnen Braunkohle zu Elektroenergie, Gas, Briketts und Koks verarbeitet. Etwa 70 Prozent der Belegschaft des ›Kombinats‹ wohnten in Hoyerswerda, das zeitgleich mit der Errichtung der Industrieanlagen als »sozialistische Wohnstadt« ausgebaut wurde. Im Gaskombinat waren die Produktionskapazitäten der DDR für Stadtgas (jährlich rd. 6 Mrd. Kubikmeter), BHT-Koks, Flüssigprodukte aus Kohle sowie Steinkohlenkoks nahezu vollständig vereinigt. Es hatte ferner großen Anteil an der Brikettproduktion und an der Erzeugung von Elektroenergie; zudem war es für den Transport von Stadt- und Erdgas auf dem Territorium der DDR verantwortlich. In der Veredlung von Braun- und Steinkohle zu Energieträgern oder zu Ausgangsstoffen für die carbonchemische Weiterverarbeitung war es der wichtigste und technologisch fortgeschrittenste Betrieb in der DDR.

Das ›Kombinat‹, dessen Stammbetrieb am 24.10.1977 mit dem ›Karl-Marx-Orden‹ ausgezeichnet worden war, wurde immer wieder in den Blickpunkt der Öffentlichkeit gerückt. Von hier – dem »schwarzen Herz« des »Energiebezirkes« Cottbus – gingen zahlreiche Jugendinitiatven und Wettbewerbsaufrufe aus. Die 1974 verstorbene Schriftstellerin Brigitte Reimann, die mit ihrem gesellschaftskritischen Roman ›Franziska Linkerhand‹ zu literarischem Ruhm gelangte, folgte der Aufforderung des

→›Bitterfelder Weges‹ und lebte von 1960–1968 in Hoyerswerda. Sie hielt enge Verbindung zum V. und arbeitete zeitweilig in einer Rohrleger- und Schweißerbrigade. Aus diesen Eindrücken entstand der Roman ›Ankunft im Alltag‹, der die Arbeit im ›Kombinat‹ zum Gegenstand hatte und einer ganzen literarischen Richtung ihren Namen gab (→Kulturpolitik). Gemeinsam mit ihrem Mann, Siegfried Pitschmann, leitete sie dort den ersten →›Zirkel schreibender Arbeiter‹.

Die DDR, unter chronischer Energieknappheit leidend, betrieb einen exzessiven Braunkohleabbau, der besonders in die Landschaft der Lausitz große Narben schlug. Mit 312,3 Mio. Tonnen erreichte die Braunkohleförderung 1986 die höchste Jahresmenge. Daraus folgten nicht nur großräumige Naturzerstörung und hohe Luftverschmutzung mit Kohlendioxid, sondern mit dem Abriß zahlreicher Dörfer auch der unwiederbringliche Verlust von sorbischem Kulturgut (→›Domowina – Bund Lausitzer Sorben‹). Nach dem Zusammenbruch des sozialistischen Regimes der DDR brachen auch in den ostdeutschen Braunkohlegebieten Konflikte offen aus: Die an verstärktem Umweltschutz Interessierten und die vordringlich um den Erhalt von Arbeitsplätzen Besorgten – Anfang 1990 arbeiteten noch 131 000 Beschäftigte im ostdeutschen Braunkohlebergbau – bezogen gegensätzliche, vielfach unversöhnliche Positionen. Die Auseinandersetzungen wurden überlagert und z.T. instrumentalisiert durch Manöver der auf den ostdeutschen Markt drängenden westdeutschen und ausländischen Energieerzeuger.

Die Braunkohle, die in den Altbundesländern nach wie vor besonders in der Stromversorgung einen Eckpfeiler bildet, wird auch in Ostdeutschland von großer Bedeutung bleiben. Wenn Prognosen für Westdeutschland künftige Jahresförderquoten von 100–110 Millionen Tonnen (1990: 107,6 Tonnen) ausweisen, so mag sich auch die ostdeutsche Braunkohleindustrie noch einige Absatzchancen ausrechnen können. 1990 wurde das Gaskombinat in die ›Energiewerke Schwarze Pumpe AG‹ (ESPAG) umgewandelt; den Vorsitz des Aufsichtsrates übernahm Ex-Bundesminister Hans Apel. Nach der Entflechtung des ehemaligen ›Kombinats‹ beschäftigte die AG im April 1991 noch 12640 Mitarbeiter. Apel, der sich gegen eine »Filetierung« der Kernbereiche der AG wandte, setzte auf eine durchgreifende Modernisierung und Umprofilierung des Unternehmens. Im Juli 1992 wurde die Braunkohlevergasung endgültig stillgelegt.

Leiter des Aufbaustabes: Hasso Grabner (1955–1956); Willi Kühn (1956–1958); Heinz Reger (1958);

Generaldirektoren: Willi Kühn (1958–1961); Heinz Lesinski (1961–1966); Herbert Richter (1966–1989)

1. Sekretär der Parteiorganisation: Horst Dohlus (1956–1958)

VEB Kombinat ›Carl Zeiss‹, Jena, 1971–1990

In dem 1993 erschienenen Buch ›Kombinate – Was aus ihnen geworden ist‹ (Verlag Die Wirtschaft GmbH, Berlin-München) wird Jena mit den dominierenden Zeiss-Werken als »das erste High-Tech-Valley der Geschichte« bezeichnet. Die dort traditionell angesiedelte optische und feinmechanische Produktion entwickelte sich in Zusammenarbeit mit der Universität Jena, deren Professor Ernst Abbe 1866 in das Zeiss-Unternehmen eintrat. Die Fusion des Unternehmens mit dem Jenaer Glaswerk Schott & Gen. mündete, nachdem Abbe das Unternehmen führte, 1889 in die ›Carl-Zeiss-Stiftung‹, die sich neben der Führung der stiftungseigenen Betriebe auch sozialen, kulturellen und wissenschaftlichen Aufgaben zuwandte.

Das im Zweiten Weltkrieg schwer beschädigte Werk hatte sich danach zunächst mit zwei Besatzungsmächten auseinanderzusetzen. Als die ostwärts bis an die Elbe vorgestoßene US-Army sich vereinbarungsgemäß hinter die westliche Demarkationslinie der Sowjetischen Besatzungszone zurückzog, verließ ein großer Teil des wissenschaftlichen und kaufmännischen Führungspersonals unter Mitnahme wichtiger Betriebsunterlagen die Jenaer Firma. Als auf sowjetischen Befehl 1948 die ›Carl-Zeiss-Stiftung‹ enteignet wurde, erfolgte daraufhin im Januar 1951 beim Amtsgericht Heidenheim der Eintrag einer Firma ›Carl Zeiss‹ in das dortige Handelsregister. Damit begann eine vier Jahrzehnte währende Konkurrenz der Jenaer Werke mit der Firma ›Carl Zeiss‹ in Oberkochen (Baden-Württemberg). Die Jenaer Betriebe firmierten seit 1948 als ›Carl Zeiss Jena‹. Die Firma besaß noch einen großen Teil der Produktionseinrichtungen und konnte über die Mehrzahl der angestammten, hochqualifizierten Facharbeiter wie auch über erprobte Zulieferer verfügen, so daß sie alle Vorteile einer engen Verflechtung mit industriellen und sozialen Strukturen im Territorium nutzen konnte. Schon Mitte der 50er Jahre war der Betrieb wieder ein international beachtetes Zentrum der optischen und feinmechanischen Industrie und des wissenschaftlichen Gerätebaus der DDR, das Exporte in 88 Länder verbuchte.

Das 1971 gegründete ›Kombinat‹ umfaßte zunächst 25 VEB mit insgesamt 69000 Beschäftigten, von denen rd. 10000 Hoch- und Fachschulabsolventen waren. Zusammengeführt wurden u. a. ›VEB Carl Zeiss Jena‹, ›VEB Jenaer Glaswerk‹, ›VEB Jenapharm‹ und die Optischen Werke in Rathenow. Das Erzeugnisprofil des Betriebsverbundes wurde bestimmt durch die Produktion von lithographischen Geräten zur Herstellung mikroelektronischer Bauelemente, Feinmeßgeräten zur Messung von Längen und Winkeln sowie Meß- und Prüfmitteln geometrischer Größen, Bildmeßgeräten zur Landesvermessung sowie zur Vermessung von Objekten in der Industrie, in Medizin, Sport, Kriminalistik u. ä. Weiterhin gehörten zum Produktionsprogramm astronomische Teleskope und Spezialkameras, medizinische Mikroskope sowie Röntgengeräte und Laser-Instrumente; für den allgemeinen Konsum wurden u. a. Brillen, Feldstecher, Kameras, fotografische Objektive, Lupen, Hauswirtschaftsglas produziert.

Innerhalb des ›Kombinats‹ zeigte man sich sehr bemüht, Formen und Methoden zu finden, um dem wissenschaftlich-technischen Personal unter den sozialistischen Produktionsbedingungen eine höhere Effizienz ihrer Arbeit abzufordern. Wissenschaftler und Ingenieure erhielten im Rahmen des →›sozialistischen Wettbewerbs‹ z. B. persönliche »Pässe der schöpferischen Leistungen«. Auf der Grundlage einer vom Generaldirektor bestätigten Konzeption wurden besonders befähigte junge Forscher in einem Stufenprogramm spezifischer Förderungsformen qualifiziert, so daß sie sich im Verlauf von 6 bis 9 Jahren zu »Wissenschaftlichen Spezialisten« entwickeln konnten. Dazu gehörte u. a. ein zweijähriges, gemeinsam mit der →›Bauakademie der DDR‹ praktiziertes »Kreativitätstraining«. Die Qualifizierungsfortschritte der in diesem Programm Geförderten unterlagen ständiger Kontrolle, und es wurde noch während des laufenden Programms darüber entschieden, wer sich etwa als Spezialist oder als Leiter im Bereich Wissenschaft und Technik eignete. Das ›Kombinat‹ organisierte für die Weiterbildung von Leitern auch Kurse in sozialpsychologischem Verhaltenstraining. In der Forschung stand es in vielfältigen Kooperationsbeziehungen mit der →›Akademie der Wissenschaften der DDR‹ sowie mit diversen Hochschuleinrichtungen; 1988 waren sie so weit entwickelt, daß rd. 1200 externe Wissenschaftler mit insgesamt 214 Verträgen für die Arbeit an 17 werksseitig definierten Themenkomplexen gebunden waren.

Am 1. 7. 1990 wurde das ›Kombinat‹ durch die →›Treuhandanstalt‹ übernommen. Nun wurde das Unternehmen in 12 eigenständige Firmen aufgespalten. Aus dem ehemaligen Stammwerk wurde die ›Jenoptik Carl Zeiss JENA GmbH‹, die zunächst aus 13 Betrieben mit über 30000 Beschäftigten bestand. Komplizierte Verhandlungen zwischen der ›Treuhandanstalt‹, den Landesregierungen von Thüringen und Baden-Württemberg sowie den beiden in Jena und Heidenheim bestehenden ›Carl-Zeiss-Stiftungen‹ führten am 25. 6. 1991 zu einem Staatsvertrag zwischen den beiden Ländern. Darin wurde vereinbart, daß die ›Carl-Zeiss-Stiftung Jena‹ ihre Warenzeichenrechte und Lizenzen in die ›Carl-Zeiss-Stiftung Heidenheim‹ einzubringen habe, die damit an beiden Standorten unternehmerisch aktiv werden konnte. Gleichzeitig verzichtete ›Jenoptik Carl Zeiss JENA GmbH‹ auf herkömmliche Warenzeichen und auf den

Namen Carl Zeiss; in Konsequenz änderte sie nun die Firmenbezeichnung in ›JENOPTIK GmbH‹, Jena.
Mit Wirkung vom 1.7.1991 übernahm Lothar Späth den Vorsitz im Vorstand dieses Unternehmens, dessen klassische Kernbereiche der feinmechanisch-optischen Produktion an die ›Carl Zeiss Jena GmbH‹ übergingen. Dafür sollte das Unternehmen laut ›Treuhand‹-Protokoll vom 16.6.1991 »als Keimzelle für die künftige Ansiedlung von innovativen High-Tech-Betrieben« die »übrigen Betriebsteile, insbesondere die Optoelektronik, die Bereiche Ferngläser, Lithographie und Numerik umfassen«. Am 1.7.1992 übernahm ›JENOPTIK‹ die unternehmerische Führung von ›Tridelta AG‹ Hermsdorf, dem Nachfolgeunternehmen des ›VEB Kombinat Keramische Werke Hermsdorf‹, dem ehemals größten Hersteller von Industriekeramik in der DDR.

Generaldirektoren: Hugo Schrade (1945–1966); Ernst Gallerach (1966–1971); Helmut Wunderlich (1971–1976); Wolfgang Biermann (1976–1990)

VEB Kombinat ›Deutrans‹, 1979–1990
Das ›Kombinat‹ wurde auf der Grundlage des staatlichen Monopols für Außenhandel und Außenhandelsspedition am 1.7.1979 als internationaler Speditionsbetrieb der DDR gegründet. Darin wurden 3 zuvor schon bestehende Betriebe zusammengefaßt: ›VEB Deutrans – Internationale Spedition und Befrachtung‹, der als Stammbetrieb fungierte; ›VEB Deutrans – Internationaler Güterkraftverkehr‹ und ›VEB Deutrans – Transcontainer‹. Das ›Kombinat‹ hatte seinen Sitz in Berlin, war unmittelbar dem → Ministerium für Verkehrswesen unterstellt und beschäftigte insgesamt rd. 3000 Mitarbeiter.
›VEB Deutrans‹, der Stammbetrieb des späteren ›Kombinates‹, wurde schon am 1.1.1954 gegründet; er entstand auf der Grundlage des ersten Staatsvertrages zwischen der DDR und der UdSSR aus der ›Deutsch-Russischen Transport AG‹ (DERUTRA AG). Am 1.1.1959 wurde durch Vereinigung von ›VEB Deutrans‹ mit dem ›Deutschen Kontor für Seefrachten‹ der ›VEB Deutrans Internationale Spedition und Befrachtung‹ gebildet. Dieser Betrieb unterhielt inner- und außerhalb der DDR eine große Anzahl von Filialen und Vertretungen und war seit 1969 Mitglied der Internationalen Föderation der Spediteurorganisationen (FIATA). Er trug in erheblichem Umfang zur Erwirtschaftung von Devisen bei und entwickelte sich aufgrund seiner kostengünstig angebotenen Transportleistungen zu einem starken Konkurrenten für westdeutsche Unternehmen des Güterkraftverkehrs.
Der Kombinatsbetrieb ›VEB Deutrans – Internationaler Güterkraftverkehr‹ wurde am 1.7.1979 gegründet und hatte seinen Sitz in

Potsdam. Die Transportaufträge wurden mit eigenen Lastzügen ausgeführt oder mit LKW, die vertraglich gebundene Kraftverkehrskombinate bereitstellten; regionale Zweigstellen des Stammbetriebes erbrachten die speziellen Speditionsleistungen der Abholung und Belieferung. Der Kombinatsbetrieb ›VEB Deutrans – Transcontainer‹ war Nachfolgebetrieb der auf Container-Transporte spezialisierten Firma ›DDR-CONT‹; er wurde am 1. 7. 1979 gebildet, um für den DDR-Außenhandel den grenzüberschreitenden Verkehr von Großcontainern und die beim Austausch in- und ausländischer Container anfallenden Exportaufgaben zu organisieren. Dazu unterhielt er Filialbetriebe in Berlin/DDR, Dresden, Erfurt, Rostock und Halle sowie weitere Betriebsabteilungen in Karl-Marx-Stadt, Zwickau, Leipzig, Magdeburg und Eberswalde; die Zentrale saß in Berlin/DDR; ihr war ein ›Intercontainerbüro‹ in Westberlin unterstellt.

Generaldirektoren: Hermann Schlimme jun. (1954–1960); Erich Both (1960–1963); Hermann Schlimme (1963–1964); Ernst Paasche (1964–1968); Hermann Schlimme (1968–1980); Rainer Schwabe (1981–1984); Horst Lakowski (1984–1990)

VEB Kombinat Mikroelektronik, Erfurt, 1978–1990

In Sachsen und Thüringen sowie im Berliner Raum reichten die Anfänge einer wissenschaftlichen und industriellen Beschäftigung mit Elektronik bis in die Vorkriegszeit zurück; östlich der Elbe fanden in den 20er und 30er Jahren Forschungen zur Halbleitertechnik statt, und Manfred von Ardenne gelang die erste Fernsehübertragung. An diese Traditionen anknüpfend wurde vom Werk für Fernmeldewesen in Berlin/DDR bereits 1950 ein komplettes Fernsehsystem einschließlich Sendeanlagen und Empfangsgeräten vom Typ ›Leningrad‹ entwickelt. Als diese Fernsehgeräte ab 1952 im Radeberger ›Sachsenwerk‹ für den sowjetischen Markt gebaut wurden, begann – wie einige Technikhistoriker meinen – die Großserienfertigung von Bildröhren und Fernsehgeräten in Europa.

Auf dem Gebiet der Halbleitertechnik, deren Entwicklung ebenfalls 1952 in der DDR einsetzte, und der elektronischen Bauelemente fiel der DDR innerhalb des RGW eine Geberrolle zu. Diese Vorrangstellung führte jedoch – wie bekanntlich auf vielen anderen Gebieten auch – zu einer engen Bindung der DDR-Wirtschaft an die Bedürfnisse der Märkte in der Sowjetunion und im RGW-Bereich; daraus folgte ein letztlich fatales Ausklinken der mikroelektronischen Forschung und Fertigung aus der internationalen Arbeitsteilung mit westlich-kapitalistischen Ländern. Chronische Devisenknappheit und die von einer kapitalistischen Interessenallianz verhängten Importbeschränkungen durch

die COCOM-Bestimmungen bewirkten dann, daß die DDR in einem Bereich, in dem sie anfänglich gut gerüstet war, technologisch immer weiter zurückblieb.
Nur wenn die DDR ihre inzwischen gefestigte Wirtschaftsstruktur und damit aber auch ihre Einbindung in den RGW grundsätzlich in Frage gestellt hätte, wäre es ihr vielleicht möglich gewesen, auf einen späten und kapitalintensiven Ausbau der elektronischen Industrie völlig zu verzichten. Da das nicht in Frage kam, entschied sich die SED eher zu spät für ein eigenes Programm zur beschleunigten Entwicklung dieses Industriezweiges; es wurde im Juni 1977 auf dem »Mikroelektronik-Plenum« des → Zentralkomitees verkündet. Offensichtlich glaubte die SED-Führung damals, mit gewaltigen Investitionsaufwendungen und einer Reihe anderer Fördermaßnahmen könne die Elektronikindustrie so auf Trab gebracht werden, daß sie wenigstens imstande wäre, auf den letzten Wagen des davoneilenden Zuges aufzuspringen. Zwischen 1986 und 1990 wurden für die Entwicklung der Mikroelektronik 14,2 Mrd. Mark an Forschungs- und Entwicklungsmitteln sowie 15,6 Mrd. Mark für Investitionen zur Verfügung gestellt.
Verstärkt bemühte sich nun auch das unter der Tarnbezeichnung → ›Kommerzielle Koordinierung‹ operierende Außenhandelsunternehmen darum, High-Tech-Produkte und mikroelektronische Technologien aus westlichen Ländern zu beschaffen; mit speziell dafür gegründeten Handelsfirmen und undurchsichtigen Beziehungen zu Elektronikhändlern im Westen gelang es auch verschiedentlich, die Ausfuhrverbote für Produkte, die in den COCOM-Sperrlisten verzeichnet waren, zu umgehen. Diplomaten und Wirtschaftsfachleute versuchten zur gleichen Zeit und in gleicher Absicht, die Beziehungen zu Japan zu intensivieren.
Um das in der DDR vorhandene Potential zu bündeln, wurden zum 1.1.1978 das ›Kombinat‹ in Erfurt und das ›Kombinat Elektronische Bauelemente Teltow‹ gegründet. Der V. vereinigte schließlich 22 → VEB mit insgesamt 52000 Beschäftigten und war der größte Produzent mikroelektronischer Bauelemente in der DDR. Das Produktionsprogramm umfaßte Halbleiter, integrierte Schaltkreise, Optoelektronik, Mikroprozessoren, Taschenrechner, Uhren und elektronische Spiele. Zum Stammbetrieb des ›Kombinats‹ wurde der VEB Mikroelektronik ›Karl Marx‹ in Erfurt erkoren, das ehemalige Erfurter Funkwerk. Als 1984 am südöstlichen Stadtrand von Erfurt die erste moderne Chipfabrik (ESO I) in Betrieb genommen wurde, verlagerte sich das Zentrum des Betriebes nach dort; 1988 folgte mit ESO II die nächste Chipfabrik; eine dritte wurde erst um die Jahreswende 1989/90 fertiggestellt. Im Stammbetrieb waren 1988 rd. 8500 Arbeitskräfte beschäftigt, die 80 Prozent aller in der DDR

gefertigten unipolaren Schaltkreise, darunter auch die Mikroprozessoren-Schaltkreise, herstellten.
Der bedeutendste Kombinatsbetrieb war der ›VEB Werk für Fernsehelektronik Berlin‹ (WF), mit rd. 9000 Beschäftigten, von denen rd. 1000 im Bereich Forschung und Technologie tätig waren. Dieser Betrieb nahm im RGW eine dominierende Stellung auf dem Gebiet der Optoelektronik ein, zumal dort auch Forschungs- und Entwicklungsarbeit für militärische Zwecke geleistet wurde. Innerhalb der DDR hatte er ein Monopol in der Versorgung der Fernseh- und Rundfunkindustrie mit Zubehörteilen; ein bedeutender Teil seiner Produktion wurde auch in westliche Länder exportiert. Auch der ›VEB Halbleiterwerk Frankfurt (Oder)‹, eine Neugründung auf »grüner Wiese« in der strukturschwachen Oderregion, gehörte zu den wichtigen Betrieben des ›Kombinats‹. Fast jede Frankfurter Familie hatte beruflich etwas mit diesem Werk zu tun; aber von den rd. 8000 Personen, die dort beschäftigt waren, kamen auch etwa 550 aus Polen. In den 70er Jahren – bevor er 1978 in den V. eingegliedert wurde – entwickelte sich der Betrieb zunächst selbst zu einem ›Kombinat‹ mit bedeutenden Standorten in Stahnsdorf und Teltow. 80 Prozent seiner Produktion, vor allem digitale integrierte Schaltkreise, gingen in die Sowjetunion.
Dem ›Kombinat‹ wurde auch die gesamte Thüringer Uhrenindustrie, die Uhrenwerke in Ruhla, Glashütte und Weimar, einverleibt, mit deren Produktion die DDR bis zum Aufkommen der Quarzuhren beträchtliche Devisen erwirtschaften konnte. Der Generaldirektor des ›Kombinats‹, Heinz Wedler, hatte zuvor den ›VEB Uhrenwerke Ruhla‹ geleitet und kannte die Konsequenzen mikroelektronischer Lösungen sehr genau. Ende 1988 wurden im V. 1000 Grundtypen von aktiven elektronischen Bauelementen gefertigt; bei den integrierten Schaltkreisen erreichte die Produktion 130 Mio. Stück pro Jahr. Die Menge entsprach jedoch nur 0,25 Prozent der Weltproduktion und lag damit noch unter der Rentabilitätsgrenze; denn diese galt unter den renommierten Chipherstellern der Branche, die Marktanteile zwischen 8 und 10 Prozent hielten, erst als erreicht, wenn der tatsächliche Absatz mindestens 0,3 Prozent der Gesamtproduktion betrug. In den Planungen der »wirtschaftsleitenden Organe« rangierte jedoch vor den wirtschaftlichen Fertigungsgrößen die Prämisse, mit einem breitgefächerten Sortiment möglichst 75 bis 80 Prozent des Eigenbedarfs der DDR zu decken. Unter dieser Voraussetzung mußte das ›Kombinat‹ unrentabel arbeiten: Einem erzielten Exporterlös von 1 Valutamark stand ein Inlandsaufwand von 7,20 DDR-Mark gegenüber.
1990 wurde das ›Kombinat‹ in die ›PTC-electronic-AG‹ umgewandelt. Die Uhrenwerke wurden aus dem Unternehmensverbund herausgelöst und

zunächst als ›Uhrenwerke Ruhla GmbH‹ weitergeführt, die bis 1992 aber entflochten wurden in zahlreiche, z. T. privatisierte Einzelunternehmen. Auch das Berliner ›Werk für Fernsehelektronik‹ (WF) schied 1990 aus dem Kombinat aus; diesen Betrieb übernahm im September 1992 der südkoreanische ›Samsung‹-Konzern. Mikroelektronische Produktion im engeren Sinne konzentrierte sich inzwischen auf drei Standorte in den neuen Bundesländern: In Dresden besteht nun ein ›Zentrum für Mikroelektronik‹ (ZMD), in Erfurt die ›Thesys Gesellschaft für Mikroelektronik mbH‹ und in Frankfurt (Oder) die ›System Microelectronic Innovation GmbH‹ (smi), deren Privatisierung noch nicht ganz abgeschlossen ist.

Generaldirektor: Heinz Wedler (1978–1989)

VEB Kombinat Schiffbau, Rostock, 1979–1990

An der Ostseeküste entstanden nach dem Zweiten Weltkrieg in Wismar, Warnemünde und Stralsund große Werften, auf denen – wie auch in den schon vor 1945 vor allem für die Rüstung wichtigen Werften in Rostock und Peenemünde – seit 1946 über 5000 See- und Binnenschiffe in mehr als 200 Typenausführungen für Kunden in 45 Ländern gebaut wurden. Lloyds ›Register of Shipping‹ wies für den DDR-Schiffbau, der international einen guten Ruf hatte, bei Fischereifahrzeugen den 1. und bei Stückgutfrachtern den 2. bzw. 3. Platz im Weltschiffbau aus. Mehr als 90 Prozent aller Schiffsneubauten waren für den Export bestimmt; Hauptabnehmer war die Sowjetunion, die bis 1989 insgesamt 3500 Schiffe gekauft hatte. Das ›Kombinat‹, dessen jährliches Produktionsvolumen bei 6 Mrd. Mark lag, war folglich auf die Produktion von Großserien ausgerichtet; ein kundenorientierter Spezialschiffbau war hingegen weitgehend ausgeschlossen, was sich unter den seit 1990 herrschenden neuen Wettbewerbsbedingungen und nach dem Zusammenbruch des sowjetischen Marktes als verhängnisvoll erweisen sollte.

Das ›Kombinat‹ wurde 1979 gegründet und hatte seinen Hauptsitz in Rostock; es vereinigte folgende 23 →VEB: den Kombinatsleitbetrieb Schiffbau Rostock; die 5 Seeschiffswerften der DDR: ›Warnowerft‹ Warnemünde, ›Mathias-Thesen-Werft‹ Wismar, ›Volkswerft‹ Stralsund, ›Neptunwerft‹ Rostock und ›Peenewerft‹ Wolgast; die Elbe-Werften in Boizenburg und Roßlau, die ›Klement-Gottwald-Werft‹ Schwerin, die Schiffswerft Oderberg, die Schiffswerft Rechlin, das Dieselmotorenwerk Rostock, Schiffselektronik Rostock, Isolier- und Klimatechnik Rostock, Kühlautomat Berlin, Dampfkesselbau Dresden-Übigau, Schiffsanlagenbau Barth, Gießerei- und Maschinenbau Torgelow, Maschinenbau Halberstadt, Industrie-Kooperation Schiffbau Rostock, Schiffbauversuchsanstalt Potsdam, Institut für Schiffbautechnik und Umweltschutz Rostock und den Außenhandelsbetrieb ›Schiffscommerz‹. Im industriearmen Mecklenburg war der Schiffbau strukturbestimmend; insgesamt rd. 56000 Personen waren 1987 im ›Kombinat‹ beschäftigt; an der Belegschaftsgröße gemessen belegte es damit unter allen ›Kombinaten‹ der DDR den 6. Platz.

Gegenüber den westdeutschen Werften lag die Produktivität des ›Kombinats‹ um 30 bis 40 Prozent niedriger; allerdings war auch nur etwa ein Drittel der Belegschaft in der Produktion tätig. Von 1981 bis 1985 wurden 20 neue Schiffstypen auf Kiel gelegt; 1986 liefen auf der ›Volkswerft Stralsund‹ der erste Fabriktrawler vom Typ ›atlantik 488‹ sowie auf der ›Warnow-Werft‹ in Warnemünde das Vollcontainerschiff ›Saturn‹ vom Stapel; seit Anfang Oktober 1987 verkehrte zwischen dem mit großem Aufwand bei Saßnitz auf Rügen gebauten Fährhafen Mukran und Klaipeda in der UdSSR eine in der ›Mathias-Thesen-Werft‹ entwickelte neue Eisenbahnfähre (→VEB-Deutfracht/Seereederei, Rostock). Wichtigster Schiffbaubetrieb für die Ausrüstung der ›Volksmarine‹ (→NVA) war die ›Peenewerft‹ in Wolgast.

Am 1. 6. 1990 wurde das ›Kombinat‹ aufgelöst bzw. in die ›Deutsche Maschinen- und Schiffbau AG‹ (DMS) umgewandelt, die mitsamt den 24 in GmbH umgewandelten Werften und Zulieferbetrieben zu dessen Rechtsnachfolger wurde. Bis Mitte 1992 sank die Zahl der Arbeitsplätze bei der DMS auf 17000; auf den Werften, wo zu DDR-Zeiten 34000 Personen beschäftigt waren, schrumpften die Belegschaften bis zum Juli 1992 auf insgesamt nur noch 13500. Damit hatten die ostdeutschen Werften in nur zwei Jahren einen Personalabbau hinnehmen müssen, wie er in vergleichbarer Größe in der westdeutschen Werftindustrie in 15 Jahren – zwischen 1974 und 1989 – stattgefunden hatte.

Generaldirektor: Jürgen Begemann (bis 1990)

VEB Kombinat Spezialtechnik, Dresden

Dieses K. war ein Zusammenschluß von Rüstungsbetrieben in der DDR dem folgende Einzelbetriebe angehörten: Flugzeugwerft Dresden, Instandsetzungswerk Ludwigsfelde, Instandsetzungswerk Pinnow, Gerätebau Mittenwalde, Geräte- und Werkzeugbau Wiesa, Mechanische Werkstätten Königswartha, ›Spreewerk‹ Lübben, Mechanische Werkstätten Radeberg. In den unter diesen Bezeichnungen firmierenden Produktionsstätten wurden militärische Ausrüstungen und Waffen hergestellt; außerdem wurden Flugzeuge, zumeist sowjetische Kampfflugzeuge, repariert und auch für Drittländer generalüberholt (→›Nationale Volksarmee‹). Für den Export der Rüstungsprodukte waren der ›Ingenieur-technische Außenhandel‹ (ITA) und die Waffenhandelsfirma ›Imes‹ des Bereiches → ›Kommerzielle Koordinierung‹ (KoKo) zuständig. Nach 1990 wurde in den Betrieben die Produktion von Kriegswaffen eingestellt, die technischen Voraussetzungen dazu beseitigt und die Produktionsunterlagen ausgelagert.

Generaldirektoren: Generalmajor Siegfried Eschke

VEB Kombinat Umformtechnik ›Herbert Warnke‹, Erfurt, 1970–1990

Das Stammwerk des späteren ›Kombinats‹ wurde im September 1900 als ›Berlin-Erfurter Maschinenfabrik Henry Pels & Co.‹ gegründet, rückte im Pressenbau Deutschlands bald an die erster Stelle und wurde 1922 in eine Aktiengesellschaft umgewandelt. Nach dem Zweiten Weltkrieg arbeitete der Betrieb zunächst als → SAG weiter; 1951 wurde er zum → VEB. Als 1970 der Zusammenschluß der Hauptproduzenten von Umformmaschinen in der DDR zu einem ›Kombinat‹ erfolgte, war der Personalbestand auf 3900 angewachsen.

Vereinigt wurden zunächst 8 Betriebe: ›Umformtechnik Erfurt‹ als Stammbetrieb, der vorrangig für den Fahrzeugbau Pressen und Scheren aller Art herstellte; der ›VEB Blechverarbeitungsmaschinenwerk und Werkzeugbau Aue‹, dessen Vorgänger schon seit 1861 Maschinen herstellte und der sich vor allem auf die Produktion von Anlagen zur Herstellung von Konservendosen spezialisierte; ein Blechverarbeitungsmaschinenwerk (›Blema‹) in Gotha, das erst 1952 die Produktion aufgenommen hatte und vorwiegend Exzenterpressen, Richtmaschinen, Tafelscheren sowie Biegemaschinen herstellte; die Werkzeugmaschinenfabrik Zeulenroda, wo die maschinenbautechnischen Erfahrungen bis 1880 zurückreichten, wo 1920 die ersten hydraulischen Maschinen in Deutschland gebaut und nun vor allem hydraulische Pressen und Schneidautomaten produziert wurden; die Werkzeugmaschinenfabrik in Bad Düben, die Profilwalzmaschinen und Schraubenautomaten herstellte; das Pressenwerk in Bad Salzungen, das seit 1866 gefragte Erzeugnisse der Stanztechnik lieferte und sich dann auf die Produktion von Schneidautomaten und Bandverarbeitungstechnik konzentrierte; der ›Formbau Schwarzenberg‹, ein ebenfalls über 90jährige Erfahrungen verfügender Betrieb, in dem man sich vor allem auf die Produktion von Werkzeugen für die Blechverarbeitung konzentrierte; schließlich noch das ›Forschungszentrum für Umformtechnik Zwickau‹. 1980 wurde das ›Kombinat‹ um 7 Betriebe des Maschinenbaus für die Plasteverarbeitung erweitert: die Plastmaschinenwerke in Schwerin, Freital, Wiehe und Johanngeorgenstadt (1984 wieder ausgegliedert), ›Plasttechnik Greiz‹, ›Werkzeugbau Doberschau‹ sowie ›Modell- und Formbau Dessau‹.

Es kamen dann noch weitere Betriebe hinzu, so daß 1989 zum ›Kombinat‹ 18 VEB mit insgesamt 16000 Beschäftigten gehörten; der Wert der industriellen Warenproduktion belief sich jährlich auf rd. 2 Mrd. Mark. Leistungsfähigster Betrieb war mit ca. 4300 Beschäftigten das Erfurter Stammwerk, dessen Produktion zu 90 Prozent ins Ausland ging, rd. 15 Prozent davon in den West-Export. Neben Maschinen und Anlagen für die Blech- und Massivumformung sowie Maschinen und Systemen für die Kunststoffverarbeitung lieferten einzelne Kombinatsbetriebe auch Projektierungen kompletter Fabriken. Die Erzeugnisse des ›Kombinats‹ genossen in der Welt einen guten Ruf; sie gingen in 50 Länder, auch nach Großbritannien, in die USA und nach Mexiko; zu den westdeutschen Abnehmern zählten Automobilproduzenten wie ›Mercedes-Benz‹, ›Audi‹ und ›Volkswagen‹.

Im Bereich Umformtechnik waren nach der »Wende« die Startbedingungen günstiger als für die Mehrheit der anderen ›Kombinate‹. Im Mai 1990 wurde eine ›Umform- und Kunststofftechnik AG Erfurt‹ als Finanz- und Verwaltungsholding für 14 ehemalige Kombinatsbetriebe gegründet. Bis 1992 erreichte dieses Unternehmen im Produktionsausstoß z. T. beträchtliche Zuwachsraten. Mit neuen Erzeugnissen und besserem Vertrieb konnte das Unternehmen den Westexport-Anteil von 15 auf 40 Prozent steigern, während sich der GUS-Anteil von 80 auf 40 Prozent reduzierte, obgleich Anfragen aus GUS-Unternehmen volle Auftragsbücher für mehrere Jahre garantierten. Als einziger deutscher Anbieter ist das Unternehmen nach wie vor in der Lage, ganze Preßwerke zu projektieren, auszurüsten und schlüsselfertig zu übergeben.

Generaldirektoren: Herbert Kroker (1970–1983); Günter Rippin (1983–1989)

VEB Leuna-Werke ›Walter Ulbricht‹, Leuna, 1952–1990

Am 25. 5. 1916 war der Tag des ersten Spatenstichs für ein gewaltiges Industriezentrum im damaligen Mitteldeutschland. Dort errichtete die BASF, die sich drei Monate später mit Bayer, Hoechst und anderen Chemie-Unternehmen zum ›I.G. Farben‹-Konzern zusammenschloß, eine Fabrik zur Erzeugung von Ausgangsstoffen für die Munitionsherstellung. Das kleine Dörfchen Leuna gab den Namen für das dort entstehende größte Chemiewerk der Welt, in dem am 27. 4. 1917 der erste Ammoniakreaktor in Betrieb genommen wurde. Weil sich die ›I.G.-Farben‹ auf das schrecklichste mit dem Naziregime eingelassen hatte und zum Handlanger der systematischen Judenvernichtung geworden war, verfügte der Alliierte Kontrollrat am 30. 11. 1945 die Beschlagnahme und Kontrolle von deren gesamtem Vermögen. Die ›Leuna-Werke‹, die ursprünglich zur Demontage vorgesehen waren, wurden 1948 in eine →›Sowjetische

Aktiengesellschaft‹ (SAG) umgewandelt. Der damals bei weitem größte Industriebetrieb in der SBZ war für die Industrie- und Sozialpolitik der →SED von zentraler Bedeutung und wurde zum ökonomischen wie politischen Ausgangspunkt für die sozialistische Umgestaltung der Gesellschaft.

Bereits 1952 wurden die ›Leuna-Werke‹ nach Walter Ulbricht, dem selbsternannten »größten« deutschen Führer auf dem Weg zum Sozialismus, benannt. Nachdem in der DDR die Weichen für den Ausbau der metallurgischen Basis gestellt und die Verwirklichung eines →›Kohle- und Energieprogramms‹ in Angriff genommen waren, setzte die »Ulbricht-Garde« auf die Entwicklung der Großchemie, in der sie einen »Beschleuniger des Sozialismus« sah und deren Ausbau sie ideologisch entsprechend begleitete und zu nutzen versuchte. Eine 1958 in Leuna veranstaltete Chemiekonferenz (→›Chemieprogramm‹) stand unter der Losung: »Chemie gibt Brot, Wohlstand und Schönheit«; sie wurde zum Ausgangspunkt für den Aufbau der Erdölchemie in der DDR. In der Folge wurde Leuna-Werk II errichtet, wo Erdöl aus Westsibirien verarbeitet wurde, das über die 5000 km lange Pipeline »Freundschaft« nach Leuna und außerdem noch in den →›VEB Petrolchemisches Kombinat Schwedt‹ und nach Böhlen gelangte.

Das ›Kombinat‹ hatte 1987 rd. 30000 Beschäftigte und bestand aus 3 Betrieben: dem ›Leuna-Werk‹ als Stammbetrieb, dem ›VEB Technische Gase Leipzig‹ und dem ›VEB Vereinigte Klebstoffwerke Pirna‹. Gemeinsam mit dem ›VEB Petrolchemisches Kombinat Schwedt‹ bildete es die technologische Basis der Petrolchemie in der DDR. Das Produktionsprogramm mit einem jährlichen Warenumsatz im Wert von mehr als 10 Mrd. Mark umfaßte die Herstellung von Dieselkraftstoffen, Düngemitteln, Methanol, Formaldehyd, Aminen, Plastwerkstoffen für die Mikroelektronik, Ausgangsprodukten für die Chemiefaserindustrie, Weichmachern und Waschrohstoffen, Leimen und Klebstoffen, Wachsen, Haushaltsreinigungsmitteln, beschichteten Tapeten u. v. a.

1990 wurde das ›Kombinat‹ in die ›Leuna-Werke AG‹ umgebildet und der →›Treuhandanstalt‹ unterstellt; Vorstandsvorsitzender wurde der letzte Generaldirektor des ›Kombinats‹, Jürgen Daßler. Dieser betonte, daß die Produktion »umsatzmüder und alltäglicher Zwischenprodukte« zugunsten hochwertiger Endprodukte eingestellt werden müsse. Daraufhin wurden rd. 50 veraltete, die Umwelt gefährlich belastende Anlagen stillgelegt. Es wurde damit begonnen, den Chemieriesen zu entflechten und unter dem vorläufigen Dach der ›Leuna-Werke AG‹ die Methanolchemie und die Kunststofferzeugung zunehmend auf eigene Füße zu stellen. Dennoch erwirtschaftete das ehemalige ›Kombinat‹ 1991 ein tägliches Minus von rd. 1,5 Mio. Mark; jeder der noch 12800 Beschäftigten produzierte Verluste von etwa 3000 Mark im Monat. Fast die Hälfte dieser Verluste gingen allerdings auf das Konto der Leuna-Raffinerie, in der nur rd. ein Viertel der Gesamtbelegschaft beschäftigt war.

Leuna-Werk I wurde inzwischen im Rahmen der »Arbeitsbeschaffungsmaßnahmen« von den ehemaligen Arbeitern abgerissen und das Gelände saniert. Die Raffinerie wurde jedoch zusammen mit dem Hydrierwek Zeitz und den 930 ›Minol‹-Tankstellen im Januar 1992 an ein Konsortium unter Führung des Thyssen-Konzerns und des französischen Mineralöl-Unternehmens ›Elf Aquitaine‹ verkauft. Das gelang nur, weil die heißbegehrten Tankstellen von der ›Treuhandanstalt‹ im Verbund mit der wirtschaftlich unattraktiven Raffinerie angeboten wurden. Nach dem Willen des Konsortiums sollte nun mit einem Investitionsaufwand von rd. 3,3 Mrd. DM am alten Standort die leistungsfähigste Raffinerie Europas entstehen, doch erwies sich dieses Verhandlungsergebnis der ›Treuhandanstalt‹ noch keineswegs als endgültig und unveränderbar.

Generaldirektoren: Erich Müller (1968–1988); Jürgen Daßler (1988–1990)

VEB Petrolchemisches Kombinat (PCK), Schwedt, 1970–1990

»Chemie gibt Brot, Wohlstand und Schönheit«, war die Losung, unter der 1958 in Leuna eine Chemiekonferenz stattfand, auf der ein →›Chemieprogramm‹ für den Aufbau der Erdölchemie in der DDR verabschiedet wurde. Als eine Folge davon wurde an der Oder bei Schwedt ein petrolchemisches ›Kombinat‹ errichtet, das seit 1963 aus der von Westsibirien über Polen bis zur Oder geführten Erdölleitung »Freundschaft« mit Rohstoff versorgt wurde. Ab Mitte der 60er Jahre konnte dadurch ein bedeutsamer Strukturwandel im Rohstoffeinsatz der chemischen Industrie einsetzen, denn bis 1964 basierte selbst die Kraftstoff- und Schmiermittelproduktion in der DDR noch zu 90 Prozent auf Kohle.

Das 1970 gebildete ›Kombinat‹ hatte 1987 insgesamt knapp 30000 Beschäftigte; ihm gehörten 5 Betriebe an, deren gemeinsames Produktionsprogramm ausgerichtet war auf die Herstellung von Raffinerieerzeugnissen, Stickstoffdüngemitteln, Schmierölen und -fetten, Paraffinen und Wachsen, Bitumen- und Teerprodukten, Gerbstoffen, Lösungsmitteln, Elektrodenkoks sowie von 65 Erzeugnissen für das Konsumgüterangebot, darunter als bekanntestes Produkt Möbel aus Kunststoffen. Diese Erzeugnisse aus Schwedt bildeten im Bereich der Petrolchemie die notwendige Ergänzung zu dem Produkten des → VEB Leuna-Werke ›Walter Ulbricht‹.

Im Stammbetrieb dieses ›Kombinats‹ wurden viele Rationalisierungsinitiativen ausgelöst, die dann auf andere ›Kombinate‹ übertragen

wurden. So stellte z. B. die Wirtschaftspropaganda heraus, daß in diesem Betrieb seit 1978 »über 64 Prozent der Belegschaft in ehrenamtlichen WAO- und Rationalisierungskollektiven« tätig gewesen sei. Die »Schwedter Initiative«, die mit ihrem Motto »Weniger produzieren mehr!« in den 80er Jahren eine der meistbenutzten ökonomischen Propagandaformeln lieferte, war 1978 im Stammwerk entstanden. Mit dieser Initiative sollten Arbeitskräfte freigesetzt und für den Einsatz auf modernen Arbeitsplätzen gewonnen werden. Das sollte vor allem durch die Rationalisierung des jeweiligen Produktionsprozesses und durch anschließende Umschulung der darin nicht mehr benötigten Arbeitskräfte geschehen. Daß im Schwedter ›Kombinat‹ zwischen 1978 und 1985 auf diese Weise 7618 Mitarbeiter für neue Aufgaben freigestellt werden konnten, lieferte den Richtwert für eine auch auf andere ›Kombinate‹ angewandte »Leistungskennziffer«.
Nachteilig für die wirtschaftliche Erfolgsbilanz wirkten sich jedoch strukturelle Besonderheiten im Bereich der petrolchemischen Produktion sowie Versäumnisse und ein selbstherrlicher Subjektivismus der SED-Führung aus (→›Zentralkomitee der SED‹). Im Bereich der Mineralölverarbeitung waren Produktion und Vertrieb getrennten Staatsunternehmen zugeordnet. Da der ›VEB Kombinat Minol‹ für die Treibstoff und Heizmittelversorgung und -verteilung zuständig war, wurden die Herstellbetriebe nur selten mit den Wünschen und Problemen der Endabnehmer ihrer Erzeugnisse konfrontiert. Gänzlich fehlender oder unzureichender Zugang des Erzeugers zum Kunden war allgemein eine strukturelle Schwachstelle aller ›Kombinate‹ in der DDR, aus der sich – wie im Zuge der Privatisierung schnell erkennbar wurde – erhebliche Wettbewerbsnachteile ergaben. Daraus resultierten letztlich auch Mängel in der Infrastruktur: Obwohl Zugang zu schiffbaren Binnenwasserstraßen bestand, gab es in Schwedt keine Hafenanlagen, und das Straßennetz war für eine Versorgung des Umlandes durch Tanklastzüge völlig unterentwickelt.
Ein drastisches Beispiel für subjektivistische Fehlentscheidungen lieferte die Geschichte der in Schwedt versuchten Erzeugung von synthetischem Eiweiß aus Dieselkraftstoff zur Tierfutterbeimengung. Dafür wurden im ›Kombinat‹ insgesamt 1,7 Mrd. Mark aufgewendet, doch als das Projekt endlich zur Produktionsreife geführt worden war, stellte sich heraus, daß eine Tonne des Produkts in der Herstellung rd. 1000 Mark kostete, während natürliches Eiweiß auf dem Weltmarkt inzwischen für 180 Mark pro Tonne zu haben war. Das in Schwedt erzeugte Produkt enthielt zudem noch Beimengungen von Kohlenwasserstoffen, so daß es kaum verfüttert werden konnte. Solche Fehlentwicklungen, über die häufig aus Presti-

gegründen und unter Mißachtung ökonomisch begründeter Zweifel entschieden wurde, waren Ausdruck eines in der DDR häufig anzutreffenden Wirtschaftssubjektivismus, der wesentlich zum Ruin des Landes beitrug. »Wenn eine führende Persönlichkeit, Ulbricht oder Honecker, für so ein Projekt gewonnen wurde, konnte man reden, was man wollte, es half nicht«, erinnerte sich G. Schürer, der als Chef der → ›Staatlichen Plankommission‹ während nahezu eines Vierteljahrhunderts einschlägige Erfahrungen sammeln konnte.
Das ›Kombinat‹ wurde 1990 zur ›Petrolchemie und Kraftstoffe AG Schwedt‹ (PCK) umgewandelt, und zum 1.7.1991 übernahm ein Konsortium von 5 Ölfirmen die größte ostdeutsche Raffinerie. Die deutschen Unternehmen VEBA und DEA halten als Hauptgesellschafter je 37,5 Prozent an der PCK, 25 Prozent übernahm das italienisch-französische Konsortium aus den Firmen ›Total‹, ›Elf‹ und ›Agip‹. Nach einer umfassenden Umstrukturierung wurden die Rohölverarbeitung und die Produktion petrolchemischer Erzeugnisse fortgesetzt; dazu sind die Anlagen modernisiert bzw. weitgehend umweltgerecht rekonstruiert worden. Die Anzahl der Beschäftigten des Unternehmens betrug Anfang 1991 noch 8648; bis 1993 sank sie auf rd. 2600. Zu diesem Zeitpunkt war die PCK Schwedt an der Rohölverarbeitung in der Bundesrepublik mit etwa 10 Prozent beteiligt; sie gehörte damit zu den 3 größten Produktionsstätten der deutschen Mineralölindustrie.

Generaldirektor: Werner Frohn (1970–1990)

VEB Schwermaschinenbaukombinat ›Ernst Thälmann‹ (SKET), Magdeburg, 1969–1990

Im September 1968 verfügte der Minister für Schwermaschinen- und Anlagenbau, Gerhard Zimmermann, dieses Schwermaschinenbaukombinat sei ab 1.1.1969 zu bilden. Bereits am 19.9.1968 wurde Ernst Hoberg, seit 1960 Werkdirektor des ›Thälmann-Werkes‹ in Magdeburg, zum ersten Generaldirektor des künftigen ›Kombinats‹ berufen; der bisher von ihm geleitete Betrieb wurde damit Stammbetrieb des K.; mit diesem vereinigt wurden der VEB Schwermaschinenbau ›Heinrich Rau‹ Wildau, der VEB Spezialmontagen Weimar, der Ingenieurbetrieb für Anlagen Berlin; die Kamenzer Maschinenfabrik Gebr. Heidsick KG wurde vorerst dem Kombinat zugeordnet. Bis 1970 wurden weitere Betriebe eingegliedert, so der VEB Zementanlagenbau Dessau, der VEB Drahtziehmaschinenwerk Grüna sowie weitere Maschinenbau- und Zulieferbetriebe in Neustadt/Orla, Teutschenthal, Genthin, Karl-Marx-Stadt, Salzwedel und Stendal.
Die Traditionen des Schwermaschinenbaus reichten in Magdeburg bis in

die Mitte des 19. Jahrhunderts zurück. Das ehemalige ›Ernst-Thälmann-Werk‹ ging auf die von Herman Gruson gegründeten Mechanischen Werkstätten und Maschinenbaubetriebe in Magdeburg-Buckau zurück. Diese wurden 1893 in den Krupp-Konzern eingegliedert und erwarben sich in der Welt als ›Krupp-Gruson Magdeburg‹ einen Namen. Am 1. 11. 1946 wurden die Magdeburger Krupp-Werke unter der Bezeichnung ›Maschinenfabrik Krupp-Gruson der Sowjetischen Maschinenbau AG‹ Eigentum der UdSSR (→ SAG) und produzierten zunächst Ausrüstungen für sowjetische Zementfabriken und Erzaufbereitungsanlagen. Am 30. 4. 1951 wurde dem Werk der Name ›Ernst Thälmann‹ verliehen, doch der Betrieb ging erst zum 1. 1. 1954 in das Eigentum der DDR über; zu diesem Zeitpunkt hatte das Werk 12500 Beschäftigte.
1989 gehörten zum SKET 18 Betriebe mit einer Belegschaft von rd. 30000 Mitarbeitern. Damals erreichte das ›Kombinat‹ einen jährlichen Umsatz von 3,7 Mrd. Mark; die Produktion war vorwiegend auf den osteuropäischen, arabischen und afrikanischen Markt sowie auf einzelne Länder wie Kuba, Vietnam, Türkei u. a. ausgerichtet. Für den Inlandsbedarf wurden Ausrüstungen für das ›Kabelwerk Nord‹ in Schwerin, für das Edelstahlwerk Freital und für weitere Stahlwerke produziert; im Bereich der Versorgung mit Konsumgütern hatte man dem SKET auch die Produktion von Gasherden übertragen, von denen im Februar 1979 bereits 1 Mio. ausgeliefert waren. Das K. hatte außerdem die Konstruktion und Fertigung des gesamten Bedarfs der UdSSR an Mittel-, Feinstahl- und Drahtwalzwerken sowie an Kalt- und Warmbandwalzwerken bis 1000 mm Banddicke übernommen. Es lieferte während der gesamten Zeit seines Bestehens in über 40 Länder rd. 350 Kalt- und Profilwalzwerke sowie 300 Ausrüstungen für Zementwerke, etwa 1200 metallurgische und Schwerlastkrane, rd. 10000 Kabel- und Verseilmaschinen, über 3000 Hochleistungspressen für die Speiseöl- und Proteingewinnung und andere Erzeugnisse.
Am 13. 6. 1990 wurde als Rechtsnachfolger des bisherigen K. die ›SKET Maschinen- und Anlagenbau AG‹ gebildet; zugleich erhielten 8 ehemalige Kombinatsbetriebe den Status einer GmbH. Zur Aktiengesellschaft gehörten u.a. ›SKET Schwermaschinenbau Magdeburg‹ und ›Zementanlagen- und Maschinenbau Dessau‹; der bedeutendste Betrieb, der nicht Mitglied der neuen SKET-Gruppe wurde, war die ›Schwermaschinenbau AG Wildau‹, die sich seit 1992 unter dem Dach der ›Urban Management KG‹ befindet.

Generaldirektoren: Ernst Hoberg (1968–1978); Eckhard Netzmann (1978–1979); Martin Heße (1979–1990)

Publikationen: Betriebszeitung ›Aktivist‹, ersch. vom 15. 5. 1949 bis 1990

VEB Kombinat Sekundärrohstofferfassung, Berlin (SERO)
Bis Anfang der 70er Jahre bestanden auf Bezirksebene ›VEB Altstoffhandel‹; aus diesen Betrieben wurde dann das V. gebildet und dem →Ministerium für Materialwirtschaft unterstellt. Wegen der internationalen Rohstoffverknappung und der zunehmenden Devisennot sah sich die DDR genötigt, die Wiederverwertbarkeit von Abfällen zu erforschen und möglichst alle Sekundärrohstoffressourcen im Lande zu erschließen. Bei der zu diesem Zweck vorgenommenen Kombinatsbildung spielten neben Erwägungen der wirtschaftlichen Vernunft aber auch Überlegungen zur Verminderung der zunehmenden Umweltverschmutzung eine Rolle. Ein beim Ministerium für Materialwirtschaft eingerichtetes ›Institut für Sekundärrohstoffwirtschaft‹ leitete und koordinierte die entsprechende, nunmehr intensivierte Forschung.
Mit der umfassenden Rohstofferfassung und der Entwicklung spezieller Verwertungstechnologien konnten die Rohstoffbasis der DDR beträchtlich erweitert und der spezifische Energieverbrauch gesenkt werden. Der Verwertungsgrad der anfallenden Altstoffe wurde kontinuierlich erhöht und lag 1980 bereits bei rd. 30 Prozent. Das ›Kombinat‹ richtete ein flächendeckendes Netz von Sammelstellen ein; in diesen ›SERO-Annahmestellen‹ wurde sortierter Haushaltsmüll, vor allem Altpapier, Flaschen und Gläser, Alttextilien, Plastabfälle u. a., abgenommen. Für die Rückführung von Metallschrott in den Wirtschaftskreislauf war der dem →Ministerium für Erzbergbau, Metallurgie und Kali unterstellte ›VEB Kombinat Metallaufbereitung Halle‹ zuständig (GD: Wolfgang Klitzsch).
Aufgrund der vom →Ministerrat am 11. 12. 1980 erlassenen »Verordnung zur umfassenden Nutzung von Sekundärstoffen« hatten die Räte der Städte und Gemeinden in den Territorien das Erfassen der Altstoffe zu sichern und für deren maximale Sammlung aus den Haushalten zu sorgen. Bei den →Räten der Bezirke und Kreise wurden daraufhin ›Kommissionen für sekundäre Rohstoffreserven‹ gebildet und ›Staatliche Beauftragte für die Sekundärrohstoffwirtschaft‹ eingesetzt; außerdem wurden öffentliche Schrottsammelplätze angelegt und betreut.
Das Sammeln von Sekundärrohstoffen war wesentlicher Zweck einer von der →›Nationalen Front‹ gelenkten Bürgerinitiative, die nach der propagierten Losung »Schöner unsere Städte und Gemeinden – Mach mit!« auch als ›Mach-mit!-Bewegung‹ bezeichnet wurde. Die Wohnbezirksausschüsse der NF organisierten Sondersammlungen, die durch schriftliche Benachrichtigung der Haushalte, Sichtwerbung usw. angezeigt wurden. Gute Sammelergebnisse von →›Hausgemeinschaften‹ oder Einzelpersonen wurden öffentlich gewürdigt und materiell anerkannt.

In erheblichem Umfang beteiligten sich an Altstoff- und Schrottsammlungen die →FDJ im Rahmen ihrer »Aktion Materialökonomie« sowie die →Pionierorganisation ›Ernst Thälmann‹; allein die FDJ führte der Industrie zwischen 1986 und 1988 rd. 1,5 Mio. Tonnen Schrott sowie 0,4 Mio. Tonnen Altpapier zu. Durch diese und ähnliche Anstrengungen betrug 1988 der Anteil der eingesetzten Sekundärrohstoffe am Gesamtrohstoffaufkommen immerhin 12 Prozent; der Schrotteinsatz betrug 66 Prozent für die Rohstahlerzeugung und 100 Prozent für die Produktion von Blei; der Altpapiereinsatz für die Herstellung von Papier und Pappe lag bei 49 Prozent.

Nach der politischen »Wende« zerfiel das dichte Netz der ›SERO-Annahmestellen‹ sehr rasch. Die kommunalen Organe gestatteten vor allem aus fiskalischen Gründen, daß sich in den relativ modernen Zweckbauten, die dafür zumindest in den Neubaugebieten errichtet worden waren, nun Erotic-Shops, Videotheken, Tierarztpraxen und sogar Bankfilialen einrichteten. Das vormalige ›Kombinat‹ wurde in eine ›SERO Entsorgungs AG‹ umgewandelt, die unter der Leitung von Th. Wagner weiterhin das Sammeln und Wiederverwerten von Abfällen betrieb. Vorerst nur im Land Brandenburg blieben 120 Sammelstellen und 4 Betriebs- und Recyclinghöfe in Cottbus, Frankfurt (Oder), Potsdam und Waren erhalten. Investitionen von rd. 60 Mio. DM wirkten sich so aus, daß das Unternehmen mit 1100 Beschäftigten schon 1993 schwarze Zahlen schreiben konnte.

Generaldirektor: Harry Strobel

Komitee der Antifaschistischen Widerstandskämpfer in der DDR, 1953–1990

Gesellschaftliche Organisation zur politischen Repräsentation von antifaschistischen Widerstandskämpfern und Verfolgten des NS-Regimes

Geschichte und Organisation: Vorläufer des K. war die am 22./23.2.1947 gegründete →›Vereinigung der Verfolgten des Naziregimes‹ (VVN), die am 21.2.1953 wieder aufgelöst wurde. Von dieser Auflösung waren Tausende von ehemaligen antifaschistischen Widerstandskämpfern, Verfolgten des Naziregimes und Hinterbliebenen von ermordeten Antifaschisten betroffen, die sich in einer Organisation zusammengeschlossen hatten, die ursprünglich fast alle Gruppen von NS-Verfolgten – Juden, Christen, Kommunisten, Sozialdemokraten, Liberale und Konservative – vereinte. Deren Mitgliedschaft in der VVN basierte auf freiem Entschluß und stattete sie mit Rechten und Pflichten aus, die vom herkömmlichen Vereinsrecht abgeleitet waren.

Von 1953 bis Januar 1990 bestand dann das K., statt einer freiwilligen Vereinigung ein vom →›ZK der SED installiertes zentrales Komitee. Dieses faßte – wiederum aufgrund eines Parteibeschlusses – im Februar 1974 einen »Beschluß zur Erweiterung des Tätigkeitsbereiches und Veränderung der Struktur des K. der DDR«. Nun konstituierte sich das bisherige Komitee als Zentralleitung, von der ein Präsidium gewählt wurde, das dann aus seinen Reihen den Vorsitzenden und dessen Stellvertreter bestimmte; außerdem bestand ein Sekretariat, über dessen Zusammensetzung das Präsidium entschied. Um zu gewährleisten, daß das K. im Sinne der →SED tätig wurde, war jeweils ein Mitglied des →Politbüros zugleich Mitglied des Präsidiums der Zentralleitung, wodurch sich in der Praxis eine Unterstellung des K. ergab. Die Finanzierung der K. erfolgte – im Unterschied zur VVN – ebenfalls nicht mehr aus Mitgliedsbeiträgen, sondern ausschließlich durch Zuweisungen aus dem Staatshaushalt, deren Höhe vom ZK der SED festgesetzt wurde.
Die beschlossene Erweiterung und Strukturveränderung bestand darin, daß dem zur Zentralleitung mutierten K. nun Bezirks- und Kreiskomitees zugeordnet wurden. Die Mitglieder dieser Gremien wurden de facto von den Bezirks- und Kreisleitungen der SED berufen, was zur Folge hatte, daß die große Mehrzahl der ehemaligen VVN-Mitglieder von den Entscheidungen über antifaschistische Belange dauerhaft ausgeschlossen blieb. Die Geschäftsstellen der Kreis- und Bezirkskomitees befanden sich meist in jenen Gebäudekomplexen, in denen die jeweilige Bezirks- oder Kreisleitung der SED residierte, da diesen die technisch-organisatorische Betreuung der Komitees übertragen war.
Ungeachtet seiner beschränkten Legitimation verstand sich das K. weiterhin als Vereinigung aller Widerstandskämpfer und NS-Verfolgten; nach eigenem Selbstverständnis bezeichnete es sich als die »politische Vereinigung von aktiven Teilnehmern am illegalen Kampf gegen den Hitlerfaschismus, von der SS und Gestapo verfolgter, in den Zuchthäusern und Konzentrationslagern eingekerkerter oder in die Emigration getriebener Frauen und Männer, von Kämpfern in den Armeen der Antihitlerkoalition, Angehörigen von Partisanengruppen, Teilnehmern am Kampf zur Verteidigung der Demokratie in Spanien, von religiös und rassisch Verfolgten und Hinterbliebenen ermordeter antifaschistischer Widerstandskämpfer«. Allerdings hatte der Vorstand schon im März 1958 erklärt: »Den Ehrentitel ›Widerstandskämpfer‹ verdient nur, wer auch heute die Führung der Partei der Arbeiterklasse anerkennt, die Einheit der Partei schützt und leidenschaftlich verteidigt und alles tut für den Aufbau des Sozialismus.«
Dem K. gehörten in den achtziger Jahren insgesamt etwa 2500 Personen

an, die in Bezirks- und Kreiskomitees tätig waren. Daneben bestanden noch besondere Sektionen und Arbeitsgemeinschaften, etwa die Lagerarbeitsgemeinschaften ehemaliger Häftlinge der Konzentrationslager, die Arbeitsgemeinschaft der ehemaligen Häftlinge des Zuchthauses Brandenburg-Görden, die Sektion der ehemaligen Spanienkämpfer sowie eine Agitations- und Geschichtskommission und eine Arbeitsgemeinschaft für internationale Arbeit. Das K. war Mitglied der Internationalen Föderation der Widerstandskämpfer (FIR), die im September 1982 erstmals ihren Kongreß in Berlin/DDR abhielt.

Funktionen und Wirkungen: Die VVN wurde in der Bundesrepublik als »radikale Organisation« eingestuft; ihre Mitglieder wurden seit September 1950 von Tätigkeiten im öffentlichen Dienst ausgeschlossen; das in Frankfurt a. M. eingerichtete gesamtdeutsche Büro des ›Rates der VVN‹ wurde am 2. 8. 1951 unter Einsatz von Polizei geschlossen. Ein verbissener Antikommunismus des Westens, der nun auch vor Repressionen gegenüber Antifaschisten nicht zurückschreckte, bot der DDR-Propaganda gern genutzten Anlaß, die Bundesrepublik als eine Ausgeburt des NS-Regimes anzuprangern. Doch in der Tatsache, daß in Westdeutschland die VVN in ihrer politischen Betätigung behindert wurde, konnte für die Staats- und Parteiführung der DDR schwerlich ein Grund liegen, diese in ihrem Machtbereich sehr mitgliederstarke Vereinigung nun ihrerseits aufzulösen.
Mit größerer Wahrscheinlichkeit ergab sich ein solcher aus der Besorgnis, die in der VVN vereinigten Opfer des Faschismus könnten vielleicht einmal mehr Mitbestimmung für sich beanspruchen. Da sie aufgrund ihrer Leiden und ihres Mutes zum Widerstand besonders legitimiert waren, den nach der Kapitulation proklamierten Neubeginn kritisch zu begleiten, war ihre Vereinigung potentiell einflußreich und möglicherweise nicht immer leicht zu kontrollieren. Es könnte immerhin aber möglich sein, daß die befürchtete »Unzuverlässigkeit« der VVN eine Rolle spielte in den Auseinandersetzungen um die Parteiführung, die Ulbricht nach dem 17. Juni 1953 mit Glück zu seinen Gunsten entscheiden konnte.
Nachdem die SED im Sommer 1952 beschlossen hatte, in der DDR den Sozialismus »planmäßig aufzubauen«, zog sie es jedenfalls vor, an die Stelle der VVN das K. treten zu lassen; hinter dem stand keine Organisation, deren Mitglieder auf Delegiertenkonferenzen Rechenschaft hätten einfordern und Funktionärswahlen beeinflussen können. Begründet wurde die wohlbedachte Umstrukturierung mit dem Argument, die Entwicklung zur sozialistischen Gesellschaft sei inzwischen so weit fortgeschritten, daß die Pflege des Erbes der antifaschistischen Widerstandskämpfer nun zur »Sa-

che des ganzen Volkes« geworden sei. So zumindest stand es in dem Beschluß, mit dem der Vorstand der VVN seine Selbstaufhebung verfügte. Das im Februar 1953 gebildete Komitee bestand anfangs aus 32 Personen, die alle – wie etwa Walter Bartel, Fritz Beyling, Ludwig Einike, Ottomar Geschke, Hans Seigewasser, Heinrich Toeplitz u. a. – im antifaschistischen Widerstandskampf gestanden hatten und dann zumeist auch im Vorstand der VVN tätig gewesen waren. Bis auf wenige Ausnahmen waren alle diese Persönlichkeiten aber auch Mitglieder der SED sowie Partei- und Staatsfunktionäre. Später wurden dann auch Vertreter gesellschaftlicher Organisationen in das K. berufen, die weder Widerstandskämpfer noch NS-Verfolgte gewesen waren.
Mit der Bildung des K. ging eine immer stärker werdende politische Einengung dessen einher, was man in der DDR unter »Antifaschismus« verstehen wollte. Daraus resultierte eine einseitige Hervorhebung des kommunistischen Widerstands und zugleich eine Abgrenzung von anderen Opfern und Gegnern des NS-Terrors, so den rassisch Verfolgten, den ›Zeugen Jehovas‹ und ›Bibelforschern‹, den Homosexuellen, den Wehrdienstverweigerern und Wehrmachtsdeserteuren. Für Angehörige dieser Gruppen gab es in der DDR keine organisierte Interessenvertretung. Zudem räumte man in den Zeiten des Kalten Krieges auch der Erinnerung und Erforschung bürgerlich-liberaler Widerstandshaltungen keinen Platz ein, und schon gar nicht jenen preußisch-konservativen, die zu dem Attentat vom 20. Juli 1944 geführt hatten. Der christliche und auch der sozialdemokratische Widerstand blieben bis auf die wenigen Ausnahmen, wo es zu einer Zusammenarbeit mit Kommunisten gekommen war, ausgeblendet.
Solche Beschränktheiten verdankten sich jedoch nicht allein der Atmosphäre des Kalten Krieges; sie waren vielmehr Folge eines überheblichen Machtkalküls, das einen zur Staatsdoktrin erhobenen »Antifaschismus« für eigene Zwecke instrumentalisierte. So verengte sich in der Zeit, als Walter Ulbricht seinen Machtanspruch durchsetzen konnte, der Widerstandskampf deutscher Kommunisten vornehmlich auf Beschlüsse und Handlungen der in die UdSSR emigrierten KPD-Führung. Die Würdigung derer, die in Deutschland geblieben waren, die in Widerstandsgruppen ihr Leben riskiert und in Zuchthäusern und Konzentrationslagern gelitten hatten, reduzierte sich auf die rituelle Erwähnung der Namen von wenigen Märtyrern. Fast unerwähnt blieben die Westemigranten, und auch die ehemaligen Angehörigen der ›Interbrigaden‹, die auf seiten der spanischen Republik gegen das von Deutschland und Italien gestützte Franco-Regime gekämpft hatten, mußten sich manche Zurücksetzung gefallen lassen.

Damals spielte in der Vermittlung des antifaschistischen Widerstandskampfes auch das Wirken des 1943 in Moskau gebildeten ›Nationalkomitees Freies Deutschland‹ (NKFD) eine große Rolle: Der antifaschistische Einsatz deutscher Soldaten und Offiziere, die sich in sowjetischer Kriegsgefangenschaft zur Zusammenarbeit mit dem NKFD entschlossen und sich als »Frontbeauftragte« des NKFD wieder an die Front und hinter die deutschen Linien schicken ließen, wurde vielfach hervorgehoben. Bei der Gründung des K. waren ehemalige Soldaten und Offiziere des NKFD noch nicht berücksichtigt worden, doch schon nach wenigen Jahren konnten sie größerer Aufmerksamkeit sicher sein. Die 1956 erstmals vergebene Medaille ›Kämpfer gegen den Faschismus‹ erhielten neben namhaften Widerstandskämpfern bald auch ehemalige Offiziere der Wehrmacht, die – geläutert durch das NKFD – am Aufbau der bewaffneten Organe der DDR beteiligt waren.
Die historische Darstellung des antifaschistischen Widerstandskampfes wurde in der unter Leitung Walter Ulbrichts entstandenen und 1966 veröffentlichten achtbändigen ›Geschichte der deutschen Arbeiterbewegung‹ festgeschrieben. Das in Schulen und Universitäten wie auch bei Partei- und Gewerkschaftsschulungen zur Pflichtliteratur erhobene Mammutwerk behandelte im 5. Band den Widerstandskampf zwischen 1933 und 1945: Die Darstellung beschränkte sich dabei im wesentlichen auf die Tätigkeit der KPD-Führung, die, von Walter Ulbricht geleitet, erst in der Illegalität, dann von Prag, später von Paris und schließlich von Moskau aus den Widerstandskampf lenkte. Den in Deutschland wirkenden Widerstandsgruppen wurde eine wie auch immer geartete Eigenständigkeit des Handelns abgesprochen; Probleme, die diese Gruppen etwa mit den Moskauer Prozessen oder dem deutsch-sowjetischen Nichtangriffspakt hatten, kamen nicht zur Sprache.
Dieses Antifaschismus-Bild wurde – mit geringfügigen Modifizierungen – bis zum Beginn der 70er Jahre auch durch das Wirken des Komitees vermittelt. Dessen Aufgabe war es in jenen Jahren, den zur Staatsdoktrin erhobenen Antifaschismus vor allem gegenüber den ausländischen und internationalen Widerstandsorganisationen zu repräsentieren. Außerdem war die ZL des K. in Zusammenarbeit mit dem ZK der SED verantwortlich für die alljährlich Anfang September stattfindende Gedenkveranstaltung für die Opfer von Faschismus und Militarismus sowie für die Organisation von Manifestationen in den →›Nationalen Mahn- und Gedenkstätten‹ der DDR. Auch die Tätigkeit ehemaliger Insassen der Konzentrationlager und Zuchthäuser in Lagerarbeitsgemeinschaften gestaltete sich widersprüchlich. Zeitweilig war deren Arbeit faktisch eingeschränkt auf die Funktion, den Kontakt zu ausländischen Kame-

raden zu pflegen, um so den Kampf um die diplomatische Anerkennung der DDR zu unterstützen.
Nachdem Walter Ulbricht im Juni 1971 von Erich Honecker abgelöst worden war, änderte sich einiges am offiziellen Antifaschismus-Bild wie an den Erinnerungspraktiken und Gedenkritualen. Nun war jemand Erster Sekretär der SED, der für seine Widerstandshandlungen 10 Jahre seines Lebens im Zuchthaus Brandenburg-Görden eingesperrt gewesen war. Unter der Regie des höchsten Widerstandskämpfers wurde das K. aufgewertet; es erhielt neue Aufgaben, der Gesellschaft ein revidiertes Bild vom Antifaschismus zu vermitteln. Mit der →FDJ und anderen gesellschaftlichen Organisationen wurden nun Vereinbarungen abgeschlossen, die vorsahen, daß die Mitglieder und Mitarbeiter des K. unter der Jugend antifaschistische Erziehungs- und Bildungsarbeit leisten sollten. Als Otto Funke 1971 zum Leitenden Sekretär und später zum Vorsitzenden der ZL des K. ernannt wurde, wurde die neue Konzeption auch personalpolitisch bestätigt.
Wenn auch an dem Dogma, allein die Politik der SED bewahre das Vermächtnis der antifaschistischen Widerstandskämpfer, prinzipiell nicht gerüttelt werden durfte, so wurde doch in den folgenden Jahren einiges unternommen, um dem tatsächlichen Widerstandskampf in seiner Breite und Vielfalt gerechter zu werden. In den 1974 eingerichteten Bezirks- und Kreiskomitees waren neben vielen ehemaligen Widerstandskämpfern, die meist ehrenamtlich mitarbeiteten, auch Pädagogen und Wissenschaftler beschäftigt, die sich – über eine ritualisierte Tradierung des Erbes hinausgehend – um eine für nachwachsende Generationen erlebbare Vertiefung des Themas bemühten. So wurden z. B. Lehrer und Schüler angeregt, in Zusammenarbeit mit den regionalen Geschichtskommissionen der SED-Bezirks- und Kreisleitungen lokale Ereignisse des Widerstandskampfes zu erforschen.
Weiterhin fehlte jedoch die Auseinandersetzung mit jahrzehntelang verschwiegenen Themen: Nachfragen nach Ursachen und Gründen für bestimmte Ereignisse in der UdSSR der dreißiger, vierziger und fünfziger Jahre blieben ergebnislos und wurden nie offiziell behandelt. Erst im Zusammenhang mit dem außenpolitischen Werben für eine »Koalition der Vernunft« entwickelten sich Ende der 70er und Anfang der 80er Jahre Ansätze zu einer Politik des Dialogs; unter diesen Umständen konnte dann das Bemühen von Wissenschaftlern, Schriftstellern, Publizisten, Filmemachern und Dokumentaristen bewirken, daß Arbeiten, die in breiterer und vertiefter Darstellung den Widerstandskampf auch bisher vernachlässigter bzw. nicht beachteter Kreise schilderten, endlich eine Chance zur Veröffentlichung bekamen.

Als in der Endphase der DDR – ausgelöst durch die Politik von »Glasnost« und »Perestroika« – das zentrale Dogma von der führenden Rolle der Kommunisten in Vergangenheit, Gegenwart und Zukunft in die Diskussion geriet, mühte sich die Partei- und Staatsführung noch einmal, ihre doktrinären Positionen in der Substanz zu behaupten. Zwar räumte man nun ein, daß an dem zeitweiligen Zusammengehen Stalins und Hitlers einiges fragwürdig gewesen sei, bestritt aber zugleich, daß durch den Stalinismus und dessen Kontakte zum Hitlerfaschismus der Kommunismus ernsthaft beschädigt worden sei. Belege für diese nach wie vor uneinsichtige Geschichtsauslegung boten z. B. die im Sommer 1988 veröffentlichten Thesen des ZK der SED zum 70. Jahrestag von Novemberrevolution und Gründung der KPD, das Verbot der sowjetischen Zeitschrift ›Sputnik‹ oder ein ND-Artikel vom 7.5.1989 aus der Feder von Hanna Wolf, der ehemaligen Rektorin der Parteihochschule.

Auflösung/Ende: Nachdem Otto Funke am 19.12.1989 zurückgetreten war, amtierte bis Januar 1990 Kurt Höfer, ein Mitglied des Präsidiums der ZL. Am 25.1.1990 kam es während einer Tagung der ZL des K. zu einer kritischen Bestandsaufnahme, die sich vornehmlich mit den seit Jahren zunehmend verkrusteten Strukturen des Leitungsapparates des K. befaßte und die daraus resultierenden Folgen für die antifaschistische Arbeit unter der Jugend negativ bewertete. Die ZL stellte daraufhin ihre Arbeit ein und trat ihre Zuständigkeiten an einen provisorischen Arbeitsausschuß aus 26 Mitgliedern ab, der unter der Leitung von Peter Florin tätig wurde. Für März oder spätestens April 1990 faßte man die Bildung eines ›Bundes der Antifaschisten‹ ins Auge.
Am 12./13. Mai 1990 tagte dann im neu geschaffenen ›Internationalen Jugend-Kongreßzentrum‹ am Bogensee ein ›Kongreß der Antifaschisten‹, von dem ›antifa – Bund der Antifaschisten e. V.‹ als überparteiliche Organisation gegründet wurde. Als Nachfolgeorganisation des ehemaligen ›Komitees der Antifaschistischen Widerstandskämpfer‹ konstituierte sich am 30. 10. 1990 der ›Interessenverband ehemaliger Teilnehmer am antifaschistischen Widerstand, Verfolgter des Naziregimes und Hinterbliebener e. V.‹ (IVVdN), der sich zugleich als Rechtsnachfolger der 1953 aufgelösten ›Vereinigung der Verfolgten des Naziregimes‹ verstand. Er wurde in das Vereinsregister des Amtsgerichts Berlin-Charlottenburg eingetragen und erhielt am 17. Mai 1991 den Status der Gemeinnützigkeit zugesprochen.
Im Oktober 1990 erklärte sich die PDS bereit, das bei Auflösung der VVN im Jahre 1953 durch das ZK der SED einbehaltene Vermögen der VVN als eine »Altlast der SED« anzuerkennen und als Nachfolgeorganisation

der SED für den enstandenen Schaden einzutreten. Sie übergab dem sich bildenden IVVdN einen Erstattungsbetrag von ca. 2,6 Mio. DM. Ausdrücklich wurde dazu erklärt, es handle sich bei dieser Transaktion nicht um eine Spende, sondern um das als moralische Pflicht aufgefaßte Abtragen einer gegenüber den Verfolgten des Naziregimes bestehenden Schuld. 1991 beschlagnahmte die →›Treuhandanstalt‹ die Konten des IVVdN unter dem Verdacht, auf ihnen könnten Gelder aus ehemaligem SED-Vermögen »geparkt« sein.

Gründungsmitglieder des Komitees im Februar 1953: Walter Bartel; Bruno Baum; Fritz Beyling; Willi Bredel; Otto Buchwitz; Albert Churs; Franz Dahlem; Ludwig Einicke; Karl Fischer; Max Friedemann; Ottomar Geschke; Ernst Goldenbaum; Anneliese Groscurth; Robert Havemann; Clemens Hochkepler; Heinz Hoffmann; Victor Klemperer; Karl Kleinschmidt; Greta Kuckhoff; Helmut Lehmann; Hermann Matern; Heinrich Rau; Änne Saefkow; Karl Schirdewan; Elli Schmidt; Horst Schumann; Hans Seigewasser; Robert Siewert; Rosa Thälmann; Heinrich Toeplitz; Erich Weinert; Karl Winzer

Leitende Sekretäre / Vorsitzende der Zentralleitung: Georg Spielmann (1953–1971); Otto Funke (1972–1989); Kurt Höfer (amt. 1989/90); Peter Florin (1990 Vors.)

Stellvertretende Vorsitzende: Fritz Reuter (1972–1989); Kurt Höfer (1989)

Sekretäre: Ludwig Einicke, Bruno Fuhrmann; Otto Funke; Herbert Hakenbeck; Kurt Helbig; Rudolf Helmer, Kurt Höfer, Klaus Martin; Hans Otto; Willy Perk, Erich Römer; Waldemar Schmidt; Alfred Schurwanz; Kurt Seibt; Georg Spielmann, Fritz Reuter, Karl Wloch

Mitglieder des Präsidiums: Hermann Axen; Walter Bartel; Wolfgang Bergold; Karl Brauer; Carl-Heinz von Brück; Franz Dahlem; Friedrich Ebert; Karl Fischer; Ludwig Einicke; Ernst Goldenbaum; Anneliese Grosscourth; Herbert Hakenbeck; Emmy Handke; Rudolf Helmer; Kurt Höfer; Willy Kling; Greta Kuckhoff; Klaus Martin; Hermann Matern; Ernst Melis; Erich Mückenberger; Ewald Munschke; Willy Perk; Heinz Priess; Fritz Reuter; Erich Römer; Bärbel Schindler-Saefkow; Waldemar Schmidt; Günter Schneider; Horst Schumann; Hans Seigewasser; Robert Siewert; Georg Spielmann; Herbert Stösslein; Rosa Thälmann; Heinrich Toeplitz

Vorsitzende der IVVdN: Kurt Goldstein (1990–1992); Fred Dellheim (seit 1992)

Vorsitzende der Bezirkskomitees der Antifaschistischen Widerstandskämpfer

Berlin: Herbert Grünstein (1974–1989)

Cottbus: Veronika Mosler (1974–1989)

Dresden: Fritz Johne (1974–1984); Wolfgang Rinza (1984–1989)

Erfurt: Kurt Funke (1974–1977); Erich Asch (1974–1987); Ernst Jende (1987–1989)

Frankfurt (Oder): Gerhard Steingräber (1974–1989)

Gera: Lydia Poser (1974–1980); Ernst Braun (1980–1989)

Halle: Walter Mach (1974–1980; Rudolf Urbanski (1980–1989)

Karl-Marx-Stadt: Lisbeth Wetzel (1974–1989)

Leipzig: Erich Grützner (1974–1989)

Magdeburg: Hugo Lannicke (1974); Rolf Hildebrand (1975–1978); Otto Lorenz (1978–1984); Felix Koldziej (1984–1989)
Neubrandenburg: Hermann Göck (1974–1989)
Potsdam: Franz Rentmeister (1974–1989)
Rostock: Kurt Westphal (1974–1986); Rudi Pankow (1986–1989)
Schwerin: Bernhard Quandt (1974–1989)
Suhl: Rudi Rauch (1974–1984); Werner Kreissl (1984–1989)
Auszeichnungen: Ehrenmedaille; Ehrenplakette und Fahnenschleife zur Ehrenplakette
Publikationen / Archive: Das K. gab seit 1972 ein ›Bulletin‹ heraus; ab 1975 erschien die Monatszs. ›Der Antifaschistische Widerstandskämpfer‹ als Organ der ZL des K.; sie wurde seit Januar 1990 unter dem Titel ›antifa‹ fortgesetzt. Chefredakteure: ›Bulletin‹: Ludwig Einicke (1972–1974); • ›Der Antifaschistische Widerstandskämpfer‹/›antifa‹: Ludwig Einicke (1975); Herbert Hakenbeck (1976–1989); Sabine Neef (1990–1991); ›antifa‹: Fred Löwenberg (verantw. Red. seit 1991); • Es gibt Überlegungen, die überkommenen Archivalien des Komitees, die sich noch in Händen des IVVdN befinden, als Depositium in die ›Stiftung Archive der Parteien und Massenorganisationen der DDR im Bundesarchiv‹ (SAPMO) einzubringen.

Komitee für Körperkultur und Sport

→ Staatssekretariate, darin: Staatssekretariat für Körperkultur und Sport

Komitee für Solidarität mit dem kubanischen Volk

→ Solidaritätskomitee der DDR

Komitee für Touristik und Wandern, 1956–1974

In der Verfassung der DDR von 1974 stand in Art. 18,3: »Körperkultur, Sport und Touristik als Elemente der sozialistischen Kultur dienen der allseitigen körperlichen und geistigen Entwicklung der Bürger«; entsprechend räumte Art 34 dem Bürger ein »Recht auf Schutz seiner Gesundheit und seiner Arbeitskraft« ein und zählte zu den dafür zu schaffenden Voraussetzungen auch »die Förderung der Körperkultur, des Schul- und Volkssports und der Touristik«. Gemäß den Planungs- und Kontrollbedürfnissen einer sozialistisch verwalteten Gesellschaft wurde auch das »Kulturgut« Touristik vorwiegend staatlich organisiert. Schon am 22.11.1956 wurde dafür das K. gegründet, dessen Aufgaben zunächst hauptsächlich in der Organisation und Vermittlung von Erholungsreisen, Wanderfahrten und Ferienlagern innerhalb der DDR bestanden. Nachdem Erich Honecker auf dem VIII. Parteitag der SED 1971 gefordert hatte, künftig alles »für das Glück des Volkes« zu tun, zählte auch die Steigerung des Tourismus mit zu der Hauptaufgabe, die in der »Einheit von Wirtschafts- und Sozialpolitik« zu bewältigen war. Das K. wurde im

November 1974 aufgelöst; seine Aufgaben wurden dem vom Zentralrat der →FDJ eingerichteten Jugendreisebüro →›Jugendtourist‹ übertragen.

Vorsitzende des Komitees bzw. Leiter des Büros: Gerhard Wenzel (1956–1963); Gerhard Mendl (1963–1974)

Komitee für Unterhaltungskunst, 1973–1990

Gremium beim →›Ministerrat der DDR‹ zur Überwachung, Anleitung und Koordinierung von Programmen und Darbietungsformen der Unterhaltungskunst

Der Unterhaltungskunst – der im eigenen Lande produzierten, wie der gelegentlich aus dem »feindlichen« Ausland importierten – galt immer das argwöhnische Interesse der Partei- und Staatsführung. Selbst im 1976 verabschiedeten Parteiprogramm der →SED wurden »mehr Voraussetzungen für kulturelle Gemeinschaftserlebnisse« für nötig gehalten und »sportliches Wetteifern« im Bereich von Geselligkeit und Unterhaltung gefordert. Um solchen Erwartungen entgegenzukommen, wurde vom Ministerrat im April 1973 das ›Staatliche Komitee für Unterhaltungskunst‹ gegründet. Es war ein dem →Ministerium für Kultur zugeordnetes, beratendes und koordinierendes Gremium, das auf dem Gebiet der Unterhaltungskunst die kulturpolitischen Richtlinien der SED durchsetzen und ihre Beachtung kontrollieren sollte.

Um die politischen Vorgaben den nicht unbedingt linientreuen und meist keineswegs einfach zu behandelnen Künstlern nahezubringen, wurde beim Komitee noch eine Generaldirektion eingerichtet. Dieser oblag vor allem die politische und künstlerische Kontrolle in enger Zusammenarbeit mit den Interpreten, insbesondere mit dem Nachwuchs. Sie war auch verantwortlich für das Ausrichten nationaler Wettbewerbe und die Entsendung von DDR-Künstlern zu internationalen Konkurrenzen. Die in Berlin/DDR ansässige GD war laut Statut des MfK gegenüber den bezirklichen →›Konzert- und Gastspieldirektionen‹ weisungsbefugt.

Im Zuge neuer kulturpolitischer Überlegungen, aber auch, weil die Unterhaltungskünstler mehr Mitsprache forderten, wurde im September 1984 das seit gut 10 Jahren bestehende Komitee aufgelöst und ein neues, anders strukturiertes konstituiert. Nun gab es Fachsektionen für Jazz, Chanson, Liedermacher, Interpreten, Diskotheken, Wortkunst, Rock, Orchesterleiter und Artistik; außerdem wurden Beiräte und verschiedene Kommissionen gebildet. Vorsitzende dieses nun ehrenamtlich tätigen Gremiums wurde die Schriftstellerin Gisela Steineckert; als Vizepräsidenten berief der Minister für Kultur bekannte Unterhaltungskünster wie den Sänger Frank Schöbel und den Komponisten Walter Kubiczek.

Auflösung/Ende: Nachdem es zwischen Künstlern und der Leitung des Komitees zu kontroversen Diskussionen gekommen war, beschloß das Präsidium des K. Anfang 1990 dessen Auflösung. Die vormalige Generaldirektion des K. wurde in eine unter Aufsicht des → Ministeriums für Kultur stehende GmbH umgewandelt. Die beabsichtigte Gründung eines unabhängigen Dachverbandes für die Unterhaltungskünste konnte nicht mehr realisiert werden.

Vorsitzende/Präsidenten: Siegfried Wagner (1973–1984), Gisela Steineckert (1984–1990)

Vizepräsidenten: Dagmar Frederick (1989–1990); Jürgen Hagen (1989–1990); Matthias Görnandt (1989–1990); Toni Krahl (1988–1990); Walter Kubiczek (ab 1984); Peter Mayer (bis 1988); Gisela Oechelhäuser (1984–1990); Frank Schöbel (1984–1990); Wolfgang Schwenk (1989–1990)

Generaldirektoren: Peter Czerny (1973–1982); Dieter Gluschke (1982–1988); Reinhard Heinemann (1988–1990)

Archive: Archivbestände des K. befinden sich heute in der Verwaltung des Bundesarchivs, Abt. V, in Potsdam.

Komitee zum Studium der gesellschaftlichen Verhältnisse und ihrer Veränderung in Westdeutschland

→ Ausschuß für deutsche Einheit, → Nationale Front der DDR

Kommerzielle Koordinierung (KoKo), 1966–1990

Zur Devisenbeschaffung eingerichtete, unter Kontrolle des → MfS abgeschirmt arbeitende Außenhandelsbehörde

Geschichte und Organisation: 1966 wurde unter Mitwirkung des → Ministeriums für Staatssicherheit ein ›Bereich Kommerzielle Koordinierung‹ im → Ministerium für Außenhandel gebildet. Die Initiative ging dabei vom MfS-General Hans Fruck aus, dem Stellvertreter von Markus Wolf, der damals Chef der ›Hauptverwaltung Aufklärung‹ im MfS war. Seit 1969 bestanden Verfügungen des Vorsitzenden des → ›Ministerrats der DDR‹, in denen die Arbeit dieses Sonderbereichs geregelt wurde. Zu einer außerhalb der Kontrolle des Ministerrats arbeitenden Valutabehörde der DDR wurde die K. durch eine am 14. 9. 1972 erlassene Verfügung des Stellvertretenden Ministerratsvorsitzenden Horst Sindermann; dadurch wurde ihr der Status eines Devisenausländers zugesprochen, was bedeutete, daß sie internationale Bankgeschäfte tätigen und Konten unterhalten konnte, die nicht der allgemeinen Bankenkontrolle unterlagen. Der Leiter der K. wurde somit zur »Selbstkontrolle« ermächtigt, denn die Verfügung stellte fest: »Für Transaktionen auf diesen Konten ist der Stellver-

treter des Ministers für Außenwirtschaft, Genosse Dr. Schalck, verantwortlich und übernimmt die Kontrolle.«
Die unverfängliche Behördenbezeichnung »Ministerium für Außenhandel – Bereich Kommerzielle Koordinierung« wurde formell beibehalten, als sich die Unterstellungsverhältnisse der K. änderten; ebenso wurde auch der als OibE des MfS im Range eines Oberst stehende Dr. Alexander Schalck-Golodkowski bis 1989 als Staatssekretär im Außenhandelsministerium geführt. Tatsächlich wurde die K. aber aufgrund eines →Politbüro-Beschlusses vom 2.11.1976 in den Apparat des →›Zentralkomitees der SED‹ eingegliedert; sie unterstand dort dem ZK-Sekretär für Wirtschaft Günter Mittag. Da die K. mit ihren Devisen-, Embargo- und Waffengeschäften in höchst »sensiblen Bereichen« operierte, war sie zugleich auch Gegenstand besonderen Interesses und besonderer Schutzvorkehrungen seitens des →Ministeriums für Staatssicherheit. Dieses ließ formelle wie tatsächliche Zuordnungen der K. unangetastet, sicherte sich aber auf zweifache Weise erheblichen Einfluß: zum einen durch den gezielten Einsatz von OibE, zu denen auch der Behördenchef und seine Gattin gehörten; zum anderen durch eine im September 1983 in der HA XX eingerichtete ›Arbeitsgruppe Bereich Kommerzielle Koordinierung‹, die mit der Überwachung und Kontrolle der K. wie der ihr unterstellten Außenhandelsbetriebe und Vertretergesellschaften beauftragt wurde.
Um den wachsenden Auslandsschulden begegnen zu können, baute die SED-Führung die K. zu einer öffentlich kaum in Erscheinung tretenden, abgeschotteten Behörde aus, die zunächst ausschließlich für Devisenbeschaffung zuständig war. Da man an der Spitze des Parteiapparates durch eine Information von Günter Ehrensperger schon 1973 darüber unterrichtet war, in welchem Umfang die Auslandsverschuldung bei unveränderter Wirtschafts- und Sozialpolitik zu steigen drohte (→SED), gab man der vom MfS gesteuerten K. völlig freie Hand und ließ sie in einem rechtsfreien Raum tätig werden, der nur von Erich Honecker, Günter Mittag und Erich Mielke »kontrolliert« wurde. Das führte dann zu einer konspirativ betriebenen Geschäftsführung: Umfassende Gesamtinformationen über diesen Bereich wurden nicht erstellt; auch einzelne KoKo-Abteilungen wußten kaum etwas übereinander.
Auf Weisung von E. Honecker richtete Schalck-Golodkowski 1976 eine KoKo-Abteilung ›Firmen im nicht-sozialistischen Wirtschaftsgebiet‹ ein und ernannte seine enge Mitarbeiterin Waltraud Lisowski zu deren Chefin. Im Anschluß daran wurden annähernd 20 Unternehmen in der BRD, die bislang der SED nur politisch verbunden waren, so umorganisiert, daß die K. schließlich überall die Mehrheit der Gesellschaftsanteile hielt. Als

Treuhänder der K. fungierte eine in Bochum ansässige Holding-Gesellschaft mit dem exotischen Namen ›Refinco Establishment‹. Nach einer inzwischen aufgefundenen Jahresbilanz der K. für das Jahr 1988 hatten diese westdeutschen Firmen in jenem Geschäftsjahr mehr als 3 Mrd. DM umgesetzt. Die Gewinne flossen über in Liechtenstein oder der Schweiz plazierte Strohmänner nach Berlin/DDR; dort wurden sie auf dem Konto Nr. 0584 bei der ›Deutschen Handelsbank‹ verbucht, das den Titel »Disponibler Parteifonds« trug; zeichnungsberechtigt war Schalck-Golodkowski.

Um auf die Devisennot, die sich erschreckend zuspitzte, noch flexibler und phantasievoller reagieren zu können, ordnete Erich Mielke in einem Befehl vom 1.9.1983 an, im MfS eine ›Arbeitsgruppe Bereich Kommerzielle Koordinierung‹ (AG BKK) einzurichten; damit wurde die Anbindung der K. an das MfS neu geregelt: Die Arbeitsgruppe bestand aus 110 Mitarbeitern und war mit der KoKo-Führung eng verzahnt: Jeder 6. Mitarbeiter der K. stand auf der Lohnliste dieser Spezialabteilung, darunter Schalck-Golodkowski selbst, dessen Ehefrau und dessen Stellvertreter Seidel. Bei diesen immer fester werdenden Bindungen ging es allerdings nicht nur um eine weitere konspirative Durchdringung des internationalen Wirtschaftsdschungels, sondern auch – vielleicht sogar mit Vorrang – um einen schnelleren und festeren Zugriff auf westliche High-Tech-Produkte für den militärischen Bereich, denn der gesamte Ostblock war inzwischen im mörderischen Rüstungswettlauf sichtbar ins Hintertreffen geraten. Diese Vermutung wird durch die Unterstellung der AG BKK innerhalb des MfS bestätigt; sie wurde nämlich dem Bereich von Generaloberst Rudi Mittig zugeordnet, der für die materiell-technische Sicherstellung verantwortlich war.

Das von K. aufgebaute, gesteuerte und ausgenutzte Firmengeflecht ist schwer durchschaubar und in seinen Verzweigungen und Abhängigkeiten auch noch nicht restlos aufgeklärt: mit Sicherheit sind ihm jedoch zuzurechnen: die →›Kunst- und Antiquitäten GmbH‹ (KuA), die u. a. die in den →›Interhotels‹ eingerichteten ›Antik-Shops‹ mit Ware versorgte; das im Zentrum von Berlin/DDR ansässige ›Internationale Handelszentrum‹ (IHZ), dessen Bürohaus am Bahnhof Friedrichstraße von ausländischen Baufirmen errichtet wurde; die Außenhandelsfirmen ›Intrac‹, ›Transinter GmbH‹ und ›forum Handelsgesellschaft‹; die ›Deutsche Handelsbank‹ (DHB) in Berlin/DDR, bei der etwa 70 Prozent aller Einlagen KoKo-Gelder waren. Im internationalen Waffengeschäft waren vor allem 2 Firmen tätig: die im IHZ sitzende ›IMES Import-Export Gesellschaft mbH‹ und der ›Ingenieur-Technische Außenhandel‹ (ITA) in Berlin/DDR; hinzu kam die Handelsfirma ›Elektronik Export-Import GmbH‹ in Berlin/DDR, die vor allem die Beschaffung von elektronischer Hard- und Software betrieb. Zu den Vertretergesellschaften, die eng mit der K. verknüpft waren, gehörte die ›Berliner Import-Export Gesellschaft mbH‹ (BIEG) in Berlin/DDR und die in Westberlin ansässige ›Wiegand-Consulting GmbH‹ (WiCon).

Funktionen und Wirkungen: Gemeinsam mit dem Staatssekretär im →Ministerium für Elektrotechnik und Elektronik, Karl Nendel, hatte Schalck-Golodkowski die »zentrale staatliche Führung der Realisierung der Embargoimporte«. Vom Experten Nendel kamen die wirtschaftlichen Bedarfsanmeldungen, vom MfS wurden die militärischen Forderungen gesammelt, und durch die K. und ihren internationalen Firmenverbund wurde die »Vorbereitung und Realisierung der Embargoimporte stabsmäßig geführt«. Da die Beschaffung nicht auf direktem Wege zu bewerkstelligen war, bediente man sich »autorisierter Vertreterfirmen« in der Bundesrepublik und anderswo. Eine dieser Firmen war das in Berlin-Weißensee ansässige ›Handelshaus F. C. Gerlach‹.
Um den strapazierten Staatshaushalt zu entlassen, engagierte sich die K. auch zunehmend im internationalen Waffenhandel. Die Firma ›Ingenieur-Technischer Außenhandel‹ verkaufte z. B. Überschußbestände der →NVA – Nachrichtentechnik, Feldlazarette, Lastwagen, aber auch Waffen und Munition – an befreundete Staaten und Befreiungsbewegungen in der Dritten Welt. Für die Rüstungsproduktion in Betrieben der DDR (→›Kombinate‹, darin: Kombinat Spezialtechnik Dresden) beschaffte sie aber auch Maschinen aus dem Ausland; nach Recherchen des ›Spiegel‹ wurden z. B. die zur Grenzsicherung der DDR kommandierten Soldaten mit Munition ausgerüstet, die auf Präzisionsmaschinen aus der BRD hergestellt worden war. Im Irak-Iran-Konflikt engagierte sich die K. seit 1980 sogar auf beiden Seiten: Über den ITA belieferte sie den Irak und über die 1982 eigens gegründete ›IMES GmbH‹ den Iran.
Der Ausverkauf von Kulturgut der DDR ins westliche Ausland begann 1973 mit der Gründung der →›Kunst-und Antiquitäten GmbH‹ (KuA). Am 18. 1. 1973 hatte Regierungschef Willi Stoph angeordnet, daß aus den Beständen des staatlichen Museumsfonds Kunstgegenstände im Wert von 55 Mio. Valutamark auszusondern seien, um sie auf dem internationalen Kunstmarkt anzubieten. Der →›Staatliche Kunsthandel‹ wurde ebenfalls durch Planauflagen verpflichtet, einen Teil des ihm zur Verfügung stehenden Kunstbestandes für den Export an die KuA zu veräußern. Käufer der ausgeführten Kulturgüter waren zu 60 Prozent Bürger der Bundesrepublik Deutschland.
Am 3. 7. 1980 verabschiedete die Volkskammer das »Gesetz zum Schutze

des Kulturgutes der DDR«. Während der Diskussion des Gesetzentwurfs im Sekretariat des ZK ließ G. Mittag einen Passus streichen, der Besitzern von registriertem Kulturgut die Befreiung von der Vermögenssteuer zusicherte; damit wurden Steuerverfahren und der berüchtigte Einzug von Sammlungsbeständen »an Zahlungs Statt« möglich (→›Kunst- und Antiquitäten GmbH‹). Am 4.11.1982 unterzeichneten Kulturminister Hans-Joachim Hoffmann und A. Schalck-Golodkowski eine Vereinbarung über den Export von geschütztem Kulturgut; danach durfte eine Ausfuhr genehmigt werden, wenn diese »im Interesse der sozialistischen Gesellschaft liegt oder ihrem Anliegen, das nationale Kulturerbe zu wahren und den Bestand allen national und international bedeutsamen Kulturgutes zu sichern, nicht zuwiderläuft«.

Die Vereinbarung sah eine Überprüfung der Ausfuhrpraktiken durch eine ›Kulturgutschutzkommission des Ministeriums für Kultur der DDR‹ vor, deren Tätigkeit dem hemmungslosen Ausverkauf von Kulturgut immerhin eine Schranke setzte. Phantasie und Tatendrang der Deviseneintreiber waren jedoch nicht zu bremsen. Nachdem 1985 der ›VEB Philatelie Weimarshausen‹ in die K. eingegliedert worden war, nahm der Export von Briefmarken erheblich zu, insbesondere der von NS-Briefmarken, von denen größere Restbestände der ehemaligen Reichsdruckerei noch in Berlin/DDR lagerten. Seit Mitte der 80er Jahre entdeckte die K. dann eine weitere Marktlücke in der Bundesrepublik; nun stieg sie mit größeren Angeboten in den Handel mit Militaria und Relikten der NS-Herrschaft ein.

Die von der K. betriebenen »Geschäfte« beschränkten sich aber nicht allein aufs Ökonomische. Laut einem »Absicherungsbefehl« hatte K. auf der Grundlage von Beschlüssen und Weisungen des → Politbüros zu arbeiten und »die politisch-operative Arbeit des MfS zu unterstützen«. Der Leiter der K. konnte Staatsorganen und Leitern von Betrieben Auflagen erteilen, von ihnen Rechenschaft fordern und damit manche gesetzliche Bestimmung aushebeln. Zu den politischen Aufgaben, die wachsende Bedeutung erlangten, hieß es in einer »Internen Ordnung« von 1977, daß insbesondere »die Kordinierung ausgewählter Aktivitäten zur Entwicklung der Beziehungen zwischen der DDR und der BRD sowie Westberlin« zu verstärken sei. Zu den erfolgreichsten dieser »Aktivitäten«, an denen Schalck-Golodkowski dank seiner guten Kontakte zu Franz Josef Strauß erheblichen Anteil hatte, gehörte wohl die 1983 getroffene Vereinbarung über einen westdeutschen Milliardenkredit für die DDR. Wenn es um politische Kontakte ging, für die man ein größeres nationales wie internationales Aufsehen nicht riskieren mochte, dann wurde der KoKo-Chef offensichtlich von west- und ostdeutscher Seite auch dazu benutzt, um vertrauliche politische Informationen auszutauschen und um diesbezügliche Meinungen der Gegenseite zu erkunden.

Auflösung/Ende: Der Leiter dieser geheimnisumwitterten Sonderbehörde wurde seit der politischen »Wende« zum beliebten Medienobjekt, aber auch zur Zielperson für geheimdienstliche, journalistische und parlamentarische Nachforschungen. Unmittelbar nach jener großer Berliner Demonstration vom 4.11.1989 präsentierte ihn das DDR-Fernsehen einem staunenden Publikum als »Wirtschaftsfuchs«, »Mittag-Kritiker« sowie als DDR-Wirtschaftsminister im Wartestand. Als dann jedoch immer mehr über die Geschäfte der K. bekannt wurde und er mit seiner Verhaftung rechnen mußte, floh Schalck am 3.12.1989 nach Westberlin, wo er vorübergehend in Untersuchungshaft genommen wurde. Schon einen Tag zuvor hatte er sich in einem Gespräch mit Bundesinnenminister Wolfgang Schäuble in Bonn über seine Fluchtabsichten geäußert; ob und wie weitgehend ihm dabei Versprechungen gemacht wurden, ist bis heute nicht eindeutig geklärt.

Eine mögliche Strafverfolgung durch die DDR-Behörden schien man zum damaligen Zeitpunkt von anderer Seite für nicht opportun zu halten. Vielleicht wurde die Enthüllung deutsch-deutscher Verstrickungen befürchtet, deren Bekanntwerden eine sich in der DDR entwickelnde Bereitschaft, dem Geltungsbereich des Grundgesetzes beizutreten, nicht eben gefördert hätte. So wurde einem Auslieferungsersuchen der DDR-Regierung durch BND-Präsident Hans-Georg Wieck in einem an den Generalstaatsanwalt des Berliner Kammergerichts gerichteten Schreiben vom 21.12. d.J. entgegengehalten, »daß eine Gefährdung von Leib und Leben nicht ausgeschlossen werden kann«. Nach Angaben des Staatsministers im Bundeskanzleramt, Lutz Stavenhagen, wurden Schalck und seiner Ehefrau für die Zeit von Anfang Februar bis zum 30.3.1990 falsche Ausweispapiere ausgestellt. Der BND nutzte die Zeit zu ausführlichen Gesprächen, und er zeigte sich dem offenbar kooperationswilligen Schalck gegenüber erkenntlich, indem er ihm ein Wohnhaus in Rottach-Egern am Tegernsee vermittelte.

Die von Hans Modrow geleitete Regierung der DDR beschloß am 15.3.1990, drei Tage vor den ersten demokratischen Wahlen zur Volkskammer, die K. und deren Filialfirmen aufzulösen. Diesen Beschluß auszuführen erwies sich seitdem als ein langwierig-unübersichtlicher Vorgang, an dem die Strafverfolgungsbehörden, die → ›Treuhandanstalt‹, die ›Unabhängige Kommission zur Überprüfung des Vermögens der Parteien und Massenorganisationen‹, der ›Bundesbeauftragte für die Unterlagen des Staatssicherheitsdienstes der ehemaligen DDR‹ und schließlich seit

Juni 1991 auch ein parlamentarischer Untersuchungsausschuß des ›Deutschen Bundestages‹ beteiligt sind. Abschließende Berichte und Beurteilungen stehen noch aus; ob ein Strafverfahren gegen A. Schalck-Golodkowski eröffnet wird, ist ebenfalls noch ungewiß.
Was den ökonomischen und politischen Erfolg der verwickelten und legendenumwobenen Handelsgeschäfte und Devisenbeschaffungen der K. betrifft, so wurden jüngst allerdings ernüchternde Einschätzungen bekannt. Ein Hamburger Institut für Wirtschaftsforschung, das vom »Schalck-Untersuchungsausschuß« des Bundestages mit einer gutachterlichen Stellungnahme beauftragt worden war, kam zu dem Schluß, daß sich die Aktivitäten der K. letztlich »eher negativ« auf die Leistungsfähigkeit der DDR-Wirtschaft ausgewirkt hätten; die Gutachter gaben sich überzeugt, »daß KoKo nicht den Hauch einer Chance hatte, den Devisenbankrott der DDR in den neunziger Jahren abzuwenden«.

Leiter: Alexander Schalck-Golodkowski (1967–1990)

Kommunale Wohnungsverwaltung (KWV), 1958–1990
VEB für die Verwaltung und Bewirtschaftung von Wohnungen

Geschichte und Organisation: Im März 1958 begann man damit, in den Städten kommunale Wohnungsverwaltungen als →VEB einzurichten. Deren Aufgabe war es, die staatlichen Wohnbauten sowie die aufgrund von Befehlen der →SMAD in den Nachkriegsjahren enteigneten und die nach dem 17.3.1953 wegen »Republikflucht« der Eigentümer verlassenen Wohnhäuser zu verwalten und zu bewirtschaften; Wohnungen von Eigentümern, die die DDR vor dem 17.6.1953 verlassen hatten, wurden von den K. in Treuhänderschaft übernommen. Unter die Verwaltung der K. fielen auch solche Grundstücke und Wohnungen, deren Eigentümer schon vor 1945 im Ausland bzw. auf dem Gebiet der späteren Bundesrepublik lebten. Aus solchen fortbestehenden Eigentumsansprüchen anfallende Erträge wurden nach Abzug von Instandhaltungs- und Verwaltungskosten auf ein Sperrkonto bei der →›Staatsbank der DDR‹ überwiesen.
Die K. waren wie die →›Arbeiterwohnungsbaugenossenschaften‹ Träger des staatlichen Wohnungsbaus und als solche auch für die Instandhaltung aller »volkseigenen« Wohnungen verantwortlich. Seit 1963 war ihnen zudem die Organisation von Reparaturarbeiten an noch in Privatbesitz befindlichen Wohnungen übertragen worden; das waren Mitte der 80er Jahre immerhin noch etwa 55 Prozent des gesamten Wohnungsbestands in der DDR. Nach 1971 wurde damit begonnen, die K. in ›VEB Gebäudewirtschaft‹ umzuwandeln; diese waren zugleich Rechtsträger und Vermie-

ter, die innerhalb eines bestimmten territorialen Zuständigkeitsbereiches (i. d. R. eine Stadt oder eine größere Gemeinde) für Erhaltung, Bewirtschaftung und Verwaltung des oben beschriebenen Wohnungsbestands zuständig waren; sie waren jeweils dem örtlichen Rat unterstellt. In Gemeinden, in denen weder eine K. noch ein ›VEB Gebäudewirtschaft‹ bestand, wurden die sonst in deren Zuständigkeit fallenden Wohnungen vom Rat selbst verwaltet. Ungeachtet der Umstrukturierung blieb die Bezeichnung »kommunale Wohnungsverwaltung« bzw. deren Abkürzung KWV im öffentlichen Sprachgebrauch bis 1989 geläufig.
Eine Anfang 1971 ausgewertete Wohnungszählung hatte nicht nur einen vielfach schlechten bis bedenklichen Zustand der Wohnbausubstanz aufgedeckt, sondern auch eine durchweg unzureichende Ausstattung der Wohnräume; nur mehr ein Fünftel aller Wohnungen galt als nicht renovierungs- oder reparaturbedürftig. Um diesen Zuständen abzuhelfen, wurde nicht nur das Wohnungsbauprogramm angekurbelt (→›Ministerrat der DDR‹, darin: Ministerium für Bauwesen), man versuchte es auch mit Hilfe zur Selbsthilfe. Bei den ›VEB Gebäudewirtschaft‹ wurden in den 70er Jahren Reparatur-, Havarie- und Notdienste eingerichtet und zudem Stützpukte für die von der →›Nationalen Front‹ geförderte ›Mach-mit!-Bewegung‹ eröffnet; dort wurden für von den Mietern selbst auszuführende Reparatur- und Renovierungsarbeiten Materialien zum kostenlosen Verbrauch zur Verfügung gestellt und ebenfalls kostenlos Werkzeuge ausgeliehen.

Funktionen und Wirkungen: Bezogen auf die gesamte Bauproduktion, lag der Anteil der an Gebäuden vorgenommenen Reparaturen seit 1960 immer über 20 Prozent; dennoch reichte dieser Aufwand nicht aus, um den Prozeß der Überalterung und des fortschreitenden Verfalls der Wohnsubstanz aufzuhalten. Von den daraus resultierenden Problemen waren die Bezirke Dresden, Leipzig und Karl-Marx-Stadt besonders schwer betroffen. Ende 1981 hatte eine Wohnraum- und Gebäudezählung z. B. ergeben, daß nur 35 Prozent aller Wohnungen nach 1945, aber 46 Prozent schon vor 1919 erbaut worden waren. Um den aus solchen Altersdifferenzen unschwer abzuleitenden Reparatur- und Sanierungsaufwand finanzieren zu können, wären kostendeckende Mieten eine Mindestvoraussetzung gewesen. In der DDR blieben jedoch die Altbaumieten bis zuletzt auf dem Stand von 1938 eingefroren; die Mietkosten für Neubauten lagen in den →Bezirken zwischen 0,80 und 0,90 Mark pro qm Wohnfläche und in Berlin/DDR zwischen 1 und 1,25 Mark.
Da mit so niedrig kalkulierten Mietpreisen nur ein Bruchteil der tatsächlichen Kosten gedeckt wurde, war ein riesiger Subventionsaufwand not-

wendig, um die sozialistische Wohnungswirtschaft einigermaßen funktionstüchtig zu halten. Um unter diesen Bedingungen alle örtlichen und personellen Reserven ausschöpfen zu können, begann man in den 70er Jahren ›Kommunale Zweckverbände‹ zu schaffen, in denen auf freiwilliger Grundlage die »territoriale Gemeinschaftsarbeit« zwischen Städten und Gemeinden organisiert wurde. Die Zweckverbände arbeiteten nach einem Statut und bildeten mit den Bürgermeistern der jeweiligen Region einen Rat; dieser vereinbarte die Zusammenlegung und den koordinierten Einsatz der erforderlichen Fonds, wobei den Bau- und Reparaturkapazitäten Priorität eingeräumt wurde. Das Verfahren wurde als »territoriale Rationalisierung« propagiert, und daran beteiligten sich auch die betroffenen Mieter mit beachtlichen Eigenleistungen. Diese fanden sich dazu bereit, weil alle wußten, was sie an einer eigenen Wohnung hatten (→›Wohnraumlenkung‹).

Die K. und die ›VEB Gebäudewirtschaft‹ schlossen mit den →›Hausgemeinschaften‹ vielfach ›Mietermitwirkungsverträge‹ ab, welche als juristisches Instrument im ›Zivilgesetzbuch der DDR‹ vorgesehen waren. In solchen Verträgen verpflichteten sich die Mieter zur Mitarbeit bei notwendigen Reparatur- und Wartungsmaßnahmen, zur Reinigung von Treppenhäusern, Gebäudenumlagen, angrenzenden Gehsteigen und Straßen einschließlich der Schneeräumung sowie zur Pflege der um das Haus bestehenden Grünanlagen; die ›Hausgemeinschaft‹ wurde darin auch verpflichtet, auf die regelmäßige und fristgemäße Mietzahlung durch jeden Mieter hinzuwirken; in dieser Hinsicht bestand nämlich in der DDR ein großes Problem, da nicht exmittiert wurde. Im Interesse der ›Hausgemeinschaft‹ übernahmen i. d. R. jüngere Mieter den Arbeitsanteil von alten Hausbewohnern, z. B. bei der Treppenreinigung und Schneebeseitigung. Die Vermieter waren dazu verpflichtet, die Mietergemeinschaften fachlich anzuleiten, Materialien, Geräte und Werkzeuge bereitzustellen, notwendige Aufwendungen der Mieter zu erstatten sowie die Eigenleistungen kollektiv oder individuell zu vergüten.

In den Neubaugebieten war es seit Anfang der 70 Jahre die Regel, daß die ›Hausgemeinschaften‹ sich auf kollektive Vergütungen einigten. Aus den Erlösen baute man sich in den »Wohnsilos« häufig geeignete Kellerräume zu Klubräumen aus, in denen dann Hausfeste, Skatabende u. dgl. veranstaltet werden konnten; auch gemeinsame Kinderweihnachtsfeiern und sogar gemeinsame Wochenendausflüge wurden aus den z. T. beträchtlichen Erlösen finanziert. Solche Aktivitäten der ›Hausgemeinschaften‹ kamen natürlich nur dort zu voller Wirkung, wo in Neubaugebieten eine hinreichend große Anzahl von Mietern den durch gemeinschaftlichen Einsatz zu erzielenden Nutzen praktisch wahrnehmen konnten. Deren

Wohn- und Lebenskultur konnte sich deshalb erheblich von jener unterscheiden, zu der sich Bewohner von immer mehr verfallenden Altbaugebieten, die nicht für eine komplexe Sanierung vorgesehen waren, gerade noch imstande sahen.

Auflösung/Ende: Die K. wurden im Laufe des Jahres 1990 zu Wohnungsbaugesellschaften (WBG) umgewandelt; sie setzten die Wohnraumverwaltung nun in der Rechtsform von GmbH fort, an denen i.d.R. die Kommunen beteiligt sind.

Konferenz der evangelischen Kirchenleitungen in der DDR (KKL), 1969–1990

In der Realität des geteilten Deutschlands entwickelte sich die praktische Verwaltungstätigkeit und Öffentlichkeitsarbeit in der EKD so, daß die in der Bundesrepublik gegebenen Bedingungen allgemein als Normalität begriffen wurden, während alles, was in der DDR nötig und möglich war, als Sonderfall erschien (→›Bund Evangelischer Kirchen in der DDR‹). Zwar galt für die Kirchen und ihren Zusammenschluß theoretisch die Übereinkunft, daß beide deutsche Staaten als Provisorien zu betrachten seien, doch in der kirchlichen Praxis ergab sich schnell, daß die Organe der EKD im Westen unmittelbar tätig werden konnten; im Osten bedurften sie hingegen einer Zwischeninstanz. Die schuf man sich in Form einer informellen Arbeitsgemeinschaft der Bischöfe und/oder Kirchenleitungen in der DDR, deren Beratungen als »Kirchliche Ostkonferenz« oder »Ostbischofskonferenz« bezeichnet wurden.
Da man die gesamtdeutsche Klammer, die die EKD im geteilten Land bildete, nicht schwächen wollte, gestand man der satzungsmäßig nicht vorgesehenen Einrichtung keine Leitungskompetenz zu. Folglich trat der seit 1957 amtierende →›Staatsekretär für Kirchenfragen‹ auch jeweils nur zu einer der 8 Landeskirchen in Beziehung. Auch als der ›Rat der EKD‹ im August 1958 beschloß, in Berlin/DDR eine Kirchenkanzlei für die Gliedkirchen in der DDR einzurichten, änderte diese Verwaltungsmaßnahme daran nichts. Selbst als man die Konferenzen Anfang 1962 formell aufwertete, indem eine Geschäftsordnung und die darin festgelegte Bezeichnung ›Konferenz der evangelischen Kirchenleitungen in der DDR‹ (KKL) beschlossen wurden, fand das zentrale Beratungsgremium der Kirchen staatlicherseits noch keine Anerkennung. Die Kirchenpolitik der Partei- und Staatsführung verfuhr nach dem Grundsatz »teile und herrsche«; sie konnte also nicht daran interessiert sein, eine Instanz anzuerkennen, die eventuell beanspruchte, offiziell im Namen aller Landeskirchen in der DDR zu sprechen.

1969 übernahm der → BEK die Bezeichnung für sein Leitungsorgan; in der am 10. 6. 1969 verabschiedeten Ordnung hieß es in Art. 13, die K. habe die Aufgabe, »den Bund zu leiten«, und sie sei »grundsätzlich für alle Aufgaben des Bundes zuständig, soweit sie nicht der Synode obliegen«. Diesem Gremium, das mindestens alle 2 Monate zusammenzutreten hatte, gehörten an: die leitenden Geistlichen der Gliedkirchen sowie ein weiteres Mitglied der jeweiligen Kirchenleitungen, der Präses der Synode und 7 von der Synode gewählte Mitglieder; der Leiter des BEK-Sekretariats nahm an den Sitzungen mit beratender Stimme teil. Ein jeweils für die vierjährige Amtsdauer der Synode von der K. zu wählender Vorstand setzte sich zusammen aus dem gewählten Vorsitzenden, der i. d. R. ein leitender Geistlicher sein sollte, 2 Stellvertretern, dem Präses der Synode und einem weiteren gewählten Mitglied. Auch dieses nun durch die Bundesordnung legitimierte Gremium wurde erst zum offiziellen Verhandlungspartner des → ›Staatssekretärs für Kirchenfragen‹, nachdem sich die Regierung der DDR im Februar 1971 dazu durchgerungen hatte, den BEK als Repräsentation der evangelischen Kirchen anzuerkennen.

Vorsitzende der ›Kirchlichen Ostkonferenz‹ bzw. der K.: Bischof D. Otto Dibelius (bis 1960); Bischof D. Friedrich-Wilhelm Krummacher (1960–1968); Bischof Albrecht Schönherr, Berlin/DDR (1969–1981); Bischof Werner Krusche, Magdeburg (1981–1982); Bischof Johannes Hempel, Dresden (1982–1986); Bischof Werner Leich, Eisenach (1986–1990); Bischof Christoph Demke, Magdeburg (1990–1991)

Konfliktkommission (KK), 1953–1990

Gewähltes und ehrenamtlich in Betrieben, staatlichen Organen und Einrichtungen sowie in gesellschaftlichen Organisationen tätiges ›Gesellschaftliches Gericht‹

Geschichte und Organisation: Die ersten K. waren 1953 in den → VEB gebildet worden und hatten zunächst die Aufgabe, innerbetriebliche Streitigkeiten auch innerhalb des jeweiligen Betriebes zu entscheiden. Ende der 50er Jahre wurden die Befugnisse der K. erweitert, indem ihnen nun auch die Ahndung geringerer strafwürdiger Handlungen übertragen wurde. In dem 1961 von der → Volkskammer beschlossenen ›Gesetzbuch der Arbeit‹ wurde die Tätigkeit der K. legitimiert, und im Gerichtsverfassungsgesetz vom 17. 4. 1963 wurden die K. und die → ›Schiedskommissionen‹ gesetzlich als ›Gesellschaftliche Gerichte‹ anerkannt. Ein »Gesetz über die Gesellschaftlichen Gerichte« wurde 1968 verabschiedet und 1982 novelliert; als weitere gesetzliche Grundlagen bestanden außerdem die 1982 vom → Staatsrat erlassenen Konflikt- und Schiedskommissionsordnungen.

K. mußten in Betrieben und Einrichtungen mit mehr als 50 Mitarbeitern gebildet werden; in kleineren Einrichtungen war ihre Bildung zulässig, aber gesetzlich nicht vorgeschrieben. Die Zuständigkeit einer K. sollte sich i. d. R. auf nicht mehr als 300 Betriebsangehörige erstrecken, weshalb in Großbetrieben entsprechend der Anzahl der ›Abteilungsgewerkschaftsleitungen‹ mehrere K. gebildet wurden (→›Betriebsgewerkschaftsorganisation‹). Die Kommissionsmitglieder – je nach Größe des Betriebes 8–15 Personen – wurden nach den Grundsätzen der Gewerkschaftswahlen von den Betriebsangehörigen für die Dauer von 2 bis 3 Jahren direkt gewählt, und diese wählten dann wiederum aus ihrer Mitte den Vorsitzenden und dessen Stellvertreter. Fast immer wurde allerdings durch Absprachen zwischen der SED-Parteileitung (→›Betriebsparteiorganisation‹, →›Parteisekretär) und der BGL vorher festgelegt, wer diese Funktionen übernehmen sollte.
Die BGL organisierte die Wahl, sorgte für die erforderliche juristische Instruktion der Angehörigen der K. und arbeitete eng mit dem Vorsitzenden der K. zusammen. Zu Mitgliedern einer K. konnten Belegschaftsmitglieder mit Vollendung des 18. Lebensjahres gewählt werden, zumeist wohl solche, die einen guten Ruf hatten und in den Betriebsbelegschaften als vertrauenswürdig galten. Falls diese gegen Gesetze verstießen oder ihre Pflichten als Kommissionsmitglieder gröblichst verletzten, konnten sie abberufen werden. Die Aufsicht über die gesetzeskonforme Tätigkeit der K. wurde von der Staatsanwaltschaft ausgeübt. Nach offiziellen Angaben arbeiteten 1989 in den Betrieben und Einrichtungen 28533 K. mit 255074 gewählten Mitgliedern. Als es im Verlauf der gesellschaftlichen »Wende« 1989/90 zur Auflösung des →FDGB kam, stellten auch die K. ihre Tätigkeit ein.

Funktionen und Wirkungen: Nach der vom →Staatsrat am 12.3.1982 erlassenen ›Konfliktkommissionsordnung‹ hatte eine K. die Aufgabe, die »sozialistische Gesetzlichkeit« durchzusetzen sowie die »Gewährleistung von Ordnung, Disziplin und Sicherheit« in den Betrieben zu fördern. Sie wurden tätig auf Antrag eines Belegschaftsmitglieds bzw. Bürgers oder des Betriebes oder aber auf der Grundlage einer Übergabeentscheidung eines dazu befugten staatlichen Organs (Staatsanwaltschaft, Gericht, Untersuchungsorgan). Die K. verhandelten und entschieden vor allem über Rechtsstreitigkeiten, die sich aus dem arbeitsrechtlichen Verhältnis zwischen Betriebsangehörigen und Betrieb ergaben, aber auch über andere Streitfälle und Vergehen, sofern entweder der Antragsteller oder der Beschuldigte Mitarbeiter des Betriebes waren.
Es wurde großer Wert darauf gelegt, das Arbeitskollektiv in den »Klä-

rungsprozeß« einzubeziehen, um die »erzieherische Wirksamkeit« des Verfahrens sicherzustellen. Deshalb waren die Beratungen der K. öffentlich, und die betroffenen Seiten waren verpflichtet, in der Verhandlung Auskunft zu geben. Kläger wie Angeschuldigte hatten das Recht, sich durch die Gewerkschaft, die Rechtsauskunftsstellen der Kreisgerichte sowie durch Rechtsanwälte beraten zu lassen. Entscheidungen einer K. über die verhandelten Rechtssachen waren rechtskräftig, wenn sie in Anwesenheit von mindestens 4 Kommissionsmitgliedern gefällt worden waren; über Einsprüche gegen diese Entscheidungen entschied das Kreisgericht.
Zu Empfehlungen der K. hatten die Leiter der Betriebe und Einrichtungen sowie die Repräsentanten gesellschaftlicher Organisationen innerhalb von 14 Tagen Stellung zu nehmen. Da die Arbeitsrechtssprechung deutlich auf die Interessen der Werktätigen zugeschnitten war, war es für die Betriebsleitungen i. d. R. außerordentlich schwierig, im Falle einer Interessenkollision auf dem Rechtswege die betrieblichen Belange gegen den Arbeitnehmer durchzusetzen. Entlassungen von schwer säumigen Mitarbeitern waren so gut wie nie durchzusetzen, es sei denn, der Betreffende hatte sich »politischer Vergehen« schuldig gemacht. War das der Fall, so konnte eine fristlose Kündigung sofort ausgesprochen werden. Wurden Ermittlungen gegen den Betreffenden eingeleitet, dann wurde der K. die Zuständigkeit für die Angelegenheit entzogen.

Konsumgenossenschaft (KG)
→ Verband der Konsumgenossenschaften

Konto junger Sozialisten, 1974–1989
Geldfonds zur Förderung und Anerkennung von Jugendinitiativen

Nach einem gemeinsamen Beschluß des →›Ministerrats der DDR‹ und des Zentralrats der →FDJ vom 21. 3. 1974 wurden K. auf betrieblicher, regionaler und zentraler Ebene eingerichtet. Ihnen sollten jene Mittel zugeführt werden, die zusätzlich zum Plan in folgenden Produktions- bzw. Tätigkeitsbereichen erwirtschaftet bzw. eingespart worden waren: Mitwirkung der Jugend in der →MMM- und ›Neuererbewegung‹ oder an →›Jugendobjekten‹, Beteiligung von ›Jugendkollektiven‹ (→Brigaden) am Bau von Rationalisierungsmitteln, an Forschungs- und Entwicklungsaufgaben; weiterhin Mitarbeit bei Bau, Rekonstruktion, Modernisierung und Werterhaltung gesellschaftlicher Einrichtungen sowie Einsatz in Lagern der Erholung und Arbeit bzw. in ›Jugendstudentenbrigaden‹.
Den K. waren 0,5 Prozent der geplanten Lohnsumme der ›Jugend-

kollektive‹ sowie je 1 Prozent von einer Überbietung der Arbeitsproduktivität und 5 Prozent von den zusätzlich zum Plan erzielten Einsparungen bzw. Nutzensteigerungen zuzuführen. Von der Gesamtsumme verblieben lediglich 25 Prozent auf dem K. des jeweiligen Betriebes; 25 Prozent wurden an das beim jeweils zuständigen Rat des Kreises bzw. Rat des Stadtbezirkes bestehende K. abgeführt, und 50 Prozent mußten dem ›Zentralen Konto junger Sozialisten‹ beim →›Amt für Jugendfragen‹ überwiesen werden, das von der →Staatsbank der DDR geführt wurde. Den K. wurden sowohl zur Finanzierung von Neubauten oder Modernisierungen von Jugend- und Freizeiteinrichtungen Beträge entnommen wie zur Unterstützung massenpolitischer, kultureller, sportlicher, touristischer und wehrerzieherischer Maßnahmen.

Kontrollposten der FDJ, 1952–1989
Kontrollorgane der FDJ-Leitungen

Die K. wurden seit 1952 nach sowjetischem Muster in →VEB und später in allen Bereichen der Wirtschaft gebildet. Als K. arbeiteten gewählte oder von der FDJ-Leitung berufene Mitglieder der →FDJ, die für eigenständige betriebliche und regionale FDJ-Kontrollaktionen eingesetzt bzw. zur Mitwirkung bei →ABI-Kontrollen herangezogen wurden. In größeren Industriebetrieben arbeiteten sie mit den gewerkschaftlichen Arbeiterkontrolleuren zusammen. Solche Kontrollaktionen betrafen u. a.: Qualitätskontrollen, Kontrollen zur Material- und Energieeinsparung, Kontrollen in der Landwirtschaft hinsichtlich der Einsatzbereitschaft von Landtechnik und der Nutzung des Bodens. Die K. führten auch – selbständig oder gemeinsam mit der ABI – Überprüfungen durch, die zeitlich begrenzt und auf gesamtgesellschaftliche Schwerpunkte gerichtet waren: z. B. Massenkontrollen zur Einhaltung des Jugendgesetzes oder der Verwendung des DDR-Bodenfonds.
Zum Jahreswechsel 1972/73 fand eine der spektakulärsten FDJ-Kontrollaktionen statt. Das →Ministerium für Erzbergbau, Metallurgie und Kali hatte sich mit der dringenden Bitte an den FDJ-Zentralrat gewandt, Schrottreserven zu erschließen. Zum Jahresende hatten die Stahlwerke den Produktionsplan beträchtlich überschritten und die Schrottreserve verbraucht; gleichzeitig waren viele Betriebe nicht in der Lage, ihre Verpflichtungen zur Schrottablieferung einzuhalten bzw. überzuerfüllen. Daraufhin wurde in den frühen Morgenstunden des 12. 12. 1972 in den Kraftwerken Lübbenau und Vetschau ein »Kontrollpostenalarm« ausgelöst, um Schrottreserven aufzuspüren und zum Abtransport vorzubereiten. Die Aktion wurde auf weitere Betriebe ausgedehnt, so daß – nach FDJ-Angaben – bis zum Abschluß der Aktion am 15. 1. 1973 Jugendliche

aus 1710 FDJ-Grundorganisationen über 30000 Tonnen Stahlschrott erfaßt, aufbereitet und verladen hatten.

Konzert- und Gastspieldirektion (KGD), 1953–1990
Agentur (Agenturen) der Unterhaltungskunst und des Konzertwesens für die Vermittlung von Künstlern und Gastspielen im Inland

Für die Organisation kultureller Veranstaltungen war zunächst ein ›Deutscher Veranstaltungsdienst‹ zuständig. Am 19. 12. 1952 beschloß der Ministerrat die Gründung eines ›VEB Konzert- und Gastspieldirektion‹, der mit dem 1. Januar des kommenden Jahres seine Tätigkeit aufnehmen sollte. Mit diesen Datum übernahm der neue → ›Volkseigene Betrieb‹ die Aufgaben des zum Jahresende 1952 aufgelösten Veranstaltungsdienstes; nun oblag es der K., Musik- und Theateraufführungen einschließlich Kleinkunstveranstaltungen, Puppenspielen und Zirkusgastspielen zu arrangieren und darüber hinaus im Bereich der bildenden Künste Ausstellungen und Lichtbildervorträge zu veranstalten; sie unterstand dabei der → ›Staalichen Kommission für Kunstangelegenheiten‹, die darüber befinden konnte, welche Veranstaltungen als »kulturpolitisch notwendig« und somit vergnügungssteuerfrei gelten sollten.
Im Rahmen ihrer Tätigkeit übernahm sie auch die Vermittlung von Solisten und Ensembles innerhalb der DDR. Sie pflegte enge Beziehungen zu Radio- und Fernsehsendern sowie zum → ›VEB Deutsche Schallplatte‹; außerdem arbeitete sie stets eng zusammen mit der seit 1960 bestehenden → ›Künstler-Agentur der DDR‹, die Gastspiele und Engagements im Ausland vermittelte. Die K., die bis Anfang 1973 eine zentrale Institution mit Sitz in Berlin/DDR war, wurde dann in Bezirkseinrichtungen aufgegliedert. Diese waren als sog. → ›Haushaltsorganisationen‹ den → Räten der Bezirke nachgeordnet; sie hatten weiterhin die Aufgabe, künstlerische Veranstaltungen zu organisieren und durchzuführen. In Abstimmung mit den jeweiligen Kulturabteilungen der Räte der Bezirke waren sie angewiesen, »den Inhalt und die Termine der Programme mit den politischen und ökonomischen Schwerpunktaufgaben und den Volkswirtschaftsplänen der Bezirke« abzustimmen.
Die K. waren angehalten, sich besonders der Organisation von Veranstaltungen in den kulturellen Zentren der Städte, der Landwirtschaft und in den Wohngebieten sowie bei den »bewaffneten Organen« zu widmen. Die Vermittlung von national bekannten, professionell wie nebenberuflich arbeitenden Künstlern gehörte ebenso zu den Aufgaben der K. wie die Unterstützung von Klubs und Kultureinrichtungen bei der Gestaltung eigener künstlerischer Programme. Die Anleitung der bezirklichen K. erfolgte über die zuständige Abteilung im → MfK. Ab 1973 gab es einen Rat

der KGD-Direktoren, dessen Vorsitz i. d. R. dem Berliner KGD-Chef überlassen wurde.

Direktoren/Generaldirektoren: Rudolf Hösch; Kurt Grösch; Josef Griffaton; Helmut Damerius; Hans Bugenhagen (Vorsitzender des Rates der KGD-Direktoren)

Kreiseinsatzleitungen

→ Einsatzleitungen der DDR

Kreisplankommission

→ Bezirksplankommission

Kreistag

→ Örtliche Volksvertretungen

Künstler-Agentur der DDR, 1960–1990

Die K. wurde am 1.5.1960 als ›Deutsche Künstler-Agentur GmbH Berlin‹ gegründet und führte seit dem 1.9.1968 die Bezeichnung ›Künstler-Agentur der DDR‹. Sie war für die Vermittlung von Künstlern und Gastspielen im Ausland zuständig. Diese Aufgaben hatten zuvor der ›Deutsche Veranstaltungsdienst‹ bzw. die 1953 daraus hervorgegangene →›Konzert- und Gastspieldirektion‹ mit wahrgenommen. Seit ihrem Bestehen war allein die K. berechtigt, Künstler und künstlerische Ensembles aus der DDR ins Ausland zu vermitteln und Gastspiele ausländischer Künstler in der DDR zu arrangieren. Sie arbeitete in Abstimmung mit den für die Inlandsvermittlung zuständigen, jeweils auf Bezirksebene tätigen ›Konzert- und Gastspieldirektionen‹ und regelte die Zusammenarbeit mit den →Staatlichen Komitees für Rundfunk und Fernsehen und mit dem →›VEB Deutsche Schallplatte‹ in langfristigen Rahmenverträgen. Mit den sozialistischen Staaten in Osteuropa wurden jährlich Protokollvereinbarungen über die jeweilige Zusammenarbeit abgeschlossen.

Umwandlung: Die K. nahm 1990 wieder den ursprünglichen Namen ›Deutsche Künstler-Agentur GmbH Berlin‹ an und versuchte, als privates Unternehmen weiterhin im Agenturgeschäft zu bleiben.

Direktoren/Generaldirektoren: Helmut Damerius (1960–1961); Ernst Zielke (1961–1972); Hermann Falk (1972–1990)

Künstlerclub ›Die Möwe‹, 1946–1990

Berliner Künstlertreffpunkt

Am 15.6.1946 stellte die →SMAD das in der Berliner Luisenstraße (später Hermann-Matern-Straße) gelegene Palais des Grafen von Bülow den Ostberliner Bühnenkünstlern zur Verfügung. Der in der Nähe von ›Deutschem Theater‹ und ›Schiffbauerdamm-Theater‹ gelegene Ort für Gespräche und freundschaftliche Treffs der Theaterleute entwickelte sich dann zum Veranstaltungshaus für die Mitglieder der →Gewerkschaft Kunst und der Künstlerverbände. Dort boten mehrere Salons eine angenehm lockere Atmosphäre für Diskussionen über künstlerische und kulturpolitische Fragen. Zudem fanden häufig genreübergreifende Veranstaltungen statt, die einen probierfreudigen »Laboratoriumscharakter« hatten. So wurde der K. in Ostberliner Künstler- und Intellektuellenkreisen zum Geheimtip für interessante Begegnungen und zur Börse für bedeutsame Hintergrundinformationen wie für Klatsch und Tratsch. Eine besondere Attraktion war die von Bibliotheksleiter Wolfgang Winkler seit Mitte der 60er Jahre aufgebaute Theaterwissenschaftliche Fachbibliothek, die als Ausleihbibliothek mit einem Bestand von 55000 Bänden einzigartig war.

Im September 1990 mußte das Haus zunächst aus Geldmangel schließen. Im Juni 1991 wurde es aus Anlaß seines 45jährigen Bestehens jedoch wieder geöffnet, und die in die »Warteschleife« abgeschobenen Mitarbeiter erhielten mit Wirkung vom 1.7.1991 neue Arbeitsverträge. Diese wurden allerdings bald darauf wieder annulliert und den Mitarbeitern gekündigt. Um die wertvolle Immobilie war eine heftige Rangelei ausgebrochen, die der rechtmäßige Erbe dadurch beendete, daß er das Haus den Berliner Maklern Manfred Hillenbrand und Wilfried Euler verkaufte. Gemeinsam mit dem im August 1991 als Verein gegründeten Künstlerclub ›Die Möwe‹ e.V. (Vorsitzender: Rolf Krickow) entwickelten die neuen Hausbesitzer ein tragfähiges kommerzielles Konzept, aufgrund dessen der Club im Juni 1992 neu eröffnet werden konnte.

Kulturbund der DDR (KB), 1945–1990

Auf dem Gebiet der Kultur wirkende Massenorganisation

Geschichte und Organisation: Aus handschriftlichen Notizen Bechers, die im ›Johannes-R.-Becher-Archiv‹ der →›Akademie der Künste‹ aufgefunden wurden, ist inzwischen bekannt, daß Becher am 25.9.1944 im Moskauer ›Hotel Lux‹ einen Vortrag hielt, in dem er vor Wilhelm Pieck, Walter Ulbricht, Anton Ackermann, Sepp Schwab, Arthur Pieck, Hans Rodenberg, Maxim Vallentin u.a. seine Konzeption zur kulturell-ideologischen Arbeit der KPD im künftigen Deutschland darlegte. Im Auftrage W. Piecks trug Becher dann im Februar 1945 führenden KPD-Funktionären erneut Überlegungen vor, wie nach der Niederlage Hitlers das geistige

Leben in Deutschland unter Führung der KPD zu erneuern sei. Vor allem konzentrierte er sich auf die Frage, mit welchen Mitteln und Methoden ein möglichst breites Spektrum von Kultur- und Geistesschaffenden bündnispolitisch an die KPD zu binden wäre. Vor 1933 hatte die KPD-Führung eine sektiererische, überhebliche Haltung gegenüber Künstlern und Intellektuellen eingenommen und dadurch selbst viele von Herzen linke Kunstavantgardisten abgestoßen.

Sofort nachdem Becher am 8.6.1945 in Berlin eingetroffen war, nahm er, unterstützt von Offizieren der →SMAD und kommunistischen Schriftstellern wie Willi Bredel, Fritz Erpenbeck und Friedrich Wolf, Kontakte zu prominenten Wissenschaftlern und Künstlern auf, um mit ihnen über Möglichkeiten und Ziele einer geistigen und kulturellen Erneuerung Deutschlands zu sprechen. Im Ergebnis dieser Sondierungen beschloß eine Gruppe führender Berliner Vertreter des geistig-kulturellen Lebens – u. a. Eduard Spranger, der Rektor der Berliner Universität, Schauspieler Paul Wegener, Pfarrer Otto Dilschneider, Opernregisseur Ernst Legal, Gustav Dahrendorf, Ferdinand Friedensburg, Johannes R. Becher, Otto Winzer, Gustav von Wangenheim – bei einer Zusammenkunft am 25.6.1945 die Gründung eines ›Kulturbundes zur demokratischen Erneuerung Deutschlands‹, wozu die SMAD noch am selben Tage eine Genehmigung erteilte.

Am 4.7.1945 organisierten dann Kommunisten und sowjetische Kulturoffiziere im Sendesaal des Rundfunkhauses in der Berliner Masurenallee eine große Konferenz, auf der die Versammelten nach bekundetem Willen als ›Kulturbund zur demokratischen Erneuerung Deutschlands‹ an die Öffentlichkeit traten. Die Anwesenden beschlossen ein »Manifest«, in dem gefordert wurde, die Irrlehren des Faschismus aus Denken und Fühlen der Deutschen zu verbannen und eine Wiedergeburt der deutschen Kultur im Zeichen der Wahrheit und des freiheitlich-demokratischen Geistes zu vollziehen: »Wir müssen der Wahrheit wieder die Ehre geben, um unsere nationale Ehre wiederzugewinnen.« Am 8.8.1945 fand dann in den Räumen der ehemaligen ›Reichsfilmkammer‹ in Berlin-Charlottenburg die offizielle Gründungskonferenz statt. Präsident des K. wurde Johannes R. Becher, zu Vizepräsidenten wählte man den Maler Carl Hofer, den Schriftsteller Bernhard Kellermann und später noch den Altphilologen Johannes Stroux. Als höchstes Organ amtierte ein aus 26 Personen gebildeter Präsidialrat, dem neben vielen Intellektuellen auch Politiker aller zugelassenen Parteien angehörten. Sekretär des K. wurde Heinz Willmann (KPD), einer der engsten Mitarbeiter Bechers.

Der K. betätigte sich zunächst interzonal und überparteilich und knüpfte auch Arbeitskontakte zu den westlichen Besatzungsmächten; Publikationen des K. wurden z. B. in Bayern und Württemberg als Lesestoff in den Schulen empfohlen. Mit Unterstützung der SMAD entfaltete er eine rege und wirksame Medienarbeit: Die Rundfunksender der SBZ strahlten die ›Stimme des Kulturbundes‹ aus; bereits im September 1945 erschien die Monatszeitschrift ›Aufbau‹, und ab 1946 gab der K. auch die kulturpolitische Wochenzeitung ›Sonntag‹ heraus. 1946 gründete man in vielen Städten ›Klubs der Intelligenz‹, für die die SMAD Häuser zur Verfügung stellte, die aber i. d. R. nicht in das Eigentum des K. übergingen. Auch in Ländern und Städten Westdeutschlands entstanden zahlreiche Kulturbund-Organisationen, die aber bald behindert und nach dem 1956 ausgesprochenen KPD-Verbot auch als »verfassungsfeindlich« verboten wurden – so etwa 1959 der Landesverband Nordrhein-Westfalen, der stärkste in der BRD.

Trotz des einsetzenden Kalten Krieges und des zunehmenden Drucks der SED auf den K. versuchten Mitglieder zunächst noch Unabhängigkeit und Überparteilichkeit zu bewahren. Noch 1947 wurde eine Erklärung verabschiedet, in der es hieß: »Somit ist es ein Akt der Selbstbehauptung, wenn wir uns gegen jeden Eingriff seitens einer Partei aufs entschiedenste wehren ... Wir wünschen auch nicht, daß behördliche Funktionen mit solchen innerhalb des Kulturbundes verquickt werden und unsere Bewegung auf diese Weise einen halboffiziellen Charakter erhält«; und weiter: »Wir gestehen keiner Partei das Recht zu, eine geistig-kulturelle Erneuerung Deutschlands für sich allein in Anspruch zu nehmen ... Wir sind gegen Monopole jeder Art, auch auf kulturell-weltanschaulichem Gebiet.«

Doch unter den Bedingungen der sich verschärfenden Blockkonfrontation wirkte das Übertragen stalinistisch geprägter Ideologie wie die Durchsetzung entsprechender Organisationsstrukturen auf alle gesellschaftlichen Bereiche in der SBZ so zerstörend, daß auch die anfangs durchaus gewollten überparteilichen Zielsetzungen der kulturellen Aufbauarbeit zunichte wurden. Die SED-Mitglieder im K., die sich nach ihrem Selbstverständnis als »geistige Ordnungsmacht« wähnten, bezogen nun weltanschauliche wie künstlerische Gegensätze, die anfangs im Hintergrund blieben, auf die aktuellen Ost-West-Auseinandersetzungen. In Berlin untersagte 1947 im Oktober die amerikanische und im November die britische Militärregierung dem K. jede Tätigkeit in den jeweiligen Sektoren der Stadt, und zu etwa derselben Zeit scheiterten auch im Osten diejenigen, die sich für eine freie Verbindung aller Kräfte eingesetzt hatten, weil ihnen eine antifaschistisch-demokratische und weltoffene deutsche Kultur am Herzen lag.

Ausdruck dieses Scheiterns war das Ausscheiden und Ausschließen prominenter Mitbegründer des K.; betroffen waren u. a. Ferdinand Friedensburg und Ernst Lemmer; letzterer hatte noch am 26.11.1947 erklärt, »daß sich nicht der Kulturbund in den zweieinhalb Jahren seines Bestehens geändert« habe, »sondern die Welt um ihn«. Gemeinsam mit anderen prominenten Präsidialratsmitgliedern appellierte Lemmer an die amerikanische und britische Militärregierung, ihre Verbote zurückzunehmen. Einige Monate später aber, auf dem Höhepunkt der Berlin-Krise, schloß die Berliner Landesleitung Friedensburg wegen »Antisowjet- und Kriegshetze« aus den Reihen des K. aus.

Der II. Bundeskongreß des K., der vom 23.–27.11.1949 in Berlin stattfand, folgte dann im wesentlichen den kulturpolitischen Vorgaben des SED-Parteivorstandes. Der Kongreß verabschiedete »Grundaufgaben«, in denen neben dem Bekenntnis zur deutschen Einheit die Freundschaft mit der Sowjetunion, das Bündnis zwischen Werktätigen und Intelligenz sowie die »planmäßige Verbindung von Wissenschaft und Kunst mit dem sich neu gestaltenden Leben unseres Volkes« gefordert wurden. Danach wurde der K. zunehmend enger mit den Strukturen von Staat und Staatspartei verquickt. So nahm er im Oktober 1950 gemeinsam mit den Blockparteien und anderen Massenorganisationen auf einer von der SED dominierten Einheitsliste an den Wahlen zur → Volkskammer und zu den Landtagen in der DDR teil (→ Blockpolitik). Damals erhielt der K. insgesamt 405 Mandate in der Volkskammer sowie in den Kreis- und Landtagen, und er war dann bis 1990 mit einer eigenen Fraktion in den Volksvertretungen präsent. Die zunehmende Verquickung wird besonders anschaulich an den von J. R. Becher bekleideten Ämtern; der fungierte gleichzeitig als Mitglied des → ZK der SED, Präsident der → ›Akademie der Künste‹ (1953–1956), Minister für Kultur (1954–1958) und Präsident des K. (1945–1958).

Als in den Jahren von 1951–1954 im kulturellen Leben der DDR differenziertere Strukturen ausgebildet wurden (→ Kulturpolitik), änderten sich auch Stellung, Funktion und Organisation des K. Am 1.4.1952 erfolgte die Abtrennung der Künstlerverbände, die 1950/51 zunächst alle unter dem Dach des K. gegründet worden waren: der → ›Deutsche Schriftstellerverband‹, der → ›Verband Bildender Künstler‹ und der → ›Verband der Komponisten und Musikwissenschaftler‹ verselbständigten sich. Die Funktion als Dachverband der Künstlervereinigungen hatte sich wegen Überzentralisierung bald als wenig sinnvoll erwiesen; indem der K. sie aufgab, büßte er jedoch – aus Sicht der SED – erheblich an kultur- und kunstpolitischer Bedeutung ein. Die dogmatischen Kräfte in der SED-Führung hatten fortan leichteres Spiel, ihren kunstfeindlich-bornierten Kurs durchzusetzen, hatten sie doch aufgrund der nun weitgehend ausge-

gliederten Kunstproblematik seitens des K. weniger Widerstand zu befürchten. Becher, ein von sozialistischen Idealen durchdrungener Mann, der bis zu seinem Tode 1958 für die Einheit Deutschlands und immer wieder für eine Öffnung der Kulturpolitik eintrat, verlor zudem nach der Niederschlagung des ungarischen Volksaufstandes durch sowjetische Truppen seinen politischen Einfluß.
Auf dem V. Bundeskongreß des K. im Februar 1958 bestätigten dann die Delegierten vorbehaltlos die von der SED-Führung vorgegebene Linie. Im beschlossenen Programm, den »Grundaufgaben des Deutschen Kulturbundes«, hieß es, daß der Bund das Ziel verfolge, »alle Kreise der Intelligenz von der Notwendigkeit der Auseinandersetzung mit der bürgerlichen Ideologie zu überzeugen, diese Auseinandersetzung zu vertiefen und die Intelligenz dadurch für eine bewußte Teilnahme am Aufbau unserer sozialistischen Gesellschaft zu gewinnen«. Der Kongreß beschloß die Umbenennung des K. in ›Deutscher Kulturbund‹. Durch erhebliche personelle Veränderungen im Präsidium wurde fortan gewährleistet, daß dieser willig den kulturpolitischen Wendungen der SED folgte und mithalf, die staatliche Kulturpolitik durchzusetzen. Der VIII. Bundeskongreß beschloß dann im Oktober 1972 die Umbenennung in ›Kulturbund der DDR‹.
Der K. war nach dem Prinzip des → demokratischen Zentralismus aufgebaut. Höchstes Organ war der Bundeskongreß, der den Präsidenten, den Präsidialrat und die Zentrale Revisionskommission wählte. Der Präsidialrat wählte aus seiner Mitte das Präsidium sowie den 1. Bundessekretär, den Geschäftsführer und weitere Bundessekretäre, die das Sekretariat des Präsidiums bildeten. Dieses war unter Leitung des 1. Bundessekretärs für die kulturpolitische Anleitung und Kontrolle aller Teile der Organisation verantwortlich. Auf Bezirks- bzw. Kreisebene waren Delegiertenkonferenzen die Organe des K.; sie wählten die entsprechenden Leitungen und deren Arbeitsausschüsse sowie die als eigentliche Schaltzentralen wirksamen Bezirks- und Kreissekretariate.
Die innerhalb des K. bestehenden Verbände und Fachgesellschaften wählten ihrerseits auf eigenen Delegiertenversammlungen Bezirks- und Kreisvorstände; da diese jeweils in ihrem Zuständigkeitsbereich die fachbezogene Anleitung für sich beanspruchten, kam es gelegentlich zwischen den beiden Leitungsebenen zu inhaltlichen und kulturpolitischen Kontroversen. Die Basis (Grundorganisationen) bildeten Ortsgruppen, ›Klubs der Intelligenz‹ sowie Hoch- und Fachschulgruppen. Innerhalb dieser bestanden wiederum ca. 11800 Interessen- und Arbeitsgemeinschaften, Freundeskreise und Fachgruppen, in denen 1987 rd. 273000 Mitglieder eingeschrieben waren. Der K., der 1989 rd. 160 Klubs bzw.

Klubhäuser und etwa 450 Galerien unterhielt, wurde in den 80er Jahren mit jährlich 30 Millionen Mark staatlich subventioniert.

Funktionen und Wirkungen: Ursprünglich hatte man dem K. vorrangig bündnispolitische Funktion zugewiesen, indem er die Mehrheit der Kulturschaffenden in die KPD- bzw. SED-Politik einbinden sollte. In der um eigene Staatlichkeit bemühten DDR entwickelte er sich dann zu einer auf allen Gebieten der Kulturpolitik arbeitenden sozialistischen Massenorganisation, in der sich kulturell interessierte Bürger aller Berufe und Schichten, besonders aber die im Kulturbetrieb tätige Intelligenz organisierten. Die Leitung des K. steuerte ohne Abweichung auf dem von der SED-Führung vorgegebenen kulturpolitischen Kurs; der seit 1957 amtierende 1. Bundessekretär Karl-Heinz Schulmeister sah die Stellung der Organisation innerhalb der DDR-Gesellschaft so: »Der Kulturbund ist auf allen Ebenen seiner staatlichen Tätigkeit Kraft und Mittler des Bündnisses, das die Arbeiterklasse mit der Intelligenz verbindet ... Das Bestreben des Kulturbundes, seine Einbeziehung in die sozialistische Staatsmacht, gehören zu den historischen Errungenschaften unserer Republik.«
Die öffentlich-politische Repräsentanz des K. entsprach dieser Anmaßung allerdings nicht: Er entsandte zwar Mandatsträger in die Volksvertretungen und hielt in der letzten Volkskammer 21 Sitze, doch belegte er damit hinter dem →›Demokratischen Frauenbund Deutschlands‹ (32 Mandate) und vor der →›Vereinigung der gegenseitigen Bauernhilfe‹ (14 Mandate) lediglich einen vorletzten Platz. In den 7804 örtlichen Volksvertretungen war er Ende der 80er Jahre sogar nur noch mit insgesamt 2908 Abgeordneten vertreten; das entsprach gerade einem Prozent aller Sitze und bedeutete hinter dem →›Verband der Konsumgenossenschaften der DDR‹, der 3 Prozent hielt, den letzten Platz.
In den gewählten Leitungen des K. saßen auf allen Ebenen »Nomenklatur-Kader« der SED, deren Auswahl und Einstellung der Zustimmung der jeweiligen SED-Gremien (ZK, Bezirks- bzw. Kreisleitungen der SED) bedurfte. In der Praxis bedeuteten solche Funktionsbesetzungen in der DDR, daß SED- und FDJ-Funktionäre, die aus vielerlei Gründen für »höhere« Aufgaben nicht verwendbar waren, oder auch »Abgetakelte« dort Versorgungsposten erhielten. Dennoch gab es vor allem auf den mittleren und unteren Ebenen viele Mitarbeiter, darunter selbstverständlich auch zahlreiche SED-Mitglieder, die aus kulturellem Engagement regionale und lokale Traditionen am Leben erhielten und auch die Entwicklung kultureller Neuerungen förderten. Der K. war keine Organisation von Professionellen und Privilegierten; er entwickelte durch

das vielfältige Wirken seiner Mitglieder, durch deren Liebe zur Heimat, zu den Künsten und zu ihren Hobbys eine eigene Identität.
Die Gesetzgebung und deren Auslegung machten es in der DDR unmöglich, außerhalb bestehender, offiziell zugelassener Strukturen unabhängige Vereine zu bilden, in denen sich Bürger zur Pflege gemeinsamer Interessen hätten zusammenschließen können. Deshalb wurde der K. für viele zur einzigen Vereinigung, in der sie wenigstens Hobbygruppen und Arbeitsgemeinschaften bilden konnten. In der Beschränkung lagen allerdings auch einige Vorzüge: Es waren keine aufwendigen Prozeduren einer Vereinsgründung und -führung erforderlich, und i. d. R. waren die gesetzlich zugesicherten Voraussetzungen für gemeinschaftliche Aktivitäten – kostenlose Raumnutzung, Publikationsmöglichkeiten, Genehmigungen öffentlicher Veranstaltungen u. a. m. – auch gegeben.
Vielerorts bot solch eine Vereinigung die oft zitierten »Nischen«, die es den Menschen ermöglichten, sich in »unpolitische« Bereiche zurückzuziehen. Aber die Rückzugsmöglichkeit änderte nichts an der allgegenwärtigen Grundbedingung, daß auch alle im Bereich der Freizeitkultur entwickelten Initiativen letztendlich unter staatlicher Kontrolle blieben. So gab es genügend Beispiele für argwöhnische Bevormundung und Behinderung, etwa wenn Gruppen, die sich mit Natur-und Umweltproblemen befaßten, in ihren Arbeitsmöglichkeiten beschnitten wurden oder sogar ihrer Legalität verlustig gingen, weil man sie aus dem K. hinausgedrängt hatte.
Gesellschaften und Arbeitsgemeinschaften, die sich im Schoße des K. gebildet hatten, wiesen häufig auf gravierende Probleme der DDR-Gesellschaft hin und setzten sich im Rahmen ihrer Möglichkeiten für Abhilfe ein. Die so engagierten Mitglieder wollten auch nach der 1989 eingetretenen »Wende« in einem reformierten K. verbleiben; etwa die rd. 40000 Mitglieder der am 13. 2. 1980 gebildeten ›Gesellschaft für Natur und Umwelt‹ (GNU). Regionale Arbeitsgruppen der ›Natur- und Heimatfreunde‹ waren schon Anfang der 50er Jahre entstanden, und seitdem war die Anzahl ihrer Interessen- und Arbeitsgemeinschaften auf ca. 1600 angestiegen. Sie wurden in der GNU zusammengefaßt, die sich in die Fachausschüsse für Landeskultur und Naturschutz, Dendrologie, Ornithologie und Vogelschutz, Entomologie, Höhlen- und Karstforschung, Wandern und Touristik gliederte. Die hier vereinten Kulturbundmitglieder legten in ihrer Freizeit Naturlehrpfade an, markierten Wanderwege, betrieben Arten-, Natur- und Landschaftsschutz. Die GNU bestand nach 1989 als ›Bund für Natur und Umwelt‹ im K. weiter.
Bereits am 25. 5. 1955 hatte die ›Pirckheimer-Gesellschaft zur Pflege des schönen Buches im Kulturbund‹ ihre Arbeit aufgenommen, die unter Bi-

bliophilen ein hohes Ansehen genoß. Am 19.4.1969 wurde in Leipzig der ›Philatelistenverband der DDR‹ im Kulturbund gegründet. Ende der 70er/Anfang der 80er Jahre genehmigte dann das ZK der SED die Bildung weiterer Gesellschaften; so entstand am 3.6.1977 die ›Gesellschaft für Denkmalpflege‹; am 17.1.1979 die ›Gesellschaft für Heimatgeschichte‹; am 24.5.1981 der ›Esperantoverband‹ und am 24.3.1982 die ›Gesellschaft für Fotografie‹.
Die ›Gesellschaft für Denkmalpflege‹, deren Mitglieder manch ein örtliches Denkmal vor dem Verfall bewahrten, gliederte sich in Arbeitsgruppen für technische Denkmale, Städtebau und Architektur, Denkmale der politischen Geschichte, Denkmale der Kultur und Lebensweise der werktätigen Klassen und Schichten sowie Denkmale der Park- und Landschaftsgestaltung. Die ›Gesellschaft für Heimatgeschichte‹ gliederte sich in Fachausschüsse für Heimatgeschichte, Ortschronik, Ur- und Frühgeschichte, Volkskunde, Numismatik, Zinnfiguren, Mundart. Weiterhin bestanden im K. Zentrale Kommissionen für bildende Kunst, Literatur, Musik, Film und Fernsehen, Vivaristik, Wissenschaft, ein ›Zentraler Fachausschuß für Astronomie‹ sowie die Zentralen Arbeitskreise ›Ernst Barlach‹, ›Johannes R. Becher‹ und ›Friedrich Schiller‹.
Eine wichtige Rolle im K. spielten die ›Klubs der Intelligenz‹, die schon zu Beginn der 50er Jahre in fast allen Bezirks- und Kreisstädten gebildet worden waren und von denen 1989 noch etwa 170 bestanden. Diese unterstanden zunächst dem K., doch wurde deren »Anleitung und Kontrolle« 1954 dem neugebildeten →Ministerium für Kultur übertragen, worauf dann allerdings die SED kritisierte, es häuften sich in den Klubs »politische Unabhängigkeitstendenzen«. Da man diese Klubs aber als Begegnungsstätte für Arbeiter und Intellektuelle erhalten und weiter ausbauen wollte, entschied man 1957, sie wieder dem K. zu unterstellen. Tatsächlich waren die Klubs Treffpunkte der künstlerischen, wissenschaftlichen und technischen, weniger der pädagogischen Intelligenz. Dort wurden in vielfältigen kulturellen Veranstaltungen Möglichkeiten des interdisziplinären Erfahrungsaustausches angeboten und Qualifizierungs- und Bildungsmaßnahmen organisiert.
Im Mittelpunkt des Klublebens standen häufig auch künstlerische und gesellige Veranstaltungen; vor allem aber bot sich dort Gelegenheit, sich bei gutem Bier oder einem trockenen bulgarischen Rotwein zu treffen. Die »Arbeiterklasse« blieb weitgehend draußen, doch ihren selbsternannten Funktionären konnte man dort öfter begegnen. Großer Beliebtheit erfreuten sich z. B. die Veranstaltungen im Club der Kulturschaffenden ›Johannes R. Becher‹ in Berlin-Mitte. Dieser zentrale K.-Klub war – obwohl nie so bezeichnet – der erste »Intelligenzklub« im Lande. Hier fanden häu-

fig Debatten mit prominenten Politikern, Künstlern und Wissenschaftlern statt, die keinesfalls nur die sozialistische Oberfläche polierten.

Umwandlung: Im Oktober 1989 setzte eine z. T. sehr heftige, an die Leitungen des K. gerichtete Kritik der Mitglieder ein, die vor allem politische Bevormundung und undemokratische Strukturen im K. anprangerte. Sie führte dazu, daß auf allen Ebenen immer mehr Funktionäre zurücktraten. Auf einer Präsidiumssitzung vom 13.10.1989 wurde jedoch noch ein Kommuniqué verabschiedet, in dem die »penetranten Aufforderungen zu Reformen, die uns Gegner des Sozialismus Tag für Tag überreichen«, zurückgewiesen wurden. Doch dem unaufhaltsamen Gang der Ereignisse konnte sich auch die Führungsspitze des K. nicht mehr lange entgegenstemmen: Ende November 1989 trat das Präsidium zurück, nachdem es zuvor noch ein Arbeitspräsidium unter der Leitung von K.-H. Schulmeister gewählt hatte, das für März 1990 einen ao. Bundeskongreß vorbereiten sollte.

Dieser fand vom 22.–23.3.1990 in Potsdam statt und wählte Marianne Piehl zur neuen Präsidentin; die Delegierten stimmten mit großer Mehrheit für den Fortbestand der Organisation, die künftig den Namen ›Kulturbund e. V.‹ tragen und sich für eine »freie demokratische deutsche Kultur« einsetzen sollte. Die darin organisierten Mitglieder sollten sich verstehen als unabhängige Vereinigung kulturell tätiger Bürger, die sich zur Gestaltung ihrer Freizeitinteressen zusammengeschlossen haben und zur kulturellen Eigenständigkeit der Regionen und Kommunen beitragen wollen. Ab Mai 1990 bildeten sich fünf ostdeutsche Landesverbände; der neue, ehrenamtlich tätige Bundesvorstand unterhielt in Berlin eine Geschäftsstelle. Dem so erneuerten Kulturbund sind weiterhin angeschlossen: die ›Pirckheimer-Gesellschaft‹, der ›Bund für Natur und Umwelt‹ sowie die ›Gesellschaft für Fotografie‹.

Im September 1990 wurde dem ›Kulturbund e. V.‹ die Gemeinnützigkeit zugesprochen, und das Bundesministerium des Innern bewilligte Ende des Jahres eine finanzielle Zuwendung in Höhe von 3,4 Mio. DM zur Erhaltung der kulturellen Substanz. Etwa 35 Rechtsträgerobjekte des K. unterstanden laut Parteiengesetz und Einigungsvertrag seit dem 3.10.1990 treuhänderischer Verwaltung. Das bekam allerdings erst Ende 1991 praktische Bedeutung, als die ›Treuhandanstalt‹ der Bundesgeschäftstelle sowie allen Landesgeschäftstellen des K. mitteilte, der Anspruch auf Nutzung von Liegenschaften ehemaliger Massenorganisationen der DDR sei mit dem Jahr 1991 erloschen; nunmehr müßten für eine Nutzung der dem Bundesvermögen zugeschlagenen Liegenschaften Mietverträge zu »ortsüblichen Preisen« abgeschlossen werden. Dagegen

erhob sich in den Reihen des K. heftiger Protest, und man begann, um die Klubs und Kulturhäuser weiter nutzen zu können, wegen möglicher Übernahmen mit den Kommunen zu verhandeln; inzwischen wurde ein Teil der Häuser durch die ›Treuhandanstalt‹ kommunalisiert. Verhandlungen mit der ›Unabhängigen Kommission zur Überprüfung des Vermögens der Parteien und Massenorganisationen‹ blieben bisher ohne abschließendes Ergebnis; eine endgültige Entscheidung über die weitere Verwendung des Kulturbundvermögens steht weiterhin aus.
Der ›Kulturbund e. V.‹ veranstaltete am 8. 12. 1990 in Berlin seinen ersten ›Deutschen Kulturtag‹; die zweite dieser Veranstaltungen fand im März 1992 in Magdeburg statt. Unter dem Generalthema »Die Kultur der Kommune nur eine lokale Aufgabe?« beschäftigten sich die Teilnehmer im Plenum und in Arbeitsgruppen mit kulturellen Perspektiven und Konflikten in der Industriegesellschaft, mit aktuellen Problemen der Jugendarbeit und mit kulturellen Projekten zur Integration ausländischer und älterer Bürger. Im Anschluß an den Kulturtag fand am 29.3. d.J. eine weitere Bundesversammlung statt, während der die in den letzten 2 Jahren erzielten Arbeitsergebnisse der noch 100000 Mitglieder umfassenden Organisation bilanziert wurden. Die Versammlung wählte einen neuen Vorstand, bestätigte Marianne Piehl in ihrem Amt und erarbeitete eine neue Satzung, die dem ›Kulturbund e. V.‹ wieder die Funktion eines Dachverbandes zuwies.

Bundestage / Bundeskongresse: I. BT. vom 20.–21. 5. 1947 in Berlin; II. BT. vom 23.–27. 11. 1949 in Berlin/DDR; III. BT. am 19. 5. 1951 in Leipzig; IV. BT vom 11.–14. 2. 1954 in Dresden; V. BT. vom 7.–9. 2. 1958 in Berlin/DDR; VI.: 8.–9. 6. 1963 in Berlin/DDR; VII. K. vom 5.–7. 4. 1968 in Berlin/DDR; VIII. K. vom 26.–28. 10. 1972 in Dresden; IX. K. vom 22.–24. 9. 1977 in Berlin/DDR; X. K. vom 17.–18. 6. 1982 in Berlin/DDR; XI. K. vom 11.–12. 6. 1987 in Karl-Marx-Stadt; ao. Bundeskongreß vom 22.–23. 3. 1990 in Potsdam
Präsidenten: Johannes R. Becher (1945–1958); Max Burghardt (1958–1977); Hans Pischner (1977–1990); Marianne Piehl (seit 1990)
Ehrenpräsidenten: Gerhard Hauptmann (1945–1946); Johannes R. Becher (1958); Theodor Brugsch (1963); Arnold Zweig (1963–1968); Alexander Abusch (1977–1982); Gertrud Sasse (1987–1990)
Vizepräsidenten: Alexander Abusch (1963–1968 und 1972–1977); Uwe Berger (1982–1990); Theodor Brugsch (1957–1963); Heinrich Deiters (1951–1958); Ferdinand Friedensburg (1947–1948); Heinrich Gemkow (1968–1990); Ernst-Joachim Gießmann (1958–1968); Carl Hofer (1945–1947); Heinz Hofmann (1979–1990); Hans Jacobus (1986–1990); Bernhard Kellermann (1945–1949); Karl Kleinschmidt (1947–1949); Ernst Lemmer (1948–1949); Alfred Meusel (1954–1960); Gerhard Rudolf Meyer (1963–1977); Burkart Philipp (1982–1990); Hans Reichelt (1972–1990); Helmut Sakowski (1968-1990); Gertrud Sasse (1949–1986); Anna Seghers (1947–

1949); Rudolf Schick (1963–1969); Karl-Heinz Schulmeister (1986–1990 1. Vizepräsident); Gustav Seitz (1954–1958); Luitpold Steidle (1968–1972); Eduard Steiger (1963–1985); Johannes Stroux (1946–1954); Erich Wendt (1958–1965); Paul Wiens (1977–1982); Günther Wirth (1972–1990); Arnold Zweig (1949–1963)

Generalsekretäre / 1. Bundessekretäre : Heinz Willmann (1945–1948); Alexander Abusch (1949–1951); Erich Wendt (1951–1953); Karl Kneschke (1953–1957); Karl-Heinz Schulmeister (1957–1990)

Bundessekretäre: Alexander Abusch (1946–1950 sowie 1951–1953); Hugo Bergmann (1958–1963); Manfred Fiedler (1974–1990); Klaus Gysi (1949–1950); Gerhard Haines (1969–1987); Gerhard Henniger (1957–1966); Franz Höppner (1954); Karl Kneschke (1951–1957); Klaus Lenk (1979–1990); Bernd Lohaus (1959–1990); Wilfried Maaß (1984–1990); Gerhard Mertink (1966–1984); Jutta Schmidt (1957); Karl-Heinz Schulmeister (1955–1957); Alex Ständel (1966–1972); Karl-Friedrich Wiese (1951–1957); Dieter Zänker (1984–1990)

Geschäftsführer: Hans Mark (1950–1955); Emil Kirchmeier (1955–1962); Friedrich Mirow (1962–1973); Horst Bänninger (1973–1988); Hans Kathe (1988–1990); Dieter Zänker (seit 1990 Bundesgeschäftsführer)

Landesvorsitzende und Landessekretäre des KB

Groß-Berlin: Johannes Resch (amt.); Heinrich Deiters (1947–1952); Sekretär: Harry Dammerow (ab 1947) • Brandenburg: August Griesebach (1945–1947); Otto Nagel (1947–1952); Sekretär: Willi Ostertag (1945–1947); • Mecklenburg: Willi Bredel (1945–1949); Karl Kleinschmidt (1949–1952); Sekretäre: Theo Tolzien (1947–1948); Karl-Heinz Schulmeister (1948–1952) • Sachsen: Wolfram von Hanstein (1945); Emil Menke-Glückert (1945–1947); Ludwig Renn (1947–1951); Ruth Seydewitz (1951–1952); Sekretär: Karl Kneschke (1946–1951) • Sachsen-Anhalt: Siegfried Berger (1945); Hans Hopp (1946–1947); Rudolf Agricola (1947–1952); Sekretär: Edgar Kirsch • Thüringen: Theodor Plievier (1945–1947); Alexander Mette (1947–1951); Otto Schwarz (1951–1952); Sekretäre: Franz Hammer (1946); Paul Dornberger (1946–1949); Karl Tümmler (1949–1952)

Vorsitzende und Sekretäre der KB-Bezirksleitungen 1952–1989/90

Berlin: Alexander Mette (1957–1963); Hans Pischner (1963–1977); Arno Hochmuth (1977–1990); • Sekretäre: Gerhard Bab (1952–1958); Bernd Lohaus (1959–1987); Christa von Kügelgen (1987–1990)

Cottbus: Conrad Gericke (1952–1954); Hermann Pohlmann; W. Miersch (bis 1968); Joachim Hansmann (1968–1977); Karlheinz George (1977–1990); • Sekretäre: Hans Hillmann; Ursula Neumann (1960–1981); Günter Jurischka (1981–1990)

Dresden: Karl Laux (1952–1972); Horst Rehtanz (1972–1975); Lothar Striebing (1975–1990); • Sekretäre: Bernd Lohaus (1952–1959); H. Grumbach (1959–1970); Heino Hempel (1970–1978); Günter Kirsch (1978–1990)

Erfurt: Georg Schneider (1952); Karl Kayser (1952–1958); Peter Michel (bis 1966); Karl-Heinz Hahn (1966–1987); Lothar Ehrlich (1987–1990); • Sekretäre: Karl Tümmler (1952–1953); Otto Matthies (ab 1953); Kurt Ludwig (ab 1972)

Frankfurt (Oder): Fritz Ruhrberg; Hans Luft (bis 1970); Wilfried Krüger (1970–1972 amt.); Gotthard Schmidt (1972–1982); Kurt Padel (1982–1990); • Sekretäre:

Herbert Schumacher; Heinz Plöger (1965–1967); Heinz Ulber (1967–1984); Peter Schmidt (1984–1990)

Gera: Otto Schwarz (1952–1974); Werner Kahle (1974–1990); • Sekretäre: Georg Zanke; E. Matz; Walter Schilling (1967–1978); Werner Banisch (1978–1987) Udo Hüttner (1987–1990)

Halle: Gertrud Sasse (1952–1982); Hans-Georg Werner (1982–1990); • Sekretäre: Walter Schmidt; Herbert Knospe (1955–1987); Siegfried Petersen (1987–1990)

Karl-Marx-Stadt: Gertrud Korb (bis 1972); Johannes Uhlig (1972–1990); • Sekretäre: Gerhard Mertink (1952–1966); Manfred Fiedler (1966–1974); Joachim Weber (1974–1990)

Leipzig: Gerhard Harig; Joachim Uhlitzsch; Eduard Steiger (1955–1982); Peter Heldt (1982–1990); • Sekretäre: Gerhard Henninger (1952–1957); H. Eisengräber; Harry Wagner (bis 1975); Rudolf Fiedler (1976–1990)

Magdeburg: Gerhard Münch; J. Jörn; Gerd Breuer (1963–1982); Hans-Martin Dietl (1982–1990); • Sekretäre: Robert Staufenbiehl; Kurt Gehrmann (ab 1971)

Neubrandenburg: Reinhard Raschke; Peter Schmidt; Martin Brummund; Gerda Jesch (1963–1965); Dietrich Möwius (1965–1977); Artur Reiß (1977–1988); Albert Franke (1988–1990); • Sekretäre: Richard Brauer; K. Hiller; Günter Pittelkau; Rudolf Kadgin (1970–1990)

Potsdam: Heinz Schmellenmeier (1955–1965); Albert Wilkening (1966–1987); Brunhilde Hanke (1987–1990); • Sekretäre: Hugo Bergmann (1952–1958); Eduard Claudius (bis 1966); Heinz Rupp (1966–1983); Wolfgang Wätzold (1983–1990)

Rostock: Alfred Krause; Bernhard Kraussmann; Jürgen Külz; • Sekretäre: Karl-Heinz Schulmeister (1952–1954); R. Wadephul; Rudi Solms (ab 1960); Rolf Richter (bis 1972); Klaus Bursian (ab 1972)

Schwerin: Ewald Schuldt (1952–1955); W. Schöniger (bis 1967); Hans-Heinrich Leopoldi (1967–1977); Karl-Ernst Sommerfeldt (ab 1977); • Sekretäre: Hans-Heinrich Leopoldi (ab 1952); Hans-Axel Müller (bis 1980); Günter Rehwagen (1980–1990)

Suhl: Fritz Diez; G. Fraas; Alfred Erck (1968–1990); • Sekretäre: Karl Exel; Ernst Lehmann (bis 1964); Willi Opitz (1964–1976); Gotthelf Krannich (1976–1981); Alfred Kirpal (1981–1987); Jochen Witter (1987–1990)

Vorsitzende von Gesellschaften innerhalb des K.

Pirckheimer-Gesellschaft: Bruno Kaiser (1955–1981); Wolfram Körner (1981–1990); • Gesellschaft für Heimatgeschichte: Wilibald Gutsche (1979–1990); • Gesellschaft für Denkmalpflege: Werner Hartke (1977–1990); • Gesellschaft für Natur und Umwelt: Harald Thomasius (1980–1990); • Esperanto-Verband: Hans Heinel (1981–1990); • Gesellschaft für Fotografie: Walter Heilig (1982–1990)

Auszeichnungen/Preise: Höchste Auszeichnung des K. war die ›Johannes R. Becher-Medaille‹ in den Stufen Gold, Silber, Bronze.

Publikationen/Archive: Zum K. gehörte die im August 1945 gegründete ›Aufbau-Verlags-Gesellschaft mbH‹ in Berlin und Weimar, die sich bald schon zum führenden Literaturverlag in der DDR entwickelte und sich besonders um die Veröffentlichung von Werken emigrierter Autoren bemühte; der ›Aufbau-Verlag‹ stand seit 1990 unter Aufsicht der →›Treuhandanstalt‹; im September 1991 übernahm der Frankfurter Makler Bernd F. Lunkewitz die Mehrheitsanteile des Unternehmens;

Verlagsleiter/Direktoren: Kurt Wilhelm (1945–1947); Erich Wendt (1947–1954); Walter Janka (1952–1956); Klaus Gysi (1957–1966); Fritz Georg Voigt (1966–1983); Elmar Faber (1983–1992); • ›Aufbau‹, Monatszs. ersch. von 1945–1958; Chefredakteure: Klaus Gysi (1945–1952); Bodo Uhse (1952–1958); • ›Sonntag‹, Wochenztg. ersch. von 1946–1990; nach Fusion mit ›Deutscher Volkszeitung/Die Tat‹ im November 1990 ersch. die neuen Wochenztg. ›Freitag‹; (Die Mitarbeiter des ›Sonntag‹ gehörten bis 1978 zum ›Aufbau-Verlag‹, ab 1978 wurde der ›Sonntag‹ direkt dem K. unterstellt); Chefredakteure: Günter Brandt (1946–1947); Carl Helfrich (1947–1949); Heinrich Goeres (1949–1955); anschl. Redaktionskollegium mit mehreren stv. Chefred.: u. a. Heinz Zöger (1955–1956); Gustav Just (1955–1956); Bernt von Kügelgen (1957–1976); Hans Jacobus (1976–1985); Wilfried Geißler (1985–1990); Regina General (1990 amt.); • Für einzelne Fachbereiche gab der K. folgende Zeitschriften heraus: ›Aquarien und Terrarien‹, ›Astronomie und Raumfahrt‹, ›esperantist‹, ›Der Falke‹, ›Fotografie‹, ›Fundgrube‹, ›Marginalien‹ der Pirckheimer-Gesellschaft, ›sammler expreß‹ für Philatelisten u. a. • Das Archiv des K. befindet sich inzwischen in der ›Stiftung Archive der Parteien und Massenorganisationen der DDR im Bundesarchiv‹ (SAPMO).

Kulturbund zur demokratischen Erneuerung Deutschlands
→ Kulturbund der DDR

Kulturfonds der DDR, 1949–1990
Finanzfonds zur Förderung von Kunst und Kultur

Am 31. 3. 1949 verabschiedete die →›Deutsche Wirtschaftskommission‹ eine Verordnung »Über die Erhaltung und die Entwicklung von Wissenschaft und Kultur, die weitere Verbesserung der Lage der Intelligenz und die Steigerung ihrer Rolle in der Produktion und im öffentlichen Leben«. Aufgrund dieser VO wurden u. a. im August d. J. erstmals ›Nationalpreise‹ verliehen und am 2. September der K. eingerichtet. Sein Grundstock bestand aus Mitteln, die zuvor die ›Deutsche Verwaltung für Volksbildung‹, der →Kulturbund und der →FDGB zur Unterstützung von Künstlern in einem gemeinsamen Fonds gesammelt hatten. Nun wurde dieser – über Zuwendungen aus staatlichen Haushaltsmitteln hinaus – regelmäßig aufgestockt, indem eine »Kulturabgabe« erhoben wurde: jeweils 5 Pf Zuschlag auf Eintrittskarten für Theater- und Zirkusvorstellungen, Filmvorführungen, Ausstellungen und Museen; 10 Pf beim Besuch von Tanzveranstaltungen und Darbietungen in Gaststätten und Tanzlokalen; außerdem pro Rundfunk- oder Fernsehgenehmigung mtl. 5 und pro verkaufte Schallplatte 10 Pf Aufschlag.
Der K. wurde von einem Kuratorium verwaltet, dem die Präsidenten oder Vorsitzenden der Künstlerverbände, der →AdK, der →Gewerkschaft Kunst und des Kulturbundes sowie weitere durch den Minister für Kultur

bestellte Persönlichkeiten angehörten. Das Büro des K. war eine dem →MfK nachgeordnete Einrichtung, dessen Direktor den Weisungen des Kulturministers unterstellt war. Mittel des K. waren einzusetzen zur »Förderung des Entstehens neuer sozialistisch-realistischer Werke der Literatur und Kunst« oder zur Verbesserung der »Lebens- und Schaffensbedingungen der Schriftsteller und Künstler«; Gelder wurden folglich bereitgestellt für künstlerische Projekte, für Stipendien, für Bau und Unterhalt von Arbeits- und Erholungsstätten für Künstler sowie für die Förderung des künstlerischen Volksschaffens und der kulturellen Massenarbeit.

Der K. wurde 1990 in eine Stiftung umgewandelt, der Eckard Noack, Staatssekretär der Sächsischen Landesregierung, vorstand. 1991 erhöhte die Bundesregierung die Verfügungsmittel aus den Zinserträgen um 6 Mio. DM, so daß der K. in der Lage war, die stiftungseigenen Künstlerheime weiter zu betreiben und Unterstützungsgelder für künstlerische Vorhaben, Buchprojekte, die Weiterführung von Zeitschriften und den Ankauf von Kunstwerken oder bedeutendem Kulturgut auszuschütten.

Kulturpolitik

Auf einem repräsentativen Treffen der Partei- und Staatsführung mit »Kultur- und Kunstschaffenden« im Juni 1979 erklärte Erich Honecker: »Unsere Partei verwirklicht seit ihrer Gründung eine Kulturpolitik, die das edelste Streben der humanistischen und revolutionären Vorkämpfer der Menschheit erfüllt. Sie setzt die Traditionen des Thälmannschen Zentralkomitees der KPD fort, das in den Fragen des geistig-kulturellen Lebens stets Kernfragen des täglichen Kampfes der Arbeiterklasse, des Kampfes um die politische Macht und des Aufbaus der neuen Gesellschaft erblickte.« Man könnte es heute dabei bewenden lassen und hinter die Kulturpolitik der SED einen abschließenden Punkt setzen. Hier soll jedoch ein Doppelpunkt gesetzt werden, denn es bleibt zu zeigen, daß das im Zitat so selbstgewiß behauptete Wesen sozialistischer Kulturpolitik keineswegs identisch war mit den Folgen, die diese Politik in realsozialistischer Praxis bewirkte.

Auf dem Felde der Kultur strebte man – ebenso wie in der →Frauenpolitik bzw. in der Jugend- und Gewerkschaftspolitik (→DFD, →FDJ, →FDGB) – unter bündnispolitischen Aspekten zunächst die Bildung einer einheitlichen, überparteilichen kulturpolitischen Massenorganisation an, die sich leicht lenken ließe, so daß sie nach und nach zum sicheren Gefolge der →SED werden könnte. Dabei wollte die KPD-Führung, wie sie am 25. 9. 1944 im Moskauer ›Hotel Lux‹ beschloß, allerdings nicht die Fehler wiederholen, die sie vor 1933 beging, als man

eine bornierte und sektiererische Haltung gegenüber Künstlern und Intellektuellen eingenommen hatte. Nachdem Johannes R. Becher am 8.6.1945 in Berlin eingetroffen war, nahm er dort mit Unterstützung anderer kommunistischer Künstler und der →SMAD Kontakte zu prominenten Wissenschaftlern und Künstlern auf, um mit ihnen über Möglichkeiten und Ziele einer geistig-kulturellen Erneuerung Deutschlands zu sprechen. In Konsequenz dieser Gespräche und Sondierungen wurde bereits am 8.8.1955 der ›Kulturbund zur demokratischen Erneuerung Deutschlands‹ gegründet, der unter seinem Präsidenten Becher zunächst ein breites Spektrum von Kultur- und Geistesschaffenden repräsentierte und interzonal tätig wurde (→›Kulturbund der DDR‹).
Nach der vom Nationalsozialismus verursachten Katastrophe suchten viele Intellektuelle nicht nur nach einer antitotalitären Alternative, sie versuchten auch, diese in einer nichtkapitalistischen Gesellschaft zu verwirklichen. Die Überwindung einer im deutschen Volk durchaus noch vorhandenen faschistoiden Geistes- und Lebenshaltung und das engagierte Bemühen, auch den unteren Schichten einen Zugang zu Kunst und Bildung zu ermöglichen (→Bildungspolitik), schien dabei eine lohnende Aufgabe. Solche Absichten entsprachen auch den kunstpolitischen Intentionen der KPD, die von den Künsten einen Beitrag zur Aufklärung über die NS-Vergangenheit erwartete. Viele international geachtete deutsche Intellektuelle entschieden sich nach ihrem Exil für ein neues Wirkungsfeld in Ostdeutschland. Die KPD-Führung erkannte sogleich, daß solche Tendenzen Vorbildcharakter annehmen könnten, und sie betrieb deshalb eine K., die auf Konsens mit diesem Personenkreis ausgerichtet war. Die KPD/SED organisierte mehrere Kulturtagungen und -konferenzen – die erste vom 3.–5.2.1946 in Berlin – auf denen sie schrittweise ihre kulturpolitische Konzeption darlegte und über deren Realisierungsmöglichkeiten beriet. Mit der am 30.6.1947 gegründeten ›Gesellschaft zum Studium der Kultur der Sowjetunion‹ wurde ein weiterer Baustein in den Rohbau der geplanten Kulturpolitik gefügt (→›Gesellschaft für Deutsch-Sowjetische Freundschaft‹).
Als das in vier Besatzungszonen geteilte Deutschland schon zum Schauplatz des Kalten Krieges geworden war, fand in Ostberlin vom 5.–7.5.1948 der »Erste Kulturtag der SED« statt. In seiner dort gehaltenen Rede orientierte O. Grotewohl weiterhin auf gesamtdeutsche kulturelle Aufgaben, betonte aber zugleich die sozialistische Perspektive für die ostdeutsche Kulturentwicklung. Der angebliche »Führungsanspruch« der Arbeiterklasse wurde mit der Forderung begründet, daß der »schaffende Mensch mit all seinen Nöten, seinen Bedürfnissen und Rechten« im Mittelpunkt der künstlerischen Gestaltung zu stehen habe. Die →VEB

wurden als »Keimzellen einer neuen sozialistischen Volkskultur« entdeckt. Die am 25./26. November d. J. vom Bundesvorstand des FDGB abgehaltene Bitterfelder Tagung verfaßte einen Aufruf zum Kulturwettstreit: »Kultur und Arbeit – der Kunstschaffende im Betrieb«; damit betrat der erste Vorbote des → ›Bitterfelder Weges‹ die Kulturszene.
Um den Angehörigen der »Intelligenz«, auf die beim Umbau der gesellschaftlichen Verhältnisse nicht verzichtet werden konnte, angemessene Arbeits- und Lebensbedingen zu sichern, verabschiedete die → DWK am 31. 3. 1949 eine Verordnung »Über die Erhaltung und die Entwicklung von Wissenschaft und Kultur, die weitere Verbesserung der Lage der Intelligenz und die Steigerung ihrer Rolle in der Produktion und im öffentlichen Leben«. Neben materiellen Verbesserungen, vor allem für Wissenschaftler und Künstler, Hochschullehrer, Lehrer, Ärzte und Ingenieure, waren in dieser Verordnung auch zahlreiche Maßnahmen vorgesehen, die u. a. die Reorganisation der → ›Akademie der Wissenschaften‹, die Gründung einer → ›Akademie der Künste‹ sowie die Beschleunigung der Wiederherstellungsarbeiten an → Universitäten und Hochschulen betrafen; schließlich war darin auch die Ankündigung der Stiftung eines ›Nationalpreises‹ enthalten, der dann am 25. 8. 1949 erstmals verliehen wurde.
Bei der ersten Regierungsbildung vom 10. 12. 1949 richtete man noch kein → Ministerium für Kultur ein; man wollte die Kunstprominenz nicht düpieren, für die am 24. 3. 1950 die → ›Akademie der Künste‹ (AdK) gegründet wurde; zunächst wollte man diesem Gremium den Status einer »höchsten beratenden Instanz« in allen Kunstfragen zubilligen. Diese Rücksichtnahme wurde allerdings bald aufgegeben; bereits auf dem III. Parteitag der SED, der vom 20. – 24. 7. 1950 in Berlin tagte und Walter Ulbricht zum Generalsekretär der Partei wählte, wurde ein »immer stärker spürbares Zurückbleiben des künstlerischen und literarischen Schaffens hinter der Entwicklung des gesellschaftlich Neuen« kritisiert. Die These vom Zurückbleiben und Hinterherhinken begleitete von nun an die Künstler in der DDR wie ein Schatten: Je stärker die Partei die Künstler »mit Rotlicht bestrahlte«, desto schärfer – meinte sie – war dieser Schatten zu erkennen.
Zu einem dogmatischen Höhepunkt steigerte sich die von sowjetischer Seite ausgelöste und vom → ZK der SED mit kompromißloser Schärfe geführte »Formalismusdebatte«. Bereits am 19. 11. 1948 hatte Major Alexander Dymschitz in der ›Täglichen Rundschau‹ einen Artikel »Über die formalistische Richtung in der deutschen Malerei« veröffentlicht. Am 20./21. 1. 1951 griff in derselben Zeitung ein mit Jan W. Orlow unterzeichneter Artikel über »Wege und Irrwege moderner Kunst« die damals erhobenen Dekadenzvorwürfe wieder auf und richtete sie gegen namhaf-

te Künstler, darunter mehrere Mitglieder der AdK. Das vom 15.–17.3. 1951 tagende 5. ZK-Plenum verabschiedete dann die Entschließung »Der Kampf gegen den Formalismus in Kunst und Literatur, für eine fortschrittliche deutsche Kunst«. Der damit gerechtfertigten Kulturbarbarei fiel sogar eine von der AdK präsentierte Ernst-Barlach-Ausstellung zum Opfer, weil die Werke des Bildhauers nach Meinung der SED-Kunstexperten einen »düsteren, bedrückenden, pessimistischen Charakter« besäßen und weil die davon ausgehende Wirkung dem Volk nicht zugemutet werden könne.

Nach der rigoros durchgeführten Disziplinierung und Ausrichtung der Künstler forcierte die SED den weiteren Ausbau der Kulturinstitutionen wie der parteigesteuerten Kunstadministration. Anläßlich der Berufung der →›Staatlichen Kommission für Kunstangelegenheiten‹ am 31.8.1951 sagte Ministerpräsident Grotewohl: »Die Idee in der Kunst muß der Marschrichtung des politischen Kampfes folgen. ... Ich will damit sagen, daß die politische Kritik bei der Beurteilung unserer Kunst primär ist und daß die künstlerische Kritik sekundär ist.« Einen Tag später, am 1.9.1951 nahm das →›Amt für Literatur und Verlagswesen‹ seine Arbeit auf. Beide Institutionen hielten sich in den nächsten Jahren an jene programmatischen Worte und taten sich durch Behinderungen der Kunstproduktion hervor. Neben dem häufiger zitierten Gedicht »Nicht feststellbare Fehler der Kunstkommission« schrieb Bertolt Brecht auch eines über »Das Amt für Literatur«; dort heißt es: »Willkommen / Sind Werke mit Ideen / Die dem Amt für Literatur aus den Zeitungen bekannt sind.«

Am 5.12.1951 wurde die →›Bauakademie der DDR‹ eröffnet; während des festlichen Gründungsaktes hielt W. Ulbricht ein Grundsatzreferat und erklärte: »Die Baukunst kann sich in Deutschland nur entwickeln im schärfsten Kampf gegen den Formalismus, der der Ausdruck der Seelenlosigkeit, der Ideenlosigkeit des verfaulenden Kapitalismus ist.«

Im April 1952 wurde der →›Verband Bildender Künstler‹ (VBK), im folgenden Monat der →›Schriftstellerverband‹ (SV) aus dem Kulturbund herausgelöst (→›Kulturbund der DDR‹). Im Statut des Schriftstellerverbandes bekannten sich die Mitglieder zur »Schaffensmethode des sozialistischen Realismus« und anerkannten die »führende Rolle der Arbeiterklasse und ihrer Partei«; das Statut verlangte von ihnen, »entschieden gegen alle Formen der ideologischen Koexistenz und das Eindringen reaktionärer und revisionistischer Auffassungen in die Bereiche der Literatur« aufzutreten.

Am 5.7.1952 wurde das →›Museum für Deutsche Geschichte‹ im ehemaligen Berliner Zeughaus eröffnet; darin sollten die Geschichtstraditionen der marxistisch-leninistisch-stalinistisch gelenkten deutschen Arbeiterbewegung der Öffentlichkeit vorgeführt werden. Die vom 9.–12. 7. 1952 in Berlin tagende 2. Parteikonferenz der SED erklärte, daß »der Aufbau des Sozialismus zur grundlegenden Aufgabe in der DDR geworden ist«; ein Abschnitt der von W. Ulbricht vorgetragenen Grundsatzrede war dem »Kampf um ein realistisches Kunstschaffen« gewidmet, und J. R. Becher führte dazu in einem Diskussionsbeitrag bestätigend aus: »... der sozialistische Realismus ist die einzige Möglichkeit, die einzige schöpferische Methode, welche zum Aufstieg einer großen deutschen nationalen Kunst führen kann.«

Nach dem Arbeiteraufstand vom 17. 6. 1953, der nur mit Hilfe sowjetischer Panzer niedergeschlagen werden konnte, sah sich die SED-Führung dazu gezwungen, die besonders häufig kritisierten Zuspitzungen ihrer K. zurückzunehmen. So wurden die ›Staatliche Kommission für Kunstangelegenheiten‹ und später auch das ›Amt für Literatur und Verlagswesen‹ aufgelöst. Am 7. 1. 1954 wurde dann das →Ministerium für Kultur geschaffen. Der zeitweilige politische Rückzug der dogmatischen Kräfte in der Partei- und Staatsführung und die damit einhergehenden Umstrukturierungen schufen vorübergehend gewisse Freiräume (»Tauwetter«). Das änderte jedoch nichts dran, daß die Ulbricht-Gruppe sich letztlich behaupten konnte (→SED).

In jenen Jahren hatte der in Leipzig lehrende Ernst Bloch eigenwillige und zu Opposition bereite Kräfte ermutigt und mit seinem auch in der DDR erschienenen Hauptwerk ›Das Prinzip Hoffnung‹ zu ihrem Selbstverständigungsprozeß beigetragen (→Politische Opposition in der DDR). Der damals ebenfalls an der Leipziger Universität tätige Literaturwissenschaftler Hans Mayer schrieb später in seinen Erinnerungen: »Im Oktober 1956 erwies es sich, nach den Aufständen in Polen und vor allem in Ungarn, daß es kein ›Tauwetter‹ gegeben hatte. Ein Frühling, den sich viele von uns bloß eingebildet hatten. Nun war es bitterkalt. Ernst Blochs Mitarbeiter wurden verhaftet, nachdem die Arretierung von Wolfgang Harich und anderen Mitarbeitern der ›Zeitschrift für Philosophie‹ das Signal gesetzt hatte.«

Gegen W. Harich, W. Janka u. a. wurden hohe Zuchthausstrafen verhängt; E. Bloch mußte an der ›Karl-Marx-Universität Leipzig‹ (→Universitäten) im März 1957 die Zwangsemeritierung hinnehmen; gegen seinen Schüler G. Zwerenz wie gegen den Schriftsteller E. Loest ging man ebenfalls vor. Die SED war kulturpolitisch wieder in die Offensive gegangen: Im Oktober 1957 beschloß die 33. ZK-Tagung die Bildung einer Kommission für Fragen der Kultur beim →Politbüro des ZK; deren Leitung wurde Alfred Kurella übertragen. Öffentlich wurde eine neue Etappe der K. mit der am 23./24. 10. 1957 in Berlin/DDR abgehaltenen Kulturkonferenz der SED

eingeleitet: Sie stand unter dem Thema »Im ideologischen Kampf für eine sozialistische Kultur«. Eine am 2.1.1958 vom →Ministerrat veröffentlichte Anordnung bereitete den örtlichen Kulturfunktionären erhebliches Kopfzerbrechen, denn es sollten künftig mindestens 60 Prozent der auf allen Tanzveranstaltungen gespielten Musikstücke von Komponisten komponiert worden sein, die in der DDR, der UdSSR oder in anderen volksdemokratischen Ländern ihren Wohnsitz hatten. Die dadurch wie durch weitere kleinliche Maßnahmen unter Jugendlichen erzeugte Aufregung sollte dann in einem »großen Sprung« überwunden werden – man hatte 1959 schließlich nicht umsonst den ›Siebenjahrplan‹ beschlossen (→Wirtschaftspolitik).
Die Jugendbrigade ›Nikolai Mamai‹ aus dem ›Elektrochemischen Kombinat Bitterfeld‹ (→›Kombinate‹, darin: VEB Chemiekombinat Bitterfeld) gab am 3.1.1959 die Losung aus: »Auf sozialistische Weise arbeiten, lernen und leben!«; damit rief sie dazu auf, →›Brigaden der sozialistischen Arbeit‹ zu bilden, die untereinander in andauernden Wettbewerb treten sollten. Daraufhin stampfte die geballte Kraft aller SED-, →FDGB- und →FDJ-Funktionäre innerhalb weniger Monate Tausende solcher sozialistischen Kollektive aus dem Boden, was wiederum neue Anforderungen an die Kulturarbeit stellte.
Die erste ›Bitterfelder Konferenz‹ fand am 4.4.1959 unter dem Motto statt: »Greif zur Feder, Kumpel, die sozialistische Nationalliteratur braucht dich!«; sie war der Ausgangspunkt einer kulturpolitischen Strategie der SED, die als →›Bitterfelder Weg‹ bekannt und bis zum Sturz Ulbrichts 1971 unbeirrt befolgt wurde. Wie auf dieser Konferenz gefordert, waren nun neue kulturpolitische Methoden und Veranstaltungsformen zu entwickeln; es sollte zum »Sturm auf die Höhen der Kultur« geblasen werden, damit sich »Kunst und Leben, Künstler und Volk« auf diesen Gipfeln vereinigen könnten. Seit 1959 wurden zu diesem Zweck →›Arbeiterfestspiele‹ organisiert, →›Arbeitertheater‹ veranstaltet, →›Zirkel schreibender Arbeiter‹ und die ersten ›Kulturakademien‹ eingerichtet. Diejenigen, die sich daran beteiligten, förderten dadurch ohne Zweifel die eigene künstlerische Erlebnisfähigkeit und hoben vielleicht auch das Kulturniveau ihrer Kollegen. In Gewerkschaftskreisen schien man sich solcher Hoffnungen jedenfalls sicher, denn im selben Jahr wurde auch der ›Kunstpreis des FDGB‹ gestiftet.
Am 11.12.1962 trug Wolf Biermann auf einer Veranstaltung der ›Akademie der Künste‹ seine Lieder erstmals vor einem größeren Publikum vor und erregte damit sogleich das Mißfallen von SED-Kulturpolitikern. Er und andere waren zum Vorbild für eben jene Schüler, Lehrlinge und Studenten geworden, die sich mit ersten poetischen Versuchen an der von

FDJ und Schriftstellerverband organisierten Bewegung »Junge Leute lesen Lyrik« beteiligten. Die mit solchen Jungliteraten veranstalteten Vortragsabende waren gut besucht, und das Publikum spendete den von maßgebenden Kulturpolitikern ersehnten Majakowski-Imitatoren beileibe nicht den stärksten Applaus. Zudem erdreisteten sich junge Künstler, darunter Meisterschüler von AdK-Mitgliedern, auch noch, das Foyer des AdK-Gebäudes mit kräftig gemalten Bildern vollzuhängen, die Alfred Kurella heftig mißfielen. Als sich diese »Unsitte« verbreitete, forderte der Kunstwächter, daß derlei Ausstellungen zuvor »abgenommen« werden müßten; um Sinn und Zweck seiner Zensurforderung unmißverständlich zu demonstrieren, scheute er sich nicht, die »schlimmsten Bilder« eigenhändig wieder abzuhängen.
Während eines am 25. 3. 1963 stattfindenden Gesprächs zwischen Mitgliedern des Politbüros und Schriftstellern kündigte sich Unheil an: Kurt Hager forderte von Stephan Hermlin, er möge seine Beziehung zu Wolf Biermann erklären. Inzwischen geriet auch die →DEFA ins Visier der Aufpasser: Dort befaßte man sich widerborstig mit Filmen wie ›Das Kaninchen bin ich‹ (Regie: Kurt Maetzig); ›Denk bloß nicht, ich heule‹ (Regie: Frank Vogel) oder ›Der Frühling braucht Zeit‹ (Regie: Günter Stahnke). Maetzig, ein Mann von Renommee und mit prominentem Bekanntenkreis, hatte nun auch noch einen Film in Angriff genommen, der eine höchst fragwürdige Vorlage benutzte: einen Roman von Manfred Bieler, den die Hauptverwaltung Verlage des MfK nicht zur Veröffentlichung freigegeben hatte. Dunkle Wolken bezogen den strahlenden SED-Kulturhimmel – so durfte es nicht weitergehen!
Das vom 16.–18. 12. 1965 tagende 11. ZK-Plenum sollte Klarheit schaffen. Es geriet zu einem grotesken Tribunal, erfüllte aber für die SED-Spitze seinen Zweck. In einer von den ZK-Mitgliedern aufgeheizten »Kunstdebatte«, in der nur Christa Wolf als Kandidatin des ZK der SED einen Einspruch riskierte, wurden die gewünschten kulturpolitischen Herrschaftsverhältnisse wiederhergestellt. Die daraus resultierenden Maßnahmen führten zu einem kulturellen Kahlschlag, der Künstler und Kunstadministratoren gleichermaßen beschädigte. Kulturminister Hans Bentzien, sein Stellvertreter, der »Filmminister« Günter Witt, sowie DEFA-Studiodirektor Jochen Mückenberger u. a. wurden aus ihren Ämtern entfernt; Schriftsteller, Filme- und Liedermacher sowie bildende Künstler wurden als »Verrückte« und »Konterrevolutionäre« beschimpft und mit Aufführungs- und Publikationsverboten bestraft.
Die Verbotsgeschichte des Films ›Spur der Steine‹ von Frank Beyer belegt eine Diktatur der Konfusion. Dieser Film war ab 15. 6. 1966 während der ›Arbeiterfestspiele‹ in Potsdam bereits eine Woche im

stets ausverkauften Kino gelaufen; man hatte ihn für das staatliche Prädikat »Besonders wertvoll« vorgeschlagen und bereits für das Filmfestival in Karlovy Vary gemeldet; am 30.6.1966 sollte er mit 56 Kopien (eine für die DDR immens hohe Zahl) in allen Bezirksstädten und in Berlin/DDR gestartet werden. »Manne« Krug in Zimmermannstracht auf einer sozialistischen Großbaustelle schien ein prächtiges Stück Arbeiterklasse zu verkörpern, einen etwas bulligen, aber unbekümmert-selbstsicheren Musketier, mit Gérard Philipe verwandt und der Zuneigung jüngerer wie älterer Frauen sicher gewiß.
Aber! – am 28.6. d.J. tagte das Politbüro, und auf der Tagesordnung stand unter Punkt 3: »Über den Film ›Spur der Steine‹. Berichterstatter Walter Ulbricht«. Einen Tag später trat dann das Sekretariat des ZK zusammen und beriet über Maßnahmen »Zur kurzfristigen Beendigung des Einsatzes des Spielfilms ›Spur der Steine‹ in den Lichtspieltheatern und zur sofortigen Einstellung der Werbung für diesen Film«. Die SED-Bezirksorganisationen von Berlin und Potsdam leisteten daraufhin die Stabsarbeit: In die Filmvorstellungen wurden SED- und FDJ-Funktionäre, die in Internaten wohnenden Studenten der →Parteihochschule ›Karl Marx‹ und der →Jugendhochschule ›Wilhelm Pieck‹ sowie Mitglieder der →›Kampfgruppen der Arbeiterklasse‹ beordert, die den Film befehlsgemäß auspfiffen und niedertrampelten.
Gemäß der geltenden Kunstdoktrin sahen die Parteifunktionäre und deren Nachwuchs in dem Film eine Anleitung zum Handeln. In dem Lichtspiel bestimmte der von Krug dargestellte Zimmermann Balla das Geschehen: Er »erzog« uneinsichtige, schwankende Parteisekretäre und warf in kraftvollem Übermut sogar einen in Ausübung seines Dienstes befindlichen Volkspolizisten in den Dorfteich. Da schrillten die Alarmglocken – Anarchie! Angriff auf die Arbeiter-und-Bauern-Macht!! Konterrevolution!!! Regisseur Frank Beyer, der einsehen sollte, daß sein zunächst hochgelobter Film nunmehr als »schädlich« entlarvt sei, weigerte sich, dieser Logik zu folgen; er ging als Dramaturg an ein Dresdener Theater. Die Parteiführung zeigte mit den Maßregelungen die ihr zur Verfügung stehenden Instrumente der Einschüchterung vor; sie drohte damit alljenen Intellektuellen, die darauf aus waren, öffentlich über das zu verhandeln, was sich in der gesellschaftlichen Entwicklung als schwierig und fehlerhaft herausgestellt hatte.
Nachdem E. Honecker an Ulbrichts Stelle gerückt war, klangen neue Töne an: In seinem Schlußwort zur 4. ZK-Tagung leugnete der 1. Sekretär am 17.12.1971, daß auf dem Gebiet von Kunst und Literatur Tabus zu beachten seien. Zum neuen Herrschaftsstil, der bewußt Unterschiede gegenüber der »Ära Ulbricht« demonstrieren sollte, gehörte anfangs auch

eine liberalere Kulturpolitik. Sie nährte Hoffnungen auf eine bevorstehende Demokratisierung des Systems, die sich allerdings spätestens mit der Ausweisung Wolf Biermanns als illusionär erwiesen. Tatsächlich wurde die engmaschige und abschnürende K., die nach dem 11. Plenum von der SED 1965 betrieben wurde, korrigiert; führende SED-Kulturpolitiker erklärten nun, Kunst ließe sich nicht allein auf ihre ideologische Funktion reduzieren. Man gab sich einsichtig, denn die bis dahin vorrangig geförderte Propagandakunst hatte nicht zu den gewünschten Ergebnissen geführt. Da originelle, vielschichtige und mithin vieldeutige Kunstwerke bisher regelmäßig ins Kreuzfeuer einer breiten Front bornierter Kulturwächter geraten waren, mußte man inzwischen eine Verödung des künstlerischen Lebens in der DDR befürchten.
SED-Politiker, die diese Gefahr erkannten, begründeten ihre Wende zu einer liberaleren Kulturpolitik damit, daß nun die »zunehmende Differenzierung der kulturellen Bedürfnisse der Arbeiterklasse, die wachsenden geistig-kulturellen Ansprüche der entwickelten sozialistischen Gesellschaft sowie die internationale Stellung der DDR« höhere Ansprüche an die künstlerische Arbeit stellten. Aber E. Honecker versprach vielsagend, daß die Partei bei den »großen gesellschaftlichen Aufgaben in unmittelbarer Tuchfühlung mit den Künstlern« bleiben werde. Kurt Hager benannte dann im Juni 1972 auf der 6. ZK-Tagung die verschiedenen Elemente einer »sozialistischen Kultur«; dazu zählte er »die sozialistische Arbeitskultur, den Schutz und die Gestaltung der Umwelt, die Kultur in den menschlichen Beziehungen und im persönlichen Lebensstil, die Weiterentwicklung der wissenschaftlichen Weltanschauung und ihrer Verbreitung im Volk, die Förderung von Wissenschaft und Bildung, die Pflege des humanistischen Kulturerbes und seine Aneignung durch die Werktätigen, den Aufschwung der Kunst und ihre gesellschaftliche Wirksamkeit, die Entwicklung aller schöpferischen Begabungen und Talente des Volkes«.
Doch schon bald sorgte Ulrich Plenzdorf mit seinem Stück ›Die neuen Leiden des jungen W.‹ wieder für Aufregung. 1972/73 wurde in der Zeitschrift ›Sinn und Form‹ eine »Plenzdorf-Debatte« ausgetragen, in der Kulturfunktionäre zu erkennen gaben, daß sie die alten Gefahren nicht für gebannt hielten. Der stets wache Argwohn gegenüber unkonventionellen, künstlerisch oder auch nur jugendlich provozierenden Äußerungsformen und Verhaltensweisen verband sich nun mit Befürchtungen, die sich aus der veränderten außenpolitischen Lage ergaben. Die DDR war ein weltweit anerkannter, gleichberechtigter Staat geworden; sie wurde in die UNO aufgenommen und in den KSZE-Prozeß einbezogen; zum Abschluß der Helsinki-Konferenz verpflichtete auch sie sich 1975, dem Aus-

tausch von Informationen, Meinungen und Menschen nicht im Wege stehen zu wollen und sich für die Einhaltung der Menschenrechte einzusetzen. Doch gerade jetzt schien die SED-Führung zu befürchten, Kunst und Künstler könnten möglicherweise zu »Trojanischen Pferden« des Klassengegners werden, eines Gegners, der inzwischen ganz auf einen »Wandel durch Annäherung« setzte.

Im Herbst 1976 meinte die SED, die verworrene Lage auf dem Feld der Kunst wieder einmal bereinigen zu müssen: Am 29. 10. 1976 schloß der Bezirksverband Erfurt/Gera des → ›Schriftstellerverbandes‹ auf ihr Geheiß Reiner Kunze aus dem Verband aus; knapp drei Wochen später, am 16. 11. 1976 wurde dem in Köln gastierenden Wolf Biermann die Staatsbürgerschaft entzogen. Mit diesem Machtspruch beging die SED allerdings einen ihrer politisch verhängnisvollsten Fehler, dessen Konsequenzen Stefan Heym lapidar kommentierte: »Das Ausbürgern begann sich einzubürgern.« Als die ARD wenige Tage später eine Aufzeichnung von dem Kölner Auftritt des Dichters und Sängers ausstrahlte, wurde auch für Millionen DDR-Bürger nachvollziehbar, was angeblich den Anlaß für die Entscheidung der Parteiführung gegeben hatte. Weil aber viele die vorgetragenen Lieder nicht als »konterrevolutionär« verstehen mochten, empfanden sie diesen Handstreich gegen Biermann als schlimme, ungerechtfertigte Anmaßung. Menschen, die bislang die DDR unterstützt oder zumindest toleriert hatten, begannen sich nun zu fragen, ob diese willkürliche Aberkennung der Staatsbürgerschaft nicht gegen die Menschenrechte verstieß.

Sarah Kirsch, Christa Wolf, Erich Arendt, Volker Braun, Franz Fühmann, Stephan Hermlin, Stefan Heym, Günter Kunert, Heiner Müller, Rolf Schneider, Gerhard Wolf, Jurek Becker und Fritz Cremer erhoben öffentlichen Protest, dem sich binnen weniger Tage mehr als hundert Schriftsteller und Künstler anschlossen. Die SED-Führung reagierte darauf mit einer umfassenden Kampagne: Unablässig veröffentlichten alle Medien »Stellungnahmen von Werktätigen«, in denen »volle Zufriedenheit und Genugtuung« darüber ausgedrückt wurde, daß man nun endlich dem »unerträglichen Störenfried und Feind des Sozialismus« nach jahrelanger »Großmut« die Grenzen gezeigt habe. In Betrieben und staatlichen Einrichtungen wurden unzählige Versammlungen organisiert, auf denen SED-Funktionäre den Werktätigen die K. der SED erläuterten, indem sie »Biermann und Konsorten« verunglimpften.

Natürlich hatte auch der Staatssicherheitsdienst das Seine zur Klärung der Lage beizutragen (→ ›Ministerrat der DDR‹, darin: Ministerium für Staatssicherheit). Robert Havemann, Mentor und Freund Biermanns, wurde für mehrere Wochen unter Hausarrest gestellt; der Schriftsteller

Jürgen Fuchs, die Musiker Gerulf Pannach und Christian Kunert u. a. wurden verhaftet; die ›Renft-Combo‹, in der Pannach und Kunert spielten, erhielt wegen »Beleidigung der Arbeiterklasse« Auftrittsverbot. Ein Exodus nonkonformistisch denkender und zumindest tendenziell oppositioneller Schriftsteller und Künstler setzte ein: Innerhalb kurzer Zeit, häufig durch Terror gezwungen, verließen Sarah Kirsch, Jurek Becker, Thomas Brasch und Katharina Thalbach, Eva-Maria und Nina Hagen, Bernd Jentzsch, Manfred Krug, Reiner Kunze, Hans-Joachim Schädlich, Bettina Wegner, Ralf Winkler (alias A. R. Penck) u. a. die DDR.

Aber der SED-Führung verschafften die Abgänge keine politische Entlastung. Zu jener Zeit meldete sich eine Generation zu Wort, die nach dem Zweiten Weltkrieg geboren war und die ihre erste große politische Enttäuschung erfahren hatte, als der »Prager Frühling« 1968 von den Armeen der Warschauer Vertragsgemeinschaft mit Waffengewalt beendet wurde. In dieser Altersgruppe gab es viele, die sich weder durch bestellte Huldigungsadressen noch durch Repressionen einfach gleichschalten ließen. Wenn sich auch keineswegs alle Unzufriedenen und Empörten sofort mit offenem Protest hervorwagten, so fanden sich doch einige zumeist jüngere Intellektuelle und Künstler, aber auch Angehörige anderer Schichten, die sich nicht einschüchtern ließen und ihren Eigensinn mutig ausagierten. Dissidenten wie Robert Havemann, Wolf Biermann, Rudolf Bahro u. a. wurden ihnen zu hoffnungsvollen Vorbildern, die sie darin bestärkten, sich um totalitäre Ideologie und stalinistischen Machtanspruch ebensowenig zu scheren wie um die eigene berufliche Karriere (→ Politische Opposition in der DDR).

Die Auseinandersetzungen zwischen Künstlern und Kulturpolitkern erreichten einen neuen Höhepunkt, als Schriftsteller sich in einem Brief vom 15. 5. 1979 an den Staatsratsvorsitzenden wandten und darin unter Hinweis auf Zensur und die Diffamierung kritischer Autoren ihre Besorgnis über die kulturpolitische Entwicklung äußerten. Da dieser Vorgang in den westlichen Medien sofort aufgegriffen wurde, mußte die Disziplinierung umgehend folgen: Am 7. 6. d. J. wurden Kurt Bartsch, Adolf Endler, Stefan Heym, Karl-Heinz Jakobs, Klaus Poche, Klaus Schlesinger, Rolf Schneider, Dieter Schubert und Joachim Seyppel aus dem Schriftstellerverband ausgeschlossen. Kurz darauf, am 28. d. M. beschloß die Volkskammer das 3. Strafrechtsänderungsgesetz mit einer Erweiterung von § 219, der nun ausdrücklich auch die Weitergabe von Schriften und Manuskripten in den Westen als »ungesetzliche Verbindungsaufnahme« deklarierte. Die SED, zu keinem Dialog bereit und fähig, hatte dem MfS das Amt eines Kunstwächters zugewiesen: Nach Mitteilung von Joachim Walter gab es dort insgesamt 76 hauptamtliche Mitarbeiter, die sich mit

der Ausspähung und Infiltration der Literaturszene beschäftigten und zu diesem Zweck eine Vielzahl von IM führten.
Die Kulturadministration wurde in den 70er und 80er Jahren von Kurt Hager geleitet, dem Ursula Rackwitz, Leiterin der Abteilung Kultur im ZK der SED, zur Seite stand. Oberster staatlicher Vollzugsbeamter war Kulturminister Hans-Joachim Hoffmann, ebenfalls Mitglied des ZK der SED. Das von diesem geleitete →Ministerium für Kultur hatte die Befugnis, Druckgenehmigungen zu erteilen, Filme und Theaterstücke zuzulassen, die Grundsätze »sozialistischer Auftragspolitik« für bildende Künstler zu formulieren und die politische Grundrichtung von Museumsaustellungen und -sammlungen festzulegen. Die gleichgeschalteten Künstlerverbände, an deren Spitze ebenfalls ZK-Mitglieder oder zumindest besonders zuverlässige Generalsekretäre wachten, sorgten in ihren Reihen dafür, daß in hinreichendem Maße »parteiliche Kunst« produziert wurde. Wer sich nicht daran hielt, dem drohte der Ausschluß, der einem Berufsverbot gleichkam. Unter solchen Umständen klapperte die »Schere im Kopf«; Selbstkritik und Selbstzensur entwickelten sich zu scheinbar unvermeidlichen Gehhilfen.
Auf dem VIII. Schriftstellerkongreß, der vom 29.–31.5.1978 unter dem Motto »Der Schriftsteller in den Kämpfen unserer Zeit« tagte, verwies Hermann Kant in seinem Referat auf den hohen Stellenwert, den Literatur in der DDR-Gesellschaft habe; um dies gebührend herauszustreichen, fand er die Formel vom »Leseland DDR«. Daran war insofern etwas Richtiges, als weder die Medien noch die »Gesellschaftswissenschaften« zu einem differenzierten Gedankenaustausch über Zustand und Befindlichkeit der sozialistischen Gesellschaft einluden; sofern es dazu kam, stammte die Anregung eher aus den Romanen, Essays oder Gedichten der noch heimischen wie der ausgewiesenen Literaten. Für viele DDR-Bürger waren gute Bücher »Lebensmittel«. Daß auch den besten darunter gelegentlich Farb- und Konservierungsstoffe beigemischt waren, ist nicht zu bestreiten. Aber diese literarischen Kunstwerke waren – wie andere der Musik oder der bildenden und darstellenden Künste – konkrete Lebensäußerungen des deutschen (Teil- ?) Volkes; und sie sollten auch heute noch als solche betrachtet und gewürdigt werden.
Trotz aller Gesinnungsschnüffelei wurden die künstlerischen Ausdrucksformen in den 70er und 80er Jahren filigraner und opulenter zugleich. Ungeachtet aller ideologischen Militanz der →Bildungspolitik waren in der Gesellschaft Empfindlichkeiten und Bedürfnisse entstanden, die sich mit Agitationsversen und »vorbildlichen« Heroisierungen von Aktivisten und Aufbauschichten nicht mehr abspeisen ließen. Im Dialog mit solchen Erwartungen schrieben viele Autoren nun Bücher, malten Maler Bilder, die

in zunehmendem Maße auch ihre Verleger, Aussteller, Sammler, Leser und Betrachter in der Bundesrepublik fanden. Mit Erleichterung und respektvollem Interesse verfolgte man dort auch die zunehmend intensivierten Bemühungen um das kulturelle Erbe, etwa die zum ›Luther-Jahr‹ 1983 abgeschlossene Restaurierung der Wartburg und die aus diesem Anlaß veranstalteten Ausstellungen und wissenschaftlichen Tagungen. Die umfangreiche Bismarck-Monographie des Historikers Ernst Engelberg wurde vielfach als höchst beachtliche Forschungs- und Darstellungsleistung gerühmt.

Kulturelle Leistungen und kulturelles Potential der DDR beschränkten sich nicht auf die Literaturproduktion, die leider nur zu oft durch knappe Papierzuteilungen beschränkt wurde. Die Mangelware Papier mußte immer wieder neu aufgeteilt werden: Unter den insgesamt 78 Verlagen gab es 39 für wissenschaftliche und Fachliteratur, 16 für Belletristik und 7 für Kinder- und Jugendliteratur. Die 14199 staatlichen Allgemeinbibliotheken registrierten mit den 3801 Gewerkschafts- und Spezialbibliotheken 1988 insgesamt 118,3 Mio. Entleihungen von mehr als 5 Mio. Benutzern. Hatte es 1949 gerade 75 Theater in der DDR gegeben, so wurden 1988 immerhin 213 regelmäßig bespielt, und deren Aufführungen wurden im Jahr von etwa 10 Mio. Zuschauern besucht. Von den 88 Orchestern, die für jährlich rd. 3,5 Mio. Besucher musizierten, entstand etwa die Hälfte erst nach der Staatsgründung; zudem bestanden 1988 noch 808 Filmtheater und 741 Museen.

Die offizielle auswärtige Kulturpolitik war für die DDR bis zu ihrer Aufnahme in die UNO ein notwendiges Mittel der Selbstbehauptung. Für die Koordinierung des Kulturaustausches mit anderen Ländern waren vor allem das →Ministerium für Auswärtige Angelegenheiten und das →MfK mit den ihm nachgeordneten Einrichtungen zuständig. Massenorganisationen wie FDJ und FDGB hatten in den sozialistischen Ländern ein weites und gern beanspruchtes kulturpolitisches Betätigungsfeld. Vorwiegend kulturpolitisch geprägte Beziehungen zum Ausland förderten außerdem eine →›Gesellschaft für kulturelle Verbindungen mit dem Ausland‹ sowie die im Dezember 1961 gegründete →›Liga für Völkerfreundschaft‹, unter deren Dach zahlreiche Freundschaftsgesellschaften und -komitees tätig waren. Die →Gesellschaft ›Neue Heimat‹, eine Vereinigung für die Verbindung mit Bürgern deutscher Herkunft im Ausland, hatte die Aufgabe, in Staaten mit deutschen Minderheiten, insbesondere in der Sowjetunion und in Rumänien, die DDR als den »wahren deutschen Kulturstaat« zu propagieren.

Innen- wie außenpolitisch läßt sich in der kulturellen Entwicklung der DDR dasselbe bewegende Moment erkennen, das die von der SED entworfene und betriebene Politik in allen Phasen und Verzweigungen bestimmte: ein stark reaktives Eingehen auf äußere Bedingungen und Vorgänge, das deshalb stets aufgeregt und hastig wirkte, weil es ununterbrochen bemüht sein mußte, eine wirklichkeitsferne, aber immer schon lauthals propagierte Zielvorgabe einzuholen. Und da die Partei sich als »Avantgarde der Arbeiterklasse« ja nicht selbst hinterherlaufen konnte, mußten stets andere gefunden werden, denen Zurückbleiben, kontemplativer (»kosmopolitischer«) Stillstand, lähmende Selbstverliebtheit, subjektivistisches Abweichlertum und was immer sonst noch angelastet werden konnte. Je nachdem, was sich im weltpolitischen Blockgefüge, auf den Rohstoffmärkten, in der unberechenbaren Dritten Welt oder auch im heimischen Wirtschaftswirrwar und den Köpfen einer aufmüpfigen Jugend bewegte, wähnte sich die Partei- und Staatsführung mal im Vorsprung, mal im Hintertreffen; und entsprechend der Differenz zwischen ihrer angestrebten und der ihr zugestanden Plazierung im welthistorischen Wettlauf reagierte sie einmal gelassen und nachgiebig, dann aber wieder maßlos fordernd und strafend.

Insofern war in der DDR auch das Maß an kulturpolitischer Offenheit und zugelassener künstlerischer Freiheit zu verschiedenen Zeiten unterschiedlich groß; aber diese unstete Tatsache entzog sich jeder verläßlichen Einschätzung und Prognose; es gab keine objektiven Kriterien zur Bestimmung eines jeweiligen Bewußtseinszustands der allerhöchsten Kulturhüter und somit auch kein Mittel, um deren Reaktionen und Reaktionsfähigkeiten vorauszusehen. Unbestreitbar und durch zahlreiche Beispiele belegt ist allerdings eine ziemlich gleichbleibende, kaum beeinflußbare Grundeinstellung, aus der heraus Ulbricht, Honecker und deren »Kulturoffiziere« über das entschieden, was ihnen als Kultur vorschwebte. Diese setzte sich zusammen aus angestaubten Klischees von »Arbeiterkultur« und »Wissen-ist-Macht!«-Verheißungen, aus kleinbürgerlich-emphatischer Erbauungshoffnung, pathetischem Avantgardebewußtsein und dem Repräsentationsbedürfnis der »Sieger der Geschichte«; das alles aber durchdrungen von mißtrauischer Unsicherheit, einer gehörigen Portion Unverstand und der bornierten Arroganz der Macht. Das trübe Gemisch aus politisch-ideologischer Zuständigkeit und musischer Unbedarftheit durchtränkte schließlich das Denken und Handeln all derer, die als Kulturfunktionäre in Führungspositionen aufrückten; dagegen waren auch die nicht gefeit, die in mancher Hinsicht als kenntnisreicher, sachverständiger und belesener galten als die richtungweisenden Generalsekretäre der SED, so etwa A. Abusch, W. Girnus, O. Gotsche, K. Hager oder A. Kurella. Auch das Politbüro war offensichtlich so etwas wie eine →›Brigade der sozialistischen Arbeit‹, die sich ihr kulturpo-

litisches Programm als Pflichtpensum aufgebürdet hatte, um es dann mit kleinbürgerlicher Genügsamkeit und engstirniger Konsequenz abzuarbeiten. Da es als politische Führung aber verantwortlich handeln und »Flagge zeigen« mußte, verordnete es den Künsten in der DDR eine primär ideologisch-plakative Funktion, stellte kulturpolitische Ereignisse in den Dienst der Erziehung der Arbeiterklasse und ordnete alle »kulturellen Aktivitäten« bedingungslos den Zielen seiner Außen-, Sicherheits-, Gesellschafts- und Bildungspolitik unter.
Für die da unten, für die Angeleiteten, Geförderten, Belobigten, Gemaßregelten und Ausgeschlossenen, waren kulturpolitische Entscheidungsprozesse häufig nicht nachvollziehbar und schon gar nicht vorab berechenbar. Der Wirrwarr aus ideologischer Voreingenommenheit und tagespolitischen Spiegelungen in den Köpfen der SED-Gewaltigen war letztlich undurchschaubar, zumal stets damit gerechnet werden mußte, daß eine jeweilige Entscheidung auch mehr oder weniger stark von taktischen Überlegungen bestimmt war. Je nach außen- und/oder innenpolitischer Großwetterlage wurde vorübergehend Kreide gefressen und Verhandlungsbereitschaft signalisiert, Waffenstillstände vereinbart und gleich wieder neues Kriegsgeschrei angestimmt. Und die Künstler? – sie waren auf der Straße zum Kommunismus ein buntes Häuflein, das mal in geordneter Kolonne vor der Tribüne der Mächtigen paradierte, mal versprengt unter den Massen einherschlich. Aber einheitsgrau und griesgrämig folgsam waren die meisten nicht! Ihnen gegenüber sah sich eine bekümmerte SED-Führung fortwährend zu ihrer selbstgewählten Rolle genötigt: In kollektiver Weisheit schilderte sie den rechten Weg aus und vergaß dabei auch nicht die Straßenposten.

Kultur- und Informationszentrum der DDR (KIZ)
→ Liga für Völkerfreundschaft der DDR

Kunstaustellung der DDR, 1946–1988
Wichtigste periodische Kunstausstellung der DDR

Geschichte und Organisation: Die K. war eine gemeinsame Veranstaltung des → Ministeriums für Kultur und des → ›Verbandes Bildender Künstler‹ (VBK). Beide bildeten gemeinsame Leitungen bzw. Arbeitsstäbe der K., die beiderseits mit hohen Funktionären besetzt wurden. Die zentrale Kunstausstellung fand in der Regel alle fünf Jahre in Dresden statt; in der Zwischenzeit wurden Bezirks-Kunstausstellungen veranstaltet, auf denen die Mitglieder des VBK ihre Arbeiten »zur Diskussion« stellen konnten. Über die Zulassung zur zentralen K. entschied jeweils eine aus bildenden

Künstlern und Kunstwissenschaftlern zusammengesetzte Jury. Während zunächst nur die klassischen Gattungen der Bildkünste, Malerei, Graphik, Plastik und Skulptur gezeigt wurden, präsentierte erstmals 1958 die IV. K. auch Bücher, Plakate, Kunsthandwerk, Gestaltungen der Industrieform und architekturbezogene Kunstwerke. Die X. K. war in die Abteilungen Malerei, Graphik, Plastik, architekturbezogene Kunst, Formgestaltung/Kunsthandwerk, Gebrauchsgraphik, Szenografie, Fotografie und Karikatur gegliedert.

Funktionen und Wirkungen: Da sich die Kunstpolitik der SED in den ersten Nachkriegsjahren zunächst überparteilich und liberal gab, waren 1946 auf der ersten K. Arbeiten des gesamten Spektrums der deutschen bildenden Kunst im 20. Jahrhundert vertreten. Schon auf der II. K. war jedoch deutlich zu spüren, wie die Forderung der SED, die Künstler hätten ihre Partei zu ergreifen und sich am »sozialistischen Realismus« sowjetischer Prägung zu orientieren, sich durchzusetzen begann. Ab der III. K. dominierten Arbeiten, deren Parteinahme für den Sozialismus klar abzulesen war. Wo Ausdrucksformen der westlichen Moderne die Werke prägten, wurden diese durch Juryentscheidung ausgeschlossen.
Bis Anfang der 70er Jahre herrschten in der Kunstpolitik engstirnige Sichtweisen, die den bildenden Künsten die Funktion von Transportmitteln für sozialistische Ideologie oktroyierten. So wurden die K. zu Musterschauen eines platten Naturalismus und Heroismus, aus deren Mittelmaß lediglich einige gute Arbeiten herausragten. Nachdem sich die SED 1972 dem Motto »Weite und Vielfalt« verschrieben hatte und den bildenden Künstlern größere Freiräume zubilligte, markierte die VIII. K. 1977/78 einen Umbruch. Zum ersten Mal waren abstrakte Malweisen zu besichtigen, die bis dahin aus dem offiziellen Ausstellungsbetrieb ausgegrenzt worden waren. Vor allem erregten aber die breitgefächerte Thematik, die kritische Sicht auf den DDR-Alltag und die Behandlung gesellschaftlicher Konflikte beträchtliches Aufsehen. Diese und die folgenden K., in denen ein unübersehbarer Stilpluralismus das Scheitern der verordneten Konzeption vom »sozialistischen Realismus« signalisierte, wurden zu Publikumsmagneten. Die Besucher mußten nicht mehr hindelegiert werden, sondern die K. wurden zum Treffpunkt jener, die sich für Kunst interessierten und die Ausstellungen als Barometer für die Befindlichkeit des Landes und die Einspruchsmöglichkeiten der Künstler betrachteten.

Deutsche Kunstausstellungen: I. K. vom 25.8.– 31.10.1945; II. K. vom 10.9.– 31.10.1949 (50000 Besucher); III. K. vom 1.3.–25.5.1953 (200000 Besucher); IV. K. vom 28.9.1958 – 25.1.1959 (120000 Besucher); V. K. vom 22.9.1962 – 3.6.1963 (210000 Besucher); VI. K. vom 1.10.1967 – 4.2.1968 (250000 Besucher); VII. K.

vom 5.10.1972 – 25.3.1973 (655000 Besucher); VIII. K. vom 7.10.1977 – 2.4.1978 (1,07 Mio. Besucher); IX. K. vom 2.10.1982 – 3.4.1983 (mehr als 1 Mio. Besucher); X. K. vom 3.10.1987 – 3.4.1988 (2 Mio. Besucher)

Kunsthochschulen

Die DDR leistete sich ein dichtes Netz künstlerischer Ausbildungsstätten. Die staatlichen Kunsthochschulen und künstlerischen Fachschulen, die durchweg dem → Ministerium für Kultur unterstellt waren, boten Ausbildungmöglichkeiten in insgesamt mehr als 90 Fach- und Spezialisierungsrichtungen. Der Unterricht wurden z. T. von renommierten Künstlern erteilt, die als Professoren und Dozenten an die K. berufen wurden. Gemessen an der Gesamtzahl der Studierenden in der DDR lag der Anteil der Kunststudenten in den 70er und 80er Jahren durchschnittlich um 2 Prozent, was beispielsweise 1984 eine Anzahl von 3093 (= 2,4 Prozent) ausmachte. Von den Studienbewerbern drängten regelmäßig besonders viele in die Bereiche bildende Kunst, Schauspiel und Regie/Dramaturgie, so daß hier eine Auswahl unter den Interessenten immer besonders schwierig war; die Zulassung zum Studium erfolgte, wenn die üblichen Voraussetzungen erfüllt waren und zudem auch eine künstlerische Eignungsprüfung erfolgreich bestanden wurde.
Seit dem Jahre 1976 war es aufgrund einer zwischen den Ministern für Volksbildung und Kultur getroffenen Vereinbarung möglich, daß die an einer künstlerischen Ausbildung interessierten Schüler bereits in der 9. Klasse an einer Voreignungsprüfung teilnehmen konnten; für diejenigen, die sich dabei als für ein Kunststudium geeignet erwiesen, setzten dann schon Förderungsmaßnahmen ein. Die angewandten Auswahlverfahren führten dazu, daß in der DDR viele künstlerische Talente frühzeitig erkannt und angemessen betreut wurden, allerdings kamen dabei individuelle Neigungen und künstlerischer Eigensinn nicht immer zu ihrem Recht. An zentraler Stelle bemühte man sich mit Erfolg, die künstlerische Ausbildung immer mehr zu vereinheitlichen und sie auf eine »sozialistische Grundlage« zu stellen. In den 70er Jahren wurden sukzessive für alle Fachgebiete und Fachrichtungen verbindliche Studienpläne und Lehrprogramme eingeführt, in denen die jeweils spezielle künstlerische Ausbildung sowohl mit dem marxistisch-leninistischen Grundlagenstudium verbunden wie auf die in der DDR gewünschte Kultur- und Kunstpraxis bezogen wurde.
Auf dem Gebiet der Musik bestand ein sehr differenziertes und effektives Förderungssystem. Für musikalisch Begabte standen rd. 100 staatliche Musikschulen mit etwa 300 Außenstellen zur Verfügung, an denen mehr als 36000 Kinder und Jugendliche Unterricht in Instrumentalmusik, Ge-

sang und Tanz erhielten. Die dafür erhobenen Teilnehmergebühren richteten sich nach dem Einkommen der Eltern, maximal betrugen sie 140 Mark im Jahr. Aus diesen Schulen gelangten jährlich etwa 300 Schüler zum Studium an Musikhochschulen. Etwa 500 besonders begabten Kindern ermöglichten ›Jugendmusikschulen‹, den Musikhochschulen zugeordnete Spezialschulen, eine mit dem 6. Lebensjahr beginnende schulgeldfreie musikalische Ausbildung im Rahmen einer allgemeinen Oberschulausbildung. Um den Unterricht dieser kleinen »Meisterschüler« und um eine ihrer Begabung besonders angemessene Förderung kümmerten sich schon frühzeitig die Spitzenkräfte der Musikhochschulen. Eine Musikschule besonderer Art war die ›Gerhart-Hauptmann-Oberschule‹ in Wernigerode, an der sich die Schüler auf ein Musiklehrerstudium vorbereiteten und mit dem Abitur zugleich eine staatliche Chorleiterprüfung ablegten.

Studien- und Absolventenlenkung, verbunden mit umfangreichen gesetzlichen Förderungsmaßnahmen, ermöglichten den Kunststudenten, die ihr Studium mit Erfolg abgeschlossen hatten, einen guten Start ins Berufsleben; für alle waren Arbeitsmöglichkeiten und Aufträge garantiert. Die örtlichen Staatsorgane waren verpflichtet, junge Künstler in das kulturelle und gesellschaftliche Leben im Territorium einzubinden; politisches Wohlverhalten, das für die Funktionäre auch aus den künstlerischen Arbeiten ablesbar sein mußte, war der Preis. Bei der Vergabe von Aufträgen durch die Staatsorgane, die →VEB oder Massenorganisationen wie →FDGB, →FDJ, →DSF u. a. mußten die Erwartungen der begutachtenden Auftraggeber erfüllt werden; dabei kamen den Künstlerverbänden wichtige Vermittlerfunktionen zu (→›Verband bildender Künstler‹, →›Verband der Komponisten und Musikwissenschaftler der DDR‹, →›Schriftstellerverband der DDR‹). Schriftsteller und bildende Künstler konnten auch freiberuflich tätig sein; insbesondere Bildhauer, Maler und Graphiker mußten dazu aber zumindest Kandidat des VBK sein, um ausstellen und verkaufen zu können.

Wie überall bot auch das Kunststudium in der DDR mehr Freiräume und Erprobungsmöglichkeiten als die folgende Praxis des Kunst- und Kulturbetriebes. Zumindest dort, wo es um Auftragsgelder, Fördermittel, Stipendien, Studienreisen, Verkaufs-, Aufführungs- und Publikationsmöglichkeiten ging, wollten viele mitreden. Weil dabei i. d. R. die weder mit Kunstsinn noch mit geübtem Kunstverstand ausgestatteten Funktionäre das Sagen hatten, kam es häufig zu heftigen Auseinandersetzungen. Selbst erfahrene, sachverständige und den Künstlern wohlgesonnene Kulturfunktionäre waren in die reglementierte Praxis kultureller Aktivitäten so eingebunden, daß sie – zuweilen durchaus wider Willen und besseres Wissen – den Drang junger Künstler nach Entdeckungen und Experimenten in vorauseilendem Gehorsam unterdrückten, weil doch gefällige Illustrationen der politischen Selbsteinschätzung von Parteien, Gewerkschaften, »Bewaffneten Organen«, Massenorganisationen oder Sportverbänden gefragt waren. Künstlerische Äußerungen hatten eben auch für den vielzitierten »Arbeiter« verständlich zu sein, sollten ihn »ermuntern« und keinesfalls »beleidigen«, denn »auf seine Kosten habe man schließlich studiert«. Am Ende wollten vor allem jüngere Künstler sich mit einer auf solche Argumente gegründeten Kunstpraxis nicht länger abfinden; deshalb bildete sich auch im »Reich der Künste« jenes Gemisch aus Überdruß, Verachtung und Zorn, mit dem endlich der politische Überbau der DDR weggesprengt wurde.

Hochschule für Architektur und Bauwesen Weimar
→ Technische und landwirtschaftliche Hochschulen und Universitäten

Hochschule für Bildende Künste Dresden, 1950–1990
Die im Jahre 1764 gegründete Dresdener Kunstakademie war eine der traditionsreichsten Ausbildungsstätten für bildende Künstler in Deutschland; an ihr wirkten der Baumeister Gottfried Semper, die Maler Anton Graff, Ludwig Richter, Otto Dix, der Architekt Heinrich Tessenow u. v. a. Mit der 1905 in Dresden von Ernst Ludwig Kirchner, Erich Heckel und Karl Schmidt-Rottluff gegründeten Künstlergemeinschaft ›Die Brücke‹, wurde Dresden von 1905–1910 ein vielbeachteter Sammelpunkt des deutschen Expressionismus.
In der DDR konnte freilich an expressionistische Traditionen zunächst kaum angeknüpft werden, da dogmatische Kulturfunktionäre eine sozialistisch-realistische (naturalistische) Malweise verordneten. Am 17.4.1947 wurde das Kunstinstitut als ›Akademie der bildenden Künste Dresden‹ wiedereröffnet; gleichzeitig erfolgte die Wiedereröffnung der ›Hochschule für Werkkunst Dresden‹. Durch den Zusammenschluß beider Einrichtungen entstand am 1.9.1950 die ›Hochschule für bildende Künste Dresden‹ mit den Fachrichtungen Malerei und Graphik, Plastik, Bühnenbild, Trickfilm und Kunsterziehung (seit 1955); außerdem wurden an der H. die Fachschulabteilungen Theatermalerei bzw. Maskenbildnerei eingerichtet.

Rektoren: Hans Grundig (1947–1948, Rektor der Akademie); Will Grohmann (1947–1950, Leiter der Werkkunstschule); Mart Stam (1948–1950, Rektor der Akademie); Fritz Dähn (1950–1952); Rudolf Bergander (1952–1959); Paul Michaelis (1959–1964); Rudolf Bergander (1964–1965); Gerhard Bondzin (1965–1970); Gerhard Kettner (1970–1975); Fritz Eisel (1975–1979); Gerhard Kettner (1979–1982);

Ingo Sander (1982–1989); Johannes Heisig (1989–1990); Wolfgang Rother (1990–1991); Diether Schmidt (1991–1992); Horst Schuster (1992–1993)

Hochschule für Grafik und Buchkunst Leipzig, 1947–1990

Die Hochschule wurde 1764 als ›Zeichnungs-, Mahlerey- und Architektur-Academie‹ gegründet. 1890 wurde das neue, nach 1945 weiter genutzte Akademiegebäude bezogen; das Institut firmierte seitdem als ›Königliche Akademie für graphische Künste und Buchgewerbe‹. Im Mai 1947 wurde die Schule wiedereröffnet; sie führte nun den Namen ›Hochschule für Grafik und Buchkunst Leipzig‹, der darauf verwies, daß der Malerei dort nach wie vor kein großes Gewicht zukam. Erst nachdem Bernhard Heisig 1961 Rektor geworden war, wurde ein fester Ausbildungsgang Malerei eingeführt. Als Lehrer trug vor allem Wolfgang Mattheuer – und mit ihm die Maler Ulrich Hachulla, Arno Rink, Volker Stelzmann u. a. – dazu bei, daß sich eine »Leipziger Schule« entwickelte, die dann andere Maler in der DDR beeinflusste.
Unter der Leitung des Schriftkünstlers Albert Kapr waren jedoch bis Anfang der 70er Jahre Typographie und Buchgestaltung die unbestrittenen Ausbildungsschwerpunkte der Hochschule, die sich auf diesem Gebiet zu einer im sozialistischen Lager führenden Ausbildungsstätte profiliert hatte. Außerdem war die H. auch die einzige Ausbildungsstätte für Fotografie in der DDR, an der man nach fünfjährigem Studium einen Abschluß als ›Diplom-Fotograf« erwerben konnte; bis 1979 gab es ca. 160 Absolventen dieser Fachrichtung. Nach erfolgreichem Abschluß der Hochschulausbildung war es möglich, sich in einer der drei Meisterklassen für Malerei und Graphik oder in der Meisterklasse für Buchgestaltung und Gebrauchsgraphik weiterzubilden.

Rektoren: Kurt Massloff (1947–1959); Albert Kapr (1959–1961); Bernhard Heisig (1961–1964); Gerhard Kurt Müller (1964–1967); Albert Kapr (1967–1973); Werner Tübke (1973–1976); Bernhard Heisig (1976–1987); Arno Rink (ab 1987)

Hochschule für Film und Fernsehen ›Konrad Wolf‹, Potsdam-Babelsberg (HFF), 1954–1990

Am 1. 11. 1954 wurde aufgrund einer kurz zuvor erlassenen Verordnung des → Ministerrats in Babelsberg eine Filmhochschule gegründet, die sich zwar in der Nähe der → DEFA-Produktionsanlagen befand, aber zunächst nur recht provisorisch in einem Dutzend Villen untergebracht war. Sie wurde am 13. 10. 1969 in ›Hochschule für Film und Fernsehen der DDR‹ umbenannt und erhielt am 18. 10. 1985 den Namen ›Konrad Wolf‹. Die zunächst für alle Sparten der Filmproduktion geschaffenen Ausbildungsmöglichkeiten wurden seit den 60er Jahren um entsprechende Stu-

diengänge für das seit 1952 im Versuchsstadium sendende Fernsehen ergänzt. Im Hochschulbereich wurden dann Ausbildungsgänge angeboten für Regisseure, Kameramänner, Dramaturgen, Film- und Fernsehwissenschaftler, Produktionsleiter und Schauspieler; im Fachschulbereich der H. wurden Schnittmeister, Ingenieure für Film- und Fernsehtechnik (Tonstudiotechnik, Filmwiedergabetechnik, Bildaufnahmetechnik), Animatoren und Szenografen ausgebildet.
Das Ausbildungskonzept der H., das wissenschaftliche Forschung, Lehre und Kunstproduktion miteinander verzahnte, besaß internationalen Ruf, und entsprechend angesehen war das gute technisch-handwerkliche Können der Absolventen. An der H. waren – einzigartig in Deutschland – alle filmischen Gewerke vertreten, so daß Studenten komplette Drehstäbe zusammenstellen konnten. Die mit ca. 210 Angestellten arbeitende Hochschule hatte eine jährliche Aufnahmekapazität von 100 Studenten; um 1990 hatten ca. 2500 Studenten, darunter mehr als 200 ausländische, die Hochschule absolviert. Eine Zulassung zum Studium war – vor wie nach 1989 – sehr schwierig zu erlangen. Bis 1989 kam man fast ausschließlich über zuvor geleistete Volontariats- und Assistenzarbeiten dazu, ein Studium an der H. aufnehmen zu können; seit 1990 bewarben sich in einigen Fächern bis zu 50 Interessenten auf einen Studienplatz.

Rektoren: Kurt Maetzig (1954–1964); Konrad Schwalbe (1964–1969); Lutz Köhlert (1969–1973); Peter Ulbricht (1973–1980); Konrad Schwalbe (1980–1986); Lothar Bisky (1986–1990); Wolf Dieter Panse (1990–1993)

Hochschule für industrielle Formgestaltung Halle (Burg Giebichenstein), 1946–1990

Die Hochschule steht in der Nachfolge der 1915 gegründeten ›Halleschen Handwerker-Schule‹, die 1922 in ›Hallesche Kunstgewerbeschule‹ umbenannt wurde und in die Gebäude der Unterburg Giebichenstein einzog. Dort wurde sie in den 20er Jahren – neben dem heute bekannteren Weimarer/Dessauer Bauhaus – zu einer der bedeutendsten reformierten Kunsthochschulen Deutschlands. Am 9.11.1946 wurde der Lehrbetrieb an dem nunmehr als ›Kunstschule Burg Giebichenstein – Werkstätten der Stadt Halle‹ bezeichneten Institut wiederaufgenommen. Das anfängliche Bestreben, Kunst und Kunsthandwerk im Sinne der Bemühungen der 20er Jahre zusammenzuführen, wurde jedoch wenig beachtet, vielmehr schloß man die Werkstätten 1950 als ›Institut für angewandte Künste‹ der Universität Halle-Wittenberg an.
Im Jahr 1958 wurde das Institut wieder ausgegliedert und vorübergehend der →›Kunsthochschule Berlin-Weißensee‹ zugeordnet. Mit der Anordnung des →MfK vom 10.11.1961 wurde die Einrichtung in eine künstleri-

sche Hochschule umgewandelt, die nun als ›Hochschule für industrielle Formgestaltung‹ fortbestand. Damit trug man den Anstrengungen Rechnung, auch in der DDR die bisher vernachlässigte industrielle Formgebung zu entwickeln (→›Amt für industrielle Formgestaltung‹). In den 60er Jahren wurden der H. einige kleinere Produktionsbetriebe unterstellt, in denen die Studenten ihre Entwürfe praktisch ausführen konnten. Neben den »klassischen« Sparten kunsthandwerklicher Schmuck-, Keramik- und Metallarbeiten entwickelte sich nun besonders der Fachbereich Industrie-Design; auch designtheoretische Forschungen, die seit den 60er Jahren an der H. betrieben wurden, genossen internationale Anerkennung. Diesen vielversprechenden Tendenzen setzten Ökonomie und Industriestruktur der DDR allerdings Grenzen, die mit gestalterischer Kreativität nicht zu überwinden waren.
Die etwa 400–450 Studenten bildeten mit den rd. 190 Lehrkräften ein eng verbundenes, kreatives Team, denn die »Burg« verfügte – wie man zu sagen pflegte – über dicke Mauern und eine Zugbrücke, die man bei Bedarf hochziehen konnte. Burg Giebichenstein war die einzige Institution in Deutschland, an der bis heute fachübergreifend freie und angewandte Kunst und Design unterrichtet wurden. Diesen Vorzug nutzend wurde die H. im April 1990 in ›Burg Giebichenstein – Hochschule für Kunst und Design‹ umbenannt. Inge Götze, Gertraud Möhwald u. a. Mitarbeiterinnen dieser Einrichtung gehörten auch zu den Initiatorinnen des im Mai 1990 gegründeten Verbandes ›Kunst und Form e. V.‹; dieser erste deutsche Berufsverband für Künstler, die Design als künstlerische Gestaltung verstehen, hat inzwischen etwa 250 Mitglieder aus 12 Bundesländern.

Rektoren: Hans Hopp (1946–1950); Walter Funkat (1950–1964); Erwin Andrä (1964–1971); Paul Jung (1971–1987); Jochen Ziska (1987–1990); Paul Jung (seit 1990)

Hochschule für Musik ›Carl Maria von Weber‹, Dresden, 1952–1990
Die am 1.2.1856 in Dresden gegründete Musikschule bestand zeitweilig als Königliches Konservatorium und ›Orchesterschule der Staatskapelle Dresden‹ und zuletzt als privat geleitetes ›Krantzsches Konservatorium‹ bis 1937; dann ging sie als ›Konservatorium der Landeshauptstadt Dresden – Akademie für Musik und Theater‹ in städtische Verwaltung über; im Februar 1945 wurde das Schulgebäude zerstört. Bereits am 15.6.1945 nahm jedoch die ›Akademie für Musik und Theater‹ als erste musikalische Ausbildungsstätte in der SBZ den Unterricht wieder auf; am 11.11.1952 erhielt sie den Status einer Staatlichen Musikhochschule und trug seit dem 22.11.1959 den Namen Hochschule für Musik ›Carl Maria von Weber‹.

Ein Schwerpunkt des Hochschulunterrichts lag traditionell im Bereich der Ausbildung von Orchestermusikern, zumal dafür immer schon Musiker der Staatskapelle und späteren ›Gewerbehauskapelle‹ als Lehrkräfte herangezogen werden konnten.

Rektoren: Fidelio F. Finke (1946–1952); Karl Laux (1952–1963); Hans Georg Uszkoreit (1963–1968); Siegfried Köhler (1968–1980); Gerd Schönfelder (1980–1985); Dieter Jahn (1985–1990); Monika Raithel (1990)

Hochschule für Musik ›Felix Mendelssohn-Bartholdy‹, Leipzig, 1946–1990

Das am 2. April 1843 von Felix Mendelssohn-Bartholdy gegründete älteste deutsche ›Conservatorium für Musik‹, an dem u. a. Robert Schumann unterrichtete, Edvard Grieg und Arthur Sullivan studierten, wurde 1876 ›Königliches Konservatorium der Musik in Leipzig‹; 1887 bezog es das im alten Stadtzentrum, in unmittelbarer Nachbarschaft des ›Gewandhauses‹ errichtete, bis heute benutzte Hochschulgebäude in der Grassistraße; der zugehörige große Konzertsaal wurde im Krieg durch Luftangriffe zerstört und nicht wieder aufgebaut. Nach dem Zweiten Weltkrieg wurde die traditionsreiche Ausbildungsstätte im Oktober 1946 als ›Mendelssohn-Akademie‹ wiedereröffnet; am 4. 11. 1968 wurde sie in Hochschule für Musik ›Felix Mendelssohn-Bartholdy‹ umbenannt.

Das Institut bildete Orchestermusiker, Instrumentalpädagogen, Sänger, Dirigenten, Komponisten, Organisten und bis 1955 auch Musiklehrer aus; 1969 kam die Ausbildung von Tanz- und Unterhaltungsmusikern, 1974 die von von Korrepetitoren hinzu. An der ›Spezialschule für Musik‹ in Halle, einer Außenstelle der H., begann 1962 die Ausbildung von Kindern und Jugendlichen. 1978 wurde in Magdeburg eine Außenstelle für die Ausbildung von Chorsängern und Diplommusikpädagogen gegründet. Studenten der H. konnten bei internationalen Wettbewerben zahlreiche Preise und Diplome erringen; Absolventen fanden Engagements an renommierten deutschen Opernbühnen und in führenden Orchestern; die Musiker des Leipziger ›Gewandhausorchesters‹ wurden zu etwa 85 Prozent an der Leipziger H. ausgebildet.

Die H. besteht als Hochschule des Landes Sachsen fort und bietet Möglichkeiten für ein Grund- und ein Aufbaustudium in nahezu allen musikalischen Fachrichtungen; ein Studiengang Musik des 17. / 18. Jahrhunderts wurde 1991 eingeführt, und das zu DDR-Zeiten verkümmerte Institut für Kirchenmusik konnte zum WS 1992 / 93 wieder seine volle Tätigkeit aufnehmen. Im Oktober 1992 wurde die Leipziger →Theaterhochschule ›Hans Otto‹ in die H. integriert; seitdem führt diese den Namen Hochschule für Musik und Theater ›Felix Mendelssohn-Bartholdy‹.

Rektoren: Heinrich Schachtebeck (1946); Rudolf Fischer (1946–1973); Gustav

Schmahl (1973–1984); Peter Herrmann (1984–1987); Werner Felix (1987–1991); Siegfried Thiele (1991–1993)

Hochschule für Musik ›Franz Liszt‹, Weimar, 1946–1990

Angeregt durch Franz Liszt, ordnete Großherzog Carl Alexander von Sachsen-Weimar-Eisenach am 24. 6. 1872 an, in Weimar eine Orchesterschule zu gründen. Die noch im selben Jahr eröffnete erste Schule dieser Art in Deutschland wurde 1886 bzw. 1902 um Sänger- und Schauspielausbildung erweitert und nun unter der Bezeichnung ›Großherzogliche Musik- und Theater-Schule zu Weimar‹ fortgeführt; 1918 wurde sie zur ›Staatlichen Musikschule‹ und 1930 schließlich zur ›Staatlichen Hochschule für Musik‹ umgewandelt. Der im März 1945 eingestellte Lehrbetrieb konnte bereits am 25. 5. 1946 wiederaufgenommen werden. Die nun in Teilen eines ehemaligen Franziskanerklosters eingerichtete ›Staatliche Hochschule für Musik Weimar‹ konnte 1951 in ein neues Hauptgebäude einziehen, das durch den Umzug der Thüringischen Landesregierung nach Erfurt freigeworden war. Am 22. 10. 1956 erhielt sie den Namen Hochschule für Musik ›Franz Liszt‹.

Die H. bildete Orchestermusiker und Solisten, Komponisten, Dirigenten, Chordirigenten, Opernsänger und Musikpädagogen in allen klassischen und modernen Fachrichtungen aus. Seit Anfang der 50er Jahre wurde das Ausbildungsangebot in Richtung Unterhaltungsmusik erweitert, zunächst durch Eröffnung der Fachrichtungen Gitarre und Akkordeon, seit 1968 auch durch spezielle Unterrichtsangebote für Tanz- und Unterhaltungsmusik. Zur H. gehörte auch eine am 1. 3. 1958 gegründete ›Spezialschule für Musik‹; sie bereitete besonders musikbegabte Jugendliche auf ein Hochschulstudium vor und schloß mit dem Abitur ab. Die H. spielte im kulturellen Leben der Stadt Weimar eine wichtige Rolle; Hochschulorchester, Kammerchor und verschiedene Sonderensembles veranstalteten zahlreiche Konzerte und Musikabende; außerdem wurden jährlich hauseigene Operninszenierungen einstudiert und im eigenen Theater mit viel Erfolg aufgeführt; seit 1960 fand zudem jeden Sommer ein Internationales Musikseminar statt.

Die H. besteht als landeseigene Ausbildungsstätte unter derselben Bezeichnung fort und bietet zur Zeit Ausbildungsmöglichkeiten in Orchesterinstrumenten, Klavier, Akkordeon, Gitarre, Jazz/Pop, Komposition/Musiktheorie, Gesang/Musiktheater, Dirigieren, Korrepetition, Kirchenmusik, Schulmusik und seit Herbst 1991 auch Musikwissenschaft an. Die vormalige Spezialschule wird seit Frühjahr 1991 als ›Spezialgymnasium für Musik Belvedere‹ in Weimar betrieben.

Rektoren: Walter Schulz (1946–1948); Ottmar Gerster (1948–1952); Werner Felix

(1952–1966); Johann Cilensek (1966–1972); Hans-Rudolf Jung (1972–1980); Diethelm Müller-Nilsson (1980–1990); Wolfgang Markgraf (ab 1990)

Hochschule für Musik ›Hanns Eisler‹, Berlin, 1950–1990

Die nach dem Zweiten Weltkrieg noch bestehenden Berliner Musikhochschulen und Konservatorien befanden sich alle in den Westsektoren der unter Viermächteverwaltung stehenden Stadt. Deshalb gründete man am 1. 10. 1950 im Ostberliner Stadtbezirk Mitte die ›Deutsche Hochschule für Musik‹ (mit zwei Außenstellen in Rostock und Schwerin). 1964 wurde ihr der Name ›Hanns Eisler‹ verliehen; 1987 konnte sie ihr heutiges Hauptgebäude am Berliner Gendarmenmarkt beziehen, aber weiterhin auch die seit der Gründung belegten Räumlichkeiten in der Otto-Grotewohl-Straße nutzen. Neben dem üblichen, auch andernorts in der DDR angebotenen Ausbildungsprogramm unterhielt die H. Abteilungen für Regie- und Tonmeisterausbildung. An der H., deren künstlerisch-pädagogisches Niveau hohes Ansehen genoß, studierten viele Musiker, die heute im internationalen Konzertbetrieb fest etabliert sind. Seit 1965 war ihr eine ›Spezialschule für Musik‹ angegliedert, in der eine berufsorientierte musikalische Ausbildung von der 6. bis zur 12. Klasse (Abitur) erfolgte. Etwa 95 Prozent der Schüler, die diese »Vorschule« absolvierten, konnten danach ein Studium an der H. aufnehmen.
Nach 1990 wurde die H. durch das Land Berlin übernommen und unter gleichem Namen fortgeführt. Sie bietet nun neben Studiengängen in Instrumentalfächern, Gesang, Dirigieren und Komponieren auch solche für Popularmusik und Musiktheater-Regie an; neuerdings ist auch ein Zusatzstudium für Kulturmanagement möglich. Die H. verfügt derzeit über ein Hochschul-Sinfonieorchester, ein Kammerorchester und ein als besonders leistungsfähig eingeschätztes Ensemble zur Aufführung zeitgenössischer Musik. Die vormalige Spezialschule wird seit 1991 als musikbetontes ›Carl-Philipp-Emanuel-Bach-Gymnasium‹ weitergeführt.

Rektoren: Georg Knepler (1950–1959); Erhard Rebling (1959–1971); Dieter Zechlin (1971–1982); Olaf Koch (1982–1986); Erhard Ragwitz (1986–1989); Annerose Schmidt (1990–1993)

Hochschule für Schauspielkunst ›Ernst Busch‹, Berlin, 1951–1990

Die am 1. 9. 1951 als Fachschule gegründete ›Staatliche Schauspielschule Berlin‹ entstand aus der Zusammenlegung der Schauspielschule des ›Deutschen Theaters‹ und der Schauspielklasse des ›DEFA-Nachwuchsstudios‹. Die Schauspielausbildung wurde damit institutionell aus dem Bereich der Theater- und Filmproduktion herausgelöst und unmittelbar der Leitung des → Ministeriums für Kultur unterstellt. 1981 erfolgte eine

Umbildung dieser Ausbildungsstätte: Sie wurde mit der 1968 ebenfalls als Fachschule gegründeten ›Staatlichen Schauspielschule Rostock‹ sowie mit dem 1974 gegründeten ›Institut für Schauspielregie Berlin‹ zu einer Hochschule vereinigt; diese wurde am 21. 9. 1981 in Hochschule für Schauspielkunst ›Ernst Busch‹ umbenannt. Die vormalige Fachschule in Rostock bestand weiterhin als Außenstelle der H.
Die H. berief sich zwar stets auf die Traditionen des Vorgängerinstituts, das Max Reinhardt 1905 am ›Deutschen Theater‹ gegründet hatte, doch wurde dort unter Bezugnahme auf die Methoden von Stanislawski und Brecht eine durchaus eigenständige Schauspielausbildung begründet. Studenten konnten dort die Fächer Schauspiel, Regie und Choreographie studieren; seit 1971 bot die H. als einzige Ausbildungsstätte in der DDR auch Studienmöglichkeiten für Puppenspieler an. Nach der Vereinigung wurde die H. durch das Land Berlin übernommen und unter demselben Namen mit gleichem Studienangebot fortgeführt.

Direktoren/Rektoren: Wolfgang Heinz (1960–1962); Rudolf Penka (1962–1975); Hans-Peter Minetti (1975–1987); Kurt Veth (1987–1992); Klaus Völker (seit 1993)

Institut für Literatur ›Johannes R. Becher‹, Leipzig, 1955–1990
Dem → Ministerium für Kultur unterstellte Schriftstellerschule mit Hochschulcharakter

Das I. wurde aufgrund einer Verordnung des → ›Ministerrates der DDR‹ vom 3. 2. 1955 gegründet und am 30. 9. 1955 in Leipzig eröffnet. Es war dem → Ministerium für Kultur unterstellt und gehörte dort in den Verwaltungsbereich Kunsthochschulen. Sein erster Leiter wurde A. Kurella, der die von Kulturminister Becher nicht befürwortete Institutsgründung durchgesetzt hatte. Ungeachtet dieser Meinungsdifferenz wurde das I. nach dem Tode Bechers am 25. 5. 1959 nach ihm benannt. Die vom MfK in enger Zusammenarbeit mit dem → Schriftstellerverband geleitete Ausbildungsstätte sollte die »ideologische und künstlerische Ausbildung der Schriftsteller« fördern, um so »die zeitgenössische deutsche Literatur im Geiste der progressiven Traditionen und Errungenschaften der deutschen und Weltliteratur zu entwickeln«. Wie aber ZK-Sekretär Paul Wandel schon bei der Eröffnung deutlich machte, wurde seitens der SED von den Literaturadepten auch strenge Parteilichkeit erwartet: »Die Gegensätze sollen nicht mehr verwischt und faule Kompromisse nicht mehr geschlossen werden.«
Der Schriftstellerverband stützte sich bei der wissenschaftlichen Bearbeitung literarischer Probleme und bei der Nachwuchsförderung auf das I. Sein Vorstand hatte das Vorschlagsrecht für die Besetzung des Direktorenpostens, konnte Vertreter für den Beirat benennen und die Kandi-

daten für ein Studium am I. auswählen und vorschlagen. Auf dem Lehrprogramm standen literaturwissenschaftliche und kulturgeschichtliche Seminare sowie Übungen, in denen schriftstellerische Versuche in allen Gattungen und Genres angestellt wurden. Die angebotenen Studienmöglichkeiten konnten in unterschiedlicher Form absolviert werden; nach dem 1969 eingeführten Ausbildungsprogramm gab es ein dreijähriges (später zweijähriges) Direktstudium oder ein ebenso langes Fernstudium, einjährige Sonderkurse für Schriftsteller, die bereits mit literarischen Arbeiten hervorgetreten waren, künstlerische Aspiranturen und internationale Sommerkurse. Bis Anfang der 90er Jahre hatte das Institut ca. 950 Absolventen, darunter waren u. a. Gerhard Holtz-Baumert, Erich Loest, Rainer und Sarah Kirsch, Helmut Richter, Rudi Strahl, Max Walter Schulz. Nach 1989 gab es Bemühungen, den Fortbestand des Instituts zu sichern; der am 11. 12. 1990 von der Sächsischen Staatsregierung gefaßte Beschluß zur Neuordnung des Hochschulwesens besagte jedoch, das I. sei vollständig abzuwickeln.

Rektoren: Alfred Kurella (1955–1957); Max Zimmering (1958–1964); Max Walter Schulz (1964–1983); Rudolf Gehrke (1984–1985 kommiss.); Hans Pfeiffer (1985–1990); Helmut Richter (ab 1990)

Institut für Schauspielregie, Berlin

→ Hochschule für Schauspielkunst ›Ernst Busch‹

Kunsthochschule Berlin-Weißensee, 1947–1990

Die am 14. 6. 1947 eröffnete ›Hochschule für Angewandte Kunst‹ in Berlin-Weißensee, seit 1956 Kunsthochschule, bildete regelmäßig etwa 300–400 Studenten in den Fachrichtungen Architektur, Plastik / Bildhauerei, Malerei, Bühnenbild, Graphik-Design, Industrie-Design, Keramik-Design, Mode-Design sowie Textil/Flächen-Design aus. In einem ersten Studienjahr wurden allgemein künstlerische Grundlagen vermittelt, danach erfolgte das spezielle Fachstudium. Für den praktischen Ausbildungsteil standen hochschuleigene Werkstätten zur Verfügung. Die Zulassung zur Diplomprüfung durch den Hochschulsenat berechtigte zum Studienabschluß nach dem 5. Studienjahr. Die Hochschule verfügte über enge Verbindungen zu →›Kombinaten‹ und Betrieben, welche die Studenten mit Design-Arbeiten für ihre Produkte beauftragten und zahlreiche Absolventen nach dem Studium auch einstellten.

Die K. galt bei der →SED-Führung zeitweilig als politisch unzuverlässig; Jahr für Jahr wurden Studenten aus politischen Gründen exmatrikuliert. Hier regte sich 1968 Widerstand gegen die Niederschlagung des »Prager Frühlings«, und im Dezember 1988 wehrten sich Studenten – einmalig für die DDR – gegen die übliche Vertretung durch die FDJ-Hochschulleitung; sie erkämpften sich ein eigenes Mitspracherecht im akademischen Senat. Es konnte auch nicht verheimlicht und gefälscht werden, daß die SED bei den letzten Kommunalwahlen in der DDR am 7. 5. 1989 an dieser Hochschule ein »Waterloo« erleben mußte: 52 Prozent Gegenstimmen ergab die öffentliche Stimmauszählung im Wahllokal der K. Nach der »Wende« wurde die Hochschule durch das Land Berlin übernommen und bis 1993 strukturell und personell reformiert. Unter der Bezeichnung ›Kunsthochschule Berlin (Weißensee) – Hochschule für Gestaltung‹ bietet sie nun ein Design-Studium in 6 Fachgebieten, ferner die Studiengänge Malerei und Bildhauerei sowie einen Ergänzungsstudiengang Architektur an.

Rektoren: Bert Heller (1956–1961); Fritz Dähn (1961–1968); Walter Womacka (1968–1988); Rudolf Grüttner (1988–1991); Alfred Hückler (1991–1993)

Theaterhochschule ›Hans Otto‹, Leipzig, 1953–1990

Die Theaterhochschule ›Hans Otto‹ in Leipzig ging auf den 1952 erfolgten Zusammenschluß der ›Schauspielschule Leipzig‹ mit dem 1947 in Weimar gegründeten ›Deutschen Theaterinstitut – Institut zur methodischen Erneuerung des deutschen Theaters‹ zurück. Am 5. 10. 1953 wurde die T. in Leipzig offiziell eröffnet, am 18. 11. 1967 erhielt sie den Namen ›Hans Otto‹. An ihr wurden vor allem Schauspieler, Theaterwissenschaftler (Dramaturgen, Theaterkritiker, Tanzwissenschaftler u. a.) sowie Choreographen und Tanzpädagogen ausgebildet. 1960 führte sie ein Fernstudium ein, und 1964 wurde die Schauspielausbildung so umstrukturiert, daß die Studenten des 3. und 4. Studienjahrs ihre Ausbildung praxisorientiert an größeren Theatern und in Studios in der DDR erhielten. 1976 erfolgte die Gründung der Abteilung Choreographie. An der T. waren regelmäßig rd. 100 Direkt- und 70–80 Fernstudenten immatrikuliert. Im Herbst 1992 wurde sie mit der →Musikhochschule ›Felix Mendelssohn-Bartholdy‹ fusioniert.

Rektoren: Maxim Vallentin (1947–1953); Otto Lang (1953–1958); Karl Eggstein (1958–1961); Armin-Gerd Kuckhoff (1961–1969); Rolf Rohmer (1969–1982); Rudolf Müntz (1983–1990)

Außer den oben näher beschriebenen künstlerischen Lehranstalten mit Hochschulstatus gab es in der DDR in den 80er Jahren noch 11 Fachschulen für künstlerische Ausbildung, die hier nur aufgelistet werden: FS für Artistik, Berlin, gegr. 1956; • Staatl. Ballettschule, Berlin, gegr. 1951 als FS für künstlerischen Tanz, seit 1957 Staatl. Ballettschule; • FS für Werbung und Gestaltung, Berlin, gegr. 1892 als II. Handwerkerschule Berlin, 1945 wiedereröffnet als FS für Grafik und Buchgewerbe, seit 1967 FS für Werbung u. Gestaltung; • ›Palucca-Schule‹, FS für künstlerischen Tanz, Dresden, gegr. 1925 als Privatschule, 1945 wiedereröffnet, 1949 verstaatlicht; • FS für angewandte Kunst, Heiligendamm, gegr. 1949 als ›Schule für Güte und Form‹ in Wismar, seit 1953 FS für angew. Kunst; • FS für Bibliothekare ›Erich Weinert‹, Leipzig, gegr. 1914 als FS für Bibliothekstechnik und -verwaltung, 1946 als FS für Bibliothekare wiedereröffnet; • FS für Buchhändler, Leipzig, gegr. 1957; • FS für Museologen, Leipzig, gegr. 1954 als FS für Museumsassistenten, seit 1958 FS für Heimatmuseen, seit 1966 FS für Museologen; • FS für Tanz, Leipzig, gegr. 1966; • FS für Klubleiter ›Martin Andersen Nexö‹, Meißen-Siebeneichen, gegr. 1958; • FS für angew. Kunst, Schneeberg, Bez. Karl-Marx-Stadt, gegr. 1962.

Kunst- und Antiquitäten GmbH (KuA), 1973–1989

Einrichtung für den Verkauf von Kunstgegenständen und Antiquitäten in das westliche Ausland zum Zweck der Devisenbeschaffung

Geschichte und Organisation: Um den wachsenden Auslandsschuldendienst zu bedienen – 1971 war die DDR noch schuldenfrei, 1978 hatte sie bereits 7,8 Mrd. Dollar Auslandsschulden mit wachsender Tendenz –, zog die DDR-Regierung immer mehr nationale Ressourcen zur Devisenbeschaffung heran. Eine davon war der vornehmlich in Privathand befindliche Bestand an Antiquitäten und Kunstwerken. Zur Abwicklung der Außenhandelsgeschäfte mit Kunstgegenständen wurde am 20. 2. 1973 eine ›Kunst & Antiquitäten GmbH / Internationale Gesellschaft zum Export und Import von Kunstgegenständen‹ gegründet; Gesellschafter wurden Dieter Uhlig und Horst Schuster, die beide zuvor Mitarbeiter von ›Transinter‹ waren, einer Firma aus dem Bereich →›Kommerzielle Koordinierung‹ (KoKo). Eine am 10. 12. 1973 ergangene Weisung von Außenhandelsminister Sölle sprach der K. mit Beginn des kommenden Jahres das alleinige Recht zu, in der DDR den Export und Import von Antiquitäten, Werken der bildenden und angewandten Kunst, Gegenständen aus dem Bereich der Volkskunst sowie von Gebrauchtwaren mit kulturellem Charakter zu betreiben. Der bis dahin auch mit dem Export von Antiquitäten befaßte Außenhandelsbetrieb ›Buchexport‹ stellte daraufhin seine Tätigkeit zum 1. 1. 1974 ein.

Funktionen und Wirkungen: Je mehr die DDR in die Zahlungsunfähigkeit trudelte, desto hemmungsloser wurden die Methoden, mit denen der K. »verwertbares« Kulturgut zugeführt wurde. Der →›Staatliche Kunsthandel‹ wurde durch Planauflagen verpflichtet, einen Teil des ihm zur

Verfügung stehenden Kunstbestandes für den Export an die K. zu veräußern. Unter Berufung auf ihre Steuerhoheit konfiszierten die Finanzbehörden zahlreiche private Sammlungen, indem sie deren Besitzer derart zur Vermögenssteuer veranlagten, daß diese die geforderten Beträge – wie vorausgesehen – nicht bezahlen konnten. Dann gingen die Sammlungen »an Zahlungs Statt« in staatlichen Besitz über und wurden von der K. an Kunden in westlichen Ländern verkauft. Die Kundschaft fand sich zu etwa 60 Prozent in der Bundesrepublik.
Um das offenkundige Ziel, die Inbesitznahme privater Sammlungen, zu verschleiern, wurde den Sammlern häufig vorsätzliche Steuerverkürzung vorgeworfen. Die Betroffenen verloren dann nicht nur ihre Sammlung, sondern waren auch noch mit Gefängnisstrafe bedroht; eine Drohung, die an einigen auch vollstreckt wurde. Diese Tücke sollte andere Sammler einschüchtern, was auch funktionierte, da etliche von diesen, wenn die Reihe an sie kam, schneller einwilligten, ihre Sammlungen zum diktierten Preis zu verkaufen. In solcher Atmosphäre fiel es leicht, weitere Sammler zum Verkauf zu bewegen, indem z. B. noch zusätzlich mit der schnellen Beschaffung eines Autos gelockt wurde. Um entsprechende Informationen über Sammler und Sammlungen zu bekommen, wurden inoffizielle Mitarbeiter des →MfS eingesetzt.
Mit wachsender Verschlechterung der Zahlungsbilanz erweiterte die K. ihre Verkaufspalette und bot schließlich alte Pflastersteine, Rhinozeroshörner, Halbedelsteine u. a. an. Trotzdem war das tatsächlich erzielte ökonomische Ergebnis relativ bescheiden: In den 16 Jahren ihres Bestehens führte die K. lediglich ca. 330 Mio. Valutamark an den Staatshaushalt ab. Die westlichen Geschäftspartner der K. wußten spätestens seit 1984 aufgrund einer Veröffentlichung der Zeitschrift ›art‹, mit wem sie es zu tun hatten. Bestens informiert über das Geschäftsgebaren der K. war auch der ›Bundesnachrichtendienst‹ (BND); er hatte seine Informanten bis in die Leitungsebene plaziert. Ein früherer Geschäftsführer der K. diente dem Geheimdienst einige Zeit – bis zu seiner 1983 vom BND organisierten Flucht – als Kontaktmann.

Auflösung/Ende: Die Modrow-Regierung verbot der K. ab dem 22. 11. 1989 den Export von Antiquitäten und kulturellen Gebrauchsgütern. Zugleich wurde verfügt, die vorhandenen Bestände seien durch staatliche Kommissionen zu begutachten und einer inländischen Verwertung zuzuführen. Am 9. 1. 1990 bildete das →Ministerium für Kultur eine Zentrale Kommission mit 56 Fachleuten, welche die von der K. und dem ›VEB Antikhandel Pirna‹ gehorteten Lagerbestände überprüfen sollten. Insbesondere Vertreter von Museen sorgten nun dafür, daß zahlreiche Kunstgegenstände und Antiquitäten in öffentliche Sammlungen zurückgelangten. Ende Januar 1990 erging eine Anweisung der Regierung, daß die K. umgehend aufzulösen sei; im Februar nahm Irene Arndt ihre Arbeit als Liquidatorin auf. Am 27. 4. 1990 wurde ein ›Verband der Kunst- und Antiquitätenhändler‹ gegründet, der sich für eine rasche Privatisierung des Antiquitäten- und Kunsthandels in der DDR einsetzte.

Geschäftsführer: Horst Schuster (1973–1983); Joachim Farken (1983–1989)

L

Landeshauptarchive
→ Staatliche Archivverwaltung der DDR

Landwirtschaftliche Produktionsgenossenschaften (LPG), 1952–1990
Genossenschaftliche Vereinigung von Bauern, Bäuerinnen und anderen Werktätigen zur gemeinsamen landwirtschaftlichen Produktion

Geschichte und Organisation: Nach dem Beschluß der II. Parteikonferenz der → SED von 1952, in der DDR mit dem Aufbau des Sozialismus zu beginnen, wurde für die Landwirtschaft die Forderung erhoben, »die Vorbereitungen dafür durch die Gründung von L. zu schaffen«. Diese sollten »auf völlig freiwilliger Grundlage« entstehen. Ende 1952 bestanden schon 1906 L. mit ca. 37000 Mitgliedern; im Dezember d. J. beriet eine erste Konferenz der LPG-Vorsitzenden mit Vertretern von Regierung und ZK der SED über Aufgaben bei Gründung und Aufbau von L.; es wurden Musterstatuten für Produktionsgenossenschaften vom Typ I, II und III sowie eine Musterbetriebsordnung beschlossen.
Die LPG-Typen unterschieden sich nach dem Grad der Vergesellschaftung der Produktionsmittel und demgemäß auch nach Art der Vergütung und Verteilung von Einkünften der Genossenschaftsmitglieder. Typ I sah allein die gemeinschaftliche Nutzung des eigenen und gepachteten Ackerlandes vor und vergütete die in festgelegtem Rahmen zu leistende Feldarbeit nach der Menge des eingebrachten Bodens (80 Prozent) und der Anzahl von geleisteten Arbeitseinheiten (20 Prozent). Typ II forderte von den Mitgliedern auch die Einbringung von landwirtschaftlichem Gerät sowie Zugmaschinen und Zugtieren, doch wurde er selten gewählt und spielte in der Kollektivierung praktisch keine Rolle. Vorhandene Viehbestände konnten in Typ I und II weiterhin privat genutzt werden. Nur in Typ III wurden Ackerland, Vieh, Maschinen und Gerätschaften genossenschaftlich genutzt; den Mitgliedern dieser Art von

LPG verblieb nur noch die Möglichkeit zu privater Haus- und Gartenwirtschaft auf einem zugewiesenen Stück Land.

Der als zukunftweisende Chance angepriesene Eintritt in eine LPG wurde von den selbständigen, alteingesessenen Bauern zunächst nur sehr zögernd vollzogen. Wenn, dann entschieden sich die meisten für die LPG Typ I, und unter denen, die sich auf den Schritt in die vorerst nur geringfügige Vergesellschaftung ihrers Besitzes einließen, waren überwiegend Neubauern, denen während der Bodenreform 1945/46 Hofstellen zugewiesen worden waren, die zu klein und zu schlecht ausgestattet waren, so daß sie bestenfalls schwierige wirtschaftliche Existenzbedingungen boten. Folglich war aber mit den entsprechend mager ausgestatteten Genossenschaften trotz vielfältiger Unterstützungen zunächst wirtschaftlich ebenfalls kein Staat zu machen. Das galt über lange Zeit vor allem für den Bereich der Tierproduktion, in dem sich die private Bewirtschaftung als wesentlich ertragreicher erwies.

1958 war man entschlossen, die schleppende Kollektivierung voranzutreiben. Vom →FDGB organisiert, schlossen zahlreiche Belegschaften von Industriebetrieben Patenschaftsverträge mit LPG, →VEG oder →MTS ab. Der Zentralrat der →FDJ rief die Landjugend auf, sich in der sozialistischen Viehwirtschaft zu engagieren, und verschiedene FDJ-Bezirksleitungen organisierten Meliorationsmaßnahmen als →›Jugendobjekte‹. Im Juli 1958 forderte auch der V. Parteitag der SED eine Beschleunigung der sozialistischen Entwicklung der Landwirtschaft und setzte damit ein Signal für eine verschärfte Gangart gegenüber renitenten Groß- und Mittelbauern. Der sozialistische Sektor der Landwirtschaft erbrachte 1959 erst 47,9 Prozent der Bruttoproduktion, davon wurden 14,9 Prozent in »volkseigenen« und 32,7 Prozent in genossenschaftlichen Betrieben erwirtschaftet (→Agrarpolitik). Im Dezember d. J. drängte daher die 7. Tagung des →›Zentralkomitees der SED‹, Staatsorgane und Politbüro sollten ihre Tätigkeit nun vordringlich auf die Umgestaltung der Landwirtschaft konzentrieren.

In der zu Beginn des Jahres 1960 gestarteten größten und letzten Kollektivierungskampagne gerieten die noch auf ihren Höfen verbliebenen Bauern unter starken gesellschaftlichen Druck. Parteien und Massenorganisationen betrieben eine Agitation auf dem Lande, die gleichermaßen mit Verheißungen wie mit Drohungen operierte. Selbst 16jährige FDJler, zu Agitationstrupps zusammengeschlossen und von erfahrenen Parteiarbeitern geführt, wurden auf die Dörfer geschickt, um beharrlich bleibende Einzelbauern zum Eintritt in die LPG zu bewegen. Die durch landwirtschaftliche Arbeiten stark belastete Dorfjugend und die Frauen verschlossen sich dabei häufig nicht den Argumenten, die ihnen von den

Schülern und Studenten, Lehrlingen und jungen städtischen Arbeitern mit begeisterter Zuversicht vorgetragen wurden. Als erster »vollgenossenschaftlicher« Bezirk meldete Rostock am 4. März 1960 Vollzug, als letzter folgte Karl-Marx-Stadt am 15. April.
Zur selben Zeit erhoben die Kirchen in der DDR Einspruch gegen den Druck, der auf die Bauern ausgeübt wurde; Die Bundesregierung in Bonn gab im April ein Weißbuch heraus über »Die Zwangskollektivierung des selbständigen Bauernstandes in Mitteldeutschland«. Mit dem 31. Mai 1960 bestanden 19345 LPG, die insgesamt 83,6 Prozent der landwirtschaftlich genutzten Flächen in der DDR bewirtschafteten; rund 380000 Bauern waren in 13022 Genossenschaften der Typen I und II zusammengeschlossen; etwa 19000 hatten sich zu diesem Zeitpunkt noch nicht für einen Beitritt zur LPG entschieden.

Funktionen und Wirkungen: Nach Abschluß der Kollektivierung, dem »Sieg der sozialistischen Produktionsverhältnisse auf dem Lande«, tendierte die agrarpolitische und strukturelle Entwicklung auf eine Stärkung und Vermehrung der L. vom Typ III sowie auf zunehmende Konzentration durch verschiedene Formen der Kooperation. Die in der Schlußphase vielfach überstürzt herbeigeführten LPG-Gründungen hatten keineswegs immer zu räumlich sinnvoll geordneten und wirtschaftlich effektiven Betriebseinheiten geführt, so daß schon deshalb zahlreiche Neuordnungen nötig wurden. Darüber hinaus drängte die Wirtschaftspolitik der 60er Jahre auch in der Landwirtschaft schon auf wissenschaftlich-technische Rationalisierung, was langfristig die Herausbildung immer größerer und immer stärker spezialisierter Produktionsbetriebe erforderte. Nach verschiedenen Zwischenformen und Kooperationsmodellen bildeten sich seit Ende der 70er Jahre zunehmend sehr große L. des Typs III heraus, die entweder auf die Pflanzenproduktion (LPG-P) oder auf die Tierproduktion (LPG-T) spezialisiert waren (→ Agrarpolitik).
Träger der Genossenschaften waren in erster Linie die Genossenschaftsbauern, die an dem Land, das sie gemeinschaftlich bewirtschafteten, Anteile besaßen. Die SED verstand diese Schicht als eine eigene »Klasse«, in der der wichtigste Bündnispartner der Arbeiterklasse zu sehen sei. Folgerichtig widmete sie ihr stets große Aufmerksamkeit und Fürsorge. Im Laufe der zunehmenden Technisierung und Chemisierung der Landwirtschaft wuchs jedoch auch die Zahl derjenigen, die als Arbeiter oder Angestellte in einer L. tätig waren. Ihnen, die kein Land eingebracht hatten, wurde schließlich auch eingeräumt, daß sie ebenso wie die Genossenschaftsbauern eine individuelle Hauswirtschaft auf einem dafür zugewiesenen Stück Land betreiben konnten. So unterschieden sie sich

von den Genossenschaftsbauern am Ende nur noch darin, daß sie Lohnempfänger waren, während jenen weiterhin ein in Relation zur Größe und Qualität des eingebrachten Landes stehender Gewinnanteil vergütet wurde.
Das Wirtschaften in landwirtschaftlichen Großbetrieben der Pflanzen- oder Tierproduktion zielte auf einen möglichst hohen Grad von Eigenversorgung der DDR-Bevölkerung mit Lebensmitteln. Dieses Ziel wurde auch erreicht, allerdings um den Preis hoher Produktionskosten und einer besorgniserregenden Umweltbelastung. Nicht annähernd erreicht wurde hingegen das Produktivitätsniveau der EG-Landwirtschaften (→ Agrarpolitik). Die berufliche Qualifikation und die soziale Versorgung aller Beschäftigten in der Landwirtschaft hatte sich jedoch ständig gebessert. Das Lohnniveau hatte sich dem der Industriearbeiter angeglichen; die genossenschaftliche Wirtschaftsform und die Spezialiserung der Betriebe ließen geregelte Arbeitszeiten, freie Tage und Jahresurlaub zu; Kranken- und Altersversorgung entsprachen dem Standard in der DDR. Zudem bemühten sich FDJ, → VdgB und andere Organisationen, das Leben auf dem Lande durch Kultur-, Weiterbildungs- und Freizeitangebote so interessant zu machen, daß die Jugend nicht auf Abwanderungsgedanken kam.

Auflösung/Ende: In den Anlagen zum Einigungsvertrag wurde festgelegt, daß das Gesetz über die Landwirtschaftlichen Produktionsgenossenschaften vom 2. 7. 1982 mit Ablauf des 31. 12. 1991 außer Kraft trete. Bis zu diesem Termin konnten L. also fortbestehen; sie konnten sich aber auch schon durch Auszahlung des genossenschaftlichen Vermögens aufgelöst haben oder in Genossenschaften nach bundesrepublikanischem Recht oder in Kapitalgesellschaften umgewandelt worden sein. Von allen diesen Möglichkeiten wurde auf verschiedene Weise Gebrauch gemacht, doch fanden diese Umwandlungsprozesse in dem nebelhaften Wirrwarr von Eigentumsübertragungen, Rückerstattungsansprüchen, Vorbehalten der ›Treuhandanstalt‹, EG-geförderten Flächenstillegungen und subventionierten Betriebsgründungen statt, so daß sich bislang darüber nur mitteilen läßt, daß vieles umstritten, angefochten, nicht rechtskräftig und wirtschaftlich unsicher ist. Ob die Umstrukturierung der Landwirtschaftsbetriebe in den neuen Bundesländern langfristig zu einer starken Reduzierung der Betriebsgrößen und einer Restauration des – in der EG vorherrschenden – bäuerlichen Familienbetriebes tendieren wird, ist noch nicht absehbar. Deutlich ist allerdings, daß sich die ehemaligen Genossenschaftsbauern bei Befragungen bisher stets mit großer Mehrheit für die Lebens- und Arbeitsbedingungen ausgesprochen haben, die nur durch eine genossenschaftliche Wirtschaftsform gewährleistet sind.

Landwirtschaftsrat, 1963–1973
Hierarchisch gestaffeltes Beratungs- und Leitungsgremium zur Anleitung und Lenkung der landwirtschaftlichen Produktion

Nachdem die Kollektivierung der Landwirtschaft 1960 zum Abschluß gekommen war, versuchte man den Prozeß der Planung und Leitung in der Landwirtschaft zu straffen. Das in seiner Administration noch deutlich auf die Verhältnisse vor der Kollektivierung zugeschnittene Ministerium für Land- und Forstwirtschaft hielt man für nicht flexibel genug, um den neuen Aufgaben gerecht zu werden. Außerdem sah man im Hinblick auf das ›Neue ökonomische System der Planung und Leitung der Volkswirtschaft‹ und das in diesem Zusammenhang stärker zu beachtende Produktionsprinzip die Notwendigkeit, in der Produktion tätige Fachleute auf allen Ebenen stärker in die Planung und Leitung einzubeziehen (→Wirtschaftspolitik). Deshalb wurde zum 7.2.1963 das bisherige Landwirtschaftsministerium aufgelöst und an seiner Stelle ein zentraler Landwirtschaftsrat beim →›Ministerrat der DDR‹ eingerichtet.
Das Gremium, in das zunächst Vertreter des Staatsapparates, der Parteien und Massenorganisationen sowie Genossenschaftsbauern, Arbeiter, Angestellte, Ingenieure und Wissenschaftler aus land- und forstwirtschaftlichen Produktionsbetrieben berufen wurden, fungierte als ehrenamtliches Beratungsorgan des Ministerrats. Es wurde zugleich aber auch eine Produktionsleitung des L. gebildet, die administrative Aufgaben wahrzunehmen hatte. Diese wurde zum zentralen Leitungsorgan der Land-, Forst- und Nahrungsgüterwirtschaft; der Produktionsleiter hatte Ministerrang. Entsprechend strukturierte und mit Zuständigkeiten ausgestattete Landwirtschaftsräte entstanden gleichzeitig auf Bezirks- und Kreisebene, wo sie jeweils den →Räten der Bezirke und Kreise zugeordnet waren. Seit März 1965 wurden die Kreislandwirtschaftsräte auf den Kreisbauernkonferenzen gewählt; seit dem IX. →Bauernkongreß im Februar 1968 wurde für den zentralen L. und die Bezirkslandwirtschaftsräte entsprechend verfahren; die Produktionsleitungen wurden weiterhin von den »zuständigen staatlichen Leitungen« eingesetzt.
Die beabsichtigte Einbindung von Fachleuten in die Abläufe von Planung und Leitung zeigte sich daran, daß den Kreislandwirtschaftsräten rund 24000 Genossenschaftsbäuerinnen und -bauern angehörten. Um die Effizienz zu steigern und die Bedeutung des zentralen Rates anzuheben, wurden diesem nach und nach mehrere staatliche Komitees unterstellt: eines für Landtechnik und materiell-technische Versorgung der Landwirtschaft (1964); ein neu gebildetes für Melioration (1966); eines für Ankauf und Verarbeitung sowie eines für Forstwirtschaft (1968). Eine entschei-

dende Kompetenzerweiterung erfuhren die L. auf allen Ebenen, als ihnen 1968 der Bereich Nahrungsgüterwirtschaft zugeordnet wurde; sie nannten sich nun ›Rat für landwirtschaftliche Produktion und Nahrungsgüterwirtschaft‹ (RLN). In dieser neuen Zuständigkeit waren sie auch verantwortlich für die fortschreitende Konzentration durch Kooperation auf dem Lande, für horizontal gegliederte ›Kooperationsgemeinschaften‹ (KOG) sowie für die zu Produktionsketten verbundenen Formen vertikaler Kooperation von Erzeuger- und Verarbeitungsbetrieben.
Im Zuge der schon 1965 einsetzenden und seit 1971 verstärkt betriebenen Rezentralisierung von Planung und Leitung wurde die zentrale Produktionsleitung des RLN-Z mit Wirkung vom 1.1.1973 wieder zu einem →Ministerium für Land-, Forst- und Nahrungsgüterwirtschaft umgebildet. Durch Ministerratsbeschluß vom Mai 1975 wurden auch bei den nachgeordneten Räten (RLN-B) die Produktionsleitungen ausgegliedert und zu Abteilungen für Landwirtschaft und Nahrungsgüterwirtschaft der Räte der Bezirke umgewandelt. Auf Beschluß der Räte der Bezirke wurde dann auf Kreisebene entsprechend vorgegangen. Dort bestanden die RLN als »demokratisch gewählten Organe« fort, doch reduzierte sich ihre Bedeutung auf bloße Beratung des jeweiligen Rates des Kreises.

Landwirtschafts- und Gartenbauausstellung der DDR
→ agra – Landwirtschaftsausstellung der DDR

Leipziger Buchmesse
→ Leipziger Messe

Leipziger Messe, 1946–1990
Bedeutendste internationale Präsentation von Wirtschaftsgütern und Technologien in der DDR

Geschichte und Organisation: Die um 1165 erstmals nachweisbare L. ist die älteste Messe der Welt; durch sie wurde Leipzig schon in Vorkriegszeiten zum vielbesuchten Messeplatz; nach 1945 gehörte sie – gemessen an der Zahl der dort ausstellenden Firmen und der Größe der Ausstellungsfläche – zu den bedeutendsten internationalen Messen. Die erste Nachkriegsmesse, an der sich 2271 überwiegend deutsche Aussteller beteiligten, wurde bereits am 8.5.1946 eröffnet. Der Durchbruch zur Internationalität wurde 1952 wieder erreicht, als Firmen aus 52 Ländern ausstellten. Nach intensiver Aufbauarbeit verfügte die Messe in den 50er Jahren über 17 Messehäuser in der Innenstadt sowie 22 Hallen, 27 Pavillons und ausgedehnte Freiflächen auf dem Messegelände (insgesamt 350000 qm Ausstellungsfläche).

Die L. fand zweimal jährlich (Anfang März und Anfang September) statt und dauerte jeweils eine Woche. Auf den Frühjahrsmessen waren die Produzenten von Werkzeugmaschinen, Elektrotechnik und Elektronik, Informationstechnik und wissenschaftlichen Geräten, metallurgischen Erzeugnissen, Schwermaschinen und Industrieanlagen sowie landwirtschaftlichen Produkten und Nahrungsgütertechnik schwerpunktmäßig vertreten; im Mittelpunkt der Herbstmesse standen Chemieerzeugnisse und Chemieanlagen, Textilmaschinen, Straßenfahrzeuge, Mittel der Freizeitgestaltung und Sportartikel, Ausstattungen und Möbel für Bildungseinrichtungen, Unterrichtsmittel. Textilien und Bekleidung, Nahrungs- und Genußmittel, Glas, Keramik und Porzellan sowie Erzeugnisse der Leichtchemie wurden stets auf beiden Messeveranstaltungen ausgestellt. In den 80er Jahren beteiligten sich durchschnittlich 9000 Aussteller an der Frühjahrsmesse und 6000 Aussteller an der Herbstmesse; die in Leipzig präsentierten Produkte wurden von Firmen aus rd. 90 Ländern hergestellt.
Für Konzeption, Vorbereitung und Durchführung der L. war der ›VEB Leipziger Messeamt‹ zuständig, der seinen Hauptsitz in Leipzig hatte und Zweigstellen in Berlin/DDR und im Ausland unterhielt. Er war an die Weisungen der → ›Kammer für Außenhandel‹ und des → Ministeriums für Außenhandel gebunden und trug die Verantwortung für die Gesamtgestaltung der Messen, für Anwerbung und Auswahl der Aussteller, für einen großen Teil der zum Nutzen von Ausstellern und Besuchern zu erbringenden Dienstleistungen, für die Organisation des wissenschaftlich-technischen Programms sowie für Werbung und die Messepublikationen.

Funktionen und Wirkungen: Da die L. zunehmend als Drehscheibe des Ost-West-Handels fungierte, wurden für die DDR-Führung neben den wirtschaftlichen Aspekten auch die dort gebotenen Möglichkeiten zu politischen Kontakten interessant. Zunächst erfüllte sie in den 50er und 60er Jahren wichtige Funktionen beim Ausbau internationaler Positionen und der schrittweisen Überwindung der politischen Isolierung der DDR. Seit Mitte der 60er Jahre ergaben sich dann im Austausch mit dem nichtsozialistischen Ausland vielfältige Verknüpfungen von Handelsbeziehungen und politischen Interessen. Die SED orientierte sich nun verstärkt auf den Handel mit westlichen Industriestaaten, um den wissenschaftlich-technischen Anschluß nicht zu verpassen, was seitens der UdSSR und anderer RGW-Staaten mit Mißtrauen verfolgt wurde. 1970 kamen allein aus Westdeutschland etwa 1000 Aussteller; seitdem wuchs auch auch die Messebeteiligung Frankreichs, Italiens, der Niederlande, Österreichs und Japans, die neben der Bundesrepublik zu den wichtigsten

Handelspartnern der DDR wurden, und diese blieb während der 80er Jahre konstant hoch.

Der von W. Ulbricht eingeschlagene Kurs der Westorientierung wurde nach dessen Entmachtung zunächst korrigiert, seit Mitte der 70er Jahre aber von E. Honecker fortgesetzt. Durchaus mit Erfolg versuchte die SED-Führung, die L. unter dem Motto »Für weltoffenen Handel und technischen Fortschritt« zu einem Zentrum des Ost-West-Handels auszubauen. Belege dafür lieferte zweimal im Jahr die offizielle Messeberichterstattung, die viel belächelt wurde, aber auch Frust verbreitete. Während der Messewochen gab es für die DDR-Medien nur ein Thema: Honecker und/oder Stoph, Mittag, Kleiber im »konstruktiven Dialog« mit den Chefs großer Konzerne oder mit westlichen Wirtschaftsexperten. In einer einzigen ND-Ausgabe konnte man dann 30 und mehr Ablichtungen vom Zusammentreffen Honeckers mit führenden Politikern und Wirtschaftsvertretern des nichtsozialistischen Auslands besichtigen.

Aus innenpolitischer Sicht korrigierte sich das Wunschbild vom »weltweit geschätzten Handelspartner DDR«, das die L. an die DDR-Bevölkerung vermitteln sollte, allerdings wieder. Die in Messesonderzügen zu verbilligten Tarifen angereisten Bürger konnten sich ja ihr eigenes Bild von der Leistungsfähigkeit einheimischer Firmen und Produkte machen. Da sie bevorzugt die Messestände bekannter Auto- und Heimelektronikfirmen umlagerten und dort westliches Know-how und Design bestaunten, konnte das nicht allzu strahlend ausfallen. Und zur ungünstigen Einschätzung landeseigener Produkte trug überdies noch das auf langjähriger Erfahrung basierende Wissen bei, daß ausgestellte Waren von DDR-Firmen, die den Besuchern aufgefallen waren, i. d. R. in den Geschäften nicht oder nur selten zu kaufen sein würden.

Auf der im September 1990 eröffneten Herbstmesse wurden zum 56. und zugleich letzten Mal ›Goldmedaillen‹ der L. vergeben. Während in den zurückliegenden Jahren aus politischen und wirtschaftspolitischen Gründen Messeexponate aus der DDR und der UdSSR mit dieser Auszeichnung überhäuft worden waren, wählte das →›Amt für Standardisierung und Warenprüfung‹ diesmal nach streng gehandhabten Kriterien aus 143 zur Auszeichnung eingereichten Produkten 49 als preiswürdig aus: Darunter waren 31 Erzeugnisse westdeutscher Firmen, insgesamt 4 aus ostdeutscher Produktion, Firmen aus der UdSSR gingen gänzlich leer aus.

Die ›Leipziger Buchmesse‹, die stets während der Frühjahrsmesse stattfand, entwickelte sich zum Treffpunkt von DDR-Autoren und zu einem Ort reger Ost-West-Kommunikation. Besondere Anziehungskraft übte sie auf die jungen Intellektuellen der DDR aus, deren »Schutz« gegen

feindliche Einflüsse zum besonderen Anliegen der »Staatssicherheit« wurde. Die Stände westlicher Verlage wurden von Mitarbeitern des → MfS bewacht, die verhindern sollten, daß »illegal Westliteratur verbreitet« wurde. Trotzdem verschwanden die begehrten, in der DDR anders nicht erhältlichen Bücher kiloweise in großen karierten Beuteln. Allerdings mußten die Träger solcher Behältnisse wie übrigens auch diejenigen, die an den Ständen seitenlange Exzerpte anfertigten, damit rechnen, daß ihnen die »Beute« von Sicherheitskräften wieder abgenommen und ihre »Personalien festgestellt« wurden.
Die L. löste bei den eingesperrten DDR-Bürgern zwiespältige Gefühle und Reaktionen aus: Das zeitweilig in der Messestadt sich ausbreitende internationale Flair wurde dankbar registriert, aber daran unmittelbar teilzuhaben war für die meisten nicht möglich, denn die Preise in den Leipziger Gaststätten stiegen während der Messe auf »Westniveau«. Kontaktmöglichkeiten ergaben sich aber für diejenigen, die Privatquartiere zur Verfügung stellten. Mangel an Nachtquartieren stellte sich regelmäßig zu Messezeiten ein, so daß Leipziger Studenten vorübergehend ihre Internatszimmer für Logisgäste aus dem Westen räumen mußten. Die Mängel im Beherbergungswesen wurden durch die sträfliche Vernachlässigung der Leipziger Wohnbausubstanz noch verschärft; zugleich wurden sie aber durch zeitweilige Verbesserungen in der Versorgungslage ein wenig abgemildert. Tagsüber drängten sich in der Stadt Besucher aus allen Ecken des Landes, die nicht eigentlich der Messe wegen gekommen waren, sondern wegen des zu Messezeiten wesentlich verbesserten Warenangebots im Einzelhandel. Die fragwürdige Politik, den Messeplatz immer nur für die Zeitspanne attraktiv zu machen, während der ausländisches Publikum in der Stadt weilte, untergrub die Autorität der Partei- und Staatsführung auch bei vielen systemkonform eingestellten DDR-Bürgern. So bereiteten die besonderen Erfahrungen, die Einwohner und Besucher der Messestadt machen konnten, auch den Boden für die großen Montagsdemonstrationen auf dem Leipziger Ring.

Umwandlung: 1990 wurde eine ›Leipziger Messe GmbH‹ gebildet, die sich seitdem bemühte, den drastisch zunehmenden Aussteller- und Besucherschwund mit neuen Ausstellungs- und Informationskonzepten zu stoppen. Als die Grenzen offen waren, zeigte sich, daß westdeutsche Messeplätze, insbesondere Hannover und Frankfurt a. M. (Buchmesse) entschieden größere Anziehungskraft ausübten. Unter der Leitung von Cornelia Wohlfahrt, die am 1. 8. 1991 den Vorsitz der ›Leipziger Messe GmbH‹ übernahm, setzte man nun anstelle der herkömmlichen Universalmessen auf Fachmessen mit deutlich zukunftsorientierter Ausrichtung.

In Realisierung dieser Konzeption bot die im März 1992 eröffnete Frühjahrsmesse drei Fachmessen unter einem Dach: ›Unitec‹ für Industrietechnik; ›Terratec‹ für Umwelttechnik; ›Translogo‹ für Verkehrstechnik. Von den daran beteiligten 1443 Ausstellern kamen 158 aus dem Ausland. 1993 wurde damit begonnen, am Nordrand der Stadt ein neues Messegelände einzurichten, wofür Investitionsmittel in Höhe von rd. 1,3 Mrd. DM bereitgestellt werden sollen.

Leiter des Messeamtes: Rolf Lemser (1954–1962); Kurt Schmeisser (1962–1971); Friedrich Wonsack (1971–1981); Siegfried Fischer (1981–1989)
Vorstandsvorsitzende der ›Leipziger Messe GmbH‹: Kurt Schoop (1990–1991); Cornelia Wohlfarth (1991–1993)
Auszeichnungen/Preise: ›Goldmedaille der Leipziger Messe‹, seit 1963 für ausgestellte Spitzenerzeugnisse vergeben; ›Messe-Diplome‹
Publikationen: Vom Messeamt wurden u. a. das ›Leipziger Messe-Journal‹, ›Wer liefert was?‹, ›MM-Informationen‹ und die jeweiligen Messekataloge herausgegeben.

Liberal-Demokratische Partei Deutschlands (LDPD), 1945–1990

Blockpartei, in der vorwiegend Handwerker, Gewerbetreibende, Angestellte und Angehörige der Intelligenz organisiert waren

Geschichte und Organisation: Am 16. 6. 1945 trafen sich in einer Berliner Wohnung der frühere Reichsinnenminister Wilhelm Külz, der Berliner Professor Wilhelm Eich, der ehemalige sozialdemokratische Reichsminister Gustav Noske u. a., die sich als »Hauptausschuß der Deutschen Demokratischen Partei« (DDP) konstituierten. Waldemar Koch, ein Schwiegersohn des ehemaligen Reichsjustizministers Eugen Schiffer, der 1918 die DDP mitbegründet hatte, wurde zum 1., W. Külz zum 2. Parteivorsitzenden gewählt. Versuche der neugegründeten Berliner CDU, mit den Berliner DDP-Gruppen zu fusionieren, scheiterten vor allem an der Haltung der DDP. Nach dem Gründungsaufruf der CDU vom 26. 6. 1945 entschied sich der DDP-Hauptausschuß dafür, seine organisatorische Unabhängigkeit zu wahren. Er änderte den Parteinamen in ›Liberal-Demokratische Partei Deutschlands‹ (LDP) und konstituierte sich als deren »Reichsparteileitung«.
Im Gründungsaufruf vom 5. 7. 1945, der auf W. Külz zurückging, waren die wesentlichen Aussagen: demokratischer Wiederaufbau auf der Basis von Entnazifizierung und Bestrafung aller schuldig gewordenen Nationalsozialisten, Mitwirkung von Gewerkschaften und Unternehmern in der Wirtschaft, die Wiederherstellung des Berufsbeamtentums im Staat, die Demokratisierung der Kultur, der Aufbau eines neuen Bildungswesens, Garantie der Grund- und Menschenrechte, Trennung von Staat und

Kirche. Am 10.7.1945 erfolgte die Lizenzierung der Partei durch die →SMAD.

Unabhängig von dem Berliner Gründungskreis und häufig ohne Kenntnis von dessen Plänen bildeten sich ab April 1945 in Orten und Kreisen der SBZ zahlreiche liberal-demokratische Organisationen. In Burgstädt (Sachsen) konstituierte sich schon am 15.4.1945 eine ›Demokratische Partei‹; in Dresden wurde am 6.7.1945 eine ›Demokratische Partei Deutschlands‹ gegründet und etwa gleichzeitig für Sachsen-Anhalt in Halle eine ›Deutsche Volkspartei‹ (DVP); schon vorher war in Weimar eine ›Deutsche Demokratische Partei‹ (DDP) entstanden. Diese Regionalparteien schlossen sich später alle der LDP als Landesverbände an. Als letzte konstituierten sich die Landesverbände Brandenburg (Dezember 1945) und Mecklenburg (Januar 1946). Am 3./4.2.1946 bestätigte eine Delegiertenkonferenz in Weimar den Zentralvorstand und schloß damit die Bildung der LDP in der SBZ ab. Für die Bezeichnung ›Liberal-Demokratische Partei Deutschlands‹ war zunächst die Abkürzung LDP gebräuchlich; ab Oktober 1951 setzte sich dann das Kürzel LDPD allgemein durch.

Die LDPD wurde nach dem Prinzip des →demokratischen Zentralismus geleitet und war, nachdem sie ihre Betriebsgruppen 1953 auflösen mußte, nur noch nach dem Territorialprinzip gegliedert; Grundeinheiten der Partei waren Wohngebiets- bzw. Ortsgruppen, die in Stadtbezirks-, Stadt-, Kreis- und zunächst Landes-, später Bezirksverbänden zusammengefaßt waren. Höchstes Organ der LDPD war der Parteitag, der seit 1967 alle 5 Jahre stattfand, über die grundsätzlichen Aufgaben der Partei beschloß und den Zentralvorstand wählte. Dieser bildete – in Analogie zur Leitungsstruktur der →SED – ab September 1951 einen ›Politischen Ausschuß‹ sowie ab September 1954 das Sekretariat des ZV. Nach eigenen Angaben hatte die LDPD 1946 rd. 175000, 1948 rd. 197000 und 1966 etwa 64500 Mitglieder; nach diesem Tiefpunkt stieg die Mitgliederzahl wieder an und erreichte 1987 einen Stand von 106000.

Funktionen und Wirkungen: In der Entschließung der ersten Delegiertenkonferenz vom Februar 1946 wurde der Vorrang des Privateigentums an den Produktionsmitteln vor dem Staatseigentum betont und die Verstaatlichung von Betrieben lediglich als Ausnahmeregelung akzeptiert. Auf ihrem 3. Parteitag im Februar 1949 beschloß die LDP ein liberales Grundsatzprogramm, in dem sie ihre wesentlichen Forderungen aufrechterhielt und sich zu einer einheitlichen deutschen parlamentarisch-demokratischen Republik bekannte. Unter der Leitung von Hermann Kastner und Karl Hamann, die auf dem 3. Parteitag zu gleichberechtigten Vorsitzenden gewählt worden waren, ordnete sich die LDPD nach erheblichen innerparteilichen Auseinandersetzungen mehr und mehr der SED-Politik unter. Sie billigte die Gründung der DDR und die ohne demokratische Wahlen vollzogene Umfunktionierung des ›Deutschen Volksrates‹ (→›Deutscher Volkskongreß‹) zu einer Provisorischen →›Volkskammer der DDR‹. In der von Otto Grotewohl geleiteten Regierung erhielt die LDPD außer dem Amt des Stellvertretenden Ministerpräsidenten (Hermann Kastner) die Ressorts Finanzen (Hans Loch) und Handel und Versorgung (Karl Hamann).

1952 bekannte sich die LDPD-Führung zum »planmäßigen Aufbau des Sozialismus«. Auf ihren Parteitagen, die – wie bei allen Blockparteien – seit 1967 jeweils nach dem SED-Parteitag stattfanden, akklamierte sie seitdem regelmäßig den SED-Beschlüssen und versprach, diese gemäß ihrer Bündnisverpflichtung umzusetzen. So empfahl sie nach dem V. Parteitag der SED 1958 Privatunternehmern, eine Beteiligung des Staates an ihren Betrieben anzunehmen, und förderte so die Umwandlung der noch privat geleiteten Industrie- und Handwerksunternehmen in halbstaatliche Betriebe und Produktionsgenossenschaften (→›Produktionsgenossenschaft des Handwerks‹, →Wirtschaftspolitik). Auf dem 11. Parteitag 1972 wurde der nächste Schritt getan, indem sich namhafte Komplementäre halbstaatlicher Betriebe und Vorsitzende industriell produzierender PGH nun dazu bereit erklärten, »ihre Betriebe in Volkseigentum zu überführen«. Damit war die liberal-demokratische Zustimmung zu der im ersten Halbjahr 1972 durchgeführten Verstaatlichung (Enteignung) von verbliebenen privaten und halbstaatlichen Betrieben ausgesprochen worden (→Wirtschaftspolitik).

Die seit 1966 wieder deutlich zunehmende Mitgliedschaft der LDPD zeigte, daß die Partei ihre bündnispolitische Funktion im Verbund des »sozialistischen Mehrparteiensystems« erfüllte. Sie beeinflußte die ihr zugewiesenen Zielgruppen im Sinne der anleitenden SED und bot dabei Karrieremöglichkeiten und öffentliche Ämter für jene Bürger, die sich gesellschaftlich-politischer Verpflichtung nicht entziehen mochten, dieser aber nicht unter dem direkten Kommando der SED nachkommen wollten. Ungeachtet der Tatsache, daß sich der Mitgliederzuwachs weitgehend dieser »Nischenfunktion« verdankte, verkündete die Parteiführung ihre Treue zum Sozialismus mit wachsendem Selbstbewußtsein. Der im Amt bestätigte Parteivorsitzende Gerlach sah 1982 im »entwickelten Sozialismus langfristig eine solide Basis«; laut der vom 14. Parteitag im April 1987 beschlossenen Satzung verstand sich die LDPD als »fester Bestandteil der politischen Organisation des Sozialismus in der DDR und als eine staatstragende Partei«.

Auflösung/Ende: Schon im September 1989 hatte der LDPD-Vorsitzende Gerlach im Blick auf den 40. Jahrestag der DDR öffentlich gesagt: »Die DDR braucht Fragende, Ungeduldige, Neugierige; sie braucht jeden, der sich an der ›Normalität‹ reibt und so hilft, Neues zu entdecken und durchzusetzen.« Nach dem Jubelfest veröffentlichte dann das Parteiorgan ›Der Morgen‹ am 10. Oktober Leserbriefe, in denen Reformen gefordert wurden. Am 24.11.1989 strich die Partei ihr Bekenntnis zur »führenden Rolle der SED« aus der Satzung, und der die Veränderungen mit vorantreibende Parteivorsitzende wurde nach dem Rücktritt von Egon Krenz am 6. Dezember zum →Staatsratsvorsitzenden ernannt. Die LDPD stellte somit das erste amtierende Staatsoberhaupt der DDR, das nicht der SED angehörte.

Auf einem ao. Parteitag am 9./10.2.1990 in Dresden faßten die Delegierten der LDPD den Beschluß, den bisherigen Namen der Partei in ›Liberal-Demokratische Partei‹ (LDP) zu ändern. Der Parteitag wählte als neuen Parteivorsitzenden Rainer Ortleb sowie dessen vier Stellvertreter, einen Hauptgeschäftsführer und einen aus 54 Mitgliedern bestehenden Parteivorstand. In dem vom Parteitag bestätigten Wahlprogramm bestimmte die Partei ihr neues Selbstverständnis als Partei »aller Bürgerinnen und Bürger liberaler Geisteshaltung und Weltsicht«. Der Parteitag sprach sich für ein Wahlbündnis der liberalen Kräfte der DDR (LDP, F.D.P. der DDR, ›Deutsche Forumpartei‹) aus und plädierte in der Perspektive für eine Fusion mit der bundesdeutschen F.D.P. Bei den Volkskammerwahlen vom 18.3.1990 konnte das Bündnis der Liberalen allerdings nur einen Stimmenanteil knapp über 5 Prozent erreichen.

Am 27.3.1990 fand eine Delegiertenkonferenz der LDP statt, an der auch Vertreter der →NDPD teilnahmen. Von den anwesenden 112 LDP-Delegierten stimmten 101 für die Umbenennung der Partei in ›Bund Freier Demokraten – Die Liberalen‹ (BFD). Dieser Bund sollte fortan die einheitliche Partei aller Liberalen in der DDR sein, in der auch für Nationaldemokraten Platz sein sollte; die NDPD trat daraufhin schon am nächsten Tag korporativ dem Bund bei. Im August 1990 traten dann BFD, F.D.P. der DDR und die ›Deutsche Forumpartei‹ auf einem »Vereinigungsparteitag« in Hannover der bundesdeutschen F.D.P. bei. Damit entstand nach 40 Jahren deutscher Teilung die erste gesamtdeutsche Partei, und der Mitgliederstand der nunmehr in einer ›Freien Demokratischen Partei‹ (F.D.P.) vereinten Freidemokraten wuchs von 67000 auf rd. 140000. Auf westdeutscher Seite gaben nicht allein die im Oktober bevorstehenden Landtagswahlen in den neuen Bundesländern und die im Dezember angesetzte Bundestagswahl Anlaß, zugunsten einer »Sammlung der Kräfte« von Bedenken gegen eine Vereinigung abzusehen, auch die beträchtlichen Vermögenswerte der Blockparteien ließen es opportun erscheinen, sich unter einem Dach zusammenzuschließen.

Parteitage: 1. P. vom 6. – 8. 7. 1946 in Erfurt; 2. P. vom 4. – 7. 7. 1947 in Eisenach; 3. P. vom 25. – 28. 2. 1949 in Eisenach; 4. P. vom 30. 6. – 2. 7. 1951 in Eisenach; 5. P. vom 28. – 31. 5. 1953 in Dresden; 6. P. vom 5. – 7. 7. 1955 in Weimar; 7. P. vom 5. – 8. 7. 1957 in Weimar; 8. P. vom 5. – 8. 7. 1960 in Weimar; 9. P. vom 15 – 17. 2. 1963 in Weimar; 10. P. vom 27. – 30. 11. 1967 in Weimar; 11. P. vom 16. – 19. 2. 1972 in Weimar; 12. P. vom 2. – 4. 3. 1977 in Weimar; 13. P. vom 5. – 7. 4. 1982 in Weimar; 14. P. vom 9. – 11. 4. 1987 in Weimar; ao. P. am 9./10. 2. 1990 in Dresden
Vorsitzende: Waldemar Koch (1945); Wilhelm Külz; (1946–1948); Arthur Lieutenant (1948 geschäftsf.); Karl Hamann (1948–1949 geschäftsf.); Hermann Kastner (1949–1950); Karl Hamann (1949–1952); Hans Loch (1951–1960); Max Suhrbier (1960–1967); Manfred Gerlach (1967–1990); Rainer Ortleb (1990)
Stellvertretende Vorsitzende: Wilhelm Külz (1945–1946); Arthur Lieutenant (1946–1949); Hermann Kastner (1947–1948); Erich Damerow (1947–1949); Leonhard Moog (1947–1948); Johannes Dieckmann (1949–1969); Ruth Fabisch (1949–1951); Hans Loch (1949–1951); Reinhold Schwarz (1951–1952); Manfred Gerlach (1951–1953); Willi-Peter Konzok (1951–1984); Kurt Wünsche (1967–1972); Hans-Joachim Heusinger (1972–1990); Gerhard Lindner (1982–1990); Hans-Dieter Raspe (1987–1990); Wolf-Rainer Cario (1990); Johannes Wenzel (1990); Martin Schnittler (1990); Kurt Wünsche (1990)
Generalsekretäre: Günter Stempel (1948–1950); Herbert Täschner (1950–1954); Manfred Gerlach (1954–1967)
Hauptgeschäftsführer: Joachim Günther (1990)
Schatzmeister: Erich Frank (1948–1950); Ernst Lorenz (1950–1954); Klaus Wolfslast (1990)
Vorsitzende der Zentralen Revisionskommission: Helmut Wittig (1957–1959); Horst Prescher (1959–1963); Helmuth Speer (1963–1967); Fritz Wolff (1967–1989)
Leiter bzw. ab 1972 Generaldirektoren der Vereinigung organisationseigener Betriebe ›Aufwärts‹ (VOB) der LDPD: Walter Thierfelder (1955–1987); Ludwig Venus (1987–1990)
Sekretäre des Zentralvorstands: Rudolf Agsten (1954–1989); Armin Behrendt (1981–1990); Manfred Brendel (1989–1990); Lutz Hoyer (1989–1990); Hans-Joachim Heusinger (1959–1973); Witho Holland (1970–1990); Gerhard Lindner (1966–1982); Martin Maaßen (1972–1981); Helmuth Speer (1956–1958); Hans-Dieter Raspe (1984–1990); Christian Renatus (1988–1990); Erich Rost (1959–1961); Walter Thierfelder (1955–1959), Klaus Peter Weichenhain (1981–1990); Harald Werthmann (1961–1984); Kurt Wünsche (1954–1966)
Mitglieder des Sekretariats des Zentralvorstandes: Hans-Joachim Heusinger (1982–1990); Gerhard Fischer (1967–1989); Günter Höpfel (1982–1990); Ludwig Venus (1987–1990)
Mitglieder des Präsidiums des Parteivorstandes der LDP (1990): Sylvia Kolbe, Reinhard Nissel, Rainer Ortleb, Martin Schnittler, Axel Vieweger, Johannes Wenzel, Kurt Wünsche

Direktoren der Zentralen Parteischule der LDPD (diese befand sich von 1949–1956 in Behrensdorf bei Storkow mit zeitweilig nach Radebeul bzw. Halle ausgelagerten Abteilungen; von 1956–61 war sie in Torgau; danach befand sich die Zentrale Parteischule ›Wilhelm Külz‹ in Bantikow, Kr. Kyritz): Friedrich Thürmer (1949–1953); Heinz Stephan (1953–1954); Karl-Friedrich Muker (1954–1956); Dieter Linde (1956–1966); Günter Schneider (1966–1972); Theobald Hanemann (1972–1985); Irma Kaiser (1985–1990)

1. Vorsitzende der LDPD-Landesverbände von 1945–1952

Groß-Berlin: Martin Stritte (1945–1946); Fritz Hausberg (1946); Carl-Hubert Schwennicke (1946–1948); • LDPD-Verband für Ost-Berlin: Franz Gensecke (1948); Reinhold Schwarz (1949–1952); • Brandenburg: Albert Grundei (1945–1946); Wilhelm Falk (1946–1947 kommiss.); Albert Kunze (1947–1948); Ingo von Koerber (1948–1951); Erwin Steffen (1951–1952); • Mecklenburg: Ernst Harzmann (1946–1947); Max Suhrbier (1947–1952); • Sachsen: Hermann Kastner (1945–1947), Arthur Bretschneider (1947–1949); Walter Thürmer (1949–1951); Arthur Schlesinger (1951–1952); • Sachsen-Anhalt: Carl Delius (1946); Erich Damerow (1946–1949); • Thüringen: Leonhard Moog (1945–1949); Hans Loch (1949–1951); Hans Meier (1951–1952)

Vorsitzende der Bezirksvorstände der LDPD von 1952–1990 (Die Bildung von Bezirksverbänden erfolgte in Auswertung einer Konferenz der Parteibeauftragten, die vom 25.–27.9.1952 in Leipzig stattfand)

Berlin: Harry Leupold (1953–1959); Erich Rost (1959–1961); Harald Werthmann (1961–1984); Fritz Kausch (1984–1988); Klaus-Peter Weichenhain (1988–1990); Jochen Kerschke (1990 Vors. des Arbeitssekr.); Reinhard Klein (1990 Landesvors.)

Cottbus: Martin Kielbock (1952–1953); Erich Winkler (1953); Heinrich Schaub (1953–1957); Hans Joachim Heusinger (1957–1959); Karl-Heinz Krug (1959–1971); Peter Moreth (1971–1983); Johannes Kney (1983–1990)

Dresden: Arthur Schlesinger (1952–1953); Günther Wehnert (1954–1958); Helmuth Speer (1958–1959); Johannes Türschmann (1959–1964); Werner Grohs (1964–1972); Joachim von Jagow (1973–1989)

Erfurt: Paul Erich Blank (1952–1953); Gerhard Kalmring (1953–1959); Reinhold Heinicke (1959–1989)

Frankfurt (Oder): Ingo von Koerber (1952–1953); Alfred Zeidler (1954–1959); Günther Steinhöfel (1959–1989); Peter Kaul (1989–1990)

Gera: Emil Domno (1952–1953); Karl Weinert (1953–1954); Werner Schmidt (1954–1959); Hans Carl Kreissig (1959–1981); Werner Felgentrebe (1981–1986); Raimund Kolbe (1986–1989)

Halle: Gertrud Sasse (1952–1961); Kurt Anclam (1961–1984); Ulrich Stettler (1984–1990)

Chemnitz/Karl-Marx-Stadt: Helmut Müller (1952–1959); Rolf Unger (1959–1985); Christian Renatus (1985–1988); Dietmar Schicke (1988–1990)

Leipzig: Manfred Gerlach (1952–1954); Günter Schneider (1954–1962); Joachim Seeländer (1962–1969); Manfred Eißner (1969–1976); Brigitte Tilsner (1976–1979); Manfred Brendel (1979–1989); Wolfgang Görne (1989–1990)

Magdeburg: Ernst Lorenz (1952–1955); Erich Rost (1955–1960); Helmut Kuhny (1960–1983); Peter Moreth (1983–1989); Bernd Futterlieb (1989–1990)
Neubrandenburg: Herbert Ott (1952–1959); Manfred Eißner (1959–1969); Horst Raedsch (1969–1989); Karl-Heinz Zöllner (1989–1990)
Potsdam: Erwin Steffen (1952–1954); Günter Liebig (1954–1959); Hans Georg Lehmann (1959–1989); Knut Sandler (1990)
Rostock: Harry John (1952–1953); Klaus Jürgen Ebelt (1954–1963); Erich Uschner (1963–1982); Hans Dieter Raspe (1982–1984); Gunter Krüger (1984–1990); Frank Richter (1990)
Schwerin: Max Suhrbier (1952–1958); Gerhard Roever (1959–1961); Bruno Krüger (1961–1983), Manfred Gritzko (1983–1989)
Suhl: Fritz Wolff (1952–1956), Werner Grohs (1958–1959); Kurt Rauh (1959–1970); Johannes Türschmann (1970–1975); Klaus-Peter Weichenhain (1975–1981); Peter Geier (1981–1989)
Vorsitzende der LDPD bzw. BFD-Landesverbände 1990
Brandenburg: Johannes Kney; • Mecklenburg-Vorpommern: Walter Goldbeck; • Sachsen-Anhalt: Gerd Brunner; • Sachsen: Dietmar Schicke; • Thüringen: Wolfgang Pape
Publikationen/Archive: ›Der Morgen‹ – Zentralorgan der LDPD, Jg. 1/3.8.1945 – Jg. 45/1989; seit Dez. 1989 ersch. die Zeitung u. d. T. ›Der Morgen – Die liberale Tageszeitung Deutschlands‹; Anfang Juni 1991 wurde sie eingestellt; Chefredakteure: Wilhelm John (1945–1950); Joachim Flatau (1950–1954); Gerhard Fischer (1955–1989); Manfred Brendel (1989–1991); • ›LDPD-Informationen‹, Mitteilungsblatt der Parteileitung, ersch. von 1947–1989 (Heft 11); leitende Redakteure: Hans Kuhnd (1947); Wilhelm Külz (1948); Arthur Lieutenant (1948); Karl Hamann (1948); Hans Kuhnd (ab 1948); Karl Stemwedel (1969–1977); Gerhard Neumann (1977–1985); Marlies Staedke (1985–1989); • die Zeitungen erschienen im parteieigenen Verlag ›der Morgen‹, Leiter: Gebhard Weinschenk (bis 1959); Heinrich Adler (1959–1977); 1959 wurde zudem ein Buchverlag ›Der Morgen‹ gegr.; Leiter: Richard Knauf (1959–1961); Fritz R. Greuner (1961–1968); Wolfgang Tenzler (1968–1990); • Archivbestände der LDPD befinden sich heute in der ›Stiftung Archive der Parteien und Massenorganisationen der DDR im Bundesarchiv‹ (SAPMO) sowie in der Verwaltung der ›Friedrich-Naumann-Stiftung‹ in Gummersbach.

Liga für die Vereinten Nationen in der DDR, 1954–1990
Gesellschaftliche Organisation zur Förderung der Grundsätze und Ziele der UNO

Geschichte und Organisation: Die am 29.7.1954 von Repräsentanten des öffentlichen Lebens und Vertretern gesellschaftlicher Organisationen gegründete L. hatte vor allem außenpolitische Funktion. Nach dem Scheitern der deutschlandpolitischen Vorschläge der Sowjetunion auf der Berliner Außenministerkonferenz (25.1.–18.2.1954) verzichtete die

Sowjetunion mit Beschluß vom 25.3.1954 darauf, die DDR weiterhin durch einen Hohen Kommissar der UdSSR überwachen zu lassen. Beide Länder unternahmen in der Folge große Anstrengungen, um auf internationaler Ebene die Gleichberechtigung der DDR schrittweise durchzusetzen. Diese Politik zeigte erste Erfolge, als die DDR 1954 die Mitgliedschaft in bedeutenden nichtstaatlichen Organisationen erlangte: Das →›Deutsche Rote Kreuz der DDR‹ wurde Mitglied der ›Liga der Rot-Kreuz-Gesellschaften‹; die →›Deutsche Reichsbahn‹ erwarb die Mitgliedschaft im Internationalen Eisenbahnerverband.
Im Aufbau internationaler Handelsbeziehungen konnten ebenfalls schnelle Erfolge erzielt werden: So wurden 1954 erstmalig Handels- und Zahlungsabkommen u. a. mit Indonesien (9.6.), Uruguay (29.6.), Argentinien (27.8.), Island (9.9.), Indien (16.10.) und am 10.2.1955 auch mit Italien abgeschlossen. Mit der Gründung der L. signalisierte die DDR, daß sie bereit war, für die in der Charta der UNO formulierten Grundsätze der internationalen Beziehungen einzutreten. Sie hatte aber noch einen langen Weg zurückzulegen, bis sie am 18.9.1973 als 133. Mitglied in die UNO aufgenommen wurde; die BRD wurde am selben Tage das 134. Mitglied (→Diplomatische Vertretungen der DDR).
Mitglieder der L. konnten sowohl gesellschaftliche Organisationen als auch Bürger der DDR werden. Sie hatte ihren Sitz in Berlin/DDR und unterhielt Arbeitskreise in Berlin, Dresden, Potsdam, Rostock und Weimar. Organe der Liga waren die Plenarversammlung, das Präsidium, das Exekutivkomitee und die Revisionskommission. Die Richtlinien der Arbeit wurden von der Plenarversammlung bestimmt, die den Ehrenpräsidenten, das Präsidium und die Revisionskommission wählte. Die laufenden Arbeiten leitete ein Exekutivkomitee, welches aus dem Präsidenten, den Vizepräsidenten, dem Generalsekretär, dem Schatzmeister und weiteren Mitgliedern bestand.

Funktionen und Wirkungen: Die Hauptaufgabe der L. bestand darin, für die Aufnahme der DDR in die UNO zu werben; dafür entfaltete die Liga eine rege propagandistische Tätigkeit. Mit anderen Massenorganisationen wie dem →FDGB, der →FDJ, dem →DFD sowie mit nichtstaatlichen Organisationen wie der →URANIA, der →›Liga für Völkerfreundschaft‹ oder dem →›Friedensrat der DDR‹ veranstaltete sie in der DDR zahlreiche Foren, Podiumsgespräche, Seminare und Vorträge über die Tätigkeit der Vereinten Nationen, ihrer Unterorganisationen sowie über Fragen der Abrüstung, Rüstungskontrolle usw. Die L. war seit 1968 Mitglied der Weltföderation der Vereinigungen für die Vereinten Nationen (WFUNA).

Präsidenten: Peter Alfons Steiniger (1955–1980); Günter Kohrt (1980–1983); Gerhard Hahn (1983–1990)
Publikationen: Die L. gab gemeinsam mit dem ›Institut für Internationale Beziehungen‹ der →›Akademie für Staats- und Rechtswissenschaft der DDR‹ die jährliche ›UNO-Bilanz‹ heraus.

Liga für Völkerfreundschaft der DDR, 1961–1990
Dachorganisation für nationale Freundschaftsgesellschaften in der DDR und Koordinationsorgan für auswärtige Kulturpolitik

Geschichte und Organisation: Unter den in der DDR bestehenden Gesellschaften zur Pflege und Vertiefung freundschaftlicher Beziehungen zu anderen Staaten waren die ältesten die im Juni 1947 gegründete →›Gesellschaft für Deutsch-Sowjetische Freundschaft‹ und die seit dem 19. 8. 1948 bestehende ›Hellmut-von-Gerlach-Gesellschaft für kulturelle, wirtschaftliche und politische Beziehungen mit dem neuen Polen‹. Freundschaftsgesellschaften, die nach der Staatsgründung entstanden, wurden dann unter dem Dach der am 7. 6. 1952 gegründeten →›Gesellschaft für kulturelle Verbindungen mit dem Ausland‹ vereint.
Die L. war die Nachfolgeeinrichtung jener ersten Dachgesellschaft; sie bestand seit dem 15. 12. 1961; ihrem ersten Präsidium gehörten u. a. folgende, im öffentlichen Leben der DDR geachtete Persönlichkeiten an: Robert Alt, Philipp Daub, Georg Krausz, Horst Leinkauf, Walter Markow, Albert Norden, Max Sefrin und Anna Seghers. Philipp Daub, alter Kommunist und Widerstandskämpfer, nach 1945 zeitweilig im Apparat des ZK der SED tätig und von 1950–1961 Oberbürgermeister von Magdeburg, war bis 1964 Vorsitzender des Präsidiums; sein Nachfolger wurde Paul Wandel, ehemaliger Minister für Volksbildung, ZK-Sekretär und von 1958–1961 Botschafter der DDR in der VR China; von 1976 bis Dezember 1989 stand dann Gerald Götting, der Vorsitzende der CDU, dem Präsidium der L. vor.
1987 gab es in der L. 48 Freundschaftsgesellschaften und -komitees, die Verbindungen zu einzelnen Ländern oder auch zu Kontinenten oder kontinentalen Regionen unterhielten. In der Mehrzahl widmeten sie sich den Beziehungen zu den kapitalistischen Staaten und den Staaten der Dritten Welt. Waren diese Gesellschaften in den Jahren bis 1961 noch weitgehend im Sinne des bürgerlichen Vereinsrechts organisiert, so wurden Organisationsform und Struktur nach Gründung der L. erheblich verändert. Nun konnte – gemäß Statut – nur noch jemand Mitglied in der L. und den zugehörigen Freundschaftsgesellschaften oder -komitees werden, der von Parteien, gesellschaftlichen Organisationen, Kollektiven von Werktätigen, Institutionen oder Einrichtungen delegiert worden

war und der somit nachweislich »aktiv die Freundschaft zu anderen Völkern pflegte«.
Folglich bestanden die Freundschaftsgesellschaften und -komitees im Grunde nur aus Präsidien, da es Mitglieder im vereinsrechtlichen Sinn nicht mehr gab. Das bedeutete in der politischen Praxis, daß in den jeweiligen Präsidien stets eine bestimmte Anzahl von Vertretern der SED, der Blockparteien und Massenorganisationen vertreten waren – entsprechend einem von der Abt. Auslandsinformation des → ZK der SED ausgearbeiteten Schlüssel. 1987 wurden von 48 Präsidenten bzw. Vorsitzenden 33 von der SED, 5 von der CDU, 4 von der LDPD, 3 von der DBD und 2 von der NDPD gestellt; ein Präsident war parteilos. Die Verteilung der Vizepräsidentschaften ergab ein ähnliches Verhältnis: 70 gehörten der SED, je 11 der CDU und der NDPD, 6 der LDPD, 3 der DBD an, und einmal fiel das Amt wieder an einen Parteilosen.
Höchstes Organ der L. war die Generalversammlung, der Vertreter von über 90 staatlichen Einrichtungen und gesellschaftlichen Organisationen der DDR angehörten. Zwischen den Tagungen der Generalversammlung war das Präsidium das Leitungsorgan der L.; es legte in Abstimmung mit dem ZK der SED die Richtlinien für die weitere Arbeit fest und beauftragte das Sekretariat mit deren Ausführung. Präsidium und Generalsekretariat waren also dem ZK der SED de facto unterstellt und hatten ihre Pläne und Entscheidungen mit der Abt. Auslandsinformation abzustimmen. Finanziert wurde die L. überwiegend durch staatliche Mittel, die erheblich sein mußten, weil ja die für ihre Auslandspropaganda produzierten Schriften und ihre im jeweiligen Ausland organisierten Veranstaltungen i. d. R. unentgeltlich angeboten wurden.
Nachdem 1974 der → ›Deutsche Städte- und Gemeindetag‹ aufgelöst worden war, bestand unter dem Dach der L. weiterhin ein ›Komitee Städte- und Gemeindetag‹, dem vermutlich die Betreuung zahlreicher Städtepartnerschaften oblag, die inzwischen von Städten in der DDR mit vielen Partnerstädten im sozialistischen wie kapitalistischen Ausland vereinbart worden waren. Außerdem war die → ›Gesellschaft ›Neue Heimat‹ – Vereinigung in der DDR für die Verbindung mit Bürgern deutscher Herkunft im Ausland‹ der L. organisatorisch angegliedert.

Funktion und Wirkungen: Auswärtige Kulturpolitik war für die DDR ein notwendiges Mittel, um die diplomatische Isolierung zu durchbrechen, die von der BRD propagierte »Hallstein-Doktrin« auszuhebeln und zugleich die Eigenständigkeit des sozialistischen deutschen Staates zu behaupten. Die Schwierigkeiten, zu souveräner Eigenstaatlichkeit zu gelangen, beschrieb Alexander Abusch im November 1971: »Friedliche

Koexistenz zwischen den Staaten unterschiedlicher Gesellschaftsordnung darf niemals eine ideologische Koexistenz bedeuten, sondern eine verstärkte ideologische Auseinandersetzung. Das heißt also, wir stärken uns auch ideologisch und kulturell im Innern, denn man darf das Besondere unserer Situation als DDR nicht übersehen: Wir haben zunächst überhaupt noch um diese offizielle völkerrechtliche Anerkennung unserer Republik, besonders gegenüber der BRD, zu kämpfen.«

Um der DDR zu internationalem Ansehen und diplomatischer Anerkennung zu verhelfen, hatte man die L. als eine zentrale Anleitungs- und Kontrollstelle für alle vorhandenen oder noch zu gründenden Freundschaftsgesellschaften und -komitees geschaffen. Tatsächlich arbeitete sie zwar in enger Abstimmung mit der Mitte der 60er Jahre gebildeten Abt. Auslandsinformation des ZK der SED und dem →Ministerium für Auswärtige Angelegenheiten, doch konnte sie im Ausland als nichtstaatliche Einrichtung auftreten, mit kulturpolitischen Mitteln zur Unterminierung der »Hallstein-Doktrin« beitragen und so für die internationale Anerkennung und völkerrechtliche Souveränität der DDR wirken. Dabei war sie stets bemüht, auf eine geregelte, durch Abkommen gesicherte Weise zusammenzuarbeiten mit Partnergesellschaften oder -komitees, die in den jeweiligen Ländern das Interesse für die DDR förderten. Solche Sympathisantenvereinigungen, die meist überparteilich organisiert waren und von angesehenen Persönlichkeiten geleitet wurden, gab es zu Beginn der 80er Jahre in mehr als 50 Ländern.

Eine frühe und anhaltende Zusammenarbeit dieser Art hatte sich z. B. schon seit 1958 mit einer ›Association française pour la reconciliation franco-allemande et la reconnaissance de la R. D. A.‹ ergeben. In den 60er Jahren hatte das Bemühen um Anerkennung in der internationalen Arbeit der L. Vorrang; sie unterstützte deshalb vor allem in den Ländern West- und Nordeuropas die Bildung von ›Anerkennungskomitees‹, deren Tätigkeit seit Juni 1968 von einem ›Ständigen Internationalen Komitee für die Anerkennung der DDR‹ in Helsinki koordiniert wurde. Nach dem Abschluß des Grundlagenvertrags zwischen BRD und DDR (1972) und der Aufnahme der beiden deutschen Staaten in die UNO (1973) konnte die DDR in schneller Folge zu zahlreichen Staaten diplomatische Beziehungen aufnehmen. Daraufhin stellten die ›Anerkennungskomitees‹ ihre Arbeit ein bzw. arbeiteten als Freundschaftsgesellschaften und -komitees weiter. In Reaktion auf diese Umwandlungen wurden auch in der DDR entsprechende Gründungen veranlaßt, die allerdings weitgehend unter Ausschluß der Öffentlichkeit stattfanden, da man sich auf die Mitwirkung von ausgewählten Vertretern der Parteien und Massenorganisationen beschränkte. Die in den 70er und 80er Jahren gebildeten Gremien für Länder wie Äthiopien, Angola, Guinea-Bissau, Moçambique u. a. verfolgten den Zweck, Entwicklungsländer, die kapitalistische Gesellschaftsverhältnisse und Wirtschaftsstrategien ablehnten, zu ermutigen und zu unterstützen.

In einigen sozialistischen und mehreren arabischen Staaten sowie in Finnland und Schweden unterhielt die L. eigene Kultur- und Informationszentren (KIZ). Diese Institutionen waren wichtig für Kontaktaufnahme und -pflege sowie für die Propagierung außenpolitischer Ziele der DDR. Als Träger der KIZ trat – mit Ausnahme des 1983 in Paris eröffneten Kulturzentrums der DDR – die L. auf. Mit Hilfe der KIZ, die zuerst in Prag, Warschau, Budapest und Sofia, später in Helsinki, Stockholm, Kairo, Alexandria, Sansibar, Damaskus, Bagdad, Khartum und anderen Städten eingerichtet wurden, betrieb die DDR Werbung in eigener Sache. Daß an zunehmend mehr Orten in der Welt zwei deutsche Staaten nebeneinander ihren Kulturauftrag in Kulturzentren und ›Goethe-Instituten‹ zu erfüllen suchten, hat wohl gelegentlich zu Mißverständnissen, Spannungen und Konkurrenzsituationen geführt.

In den sozialistischen Ländern Ost- und Südosteuropas erfolgte die Gründung eines KIZ i. d. R. aufgrund einer Regierungsvereinbarung, und die Institution zählte bald zu den gewohnten Manifestationen »brüderlicher Verbundenheit«. In den Staaten, zu denen die DDR keine bzw. nur konsularische Beziehungen unterhielt, konnte eine solche Einrichtung jedoch von außerordentlicher Wichtigkeit sein, gelang es doch damit, den »Alleinvertretungsanspruch« der BRD zu durchkreuzen, ohne die Gastgeberstaaten, die »nur« Aufenthalts- und Arbeitserlaubnis zu erteilen hatten, in allzu große Schwierigkeiten mit dem »ökonomischen Riesen« BRD zu bringen. Mit teilweise großem finanziellem Aufwand – und meist unterstützt von den einheimischen Sympathisantenvereinigungen – organisierten die KIZ Sprachlehrgänge, Seminare, Ausstellungen sowie politische, wissenschaftliche und kulturelle Veranstaltungen, zu denen gelegentlich auch namhafte Künstler und Ensembles aus der DDR auftraten. Zum politischen Kalkül in der kulturpolitischen Arbeit der L. gehörte überdies, daß bevorzugt Politiker der CDU und anderer »bürgerlichen« Blockparteien gewonnen wurden, um Sympathiewerbung für den sozialistischen deutschen Staat zu treiben.

Die KIZ und andere im Ausland organisierte Veranstaltungen dienten auch dazu, Drucksachen und Informationsmaterial über die DDR im jeweiligen Ausland zu verbreiten. Von der L. und z. T. auch von der ›Gesellschaft für kulturelle Verbindungen mit dem Ausland‹ und der →Gesellschaft ›Neue Heimat‹ wurden eine Reihe von Zeitschriften und Periodika herausgegeben, die meist in mehreren verschiedensprachigen Ausgaben produziert wurden. Sie erschienen unter Titel wie ›DDR‹, ›DDR-Revue‹, ›DDR in Wort und Bild‹, ›DDR Kulturspiegel‹, ›DDR-Sport‹, ›Al Matschalla‹, ›News/Nouvelles‹, ›Democratic German Report‹, ›Monthly Technical Revue‹ etc. Redaktionell wurde ein großer Teil dieser Auslandspublizistik bei dem zur → VOB ›Zentrag‹ gehörenden ›Zeit im Bild Verlag‹ in Dresden bearbeitet.

Auflösung/Ende: Im Dezember 1989 trat der Präsident der L., der CDU-Vorsitzende Gerald Götting, zurück; bis Februar 1990 führte der Generalsekretär Egon Winkelmann die Geschäfte als amt. Präsident weiter. Auf einer Generalversammlung am 17. 2. 1990 gab sich die L. – nach kritischer Einschätzung ihrer bisherigen Rolle – ein neues vorläufiges Statut. Sie verstand sich nun als eine für alle Bürger offene Vereinigung und wählte einen provisorischen Vorstand mit Horst Grunert als Präsidenten. Daraufhin ließ sie sich unter der bisherigen Bezeichnung in das Vereinsregister eintragen. Zur gemeinnützigen Vereinigung gewandelt, sah sie ihre Hauptaufgabe nun darin, als Interessenverband von eigenständigen, demokratisch gebildeten Gesellschaften für Zusammenarbeit und Freundschaft zwischen Staaten und Völkern zu wirken.
Zahlreiche ehemalige Freundschaftsgesellschaften hatten sich bis zum Sommer 1990 neu konstituiert und der gewandelten Liga angeschlossen; darunter waren die DSF, die ›Alexander-von-Humboldt-Gesellschaft der DDR‹, Gesellschaften für deutsch-afrikanische, deutsch-arabische, deutsch-asiatische Freundschaft mit insgesamt 16 selbständigen Länderkomitees und die → Gesellschaft ›Neue Heimat‹. Auch diese hatten inzwischen den Status der Gemeinnützigkeit beantragt. In den Gesellschaften waren – ohne DSF – insgesamt rd. 18000 Mitglieder vereinigt, die sich landesweit in Interessen- oder Basisgruppen und Arbeitskreisen trafen. Aufgrund der veränderten politischen Situation und der neuerdings gegebenen individuellen Reisefreiheit bestanden nun neue Möglichkeiten, vielfältigen Austausch mit Partnerländern zu pflegen. Diese wurden auch wahrgenommen, solange die von der Regierung Modrow bereitgestellten finanziellen Zuwendungen aus dem Staatshaushalt noch verfügbar waren.
131 Delegierte von 52 Gesellschaften beschlossen auf einer Hauptversammlung der L. am 23. 6. 1990 ein neues Statut, demzufolge der Verband nunmehr in ›Liga für Völkerverständigung – Interessenverband von Gesellschaften für Zusammenarbeit und Freundschaft mit anderen Ländern und Völkern‹ umbenannt wurde. Es wurde ein geschäftsführender Vorstand gewählt, dem Helmut Jung als Vorsitzender, Hiltrud Rüster, Harald Schreiber und Horst Grunert als Vize-Vorsitzende angehörten.

Nach erfolgtem Beitritt der DDR zur BRD war eine eigenständige Arbeit der L. nur noch unter erschwerten Bedingungen möglich. Sie erhielt keine finanziellen Zuwendungen aus dem Staatshaushalt mehr, und ihre Konten wurden unter Kontrolle der →›Treuhandanstalt‹ gestellt. Anfang 1992 wurde auf einer Mitgliederversammlung die Einstellung der Arbeit beschlossen und folglich die Auflösung der L. zum 1.4.1992 vollzogen. In den neuen Bundesländern hatten sich inzwischen verschiedene Ländergesellschaften gebildet, die sich nun um einen Zusammenschluß mit entsprechenden Vereinigungen in der alten Bundesrepublik bemühten. Solche Bemühungen wurden vielfach durch Vorbehalte und Ressentiments gegenüber Mitgliedern der ostdeutschen Gesellschaften erschwert, doch kam z. B. eine Vereinigung der deutsch-portugiesischen und deutsch-indischen Freundschaftsgesellschaften schließlich zustande.

Präsidenten: Phillip Daub (1961–1964); Paul Wandel (1964–1976); Gerald Götting (1976–1989); Horst Grunert (1990); Helmuth Jung (1990–1992)
Generalsekretäre: Herbert Schönfeld (1961–1975); Horst Brasch (1975–1987); Egon Winkelmann (1987–1990)
Freundschaftsgesellschaften bzw. -komitees in der L.
Sofern das Interessen- und Arbeitsgebiet einer Freundschaftsgesellschaft eine Kontinentalregion war, bildete sie z.T. Subgesellschaften; so gehörte etwa die ›Gesellschaft DDR – Indien‹ zur ›Gesellschaft DDR – Südostasien‹. Entsprechend waren die für einzelne Länder gebildeten Freundschaftskomitees vielfach übergreifenden Gesellschaften zugeordnet; z.B. die Komitees für Ägypten, Algerien, Libyen und Syrien der ›Gesellschaft DDR – Arabische Länder‹.
›Gesellschaft DDR – Afrika‹, gegr. als ›Deutsch-Afrikanische Gesellschaft‹ am 17.3.1961. Vorsitzende: Walter Markow (1961–1969); Rudolph Schulze (1969–1990); • ›Gesellschaft DDR – Arabische Länder‹, gegr. als ›Deutsch-Arabische Gesellschaft‹ am 10.10.1958. Vorsitzende/Präsidenten: Ernst Scholz (1958–1964); Paul Scholz (1964–1990); • ›Gesellschaft DDR – Belgien‹, gegr. als ›Deutsch-Belgische Gesellschaft‹ am 6.6.1964. Vorsitzende: Nathan Notowicz (1964–1968); Julius Balkow (1968–1973); Fritz Rösel (1973–1981); Kurt Fichtner (1981–1988); Heinz Hoffmann (1989–1990); • ›Gesellschaft DDR – Frankreich‹, gegr. als ›Deutsch-Französische Gesellschaft‹ am 17.2.1962. Vorsitzende: Georg Mayer (1962); Franz Dahlem (1962–1977; Hans Seigewasser (1977–1979); Ernst Scholz (1979–1988); Heinz Hoffmann (1988–1989); Werner Kalweit (1989); • ›Gesellschaft DDR – Großbritannien‹, gegr. als ›Deutsch-Britische Gesellschaft‹ am 18.6.1963. Vorsitzende: Greta Kuckhoff (1963–1976); Gerhard Lindner (1976–1990); • ›Gesellschaft DDR – Indien‹, gegr. am 8.2.1973. Vorsitzende: Dieter Heinz (1973–1974); Kurt Löffler (1974–1990); • ›Gesellschaft DDR – Italien‹, gegr. als ›Deutsch-Italienische Gesellschaft‹ am 8.1.1963. Präsidenten: Gerhard Reintanz (1963–1975); Heinrich Toeplitz (1975–1990); • ›Gesellschaft DDR – Lateinamerika‹, gegr. als ›Deutsch-Lateinamerikanische Gesellschaft‹ am 9.6.1961. Vorsitzende: Johann-Lorenz Schmidt (1961–1978); Karl Burkert

(1978–1990); • ›Gesellschaft DDR – Nordeuropa‹, gegr. als ›Deutsch-Nordische Gesellschaft‹ am 14. 7. 1961. Präsidenten/Vorsitzende: Hans-Jürgen Geerdts (1961–1975); Harry Leupold (1975–1989); Bruno Benthien (1989); • ›Gesellschaft DDR – Südostasien‹, gegr. als ›Deutsch-Südostasiatische Gesellschaft‹ am 1. 12. 1961. Vorsitzende: Max Sefrin (1961–1990); • →›Gesellschaft für Deutsch-Sowjetische Freundschaft‹ (DSF), am 30. 6. 1947 gegr. als ›Gesellschaft zum Studium der Kultur der Sowjetunion‹; • ›Hellmut-von-Gerlach-Gesellschaft für kulturelle, wirtschaftliche und politische Beziehungen mit dem neuen Polen‹, gegr. am 19. 8. 1948, 1950 umbenannt in ›Deutsch-Polnische Gesellschaft für Frieden und gute Nachbarschaft‹; Präsident: Johannes Stroux (1948–1952); Ehrenpräsident: Otto Grotewohl (1950–1952); Vorsitzende: Carl Helfrich 1948–1950); Peter Alfons Steiniger (1950–1951); Friedrich Wolf (1951–1952); Generalsekretär: Karl Wloch (1949–1952); die H. gab die Zs. ›Blick nach Polen‹ heraus, die von 1949–1953 (Heft 3) erschien.

Freundschaftskomitees: ›Komitee DDR – Afghanistan‹, gegr. 1982. Vorsitzende: Wolfgang Beyreuther (1982–1990); • ›Komitee DDR – DVR Algerien‹, gegr. am 17. 1. 1974. Vorsitzende: Erich Rübensam (1974–1990); • ›Komitee DDR – Angola‹, gegr. 1978. Vorsitzende: Kurt Scheidler (1978–1990); • ›Komitee DDR – Argentinien‹, gegr. 1982. Vorsitzende: Werner Hecht (1982–1990); • ›Komitee DDR – Arabische Republik Ägypten‹, gegr. am 4. 12. 1973. Vorsitzende: John Lekschas (1973–1978); Martin Robbe (1978–1990); • ›Komitee DDR – Äthiopien‹, gegr. am 11. 7. 1978. Vorsitzende: Heinz Joswig (1979–1982); Rolf Pitschel (1982–1990); • ›Komitee DDR – Australien‹, gegr. am 8. 6. 1978. Vorsitzende: Claus Howitz (1978–1990); • ›Komitee DDR – Dänemark‹, gegr. 1982. Vorsitzende: Ludwig Pfeiffer (1982–1989); Karl-Heinz Hengst (1989); • ›Komitee DDR – Ekuador‹, gegr. 1982. Vorsitzende: Karl Kormes (1982–1990); • ›Komitee DDR – Finnland‹, gegr. 1981. Vorsitzende: Michael Koplanski (1981–1990); • ›Komitee DDR – Griechenland‹, gegr. am 2. 6. 1966. Vorsitzende: Edmund Collein (1966–1989); Manfred Mühlmann (1989–1990); • ›Komitee DDR – Guinea-Bissau‹, gegr. am 28. 6. 1978. Vorsitzende: Rolf Pitschel (ab 1978); • ›Komitee DDR – Irak‹, gegr. am 23. 11. 1973. Vorsitzende: Wilhelm Girnus (1962–1973); Burchhard Brentjes (1973–1990); • ›Komitee DDR – Irland‹, gegr. 1983. Vorsitzende: Karl-Heinz Arnold (1983–1990); • ›Komitee DDR – Island‹, gegr. 1981. Vorsitzende: Ernst Walter (1981–1990); • ›Komitee DDR – Japan‹, gegr. am 26. 10. 1962. Vorsitzende: Gerhard Mehnert (1962–1975); Karl Iffländer (1975–1983); Gerhard Fischer (1983–1990); • ›Komitee DDR – Japan‹: Kuratorium gegr. am 30. 4. 1981 Präsident: Karl-Heinz Schulmeister; Vizepräsidenten: Horst Brasch und Siegfried Dallmann; • ›Komitee DDR – Kanada‹, gegr. am 8. 6. 1978. Vorsitzende: John Lekschas (1978–1981); Klaus Ullrich (1981–1990); • ›Komitee DDR – Kolumbien‹, gegr. am 8. 4. 1986. Vorsitzende: Günther Blum (1984–1990); • ›Komitee DDR – Libysche SVR‹, gegr. am 29. 9. 1977. Vorsitzende: Jörg Vornholzer (1977–1990); • ›Komitee DDR – Mexiko‹, gegr. am 16. 6. 1981. Vorsitzende: Wolfgang Kießling (1981–1990); • ›Komitee DDR – Moçambique‹, gegr. am 11. 7. 1978. Vorsitzende: Ulrich Makosch (1978–1990); • ›Komitee DDR – Niederlande‹, gegr. am 23. 5. 1978. Vorsitzende: Eberhard Bartke (1978–1990); • ›Komitee

DDR – Nikaragua‹, gegr. 1982. Vorsitzende: Joachim Berndt (1982–1990); • ›Komitee DDR – Norwegen‹, gegr. 1981. Vorsitzende: Günther Grewe (1981–1990); • ›Komitee DDR – Palästina‹, gegr. am 18. 6. 1981. Vorsitzende: Werner Kirchhoff (1981–1990); • ›Komitee DDR – Portugal‹, gegr. am 27. 6. 1975. Vorsitzende: Erich Markowitsch (1975–1990); • ›Komitee DDR – Österreich‹, gegr. am 21. 12. 1972. Vorsitzende: Werner Lorenz (1972–1990); • ›Komitee DDR – Schweden‹, gegr. 1981. Vorsitzende: Harry Leupold (1981–1989); Bruno Benthien (1989–1990); • ›Komitee DDR – Schweiz‹, gegr. am 18. 5. 1978. Vorsitzende: Kurt Heinze (1978–1990); • ›Komitee DDR – Simbabwe‹, gegr. am 7. 4. 1986. Vorsitzende: Hans-Joachim Willerding (1986–1990); ›Komitee DDR – Spanien‹, gegr. 1981. Vorsitzende: Werner Neugebauer (1982–1989); Gerhard Holtz-Baumert (1990); • ›Komitee DDR – Syrien‹, gegr. am 8. 10. 1973. Vorsitzende: Horst Lehfeld (1973–1990); • ›Komitee DDR – Ungarn‹, gegr. am 29. 6. 1965; es bestand innerhalb der → ›Ges. für kulturelle Verbindungen mit dem Ausland‹. Vorsitzende: Gerhard Rehbein (ab 1965); • ›Komitee DDR – USA‹, gegr. am 8. 6. 1978. Präsidenten: Hans Gericke (1978–1981); Rolf Sieber (1982–1990); • ›Komitee DDR – VDR Jemen‹, gegr. am 12. 6. 1974. Vorsitzende: Heinz Gambke (1974–1983); Ernst Machacek (1983–1990); • ›Komitee DDR – Venezuela‹, gegr. 1983. Vorsitzende: Manfred Breunung (1983–1990); • ›Komitee DDR – VR China‹, gegr. 1983. Vorsitzende: Paul Wandel (1983–1990); • ›Komitee DDR – Zypern‹, gegr. am 12. 6. 1967. Vorsitzende: Gerhard R. Meyer (1967–1977); Volker Klemm (1978–1990)

Publikationen / Archive: Die L. gab gemeinsam mit den in ihr vereinigten Freundschaftsgesellschaften und -komitees Zeitschriften heraus wie ›DDR in Wort und Bild‹, ›DDR-Revue‹, ›DDR-Journal‹, ›News / Nouvelles‹, ›Al Matschalla‹, ›Urafiki‹, ›Puente‹, ›RDA réalités‹, ›Neue Heimat‹.